Thüsing
Arbeitnehmerüberlassungsgesetz

Arbeitnehmerüberlassungsgesetz

Kommentar

herausgegeben und bearbeitet von

Dr. Gregor Thüsing, LL. M.

o. Professor an der Rheinischen Friedrich-Wilhelms-
Universität Bonn

zusätzliche Bearbeiter:

Dr. Jörn Axel Kämmerer

o. Professor an der
Bucerius Law School, Hamburg

Dr. Hans Kudlich

o. Professor an der
Friedrich-Alexander-Universität
Erlangen-Nürnberg

Dr. Anja Mengel, LL. M.

Rechtsanwältin, Fachanwältin
für Arbeitsrecht, Berlin
und Honorarprofessorin an der
Bucerius Law School, Hamburg

Dr. Bernd Waas

o. Professor an der
Goethe Universität, Frankfurt/M.

Dr. Stefan Greiner

o. Professor an der
Rheinischen Friedrich-Wilhelms-
Universität Bonn

Dr. Martin Kock

Rechtsanwalt, Syndicus, Fachanwalt
für Arbeitsrecht, Köln, und
Lehrbeauftragter an der
Hochschule Fresenius, Köln

4. Auflage 2018

C.H.BECK

www.beck.de

ISBN 978 3 406 69611 4

© 2018 Verlag C. H. Beck oHG
Wilhelmstraße 9, 80801 München
Druck: Friedrich Pustet
Gutenbergstraße 8, 93051 Regensburg

Satz: Meta Systems Publishing & Printservices GmbH, Wustermark
Umschlaggestaltung: Druckerei C.H. Beck, Nördlingen

Gedruckt auf säurefreiem, alterungsbeständigem Papier
(hergestellt aus chlorfrei gebleichtem Zellstoff)

Vorwort

Die Zeitarbeit hat nun vor 15 Jahren den Ritterschlag von Gesetzgebung und Rechtsprechung erhalten: sie ist „jedenfalls seit dem 1.1.2003 ein vom Gesetzgeber grundsätzlich akzeptiertes Mittel der betrieblichen Personalpolitik" (BAG v. 9.12.2003 – 9 AZR 16/03). Diese rechtliche Anerkennung spiegelt sich in der gestiegenen wirtschaftlichen Bedeutung der Leiharbeit wider. Ist der Anteil der Arbeitnehmer, die in Leiharbeit arbeiten, in Deutschland zwar immer noch erheblich geringer als in anderen europäischen Ländern – insb. den Niederlanden und Großbritannien –, so wächst er doch ständig. Der Trend weg vom Normalarbeitsverhältnis hin zu flexibleren Beschäftigungsformen scheint ungebrochen. Damit einher geht ein verstärkter Arbeitnehmerschutz. Der Gesetzgeber hat sich dafür entschieden, Zeitarbeit nicht regulativ zu verhindern, sondern sozialkonform zu begleiten.

Diesen Weg ist er auch in der Novelle 2016 gegangen. Zahlreiche Vorschriften zum Schutz des Arbeitnehmers wurden verschärft – doch auch hier blieb es dabei: „Arbeitnehmerüberlassung ist eine etablierte Form des flexiblen Personaleinsatzes. Sie bietet Unternehmen Möglichkeiten zur Abdeckung von Auftragsspitzen und kurzfristigen Personalbedarfen. Ebenso kommt ihr eine besondere arbeitsmarktpolitische Bedeutung zu." (BT-Drucks. 18/9232, S. 1). Ziel ist es allein, „die Leiharbeit auf ihre Kernfunktion hin zu orientieren und den Missbrauch von Werkvertragsgestaltungen zu verhindern. Arbeitnehmerüberlassung und Werkverträge sind wichtige Instrumente in einer arbeitsteiligen Wirtschaft." (BT-Drucks. 18/9232, S. 1). Die Praxis wird zeigen, ob dieses Ziel erreicht wird.

Der Kommentar ist in Wissenschaft und Praxis freundlich aufgenommen worden. Auch in seiner 4. Auflage ist er darauf angelegt, der Praxis eine umfassende Hilfe zu sein, die auch dort weiterführen soll, wo gesicherte Rechtsprechung bislang nicht vorliegt. Der Herausgeber dankt den Mitautoren für das große Engagement und die zügige Erstellung der jeweiligen Kommentierungen, die eine aktuelle und geschlossene Darstellung ermöglicht haben.

Bonn, im Januar 2018   *Gregor Thüsing*

Inhaltsverzeichnis

Inhaltsverzeichnis

Anhang

VIII

Abkürzungs- und Literaturverzeichnis

Zeitschriften werden, soweit nicht anders angegeben, nach Jahr und Seite zitiert, Entscheidungssammlungen nach Band und/oder Jahr und Seite.

aA	anderer Ansicht
aF	alte Fassung
ABl.	Amtsblatt der Europäischen Gemeinschaften
Abs.	Absatz
AcP	Archiv für die civilistische Praxis (Zeitschrift); zitiert nach Band und Seite, Erscheinungsjahr des Bandes in Klammern am Ende
AFG	Arbeitsförderungsgesetz
AFRG	Arbeitsförderungs-Reformgesetz
AiB	Arbeitsrecht im Betrieb (Zeitschrift)
AktG	Aktiengesetz
Alt.	Alternative
Anm.	Anmerkung
AP	Arbeitsrechtliche Praxis – Nachschlagewerk des Bundesarbeitsgerichts
APS/*Bearbeiter*	*Ascheid/Preis/Schmidt* (Hrsg.), Großkommentar zum gesamten Recht zur Kündigung von Arbeitsverhältnissen, 5. Aufl. 2017
ArbBeschFG	Arbeitsrechtliches Beschäftigungsförderungsgesetz
ArbG	Arbeitsgericht
ArbGG	Arbeitsgerichtsgesetz
ArbNErfG	Arbeitnehmererfindungsgesetz
ArbPlSchG	Gesetz über den Schutz des Arbeitsplatzes bei Einberufung zum Wehrdienst (Arbeitsplatzschutzgesetz)
ArbSchG	Arbeitsschutzgesetz
ArbuR	Arbeit und Recht (Zeitschrift)
arg.	argumentum
arg. e contr.	argumentum e contrario
ArGV	Arbeitsgenehmigungsverordnung
Art.	Artikel
AsylVfG	Asylverfahrensgesetz
Aufl.	Auflage
AÜG	Gesetz zur Regelung der gewerbsmäßigen Arbeitnehmerüberlassung
AÜKostV	Verordnung über die Kosten der Erlaubnis zur gewerbsmäßigen Arbeitnehmerüberlassung
AuslG	Ausländergesetz
AVAVG	Gesetz über Arbeitsvermittlung und Arbeitslosenversicherung
BA	Bundesagentur für Arbeit
BAG	Bundesarbeitsgericht
BAGE	Entscheidungen des Bundesarbeitsgerichts (Amtliche Sammlung)
BayObLG	Bayerisches Oberstes Landesgericht
BB	Betriebs-Berater (Zeitschrift)
BBiG	Berufsbildungsgesetz
Bd.	Band
BDA	Bundesvereinigung Deutscher Arbeitgeberverbände
BDSG	Bundesdatenschutzgesetz

Abkürzungen

Becker/ Wulfgramm	Kommentar zum AÜG, 3. Auflage 1985
BeckOK ArbR/ *Bearbeiter*	*Rolfs/Giesen/Kreikebohm/Udsching* (Hrsg.), Beck'scher Online Kommentar zum Arbeitsrecht, 45. Aufl. 2017
Bens. Slg.	Bensheimer Sammlung
BErzGG	Bundeserziehungsgeldgesetz
BeschSchG	Beschäftigtenschutzgesetz
BetrAVG	Gesetz zur Verbesserung der betrieblichen Altersversorgung
BetrVG	Betriebsverfassungsgesetz
BFH	Bundesfinanzhof
BGB	Bürgerliches Gesetzbuch
BGBl.	Bundesgesetzblatt
BGH	Bundesgerichtshof
Bl.	Blatt
Boemke/ Lembke/ *Bearbeiter*	*Boemke/Lembke* (Hrsg.), Arbeitnehmerüberlassungsgesetz, 3. Aufl. 2013
BPersVG	Bundespersonalvertretungsgesetz
BRRG	Beamtenrechtsrahmengesetz
BSG	Bundessozialgericht
BT	Besonderer Teil
BT-Drs.	Drucksache des Deutschen Bundestages
BR-Drs.	Drucksache des Deutschen Bundesrates
BSG	Bundessozialgericht
BSGE	Amtliche Sammlung der Entscheidungen des Bundessozialgerichts
BVerfG	Bundesverfassungsgericht
BVerfGE	Amtliche Sammlung der Entscheidungen des Bundesverfassungsgerichts
BVerfGG	Bundesverfassungsgerichtsgesetz
BVerwG	Bundesverwaltungsgericht
BVerwGE	Amtliche Sammlung der Entscheidungen des Bundesverwaltungsgerichts
BW	Baden-Württemberg
BZA	Bundesverband Zeitarbeit eV
bzw.	beziehungsweise
ca.	circa
cic	culpa in contraendo
CIC	Codex Iuris Canonici
DB	Der Betrieb (Zeitschrift)
DBA	Doppelbesteuerungsabkommen
ders.	derselbe
dh	das heißt
dies.	dieselbe/n
Diss.	Dissertation
DJT	Deutscher Juristentag
DKK-*Bearbeiter*	Däubler/Kittner/Klebe/Wedde (Hrsg.), Betriebsverfassungsgesetz mit Wahlordnung, 13. Aufl. 2012
DÖV	Die öffentliche Verwaltung (Zeitschrift)
DVAuslG	Durchführungsverordnung zum Ausländergesetz

DVBl .... Deutsches Verwaltungsblatt (Zeitschrift)

EG .... Europäische Gemeinschaft

EGAO .... Einführungsgesetz zur Abgabenordnung

EGBGB .... Einführungsgesetz zum Bürgerlichen Gesetzbuch

Einl. .... Einleitung

EFZG .... Entgeltfortzahlungsgesetz

EL .... Ergänzungslieferung

EnzEuR/
Bearbeiter .... *Hatje/Müller-Graff,* Enzyklopädie Europarecht, 2016

ErfK/*Bearbeiter* .. Erfurter Kommentar zum Arbeitsrecht, 17. Aufl. 2017

EStG .... Einkommensteuergesetz

EU .... Europäische Union

EUArbR/
Bearbeiter .... *Franzen/Gallner/Oetker* (Hrsg.), Kommentar zum europäischen Arbeitsrecht, 1. Aufl. 2015

EuGH .... Europäischer Gerichtshof

EuroAS .... Europäisches Arbeits- und Sozialrecht (Zeitschrift)

evtl. .... eventuell

EWiR .... Entscheidungen zum Wirtschaftsrecht (Zeitschrift); zitiert nach Gesetz, Paragraph, Jahr und Nummer

EWR .... Europäischer Wirtschaftsraum

EzAÜG .... Entscheidungssammlung zum Arbeitnehmerüberlassungsgesetz

EzA .... Entscheidungssammlung zum Arbeitsrecht

f. .... folgende

ff. .... fortfolgende

FA .... Fachanwalt Arbeitsrecht (Zeitschrift)

FAZ .... Frankfurter Allgemeine Zeitung

FGO .... Finanzgerichtsordnung

Fischer/
Bearbeiter .... Strafgesetzbuch und Nebengesetze, Kommentar, 59. Aufl. 2012

Fitting .... Handkommentar zum Betriebsverfassungsgesetz, 26. Aufl. 2012

Fn. .... Fußnote

GefStoffVO ...... Gefahrstoffverordnung

GewArch .... Gewerbe-Archiv (Zeitschrift)

GewO .... Gewerbeordnung

GG .... Grundgesetz

GK-BetrVG/
Bearbeiter .... Betriebsverfassungsgesetz, Gemeinschaftskommentar, 9. Aufl. 2010

GmbHG .... Gesetz betreffend die Gesellschaften mit beschränkter Haftung

GüKG .... Güterkraftverkehrsgesetz

HAG .... Heimarbeitsgesetz

HMB/*Bearbeiter* *Henssler/Moll/Bepler* (Hrsg.), Der Tarifvertrag, 2. Aufl. 2016

Hs. .... Halbsatz

HWK/*Bearbeiter* Henssler, Willemsen, Kalb (Hrsg.), Arbeitsrecht Kommentar, 7. Auflage 2016

HGB .... Handelsgesetzbuch

hM .... herrschende Meinung

Hrsg., hrsg. .... Herausgeber, herausgegeben

i. .... im, in

idF .... in der Fassung

iSd .... im Sinne des/der

Abkürzungen

rd.	rund
RdA	Recht der Arbeit (Zeitschrift)
RegBl.	Regierungsblatt
RG	Reichsgericht
RGBl.	Reichsgesetzblatt
RGZ	Entscheidungen des Reichsgerichts in Zivilsachen
Richardi/	
Bearbeiter	Kommentar zum BetrVG, 15. Auflage 2016
Riesenhuber,	
Europäisches	
Arbeitsrecht	Europäisches Arbeitsrecht, 2009
S.	Seite
s.	siehe
SAE	Sammlung arbeitsrechtlicher Entscheidungen (Zeitschrift)
Sandmann/	
Marschall/	
Schneider	Kommentar zum AÜG, Loseblatt, 2016
Schmidt-	
Bleibtreu/Klein .	Kommentar zum Grundgesetz, 12. Auflage 2011
Schönke/	
Schröder-	
Bearbeiter	Strafgesetzbuch, Kommentar, 28. Auflage 2010
Schubel/	
Engelbrecht	Kommentar zum Gesetz über die gewerbsmäßige Arbeitnehmer-überlassung, 2. Auflage 1988
Schüren/	
Hamann/	
Bearbeiter	Kommentar zum AÜG, 4. Aufl. 2010
SchwarzarbG	Gesetz zur Bekämpfung der Schwarzarbeit
SchwbG	Schwerbehindertengesetz
SG	Sozialgericht
SGB	Sozialgesetzbuch
SGG	Sozialgerichtsgesetz
SKWPG	(Erstes) Gesetz zur Umsetzung des Spar-, Konsolidierungs- und Wachstumsprogramms
Slg.	Amtliche Sammlung der Entscheidungen des Europäischen Gerichtshofs
sog.	sogenannte/r
SprAuG	Sprecherausschussgesetz
Stelkens/Bonk/	
Sachs	Verwaltungsverfahrensgesetz, Kommentar, 7. Auflage 2008
StPO	Strafprozessordnung
stRspr	ständige Rechtsprechung
Tab.	Tabelle
Thüsing/	
Bearbeiter	Arbeitnehmer-Entsendegesetz, Kommentar, 1. Aufl. 2010
Thüsing/	
Bearbeiter,	
MiLoG	*Thüsing* (Hrsg.), Mindestlohngesetz und Arbeitnehmer-Entsende-gesetz Kommentar, 2. Aufl. 2016
Thüsing/Braun/	
Bearbeiter, Tarif-	
recht	*Thüsing/Braun* (Hrsg.), Tarifrecht, 2. Aufl. 2016

Abkürzungen

ua	unter anderem/anderen
Ulber	Arbeitnehmerüberlassungsgesetz, Kommentar, 4. Aufl. 2011
UmwG	Umwandlungsgesetz
Univ.	Universität
Urban-Crell/	
Schulz	Arbeitnehmerüberlassung und Arbeitsvermittlung, 1. Auflage 2003
UGBH/	
Bearbeiter	*Urban-Crell/Germakowski/Bissels/Hurst,* Arbeitnehmerüberlassungsgesetz, Kommentar, 2. Aufl. 2013
Ulber, AÜG	*Ulber* (Hrsg.), Arbeitnehmerüberlassungsgesetz, Kommentar, 5. Aufl. 2017
Ulrici, AÜG	*Ulrici,* Arbeitnehmerüberlassungsgesetz, Handkommentar, 2017
UStG	Umsatzsteuergesetz
v.	vom, von
VBG	Verwaltungs-Berufsgenossenschaft
VersR	Versicherungsrecht (Zeitschrift)
VGH	Verwaltungsgerichtshof
vgl.	vergleiche
VOBl.	Verordnungsblatt
VVG	Gesetz über den Versicherungsvertrag
VwGO	Verwaltungsgerichtsordnung
VwKostG	Verwaltungskostengesetz
VwVfG	Verwaltungsverfahrensgesetz (des Bundes)
VwVG	Verwaltungsvollstreckungsgesetz (des Bundes)
WiB	Wirtschaftsrechtliche Beratung (Zeitschrift)
Wiedemann/	
Bearbeiter	Tarifvertragsgesetz, Kommentar, 7. Aufl. 2007
WM	Wertpapier-Mitteilungen (Zeitschrift)
Wolff/Bachof/	
Stober	Verwaltungsrecht. Lehrbuch, 1/2 Bände (Band 1: 12. Aufl. aktuell; Band 2: 7. Aufl. 2010; Band 3: entfällt)
WRV	Weimarer Reichsverfassung
www	world wide web
z.	zum
zB	zum Beispiel
ZDG	Zivildienstgesetz
ZfA	Zeitschrift für Arbeitsrecht (Zeitschrift)
ZfS	Zentralblatt für Sozialversicherung, Sozialhilfe und Versorgung (Zeitschrift für das Recht der sozialen Sicherheit)
ZHR	Zeitschrift für das gesamte Handelsrecht und Wirtschaftsrecht (früher: Zeitschrift für das gesamte Handelsrecht und Konkursrecht)
ZIP	Zeitschrift für Wirtschaftsrecht (bis 1982: Zeitschrift für Wirtschaftsrecht und Insolvenzpraxis)
zit.	zitiert
ZPO	Zivilprozessordnung
ZTR	Zeitschrift für Tarif-, Arbeits- und Sozialrecht des öffentlichen Dienstes (Zeitschrift)
zugl.	zugleich
ZZP	Zeitschrift für den Zivilprozess (Zeitschrift)

Gesetz zur Regelung der Arbeitnehmerüberlassung (Arbeitnehmerüberlassungsgesetz – AÜG)

In der Fassung der Bekanntmachung vom 3. Februar 1995
(BGBl. I S. 158)

FNA 810-31

geänd. durch Art. 2 G zur Anpassung arbeitsrechtlicher Bestimmungen an das EG-Recht v. 20.7.1995 (BGBl. I S. 946), Art. 5 EG-ArbeitsschutzrahmenRL-UmsetzungsG v. 7.8.1996 (BGBl. I S. 1246), Art. 63 Arbeitsförderungs-ReformG v. 24.3.1997 (BGBl. I S. 594), Art. 29 JustizmitteilungsG und G zur Änd. kostenrechtlicher Vorschriften und anderer Gesetze v. 18.6.1997 (BGBl. I S. 1430), Art. 19 Erstes SGB III-ÄndG v. 16.12.1997 (BGBl. I S. 2970), Art. 2b G zur Änd. des BGB und des ArbeitsgerichtsG v. 29.6.1998 (BGBl. I S. 1694), Art. 41 Viertes Euro-EinführungsG v. 21.12.2000 (BGBl. I S. 1983), Art. 2 G zur Reform des BetriebsverfassungsG v. 23.7.2001 (BGBl. I S. 1852), Art. 7 Job-AQTIV-G v. 10.12.2001 (BGBl. I S. 3443), Art. 3 Nr. 3 G zur Änd. des GaststättenG und der GewerbeO v. 13.12.2001 (BGBl. I S. 3584), Art. 11 Nr. 20 ZuwanderungsG v. 20.6.2002 (BGBl. I S. 1946, nichtig gem. Urt. des BVerfG v. 18.12.2002 – 2 BvF 1/02 –), Art. 13 G zur Erleichterung der Bekämpfung von illegaler Beschäftigung und Schwarzarbeit v. 23.7.2002 (BGBl. I S. 2787), Art. 6 Erstes G für moderne Dienstleistungen am Arbeitsmarkt v. 23.12.2002 (BGBl. I S. 4607), Art. 93 Drittes G für moderne Dienstleistungen am Arbeitsmarkt v. 23.12.2003 (BGBl. I S. 2848), Art. 2c G über den Arbeitsmarktzugang im Rahmen der EU-Erweiterung v. 23.4.2004 (BGBl. I S. 602), Art. 17 G zur Intensivierung der Bekämpfung der Schwarzarbeit und damit zusammenhängender Steuerhinterziehung v. 23.7.2004 (BGBl. I S. 1842), Art. 11 Nr. 21 ZuwanderungsG v. 30.7.2004 (BGBl. I S. 1950), Art. 7 Viertes G zur Änd. des SGB III und anderer Gesetze v. 19.11.2004 (BGBl. I S. 2902), Art. 6 Nr. 4 G zur Änd. des AufenthaltsG und weiterer Gesetze v. 14.3.2005 (BGBl. I S. 721), Art. 233 Neunte ZuständigkeitsanpassungsVO v. 31.10.2006 (BGBl. I S. 2407), Art. 16, 19 Abs. 6 G zur Sicherung von Beschäftigung und Stabilität in Deutschland v. 2.3.2009 (BGBl. I S. 416), Art. 2 BeschäftigungschancenG v. 24.10.2010 (BGBl. I S. 1417, ber. S. 2329), Art. 1 Erstes ÄndG v. 28.4.2011 (BGBl. I S. 642), Art. 1 G zur Änd. des ArbeitnehmerüberlassungsG und des SchwarzarbeitsbekämpfungsG v. 20.7.2011 (BGBl. I S. 1506), Art. 26 G zur Verbesserung der Eingliederungschancen am Arbeitsmarkt v. 20.12.2011 (BGBl. I S. 2854), Art. 2 Abs. 61, Art. 4 Abs. 46 G zur Strukturreform des Gebührenrechts des Bundes v. 7.8.2013 (BGBl. I S. 3154, geänd. durch G v. 18.7.2016, BGBl. I S. 1666), Art. 7 TarifautonomiestärkungsG v. 11.8.2014 (BGBl. I S. 1348), Art. 4 Abs. 43 G zur Aktualisierung der Strukturreform des Gebührenrechts des Bundes v. 18.7.2016 (BGBl. I S. 1666), Art. 1 G zur Änd. des ArbeitnehmerüberlassungsG und anderer Gesetze v. 21.2.2017 (BGBl. I S. 258)

§ 1 Arbeitnehmerüberlassung, Erlaubnispflicht

(1) [1]Arbeitgeber, die als Verleiher Dritten (Entleihern) Arbeitnehmer (Leiharbeitnehmer) im Rahmen ihrer wirtschaftlichen Tätigkeit zur Arbeitsleistung überlassen (Arbeitnehmerüberlassung) wollen, bedürfen der Erlaubnis. [2]Arbeitnehmer werden zur Arbeitsleistung überlassen, wenn sie in die

Arbeitsorganisation des Entleihers eingegliedert sind und seinen Weisungen unterliegen. ³Die Überlassung und das Tätigwerdenlassen von Arbeitnehmern als Leiharbeitnehmer ist nur zulässig, soweit zwischen dem Verleiher und dem Leiharbeitnehmer ein Arbeitsverhältnis besteht. ⁴Die Überlassung von Arbeitnehmern ist vorübergehend bis zu einer Überlassungshöchstdauer nach Absatz 1b zulässig. ⁵Verleiher und Entleiher haben die Überlassung von Leiharbeitnehmern in ihrem Vertrag ausdrücklich als Arbeitnehmerüberlassung zu bezeichnen, bevor sie den Leiharbeitnehmer überlassen oder tätig werden lassen. ⁶Vor der Überlassung haben sie die Person des Leiharbeitnehmers unter Bezugnahme auf diesen Vertrag zu konkretisieren.

(1a) ¹Die Abordnung von Arbeitnehmern zu einer zur Herstellung eines Werkes gebildeten Arbeitsgemeinschaft ist keine Arbeitnehmerüberlassung, wenn der Arbeitgeber Mitglied der Arbeitsgemeinschaft ist, für alle Mitglieder der Arbeitsgemeinschaft Tarifverträge desselben Wirtschaftszweiges gelten und alle Mitglieder auf Grund des Arbeitsgemeinschaftsvertrages zur selbständigen Erbringung von Vertragsleistungen verpflichtet sind. ²Für einen Arbeitgeber mit Geschäftssitz in einem anderen Mitgliedstaat des Europäischen Wirtschaftsraumes ist die Abordnung von Arbeitnehmern zu einer zur Herstellung eines Werkes gebildeten Arbeitsgemeinschaft auch dann keine Arbeitnehmerüberlassung, wenn für ihn deutsche Tarifverträge desselben Wirtschaftszweiges wie für die anderen Mitglieder der Arbeitsgemeinschaft nicht gelten, er aber die übrigen Voraussetzungen des Satzes 1 erfüllt.

(1b) ¹Der Verleiher darf denselben Leiharbeitnehmer nicht länger als 18 aufeinander folgende Monate demselben Entleiher überlassen; der Entleiher darf denselben Leiharbeitnehmer nicht länger als 18 aufeinander folgende Monate tätig werden lassen. ²Der Zeitraum vorheriger Überlassungen durch denselben oder einen anderen Verleiher an denselben Entleiher ist vollständig anzurechnen, wenn zwischen den Einsätzen jeweils nicht mehr als drei Monate liegen. ³In einem Tarifvertrag von Tarifvertragsparteien der Einsatzbranche kann eine von Satz 1 abweichende Überlassungshöchstdauer festgelegt werden. ⁴Im Geltungsbereich eines Tarifvertrages nach Satz 3 können abweichende tarifvertragliche Regelungen im Betrieb eines nicht tarifgebundenen Entleihers durch Betriebs- oder Dienstvereinbarung übernommen werden. ⁵In einer auf Grund eines Tarifvertrages von Tarifvertragsparteien der Einsatzbranche getroffenen Betriebs- oder Dienstvereinbarung kann eine von Satz 1 abweichende Überlassungshöchstdauer festgelegt werden. ⁶Können auf Grund eines Tarifvertrages nach Satz 5 abweichende Regelungen in einer Betriebs- oder Dienstvereinbarung getroffen werden, kann auch in Betrieben eines nicht tarifgebundenen Entleihers bis zu einer Überlassungshöchstdauer von 24 Monaten davon Gebrauch gemacht werden, soweit nicht durch diesen Tarifvertrag eine von Satz 1 abweichende Überlassungshöchstdauer für Betriebs- oder Dienstvereinbarungen festgelegt ist. ⁷Unterfällt der Betrieb des nicht tarifgebundenen Entleihers bei Abschluss einer Betriebs- oder Dienstvereinbarung nach Satz 4 oder Satz 6 den Geltungsbereichen mehrerer Tarifverträge, ist auf den für die Branche des Entleihers repräsentativen Tarifvertrag abzustellen. ⁸Die Kirchen und die öffentlich-rechtlichen

Religionsgesellschaften können von Satz 1 abweichende Überlassungshöchstdauern in ihren Regelungen vorsehen.

(2) Werden Arbeitnehmer Dritten zur Arbeitsleistung überlassen und übernimmt der Überlassende nicht die üblichen Arbeitgeberpflichten oder das
Arbeitgeberrisiko (§ 3 Abs. 1 Nr. 1 bis 3), so wird vermutet, daß der Überlassende Arbeitsvermittlung betreibt.

(3) Dieses Gesetz ist mit Ausnahme des § 1b Satz 1, des § 16 Absatz 1
Nummer 1f und Absatz 2 bis 5 sowie der §§ 17 und 18 nicht anzuwenden
auf die Arbeitnehmerüberlassung

1. zwischen Arbeitgebern desselben Wirtschaftszweiges zur Vermeidung
    von Kurzarbeit oder Entlassungen, wenn ein für den Entleiher und Ver-
    leiher geltender Tarifvertrag dies vorsieht,
2. zwischen Konzernunternehmen im Sinne des § 18 des Aktiengesetzes,
    wenn der Arbeitnehmer nicht zum Zweck der Überlassung eingestellt
    und beschäftigt wird,
2a. zwischen Arbeitgebern, wenn die Überlassung nur gelegentlich erfolgt
    und der Arbeitnehmer nicht zum Zweck der Überlassung eingestellt und
    beschäftigt wird,
2b. zwischen Arbeitgebern, wenn Aufgaben eines Arbeitnehmers von dem
    bisherigen zu dem anderen Arbeitgeber verlagert werden und auf Grund
    eines Tarifvertrages des öffentlichen Dienstes
    a) das Arbeitsverhältnis mit dem bisherigen Arbeitgeber weiter besteht
        und
    b) die Arbeitsleistung zukünftig bei dem anderen Arbeitgeber erbracht
        wird,
2c. zwischen Arbeitgebern, wenn diese juristische Personen des öffentlichen
    Rechts sind und Tarifverträge des öffentlichen Dienstes oder Regelungen
    der öffentlich-rechtlichen Religionsgesellschaften anwenden, oder
3. in das Ausland, wenn der Leiharbeitnehmer in ein auf der Grundlage
    zwischenstaatlicher Vereinbarungen begründetes deutsch-ausländisches
    Gemeinschaftsunternehmen verliehen wird, an dem der Verleiher betei-
    ligt ist.

§ 1a Anzeige der Überlassung

(1) Keiner Erlaubnis bedarf ein Arbeitgeber mit weniger als 50 Beschäftigten, der zur Vermeidung von Kurzarbeit oder Entlassungen an einen Arbeitgeber einen Arbeitnehmer, der nicht zum Zweck der Überlassung eingestellt
und beschäftigt wird, bis zur Dauer von zwölf Monaten überläßt, wenn er
die Überlassung vorher schriftlich der Bundesagentur für Arbeit angezeigt
hat.

(2) In der Anzeige sind anzugeben
1. Vor- und Familiennamen, Wohnort und Wohnung, Tag und Ort der
    Geburt des Leiharbeitnehmers,
2. Art der vom Leiharbeitnehmer zu leistenden Tätigkeit und etwaige Pflicht
    zur auswärtigen Leistung,

3. Beginn und Dauer der Überlassung,
4. Firma und Anschrift des Entleihers.

§ 1b Einschränkungen im Baugewerbe

[1]Arbeitnehmerüberlassung nach § 1 in Betriebe des Baugewerbes für Arbeiten, die üblicherweise von Arbeitern verrichtet werden, ist unzulässig. [2]Sie ist gestattet

a) zwischen Betrieben des Baugewerbes und anderen Betrieben, wenn diese Betriebe erfassende, für allgemeinverbindlich erklärte Tarifverträge dies bestimmen,

b) zwischen Betrieben des Baugewerbes, wenn der verleihende Betrieb nachweislich seit mindestens drei Jahren von denselben Rahmen- und Sozialkassentarifverträgen oder von deren Allgemeinverbindlichkeit erfasst wird.

[3]Abweichend von Satz 2 ist für Betriebe des Baugewerbes mit Geschäftssitz in einem anderen Mitgliedstaat des Europäischen Wirtschaftsraumes Arbeitnehmerüberlassung auch gestattet, wenn die ausländischen Betriebe nicht von deutschen Rahmen- und Sozialkassentarifverträgen oder für allgemeinverbindlich erklärten Tarifverträgen erfasst werden, sie aber nachweislich seit mindestens drei Jahren überwiegend Tätigkeiten ausüben, die unter den Geltungsbereich derselben Rahmen- und Sozialkassentarifverträge fallen, von denen der Betrieb des Entleihers erfasst wird.

§ 2 Erteilung und Erlöschen der Erlaubnis

(1) Die Erlaubnis wird auf schriftlichen Antrag erteilt.

(2) [1]Die Erlaubnis kann unter Bedingungen erteilt und mit Auflagen verbunden werden, um sicherzustellen, daß keine Tatsachen eintreten, die nach § 3 die Versagung der Erlaubnis rechtfertigen. [2]Die Aufnahme, Änderung oder Ergänzung von Auflagen sind auch nach Erteilung der Erlaubnis zulässig.

(3) Die Erlaubnis kann unter dem Vorbehalt des Widerrufs erteilt werden, wenn eine abschließende Beurteilung des Antrags noch nicht möglich ist.

(4) [1]Die Erlaubnis ist auf ein Jahr zu befristen. [2]Der Antrag auf Verlängerung der Erlaubnis ist spätestens drei Monate vor Ablauf des Jahres zu stellen. [3]Die Erlaubnis verlängert sich um ein weiteres Jahr, wenn die Erlaubnisbehörde die Verlängerung nicht vor Ablauf des Jahres ablehnt. [4]Im Fall der Ablehnung gilt die Erlaubnis für die Abwicklung der nach § 1 erlaubt abgeschlossenen Verträge als fortbestehend, jedoch nicht länger als zwölf Monate.

(5) [1]Die Erlaubnis kann unbefristet erteilt werden, wenn der Verleiher drei aufeinanderfolgende Jahre lang nach § 1 erlaubt tätig war. [2]Sie erlischt, wenn der Verleiher von der Erlaubnis drei Jahre lang keinen Gebrauch gemacht hat.

§ 2a Gebühren und Auslagen

(1) Für die Bearbeitung von Anträgen auf Erteilung und Verlängerung der Erlaubnis werden vom Antragsteller Gebühren und Auslagen erhoben.

(2) [1]Die Bundesregierung wird ermächtigt, durch Rechtsverordnung die gebührenpflichtigen Tatbestände näher zu bestimmen und dabei feste Sätze und Rahmensätze vorzusehen. [2]Die Gebühr darf im Einzelfall 2 500 Euro nicht überschreiten.

§ 3 Versagung

(1) Die Erlaubnis oder ihre Verlängerung ist zu versagen, wenn Tatsachen die Annahme rechtfertigen, daß der Antragsteller

1. die für die Ausübung der Tätigkeit nach § 1 erforderliche Zuverlässigkeit nicht besitzt, insbesondere weil er die Vorschriften des Sozialversicherungsrechts, über die Einbehaltung und Abführung der Lohnsteuer, über die Arbeitsvermittlung, über die Anwerbung im Ausland oder über die Ausländerbeschäftigung, über die Überlassungshöchstdauer nach § 1 Absatz 1b, die Vorschriften des Arbeitsschutzrechts oder die arbeitsrechtlichen Pflichten nicht einhält;

2. nach der Gestaltung seiner Betriebsorganisation nicht in der Lage ist, die üblichen Arbeitgeberpflichten ordnungsgemäß zu erfüllen;

3. dem Leiharbeitnehmer die ihm nach § 8 zustehenden Arbeitsbedingungen einschließlich des Arbeitsentgelts nicht gewährt.

(2) Die Erlaubnis oder ihre Verlängerung ist ferner zu versagen, wenn für die Ausübung der Tätigkeit nach § 1 Betriebe, Betriebsteile oder Nebenbetriebe vorgesehen sind, die nicht in einem Mitgliedstaat der Europäischen Wirtschaftsgemeinschaft oder einem anderen Vertragsstaat des Abkommens über den Europäischen Wirtschaftsraum liegen.

(3) Die Erlaubnis kann versagt werden, wenn der Antragsteller nicht Deutscher im Sinne des Artikels 116 des Grundgesetzes ist oder wenn eine Gesellschaft oder juristische Person den Antrag stellt, die entweder nicht nach deutschem Recht gegründet ist oder die weder ihren satzungsmäßigen Sitz noch ihre Hauptverwaltung noch ihre Hauptniederlassung im Geltungsbereich dieses Gesetzes hat.

(4) [1]Staatsangehörige der Mitgliedstaaten der Europäischen Wirtschaftsgemeinschaft oder eines anderen Vertragsstaates des Abkommens über den Europäischen Wirtschaftsraum erhalten die Erlaubnis unter den gleichen Voraussetzungen wie deutsche Staatsangehörige. [2]Den Staatsangehörigen dieser Staaten stehen gleich Gesellschaften und juristische Personen, die nach den Rechtsvorschriften dieser Staaten gegründet sind und ihren satzungsgemäßen Sitz, ihre Hauptverwaltung oder ihre Hauptniederlassung innerhalb dieser Staaten haben. [3]Soweit diese Gesellschaften oder juristische Personen zwar ihren satzungsmäßigen Sitz, jedoch weder ihre Hauptverwaltung noch ihre Hauptniederlassung innerhalb dieser Staaten haben, gilt Satz 2 nur, wenn ihre Tätigkeit in tatsächlicher und dauerhafter Verbindung mit der Wirtschaft

eines Mitgliedstaates oder eines Vertragsstaates des Abkommens über den Europäischen Wirtschaftsraum steht.

(5) [1]Staatsangehörige anderer als der in Absatz 4 genannten Staaten, die sich aufgrund eines internationalen Abkommens im Geltungsbereich dieses Gesetzes niederlassen und hierbei sowie bei ihrer Geschäftstätigkeit nicht weniger günstig behandelt werden dürfen als deutsche Staatsangehörige, erhalten die Erlaubnis unter den gleichen Voraussetzungen wie deutsche Staatsangehörige. [2]Den Staatsangehörigen nach Satz 1 stehen gleich Gesellschaften, die nach den Rechtsvorschriften des anderen Staates gegründet sind.

§ 3a Lohnuntergrenze

(1) [1]Gewerkschaften und Vereinigungen von Arbeitgebern, die zumindest auch für ihre jeweiligen in der Arbeitnehmerüberlassung tätigen Mitglieder zuständig sind (vorschlagsberechtigte Tarifvertragsparteien) und bundesweit tarifliche Mindeststundenentgelte im Bereich der Arbeitnehmerüberlassung miteinander vereinbart haben, können dem Bundesministerium für Arbeit und Soziales gemeinsam vorschlagen, diese als Lohnuntergrenze in einer Rechtsverordnung verbindlich festzusetzen; die Mindeststundenentgelte können nach dem jeweiligen Beschäftigungsort differenzieren und auch Regelungen zur Fälligkeit entsprechender Ansprüche einschließlich hierzu vereinbarter Ausnahmen und deren Voraussetzungen umfassen. [2]Der Vorschlag muss für Verleihzeiten und verleihfreie Zeiten einheitliche Mindeststundenentgelte sowie eine Laufzeit enthalten. [3]Der Vorschlag ist schriftlich zu begründen.

(2) [1]Das Bundesministerium für Arbeit und Soziales kann, wenn dies im öffentlichen Interesse geboten erscheint, in einer Rechtsverordnung ohne Zustimmung des Bundesrates bestimmen, dass die vorgeschlagenen tariflichen Mindeststundenentgelte nach Absatz 1 als verbindliche Lohnuntergrenze auf alle in den Geltungsbereich der Verordnung fallenden Arbeitgeber sowie Leiharbeitnehmer Anwendung findet. [2]Der Verordnungsgeber kann den Vorschlag nur inhaltlich unverändert in die Rechtsverordnung übernehmen.

(3) [1]Der Verordnungsgeber hat bei seiner Entscheidung nach Absatz 2 im Rahmen einer Gesamtabwägung neben den Zielen dieses Gesetzes zu prüfen, ob eine Rechtsverordnung nach Absatz 2 insbesondere geeignet ist, die finanzielle Stabilität der sozialen Sicherungssysteme zu gewährleisten. [2]Der Verordnungsgeber hat zu berücksichtigen
1. die bestehenden bundesweiten Tarifverträge in der Arbeitnehmerüberlassung und
2. die Repräsentativität der vorschlagenden Tarifvertragsparteien.

(4) [1]Liegen mehrere Vorschläge nach Absatz 1 vor, hat der Verordnungsgeber bei seiner Entscheidung nach Absatz 2 im Rahmen der nach Absatz 3 erforderlichen Gesamtabwägung die Repräsentativität der vorschlagenden Tarifvertragsparteien besonders zu berücksichtigen. [2]Bei der Feststellung der Repräsentativität ist vorrangig abzustellen auf

1. die Zahl der jeweils in den Geltungsbereich einer Rechtsverordnung nach Absatz 2 fallenden Arbeitnehmer, die bei Mitgliedern der vorschlagenden Arbeitgebervereinigung beschäftigt sind;
2. die Zahl der jeweils in den Geltungsbereich einer Rechtsverordnung nach Absatz 2 fallenden Mitglieder der vorschlagenden Gewerkschaften.

(5) [1]Vor Erlass ist ein Entwurf der Rechtsverordnung im Bundesanzeiger bekannt zu machen. [2]Das Bundesministerium für Arbeit und Soziales gibt Verleihern und Leiharbeitnehmern sowie den Gewerkschaften und Vereinigungen von Arbeitgebern, die im Geltungsbereich der Rechtsverordnung zumindest teilweise tarifzuständig sind, Gelegenheit zur schriftlichen Stellungnahme innerhalb von drei Wochen ab dem Tag der Bekanntmachung des Entwurfs der Rechtsverordnung im Bundesanzeiger. [3]Nach Ablauf der Stellungnahmefrist wird der in § 5 Absatz 1 Satz 1 des Tarifvertragsgesetzes genannte Ausschuss mit dem Vorschlag befasst.

(6) [1]Nach Absatz 1 vorschlagsberechtigte Tarifvertragsparteien können gemeinsam die Änderung einer nach Absatz 2 erlassenen Rechtsverordnung vorschlagen. [2]Die Absätze 1 bis 5 finden entsprechend Anwendung.

§ 4 Rücknahme

(1) [1]Eine rechtswidrige Erlaubnis kann mit Wirkung für die Zukunft zurückgenommen werden. [2]§ 2 Abs. 4 Satz 4 gilt entsprechend.

(2) [1]Die Erlaubnisbehörde hat dem Verleiher auf Antrag den Vermögensnachteil auszugleichen, den dieser dadurch erleidet, daß er auf den Bestand der Erlaubnis vertraut hat, soweit sein Vertrauen unter Abwägung mit dem öffentlichen Interesse schutzwürdig ist. [2]Auf Vertrauen kann sich der Verleiher nicht berufen, wenn er
1. die Erlaubnis durch arglistige Täuschung, Drohung oder eine strafbare Handlung erwirkt hat;
2. die Erlaubnis durch Angaben erwirkt hat, die in wesentlicher Beziehung unrichtig oder unvollständig waren, oder
3. die Rechtswidrigkeit der Erlaubnis kannte oder infolge grober Fahrlässigkeit nicht kannte.
[3]Der Vermögensnachteil ist jedoch nicht über den Betrag des Interesses hinaus zu ersetzen, das der Verleiher an dem Bestand der Erlaubnis hat. [4]Der auszugleichende Vermögensnachteil wird durch die Erlaubnisbehörde festgesetzt. [5]Der Anspruch kann nur innerhalb eines Jahres geltend gemacht werden; die Frist beginnt, sobald die Erlaubnisbehörde den Verleiher auf sie hingewiesen hat.

(3) Die Rücknahme ist nur innerhalb eines Jahres seit dem Zeitpunkt zulässig, in dem die Erlaubnisbehörde von den Tatsachen Kenntnis erhalten hat, die die Rücknahme der Erlaubnis rechtfertigen.

§ 5 Widerruf

(1) Die Erlaubnis kann mit Wirkung für die Zukunft widerrufen werden, wenn

1. der Widerruf bei ihrer Erteilung nach § 2 Abs. 3 vorbehalten worden ist;
2. der Verleiher eine Auflage nach § 2 nicht innerhalb einer ihm gesetzten Frist erfüllt hat;
3. die Erlaubnisbehörde auf Grund nachträglich eingetretener Tatsachen berechtigt wäre, die Erlaubnis zu versagen, oder
4. die Erlaubnisbehörde auf Grund einer geänderten Rechtslage berechtigt wäre, die Erlaubnis zu versagen; § 4 Abs. 2 gilt entsprechend.

(2) [1]Die Erlaubnis wird mit dem Wirksamwerden des Widerrufs unwirksam. [2]§ 2 Abs. 4 Satz 4 gilt entsprechend.

(3) Der Widerruf ist unzulässig, wenn eine Erlaubnis gleichen Inhalts erneut erteilt werden müßte.

(4) Der Widerruf ist nur innerhalb eines Jahres seit dem Zeitpunkt zulässig, in dem die Erlaubnisbehörde von den Tatsachen Kenntnis erhalten hat, die den Widerruf der Erlaubnis rechtfertigen.

§ 6 Verwaltungszwang

Werden Leiharbeitnehmer von einem Verleiher ohne die erforderliche Erlaubnis überlassen, so hat die Erlaubnisbehörde dem Verleiher dies zu untersagen und das weitere Überlassen nach den Vorschriften des Verwaltungsvollstreckungsgesetzes zu verhindern.

§ 7 Anzeigen und Auskünfte

(1) [1]Der Verleiher hat der Erlaubnisbehörde nach Erteilung der Erlaubnis unaufgefordert die Verlegung, Schließung und Errichtung von Betrieben, Betriebsteilen oder Nebenbetrieben vorher anzuzeigen, soweit diese die Ausübung der Arbeitnehmerüberlassung zum Gegenstand haben. [2]Wenn die Erlaubnis Personengesamtheiten, Personengesellschaften oder juristischen Personen erteilt ist und nach ihrer Erteilung eine andere Person zur Geschäftsführung oder Vertretung nach Gesetz, Satzung oder Gesellschaftsvertrag berufen wird, ist auch dies unaufgefordert anzuzeigen.

(2) [1]Der Verleiher hat der Erlaubnisbehörde auf Verlangen die Auskünfte zu erteilen, die zur Durchführung des Gesetzes erforderlich sind. [2]Die Auskünfte sind wahrheitsgemäß, vollständig, fristgemäß und unentgeltlich zu erteilen. [3]Auf Verlangen der Erlaubnisbehörde hat der Verleiher die geschäftlichen Unterlagen vorzulegen, aus denen sich die Richtigkeit seiner Angaben ergibt, oder seine Angaben auf sonstige Weise glaubhaft zu machen. [4]Der Verleiher hat seine Geschäftsunterlagen drei Jahre lang aufzubewahren.

(3) [1]In begründeten Einzelfällen sind die von der Erlaubnisbehörde beauftragten Personen befugt, Grundstücke und Geschäftsräume des Verleihers zu betreten und dort Prüfungen vorzunehmen. [2]Der Verleiher hat die Maßnahmen nach Satz 1 zu dulden. [3]Das Grundrecht der Unverletzlichkeit der Wohnung (Artikel 13 des Grundgesetzes) wird insoweit eingeschränkt.

(4) [1]Durchsuchungen können nur auf Anordnung des Richters bei dem Amtsgericht, in dessen Bezirk die Durchsuchung erfolgen soll, vorgenommen

werden. [2]Auf die Anfechtung dieser Anordnung finden die §§ 304 bis 310 der Strafprozeßordnung entsprechende Anwendung. [3]Bei Gefahr im Verzuge können die von der Erlaubnisbehörde beauftragten Personen während der Geschäftszeit die erforderlichen Durchsuchungen ohne richterliche Anordnung vornehmen. [4]An Ort und Stelle ist eine Niederschrift über die Durchsuchung und ihr wesentliches Ergebnis aufzunehmen, aus der sich, falls keine richterliche Anordnung ergangen ist, auch die Tatsachen ergeben, die zur Annahme einer Gefahr im Verzuge geführt haben.

(5) Der Verleiher kann die Auskunft auf solche Fragen verweigern, deren Beantwortung ihn selbst oder einen der in § 383 Abs. 1 Nr. 1 bis 3 der Zivilprozeßordnung bezeichneten Angehörigen der Gefahr strafgerichtlicher Verfolgung oder eines Verfahrens nach dem Gesetz über Ordnungswidrigkeiten aussetzen würde.

§ 8 Grundsatz der Gleichstellung

(1) [1]Der Verleiher ist verpflichtet, dem Leiharbeitnehmer für die Zeit der Überlassung an den Entleiher die im Betrieb des Entleihers für einen vergleichbaren Arbeitnehmer des Entleihers geltenden wesentlichen Arbeitsbedingungen einschließlich des Arbeitsentgelts zu gewähren (Gleichstellungsgrundsatz). [2]Erhält der Leiharbeitnehmer das für einen vergleichbaren Arbeitnehmer des Entleihers im Entleihbetrieb geschuldete tarifvertragliche Arbeitsentgelt oder in Ermangelung eines solchen ein für vergleichbare Arbeitnehmer in der Einsatzbranche geltendes tarifvertragliches Arbeitsentgelt, wird vermutet, dass der Leiharbeitnehmer hinsichtlich des Arbeitsentgelts im Sinne von Satz 1 gleichgestellt ist. [3]Werden im Betrieb des Entleihers Sachbezüge gewährt, kann ein Wertausgleich in Euro erfolgen.

(2) [1]Ein Tarifvertrag kann vom Gleichstellungsgrundsatz abweichen, soweit er nicht die in einer Rechtsverordnung nach § 3a Absatz 2 festgesetzten Mindeststundenentgelte unterschreitet. [2]Soweit ein solcher Tarifvertrag vom Gleichstellungsgrundsatz abweicht, hat der Verleiher dem Leiharbeitnehmer die nach diesem Tarifvertrag geschuldeten Arbeitsbedingungen zu gewähren. [3]Im Geltungsbereich eines solchen Tarifvertrages können nicht tarifgebundene Arbeitgeber und Arbeitnehmer die Anwendung des Tarifvertrages vereinbaren. [4]Soweit ein solcher Tarifvertrag die in einer Rechtsverordnung nach § 3a Absatz 2 festgesetzten Mindeststundenentgelte unterschreitet, hat der Verleiher dem Leiharbeitnehmer für jede Arbeitsstunde das im Betrieb des Entleihers für einen vergleichbaren Arbeitnehmer des Entleihers für eine Arbeitsstunde zu zahlende Arbeitsentgelt zu gewähren.

(3) Eine abweichende tarifliche Regelung im Sinne von Absatz 2 gilt nicht für Leiharbeitnehmer, die in den letzten sechs Monaten vor der Überlassung an den Entleiher aus einem Arbeitsverhältnis bei diesem oder einem Arbeitgeber, der mit dem Entleiher einen Konzern im Sinne des § 18 des Aktiengesetzes bildet, ausgeschieden sind.

(4) [1]Ein Tarifvertrag im Sinne des Absatzes 2 kann hinsichtlich des Arbeitsentgelts vom Gleichstellungsgrundsatz für die ersten neun Monate einer

Überlassung an einen Entleiher abweichen. [2]Eine längere Abweichung durch Tarifvertrag ist nur zulässig, wenn

1. nach spätestens 15 Monaten einer Überlassung an einen Entleiher mindestens ein Arbeitsentgelt erreicht wird, das in dem Tarifvertrag als gleichwertig mit dem tarifvertraglichen Arbeitsentgelt vergleichbarer Arbeitnehmer in der Einsatzbranche festgelegt ist, und

2. nach einer Einarbeitungszeit von längstens sechs Wochen eine stufenweise Heranführung an dieses Arbeitsentgelt erfolgt.

[3]Im Geltungsbereich eines solchen Tarifvertrages können nicht tarifgebundene Arbeitgeber und Arbeitnehmer die Anwendung der tariflichen Regelungen vereinbaren. [4]Der Zeitraum vorheriger Überlassungen durch denselben oder einen anderen Verleiher an denselben Entleiher ist vollständig anzurechnen, wenn zwischen den Einsätzen jeweils nicht mehr als drei Monate liegen.

(5) Der Verleiher ist verpflichtet, dem Leiharbeitnehmer mindestens das in einer Rechtsverordnung nach § 3a Absatz 2 für die Zeit der Überlassung und für Zeiten ohne Überlassung festgesetzte Mindeststundenentgelt zu zahlen.

§ 9 Unwirksamkeit

(1) Unwirksam sind:

1. Verträge zwischen Verleihern und Entleihern sowie zwischen Verleihern und Leiharbeitnehmern, wenn der Verleiher nicht die nach § 1 erforderliche Erlaubnis hat; der Vertrag zwischen Verleiher und Leiharbeitnehmer wird nicht unwirksam, wenn der Leiharbeitnehmer schriftlich bis zum Ablauf eines Monats nach dem zwischen Verleiher und Entleiher für den Beginn der Überlassung vorgesehenen Zeitpunkt gegenüber dem Verleiher oder dem Entleiher erklärt, dass er an dem Arbeitsvertrag mit dem Verleiher festhält; tritt die Unwirksamkeit erst nach Aufnahme der Tätigkeit beim Entleiher ein, so beginnt die Frist mit Eintritt der Unwirksamkeit,

1a. Arbeitsverträge zwischen Verleihern und Leiharbeitnehmern, wenn entgegen § 1 Absatz 1 Satz 5 und 6 die Arbeitnehmerüberlassung nicht ausdrücklich als solche bezeichnet und die Person des Leiharbeitnehmers nicht konkretisiert worden ist, es sei denn, der Leiharbeitnehmer erklärt schriftlich bis zum Ablauf eines Monats nach dem zwischen Verleiher und Entleiher für den Beginn der Überlassung vorgesehenen Zeitpunkt gegenüber dem Verleiher oder dem Entleiher, dass er an dem Arbeitsvertrag mit dem Verleiher festhält,

1b. Arbeitsverträge zwischen Verleihern und Leiharbeitnehmern mit dem Überschreiten der zulässigen Überlassungshöchstdauer nach § 1 Absatz 1b, es sei denn, der Leiharbeitnehmer erklärt schriftlich bis zum Ablauf eines Monats nach Überschreiten der zulässigen Überlassungshöchstdauer gegenüber dem Verleiher oder dem Entleiher, dass er an dem Arbeitsvertrag mit dem Verleiher festhält,

2. Vereinbarungen, die für den Leiharbeitnehmer schlechtere als die ihm nach § 8 zustehenden Arbeitsbedingungen einschließlich des Arbeitsentgelts vorsehen,

2a. Vereinbarungen, die den Zugang des Leiharbeitnehmers zu den Gemeinschaftseinrichtungen oder -diensten im Unternehmen des Entleihers entgegen § 13b beschränken,

3. Vereinbarungen, die dem Entleiher untersagen, den Leiharbeitnehmer zu einem Zeitpunkt einzustellen, in dem dessen Arbeitsverhältnis zum Verleiher nicht mehr besteht; dies schließt die Vereinbarung einer angemessenen Vergütung zwischen Verleiher und Entleiher für die nach vorangegangenem Verleih oder mittels vorangegangenem Verleih erfolgte Vermittlung nicht aus,

4. Vereinbarungen, die dem Leiharbeitnehmer untersagen, mit dem Entleiher zu einem Zeitpunkt, in dem das Arbeitsverhältnis zwischen Verleiher und Leiharbeitnehmer nicht mehr besteht, ein Arbeitsverhältnis einzugehen,

5. Vereinbarungen, nach denen der Leiharbeitnehmer eine Vermittlungsvergütung an den Verleiher zu zahlen hat.

(2) Die Erklärung nach Absatz 1 Nummer 1, 1a oder 1b (Festhaltenserklärung) ist nur wirksam, wenn

1. der Leiharbeitnehmer diese vor ihrer Abgabe persönlich in einer Agentur für Arbeit vorlegt,

2. die Agentur für Arbeit die abzugebende Erklärung mit dem Datum des Tages der Vorlage und dem Hinweis versieht, dass sie die Identität des Leiharbeitnehmers festgestellt hat, und

3. die Erklärung spätestens am dritten Tag nach der Vorlage in der Agentur für Arbeit dem Ver- oder Entleiher zugeht.

(3) [1]Eine vor Beginn einer Frist nach Absatz 1 Nummer 1 bis 1b abgegebene Festhaltenserklärung ist unwirksam. [2]Wird die Überlassung nach der Festhaltenserklärung fortgeführt, gilt Absatz 1 Nummer 1 bis 1b. [3]Eine erneute Festhaltenserklärung ist unwirksam. [4]§ 28e Absatz 2 Satz 4 des Vierten Buches Sozialgesetzbuch gilt unbeschadet der Festhaltenserklärung.

§ 10 Rechtsfolgen bei Unwirksamkeit

(1) [1]Ist der Vertrag zwischen einem Verleiher und einem Leiharbeitnehmer nach § 9 unwirksam, so gilt ein Arbeitsverhältnis zwischen Entleiher und Leiharbeitnehmer zu dem zwischen dem Entleiher und dem Verleiher für den Beginn der Tätigkeit vorgesehenen Zeitpunkt als zustande gekommen; tritt die Unwirksamkeit erst nach Aufnahme der Tätigkeit beim Entleiher ein, so gilt das Arbeitsverhältnis zwischen Entleiher und Leiharbeitnehmer mit dem Eintritt der Unwirksamkeit als zustande gekommen. [2]Das Arbeitsverhältnis nach Satz 1 gilt als befristet, wenn die Tätigkeit des Leiharbeitnehmers bei dem Entleiher nur befristet vorgesehen war und ein die Befristung des Arbeitsverhältnisses sachlich rechtfertigender Grund vorliegt. [3]Für das Arbeitsverhältnis nach Satz 1 gilt die zwischen dem Verleiher und dem Entleiher vorgesehene Arbeitszeit als vereinbart. [4]Im übrigen bestimmen sich Inhalt

und Dauer dieses Arbeitsverhältnisses nach den für den Betrieb des Entleihers geltenden Vorschriften und sonstigen Regelungen; sind solche nicht vorhanden, gelten diejenigen vergleichbarer Betriebe. [5]Der Leiharbeitnehmer hat gegen den Entleiher mindestens Anspruch auf das mit dem Verleiher vereinbarte Arbeitsentgelt.

(2) [1]Der Leiharbeitnehmer kann im Falle der Unwirksamkeit seines Vertrages mit dem Verleiher nach § 9 von diesem Ersatz des Schadens verlangen, den er dadurch erleidet, daß er auf die Gültigkeit des Vertrages vertraut. [2]Die Ersatzpflicht tritt nicht ein, wenn der Leiharbeitnehmer den Grund der Unwirksamkeit kannte.

(3) [1]Zahlt der Verleiher das vereinbarte Arbeitsentgelt oder Teile des Arbeitsentgelts an den Leiharbeitnehmer, obwohl der Vertrag nach § 9 unwirksam ist, so hat er auch sonstige Teile des Arbeitsentgelts, die bei einem wirksamen Arbeitsvertrag für den Leiharbeitnehmer an einen anderen zu zahlen wären, an den anderen zu zahlen. [2]Hinsichtlich dieser Zahlungspflicht gilt der Verleiher neben dem Entleiher als Arbeitgeber; beide haften insoweit als Gesamtschuldner.

§ 10a Rechtsfolgen bei Überlassung durch eine andere Person als den Arbeitgeber

Werden Arbeitnehmer entgegen § 1 Absatz 1 Satz 3 von einer anderen Person überlassen und verstößt diese Person hierbei gegen § 1 Absatz 1 Satz 1, 5 und 6 oder Absatz 1b, gelten für das Arbeitsverhältnis des Leiharbeitnehmers § 9 Absatz 1 Nummer 1 bis 1b und § 10 entsprechend.

§ 11 Sonstige Vorschriften über das Leiharbeitsverhältnis

(1) [1]Der Nachweis der wesentlichen Vertragsbedingungen des Leiharbeitsverhältnisses richtet sich nach den Bestimmungen des Nachweisgesetzes. [2]Zusätzlich zu den in § 2 Abs. 1 des Nachweisgesetzes genannten Angaben sind in die Niederschrift aufzunehmen:

1. Firma und Anschrift des Verleihers, die Erlaubnisbehörde sowie Ort und Datum der Erteilung der Erlaubnis nach § 1,
2. Art und Höhe der Leistungen für Zeiten, in denen der Leiharbeitnehmer nicht verliehen ist.

(2) [1]Der Verleiher ist ferner verpflichtet, dem Leiharbeitnehmer bei Vertragsschluß ein Merkblatt der Erlaubnisbehörde über den wesentlichen Inhalt dieses Gesetzes auszuhändigen. [2]Nichtdeutsche Leiharbeitnehmer erhalten das Merkblatt und den Nachweis nach Absatz 1 auf Verlangen in ihrer Muttersprache. [3]Die Kosten des Merkblatts trägt der Verleiher. [4]Der Verleiher hat den Leiharbeitnehmer vor jeder Überlassung darüber zu informieren, dass er als Leiharbeitnehmer tätig wird.

(3) [1]Der Verleiher hat den Leiharbeitnehmer unverzüglich über den Zeitpunkt des Wegfalls der Erlaubnis zu unterrichten. [2]In den Fällen der Nichtverlängerung (§ 2 Abs. 4 Satz 3), der Rücknahme (§ 4) oder des Widerrufs

(§ 5) hat er ihn ferner auf das voraussichtliche Ende der Abwicklung (§ 2 Abs. 4 Satz 4) und die gesetzliche Abwicklungsfrist (§ 2 Abs. 4 Satz 4 letzter Halbsatz) hinzuweisen.

(4) [1]§ 622 Abs. 5 Nr. 1 des Bürgerlichen Gesetzbuchs ist nicht auf Arbeitsverhältnisse zwischen Verleihern und Leiharbeitnehmern anzuwenden. [2]Das Recht des Leiharbeitnehmers auf Vergütung bei Annahmeverzug des Verleihers (§ 615 Satz 1 des Bürgerlichen Gesetzbuchs) kann nicht durch Vertrag aufgehoben oder beschränkt werden; § 615 Satz 2 des Bürgerlichen Gesetzbuchs bleibt unberührt. [3]Das Recht des Leiharbeitnehmers auf Vergütung kann durch Vereinbarung von Kurzarbeit für die Zeit aufgehoben werden, für die dem Leiharbeitnehmer Kurzarbeitergeld nach dem Dritten Buch Sozialgesetzbuch gezahlt wird; eine solche Vereinbarung kann das Recht des Leiharbeitnehmers auf Vergütung bis längstens zum 31. Dezember 2011 ausschließen.

(5) [1]Der Entleiher darf Leiharbeitnehmer nicht tätig werden lassen, wenn sein Betrieb unmittelbar durch einen Arbeitskampf betroffen ist. [2]Satz 1 gilt nicht, wenn der Entleiher sicherstellt, dass Leiharbeitnehmer keine Tätigkeiten übernehmen, die bisher von Arbeitnehmern erledigt wurden, die
1. sich im Arbeitskampf befinden oder
2. ihrerseits Tätigkeiten von Arbeitnehmern, die sich im Arbeitskampf befinden, übernommen haben.
[3]Der Leiharbeitnehmer ist nicht verpflichtet, bei einem Entleiher tätig zu sein, soweit dieser durch einen Arbeitskampf unmittelbar betroffen ist. [4]In den Fällen eines Arbeitskampfes hat der Verleiher den Leiharbeitnehmer auf das Recht, die Arbeitsleistung zu verweigern, hinzuweisen.

(6) [1]Die Tätigkeit des Leiharbeitnehmers bei dem Entleiher unterliegt den für den Betrieb des Entleihers geltenden öffentlich-rechtlichen Vorschriften des Arbeitsschutzrechts; die hieraus sich ergebenden Pflichten für den Arbeitgeber obliegen dem Entleiher unbeschadet der Pflichten des Verleihers. [2]Insbesondere hat der Entleiher den Leiharbeitnehmer vor Beginn der Beschäftigung und bei Veränderungen in seinem Arbeitsbereich über Gefahren für Sicherheit und Gesundheit, denen er bei der Arbeit ausgesetzt sein kann, sowie über die Maßnahmen und Einrichtungen zur Abwendung dieser Gefahren zu unterrichten. [3]Der Entleiher hat den Leiharbeitnehmer zusätzlich über die Notwendigkeit besonderer Qualifikationen oder beruflicher Fähigkeiten oder einer besonderen ärztlichen Überwachung sowie über erhöhte besondere Gefahren des Arbeitsplatzes zu unterrichten.

(7) Hat der Leiharbeitnehmer während der Dauer der Tätigkeit bei dem Entleiher eine Erfindung oder einen technischen Verbesserungsvorschlag gemacht, so gilt der Entleiher als Arbeitgeber im Sinne des Gesetzes über Arbeitnehmererfindungen.

§ 12 Rechtsbeziehungen zwischen Verleiher und Entleiher

(1) [1]Der Vertrag zwischen dem Verleiher und dem Entleiher bedarf der Schriftform. [2]Wenn der Vertrag und seine tatsächliche Durchführung einan-

der widersprechen, ist für die rechtliche Einordnung des Vertrages die tatsächliche Durchführung maßgebend. ³In der Urkunde hat der Verleiher zu erklären, ob er die Erlaubnis nach § 1 besitzt. ⁴Der Entleiher hat in der Urkunde anzugeben, welche besonderen Merkmale die für den Leiharbeitnehmer vorgesehene Tätigkeit hat und welche berufliche Qualifikation dafür erforderlich ist sowie welche im Betrieb des Entleihers für einen vergleichbaren Arbeitnehmer des Entleihers wesentlichen Arbeitsbedingungen einschließlich des Arbeitsentgelts gelten; Letzteres gilt nicht, soweit die Voraussetzungen der in § 8 Absatz 2 und 4 Satz 2 genannten Ausnahme vorliegen.

(2) ¹Der Verleiher hat den Entleiher unverzüglich über den Zeitpunkt des Wegfalls der Erlaubnis zu unterrichten. ²In den Fällen der Nichtverlängerung (§ 2 Abs. 4 Satz 3), der Rücknahme (§ 4) oder des Widerrufs (§ 5) hat er ihn ferner auf das voraussichtliche Ende der Abwicklung (§ 2 Abs. 4 Satz 4) und die gesetzliche Abwicklungsfrist (§ 2 Abs. 4 Satz 4 letzter Halbsatz) hinzuweisen.

§ 13 Auskunftsanspruch des Leiharbeitnehmers

Der Leiharbeitnehmer kann im Falle der Überlassung von seinem Entleiher Auskunft über die im Betrieb des Entleihers für einen vergleichbaren Arbeitnehmer des Entleihers geltenden wesentlichen Arbeitsbedingungen einschließlich des Arbeitsentgelts verlangen; dies gilt nicht, soweit die Voraussetzungen der in § 8 Absatz 2 und 4 Satz 2 genannten Ausnahme vorliegen.

§ 13a Informationspflicht des Entleihers über freie Arbeitsplätze

¹Der Entleiher hat den Leiharbeitnehmer über Arbeitsplätze des Entleihers, die besetzt werden sollen, zu informieren. ²Die Information kann durch allgemeine Bekanntgabe an geeigneter, dem Leiharbeitnehmer zugänglicher Stelle im Betrieb und Unternehmen des Entleihers erfolgen.

§ 13b Zugang des Leiharbeitnehmers zu Gemeinschaftseinrichtungen oder -diensten

¹Der Entleiher hat dem Leiharbeitnehmer Zugang zu den Gemeinschaftseinrichtungen oder -diensten im Unternehmen unter den gleichen Bedingungen zu gewähren wie vergleichbaren Arbeitnehmern in dem Betrieb, in dem der Leiharbeitnehmer seine Arbeitsleistung erbringt, es sei denn, eine unterschiedliche Behandlung ist aus sachlichen Gründen gerechtfertigt. ²Gemeinschaftseinrichtungen oder -dienste im Sinne des Satzes 1 sind insbesondere Kinderbetreuungseinrichtungen, Gemeinschaftsverpflegung und Beförderungsmittel.

§ 14 Mitwirkungs- und Mitbestimmungsrechte

(1) Leiharbeitnehmer bleiben auch während der Zeit ihrer Arbeitsleistung bei einem Entleiher Angehörige des entsendenden Betriebs des Verleihers.

(2) [1]Leiharbeitnehmer sind bei der Wahl der Arbeitnehmervertreter in den Aufsichtsrat im Entleiherunternehmen und bei der Wahl der betriebsverfassungsrechtlichen Arbeitnehmervertretungen im Entleiherbetrieb nicht wählbar. [2]Sie sind berechtigt, die Sprechstunden dieser Arbeitnehmervertretung aufzusuchen und an den Betriebs- und Jugendversammlungen im Entleiherbetrieb teilzunehmen. [3]Die §§ 81, 82 Abs. 1 und die §§ 84 bis 86 des Betriebsverfassungsgesetzes gelten im Entleiherbetrieb auch in bezug auf die dort tätigen Leiharbeitnehmer. [4]Soweit Bestimmungen des Betriebsverfassungsgesetzes mit Ausnahme des § 112a, des Europäische Betriebsräte-Gesetzes oder der auf Grund der jeweiligen Gesetze erlassenen Wahlordnungen eine bestimmte Anzahl oder einen bestimmten Anteil von Arbeitnehmern voraussetzen, sind Leiharbeitnehmer auch im Entleiherbetrieb zu berücksichtigen. [5]Soweit Bestimmungen des Mitbestimmungsgesetzes, des Montan-Mitbestimmungsgesetzes, des Mitbestimmungsergänzungsgesetzes, des Drittelbeteiligungsgesetzes, des Gesetzes über die Mitbestimmung der Arbeitnehmer bei einer grenzüberschreitenden Verschmelzung, des SE- und des SCE-Beteiligungsgesetzes oder der auf Grund der jeweiligen Gesetze erlassenen Wahlordnungen eine bestimmte Anzahl oder einen bestimmten Anteil von Arbeitnehmern voraussetzen, sind Leiharbeitnehmer auch im Entleiherunternehmen zu berücksichtigen. [6]Soweit die Anwendung der in Satz 5 genannten Gesetze eine bestimmte Anzahl oder einen bestimmten Anteil von Arbeitnehmern erfordert, sind Leiharbeitnehmer im Entleiherunternehmen nur zu berücksichtigen, wenn die Einsatzdauer sechs Monate übersteigt.

(3) [1]Vor der Übernahme eines Leiharbeitnehmers zur Arbeitsleistung ist der Betriebsrat des Entleiherbetriebs nach § 99 des Betriebsverfassungsgesetzes zu beteiligen. [2]Dabei hat der Entleiher dem Betriebsrat auch die schriftliche Erklärung des Verleihers nach § 12 Abs. 1 Satz 2 vorzulegen. [3]Er ist ferner verpflichtet, Mitteilungen des Verleihers nach § 12 Abs. 2 unverzüglich dem Betriebsrat bekanntzugeben.

(4) Die Absätze 1 und 2 Satz 1 und 2 sowie Absatz 3 gelten für die Anwendung des Bundespersonalvertretungsgesetzes sinngemäß.

§ 15 Ausländische Leiharbeitnehmer ohne Genehmigung

(1) [1]Wer als Verleiher einen Ausländer, der einen erforderlichen Aufenthaltstitel nach § 4 Abs. 3 des Aufenthaltsgesetzes, eine Aufenthaltsgestattung oder eine Duldung, die zur Ausübung der Beschäftigung berechtigen, oder eine Genehmigung nach § 284 Abs. 1 des Dritten Buches Sozialgesetzbuch nicht besitzt, entgegen § 1 einem Dritten ohne Erlaubnis überläßt, wird mit Freiheitsstrafe bis zu drei Jahren oder mit Geldstrafe bestraft.

(2) [1]In besonders schweren Fällen ist die Strafe Freiheitsstrafe von sechs Monaten bis zu fünf Jahren. [2]Ein besonders schwerer Fall liegt in der Regel vor, wenn der Täter gewerbsmäßig oder aus grobem Eigennutz handelt.

§ 15a Entleih von Ausländern ohne Genehmigung

(1) [1]Wer als Entleiher einen ihm überlassenen Ausländer, der einen erforderlichen Aufenthaltstitel nach § 4 Abs. 3 des Aufenthaltsgesetzes, eine Auf-

enthaltsgestattung oder eine Duldung, die zur Ausübung der Beschäftigung berechtigen, oder eine Genehmigung nach § 284 Abs. 1 des Dritten Buches Sozialgesetzbuch nicht besitzt, zu Arbeitsbedingungen des Leiharbeitsverhältnisses tätig werden läßt, die in einem auffälligen Mißverhältnis zu den Arbeitsbedingungen deutscher Leiharbeitnehmer stehen, die die gleiche oder eine vergleichbare Tätigkeit ausüben, wird mit Freiheitsstrafe bis zu drei Jahren oder mit Geldstrafe bestraft. [2]In besonders schweren Fällen ist die Strafe Freiheitsstrafe von sechs Monaten bis zu fünf Jahren; ein besonders schwerer Fall liegt in der Regel vor, wenn der Täter gewerbsmäßig oder aus grobem Eigennutz handelt.

(2) [1]Wer als Entleiher

1. gleichzeitig mehr als fünf Ausländer, die einen erforderlichen Aufenthaltstitel nach § 4 Abs. 3 des Aufenthaltsgesetzes, eine Aufenthaltsgestattung oder eine Duldung, die zur Ausübung der Beschäftigung berechtigen, oder eine Genehmigung nach § 284 Abs. 1 des Dritten Buches Sozialgesetzbuch nicht besitzen, tätig werden läßt oder

2. eine in § 16 Abs. 1 Nr. 2 bezeichnete vorsätzliche Zuwiderhandlung beharrlich wiederholt,

wird mit Freiheitsstrafe bis zu einem Jahr oder mit Geldstrafe bestraft. [2]Handelt der Täter aus grobem Eigennutz, ist die Strafe Freiheitsstrafe bis zu drei Jahren oder Geldstrafe.

§ 16 Ordnungswidrigkeiten

(1) Ordnungswidrig handelt, wer vorsätzlich oder fahrlässig

1. entgegen § 1 einen Leiharbeitnehmer einem Dritten ohne Erlaubnis überläßt,

1a. einen ihm von einem Verleiher ohne Erlaubnis überlassenen Leiharbeitnehmer tätig werden läßt,

1b. entgegen § 1 Absatz 1 Satz 3 einen Arbeitnehmer überlässt oder tätig werden lässt,

1c. entgegen § 1 Absatz 1 Satz 5 eine dort genannte Überlassung nicht, nicht richtig oder nicht rechtzeitig bezeichnet,

1d. entgegen § 1 Absatz 1 Satz 6 die Person nicht, nicht richtig oder nicht rechtzeitig konkretisiert,

1e. entgegen § 1 Absatz 1b Satz 1 einen Leiharbeitnehmer überlässt,

1 f. entgegen § 1b Satz 1 Arbeitnehmer überläßt oder tätig werden läßt,

2. einen ihm überlassenen ausländischen Leiharbeitnehmer, der einen erforderlichen Aufenthaltstitel nach § 4 Abs. 3 des Aufenthaltsgesetzes, eine Aufenthaltsgestattung oder eine Duldung, die zur Ausübung der Beschäftigung berechtigen, oder eine Genehmigung nach § 284 Abs. 1 des Dritten Buches Sozialgesetzbuch nicht besitzt, tätig werden läßt,

2a. eine Anzeige nach § 1a nicht richtig, nicht vollständig oder nicht rechtzeitig erstattet,

3. einer Auflage nach § 2 Abs. 2 nicht, nicht vollständig oder nicht rechtzeitig nachkommt,

4. eine Anzeige nach § 7 Abs. 1 nicht, nicht richtig, nicht vollständig oder nicht rechtzeitig erstattet,

5. eine Auskunft nach § 7 Abs. 2 Satz 1 nicht, nicht richtig, nicht vollständig oder nicht rechtzeitig erteilt,

6. seiner Aufbewahrungspflicht nach § 7 Abs. 2 Satz 4 nicht nachkommt,

6a. entgegen § 7 Abs. 3 Satz 2 eine dort genannte Maßnahme nicht duldet,

7. *(aufgehoben)*

7a. entgegen § 8 Absatz 1 Satz 1 oder Absatz 2 Satz 2 oder 4 eine Arbeitsbedingung nicht gewährt,

7b. entgegen § 8 Absatz 5 in Verbindung mit einer Rechtsverordnung nach § 3a Absatz 2 Satz 1 das dort genannte Mindeststundenentgelt nicht oder nicht rechtzeitig zahlt,

8. einer Pflicht nach § 11 Abs. 1 oder Absatz 2 nicht nachkommt,

8a. entgegen § 11 Absatz 5 Satz 1 einen Leiharbeitnehmer tätig werden lässt,

9. entgegen § 13a Satz 1 den Leiharbeitnehmer nicht, nicht richtig oder nicht vollständig informiert,

10. entgegen § 13b Satz 1 Zugang nicht gewährt,

11. entgegen § 17a in Verbindung mit § 5 Absatz 1 Satz 1 des Schwarzarbeitsbekämpfungsgesetzes eine Prüfung nicht duldet oder bei dieser Prüfung nicht mitwirkt,

12. entgegen § 17a in Verbindung mit § 5 Absatz 1 Satz 2 des Schwarzarbeitsbekämpfungsgesetzes das Betreten eines Grundstücks oder Geschäftsraums nicht duldet,

13. entgegen § 17a in Verbindung mit § 5 Absatz 3 Satz 1 des Schwarzarbeitsbekämpfungsgesetzes Daten nicht, nicht richtig, nicht vollständig, nicht in der vorgeschriebenen Weise oder nicht rechtzeitig übermittelt,

14. entgegen § 17b Absatz 1 Satz 1 eine Anmeldung nicht, nicht richtig, nicht vollständig, nicht in der vorgeschriebenen Weise oder nicht rechtzeitig zuleitet,

15. entgegen § 17b Absatz 1 Satz 2 eine Änderungsmeldung nicht, nicht richtig, nicht vollständig, nicht in der vorgeschriebenen Weise oder nicht rechtzeitig macht,

16. entgegen § 17b Absatz 2 eine Versicherung nicht beifügt,

17. entgegen § 17c Absatz 1 eine Aufzeichnung nicht, nicht richtig, nicht vollständig oder nicht rechtzeitig erstellt oder nicht oder nicht mindestens zwei Jahre aufbewahrt oder

18. entgegen § 17c Absatz 2 eine Unterlage nicht, nicht richtig, nicht vollständig oder nicht in der vorgeschriebenen Weise bereithält.

(2) Die Ordnungswidrigkeit nach Absatz 1 Nummer 1 bis 1f, 6 und 11 bis 18 kann mit einer Geldbuße bis zu dreißigtausend Euro, die Ordnungswidrigkeit nach Absatz 1 Nummer 2, 7a, 7b und 8a mit einer Geldbuße bis zu fünfhunderttausend Euro, die Ordnungswidrigkeit nach Absatz 1 Nummer 2a, 3, 9 und 10 mit einer Geldbuße bis zu zweitausendfünfhundert Euro, die Ordnungswidrigkeit nach Absatz 1 Nummer 4, 5, 6a und 8 mit einer Geldbuße bis zu tausend Euro geahndet werden.

(3) Verwaltungsbehörden im Sinne des § 36 Absatz 1 Nummer 1 des Gesetzes über Ordnungswidrigkeiten sind in den Fällen des Absatzes 1 Num-

mer 1, 1a, 1c, 1d, 1f, 2, 2a und 7b sowie 11 bis 18 die Behörden der Zollverwaltung jeweils für ihren Geschäftsbereich, in den Fällen des Absatzes 1 Nummer 1b, 1e, 3 bis 7a sowie 8 bis 10 die Bundesagentur für Arbeit.

(4) § 66 des Zehnten Buches Sozialgesetzbuch gilt entsprechend.

(5) [1]Die Geldbußen fließen in die Kasse der zuständigen Verwaltungsbehörde. [2]Sie trägt abweichend von § 105 Abs. 2 des Gesetzes über Ordnungswidrigkeiten die notwendigen Auslagen und ist auch ersatzpflichtig im Sinne
des § 110 Abs. 4 des Gesetzes über Ordnungswidrigkeiten.

§ 17 Durchführung

(1) [1]Die Bundesagentur für Arbeit führt dieses Gesetz nach fachlichen
Weisungen des Bundesministeriums für Arbeit und Soziales durch. [2]Verwal-
tungskosten werden nicht erstattet.

(2) Die Prüfung der Arbeitsbedingungen nach § 8 Absatz 5 obliegt zudem
den Behörden der Zollverwaltung nach Maßgabe der §§ 17a bis 18a.

§ 17a Befugnisse der Behörden der Zollverwaltung

Die §§ 2, 3 bis 6 und 14 bis 20, 22, 23 des Schwarzarbeitsbekämpfungsgesetzes sind entsprechend anzuwenden mit der Maßgabe, dass die dort genannten Behörden auch Einsicht in Arbeitsverträge, Niederschriften nach § 2 des
Nachweisgesetzes und andere Geschäftsunterlagen nehmen können, die mittelbar oder unmittelbar Auskunft über die Einhaltung der Arbeitsbedingungen nach § 8 Absatz 5 geben.

§ 17b Meldepflicht

(1) [1]Überlässt ein Verleiher mit Sitz im Ausland einen Leiharbeitnehmer
zur Arbeitsleistung einem Entleiher, hat der Entleiher, sofern eine Rechtsverordnung nach § 3a auf das Arbeitsverhältnis Anwendung findet, vor Beginn
jeder Überlassung der zuständigen Behörde der Zollverwaltung eine schriftliche Anmeldung in deutscher Sprache mit folgenden Angaben zuzuleiten:
1. Familienname, Vornamen und Geburtsdatum des überlassenen Leiharbeitnehmers,
2. Beginn und Dauer der Überlassung,
3. Ort der Beschäftigung,
4. Ort im Inland, an dem die nach § 17c erforderlichen Unterlagen bereitgehalten werden,
5. Familienname, Vornamen und Anschrift in Deutschland eines oder einer
   Zustellungsbevollmächtigten des Verleihers,
6. Branche, in die die Leiharbeitnehmer überlassen werden sollen, und
7. Familienname, Vornamen oder Firma sowie Anschrift des Verleihers.
[2]Änderungen bezüglich dieser Angaben hat der Entleiher unverzüglich zu
melden.

(2) Der Entleiher hat der Anmeldung eine Versicherung des Verleihers beizufügen, dass dieser seine Verpflichtungen nach § 8 Absatz 5 einhält.

(3) Das Bundesministerium der Finanzen kann durch Rechtsverordnung im Einvernehmen mit dem Bundesministerium für Arbeit und Soziales ohne Zustimmung des Bundesrates bestimmen,

1. dass, auf welche Weise und unter welchen technischen und organisatorischen Voraussetzungen eine Anmeldung, Änderungsmeldung und Versicherung abweichend von den Absätzen 1 und 2 elektronisch übermittelt werden kann,
2. unter welchen Voraussetzungen eine Änderungsmeldung ausnahmsweise entfallen kann und
3. wie das Meldeverfahren vereinfacht oder abgewandelt werden kann.

(4) Das Bundesministerium der Finanzen kann durch Rechtsverordnung ohne Zustimmung des Bundesrates die zuständige Behörde nach Absatz 1 Satz 1 bestimmen.

§ 17c Erstellen und Bereithalten von Dokumenten

(1) Sofern eine Rechtsverordnung nach § 3a auf ein Arbeitsverhältnis Anwendung findet, ist der Entleiher verpflichtet, Beginn, Ende und Dauer der täglichen Arbeitszeit des Leiharbeitnehmers spätestens bis zum Ablauf des siebten auf den Tag der Arbeitsleistung folgenden Kalendertages aufzuzeichnen und diese Aufzeichnungen mindestens zwei Jahre beginnend ab dem für die Aufzeichnung maßgeblichen Zeitpunkt aufzubewahren.

(2) [1]Jeder Verleiher ist verpflichtet, die für die Kontrolle der Einhaltung einer Rechtsverordnung nach § 3a erforderlichen Unterlagen im Inland für die gesamte Dauer der tatsächlichen Beschäftigung des Leiharbeitnehmers im Geltungsbereich dieses Gesetzes, insgesamt jedoch nicht länger als zwei Jahre, in deutscher Sprache bereitzuhalten. [2]Auf Verlangen der Prüfbehörde sind die Unterlagen auch am Ort der Beschäftigung bereitzuhalten.

§ 18 Zusammenarbeit mit anderen Behörden

(1) Zur Verfolgung und Ahndung der Ordungswidrigkeiten nach § 16 arbeiten die Bundesagentur für Arbeit und die Behörden der Zollverwaltung insbesondere mit folgenden Behörden zusammen:

1. den Trägern der Krankenversicherung als Einzugsstellen für die Sozialversicherungsbeiträge,
2. den in § 71 des Aufenthaltsgesetzes genannten Behörden,
3. den Finanzbehörden,
4. den nach Landesrecht für die Verfolgung und Ahndung von Ordnungswidrigkeiten nach dem Schwarzarbeitsbekämpfungsgesetz zuständigen Behörden,
5. den Trägern der Unfallversicherung,
6. den für den Arbeitsschutz zuständigen Landesbehörden,

7. den Rentenversicherungsträgern,

8. den Trägern der Sozialhilfe.

(2) Ergeben sich für die Bundesagentur für Arbeit oder die Behörden der Zollverwaltung bei der Durchführung dieses Gesetzes im Einzelfall konkrete Anhaltspunkte für

1. Verstöße gegen das Schwarzarbeitsbekämpfungsgesetz,

2. eine Beschäftigung oder Tätigkeit von Ausländern ohne erforderlichen Aufenthaltstitel nach § 4 Abs. 3 des Aufenthaltsgesetzes, eine Aufenthaltsgestattung oder eine Duldung, die zur Ausübung der Beschäftigung berechtigen, oder eine Genehmigung nach § 284 Abs. 1 des Dritten Buches Sozialgesetzbuch,

3. Verstöße gegen die Mitwirkungspflicht nach § 60 Abs. 1 Satz 1 Nr. 2 des Ersten Buches Sozialgesetzbuch gegenüber einer Dienststelle der Bundesagentur für Arbeit, einem Träger der gesetzlichen Kranken-, Pflege-, Unfall- oder Rentenversicherung oder einem Träger der Sozialhilfe oder gegen die Meldepflicht nach § 8a des Asylbewerberleistungsgesetzes,

4. Verstöße gegen die Vorschriften des Vierten und Siebten Buches Sozialgesetzbuch über die Verpflichtung zur Zahlung von Sozialversicherungsbeiträgen, soweit sie im Zusammenhang mit den in den Nummern 1 bis 3 genannten Verstößen sowie mit Arbeitnehmerüberlassung entgegen § 1 stehen,

5. Verstöße gegen die Steuergesetze,

6. Verstöße gegen das Aufenthaltsgesetz,

unterrichten sie die für die Verfolgung und Ahndung zuständigen Behörden, die Träger der Sozialhilfe sowie die Behörden nach § 71 des Aufenthaltsgesetzes.

(3) [1]In Strafsachen, die Straftaten nach den §§ 15 und 15a zum Gegenstand haben, sind der Bundesagentur für Arbeit und den Behörden der Zollverwaltung zur Verfolgung von Ordnungswidrigkeiten

1. bei Einleitung des Strafverfahrens die Personendaten des Beschuldigten, der Straftatbestand, die Tatzeit und der Tatort,

2. im Falle der Erhebung der öffentlichen Klage die das Verfahren abschließende Entscheidung mit Begründung

zu übermitteln. [2]Ist mit der in Nummer 2 genannten Entscheidung ein Rechtsmittel verworfen worden oder wird darin auf die angefochtene Entscheidung Bezug genommen, so ist auch die angefochtene Entscheidung zu übermitteln. [3]Die Übermittlung veranlaßt die Strafvollstreckungs- oder die Strafverfolgungsbehörde. [4]Eine Verwendung

1. der Daten der Arbeitnehmer für Maßnahmen zu ihren Gunsten,

2. der Daten des Arbeitgebers zur Besetzung seiner offenen Arbeitsplätze, die im Zusammenhang mit dem Strafverfahren bekanntgeworden sind,

3. der in den Nummern 1 und 2 genannten Daten für Entscheidungen über die Einstellung oder Rückforderung von Leistungen der Bundesagentur für Arbeit

ist zulässig.

(4) *(aufgehoben)*

(5) Die Behörden der Zollverwaltung unterrichten die zuständigen örtlichen Landesfinanzbehörden über den Inhalt von Meldungen nach § 17b.

(6) [1]Die Behörden der Zollverwaltung und die übrigen in § 2 des Schwarzarbeitsbekämpfungsgesetzes genannten Behörden dürfen nach Maßgabe der jeweils einschlägigen datenschutzrechtlichen Bestimmungen auch mit Behörden anderer Vertragsstaaten des Abkommens über den Europäischen Wirtschaftsraum zusammenarbeiten, die dem § 17 Absatz 2 entsprechende Aufgaben durchführen oder für die Bekämpfung illegaler Beschäftigung zuständig sind oder Auskünfte geben können, ob ein Arbeitgeber seine Verpflichtungen nach § 8 Absatz 5 erfüllt. [2]Die Regelungen über die internationale Rechtshilfe in Strafsachen bleiben hiervon unberührt.

§ 18a *(aufgehoben)*

§ 19 Übergangsvorschrift

(1) § 8 Absatz 3 findet keine Anwendung auf Leiharbeitsverhältnisse, die vor dem 15. Dezember 2010 begründet worden sind.

(2) Überlassungszeiten vor dem 1. April 2017 werden bei der Berechnung der Überlassungshöchstdauer nach § 1 Absatz 1b und der Berechnung der Überlassungszeiten nach § 8 Absatz 4 Satz 1 nicht berücksichtigt.

§ 20 Evaluation

Die Anwendung dieses Gesetzes ist im Jahr 2020 zu evaluieren.

Einführung

Literatur: *Bauschke,* Die sog. Fremdfirmenproblematik, NZA 2000, 1201; *Bayreuther,* Vergütungsstrukturen und Equal-pay in der Arbeitnehmerüberlassung nach der AÜG-Reform, NZA 2017, 18; *Bertrams,* Die AÜG-Reform im Spiegel des EG-Richtlinienentwurfs zur Leiharbeit, ZESAR 2003, 205; *Bieback/Dieterich/Hanau/Kocher,* Tarifgestützte Mindestlöhne 2007; *Böhm,* Umsetzung der EU-Leiharbeitsrichtlinie – mit Fragezeichen?!, DB 2011, 473; *Boemke,* Schuldvertrag und Arbeitsverhältnis, 1999; *ders./Lembke,* Arbeitnehmerüberlassungsgesetz, 3. Aufl., 2013; *Däubler,* Das neue Internationale Arbeitsrecht, RIW 1987, 249 ff.; *ders.,* Die neue Leiharbeit, KJ 2003, 17; *Düwell,* Die vorübergehende Überlassung im Ersten AÜG-Änderungsgesetz, ZESAR 2011, 449; *Engelbrecht,* Die Abgrenzung der Arbeitnehmerüberlassung von der Arbeitsvermittlung, Diss. Hamburg 1979; *Erdlenbruch,* Die betriebsverfassungsrechtliche Stellung gewerbsmäßig überlassener Arbeitnehmer, Frankfurt a. M., 1992; *Forst,* Entspricht das Konzernprivileg des neuen AÜG der Leiharbeitsrichtlinie?, ZESAR 2011, 316; *Franßen/Haesen,* Arbeitnehmerüberlassungsgesetz, Kommentar, Loseblatt, 1974; *Franzen,* Tarifzuständigkeit und Tariffähigkeit im Bereich der Arbeitnehmerüberlassung, BB 2009, 1472; *Gick,* Gewerbsmäßige Arbeitnehmerüberlassung zwischen Verbot und Neugestaltung, 1984; *Hamann,* Erkennungsmerkmale der illegalen Arbeitnehmerüberlassung in Form von Scheindienst- und Scheinwerkverträgen, 1995; *ders.,* Gewerbsmäßige Arbeitnehmerüberlassung, Jura 2003, 361; *ders.,* Die Reform des AÜG im Jahr 2011, RdA 2011, 321; *ders./Rudnik,* Die Festhaltenserklärung des Leiharbeitnehmers nach dem neuen AÜG, NZA 2017, 22; *Heinze,* Rechtsprobleme des sog. Echten Leiharbeitsverhältnisses, ZfA 1976, 183; *von Hoyningen-Huene,* Subunternehmervertrag oder illegale Arbeitnehmerüberlassung?, BB 1985, 1669; *Kainer/Schweipert,* Werkverträge und verdeckte Leiharbeit nach dem neuen AÜG, NZA 2017, 13; *Kaufmann,* Arbeitnehmerüberlassung: Allgemeiner Überblick und Auswirkungen der Reform auf die betriebliche Praxis, 1998; *Kienle/Koch,* Grenzüberschreitende Arbeitnehmerüberlassung – Probleme und Folgen, DB 2001, 922 ff.; *Klöpper,* Werksvertragsarbeiten von Arbeitnehmern aus Osteuropa im Rahmen von Regierungsabkommen, AiB 1993, 682; *Kokemoor,* Arbeitnehmerüberlassung im Arbeitnehmerinteresse, NZA 2000, 1077; *Krüger,* Verbot der Leiharbeit – Gewerkschaftsforderung und Grundgesetz, 1986; *Leitner,* Arbeitnehmerüberlassung in der Grauzone zwischen Legalität und Illegalität, 1990; *Lembke,* Neue Rechte von Leiharbeitnehmern gegenüber Entleihern, NZA 2011, 319; *ders.,* Die „Hartz-Reform" des Arbeitnehmerüberlassungsgesetzes, BB 2003, 98; *ders.,* Aktuelle Brennpunkte in der Zeitarbeit, BB 2010, 1533; *Leuchten,* Das neue Recht der Leiharbeit, NZA 2011, 608; *ders.,* AÜG-Reform 2017 – Eine Reformatio in Peius, NZA 2017, 1; *Löwisch,* Schutz der Selbstbestimmung durch Fremdbestimmung, ZfA 1996, 293; *Lorenz,* Die Rechtswahlfreiheit im internationalen Schuldvertragsgesetz, RIW 1987, 569; *ders.,* Das objektive Arbeitsstatut nach dem Gesetz zur Neuregelung des Internationalen Privatrechts, RdA 1989, 220 ff.; *Mayer,* Der Schutz der Leiharbeitnehmer und das AÜG, ArbuR 1974, 353; *Mayer-Maly,* Das Leiharbeitsverhältnis, ZfA 1972, 1; *Moritz,* Inkrafttreten des Arbeitnehmerüberlassungsgesetzes, BB 1972, 1569; *Neighbour/Schröder,* Die Reform des Arbeitnehmerüberlassungsgesetzes – Was ändert sich zum 1.4.2017?, BB 2016, 2869; *Picker,* Arbeitnehmerüberlassung – Eine moderne Personalwirtschaftsreform als Mittel arbeitsrechtlicher Modernisierung, ZfA 2002, 469; *Pieroth,* Arbeitnehmerüberlassung unter dem Grundgesetz, 1982; *Reim,* Neue Flexibilität bei der Leiharbeit, ZTR 2003, 106; *Rieble/Vielmeier,* Umsetzungsdefizite der Leiharbeitsrichtlinie, EuZA 2011, 474; *Röwekamp,* Verfassungsrechtliche Aspekte der neueren Entwicklung der Arbeitnehmerüberlassung, ArbuR 1984, 323; *Rosenstein,* Die Abgrenzung der Arbeitnehmerüberlassung vom Fremdfirmeneinsatz auf Grund Dienst- oder

Werkvertrags, 1997; *Schaub,* Die Abgrenzung der gewerbsmäßigen Arbeitnehmerüberlassung von Dienst- und Werkverträgen sowie sonstigen Verträgen der Arbeitsleistung
an Dritte, NZA 1985, Beil. 3, 1; *Schnorr,* Aspekte des internationalen Privatrechts der
gewerbsmäßigen Arbeitnehmerüberlassung (Zeitarbeit), ZfA 1975, 143; *Schubel/Engel-
brecht,* Kommentar zum Gesetz über die gewerbsmäßige Arbeitnehmerüberlassung,
1973; *Schüren/Hamann,* AÜG, Kommentar, 5. Auflage 2017; *Thüsing,* Sozialrechtliche
Konsequenzen einer Arbeitnehmerüberlassung im internationalen Konzern, FS für Birk
2008, 859; *ders./Lembke,* Zeitarbeit im Spannungsverhältnis von Dienstleistungsfreiheit
und Tarifautonomie, ZfA 2007, 87; *ders./Stiebert,* Zum Begriff „vorübergehend" in § 1
Abs. 1 Satz 2 AÜG, DB 2012, 632; *dies.,* Die Zukunft von Gestellung in Diakonie und
Caritas, ZAT 2016. S. 176; *ders./Thieken,* Der Begriff der „wirtschaftlichen Tätigkeit"
in AÜG, DB 2012, 347; *ders.,* Das novellierte AÜG: Hinweise und Fragen zum richtigen Verständnis", DB 2016, 2663; *Ulber,* Arbeitnehmerüberlassungsgesetz – Kommentar
für die Praxis, 5. Aufl., 2017; *Urban-Crell/Schulz,* Arbeitnehmerüberlassung und
Arbeitsvermittlung, 2003; *Urban-Crell/Germakowski/Bissels/Hurst,* Kommentar zur
Arbeitnehmerüberlassung, 2013; *Vielhaber,* Die Gewerbsmäßigkeit der Arbeitnehmerüberlassung, BB 1973, 384; *Vögele/Stein,* Fremdfirmen im Unternehmen, 1996; *Waas,*
Das sogenannte „mittelbare Arbeitsverhältnis", RdA 1993, 253; *Walle,* Der Einsatz
von Fremdpersonal auf Werkvertragsbasis, 1998; *Waltermann,* Fehlentwicklung in der
Leiharbeit, NZA 2010, 482; *Weinkopf,* Arbeitskräftepools – eine Alternative zur gewerblichen Leiharbeit?, WSI-Mitt. 1993, 569; *Weissmann,* Zulässige Arbeitsgemeinschaften
nach der Neuregelung des AÜG, BB 1989, 907; *Witten,* Vertragsgestaltung und Geset-
zesbindung im Recht der Zeitarbeit, 2002; *Worpenberg,* Die konzerninterne Arbeitnehmerüberlassung, 1993.

Übersicht

I. Arbeitnehmerüberlassung als Gegenstand des Arbeitsrechts

1. Struktur der Arbeitnehmerüberlassung

Arbeitnehmerüberlassung definiert sich dadurch, dass ein Arbeitgeber **1** (**Verleiher**) einem Dritten (**Entleiher**) auf Grund vertraglicher Vereinbarung vorübergehend bei ihm angestellte Arbeiter oder Angestellte (**Leiharbeitnehmer**) zur Verfügung stellt, und diese vom Entleiher nach seinen Vorstellungen und Zielen in seinem Betrieb wie eigene Arbeitnehmer eingesetzt werden. Deutlich hervorgehoben hat der Gesetzgeber diese Definitionselemente durch die Neufassung des § 1 Abs. 1 AÜG. Ergänzt wird die Legaldefinition des § 1 Abs. 1 S. 1 AÜG durch die Konkretisierung in S. 2, nach der Arbeitnehmer zur Arbeitsleistung überlassen werden, wenn sie in die Arbeitsorganisation des Entleihers eingegliedert sind und dessen Weisungen unterliegen (ähnlich, aber zurecht eine vollständige Eingliederung fordernd bereits zur bisherigen Rechtslage BAG 26.4.1995, DB 1995, 2427; 1.6.1994, DB 1994, 2549; 21.3.1990, NZA 1991, 269; s. bereits *Hueck/Nipperdey*, Arbeitsrecht I, 6. Aufl., S. 471 f.). Aus der Zweierbeziehung Arbeitgeber-Arbeitnehmer wird also eine **Dreierbeziehung,** in der Arbeitgeberfunktionen teilweise auf einen Dritten übertragen wird. Während streitig war, ob mit der Altfassung des § 1 Abs. 1 S. 2 AÜG ein Verbot vorübergehender Überlassung bezweckt war, ist in § 1 Abs. 1 S. 3 AÜG nunmehr ausdrücklich eine Höchstüberlassungsdauer von 18 Monaten geregelt.

Damit ist nicht jeder drittbezogene Arbeitseinsatz eine Arbeitnehmerüber- **2** lassung iSd AÜG. Diese ist vielmehr durch eine spezifische Ausgestaltung der

Vertragsbeziehung zwischen Verleiher und Entleiher einerseits (dem **Arbeit-nehmerüberlassungsvertrag**) und zwischen Verleiher und Arbeitnehmer andererseits (dem **Leiharbeitsvertrag**) sowie durch das Fehlen einer arbeitsrechtlichen Beziehung zwischen Arbeitnehmer und Entleiher gekennzeichnet (BAG 25.10.2000, AP AÜG § 10 Nr. 15; 3.12.1997, AP AÜG § 1 Nr. 24). Notwendiger Inhalt eines Arbeitnehmerüberlassungsvertrags ist die Verpflichtung des Verleihers gegenüber dem Entleiher, diesem zur Förderung von dessen Betriebszwecken Arbeitnehmer zur Verfügung zu stellen (BAG 19.1.2000, BeckRS 2000, 30782548; BAG 25.10.2000, AP AÜG § 10 Nr. 15). Näher hierzu → Rn. 40 ff. § 12 Abs. 1 S. 2 AÜG stellt nunmehr klar, dass es für die rechtliche Einordnung des Vertrages als Arbeitnehmerüberlassungsvertrag allein auf die tatsächliche Durchführung und nicht darauf ankommt, welche Vertragsform die Parteien formal festlegen.

3   Die Arbeitnehmerüberlassung unterscheidet sich grundlegend von der **Arbeitsvermittlung,** die in § 35 Abs. 1 S. 2 SGB III als jegliche Tätigkeit definiert ist, „die darauf gerichtet [ist], Ausbildungssuchende mit Arbeitgebern zur Begründung eines Ausbildungsverhältnisses und Arbeitssuchende mit Arbeitgebern zur Begründung eines Beschäftigungsverhältnisses zusammenzuführen". Die Arbeitsvermittlung – vergleichbar der Tätigkeit des Maklers – ist letztlich darauf gerichtet, dass zwischen einem eine Arbeit suchenden Arbeitnehmer und einem einen Arbeitsplatz anbietenden Arbeitgeber ein Arbeitsverhältnis zustande kommt. Dementsprechend erschöpft sie sich allein darin, dass der Vermittler einen arbeitssuchenden Arbeitnehmer einem Arbeitgeber mit dem Ziel zur Begründung eines Arbeitsverhältnisses zuführt; mit dieser Tätigkeit, insbesondere mit dem etwaigen Abschluss eines Arbeitsvertrages, findet die Arbeitsvermittlung ihr Ende (BVerfG 4.4.1967, BVerfGE 21, 261 (268)). Der Arbeitsvermittler steht damit in keiner arbeitsvertraglichen Beziehung zu den von ihm vermittelten Arbeitnehmern, währenddessen der Verleiher Arbeitgeber des Beschäftigten ist (s. ErfK/*Wank* Einl. Rn. 6). Diese Unterscheidung war vor Inkrafttreten des AÜG nicht ganz klar (s. *Hueck/Nipperdey*, Arbeitsrecht I, S. 471 f.), ist heute aber allgemein anerkannt (*Becker/Wulfgramm* Art. 1 § 1 Rn. 45; Schüren/Hamann/*Hamann* § 1 Rn. 288 ff.).

4   Obwohl sich **Arbeitnehmerüberlassung und Arbeitsvermittlung** damit begrifflich ausschließen, können sie doch **miteinander verbunden** sein. Eine Arbeitsüberlassung kann der Arbeitsvermittlung dienen. Man geht davon aus, dass bis zu 40 % der Leiharbeitsverhältnisse in ein Arbeitsverhältnis zum Entleiher münden (BT-Drs. 14/4259, 2 am Beispiel der START NRW GmbH). Dieser sog. „Klebeeffekt" ist gerade auch ein Ziel der Arbeitnehmerüberlassung (BT-Drs. 17/5238, 15; hierzu → Rn. 12). Dementsprechend war es auch Aufgabe der durch das Erste Gesetz für moderne Dienstleistungen am Arbeitsmarkt eingeführten Personal-Service-Agenturen (Gesetz v. 23.12.2002, BGBl. I S. 4607), Arbeitnehmerüberlassung zur Vermittlung von Arbeitslosen in Arbeit durchzuführen (siehe § 37c Abs. 1 S. 2 SGB III aF). Vergleichbare Regelungen enthält jetzt auch § 47 SGB III, obgleich nicht mehr ausdrücklich von Arbeitnehmerüberlassung die Rede ist. Auch können Personalüberlassungsverträge mit Personalvermittlungsver-

trägen verbunden sein. Zur Frage eines Provisionsanspruchs in diesem Fall
→ § 9 Rn. 54. Die jüngere Statistik deutet darauf hin, dass die erhofften
beschäftigungspolitischen Effekte tatsächlich eingetreten sind: Im Zeitraum
zwischen Juli 2014 und Juni 2015 nahmen 397.000 Arbeitslose eine sozialversicherungspflichtige Beschäftigung in der Arbeitnehmerüberlassung auf, von
denen 60 % sowohl nach sechs als auch nach zwölf Monaten sozialversiche-
rungspflichtig beschäftigt waren. 40 % waren an diesen Stichtagen mitunter
in anderen Branchen als der Zeitarbeitsbranche beschäftigt (Bundesagentur
für Arbeit, Aktuelle Entwicklungen der Zeitarbeit, 2017, S. 17) – ein Indiz
für den „Klebeeffekt". Hinter der optimistischen Erwartung, dass 40 % der
Leiharbeitsverhältnisse in ein Arbeitsverhältnis zum Entleiher münden (so
noch BT-Drs. 14/4259, 2), bleibt dies freilich zurück.

2. Spezifisches Schutzbedürfnis des Leiharbeitnehmers

Wird ein Arbeitnehmer zur Verleihung angestellt, birgt dies spezifische **5**
Belastungen, die sein Arbeitsverhältnis von dem anderer Arbeitnehmer unterscheidet. Sein Arbeitsverhältnis ist – wie das des Telearbeitnehmers, des Teil-
zeitarbeitnehmers oder befristet Beschäftigten – ein **„prekäres Arbeitsverhältnis",** das eines gesonderten gesetzlichen Schutzes bedarf. Daher hat sich
der europäische Gesetzgeber bereits recht früh dieser Personengruppe angenommen (→ Einl. Rn. 29) und daher finden sich auch in anderen europäischen Ländern Schutzvorschriften zugunsten dieser Arbeitnehmergruppe
unabhängig von europarechtlichen Vorgaben (s. den Überblick bei Schüren/
Hamann/*Riederer von Paar* Einl. Rn. 531–640; eine ältere Darstellung gibt
Becker/Wulfgramm Einl. Rn. 74–110c).

Vom Leiharbeitnehmer wird ein **hohes Maß an Flexibilität** verlangt. **6**
Der Einsatz in einem Betrieb dauert zumeist nur wenige Wochen. Nach
Angaben der Bundesagentur für Arbeit endeten 30 % der Leiharbeitsverhältnisse im ersten Halbjahr 2016 nach weniger als einem Monat, von denen,
die länger als einem Monat dauerten, endeten 19 % vor einem Zeitraum
von drei Monaten (Bundesagentur für Arbeit, Aktuelle Entwicklungen der
Zeitarbeit, 2017, S. 14). Der Leiharbeitnehmer muss sich also stets auf ein
neues betriebliches Umfeld einstellen und ggf. nicht unerhebliche örtliche
Veränderungen in Kauf nehmen. Der stete Wechsel führt dazu, dass arbeitge-
berspezifische Qualifikationen nicht erworben werden, so dass sich der Leiharbeitnehmer durch seine Tätigkeit **kaum Karrierechancen** erarbeitet. Auf
Grund der geringen Dauer der Leiharbeitsverhältnisse besteht zudem regelmäßig kein Interesse an einer gewerkschaftlichen Tätigkeit. Die **Tarifstruk-
turen** im Zeitarbeitsbereich waren – auch auf Grund einer kategorischen
Ablehnung der Gewerkschaften dieser Tätigkeit – traditionell gering ausgeprägt; erst die Einführung des *Equal pay*-Gebots und dessen Abdingbarkeit
durch Tarifverträge hat hier zu Änderungen geführt (→ § 3 Rn. 44 ff.; → § 9
Rn. 22 ff.). Gesetzlicher Schutz ist auch erforderlich, um dem Lohnrisiko
und dem geringen Bestandsschutz eines Leiharbeitsverhältnisses zu begegnen.
Könnte der Arbeitgeber die Dauer des Zeitarbeitsverhältnisses mit der Einsatzdauer synchronisieren, so würde das Risiko verminderten Arbeitsanfalls –

anders als bei anderen Arbeitsverhältnissen – nicht vom Arbeitgeber, sondern vom Arbeitnehmer getragen.

7 Wie diesem **spezifischen Schutzbedürfnis** im Einzelnen zu begegnen ist, liegt weitgehend im Ermessen des Gesetzgebers, der hierdurch seinem aus dem Sozialstaatsprinzip abgeleiteten Gebot zur ausgewogenen Ausgestaltung des Arbeitsrechts Rechnung trägt. Auf Grund der höheren Belastung sieht etwa das französische Recht zwingend vor, dass dem Arbeitnehmer eine – tarifvertraglich aufstockbare – Prekaritätsprämie von 10 % des Verdienstes zukommt, den ein vergleichbarer Arbeitnehmer der Stammbelegschaft verdient (Art. L. 1251-32 Code du travail). Auch die Einführung des *Equal pay*-Gebots als Ausgleich für eine großzügigere Befristungsregelung ist eine solche kompensatorische Regelung der Nachteile von Leiharbeit. Vorzugswürdig, weil zielgenauer scheinen jedoch Regelungen, die gerade auf eine Minderung oder Beseitigung, nicht auf einen Ausgleich der mit Leiharbeit verbundenen Nachteile gerichtet sind. Zu diesen Normen etwa zählten die besonderen Befristungsregeln des § 3 Abs. 1 Nr. 3 aF und zählt noch die Unzulässigkeit eines Übernahmeverbots nach § 9 Nr. 3, 4. Zuweilen kann freilich der Schutz in eine verfassungswidrige Belastung des (Leih-)Arbeitnehmers umschlagen, dessen Chancen am Arbeitsmarkt gemindert werden (s. *Thüsing* FS Wiedemann, 2002, 559; speziell zum *Equal pay*-Gebot *Rieble/Klebeck* NZA 2003, 23). Mit der Neufassung des AÜG zum 1.4.2017, etwa der zeitlichen Begrenzung der Abweichungsbefugnis der Tarifparteien vom *Equal Pay*-Grundsatz sowie der Fiktion eines Arbeitsverhältnisses zwischen dem Entleiher und Leiharbeitnehmer bei Überschreiten der Höchstüberlassungsdauer, entschied sich der Gesetzgeber für eine deutliche Verschärfung des vordergründigen Schutzes des Leiharbeitnehmers.

3. Gründe der Arbeitnehmerüberlassung

8 Die Gründe, warum es ein Unternehmen vorzieht, Leiharbeiter zu beschäftigen statt Arbeitnehmer einzustellen, können verschieden sein. Leiharbeit ist vor allem eine **Flexibilitätsreserve** für akuten und kurzfristigen Bedarf und fungiert als externe Personalreserve zur Abdeckung von Leistungsspitzen (s. BT-Drs. 14/4220, 14). Bei schwankender Nachfrage auf dem Güter- und Dienstleistungsmarkt und dem damit verbundenen schwankenden Personalbedarf können die Unternehmen kurzfristig auf Leiharbeitnehmer zurückgreifen und so auf unterschiedliche betriebliche Bedürfnisse flexibel reagieren. Macht Leiharbeit auch Neueinstellungen, Überstunden und die extensive Nutzung von Arbeitszeitkonten nicht vollständig überflüssig, bildet sie dennoch einen elastischen Übergang (*Rieble/Klebeck* NZA 2003, 23; *Krüger* WSI-Mitteilungen 1987, 423 ff.; *Hamann,* Fremdpersonal im Unternehmen, RdW Bd. 225 (2002), 13 ff.; *Kadel/Koppert* BB 1990, 2331 (2332); *Semlinger* WSI-Mitteilungen 1989, 517 (519); *Picker* ZfA 2002, 469 (479, 487); s. auch die Begründung des Vorschlages für eine Richtlinie des Europäischen Parlaments und des Rats über die Arbeitsbedingungen von Leiharbeitnehmern, KOM(2002) 149 endgültig, S. 3). Zudem hat die Leiharbeit auch eine hohe arbeitsmarktpolitische Bedeutung: So entstand zwischen 2003 und 2008 jedes neunte sozialversicherungspflichtige Beschäftigungsverhältnis in diesem Tätigkeitssektor (BT-Drs. 17/5238, 7). Zwischen Juni 2014 und Juli 2015 beendeten 397.000 Personen ihre Arbeitslosigkeit durch Aufnahme einer sozialversicherungspflichtigen Beschäftigung in der Arbeitnehmerüberlassung (Bundesagentur für Arbeit, Aktuelle Entwicklungen der Zeitarbeit, 2017, S. 17). Ein Ziel der Arbeitnehmerüberlassung ist damit auch gerade die „Erschließung neuer Beschäftigungsmöglichkeiten und die Bekämpfung von Arbeitslosigkeit" (BT-Drs. 17/5238, 15).

Unternehmen können auch bei personellen Engpässen, bedingt durch **9** unerwartete Vertragsbeendigung eines Stammarbeitnehmers, aber auch auf Grund von Urlaub, Krankheit und Mutterschutz auf den Einsatz von Leiharbeitnehmern zurückgreifen, deren Arbeitskraft unmittelbar zur Verfügung steht und die nach Abschluss der Arbeiten wieder zum Arbeitgeber zurückkehren. Damit entfällt das Bedürfnis nach einer Aufstockung der Stammbelegschaft, die langfristig nicht gewollt ist, aber wegen des Kündigungs- und Befristungsschutz sich uU nicht kurzfristig wieder abbauen lässt (*Rieble/Klebeck* NZA 2003, 23; zum Kündigungsschutz im Zusammenhang mit der Zeitarbeit auch *Picker* ZfA 2002, 469 (487)). Je höher der **Kündigungsschutz** und je strenger die Befristungsregeln, desto attraktiver ist die Zeitarbeit. Auf Grund der funktionalen Austauschbarkeit von Leiharbeit und befristeter Anstellung sieht das französische Arbeitsrecht für beide Institute die gleichen Voraussetzungen vor. Hier wird ein Sachgrund nicht nur für die Befristung, sondern auch für die Entleihung gefordert (Art. L. 1242–2 und 1251–6 Code du travail).

Daneben kann Leiharbeit zu einer **Verminderung von Organisations- 10 und Personalbetreuungskosten** führen. Die Anwerbung von Mitarbeitern, die nur für eine bestimmte Zeit gebraucht werden, wird in die Hand eines Leiharbeitgebers gelegt, der die Einstellungskosten auf ein längeres Beschäftigungsverhältnis umlegen kann als der den Leiharbeitnehmer anfordernde Unternehmer, der nur einen kurzfristigeren Bedarf hat. Der Entleiher braucht keine eigenen Prüfungen vorzunehmen, denn der Verleiher wird marktgerecht bemüht sein, nur geeignete Arbeitnehmer zur Verfügung zu stellen; auch kann vertraglich ein Recht zur Zurückweisung des Leiharbeitnehmers vereinbart werden. Bei einem länger andauernden Einsatz des Leiharbeitnehmers hat der Arbeitgeber des Entleihbetriebes zudem die Möglichkeit, sich ein Bild über Arbeitsweise, Qualifikation und Zuverlässigkeit des überlassenen Arbeitnehmers zu machen und kann damit für den Fall, dass langfristig Personalbedarf erwächst, die Dauer der Überlassung als faktische Probezeit nutzen (*Rieble/Klebeck* NZA 2003, 23; *Dormann/Knospe,* Wirtschaftliche Bedeutung und arbeitsmarktlicher Beitrag der Zeitarbeit in Deutschland 1990 bis 1997 [1998], S. 45).

Soweit Leiharbeit in der Vergangenheit auch zur **Umgehung tarifver- 11 traglicher Bindungen** oder zur Absenkung von Lohnkosten verwandt wurde (*Kreuder* AuR 1993, 316 (317); *ders.* AiB 1994, 731 ff.; *Ulber* Einleitung C Rn. 2; zum Kostenvergleich auch *U. Mayer/Paasch* AuR 1983, 329 (333); *Weuster* DBW 1982, 232 ff.), ist dies spätestens seit Einführung des *Equal pay*-Gebots nicht mehr möglich, jedenfalls soweit keine tarifvertragliche Regelung dem Verleiher ein niedrigeres Entgeltniveau ermöglicht (→ § 3 Rn. 44 ff.; früher bereits *Hueck/Nipperdey,* Arbeitsrecht I, S. 476). Auch darf dieser Grund in seiner Bedeutung nicht überschätzt werden, denn das dem Verleiher zu zahlende Entgelt enthält über dessen Lohn- und Gehaltskosten hinaus auch dessen sonstige Kosten und die Gewinnmarge des Verleihers, die eine Differenz der unterschiedlichen Entgelthöhen ausgleichen und regelmäßig noch übersteigen dürften.

12   Auch auf **Arbeitnehmerseite** kann es ein **spezifisches Interesse an Leiharbeit** geben. Hierauf wies schon das BVerfG in seiner Entscheidung zur Verfassungswidrigkeit eines Verbots der gewerbsmäßigen Arbeitnehmerüberlassung hin: „Arbeitnehmerüberlassungsverträge erfüllen ein besonderes wirtschaftliches Bedürfnis. Sie mobilisieren die Arbeitskraft solcher Arbeitnehmer, die aus verschiedenen Gründen keine Dauerstellung, auch nicht für eine Teilzeitbeschäftigung, annehmen können oder wollen. Dies gilt namentlich für Arbeitskräfte, die einerseits auf eine besondere elastische Gestaltung der Arbeitszeit Wert legen, andererseits, wenn sie zur Verfügung stehen, sofort in einer ihren individuellen Fähigkeiten entsprechenden Weise eingesetzt werden möchten und durch die Beziehung zu dem ihnen bekannten, zuweisenden Unternehmer gesichert sein wollen." (BVerfG 4.4.1967, BVerfGE 21, 261 ff.). Ziel der Arbeitnehmerüberlassung und damit auch Triebfeder für die Liberalisierung dieses Beschäftigungssektors ist gerade die Möglichkeit einer aus der Beschäftigung resultierenden nicht-prekären Anstellung beim Arbeitnehmer. Die Arbeitnehmerüberlassung soll durch diesen sog. **„Klebefekt"** damit als Sprungbrett in den ersten Arbeitsmarkt genutzt werden. (BT-Drs. 14/4220, 15; BR-Drs. 319/02, 7.) Auch weitere Vorteile können mit der Arbeitnehmerüberlassung verbunden sein. So wird bspw. teilweise zumindest in qualifizierten Berufen auf die hohe Flexibilität des Leiharbeitnehmers hingewiesen, der sich damit nicht (sofort) an eine Arbeitsstelle fest binden muss, sondern vielfältige Erfahrungen sammeln kann (vgl. Erwägungsgrund 11 zur RL 2008/104/EG).

12a   Dennoch dürfen diese Vorteile nicht dazu führen, dass der Schutz der Arbeitnehmer aus den Augen verloren wird. Zum einen ist das AÜG in weiten Teilen explizit als Schutzgesetz formuliert (BT-Drs. 17/5238, 15). Zum anderen ist der Schutz der Arbeitnehmer auch deshalb wichtig, weil hierdurch die Akzeptanz der Arbeitnehmerüberlassung gestärkt wird und damit dem Ziel „die gesellschaftliche Akzeptanz und die Qualität der Arbeitnehmerüberlassung zu steigern und so die Stellung der Leiharbeitnehmer zu verbessern" (BT-Drs. 17/5238, 15) entsprochen wird.

4. Arten der Arbeitnehmerüberlassung

13   Es wurde ehemals unterschieden zwischen **unechtem und echtem Leiharbeitsverhältnis.** Bei echter Leiharbeit ist der Arbeitnehmer zwar gewöhnlich in den Betrieb seines Arbeitgebers eingegliedert und dort tätig, aber vorübergehend einem Dritten überlassen (s. BAG 15.2.1974, AP RVO § 637 Nr. 7; 27.5.1983, EzAÜG Nr. 126; 5.5.1988, AP BGB § 831 Nr. 2; *Becker/ Wulfgramm* Einl. Rn. 16; Schüren/Hamann/*Schüren* Einl. Rn. 13, 98). Daneben tritt die unechte Leiharbeit, bei der der Arbeitnehmer gerade zu dem Zweck eingestellt wird, Dritten zeitweise gegen Entgelt zur Verfügung zu stehen (BAG 9.3.1971, AP BGB § 611 Leiharbeitsverhältnis Nr. 1; *Becker/ Wulfgramm* Einl. Rn. 16). Der Grund für diese Unterscheidung war die Nichtigerklärung des § 37 Abs. 3 AVAVG (→ Rn. 27). Entscheidend war, dass eine unzulässige Arbeitsvermittlung damals nur bei der Begründung unechter Leiharbeitsverhältnisse fingiert wurde. Im geltenden Recht gibt es diese Unterscheidung nicht mehr. An ihre Stelle war der Gegensatz zwischen **gewerbsmäßiger und nicht gewerbsmäßiger Arbeitnehmerüberlassung** getreten, der aber durch die Neufassung von § 1 AÜG seine Bedeutung verloren hat. (→ Rn. 23; → § 1 Rn. 101a.). An diese Stelle trat die Unterscheidung zwischen Überlassung im Rahmen der wirtschaftlichen Tätigkeit und außerhalb dieses Bereichs liegender Überlassung. Die Gesetzesänderung ist nötig geworden, sieht doch die Richtlinie in Art. 1 Abs. 2 eine Differenzierung zwischen gewerblicher und nichtgewerblicher Arbeitnehmerüberlassung nicht vor (*Thüsing* DB 2002, 2018). Aus diesem Grund wird der Bezug auf die Gewerbsmäßigkeit (der in § 1 Abs. 1 AÜG enthalten war) durch eine Beschränkung auf eine Überlassung „**im Rahmen ihrer wirtschaftlichen Tätigkeit**" ersetzt (BT-Drs. 17/4804, 1). Nichtsdestotrotz sind entscheidende praktische Folgen hiermit nicht verbunden; schon die Begriffspaare echt/unecht bzw. gewerbsmäßig/nicht gewerbsmäßig waren zwar nicht identisch (so aber LAG Köln 14.2.1989; LAGE Nr. 1 zu § 611 BGB Leiharbeitsverhältnis), aber doch weitgehend deckungsgleich (OLG Düsseldorf 4.9.1979, EzAÜG Nr. 59). So kann der Arbeitnehmer durch ein gemeinnütziges Unternehmen gerade zum Zwecke der Verleihung eingestellt werden mit dem Ziel etwa, ihn wieder in den Arbeitsmarkt zu integrieren (hierzu auch → § 1 Rn. 20 ff.); ausführlich zu Herkunft, Auslegung und Folgen der Neuformulierung s. *Thüsing/Thieken* DB 2012, 347.

Nach der Gesetzesbegründung sollen damit lediglich die **konzerninter-** 13a **nen Personalservicegesellschaften** neu in den Anwendungsbereich des Gesetzes fallen (BT-Drs. 17/4804, 8). Unterschiede zeigen sich nur in Randbereichen: Das Tätigwerden im Rahmen der wirtschaftlichen Tätigkeit ist eng mit der Unterscheidung von Gewerbsmäßigkeit zu Nicht-Gewerbsmäßigkeit verbunden. Gewerbsmäßig handelt der Arbeitgeber, der die Arbeitnehmerüberlassung nicht nur gelegentlich betreibt, sondern auf gewisse Dauer anlegt und damit unmittelbare oder mittelbare wirtschaftliche Vorteile erzielen will (BAG 18.1.1989, BAGE 60, 369 = NZA 1989, 728 und 18.1.1989, BAGE 61, 7 = AP BetrVG 1972 § 9 Nr. 1; → § 1 Rn. 94 ff.). Dann wird auch üblicherweise ein Handeln im Rahmen der wirtschaftlichen Tätigkeit vorliegen. Weiter geht der Anwendungsbereiche der Gesetzesneufassung nur dann, wenn zwar eine finanzielle Vergütung verlangt wird, dies aber keine wirtschaftlichen Vorteile, sondern lediglich die finanziellen Unkosten abdeckt, wie bspw. bei der Verleihung zum Selbstkostenpreis durch **konzerninterne Personalservicegesellschaften** (BAG 20.4.2005, NZA 2005, 1006; BT-Drs. 17/4804, 8). Voraussetzung für die Anwendbarkeit des Gesetzes ist jedoch nicht, dass die Arbeitnehmerüberlassung der Haupt- oder der überwiegende Zweck der betrieblichen Tätigkeit ist (Boemke/Lembke/

Boemke Einl. Rn. 10; ErfK/*Wank* § 1 Rn. 31 ff.), sofern überhaupt ein Bezug zur wirtschaftlichen Tätigkeit vorliegt. **Gemeinnützigkeit** schließt zwar eine Gewinnerzielungsabsicht und damit eine gewerbsmäßige Tätigkeit, nicht aber eine wirtschaftliche Tätigkeit grundsätzlich aus. So kann auch eine nichtkommerzielle Zeitarbeitsfirma eine Überlassung von Arbeitnehmern betreiben und damit unter den Anwendungsbereich des AÜG fallen. Konkretes und relevantestes Beispiel hierfür sind wohl die konzerninternen Personalservicegesellschaften, die lediglich zum Selbstkostenpreis tätig werden (BT-Drs. 17/4804, 8).

13b Faktisch als Ausgleich für die Erweiterung des Anwendungsbereichs der Arbeitnehmerüberlassung wurde in § 1 Abs. 1 S. 2 AÜG aF eine Beschränkung der Arbeitnehmerüberlassung auf eine **vorübergehende Überlassung** eingeführt. Der einstige S. 2 wurde durch die Neufassung des AÜG 2017 in S. 4 eingefügt und um eine Höchstüberlassungsdauer um 18 Monate ergänzt. Die Neuregelung geht damit über die europarechtlichen Vorgaben der Richtlinie hinaus, die in ihren Begriffsbestimmungen lediglich an die vorübergehende Überlassung anknüpft, ohne sie konkret zeitlich zu begrenzen. Bezweckt wird damit, einer dauerhaften Substitution der Stammarbeitnehmer durch Leiharbeitnehmer entgegenzuwirken (BT-Drs. 18/9232, 20).

13c Überholt ist damit der Streit zur bisherigen Rechtslage, ob die vorübergehende Überlassung sich allein auf die einzelne Überlassung des konkreten Arbeitnehmers erstreckt, oder aber eine Kontrolle anhand des zu besetzenden Arbeitsplatzes vorzunehmen ist (eingehend zum Streitstand *Nießen/Fabritius* NJW 2014, 263). Jedenfalls aus Art. 6 der RL 2008/104/EG folgt kein Erfordernis einer arbeitsplatzbezogenen vorübergehenden Überlassung (so aber *Hamann* RdA 2011, 321 (325)). Die Richtlinie gibt keinen deutlichen Anhaltspunkt, dass eine solche Auslegung bezweckt ist – hätte sie dies gewollt, so wäre es in den Erwägungsgründen aufgeführt. Dies ist freilich unterblieben, sodass die strenge Auslegung des Begriffs „vorübergehend" auf wenig tragfähigem Fundament steht (gegen eine arbeitsplatzbezogene Auslegung auch EUArbR/*Rebhahn/Schörghofer* RL 2008/104/EG Art. 1 Rn. 18).

13d Umstritten ist, ob die Neuregelung den Vorgaben des Europarechts tatsächlich gerecht wird. Insbesondere die Definition der wirtschaftlichen Tätigkeit erscheint schwierig (*Rieble/Vielmeier* EuZA 2011, 474 (476 ff.)). Noch stärkere Diskussionen bringt aber die Beschränkung auf die vorübergehende Arbeitnehmerüberlassung mit sich, die sich durch die Statuierung der Höchstüberlassungsdauer noch verschärfen wird (instruktiv hierzu *Junker* ZfA 2016, 197 (198 ff.)). Teilweise wird auch hier auf eine Europarechtswidrigkeit hingewiesen (*Lembke* DB 2011, 414 (416)). Dem ist insofern zuzustimmen, als dass für eine nicht vorübergehende Überlassung weder im AÜG, vor allem aber auch in der Richtlinie keine Rechtsfolgen vorgesehen sind (*Lembke* DB 2011, 414 (415)). Was in der Richtlinie keine Rechtsfolge hat, das braucht auch keine Rechtsfolge nach deutschem Recht (*Thüsing/Stiebert* DB 2012, 632 (634)). Der EuGH ging in der Rs. AKT/Shell Aviation Finland (EuGH 17.3.2015, NZA 2015, 423) davon aus, dass der zeitlichen Begrenzung der Leiharbeit jedenfalls nicht Art. 4 Abs. 1 der Richtlinie entgegensteht, nach der Verbote oder Einschränkungen des Einsatzes von Leiharbeit nur aus

Gründen des Allgemeininteresses gerechtfertigt sind. Die Regelung enthalte keiner materielle Vorgabe, sondern habe lediglich die prozedurale Bedeutung, dass die zuständigen Behörden der Mitgliedstaaten bis zum Ende der Umsetzungsfrist zu prüfen hätten, ob bestehende Einschränkungen oder Verbote der Leiharbeit gerechtfertigt seien (EuGH 17.3.2015, NZA 2015, 423; hierzu *Junker* ZfA 2016, 197 (200 f.)). Eine europarechtliche Verpflichtung zur gesetzlichen Festlegung einer Höchstüberlassungsdauer besteht nicht (s. Stellungnahme der Kommission im Beschwerdeverfahren gegen Deutschland (Az.: CHAP(2015)00716: „Die Richtlinie sieht keine Beschränkung der Dauer der Arbeitnehmerüberlassung an die entleihenden Unternehmen vor").

Folgeprobleme stellen sich hinsichtlich der **konzerninternen Arbeitnehmerüberlassung.** Hier bleibt das **Konzernprivileg** in § 1 Abs. 3 Nr. 2 AÜG im Grundsatz erhalten. Es wird nur insofern geändert, als die vorübergehende Überlassung nicht mehr entscheidendes Anknüpfungsmerkmal sein kann, sondern stattdessen der Arbeitnehmer nicht zum Zwecke der Überlassung angestellt werden darf. Reine Personalführungsgesellschaften werden damit weiterhin vom Privileg nicht erfasst (BT-Drs. 17/4804, 8). In der Literatur wird teilweise eine Europarechtswidrigkeit erwogen, sieht doch die Richtlinie keine entsprechende Bereichsausnahme vor (*Lembke* DB 2011, 414 (416); *Böhm* DB 2011, 473 (474)). Dies überzeugt nur teilweise. Zu bevorzugen ist stattdessen eine differenzierte Sichtweise. Zur Bestimmung der Richtlinienkonformität ist eine Auslegung des AÜG erforderlich, nach der das Privileg nicht für konzerninterne Verleihgesellschaften, sondern nur **für konzerninterne Personalverwaltungsgesellschaften** greifen soll (*Forst* ZESAR 2011, 316 (320 f.)). Demnach ist die Beibehaltung des Konzernprivilegs europarechtskonform, jedenfalls solange dieses nicht missbraucht wird und solange die Grenzen der vorgeschlagenen Auslegung eingehalten werden. Dies ist dann freilich eine Frage des Einzelfalls. (Zu dieser Frage ausführlich: *Forst* ZESAR 2011, 316). **13e**

5. Regelungsziele des AÜG

Dem **spezifischen Schutzbedürfnis der Leiharbeitnehmer** trug der Gesetzgeber lange Zeit mit einem ausnahmslosen Verbot gewerblicher Arbeitnehmerüberlassung Rechnung. Die Entscheidung des BVerfG vom 4.4.1967 (BVerfGE 21, 261 ff.; s. auch BSG 29.7.1970, AP AVAVG § 37 Nr. 9) führte jedoch zur Aufhebung des § 37 Abs. 3 AVAVG und gab dem Gesetzgeber den Auftrag, die Arbeitnehmerüberlassung nicht zu verbieten, sondern sozialverträglich zu regeln (→ Rn. 28; zum fortbestehenden Verbot im Baugewerbe → § 1b Rn. 15 ff.). Der Gesetzgeber stellte sich diesem Auftrag und schuf hierzu das AÜG. Dieses soll dazu beitragen, „bei der Arbeitnehmerüberlassung Verhältnisse herzustellen, die den **Anforderungen des sozialen Rechtsstaats** entsprechende eine Ausbeutung der betreffenden Arbeitnehmer ausschließen" (BT-Drs. VI/2303, 9). Dafür enthält das AÜG sowohl gewerberechtliche Vorschriften, wie die Erlaubnisregelungen in §§ 1 ff., sowie arbeitsrechtliche Vorschriften, wie das *Equal pay*-Gebot nach **14**

§ 9 Nr. 2 oder die Unzulässigkeit von Übernahmeverboten nach § 9 Nr. 3. Beide Schutzzwecke greifen ineinander und so kann ein Verstoß des Verleihers gegen arbeitsrechtliche Schutzbestimmungen zugleich gewerberechtliche Konsequenzen haben (s. § 3 Abs. 1 Nr. 3). Ergänzt wird dies von einer Reihe von Straftatbeständen gem. § 15a und einem Katalog von Ordnungswidrigkeiten in § 16. Die **Verbindung** dieser **verschiedenen Instrumentarien** ist auch im internationalen Vergleich nichts Ungewöhnliches; sie entspricht dem Aufbau des österreichischen Arbeitskräfteüberlassungsgesetzes (BGBl. 2001 I S. 136).

14a   Neue und weitere Ziele ergeben sich zudem auch aus der Leiharbeitsrichtlinie 2008/104/EG, die hohe Bedeutung auch für das deutsche Recht hat (zur Bedeutung vertiefend → Rn. 29 ff.). Klar werden diese Ziele insbesondere durch die entsprechende Erläuterung in den Erwägungsgründen. Bedeutsam sind hierbei insbesondere Erwägungsgrund 11, 14 und 18, die klarstellen, dass die Arbeitnehmerüberlassung eine anerkannte Beschäftigungsform ist, die aber dennoch das besondere Schutzbedürfnis erkennen und dieses beachten wollen. Erwägungsgrund 15 stellt ergänzend fest, dass ein Schutzbedürfnis immer dann besteht, wenn der Arbeitsvertrag mit dem Verleiher befristet geschlossen wurde. Auch die Richtlinie lässt damit zwei Tendenzen erkennen: Die Arbeitnehmerüberlassung soll zulässig und gebräuchlich bleiben, dies aber gerade nicht zu dem Preis der Einschränkung des Arbeitnehmerschutzes.

6. Spezialgesetzliche Regelungen der Arbeitnehmerüberlassung

15   Mit seinen gewerberechtlichen Regelungen ist das AÜG ein **Nebengesetz der Gewerbeordnung.** Auch ohne entsprechenden Hinweis sind damit die Vorschriften der Gewerbeordnung ergänzend heranzuziehen, wo das AÜG keine abschließende Regelung trifft. Dies kann im Einzelnen streitig sein (etwa bei der Versagung der Erlaubnis wegen Unzuverlässigkeit, → § 3 Rn. 9 ff.). Liegt keine gewerberechtliche Spezialbestimmung des AÜG vor, ist diejenige der GewO über das stehende Gewerbe (§§ 14 ff. GewO) anwendbar (s. *Becker/ Wulfgramm* Einl. Rn. 2). Umgekehrt gilt, dass dort, wo die GewO oder ihre Nebengesetze keine Spezialregelung gerade für die Arbeitnehmerüberlassung treffen, sondern auch Sachverhalte regeln, die nicht zugleich wirtschaftliche Arbeitnehmerüberlassung umfassen, die für das Betreiben des Gewerbes erforderliche behördliche Genehmigung nicht die nach § 1 erforderliche Erlaubnis ersetzt und die Erlaubnis nach § 1 nicht die behördliche Genehmigung nach sonstigem Gewerberecht umfasst (*Becker/Wulfgramm* Einl. Rn. 2a; offen gelassen Schüren/Hamann/*Schüren* Einl. Rn. 18).

16   Einige Teilbereiche gewerbsmäßiger Arbeitnehmerüberlassung sind in **Spezialgesetzen** geregelt, die dem AÜG vorgehen. Hier werden zuweilen genannt das Gesetz über die Schaffung eines besonderen Arbeitgebers für Hafenarbeiter vom 3.7.1950 (BGBl. I S. 352 – geregelt werden die Gesamthafenbetriebe), Bestimmungen des Personenbeförderungsgesetzes vom 21.3.1961 (BGBl. I S. 241 – geregelt wird das Vermieten von Kraftwagen mit Fahrern durch Mietwagenunternehmen), des Güterkraftverkehrsgesetzes (geregelt werden Lohnfuhrverträge und die Bestellung eines Kraftfahrzeuges nebst Fahrer gegen Entgelt) sowie die Wahrnehmung von Bewachungsaufgaben durch einen Unternehmer mit einer Erlaubnis iSd § 34a GewO und der Verordnung über das Bewachungsgewerbe (BGBl. I S. 1341 geändert durch die VO vom 28.1.1979, BGBl. I S. 1986). Näheres Hinsehen zeigt freilich, dass hier oftmals schon tatbestandlich das AÜG nicht greift (s. BAG 8.11.1978, AP AÜG § 1 Nr. 2; Schüren/Hamann/*Schüren* Einl. Rn. 19; Küttner/*Röller,* Stichwort Arbeitnehmerüberlassung, Rn. 1; *Becker/Wulfgramm* Einl. Rn. 2a; *Urban-Crell/Schulz* Rn. 597).

Bei **Bestellung von Fahrzeugen oder Maschinen mit Bedienungs-** 17 **personal** steht die Fahrzeugnutzung im Vordergrund und eine Überlassung iSd AÜG liegt auch deshalb nicht vor, weil sich die Weisungsbefugnis gegenüber dem Bedienungspersonal auf das beschränkt, was zum vereinbarten Fahrzeug- oder Geräteeinsatz notwendig ist, das Personal damit weiterhin in erheblichem Umfang durch ordnungsgemäße Handhabe und pflegliche Behandlung der anvertrauten Geräte Weisungen seines Arbeitgebers befolgt (s. auch Schüren/Hamann/*Schüren* Einl. Rn. 19). Auch beim **Wachpersonal** in einem fremden Betrieb liegt regelmäßig keine Arbeitnehmerüberlassung vor, sondern ein Dienstvertrag über Bewachung. Das Weisungsrecht bleibt beim Arbeitgeber (BAG 31.3.1993, DB 1993, 2337; 28.11.1989, NZA 1990, 364). Dies gilt auch dann, wenn die Ausführung der zu leistenden Wachdienste einschließlich der Verhaltenspflichten des Wachpersonals in dem zugrunde liegenden Bewachungsvertrag im Einzelnen genau festgelegt ist und das Bewachungsunternehmen nur solche Wachleute einsetzen darf, für die eine entsprechende Genehmigung des Auftraggebers vorliegt. Arbeitnehmerüberlassung würde demgegenüber vorliegen, wenn die Wachleute des Bewachungsunternehmens gemeinsam mit Wachleuten des bewachten Unternehmens zusammen in einer Schicht arbeiten und Weisungen des Unternehmens unterworfen wären (Schüren/Hamann/*Schüren* Einl. Rn. 20; Küttner/*Röller,* Stichwort Arbeitnehmerüberlassung, Rn. 6; s. auch BAG 8.11.1978, AP AÜG § 1 Nr. 2 und BAG 28.11.1989, DB 1990, 1139). Hier ist dann eine gesonderte Erlaubnis erforderlich.

Eine Kollisionslage besteht auch beim **Gesamthafenbetrieb** regelmäßig 18 nicht (Schüren/Hamann/*Schüren* Einl. Rn. 21; *Becker/Wulfgramm* Einl. Rn. 2a; *Urban-Crell/Schulz* Rn. 592). Laut § 1 Abs. 1 S. 1 des Gesetzes kann durch Vereinbarungen zwischen Arbeitgeberverbänden bzw. einzelnen Arbeitgebern und Gewerkschaften zur Schaffung eines Arbeitsverhältnisses in Hafenbetrieben ein besonderer Arbeitgeber, der Gesamthafenbetrieb, gebildet werden. Durch ihn erhalten Hafenarbeiter, die nicht Stammpersonal der Einzelhafenbetriebe sind, sondern wechselnd in den jeweiligen Hafenbetrieben vor allem beim Laden und Löschen von Schiffen eingesetzt werden, ein fortdauerndes Arbeitsverhältnis. Die Organgesellschaft des Gesamthafenbetriebs nimmt in den Hafeneinzelbetrieben dabei Arbeitgeberfunktionen wahr. Dazu kann es zu einer der Arbeitnehmerüberlassung vergleichbaren Aufspaltung von Weisungsrecht und Arbeitsverhältnis kommen. Soweit der Gesamthafenbetrieb eine nicht gewerbsmäßige Arbeitsvermittlung durchzuführen hat, ist er gem. § 2 Abs. 3 der Aufsicht des Präsidenten der zuständigen Regionaldirektion des BA unterstellt und an dessen Weisungen gebunden. Da die gewerbliche Tätigkeit des Gesamthafenbetriebs gem. § 1 Abs. 1 S. 2 gesetzlich ausdrücklich ausgeschlossen ist, kann eine Kollision mit dem ausschließlich Arbeitnehmerüberlassung im Rahmen der wirtschaftlichen Tätigkeit erfassenden AÜG nicht entstehen. Nur soweit der Gesamthafenbetrieb seine Tätigkeit im Widerspruch zu § 1 Abs. 1 S. 2 GHfBetrG gewerbsmäßig ausübt, wäre das AÜG regelmäßig anwendbar (Schüren/Hamann/*Schüren* Einl. Rn. 21), hier aber trifft das Gesetz eine Sonderregelung (BAG 2.11.1993, DB 1994, 985; 25.11.1992, NZA 1993, 954; s. auch *Ulber* Einl. C Rn. 118; KassArbR/*Düwell* 4.5. Rn. 63 ff.; *Urban-Crell/Schulz* § 14 Rn. 592). Dies schließt nicht aus, dass, soweit einzelne Mitgliedsunternehmen des Gesamthafenbetriebs Arbeitnehmer gewerbsmäßig an andere Mitgliedsunternehmen überlassen, es sich hierbei um eine nach dem AÜG erlaubnispflichtige Arbeitnehmerüberlassung handelt, bei der die Ausnahmeregelung des § 1 Abs. 3 Nr. 1 nicht eingreift (Schüren/Hamann/*Schüren* Einl. Rn. 21). Auch eine Überlassung an nicht im Gesamthafenbetrieb eingebundene Arbeitgeber kann vom AÜG erfasst sein (s. Boemke/Lembke/*Boemke* § 1 Rn. 45; *Ulber* Einl. C Rn. 118 f.; Schüren/Hamann/*Schüren* Einl. Rn. 21; s. auch LSG Schleswig-Holstein 29.3.1978, EzAÜG § 6 AÜG Nr. 2).

19 Auch die **Personalgestellung eines Bundeslandes an das Bundesamt für die Anerkennung ausländischer Flüchtlinge** auf der Grundlage der Spezialregelung des § 5 Abs. 4 AsylVfG ist nicht an den Vorschriften des AÜG zu messen (BAG 5.3.1997, NZA 1997, 1165 noch für den damaligen Abs. 5). Eine Anwendung des AÜG kommt allenfalls dann in Betracht, wenn die Personalgestellung nicht auf der Grundlage des AsylVfG vollzogen wird oder der Zugewiesene mit Arbeiten betraut wird, die nicht der Erledigung der Aufgaben des AsylVfG dienen und damit nicht entscheidungsbefugter, weisungsgebundener Bediensteter iSd § 5 Abs. 4 AsylVfG ist. Ebenso fällt die Durchführung einer Jugendhilfemaßnahme, wenn die Träger auf Grundlage des SGB VIII zusammenwirken, nicht in den Anwendungsbereich des AÜG (BAG 11.6.1997, AP SGB VIII § 2 Nr. 1; *Urban-Crell/Schulz* Rn. 603; allgemein zur Abgrenzung der Arbeitnehmerüberlassung zu anderen Formen des drittbezogenen Personaleinsatzes s. Küttner/*Röller*, Stichwort Arbeitnehmerüberlassung, Rn. 5 ff.).

7. Weitere Regelungen der Arbeitnehmerüberlassung

20 Das AÜG ist nicht das einzige Gesetz, das spezifische Regelungen für die Arbeitnehmerüberlassung enthält. **§ 7 S. 2 BetrVG** regelt neben § 14 die betriebsverfassungsrechtliche Stellung des Leiharbeitnehmers (→ § 14 Rn. 47 ff.). **§ 28e Abs. 2 SGB IV** regelt die Haftung des Entleihers für Sozialversicherungsbeiträge bei Beschäftigung eines Leiharbeitnehmers, **§ 42d Abs. 6 EStG** betrifft die Haftung des Entleihers für Lohnsteuern des Leiharbeitnehmers. Auch das Arbeitnehmerentsendegesetz enthält Sonderregelungen für Arbeitnehmerüberlassung. Durch die Einführung von **§ 1 Abs. 2 AEntG** (gültig bis 23.4.2009) waren Entleiher, die Leiharbeitnehmer mit Tätigkeiten beschäftigen, die in den Geltungsbereich eines für allgemein verbindlich erklärten Tarifvertrags nach § 1 Abs. 1, 3 oder einer Rechtsverordnung nach Absatz 3a AEntG fallen, verpflichtet, dem Leiharbeitnehmer den in diesem Tarifvertrag vorgeschriebenen Mindestlohn zu zahlen. Damit korrespondierte die Haftung nach **§ 1a AEntG aF. Auch diese Norm ist seit 24.4.2009 außer Kraft.** Danach haftete ein Unternehmer, der einen anderen Unternehmer mit der Erbringung von Werk- und Dienstleistungen beauftragt, für die Verpflichtungen eines dem Unternehmer oder einem Nachunternehmer beauftragten Verleihers zur Zahlung des Mindestentgelts an einen Arbeitnehmer. Das AÜG bildet also keine umfassende Kodifikation des Rechts der Arbeitnehmerüberlassung (Boemke/Lembke/*Boemke* Einl. Rn. 2).

II. Geltungsbereich des AÜG

1. Gegenständlich

Das AÜG regelt allein die Arbeitnehmerüberlassung **im Rahmen einer**   **21** **wirtschaftlichen Tätigkeit.** Verleiht der Arbeitnehmer also nur gelegentlich und unentgeltlich an Dritte dann wird dies im Regelfall auch nicht im Rahmen seiner wirtschaftlichen Tätigkeit erfolgen, mit dem Resultat, dass er grundsätzlich nicht den Begrenzungen des AÜG unterliegt. Allein die Abgrenzung zur Arbeitsvermittlung nach § 1 Abs. 2 (→ § 1 Rn. 102) umfasst alle Formen der Arbeitnehmerüberlassung. Umstritten ist die Differenzierung bei § 14 (→ § 14 Rn. 6 ff.; Richardi/*Thüsing* BetrVG § 7 Rn. 13).

Voraussetzung ist damit, dass der zur Verfügung stehende Mitarbeiter   **22** **Arbeitnehmer** ist. Weil die Überlassung von Arbeitnehmern den Übergang des Weisungsrechts auf einen anderen als den Arbeitgeber erfordert, ist sie von anderen Formen des drittbezogenen Personaleinsatzes abzugrenzen, insbesondere von Fremdfirmeneinsätzen in Form von Dienst- oder Werkverträgen (→ § 1 Rn. 69), von mittelbaren Arbeitsverhältnissen (→ § 1 Rn. 90) oder auch von Arbeitsvermittlung (→ Rn. 3 und → § 1 Rn. 102). § 1 Abs. 1 S. 2 AÜG enthält das Spiegelbild zur im Referentenentwurf der Novelle ursprünglich beabsichtigter Definition des Arbeitnehmerbegriffs in § 611a BGB, die von der bisherigen typologischen Bestimmung der Arbeitnehmerstellung im Einzelfall abgewichen hätte (kritisch hierzu *Thüsing*/*Schmidt* ZIP 2016, 54 ff.). Danach werden Arbeitnehmer zur Arbeitsleistung überlassen, wenn sie in die Arbeitsorganisation des Entleihers eingegliedert sind und seinen Weisungen unterliegen. Ausgangspunkt der Regelung ist wohl eine Entscheidung des BAG aus dem Jahr 2012, in der das Gericht zu Beginn der Prüfung des Vorliegens einer Arbeitnehmerüberlassung einen verkürzten Obersatz formuliert: „Eine Überlassung zur Arbeitsleistung iSd. § 1 Abs. 1 Satz 1, Abs. 2 AÜG liegt vor, wenn einem Entleiher Arbeitskräfte zur Verfügung gestellt werden, die in dessen Betrieb eingegliedert sind und ihre Arbeit allein nach Weisungen des Entleihers und in dessen Interesse ausführen" (BAG 18.1.2012, NZA-RR 2012, 455 Rn. 26). Dieser Obersatz hätte allein schon deswegen nicht unbesehen in das AÜG aufgenommen werden sollen, da das BAG an späterer Stelle bekannte Kriterien wie die Verwendung von Arbeitsmitteln, Haftungsregelungen zwischen Auftraggeber und Auftragnehmer sowie der Gewährung von Urlaub oder der Beteiligung bei Schulungen ausführlich prüft (BAG 18.1.2012, NZA-RR 2012, 455 Rn. 31 ff.). Zudem wäre eine derartige Einschränkung auch falsch: Der Leiharbeitnehmer ist nichts anderes als der Arbeitnehmer, demgegenüber der Entleiher das arbeitsvertragliche Weisungsrecht aufgrund Vereinbarung mit dem Verleiher ausüben darf. Eine vergleichbare Frage stellt sich bei der Unterscheidung zwischen Arbeitnehmern und Selbständigen. Hier ist regelmäßig Arbeitnehmer, wer einem arbeitsvertraglichen Weisungsrecht unterliegt. Einziger Unterschied ist, dass bei einem Arbeitsvertrag nur zwei Personen involviert sind und das Weisungsrecht direkt aus der vertraglichen Beziehung resultiert, während bei der Arbeitnehmerüberlassung das Weisungsrecht aus einem Arbeitsvertrag delegiert wird. Zentrale Frage ist damit auch im Rahmen der Arbeitnehmerüberlassung, *ob* ein arbeitsvertragliches Weisungsrecht besteht. Erst in der Folge kommt es darauf an, *wer* dieses ausübt. Eine eigenständige Definition von „Leiharbeit" ist damit überflüssig, sofern sie sich mit der allgemeinen Typologie des Arbeitnehmerbegriffs deckt. Sie ist sogar falsch, wenn sie von dieser abweicht.

22a   Einige Stimmen gehen dessen ungeachtet davon aus, dass nun in deutlich mehr Konstellationen von Leiharbeit auszugehen ist (zB *Kainer/Schweipert* NZA 2017, 13). Sie weisen auf drei Änderungen gegenüber der bisherigen Rechtslage hin:

- Erstens hatte die Rechtsprechung bislang als Indizien für die persönliche Abhängigkeit eine *volle* Eingliederung in die Arbeitsorganisation des Entleihers und die Unterwerfung unter dessen *alleinige* Weisungsmacht verlangt.
- Zweitens soll es nach dem Normtext *nur* noch auf die Arbeitsorganisation und die Weisungsbefugnis ankommen; weitere Elemente wie die Übernahme der Gewährleistung, die Beschreibung eines Werkes etc sind nicht mehr von Relevanz.
- Drittens wird nicht mehr auf die Kenntnis der Arbeitsvertragsparteien abgestellt.

Damit wäre in deutlich mehr Fällen davon auszugehen, dass Leiharbeit vorliegt, wo ehemals Subunternehmer tätig waren. Das ist vom Gesetzgeber jedoch nicht beabsichtigt. Er wollte keine Änderung der Rechtslage, wie insbesondere die Beschlussempfehlung des Ausschusses für Arbeit und Soziales betont (BT-Drs. 18/10064, 14).

22b   Auf *Krankenschwestern,* die auf Grund von Gestellungsverträgen tätig werden, fand das Gesetz ebenso wenig Anwendung wie auf Beamte, die abgeordnet werden (BAG 24.3.1993, DB 1994, 482). Im Hinblick auf durch das Rote-Kreuz gestellte Krankenschwestern hat der EuGH – dogmatisch nicht überzeugend – die europarechtlichen Vorgaben nun weiter verstanden und sie als Leiharbeitnehmer eingeordnet (EuGH 17.11.2016, EuZW 2017, 68 m. kritischer Anm. *Ulrici*). Der EuGH negiert zum einen den nationalen Arbeitnehmerbegriff entgegen der systematischen Konzeption der Richtlinie 2008/104/EG vollständig, zum anderen behauptet er pauschal eine Umgehungsgefahr arbeitnehmerschützender Vorschriften, ohne auf die konkreten Besonderheiten des Falles einzugehen. Dies zwingt nun zu einer gespaltenen Auslegung (hierzu allgemein EUArbR/*Höpfner* Art. 288 AEUV). Dort, wo europarechtliche Vorgaben umgesetzt werden, sind die Regelungen des AÜG anwendbar. Wo dem nicht so ist, bleibt es beim bisherigen Verständnis. Für gestellte Schwestern des Deutschen Roten Kreuzes gelten demnach die §§ 13, 13a und 13b sowie 16 Abs. 1 Nr. 9 und 10 entsprechend; ebenso gilt entsprechend § 8, soweit es die Dauer der Arbeitszeit, Überstunden, Pausen, Ruhezeiten, Nachtarbeit, Urlaub, oder arbeitsfreie Tage betrifft.

Gestellungen in Diakonie und Caritas bleiben jedoch weiterhin vollständig **22c** außen vor (ausführlich *Thüsing/Stiebert* ZAT 2016, 176). Die Unterschiede dieser Beschäftigungsformen sind gravierend: Die Gestellung ist Ausdruck der religiösen Zielsetzung sowohl des Gestellenden als auch des Gestellten; eine soziale Sicherung durch Orden und Schwesternschaft ist gewährleistet. Diese Zwecksetzung ist durch das deutsche Staatskirchenrecht geschützt, das durch Art. 17 AEUV auch europarechtlich anerkannt ist. Eine Willkür auch nur im weitesten Sinne ist also nicht gegeben. Diese Gründe nicht zu akzeptieren hieße verfassungsrechtlich und europarechtlich fragwürdig den Freiraum der Kirchen zu beschneiden.

Bei **Gesellschafter-Geschäftsführern** einer GmbH, die sich selber zur **22d** Arbeit überlassen, soll es sich nach etwas gedrechselter Rechtsprechung des BAG nicht um eine Arbeitnehmerüberlassung im Anwendungsbereich des AÜG handeln. Liegt eine Verleiherlaubnis vor und überlässt der Verleiher dem Entleiher auf der Grundlage eines Arbeitnehmerüberlassungsvertrags Arbeitskräfte, die nicht in einem Arbeitsverhältnis zu ihm stehen, ist regelmäßig das Innenverhältnis zwischen dem Verleiher und der überlassenen Arbeitskraft, nicht aber das Außenverhältnis zum Entleiher betroffen. Bei Verstößen gegen die gesetzlichen Voraussetzungen für eine erlaubte Arbeitnehmerüberlassung müssen Rechtsfolgen grundsätzlich im Innenverhältnis eintreten. Wird jedoch nur der Geschäftsführer überlassen, nicht jedoch auch Arbeitnehmer der GmbH, kann der Einwand des Rechtsmissbrauchs greifen (BAG 17.1.2017 – NZA 2017, 572)

Das Tätigwerden im Rahmen der **wirtschaftlichen Tätigkeit** ist eng **23** mit der Unterscheidung von Gewerbsmäßigkeit zu Nicht-Gewerbsmäßigkeit verbunden. Gewerbsmäßig handelt der Arbeitgeber, der die Arbeitnehmerüberlassung nicht nur gelegentlich betreibt, sondern auf gewisse Dauer anlegt und damit unmittelbare oder mittelbare wirtschaftliche Vorteile erzielen will (BAG 18.1.1989, BAGE 60, 369 = NZA 1989, 728 und 18.1.1989, BAGE 61, 7 = AP BetrVG 1972 § 9 Nr. 1; → § 1 Rn. 94 ff.). Dann wird auch üblicherweise ein Handeln im Rahmen der wirtschaftlichen Tätigkeit vorliegen. Weiter geht der Anwendungsbereich des Gesetzes nur dann, wenn zwar eine finanzielle Vergütung verlangt wird, dies aber keine wirtschaftlichen Vorteile, sondern lediglich die finanziellen Unkosten abdeckt. Voraussetzung für die Anwendbarkeit des Gesetzes ist jedoch nicht, dass die Arbeitnehmerüberlassung der Haupt- oder der überwiegende Zweck der betrieblichen Tätigkeit ist (Boemke/Lembke/*Boemke* Einl. Rn. 10; ErfK/*Wank* § 1 Rn. 31 ff.), sofern überhaupt ein Bezug zur wirtschaftlichen Tätigkeit vorliegt. Gemeinnützigkeit schließt zwar eine Gewinnerzielungsabsicht und damit eine gewerbsmäßige Tätigkeit, nicht aber eine wirtschaftliche Tätigkeit grundsätzlich aus. So kann auch eine nichtkommerzielle Zeitarbeitsfirma eine Überlassung von Arbeitnehmern betreiben und damit unter den Anwendungsbereich des AÜG fallen. Relevantestes Beispiel hierfür sind wohl die **konzerninternen Personalservicegesellschaften,** die lediglich zum Selbstkostenpreis tätig werden (BT-Drs. 17/4804, 8).

2. Räumlich

24   Das AÜG folgt dem **Territorialitätsprinzip** und gilt damit nur für das Gebiet der Bundesrepublik Deutschland (BT-Drs. 6/2103, 10). Hierzu gehören entsprechend dem Flaggenstaatsprinzip auch die unter Bundesflagge geführten Schiffe (BA FW AÜG Ziff. 1.1.1. Abs. 1; BSG 25.10.1988, BSGE 64, 145 (149); 29.6.1984, EzAÜG Nr. 31 zu § 10 AÜG Fiktion). Das Schiff ist nach dem das öffentliche Recht beherrschenden Flaggenstaatsprinzip „schwimmender Gebietsteil seines Heimatlandes" (BSG 29.11.1973, BSGE 36, 276 (278); s. auch *Wurmnest* EuZA 2009, 481 (497)). Allerdings hat der EuGH für einen Schiffskoch, der auf einer schwimmenden Einrichtung über dem Festlandsockel tätig ist, als gewöhnlichen Arbeitsort den Staat angesehen, dem völkerrechtlich ausschließlich die wirtschaftliche Nutzung dieses Seegebietes zugewiesen ist (EuGH 27.2.2002, NJW 2002, 1635; s. auch EuGH 15.12.2011, NZA 2012, 227). Auch das BAG hat sich in einer neueren Entscheidung gegen die Anwendung des Flaggenstaatsprinzips entschieden und Bezug zu dem Ort genommen, in dem die Steuern und Abgaben entrichtet werden und Sozialversicherungsbeiträge geleistet werden (BAG 22.10.2015, NZA 2016, 473). Die Anwendung des Flaggenstaatsprinzips wird verbreitet auch für in Deutschland registrierte Flugzeuge vertreten (Boemke/Lembke/*Boemke* Einl. Rn. 8; Schüren/Hamann/*Schüren* Einl. Rn. 9). Das stimmt so nicht. Ein vergleichbares Flaggenstaatsprinzip bei Flugzeugen im Hinblick auf den Staat ihrer Registrierung gibt es nicht. Zumindest hinsichtlich der arbeitsvertragsrechtlichen Vorschriften wird man also vorsichtig sein müssen. Hier ist maßgeblich das Arbeitsvertragsstatut, das bei der Bordbesatzung nicht zwingend und auch nicht vorrangig das Hoheitszeichen des Flugzeugs bestimmt (s. BAG 12.12.2001, AP EGBGB Art. 30 Nr. 10 nF; aA *Junker,* Internationales Arbeitsrecht im Konzern, S. 188; *Mankowski* RabelsZ 53 [1989], 487 (508)).

25   Das Territorialitätsprinzip setzt einen hinreichenden Inlandsbezug voraus. Ohne diesen erforderlichen Bezug kann deutsches Recht nicht für eine ausländische Rechtsordnung gelten (s. *Brors* DB 2013, 2087). Innerhalb Deutschlands gilt das Gesetz für das Tätigwerden **einheimischer wie ausländischer Verleihunternehmen** gleichermaßen, so dass auch der Verleih in Deutschland, nach Deutschland hinein und aus Deutschland hinaus erfasst wird (Schüren/Hamann/*Schüren* Einl. Rn. 10; Boemke/Lembke/*Boemke* Einl. Rn. 8; ErfK/*Wank* Einl. Rn. 43 ff.; *Ulber* Einl. F Rn. 1). Eine Tätigkeit in der AWZ ist wie eine Tätigkeit im Ausland zu bewerten. Wird jedoch ein Ausländer von einem ausländischen Verleiher an einen ausländischen Entleiher zur Arbeit in Deutschland überlassen, so ist das AÜG nach wohl herrschender und zutreffender Meinung in Gänze nicht anwendbar (BA FA AÜG Ziff. 3.2.; LAG Hessen 28.3.1994, EWiR 1994, 967 *[Windbichler]* = AR-Blattei, ES Internationales Arbeitsrecht Nr. 4 mit Anmerk. *Mankowski;* s. auch Staudinger/*Magnus* Rom

I-VO Art. 8 Rn. 171; MHdB ArbR/*Birk* § 20 Rn. 138; *Junker,* Internationales Arbeitsrecht im Konzern, S. 227 ff.). Ausführlicher zur grenzüberschreitenden Arbeitnehmerüberlassung → Rn. 43 ff. Ob ein Arbeitsverhältnis vorliegt, kann sich je nach Tätigkeitsort unterschiedlich gestalten: Erhält der Tätige Weisungen in der Dichte persönlicher Abhängigkeit nur im Ausland von seinem Vertragspartner, wird er in Deutschland dagegen ohne entsprechend dichte Weisungen tätig, dann kann es an einer Arbeitnehmerüberlassung in Deutschland entsprechend dem Territorialitätsprinzip fehlen, → Rn. 45. Es gilt insoweit eine gespaltene Anknüpfung.

III. Entwicklung des Überlassungsrechts

1. Die Anfänge

Das deutsche Arbeitsrecht der Arbeitnehmerüberlassung ist so alt nicht. **26** Allerdings reichen die Regelungen zur gewerblichen Zulässigkeit der Leiharbeit zurück bis in den Beginn des vergangenen Jahrhunderts. Vorschriften über das Arbeitsverhältnis des überlassenen Arbeitnehmers und seiner Rechtsbeziehung zum Betrieb des Entleihers fanden sich damals jedoch noch nicht. Am Anfang der Regelung stand die Arbeitsvermittlung und nicht die -überlassung. **Ausgangspunkt** umfassender Regelung war das Stellenvermittlergesetz v. 2.6.1910 (RGBl. I S. 860), das keine Regelung zur gewerblichen Arbeitsüberlassung enthielt. Dies gilt auch für den Entwurf eines Allgemeinen Arbeitsvertragsgesetzes von 1923 (RABl. 1923, Sonderheft 28). Durch das Arbeitsnachweisgesetz vom 27.7.1922 (RGBl. I S. 657) wurden dann die umfassenden organisatorischen und institutionellen Voraussetzungen für eine staatliche Arbeitsvermittlung als öffentliche Aufgabe geschaffen. Damit setzte sich die Entwicklung fort hin zum staatlichen Arbeitsvermittlungsmonopol, das erst 1994 wieder aufgegeben wurde. Jede gewerbsmäßige Stellenvermittlung wurde gem. § 48 ArbeitsNachwG mit Wirkung zum 1.1.1931 verboten. Als solchermaßen verbotene gewerbsmäßigen Stellenvermittlung galt gem. § 48 Abs. 5 ArbeitsNachwG auch: „die Zuweisung von Arbeitnehmern, deren Arbeitskraft der zuweisenden dritten Person zur vorübergehenden Beschäftigung zur Verfügung steht, ohne selbst die Ausrüstung mit den erforderlichen Werkzeugen und die sozialen Versicherungslasten des Arbeitnehmers für die vermittelnde Person zu übernehmen". Hierdurch sollte das „Leiharbeitnehmerunwesen" dieser Zeit beseitigt werden (ausführlich *Bethge,* Die Arbeitsvermittlung, Diss. 1962, S. 40; *Kühne,* Das Vermittlungsmonopol der Bundesanstalt für Arbeit, Diss. 1971, S. 75). Die Vorschrift wurde als § 54 Abs. 3 in das Gesetz über Arbeitsvermittlung und Arbeitslosenversicherung (AVAVG) vom 16.7.1927 (RGBl. I S. 187) übernommen. Durch die Notverordnung des Reichspräsidenten vom 6.10.1931 über Arbeitsvermittlung, Arbeitslosenversicherung und Krisenfürsorge (RGBl. I S. 537) wurde der Anwendungsbereich der Norm jedoch eingeschränkt und nur noch Verleiher, die selbst nicht Arbeitgeber waren, wurden dem Vermittler gleichgestellt (s. auch *Becker/Wulfgramm* Einl. Rn. 38). Damit war die Arbeitnehmerüberlassung iSd heutigen § 1 Abs. 1 S. 1 AÜG wieder unbeschränkt erlaubt, wenn

auch nicht im größeren Maße praktiziert (s. *Theuersbacher,* Das Leiharbeitsverhältnis, Diss. 1960, 8 ff.; historisch interessant *Enß,* Unternehmer und Leihar-
beiterwesen, Monatsheft für nationalsozialistische Sozialpolitik 1938, S. 562;
s. auch *Sturn,* Das „Ausleihen" von Arbeitskräften, RABl. 1942 V S. 235;
dazu auch Schüren/Hamann/*Schüren* Einl. Rn. 37). Auch wenn durch § 4
der Verordnung vom 26.11.1935 (RGBl. I S. 1361) zur Durchführung des
Gesetzes über Arbeitsvermittlung, Berufsberatung und Lehrstellenvermitt-
lung (RGBl. I S. 1281) § 54 AVAVG ersatzlos gestrichen wurde, wurden die
Arbeitsämter durch Erlass des Reichsarbeitsministers vom 20.12.1941
(RABl. I S. 6) angewiesen, die Verleihe von Arbeitskräften auf Grundlage
der Verordnung über die Beschränkung des Arbeitsplatzwechsels zu unterbinden, wo sie nicht „der Behebung einer augenblicklichen Notlage oder von
Arbeitsspitzen" diente. Anderenfalls sollten die Arbeitnehmer unmittelbar das
Verhältnis mit dem Entleiherunternehmen begründen. Weil der Gesamtar-
beitsmarkt in dieser Zeit durch Regelungen über Dienstverpflichtungen,
Arbeitsbuch und Arbeitseinsatz kaum mehr privatwirtschaftlich funktionierte,
war die Aufhebung des § 54 AVAVG ohnehin von geringer Bedeutung.

27   Die **Nachkriegsentwicklung** knüpfte an das Recht der Weimarer Zeit
an. Das Gesetz über die Errichtung der Bundesanstalt für Arbeitsvermittlung
und Arbeitslosenversicherung vom 10.3.1952 (BGBl. I S. 123) war Grundlage
einer Institution ganz vergleichbar der Reichsanstalt vor 1933. Hinsichtlich
der gewerbsmäßigen Arbeitnehmerüberlassung ging man jedoch von der
Unzulässigkeit auf Grundlage des fortbestehenden § 54 Abs. 3 AVAVG aus.
Anknüpfungspunkt war hier die Rechtslage ab 1941 (Schüren/Hamann/
Schüren Einl. Rn. 44; *Ulber* Einl. B Rn. 4; *Pieroth,* Arbeitnehmerüberlassung
unter dem Grundgesetz, S. 30). Dieses Verständnis wurde dann nach der
Novelle des AVAVG am 23.12.1956 (BGBl. I S. 1018) durch eine modifizierte
Fortschreibung des § 54 Abs. 1 AVAVG in einem neuen § 37 Abs. 3 AVAVG
in der Fassung vom 3.4.1957 (BGBl. I S. 321) gesetzgeberisch bestätigt. Nun
galt als Arbeitsvermittlung unter anderem „die Zuweisung von Arbeitnehmern, deren Arbeitskraft der Zuweisende regelmäßig dritten Personen für
eine Beschäftigung zur Verfügung stellt, ohne selbst die Arbeit auf eigene
Rechnung ausführen zu lassen und ohne selbst die Ausrüstung mit den erforderlichen Werkzeugen für die zugewiesenen Arbeitskräfte zu übernehmen".
Bei Novellierung des AVAVG ging man davon aus, das bisherige Recht ohne
Änderung fortzuschreiben (s. auch Verhandlungen des Deutschen Bundesta-
ges in 2. Wahlperiode, S. 9396). Der historischen Entwicklung nach diente
also das Verbot der gewerblichen Arbeitnehmerüberlassung der Ausdehnung
des Monopols zur Arbeitsvermittlung (dargestellt auch in BVerfG 4.4.1967,
BVerfGE 21, 261 (270 ff.)).

2. Das AÜG und seine Änderungen

28   Die entscheidende Wende brachte die **Entscheidung des BVerfG vom
4.4.1967** (BVerfGE 21, 261), als das Gericht feststellte, dass das Verbot
gewerbsmäßiger Arbeitnehmerüberlassung mit dem Grundrecht der freien
Berufswahl unvereinbar sei, im Gegensatz zum staatlichen Arbeitsvermitt-

lungsmonopol, das in einer Entscheidung vom gleichen Tag als verfassungsgemäß bestätigt wurde (BVerfGE 21, 245). Statt die Arbeitnehmerüberlassung verbieten zu können, musste sie nun sozialverträglich ausgestaltet werden. Am 12.10.1972 trat dann das AÜG in Kraft (BGBl. I S. 1393). Seitdem wurde das Gesetz vielfach geändert (ausführlich *Ulber* Einl. B Rn. 15–58; Schüren/Hamann/*Schüren* Einl. Rn. 53–89), in jüngster Vergangenheit insbesondere durch das Gesetz zur Änderung des Arbeitnehmerüberlassungsgesetzes und anderer Gesetze mit Wirkung zum 1.4.2017. Die Änderungen hatten unterschiedliche Richtungen. Teilweise wurde das Sanktionssystem ergänzt und verschärft, etwa durch Art. 20 des EGStGB vom 2.3.1974 (BGBl. I S. 469) und durch das Gesetz zur Bekämpfung der illegalen Beschäftigung (BGBl. I S. 1390), das am 1.1.1982 in Kraft trat. Gleiches gilt für das Zweite Gesetz zur Bekämpfung der Wirtschaftskriminalität vom 15.5.1986 (BGBl. I S. 721), das die Fiktion des Arbeitsverhältnisses nach § 9 Nr. 1, § 10 Abs. 1 bei unerlaubter Arbeitnehmerüberlassung einführte. Daneben zielten aber zahlreiche Gesetzesänderungen auf eine **Flexibilisierung der Arbeitnehmerüberlassung** und Lockerung des Regelungsrahmens, zuweilen auch in kleinen Schritten. So wurde die höchstzulässige Dauer der Arbeitnehmerüberlassung durch das Beschäftigungsförderungsgesetz vom 26.4.1985 (BGBl. I S. 710) von drei auf zunächst sechs Monate angehoben, das Erste Gesetz zur Umsetzung des Spar-, Konsolidierungs- und Wachstumsprogramms vom 21.12.1993 (BGBl. I S. 2353) hob dies dann auf neun Monate an, es folgte eine Verlängerung auf zwölf Monate durch das Gesetz zur Reform der Arbeitsförderung vom 24.3.1997 (BGBl. I S. 594) und auf 24 Monate durch das Job-AQTIV-Gesetz vom 10.12.2001 (BGBl. I S. 3423). Das Erste Gesetz für moderne Dienstleistungen am Arbeitsmarkt, das am 1.1.2003 in Kraft trat (BGBl. 2002 I S. 4607), hob die Begrenzung gänzlich auf. Einzelheiten der Entwicklung sind in den Erläuterungen der einzelnen Paragraphen nachgezeichnet. Die nächste Änderung erfolgte durch das Zuwanderungsgesetz vom 30.7.2004 (BGBl. I S. 1950). Hier werden die aufenthaltsrechtlichen Änderungen in die §§ 15–18 eingearbeitet. Die Änderungen sind am 1.1.2005 in Kraft getreten. Es folgte am 19.11.2004 das Vierte Gesetz zur Änderung des Dritten Buches Sozialgesetzbuch und anderer Gesetze. Dort wurde lediglich der Wortlaut von § 18 Abs. 2 Nr. 3 AÜG an die neue Begrifflichkeit „Bundesagentur für Arbeit" angepasst. Eine weitere Änderung erfuhr das Gesetz durch das Gesetz zur Änderung des Aufenthaltsgesetzes und weiterer Gesetze vom 14.3.2005. Hier wurde Ziffer 4 von § 18 Abs. 1 AÜG dahingehend modifiziert, dass nunmehr eine Zusammenarbeit der Zollbehörden mit den, nach dem Schwarzarbeitsgesetz zuständigen Behörden, stattzufinden hat. Die vorläufige letzte Anpassung wurde am 31.10.2006 vorgenommen. Es erfolgte die Einarbeitung der neunten Zuständigkeitsanpassungsverordnung.

In der jüngeren Vergangenheit war das AÜG durch zwei Änderungsgesetze weiteren Anpassungen unterworfen: Das **Erste Gesetz zur Änderung des Arbeitnehmerüberlassungsgesetzes – Verhinderung von Missbrauch der Arbeitnehmerüberlassung** (AÜGÄndG 1) vom 28.4.2011 (BGBl. 2011 I S. 642; hierzu BT-Drs. 17(4804 und 17/5238 sowie BR-Drs. 847/10)), welches Veränderungen zum 30.4.2011 und zum 1.12.2011 **28a** beinhaltete und das **Gesetz zur Änderung des Arbeitnehmerüberlassungsgesetzes und des Schwarzarbeitsbekämpfungsgesetzes** (AÜG/SchwarzArbG2004ÄndG) vom 20.7.2011 (BGBl. 2011 I S. 1506 hierzu BT-Drs. 17/5761) mit Änderungen zum 30.7.2011. Besonders bedeutsam sind hierbei die Änderungen durch das Änderungsgesetz vom 28.4.2011. Motivation hierfür war zweierlei: Zum einen eine Verstärkung des Schutzes der Leiharbeitnehmer durch Einführung eines Mindestlohns in § 3a AÜG (BT-Drs. 17/5238, 1) und zum anderen der Ausschluss des sog. „Drehtüreffekts" durch Einfügung des § 3 Abs. 1 Nr. 3 S. 4 AÜG (BT-Drs. 17/4804, 1, 9) sowie eine Harmonisierung mit der europarechtlichen Leiharbeitsrichtlinie 2008/104/EG (BT-Drs. 17, 4804, 1, 7). Gerade die Einführung des Mindestlohns war lange Zeit umstritten und sah sich diversen politischen und juristischen Bedenken ausgesetzt (Thüsing/Lembke ZfA 2007, 87). Weniger umstritten waren hingegen die europarechtlichen Anpassungen, wurde damit doch versucht eine Harmonisierung mit der bis zum 5.12.2011 umzusetzenden RL 2008/104/EG zu erreichen (vertiefend hierzu → Rn. 29a ff.). Die praktische Bedeutung der eingefügten Änderungen ist nicht zu unterschätzen: Gerade die Einführung des Mindestlohns führt dazu, dass die Abweichungsmöglichkeit vom Equal pay-Grundsatz durch Tarifverträge zumindest teilweise ihrer Bedeutung beraubt wurde. Auch inhaltlich passt diese Änderung wenig zu den sonstigen durch das Gesetz eingeführten Reformen, soll doch das Gesetz explizit „der Umsetzung der Richtlinie 2008/104/EG des Europäischen Parlaments und des Rates vom 19. November 2008 über Leiharbeit" dienen. Der Mindestlohn ist an dieser Stelle als Fremdkörper anzusehen. Die Einfügung an dieser Stelle war auch eher politisch als juristisch motiviert und wurde erst durch einen Gesetzentwurf vom 23.3.2011 sehr kurzfristig realisiert (zur ausführlichen Entwicklung → § 3a Rn. 1 ff.). Die Bedeutung wird andererseits durch die Einführung des gesetzlichen Mindestlohns nach dem MiLoG relativiert. Seit dem 1.1.2017 gehen vom Mindestlohn abweichende Rechtsverordnungen dem Mindestlohn nur vor, wenn sie mindestens ein dem Mindestlohn entsprechendes Entgelt vorsehen (§ 24 Abs. 1 S. 2 MiLoG).

28b   Die neueste Entwicklung des AÜG tritt mit dem **Gesetz zur Änderung des Arbeitnehmerüberlassungsgesetzes und anderer Gesetze** zum 1.4.2017 ein und steht unter dem gesetzgeberischen Leitmotiv einer Rückbesinnung der Leiharbeit auf ihre Kernfunktion. Ziel ist es, dass „die Funktion der Arbeitnehmerüberlassung als Instrument zur zeitlich begrenzten Deckung eines Arbeitskräftebedarfs geschärft, Missbrauch von Leiharbeit verhindert, die Stellung der Leiharbeitnehmerinnen und Leiharbeitnehmer gestärkt und die Arbeit der Betriebsräte im Entleiherbetrieb erleichtert werden", ohne das Flexibilisierungsbedürfnis des Arbeitgebers zu vernachlässigen und positive Beschäftigungseffekte zu erhalten (BT-Drs. 18/9232, 1). Als wesentliche Änderung kam es zur Einführung einer Höchstüberlassungsdauer von 18 Monaten, deren Missachtung zu einer Fiktion eines Arbeitsverhältnisses zwischen dem Leiharbeitnehmer und dem Entleiher führen kann, die Stärkung des *Equal Pay*-Prinzips, dem Verbot der verdeckten Arbeitnehmerüberlassung, die Berücksichtigung von Leiharbeitnehmern bei der Bestimmung von Schwellenwerten im Einsetzbetrieb bzw. -unternehmen, sowie der Untersagung des Einsatzes von Leiharbeitnehmern als Streikbrecher. In einigen Bereichen, in denen der Gesetzgeber die Arbeitnehmerüberlassung mit der Neufassung des AÜG restringiert hat, hat er den Tarifparteien zugleich die Befugnis zur flexiblen Gestaltung eingeräumt. So können die Tarifparteien der Einsatzbranche die Höchstüberlassungsdauer von 18 Monaten modifizieren. Ihre Wirkmacht beschränkt sich dabei nicht lediglich auf die tarifgebundenen Entleiher, sondern eröffnet zugleich die Möglichkeit, dass im Geltungsbereich des jeweiligen Tarifvertrages entsprechende Regelungen im Betrieb eines nicht tarifgebundenen Entleihers durch Betriebs- oder Dienstvereinbarung übernommen werden. Sie können – allerdings grundsätzlich begrenzt auf die ersten neun Monate der Überlassung – vom Grundsatz des *Equal Pay* abweichende tarifvertragliche Regelungen treffen. Zu einer eingehenden Darstellung der wesentlichen Änderungen im Überblick vgl. *Lembke* NZA 2017, 1; *Bayreuther* NZA 2017, 18; *Neighbour/Schröder* BB 2016, 2869; *Thüsing* DB 2016, 2663; *Oetker* NZA 2017, 29; *Ulrici* § 1 Rn. 5 ff.

3. Europäische Impulse

Die nationale Entwicklung wird von einer europäischen begleitet und **29** befruchtet. Bereits Anfang der achtziger Jahre hatten der Rat und das Parlament **Entschließungen** angenommen, in denen sie die Notwendigkeit betonten, eine Gemeinschaftsaktion zur Regelung der Leiharbeit und zum Schutz der betroffenen Arbeitnehmer in die Wege zu leiten (ABl. 1980 C 002, S. 1 und ABl. 1981 C 260, S. 54). Daraufhin unterbreitete die Kommission 1982 einen **Richtlinienvorschlag,** der 1984 geändert, jedoch nie angenommen wurde (s. Richtlinienvorschlag v. 6.4.1984, ABl. Nr. C 33, S. 1; Richtlinienvorschlag v. 7.5.1982, ABl. Nr. C 128, S. 2; ausführlich hierzu *Schmidt,* Die Richtlinienvorschlage der Kommission der Europäischen Gemeinschaften zu den atypischen Arbeitsverhältnissen, 1992, S. 81 ff., S. 125 ff.; s. auch *Becker/Bader* RdA 1983, 1 ff.). In einem zweiten Anlauf ging sie einen etwas anderen Weg und orientierte sich nicht an den verschiedenen Vertragsarten, sondern schlug 1990 ein Bündel grundlegender Bestimmungen vor, die allgemein ein Minimum an Arbeitnehmerschutz für atypische Arbeitsverhältnisse gewährleisten sollten (KOM [1990] 228 endg. v. 29.6.1990, ABl. 1990 C 224, S. 8). Dieser Initiative war ein erster Erfolg beschieden; er führte zum Erlass der **Richtlinie 91/383/EWG** des Rates vom 25.6.1991 zur Ergänzung der Maßnahmen zur Verbesserung der Sicherheit und des Gesundheitsschutzes von Arbeitnehmern mit befristetem Arbeitsverhältnis oder Leiharbeitsverhältnis. Kommission und Rat gaben die Stafette weiter an die Sozialpartner, die ab 1996 um den Abschluss von Rahmenvereinbarungen verhandelten, zuerst betreffend teilzeitbeschäftigte Arbeitnehmer, dann hinsichtlich befristeter Arbeitsverträge. Während in diesen beiden Bereichen eine Einigung erzielt werden konnte, die in den Richtlinien 97/81/EG und 1999/70/EG umgesetzt wurde, mussten die Sozialpartner im Mai 2001 feststellen, dass bei den Leiharbeitnehmern kein Einvernehmen zu erzielen war (s. bereits Nr. 13 der Richtlinie 1999/70/EG, wonach die Sozialpartner erklärten, dass sie in Erwägung ziehen wollten, ob eine ähnliche Richtlinie für die Leiharbeit erforderlich sei). Daraufhin nahm die Kommission wieder die Tätigkeit auf, was zu einem **Richtlinienentwurf** führte (KOM [2002] 149 endg.; geänderte Fassung KOM [2002] 701 endg.; s. auch die Stellungnahme des Wirtschafts- und Sozialausschusses Amtsblatt Nr. C 61 vom 14/03/2003 S. 124). Der Entwurf scheiterte, insbesondere auf Grund Widerstandes in Großbritannien, aber auch der Bundesrepublik (s. auch *Thüsing* DB 2002, 2218; *Wank* RdA 2003, 1; *Lembke* BB 2003, 98; Schüren/Hamann/*Riederer von Paar* Einl. Rn. 539 ff.). Umstritten war insbesondere das Gebot zur Gleichbehandlung (Art. 5 des Richtlinienentwurfs) – eine Regelung, die nun übertroffen wurde durch die Einführung des *Equal pay*-Gebots durch das Erste Gesetz für moderne Dienstleistungen am Arbeitsmarkt (→ § 3 Rn. 44 ff.).

29a   Ihr vorläufiges Ende fand die Diskussion dann aber 2008 durch die Schaffung der **Richtlinie 2008/104/EG zur Leiharbeit,** welche bis zum 5.12.2001 durch die Mitgliedsstaaten umzusetzen ist und auf dem Entwurf von 2002 basiert. Damit bestehen jetzt auch verbindliche europarechtliche Vorgaben für die Leiharbeit und damit verbunden insbesondere auch für den Equal pay und Equal treatment Grundsatz. Auch für das deutsche Recht der Arbeitnehmerüberlassung sind die Vorgaben nicht zu unterschätzen: So führt dies zum einen dazu, dass das Gesetz teilweise geändert und angepasst wird, zum anderen aber vor allem auch dazu, dass neben die nationalen Auslegungsformen zusätzlich das Gebot der richtlinienkonformen Auslegung des AÜG tritt (hierzu allgemein: *Thüsing* Europ. AR § 4 Rn. 40 ff.). Neben die autonome nationale Auslegung tritt damit zusätzlich ein europarechtlicher Maßstab.

29b   Zentrale Vorschriften der Richtlinie sind der **Grundsatz der Gleichbehandlung** in Art. 5, und die speziellen **Informations- und Zugangsvorschriften** in Art. 6. Daneben sind in Art. 7 mitarbeitervertretungsrechtliche Vorgaben enthalten. Ziel der Richtlinie ist gem. Art. 1 die „Qualität der Leiharbeit zu verbessern", und die „Einhaltung des Grundsatzes der Gleichbehandlung von Leiharbeitnehmern" zu sichern. Klar wird dadurch, dass die Leiharbeit als solche soll nicht verhindert und eingeschränkt, sondern als zulässige Beschäftigungsform anerkannt werden soll – ein Ergebnis das nicht ganz selbstverständlich ist, gab es doch zumindest in der Vergangenheit Mitgliedsstaaten, die die Leiharbeit nicht oder kaum zuließen. Verboten werden soll die Leiharbeit demnach nicht; die (Leih)Arbeitnehmer sollen aber dadurch geschützt werden, dass die Geltung des „Equal pay-Grundsatzes" prinzipiell greift (Art. 5 Abs. 1), sofern keine Ausnahme hiervon den Schutz der Arbeitnehmer gleichermaßen sichert (Art. 5 Abs. 2–4).

29c   Die möglichen **Ausnahmen vom Diskriminierungsverbot** reichen weiter als das deutsche Recht in § 3 AÜG. Sie sind recht großzügig und würden die Gleichbehandlungspflicht im Regelfall unanwendbar machen: Dies aber auch zurecht. Dem nationalen Gesetzgeber soll (gerade aufgrund der Verschiedenheit der Regelungen zur Arbeitnehmerüberlassung) kein Konzept vorgeschrieben werden. Es steht nur fest, dass die Arbeitnehmer zu schützen sind; wie dies freilich zu erfolgen hat, will die Richtlinie nicht festschreiben. Gemäß Art. 5 Abs. 2 des Entwurfs können die Mitgliedstaaten die Möglichkeit vorsehen, vom Grundsatz der Nichtdiskriminierung abzuweichen, wenn Leiharbeitnehmer, die einen unbefristeten Vertrag mit dem Leiharbeitsunternehmen abgeschlossen haben, auch in der Zeit zwischen zwei Überlassungen bezahlt werden. Dies ist in verschiedenen europäischen Ländern regelmäßig nicht der Fall. So existiert beispielsweise in Frankreich der Leiharbeitsvertrag nur für die Dauer der Überlassung (s. Art. L. 124–2 Code du travail und Art. L. 124–2-2 Code du travail). Da in Deutschland, wie die Entwurfsbegründung zutreffend formuliert, Leiharbeitnehmer zumeist unbefristete Arbeitsverhältnisse haben, lägen die Auswirkungen in der Praxis vor allem darin, dass zukünftig Zeitarbeitsfirmen auf befristete Probearbeitsverhältnisse verzichten müssten.

Gemäß Art. 5 Abs. 3 der Richtlinie können die Mitgliedstaaten den Sozial- **29d** partnern auf der geeigneten Ebene die Möglichkeit geben, Tarifverträge zu schließen, die von dem in Abs. 1 formulierten Grundsatz abweichen, sofern ein angemessenes Gesamtschutzniveau für den Leiharbeitnehmer gewährleistet ist (dies entspricht dem spanischen Recht, vgl. Art. 1 Abs. 1 lit. a des Gesetzes 14/1994 vom 1.7.1994). Auch diese Ausnahme hat für das deutsche Recht eine große Bedeutung und wurde in § 1 Abs. 1b sowie § 8 Abs. 2–4 AÜG übernommen.

Schließlich gibt Art. 5 Abs. 4 den Mitgliedsstaaten selbst die Möglichkeit **29e** gesetzlich vom Gleichbehandlungsgebot abzuweichen – dies allerdings nur dann wenn eine Allgemeingültigkeit von Tarifverträgen gesetzlich nicht vorgesehen ist. Vorgaben bezüglich der möglichen Fallgestaltungen für solche Gesetze macht die Richtlinie nicht. Lediglich in Absatz 4 Satz 2 wird das Beispiel einer „Wartezeit für die Gleichbehandlung" gebracht. Für Deutschland hat diese Regelung keine eigenständige Bedeutung. Entsprechungen im AÜG gibt es nicht.

Dennoch gilt es, die Unterschiede zwischen den europarechtlichen Vorga- **29f** ben und dem deutschen Recht zu beachten. Hier existieren zwei gegensätzliche Modelle (siehe dazu auch *Böhm* DB 2011, 473). Zu unterscheiden ist zwischen dem **verleiherbezogenen Modell** und dem **entleiherbezogenen Modell.** Nach deutschem Recht griff lange Zeit der *Equal pay*-Grundsatz nicht. Bis dahin galt das „verleiherbezogene Modell". Danach ist der Arbeitnehmer (auch während der Überlassung) als Arbeitnehmer des Verleihers anzusehen, mit der Folge, dass sich auch die Inhalte dieses Arbeitsvertrages (auch hinsichtlich des Lohnes und weiterer wesentlicher Arbeitsbedingungen) nur an diesem Betrieb orientieren. Dieser Nachteil, dass damit ein geringerer Lohn als im Entleiherbetrieb zulässig ist, wird dadurch aufgewogen, dass eine Bezahlung unabhängig von Überlassungen möglich bleibt und eine Synchronisation des Arbeitsverhältnisses zur Überlassung unzulässig war. In denjenigen Ländern, in denen der Equal pay-Grundsatz unabhängig von der Richtlinie existierte, bestanden für den Arbeitnehmer solche Vorteile nicht, im Gegenzug wurde ihm aber der gleiche Lohn wie im Entleiherbetrieb gewährt (**„entleiherbezogenes Modell"**) (s. auch Urban-Crell/Germakowski/Bissels/Hurst/*Germakowski/Hurst* AÜG Einleitung Rn. 12; Schüren/Hamann/ *Riederer von Paar* Einl. Rn. 626). Die Regelungen im AÜG sind daher eine Mischung aus beiden Systemen – das Gleichbehandlungsgebot besteht;

gleichfalls ist aber eine Synchronisation von Bezahlung und Überlassung unzulässig.

29g   Europarechtlich zwingend ist ein solches Modell freilich nicht. Ziel soll zwar nach Erwägungsgrund 14 der Richtlinie eine Gleichbehandlung der Leiharbeitnehmer mit denjenigen des Entleihunternehmens sein; Erwägungsgrund 15 lässt aber eine Abweichung hiervon zu, wenn das Schutzbedürfnis der Arbeitnehmer bereits durch einen unbefristeten Vertrag gewahrt ist. Deutlich wird dies zudem durch die ausdrückliche Regelung in Art. 5 Abs. 2 der RL. Das aktuelle deutsche Recht wurde damit zwar vom Europarecht motiviert, zwingend ist es aber keineswegs, sondern es übererfüllt die Richtlinienvorgaben. Damit wäre es bei Beibehaltung des deutschen Modells weiterhin möglich, den Gleichbehandlungsgrundsatz abzuschaffen; die Wahl dieser Regelung entspringt einer freien Entscheidung des Gesetzgebers und kann nicht mit dem Europarecht begründet werden. Nur an einigen Stellen war die deutsche Gesetzesänderung tatsächlich durch das Europarecht bedingt, bspw. bei der Einfügung der §§ 13a und b.

29h   Ob das Gesetz sein selbst gestecktes Ziel, die Richtlinienvorgaben zu erfüllen, erreicht hat, erscheint aber unsicher. Sowohl bezüglich der Begrenzung auf eine wirtschaftliche Tätigkeit (hierzu bereits → Rn. 13b) als auch bezüglich weiterer Überlassungsbeschränkungen und Totalverbote ist eine Vereinbarkeit mit der Richtlinie zumindest problematisch (siehe zum Ganzen sehr ausführlich: *Rieble/Vielmeier* EuZA 2011, 474). Bestritten wird die Vereinbarkeit mit der Richtlinie zudem auch bei der Beschränkung auf eine vorübergehende Überlassung und beim Konzernprivileg (zum Ganzen ausführlich → Rn. 13b ff.).

4. Paradigmenwechsel des Gesetzgebers

30   In der Entwicklung der Arbeitnehmerüberlassung ist ein **Paradigmenwechsel** des Gesetzgebers deutlich wahrzunehmen. Da die Regelungen der Arbeitnehmerüberlassung ihre Wurzeln in der Regulierung privater Stellenvermittlung haben, war Motor der ersten gesetzgeberischen Ansätze eine in vergangenen Zeiten zuweilen vorzufindende Nähe des Gewerbes zur finanziellen Ausbeutung der Notlage Stellensuchender und eine gewisse Affinität zur Kriminalität (s. *Potthoff*, Probleme des Arbeitsrechts, 1912, S. 115 ff. mit Hinweis auf Vermögensdelikte und – wohl schon damals fernliegender – Kuppelei; Schüren/Hamann/*Schüren* Einl. Rn. 24; *Ulber* Einl. B Rn. 1). Dieses Sozialschädlichkeitsverdikt wurde jedoch in der kommenden Rechtsentwicklung fallengelassen. Maßgeblich war hierfür insbesondere die Entscheidung des BVerfG vom 4.4.1967 (BVerfGE 21, 261 ff.), das die Arbeitnehmerüberlassung in den Schutzbereich des Art. 12 GG einordnete und als eine an sich anzuerkennende Beschäftigungsform akzeptierte (→ Rn. 28). Mögen also Verletzungen von Arbeitnehmerschutzgesetzen im Bereich der Leiharbeit vorkommen (s. den Neunten Bericht der Bundesregierung über Erfahrungen bei der Anwendung des AÜG, BT-Drs. 14/4220, 19), stellt dies die Arbeitnehmerüberlassung an sich nicht in Frage. In der jüngsten gesetzgeberischen Reform des AÜG, dem Ersten Gesetz für moderne

Dienstleistungen am Arbeitsmarkt (BGBl. 2002 I S. 4607), entschied man sich für eine Förderung der Leiharbeit. Ziel insbesondere des neu geschaffenen *Equal pay*-Gebots (→ § 3 Rn. 44 ff.) war die Erhöhung des Arbeitnehmerschutzes und eine erstarkende Attraktivität der Leiharbeit (BT-Drs. 15/25, 24, 38). Die Förderung der Leiharbeit ist Bestandteil aktiver Arbeitsmarktpolitik im weiteren Sinne (s. BT-Drs. 15/25, 2); sie soll Arbeitslosen den Wiedereinstieg in den Arbeitsmarkt erleichtern (BT-Drs. 15/25, 39). Dieser Ansatz wird von wirtschaftswissenschaftlicher Seite unterstützt (s. nur *Dormann/Knospe,* Wirtschaftliche Bedeutung und arbeitsmarktpolitischer Beitrag der Zeitarbeit in Deutschland 1990 bis 1997 [1998]). Die schrittweise Neuausrichtung des Gesetzes ist daher zu begrüßen. Anerkannt ist damit, dass es sich bei der Arbeitnehmerüberlassung um ein zulässiges Mittel der Beschäftigungspolitik handelt. Zwar soll verhindert werden, dass die Arbeitnehmerüberlassung als Mittel der Lohnpolitik eingesetzt wird, die prinzipielle Nutzbarkeit der Arbeitnehmerüberlassung als Mittel zur Beschäftigungsförderung ist aber unbestritten (siehe hierzu auch BT-Drs. 17/5238, 7). Diese Ansicht teilt auch die Richtlinie, welche in Erwägungsgrund 11 sowohl auf den Flexibilitätsbedarf der Unternehmen, als auch auf die Bedürfnisse der Arbeitnehmer zur Vereinbarung von Beruf und Privatleben Bezug nimmt.

Diese Entwicklung findet ihre **Parallelen im Ausland.** So wurde im Juli **31** 1997 das grundsätzliche Verbot der gewerbsmäßigen Arbeitnehmerüberlassung in Italien aufgehoben und auf bestimmte Ausnahmefälle beschränkt (Gesetz vom 24.6.1997, Nr. 196, Gazetta Ufficiale v. 4.7.1997 Nr. 136/L; hierzu Schüren/Hamann/*Riederer von Paar* Einl. Rn. 540). Am 6.11.2001 wurde in Griechenland das Gesetz 2956 veröffentlicht, wonach erstmals für private Arbeitnehmer Arbeitsvermittlung und damit auch gewerbliche Arbeitnehmerüberlassung zulässig wurde (Schüren/Hamann/*Riederer von Paar* Einl. Rn. 538). In den Niederlanden ist ebenfalls ein Trend hin zur Liberalisierung festzustellen (*Waas* RiW 2003, 265; *ders.* ZfA 2003, 1; *ders.,* Modell Holland – Flexibilität und Sicherheit im Arbeitsrecht der Niederlande, 2003, S. 138 ff.). Auch hier setzt man auf die arbeitsmarktpolitischen Effekte der flexibilisierten Leiharbeit.

IV. Rechtsbeziehungen zwischen den Beteiligten

1. Verleiher-Leiharbeitnehmer

Das Rechtsverhältnis zwischen Verleiher und Leiharbeitnehmer ist ein **32** **Arbeitsverhältnis.** Freie Mitarbeiter oder sonstige Selbständige können nicht als Leiharbeitnehmer an einen Entleiher überlassen werden (BAG 9.11.1994, NZA 1995, 572; LAG Baden-Württemberg EzAÜG Nr. 155; Schüren/Hamann/*Hamann* § 1 Rn. 216 ff.; HWK/*Kalb* § 1 Rn. 10; zur abweichenden Lage in Großbritannien s. Tolley's Employment Handbook, 15. Aufl. 2001, S. 577 ff.). Die Besonderheit des Arbeitsverhältnisses besteht darin, dass der Verleiher abweichend von § 613 S. 2 BGB den Anspruch auf die Dienstleistung übertragen darf. Die Berechtigung folgt aus dem Arbeitsvertrag selber, weil danach die Arbeitsleistung von vornherein bei Dritten und für Dritte erbracht werden soll (s. *Becker/Wulfgramm* AÜG § 11 Rn. 34; *Boemke*, Schuldvertrag und Arbeitsverhältnis, S. 555). Allein bei der echten Leiharbeit bedarf es hierfür konkreter Anhaltspunkte im Arbeitsvertrag. Eine solche Vereinbarung ist als arbeitsvertragliche Einheitsregelung an §§ 307 ff. BGB zu messen, dürfte aber regelmäßig unproblematisch sein, insbes. ist § 309 Nr. 10 BGB nicht einschlägig, schon weil der entliehene Arbeitnehmer nicht seinen Arbeitgeber und damit nicht den Vertragspartner wechselt. Eine analoge Anwendung dieser ursprünglich im Hinblick auf Zeitschriftenabonnements konzipierten Norm verbietet sich (s. *Wolf/Lindacher/Pfeiffer/Dammann* § 309 Nr. 10 Rn. 10; *Staudinger/Coester-Waltjen* § 309 Nr. 1 Rn. 1; *Palandt/Grüneberg* BGB § 309 Rn. 97).

33 Die für das Arbeitsverhältnis typischen Entscheidungen über deren Einsatz nach Ort und Zeit erfolgen durch den Entleiher. Ist dem nicht so, ist er nicht zur Arbeitsleistung überlassen iSd § 1 Abs. 1 (s. BAG 5.5.1992, NZA 1992, 1044; ausführlich → § 1 Rn. 51 ff.). § 1 Abs. 1 S. 2 AÜG sagt nunmehr: „Arbeitnehmer werden zur Arbeitsleistung überlassen, wenn sie in die Arbeitsorganisation des Entleihers eingegliedert sind und seinen Weisungen unterliegen." Beides waren nach bisherigem Verständnis nur Indizien, nicht aber Definition der Überlassung. Weil der Gesetzgeber diese bisherige Rechtslage nicht ändern wollte (→ Rn. 22), gilt auch heute noch: Merkmal der Arbeitnehmerüberlassung ist die **sektorale Aufspaltung der Arbeitgeberfunktion** hinsichtlich der Weisungsbefugnis gegenüber dem überlassenen Arbeitnehmer (BSG 23.6.1982, EzAÜG § 1 AÜG Arbeitsvermittlung Nr. 7; *Becker/Wulfgramm* Art. 1 § 1 Rn. 57–59). Ausreichend ist aber auch eine teilweise Aufspaltung der Weisungsbefugnis, diese muss nicht vollständig übertragen werden. Es muss genügen, dass der Entleiher dieses Recht nur für bestimmte Tätigkeiten und in bestimmten Fällen innehat. Der Tatbestand der Arbeitnehmerüberlassung ist dann schon erfüllt. Obwohl also gegenüber dem Verleiher unmittelbar keine Arbeitsleistung erbracht wird, schließt dies nicht das Bestehen arbeitsvertraglicher Nebenpflichten gegenüber dem Verleiher aus. Dazu gehören etwa Verschwiegenheitspflicht und die Beachtung des Wettbewerbsverbots (s. ErfK/*Wank* Einl. Rn. 24; *Becker/Wulfgramm* § 11 Rn. 36). Soweit das AÜG nicht abweichende Regelungen für den Arbeitsvertrag zwischen Verleiher und Leiharbeitnehmer vorsieht, gelten die allgemeinen Regelungen des Arbeits- und Schuldrechts. Für die Haftung des Verleihers gegenüber dem Leiharbeitnehmer bei Körperverletzung und Sachschäden sowie die Haftung des Leiharbeitnehmers gegenüber anderen Arbeitnehmern des Arbeitgebers → Rn. 75.

34 Bei der Anwendung arbeitsrechtlicher Vorschriften, die auf **Schwellenwerte der Betriebsgröße** abstellen (s. § 8 Abs. 7 TzBfG, § 23 Abs. 2 KSchG; § 147a SGB III; §§ 111 Abs. 1, 112a Abs. 4 BetrVG; § 1 Abs. 1 BetrVG), zählt der überlassene Leiharbeitnehmer stets im Verleiherbetrieb mit, auch → § 14 Rn. 16. Nach dem neu eingefügten § 14 Abs. 2 S. 3 AÜG sind Leiharbeitnehmer auch bei den Schwellenwerten des Betriebs des Entleihers nach dem Betriebsverfassungsgesetz (mit Ausnahme des § 112a BetrVG), dem Europäische Betriebsräte-Gesetz oder nach den auf Grund der jeweiligen Gesetze erlassenen Wahlordnungen zu berücksichtigen (ausführlich → § 14 Rn. 63 ff.). Wählen darf der Arbeitnehmer nach den allgemeinen Vorschriften sowohl im Verleiherbetrieb (§ 5 Abs. 1 BetrVG) als auch im Entleiherbetrieb, sofern die Überlassung für länger als drei Monate geplant ist (vgl. § 7 S. 2 BetrVG). Ausgeschlossen ist hingegen gem. § 14 Abs. 2 S. 1 AÜG das passive Wahlrecht im Entleiherbetrieb. Tarifvertraglich bleibt der Leiharbeitnehmer dem Verleiher zugeordnet. Die Tarifverträge des Entleihers werden nur über das Gleichbehandlungsgebot nach § 3 Abs. 1 Nr. 3/§ 9 Nr. 2 erfasst.

Der der Arbeitnehmerüberlassung iSd AÜG zugrunde liegende Arbeits- **35** vertrag ist durch die Übertragung des Weisungsrechts an den jeweiligen Entleiher ein Vertrag zugunsten Dritter. Streitig ist, ob es sich um einen **echten Vertrag zugunsten Dritter** handelt (so Schüren/Hamann/*Schüren* Einl. Rn. 113, 168; ErfK/*Wank* Einl. Rn. 33) oder – wohl zutreffend – um einen unechten, dh ermächtigenden Vertrag zugunsten Dritter (so *Becker/Wulfgramm* § 11 Rn. 23; *Rüthers/Bakker* ZfA 1990, 245 (274); s. auch BAG 8.8.1958, AP BGB § 611 Mittelbares Arbeitsverhältnis Nr. 3). Der Unterschied besteht darin, dass im einen Fall dem Entleiher ein eigenständiges Forderungsrecht eingeräumt wird, im anderen lediglich das Forderungsrecht des Verleihers abgetreten wird. Teilweise wird auch nur von einer Ausübungsermächtigung des Entleihers zur Wahrnehmung der arbeitsvertraglichen Rechte des Verleihers ausgegangen (*Boemke*, Schuldverhältnis und Arbeitsverhältnis, S. 559). Die Praxis der Gerichte hat diese Unterscheidung bislang nicht für ihre Entscheidungen herangezogen (näher s. Schüren/Hamann/*Schüren* Einl. Rn. 160 ff.; ErfK/*Wank* Einl. Rn. 33; *Boemke*, Schuldvertrag und Arbeitsverhältnis, S. 558 mit zahlr. Nachw.).

Wo die besonderen Vorschriften des AÜG nicht eingreifen, gelten für die **36** Gestaltbarkeit der Flexibilisierungsgrenzen des Arbeitsvertrages die allgemeinen Grenzen. Die Zulässigkeit der **Befristung** bestimmt sich nach Abschaffung des Synchronisationsverbotes in § 3 Nr. 3 aF nach dem TzBfG (→ § 3 Rn. 102 ff.). Bei vorformulierten Verträgen gelten die Regeln zur **Inhaltskontrolle nach §§ 307 ff. BGB** unter Berücksichtigung der Besonderheiten des Arbeitsrechts gem. § 310 Abs. 4 S. 3 BGB (s. hierzu *Thüsing* NZA 2002, 591; beispielhaft ArbG Frankfurt 20.12.2005, EzAÜG § 11 AÜG Annahmeverzug Nr. 1). Hinsichtlich der Konkretisierung durch Widerrufsvorbehalt und Teilbefristung gelten die gleichen Grenzen wie in anderen Arbeitsverträgen auch (s. *Thüsing* in v. Westphalen, Vertragsrecht und AGB-Klauselwerke, Stichwort Arbeitsverträge, Rn. 104 ff.). Nicht an den Maßstäben dieser Flexibilisierungsinstrumente zu messen ist jedoch eine **Verweisung auf die Arbeitsbedingungen des Entleihers,** wie sie das Gleichbehandlungsgebot nach § 3 Abs. 1 Nr. 3/§ 9 Nr. 2 als Mindestarbeitsbedingungen vorschreibt. Diese Bezugnahme muss AGB-rechtlich zulässig sein, ebenso wie die Bezugnahme auf Tarifverträge AGB-rechtlich zulässig ist (ausführlich hierzu *Thüsing/Lambrich* NZA 2002, 1361). Dem Verleiher ist es damit möglich, für die Zeiten der Entleihe auf eigenständige Arbeitsbedingungen zu verzichten, die sich dem Günstigkeitsvergleich und dem Gleichbehandlungsgebot mit der Stammbelegschaft stellen müssten. Das entbindet ihn freilich nicht von den Nachweispflichten nach § 11 Abs. 1 in jedem neuen Fall der Entleihe (s. auch *Thüsing* DB 2003, 446).

2. Entleiher-Leiharbeitnehmer

37 Ein Arbeitsverhältnis zwischen Entleiher und Leiharbeitnehmer besteht nur in den Fällen eines unwirksamen Arbeitsverhältnisses nach § 9 Nr. 1, Nr. 1a und Nr. 1b; hier wird gem. § 10 Abs. 1 ein Arbeitsverhältnis zwischen Arbeitnehmer und Entleiher fingiert (→ § 10 Rn. 5 ff.). Obwohl also der Leiharbeitnehmer im Betrieb des Entleihers tätig wird, ist Grundlage seiner Arbeitspflicht ausschließlich die Rechtsbeziehung zum Verleiher (*Boemke,* Schuldvertrag und Arbeitsverhältnis, S. 563). Der **Theorie eines Doppelarbeitsverhältnisses** zwischen dem Leiharbeitnehmer einerseits und Verleiher und Entleiher andererseits (so noch *Mayer-Maly* ZfA 1972, 1 ff.) ist durch die Regelungen des AÜG der Boden entzogen (ErfK/*Wank* Einl. Rn. 32; Schüren/Hamann/*Schüren* Einl. Rn. 107; *Walker* AcP 194 (1994), 295 (306 f.)). Denkbar ist zudem zwar auch ein sog. **einheitliches Arbeitsverhältnis** (BAG 27.3.1981, BAGE 37, 1; 9.9.1982, BAGE 40, 145), die Voraussetzungen sind allerdings andere, müssen doch hier die Einzelvereinbarungen miteinander „stehen und fallen". Auch die arbeitsrechtlichen und sozialversicherungsrechtlichen Folgen sind abweichend von denen der Arbeitnehmerüberlassung und schlechter durchführbar (bspw. Kündigung nur gemeinsam von allen Arbeitgebern – BAG 27.3.1981, BAGE 37, 1), so dass diese Beschäftigungsform – sofern man sie für zulässig erachtet – wenig relevant ist.

38 Weil der Entleiher einen Leistungsanspruch gegen den Leiharbeitnehmer hat, stehen ihm im Falle der Pflichtverletzung Schadensersatzansprüche gem. §§ 280 ff. BGB zu. Bei einem Schadensersatz wegen Schlechterfüllung greifen die allgemeinen **Regeln des betrieblichen Schadensausgleichs.** Der Arbeitnehmer haftet nur bei Vorsatz und im Regelfall bei grober Fahrlässigkeit voll. Bei leichter Fahrlässigkeit tritt eine völlige Haftungsfreizeichnung ein, bei leichter Fahrlässigkeit erfolgt eine Quotelung (s. hierzu BAG GS 27.9.1994, NZA 1994, 1083; BAG 16.2.1995, AP BGB § 611 Haftung des Arbeitnehmers Nr. 106; LAG Köln 11.11.2002, BB 2003, 856). Weil damit ein eigener Anspruch besteht, ist eine **Drittschadensliquidation ausgeschlossen** (s. Schüren/Hamann/*Schüren* Einl. Rn. 134 ff.; ErfK/*Wank* Einl. Rn. 32; *Walker* AcP 194 (1994), 295 (330 ff.); aA *Konzen* ZfA 1982, 259 (281)). Auch wenn ein Arbeitsvertrag zwischen Leiharbeitnehmer und Verleiher entgegen hiesiger Ansicht als echter Vertrag zugunsten Dritter gewertet wird, hat der Entleiher Ansprüche jedenfalls aus seinem Vertrag mit Schutzwirkung zugunsten Dritter (*Walker* AcP 194 (1994), 295 (314 ff.)). Die Haftungserleichterungen gem. §§ 104 f. SGB VII (→ Rn. 75) gelten im Hinblick auf den Entleiher und in Bezug auf seine Belegschaft (ErfK/*Wank* Einl. Rn. 35 f.; Schüren/Hamann/*Brors* Einl. Rn. 434 f.; s. auch BAG 10.7.1973, NJW 1973, 2020 (2021); *Boemke,* Schuldvertrag und Arbeitsverhältnis, S. 579). Eine Haftung des Entleihers gegenüber dem Verleiher wird durch §§ 104 f. SGB VII freilich nicht berührt (ErfK/*Wank* Einl. Rn. 21; Schüren/Hamann/*Brors* Einl. Rn. 435).

39 Auf Grund der Eingliederung in den Betrieb ist der Entleiher dem Leiharbeitnehmer zu **Schutz und Rücksichtnahme** verpflichtet, ähnlich wie der Verleiher als Arbeitgeber. Das Fehlen einer eigenständigen Hauptleistungspflicht ändert daran nichts (s. Schüren/Hamann/*Schüren* Einl. Rn. 117 f. unter Rückgriff auf *Canaris* JZ 1965, 475; s. auch § 6 Abs. 3 öster. AÜG: „Für die Dauer der Beschäftigung im Betrieb des Beschäftigers obliegen die Fürsorgpflichten des Arbeitgebers auch dem Beschäftiger"). Auch andere typische arbeitsvertragliche Nebenpflichten des Arbeitgebers können den Entleiher treffen. So etwa die Pflicht zur Erteilung eines Zeugnisses (Schüren/Hamann/*Schüren* Einl. Rn. 296; *Ulber* § 12 Rn. 20, auch → § 12 Rn. 39). Ungeklärt ist, inwieweit der Entleiher hierbei als Erfüllungsgehilfe des Verleihers tätig wird, so dass er dann bei Pflichtverletzung einen Schadensersatz gegen den Verleiher begründet. Zumindest der älteren Rechtsprechung kann man diese Tendenzen entnehmen (RAG 5.6.1940, ARS 40, 10 (12 ff.); 17.12.1942, RGZ 170, 216 (218); *Hueck/Nipperdey,* Arbeitsrecht I, § 54 IV 4b, S. 524; s. auch Schüren/Hamann/*Brors* Einl. Rn. 456). Genauso aber wie der Verleiher nicht die ordnungsgemäße Durchführung der Arbeitsleistung dem Entleiher schuldet, schuldet er während dieser Zeit nicht dem Leiharbeitnehmer die spezifische Fürsorge, die Pendant der Arbeitspflicht ist (im Ergebnis Schüren/Hamann/*Brors* Einl. Rn. 454). Die Verpflichtung des Entleihers steht damit selbständig neben der des Verleihers.

3. Verleiher-Entleiher

Gegenstand des Vertrags zwischen Verleiher und Entleiher ist die **Überlas sung eines Arbeitnehmers,** nicht dessen Arbeitsleistung. Der Arbeitnehmerüberlassungsvertrag ist daher nicht Arbeitsvertrag, sondern ein **Dienstverschaffungsvertrag,** der als Dauerschuldverhältnis *sui generis* keine eigenständige Regelung im BGB gefunden hat (*Boemke,* Schuldvertrag und Arbeitsverhältnis, S. 562; ErfK/*Wank* Einl. Rn. 12; Schüren/Hamann/*Schüren* Einl. Rn. 308; *Becker/Wulfgramm* § 12 Rn. 21). Es gelten die Regeln des allgemeinen Schuldrechts sowie die besonderen Regeln des AÜG, insbesondere das Schriftformerfordernis nach § 12. Ausführlicher hierzu → § 12 Rn. 4 ff. **40**

Die **Vertragspflicht des Verleihers** gegenüber dem Entleiher endet, wenn er den Arbeitnehmer ausgewählt und dem Entleiher zur Verfügung gestellt hat. Er haftet damit nur für das Verschulden bei der Auswahl des verliehenen Arbeitnehmers, nicht aber für dessen Schlechtleistung (BAG 5.5.1992, NZA 1992, 1044). Der **Arbeitnehmer ist nicht Erfüllungsgehilfe** zwischen Verleiher und Entleiher gem. § 278 BGB (BGH 9.3.1971, AP BGB § 611 Leiharbeitsverhältnis Nr. 1 unter II; BGH 13.5.1975, AP AÜG § 12 Nr. 1 unter II 1; OLG Celle 1.2.1973, EzAÜG Nr. 14; OLG Düsseldorf 23.12.1994, NJW-RR 1995, 1430 (1431); LAG Berlin 3.9.2015 BeckRS 2016, 66141; Schüren/Hamann/*Schüren* Einl. Rn. 313, ErfK/*Wank* Einl. Rn. 20; *Urban-Crell/Schulz* Rn. 396; *Boemke,* Schuldvertrag und Arbeitsverhältnis, S. 561; Brusche StB 2014, 289). Auch eine Haftung gegenüber dem Entleiher aus § 831 BGB scheidet aus, schon weil die den Entlastungsbeweis gem. § 831 Abs. 1 S. 2 BGB begründende ordnungsgemäße Überwachung den Entleiher selbst trifft. Das passt nicht zusammen (im Ergebnis ebenso ErfK/*Wank* Einl. Rn. 20, auch → § 12 Rn. 23 ff., 33 mit **41**

Nachweisen zur Gegenmeinung). Regelmäßig schuldet der Verleiher nicht die Zurverfügungstellung eines bestimmten Arbeitnehmers, sondern eines beliebigen, den Anforderungen des Arbeitsplatzes genügenden Mitarbeiters. Damit ist die Leistung regelmäßig eine Gattungsschuld (ErfK/*Wank* § 12 Rn. 6). Der Verleiher ist dann gegenüber dem Entleiher verpflichtet, den Arbeitnehmer nach dem Arbeitsantritt zur Verfügung zu halten und im Falle der **Verhinderung des überlassenen Arbeitnehmers** auf Grund von Krankheit, Urlaub oder anderen Gründen für Ersatz zu sorgen. Insofern tritt mit der erstmaligen Überlassung noch keine endgültige Konkretisierung iSd § 243 Abs. 2 BGB ein (Schüren/Hamann/*Schüren* Einl. Rn. 325). Der Arbeitgeber hat das zur Erfüllung seiner Leistung Erforderliche erst getan, wenn die Überlassungszeit beendet ist. Daher ist der Verleiher mangels einer entgegenstehenden vertraglichen Vereinbarung nicht nur berechtigt, sondern ggf. verpflichtet, den Arbeitnehmer auszutauschen. Dies ist zumindest dann anzunehmen, wenn der Arbeitnehmer zur vertragsgemäßen Arbeitsleistung nicht in der Lage ist. Weitergehende, in das Belieben des Entleihers gestellte Verpflichtungen zum Austausch können vertraglich vereinbart werden (auch → § 12 Rn. 23).

42   Die Rechte und Pflichten von Verleiher und Entleiher können vertraglich abweichend geregelt werden. Insbesondere kann die Pflicht zur Überlassung auf einen bestimmten Arbeitnehmer beschränkt werden oder auch die **Haftung des Verleihers bei Verhinderung des Arbeitnehmers** ausgeschlossen werden. Die Grenzen bei vorformulierten Verträgen bestimmt die Inhaltskontrolle nach §§ 305 ff. BGB und zwar eingeschränkt gem. § 310 Abs. 1 BGB, da es sich beim Entleiher um einen Unternehmer iSd § 14 BGB handelt. Grundlage der Inhaltskontrolle ist damit § 307 Abs. 1, 2 BGB. Ob eine unangemessene Benachteiligung schon darin liegt, dass die Risikoverteilung im Hinblick auf die Auswahl des Arbeitnehmers erheblich verändert wird, ist fraglich (so aber Schüren/Hamann/*Schüren* Einl. Rn. 377). Der Vertragszweck iSd § 307 Abs. 2 Nr. 2 BGB der Arbeitnehmerüberlassung wird auch dann nicht verletzt, wenn der Verleiher nicht verpflichtet ist, im Falle der längerfristigen Erkrankung des Leiharbeitnehmers Ersatz zu stellen. Für die Arbeitnehmerüberlassung unbestritten ist, dass sie auf einen konkret benannten Leiharbeitnehmer beschränkt werden kann (AG Solingen 8.8.2000, NZA-RR 2000, 579, auch → § 12 Rn. 26); hierin ist die Befreiung von der Ersatzstellung als Minus enthalten. Zulässig ist es erst recht, wenn der Verleiher seine Haftung für Verzug und Möglichkeit bei der Bereitstellung eines Leiharbeitnehmers bzw. von Ersatzkräften auf ein schuldhaftes Verhalten seinerseits beschränkt (so auch Schüren/Hamann/*Schüren* Einl. Rn. 377).

V. Grenzüberschreitende Arbeitnehmerüberlassung

1. Problemaufriss

43   Grenzüberschreitende Arbeitnehmerüberlassung kann in **verschiedene Richtungen** vorkommen: Das Verleihunternehmen kann seinen Sitz oder seine Niederlassung im Ausland haben, der Entleiher kann ein ausländisches Unternehmen sein oder der Tätigkeitsort des Arbeitnehmers kann im Ausland liegen. In allen drei Konstellationen, die miteinander verbunden sein können, stellt sich die Frage der Anwendbarkeit deutschen Rechts. **Kollisionsrechtlich** ist hier nach den verschiedenen Normengruppen des AÜG zu differenzieren. Das Gewerberecht folgt anderen Regeln als das (Arbeits-)Vertragsrecht und das Sozialversicherungsrecht (ausführlich zu diesem Thema *Vor,* Zeitarbeit im Rechtsvergleich Bundesrepublik Deutschland Großbritannien sowie bei Grenzüberschreitung, 1991).

Keine kollisionsrechtliche Fragestellung wirft das in der Praxis oft vorzufin- **44** dende Phänomen auf, dass **Werkverträge mit Subunternehmern im Ausland** nur scheinbar abgeschlossen werden, es sich jedoch tatsächlich um verdeckte Arbeitnehmerüberlassung handelt und man die gewerberechtlichen und arbeitsrechtlichen Voraussetzungen umgehen will (s. Neunter Erfahrungsbericht BT-Drs. 14/4220, 35 ff.). Illegale Beschäftigung (illegale Arbeitnehmerüberlassung, illegale Ausländerbeschäftigung) kommt nach wie vor nicht selten bei der Beschäftigung von ausländischen Arbeitnehmern durch Unternehmen vor, die angeblich auf der Grundlage der Werkvertragsarbeitnehmer-Vereinbarungen mit den mittel- und osteuropäischen Staaten und der Türkei in Deutschland tätig sind (hierzu *Urban-Crell/Schulz* Rn. 1165; *Sieveking/Reim/Sandbrink* ROW 1998, 157; *Gutmann* DB 1997, 1977; *Hänlein* ZIAS 1996, 21; *Mayer* BB 1993, 1428). Entgegen dem Vertrag wird tatsächlich kein Werkvertrag durchgeführt, sondern eine illegale Arbeitnehmerüberlassung, zum einen weil die Unternehmen oftmals nicht in der Lage sind, die vereinbarten Leistungen selbständig in der Form eines Werkvertrags zu erbringen, sondern der direkten Anleitung und Weisung durch den Auftraggeber bedürfen; zum anderen weil viele deutsche Arbeitgeber der Leistungsfähigkeit ihres ausländischen Vertragspartners misstrauen und es daher vorziehen, die Weisungen an die ausländischen Arbeitnehmer selbst zu erteilen (s. LAG Thüringen 12.4.2016, öAT 2016, 261; zur Abgrenzung allg. s. BAG v. 25.9.2013, NZA 2013, 1348). Da diese ausländischen Arbeitgeber über keine Verleiherlaubnis der BA verfügen, liegt nicht nur ein Verstoß gegen die Regierungsvereinbarung vor, sondern gleichzeitig auch eine illegale Arbeitnehmerüberlassung, oftmals verbunden mit Straftaten nach dem Ausländergesetz, Vorenthalten und Veruntreuen von Arbeitsentgelt (§ 266a StGB) und Steuerhinterziehung (§ 370 AO). Hierauf angemessen zu reagieren wird in Zukunft wohl noch wichtiger als bisher, denn der Anreiz zur Umgehung des AÜG wurde mit Einführung des *Equal pay*-Gebots noch größer. Die weitere Entwicklung bleibt hier abzuwarten (s. *Ulber* Einl. F Rn. 70–78; *Kaligin* NZA 1992, 1111 ff.; *Heyden* BABl. 1993, 26 ff.).

2. Gewerberechtliche Zulässigkeit der Arbeitnehmerüberlassung

    a) Grundsatz des Territorialitätsprinzips. Das Gewerberecht ist **45** Bestandteil des öffentlichen Rechts. Hier gilt das sog. **Territorialitätsprinzip:** Im Interesse der internationalen Ordnung erkennt man fremdstaatliche Eingriffe und Regulierungen nur an, soweit sich der fremde Staat in den

Grenzen seiner Macht, dh innerhalb seines Staatsgebietes betätigt hat (s. *Kegel/Schuring,* Internationales Privatrecht, 8. Aufl., § 23 I 2, S. 938; Schüren/ Hamann/*Riederer von Paar* Einl. Rn. 643 f.). Dies ist für die gewerberechtliche Zulässigkeit grenzüberschreitender Arbeitnehmerüberlassung im Schrifttum weitgehend anerkannt; Rechtsprechung findet sich nur vereinzelt (LAG Hessen 28.8.1981, EzAÜG Nr. 11 zu § 10 AÜG Fiktion: Das AÜG findet auch dann Anwendung, wenn die gewerbsmäßige Arbeitnehmerüberlassung durch einen ausländischen Verleiher mit dem Sitz im Ausland im Inland betrieben wird; BayOLG 26.2.1999, DB 1999, 1019: Die Vorschriften des AÜG gelten für Ausländer, die aus dem Ausland gewerbsmäßig Arbeitnehmer nach Deutschland hinein überlassen, auch dann, wenn sie hierfür eine Erlaubnis ihres Heimatstaates besitzen oder nach seinem Recht nicht benötigen; s. auch *Schnorr* ZfA 1975, 143 (150); Schüren/Hamann/*Riederer von Paar* Einl. Rn. 646; *Ulber* Einl. F Rn. 1; *Bayreuther* DB 2011, (706), 708; *Böhm* NZA 2010, (1218), 1219). Die Folge ist, dass jede Arbeitnehmerüberlassung, die in, nach oder aus Deutschland erfolgt, der Genehmigung nach deutschem Recht bedarf. Das gilt auch für Beteiligte aus EU-Mitgliedstaaten, die im Rahmen der Dienstleistungsfreiheit tätig werden. Da auch das nationale öffentliche Recht ausländischer Staaten regelmäßig dem Territorialitätsprinzip folgt, muss die grenzüberschreitende Arbeitnehmerüberlassung in beide Richtungen (aus dem Ausland – in das Ausland) die gewerberechtlichen Zulassungsvoraussetzungen beider beteiligter Staaten erfüllen (s. EuGH 17.12.1981, AP EWG-Vertrag § 177 Nr. 9; Schüren/Hamann/*Riederer von Paar* Einl. Rn. 644; *Ulber* Einl. F Rn. 1; Boemke/Lembke/*Boemke* Einl. Rn. 13 f.). Dieses **Doppelerfordernis** führt insbesondere da zu Schwierigkeiten, wo verschiedene Rechtsordnungen die gewerberechtliche Zulässigkeit nicht nur an unterschiedliche Voraussetzungen binden, sondern das eine Land eine Vertragsgestaltung verlangt, die das andere verbietet. So darf nach französischem Recht der Leiharbeitsvertrag ebenso wie der befristete Vertrag nur befristet auf den Einsatz hin erfolgen (Art. L. 124–2–1 Code du travail). Dies widersprach dem bis zum 1.1.2004 geltenden Synchronisationsverbot des Art. 3 Abs. 1 Nr. 5 aF. Hier fand die Praxis Mittel und Wege: Die BA und ihr französisches Pendant hatten sich darauf geeinigt, dass die französischen Befristungsgrenzen bei einer Überlassung nach Deutschland nicht eingehalten zu werden brauchen (Schüren/Hamann/*Riederer von Paar* Einl. Rn. 649).

46 Eine Erlaubnis ist der Geschäftsanweisung der BA nur dann zu erteilen, wenn eine eventuell erforderliche Erlaubnis des Heimatlandes vorliegt (BA FW AÜG Ziff. 3.5 Abs. 3, kritisch Schüren/Hamann/*Riederer von Paar* Einl. Rn. 646; einschränkend, dh jedenfalls bei offensichtlichen Rechtsverstößen bejahend Boemke/Lembke/*Boemke* Einl. Rn. 13; s. auch *Urban-Crell/Schulz* Rn. 1158; Schüren/Hamann/*Riederer von Paar* Einl. Rn. 646). Dies ist jedoch kritisch zu beurteilen. Macht man die Erteilung einer Erlaubnis nach deutschem Recht von einer eventuell erforderlichen Erlaubnis des Heimatlandes abhängig, führt dies zu einer mittelbaren Anwendung ausländischen Rechts, was nur mit dem Grundsatz der Interessengleichheit im internationalen öffentlichen Recht begründet werden könnte; eine solche Interessengleichheit liegt aber nicht notwendig in den gewerberechtlichen Kriterien der Arbeitnehmerüberlassung

nach ausländischem und deutschem Recht (s. *Kegel/Schurig,* Internationales
Privatrecht 9. Auflage, § 23 I 3, S. 940). In diesem Zusammenhang sei darauf
hingewiesen, dass Geschäftsanweisungen keine nach außen bindende Wirkung
haben, es sich vielmehr lediglich um „behördeninterne Weisungen" handelt (s.
ErfK/*Wank* § 1 Rn. 30; → Rn. 83 ff.).

Eine Genehmigung nach deutschem Recht ist nicht erforderlich, wenn **47**
der **Inlandsbezug** allein durch die Arbeitsleistung des Leiharbeitnehmers in
Deutschland hergestellt wird. Entleiht also das ausländische Unternehmen
von einem ausländischen Verleiher einen ausländischen Mitarbeiter für Arbeit
in einer deutschen Niederlassung, richtet sich die Erlaubnispflicht nicht nach
deutschem Recht (BA FW AÜG Ziff. 3.2; LAG Hessen 28.9.1994, EWiR
1994, 967 Anmerk. *Windbichler;* krit. auch *Mankowski,* AR-Blattei ES Internationales Arbeitsrecht Nr. 4; zweifelnd *Junker* RIW 2001, 103). Der behut-
same Umgang mit der Erstreckung des deutschen öffentlichen Rechts scheint
hier trotz der Kritik im Schrifttum der bessere Weg zu sein, denn eine
Erlaubnispflicht der Vertragsbeziehung, die sich gänzlich im Ausland abspielt,
erscheint nicht gerechtfertigt. Wollte man anders entscheiden, käme man
unter Umständen zu dem Ergebnis, dass kumulativ von drei Rechtsordnungen die gewerberechtliche Zulässigkeit vorliegen muss. Das scheint weder
angemessen noch praktikabel (s. auch *Thüsing* NZA 2004, 1303).

b) Erlaubnis an ausländische Verleiher. Gemäß § 3 Abs. 2 ist die **48**
Erlaubnis zur Arbeitnehmerüberlassung zu versagen, wenn der Betrieb des
Verleihers außerhalb eines EU-Mitgliedstaates oder eines Vertragsstaates des
EWR-Abkommens liegt. Nach § 3 Abs. 3, Abs. 4 kann die Verleiherlaubnis
versagt werden, wenn der antragstellende Verleiher nicht Deutscher iSd
Art. 116 GG ist oder Staatsangehöriger der EU-Mitgliedstaaten bzw. eines
anderen Vertragsstaats des EWR-Abkommens bzw. eine juristische Person,
die nach dem Recht dieser Länder begründet ist (Einzelheiten → § 3
Rn. 117 ff.). Damit ist die **Arbeitnehmerüberlassung aus einem Staat
außerhalb von EU und EWR** unzulässig. Den Vorschriften liegt die Erwägung zu Grunde, dass eine wirksame Kontrolle von Verleihern außerhalb von
EU und EWR hier nicht gewährleistet ist (BT-Drs. VI/2303, 12).

Möglich ist jedoch, dass ein deutscher Verleiher Arbeitnehmer in einen **49**
solchen Drittstaat verleiht. Hier gelten keine Besonderheiten; eine Genehmi-
gung ist erforderlich, aber auch möglich. Eine Verleiherlaubnis nach dem
AÜG berechtigt zum Verleih ins Inland wie ins Ausland einschließlich Nicht-
EU und Nicht-EWR-Staaten (Schüren/Hamann/*Riederer von Paar* Einl.
Rn. 657; Boemke/Lembke/*Boemke* Einl. Rn. 13).

Zuständig für die Erteilung der Erlaubnis ist nach § 17 stets die Bun- **50**
desagentur für Arbeit. Für Antragsteller mit Geschäftssitz im Ausland hat sie
die Erteilung zur Erlaubnis wie folgt auf die Regionaldirektionen delegiert
(Runderlass der BA v. 27.3.1994 − I a 4 − 5164.6A/5160.4/7402.2) − s.
auch die Informationen zur Arbeitnehmerüberlassung der BA https://
www3.arbeitsagentur.de/web/content/DE/Unternehmen/Rechtsgrundlagen/
Arbeitnehmerueberlassung/Detail/index.htm?dfContentId=L6019022DST
BAI681398 mit den entsprechenden Adressen):

Agentur für Arbeit	Düsseldorf	Kiel	Nürnberg
Bundesländer	Hessen Nordrhein-Westfalen	Schleswig-Holstein Mecklenburg-Vorpommern Hamburg Niedersachsen Bremen Berlin Brandenburg Sachsen-Anhalt Thüringen Sachsen	Bayern Baden-Württemberg Rheinland-Pfalz Saarland
Ausland	Polen Großbritannien Irland Niederlande Malta Rumänien Bulgarien alle nicht EU/EWR Staaten	Dänemark Norwegen Schweden Finnland Island Estland Kroatien Lettland Litauen Ungarn Slowakische Republik Tschechische Republik	Belgien Frankreich Luxemburg Spanien Portugal Italien Griechenland Österreich Liechtenstein Slowenien Zypern

3. Arbeitsvertragsstatut

51   **a) Systematik.** Welches Recht auf den Arbeitsvertrag in diesen verschiedenen Konstellationen anwendbar ist, beurteilt sich seit der Neuregelung des Internationalen Privatrechts im Jahre 2009 einheitlich nach europäischem Recht. Mit der Verordnung (EG) Nr. 593/2008 vom 17.6.2008 wurde auf europäischer Ebene das bis dato geltende EVÜ in die sogenannte **Rom I-VO** überführt, um die nationalstaatlichen Umsetzungen des Kollisionsrechts zu vereinheitlichen. Während es sich bei dem EVÜ um einen Staatsvertrag handelte, der der Umsetzung in das nationalstaatliche Recht der einzelnen Mitgliedsstaaten bedurfte, gilt die Rom I-VO aufgrund ihrer Rechtsnatur unmittelbar. Maßgeblich sind insbesondere die Art. **Art. 3 ff. Rom I-VO, insbesondere Art. 8 Rom I-VO.** Damit ist zunächst wie bei jedem Vertrag entscheidend, ob sich die Parteien auf ein bestimmtes Recht geeinigt haben, s. Art. 3 Rom I-VO. Danach ist jedoch das anwendbare Recht nach objektiven Kriterien gem. Art. 8 Abs. 2 Rom I-VO zu bestimmen. Dieses objektive Recht ist maßgeblich, wenn eine Rechtswahl nicht vorliegt, und auch wenn sie erfolgt ist, ist es gem. Art. 8 Abs. 1 S. 2 Rom I-VO anwendbar, soweit die vertragliche Wahl des anwendbaren Rechts dem Arbeitnehmer den ihm ohne diese Wahl zustehenden zwingenden arbeitsrechtlichen Schutz nehmen würde. Es kann also zu Mischformen kommen. Das so bestimmte Arbeitsvertragsstatut wird damit gem. Art. Art. 9 Rom I-VO ergänzt durch Regelungen, die international zwingend ohne Rücksicht auf das Arbeitsvertragsstatut sind, und gem. Art. 12 Abs. 2 Rom I-VO durch eine Berücksichtigung des Ortsrechts bei der Vertragserfüllung (s. im Einzelnen *Thüsing* NZA 2004, 1303; *Schlachter* NZA 2000, 57; monographisch *Gamillscheg,* Internationales Arbeitsrecht, 1959; *Junker,* Internationales Arbeitsrecht im Konzern, 1992; zur Arbeitnehmerüberlassung *Schnorr* ZfA 1975, 143 f.; *Kienle/Koch* DB 2001, 922).

Das so ermittelte Arbeitsvertragsstatut ist grundsätzlich maßgeblich für **52** die **gesamten Beziehungen zwischen Arbeitgeber und Arbeitnehmer.** Dazu gehört auch die Vertragsanbahnung (Art. 10 Abs. 1, Art. und Art. 12 Abs. 1a, c und e Rom I-VO), nicht aber das kollektive Arbeitsrecht, also BetrVG und TVG, da diese sich nicht in der Regelung der Beziehungen zwischen Arbeitnehmer und Arbeitgeber erschöpfen und nicht den Arbeitsvertrag zur Grundlage haben. Hier gelten eigene Anknüpfungsregelungen (dazu MHdB ArbR/*Oetker* § 11 Rn. 117 ff.; *Schlachter* NZA 2000, 59 (64)).

b) Rechtswahl nach Art. 3 Rom I-VO. Die Rechtswahl nach Art. 3 **53** Abs. 1 Rom I-VO kann ausdrücklich oder konkludent (vgl. BAG 23.3.2016, NZA 2017, 78) erfolgen. In der Annahme einer konkludenten Rechtswahl ist die Rechtsprechung bislang recht großzügig verfahren. Die arbeitsvertragliche Inbezugnahme eines deutschen Tarifvertrags etwa wurde mehrfach als Wahl des deutschen Rechts gewertet (BAG 26.7.1995, AP BGB § 157 Nr. 7; LAG Köln 6.11.1998, NZA-RR 1999, 118; s. auch *Däubler* NZA 1990, 673) und auch eine Gerichtsklausel ist ein starkes Rechtswahlindiz, denn es ist anzunehmen, dass die Richter nach ihrem eigenen Recht entscheiden sollen (BAG 10.4.2014, AP GVG § 20 Nr. 8; LAG Niedersachsen 20.11.1998, AR-Blattei ES 920 Nr. 6). Die Rechtswahl ist möglich als **Bezugnahme einer Rechtsordnung insgesamt** oder als eine Teilrechtswahl. Voraussetzung für eine **Teilrechtswahl** ist wie bei jedem Vertrag, dass auf sinnvoll abtrennbare Teile einer Rechtsordnung Bezug genommen wird (so etwa das BAG für Betriebsrenten: BAG 20.4.2004, NZA 2005, 297; für den Kündigungsschutz: BAG 23.4.1998, AP KSchG 1969 § 23 Nr. 19;). Regelmäßig wird die Rechtswahl, wo sie denn vorliegt, auf das Heimatrecht des Verleihers zielen, da er eher als der Arbeitnehmer die Möglichkeit haben wird, das ihm bekannte Recht in vertraglichen Vereinbarungen durchzusetzen (s. auch Schüren/*Riederer von Paar* Einl. Rn. 661; *Urban-Crell/Schulz* Rn. 1156; ErfK/*Wank* Einl. Rn. 46). Die Rechtswahl ist auch möglich durch Formularvertrag. Auch die Einbeziehung des Arbeitsvertrags in die allgemeinen Regeln des AGB-Rechts hat darauf wohl keine Auswirkungen (s. *Schlachter* NZA 2000, 57 (59); *Thüsing* NZA 2004, 1303; MHdB ArbR/ *Oetker* § 11 Rn. 14).

c) Objektive Anknüpfung gemäß Art. 8 Abs. 2 Rom I-VO. Mangels **54** Rechtswahl entscheidet sich die Anwendung des deutschen Rechts in **objektiver Anknüpfung.** Nach Art. 8 Abs. 2 Rom I-VO ist hierfür der Ort maßgeblich, in dem oder anderenfalls von dem aus der Arbeitnehmer in Erfüllung des Vertrages gewöhnlich seine Arbeit verrichtet, selbst wenn er vorübergehend in einen anderen Staat entsandt ist; nach Art. 8 Abs. 3 Rom I-VO ist alternativ entscheidend der Ort, an dem sich die Niederlassung befindet, die den Arbeitnehmer eingestellt hat, sofern der Arbeitnehmer seine Arbeit gewöhnlich nicht in ein und demselben Staat verrichtet. Beide **Regelanknüpfungen** stehen unter dem Vorbehalt, dass es sich nicht aus der Gesamtheit der Umstände ergibt, dass der Arbeitsvertrag eine engere Beziehung zu einem anderen Staat aufweist; in diesem Fall ist das Recht des anderen Staates anzuwenden (hierzu MHdB ArbR/*Oetker* § 11 Rn. 28 ff.; *Staudinger/Magnus* Rom I-VO Art. 8 Rn. 128 ff.; *Thüsing* NZA 2004, 1303 (1305)).

55   Wird der Arbeitnehmer also nur vorübergehend ins Ausland entsandt, arbeitet er aber sonst in seinem Heimatstaat, dann ist damit sein Heimatrecht anzuwenden. Arbeitet der Entleiher demgegenüber ständig in verschiedenen Staaten, ist wiederum das Heimatrecht anwendbar, sofern sich dort die einstellende Niederlassung befindet. Problematisch ist allein der Fall, dass der Leiharbeitnehmer ständig in einem bestimmten ausländischen Staat eingesetzt werden soll. Hier weist die Regelanknüpfung auf das Recht eben dieses Staates hin, jedoch mag eine engere Verbindung zum Recht des Heimatstaates vorliegen. Die muss ein solches Gewicht haben, dass sie die Regel durchbrechen kann (BAG 24.8.1989, NZA 1990, 841; BAG 29.10.1992, NZA 1983, 743; BAG 9.7.2003, AP TVG § 1 Tarifverträge: Bau Nr. 261). Als **Gesichtspunkte** kommen in Betracht die gemeinsame Staatsangehörigkeit oder der gemeinsame gewöhnliche Aufenthalt/Wohnort der Parteien, aber auch der Ort des Vertragsschlusses, die Vertragssprache und die für die Entgeltzahlung vereinbarte Währung (BAG 27.8.1964, NJW 1965, 319; 9.7.2003, AP TVG § 1 Tarifverträge: Bau Nr. 261; s. auch *Thüsing* BB 2003, 898). Rechtsprechung zum Leiharbeitsverhältnis liegt bislang nicht vor, doch sollte nicht allzu leichtfertig von der Regelanknüpfung abgewichen werden. Bislang ist die Rechtsprechung des BAG soweit ersichtlich stets der Rechtswahl der Parteien gefolgt.

56   Bei der Frage, wann eine **Entsendung lediglich vorübergehend** ist, geht die wohl herrschende Meinung davon aus, dass jede nicht endgültige Entsendung unbeachtlich ist und auch eine längere Tätigkeit im Ausland nicht den dortigen Arbeitsort zum Regelanknüpfungspunkt macht (s. MHdB ArbR/*Oetker* § 11 Rn. 31; Staudinger/*Magnus* Rom I-VO Art. 8 Rn. 107 ff.; *Schlachter* NZA 2002, 59). Parallelen können hier zu § 1 Abs. 1 S. 2 AÜG gezogen werden, der auch eine vorübergehende Überlassung fordert (hierzu → Rn. 13c). Teilweise wird darüber hinaus ein einschränkender Zeitraum von ein bis drei Jahren genannt (Soergel/*von Hoffmann* EGBGB Art. 30 Rn. 39; *Gamillscheg* ZfA 1983, 307 (333); *Franzen* AR-Blattei SD Nr. 920 Internationales Arbeitsrecht Rn. 76). Auch die in Art. 14 Nr. 1 lit. a und b der EWG-VO Nr. 1408/71 festgelegte zeitliche Grenze hinsichtlich der Fortgeltung des Heimat-Sozialversicherungsrechts für ins Ausland entsandte Arbeitnehmer von zwei Jahren ist im Schrifttum zuweilen auf Art. 30 Abs. 2 EGBGB (jetzt Art. 8 Abs. 2 und 3 Rom I-VO) übertragen worden. Deutsche Rechtsprechung liegt hierzu bislang nicht vor. Bereits dem Wortsinn nach ist das Gegenteil von vorübergehend jedoch endgültig und damit ist keine zeitliche Eingrenzung vorzunehmen (ausführlicher *Thüsing* NZA 2004, 1303). Für die **Praxis** wird sich diese Frage kaum stellen. Bis zum 1.1.2004 waren Arbeitnehmerüberlassungen, die länger als 24 Monate dauerten, unzulässig nach § 3 Abs. 1 Nr. 6 aF. Auch in Zukunft werden längerfristige Entsendungen, zumal ins Ausland, wohl nur selten sein.

d) Günstigkeitsvergleich nach Art. 8 Abs. 1 Rom I-VO. Nach Art. 8 **57** Abs. 1 Rom I-VO darf die Rechtswahl der Parteien nicht dazu führen, dass dem Arbeitnehmer der Schutz entzogen wird, der durch die zwingenden Bestimmungen des Rechts gewährt wird, das mangels einer Rechtswahl anzuwenden wäre. Der Arbeitnehmerschutz soll also nicht durch Rechtswahl umgangen werden können. Welche **Parameter des Günstigkeitsvergleichs** man im Einzelnen einbeziehen muss, ist streitig. Die wohl herrschende Meinung favorisiert einen Sachgruppenvergleich wie er aus dem Tarifvertragsrecht bekannt ist (vgl. BAG 10.4.2014, AP GVG § 20 Nr. 8) wenn auch das Verständnis dessen, was eine Sachgruppe zu werten ist, wohl nicht ganz einheitlich ist (Staudinger/*Magnus* Rom I-VO Art. 8 Rn. 84; MHdB ArbR/*Oetker* § 11 Rn. 25; MüKoBGB/*Martiny* Rom I-VO Art. 8 Rn. 40 ff.; s. auch BAG 13.11.2007, NZA 2008, 761). Da die Rechtswahl zumeist das Heimatrecht des Verleihers und Leiharbeitnehmers betrifft und dieses sich regelmäßig auch bei objektiver Anknüpfung ergibt, dürfte im Bereich der Arbeitnehmerüberlassung hier kaum Rechtsprechung zu erwarten sein (Schüren/*Riederer von Paar* Einl. Rn. 661, 676; außerhalb des AÜG zuletzt LAG Baden-Württemberg 15.10.2002, BB 2003, 900).

e) Berücksichtigung des Ortsrechts bei der Vertragserfüllung nach 58 Art. 12 Abs. 2 Rom I-VO. Nach Art. 12 Abs. 2 Rom I-VO sind unabhängig vom Statut des Arbeitsvertrags das Recht des Erfüllungsorts sowie die Art und Weise der Vertragserfüllung zu berücksichtigen. Davon erfasst sind auch die **Erfüllungsmodalitäten im Arbeitsverhältnis.** Feiertage am ausländischen Arbeitsort etwa gelten auch für die Beschäftigten, die deutschem Arbeitsrecht unterfallen, selbst wenn dies andere oder mehr oder weniger Tage als in Deutschland sind (s. BT-Drs. 10/504, 82; *Schlachter* NZA 2000, 63). Ebenfalls werden dazugerechnet Höchstarbeitszeiten oder Unfallverhütungsvorschriften (Staudinger/*Magnus* Rom I-VO Art. 8 Rn. 213; *Franzen,* AR-Blattei SD Internationales Arbeitsrecht Nr. 920 Rn. 132 f.; *Schlachter* NZA 2000, 62).

f) Eingriffsnormen nach Art. 9 Rom I-VO – international zwin- 59 gendes deutsches Recht. Die gewählte oder durch die objektive Anknüpfung sich ergebende Arbeitsrechtsordnung wird durch Art. 9 Rom I-VO ergänzt. Danach bleibt von den Art. 3 ff. Rom I-VO unberührt die Anwendung der Bestimmungen des deutschen Rechts, die ohne Rücksicht auf das im Vertrag anzuwendende Recht den Sachverhalt zwingend regeln (Art. 9 Abs. 2 Rom I-VO). Die Definition einer solchen Eingriffsnorm ergibt sich aus Art. 9 Abs. 1 Rom I-VO. Also auch wenn der Arbeitsvertrag grundsätzlich ausländischem Recht unterfällt, bleiben bestimmte Normen des deutschen Rechts anwendbar (s. BAG 18.4.2012, NZA 2012, 1152). International zwingendes Recht iSd Art. 9 Abs. 2 Rom I-VO ist nicht bereits jedes Gesetz zum Schutz des Arbeitnehmers. Es ist erforderlich, dass die Norm nicht nur den Ausgleich zwischen individuellen Parteiinteressen regeln will, sondern darüber hinaus aus **Gemeinwohlinteressen** unbedingt Geltung verlangt (s. BAG 18.4.2012, NZA 2012, 1152; BAG 24.8.1989, NZA 1990, 841; Staudinger/*Magnus* Rom I-VO Art. 8 Rn. 193) oder doch seinen **internationalen Geltungswillen deutlich zum Ausdruck** bringt. Dieses Erfordernis ergibt sich jetzt ausdrücklich aus Art. 9 Abs. 1 Rom I-VO. Die besondere Zielrichtung der Vorschrift ist oftmals schwer zu bestimmen, denn ob der gesetzliche Urlaubsanspruch eher dem Erholungsinteresse des Arbeitnehmers oder sozialpolitisch der Volksgesundheit zuzuordnen ist, ist eine Wertungsfrage, über die sich lange streiten lässt (s. auch *Schlachter* NZA 2000, 57 (62)). Aber nur dann, wenn mit hinreichender Sicherheit festgestellt werden kann, dass der Schutz eines öffentlichen Interesses tragender Beweggrund der Norm ist, ist eine Sonderanknüpfung geboten (s. auch BGH 24.9.2014, NJW 2015, 1690; BAG 24.3.1992, NZA 1992, 1129). Rechtsprechung existiert kaum. Diskutiert wird die Anwendung des Art. 9 Abs. 2 Rom I-VO für die Regelung des Kündigungsschutzes für Betriebsorgane Schwerbehinderter und Schwangerer (MHdB ArbR/*Oetker* § 11 Rn. 49; MüKoBGB/*Martiny* Rom I-VO Art. 8 Rn. 117; Staudinger/*Magnus* Rom I-VO Art. 8 Rn. 195 ff.). Keine zwingende Wirkung beanspruchten demgegenüber der allgemeine Kündigungsschutz oder die Regelung zum Betriebsübergang gem. § 613a BGB (BAG 29.10.1992, DB 1993, 637; 24.8.1989, NZA 1990, 841.

60   Umstritten ist der **international zwingende Charakter der arbeitsrechtlichen Vorschriften des AÜG,** die dem Verleiher eine bestimmte Ausgestaltung des Leiharbeitsvertrags vorschreiben, also insbesondere die ehemaligen §§ 3 Abs. 1 Nr. 3 und 4, 9 Nr. 2 und 3 aF (Befristung und Wiedereinstellung nach Kündigung), § 3 Abs. 1 Nr. 5 aF (Synchronisationsverbot), § 9 Nr. 4 (Unwirksamkeit nach Einstellungsverboten) und §§ 11 Abs. 1, 16 Abs. 1 Nr. 8 und Abs. 2 (Nachweis der wesentlichen Vertragsbedingungen des Leiharbeitsverhältnisses). Dies wird sehr großzügig von der herrschenden Literatur bejaht (Schüren/Hamann/*Riederer von Paar* Einl. Rn. 675; *Ulber* Einl. F Rn. 4). Auch in der Rechtsprechung finden sich hierzu Anklänge (OLG Karlsruhe 5.4.1989, BauR 1990, 482). Die Rechtsfolgen der einem französischen Unternehmen fehlenden Erlaubnis zur gewerbsmäßigen Arbeitnehmerüberlassung sind aus § 9 und § 10 AÜG zu entnehmen. Diese Normen gehören zu den zwingenden Vorschriften, die auf die Rechtsverhältnisse am Arbeitsort, dh in Deutschland, anzuwenden sind und zwar unabhängig davon, ob das ausländische Recht sie anerkennt und an die deshalb anzuknüpfen ist. Die Nichtanwendung der genannten Vorschriften würde dazu führen, dass der mit dem Gesetz verfolgte Zweck, Missbräuchen des Arbeitnehmerverleihs zu begegnen, nur unvollkommen erreicht würde, doch scheint diese Argumentation anderen allzu weitgehend (zum Gesetzestelos s. BT-Drs. VI/2303, 9; ähnlich Boemke/Lembke/*Boemke* Einl. Rn. 22). Nicht entscheidend kann es hier sein, ob die Nichtanwendung der Norm aufgrund des Inlandsbezugs mit den wesentlichen Grundsätzen des deutschen Rechts unvereinbar wäre.

Dies wäre vielmehr ein Zeichen des *ordre public* nach Art. 21 Rom I-VO; der kann aber nicht zu einer Anwendung deutschen Rechts führen, sondern nur zu einer Nichtanwendung ausländischen Rechts (allgemein zum *ordre public Kegel/Schurig*, Internationales Privatrecht, § 16, S. 450 ff.).

Ist also auf das **Gemeinwohlziel der einzelnen Norm** zu schauen, so **61** kommen Zweifel an der hM auf. Wenn das allgemeine Kündigungsschutzrecht nicht unter die international zwingenden Normen fällt (s. BAG v. 24.8.1989, NZA 1990, 841; 22.10.2015, NZA 2016, 473), dann auch nicht das Befristungsrecht, das seinen Ursprung im Verbot der Gesetzesumgehung des Kündigungsschutzes hat, und damit auch nicht der Befristungsschutz des Leiharbeitnehmers. Gleiches gilt für das neugeschaffene *Equal pay*-Gebot nach § 3 Abs. 1 Nr. 3, § 9 Nr. 1. Es dient primär klar dem Individualschutz des Leiharbeitnehmers und ist damit an die Anwendbarkeit des deutschen Rechts geknüpft (*Krieger* ArbR Aktuell 2014, 383). Dass das AÜG insgesamt auch sozial- und ordnungspolitische Zwecke verfolgt und in seiner Hauptfunktion die Bekämpfung illegaler Leiharbeit bezweckt, vermag demgegenüber nichts zu ändern (Schüren/Hamann/*Riederer von Paar* Einl. Rn. 677; s. aber *Schnorr* ZfA 1975, 143 f.). Abzustellen ist auf den Zweck der einzelnen Norm, nicht auf das Gesetzestelos insgesamt. Die Zurückhaltung, die die Rechtsprechung allgemein in der Anerkennung international zwingenden Rechts erkennen lässt, müsste auch hier berücksichtigt werden. Auch § 9 Nr. 3 und 4 wären danach wohl nicht international zwingend, denn auch hier steht der Schutz des einzelnen Leiharbeitnehmers im Vordergrund, nicht aber Gemeinwohlinteressen (→ § 9 Rn. 51 ff. und 58 ff.). Demgegenüber dürften die Rechtsfolgen bei Unwirksamkeit nach § 10 schon mit Blick auf ihren Gemeinwohlzweck international zwingendes Recht sein, da es sich hierbei um eine Sanktionierung einer Norm handelt, die ihrerseits international zwingend ist (sogleich → Rn. 64; wie hier im Ergebnis, wenn auch in der Begründung nicht haltbar BSG 25.10.1988, BSGE 64, 145: Verleiher aus Drittstaat; aA Boemke/Lembke/*Boemke* Einl. Rn. 22 für den Fall, dass der Arbeitseinsatz in Deutschland nur vorübergehend erfolgt; wie hier Schüren/Hamann/*Riederer von Paar* Einl. Rn. 691).

Der Gesetzgeber hat freilich mit § 2 Nr. 4 AEntG (ehemals § 7 Abs. 1 **62** Nr. 4 AEntG aF) eine eindeutige Regelung im Hinblick auf die internationale Geltung der Regelungen des AÜG getroffen. Danach finden die in Rechts- oder Verwaltungsvorschriften enthaltenen Regelungen über die Bedingungen für die Überlassung von Arbeitskräften, insbesondere durch Leiharbeitsunternehmen, auch auf ein Arbeitsverhältnis zwischen einem im Ausland ansässigen Arbeitgeber und seinem im Inland beschäftigten Arbeitnehmer zwingend Anwendung. Damit sind jedenfalls sämtliche Regelungen, die das AÜG für die Gestaltung des Arbeitsvertrags eines Leiharbeitnehmers vorsieht, international zwingend, also insbesondere die Regelungen des § 9 (*Ulber* Einl. F Rn. 56n; Boemke/Lembke/*Boemke* Einl. Rn. 21; *Boemke* BB 2005, 266 (270); aA Schüren/Hamann/*Riederer von Paar* Einl. Rn. 687). International zwingendes Recht sind auch die Normen des **AEntG** über die zwingende Anwendbarkeit von allgemeinverbindlich erklärten Tarifverträge auf die Arbeitsverhältnisse der vom Ausland im inländischen Geltungsbereich des

Tarifvertrags eingesetzten Arbeitnehmer (s. BAG 25.6.2002, AP AEntG § 1 Nr. 12; LAG Hessen 5.3.2001 BeckRS 2001, 30879264; LAG Hessen 10.4.2000 BeckRS 2000, 30448441; Boemke/Lembke/*Boemke* Einl. Rn. 20; Schüren/Hamann/*Riederer von Paar* Einl. Rn. 674). Damit muss nach § 8 Abs. 3 (ehemals § 1 Abs. 2a AEntG aF) der Verleiher dem Leiharbeitnehmer mindestens das tarifliche Mindestentgelt zahlen, wenn dieser von seinem Entleiher mit Tätigkeiten beschäftigt wird, die in den Geltungsbereich eines für allgemein verbindlich erklärten Tarifvertrages nach §§ 4, 5 Nr. 1–3 und 6 oder einer Rechtsverordnung nach § 7 fallen. Der Anwendungsbereich bei der Arbeitnehmerüberlassung ist freilich nur gering, denn das Überlassungsverbot nach § 1b für das Baugewerbe setzt hier enge Grenzen. In der Vergangenheit hatte die Vorschrift daher nur Bedeutung für die Überlassung von Bau-Nebengewerbe iSd § 2 BauBetriebsVO (Boemke/Lembke/*Boemke* Einl. Rn. 20; Schüren/Hamann/*Riederer von Paar* Einl. Rn. 674, Koberski/Asshoff/Eustrup/Winkler Einleitung AEntG Rn. 36). Dies hat sich durch die Neufassung des § 1b erweitert (→ § 1b Rn. 5, 22). Darüber hinaus vertritt das herrschende Schrifttum – Rechtsprechung ist insoweit nicht ersichtlich –, aus § 2 Nr. 4 AEntG (ehemals § 7 Abs. 1 Nr. 4 AEntG) folge der international zwingende Charakter sämtlicher Vorschriften des AÜG (*Ulber* AEntG § 7 Rn. 16; Boecken/Düwell/Diller/Hanau/*Kühn* AEntG § 7 Rn. 19; HWK/*Tillmanns* AEntG § 7 Rn. 5; s. auch *Rieble/Lessner* ZfA 2002, 29 (32); *Hoch* BB 2015, 1717 (1720)). Dies überdehnt jedoch den Wortlaut der Norm, denn sie will – wie auch der systematische Vergleich zu den übrigen Vorschriften des § 2 AEntG und ein Blick auf die europarechtliche Vorlage Art. 3 Richtlinie 96/71/EG zeigen – nur das Arbeitsverhältnis des Leiharbeitnehmers regeln, nicht aber die Rechtsbeziehungen zwischen Verleiher und Entleiher und die gewerberechtliche Seite der Arbeitnehmerüberlassung. Es geht allein um die Arbeits- und Beschäftigungsbedingungen der entsandten Arbeitnehmer, s. Art. 3 Richtlinie 96/71/EG.

63 Nicht geregelt war bisher der Fall, inwieweit **ausländische Eingriffsnormen** als international zwingendes Recht fremder Staaten entsprechend den Regelungen des deutschen IPR zu berücksichtigen sind. Eine spiegelbildliche Norm zu Art. 34 EGBGB (jetzt Art. 9 Rom I-VO) fehlte, da die vergleichbare Vorschrift für fremde Eingriffsnormen in Art. 7 Abs. 1 EVÜ nicht umgesetzt wurde. Nach Art. 9 Abs. 3 S. 1 Rom I-VO, die aufgrund ihrer Rechtsnatur unmittelbar gilt, „kann den Eingriffsnormen des Staates, in dem die durch den Vertrag begründeten Verpflichtungen erfüllt werden sollen oder erfüllt worden sind, Wirkung verliehen werden, soweit diese Eingriffsnormen die Erfüllung des Vertrages unwirksam werden lassen". So ist eine Berücksichtigung ausländischer Eingriffsnormen nun vorgesehen, allerdings nicht zwingend („kann"). Damit ist die Lösung dieser Kollision noch immer von Relevanz. Wie bei allen Lücken im Gesetz ist auch hier die Füllung umstritten. Im Kontext des AÜG liegt hier jedoch keine Rechtsprechung vor (allgemein s. *Thüsing* NZA 2004, 1303; Staudinger/*Magnus* Rom I-VO Art. 9 Rn. 115 ff.). Die Frage taucht jedoch bei den gewerberechtlichen Voraussetzungen ausländischen Rechts einer Entsendung nach Deutschland auf. Die Lösung der Kollision ist hier oftmals nur im praktischen Einvernehmen der verschiedenen Staaten möglich, auch → Rn. 45; vertiefend hierzu: *Thüsing* Europ. AR § 11 Rn. 28.

4. Statut Überlassungsvertrag

Das **anwendbare Recht beim Überlassungsvertrag** richtet sich wie 64 bei jedem Vertrag in erster Linie nach der Rechtswahl gem. Art. 3 Abs. 1 Rom I-VO (→ Rn. 53). Ist eine Rechtswahl nicht erfolgt, unterliegt gem. Art. 4 Abs. 2 der Vertrag dem Recht des Staates, in dem der Verleiher seinen gewöhnlichen Aufenthalt hat. Art. 4 Abs. 1 Rom I-VO kann nicht angewendet werden, handelt es sich bei dem Überlassungsvertrag doch um keinen Vertrag der aufgeführten Kategorien, insbesondere nicht um einen Dienstvertrag (→ Rn. 40). Damit gilt das **Recht am Sitz des Verleihers.** Dies steht freilich unter dem **Vorbehalt des Art. 4 Abs. 3 Rom I-VO,** wonach die Vermutung nicht gilt, wenn sich aus der Gesamtheit der Umstände ergibt, dass der Vertrag engere Verbindung mit einem anderen Staat aufweist. Hier gelten im Wesentlichen die gleichen Maßstäbe wie bei der Ausweichklausel des Art. 8 Abs. 2 Rom I-VO (→ Rn. 54; *Reichel/Spieler* BB 2011, 2741 (2743)). Auch wenn danach der Vertrag mit ausländischen Verleihern regelmäßig nicht deutschem Recht unterfällt, kommt es auch hier zur Anwendung international zwingender Vorschriften des deutschen Rechts iSd Art. 9 Rom I-VO. Hierzu dürfte § 9 Nr. 1 gehören. Freilich ist hier ein hinreichender Inlandsbezug erforderlich (vgl. Art. 9 Abs. 1 Rom I-VO), so dass sich dies wohl nur an die Entleihe nach Deutschland, nicht aber an die Entleihe an eine ausländische Betriebsstätte eines deutschen Unternehmens richtet. Gleiches dürfte für das Verbot der gewerbsmäßigen Arbeitnehmerüberlassung im Baugewerbe nach § 1b gelten (Boemke/Lembke/*Boemke* Einl. Rn. 24; Schüren/ Hamann/*Riederer von Paar Einl.* Rn. 698; MHdB ArbR/*Oetker* § 11 Rn. 104). Folge ist daher die Nichtigkeit eines Arbeitnehmerüberlassungsvertrags bei Verstoß gegen § 1b (aA Boemke/Lembke/*Boemke* Einl. Rn. 24). **International zwingende Norm** ist nicht das Schriftformerfordernis nach § 12 Abs. 1, da es in erster Linie wiederum dem Schutz des Leiharbeitnehmers dient und keine Gemeinwohlinteressen widerspiegelt (Boemke/Lembke/ *Boemke* Einl. Rn. 24; aA Schüren/Hamann/*Riederer von Paar* Einl. Rn. 694). Das Gleiche gilt für § 9 Nr. 3, denn auch hier geht es in erster Linie um den Schutz des Leiharbeitnehmers, nicht um den Schutz von Gemeinwohlinteressen (ebenso Schüren/Hamann/*Riederer von Paar* Einl. Rn. 691; aA Boemke/ Lembke/*Boemke* Einl. Rn. 24). Etwas anderes folgt auch nicht aus § 7 Abs. 1 Nr. 4 AEntG, da diese Norm eine international zwingende Geltung ausdrücklich nur für das Arbeitsverhältnis zwischen Arbeitnehmer und Verleiher besitzt (→ Rn. 62).

Anzutreffen ist die im älteren Schrifttum zu findende These, wonach 65 Rechtsvorschriften über den Inhalt der Überlassungsverträge zum *ordre public* **der deutschen Rechtsordnung** gezählt werden (*Schnorr* ZfA 1975, 143 (165); s. auch *Becker/Wulfgramm* § 1 Art. 3 Rn. 103). Dies ist mit der Regelung des *ordre public* im EGBGB nicht vereinbar. Nach Art. 21 Rom I-VO ist die Rechtsnorm eines anderen Staates nicht anzuwenden, wenn ihre

Anwendung zu einem Ergebnis führt, das mit wesentlichen Grundsätzen des deutschen Rechts offensichtlich unvereinbar ist. Es kann sich hierbei also nur um die Betrachtung ausländischen Rechts handeln. Das ausländische Recht der Arbeitnehmerüberlassung wird regelmäßig nicht darunter fallen. Der Kreis, den die Rechtsprechung hier auch insbesondere im Arbeitsrecht zieht, ist sehr viel kleiner (s. etwa BAG 29.6.1978, AP ZPO § 38 Internationale Zuständigkeit Nr. 8; 9.7.2003, AP TVG § 1 Tarifverträge: Bau Nr. 261; BAG 24.8.1989, DB 1990, 1666: KSchG gehört nicht dazu).

5. Statut des Rechtsverhältnisses Arbeitnehmer-Entleiher

66   Weil sich die Arbeitnehmerüberlassung eben dadurch kennzeichnet, dass zwischen dem Leiharbeitnehmer und dem Entleiher keine arbeitsvertragliche Beziehung zustande kommt, zögert man, zur Bestimmung des anwendbaren Rechts die Art. 3 ff. Rom I-VO, insbesondere Art. 8 Rom I-VO, anzuwenden, wie dies beim Rechtsverhältnis Leiharbeitnehmer-Verleiher üblich ist (→ Rn. 51). Es besteht jedoch Einigkeit, dass mit den vertraglichen Schuldverhältnissen der Art. 3 ff. Rom I-VO auch vertragsähnliche oder vorvertragliche Schuldverhältnisse gemeint sein können (s. Staudinger/*Magnus* Rom I-VO Art. 3 Rn. 13 ff.). Auch wenn – im Gegensatz zum EGBGB – nur noch von Individualarbeitsverträgen und nicht mehr von Arbeitsverhältnissen die Rede ist, hat sich an der Rechtslage nicht geändert. In kollisionsrechtlicher Hinsicht spricht vieles dafür, die Beziehung Leiharbeitnehmer-Entleiher als ein solches zu subsumieren (s. Schüren/Hamann/*Riederer von Paar* Einl. Rn. 669; ErfK/*Wank* Einl. Rn. 47; im Ansatz ebenso Boemke/Lembke/*Boemke* Einl. Rn. 26). Dafür spricht, dass man mit der Schaffung des Art. 6 EVÜ, der Art. 30 EGBGB zugrunde liegt und aus dem jetzt Art. 8 Rom I-VO resultierte, davon ausgeht, dass auch „reine *defacto*-Arbeitsverhältnisse" erfasst sein sollen. Damit muss nicht nur das faktische Arbeitsverhältnis gemeint sein, sondern auch eine Rechtsbeziehung, die sich weder durch Weisungsrecht noch durch Arbeitsleistung von einer arbeitsvertraglichen unterscheidet. Dies führt jedoch nicht dazu, dass nach Art. 8 Abs. 2 Rom I-VO grundsätzlich das **Heimatrecht des Leiharbeitnehmers** anzuwenden wäre (so aber Schüren/Hamann/*Riederer von Paar* Einl. Rn. 670). Maßgeblich ist das Recht des Staates, in dem der Arbeitnehmer in Erfüllung seines Vertrages gewöhnlich seine Arbeit verrichtet. Weil es allein um das Rechtsverhältnis Leiharbeitnehmer-Entleiher geht, ist auf den gewöhnlichen Arbeitsort während der Entleihe abzustellen, und damit ist maßgeblich das im **Betrieb des Entleihers geltende Recht** (ebenso Boemke/Lembke/*Boemke* Einl. Rn. 26; Urban-Crell/*Schulz* Rn. 1182). Eine Rechtswahl, die damit konkurrieren könnte, scheidet mangels vertraglicher Beziehung zwischen Arbeitnehmer und Entleiher aus.

67   Diese Herleitung gilt freilich nur dort, wo der Entleiher oder Leiharbeitnehmer seine Rechtsposition nicht gerade aus dem Leiharbeitsverhältnis herleitet. Soweit es das **arbeitsrechtliche Weisungsrecht des Entleihers** betrifft, folgt das Recht dem Statut des Leiharbeitsverhältnisses, denn hierbei handelt es sich allein um eine aus dem Leiharbeitsvertrag abgetretene oder doch ihr nachgezeichnete Berechtigung, die durch die Übertragung nicht das auf sie anwendbare Recht wechseln kann (Boemke/Lembke/*Boemke* Einl. Rn. 25).

6. Internationales Sozialversicherungsrecht

Der internationale Geltungsbereich des Sozialversicherungsrecht wird in **68** den §§ 3–6 SGB IV geregelt (vgl. zum Sozialversicherungsrecht bei Arbeitnehmerüberlassung im internationalen Konzern auch *Thüsing* FS Birk, 2008, 859 ff.). Grundsätzlich folgt § 3 SGB IV dem **Territorialitätsprinzip,** jedoch wird dies durch § 4 SGB IV ergänzt für Sachverhalte, in denen Arbeitnehmer ins Ausland entsandt werden. Danach sind vom deutschen Sozialversicherungsrecht auch Arbeitnehmer erfasst, die im Rahmen eines bestehenden Beschäftigungsverhältnisses ins Ausland entsandt werden, wenn die Entsendung in Folge der Eigenart der Beschäftigung oder vertraglich im Voraus zeitlich begrenzt ist **(Ausstrahlung).** Entsprechend ist nach § 5 SGB IV das deutsche Sozialversicherungsrecht nicht anwendbar für vorübergehenden Entsendung eines Arbeitnehmers aus dem Ausland nach Deutschland **(Einstrahlung).** Nach § 6 SGB IV bleiben Regelungen des über- und zwischenstaatlichen Rechts unberührt. Für Entsendungen innerhalb der EG hat danach Vorrang die **Verordnung (EG) Nr. 883/2004** vom 29.4.2004 zur Koordinierung der Systeme der sozialen Sicherheit. Diese hat die Verordnung Nr. 1408/71 des Rates der EG vom 14.6.1971 über die Anwendung der Systeme der sozialen Sicherheit auf Arbeitnehmer und Selbständige sowie deren Familienangehörige, die innerhalb der Gemeinschaft zu- und abwandern (ABl. 1971 L 149, S. 2 ff.) zum 1.5.2010 abgelöst hat. Die Verordnung Nr. 883/2004 wird in verfahrensrechtlichen Hinsicht ergänzt durch die Verordnung Nr. 987/2009 vom 16.9.2009 zur Festlegung der Modalitäten für die Durchführung der Verordnung (EG) Nr. 883/2004. Die Verordnung Nr. 1408/71 bleibt jedoch hinsichtlich der in Art. 90 Abs. 1 lit. a) bis e) der Verordnung (EG) Nr. 883/2004 bezeichneten Zwecke in Kraft.

Die Verordnungen sind auch anwendbar auf Entsendungen im Rahmen **68a** von Leiharbeitsverhältnissen (EuGH 10.2.2000, Slg. 2000, I-883; s. auch EuGH 26.1.2006, Slg. 2006, I-1079 Rn. 21; ebenso bereits EuGH 17.12.1970, Slg. 1970, 1251, in Bezug auf die weitgehend deckungsgleiche Vorgängervorschrift Art. 13 lit. a EWG-VO Nr. 3; Boemke/Lembke/*Boemke* Einl. Rn. 27; Schüren/Hamann/*Riederer von Paar* Einl. Rn. 714). Erfasst werden von der Verordnung auch diejenigen EWR-Staaten, die nicht Mitglied der EU sind, also derzeit Island und Norwegen (Anhang VI zum EWR-Abkommen vom 2.5.1992, BGBl. 1993 II S. 266, 521). Die voraussichtliche Dauer der Entsendung darf nunmehr 24 Monate nicht überschreiten (Art. 12 Abs. 1 EG-VO Nr. 883/2004). Die Vorgängerregelung des Art. 14 Nr. 1 lit. b EWG-VO Nr. 1408/71 ging noch von einer voraussichtlichen Dauer der Entsendung von maximal zwölf Monaten aus, wobei die Dauer der Entsendung auf maximal zwölf weitere Monate durch Genehmigung der zuständigen Behörde des Beschäftigungsstaates verlängert werden konnte

(Art. 14 Nr. 1 lit. b EWG-VO Nr. 1408/71). Wie auch die Vorgängerregelung sieht Art. 12 Abs. 1 EG-VO Nr. 883/2004 die Einschränkung vor, dass die Dauer von 24 Monaten nur dann gilt, wenn die entsandte Person nicht eine andere Person abgelöst hat. Die Sonderregelung des § 12 EG-VO Nr. 883/2004 gilt für abhängig beschäftigte Personen (Abs. 1) und für selbstständig Tätige (Abs. 2).

69   Bei einer Überlassung innerhalb der EU bleibt es damit bei der Anwendung des Sozialversicherungsrechts des Heimatortes, solange die Überlassung an den ausländischen Entleiher oder einen anderen Entleiher des gleichen Staates nicht länger 24 Monate dauert. Folge der fortbestehenden sozialversicherungsrechtlichen Zuordnung des Leiharbeitsverhältnisses zum Heimatland gem. Art. 12 EG-VO Nr. 883/2004 ist es, dass der inländische Entleiher bei der legalen grenzüberschreitenden Arbeitnehmerüberlassung nicht gem. **§ 28e Abs. 2 S. 1 SGB IV** als selbstschuldnerischer Bürge für die Sozialversicherungsbeiträge haftet, die der EU-Verleiher als Arbeitgeber des Leiharbeitnehmers abzuführen hat. Weil die Haftung allein die Beitragssicherung eines inländischen Sozialversicherungsträgers regeln will, kann sie nicht greifen, da der ausländische Verleiher gegenüber dem Sozialversicherungsträger seines Heimatlandes beitragspflichtig ist (Schüren/Hamann/*Riederer von Paar* Einl. Rn. 718; Boemke/Lembke/*Boemke* Einl. Rn. 29; *Urban-Crell/Schulz* Rn. 1198).

70   Dauert die Entsendung innerhalb der EU länger, gilt vom ersten Tag an das **Sozialversicherungsrecht des Einsatzortes.** Dies gilt jedoch nicht bei illegaler grenzüberschreitender Arbeitnehmerüberlassung (BSG 25.10.1988, BSGE 64, 145: s. auch Schüren/Hamann/*Riederer von Paar* Einl. Rn. 720; zustimmend unter Berufung auf LSG Hamburg 14.1.1981 – III ARBf 457/80, nv: Boemke/Lembke/*Boemke* Einl. Rn. 27; ebenso auch LSG Hamburg 20.4.2005, BeckRS 2009, 59361). Dies ergibt sich bereits daraus, dass die §§ 9 Nr. 1, 10 Nr. 1 international zwingendes deutsches Recht iSd Art. 9 Rom I-VO sind (→ Rn. 59) und damit ein Entsendungssachverhalt nicht vorliegt: Die Fiktion des § 10 Abs. 1 umfasst auch das Beschäftigungsverhältnis im Bereich der Sozialversicherung (s. BSG 25.10.1988, BSGE 64, 145 (150); LSG Niedersachsen-Bremen 16.9.1982, EzAÜG, § 10 AÜG Fiktion Nr. 15; Schüren/Hamann/*Riederer von Paar* Einl. Rn. 721; s. auch *Thüsing* FS Birk, 2008, 859. Gleiches gilt für die Überlassung nach Deutschland durch einen Verleiher außerhalb der EU und des EWR, die nach § 3 Abs. 2 und 3 stets illegal ist.

71   Verhindert wird damit stets eine **Doppelversicherung.** Auch in Entsendesachverhalten ist damit nur entweder das deutsche oder das ausländische Sozialversicherungsrecht anwendbar. Eine Beitragspflicht kumulativ in beide Kassen besteht nicht (s. für das Abkommensrecht *Mastmann/Starck* BB 2005, 1854; *Wethebach* NZA 2006, 248; *Dauck* WIRO 2003, 1; *Borchmann* NJW 2003, 487; ausführlicher *Thüsing* FS Birk, 2008, 865 f.).

72   Besondere Fragen können bei der **konzerninternen Arbeitnehmerüberlassung** entstehen. Auch hier ist eine Doppelversicherung ausgeschlossen. Erlaubnisfrei ist sie auch grenzüberschreitend (→ § 1 Rn. 187), doch orientiert sich das BSG hier nicht allein am fortbestehenden Arbeitsverhältnis

zum Verleiher, sondern es fragt danach, wo der Schwerpunkt der Beschäftigung liegt. Der liegt bei der Ausstrahlung und der Einstrahlung unabhängig davon, mit wem der Arbeitsvertrag geschlossen ist, regelmäßig bei dem Betrieb, bei dem über die Arbeitsleistung hinaus wesentliche Elemente des Beschäftigungsverhältnisses erfüllt werden. Für die Zuordnung eines Beschäftigungsverhältnisses zu einem bestimmten Betrieb sind dabei einerseits die Eingliederung des Beschäftigten in diesen Betrieb und andererseits die Zahlung des Arbeitsentgelts durch den Betrieb entscheidend (BSG 7.11.1996, SozR 3-2400 § 5 Nr. 2). Die Ausführungen des BSG in dieser Entscheidung – wie auch in den nachfolgenden bestätigenden Judikaten – müssen dahingehend verstanden werden, dass für eine Verlagerung des Schwerpunkts des Beschäftigungsverhältnisses weg vom Vertragsarbeitgeber die Eingliederung in einen fremden Betrieb und *kumulativ* die Entgeltzahlung durch den Betriebsinhaber entscheidend sind. Allein auf die Eingliederung abzustellen, kann regelmäßig nicht gewollt sein, schon weil dies ein klarer Widerspruch zu den nichtgrenzüberschreitenden, rein nationalen Sachverhalten ist: Bei der Arbeitnehmerüberlassung, bei der eine Eingliederung in den fremden Betrieb oftmals oder sogar regelmäßig gegeben sein wird, besteht nach § 28e Abs. 1 SGB IV eine Pflicht zur Abführung des Gesamtsozialversicherungsbeitrags nur für den Verleiher als Arbeitgeber, nicht für den Entleiher. Hierbei wird gewerbsmäßige wie nicht gewerbsmäßige Sozialversicherung gleich behandelt. Es macht keinen Sinn, den Schwerpunkt eines Beschäftigungsverhältnisses beim Entleiher zu sehen, um damit einen Entsendungsfall zu verneinen und zur Anwendbarkeit deutschen Rechts zu kommen, wenn eben dieses deutsche Recht sagt, dass der Entleiher keinen Sozialversicherungsbeitrag schuldet.

Wird ein Arbeitnehmer von einem Verleiher mit Sitz in Deutschland in **73** ein Nicht-EU- oder Nicht-EWR-Land entsandt, so ist bei jeder vorübergehenden Entsendung gem. § 4 SGB IV von einer Beibehaltung des deutschen Sozialversicherungsrechts auszugehen. Die **zeitlichen Grenzen einer „vorübergehenden" Entsendung** sind dabei ebenso unsicher wie bei Art. 8 Abs. 2 und 3 Rom I-VO (→ Rn. 56). Auch hier gilt: Vorübergehend ist alles, was nicht endgültig ist. Feste Zeitgrenzen haben sich daher in Rechtsprechung und Schrifttum zu Recht nicht herausgebildet (s. GK/*von Maydell* SGB IV § 4 Rn. 17; 3.4.3 der Richtlinien der versicherungsrechtlichen Beurteilung von Arbeitnehmern bei Ausstrahlung und Einstrahlung v. 20.11.1997). Spiegelbildlich gilt dies für die Einstrahlung; s. auch § 5 SGB IV. Insbesondere die wiederholte Entsendung macht eine vorübergehende Entsendung nicht zur endgültigen Entsendung. Jede Entsendung ist für sich zu betrachten. Alles andere widerspräche der Systematik der Kollisionsnormen (unzutreffend daher BVerwG 13.9.2007, DVBl 2007, 1577).

VI. Sozialversicherungsrechtliche Aspekte der Arbeitnehmerüberlassung

Anders als das Arbeitsrecht kennt das Sozialversicherungsrecht nur verein- **74** zelt Regelungen gerade für Leiharbeitnehmer. Einen **eigenständigen sozi-**

alversicherungsrechtlichen Schutzrahmen gibt es nicht, so dass die Versicherungsrechte und -pflichten weitgehend denen anderer Arbeitnehmer folgen. Es kann insoweit auf die allgemeinen Darstellungen verwiesen werden; nur auf die Besonderheiten soll im Folgenden eingegangen werden.

1. Erlaubte Arbeitnehmerüberlassung

75 **Arbeitgeber auch im Sinne des Sozialversicherungsrechts** ist bei der erlaubten Arbeitnehmerüberlassung allein der Verleiher, nicht der Entleiher. Er hat gem. § 28e Abs. 1 SGB IV den Gesamtsozialversicherungsbeitrag sowie die Beiträge zur Berufsgenossenschaft zu zahlen. Hierbei sind die gewerbsmäßige und die nicht gewerbsmäßige Arbeitnehmerüberlassung gleich zu behandeln. Zur Erfüllung dieser Zahlungspflicht haftet der Entleiher gem. § 28e Abs. 2 SGB IV wie ein selbstschuldnerischer Bürge, soweit ihm Arbeitnehmer gegen Vergütung zur Arbeitsleistung überlassen worden sind (zu Auslandssachverhalten → Rn. 68). Auch hier kommt es nicht darauf an, ob es eine gewerbsmäßige Überlassung ist. Der Entleiher kann die Zahlung verweigern, solange die Einzugsstelle den Arbeitgeber nicht gemahnt hat und die Mahnfrist nicht abgelaufen ist. Zahlt der Verleiher das vereinbarte Arbeitsentgelt oder Teile des Arbeitsentgelts an den Leiharbeitnehmer, obwohl der Vertrag nach § 9 Nr. 1 – Nr. 1b unwirksam ist, so hat er auch den hierauf entfallenden Sozialversicherungsbeitrag an die Einzugsstelle zu zahlen. Hinsichtlich dieser Zahlungspflicht gilt der Verleiher neben dem Entleiher als Arbeitgeber, so dass beide als Gesamtschuldner haften.

76 Gewerbsmäßig entliehene Arbeitnehmer erhalten grundsätzlich kein **Kurzarbeitergeld** für beschäftigungslose Zeiten zwischen zwei Arbeitseinsätzen, da der Arbeitsausfall bei ihnen regelmäßig branchenüblich nach § 96 Abs. 4 Nr. 1 SGB III ist (Schüren/Hamann/*Schüren* Einl. Rn. 742; zuletzt BSG 21.7.2009, BSGE 104, 83). Ob bei konjunkturell bedingten überlangen beschäftigungslosen Zwischenzeiten ein Anspruch auf Kurzarbeitergeld besteht, war lange Zeit umstritten (dafür Schüren/Hamann/*Schüren* Einl. Rn. 742; dagegen *Ulber* § 1 Rn. 58). Das Risiko, den Arbeitnehmer nicht einsetzen zu können und ihn gleichwohl vergüten zu müssen, trägt gem. § 11 Abs. 4 S. 2 zwingend der Arbeitgeber. Der Gesetzgeber hat im Rahmen des Konjunkturpakets II mit § 11 Abs. 4 S. 3 eine temporäre Ausnahmeregelung geschaffen: Danach kann das Recht des Leiharbeitnehmers auf Vergütung durch Vereinbarung von Kurzarbeit für die Zeit aufgehoben werden, für die dem Leiharbeitnehmer Kurzarbeitergeld nach dem SGB III gezahlt wird. Dies gilt allerdings nur für Vergütungsansprüche bis zum 31.12.2011.

77 Auch die **Unfallversicherung** knüpft an ein Arbeitsverhältnis zum Entleiher an. Weil der Leiharbeitnehmer in den Entleiherbetrieb eingegliedert ist, greift die Haftungsprivilegierung gem. §§ 104 Abs. 1, 105 SGB VIII zugunsten des Entleihers und der anderen im Betrieb tätigen Arbeitnehmer, falls es zu einer Verletzung des Leiharbeitnehmers kommt (BAG 15.2.1974, 13.4.1983, 25.9.1990, AP RVO § 637 Nr. 7; Nr. 13, AP RVO 336 Nr. 19). Umgekehrt gilt auch die Privilegierung zugunsten des Leiharbeitnehmers gem. § 105 Abs. 1 SGB VII bei nicht vorsätzlich verursachten Personenschäden an anderen im Betrieb eingegliederten Arbeitnehmern (auch → Rn. 33; *v. Hoyningen-Huene* NZA 1993, 145 (154); Schüren/Hamann/*Schüren* Einl. Rn. 756). Weil die Haftungsprivilegierung der §§ 104–105 SGB VII an die Geltung des deutschen Sozialrechts gebunden ist, gilt die Privilegierung nicht, soweit bei der Überlassung von Arbeitnehmern aus dem Ausland deren Arbeitsverhältnis weiterhin ausländischem Recht untersteht (→ Rn. 51 ff.). Damit haftet der Entleiher dem ausländischen Leiharbeitnehmer uneingeschränkt und ebenso ist der Leiharbeitnehmer deliktischen Schadensersatzansprüchen anderer Arbeitnehmer im Entleiherbetrieb ausgesetzt (Schüren/Hamann/*Schüren* Einl. Rn. 759 f.; *Ulrici* Einl. Rn. 37).

Da der verliehene Arbeitnehmer bei vom AÜG erfasster Arbeitnehmer- **78** überlassung auch während der Einsatzzeiten im Verleiherbetrieb eingegliedert bleibt, was sich auch an der betriebsverfassungsrechtlichen Stellung zeigt (→ § 14 Rn. 12 ff.), greift auch hier die **Haftungsprivilegierung der §§ 104, 105 SGB VII** (→ Rn. 34; ErfK/*Wank* Einl. Rn. 29; *Becker/Wulfgramm* Art. 1 § 11 Rn. 53b; *Boemke,* Schuldvertrag und Arbeitsverhältnis, Rn. 579 f.). Hier werden Schädigungen freilich nur selten vorkommen.

2. Illegale Arbeitnehmerüberlassung

Auch bei der illegalen gewerbsmäßigen Arbeitnehmerüberlassung gilt der **79** Grundsatz, dass die Sozialversicherung an das Arbeitsverhältnis anknüpft. Gemäß der Fiktion eines Arbeitsverhältnisses nach § 10 Abs. 1 (→ § 10 Rn. 5 ff.) ist bei einer gegen § 9 Nr. 1 verstoßenden gewerbsmäßigen Arbeitnehmerüberlassung der Entleiher Arbeitnehmer. Dies gilt auch für das Sozialversicherungsrecht, so dass der Entleiher seinen Sozialversicherungsbeitrag gem. § 28e Abs. 1 SGB IV zu leisten hat. Daneben besteht jedoch ein fehlerhaftes Arbeitsverhältnis zwischen Verleiher und Leiharbeitnehmer. Dies wird auch durch die Neuregelung des AÜG 2017 nicht geändert. Da das Sozialversicherungsrecht allein an das Arbeitsverhältnis anknüpft, ohne Hinsicht darauf, ob es wirksam begründet wurde oder nicht (s. § 7 Abs. 1, § 14 Abs. 1 SGB IV), kommt es damit zu **zwei parallelen, an sich sozialversicherungspflichtigen Arbeitsverhältnissen** (s. schon BSG 25.10.1988, SozVers 1989, 222: „Der Entleiher ist hinsichtlich der geschuldeten Gesamtsozialversicherungsbeiträge sowie der Beiträge zur Unfallversicherung … Beitragsschuldner, selbst wenn der Verleiher bei unerlaubter Arbeitnehmerüberlassung das Arbeitsentgelt gezahlt hat"; aA *Spiolek* BB 1991, 1038). Weil aber nur solange ein **fehlerhaftes Arbeitsverhältnis** vorliegt, wie es beiderseitig tatsächlich durchgeführt wird, endet dies, wenn der Arbeitgeber keine Vergütung des Leiharbeitnehmers mehr zahlt. In diesem Fall ist dann einzig der Entleiher Schuldner der Sozialversicherungsbeiträge (im Ergebnis ebenso ErfK/*Wank* Einl. Rn. 38; Schüren/Hamann/*Schüren* Einl. Rn. 739 ff.; Küttner/*Röller,* Stichwort Arbeitnehmerüberlassung, Rn. 21 ff.). Ob man die erneute Auszahlung des Arbeitsentgelts als maßgebliches Kriterium gegen das Vorliegen eines fehlerhaften Leiharbeitsverhältnisses auch dann ansieht, wenn die Zahlungseinstellung in den verleihfreien Zeiten folgt, hängt davon ab, ob man hier einen sozialversicherungsrechtlichen Quasi-Kündigungsschutz entsprechend den § 9 Nr. 2 aF oder §§ 14, 16 TzBfG annehmen will. In diesem Fall ist hilfsweise auf die fortbestehende Verfügbarkeit des Leiharbeitnehmers für den Verleiher abzustellen (Schüren/Hamann/*Schüren* Einl. Rn. 802). Dies würde jedoch mit den allgemeinen Regeln zum fehlerhaften Arbeitsverhältnis, das eben von der jederzeitigen Beendbarkeit ausgeht, kaum übereinstimmen (s. hierzu HWK/*Thüsing* BGB § 611 Rn. 80 ff.).

80   Damit gilt, dass in der Zeit, in der der illegale Verleiher das vereinbarte Arbeitsentgelt ganz oder teilweise an den Leiharbeitnehmer zahlt, auch wenn er dazu nicht verpflichtet ist, er zur Beitragszahlung verpflichtet ist (BSG 22.1.1985, NZA 1987, 500). Verleiher und Entleiher haften als Gesamtschuldner für die Sozialabgaben, § 28e Abs. 2 S. 3, 4 SGB IV. Teilweise wird angenommen, dass diese Fiktion sozialrechtlich nur greife, soweit der Verleiher nicht die Arbeitsvergütung zahlt, denn die Zahlung der Vergütung führe gemäß der gesamtschuldnerischen Haftung von Verleiher und Entleiher dazu, dass die Entgeltlichkeit, die § 14 Abs. 1 SGB IV für ein sozialversicherungspflichtiges Arbeitsverhältnis voraussetzt, nicht gegeben wäre (Schüren/Hamann/*Schüren* Einl. Rn. 821; ErfK/*Wank* Einl. Rn. 38; s. auch *Spiolek* BB 1991, 1038). Dies kann nicht richtig sein. Die **gesamtschuldnerische Haftung** kennzeichnet sich gerade dadurch, dass ein Anspruch gegenüber beiden Schuldnern besteht, wenn er auch nur gegenüber einem realisiert werden kann. Entscheidend für die Beurteilung der Entgeltlichkeit ist das Forderungsrecht vor Erfüllung, nicht sein Wegfall nach Erfüllung.

81   Zahlt der Verleiher kein Arbeitsentgelt, so haftet allein der Entleiher für die Beiträge zur Krankenversicherung, Pflegeversicherung, Rentenversicherung, Arbeitslosenversicherung sowie für die Beiträge zur Unfallversicherung (ErfK/*Wank* Einl. Rn. 40). Sind der Beitragsgläubiger des Verleihers als Arbeitgeber und der Beitragsgläubiger des Entleihers als Arbeitgeber nicht identisch, weil am Beschäftigungsort eine andere Krankenkasse als am Sitz des Verleihers zuständig ist, so wird man die gesetzliche Regelung dahingehend verstehen müssen, dass der Entleiher für die Gesamtsozialversicherungsbeiträge des Verleihers haften soll, damit es insoweit nicht zu einem zusätzlichen Beitragsgläubiger kommt, also Beitragsgläubiger stets die für den **Verleiher zuständige Krankenkasse** ist (Schüren/Hamann/*Schüren* Einl. Rn. 819 ff.; s. auch *Spiolek* BB 1991, 1038 (1041 ff.); MHdB ArbR/*Schüren* § 318 Rn. 165 ff.).

82   Führt das fingierte Arbeitsverhältnis zu einem höheren Vergütungsanspruch als das mit dem Verleiher vereinbarte, so ist in der Differenz Schuldner allein der Entleiher, da in dieser Höhe ein fehlerhaftes Arbeitsverhältnis mit dem Verleiher nicht bestanden hat (Schüren/Hamann/*Schüren* Einl. Rn. 822). Zuständig ist hier die auf Grund des fehlerhaften Leiharbeitsverhältnisses zuständige Krankenkasse. Die **Unfallversicherung** muss jedoch an die für den Entleiherbetrieb zuständige Berufsgenossenschaft entrichtet werden, da die Höhe des Betrags generell an die Lohnsumme anknüpft. Wie die damit drohende Doppelversicherung durch Beitragsentrichtung von Verleiher und Entleiher an ihre jeweilige Berufsgenossenschaft gemäß § 133 Abs. 2 SGB VII aufzulösen ist, ist streitig (Schüren/Hamann/*Schüren*

Einl. Rn. 823: Leistungspflichtig ist allein der Unfallversicherungsträger des Verleihunternehmens).

VII. Bedeutung der Fachlichen Weisungen Arbeitnehmerüberlassungsgesetz

Die Praxis der Arbeitnehmerüberlassung wird oftmals von den Fachlichen **83** Weisungen zum AÜG bestimmt, soweit es den Umgang der BA betrifft. Die aktuelle Fassung (1.4.2017) dieser 101-seitigen Handlungsanweisung der Behörde ist abrufbar. https://www3.arbeitsagentur.de/web/wcm/idc/ groups/public/documents/webdatei/mdaw/mjax/~edisp/egov-content5020 79.pdf?_ba.sid=EGOV-CONTENT502082

Die **Fachlichen Weisungen haben** hohe praktische Bedeutung, aber nur **84** geringe rechtliche. Sie enthält Erläuterungen zum Inhalt des AÜG und zeigt insbesondere auf, wie einzelne Normen unter Berücksichtigung der dazu ergangenen Rechtsprechung zu interpretieren sind. Dadurch wird den Bediensteten der Agentur eine Hilfestellung bei der Anwendung des Gesetzes an die Hand gegeben. Anders als verbindlichen Rechtsnormen **fehlt** es der Dienstanweisung jedoch an der rechtlichen **Außenwirkung.** Gebunden werden ausschließlich die Bundesagentur für Arbeit und ihre Dienststellen, nicht dagegen die Gerichte oder andere Behörden. Die in der Dienstanweisung niedergelegte Rechtsauffassung der BA muss daher von den Gerichten nicht beachtet werden (s. auch *Marschner* BB 1995, 774), die Praxis sieht freilich anders aus. In der Regel bedienen sich die Gerichte der Dienstanweisung als **Auslegungshilfe** (vgl. etwa allgemein zu Dienstanweisungen der BA: LSG Baden-Württemberg 20.9.2007 – S 7 AL 4584/05, juris; LSG Berlin-Brandenburg 18.7.2007, BeckRS 2009, 65389; LSG Niedersachsen-Bremen 14.6.2007, BeckRS 2007, 45818; LSG Bayern 20.3.2007, BeckRS 2009, 63697). Damit kommt ihr sowohl in der Verwaltung als auch in der gerichtlichen Praxis die bereits erwähnte Bedeutung zu.

Erläuterungen zum Arbeitnehmerüberlassungsgesetz

§ 1 Arbeitnehmerüberlassung, Erlaubnispflicht

(1) [1]Arbeitgeber, die als Verleiher Dritten (Entleihern) Arbeitnehmer (Leiharbeitnehmer) im Rahmen ihrer wirtschaftlichen Tätigkeit zur Arbeitsleistung überlassen (Arbeitnehmerüberlassung) wollen, bedürfen der Erlaubnis. [2]Arbeitnehmer werden zur Arbeitsleistung überlassen, wenn sie in die Arbeitsorganisation des Entleihers eingegliedert sind und seinen Weisungen unterliegen. [3]Die Überlassung und das Tätigwerdenlassen von Arbeitnehmern als Leiharbeitnehmer ist nur zulässig, soweit zwischen dem Verleiher und dem Leiharbeitnehmer ein Arbeitsverhältnis besteht. [4]Die Überlassung von Arbeitnehmern ist vorübergehend bis zu einer Überlassungshöchstdauer nach Absatz 1b zulässig. [5]Verleiher und Entleiher haben die Überlassung von Leiharbeitnehmern in ihrem Vertrag ausdrücklich als Arbeitnehmerüberlassung zu bezeichnen, bevor sie den Leiharbeitnehmer überlassen oder tätig werden lassen. [6]Vor der Überlassung haben sie die Person des Leiharbeitnehmers unter Bezugnahme auf diesen Vertrag zu konkretisieren.

(1a) [1]Die Abordnung von Arbeitnehmern zu einer zur Herstellung eines Werkes gebildeten Arbeitsgemeinschaft ist keine Arbeitnehmerüberlassung, wenn der Arbeitgeber Mitglied der Arbeitsgemeinschaft ist, für alle Mitglieder der Arbeitsgemeinschaft Tarifverträge desselben Wirtschaftszweiges gelten und alle Mitglieder auf Grund des Arbeitsgemeinschaftsvertrages zur selbständigen Erbringung von Vertragsleistungen verpflichtet sind. [2]Für einen Arbeitgeber mit Geschäftssitz in einem anderen Mitgliedstaat des Europäischen Wirtschaftsraumes ist die Abordnung von Arbeitnehmern zu einer zur Herstellung eines Werkes gebildeten Arbeitsgemeinschaft auch dann keine Arbeitnehmerüberlassung, wenn für ihn deutsche Tarifverträge desselben Wirtschaftszweiges wie für die anderen Mitglieder der Arbeitsgemeinschaft nicht gelten, er aber die übrigen Voraussetzungen des Satzes 1 erfüllt.

(1b) [1]Der Verleiher darf denselben Leiharbeitnehmer nicht länger als 18 aufeinander folgende Monate demselben Entleiher überlassen; der Entleiher darf denselben Leiharbeitnehmer nicht länger als 18 aufeinander folgende Monate tätig werden lassen. [2]Der Zeitraum vorheriger Überlassungen durch denselben oder einen anderen Verleiher an denselben Entleiher ist vollständig anzurechnen, wenn zwischen den Einsätzen jeweils nicht mehr als drei Monate liegen. [3]In einem Tarifvertrag von Tarifvertragsparteien der Einsatzbranche kann eine von Satz 1 abweichende Überlassungshöchstdauer festgelegt werden. [4]Im Geltungsbereich eines Tarifvertrages nach Satz 3 können abweichende tarifvertragliche Regelungen im Betrieb eines nicht tarifgebundenen Entleihers durch Betriebs- oder Dienstvereinbarung übernommen werden. [5]In einer auf Grund eines Tarifvertrages von Tarifvertragsparteien der Einsatzbranche getroffenen Betriebs- oder Dienstvereinbarung kann eine von Satz 1 abweichende Überlassungshöchstdauer festgelegt werden. [6]Können auf Grund eines Tarifvertrages nach Satz 5 abweichende Regelungen in einer Betriebs- oder Dienstvereinbarung getroffen werden, kann auch in Betrieben eines nicht tarifgebundenen Entleihers bis zu einer Überlassungshöchstdauer von 24 Monaten davon Gebrauch gemacht werden, soweit nicht durch diesen Tarifvertrag eine von Satz 1 abweichende Überlassungshöchstdauer für Betriebs- oder Dienstvereinbarungen festgelegt ist. [7]Unterfällt der Betrieb des nicht tarifgebundenen Entleihers bei Abschluss einer Betriebs- oder Dienstvereinbarung nach Satz 4 oder Satz 6 den Geltungsbereichen mehrerer Tarifverträge, ist auf den für die Branche des Entleihers repräsentativen Tarifvertrag abzustellen. [8]Die Kirchen und die öffentlich-rechtlichen Religionsgesellschaften können von Satz 1 abweichende Überlassungshöchstdauern in ihren Regelungen vorsehen.

(2) Werden Arbeitnehmer Dritten zur Arbeitsleistung überlassen und übernimmt der Überlassende nicht die üblichen Arbeitgeberpflichten oder das Arbeitgeberrisiko (§ 3 Abs. 1 Nr. 1 bis 3), so wird vermutet, daß der Überlassende Arbeitsvermittlung betreibt.

(3) Dieses Gesetz ist mit Ausnahme des § 1b Satz 1, des § 16 Absatz 1 Nummer 1f und Absatz 2 bis 5 sowie der §§ 17 und 18 nicht anzuwenden auf die Arbeitnehmerüberlassung

1. zwischen Arbeitgebern desselben Wirtschaftszweiges zur Vermeidung von Kurzarbeit oder Entlassungen, wenn ein für den Entleiher und Verleiher geltender Tarifvertrag dies vorsieht,

2. zwischen Konzernunternehmen im Sinne des § 18 des Aktiengesetzes, wenn der Arbeitnehmer nicht zum Zweck der Überlassung eingestellt und beschäftigt wird,

2a. zwischen Arbeitgebern, wenn die Überlassung nur gelegentlich erfolgt und der Arbeitnehmer nicht zum Zweck der Überlassung eingestellt und beschäftigt wird,

2b. zwischen Arbeitgebern, wenn Aufgaben eines Arbeitnehmers von dem bisherigen zu dem anderen Arbeitgeber verlagert werden und auf Grund eines Tarifvertrages des öffentlichen Dienstes

   a) das Arbeitsverhältnis mit dem bisherigen Arbeitgeber weiter besteht und

   b) die Arbeitsleistung zukünftig bei dem anderen Arbeitgeber erbracht wird,

2c. zwischen Arbeitgebern, wenn diese juristische Personen des öffentlichen Rechts sind und Tarifverträge des öffentlichen Dienstes oder Regelungen der öffentlich-rechtlichen Religionsgesellschaften anwenden, oder

3. **in das Ausland, wenn der Leiharbeitnehmer in ein auf der Grundlage zwischenstaatlicher Vereinbarungen begründetes deutschausländisches Gemeinschaftsunternehmen verliehen wird, an dem der Verleiher beteiligt ist.**

Literatur: *Baeck/Winzer/Hies,* Neuere Entwicklungen im Arbeitsrecht, NZG 2016, 415; *Bauer/Fischinger,* Sachgrundlose Befristung und Verbot der Vorbeschäftigung bei „demselben Arbeitgeber", DB 2007, 1410; *Bauer/Heimann,* Leiharbeit und Werkvertrag – Achse des Bösen?, NJW 2013, 3287; *Bauschke,* Die so genannte Fremdfirmenproblematik, NZA 2000, 1201; *ders.,* Zur Abgrenzung des Arbeitnehmerüberlassungsvertrages gegenüber anderen Vertragstypen mit drittbezogenem Personaleinsatz, ZfA 1978, 131; *ders.,* Abgrenzung der Arbeitnehmerüberlassung gegenüber Werk- und Dienstverträgen, DB 1988, 2561; *Behrend,* Neues zum Scheinwerkvertrag: Die vermutete Arbeitsvermittlung im AÜG, BB 2001, 2641; *Bissels,* Unwirksamkeit des Arbeitsvertrags bei einem Verstoß gegen die Offenlegungs- und Konkretisierungspflicht, NZA 2017, 214; *Böhm,* Befristung von Leiharbeitsverhältnissen nach der AÜG-Reform – „Vorübergehender betrieblicher Bedarf" bei Dienstleistungs- und Subunternehmen, RdA 2005, 360; *ders.,* Umsetzung der EU-Leiharbeitsrichtlinie – mit Fragezeichen?, DB 2011, 473; *Boemke,* Die EG-Leiharbeitsrichtlinie und ihre Einflüsse auf das deutsche Recht, RIW 2009, 177; 181; *Brauneisen/Ibes,* Der Tatbestand der Arbeitnehmerüberlassung, RdA 2014, 213; *Brose,* Die Wirkung einer vorsorglichen Verleiherlaubnis im AÜG, DB 2014, 1739; *Dauner-Lieb,* Der innerbetriebliche Fremdfirmeneinsatz auf Dienst- oder Werkvertragsbasis zwischen AÜG und BetrVG, NZA 1992, 817; *Deinert,* Kernbelegschaften – Randbelegschaften – Fremdbelegschaften, RdA 2014, 65; *Denck,* Zur Haftung des Verleihers bei Arbeitsunfällen von Arbeitnehmern des Entleihers, ZfA 1989, 265; *Düwell,* Chancen und Risiken von Outsourcing aus arbeitsrechtlicher Sicht, AuA 2001, 292; *ders.,* Überlassung zur Arbeitsleistung – Neues aus Rechtsprechung und Gesetzgebung, DB 2011, 1520; *Düwell/Dahl,* Arbeitnehmerüberlassung und Befristung, NZA 2007, 889; *dies.,* Verhinderung des missbräuchlichen Einsatzes von Arbeitnehmerüberlassung und Umsetzung der Leiharbeitsrichtlinie, DB 2010, 1759; *Eckardt,* Einführung in das Recht der Arbeitnehmerüberlassung, JA 1989, 393; *Eichenhofer,* Das Arbeitsvermittlungsmonopol der Bundesanstalt für Arbeit und das EG-Recht, NJW 1991, 2857; *Feuerborn,* Arbeitnehmerüberlassung im Konzern, WiVerw 2001, 190; *Fieberg,* Die Personalgestellung nach TVöD – kein Fall für das AÜG!, NZA 2014, 187; *Forst,* Entspricht das Konzernprivileg des neuen AÜG der Leiharbeitsrichtlinie?, ZESAR 2011, 316; *Franzen,* Neuausrichtung des Drittpersonaleinsatzes – Überlegungen zu den Vorhaben des Koalitionsvertrags, RdA 2015, 141; *Koller-van Delden/Gallini,* Gemeinschaftsbetrieb statt Arbeitnehmerüberlassung, DStR 2017, 206; *Geiße/Scheuer,* Arbeitnehmerüberlassung – Der Scheinwerkvertrag und die Wirkung der Arbeitnehmerüberlassung „auf Vorrat", BB 2015, 1461; *Giesen,* Reform der Leiharbeit, ZRP 2016, 130; *Giesen/Müller,* Neue Spielregeln für die Leiharbeit – Wesentliche Neuerungen des AÜG und deren Auswirkungen auf die Praxis, KSzW 2012, 20; *Greiner,* „Personalhoheit" als Schlüsselbegriff der

Abgrenzung von echtem Fremdpersonaleinsatz und verdeckter Arbeitnehmerüberlassung, RdA 2014, 262; *Grimm/Linden,* Die Überlassung von Maschinen
und Bedienpersonal, ArbRB 2014, 115; *Groeger,* Arbeitsrechtliche Aspekte des
neuen Arbeitnehmerüberlassungsgesetzes, DB 1998, 470; *Hamann,* Die Vereinbarkeit der privilegierten Arbeitnehmerüberlassung nach dem AÜG mit der
Richtlinie Leiharbeit, ZESAR 2012, 103; *ders.,* Erkennungsmerkmale der illegalen Arbeitnehmerüberlassung in Form von Scheindienst- und Scheinwerkverträgen, Diss. Münster 1995; *ders.,* Fiktion eines Arbeitsverhältnisses zum
Entleiher bei vermuteter Arbeitsvermittlung nach dem Arbeitsförderungs-
Reformgesetz 1997, BB 1999, 1654; *ders.,* Fremdpersonal im Unternehmen
4. Aufl., 2011; *ders.,* Die Richtlinie Leiharbeit und ihre Auswirkungen auf das
nationale Recht der Arbeitnehmerüberlassung, EuZA 2009, 287; *ders.,* Kurswechsel bei der Arbeitnehmerüberlassung?, NZA 2011, 70; *Hamann/Rudnik,*
Scheinwerkvertrag mit Überlassungserlaubnis – Ein probates Mittel zur Vermeidung illegaler Arbeitnehmerüberlassung?, NZA 2015, 449; *dies.,* Die
Berechnung der Überlassungshöchstdauer nach dem neuen AÜG, NZA 2017,
209; *Henssler,* Überregulierung statt Rechtssicherheit – der Referentenentwurf
des BMAS zur Reglementierung von Leiharbeit und Werkverträgen, RdA
2016, 18; *Hirdina,* Die Arbeitnehmerüberlassung – Eine verfassungswidrige
Überregulierung?, NZA 2011, 325; *Hromadka,* Zur Begriffsbestimmung des
Arbeitnehmers – Unter besonderer Berücksichtigung der neuen Gesetzent-
würfe, DB 1998, 195; *Ivens,* Zur Abgrenzung des Dienst- und Werkvertrages
von Arbeitsverhältnis und Arbeitnehmerüberlassung, WiB 1995, 694; *Kania,*
Überlassung von Maschinen mit Bedienungspersonal, NZA 1994, 871;
Hamann/Klengel, Die Überlassungshöchstdauer des reformierten AÜG im
Lichte des Unionsrechts, EuZA 2017, 194; *Knigge,* Die Abstellung von Arbeit-
nehmern an eine baugewerbliche Arbeitsgemeinschaft, Diss. Freiburg i. Br.
1976; *ders.,* Die Abstellung von Arbeitnehmern an eine baugewerbliche
Arbeitsgemeinschaft, DB 1982, Beil. 4; *Kokemoor,* Arbeitnehmerüberlassung im
Arbeitnehmerinteresse, NZA 2000, 1077; *ders.,* Neuregelung der Arbeitnehmerüberlassung durch die Hartz-Umsetzungsgesetze, NZA 2003, 238; *Konzen,*
Arbeitsrechtliche Drittbeziehung – Gedanken über Grundlagen und Wirkungen der „gespaltenen Arbeitgeberstellung" –, ZfA 1982, 259; *Kort,* Die Bedeutung der europarechtlichen Grundfreiheiten für die Arbeitnehmerentsendung
und die Arbeitnehmerüberlassung, NZA 2002, 1248; *Kossens,* Neuregelung der
privaten Arbeitsvermittlung, DB 2002, 843; *Kreuder,* Arbeitnehmereigenschaft
und „neue Selbständigkeit" im Lichte der Privatautonomie, AuR 1996, 386;
Krieger/Ampatziadis, Die Reform der Arbeitnehmerüberlassung – Auf was müssen Unternehmen achten?, NJW 2017, 593; *Leitner,* Arbeitnehmerüberlassung
in der Grauzone zwischen Legalität und Illegalität, 1990; *ders.,* Abgrenzung
zwischen Werkvertrag und Arbeitnehmerüberlassung, NZA 1991, 293;
Lembke, Die Hartz-Reform des Arbeitnehmerüberlassungsgesetzes, BB 2003,
98; *ders.,* Die geplanten Änderungen im Recht der Arbeitnehmerüberlassung,
DB 2011, 414; *Lembke/Fesenmeyer,* Abreden über Vermittlungsprovisionen
in Arbeitnehmerüberlassungsverträgen, DB 2007, 801; *Leuchten,* Das neue Recht
der Leiharbeit, NZA 2011, 608; *Marschall,* Die Abgrenzung zwischen Werkvertrag und Arbeitnehmerüberlassung, ZfA 1984, 150; *Marschner,* Die Abgrenzung

der Arbeitnehmerüberlassung von anderen Formen des Personaleinsatzes, NZA 1995, 668; *Martens,* Die Arbeitnehmerüberlassung im Konzern, DB 1985, 2144; *Maschmann,* Abordnung und Versetzung im Konzern, ZfA 1996, 24; *Maschmann,* Fremdpersonaleinsatz im Unternehmen und die Flucht in den Werkvertrag, NZA 2013, 130; *Melms/Lipinski,* Absenkung des Tarifniveaus durch die Gründung von AÜG-Gesellschaften als alternative oder flankierende Maßnahme zum Personalabbau, BB 2004, 2409; *Mengel,* Konzerneigene Arbeitnehmerüberlassung, in: *Rieble* u. a. (Hg.), Arbeitsrecht im Konzern 2010, S. 45; *Mohr/Pomberg,* Die Änderung der Rechtsprechung zu der vermuteten Arbeitsvermittlung nach dem Arbeitnehmerüberlassungsgesetz, DB 2001, 590; *Oberthür,* Die Neuregelung des AÜG, ArbRB, 2011, 146; *Olbertz/Groth,* Arbeitnehmerüberlassung: Neue gesetzliche Spielregeln ab dem 1.1.2017, GWR 2016, 371; *Plander,* Die Personalgestellung zum Erwerber beim Betriebsübergang als Reaktion auf den Widerspruch von Arbeitnehmern, NZA 2002, 69; *Pütz,* Berechnung der Höchstüberlassungsdauer und Bestimmung der Überlassungszeiten nach dem neuen AÜG, DB 2017, 425; *Rieble,* Die relative Verselbständigung von Arbeitnehmern – Bewegung in den Randzonen des Arbeitsrechts?, ZfA 1998, 327; *Rieble,* Industrienahe Dienstleistungen zwischen freiem Werkvertrag und regulierter Arbeitnehmerüberlassung, ZfA 2013, 137; *Ritzberger-Moser/Strasser,* Abgrenzung der Arbeitnehmerüberlassung vom drittbezogenen Personaleinsatz auf Grund Werkvertrages, 1992; *Rosenau/Mosch,* Neue Regelungen für die Leiharbeit, NJW-Spezial 2011, 242; *Rosenstein,* Die Abgrenzung der Arbeitnehmerüberlassung vom Fremdfirmeneinsatz auf Grund Dienst- oder Werkvertrages, Diss. Konstanz 1997; *Rüthers/Bakker,* Arbeitnehmerentsendung und Betriebsinhaberwechsel im Konzern, ZfA 1990, 245; *Säcker/Kühnast,* Die vermutete Arbeitsvermittlung (§ 1 Abs. 2 AÜG) als gesetzgebungspolitische Fehlleistung, ZfA 2001, 117; *Sahl/Bachner,* Die Neuregelung der Arbeitnehmerüberlassung im Baugewerbe, NZA 1994, 1063; *Schlachter,* Grenzüberschreitende Dienstleistungen: Die Arbeitnehmerentsendung zwischen Dienstleistungsfreiheit und Verdrängungswettbewerb, NZA 2002, 1242; *Schüren,* Der Scheinwerkvertrag – Rechtsfolgen und Identifikation verdeckter, illegaler Arbeitnehmerüberlassung, WiVerw 2001, 173; *Schüren/Fasholz,* Inhouse-Outsourcing im Konzernverbund, DB 2016, 1375; *Schüren/Wank,* Die neue Leiharbeitsrichtlinie und ihre Umsetzung in deutsches Recht, RdA 2011, 1; *Seel,* Neues AÜG in der Praxis – Eine Übersicht über die wesentlichen „vorübergehend unklaren" Fragen, öAT 2013, 23; *Siebert/Novak,* Neue gesetzliche Regelungen zu AÜG und Werkvertrag – Update 2017, ArbRAktuell 2016, 391; *Sprenger,* Änderungen des Arbeitnehmerüberlassungsgesetzes nach dem Gesetzentwurf der Bundesregierung, ZTR 2016, 558; *Steinau-Steinrück v./Paul,* Drittbezogener Personaleinsatz, NJW-Spezial 2006 Heft 2, 81; *Sturm,* Gewerbsmäßige Arbeitnehmerüberlassung und werkvertraglicher Personaleinsatz – Tatbestand, Rechtsfolgen, Zuordnung –, Diss. Bochum 1990; *Thüsing/Mathy,* Schriftformerfordernis bei der Konkretisierung nach § 1b Abs. 1 S. 6 AÜG-E?, BB 2017, 821; *Thüsing/Stiebert,* Zum Begriff „vorübergehend" in § 1 Abs. 1 Satz 2 AÜG, DB 2012, 632; *Thüsing/Thieken,* Der Begriff der „wirtschaftlichen Tätigkeit" im neuen AÜG, DB 2012, 347; *Tuengerthal/Rothenhöfer,* Eine Lanze für den Werkvertrag, BB 2013, 53; *Ulber,* Rechtliche

Grenzen des Einsatzes von betriebsfremden Arbeitnehmern und Mitbestimmungsrechte des Betriebsrats, AuR 1982, 54; *ders.*, Personal-Service-Agenturen und Neuregelung der Arbeitnehmerüberlassung, AuR 2003, 7; *ders.*, Regierungsentwurf zur Verhinderung von Missbrauch der Arbeitnehmerüberlassung, AuR 2010, 412; *ders.*, Die Richtlinie zur Leiharbeit, AuR 2010, 10; *ders.*, Richtlinienwidrige Leiharbeit als Standortsicherung, AuR 2011, 231; *Tuengerthal/Andorfer,* Neue Abgrenzung von Arbeitnehmerüberlassung und Werkvertrag?, BB 2016, 1909; *Ulrici,* Verdeckte Arbeitnehmerüberlassung und Vorratserlaubnis, BB 2015, 1209; *Waas,* Das so genannte „mittelbare Arbeitsverhältnis", RdA 1993, 153; *ders.*, Die Richtlinie des Europäischen Parlaments und des Rates über Leiharbeit, ZESAR 2009, 207; *Walker,* Rechtsverhältnisse bei der gewerbsmäßigen Arbeitnehmerüberlassung und Schadenersatzansprüche des Entleihers wegen Schlechtleistung, AcP 194 (1994), 295; *ders.*, Die Richtlinie des Europäischen Parlaments und des Rates über Leiharbeit, ZESAR 2009, 207; *Weber,* Probleme mit der „vorübergehenden" Arbeitnehmerüberlassung, FS v. Hoyningen-Huene (2014), 581; *Willemsen/Annuß,* Kostensenkung durch konzerninterne Arbeitnehmerüberlassung, BB 2005, 437; *Willemsen/Mehrens,* Beabsichtigte Neuregelung des Fremdpersonaleinsatzes – Mehr Bürokratie wagen?, NZA 2015, 897; *Zimmermann,* Der Referentenentwurf zur AÜG-Reform 2017, BB 2016, 53.

Übersicht

I. Überblick

1. Struktur und Zweck

1   **a) Grundsätzliche Zwecke.** § 1 kann man als **Grundnorm des AÜG** bezeichnen. Sie soll für die Arbeitnehmerüberlassung die rechtlichen Rahmenbedingungen schaffen, die den Anforderungen eines sozialen Rechtsstaats genügen (BT-Drs. VI/2303, 9 f.). Dabei legt die Bestimmung einerseits den Geltungsbereich des AÜG fest. Andererseits enthält sie die wesentliche Weichenstellung zur Abgrenzung zwischen Arbeitnehmerüberlassung und Arbeitsvermittlung, aber auch zur Abgrenzung der Arbeitnehmerüberlassung von anderen Formen des drittbezogenen Personaleinsatzes. Mit § 1 (sowie den übrigen Bestimmungen des AÜG) soll eine **Regelung der erlaubten Arbeitnehmerüberlassung** erfolgen und zugleich der **unerlaubten Arbeitnehmerüberlassung entgegengewirkt** werden (BT-Drs. VI/2303, 9 f.). § 1 dient sozialpolitischen Zwecken. Der BGH hat klargestellt, dass die Vorschrift damit weder in Bezug auf den Absatzmarkt der Arbeitsleistungen der Leiharbeitnehmer noch in Bezug auf den Beschaffungsmarkt der Arbeitskraft von Leiharbeitnehmern eine wettbewerbsbezogene Schutzfunktion aufweist (BGH 23.6.2016, GRUR 2017, 95).

2   **b) Verbot mit Erlaubnisvorbehalt.** § 1 enthält ein **Verbot mit Erlaubnisvorbehalt.** Die gewerbsmäßige Arbeitnehmerüberlassung ist somit grundsätzlich verboten, kann aber dann ausgeübt werden, wenn der Verleiher über eine Erlaubnis verfügt (§ 2). Dabei handelt es sich um ein präventives Verbot. Die Arbeitsverwaltung kann vorbeugend kontrollieren, ob die Voraussetzungen für eine rechtmäßige Arbeitnehmerüberlassung vorliegen.

3   Allerdings muss die Erlaubnis erteilt werden, wenn keine Versagungsgründe gegeben sind. Die Arbeitsverwaltung ist **in ihrer Entscheidung gebunden** (sog. Grundsatz der gebundenen Erlaubnis). Ein Ermessen steht ihr nicht zu und kann ihr auch nicht zustehen, da die Regelung ansonsten mit der durch Art. 12 GG geschützten **Berufsfreiheit des Verleihers** – genauer: mit seiner in Art. 12 Abs. 1 S. 2 GG garantierten Berufsausübungsfreiheit – in Widerspruch geriete. An der Verfassungsmäßigkeit der Regelung (und dh insbesondere: an ihrer Verhältnismäßigkeit) bestehen nach einhelliger Auffassung keine Zweifel (vgl. insoweit nur Schüren/Hamann/*Hamann* § 1 Rn. 5).

4   Keine Stütze im Gesetz findet die Auffassung, wonach der in Abs. 1 S. 1 normierte Erlaubnisvorbehalt zusätzlich auch dem Zweck dienen soll, in den Einsatzbetrieben **„Normalarbeitsverhältnisse" zu erhalten** und zu verhindern, dass Arbeitgeber zu Lasten ihres Stammpersonals auf den Einsatz von Leiharbeitnehmern ausweichen (Boemke/Lembke/*Boemke* § 1 Rn. 6; aA aber BAG 8.11.1978, AP AÜG § 1 Nr. 2; *Ulber* § 1 Rn. 13; siehe auch BT-Drs. VI/2303, 9; bemerkenswert auch – für den Sonderfall der Leiharbeit im diakonischen Bereich – Gemeinsames Kirchengericht der Bremischen Ev. Kirche 9.10.2006, NZA 2007, 761, wonach die auf Dauer angelegte Beschäftigung von Leiharbeitnehmern, die Substituierung und der Ersatz von Mitarbeitern durch Leiharbeitnehmer mit dem Kirchenarbeitsrecht nicht vereinbar sei). Zu beachten ist in diesem Zusammenhang aber neuerdings die Regelung in Abs. 1 S. 3, wonach die Überlassung von Arbeitnehmern vorübergehend und nur bis zu einer Überlassungshöchstdauer nach Absatz 1b zulässig ist (näher hierzu → Rn. 151 ff.).

c) Strukturierung der Vertragsbeziehungen. Durch § 1 werden auch **5** die vertraglichen Beziehungen zwischen den Beteiligten rechtlich strukturiert. Der Leiharbeitnehmer ist **nur Arbeitnehmer des Verleihers.** Daran ändert auch die Überlassung an einen anderen Arbeitgeber nichts. Dementsprechend liegt in diesem Fall **ein Einzel- und nicht etwa ein Doppelarbeitsverhältnis** in dem Sinne vor, dass der Arbeitnehmer zugleich Arbeitnehmer des Entleihers wäre (Schüren/Hamann/*Hamann* § 1 Rn. 6; Boemke/Lembke/*Boemke* § 11 Rn. 142). Trotz der Wahrnehmung partieller Arbeitgeberfunktionen durch den Entleiher bleibt es also dabei, dass ein Arbeitsvertrag nur zwischen dem Leiharbeitnehmer und dem Verleiher vorliegt. Die wichtigste Konsequenz des Vorliegens eines Arbeitsverhältnisses ausschließlich mit dem Verleiher ist, dass der Leiharbeitnehmer **nur vom Verleiher eine Vergütung beanspruchen** kann (wenngleich für deren Höhe der Gleichbehandlungsgrundsatz nach § 8 gilt). Bedeutsam ist aber auch, dass der Bestand des Arbeitsverhältnisses mit dem Verleiher nicht von den wechselnden Fremdeinsätzen berührt wird. Die **Betriebszugehörigkeit** bleibt dem Leiharbeitnehmer somit erhalten und dementsprechend auch der Schutz der Gesetze, die – wie zB § 1 Abs. 1 KSchG – an die Dauer der Betriebszugehörigkeit anknüpfen (BT-Drs. VI/2303, 9).

2. Geltungsbereich

a) Arbeitnehmerüberlassung im Rahmen einer wirtschaftlichen 6 Tätigkeit. Bis zur Neufassung durch das Erste Gesetz zur Änderung des Arbeitnehmerüberlassungsgesetzes – Verhinderung von Missbrauch der Arbeitnehmerüberlassung (1. AÜGÄndG) v. 28.4.2011, BGBl. I S. 642 (vgl. → Rn. 19a), regelte das AÜG nach § 1 Abs. 1 S. 1 aF nur die **gewerbsmäßige Arbeitnehmerüberlassung.** Seit dieser Neufassung wird darauf abgestellt, ob die Überlassung „im Rahmen einer wirtschaftlichen Tätigkeit" des Verleihers erfolgt. Die früher im Gesetz enthaltene Ausgrenzung der Arbeitsvermittlung iSv § 13 AFG aF besteht nicht mehr. Sie wurde durch das AFRG 1997 (Gesetz vom 24.3.1997, BGBl. I S. 594) gestrichen, war aber bereits durch die Aufhebung des staatlichen Vermittlungsmonopols der BA auf Grund des BeschFG 1994 (Gesetz vom 26.7.1994, BGBl. I S. 1786) überholt. Das bedeutet allerdings nicht, dass nicht mehr wie vor zwischen Arbeitnehmerüberlassung und Arbeitsvermittlung unterschieden werden müsste. Denn es handelt sich um ganz verschiedenartige Gewerbe, für die auch unterschiedliche Zulässigkeitsvoraussetzungen gelten (so zB LAG Hessen 26.5.2000, NZA-RR 2000, 572).

b) Beschränkungen des Anwendungsbereichs. Der Geltungsbereich **7** des Gesetzes wird durch Abs. 1a eingeschränkt. Nach Abs. 1a S. 2 stellt die sog. **Abordnung von Arbeitnehmern zu einer Arbeitsgemeinschaft** unter den im Gesetz genannten Voraussetzungen keine Arbeitnehmerüberlassung dar (vgl. → Rn. 110 ff.). Die mit dem **Ersten Gesetz für moderne Dienstleistungen am Arbeitsmarkt** vom 23.12.2002 (BGBl. I S. 4607) eingefügte, heute in Abs. 1a Satz 2 zu findende Regelung trägt der Rspr. des EuGH (25.10.2001, NZA 2001, 1299 = AP EG Art. 49 Nr. 3) Rechnung (vgl. → Rn. 131 ff.).

8   Abs. 3 nimmt die Überlassung von Arbeitnehmern aus dem Geltungsbereich des AÜG aus, wenn sie der Vermeidung von Kurzarbeit und Entlassungen dient (vgl. → Rn. 208 ff.), wenn es sich um eine konzerninterne Arbeitnehmerüberlassung handelt (vgl. → Rn. 230 ff.), wenn die Überlassung nur gelegentlich erfolgt und der Arbeitnehmer nicht zum Zweck der Überlassung eingestellt und beschäftigt wird (vgl. → Rn. 242 f.), oder wenn der Leiharbeitnehmer in ein auf der Grundlage zwischenstaatlicher Vereinbarungen begründetes deutsch-ausländisches Gemeinschaftsunternehmen verliehen wird (vgl. → Rn. 252 ff.). Mit der Neufassung der Regelung durch das Gesetz zur Änderung des Arbeitnehmerüberlassungsgesetzes und anderer Gesetze (BT-Drs. 18/9232) sind noch zwei Bereichsausnahmen für den öffentlichen Dienst hinzugekommen (→ Rn. 244 ff.).

II. Entstehungsgeschichte

9   Nachdem mit der Entscheidung des BVerfG vom 4.4.1967 (BVerfGE 21, 261 = AP AVAG § 37 Nr. 7) das **Verbot der gewerbsmäßigen Arbeitnehmerüberlassung für nichtig erklärt** worden war, bedurfte es einer gesetzlichen Regelung, um den Missständen im Verleihgewerbe entgegenzuwirken.

1. Gesetzestext von 1972

10   § 1 Abs. 1 S. 1 war iW **bereits in der ursprünglichen Fassung des AÜG enthalten.** Dasselbe gilt für **Abs. 2,** der Vermutungstatbestände enthält, mit Hilfe derer die Aufgabe der Abgrenzung zwischen zulässiger Arbeitnehmerüberlassung und unerlaubter Arbeitsvermittlung einfacher gestaltet und der BA die Überwachung der gesetzlichen Bestimmungen erleichtert werden sollte.

2. Änderungen und Ergänzungen

11   Die geltende Fassung des § 1 AÜG geht auf **verschiedene Novellierungen** zurück.

12   **a) Beschäftigungsförderungsgesetz 1985.** Eine erste Änderung trat durch das Beschäftigungsförderungsgesetz 1985 (BeschFG 1985) vom 26.4.1985 (BGBl. I S. 710) ein. Durch dieses Gesetz wurde klargestellt, dass die **Vermutung für das Vorliegen von Arbeitsvermittlung** in Abs. 2 schon bei Vorliegen einer der dort genannten Möglichkeiten eingreift (Amtl. Begründung zu dem Gesetzesentwurf vom 11.10.1984, BT-Drs. 10/2101, 32). Zudem wurde die **Höchstdauer der Arbeitnehmerüberlassung** befristet von drei auf sechs Monate ausgedehnt, um die Leiharbeit für die Beteiligten attraktiver zu machen. Schließlich wurde im Rahmen dieser

Novellierung der Vorschrift **Abs. 3 angefügt.** Diese Regelung ging auf entsprechende Forderungen von IG Metall und BDA zurück. Den Hintergrund
für den Ausnahmetatbestand der Nr. 1 bildete die sog. „Nachbarschaftshilfe",
wie sie in der Werftindustrie Norddeutschlands praktiziert wurde (vgl. *Sand-
mann/Marschall/Schneider* Art. 1 § 1 Rn. 69). Dabei wurden Arbeitnehmer
aus in wirtschaftlichen Schwierigkeiten befindlichen Unternehmen an
Unternehmen mit günstigerer Beschäftigungslage überlassen, um beim abge-
benden Unternehmen drohende Entlassungen und Kurzarbeit zu vermeiden.
Dieses Vorgehen sollte legalisiert und zugleich abstrakt-generell geregelt werden. Durch Einfügung der Nr. 2 sollten dagegen die vorübergehende Entsendung und der Austausch von Arbeitnehmern innerhalb eines Konzerns von
„bürokratischer Förmlichkeit" (BT-Drs. 10/3206, 33) befreit werden. Der
Wortlaut des Abs. 3 Nr. 1 ist bis heute iW nicht mehr verändert worden.
Die Regelung in Abs. 3 Nr. 2 hat demgegenüber durch das Erste Gesetz
zur Änderung des Arbeitnehmerüberlassungsgesetzes – Verhinderung von
Missbrauch der Arbeitnehmerüberlassung (1. AÜGÄndG) v. 28.4.2011,
BGBl. I S. 642 eine nicht unwesentliche Änderung erfahren.

b) Siebtes Gesetz zur Änderung des Arbeitsförderungsgesetzes. 13
Durch das Siebte Gesetz zur Änderung des Arbeitsförderungsgesetzes vom
20.12.1985 (BGBl. I S. 2484) wurde Abs. 1 S. 2 aF neu in das Gesetz aufgenommen, wonach die **Abordnung von Arbeitnehmern zu einer Arbeitsgemeinschaft** unter bestimmten Voraussetzungen keine Arbeitnehmerüberlassung darstellt und somit außerhalb des Geltungsbereichs des AÜG liegt
(vgl. → Rn. 110 ff.). Diese Gesetzesänderung erfolgte auf Grund von entsprechenden Forderungen aus der Bauwirtschaft (Schüren/Hamann/*Hamann*
§ 1 Rn. 24). Seit der Neufassung des § 1 AÜG durch das Gesetz zur Änderung
des Arbeitnehmerüberlassungsgesetzes und anderer Gesetze (BT-Drs. 18/
9232) ist die Regelung in Abs. 1a enthalten.

c) Gesetz zur Verlängerung beschäftigungsfördernder Vorschrif- 14
ten. Mit dem Gesetz zur Verlängerung beschäftigungsfördernder Vorschriften (BeschFG 1990) vom 22.12.1989 (BGBl. I S. 2406) wurde die zunächst
befristete Heraufsetzung der **Überlassungshöchstdauer** von drei auf sechs
Monate bis zum 31.12.1995 verlängert (§ 1 Abs. 3d BeschFG 1990).

d) Erstes Gesetz zur Umsetzung des Spar-, Konsolidierungs- und 15
Wachstumsprogramms. Durch das Erste Gesetz zur Umsetzung des Spar-,
Konsolidierungs- und Wachstumsprogramms (1. SKWPG) vom 21.12.1993
(BGBl. I S. 2353) wurde die zulässige **Höchstdauer einer Überlassung** von
Arbeitnehmern – befristet bis zum 31.12.1995 – auf neun Monate verlängert.
Diese Maßnahme diente dem Ziel, der Arbeitnehmerüberlassung bei der
Aufgabe der Bekämpfung der Arbeitslosigkeit größeres Gewicht zu geben
(BT-Drs. 12/5502, 25).

e) Beschäftigungsförderungsgesetz 1994. Mit dem Beschäftigungsför- 16
derungsgesetz 1994 (BeschFG 1994) vom 26.7.1994 (BGBl. I S. 1786) wurde
die Geltung dieser Regelung **bis zum 31.12.2000 verlängert** (Art. 3 Nr. 2
Buchst. b) BeschFG 1990).

17   **f) Gesetz zur Reform der Arbeitsförderung (Arbeitsförderungs-Reformgesetz).** Mit dem Gesetz zur Reform der Arbeitsförderung (Arbeitsförderungs-Reformgesetz – AFRG 1997) vom 24.3.1997 (BGBl. I S. 594) erhielt § 1 Abs. 1 S. 1 iW (vgl. aber → Rn. 19) seine heutige Fassung. Die Einschränkung „ohne damit Arbeitsvermittlung nach § 13 des Arbeitsförderungsgesetzes zu betreiben" wurde gestrichen. Diese Neuregelung trug dem Umstand Rechnung, dass mit Wirkung zum 1.8.1994 das **staatliche Arbeitsvermittlungsmonopol entfallen** war. Zugleich wurde **Abs. 2 an die neue Überlassungshöchstdauer von 12 Monaten angepasst.** Neu gefasst wurde auch Abs. 3: Einerseits wurde ein Hinweis auf die Ausnahme in § 1b aufgenommen, um sicherzustellen, dass die **Beschränkungen der Arbeitnehmerüberlassung im Baugewerbe** auch in den nach Abs. 3 privilegierten Fällen eingreifen. Andererseits wurde Nr. 3 zu den **sog. joint ventures** neu in das Gesetz aufgenommen. Dadurch sollte die Bildung derartiger Gemeinschaftsunternehmen, die häufig auf die (längerfristige) grenzüberschreitende Entsendung von Arbeitnehmern angewiesen sind, erleichtert werden (vgl. → Rn. 202 ff.).

18   **g) Erstes Gesetz zur Änderung des Dritten Buches Sozialgesetzbuch und anderer Gesetze.** Durch das Erste Gesetz zur Änderung des Dritten Buches Sozialgesetzbuch und anderer Gesetze (Erstes SGB III-Änderungsgesetz – 1. SGB III-ÄndG) vom 16.12.1997 (BGBl. I S. 2970) wurde der Eingangssatz des § 1 Abs. 3 geändert. Durch die Einfügung „mit Ausnahme des § 1b Satz 1, des § 16 Abs. 1 Nr. 1b u. Abs. 2 bis 5 sowie der §§ 17 u. 18" stellte der Gesetzgeber klar, dass die **genannten Bestimmungen auf die nach Abs. 3 privilegierten Überlassungsarten Anwendung finden.**

19   **h) Erstes Gesetz für moderne Dienstleistungen am Arbeitsmarkt.** Durch das Erste Gesetz für moderne Dienstleistungen am Arbeitsmarkt vom 23.12.2002 (BGBl. I S. 4607) wurde in § 1 Abs. 2 mit Wirkung ab dem 1.1.2004 (§ 19) ua die **Voraussetzung gestrichen, dass die Dauer des Leiharbeitsverhältnisses zwölf Monate übersteigt.** Dies war eine redaktionelle Anpassung an die entsprechende Neuregelung in § 3. Im Übrigen wurde ein **neuer Satz 3 in Abs. 1 (nunmehr Abs. 1a S. 2) eingefügt.** Diese Neuregelung geht auf die Rspr. des EuGH (25.10.2001, AP EG Art. 49 Nr. 3 = NZA 2001, 1299) zurück, die ein Tätigwerden des deutschen Gesetzgebers erforderlich machte.

20   **i) Erstes Gesetz zur Änderung des Arbeitnehmerüberlassungsgesetzes – Verhinderung von Missbrauch der Arbeitnehmerüberlassung (1. AÜGÄndG).** Wesentliche Änderungen erfolgten dann aufgrund des Ersten Gesetzes zur Änderung des Arbeitnehmerüberlassungsgesetzes – Verhinderung von Missbrauch der Arbeitnehmerüberlassung (1. AÜGÄndG) v. 28.4.2011, BGBl. I S. 642. Zweck des Gesetzes war es, die RL 2008/104/ EG des Europäischen Parlaments und des Rates vom 19.11.2008 über Leiharbeit in das nationale Recht umzusetzen und dem missbräuchlichen Einsatz von Leiharbeitsverhältnissen entgegenzuwirken. In **§ 1 Abs. 1 S. 1** wurde das Erfordernis „gewerbsmäßig" durch das Erfordernis „im Rahmen ihrer wirtschaftlichen Tätigkeit" ersetzt. Als **S. 2 wurde in Abs. 1** eingefügt: „Die Überlassung von Arbeitnehmern an Entleiher erfolgt vorübergehend" (vgl. nunmehr Abs. 1 S. 4). In **Abs. 3 Nr. 2** wurde als Negativerfordernis formuliert, dass der Arbeitnehmer „nicht zum Zweck der Überlassung eingestellt und beschäftigt wird". Im Übrigen wurde **Abs. 3 Nr. 2a** eingefügt, wonach das AÜG grundsätzlich keine Anwendung findet auf die Arbeitnehmerüberlassung „zwischen Arbeitgebern, wenn die Überlassung nur gelegentlich erfolgt und der Arbeitnehmer nicht zum Zweck der Überlassung eingestellt und beschäftigt wird". Die genannten Änderungen standen allesamt im Zusammenhang mit der Notwendigkeit einer Umsetzung der RL 2008/104/EG.

j) Gesetz zur Änderung des Arbeitnehmerüberlassungsgesetzes 21 **und anderer Gesetze.** Mit dem Gesetz zur Änderung des Arbeitnehmerüberlassungsgesetzes und anderer Gesetze (BT-Drs. 18/9232) hat der Gesetzgeber das Recht der Arbeitnehmerüberlassung erneut grundlegend reformiert (vgl. nur die Überblicke bei *Neighbour/Schröder* BB 2016, 2869; *Baeck/Winzer/Hies* NZG 2016, 415; *Krieger/Ampatziadis* NJW 2017, 593). Die wichtigsten Neuregelungen im Zusammenhang mit § 1 AÜG sind die Festschreibung der Merkmale „Eingliederung" und „Weisungen" mit Blick auf die Abgrenzung der Arbeitnehmerüberlassung von anderen Formen des Drittpersonaleinsatzes (in Abs. 1 S. 2); die Fixierung des Erfordernisses des Vorliegens eines Arbeitsverhältnisses zwischen Verleiher und Leiharbeitnehmer zur Ausschaltung des sog. Kettenverleihs (in Abs. 1 S. 3); die Statuierung einer regelmäßig 18-monatigen Höchstüberlassungsfrist (in Abs. 1 S. 4 u. Abs. 1b) sowie die Bestimmung von Deklarationspflichten für die Arbeitnehmerüberlassung zwecks Bekämpfung der „verdeckten" Arbeitnehmerüberlassung (in Abs. 1 S. 5 u. 6 AÜG).

III. Gesetzliche Regelung

1. Begriff der Arbeitnehmerüberlassung

a) Echte und unechte Leiharbeit. Früher wurde in der Lit. verbreitet 22 zwischen unechter und echter Leiharbeit unterschieden (vgl. etwa *Kadel/Koppert* BB 1990, 2331). Bei der **unechten Leiharbeit** stellt der Verleiher den Arbeitnehmer von vornherein nur zu dem Zweck ein, ihn gegen Entgelt Dritten zur Arbeitsleistung zu überlassen (BGH 9.3.1971, AP BGB § 611 Leiharbeitsverhältnis Nr. 1; BSG 29.7.1970, AP AVAVG § 37 Nr. 9). Demgegenüber geht es bei der **echten Leiharbeit** um die Fälle, in denen der Leiharbeitnehmer zwar gewöhnlich in den Betrieb seines Arbeitgebers eingegliedert ist und dort seine Arbeitsleistung erbringt, ausnahmsweise aber einem Dritten vorübergehend zur Arbeitsleistung überlassen wird, um zB kurzfristig einen Ausfall von Stammpersonal beim Entleiher auszugleichen (BAG 15.2.1974, AP RVO § 637 Nr. 7; BAG 27.5.1983, EzAÜG § 611 BGB Haftung Nr. 7; BAG 5.5.1988, AP BGB § 831 Nr. 2). Diese Unterscheidung war deshalb von Bedeutung, weil bis zur Nichtigerklärung des § 37 Abs. 3 AVAVG nach damals hM eine unzulässige Arbeitsvermittlung nur bei Begründung unechter Leiharbeitsverhältnisse fingiert wurde, wohingegen eine Arbeitnehmerüberlassung im Rahmen eines echten Leiharbeitsverhältnisses unter dem Gesichtspunkt des Arbeitsvermittlungsrechts ohne Belang sein sollte. Für das geltende Recht kommt indes der Unterscheidung zwischen echter und unechter Leiharbeit keine unmittelbare Bedeutung mehr zu (Boemke/Lembke/ *Boemke* § 1 Rn. 16 ff.). Vielmehr liegt seit der Neufassung des § 1 durch das Erste Gesetzes zur Änderung des Arbeitnehmerüberlassungsgesetzes – Verhinderung von Missbrauch der Arbeitnehmerüberlassung (1. AÜG-ÄndG) v. 28.4.2011, BGBl. I S. 642 eine neue Unterscheidung nahe, nämlich die zwischen wirtschaftlicher und nicht wirtschaftlicher Leiharbeit (*Schüren/Wank* RdA 2011, 3).

23   Bedeutung hatte lange Zeit die Unterscheidung zwischen **gewerbsmäßiger** und **nichtgewerbsmäßiger Arbeitnehmerüberlassung.** Dabei muss man allerdings sehen, dass unechte und gewerbsmäßige Arbeitnehmerüberlassung auf der einen und echte und nichtgewerbsmäßige Arbeitnehmerüberlassung auf der anderen Seite weitgehend deckungsgleich sind (*Boemke* S. 553; Schüren/Hamann/*Schüren* Einl. Rn. 98). Seit der Neufassung des § 1 Abs. 1 durch das Erste Gesetz zur Änderung des Arbeitnehmerüberlassungsgesetzes – Verhinderung von Missbrauch der Arbeitnehmerüberlassung (1. AÜGÄndG) v. 28.4.2011, BGBl. I S. 642), kommt es indes auf die Gewerbsmäßigkeit der Arbeitnehmerüberlassung nicht mehr an.

24   **b) Grundsätzliches zur Arbeitnehmerüberlassung im Rahmen einer wirtschaftlichen Tätigkeit.** Das AÜG enthält **keine „echte" Legaldefinition** der Arbeitnehmerüberlassung im Rahmen einer wirtschaftlichen Tätigkeit, wenngleich mit dem Gesetz zur Änderung des Arbeitnehmerüberlassungsgesetzes und anderer Gesetze (BT-Drs. 18/9232) der Klammerzusatz „(Arbeitnehmerüberlassung)" in Abs. 1 S. 1 eingefügt wurde. Abs. 1 S. 1 setzt den Begriff voraus. Der Gesetzgeber hat bewusst auf eine exakte Definition verzichtet (aA allerdings *Ulber* § 1 Rn. 16), um den vielfältigen Erscheinungsformen des drittbezogenen Personaleinsatzes in der Praxis Rechnung tragen zu können. Dies sichert dem Rechtsanwender zwar eine gewisse Flexibilität. Doch ist der Preis eine erhebliche Rechtsunsicherheit (Schüren/Hamann/*Hamann* § 1 Rn. 31).

25   Das Gesetz spricht auch nach der jüngsten Änderung des AÜG von Leiharbeitnehmer, Verleiher und Entleiher. Allerdings ist die Überlassung von Arbeitnehmern **keine Leihe iSd § 598 BGB** (krit. daher zB Schüren/ Hamann/*Hamann* § 1 Rn. 32), da diese Bestimmung die Leihe als unentgeltliche Gebrauchsüberlassung einer Sache definiert. Immerhin ist die vom Gesetzgeber gewählte Terminologie sowohl in Fachkreisen als auch unter Laien weit verbreitet und mag angesichts dessen gerechtfertigt sein. Eher verwirrend sind dagegen die in der Praxis verbreiteten Bezeichnungen als „Leiharbeit", „Personalleasing" oder „Zeitarbeit". Hinsichtlich des letztgenannten Begriffs kommt insoweit noch hinzu, dass er geeignet ist, bei Laien fehlerhafte Assoziationen zu befristeten Arbeitsverhältnissen nach § 3 Abs. 1 TzBfG zu wecken.

2. Voraussetzungen der Arbeitnehmerüberlassung

Nach dem Wortlaut des § 1 setzt die gewerbsmäßige Arbeitnehmerüberlas- **26** sung Folgendes voraus:

1. das Bestehen eines Arbeitsvertrags zwischen Leiharbeitnehmer und Verleiher (sog. Leiharbeitsvertrag);
2. einen **Vertrag zwischen Verleiher und Entleiher** (sog. Arbeitnehmerüberlassungsvertrag);
3. die **tatsächliche Überlassung** eines Arbeitnehmers an den Entleiher zur Arbeitsleistung) sowie
4. eine Arbeitnehmerüberlassung **im Rahmen einer wirtschaftlichen Tätigkeit.**

Als weiteres (ungeschriebenes) Merkmal kommt nach der Rspr. noch hinzu, **27** dass der Verleiher mit der Zurverfügungstellung eines Arbeitnehmers **ausschließlich den Zweck des Entleiherbetriebs fördern will** (BAG 25.10.2000, AP AÜG § 10 Nr. 15; BAG 25.1.2000, EzAÜG § 10 AÜG Fiktion Nr. 10; BAG 3.12.1997, AP AÜG § 1 Nr. 24; BAG 22.6.1994, AP AÜG § 1 Nr. 16; zuletzt ArbG v. 17.3.2015, BeckRS 2016, 67020; vgl. hierzu → Rn. 59).

Das Nichtvorliegen von Arbeitsvermittlung ist seit der Neufassung des **28** AÜG durch das AFRG 1997 **kein Merkmal der Arbeitnehmerüberlassung** mehr. Das bedeutet allerdings nicht, dass die Abgrenzung irrelevant geworden wäre. Vielmehr besteht – angesichts der unterschiedlichen Zulässigkeitsvoraussetzungen – auch weiterhin die Notwendigkeit, die Arbeitnehmerüberlassung von der Arbeitsvermittlung abzugrenzen (vgl. nur *Schüren/Hamann/Hamann* § 1 Rn. 34).

3. Beteiligte

Die Arbeitnehmerüberlassung begründet ein Drei-Personen-Verhältnis, an **29** dem, neben dem Leiharbeitnehmer, der Verleiher und der Entleiher beteiligt sind. Der sog. **Selbstverleih** – sei es eines Selbständigen, sei es eines Arbeitnehmers – fällt nicht in den Geltungsbereich des AÜG (Boemke/Lembke/ *Boemke* § 1 Rn. 13; Schüren/Hamann/*Hamann* § 1 Rn. 36; *Hamann* NZA-Beil. 2014, 3; vgl. auch FW BA AÜG Ziff. 1.1.5 Abs. 8). Dasselbe gilt dann, wenn ein Arbeitnehmer aus einer Betriebsstätte seines Arbeitgebers **in eine andere Betriebsstätte desselben Arbeitgebers entsandt** wird. Auch hier fehlt es an der Überlassung an einen Dritten (*Becker* DB 1988, 2561; *Sandmann/Marschall/Schneider* Art. 1 § 1 Rn. 3). Beim Verleih durch eine Eine-Personen-GmbH kann im Einzelfall ein Missbrauch der gesellschaftsrechtlichen Gestaltung vorliegen (vgl. Schüren/Hamann/*Hamann* § 1 Rn. 36; BAG 30.9.2004, NJW 2005, 775).

a) Leiharbeitnehmer. aa) Grundsatz. Leiharbeitnehmer kann jeder- **30** mann sein. Nach dem **allg. Arbeitnehmerbegriff,** der auch im Recht der Arbeitnehmerüberlassung Anwendung findet, ist Arbeitnehmer, wer auf Grund eines privatrechtlichen Vertrags gegenüber einem anderen zur Leistung unselbständiger Dienste gegen Zahlung einer Vergütung verpflichtet ist (stRspr, vgl. nur BAG 20.8.2003, NZA 2004, 39; 28.3.2001, AP BetrVG

1972 § 7 Nr. 5; 15.12.1999, AP ArbGG 1979 § 5 Nr. 50 mwN). Entscheidend ist also die Weisungsgebundenheit bzw. die persönliche Abhängigkeit des Arbeitnehmers. Ob diese in einem konkreten Fall zu bejahen ist, bestimmt sich, ebenso wie auch sonst, nach dem Inhalt der Rechtsbeziehung zwischen den Beteiligten. Dabei kommt es weder auf die Bezeichnung dieser Rechtsbeziehung durch die Parteien, noch darauf an, wie sie diese – subjektiv – selbst einschätzen. Maßgeblich ist vielmehr allein, wie der Inhalt der Rechtsbeziehung **nach objektiven Maßstäben zu beurteilen** ist (vgl. → Rn. 89).

31   Ob der Arbeitnehmer **teilzeitbeschäftigt oder gar nur geringfügig beschäftigt** ist, hat auf seine Arbeitnehmereigenschaft keinen Einfluss. Dementsprechend spielt eine Teilzeitbeschäftigung auch für das Vorliegen von Arbeitnehmerüberlassung keine Rolle (vgl. nur Schüren/Hamann/*Schüren* Einl. Rn. 170; Schüren/Hamann/*Hamann* § 1 Rn. 39). Darüber hinaus können auch Personen, die „Dienste höherer Art" leisten (zB Architekten), Leiharbeitnehmer sein (vgl. FW BA AÜG Ziff. 1.1.2 Abs. 5).

32   Die Zugrundelegung des allgemeinen Arbeitnehmerbegriffs führt dazu, dass bei in einem öffentlich-rechtlichen Dienstverhältnis stehenden Personen, also insbesondere bei **Beamten, Soldaten oder Richtern,** eine Arbeitnehmerüberlassung von vornherein ausscheidet (vgl. nur BAG 28.3.2001, AP BetrVG 1972 § 7 Nr. 5). Wird also beispielsweise ein Beamter von seinem Dienstherrn einem anderen Dienstherrn zur Verrichtung einer bestimmten Tätigkeit zur Verfügung gestellt, so liegt eine Abordnung oder Versetzung vor, die ausschließlich nach den entsprechenden beamtenrechtlichen Regelungen zu beurteilen ist.

33   Ebenfalls keine Arbeitnehmerüberlassung stellt es dar, wenn bestimmte Tätigkeiten **auf mitgliedschaftlicher Grundlage** verrichtet werden (Boemke/Lembke/*Boemke* § 1 Rn. 30; *Ulber* § 1 Rn. 26; beachte allerdings → Rn. 38). Zu denken ist insoweit etwa an die Mitarbeit von Gesellschaftern in einem Unternehmen oder von Mitgliedern eines Vereins auf Grund ihrer Vereinszugehörigkeit. Allerdings muss man bei derartigen Gestaltungen stets die Möglichkeit einer **Rechtsformumgehung** im Auge haben und dementsprechend fragen, ob die vereins- bzw. gesellschaftsrechtliche Grundlage evtl. nur vorgeschoben ist und die Tätigkeit „in Wirklichkeit" auf arbeitsvertraglicher Grundlage erbracht wird (vgl. die Nachw. bei Boemke/Lembke/*Boemke,* § 1 Rn. 30).

34   Auch bei **Organen juristischer Personen** scheidet eine Arbeitnehmerüberlassung aus (vgl. BAG 26.5.1999, AP BGB § 611 Abhängigkeit Nr. 106; zur Arbeitnehmereigenschaft eines Prokuristen trotz Bestellung als Mitgeschäftsführer allerdings BAG 13.7.1995, AP ArbGG 1979 § 5 Nr. 23). Doch ist auch in derartigen Fällen stets zu prüfen, ob die Begründung eines entsprechenden Rechtsverhältnisses nicht eine **Rechtsformumgehung** darstellt, so dass „in Wirklichkeit" doch eine Arbeitnehmerüberlassung vorliegt (BAG 22.3.1995, AP ArbGG 1979 § 5 Nr. 22; 13.7.1995, AP ArbGG 1979 § 5 Nr. 23; vgl. aus der Rspr. zuletzt LAG Schleswig-Holstein 1.12.2015, BeckRS 2016, 66736, wonach der Geschäftsführer einer GmbH mit einer Erlaubnis zur gewerbsmäßigen Arbeitnehmerüberlassung nicht von diesem Unternehmen an einen Entleiher verliehen werden kann).

bb) Auszubildende. Auszubildende sind zwar keine Arbeitnehmer (vgl. **35** nur Schüren/Hamann/*Hamann* § 1 Rn. 40 und BAG 10.7.2003, NZA 2004, 269). Doch sind nach § 10 Abs. 2 BBiG die für den Arbeitsvertrag geltenden Rechtsnormen und Rechtsgrundsätze insoweit anzuwenden, als dies mit dem Wesen und Zweck des Ausbildungsverhältnisses vereinbar werden kann. Ob Auszubildende Leiharbeitnehmer sein können, ist vor diesem Hintergrund umstr. Nach wohl hM soll dies zu bejahen sein, wenn der Auszubildende zur Arbeitsleistung und nicht zu Ausbildungszwecken überlassen wird (so zB Boemke/Lembke/*Boemke* § 1 Rn. 28; *Sandmann/Marschall/Schneider* Art. 1 § 1 Rn. 8a). Nach aA soll in einem derartigen Fall eine Arbeitnehmerüberlassung ausscheiden. Begründet wird dies damit, dass dem Auszubildenden nach § 14 Abs. 2 BBiG nur dem Ausbildungszweck dienende Verrichtungen übertragen werden dürfen, so dass der Auszubildende – anders als § 1 Abs. 1 S. 1 dies vorschreibe – nicht „zur Arbeitsleistung überlassen" werde (Schüren/Hamann/*Hamann* § 1 Rn. 41). Indes erscheint fraglich, ob die nach dem BBiG erforderliche Ausrichtung der Weisungsbefugnis des Arbeitgebers auf den Ausbildungszweck eine „Überlassung zur Arbeitsleistung" wirklich ausschließt. Nach FW BA AÜG Ziff. 1.1.2 Abs. 13 liegt jedenfalls keine Arbeitnehmerüberlassung vor, wenn **Auszubildende** Dritten zu Ausbildungszwecken (zB im Rahmen eines Ausbildungsverbundes) überlassen werden.

cc) Selbständige und arbeitnehmerähnliche Personen. Keine Ar- **36** beitnehmerüberlassung liegt auch bei **Selbständigen** vor. Dies schließt arbeitnehmerähnliche Personen mit ein (vgl. nur Boemke/Lembke/*Boemke* § 1 Rn. 31). Allerdings ist stets an die Problematik einer bloßen „Scheinselbständigkeit" zu denken. Dementsprechend muss man immer prüfen, ob es sich bei der betreffenden Person „in Wirklichkeit" auf Grund einer persönlichen Abhängigkeit von einem anderen um einen Arbeitnehmer handelt (vgl. nur BAG 9.11.1994, AP AÜG § 1 Nr. 18; Boemke/Lembke/*Boemke* § 1 Rn. 29; vgl. auch die Nachw. bei Schüren/Hamann/*Hamann* § 1 Rn. 46). Dies kann auch dann anzunehmen sein, wenn eine Person in dem betreffenden Vertrag als „freier Mitarbeiter" bezeichnet wird. Eine persönliche Abhängigkeit in diesem Sinne ist zu bejahen, wenn der Arbeitnehmer nach Weisung seines Vertragspartners in wechselnden Fremdbetrieben tätig wird. Eine Arbeitnehmerüberlassung liegt in einem derartigen Fall allerdings nur dann vor, wenn der Arbeitnehmer bei seiner Tätigkeit den Weisungen des Inhabers des Fremdbetriebs unterworfen ist.

dd) Heimarbeiter und Hausgewerbetreibende. Heimarbeiter und **37** Hausgewerbetreibende sind keine Arbeitnehmer, da sie gem. § 2 HAG hinsichtlich des Arbeitsortes sowie der Lage und Dauer der Arbeitszeit nicht dem Weisungsrecht eines anderen unterliegen. Dementsprechend können diese Personen auch nicht „zur Arbeitsleistung" überlassen werden (*Ulber* § 1 Rn. 29; Schüren/Hamann/*Hamann* § 1 Rn. 48).

ee) Andere Personengruppen. Die Rspr. vertrat lange Zeit die Auffas- **38** sung, dass bei **Mitgliedern von Orden und Schwesternschaften** eine Arbeitnehmerüberlassung nicht in Betracht komme. Begründet wurde dies

damit, dass Dienstleistungen von diesen Personen auf Grund ihrer Zugehörigkeit zu einer religiösen oder karitativen Organisation und nicht auf Grund
eines Arbeitsvertrags erbracht würden (stRspr, BAG 22.4.1997, NZA 1997,
1297; BAG 6.7.1995, AP ArbGG 1979 § 5 Nr. 22). Auf einen Vorlagebeschluss des BAG hin (BAG 17.3.2015, BeckRS 2015, 68729) hat der EuGH
nunmehr aber entschieden, Art. 1 Abs. 2 und Art. 2 der Richtlinie 2008/
104/EG über Leiharbeit sei dahin auszulegen, dass die durch einen Verein,
der keinen Erwerbszweck verfolgt, gegen ein Gestellungsentgelt erfolgende
Überlassung eines Vereinsmitglieds an ein entleihendes Unternehmen, damit
das Mitglied bei diesem hauptberuflich und unter dessen Leitung gegen eine
Vergütung Arbeitsleistungen erbringt, in den Anwendungsbereich der Richtlinie fällt, sofern das Mitglied aufgrund dieser Arbeitsleistung in dem betreffenden Mitgliedstaat geschützt ist, was zu prüfen Sache des vorlegenden
Gerichts ist. Dies gilt auch, wenn das Mitglied nach nationalem Recht kein
Arbeitnehmer ist, weil es mit dem Verein keinen Arbeitsvertrag geschlossen
hat (EuGH 17.11.2016, BeckRS 2016, 82685 = EuZW 2017, 68 mAnm
Ulrici = RIW 2017, 45 mAnm *Stolzenberg*). Dem ist das BAG nunmehr
gefolgt (BAG 21.2.2017, APNews 2017, 71). Im BMAS wird derzeit darüber
nachgedacht, für die Krankenschwestern des Deutschen Roten Kreuzes
(DRK) eine Ausnahmeregelung zu schaffen, damit die Höchstüberlassungs-
dauer für sie nicht gilt. Dem ist das BAG (v. 21.2.2017 – 1 ABR 62/12,
NZA 2017, 662) gefolgt. Der Gesetzgeber hat auf die Entscheidung des
EuGH inzwischen mit einer Änderung des DRK-Gesetzes reagiert. Dieses
sieht nunmehr in § 2 Abs. 4 vor, dass für „die Gestellung von Mitgliedern
einer Schwesternschaft vom Deutschen Roten Kreuz (…) das Arbeitnehmerüberlassungsgesetz mit der Maßgabe gilt, dass § 1 Absatz 1 Satz 4 und
Absatz 1b des Arbeitnehmerüberlassungsgesetzes nicht anwendbar ist". Die
Vereinbarkeit dieser Bestimmung mit dem Europarecht ist zweifelhaft (vgl.
nur *Düwell,* jurisPR-ArbR 36/2017 Anm. 1; *Mestwerdt,* jurisPR-ArbR 23/
2017 Anm. 2).

39   Dagegen stehen sog. **Gastschwestern** in einem Arbeitsverhältnis zur
Schwesternschaft (BAG 14.12.1994, AP BetrVG 1972 § 5 Nr. 57; BVerwG
22.8.1997, ZTR 1998, 233). Dennoch hat das BAG bei einem sog. Gestel-
lungsvertrag zwischen der Schwesternschaft und einem Krankenhausträger
das Vorliegen einer Arbeitnehmerüberlassung verneint mit der Begründung,
dass die Schwesternschaft die Pflegeleistung eigenverantwortlich organisiere
und auch allein über den Rückruf einer Pflegekraft entscheide (BAG
4.7.1979, AP BGB § 611 Rotes Kreuz Nr. 10). Diese Entscheidung ist in
der Lit. auf Widerspruch gestoßen (vgl. nur Schüren/Hamann/*Hamann* § 1
Rn. 50; abl. auch Boemke/Lembke/*Boemke* § 1 Rn. 30).

40   **b) Verleiher.** Verleiher – und das bedeutet: Arbeitgeber des Leiharbeitnehmers – kann **jede natürliche oder juristische Person** des privaten wie
auch des öffentlichen Rechts sein (Schüren/Hamann/*Hamann* § 1 Rn. 51).
Insoweit ergeben sich somit keine Besonderheiten gegenüber dem „Normalarbeitsverhältnis". Art. 3 Abs. 1 Buchst. b der RL 2008/104/EG definiert das
„Leiharbeitsunternehmen" als „natürliche oder juristische Person, die nach

einzelstaatlichem Recht mit Leiharbeitnehmern Arbeitsverträge schließt oder Beschäftigungsverhältnisse eingeht, um sie entleihenden Unternehmen zu überlassen, damit sie dort unter deren Aufsicht und Leitung vorübergehend arbeiten". Zwischen dem Verleiher und dem Leiharbeitnehmer muss grds. eine arbeitsvertragliche Beziehung bestehen. Jedenfalls muss der Verleiher Inhaber des arbeitsrechtlichen Weisungsrechts sein (vgl. nur Boemke/ Lembke/*Boemke* § 1 Rn. 24). Arbeitgeber soll nach hM auch der bloße **Strohmann** sein können, der den Arbeitsvertrag zwar im eigenen Namen, aber auf Rechnung eines Dritten abschließt. Für diese Auffassung spricht, dass auch der Strohmann im Verhältnis zum Leiharbeitnehmer Inhaber des arbeitsrechtlichen Weisungsrechts ist (so Boemke/Lembke/*Boemke* § 1 Rn. 24; aA *Ulber* § 1 Rn. 24; vgl. zur Problematik aus der Rspr. zuletzt LSG Berlin-Brandenburg 8.7.2016, BeckRS 2016, 104956).

Keine rechtlich wirksame Arbeitgeberstellung liegt beim **faktischen** 41 (Nichteinigung der Parteien) und beim **fehlerhaften Arbeitsverhältnis** (Nichtigkeit der Einigung) vor (Schüren/Hamann/*Hamann* § 1 Rn. 52).

Ebenfalls keine Arbeitnehmerüberlassung ist gegeben, wenn zwar ein 42 Arbeitsverhältnis zwischen den Beteiligten besteht, dieses aber für die Zeit des Einsatzes bei einem Dritten **ruht**. Praktisch wird dies insbesondere bei der Entsendung eines Arbeitnehmers zu einer Bau-ARGE gem. BRTV-Bau, wo ein zusätzliches Arbeitsverhältnis mit einem anderen Arbeitgeber begründet wird (vgl. § 9 BRTV-Bau 4.7.2002 idF vom 10.12.2014). Erst recht keine Arbeitnehmerüberlassung liegt vor, wenn das Arbeitsverhältnis mit dem Arbeitgeber für die Zeit des Einsatzes bei einem anderen Arbeitgeber **rechtlich unterbrochen** und stattdessen, vorübergehend, ein Arbeitsverhältnis mit dem Inhaber des Einsatzbetriebs begründet wird (Schüren/ Hamann/*Hamann* § 1 Rn. 53).

c) Entleiher. aa) Grundsätzliche Fragen. Entleiher kann – mit der 43 selbstverständlichen Ausnahme des Verleihers – **jede Person sein, die auch selbst Arbeitgeber** sein könnte. Die **rechtliche Organisationsform** ist insoweit ohne Belang (Schüren/Hamann/*Hamann* § 1 Rn. 56). Wesentliches Kennzeichen einer Arbeitnehmerüberlassung ist, dass der Arbeitnehmer einem Dritten, dem Entleiher, zur Arbeitsleistung überlassen wird. Abweichend vom „Normalfall" eines Arbeitsverhältnisses richtet sich der Anspruch des Verleihers gegen den Leiharbeitnehmer von vornherein darauf, dass der letztere die **Arbeitsleistung nach den Weisungen des Entleihers** bei diesem erbringt (§ 335 BGB). Der Entleiher wiederum hat nach verbreiteter Auffassung einen **eigenen Anspruch auf die Arbeitsleistung** gegen den Leiharbeitnehmer auf Grund eines echten Vertrags zugunsten Dritter iSd § 328 Abs. 1 BGB (Schüren/Hamann/*Schüren* Einl. Rn. 168 ff., vgl. aber *Urban-Crell/Germakowski/Bissels/Hurst* § 1 Rn. 50: Einordnung „ohne besondere Relevanz").

Regelmäßig wird der Entleiher über einen **eigenen Betrieb** verfügen, in 44 dem er den Leiharbeitnehmer einsetzt. Der Leiharbeitnehmer kann nur dann „zur Arbeitsleistung überlassen" werden, wenn der Entleiher überhaupt in der Lage ist, die Arbeitsleistung entgegenzunehmen. Überlässt der Entleiher den Leiharbeitnehmer, um ihn im Betrieb eines anderen nach dessen Weisungen arbeiten zu lassen, so liegt ein sog. **Ketten- oder Zwischenverleih** vor. Allerdings wird mit der Neuregelung in Abs. 1 S. 3 durch das Gesetz zur Änderung des Arbeitnehmerüberlassungsgesetzes und anderer Gesetze (BT-Drs. 18/9232) nunmehr sichergestellt, dass Leiharbeitnehmer nur von ihrem vertraglichen Arbeitgeber verliehen werden dürfen. Die Neuregelung entspricht der bisherigen Verwaltungspraxis der Bundesagentur für Arbeit (GA AÜG Nr. 1.1.2. Abs. 11 u. 12) und dürfte dementsprechend nur begrenzte praktische Wirkung haben (*Bissels/Falter* ArbRAktuell 2017, 4; näher zum Ganzen *Henssler/Grau,* Arbeitnehmerüberlassung und Werkverträge, § 5 Rn. 28 f.).

45   **bb) Gemeinschaftsunternehmen, Gemeinschaftsbetrieb, Gemeinschaftsprojekt.** Die Feststellung, wer Entleiher ist, kann im konkreten Fall Schwierigkeiten bereiten: Werden Arbeitnehmer verschiedener Unternehmen in einem **Betrieb eines Gemeinschaftsunternehmens** dieser Unternehmen nach dessen Weisungen eingesetzt, ohne dass Arbeitsverhältnisse mit dem Gemeinschaftsunternehmen begründet worden wären, so ist das Gemeinschaftsunternehmen Entleiher (Schüren/Hamann/*Hamann* § 1 Rn. 60). Das ist unzweifelhaft, wenn das Gemeinschaftsunternehmen eine **juristische Person** oder eine **handelsrechtliche Personengesellschaft** ist. Doch gilt dasselbe auch dann, wenn eine **Gesellschaft bürgerlichen Rechts** (BGB-Gesellschaft) nach außen als Träger des Gemeinschaftsunternehmens auftritt, also eine sog. **Außengesellschaft** ist. Diese Fälle sind bedeutsam und überdies auch verhältnismäßig zahlreich, wie die vielen Arbeitsgemeinschaften (ARGEN) beweisen, die in der Praxis zur Verwirklichung großer Bauvorhaben gebildet werden (Schüren/Hamann/*Hamann* § 1 Rn. 68).

46   Beschränkt sich die Zusammenarbeit verschiedener Unternehmen darauf, in einer gemeinsamen Betriebsstätte arbeitsteilig zusammenzuwirken, liegt also ein sog. **Gemeinschaftsbetrieb** vor (vgl. dazu nur BAG 9.6.2011, AP BetrVG 1972 § 102 Nr. 164), dann handelt es sich idR um eine bloße **Innengesellschaft,** da der gemeinsame Betrieb mehrerer Unternehmen nicht mehr als eine (interne) Leitungsvereinbarung zwischen den beteiligten Unternehmen voraussetzt (BAG 29.4.1999, AP KSchG 1969 § 1 Konzern Nr. 10; 14.9.1988, AP BetrVG 1972 § 1 Nr. 9). Da eine derartige Innengesellschaft auch als funktioneller Arbeitgeber ausscheidet – in Ermangelung vertretungsberechtigter Organe kann sie keine Weisungsbefugnis gegenüber „ihren" Arbeitnehmern ausüben –, kommt das Vorliegen einer Arbeitnehmerüberlassung nicht in Betracht. Die Weisungsbefugnis und damit die volle Arbeitgeberstellung bleibt in diesen Fällen bei den entsendenden Unternehmen, wobei nur die Besonderheit besteht, dass die entsprechenden Befugnisse von diesen Unternehmen in Bezug auf den Gemeinschaftsbetrieb koordiniert werden (Schüren/Hamann/*Hamann* § 1 Rn. 65; Boemke/Lembke/*Boemke* § 1 Rn. 42; iE ebenso BAG 3.12.1997, AP AÜG § 1 Nr. 24; zum Gemeinschaftsbetrieb als Alternative zur Arbeitnehmerüberlassung *Koller-van Delden/ Gallini* DStR 2017, 206).

47   Es bleiben die Fälle, in denen sich die Zusammenarbeit mehrerer Unternehmen in der Form eines **Gemeinschaftsprojekts** vollzieht. Von einem

Gemeinschaftsprojekt spricht man dann, wenn die Unternehmen in einer Betriebsstätte eines der beteiligten Unternehmen (idR zeitlich befristet) zusammenwirken. Ist Träger des Gemeinschaftsprojekts eine Innengesellschaft, scheidet eine Arbeitnehmerüberlassung schon deshalb aus, weil diese nicht (funktioneller) Arbeitgeber – und somit auch nicht Entleiher – sein kann (iE ebenso BAG 25.10.2000, AP AÜG § 10 Nr. 15). Schwierig zu beurteilen ist das Vorliegen einer Arbeitnehmerüberlassung dagegen dann, wenn ein Unternehmen sein Weisungsrecht gegenüber dem Arbeitnehmer für die Zeit des drittbezogenen Personaleinsatzes ganz aufgibt, etwa weil der Beitrag zum Projekt gerade darin besteht, geeignetes Personal zur Verfügung zu stellen. In einem derartigen Fall ist die Entleihereigenschaft des Unternehmens, in dem der Einsatz erfolgt, zu bejahen (Schüren/Hamann/*Hamann* § 1 Rn. 69; nach Boemke/Lembke/*Boemke* § 1 Rn. 41 soll auf die „konkrete Ausgestaltung der Rechtsbeziehung" abzustellen sein), sofern man für das Vorliegen einer Arbeitnehmerüberlassung nicht verlangt, dass ein Arbeitgeber mit der Überlassung eines Arbeitnehmers ausschließlich die Zwecke eines anderen Betriebs fördert (so allerdings BAG 25.10.2000, AP AÜG § 10 Nr. 15; vgl. auch ArbG Osnabrück 17.3.2015, BeckRS 2016, 67020; krit. Boemke/Lembke/*Boemke* § 1 Rn. 44).

IV. Rechtliche Beziehungen zwischen den Beteiligten

Bei der Arbeitnehmerüberlassung sind drei Rechtsbeziehungen zu unter- **48** scheiden:
– der **Leiharbeitsvertrag** zwischen Leiharbeitnehmer und Verleiher,
– der **Arbeitnehmerüberlassungsvertrag** zwischen Verleiher und Entleiher sowie
– die **Rechtsbeziehung, die den Leiharbeitnehmer mit dem Entleiher verbindet.**

1. Leiharbeitsvertrag

Der – auch **formlos wirksame** (vgl. allerdings nunmehr Abs. 1 S. 5 u. **49** 6) – Leiharbeitsvertrag wird zwischen Leiharbeitnehmer und Verleiher abgeschlossen.

Beim Leiharbeitsvertrag handelt es sich um einen Arbeitsvertrag, bei dem **50** sich, ebenso wie im „Normalarbeitsverhältnis" nach § 611 Abs. 1 BGB, **Arbeitsleistung und Vergütung** gegenüberstehen. Im Unterschied zu diesem geht die Verpflichtung des Leiharbeitnehmers aber dahin, die **Arbeitsleistung im Betrieb eines Dritten** zu erbringen und sich dessen Weisungen zu unterwerfen.

Denkbar ist auch ein **Mischvertrag** in dem Sinne, dass sich der Arbeitneh- **51** mer dazu verpflichtet, seine Arbeitsleistung sowohl beim Arbeitgeber als auch bei einem Dritten zu erbringen (Schüren/Hamann/*Hamann* § 1 Rn. 73). Ob der Arbeitnehmer **von vornherein als Leiharbeitnehmer eingestellt** oder der Arbeitsvertrag von den Beteiligten erst **später in diesem Sinne abgeändert** wird, ist unerheblich. Denkbar ist überdies auch, dass eine entsprechende

Vereinbarung nach Abschluss des Arbeitsvertrags erfolgt und nur die Grundlage für einen bestimmten Fremdfirmeneinsatz schaffen soll (Schüren/Hamann/*Hamann* § 1 Rn. 74).

2. Arbeitnehmerüberlassungsvertrag

52   Eine Arbeitnehmerüberlassung setzt notwendigerweise den **Abschluss einer entsprechenden Vereinbarung zwischen Verleiher und Entleiher,** den sog. Arbeitnehmerüberlassungsvertrag, voraus (vgl. nur BAG 26.4.1995, BAGE 80, 46 = AP AÜG § 1 Nr. 19; BAG 28.6.2000, AP AÜG § 13 Nr. 3; BAG 19.1.2000 – 7 AZR 6/99, BeckRS 2000, 30782548).

53   Der Arbeitnehmerüberlassungsvertrag ist ein **Unterfall des sog. Dienstverschaffungsvertrags** (Schüren/*Hamann* § 1 Rn. 75). Danach ist der Verleiher (unter Übertragung seiner Weisungsbefugnis) zur Überlassung eines geeigneten Arbeitnehmers für die Zeit der vereinbarten Leihfrist und der Entleiher zur Zahlung einer entsprechenden Vergütung verpflichtet. Die Hauptleistungspflicht des Verleihers gegenüber dem Entleiher besteht darin, einen arbeitsbereiten, den vertraglich festgelegten Anforderungen entsprechenden Arbeitnehmer für die vereinbarte Dauer zur Verfügung zu stellen. Diese Verpflichtung entspricht regelmäßig einer – wenn auch auf die Auswahl einer Person, nicht einer Sache, gerichteten – „Gattungsschuld", auf die § 243 BGB entsprechende Anwendung findet (BAG 20.6.2013, NZA 2013, 837 unter Rn. 21). In Abgrenzung zum Werkvertrag haftet der Verleiher nicht für einen Erfolg, sondern nur für die sorgfältige Auswahl und Bereitstellung von Arbeitskräften. Der verleihende Unternehmer hat bei einem Arbeitnehmerüberlassungsvertrag auch nicht dafür einzustehen, dass die überlassenen Arbeitnehmer die ihnen von dem entleihenden Unternehmer übertragenen Arbeiten ordnungsgemäß verrichten (vgl. BGH 9.3.1971, AP BGB § 611 Leiharbeitsverhältnis Nr. 1; vgl. hierzu zuletzt auch LAG Thüringen 23.11.2016, BeckRS 2016, 111694). Er haftet allerdings dafür, dass die von ihm gestellten Arbeitnehmer für den nach dem Vertrag verfolgten Zweck tauglich und geeignet sind (vgl. zuletzt auch OLG Köln 21.5.2015, BeckRS 2016, 02001). Was die Pflicht zur Zahlung der Überlassungsvergütung anbelangt, so besteht diese unabhängig davon, ob der Entleiher den ordnungsgemäß angebotenen Arbeitnehmer einsetzt oder nicht. Die Vereinbarung einer Vergütung nur für die vom Verleiher nicht zu beeinflussende tatsächliche Arbeitszeit der Leiharbeitnehmer stellt insofern eine vom Leitbild der Arbeitnehmerüberlassung abweichende Vertragsgestaltung dar (so OLG Hamm 13.4.2016, BeckRS 2016, 08310). Für den Arbeitnehmerüberlassungsvertrag schreibt § 12 Abs. 1 S. 1 AÜG die Beachtung der Schriftform vor.

3. Rechtsverhältnis zwischen Leiharbeitnehmer und Entleiher

54   Für das Rechtsverhältnis zwischen Leiharbeitnehmer und Entleiher fehlt bislang eine griffige Bezeichnung. Inhaltlich wird das Verhältnis einerseits durch das eigene Forderungsrecht des Entleihers – sofern man einen **echten Vertrag zugunsten Dritter annimmt** (vgl. Schüren/Hamann/*Hamann* § 1 Rn. 81) – und andererseits durch das Weisungsrecht gekennzeichnet, das er für die Zeit der Überlassung „anstelle" des Verleihers innehat. Im Übrigen bestehen zwischen den Beteiligten gegenseitige Interessenwahrungspflichten (vgl. Schüren/Hamann/*Hamann* § 1 Rn. 83). Doch werden die Beteiligten dadurch nicht zu Vertragspartnern.

Dies hat zB die Konsequenz, dass es dem Arbeitgeber möglich ist, mit **55** einem bisher als Leiharbeitnehmer im Betrieb eingesetzten Mitarbeiter einen sachgrundlos befristeten Arbeitsvertrag abzuschließen (vgl. BAG 17.1.2007, AP TzBfG § 14 Nr. 30, da die sachgrundlose Befristung nach § 14 Abs. 2 TzBfG „arbeitgeberbezogen, nicht betriebsbezogen" ist; vgl. auch BAG 4.12.2013, NZA 2014, 426) oder einen Mitarbeiter nach Ablauf der Laufzeit eines sachgrundlos befristeten Arbeitsvertrags im Wege der Arbeitnehmer-überlassung weiterhin im Betrieb zu beschäftigen (BAG 18.10.2006, AP TzBfG § 14 Verlängerung Nr. 4; 18.10.2006, AP TzBfG § 14 Nr. 29; vgl. auch BAG 18.10.2006, AP TzBfG § 14 Nr. 28; vgl. zum Ganzen auch *Düwell/Dahl* NZA 2007, 889; *Bauer/Fischinger* DB 2007, 1410). Auch hat das BAG entschieden, dass allein die Überlassung eines sachgrundlos befristet beschäftigten Arbeitnehmers an seinen vormaligen Vertragsarbeitgeber, bei dem er zuvor sachgrundlos befristet beschäftigt war, noch nicht die Annahme eines Gestaltungsmissbrauchs rechtfertige (BAG 9.3.2011, NZA 2011, 1147). Ist aber ein Rechtsmissbrauch im Einzelfall zu bejahen, so führt dieser nicht zur Begründung eines Arbeitsverhältnisses mit dem Entleiher, wenn Vertragsarbeitgeber ein Leiharbeitsunternehmen ist (BAG 23.9.2014, AP TzBfG § 14 Nr. 122).

V. Überlassung zur Arbeitsleistung

1. Grundsätzliche Fragen

Zentrale Bedeutung für das Vorliegen einer Arbeitnehmerüberlassung (und **56** für die Abgrenzung von anderen Formen eines drittbezogenen Personaleinsatzes) hat das Merkmal der Überlassung zur Arbeitsleistung. Das Gesetz selbst gibt nicht an, wann genau diese Voraussetzung zu bejahen ist. Der Gesetzgeber hat bewusst darauf verzichtet, das Merkmal näher zu umreißen. Aus der Begründung der Bundesregierung zum Entwurf des AÜG ergibt sich nur der Wille, dass **nicht jedes Tätigwerden eines Arbeitnehmers in einem fremden Betrieb** eine Arbeitnehmerüberlassung darstellen soll. Insbesondere soll aber ein Überlassen zur Arbeitsleistung nicht schon dann zu bejahen sein, wenn Arbeitnehmer auf Grund einer Verpflichtung ihres Arbeitgebers aus einem Werkvertrag im Betrieb eines Dritten tätig werden (BT-Drs. VI/2303, 10).

Vor diesem Hintergrund blieb es **Rspr. und Wissenschaft** überlassen, **57** die Arbeitnehmerüberlassung von anderen Formen des drittbezogenen Personaleinsatzes abzugrenzen. Immerhin hat der Gesetzgeber mit der Neuregelung des AÜG durch das Gesetz zur Änderung des Arbeitnehmerüberlassungsgesetzes und anderer Gesetze (BT-Drs. 18/9232) wichtige Gesichtspunkte aus der Rspr. aufgegriffen (vgl. hierzu → Rn. 74).

58   **a) Extensive Auslegung.** Im Schrifttum wird die Auffassung vertreten, das Merkmal „Überlassen zur Arbeitsleistung" müsse **extensiv** ausgelegt werden. Nach dieser Ansicht liegt stets eine Arbeitnehmerüberlassung vor, wenn Arbeitnehmer einem Arbeitgeber auf Grund einer Vereinbarung mit einem anderen Arbeitgeber zugeführt werden. Insoweit soll nur die zusätzliche (Negativ-)Voraussetzung bestehen, dass diese Vereinbarung **nicht auf eine Arbeitsvermittlung gerichtet** sein darf (*Franßen/Haesen* Art. 1 § 1 Rn. 48). Diese Auffassung hat zu Recht keine Gefolgschaft gefunden. Sie ist auch wenig hilfreich, da hierbei nur ein ausfüllungsbedürftiger Begriff („Überlassen") durch einen anderen („Zuführen") ersetzt wird (zurecht abl. etwa Schüren/Hamann/*Hamann* § 1 Rn. 88).

59   **b) Restriktive Auslegung.** Während die eben geschilderte Auffassung auf eine Ausweitung des Anwendungsbereichs des AÜG zielt, gibt es auch Versuche, die Arbeitnehmerüberlassung **restriktiver** zu fassen. Nach einer insbesondere vom BAG vertretenen Ansicht (BAG 25.10.2000, AP AÜG § 10 Nr. 15 = EzA § 10 AÜG Nr. 10 m. insoweit krit. Anm. *Hamann;* BAG 22.6.1994, AP AÜG § 1 Nr. 16) soll es für das „Überlassen zur Arbeitsleistung" nicht ausreichen, wenn der Arbeitnehmer auf Grund seines Arbeitsvertrags Weisungen eines anderen Arbeitgebers zu befolgen hat. Vielmehr soll nach dieser Ansicht weiter zu fordern sein, dass der Verleiher mit der Zurverfügungstellung des Arbeitnehmers **ausschließlich den Zweck des Entleiherbetriebs fördern** will. Dementsprechend würde eine Arbeitnehmerüberlassung bereits dann ausscheiden, wenn der Verleiher mit der Zurverfügungstellung eines Arbeitnehmers zumindest auch eigene Zwecke verfolgt (BAG 25.10.2000, AP AÜG § 10 Nr. 15; vgl. hierzu zuletzt auch ArbG Osnabrück 17.3.2015, BeckRS 2016, 67020).

60   Auch diese Auffassung ist in der Lit. zu Recht überwiegend auf **Ablehnung** gestoßen. Dabei wird eingewandt, dass der gewerbsmäßige Verleiher von Arbeitnehmern definitionsgemäß (auch) eigene Zwecke verfolge. Für die Fälle, auf deren Lösung das BAG mit seiner Rspr. ziele, sei demgegenüber das Kriterium der ausschließlichen Förderung fremder Zwecke entbehrlich, sofern man nur konsequent darauf abstelle, ob im konkreten Fall wirklich das arbeitgeberseitige Weisungsrecht auf den Inhaber des Fremdbetriebs übertragen werde (Schüren/Hamann/*Hamann* § 1 Rn. 90).

61   In der Tat ist nach ganz hM für das Vorliegen einer Überlassung zur Arbeitsleistung allein darauf abzustellen, ob das **Weisungsrecht des Verleihers auf den Entleiher übertragen** und der **Leiharbeitnehmer in den Betrieb des Entleihers eingegliedert** wird. Zugleich unterscheidet die Übertragung des Weisungsrechts die Arbeitnehmerüberlassung von allen anderen Formen eines Fremdfirmeneinsatzes (grundl. *Gick* S. 89). Voraussetzung einer Überlassung ist somit zunächst eine – mindestens konkludente – **Vereinbarung zwischen Verleiher und Entleiher,** wonach der Leiharbeitnehmer für den Entleiher in dessen Betrieb tätig werden soll und zwar nach den **Weisungen des Entleihers** (Boemke/Lembke/*Boemke* § 1 Rn. 32). Dementsprechend muss sich die Vereinbarung auf eine Übertragung des Weisungsrechts, also eine partielle Übertragung der Arbeitgeberstellung, richten.

Keine Arbeitnehmerüberlassung liegt somit insbesondere dann vor, wenn der Dritte nach der Vereinbarung selbst Arbeitgeber werden soll. In einem solchen Fall handelt es sich nicht um Arbeitnehmerüberlassung, sondern, sofern die weiteren Voraussetzungen hierfür vorliegen, um **Arbeitsvermittlung** (Boemke/Lembke/*Boemke* § 1 Rn. 36).

Ebenfalls keine Arbeitnehmerüberlassung ist dann gegeben, wenn der Ein- **62** satz des Arbeitnehmers nicht auf einer Vereinbarung zwischen Verleiher und Entleiher beruht, sondern sich der Inhaber des Fremdbetriebs lediglich **eigenmächtig Arbeitgeberbefugnisse anmaßt** und dem Arbeitnehmer Weisungen erteilt (Boemke/Lembke/*Boemke* § 1 Rn. 35). Zu fragen ist somit stets, ob Weisungen des Dritten in einer evtl. Vereinbarung mit dem Vertragsarbeitgeber eine ausreichende Grundlage haben. Wird der Arbeitnehmer dagegen **ohne oder gar gegen den Willen des Vertragsarbeitgebers** im Betrieb des Dritten eingesetzt, muss das Vorliegen einer Arbeitnehmerüberlassung ausscheiden.

2. Überlassung zur Erbringung unselbständiger Dienste

Der Arbeitnehmer muss **zur Arbeitsleistung überlassen** werden. Dies **63** bedeutet, dass die Tätigkeit des Arbeitnehmers auf Grund der Vereinbarungen zwischen Verleiher und Entleiher weisungsgebunden, nämlich unter dem Weisungsrecht des Inhabers des Entleiherbetriebs, ausgeübt werden muss. Dies schließt zB die Überlassung zur Erbringung **selbständiger Dienste** aus. In einem solchen Fall liegt ein Dienstverschaffungsvertrag vor, der nicht unter die Vorschriften des AÜG fällt (Boemke/Lembke/*Boemke* § 1 Rn. 37). Auch dann, wenn der Überlassene nicht als Arbeitnehmer, sondern lediglich als **freier Mitarbeiter** eingesetzt werden soll, ist ein „Überlassen zur Arbeitsleistung" und damit das Vorliegen einer (erlaubnispflichtigen) Arbeitnehmerüberlassung zu verneinen (*Ulber* § 1 Rn. 167). Anders liegen die Dinge nur dann, wenn der freie Mitarbeiter im Fremdbetrieb weisungsgebundene Arbeitsleistungen erbringen soll (aA OLG Frankfurt a. M. 12.7.1989, BB 1990, 778).

3. Abgrenzung

Obwohl danach die Voraussetzungen einer Arbeitnehmerüberlassung, abs- **64** trakt gesehen, verhältnismäßig klar sind, bereitet es häufig nicht geringe Schwierigkeiten, die Arbeitnehmerüberlassung von anderen Formen eines Fremdfirmeneinsatzes abzugrenzen.

a) Bedeutung der Abgrenzung. Ihre Bedeutung gewinnt die Frage der **65** Abgrenzung gegenüber anderen Formen des drittbezogenen Personaleinsatzes va dadurch, dass einer **Umgehung** der Vorschriften des AÜG entgegengewirkt werden muss. Die Beteiligten sollen nicht durch die Wahl eines anderen Vertragstyps die Möglichkeit erhalten, ihre rechtlichen Beziehungen den Bestimmungen des AÜG und der mit ihnen verbundenen Kontrolle zu entziehen (ErfK/*Wank* § 1 Rn. 10).

Rechtssystematisch ist die Abgrenzung in mehreren Bereichen von großer **66** Bedeutung. Sie betrifft nicht nur das **Individual- und Kollektivarbeits-**

recht, sondern auch das **Sozialversicherungsrecht.** Daneben ergeben sich aus der Abgrenzung aber auch Konsequenzen im **Straf- und Ordnungswidrigkeitenrecht,** im **Steuerrecht,** sowie für die Begründung bestimmter **öffentlich-rechtlicher Pflichten.**

67   **aa) Individualarbeitsrecht.** Was zunächst das Individualarbeitsrecht betrifft, so zeigt sich die Bedeutung der Abgrenzungsproblematik insbesondere daran, dass von ihrer Lösung abhängig ist, ob die Vorschriften des AÜG eingreifen oder nicht. So besteht nur für die Arbeitnehmerüberlassung eine **Erlaubnispflicht** (§ 1 Abs. 1 S. 1). Wird ein Arbeitnehmer ohne die entsprechende Erlaubnis verliehen, dann wird gem. §§ 9, 10 ein **Arbeitsverhältnis zwischen Leiharbeitnehmer und Entleiher fingiert,** wobei den Letzteren eine **Haftung für den Gesamtsozialversicherungsbeitrag** (§ 28e Abs. 2 SGB IV) und die **Lohnsteuer** (§§ 19 Abs. 1, 42d Abs. 6–8 EStG) des Arbeitnehmers trifft.

68   Prozessual gesehen kann die Problematik der Abgrenzung zwischen erlaubtem Fremdeinsatz und illegaler Arbeitnehmerüberlassung in unterschiedlichem Gewand auftreten: Ein Arbeitnehmer mag **Klage auf Feststellung** erheben, dass nach § 10 Abs. 1 ein Arbeitsverhältnis mit dem Dritten zustande gekommen ist. Er mag aber auch **unmittelbar auf Beschäftigung oder Zahlung der Vergütung** gegen den Dritten klagen. Auch dann ist von den Gerichten zu prüfen, ob im konkreten Fall eine illegale Arbeitnehmerüberlassung vorliegt und gem. § 10 Abs. 1 die Voraussetzungen für die Fiktion eines Arbeitsverhältnisses zwischen Arbeitnehmer und Drittem bestehen. Auch im Rahmen von **Kündigungsschutzklagen** (zu den Voraussetzungen einer betriebsbedingten Kündigung bei Arbeitnehmerüberlassung BAG 18.5.2006, AP AÜG § 9 Nr. 7; zu den Voraussetzungen einer Änderungskündigung zur Entgeltabsenkung BAG 12.1.2006, AP KSchG 1969 § 2 Nr. 82) kann es auf die Beantwortung der Abgrenzungsfrage ankommen und kann dementsprechend zu prüfen sein, ob ein Fremdarbeitnehmer bei der Ermittlung der Beschäftigtenzahl zu berücksichtigen ist (vgl. zum Ganzen Schüren/Hamann/*Hamann* § 1 Rn. 100 mwN).

69   **bb) Kollektives Arbeitsrecht.** Kollektivarbeitsrechtlich spielte die Abgrenzungsfrage lange Zeit insbesondere bei der Entscheidung über Anträge eine bedeutsame Rolle, mit denen Betriebsräte die Aufhebung der „**Einstellung" von Fremdarbeitnehmern gem. §§ 99, 101 BetrVG** begehrten. Nach stRspr des BAG liegt eine Einstellung nach § 99 Abs. 1 S. 1 BetrVG vor, wenn Personen in den Betrieb des Arbeitgebers eingegliedert werden, um zusammen mit den dort schon beschäftigten Arbeitnehmern dessen arbeitstechnischen Zweck durch weisungsgebundene Tätigkeit zu verwirklichen. Auf das Rechtsverhältnis, in dem diese Personen zum Arbeitgeber als Betriebsinhaber stehen, kommt es dabei allerdings nicht an. Maßgebend ist, ob die von ihnen zu verrichtenden Tätigkeiten ihrer Art nach weisungsgebundene Tätigkeiten sind, die der Verwirklichung des arbeitstechnischen Zwecks des Betriebs zu dienen bestimmt sind und deshalb vom Arbeitgeber organisiert werden müssen. Ob den betreffenden Personen tatsächlich Weisungen hinsichtlich dieser Tätigkeit gegeben werden – und ggf. von wem –

ist unerheblich. Vor diesem Hintergrund ist eine Eingliederung in den Betrieb auch bei Arbeitnehmern von Drittfirmen möglich, die auf Grund eines Dienst- oder Werkvertrags mit weisungsgebundenen Tätigkeiten im Betrieb beauftragt werden, falls der Betriebsinhaber und nicht der beauftragte Unternehmer das für ein Arbeitsverhältnis typische Weisungsrecht innehat und die Entscheidung über den Einsatz nach Zeit und Ort trifft (BAG 13.1.2005, AP BetrVG 1972 § 99 Einstellung Nr. 50 mwN).

Zur Klärung der Betriebszugehörigkeit von im Betrieb eingesetzten **70** Arbeitnehmern werden allerdings von den Betriebsräten vielfach **Feststellungsverfahren auf der Grundlage des § 5 BetrVG** eingeleitet. Im Übrigen kann die Frage der Betriebszugehörigkeit bestimmter Arbeitnehmer auch im Zusammenhang mit einem **Wahlanfechtungsverfahren nach § 19 BetrVG** Bedeutung gewinnen (vgl. Schüren/Hamann/*Hamann* § 1 Rn. 101 mwN).

cc) Straf- und Ordnungswidrigkeitenrecht. Hinsichtlich des Straf- **71** und Ordnungswidrigkeitenrechts geht es in erster Linie um die **Verwirklichung der Tatbestände der §§ 15 ff.** (vgl. Schüren/Hamann/*Hamann* § 1 Rn. 103 mwN).

dd) Sozialversicherungsrecht. Sozialversicherungsrechtlich ist die Ab- **72** grenzungsproblematik insbesondere für die Beantwortung der Frage bedeutsam, ob der Träger des Beschäftigungsunternehmens nach § 28e Abs. 2 SGB IV für die **Gesamtsozialversicherungsbeiträge** der in seinem Betrieb eingesetzten Arbeitnehmer haftet. Doch entscheidet die Abgrenzung zB auch darüber, ob der Träger des Beschäftigungsunternehmens für die entsprechenden Arbeitnehmer Beiträge zur **gesetzlichen Unfallversicherung** entrichten muss (vgl. Schüren/Hamann/*Hamann* § 1 Rn. 104 mwN; vgl. hierzu auch BVerfG 3.7.2007, NVwZ-RR 2007, 686).

ee) Steuerrecht. Auch für das Steuerrecht kann die Frage der Abgren- **73** zung Bedeutung gewinnen und zwar im Zusammenhang mit der **Vorsteuerabzugsberechtigung** des vertraglichen Arbeitgebers gem. § 15 Abs. 1 Nr. 1 UStG, aber auch im Zusammenhang mit der Haftung des Arbeitgebers für die Abführung der **Lohn- und Kirchensteuer** nach §§ 19 Abs. 1, 42d EStG. Im Übrigen ist die Frage auch deshalb relevant, weil die Gestellung von Arbeitskräften nach §§ 1, 3 UStG einen **steuerpflichtigen Umsatz** darstellt (vgl. Schüren/Hamann/*Hamann* § 1 Rn. 106 mwN).

b) Abgrenzungsfragen. aa) Die Neuregelung in Satz 2. Die durch **74** das Gesetz zur Änderung des Arbeitnehmerüberlassungsgesetzes und anderer Gesetze (BT-Drs. 18/9232) eingefügte **Regelung des Satzes 2 bestimmt entsprechend der Rspr., unter welchen Voraussetzungen ein Arbeitnehmer überlassen wird** und dient damit der Abgrenzung zwischen dem Einsatz eines Arbeitnehmers als Leiharbeitnehmer im Rahmen einer Arbeitnehmerüberlassung und als Erfüllungsgehilfe im Rahmen eines Werk- bzw. Dienstvertrags (durchaus kritisch etwa *Tuengerthal/Andorfer* BB 2016, 1909, die erhebliche Unterschiede zwischen der von der Rechtsprechung seit vielen Jahren einheitlich entwickelten Abgrenzung von Arbeitnehmerüberlassung und Werkvertrag und der Neuregelung konstatieren; ebenso *Siebert/Novak* ArbRAktuell 2016, 391; *Bissels/Falter* ArbRAktuell 2017, 4; *Henssler/Grau,* Arbeitnehmerüberlassung und Werkverträge, § 3 Rn. 18 ff.; zuletzt auch *Kainer/Schweipert* NZA 2017, 13). Die Neuregelung ist im Zusammenhang mit § 611a BGB zu sehen (näher hierzu etwa *Henssler/Grau,* Arbeitnehmerüberlassung und Werkverträge, § 3 Rn. 18 ff.). Dieser soll ebenfalls missbräuchliche Gestaltungen des Fremdpersonaleinsatzes durch vermeintlich selbstständige Tätigkeiten verhindern und die Rechtssicherheit der Verträge erhöhen (BT-Drs. 18/9232, 31). Nach der Rspr. liegt im Fall von Fremdpersonaleinsatz Arbeitnehmerüberlassung vor, wenn der Leiharbeitnehmer in die Arbeitsorganisation des Entleihers **eingegliedert** ist und **seinen Weisungen unterliegt.** Ob dies der Fall ist, ist – auch nach der Neuregelung – anhand einer **wertenden Gesamtbetrachtung aller Umstände des jeweiligen Einzelfalls** zu bestimmen (BT-Drs. 18/9232, 19; vgl. insoweit auch die Regelung in § 611a Abs. 1 S. 5 BGB). Insgesamt steht nicht zu erwarten, dass sich die von der Rspr. entwickelten Voraussetzungen für eine Arbeitnehmerüberlassung ändern werden (vgl. *Thüsing* DB 2016, 2663; *Tuengerthal* BB 2016, 2875).

75   Für den **Bereich des sog. Projektgeschäfts** wurde in der Beschlussempfehlung des Ausschusses für Arbeit und Soziales explizit klargestellt, dass mit der Definition der Arbeitnehmerüberlassung in § 1 Abs. 1 S. 2 die derzeitige Rechtslage nicht geändert werden soll (BT-Drs. 18/10064, 14; näher hierzu *Henssler/Grau,* Arbeitnehmerüberlassung und Werkverträge, § 3 Rn. 39 ff.).

76   **bb) Die Probleme bei der Abgrenzung.** Die Problematik der Abgrenzung stellt sich va mit Blick auf den Werkvertrag. Hier kommt der Problematik auch die **größte praktische Bedeutung** zu. Dies liegt nicht zuletzt daran, dass sich in der Praxis ein Phänomen beobachten lässt, das im Schrifttum zuweilen als „Flucht in den Werkvertrag" beschrieben wird (Schüren/Hamann/*Hamann* § 1 Rn. 113; *Maschmann* NZA 2013, 1305; kritisch etwa *Tuengerthal/Rothenhöfer* BB 2013, 53, auch *Bauer/Heimann* NJW 2013, 3287). Gekennzeichnet ist diese Erscheinung einmal durch das Bemühen, durch **„Umqualifizierung"** einer Arbeitnehmerüberlassung in einen Werkvertrag einem Eingreifen der Bestimmungen des AÜG auszuweichen. Doch geht es daneben häufig auch darum, bereits die rechtliche Nähe zur Arbeitnehmerüberlassung zu vermeiden. Dementsprechend werden nicht selten „Werkverträge" vereinbart, obwohl der Inhalt des Vertrags auf die Erbringung von Dienstleistungen gerichtet ist und es infolgedessen an der für den Werkvertrag charakteristischen Erfolgsbezogenheit der Leistung gerade fehlt (vgl. zB BAG 14.8.1985, EzAÜG § 10 AÜG Fiktion Nr. 42).

77   Die tatsächlichen Schwierigkeiten bei der Abgrenzung zwischen Arbeitnehmerüberlassung und Werkvertrag wurden durch erheblichen Erfindungsreichtum der Praxis noch weiter verschärft. Zu nennen ist in diesem Zusammenhang insbesondere die **Fremdvergabe innerbetrieblicher Daueraufgaben,** aber auch der **Abschluss von Rahmenverträgen,** innerhalb derer einzelne „Gewerke" vom Besteller nach und nach abgerufen wurden (ErfK/*Wank* § 1 Rn. 12). Sowohl die eine als auch die

andere dieser atypischen Gestaltungsformen stellt die Gerichte bei der Abgrenzung vor große Probleme, weil eine sinnvolle Abgrenzung allein nach dem äußeren Erscheinungsbild nicht mehr möglich ist (Näheres bei Schüren/Hamann/*Hamann* § 1 Rn. 122 ff., 125 mwN).

In der Sache geht die entscheidende Frage dahin, ob ein Arbeitnehmer **78** als Leiharbeitnehmer oder als Erfüllungsgehilfe eines Werkunternehmers in einem fremden Betrieb seine Tätigkeit entfaltet. Auf einer abstrakten Ebene ist die Abgrenzung verhältnismäßig unproblematisch: Beim Werkvertrag verpflichtet sich der Werkunternehmer nach § 631 BGB zur **Herbeiführung eines bestimmten Erfolgs.** In die entsprechende Leistungsverpflichtung, die auf die Herstellung oder Veränderung einer Sache, aber auch auf einen anderen Erfolg gerichtet sein mag, kann idR auch ein Erfüllungsgehilfe iSd § 278 BGB eingeschaltet werden.

Dagegen haftet der Verleiher beim Arbeitnehmerüberlassungsvertrag **79** gerade **nicht für den Erfolg.** Die Arbeitnehmerüberlassung ist ein Unterfall der Dienstverschaffung. Die Verpflichtung des Verleihers geht lediglich dahin, dem Entleiher die Arbeitskraft eines (geeigneten) Arbeitnehmers zu verschaffen. Überdies arbeitet der Arbeitnehmer hier nach den Weisungen desjenigen, in dessen Betrieb er seine Tätigkeit entfaltet. Dementsprechend hält die Rspr. für maßgeblich, ob der Arbeitnehmer in den Betrieb des Dritten **eingegliedert** ist und den **Weisungen des Dritten** unterliegt. Bejahendenfalls wird ein Arbeitnehmerüberlassungsvertrag angenommen (so zB BAG 10.2.1977, AP BetrVG 1972 § 103 Nr. 9; vgl. auch BAG 8.11.1978, AP AÜG § 1 Nr. 2; BAG 13.5.1992, NZA 1993, 357; 22.6.1994, AP AÜG § 1 Nr. 16; vgl. auch LAG Düsseldorf 10.3.2008, BeckRS 2011, 70967: Keine Arbeitnehmerüberlassung bei nur „gelegentlichen" Weisungen des Dritten; vgl. zum Ganzen auch LAG Berlin-Brandenburg 18.3.2015, BeckRS 2016, 68308: entscheidendes Indiz für das Vorliegen eines Arbeitnehmerüberlassungsvertrags und gegen das Vorliegen einen selbstständigen Dienstvertrags, dass Auftraggeberin schon nach der vertraglichen Regelung ein Weisungsrecht gegenüber dem höchsten Repräsentanten des Auftragnehmers zukam; vgl. aus der Lit. etwa *Hamann* NZA-Beilage 2014, 3).

Schwierig wird die Abgrenzung zum Werkvertrag insbesondere dadurch, **80** dass auch dem Besteller gegenüber Arbeitnehmern des Werkunternehmers nach § 645 Abs. 1 S. 1 BGB ein Weisungsrecht zusteht. Demzufolge stellt sich stets das Problem, dieses **werkvertragliche Anweisungsrecht** vom arbeitsrechtlichen Weisungsrecht abzugrenzen (vgl. hierzu BAG 27.1.2004, AP BetrVG 1972 § 87 Nr. 40 Überwachung; auch BAG 6.8.2003, AP AÜG § 9 Nr. 6; vgl. hierzu etwa auch LAG Rheinland-Pfalz 3.2.2011, BeckRS 2011, 71730; LAG Hamburg 29.10.2010, BeckRS 2011, 70967).

cc) Qualität der Weisungen. Insoweit unterscheidet das BAG zwischen **81** Weisungen, die **Art und Weise der Arbeitsleistung** wie zB Inhalt, Leistungszeit und -ort, Arbeitsgeschwindigkeit, Modalitäten der Ausführung betreffen, und **werkbezogenen Anweisungen** bezüglich von Fertigungsmethoden, Anforderungen an die Qualität, Stückzahl etc (vgl. BAG 30.1.1991, AP AÜG § 10 Nr. 8; vgl. zuletzt auch BAG 15.2.2007, AP BGB

§ 613a Nr. 302). Das Weisungsrecht des Bestellers ist auf das versprochene Werk bezogen. Dementsprechend kann der Besteller **projektbezogene Anweisungen** im Hinblick auf das geschuldete Ergebnis erteilen, nicht aber Anweisungen, die sich auf die dem Erfolg vorgelagerten und für seine Herbeiführung erforderlichen konkreten Arbeitsverrichtungen beziehen (vgl. BAG 6.8.1997, EzAÜG § 631 BGB Werkvertrag Nr. 39). Umgekehrt schuldet der Arbeitnehmer nicht einen Erfolg, sondern die Entfaltung einer Tätigkeit. Demzufolge kann der Arbeitgeber nicht nur auf das Arbeitsziel bezogene, sondern auch den **Arbeitsablauf** und das **Arbeitsverhalten** betreffende Anweisungen erteilen (vgl. zum Ganzen Schüren/Hamann/*Hamann* § 1 Rn. 126 ff., 155 ff.; jew. mwN).

82   Im Übrigen wird in der Rspr. auch darauf abgestellt, ob **Personal des Beschäftigungsunternehmens gegenüber den Fremdarbeitnehmern Weisungen erteilt** (BAG 30.1.1991, AP AÜG § 10 Nr. 8) oder diese **jedenfalls beaufsichtigt.** Demgegenüber soll es keine Bedeutung haben, ob die Fremdarbeitnehmer von Angehörigen der Stammbelegschaft in ihre Aufgaben eingewiesen und entsprechend eingearbeitet werden (BAG 28.11.1989, AP AÜG § 14 Nr. 5; krit. Schüren/Hamann/*Hamann* § 1 Rn. 129 f.).

83   **dd) Eingliederung des Arbeitnehmers.** Neben dem Weisungsrecht spielt auch die **tatsächliche Eingliederung** in den Betrieb des Dritten eine bedeutsame Rolle (zur Eingliederung als notwendigem Merkmal einer Arbeitnehmerüberlassung zB BAG 3.12.1997, BAGE 87, 186). Gerade dann, wenn es sich bei den fremdvergebenen Diensten um solche höherer Art handelt, ist das Weisungsrecht kein typisches Merkmal der Arbeitnehmerstellung, sodass sich in diesem Fall die für die (verdeckte) Arbeitnehmerüberlassung maßgebliche Eingliederung in den Betrieb des Bestellers/Entleihers auch aus der Art oder der Organisation der Tätigkeit und der Einbindung in die Betriebsstruktur ergeben kann (LAG Berlin-Brandenburg 5.3.2013, NZA-RR 2013, 466). Indizien für eine Eingliederung sind nach der Rspr. ua (Zusammenstellung bei Schüren/*Hamann* § 1 Rn. 125 ff.; vgl. aber auch die Auflistung der relevanten Beurteilungskriterien bei Boemke/Lembke/ *Boemke* § 1 Rn. 88 ff.): die **Zusammenarbeit mit Arbeitnehmern des Beschäftigungsunternehmens** (vgl. BAG 8.11.1978, AP AÜG § 1 Nr. 2); die **Miterfüllung (unmittelbarer) Betriebszwecke** (vgl. BAG 28.11.1989, AP AÜG § 14 Nr. 5); die **Übernahme von Tätigkeiten, die vormals von Arbeitnehmern des Beschäftigungsbetriebs ausgeführt wurden** (BAG 14.6.1984, EzAÜG § 631 BGB Werkvertrag Nr. 7); die **Stellung von Material und Gerätschaften durch das Beschäftigungsunternehmen** (vgl. BAG 15.6.1983, AP AÜG § 10 Nr. 5); die **Bereitstellung von Arbeitsund/oder Sicherheitskleidung** (BAG 30.1.1991, AP AÜG § 10 Nr. 8); die **Abstimmung des Fremdfirmeneinsatzes mit der Arbeit im Beschäftigungsunternehmen** (vgl. BAG 14.6.1984, EzAÜG § 631 BGB Werkvertrag Nr. 7); die **Integration in die Arbeitsorganisation des Beschäftigungsunternehmens** (BAG 14.6.1984, EzAÜG § 631 BGB Werkvertrag Nr. 7).

84   Unbeachtlich soll demgegenüber nach der Rspr. sein, **welche Tätigkeit im Beschäftigungsunternehmen entfaltet** wird. Auf die **Dauer des Ein-**

satzes soll es ebenfalls nicht ankommen. Keine Bedeutung für die Abgrenzung hat es schließlich, wenn die **Arbeitszeiten des Fremdpersonals im
Beschäftigungsunternehmen erfasst** werden (BAG 30.1.1991, AP AÜG
§ 10 Nr. 8).

ee) Organisationsgewalt. Komplementär zur Frage nach dem Weisungs- **85**
recht und weitgehend spiegelbildlich zur Frage der Eingliederung verhält sich
die Frage nach der **Organisationsgewalt** hinsichtlich des Fremdpersonaleinsatzes. Nach der Rspr. soll es für die Qualifizierung als Werkvertrag (oder
Dienstvertrag) sprechen, wenn der Vertragspartner des Inhabers des Beschäftigungsunternehmens **über den Einsatz seines Personals disponieren**
kann. Für das Vorliegen einer derartigen personalbezogenen Organisationsgewalt soll es zB darauf ankommen, ob der Vertragsarbeitgeber **über die
Anzahl der Arbeitnehmer bestimmt,** die er im Beschäftigungsunternehmen einsetzt (vgl. nur BAG 14.8.1985, EzAÜG § 10 AÜG Fiktion; zur
Bedeutung der Möglichkeit zur Personaldisposition zB auch LAG Berlin
18.12.2002, BeckRS 2003, 40630). Aber auch die **Festlegung der Arbeits-
schichten sowie der Urlaubs- und sonstiger Freizeiten** soll dafür sprechen, dass der vertragliche Arbeitgeber die Organisationsgewalt über die
Arbeitnehmer ausübt (LAG Berlin 1.9.1989, LAGE § 611 BGB Arbeitgeber-
begriff Nr. 2; LAG Niedersachsen 19.1.2015, BeckRS 2015, 70003: Eintei-
lung der Schichten und Einsatzplanung des Personals; vgl. auch Schüren/
Hamann/*Hamann* § 1 Rn. 129 mwN).

ff) Andere Kriterien. Neben den geschilderten „klassischen" Kriterien **86**
von Weisungsrecht und Eingliederung werden in der Rspr. auch andere Kriterien bemüht. Angesetzt wird insbesondere an dem zwischen den Beteiligten
vereinbarten **Leistungsgegenstand:** So soll es zB für einen Werkvertrag
sprechen, wenn sich die Leistungspflicht auf einen **abgrenzbaren Erfolg**
bezieht, der überdies in der Vereinbarung hinreichend genau beschrieben
wird. Fehlt es an einem abgrenzbaren, dem Werkunternehmer als eigene
Leistung zurechenbaren und abnahmefähigen Werk, so deutet dies auf Arbeitnehmerüberlassung hin. In diesem Fall muss der Besteller durch seine Anweisungen den Gegenstand der vom Arbeitnehmer zu erbringenden Leistungen
überhaupt erst bestimmen und damit Arbeit und Einsatz für ihn bindend
organisieren (BAG 9.11.1994, NZA 1995, 572; 25.9.2013, AP BGB § 611
Abhängigkeit Nr. 126; auch LAG Berlin-Brandenburg 18.3.2015, BeckRS
2016, 68308). Demgegenüber soll es Indiz für eine Arbeitnehmerüberlassung
sein, wenn sich in der Vereinbarung nur eine **allgemeine Umschreibung**
des Vertragsgegenstands findet, der noch einer weiteren Konkretisierung
durch Weisungen des Inhabers des Beschäftigungsunternehmens bedarf (BAG
14.6.1984, EzAÜG § 631 BGB Werkvertrag Nr. 7). Auch wird in der Rspr.
geprüft, ob die Vereinbarung die für einen Werkvertrag charakteristischen
Elemente enthält. Besondere Bedeutung wird insoweit der Frage beigemes-
sen, ob die Vereinbarung hinsichtlich der **Mängelgewährleistung** (zur
Bedeutung dieses Merkmals BGH 12.2.2003, NJW 2003, 1821; vgl. übr.
auch EuGH 18.6.2015, NZA 2015, 925 unter Rn. 35) und der **Gefahrtra-
gung** der gesetzlichen Regelung in §§ 633 ff., 640 Abs. 1 S. 1 BGB entspricht

(vgl. zB BAG 25.6.1986, EzAÜG § 1 AÜG Arbeitsvermittlung Nr. 9; BAG 30.1.1991, AP AÜG § 10 Nr. 8; vgl. auch Schüren/Hamann/*Hamann* § 1 Rn. 129 mwN). Bei der Arbeitnehmerüberlassung treffen den Verleiher keine Gewährleistungspflichten, wenn seine Erfüllungsgehilfen die Arbeit schlecht ausführen oder das Werk misslingt. Dementsprechend ist die unterbliebene Geltendmachung von Gewährleistungsrechten trotz aufgetretener Mängel ein deutliches Indiz für Arbeitnehmerüberlassung und einen Scheinwerkvertrag (vgl. hierzu zuletzt LAG Baden-Württemberg 1.8.2013, NZA 2013, 1017).

87   Zuweilen wird in der Rspr. auch danach gefragt, ob der Vertragspartner des Inhabers des Beschäftigungsunternehmens nach **seiner Struktur überhaupt zur selbständigen Durchführung eines Werkvertrags in der Lage** ist. Dabei spielt sowohl die **personelle** (Fachkräfte) als auch die **sachliche Ausstattung** (Gerätschaften) eine Rolle. Ist der Vertragsarbeitgeber im Wesentlichen auf die Mittel des Inhabers des Beschäftigungsunternehmens angewiesen, kann dies dafür sprechen, dass nicht ein Werkvertrag, sondern eine Arbeitnehmerüberlassung vorliegt (vgl. nur BAG 15.6.1983, AP AÜG § 10 Nr. 5).

88   **gg) Gesamtabwägung.** Die Qualifizierung als Arbeitnehmerüberlassung oder Werkvertrag erfolgt auf Grund einer abschließenden **Gesamtbetrachtung,** in die grundsätzlich alle oben genannten Gesichtspunkte einfließen. Dabei ist das BAG allerdings in der jüngeren Vergangenheit um eine **Reduzierung der möglichen Abgrenzungskriterien** bemüht (Schüren/ Hamann/*Hamann* § 1 Rn. 133 mwN), wobei zugleich das Bemühen um eine gewisse Einschränkung des Anwendungsbereichs des AÜG erkennbar wird (näher zu Letzterem Schüren/Hamann/*Hamann* § 1 Rn. 133 f.). Letzteres tritt insbesondere auch dann ein, wenn man verlangt, dass die Arbeitskräfte ihre Arbeiten **allein nach den Weisungen des Inhabers des Einsatzbetriebs** ausführen (so aber in der Tat BAG 6.8.2003, AP AÜG § 9 Nr. 6).

89   Zu Grunde gelegt wird insoweit der **objektive Vertragsinhalt,** wobei die tatsächliche Durchführung (wirklicher Geschäftsinhalt) entscheidet, wenn diese von den Abreden der Beteiligten abweicht (vgl. etwa BAG 15.6.1983, AP AÜG § 10 Nr. 5; BGH 25.6.2002, AP AÜG § 1 Nr. 29; BGH 21.1.2003, NZA 2003, 616; BAG 13.8.2008, BeckRS 2010, 71643). Gewürdigt wird also nicht allein die vertragliche Gestaltung, sondern va auch die **tatsächliche Handhabung** (BAG 30.1.1991, AP AÜG § 10 Nr. 8; 6.8.1997, EzAÜG § 631 BGB Werkvertrag Nr. 39; 18.1.2012, AP AÜG § 9 Nr. 10; 15.4.2014, AP BetrAVG § 1 Nr. 71; vgl. auch OLG Frankfurt a. M. 14.3.2013, BeckRS 2013, 09719). Was das Verhältnis der rechtlichen und der tatsächlichen Betrachtung anbelangt, so gilt nach nach der Rspr., dass über die rechtliche Einordnung des Vertrags zwischen dem Dritten und dem Arbeitgeber der Geschäftsinhalt entscheidet und nicht die von den Parteien gewünschte Rechtsfolge oder eine Bezeichnung, die dem tatsächlichen Geschäftsinhalt nicht entspricht (vgl. nur BAG 20.9.2016, BeckRS 2016, 74690). Zu beachten ist überdies die Neuregelung in § 611a Abs. 1 S. 6 BGB, wonach es auf die Bezeichnung im Vertrag nicht ankommt, wenn die tatsächliche Durchführung des Vertragsverhältnisses zeigt, dass es sich um ein Arbeitsverhältnis handelt.

hh) Alternative Konzepte. In der Lit. begegnet die Rspr. zahlreichen 90
Bedenken. Beklagt wird insbesondere das große Maß an Rechtsunsicherheit,
das mit dem Abstellen des BAG auf zahlreiche Hilfskriterien einhergeht.
Kritisiert wird aber va auch die „unteleologische Betrachtungsweise" des
BAG, das eine Vielzahl von Kriterien entwickelt hat, ohne den zu Grunde
liegenden „Leitgedanken" hinreichend herauszuarbeiten (ErfK/*Wank* § 1
Rn. 16). ZT ist das Schrifttum lediglich um Verfeinerungen der vom BAG
für maßgeblich gehaltenen Abgrenzungskriterien bemüht (vgl. die Nachw.
bei Schüren/Hamann/*Hamann* § 1 Rn. 136 ff. u. ErfK/*Wank* § 1 Rn. 17 f.).
Soweit im Schrifttum eigenständige Abgrenzungsmodelle entwickelt wurden, handelt es sich häufig um vom **Schutzzweck des AÜG** bestimmte
Ansätze (ErfK/*Wank* § 1 Rn. 19 ff.; vgl. hierzu Schüren/Hamann/*Hamann*
§ 1 Rn. 139 ff., mwN). Von manchen wird aber zB auch allein auf die
Ausübung der arbeitsrechtlichen Weisungsbefugnis, also die Personalhoheit
des Dritten, abgestellt (vgl. zB *Eckardt* JA 1989, 393; für ein Abstellen auf
diesen Gesichtspunkt auch *Greiner* RdA 2014, 262; eine „vollständige Verlagerung des arbeitsbezogenen Weisungsrechts" auf den Inhaber des Einsatzbetriebs fordert insbes. auch *Hamann* Erkennungsmerkmale S. 131 ff., Schü-
ren/Hamann/*Hamann* § 1 Rn. 153 ff., 181, 203, der in der daraus
resultierenden „Fremdsteuerung des Arbeitseinsatzes" den Grund für die
besondere Schutzbedürftigkeit des Leiharbeitnehmers sieht; für ein Abstellen
auf das „Wirkobjekt" der Weisung sprechen sich aus *Brauneisen/Ibes* RdA
2014, 213; vgl. zur Abgrenzungsproblematik etwa auch *Maschmann* NZA
2013, 1305; *Rieble* ZfA 2013, 137; vgl. zum Ganzen zuletzt auch *Henssler/
Grau,* Arbeitnehmerüberlassung und Werkverträge, § 3 Rn. 24 ff. mit einer
„Kriterien-Tabelle" zur Abgrenzung unter Rn. 35).

c) Abgrenzung zum Dienstvertrag. Ebenso wie bei der Abgrenzung 91
zum Werkvertrag sind auch bei der Abgrenzung zum Dienstvertrag die
**Schwierigkeiten auf der abstrakten Ebene verhältnismäßig leicht lös-
bar:** Beim Dienstvertrag iSv § 611 BGB schuldet der Dienstnehmer eine
bestimmte Dienstleistung, die er, abweichend von § 613 S. 1 BGB, auch
durch – seinem Weisungsrecht unterliegende – Erfüllungsgehilfen erbringen
kann. Demgegenüber stellt bei einem Arbeitnehmerüberlassungsvertrag der
Verleiher Arbeitnehmer für bestimmte Dienstleistungen zur Verfügung, die
die entsprechenden Tätigkeiten nach Weisung des Entleihers verrichten.

Die Rspr. stellt bei der Abgrenzung vom Dienstvertrag iW auf dieselben 92
Kriterien ab, die auch bei der Abgrenzung vom Werkvertrag gelten. Maßgeblich sind demnach hier wie dort **Eingliederung** und **Weisungsrecht** (vgl.
allerdings BGH 2.2.2006, VersR 2006, 1497: Auslegung als Dienstvertrag,
da Eingliederung in die Organisation des Dritten „in der Natur der Aufgabenstellung" gelegen habe). Neben den Weisungen zu Art, Ort und Zeit der
Arbeit kommt es va auch auf die disziplinarische Weisungsgewalt an, also auf
die Frage, wer den Arbeitnehmer steuert, wenn er seinen Pflichten nicht
ausreichend nachkommt (BAG 18.1.2012, AP AÜG § 9 Nr. 10; vgl. auch
LAG Mecklenburg-Vorpommern 30.9.2014, BeckRS 2015, 68337). Zwar
bedarf es regelmäßig auch bei der Durchführung eines Dienst- oder Werkver-

trages bestimmter Anweisungen (vgl. für letzteren die explizite Regelung in § 645 BGB) oder Vorgaben in Bezug auf die Art der Erledigung der auszuführenden Tätigkeiten. Diese Konkretisierung der geschuldeten Werk- oder Dienstleistung durch den Auftraggeber steht der Ausübung einer allgemeinen arbeitsleistungsbezogenen Weisungsbefugnis, wie sie für die Beschäftigung von Leiharbeitnehmern kennzeichnend ist, jedoch nicht gleich (so LAG Hamm 2.2.2012, BeckRS 2013, 69215; vgl. auch BAG 18.1.2012, AP AÜG § 9 Nr. 10). Daneben kommt es nach der Rspr. auf die **Organisationsgewalt des Unternehmers** und das **Bestehen unternehmerischer Entscheidungsmöglichkeiten** an. Andere Kriterien wie zB Haftung und Vergütungsgefahr, die bei der Abgrenzung vom Werkvertrag ebenfalls eine (wenn auch nur untergeordnete) Rolle spielen, scheiden demgegenüber auf Grund des ganz anderen Inhalts von Dienstverträgen aus (ErfK/*Wank* § 1 Rn. 23). Auch an den Leistungsgegenstand lässt sich insoweit nicht anknüpfen, da der Dienstvertrag – im Unterschied zum Werkvertrag – gerade nicht erfolgsbezogen ist (vgl. nur BAG 8.11.1978, AP AÜG § 1 Nr. 2; vgl. auch Schüren/Hamann/*Hamann* § 1 Rn. 197 mwN; zu den Abgrenzungsbemühungen des Schrifttums *ders.,* § 1 Rn. 203 ff.).

93   Nach FW BA AÜG Ziff. 1.1.6.2 Abs. 1 setzt ein Dienstvertrag voraus, dass der dienstleistende Unternehmer die geschuldeten Dienste entweder in Person oder mittels seiner Erfüllungsgehilfen unter eigener Verantwortung und nach eigenem Plan ausführt (Organisation der Dienstleistung, zeitliche Disposition, Zahl der Erfüllungsgehilfen, Eignung der Erfüllungsgehilfen, usw).

94   **d) Abgrenzung zum Geschäftsbesorgungsvertrag.** Beim Geschäftsbesorgungsvertrag nach §§ 611, 631, 675 BGB handelt es sich um einen (atypischen) Dienst- oder Werkvertrag, der eine Geschäftsbesorgung zum Inhalt hat. Unter einer Geschäftsbesorgung ist dabei eine selbständige Tätigkeit wirtschaftlicher Art im Interesse einer anderen Person und innerhalb einer fremden wirtschaftlichen Interessensphäre zu verstehen. Was die Problematik der Abgrenzung gegenüber dem Arbeitnehmerüberlassungsvertrag betrifft, so gelten insoweit dieselben Kriterien wie bei der Abgrenzung der Arbeitnehmerüberlassung von Werk- und Dienstvertrag. Maßgeblich sind somit in erster Linie die tatsächliche **Eingliederung** in die Betriebsorganisation des Geschäftsherrn und va die (Befugnis zur) Erteilung von **Weisungen** gegenüber dem Dritten (Schüren/Hamann/*Hamann* § 1 Rn. 213; vgl. zum Ganzen zuletzt auch LAG Hamm 26.11.2010, BeckRS 2011, 68558).

95   **e) Abgrenzung der Arbeitnehmerüberlassung von anderen Formen der Dienstverschaffung.** Beim sog. Dienstverschaffungsvertrag handelt es sich um einen gesetzlich nicht geregelten, aber in Rspr. und Lit. anerkannten Vertrag sui generis. Hierin verpflichtet sich eine Partei, dem Vertragspartner die Dienstleistung eines Dritten zu verschaffen. Die Dienste können dabei entweder von Selbständigen oder von abhängig Beschäftigten geleistet werden. Der Arbeitnehmerüberlassungsvertrag ist ein Unterfall des Dienstverschaffungsvertrages, und zwar in der Form der Verschaffung der **Dienste abhängig Beschäftigter** (Schüren/Hamann/*Hamann* § 1 Rn. 217;

aA *Becker* ZfA 1978, 131 (145)). Dementsprechend stellt sich die Abgrenzungsfrage nur dort, wo die Verschaffung unselbständiger Dienste versprochen wird. Insoweit kann entweder Arbeitnehmerüberlassung oder Arbeitsvermittlung vorliegen. Letzteres ist der Fall, wenn derjenige, der fremde Dienste verschafft, nicht lediglich einen Arbeitnehmer zur Arbeitsleistung überlässt, sondern dem anderen zugleich ein Arbeitsverhältnis mit diesem Arbeitnehmer vermittelt (Schüren/Hamann/*Hamann* § 1 Rn. 217).

f) Die Problematik sog. Mischverträge. In der Praxis wird die Arbeit- **96** nehmerüberlassung häufig mit einem anderen Vertrag gekoppelt (sog. Mischvertrag). So überlässt eine Partei der anderen nicht selten **Maschinen** (Miet-, Leasing- oder Kaufvertrag) und stellt dafür zugleich das nötige **Bedienungspersonal** zur Verfügung (BAG 2.8.2006, NZA 2006, 1432; OLG Koblenz 14.3.2011, BeckRS 2011, 05944; vgl. zu dieser Gestaltung auch *Grimm/Linden* ArbRB 2014, 115). Die Rspr. stellt insoweit darauf ab, ob die Überlassung des Geräts oder die Überlassung des Personals für den Inhalt des Vertrages **prägend** ist (BAG 17.2.1993, AP AÜG § 10 Nr. 9 zur Gebrauchsüberlassung von Flugzeugen; BAG 31.1.1996, AP KSchG 1969 § 10 Nr. 17 Personenbedingte Kündigung; OLG München 1.8.1997, BB 1997, 1918). Ähnlich wird im Schrifttum eine Arbeitnehmerüberlassung angenommen, wenn der **Schwerpunkt** des Vertrages bei der Verschaffung des Personals liegt (*Kania* NZA 1994, 871 (872 f.); *Schaub* NZA 1985, Beil. 3, 1 (3); vgl. zum Ganzen auch Boemke/Lembke/*Boemke* § 1 Rn. 83 mwN). Zuweilen wird so darauf abgestellt, ob das Personal nur in der Anfangsphase der Maschinennutzung und lediglich zur Einweisung zur Verfügung gestellt wird oder zeitlich darüber hinaus im Betrieb tätig ist. Im letztgenannten Fall soll dann Arbeitnehmerüberlassung gegeben sein, wenn auch die allgemeinen Abgrenzungskriterien (Eingliederung, Organisationshoheit) erfüllt sind (so ErfK/*Wank* § 1 Rn. 27 u. Hinw. auf OLG Düsseldorf 30.4.2002, BB 2002, 2339). Nach FW BA AÜG Ziff. 1.1.6.5. Abs. 3 liegt Arbeitnehmerüberlassung vor, wenn schwerpunktmäßig die Beschaffung der Arbeitsleistung als Ziel verfolgt wird und die Überlassung des Gerätes dabei nur untergeordnete Bedeutung hat oder sie selbständiger **Hauptzweck** ist.

g) Mittelbares Arbeitsverhältnis. Zu beachten ist bei der Abgrenzung **97** schließlich auch, dass die Rspr. bei bestimmten arbeitsrechtlichen Drittbeziehungen vom Vorliegen eines sog. **mittelbaren Arbeitsverhältnisses** ausgeht (vgl. nur BAG 20.7.1982, AP BGB § 611 Mittelbares Arbeitsverhältnis Nr. 5; 22.7.1982, EzAÜG § 611 BGB Leiharbeitsverhältnis Nr. 5; 21.2.1990, AP BGB § 611 Abhängigkeit Nr. 57; grds. krit. zum mittelbaren Arbeitsverhältnis allerdings *Waas* RdA 1993, 153). Ein mittelbares Arbeitsverhältnis soll vorliegen, wenn ein Arbeitnehmer (mittelbarer Arbeitnehmer) von einem Mittelsmann (Zwischenmeister) beschäftigt wird, der seinerseits Arbeitnehmer eines Dritten (mittelbarer Arbeitgeber) ist.

Praktische Bedeutung gewonnen hat das mittelbare Arbeitsverhältnis ins- **98** besondere im Rahmen der sog. **„neuen Selbständigkeit"**, bei der Arbeitnehmer als selbständige Unternehmer die Erfüllung von Aufgaben übernehmen, die sie zuvor als Arbeitnehmer für ihren jetzigen Auftraggeber ausgeführt haben (vgl. hierzu insbes. *Wank* DB 1992, 90; Schüren/Hamann/ *Hamann* § 1 Rn. 228). Bei derartigen Konstellationen ist zB das Vorliegen von mittelbaren Arbeitsverhältnissen zum Auftraggeber zu prüfen, wenn der Scheinselbständige seinerseits frühere Arbeitskollegen als Arbeitnehmer eingestellt hat.

99   Die Frage der Abgrenzung zur Arbeitnehmerüberlassung stellt sich, wenn der mittelbare Arbeitnehmer seine Tätigkeit im Betrieb des evtl. mittelbaren Arbeitgebers ausübt. Gemeinsam ist beiden, dass sowohl der mittelbare Arbeitgeber als auch der Entleiher den Arbeitseinsatz des Arbeitnehmers steuern können. Allerdings handelt es sich beim Verleiher um einen selbständigen Unternehmer, wohingegen der **Zwischenmeister seinerseits Arbeitnehmer** ist (vgl. nur Schüren/Hamann/*Hamann* § 1 Rn. 231 f.). Wird das Vorliegen eines mittelbaren Arbeitsverhältnisses bejaht, muss stets geprüft werden, ob dieses als Umgehung arbeits- und sozialversicherungsrechtlicher Bestimmungen anzusehen ist. In Betracht zu ziehen ist dann, aufgrund einer analogen Anwendung des § 10 Abs. 1 AÜG zu einem (unmittelbaren) Arbeitsverhältnis zwischen dem mittelbaren Arbeitgeber und den mittelbaren Arbeitnehmern zu kommen (vgl. hierzu BAG 21.2.1990, AP BGB § 611 Abhängigkeit Nr. 57).

100   **h) Bedeutung der verwaltungsinternen Weisungen der Bundesagentur für Arbeit.** Praktisch abgemildert wird die Problematik der Abgrenzung dadurch, dass die BA in sog. Durchführungsanweisungen (www.arbeitsagentur.de.) Kriterien fixiert hat, auf die es bei der Abgrenzung zwischen Arbeitnehmerüberlassungsverträgen und anderen Formen des drittbezogenen Personaleinsatzes ankommen soll. Allerdings handelt es sich dabei lediglich um **behördeninterne Weisungen,** die nur die Mitarbeiter der BA binden. Außenwirkung, beispielsweise gegenüber den Gerichten, kommt ihnen nicht zu. Immerhin kann der Arbeitgeber bei Zugrundelegung dieser Vorschriften das Risiko abschätzen, dass die BA wegen illegaler Arbeitnehmerüberlassung Sanktionen gegen ihn verhängen wird (ErfK/*Wank* § 1 Rn. 30).

VI. Arbeitnehmerüberlassung im Rahmen einer wirtschaftlichen Tätigkeit

101   Bis zur Neufassung des § 1 Abs. 1 durch das Erste Gesetz zur Änderung des Arbeitnehmerüberlassungsgesetzes – Verhinderung von Missbrauch der Arbeitnehmerüberlassung v. 28.4.2011 (1. AÜGÄndG), BGBl. I S. 642, zielten die Bestimmungen des AÜG nur auf die **gewerbsmäßige Arbeitnehmerüberlassung.** Keine Anwendung fand das AÜG demgegenüber, von wenigen Ausnahmen abgesehen (§§ 1 Abs. 2, 14, str.), auf die nichtgewerbsmäßige Arbeitnehmerüberlassung (zur Vermutung von Arbeitsvermittlung vgl. nur BAG 21.3.1990, AP AÜG § 1 Nr. 15). Abgesehen von der Geltung des AÜG entschied die Gewerbsmäßigkeit auch darüber, ob der Verleih von Arbeitskräften einer gewerberechtlichen Erlaubnis nach § 2 AÜG bedurfte.

Statt auf die „Gewerbsmäßigkeit" der Arbeitnehmerüberlassung wird seit 102 der Neufassung des § 1 Abs. 1 durch das Erste Gesetz zur Änderung des Arbeitnehmerüberlassungsgesetzes – Verhinderung von Missbrauch der Arbeitnehmerüberlassung (1. AÜGÄndG v. 28.4.2011, BGBl. I S. 642) nur noch darauf abgestellt, ob diese **im Rahmen einer wirtschaftlichen Tätigkeit des Verleihers** erfolgt (näher hierzu *Thüsing/Thieken* DB 2012, 347). Diese Änderung trug Art. 1 Abs. 2 der RL 2008/104/EG Rechnung. Danach gilt die RL „für öffentliche und private Unternehmen, bei denen es sich um Leiharbeitsunternehmen oder entleihende Unternehmen handelt, die eine wirtschaftliche Tätigkeit ausüben, unabhängig davon, ob sie Erwerbszwecke verfolgen oder nicht". Nach der **Rechtsprechung des EuGH** fallen unter den Begriff der wirtschaftlichen Tätigkeiten alle Tätigkeiten, die darin bestehen, dass Güter oder Dienstleistungen auf einem bestimmten Markt angeboten werden (EuGH 10.1.2006, EuZW 2006, 306 f.; 1.7.2008, EuZW 2008, 605 f.). Insofern steht bei der Frage, ob von einer wirtschaftlichen Tätigkeit auszugehen ist, der Marktbezug im Vordergrund. Das zusätzliche Erfordernis einer Konkurrenzsituation, im Sinne eines Vorhandenseins mehrerer Anbieter oder Nachfrager, die zueinander in Wettbewerb stehen, wird dagegen gerade nicht vorausgesetzt (vgl. dazu auch LAG Bremen 12.7.2016 – 1 Sa 70/15, RdLH 2017, 41). Auch die ohne Gewinnerzielungsabsicht ausgeübte Arbeitnehmerüberlassung ist erlaubnispflichtig (so ausdrücklich EuGH 17.11.2016, BeckRS 2016, 82685 unter Rn. 46: Erwerbszweck nicht erforderlich). Dies schließt insbesondere die „selbstlose" (vgl. § 52 Abs. 1 AO) Arbeitnehmerüberlassung durch eine gemeinnützige Institution ein (vgl. BAG 23.7.2014, NZA 2015, 46; vgl. auch *Böhm* DB 2011, 473). Durch die Neuregelung sollte klargestellt werden, dass beispielsweise auch konzerninterne Personalservicegesellschaften, die Leiharbeitnehmer zum Selbstkostenpreis anderen Konzernunternehmen überlassen, eine Erlaubnis nach § 1 benötigen (so die Begründung des RegE, BT-Drs. 17/4804, 8). Dies war bis zur seinerzeitigen Neuregelung umstr. (vgl. wieder *Böhm,* DB 2011, 473, mwN; auch *Lembke* DB 2011, 414).

Unerheblich ist, ob der Verleiher Arbeitnehmerüberlassung neben anderen 103 Tätigkeiten betreibt. Die Erlaubnispflicht nach dem AÜG entsteht – bei Vorliegen der sonstigen Voraussetzungen – auch dann, wenn es sich bei der Arbeitnehmerüberlassung **um eine von mehreren Aktivitäten des Arbeitgebers** handelt (vgl. nur BAG 20.1.2016, AP AÜG § 1 Nr. 38 mwN). Nach FW BA AÜG Ziff. 1.1.3 Abs. 2 ist unerheblich, ob die Arbeitnehmerüberlassung für einen Betrieb **Haupt- oder Nebenzweck** ist oder die Arbeitnehmer sowohl in eigener Betriebsstätte beschäftigt als auch bei sich bietender Gelegenheit Dritten zur Arbeitsleistung überlassen werden **(Mischbetriebe).**

1. Selbständige Tätigkeit

Legt man die gewerberechtliche Begriffsbildung zugrunde, so ist selbstän- 104 diger Gewerbetreibender, wer **im eigenen Namen** und **in der Regel auf eigene Rechnung und unter Übernahme des unternehmerischen Risikos** bei grundsätzlich bestehender **persönlicher und sachlicher Unab-**

hängigkeit tätig ist (*Tettinger/Wank* GewO § 1 Rn. 25 f.). Dabei wird in der Lit. zunehmend darauf hingewiesen, dass schon iRd allgemeinen Arbeitnehmerbegriffs der (Nicht-)Übernahme eines Unternehmerrisikos (und der Eröffnung entsprechender unternehmerischer Chancen) Bedeutung zukommt (ErfK/*Wank* § 1 Rn. 32 mwN).

2. Auf Dauer angelegte Tätigkeit

105   Zudem muss die Tätigkeit **auf eine gewisse Dauer angelegt** sein (vgl. hierzu zB BAG 16.3.2000, EzAÜG § 1 AÜG Konzerninterne Arbeitnehmerüberlassung Nr. 8). Erfasst werden soll nur eine **nachhaltige, planmäßige** und nicht auch eine nur gelegentliche, zufällige oder auf vorübergehende Zeit ausgerichtete Tätigkeit (*Tettinger/Wank* GewO § 1 Rn. 8 ff.). Bloße Bagatellfälle sollen, um es anders zu wenden, ausgeklammert bleiben (ErfK/*Wank* § 1 Rn. 33). Dies bedeutet zB, dass die nur einmalige (vorübergehende) Überlassung eines Arbeitnehmers, bei der man häufig auch von echter Arbeitnehmerüberlassung spricht, nicht in den Anwendungsbereich des AÜG fällt. Anders liegt es allerdings dann, wenn es sich dabei um eine **erstmalige Arbeitnehmerüberlassung in Wiederholungsabsicht** handelt (Schüren/Hamann/*Hamann* § 1 Rn. 258 ff. jew. mwN; aA wohl *Sandmann/Marschall/Schneider,* Voraufl., Art. 1 § 1 Rn. 38, nach denen bei Wirtschaftsunternehmen bereits die einmalige Überlassung eine tatsächliche Vermutung für das Vorliegen einer „Gewerbsmäßigkeit" rechtfertigen soll).

3. Nicht erforderlich: Gewinnerzielungsabsicht

106   Das früher im Rahmen der „Gewerbsmäßigkeit" zu beachtende Erfordernis der Gewinnerzielungsabsicht ist mit der Neuregelung durch das Erste Gesetz zur Änderung des Arbeitnehmerüberlassungsgesetzes – Verhinderung von Missbrauch der Arbeitnehmerüberlassung v. 28.4.2011 (1. AÜGÄndG), BGBl. I S. 642 entfallen. Dies hat zur Folge, dass auch Verleiher, die keine Gewinnerzielungsabsicht verfolgen, sondern **gemeinnützig** handeln, dem AÜG unterliegen (ebenso *Lembke* NZA 2011, 609; ErfK/*Wank* § 1 Rn. 34; vgl. aus der Rspr. zuletzt LAG Bremen 12.7.2016 – 1 Sa 70/15, RdLH 2017, 41; aA *Hamann* NZA 2011, 70). Insbesondere fallen somit in den Anwendungsbereich des AÜG Unternehmen, die gemeinnützige, karitative, künstlerische oder sonstige ideelle Zwecke verfolgen.

VII. Nichtvorliegen von Arbeitsvermittlung (Abs. 2)

1. Notwendigkeit der Abgrenzung

107   § 1 Abs. 1 S. 1 aF bestimmte, dass Arbeitnehmerüberlassung ausgeschlossen ist, wenn **Arbeitsvermittlung** vorliegt. Zum Ausdruck gebracht wurde dies durch das negative Tatbestandsmerkmal „ohne damit Arbeitsvermittlung nach § 13 Arbeitsförderungsgesetz zu betreiben". Dieses Merkmal entfiel mit der Neuregelung durch das Gesetz zur Reform der Arbeitsförderung (Arbeitsförderungs-Reformgesetz – AFRG) vom 24.3.1997 (BGBl. I S. 594). Zwar ist

die Ausübung des Vermittlungsgewerbes nicht mehr an eine besondere Vermittlungserlaubnis gebunden (vgl. *Kossens* DB 2002, 843). Nichtsdestoweniger besteht weiterhin die Notwendigkeit einer Differenzierung zwischen Arbeitnehmerüberlassung und Arbeitsvermittlung. Diese ergibt sich daraus, dass für diese ganz **unterschiedliche Zulässigkeitsvoraussetzungen** gelten (vgl. nur Schüren/Hamann/*Hamann* § 1 Rn. 283).

2. Arbeitnehmerüberlassung und Arbeitsvermittlung

Bei der Arbeitnehmerüberlassung stellt der Verleiher bei ihm beschäftigte   **108** Arbeitnehmer einem anderen zur Arbeitsleistung zur Verfügung, ohne dabei die Eigenschaft als Arbeitgeber zu verlieren. Demgegenüber enthält § 35 Abs. 1 S. 2 SGB III eine **Legaldefinition der Arbeitsvermittlung,** wonach diese alle Tätigkeiten umfasst, „die darauf gerichtet sind, Ausbildungssuchende mit Arbeitgebern zur Begründung eines Ausbildungsverhältnisses und Arbeitsuchende mit Arbeitgebern zur Begründung eines Beschäftigungsverhältnisses zusammenzuführen". Dabei kommt es nicht darauf an, ob der angestrebte Vermittlungserfolg auch tatsächlich eintritt.

Bedenkt man die ganz unterschiedlichen Voraussetzungen von Arbeitneh-   **109** merüberlassung einerseits und Arbeitsvermittlung andererseits, so lassen sich diese, jedenfalls abstrakt gesehen, **klar voneinander unterscheiden** (Boemke/Lembke/*Boemke* § 1 Rn. 69; ErfK/*Wank* § 1 Rn. 45; vgl. zum Ganzen auch Gagel/*Peters-Lange* SGB III § 35 Rn. 26 ff.). Da der Leiharbeitnehmer auch während seines Einsatzes in einem anderen Unternehmen in einem Arbeitsverhältnis zum Verleiher steht, ist er kein „Arbeitsuchender" iSd § 35 Abs. 1 SGB III (Schüren/Hamann/*Hamann* § 1 Rn. 288). Dementsprechend kann eine Arbeitnehmerüberlassung zwar legal oder illegal sein. Doch macht ihre Illegalität eine Arbeitnehmerüberlassung noch nicht zur Arbeitsvermittlung (*Boemke/Lembke* DB 2002, 895; ErfK/*Wank,* § 1 Rn. 45).

Die Tätigkeit des Vermittlers ist darauf gerichtet, Arbeit- bzw. Ausbildung-   **110** suchende mit Arbeitgebern zur Begründung eines Beschäftigungs- bzw. Ausbildungsverhältnisses zusammenzuführen. Charakteristisch ist demnach eine bestimmte **Zielrichtung.** Dementsprechend kommen nach hM als Vermittlung alle Tätigkeiten in Betracht, die auf einen Vermittlungserfolg hinführen sollen (vgl. nur BSG 11.5.1976, SozR 4000 § 4 AFG Nr. 2). Hierzu zählen insbesondere Vorbereitungshandlungen wie zB das Einholen von Arbeitsangeboten.

Gleichgültig ist, ob sich die Tätigkeit des Vermittlers **auf den Arbeitsu-**   **111** **chenden oder den Arbeitbietenden richtet.** Auch ist unerheblich, ob es letztlich **zum Abschluss eines Arbeitsvertrags kommt** oder ob die Vermittlungstätigkeit im Fall des Zustandekommens eines Arbeitsvertrags hierfür **ursächlich** war (Schüren/Hamann/*Hamann* § 1 Rn. 298).

Auch eine **vorgeschaltete Arbeitnehmerüberlassung** ist als Vorberei-   **112** tungshandlung iSd § 35 Abs. 1 S. 2 SGB III zu beurteilen, wenn bereits bei Abschluss des Arbeitnehmerüberlassungsvertrags für den Fall der Bewährung die Übernahme des Arbeitnehmers in ein Arbeitsverhältnis mit dem Entleiher vereinbart wird. Da die Arbeitnehmerüberlassung in einem derartigen Fall

(auch) eine **Vermittlungsfunktion** hat und als Probezeit ohne Arbeitsverhältnis dient, muss der Verleiher im Zeitpunkt der Überlassung sowohl eine
Überlassungserlaubnis als auch eine allgemeine Gewerbeerlaubnis haben
(Schüren/Hamann/*Hamann* § 1 Rn. 297). Im Fall der vorgeschalteten Arbeitnehmerüberlassung konnte früher für den Fall der Übernahme des Leiharbeitnehmers die Zahlung einer **Vermittlungsgebühr** durch den Entleiher vereinbart werden. § 9 Abs. 1 Nr. 5 bestimmt seit der Neufassung des AÜG
durch das Erste Gesetz zur Änderung des Arbeitnehmerüberlassungsgesetzes –
Verhinderung von Missbrauch der Arbeitnehmerüberlassung (1. AÜGÄndG)
v. 28.4.2011, BGBl. I S. 642), dass Vereinbarungen, nach denen der Leiharbeitnehmer eine Vermittlungsvergütung an den Verleiher zu zahlen hat,
unwirksam sind (vgl. zur Problematik auch BGH 10.11.2011 NZA-RR
2012, 67). Die Vorschrift ist vor dem Hintergrund des Art. 6 Abs. 3 der RL
2008/104/EG zu sehen, wonach von Leiharbeitnehmern insbesondere kein
Entgelt im Gegenzug zur Überlassung an ein entleihendes Unternehmen
verlangt werden kann. Das Gleiche soll in dem Fall gelten, dass die Leiharbeitnehmer nach beendeter Überlassung mit dem betreffenden Entleiher ein
Arbeitsverhältnis eingehen (BT-Drs. 17/4804, 10).

113   Von der Arbeitsvermittlung iSv § 35 Abs. 1 S. 2 SGB III erfasst werden
auch Fälle, in denen der „Vermittler" **lediglich formal die Arbeitgeberstellung** innehat, aber nicht die üblichen Arbeitgeberpflichten oder das übliche Arbeitgeberrisiko übernimmt (BSG 29.7.1970, AP AVAVG § 37 Nr. 9;
BGH 23.10.1974, AP AFG § 4 Nr. 1; vgl. auch Schüren/*Hamann* § 1
Rn. 301 f.).

3. Rechtsfolgen unerlaubter Arbeitsvermittlung

114   Wird ein Arbeitnehmer oder Auszubildender vermittelt, ohne dass der
Vermittler eine gewerberechtliche Erlaubnis gem. § 35 GewO hätte, dann ist
der **Vermittlungsauftrag** als unwirksam zu beurteilen. Wirksam ist dagegen
das illegal vermittelte **Arbeits- oder Ausbildungsverhältnis** (Schüren/
Hamann/*Hamann* § 1 Rn. 305; *Ulber* Einl. D Rn. 45). Umstr. ist seit der
Aufhebung des § 13 AÜG aF, ob in den Fällen der nach § 1 Abs. 2 iVm
§ 3 Abs. 1 Nr. 1–3 zu vermutenden Arbeitsvermittlung **kraft Gesetzes ein
Arbeitsverhältnis mit dem Entleiher zustande kommt** (abl. BAG
28.6.2000, AP AÜG § 13 Nr. 3; 19.3.2003, BeckRS 2003, 41314; aA demgegenüber zB *Hamann* BB 1999, 1655; auch *Ulber* Einl. D Rn. 47 ff.; vgl. auch
die Nachw. bei Schüren/Hamann/*Hamann* § 1 Rn. 306).

VIII. Vorliegen eines Arbeitsverhältnisses zwischen Verleiher und Leiharbeitnehmer (Satz 3)

115   Mit der durch das Gesetz zur Änderung des Arbeitnehmerüberlassungsgesetzes – Verhinderung von Missbrauch der Arbeitnehmerüberlassung (1.
AÜGÄndG) v. 28.4.2011, BGBl. I S. 642 eingefügten Regelung in Satz 3
soll sichergestellt werden, dass Leiharbeitnehmer nur von ihrem vertraglichen
Arbeitgeber verliehen werden dürfen. Entsprechend der bisherigen Verwal-

tungspraxis der Bundesagentur für Arbeit ist damit ein **Ketten-, Zwischen- oder Weiterverleih untersagt,** bei dem ein Entleiher die ihm von einem Verleiher überlassenen Leiharbeitnehmer seinerseits anderen Entleihern zur Arbeitsleistung zur Verfügung stellt (zur verfassungsrechtlichen Unbedenklichkeit der Regelung *Ulrici* HK-AÜG § 1 Rn. 18). Damit ist auch für die Leiharbeitnehmer erkennbar, wem gegenüber er zur Erbringung der Arbeitsleistung verpflichtet ist. Verstöße gegen dieses Verbot können wie bisher erlaubnisrechtliche Konsequenzen nach sich ziehen. Ergänzend wird in § 16 Abs. 1 Nr. 1b ein Ordnungswidrigkeitstatbestand eingeführt (BT-Drs. 18/9232, 19).

Sanktioniert wird der Verstoß gegen das Verbot des Kettenverleihs überdies **116** durch den **neu eingefügten § 10a AÜG,** mit dem der Gesetzgeber sicherstellen will, dass die in §§ 9, 10 AÜG enthaltenen Sanktionen auch im Mehrpersonenverhältnis zur Anwendung gelangen (BT-Drs. 18/9232, 27; näher hierzu *Henssler/Grau,* Arbeitnehmerüberlassung und Werkverträge, § 5 Rn. 29).

IX. Vorübergehende Arbeitnehmerüberlassung, Überlassungshöchstdauer (Satz 4)

Mit dem Ersten Gesetz zur Änderung des Arbeitnehmerüberlassungsgeset- **117** zes – Verhinderung von Missbrauch der Arbeitnehmerüberlassung (1. AÜGÄndG) v. 28.4.2011, BGBl. I S. 642, wurde in Abs. 1 ein neuer S. 2 eingefügt. Danach darf die Arbeitnehmerüberlassung nur „vorübergehend" erfolgen. Diese Regelung ist im Zusammenhang mit der RL 2008/104/EG zu sehen. Art. 1 Abs. 1 der RL bestimmt, dass die RL für Arbeitnehmer gilt, die „mit einem Leiharbeitsunternehmen einen Arbeitsvertrag geschlossen haben oder ein Beschäftigungsverhältnis eingegangen sind und die entleihenden Unternehmen zur Verfügung gestellt werden, um vorübergehend unter deren Aufsicht und Leitung zu arbeiten". Entsprechend definiert Art. 3 Abs. 1 Buchst. e der RL den Begriff „Überlassung" als „den Zeitraum, während dessen der Leiharbeitnehmer dem entleihenden Unternehmen zur Verfügung gestellt wird, um dort unter dessen Aufsicht und Leitung vorübergehend zu arbeiten". Das BAG hat dies so verstanden, dass jedenfalls die ohne jegliche zeitliche Begrenzung vorgenommene Arbeitnehmerüberlassung, bei der ein Leiharbeitnehmer dauerhaft anstelle eines Stammarbeitnehmers eingesetzt werden soll, nicht (mehr) „vorübergehend" ist (BAG 30.9.2014, NZA 2015, 240; vgl. auch LAG Schleswig-Holstein 6.7.2016, BeckRS 2016, 74244 für eine unionsrechtskonforme Auslegung, nach der sowohl eine personenbezogene als auch eine aufgabenbezogene Betrachtung zu erfolgen habe; vgl. zum Ganzen auch *Weber* FS v. Hoyningen-Huene, 2014, 581; *Henssler/Grau,* Arbeitnehmerüberlassung und Werkverträge, § 5 Rn. 60 ff.).

Mit der Neufassung des Abs. 1 durch das Gesetz zur Änderung des Arbeit- **118** nehmerüberlassungsgesetzes und anderer Gesetze ist die Überlassung zukünftig **vorübergehend bis zu einer Überlassungshöchstdauer von 18 aufeinander folgenden Monaten (Abs. 1 S. 4 iVm Abs. 1b) zulässig.** Damit knüpft der Gesetzgeber an frühere Fassungen des § 1 AÜG an, die ebenfalls eine Überlassungshöchstdauer bestimmten (vgl. nur *Henssler/Grau,* Arbeitnehmerüberlassung und Werkverträge, § 5 Rn. 57 ff.). Durch die Fixierung einer Überlassungshöchstdauer soll „das bisherige Kriterium der vorübergehenden Arbeitnehmerüberlassung und die Rechtsprechung des Bundesarbeitsgerichts hierzu" im Interesse der Rechtssicherheit konkretisiert werden (BT-Drs. 18/9232, 20). Dementsprechend kommt dem **Merkmal „vorübergehend" in Zukunft keine eigenständige Bedeutung** zu (ebenso *Henssler/Grau,* Arbeitnehmerüberlassung und Werkverträge, § 5 Rn. 70).

119   **§ 1 Abs. 1 S. 4 ist an beide Parteien des Arbeitnehmerüberlassungsvertrages gerichtet:** Der Verleiher darf nicht über einen Zeitraum von 18 Monaten hinaus einen Leiharbeitnehmer an einen Entleiher überlassen, der seinerseits nicht berechtigt ist, diesen länger als 18 Monate bei sich einzusetzen (*Bissels/Falter* ArbRAktuell 2017, 4). Mit der Neuregelung soll die **Arbeitnehmerüberlassung auf ihre „Kernfunktion" zurückgeführt** und der Verdrängung von Stammarbeitnehmern gesetzlich entgegengewirkt werden (BT-Drs. 18/9232, 15).

120   Im Schrifttum ist die Neuregelung auf Kritik gestoßen (vgl. etwa *Franzen* RdA 2015, 141; auch *Henssler* RdA 2016, 18 (23), der die Vorschrift als „praxisfremd" kritisiert). Auch die Vereinbarkeit der Höchstüberlassungsdauer mit der Richtlinie 2008/104/EG wird verschiedentlich bezweifelt (*Seel* öAT 2016, 27; bejahend zur Europarechtskonformität der Regelung dagegen *Willemsen/Mehrens* NZA 2015, 897; *Hamann* NZA 2015, 904; ebenso *Henssler/Grau,* Arbeitnehmerüberlassung und Werkverträge, § 5 Rn. 68 mwN; zur unionsrechtlichen Bewertung zuletzt *Hamann/Klengel* EuZA 2017, 194).

X. Vermeidung missbräuchlicher Vertragsgestaltungen (Sätze 5 u. 6)

121   Mit der in den Sätzen 5 u. 6 enthaltenen Neuregelung durch das Gesetz zur Änderung des Arbeitnehmerüberlassungsgesetzes und anderer Gesetze (BT-Drs. 18/9232) soll **missbräuchlichen Gestaltungen des Fremdpersonaleinsatzes in Form der verdeckten Arbeitnehmerüberlassung entgegengewirkt** werden. Der Gesetzgeber reagiert damit auf Fälle, in denen Personen im Rahmen eines bloß formal als Werkvertrag bezeichneten Vertrags an einen Dritten überlassen wurden, wobei der vermeintliche Werkunternehmer eine Verleiherlaubnis vorrätig hielt (sog. „Fallschirmlösung"). Wurde deutlich, dass der vermeintliche Werkvertrag tatsächlich als Überlassungsvertrag zwischen den Parteien gelebt wurde, weil der Dritte arbeitsrechtliche Weisungsrechte gegenüber den eingesetzten Arbeitnehmern ausübte, konnte der vermeintliche Werkunternehmer die auf Vorrat gehaltene Verleiherlaubnis vorlegen, um das Eingreifen der im AÜG vorgesehenen Rechtsfolgen einer illegalen Arbeitnehmerüberlassung zu verhindern (vgl. hierzu statt vieler *Brose* DB 2014, 1739; *Hamann/Rudnik* NZA 2015, 449; *Geiße/Scheuer* BB 2015, 1461 jew. mwN; *Ulrici* BB 2015, 1209; zu den Rechtsfolgen BAG 12.7.2016, BeckRS 2016, 72463: Keine Fiktion eines Arbeitsverhältnisses mit dem Entleiher gem. § 10 Abs. 1 S. 1 AÜG bei beste-

hender Erlaubnis; näher hierzu etwa *Henssler/Grau,* Arbeitnehmerüberlassung und Werkverträge, § 5 Rn. 196).

In Zukunft sollen der vermeintliche Werkunternehmer und sein Auftrag- **122** geber auch bei Vorlage einer Verleiherlaubnis nicht besser gestellt sein, als derjenige, der ohne die erforderliche Erlaubnis Arbeitnehmerüberlassung betreibt. Arbeitnehmerüberlassung soll deshalb nach der Neuregelung in § 1 Abs. 1 S. 5 und 6 **zwingend offengelegt erfolgen** und die **verdeckte Arbeitnehmerüberlassung sanktioniert** werden. Hierzu wird geregelt, dass die Überlassung des Arbeitnehmers **ausdrücklich als Arbeitnehmer-überlassung zu bezeichnen** ist. Dies ist nach Satz 5 zunächst in dem Vertrag zwischen Entleiher und Verleiher vorzusehen. Da diese Überlassungsverträge auch als Rahmenverträge über ein Arbeitskräftekontingent ausgestaltet sein können, bestimmt Satz 6, dass vor der Überlassung die **Person des Leihar-beitnehmers zu konkretisieren** ist (kritisch insoweit *Lembke* NZA 2017, 1; für überflüssig, wenn nicht gar kontraproduktiv wird diese Regelung ein-geschätzt von *Kainer/Schweipert* NZA 2017, 13). Letzteres wird insbesondere relevant, wenn der Überlassungsvertrag als Rahmenvertrag über ein Arbeits-kräftekontingent ausgestaltet ist (vgl. FW BA AÜG Ziff. 1.1.6.7 Abs. 1). Flan-kiert wird die Offenlegung der Arbeitnehmerüberlassung durch § 11 Abs. 2 S. 4 AÜG, der eine Informationspflicht gegenüber dem Leiharbeitnehmer bestimmt (näher hierzu etwa *Henssler/Grau,* Arbeitnehmerüberlassung und Werkverträge, § 5 Rn. 209). In der Praxis dürfte den Erfordernissen der Offenlegung schon jetzt in weitem Umfang entsprochen werden. Schwierig-keiten sind aber insbesondere bei sog. Mischunternehmen zu erwarten, wel-che Fremdpersonal neben einer Arbeitnehmerüberlassung auch in Werk-oder Dienstverträgen bei deren Auftraggebern einsetzen, sowie bei Unter-nehmen, die ausschließlich auf Grundlage von Werk- oder Dienstverträgen mit einer „gewissen Nähe" zur Arbeitnehmerüberlassung tätig sind (*Urban-Crell/Germakowski/Bissels/Hurst* § 1 Rn. 280 f.).

Was die Offenlegung anbelangt, so muss diese in jedem Fall **vor der** **123** **Überlassung** durch den Verleiher bzw. vor dem tatsächlichen Einsatz des überlassenen Leiharbeitnehmers erfolgen (so *Henssler/Grau,* Arbeitnehmer-überlassung und Werkverträge, § 5 Rn. 201). Ob die Konkretisierung der Leiharbeitnehmer nach Abs. 1 S. 6 – ebenso wie die Offenlegung nach Abs. 1 S. 5 („in ihrem Vertrag") – unter **Beachtung der Schriftform** (§ 12 AÜG, §§ 126, 126a BGB) erfolgen muss, ist nicht ganz deutlich (bejahend etwa *Bauer* BD 2016, 10; *Zimmermann* BB 2016, 55; zweifelnd *Bissels/Falter* ArbRAktuell 2017, 4; *Henssler/Grau,* Arbeitnehmerüberlassung und Werkverträge, § 5 Rn. 203; vgl. zum Ganzen auch *Thüsing/Mathy* BB 2017, 821; zu praktischen Schwierigkeiten in Fällen eines kurzfristigen Ersatzes *dies.,* BB 2017, 821; vgl. hierzu auch FW BA AÜG Ziff. 1.1.6.7 Abs. 2: „Je nachdem, wie Ver-und Entleiher den Überlassungsvertrag im Rahmen der Privatautonomie aus-gestalten, kann auch die namentliche Benennung der zu überlassenden Leih-arbeitnehmer und damit die **Konkretisierung** der Schriftform unterliegen").

Verstoßen Verleiher und Entleiher gegen die Offenlegungs- und die **124** Konkretisierungspflicht, sind die Arbeitsverträge zwischen Verleiher und Leiharbeitnehmer künftig unwirksam (näher hierzu *Bissels* NZA 2017, 214).

Stattdessen wird ein **Arbeitsverhältnis zwischen Entleiher und Leiharbeitnehmer fingiert** (einen kumulativen Verstoß gegen Offenlegungs- und Konkretisierungspflicht fordern in der Tat *Lembke* NZA 2017, 1; *Bissels* NZA 2017, 214; *Bissels/Falter* ArbRAktuell 2017, 4; *Henssler/Grau,* Arbeitnehmerüberlassung und Werkverträge, § 5 Rn. 207 u. 2016; aA wohl *Gaul/Hahne* BB 2016, 59; massive Zweifel an der Rechtmäßigkeit dieser Sanktion bei *Kainer/Schweipert* NZA 2017, 13). Zudem können der vermeintliche Werkunternehmer (und tatsächliche Verleiher) sowie der vermeintliche Werkbesteller (und tatsächliche Entleiher) jeweils mit einem Bußgeld belegt werden (BT-Drs. 18/9232, 19 f.). Darüber hinaus kann ein Verstoß erlaubnisrechtliche Folgen haben (vgl. §§ 3 Abs. 1 Nr. 1, 5 u. 5 AÜG). Ob § 1 Abs. 1 S. 5 u. 6 darüber hinaus als Verbotsnorm iSd § 99 Abs. 2 Nr. 1 BetrVG anzusehen ist, ist nicht vollkommen deutlich (verneinend *Henssler/Grau,* Arbeitnehmerüberlassung und Werkverträge, § 5 Rn. 208).

125   In der Literatur besteht verbreitet Skepsis gegenüber der Sanktionierung verdeckter Arbeitnehmerüberlassung und ihrer Gleichstellung mit unerlaubter Arbeitnehmerüberlassung. Eingewandt wird insoweit insbesondere, dass derjenige, der Arbeitnehmerüberlassung ohne jegliche Erlaubnis betreibe, sich schon von vornherein überhaupt keinem Zuverlässigkeitstest durch die Erlaubnisbehörde unterzogen habe. Das gelte für einen Erlaubnisinhaber nicht in gleichem Maße (vgl. etwa *Franzen* RdA 2015, 141; *Henssler* RdA 2016, 18; *Henssler/Grau,* Arbeitnehmerüberlassung und Werkverträge, § 5 Rn. 197). Auch wird auf die Rechtsunsicherheit hingewiesen, die insoweit vielfach bestehe. Sich vor dieser mit einer vorsorglichen Arbeitnehmerüberlassungserlaubnis zu schützen, könne nicht o. W. als missbräuchlich bewertet werden (*Sprenger* ZTR 2016, 558; *Seier* DB 2015, 494; *Willemsen/Mehrens* NZA 2015, 897).

XI. Abordnung zu einer Arbeitsgemeinschaft (Abs. 1a)

1. Hintergrund und Zweck der Privilegierung

126   Mit dem Siebten Gesetz zur Änderung des Arbeitsförderungsgesetzes vom 20.12.1985 (BGBl. I S. 2484) gelangte § 1 Abs. 1 S. 2 aF in das AÜG. Danach stellt es keine Arbeitnehmerüberlassung dar, wenn Arbeitnehmer zu einer Arbeitsgemeinschaft abgeordnet werden. Demzufolge finden die **Vorschriften des AÜG in diesem Fall keine Anwendung.** Diese Regelung ist nach der Neufassung des § 1 AÜG durch das Gesetz zur Änderung des Arbeitnehmerüberlassungsgesetzes und anderer Gesetze (BT-Drs. 18/9232) in Abs. 1a enthalten.

127   In der Begründung des seinerzeitigen Regierungsentwurfs (vgl. BT-Drs. 7/4804, 8) wird davon ausgegangen, die Vorschrift sei von der RL 2008/104/EG gedeckt, da nach Art. 2 Abs. 1 Buchst. c „Leiharbeitnehmer" nur der Arbeitnehmer ist, „der mit einem Leiharbeitsunternehmen einen Arbeitsvertrag geschlossen hat oder ein Beschäftigungsverhältnis eingegangen ist, um einem entleihenden Unternehmen überlassen zu werden und dort unter dessen Aufsicht und Leitung vorübergehend zu arbeiten". Demgegenüber bestehen in der Lit. Zweifel an der Vereinbarkeit der Regelung mit dem EU-Recht (vgl. nur ErfK/*Wank* § 1 Rn. 38 mwN).

Die Privilegierung der Arbeitsgemeinschaften geht auf **Forderungen der** 128 **Gewerkschaften und der Arbeitgeberverbände in der Bauwirtschaft** zurück. Beide Seiten traten dafür ein, die Abordnung zu einer Arbeitsgemeinschaft unter bestimmten Voraussetzungen nicht als Arbeitnehmerüberlassung zu behandeln (*Sandmann/Marschall/Schneider* Art. 1 § 1 Rn. 52b; *Ulber* § 1 Rn. 231e). Trotz dieses spezifischen Hintergrunds ist die Regelung allerdings nicht auf den Bereich des Baugewerbes beschränkt (vgl. dazu *Weisemann* BB 1989, 907).

Zweck des Gesetzes ist es – im Einklang mit den entsprechenden Forde- 129 rungen aus der Bauwirtschaft – Erschwernisse zu beseitigen, die sich aus der Anwendung des AÜG bei dieser **wirtschaftlich sinnvollen Art der Zusammenarbeit** im Zusammenhang mit der Herstellung von Großanlagen und Großbauten ergeben würden. Allerdings bleibt es gegenüber **reinen Verleihunternehmen** bei der Anwendung des AÜG (Boemke/Lembke/*Boemke* § 1 Rn. 123; Schüren/Hamann/*Hamann* § 1 Rn. 313). Denn die Privilegierung nach § 1 Abs. 1a S. 1 greift nur dann ein, wenn der überlassende Arbeitgeber selbst Mitglied der Arbeitsgemeinschaft ist, für alle Mitglieder Tarifverträge desselben Wirtschaftszweiges gelten und alle Mitglieder auf Grund des Arbeitsgemeinschaftsvertrags zur selbständigen Erbringung von Vertragsleistungen verpflichtet sind.

Ganz abgesehen von der gesetzlichen Regelung ermöglichen **Tarifver-** 130 **träge des Baugewerbes** die Freistellung von Arbeitnehmern zu einer Bau-ARGE außerhalb des AÜG. Nach § 9 BRTV-Bau ruht das Arbeitsverhältnis eines zu einer ARGE abgeordneten Arbeitnehmers. Zugleich wird für die Dauer der Abordnung ein zusätzliches, eigenständiges Arbeitsverhältnis begründet. Dabei ist durch § 9 Nr. 2.1 BRTV-Bau sichergestellt, dass der abgeordnete Arbeitnehmer keine finanziellen Einbußen zu befürchten braucht. Nach dieser Vorschrift bleiben ihm die tariflichen Ansprüche gegen seinen „Stammarbeitgeber" erhalten. Dasselbe gilt für Ansprüche auf die steuerfreie tarifliche Auslösung, die Fahrtkostenabgeltung und den Verpflegungszuschuss gem. § 7 BRTV-Bau. § 9 Nr. 2.2 BRTV-Bau sorgt überdies dafür, dass der Arbeitnehmer bei der Berechnung der Dauer der Betriebszugehörigkeit zum Stammbetrieb keine Nachteile erleidet (vgl. zum Ganzen auch Schüren/Hamann/*Hamann* § 1 Rn. 346 ff.).

2. Voraussetzungen

a) ARGE zur Herstellung eines Werks. Zunächst setzt das Eingreifen 131 der Privilegierung des § 1 Abs. 1a S. 1 das Bestehen einer Arbeitsgemeinschaft zum Zwecke der Herstellung eines Werkes voraus.

Unter einer ARGE versteht man den **Zusammenschluss mehrerer** 132 **Unternehmen auf vertraglicher Grundlage zur Verfolgung eines gemeinsamen Zwecks** (Boemke/Lembke/*Boemke* § 1 Rn. 125). In der Praxis werden Arbeitsgemeinschaften überwiegend in der Form von Gesellschaften des bürgerlichen Rechts (GbR) praktiziert (Boemke/Lembke/*Boemke* § 1

Rn. 125; Schüren/Hamann/*Hamann* § 1 Rn. 316). Doch setzt das Gesetz
keine besondere Form voraus, sondern fordert nur, dass die ARGE auf
rechtsgeschäftlicher Grundlage gebildet wurde. Gleichgültig ist, in welcher
Rechtsform die Mitglieder organisiert sind (ErfK/*Wank* § 1 Rn. 38b). Doch
muss jedes Mitglied **rechtsfähig** sein, da es andernfalls nicht Gesellschafter
sein könnte (Einzelheiten bei *Knigge* DB 1982, Beil. 4, S. 1). Eine ARGE
kann auch in einem anderen Wirtschaftszweig gebildet werden und ist somit
nicht auf den Bereich der Baubranche beschränkt; denkbar ist die Bildung einer ARGE etwa auch bei komplexen Entwicklungs- und Forschungs-
arbeiten in der Industrie (Boemke/Lembke/*Boemke* § 1 Rn. 125; Schüren/
Hamann/*Hamann* § 1 Rn. 319; ErfK/*Wank* § 1 Rn. 39; auch *Weisemann* BB
1989, 907 (909)). Doch liegt in der Baubranche der Hauptanwendungsbe-
reich dieser Form der Zusammenarbeit zwischen verschiedenen Unternehmen.

133   Zu beachten ist allerdings, dass die Privilegierung von Arbeitsgemeinschaften nach dem klaren Wortlaut des Abs. 1a S. 1 nur dann eingreift, wenn sie
auf die **Herstellung eines Werkes** gerichtet sind. Dabei ist der Begriff des
Werkes mit dem entsprechenden Begriff in § 631 BGB identisch (Boemke/
Lembke/*Boemke* § 1 Rn. 126; Schüren/Hamann/*Hamann* § 1 Rn. 320; ErfK/
Wank § 1 Rn. 39; vgl. auch *Sandmann/Marschall/Schneider* Art. 1 § 1 Rn. 52h,
die das Vorliegen eines „konkreten Werkes" fordern). Infolgedessen ist der
gesamte **Dienstleistungsbereich** von der Privilegierung des Abs. 1a S. 1
ausgeschlossen (Boemke/Lembke/*Boemke* § 1 Rn. 126; Schüren/Hamann/
Hamann § 1 Rn. 320; *Ulber* § 1 Rn. 237; vgl. aus der Rspr. BAG 31.3.1993,
EzA § 10 AÜG Nr. 4 zu einem Zusammenschluss von Bewachungsunternehmen). Vor allem können aber **reine Verleihunternehmen** keine ARGE iSd
Abs. 1a S. 1 bilden (Schüren/Hamann/*Hamann* § 1 Rn. 321). Sie können
demzufolge aus der Regelung in Abs. 1a S. 1 auch keinen Nutzen ziehen.
Auch allgemeine Kooperationsverträge zwischen verschiedenen Unternehmen oder joint ventures fallen nicht in den Anwendungsbereich der Privilegierung (*Ulber* § 1 Rn. 238).

134   **b) Mitgliedschaft des Arbeitgebers.** Der Arbeitgeber des zu einer
ARGE abgeordneten Arbeitnehmers muss Mitglied, also **Gesellschafter der
ARGE** sein (Boemke/Lembke/*Boemke* § 1 Rn. 132; Schüren/Hamann/
Hamann § 1 Rn. 322). Dementsprechend scheidet eine Anwendung des
Abs. 1a S. 1 aus, wenn der Arbeitgeber zur ARGE in einer anderen Rechtsbe-
ziehung steht, also mit dieser zB auf der Grundlage eines Werk- oder Dienst-
vertrags verbunden ist (Boemke/Lembke/*Boemke* § 1 Rn. 132; ErfK/*Wank*
§ 1 Rn. 40). Handelt es sich dabei um einen **Scheinwerk- oder Schein-
dienstvertrag,** so wird nach § 10 Abs. 1 bei fehlender Überlassungserlaubnis
ein auf die Dauer des Arbeitseinsatzes befristetes oder gar ein unbefristetes
Arbeitsverhältnis zur ARGE fingiert (Schüren/Hamann/*Hamann* § 1
Rn. 322).

135   **c) Selbständige Erbringung von Vertragsleistungen.** Die Mitglieder
der Arbeitsgemeinschaft müssen überdies sämtlich zur selbständigen Erledigung von „Vertragsleistungen" verpflichtet sein. Auch mit diesem Erfordernis

soll verhindert werden, dass sich die Verpflichtung des Mitglieds einer ARGE in der Überlassung von Arbeitnehmern erschöpft. Die Verpflichtung zur **selbständigen Erbringung** von (Werk-) Vertragsleistungen muss tatsächlich erfüllt werden und darf nicht nur förmlicher Inhalt der vertraglichen Vereinbarung sein (FW BA AÜG Ziff. 1.1.6.8 Abs. 6). Bezogen ist das Erfordernis der Erbringung von Vertragsleistungen nicht auf die Rechtsbeziehung zwischen dem Mitglied und der ARGE, sondern auf die **Rechtsbeziehung der ARGE (bzw. den Mitgliedern der ARGE) und dem Vertragspartner der ARGE** (Boemke/Lembke/*Boemke* § 1 Rn. 139; Schüren/Hamann/ *Hamann* § 1 Rn. 337). Die Leistungen der Mitglieder müssen also Teil der werkvertraglich geschuldeten Gesamtleistungen der ARGE sein. Die vom Gesetz geforderte Selbständigkeit der Leistungserbringung bedeutet, dass die entsprechende Teilleistung – bei der es sich nicht notwendigerweise um einen Teil der Werkvertragsleistung handeln muss (str.; wie hier Schüren/Hamann/ *Hamann* § 1 Rn. 337 mwN) – in eigener unternehmerischer Verantwortung erbracht wird (BAG 1.6.1994, AP AÜG § 10 Nr. 11). Das schließt die Einschaltung von Subunternehmern nicht aus (Schüren/Hamann/*Hamann* § 1 Rn. 340; *Ulber* § 1 Rn. 241, der dabei allerdings fordert, dass der Subunternehmer seinerseits den nach Abs. 1a S. 1 maßgeblichen Tarifverträgen unterliegt; aA Boemke/Lembke/*Boemke* § 1 Rn. 140). Nach zutreffender Auffassung (Schüren/Hamann/*Hamann* § 1 Rn. 341) kann sich ein Mitglied der ARGE bei der Erbringung seiner Vertragsleistungen auch eines Leiharbeitnehmers bedienen. Bei einer Abordnung bzw. Personalgestellung unter Verwendung des Muster-Arbeitsgemeinschaftsvertrages des Hauptverbandes der Deutschen Bauindustrie (**Muster-ARGE-Vertrag Bau**) ist stets davon auszugehen, dass neben der Personalgestellung von dem Personal stellenden Mitglied der ARGE mindestens eine weitere vertragliche Verpflichtung gegenüber der ARGE übernommen bzw. erfüllt wird (FW BA AÜG Ziff. 1.1.6.8 Abs. 9).

d) Geltung von Tarifverträgen desselben Wirtschaftszweigs für alle Mitglieder der ARGE. Ferner setzt Abs. 1a S. 1 voraus, dass für alle Mitglieder der ARGE Tarifverträge desselben Wirtschaftszweiges gelten. Eine aus Mitgliedern verschiedener Wirtschaftszweige bestehende und in diesem Sinne „**gemischte ARGE**" fällt demgemäß nicht unter die Privilegierung des Abs. 1a S. 1. Der Sinn dieser Bestimmung liegt wiederum darin zu verhindern, dass **reine Verleihunternehmen** die Vorschriften des Gesetzes durch die Bildung einer ARGE umgehen (Schüren/Hamann/*Hamann* § 1 Rn. 323). **136**

Ein Tarifvertrag iSd Abs. 1a S. 1 ist nur der **Tarifvertrag iSd § 1 TVG.** Gehören einer ARGE auch ausländische Unternehmen an, für welche die entsprechenden Tarifverträge des jeweiligen Heimatrechts gelten, so bleibt die Privilegierung des Abs. 1a S. 1 außer Anwendung (*Ulber* § 1 Rn. 244). Allerdings bringt Abs. 1a S. 2 für Unternehmen aus anderen EU-Mitgliedstaaten sowie aus Staaten des EWR eine **Sonderregelung** (vgl. hierzu → Rn. 148 ff.). **137**

Abs. 1a S. 1 setzt voraus, dass für die Mitglieder der ARGE Tarifverträge **desselben Wirtschaftszweiges** gelten. Um Tarifverträge desselben Wirt- **138** schaftszweiges handelt es sich, wenn für die einzelnen Mitglieder der ARGE fachlich dieselben Tarifverträge gelten (Boemke/Lembke/*Boemke* § 1 Rn. 134; Schüren/Hamann/*Hamann* § 1 Rn. 325). Dabei ist nach hM richtigerweise nicht auf den fachlichen Geltungsbereich iSd Tarifrechts, sondern – auf der Grundlage der Annahme einer spezifischen Begrifflichkeit im AÜG – auf die **Zuständigkeitsbereiche** der im DGB nach dem sog. Industrieverbandsprinzip organisierten Einzelgewerkschaften bzw. der einzelnen Arbeitgeberverbände abzustellen (Boemke/Lembke/*Boemke* § 1 Rn. 134; Schüren/Hamann/*Hamann* § 1 Rn. 326; *Ulber* § 1 Rn. 245). Demzufolge gehören zB Unternehmen des Bauhauptgewerbes und solche der verschiedenen Baunebengewerbe iSd Abs. 1a S. 1 demselben Wirtschaftszweig an, obwohl für die verschiedenen Bereiche unterschiedliche Tarifverträge Geltung haben (Schüren/Hamann/*Hamann* § 1 Rn. 326).

139   Eine Geltung für alle Mitglieder der ARGE ist gegeben, wenn diese entweder **isD § 3 TVG tarifgebunden** sind oder der betreffende Tarifvertrag gem. § 5 TVG für **allgemeinverbindlich** erklärt wurde (Boemke/Lembke/*Boemke* § 1 Rn. 136; Schüren/Hamann/*Hamann* § 1 Rn. 328). Unstr. ist, ob eine Geltung in dem Sinne genügt, dass der Tarifvertrag von den Beteiligten **individualvertraglich in Bezug genommen** wurde (bejahend Boemke/Lembke/*Boemke,* § 1 Rn. 36; verneinend Schüren/Hamann/*Hamann* § 1 Rn. 329, der dabei auf die Gefahr der Umgehung hinweist).

140   Keine Voraussetzung für ein Eingreifen des Abs. 1a S. 1 ist, dass das ARGE-Mitglied seine tariflichen Pflichten gegenüber den abgeordneten Arbeitnehmern auch **tatsächlich erfüllt** (Schüren/Hamann/*Hamann* § 1 Rn. 334).

141   Da das Gesetz die Geltung von Tarifverträgen desselben Wirtschaftszweiges für alle ARGE-Mitglieder fordert, sind **gemischte Unternehmen** von der Anwendung der Privilegierung ausgeschlossen, sofern auf sie ein Tarifvertrag der Dienstleistungsbranche Anwendung findet (Schüren/Hamann/*Hamann* § 1 Rn. 325). Im Schrifttum kritisiert wird, dass Unternehmen bei einem restriktiven Verständnis der Vorschrift von der Privilegierung des Abs. 1a S. 1 ausgeschlossen sind, wenn sie keinem Arbeitgeberverband angehören und auch kein allgemeinverbindlicher Tarifvertrag Geltung hat (vgl. insbes. *Weisemann* BB 1989, 907 (908) u. Hinw. auf Art. 9 Abs. 3 GG; näher zum Ganzen Schüren/Hamann/*Hamann* § 1 Rn. 330, der insoweit eine verfassungskonforme Auslegung der Norm erwägt).

3. Abordnung von Arbeitnehmern

142   Die Regelung des Abs. 1a S. 1 zielt auf den Fall, dass ein Arbeitnehmer an eine ARGE abgeordnet wurde. Der **Begriff der Abordnung,** der aus dem Beamtenrecht stammt (vgl. nur Schüren/Hamann/*Hamann* § 1 Rn. 343), ist im AÜG selbst nicht definiert. Doch besteht weitgehende Einigkeit, dass eine iSd Abs. 1a S. 1 privilegierte Abordnung zweierlei voraussetzt: Einerseits, dass das arbeitgeberseitige Weisungsrecht für die Dauer des Arbeitseinsatzes auf die **ARGE** – und nicht etwa auf ein anderes Mitglied der ARGE – übergeht (Boemke/Lembke/*Boemke* § 1 Rn. 129 u. 131; *Ulber* § 1 Rn. 247). Und andererseits, dass der Einsatz für die ARGE nur **vorüber-**

gehender Natur ist; letzteres schließt insbesondere eine Abordnung auf unbestimmte Zeit aus (Schüren/Hamann/*Hamann* § 1 Rn. 350). Keine Abordnung liegt nach dem eben Gesagten dann vor, wenn der Arbeitnehmer weiterhin dem Weisungsrecht seines Arbeitgebers untersteht (Boemke/Lembke/*Boemke* § 1 Rn. 129). Ebenfalls keine Abordnung dürfte regelmäßig dann vorliegen, wenn Mitarbeiter eines Mitglieds der ARGE in einem Teilgewerk eines anderen Mitglieds tätig werden.

Doch liegt auch dann keine Abordnung vor, wenn ein Arbeitnehmer beim **143** alten Arbeitgeber **freigestellt** und für die Zeit des Ruhens der Rechte und Pflichten aus diesem Arbeitsverhältnis ein eigenständiges Arbeitsverhältnis zwischen dem Arbeitnehmer und der ARGE begründet wird (Boemke/Lembke/*Boemke* § 1 Rn. 130; *Düwell* BB 1995, 1082 (1084); ausf. hierzu *Knigge* DB 1982, Beil. 4, 1 (3 ff.)).

Das Gesetz enthält keine Angaben über die **zulässige Anzahl von abge- 144 ordneten Arbeitnehmern.** Doch ist insoweit eine restriktive Auslegung zu fordern, so dass eine Abordnung nur in einem Umfang in Betracht kommt, der den vom abordnenden Arbeitgeber übernommenen vertraglichen Verpflichtungen entspricht (so Schüren/Hamann/*Hamann* § 1 Rn. 349).

Nach Auffassung des EuGH (25.10.2001, AP EG Art. 49 Nr. 3 = NZA **145** 2001, 1299) verstieß § 1 Abs. 1 S. 2 AÜG aF insoweit gegen die Niederlassungs- sowie Dienstleistungsfreiheit, als danach Unternehmen aus EG-Mitgliedstaaten ebenfalls deutschen Tarifverträgen unterliegen mussten, was eine Niederlassung in Deutschland erforderte. Dem trägt nunmehr Abs. 1a S. 2 Rechnung (vgl. → Rn. 131 ff.).

4. Rechtsfolgen

a) Rechtsfolgen bei Vorliegen der Voraussetzungen des § 1 Abs. 1a 146 S. 1 AÜG. Liegen die Voraussetzungen des Abs. 1a S. 1 vor, ist die **Abordnung von Arbeitnehmern an die ARGE keine Arbeitnehmerüberlassung** (zum Fiktionscharakter der Vorschrift zB Schüren/Hamann/*Hamann* § 1 Rn. 356). Das AÜG findet dann keine Anwendung, so dass es keiner Überlassungserlaubnis bedarf und auch der Gleichbehandlungsgrundsatz des § 8 AÜG nicht eingreift (näher zur Reichweite der Fiktion Schüren/Hamann/*Hamann* § 1 Rn. 357 f.). Dies bedeutet indes nicht, dass die Mitglieder der ARGE nicht, ebenso wie einen Entleiher, Schutz- und Fürsorgepflichten gegenüber dem Arbeitnehmer treffen würden (Schüren/Hamann/*Hamann* § 1 Rn. 358).

b) Rechtsfolgen bei Nichtvorliegen der Voraussetzungen des § 1 147 Abs. 1a S. 1 AÜG. Liegt dagegen auch nur eine der in Abs. 1a S. 1 genannten Voraussetzungen nicht vor, greift die Privilegierung nicht ein. Die Zulässigkeit der Überlassung bestimmt sich dann nach den für die Arbeitnehmerüberlassung geltenden Vorschriften (näher hierzu Schüren/Hamann/*Hamann* § 1 Rn. 360). Dementsprechend treten die Rechtsfolgen einer illegalen Arbeitnehmerüberlassung ein, wenn bei einer gewerbsmäßigen Arbeitnehmerüberlassung eine **Überlassungserlaubnis** iSd § 1 Abs. 1 S. 1 fehlt (vgl. OLG Karlsruhe 2.5.1989, BB 1990, 1561).

5. Grenzüberschreitende Abordnung iSd § 1 Abs. 1a S. 2 AÜG

148   Mit Urteil vom 25.10.2001 (AP EG Art. 49 Nr. 3 = NZA 2001, 1299) hatte der EuGH § 1 Abs. 1 S. 2 aF für gemeinschaftswidrig erklärt. Die Vorschrift verletzte nach Auffassung des Gerichts die **Dienstleistungsfreiheit (Art. 56 AEUV)**, da sie Bauunternehmen aus anderen Mitgliedstaaten zwinge, eine Niederlassung in Deutschland zu gründen, um die in Abs. 1 S. 2 aF geforderte Tarifbindung herbeizuführen. Zugleich verstoße sie gegen die **Niederlassungsfreiheit (Art. 49 AEUV).** Sie erschwere diesen Unternehmen den Zugang zum deutschen Markt, da sie die Voraussetzungen für eine Anerkennung als „Betrieb des Baugewerbes" nicht ohne weiteres erfüllen könnten.

149   Vor diesem Hintergrund war der deutsche Gesetzgeber zu einer Neuregelung aufgefordert. Diese erfolgte durch das Erste Gesetz für moderne Dienstleistungen am Arbeitsmarkt vom 23.12.2002 (BGBl. I S. 4607). Danach wird für Arbeitgeber mit Geschäftssitz in einem anderen Mitgliedstaat des EWR **auf das Erfordernis der Tarifbindung verzichtet.** Nicht verzichtet wird demgegenüber auf das Vorliegen der **übrigen Voraussetzungen** (*Ulber* AuR 2003, 7). Dementsprechend bleibt es insbesondere dabei, dass das ausländische Unternehmen demselben Wirtschaftszweig angehören muss wie die übrigen Mitglieder der ARGE. Auch muss es ebenso wie diese zur selbständigen Erbringung einer Vertragsleistung verpflichtet sein. Ob das ausländische Unternehmen demselben Wirtschaftszweig angehört, ist nach seinen Gesamtaktivitäten im EWR zu beurteilen (BT-Drs. 15/25). Nicht unter S. 2 fallen Arbeitgeber mit einem (Haupt)Sitz in einem anderen EWR-Staat, die im Inland eine Niederlassung unterhalten.

150   Eine **Diskriminierung inländischer Arbeitgeber** soll durch § 8 Abs. 1 **AEntG** verhindert werden. Nach dieser Bestimmung sind Arbeitgeber mit Sitz im In- oder Ausland, die unter den Geltungsbereich eines für allgemeinverbindlich erklärten Tarifvertrages nach § 4 Abs. 1 Nr. 1 sowie §§ 5 und 6 Abs. 2 oder einer Rechtsverordnung nach § 7 oder § 7a fallen, verpflichtet, ihren Arbeitnehmern mindestens die in dem Tarifvertrag für den Beschäftigungsort vorgeschriebenen Arbeitsbedingungen zu gewähren sowie einer gemeinsamen Einrichtung der Tarifvertragsparteien die ihr nach § 5 Nr. 3 zustehenden Beiträge zu leisten (zur Vereinbarkeit dieser Regelung mit dem EU-Recht EuGH 24.1.2002, AP EG Art. 49 Nr. 4; vgl. auch *Kort* NZA 2002, 1248 (1252 f.) sowie *Schlachter* NZA 2002, 1242; vgl. zum Ganzen EuGH 18.7.2007, NZA 2007, 917).

XII. Überlassungshöchstdauer von 18 Monaten (Abs. 1b)

1. Zweck der Regelung, Arbeitnehmerbezug

151   Die Regelung in Abs. 1b Satz 1 wurde durch das Gesetz zur Änderung des Arbeitnehmerüberlassungsgesetzes und anderer Gesetze (BT-Drs. 18/9232) in § 1 AÜG eingefügt. Nach dieser Vorschrift beträgt die **Überlassungshöchstdauer grundsätzlich 18 Monate** (zum Kompromisscharakter der Regelung *Bissels/Falter* ArbRAktuell 2017, 4; zu den Rechtsfolgen bei

Überschreitung der Höchstüberlassungsdauer *Henssler/Grau,* Arbeitnehmerüberlassung und Werkverträge, § 5 Rn. 121 ff.). Mit ihr wollte der Gesetzgeber bestehende tarifvertragliche Vereinbarungen aus der betrieblichen Praxis
aufnehmen, die die Einsatzdauer von Leiharbeitnehmern zeitlich begrenzen
bzw. den Arbeitgeber verpflichten, der Leiharbeitskraft nach einer bestimmten Einsatzdauer einen Arbeitsvertrag anzubieten. Hierdurch sollen Leiharbeitnehmer geschützt werden, weil sie nur für einen klar begrenzten Zeitraum
eingesetzt werden können. Einer dauerhaften Substitution von Stammbeschäftigten (vgl. hierzu etwa *Deinert* RdA 2014, 65) soll entgegengewirkt
werden. Gleichzeitig sollen Unternehmen flexible Einsatzmöglichkeiten
erhalten, die zur Deckung von Auftragsspitzen genutzt werden können (BT-
Drs. 18/9232, 20). Die Höchstüberlassungsdauer ist nach § 1 Abs. 1b S. 3, 5
AÜG **tarifdispositiv** ausgestaltet. Zudem gilt nach § 19 Abs. 2 AÜG eine
Übergangsfrist, wonach Überlassungszeiten vor dem 1.4.2017 nicht
berücksichtigt werden.

　　Die Überlassungshöchstdauer ist **arbeitnehmerbezogen** ausgestaltet (vgl.　**152**
auch *Bissels/Falter* DB 2016, 1444; *dies.* ArbRAktuell 2017, 4; *Siebert/Novak*
ArbRAktuell 2016, 392; *Hamann* AuR 2016, 138; zur Europarechtskonformität dieser Betrachtung *Henssler/Grau,* Arbeitnehmerüberlassung und Werkverträge, § 5 Rn. 72). Derselbe Leiharbeitnehmer darf also künftig nur für
maximal 18 aufeinanderfolgende Monate an denselben Entleiher überlassen
werden. Doch kann der Arbeitsplatz nach Ablauf der Höchstüberlassungsfrist
mit einem anderen Leiharbeitnehmer besetzt werden. Von der geplanten
Neuregelung unberührt bleibt auch die Möglichkeit der Rotation des Leiharbeitnehmers zwischen verschiedenen Entleihern (vgl. nur *Bissels/Falter*
ArbRAktuell 2017, 4 mwN).

　　Verboten ist künftig das sog. **„Verleiherkarussel",** also eine Rotation auf　**153**
Ebene der Verleihunternehmen in der Weise, dass ein und derselbe Arbeitnehmer von unterschiedlichen Verleihern entliehen wird (vgl. nur *Henssler/*
Grau, Arbeitnehmerüberlassung und Werkverträge, § 5 Rn. 71). Demgegenüber dürfte das sog. **„Entleiherkarussell"** im Konzern zukünftig zulässig
sein (so *Olbertz/Groth* GWR 2016, 371; *Siebert/Novak* ArbRAktuell 2016,
391; *Zimmermann* BB 2016, 53. Jedenfalls sieht das Gesetz keine Anrechnung
von Überlassungszeiten des Leiharbeitnehmers bei einem Arbeitgeber vor,
der mit dem Entleiher nach § 18 AktG einen Konzern bildet.

　　Die Regelung stellt auf den „Entleiher" (als Rechtsträger) ab. Dies legt　**154**
eine **unternehmensbezogene Betrachtungsweise** nahe, sodass sich eine
Verlängerung der gesetzlichen Höchstüberlassungsdauer nicht durch Einsatz
des Leiharbeitnehmers auf einem Arbeitsplatz in einem anderen Betrieb des
Entleihers erreichen ließe (*Giesen* ZRP 2016, 131; *Zimmermann* BB 2016,
53; vgl. auch *Bissels/Falter* ArbRAktuell 2017, 4 mwN). Nach aA soll demgegenüber eine **betriebsbezogene Betrachtungsweise** gelten (so *Lembke*
NZA 2017, 1; auch *Henssler/Grau,* Arbeitnehmerüberlassung und Werkverträge, § 5 Rn. 75 ua mit dem Hinw. auf die in den Gesetzesmaterialen ausdrücklich in Bezug genommenen tarifvertraglichen Vereinbarungen). Folgte
man dem, so wäre für die Berechnung der Höchstüberlassungsdauer ausschließlich auf die Einsatzzeiten im jeweiligen Einsatzbetrieb abzustellen.

Inwieweit die „Rotation" des Leiharbeitnehmers zwischen den an einem Gemeinschaftsbetrieb beteiligten entleihenden Unternehmen „Flexibilisierungsmöglichkeiten" eröffnet, ist derzeit nicht klar vorhersehbar (*Bissels/Falter* ArbRAktuell 2017, 4).

155   Da § 1 Abs. 3 Nr. 2 AÜG auf die Regelungen zur Höchstüberlassungsdauer nach §§ 1 Abs. 1 S. 4, Abs. 1b S. 1 AÜG nicht Bezug nimmt, können **innerhalb eines Konzerns** iSd § 18 AktG Arbeitnehmer, die nicht zum Zwecke der Überlassung eingestellt und beschäftigt sind, auch weiterhin zeitlich unbeschränkt überlassen werden (*Henssler/Grau,* Arbeitnehmerüberlassung und Werkverträge, § 5 Rn. 89).

2. Berechnung des maßgeblichen Zeitraums

156   Die Höchstüberlassungsfrist **beginnt** mit dem Zeitpunkt der Überlassung zu laufen. Dieser Zeitpunkt ist rein tatsächlich zu verstehen (*Henssler/Grau,* Arbeitnehmerüberlassung und Werkverträge, § 5 Rn. 78 u. Hinw. auf LAG Baden-Württemberg 9.4.2015, NZA-RR 2015, 456).

157   Die **Fristberechnung** zur Bestimmung der Überlassungsdauer erfolgt grundsätzlich nach §§ 186 ff. BGB (näher hierzu *Pütz* DB 2017, 425 mit zahlreichen Beispielen). Dabei bestimmt sich der Fristbeginn nach § 187 Abs. 2 BGB, sodass der erste Arbeitstag des Leiharbeitnehmers mitzuzählen ist. Für das Fristende dürfte auf § 188 Abs. 2 BGB abzustellen sein, sodass die Frist mit dem Ablauf desjenigen Tages des achtzehnten Monats endet, welcher dem Tag vorhergeht, der durch seine Benennung oder seine Zahl dem Anfangstag der Frist entspricht (näher *Henssler/Grau,* Arbeitnehmerüberlassung und Werkverträge, § 5 Rn. 80). § 191 BGB findet keine Anwendung (*Lembke* NZA 2017, 1; aA *Ulrici* HK-AÜG § 1 Rn. 95). Für die Bestimmung der Überlassungsdauer ist die vertragliche Vereinbarung der Überlassung zwischen Verleiher und Entleiher maßgeblich. Auf die arbeitszeitliche Ausgestaltung der Tätigkeit des Leiharbeitnehmers im Betrieb des Entleihers kommt es dagegen nicht an (FW BA AÜG Ziff. 1.2.1 Abs. 2).

158   Mit **Abs. 1b S. 2** sollen mögliche Umgehungsstrategien vermieden werden. **Unterbrechungen zwischen zwei Überlassungen gegenüber demselben Entleiher** werden nicht berücksichtigt, wenn die Unterbrechungen drei Monate nicht übersteigen (Einzelheiten bei *Hamann/Rudnik* NZA 2017, 209). In diesem Fall werden die vorangehenden Überlassungen bei der Berechnung der Überlassungshöchstdauer mitgezählt. Dies gilt auch, wenn die Arbeitsverhältnisse während der Überlassungen bei verschiedenen Verleihern bestanden haben. Mit der Regelung wird sichergestellt, dass kurzzeitige Unterbrechungen keinen Einfluss auf die Berechnung der Überlassungshöchstdauer haben (BT-Drs. 18/9232, 20). In der Literatur ist nichtsdestoweniger darauf aufmerksam gemacht worden, dass die Neuregelung durchaus „Modelle(n) der Gesetzesumgehung" offen stehe (*Giesen* ZRP 2016, 130; näher zu den Gestaltungsoptionen in der Praxis *Hund/Weiss* DB 2016, 2903).

159   Wird der **Zeitraum von drei Monaten überschritten,** kann die Höchstüberlassungsdauer für den betreffenden Leiharbeitnehmer beim Entleiher erneut voll ausgeschöpft werden (*Henssler/Grau,* Arbeitnehmerüberlassung und Werkverträge, § 5 Rn. 81 mit dem Hinw., dass der Gesetzgeber damit an die bestehenden tarifvertraglichen Regelungen auf Verleiher- und Entleiherebene anknüpft). Allerdings ist noch nicht abschließend geklärt, welche Anforderungen an eine Unterbrechung zu stellen sind und ob insbesondere Abwesenheitszeiten wegen Urlaub oder Krankheit als Unterbrechungen der Überlassung anzusehen sind (bejahend *Henssler/Grau*, Arbeitnehmerüberlassung und Werkverträge, § 5 Rn. 87 mit dem Argument, dass die Überlassung „rein tatsächlich" zu verstehen ist). In jedem Fall kommt es aber nicht darauf an, aus wessen Sphäre das Leistungshindernis stammt (näher *Bissels/Falter* ArbRAktuell 2017, 4).

3. Abweichungsmöglichkeiten durch oder aufgrund der Tarifverträge der Einsatzbranche

a) Abweichungen durch Tarifverträge der Einsatzbranche (Abs. 1b 160 S. 3). Um das Instrument der Arbeitnehmerüberlassung auch weiterhin flexibel und bedarfsgerecht einsetzen zu können, sieht Abs. 1b S. 3 vor, dass durch **Tarifverträge der Einsatzbranche** für tarifgebundene Entleiher die grundsätzliche Überlassungshöchstdauer von 18 Monaten verkürzt oder ausgedehnt werden kann (BT-Drs. 18/9232, 20). Im Schrifttum wird kritisiert, dass nur die Tarifvertragsparteien der Einsatzbranche solche Tarifverträge schließen dürften. Hierin liege ein nicht zu rechtfertigender Eingriff in Art. 9 Abs. 3 GG (*Henssler* RdA 2016, 18: „Tarifentmündigung der Zeitarbeitsbranche"; *Zimmermann* BB 2016, 53). Nach aA werden durch einen solchen Tarifvertrag der Einsatzbranche nicht unzulässig die Arbeitsbedingungen der Leiharbeitnehmer geregelt. Für deren Arbeitsbedingungen seien nach wie vor der Leiharbeitsvertrag und ein unmittelbar oder kraft Bezugnahme geltender Leiharbeitstarifvertrag maßgeblich. Tarifvertrag bzw. Betriebsvereinbarung modifizierten lediglich den Rahmen für die Nutzung der Leiharbeit durch die beteiligten Arbeitgeber (so *Hamann* NZA 2015, 904; vgl. zur Problematik auch *Henssler/Grau*, Arbeitnehmerüberlassung und Werkverträge, § 5 Rn. 90).

Von der Höchstüberlassungsdauer können tarifgebundene Arbeitgeber 161 durch einen (wirksamen) Flächentarifvertrag der Einsatzbranche sowohl nach oben als auch nach unten abweichen. Ermöglicht werden somit **sowohl Verlängerungen als auch Verkürzungen** der gesetzlichen Höchstüberlassungsdauer (*Henssler/Grau*, Arbeitnehmerüberlassung und Werkverträge, § 5 Rn. 93).

Tarifvertragliche Regelungen werden meist in **Verbandstarifverträgen** 162 enthalten sein, wobei auch ein firmenbezogener Verbandstarifvertrag in Betracht kommt (*Bissels/Falter* ArbRAktuell 2017, 4). Doch kann eine vom Gesetz abweichende Höchstüberlassungsdauer auch in **Firmentarifverträgen** geregelt werden (*Henssler/Grau*, Arbeitnehmerüberlassung und Werkverträge, § 5 Rn. 97).

Fraglich ist, ob insoweit eine **Tarifgebundenheit des Entleihers** aus- 163 reicht. Dies wäre zu bejahen, wenn die entsprechende Regelung als **Betriebsnorm iSd § 3 Abs. 2 TVG** zu qualifizieren wäre (so in der Tat

Hamann AuR 2016, 138; *Lembke* NZA 2017, 1; *Henssler/Grau,* Arbeitnehmerüberlassung und Werkverträge, § 5 Rn. 90 u. 96). Insoweit bestehen indes
durchaus Bedenken (vgl. insbes. *Henssler/Höpfner,* Tarif- und verfassungsrechtliche Zulässigkeit einer auf die Sozialpartner der Einsatzbranche
begrenzten Tariföffnungsklausel zur AÜG-Höchstüberlassungsdauer, Gutachten 2016, S. 30; kritisch auch *Franzen* ZfA 2016, 25 sowie *Bissels/Falter*
ArbRAktuell 2017, 4 mwN). Ob ein lediglich **nachwirkender Tarifvertrag**
ausreicht, ist unklar, dürfte aber zu bejahen sein, wenn der Entleiher vor
Eintritt der Nachwirkung normativ an den entsprechenden Tarifvertrag
gebunden war (*Henssler/Grau,* Arbeitnehmerüberlassung und Werkverträge,
§ 5 Rn. 98).

164   Nach wohl hM ist zu fordern, dass der Tarifvertrag der Einsatzbranche
eine **eigene Regelung zur Überlassungshöchstdauer** vorsehen muss
(*Zimmermann* BB 2016, 53; *Henssler* RdA 2016, 23). Demzufolge ist es ausge-
schlossen, dass die Tarifvertragsparteien der Einsatzbranche einen unbefristeten Einsatz von Leiharbeitnehmern vereinbaren. Dabei dürfte den Tarifvertragsparteien ein **weites Gestaltungsermessen** zukommen (so *Henssler/
Grau,* Arbeitnehmerüberlassung und Werkverträge, § 5 Rn. 93; auch *Bissels/
Falter* ArbRAktuell 2017, 4 unter Hinw. auf. BT-Drs. 18/9723, 9; vgl. auch
Ulrici HK-AÜG § 1 Rn. 103 u. 105; *Grimm/Heppner* ArbRB 2016, 113:
Sachgrund zur Rechtfertigung einer Abweichung von der gesetzlichen Überlassungshöchstdauer nicht erforderlich). Allerdings ist davon auszugehen, dass
die Rspr. überprüft, ob die tarifliche Gestaltung im Hinblick auf den systema-
tischen Gesamtzusammenhang und den Zweck des Gesetzes sowie aus verfas-
sungs- und unionsrechtlichen Gründen begrenzt ist (so zutreffend *Lembke*
NZA 2017, 1 u. Hinw. auf BAG 26.10.2016, NZA 2017, 463 zu § 14 Abs. 2
S. 3 TzBfG; ebenso *Henssler/Grau,* Arbeitnehmerüberlassung und Werkverträge, § 5 Rn. 93).

165   Denkbar sind tarifvertragliche Regelungen, die **nach bestimmten Einsatzzwecken und/oder Einsatzgebieten differenzieren** (so ausdrücklich
BT-Drs. 18/9232, 20; vgl. auch *Henssler/Grau,* Arbeitnehmerüberlassung und
Werkverträge, § 5 Rn. 94 u. Hinw. auf projektbezogene Tätigkeiten). Denkbar sind aber wohl auch Verlängerungen der Höchstüberlassungsdauer durch
das **Anknüpfen an das Vorliegen bestimmter Sachgründe** (BT-Drs. 18/
9232, 20; vgl. auch hierzu *Henssler/Grau,* Arbeitnehmerüberlassung und
Werkverträge, § 5 Rn. 94 mit dem Bsp. der Elternzeitvertretung). Ob bei der
letztgenannten Gestaltung zusätzlich eine zeitliche Höchstgrenze zu bestimmen wäre oder sich eine ausreichende zeitliche Bestimmtheit bereits aus dem
Anknüpfen an einen bestimmten Sachgrund ergibt (so in der Tat *Henssler/
Grau,* Arbeitnehmerüberlassung und Werkverträge, § 5 Rn. 94), ist nach dem
Wortlaut des Abs. 1b S. 3 AÜG nicht eindeutig. Denkbar sind schließlich
auch Regelungen, bei denen die Verlängerung der Höchstüberlassungsdauer
mit **Prüfungen und Angeboten zur Übernahme in die Stammbelegschaft** oder mit **Höchstquoten** verknüpft wird, die einen bestimmten Anteil
der Leiharbeitskräfte an der Gesamtbelegschaft festschreiben (BT-Drs. 18/
9232, 20). In jedem Fall muss aber eine „zeitlich bestimmte" Überlassungshöchstdauer sichergestellt sein, um den vorübergehenden Charakter der

Arbeitnehmerüberlassung zu gewährleisten. Dabei kann die durch Abs. 1b S. 3 gewährte Flexibilisierung aber auch durch eine tarifvertragliche Regelung erfolgen, wonach etwa bei Vorliegen von Sachgründen die Dauer des jeweiligen Einsatzes dem Betriebsrat im Rahmen des Verfahrens nach § 99 BetrVG mitgeteilt und dokumentiert wird (BT-Drs. 18/9232, 21).

b) Übernahme von Tarifverträgen durch Betriebs- oder Dienst- 166 **vereinbarungen (Abs. 1b S. 4).** § 1 Abs. 1b S. 4 bestimmt, dass die abweichenden tarifvertraglichen Regelungen zur Überlassungshöchstdauer im Geltungsbereich eines solchen Tarifvertrages der Einsatzbranche in Betrieben oder Dienststellen nicht tarifgebundener Entleiher **durch Betriebs- oder Dienstvereinbarungen inhaltsgleich übernommen** werden können (vgl. auch *Henssler* RdA 2016, 18; von einer „Nachzeichnung" des Tarifvertrags sprechen insoweit *Henssler/Grau,* Arbeitnehmerüberlassung und Werkverträge, § 5 Rn. 104). Nicht eindeutig ist, ob auch ein Arbeitgeber Regelungen eines Verbandstarifvertrags übernehmen kann, wenn ein Firmentarifvertrag besteht, der aber selbst keine abweichende Regelung enthält (vgl. hierzu *Henssler/Grau,* Arbeitnehmerüberlassung und Werkverträge, § 5 Rn. 104 mit der Empfehlung, entweder in den Firmentarifvertrag eine ausdrückliche Verweisung auf den Verbandstarifvertrag aufzunehmen oder – zB in Gestalt einer Öffnungsklausel – eine eigenständige Regelung zu treffen).

Die Übernahme ist damit nur möglich, wenn der Tarifvertrag insbesondere 167 **räumlich, fachlich und zeitlich einschlägig** ist (vgl. hierzu *Urban-Crell/ Germakowski/Bissels/Hurst* § 1 Rn. 249); letzteres dürfte die Übernahme eines bereits in der Nachwirkung befindlichen Tarifvertrags ausschließen (*Henssler/ Grau,* Arbeitnehmerüberlassung und Werkverträge, § 5 Rn. 105).

Die tarifvertragliche Regelung stellt regelmäßig eine nicht teilbare Ein- 168 heit dar und kann nur im Ganzen ohne Änderungen übernommen werden. Verlangt wird somit eine **inhaltsgleiche Übernahme.** Dabei dürften sich die Betriebsparteien aber auf die von der gesetzlichen Überlassungshöchstdauer abweichenden tarifvertraglichen Regelungen beschränken. Eingeschlossen sind nur die Vorschriften, die in einem untrennbaren Zusammenhang mit der Abweichung stehen. Zu denken ist insoweit etwa an Regelungen, bei denen die Abweichung von der Überlassungshöchstdauer mit Regelungen zur Übernahme von Leiharbeitnehmern verknüpft ist (vgl. *Henssler/Grau,* Arbeitnehmerüberlassung und Werkverträge, § 5 Rn. 107).

Neben der zeitlichen Bestimmung der Überlassungshöchstdauer kann die 169 tarifvertragliche Regelung insbesondere Bestimmungen zu Übernahmeangeboten oder Differenzierungen nach Einsatzzwecken oder -bereichen enthalten (BT-Drs. 18/9232, 20 f.). Besteht **im Entleiherbetrieb kein Betriebsrat** oder ist dieser nicht bereit, eine entsprechende Betriebsvereinbarung abzuschließen, scheidet eine Abweichung von den tarifvertraglichen Vorgaben zur Höchstüberlassungsdauer aus (*Henssler/Grau,* Arbeitnehmerüberlassung und Werkverträge, § 5 Rn. 108). Auch kann der Entleiher eine solche nicht durch eine Einigungsstelle erzwingen, da es sich um eine freiwillige

Betriebsvereinbarung iSd § 88 BetrVG handelt (so *Bissels/Falter* ArbRAktuell 2017, 4; vgl. auch *Henssler/Grau,* Arbeitnehmerüberlassung und Werkverträge, § 5 Rn. 108 mwN).

170   **c) Tarifvertragliche Öffnung für Betriebs- oder Dienstvereinbarungen (Abs. 1b S. 5).** Nach § 1 Abs. 1b S. 5 können durch eine Betriebs- oder Dienstvereinbarung, die auf Grund einer entsprechenden tarifvertraglichen Regelung der Einsatzbranche mit dem tarifgebundenen Entleiher geschlossen wurde, von der gesetzlichen Überlassungshöchstdauer abweichende Regelungen getroffen werden. Voraussetzung hierfür ist, dass der Tarifvertrag abweichende Regelungen in einer Betriebs- oder Dienstvereinbarung zulässt, also eine entsprechende **Öffnungsklausel** enthält (BT-Drs. 18/9232, 21). Die Tarifvertragsparteien brauchen also Abweichungen von der gesetzlichen Höchstüberlassungsdauer nicht selbst zu bestimmen, sondern können auch vereinbaren, dass derartige Abweichungen von den Betriebsparteien geregelt werden. Dabei können sie die entsprechende Regelungsmacht vollständig abgeben. Sie können aber auch einen Rahmen für betriebliche Regelungen vorgeben.

171   **d) Abschluss von Betriebs- oder Dienstvereinbarungen durch nicht tarifgebundene Entleiher (Abs. 1b S. 6).** § 1 Abs. 1b S. 6 ermöglicht **nicht tarifgebundenen Entleihern** von der tarifvertraglichen Öffnungsklausel für Betriebs- oder Dienstvereinbarungen Gebrauch zu machen. Für diese gelten hierbei in gleicher Weise wie für tarifgebundene Entleiher die Vorgaben des Tarifvertrages. Allerdings ist zusätzlich eine **gesetzliche Obergrenze von 24 Monaten** zu beachten. Keine Anwendung findet die Begrenzung auf 24 Monate, wenn der Tarifvertrag selbst eine von Satz 1 abweichende Überlassungshöchstdauer für Betriebs- oder Dienstvereinbarungen auf Grund der Öffnungsklausel festlegt. Für tarifgebundene Entleiher gilt diese Begrenzung nicht. So soll nach der Gesetzesbegründung ein „weiterer Anreiz zur Tarifbindung" gesetzt werden (BT-Drs. 18/9232, 21; verfassungsrechtliche Bedenken gegenüber dieser „Deckelung" bei *Bissels/Falter* ArbRAktuell 2017, 4; *Urban-Crell/Germakowski/Bissels/Hurst* § 1 Rn. 252; kritisch auch *Giesen* ZRP 2016, 130; *Henssler/Grau,* Arbeitnehmerüberlassung und Werkverträge, § 5 Rn. 118).

172   **e) Maßgeblichkeit des repräsentativen Tarifvertrags (Abs. 1b S. 7).** Nach § 1 Abs. 1b S. 7 hat der nicht tarifgebundene Entleiher bei Abschluss einer Betriebs- oder Dienstvereinbarung nach Satz 4 oder Satz 6 auf den für seine Branche **repräsentativen Tarifvertrag** abzustellen, wenn sein Betrieb den Geltungsbereich mehrerer Tarifverträge unterfällt. Bei der Feststellung der Repräsentativität sind vorrangig die Zahl der tarifgebundenen Unternehmen und die Zahl der tarifgebundenen Arbeitnehmer zu berücksichtigen (BT-Drs. 18/9232, 21). Praktisch dürften danach idR die von den Mitgliedsgewerkschaften des DGB geschlossenen Tarifverträge zur Anwendung kommen (*Henssler/Grau,* Arbeitnehmerüberlassung und Werkverträge, § 5 Rn. 106).

173   **f) Kirchen und öffentlich-rechtliche Religionsgesellschaften (Abs. 1b S. 8).** Nach § 1 Abs. 1b S. 8 können die **Kirchen und öffentlich-rechtli-**

chen Religionsgesellschaften die Überlassungshöchstdauer von 18 Monaten verkürzen oder ausdehnen, wenn sie dies in ihren Regelungen vorsehen. Hierdurch werden die kirchlichen Arbeitsrechtsregelungen Tarifverträgen gleichgestellt. Zu den Kirchen gehören auch deren karitative und erzieherische Einrichtungen (näher *Henssler/Grau,* Arbeitnehmerüberlassung und Werkverträge, § 5 Rn. 120).

XIII. Die Vermutung des § 1 Abs. 2

1. Problematik der Regelung

§ 1 Abs. 2 AÜG enthält eine Vermutung für das Vorliegen von Arbeitsver- **174** mittlung für den Fall, dass Arbeitnehmer Dritten zur Arbeitsleistung überlassen werden und der Überlassende nicht die „üblichen Arbeitgeberpflichten oder das Arbeitgeberrisiko" übernimmt. Durch diese Vermutung sollte der BA die **Durchführung des Gesetzes erleichtert** werden. Zugleich sollte sie eine **praktikable Abgrenzung zwischen Arbeitnehmerüberlassung und Arbeitsvermittlung** ermöglichen (Schüren/Hamann/*Hamann* § 1 Rn. 362).

Die Vermutungsregel galt nach alter Rechtslage unstr. für die gewerbsmä- **175** ßige Arbeitnehmerüberlassung. Doch griff sie **nach hM auch bei nichtgewerbsmäßigem Handeln** ein (vgl. nur Schüren/Hamann/*Hamann* § 1 Rn. 398).

Abs. 2 setzt voraus, dass der Überlassende entweder die üblichen Arbeitge- **176** berpflichten oder das Arbeitgeberrisiko nicht übernimmt. Die üblichen Arbeitgeberpflichten werden durch die Versagungstatbestände des § 3 Abs. 1 Nr. 1–3 – abschließend – konkretisiert. Auf diese wird in Abs. 2 ausdrücklich verwiesen. Zu den üblichen Arbeitgeberpflichten zählen insbesondere die **Haupt- und Nebenpflichten aus dem Arbeitsvertrag.** Aber auch die **arbeitsschutzrechtlichen Vorschriften** sowie die **Bestimmungen des Sozialversicherungs- und Steuerrechts** bilden Bestandteile der üblichen Arbeitgeberpflichten (Boemke/Lembke/*Boemke* § 1 Rn. 168). Der Vermutungstatbestand greift auch dann ein, wenn der Verleiher dem Leiharbeitnehmer unter Verletzung von § 3 Abs. 1 Nr. 3 schlechtere Arbeitsbedingungen gewährt als sie vergleichbare Stammarbeitnehmer des Entleihers genießen. Die Nichtübernahme dieser Pflichten kann darauf beruhen, dass der Verleihende sie **vertraglich ausgeschlossen** hat. Sie kann aber auch darauf beruhen, dass er sie **rein tatsächlich nicht (ordnungsgemäß) erfüllt** (BT-Drs. 10/2102, 32).

Die Nichtübernahme des Arbeitgeberrisikos wurde früher durch die Ver- **177** sagungstatbestände in § 3 Abs. 1 Nr. 3–5 aF – abschließend – konkretisiert. Auch insoweit enthielt Abs. 2 eine ausdrückliche Verweisung. Der Verleiher übernahm zB dann nicht das übliche Arbeitgeberrisiko, wenn er **wiederholt befristete Arbeitsverträge abschloss,** ohne dass hierfür in der Person des Arbeitnehmers ein sachlicher Grund (§ 3 Abs. 1 Nr. 3) vorlag. Nach der Aufhebung der Regelung durch das Erste Gesetz über moderne Dienstleistungen ist es demgegenüber nicht mehr als Nichtübernahme des Arbeitgeberrisikos zu qualifizieren, wenn der Arbeitgeber zB den Arbeitsvertrag mit dem Leiharbeitnehmer unter Verstoß gegen §§ 14 ff. TzBfG (vgl. hierzu nur *Böhm* RdA 2005, 360) unzulässig befristet (Boemke/Lembke/*Boemke* § 1 Rn. 170). Nach einer Entscheidung des LAG Niedersachsen 3.5.2011, BeckRS 2011, 73873, trägt auch ein konzernintern tätiger Verleiher ein Arbeitgeberrisiko, da er bei Beendigung der Überlassung für Anschlussbeschäftigung im Konzern sorgen oder kündigen müsse.

178   Die Regelung ist heute nach verbreiteter Auffassung **nur noch historisch erklärbar,** wobei aber verbreitet angenommen wird, dass die Bestimmung weder früher sinnvoll war noch heute sinnvoll ist (*Boemke* BB 2000, 2524 f.; aA Schüren/Hamann/*Hamann* § 1 Rn. 363; *Brors/Schüren* BB 2004, 2745 (2749); *dies.* BB 2005, 494; vgl. auch LAG Berlin 7.1.2005, NZA-RR 2005, 353). Mit Abs. 2 knüpft der Gesetzgeber an die **frühere Rspr. des BVerfG und des BSG** zur Abgrenzung von Arbeitnehmerüberlassung und Arbeitsvermittlung an. Diese Rspr. ist indes inzwischen überholt (vgl. hierzu etwa Schüren/Hamann/*Hamann* § 1 Rn. 411).

179   Eine historische Erklärung für das Bestehen der Vermutungsregelung des Abs. 2 ergibt sich aus der **Entwicklung des Rechts der Arbeitsvermittlung.** Die Vermittlung von Arbeitskräften war in Deutschland lange ausschließlich der BA vorbehalten (sog. Vermittlungsmonopol). Private waren dagegen von diesem Gewerbe ausgeschlossen. Diese Rechtslage wurde zwar verschiedentlich kritisiert. Doch erklärte das BVerfG sie in einer Entscheidung aus dem Jahre 1967 (4.4.1967, BVerfGE 21, 245) ausdrücklich für verfassungsgemäß. Allerdings wurde das staatliche Arbeitsvermittlungsmonopol später vom EuGH für **europarechtswidrig** erklärt (23.4.1991, Slg. 1991, 2010 (2019, 2021) = NZA 1991, 447), soweit es sich auf die Vermittlung von Führungskräften in der Wirtschaft bezog. Unter dem Eindruck dieser Entscheidung und der kritischen Stimmen im Schrifttum rückte der Gesetzgeber vom Vermittlungsmonopol ab. Dabei wurde mit dem am 1.1.1994 in Kraft getretenen 1. SKWPG zunächst im Rahmen eines begrenzten Modellversuchs die gewerbsmäßige und nichtgewerbsmäßige Arbeitsvermittlung mit Erlaubnis der BA ermöglicht. Doch kam es bereits durch das BeschFG 1994 v. 26.7.1994 (BGBl. I S. 1786) mit Wirkung vom 1.8.1994 zu einer generellen und ersatzlosen **Aufhebung des Vermittlungsmonopols.** Zwar verblieb es zunächst bei dem Vermittlungsmonopol der BA für Ausbildungsverhältnisse. Auch dieses wurde indes auf Grund des am 1.1.1998 in Kraft getretenen SGB III aufgehoben (AFRG v. 24.3.1997, BGBl. I S. 594). Diese Rechtslage ist ihrerseits nicht unumstritten (vgl. nur Schüren/Hamann/ *Hamann* § 1 Rn. 287 mwN). Auch werden vereinzelt **verfassungsrechtliche Bedenken** geltend gemacht (vgl. *Ulber* Einl. D Rn. 15 ff.). Das ändert aber nichts daran, dass es sich um geltendes Recht handelt. Der Wegfall des § 13 aF, der für den Fall der **illegalen Arbeitsvermittlung** die **Fiktion eines Arbeitsverhältnisses zum Entleiher** enthielt, führte vollends dazu, dass Zweifel an der Zweckhaftigkeit der in § 1 Abs. 2 Regelung laut wurden (vgl. nur Boemke/Lembke/*Boemke* § 1 Rn. 159; *Schüren/Hamann/*Hamann § 1 Rn. 366).

180   Im Schrifttum wird die Bestimmung dementsprechend überwiegend **kritisch beurteilt.** Eingewandt wird insbesondere, dass sie durch die seit

1.1.1998 geltende Legaldefinition der Arbeitsvermittlung in § 35 Abs. 1 S. 2 SGB III überholt sei. Seitdem könne eine Arbeitnehmerüberlassung zwar legal oder illegal sein; nicht aber lasse sich eine illegale Arbeitnehmerüberlassung als Arbeitsvermittlung qualifizieren (*Boemke/Lembke* DB 2002, 895). Die Lit. tritt dementsprechend teilweise für eine Streichung des Abs. 2 ein. Demgegenüber wird von manchen Autoren vertreten, die Vorschrift sei keinesfalls funktionslos geworden, sondern könne vielmehr dazu beitragen, eine Arbeitsvermittlung im Gewande der Arbeitnehmerüberlassung „aufzudecken" (so *Schüren/Hamann/*Hamann § 1 Rn. 363 mwN). Dementsprechend soll es sich bei § 1 Abs. 2 um eine „Beweislastregel" zur Identifikation von Arbeitsvermittlung handeln, die ihre Bedeutung iW dann entfalten soll, wenn sich die Beteiligten einer „Strohmannkonstruktion" bedienen (Schüren/Hamann/*Hamann* § 1 Rn. 368 ff., 373 ff., der geltend macht, Missbrauchsmöglichkeiten würden zunehmend in Konzernverbünden genutzt, wobei eigene Personaldienstleistungsgesellschaften gegründet würden mit dem Ziel, unter Verweisung auf Leiharbeitstarife das betriebliche Lohnniveau zu unterlaufen). § 1 Abs. 2 wird dabei dadurch „entschärft", dass auch hinsichtlich der vermuteten Arbeitsvermittlung die Möglichkeit der Widerlegung gegeben sein soll (*Behrend* BB 2001, 2641 ff.). Dies erscheint indes, abgesehen von der problematischen Gleichsetzung von „Vermittler" und „Strohmann" (Schüren/Hamann/*Hamann* § 1 Rn. 378 ff.), allein schon deshalb zweifelhaft, weil die Tatbestände, an welche die Vermutung in § 1 Abs. 2 anknüpfen, angesichts des beschränkten praktischen Anwendungsbereichs („Strohmannkonstruktionen") deutlich „überschießend" wirken. Trotz der Unsicherheiten stellt § 1 Abs. 2 indes geltendes Recht dar. Allerdings ist dem Umstand, dass der Normzweck weitgehend im Dunkeln liegt, durch eine **restriktive Auslegung** der Bestimmung Rechnung zu tragen.

2. Einzelheiten

a) Die Widerlegung der Vermutung. Abs. 2 enthält eine **widerlegbare Vermutung** (vgl. BT-Drs. VI/3505, 2). Im Ergebnis führt die Bestimmung somit zu einer **Umkehr der objektiven Beweislast** (vgl. hierzu insbes. *Behrend* BB 2001, 2641; zuletzt auch Schüren/*Behrend* NZA 2003, 521 (525 f.)). **181**

aa) Die Vermutungstatbestände. Die Vermutung des § 1 Abs. 2 knüpft an die (Versagungs-)Tatbestände des § 3 Abs. 1 Nr. 1–3 an. Allerdings genügen auf Tatsachen gründende Anhaltspunkte – im Gegensatz zum Erlaubnisrecht – (§ 3 Abs. 1: „Annahme rechtfertigen") für die Auslösung des Vermutungstatbestands des Abs. 2 nicht (Boemke/Lembke/*Boemke* DB 2002, 893). **182**

§ 3 Abs. 1 Nr. 1 knüpft daran an, dass der Verleiher die für die Ausübung der Tätigkeit nach § 1 erforderliche Zuverlässigkeit nicht besitzt, insbesondere weil er die Vorschriften des Sozialversicherungsrechts, über die Einbehaltung und Abführung der Lohnsteuer, über die Arbeitsvermittlung, über die Anwerbung im Ausland oder über die Ausländerbeschäftigung, über die Überlassungshöchstdauer nach § 1 Abs. 1b, die Vorschriften des Arbeitsschutzrechts oder die arbeitsrechtlichen Pflichten nicht einhält. Das Abstellen **183**

auf die Überlassungshöchstdauer ist mit dem Gesetz zur Änderung des Arbeitnehmerüberlassungsgesetzes und anderer Gesetze (BT-Drs. 18/9232) neu
hinzugekommen (BT-Drs. 18/9232, 22).

184 Von einer Nichtübernahme des „Arbeitgeberrisikos" – als Unterfall der
Verletzung der typischen Arbeitgeberpflichten – ist va dann auszugehen,
wenn der Verleiher gegen die **Bestimmungen des Teilzeit- und Befris-
tungsgesetzes verstößt,** um Leiharbeitsverhältnis und Überlassung zu synchronisieren. Bei **tarifunterworfenen Arbeitsverhältnissen** liegt eine Verletzung arbeitsrechtlicher Pflichten iSd § 3 Abs. 1 Nr. 1 va dann vor, wenn
der einschlägige Tarifvertrag – der an die Stelle des Grundsatzes der Entgeltgleichheit nach § 3 Abs. 1 Nr. 3 tritt – nicht eingehalten wird (vgl. hierzu
auch *Ulber* § 1 Rn. 270).

185 § 3 Abs. 1 Nr. 2 stellt darauf ab, dass der Entleiher nach der Gestaltung
seiner Betriebsorganisation nicht in der Lage ist, die üblichen Arbeitgeberpflichten ordnungsgemäß zu erfüllen.

186 Eine Verletzung der „üblichen Arbeitgeberpflichten" ist jedoch insbesondere auch bei einem Verstoß gegen den **Grundsatz der Gleichbehandlung
beim Entgelt** nach § 3 Abs. 1 Nr. 3 iVm § 8 AÜG gegeben (*Ulber* § 1
Rn. 270).

187 **bb) Die Anforderungen an eine Widerlegung der Vermutung.** Um
die Vermutung zu erschüttern, muss der Überlassende Tatsachen vortragen,
aus denen sich ergibt, dass er „in Wirklichkeit" Arbeitnehmerüberlassung
betrieben hat. Zu diesem Zweck muss der Überlassende die erforderlichen
Tatsachen darlegen und beweisen, die eine Qualifizierung der Rechtsbeziehung als Arbeitnehmerüberlassung rechtfertigen. Dies bedeutet: Der Überlassende muss zunächst dartun, dass er **den Arbeitnehmer dauerhaft beschäftigen wollte** (*Schüren/Hamann*/Hamann § 1 Rn. 414).

188 Sodann muss der Überlassende den Nachweis führen, dass er **den Arbeitnehmer wechselnden Entleihern überlassen wollte.** Insoweit muss er
nicht notwendigerweise den wechselnden Einsatz eines bestimmten Arbeitnehmers nachweisen. Vielmehr genügt es, wenn er darauf verweisen kann,
dass er andere, vergleichbare Leiharbeitnehmer in dauerhaften Arbeitsverhältnissen beschäftigt und regelmäßig an wechselnde Dritte entleiht (Schüren/
Hamann/*Hamann* § 1 Rn. 415).

189 Schließlich muss der Überlassende nachweisen, dass er **seine Arbeitgeberfunktionen ernsthaft erfüllt** (näher Schüren/Hamann/*Hamann* § 1
Rn. 416). Nach einer Faustformel misslingt der Entlastungsbeweis immer
dann, wenn das Beschäftigungsverhältnis des Leiharbeitnehmers **ganz auf
einen speziellen Entleiher zugeschnitten** ist (Schüren/Hamann/*Hamann*
§ 1 Rn. 420).

190 Was speziell die Nichterfüllung der Arbeitgeberpflichten betrifft, so
kommt eine Widerlegung insbesondere bei **geringfügigen oder irrtümli-
chen Pflichtverletzungen** in Betracht (Boemke/Lembke/*Boemke* § 1
Rn. 178; *Ulber* § 1 Rn. 269 u. 286). Doch ist eine Widerlegung auch im
Übrigen nicht völlig ausgeschlossen. So mag zB die zeitweilige Nichtzahlung
des geschuldeten Gehalts auf einer vorübergehenden wirtschaftlichen Notlage

beruhen. Eine Entlastung kann dem Arbeitgeber in einem derartigen Fall durch den Nachweis gelingen, dass er in der Vergangenheit seine Verpflichtungen aus dem Arbeitsverhältnis über einen längeren Zeitraum ordnungsgemäß erfüllt hat (Boemke/Lembke/*Boemke* § 1 Rn. 181; aA *Ulber* § 1 Rn. 269 u. 286). Schon angesichts der Zweifel, die den Normzweck des § 1 Abs. 2 umgeben, sollte man insoweit nicht allzu streng verfahren.

Hinsichtlich der Nichtübernahme des Arbeitgeberrisikos kommt eine Entlastung wohl **nur ausnahmsweise** in Betracht (*Ulber* § 1 Rn. 292). **191**

Auch bei **Verstößen gegen den Gleichbehandlungsgrundsatz des** **192** **§ 8** soll eine Widerlegung der Vermutung nach verbreiteter Auffassung nur in Ausnahmefällen in Betracht kommen (*Ulber* § 1 Rn. 295, der insoweit gar fordert, dass der Verleiher unwissentlich handeln muss, wobei der Verleiher zusätzlich darzulegen habe, dass er seine Erkundungspflichten zur Feststellung der Ansprüche auf Gleichbehandlung erfüllt hat). Indes sollte man die Anforderungen, denen der Verleiher beim Versuch einer Widerlegung der Vermutung begegnet, auch in diesem Zusammenhang keinesfalls überspannen.

b) Rechtsfolgen. Gelingt dem Überlassenden der Entlastungsbeweis, **193** dann ist die Rechtsbeziehung als **Arbeitnehmerüberlassung** zu qualifizieren. Ihre Zulässigkeit ist nach dem AÜG zu beurteilen (vgl. nur *Ulber* § 1 Rn. 297).

Misslingt der Entlastungsbeweis, ist die Rechtsbeziehung als **Arbeitsver-** **194** **mittlung** zu bewerten (Einzelheiten bei Schüren/Hamann/*Hamann* § 1 Rn. 398 ff., der nach seinem Ansatz konsequenterweise gar von einer „Aufdeckung" der Arbeitsvermittlung ausgeht).

Zu beachten ist aber, dass nach Auffassung des BAG mit dem Entfallen **195** des § 13 keine Grundlage mehr dafür besteht, **zwischen überlassenem** **Arbeitnehmer und Entleiher kraft Gesetzes, also ohne dessen Willen,** **ein Arbeitsverhältnis entstehen zu lassen** (BAG 28.6.2000, AP AÜG § 13 Nr. 3; BAG 2.6.2010, NZA 2011, 351; zuletzt BAG 15.5.2013, NZA 2013, 1267; aA *Schaub* BB 1998, 2106 (2111)). In diesem Sinne kann man daher davon sprechen, dass die Vermutung arbeitsrechtlich ohne Bedeutung ist (so in der Tat Boemke/Lembke/*Boemke* § 1 Rn. 186; vgl. auch LAG Niedersachsen 28.2.2006, BeckRS 2006, 43575 u. 2. d. Grde, wonach § 1 Abs. 2 „ausschließlich als gewerberechtliche Vorschrift zu bewerten" sei; ebenso LAG Niedersachsen 8.3.2011, BeckRS 2011, 74673 u. 3.5.2011, BeckRS 2011, 73873; aA *Ulber* § 1 Rn. 300; vgl. aber auch Schüren/Hamann/*Hamann* § 1 Rn. 398, wonach im Fall der „aufgedeckten" Arbeitsvermittlung zwingend ein Arbeitsverhältnis zwischen dem Arbeitnehmer und dem Empfänger der Arbeitsleistung vorliegt).

Sofern zwischen Verleiher und Leiharbeitnehmer ein Arbeitsvertrag **196** geschlossen wurde, wird dieser nach verbreiteter Auffassung unwirksam, da der Verleiher weder Arbeitgeber eines Arbeitsverhältnisses noch eines Leiharbeitsverhältnisses ist (vgl. zum Ganzen *Behrend* BB 2001, 2641 (2643); aA Boemke/Lembke/*Boemke* § 1 Rn. 186). Besitzt der Überlassende keine Überlassungserlaubnis nach Abs. 1, dann kommt nach hM – wie bei der illegalen Arbeitnehmerüberlassung – **gem. §§ 9 Nr. 1, 10 kraft Gesetzes ein Arbeitsverhältnis zwischen Entleiher und überlassenem Arbeitnehmer zustande** (*Boemke* BB 2000, 2524; für die Begründung eines Doppelarbeitsverhältnisses wohl BAG 15.4.1999, AP AÜG § 13 Nr. 1; grds. auch *Ulber* § 1 Rn. 302; doch ist nicht o. W. ersichtlich, weshalb die entsprechenden Arbeitnehmer privilegiert sein sollen).

XIV. Die Privilegierungen des § 1 Abs. 3

1. Überblick über die Ausnahmetatbestände

197 Absatz 3 wurde durch das BeschFG 1985 vom 26.4.1985 (BGBl. I S. 710 (715)) in das AÜG eingefügt, hat aber im Lauf der Zeit verschiedene Änderungen erfahren (Näheres bei Schüren/Hamann/*Hamann* § 1 Rn. 422 f.). Mit der Bestimmung wurden drei Fallgestaltungen von der Anwendung des AÜG generell ausgenommen, obwohl im konkreten Fall begrifflich durchaus eine Arbeitnehmerüberlassung vorliegen kann. Mit der Neufassung des § 1 durch das Erste Gesetz zur Änderung des Arbeitnehmerüberlassungsgesetzes – Verhinderung von Missbrauch der Arbeitnehmerüberlassung (1. AÜGÄndG) v. 28.4.2011, BGBl. I S. 642, wurde diesen drei Tatbeständen ein weiterer Tatbestand hinzugefügt (krit. zu den Privilegierungstatbeständen zuletzt *Hamann* ZESAR 2012, 103).

198 Dieser Katalog wurde schließlich mit dem Gesetz zur Änderung des Arbeitnehmerüberlassungsgesetzes und anderer Gesetze (BT-Drs. 18/9232) abermals – um zwei Tatbestände (Nr. 2b u. Nr. 2c) – erweitert. Beide Ausnahmen zielen auf die besonderen Verhältnisse im öffentlichen Dienst, wobei sich die jeweiligen Anwendungsbereiche überlagern können (*Henssler/Grau, Arbeitnehmerüberlassung und Werkverträge*, § 5 Rn. 39). Nachempfunden ist die Ausnahmeregelung dem für die Privatwirtschaft geltenden Konzernprivileg des § 1 Abs. 3 Nr. 2 AÜG (BT-Drs. 18/9232, 22; vgl. insoweit auch *Henssler/Grau, Arbeitnehmerüberlassung und Werkverträge*, § 5 Rn. 5). Die Vereinbarkeit der Neuregelung (insbesondere der in Abs. 3 Nr. 2c) mit den europarechtlichen Vorgaben ist nicht unzweifelhaft (näher hierzu *Henssler/Grau, Arbeitnehmerüberlassung und Werkverträge*, § 5 Rn. 54 f.). Ihre praktische Bedeutung dürfte erheblich sein (ebenso *Henssler/Grau*, Arbeitnehmerüberlassung und Werkverträge, § 5 Rn. 32 u. 56 unter Rn. 33 ff. zu Entstehungsgeschichte und Hintergrund).

199 Nr. 1 enthält die Legalisierung der insbesondere in der norddeutschen Werftindustrie verbreiteten Praxis der sog. **„Nachbarschaftshilfe".** Dabei wurden von verschiedenen Werften Arbeitnehmer entsprechend der jeweiligen Auftragslage untereinander ausgetauscht. Diese Praxis sollte durch die Anwendung des AÜG nicht unmöglich gemacht werden. Für die Anwendung des Gesetzes besteht umso weniger Anlass, als Abs. 3 Nr. 1 AÜG ausdrücklich verlangt, dass die Arbeitnehmerüberlassung tarifvertraglich zugelassen sein muss (vgl. BT-Drs. 10/3206, 33).

200 Nr. 2 nimmt die **konzerninterne Überlassung von Arbeitnehmern** aus dem Anwendungsbereich des AÜG heraus. Den Hintergrund bildet die

Einschätzung des Gesetzgebers, dass bei diesen Gestaltungen eine soziale Gefährdung der Arbeitnehmer nicht gegeben ist. Die Anwendung der Bestimmungen des AÜG wäre hier eine bloße „bürokratische Förmlichkeit" (BT-Drs. 10/3206, 33). Bis zur Neufassung der Vorschrift durch das Erste Gesetz zur Änderung des Arbeitnehmerüberlassungsgesetzes – Verhinderung von Missbrauch der Arbeitnehmerüberlassung (1. AÜGÄndG) v. 28.4.2011, BGBl. I S. 642, galt dies allerdings nur für die vorübergehende konzerninterne Arbeitnehmerüberlassung. Weiterhin in den Anwendungsbereich des Gesetzes fiel es somit, wenn in einem Konzern sog. Personalführungsgesellschaften gebildet wurden, die ihre Arbeitnehmer ständig – und nicht lediglich vorübergehend – an andere Konzernunternehmen verliehen (Schüren/Hamann/*Hamann* § 1 Rn. 485; aus der Rspr. BAG 20.4.2005, NZA 2005, 1006). Mit der Neuregelung wurde das Merkmal „vorübergehend" gestrichen und das Konzernprivileg zugleich auf die konzerninterne Überlassung von Arbeitnehmern beschränkt, die nicht zum Zweck der Überlassung eingestellt und beschäftigt werden. Damit sollte nach der Begründung des RegE der Änderung in Abs. 1 S. 1 Rechnung getragen werden. Aus dieser ergebe sich, dass das Merkmal „vorübergehend" nicht mehr das entscheidende Abgrenzungskriterium für das sogenannte Konzernprivileg sein könne. Darüber hinaus stelle die Neuregelung klar, dass die Privilegierung des Konzernverleihs nicht für die Arbeitnehmerüberlassung durch Personalführungsgesellschaften gelte, deren Zweck die Einstellung und Überlassung von Personal sei (BT-Drs. 17/4804, 8). In der Lit. wurde die Gesetzesänderung vielfach als „misslungen" und „inhaltlich fragwürdig" (so *Böhm* DB 2011, 414 (415)) kritisiert.

Nach Nr. 2a findet das AÜG keine Anwendung auf die Überlassung „zwi- **201** schen Arbeitgebern, wenn die **Überlassung nur gelegentlich erfolgt** und der **Arbeitnehmer nicht zum Zweck der Überlassung eingestellt und beschäftigt** wird". Diese Bestimmung wurde durch das Erste Gesetz zur Änderung des Arbeitnehmerüberlassungsgesetzes – Verhinderung von Missbrauch der Arbeitnehmerüberlassung (1. AÜGÄndG) v. 28.4.2011, BGBl. I S. 642, in den Katalog der Ausnahmevorschriften des Abs. 3 eingefügt. Mit der Vorschrift sollen ausweislich der Begründung zum RegE „in Bezug sowohl auf den Arbeitnehmer als auch auf das überlassende Unternehmen gelegentlich auftretende Überlassungsfälle ausgeklammert werden, wie zum Beispiel die Abdeckung eines kurzfristigen Spitzenbedarfs eines anderen Unternehmens". Diese Privilegierung sei, so heißt es in der Begründung des RegE weiter, vor dem Hintergrund der Ausweitung des Anwendungsbereichs des AÜG durch die Änderung des § 1 Abs. 1 S. 1 „geboten, um z. B. die gelegentliche Überlassung durch Handwerksbetriebe oder gemeinnützige Organisationen nicht unnötig zu erschweren". Dabei sollen aber vor dem Hintergrund des „Ausnahmecharakters" des § 1 Abs. 3 und mit Blick auf den Schutzzweck der Norm an das Erfordernis einer „nur gelegentlichen Überlassung" strenge Anforderungen zu stellen sein (BT-Drs. 17/4804, 8).

Durch den neu eingefügten Abs. 3 Nr. 2b soll zukünftig sichergestellt sein, **202** dass die **Vorgaben des AÜG in weiten Teilen nicht für die in Tarifverträgen des öffentlichen Dienstes vorgesehenen Personalgestellungen**

gelten. Für diese ist charakteristisch, dass bei einer Verlagerung der Aufgaben eines Beschäftigten auf einen Dritten das Arbeitsverhältnis mit dem bisherigen Arbeitgeber weiter besteht, die arbeitsvertraglich geschuldete Leistung jedoch bei dem Dritten nach dessen Weisungen erbracht wird. Die Regelung soll **Rechtsunsicherheiten beseitigen** und zugleich **Besonderheiten der Personalgestellung Rechnung tragen** (BT-Drs. 18/9232, 23).

203   Der gleichfalls neu eingefügte Abs. 3 Nr. 2c sieht eine **weitgehende Ausnahme vom Anwendungsbereich des AÜG für Überlassungen zwischen juristischen Personen des öffentlichen Rechts** vor, sofern sie Tarifverträge des öffentlichen Dienstes oder Regelungen der öffentlich-rechtlichen Religionsgesellschaften anwenden. Dabei hat sich der Gesetzgeber insbesondere davon leiten lassen, dass in diesen Fällen auf beiden Seiten der Arbeitnehmerüberlassung juristische Personen des öffentlichen Rechts stehen, die verfassungsrechtlich in besonderem Maße an Recht und Gesetz gebunden sind und denen eine besondere verfassungsrechtliche Stellung zukommt (BT-Drs. 18/9232, 23).

204   Mit Nr. 3 schließlich soll die Durchführung sog. **joint ventures** erleichtert werden. Zu diesem Zweck sieht die Bestimmung vor, dass inländische Arbeitnehmer auch längerfristig ohne die Restriktionen des AÜG in das Ausland verliehen werden dürfen. Deutsche Arbeitnehmer, die in das Ausland entsandt werden, unterliegen allerdings auch weiterhin dem deutschen Recht (vgl. BT-Drs. 13/4941, 248).

205   Abs. 3 enthält nach ganz hM eine **abschließende Aufzählung der Ausnahmetatbestände.** Auch eine analoge Anwendung auf ähnlich gelagerte Fälle soll danach ausscheiden (Schüren/Hamann/*Hamann* § 1 Rn. 426; *Sandmann/Marschall/Schneider* Art. 1 § 1 Rn. 74).

206   Nach dem Eingangssatz des Abs. 3 ist das AÜG auf die genannten Konstellationen grundsätzlich (dh mit Ausnahme des § 1b S. 1, des § 16 Abs. 1 und Abs. 2–5 sowie der §§ 17 und 18) nicht anzuwenden. Nicht anzuwenden ist insbesondere auch der **Gleichbehandlungsgrundsatz des § 8.** Dies unterstreicht die Bedeutung der Frage nach der **Europarechtskonformität der Ausnahmetatbestände,** weil die deutsche Regelung auf der entsprechenden Regelung der RL beruht und nach dieser vom Gleichbehandlungsgrundsatz grundsätzlich nicht abgewichen werden kann.

207   **Erlaubnisinhaber** sind – im Unterschied zu § 1a (sog. Kollegenhilfe) – nicht von der Privilegierung des Abs. 3 ausgeschlossen (vgl. Schüren/ Hamann/*Hamann* § 1 Rn. 425).

2. Die Voraussetzungen der Ausnahmetatbestände

208   **a) § 1 Abs. 3 Nr. 1.** Eine erste Privilegierung der Arbeitnehmerüberlassung enthält § 1 Abs. 3 Nr. 1, der allerdings **kaum praktische Bedeutung** erlangt hat (Schüren/Hamann/*Hamann* § 1 Rn. 482 f., der, jenseits der Frage der Europarechtskonformität, die Frage nach der „Existenzberechtigung" der Ausnahmeregelung aufwirft).

209   **aa) Arbeitgeber desselben Wirtschaftszweiges.** Nach Abs. 3 Nr. 1 müssen der Arbeitgeber des überlassenen Arbeitnehmers und der Arbeitgeber,

in dessen Unternehmen der Arbeitnehmer verliehen wird, **demselben Wirtschaftszweig** angehören. Mit der Beschränkung auf Arbeitgeber desselben Wirtschaftszweiges hat der Gesetzgeber dafür Sorge getragen, dass **reine Verleihunternehmen** – die als Dienstleistungsunternehmen idR einem anderen Wirtschaftszweig angehören – nicht die Privilegierung des Abs. 3 Nr. 1 in Anspruch nehmen können.

Zu beachten ist, dass der relevante Bezugspunkt – im Unterschied zur **210** Regelung des Abs. 1 S. 3 – nicht der Geltungsbereich des Tarifvertrags ist. Den Bezugspunkt bilden vielmehr die **beteiligten Unternehmen** (Schüren/Hamann/*Hamann* § 1 Rn. 430). Bei der Bestimmung des Wirtschaftszweiges ist aber nach verbreiteter Auffassung – ebenso wie bei Abs. 1 S. 3 – auf die **nach dem Industrieverbandsprinzip zu bestimmenden Zuständigkeiten** der Gewerkschaften und Arbeitgeberverbände abzustellen (Schüren/Hamann/*Hamann* § 1 Rn. 431). Nach aA soll dagegen der allgemeine Sprachgebrauch zu Grunde zu legen sein (so etwa *Sandmann/Marschall/Schneider* Art. 1 § 1 Rn. 76). Hinter dem Meinungsstreit steht die Frage, ob Abs. 3 Nr. 1 eng oder, was angesichts des unbestreitbaren Ausnahmecharakters der Regelung erkennbar problematisch wäre, weit auszulegen ist.

Probleme bereitet die Zuordnung zu einem bestimmten Wirtschaftszweig **211** bei sog. **gemischten Unternehmen.** Insoweit ist nach wohl hM – zutreffend – darauf abzustellen, in welchem Bereich die Mehrzahl der geleisteten Arbeitsstunden abgeleistet wird (Schüren/Hamann/*Hamann* § 1 Rn. 433). Nach aA sollen gemischte Unternehmen insgesamt aus dem Anwendungsbereich des Abs. 3 Nr. 1 ausscheiden (*Bachner* in Praxis-Handb. § 131 Rn. 79).

bb) Überlassung zur Vermeidung von Kurzarbeit oder Entlassun- **212** **gen.** Weiter ist nach Abs. 3 Nr. 1 erforderlich, dass die Überlassung zur Vermeidung von Kurzarbeit oder Entlassungen erfolgt.

(1) Kurzarbeit. Unter Kurzarbeit wird allg. die vorübergehende **Verkür-** **213** **zung der betriebsüblichen Arbeitszeit** verstanden. Dieses Verständnis o. W. auf den vorliegenden Zusammenhang zu übertragen, wäre indes problematisch, da damit jede geringfügige oder kurzfristige Verkürzung der betriebsüblichen Arbeitszeit bereits von der Anwendung des AÜG befreien würde (vgl. Boemke/Lembke/*Lembke* § 1 Rn. 204, die insgesamt für eine restriktive Auslegung der Bestimmung eintreten). Nicht weniger problematisch wäre es, wenn auch ein struktureller Personalüberhang zur Anwendung des Abs. 3 Nr. 1 Anlass geben würde. Denn dann würde die Bestimmung auch dann eingreifen, wenn ein Arbeitgeber schon auf Grund seiner Betriebsstruktur nicht in der Lage ist, seine Arbeitnehmer im eigenen Betrieb sinnvoll einzusetzen (Schüren/Hamann/*Hamann* § 1 Rn. 436).

Vor diesem Hintergrund ist es zu sehen, dass die hM für die Bejahung **214** von Kurzarbeit iSd Abs. 3 Nr. 1 das Vorliegen derselben Voraussetzungen fordert, wie sie nach **§§ 95 ff. SGB III** auch für die Gewährung von Kurzarbeitergeld bestehen (vgl. nur ErfK/*Wank* § 1 Rn. 55). Auf diese Weise soll sichergestellt werden, dass der Verleih der Arbeitnehmer nicht mehr als eine Alternative zur Kurzarbeit ist (Schüren/Hamann/*Hamann* § 1 Rn. 437 f.). Kurzarbeit iSd Abs. 3 Nr. 1 setzt somit wie bei § 96 Abs. 1 Nr. 4 SGB III voraus, dass im jeweiligen Kalendermonat mindestens ein Drittel der in dem Betrieb beschäftigten Arbeitnehmer von einem Entgeltausfall von jeweils mehr als zehn Prozent ihres monatlichen Bruttoentgelts betroffen ist (Schüren/Hamann/*Hamann* § 1 Rn. 438; Boemke/Lembke/*Lembke* § 1 Rn. 204; teilw. anders *Ulber* § 1 Rn. 321). Die Ursachen der Kurzarbeit spielen insoweit keine Rolle (Schüren/Hamann/*Hamann* § 1 Rn. 438).

215   Neben den in § 96 Abs. 1 Nr. 4 SGB III genannten Kriterien zu Umfang und Dauer des vorübergehenden Arbeitsausfalls ist indessen auch zu fordern, dass **die weiteren materiellen Voraussetzungen für die Gewährung von Kurzarbeitergeld** gegeben sind. Dies bedeutet insbesondere, dass der Arbeitsausfall vorübergehender Natur sein muss, also idR einen Zeitraum von 12 Monaten nicht überschreiten darf (vgl. § 104 Abs. 1 S. 1 SGB III). Darüber hinaus ist zu fordern, dass der Arbeitsausfall auf wirtschaftlichen Ursachen oder einem unabwendbaren Ereignis beruht und unvermeidbar ist (vgl. § 96 Abs. 1 Nr. 1, 3, Abs. 2, Abs. 3, 4 SGB III).

216   Bezugspunkt für die Feststellung der materiellen Voraussetzungen der Kurzarbeit sind gem. § 97 SGB III der **Betrieb oder eine Betriebsabteilung,** nicht aber das gesamte Unternehmen (Schüren/Hamann/*Hamann* § 1 Rn. 440).

217   Die **formellen Voraussetzungen für die Gewährung von Kurzarbeit** (Anzeige des Arbeitsausfalls bei der Agentur für Arbeit, Antrag auf Auszahlung des Kurzarbeitergelds u. dgl. mehr) spielen im vorliegenden Zusammenhang keine Rolle (Schüren/Hamann/*Hamann* § 1 Rn. 441). Insgesamt gilt aber, dass auf die Voraussetzungen der §§ 95 ff. SGB III nur dann abzustellen ist, wenn die Tarifpartner insoweit keine Regelung getroffen haben. Enthält der **Tarifvertrag** dagegen Kriterien, auf Grund derer über das Vorliegen von Kurzarbeit entschieden werden soll, ist für die Bejahung von Kurzarbeit allein auf diese Voraussetzungen abzustellen (vgl. Schüren/Hamann/*Hamann* § 1 Rn. 437).

218   **(2) Entlassungen.** Ebenso wenig wie der Begriff der Kurzarbeit ist der Begriff der Entlassung gesetzlich definiert. Immerhin lässt sich sowohl auf Grund des Gesetzeszwecks als auch aus der Verwendung des Begriffs in anderen Zusammenhängen schließen, dass es sich um umfangreichere, betriebsbedingte Maßnahmen handeln muss (Schüren/Hamann/*Hamann* § 1 Rn. 443). Zur Konkretisierung des Begriffs „Entlassungen" kann man auf **§ 17 KSchG, § 112a BetrVG** abstellen (vgl. ErfK/*Wank* § 1 Rn. 55; vgl. auch *Urban-Crell/Germakowski/Bissels/Hurst* § 1 Rn. 334), wobei allerdings auch Betriebe mit (weniger als) 20 Arbeitnehmern erfasst werden können (Boemke/Lembke/*Lembke* § 1 Rn. 205; *Ulber* § 1 Rn. 324). Dabei kommt es nicht darauf an, wie die Beendigung der Arbeitsverhältnisse verwirklicht wird. Neben **Kündigungen** durch den Arbeitgeber können danach auch **Aufhebungsverträge** und **Eigenkündigungen** der Arbeitnehmer zur Anwendung des Abs. 3 Nr. 1 führen (Schüren/Hamann/*Hamann* § 1 Rn. 444). Entscheidend ist allein, ob die Arbeitsverhältnisse auf Initiative des Arbeitgebers und wegen der wirtschaftlichen Situation des Unternehmens dauerhaft beendet werden.

219   **(3) Vermeidung von Kurzarbeit oder Entlassungen.** Die Arbeitnehmerüberlassung muss **zur Vermeidung von Kurzarbeit und Entlassun-**

gen erfolgen. Dies bedeutet, dass die Arbeitnehmerüberlassung – bei einer ex ante-Prognose – objektiv geeignet sein muss, die Einführung von Kurzarbeit oder Entlassungen zu vermeiden (Schüren/Hamann/*Hamann* § 1 Rn. 447; ErfK/*Wank* § 1 Rn. 55; *Ulber* § 1 Rn. 325). Es müssen die materiellen Voraussetzungen für den Bezug von Kurzarbeitergeld gem. §§ 95 ff. SGB III oder für eine betriebsbedingte Massenentlassung **tatsächlich vorliegen.** Darüber hinaus soll erforderlich sein, dass **auch subjektiv** die Absicht besteht, die Einführung von Kurzarbeit bzw. Entlassungen zu vermeiden (so Boemke/Lembke/*Lembke* § 1 Rn. 206).

Zur Vermeidung von Kurzarbeit ist die Arbeitnehmerüberlassung insbe- **220** sondere dann geeignet, wenn der Arbeitsmangel **lediglich vorübergehender Natur** ist (zB auf Grund eines vorübergehenden Mangels an Rohstoffen oder Vorprodukten). Hinsichtlich der Eignung zur Vermeidung von Entlassungen dürfte demgegenüber die Prognose genügen, dass zu einem späteren Zeitpunkt eine Weiterbeschäftigung im überlassenden Betrieb zu erwarten ist. Demgegenüber soll die Privilegierung nicht auch dann eingreifen, wenn die Arbeitsplätze voraussichtlich auf längere Sicht ohnehin verloren gehen würden (ErfK/*Wank* § 1 Rn. 79; vgl. auch Schüren/Hamann/*Hamann* § 1 Rn. 449; dort auch zum Verhältnis der Arbeitnehmerüberlassung zu anderen Überbrückungsmaßnahmen).

Die Arbeitnehmerüberlassung muss das Ziel haben, Kurzarbeit oder Ent- **221** lassungen nicht etwa beim Entleiher, sondern **beim Verleiher** zu vermeiden. Für dieses Verständnis spricht der Wille des historischen Gesetzgebers, aber auch der Zweck der Vorschrift (Schüren/Hamann/*Hamann* § 1 Rn. 451; aA aber etwa *Sandmann/Marschall/Schneider* Art. 1 § 1 Rn. 77).

cc) Regelung im Tarifvertrag. Abs. 3 Nr. 1 greift nur dann ein, wenn **222** ein Tarifvertrag die Möglichkeit der Arbeitnehmerüberlassung ausdrücklich vorsieht (Bsp. für entsprechende Tarifverträge etwa bei *Sandmann/Marschall/ Schneider* Art. 1 § 1 Rn. 78). Abs. 3 Nr. 1 ist somit eine **gesetzliche Zulassungsnorm,** die den Tarifparteien die Freiheit eröffnet, den Beteiligten Abweichungen von den gesetzlichen Restriktionen des AÜG zu gestatten. Funktionell handelt es sich damit bei Abs. 3 Nr. 1 AÜG um eine gesetzliche Ermächtigung der Tarifparteien (Schüren/Hamann/*Hamann* § 1 Rn. 452; ErfK/*Wank* § 1 Rn. 52; *Ulber* § 1 Rn. 326).

(1) Regelungsspielraum der Tarifparteien. Dabei wird den Tarifpar- **223** teien nach verbreiteter Auffassung ein gewisser **(normkonkretisierender) Regelungsspielraum** hinsichtlich der tatbestandlichen Voraussetzungen „zur Vermeidung von Kurzarbeit und Entlassungen" eröffnet (Schüren/ Hamann/*Hamann* § 1 Rn. 453; aA Boemke/Lembke/*Lembke* § 1 Rn. 208; ErfK/*Wank* § 1 Rn. 52). Danach können die Tarifparteien zB eigenständig regeln, ab welchem Umfang und für welche Dauer ein vorübergehender Arbeitsausfall angenommen werden soll und somit Kurzarbeit iSd Abs. 3 Nr. 1 zu bejahen ist. Festlegen können die Tarifparteien aber auch die Anzahl der bedrohten Arbeitsplätze als Voraussetzung für die Bejahung von Entlassungen iSd Abs. 3 Nr. 1. Umgekehrt können die Tarifparteien die Möglichkeiten zur Überlassung von Arbeitnehmern aber auch **einschränken,** indem sie etwa geographische Beschränkungen anordnen oder die Überlassung nur für bestimmte Produktionszweige vorsehen (Schüren/Hamann/*Hamann* § 1 Rn. 456).

224   Allerdings ist der Regelungsspielraum der Tarifparteien nicht unbeschränkt. Restriktionen ergeben sich insbesondere aus dem **Zweck der Regelung.** Deshalb wäre es beispielsweise von der in Abs. 3 Nr. 1 enthaltenen Ermächtigung nicht mehr gedeckt, wenn die Tarifparteien den Anwendungsbereich der Vorschrift schon bei der Gefahr einzelner betriebsbedingter Kündigungen eröffnen wollten (Schüren/Hamann/*Hamann* § 1 Rn. 458) Ebenso wenig gedeckt wäre es von Abs. 3 Nr. 1, Arbeitgebern aus anderen Gründen als zur Vermeidung von Kurzarbeit und Entlassungen die Möglichkeit der Arbeitnehmerüberlassung zu eröffnen oder eine Regelung zu treffen, wonach ein bloßer Personalüberhang automatisch für eine „Vermeidung von Kurzarbeit" genügen soll (Schüren/Hamann/*Hamann* § 1 Rn. 458). Die Tarifparteien sind **an die in Abs. 3 Nr. 1 genannten Voraussetzungen gebunden** und könnten daher zB nicht die Arbeitnehmerüberlassung zur besseren Auslastung von Kapazitäten zulassen. Abgesehen davon sind selbstverständlich auch hier die verfassungsrechtlichen Schranken der Tarifautonomie zu beachten. Diese wären zB dann zu berücksichtigen, wenn die Tarifparteien Nichtorganisierte von der Möglichkeit der Überlassung ausnehmen würden (Schüren/Hamann/*Hamann* § 1 Rn. 458).

225   Der Tarifvertrag darf als Rechtsfolge nur die **Geltung oder Nichtgeltung des AÜG** vorsehen. Der Ausschluss einzelner Vorschriften des AÜG oder ihre Modifizierung wäre demgegenüber unzulässig. Allerdings kann die Nichtanwendung des AÜG an die Erfüllung bestimmter, tarifvertraglich fixierter Voraussetzungen geknüpft werden (Schüren/Hamann/*Hamann* § 1 Rn. 461 ff.).

226   Dem Gestaltungsspielraum, der den Tarifparteien innerhalb dieser Grenzen zukommt, entspricht nach – zutreffender – hM **keine Gestaltungspflicht** (Schüren/Hamann/*Hamann* § 1 Rn. 457; aA *Ulber* § 1 Rn. 330, wonach eine bloße Verweisung auf § 1 Abs. 3 Nr. 1 im Tarifvertrag den gesetzlichen Anforderungen nicht genügen soll). Enthält der Tarifvertrag keine konkretisierenden Regelungen, sind die Begriffe Kurzarbeit und Entlassungen im oben (vgl. → Rn. 168 ff.) skizzierten (objektiven) Sinne zu verstehen.

227   **(2) Identischer Tarifvertrag.** Umstr. ist, ob Abs. 3 Nr. 1 so zu verstehen ist, dass für Verleiher und Entleiher **ein und derselbe Tarifvertrag** gelten muss (so zB ErfK/*Wank* § 1 Rn. 53). Der Wortlaut legt diese Interpretation nahe. Doch spricht schon deshalb vieles gegen ein derart restriktives Verständnis, weil die Ausdehnung der Vorschrift auf Arbeitgeber desselben Wirtschaftszweiges wenig sinnvoll wäre, wenn der Anwendungsbereich des Abs. 3 Nr. 1 durch die Beschränkung auf denselben Tarifvertrag sogleich wieder eingeengt würde (Schüren/Hamann/*Hamann* § 1 Rn. 465; *Sandmann/Marschall/Schneider* Art. 1 § 1 Rn. 78). Das Problem, das sich insoweit ergibt, wenn unterschiedliche Tarifverträge verschiedene Voraussetzungen für die Zulässigkeit einer Arbeitnehmerüberlassung vorsehen, ist durch ein Abstellen auf die jeweils strengeren Voraussetzungen zu lösen (so Schüren/Hamann/ *Hamann* § 1 Rn. 469).

(3) Geltung des Tarifvertrags. Die Geltung des Tarifvertrags kann auf **228** einer **Tarifgebundenheit gem. § 3 Abs. 1 TVG,** aber auch auf der **Allgemeinverbindlicherklärung des Tarifvertrags gem. § 5 TVG** beruhen (Schüren/Hamann/*Hamann* § 1 Rn. 471). Umstr. ist, ob auch eine bloße **individualrechtliche Inbezugnahme** genügt. Nach wohl hM soll das als Ergebnis einer verfassungskonformen Auslegung des Abs. 3 Nr. 1 zu bejahen sein (Schüren/Hamann/*Hamann* § 1 Rn. 472 mwN; verneinend dagegen *Ulber* § 1 Rn. 329). Allerdings muss sich die individualvertragliche Vereinbarung auf den fachlich einschlägigen Tarifvertrag richten (Schüren/Hamann/ *Hamann* § 1 Rn. 473). Zu berücksichtigen ist in diesem Zusammenhang auch, dass es sich bei Regelungen, die eine Arbeitnehmerüberlassung außerhalb des AÜG ermöglichen, nach verbreiteter Auffassung um Betriebsnormen handelt (Boemke/Lembke/*Lembke* § 1 Rn. 211; Schüren/Hamann/*Hamann* § 1 Rn. 478 mwN; aA etwa *Ulber* § 1 Rn. 329, der sich auch gegen eine analoge Anwendung des § 3 Abs. 2 TVG ausspricht). Folgt man dem, dann genügt für eine entsprechende Geltung gegenüber den Arbeitnehmern nach § 3 Abs. 2 TVG die Tarifgebundenheit des Arbeitgebers.

Was die Geltung des Tarifvertrags im Betrieb des Entleihers anbelangt, so **229** muss man berücksichtigen, dass die überlassenen Arbeitnehmer solche des Verleihers bleiben. Dementsprechend soll es insoweit für die vom Gesetz geforderte Tarifgeltung genügen, dass der Überlassungsvertrag eine **vertragliche Verpflichtung des Entleihers** gegenüber dem Verleiher enthält, wonach der Entleiher die Einhaltung der Zulässigkeitsvoraussetzungen des für ihn einschlägigen Tarifvertrags zusichert (so jedenfalls Schüren/Hamann/ *Hamann* § 1 Rn. 476).

b) § 1 Abs. 3 Nr. 2. aa) Hintergrund und Zweck. Weiterhin ist das **230** AÜG grundsätzlich nicht anzuwenden bei einer konzerninternen Arbeitnehmerüberlassung (vgl. hierzu etwa *Mengel* in Arbeitsrecht im Konzern 2010, S. 45; zur Abgrenzung zum sog. Inhouse-Outsourcing zuletzt *Schüren/Fasholz* DB 2016, 1375). Einer entsprechenden tarifvertraglichen Regelung bedarf es insoweit – im Unterschied zu Abs. 3 Nr. 1 (vgl. → Rn. 177 ff.) – nicht. Zweck der Vorschrift ist, das AÜG außer Anwendung zu lassen, wenn von einem Austausch von Arbeitnehmern nur der **interne Arbeitsmarkt des Konzerns** betroffen und somit der soziale Schutz der Leiharbeitnehmer nicht gefährdet ist (Schüren/Hamann/*Hamann* § 1 Rn. 485). Dabei ließ sich der historische Gesetzgeber insbesondere auch davon leiten, dass eine Anwendung des AÜG auf diese Fälle eine **„bürokratische Förmlichkeit"** (BT-Drs. 10/3206, 33) wäre, die den konzernweiten Einsatz von Arbeitnehmer unnötig erschweren würde. Verleiher und Entleiher müssen **demselben Konzern angehören,** wenn der Ausnahmetatbestand eingreifen soll. Die früher bestehende Voraussetzung, dass die Arbeitnehmerüberlassung **nur vorübergehend** erfolgen darf, hat der Gesetzgeber mit der Neufassung der Regelung durch das Erste Gesetz zur Änderung des Arbeitnehmerüberlassungsgesetzes – Verhinderung von Missbrauch der Arbeitnehmerüberlassung (1. AÜGÄndG) v. 28.4.2011, BGBl. I S. 642, gestrichen und durch das Erfordernis ersetzt, dass der überlassene Arbeitnehmer „nicht zum Zweck der

Überlassung eingestellt und beschäftigt wird". Das Merkmal „vorübergehend" kann nach der Neufassung des Abs. 1 nicht mehr das entscheidende
Abgrenzungskriterium für das sog. Konzernprivileg sein (krit. insoweit allerdings *Lembke* DB 2011, 414 (415)). Die Ergänzung soll überdies klarstellen,
dass die Privilegierung des Konzernverleihs nicht für die Arbeitnehmerüberlassung durch Personalführungsgesellschaften gilt, deren Zweck die Einstellung und Überlassung von Personal ist (BT-Drs. 17/4804, 8;). Umstr. ist,
ob das Konzernprivileg mit der RL/2008/104/EG, die ein (ausdrückliches)
Konzernprivileg nicht kennt, in Einklang steht (kritisch *Böhm* DB 2011, 473
(474) u. Hinw. auf den begrenzten Anwendungsbereich des Art. 1 Abs. 3 der
RL; *Lembke* DB 2011, 414 (416); *Ulber* § 1 Rn. 351 ff. bejahend *Forst* ZESAR
2011, 316 mit der Einschränkung, dass das Konzernprivileg auf konzerninterne Personalverwaltungsgesellschaften beschränkt bleiben müsse).

231   Nach der Rspr. kann ein konzerninterner Dauerverleih nach den **Grundsätzen des sog. institutionellen Rechtsmissbrauchs unzulässig** sein,
wenn der Verleiher nur dazwischen geschaltet wird, um günstigere Tarifbedingungen für Leiharbeitnehmer zu nutzen und den Bestandsschutz aufheben
zu können (so ArbG Cottbus 6.2.2014, BeckRS 2014, 69672, wonach bei
dieser Gestaltung das typische Arbeitgeberrisiko entfalle).

232   **bb) Konzern.** Hinsichtlich des maßgeblichen **Konzernbegriffs** verweist
das Gesetz selbst auf § 18 AktG. Die Verweisung ist nach allg. Auffassung
rechtsformneutral (grundl. BAG 5.5.1988, AP AÜG § 1 Nr. 8; vgl. aus
der Lit. nur Schüren/Hamann/*Hamann* § 1 Rn. 489 f.; Boemke/Lembke/
Lembke § 1 Rn. 227; ErfK/*Wank* § 1 Rn. 58; vgl. insoweit zuletzt LAG Thüringen 12.4.2016, BeckRS 2016, 73745: Kein Konzernprivileg für die öffentliche Hand). Auf die Rechtsform der Unternehmen kommt es somit nicht
an. Überdies erfasst die Ausnahmevorschrift **auch internationale sowie
multinationale Konzerne** mit einer dem deutschen Recht nicht bekannten
Rechtsform. Voraussetzung ist insoweit allerdings, dass eines der beteiligten
Unternehmen seinen Sitz im Inland hat oder ein sonstiger Bezug zum deutschen Staatsgebiet vorhanden ist (ausf. *Feuerborn* WiVerw 2001, 190 (196);
ähnl. Schüren/Hamann/*Hamann* § 1 Rn. 491; aA *Ulber* § 1 Rn. 358, der
fordert, dass sowohl das verleihende als auch das entleihende Unternehmen
ihren Sitz im Inland haben müssen). Nach der Rspr. greift das Konzernprivileg des § 1 Abs. 3 Nr. 2 AÜG jedenfalls dann ein, wenn die Konzernspitze
ihren Sitz in Deutschland hat und von dort aus ihre Leitungsmacht auch
bezüglich des Tochterunternehmens im Ausland ausübt (so LAG Saarland
26.3.2014, BeckRS 2014, 69191).

233   Maßgeblich sind nach § 18 AktG zwei Merkmale: zum einen muss es sich
um mindestens zwei **rechtlich selbständige Unternehmen** handeln und
zum andern müssen diese **unter einer einheitlichen Leitung** zusammengefasst sein. Demgegenüber kommt es auf die Art des Konzerns nicht an (ErfK/
Wank § 1 Rn. 58). Da das Gesetz nur die rechtliche Selbständigkeit der Unternehmen fordert, ist es irrelevant, ob es sich im konkreten Fall um einen
Unterordnungskonzern iSd §§ 17, 18 Abs. 1 AktG, einen **Gleichordnungskonzern** iSd § 18 Abs. 2 AktG, einen sog. **Vertragskonzern** (vgl.

§§ 291 bzw. 319 AktG) oder einen **faktischen Konzern** (vgl. § 18 Abs. 1 S. 3 AktG) handelt (Schüren/Hamann/*Hamann* § 1 Rn. 493; Boemke/Lembke/ *Lembke* § 1 Rn. 228). Der Begriff „Konzernunternehmen im Sinne des § 18 des Aktiengesetzes" gilt auch für die Arbeitnehmerüberlassung innerhalb **multinationaler Konzerne;** damit fällt auch die grenzüberschreitende Ent-sendung innerhalb eines Konzerns unter die Ausnahme von § 1 Abs. 3 Nr. 2 (FW BA AÜG Ziff. 1.4.2. Abs. 6). Auch ist Anwendung von § 1 Abs. 3 Nr. 2 ist nicht deshalb ausgeschlossen, weil ein Unternehmen von mehreren Unternehmen gemeinsam beherrscht wird und auf diese Weise in eine mehr-fache Konzernzugehörigkeit eingebunden ist (gesellschaftsrechtlich sog. **Mehrmütterkonzern**). Entscheidend ist, ob für die Ausübung gemeinsamer Herrschaft eine ausreichend sichere Grundlage besteht (FW BA AÜG Ziff. 1.4.2. Abs. 7).

Unter Abs. 3 Nr. 2 fallen auch sog. **Gemeinschaftsunternehmen,** also **234** rechtlich selbständige Unternehmen, die unter gemeinschaftlicher Leitung zweier oder mehrerer anderer Unternehmen stehen (Schüren/Hamann/ *Hamann* § 1 Rn. 494). Dagegen findet die Vorschrift keine Anwendung auf den sog. **Gemeinschaftsbetrieb,** bei dem mehrere Unternehmen nur einen gemeinsamen, rechtlich nicht selbständigen Betrieb haben (BAG 3.12.1997, AP AÜG § 1 Nr. 24; 3.12.1997, SAE 1999, 81 mAnm *Windbichler).* Auch eine analoge Anwendung der Vorschrift wird in der Lit. abgelehnt (Schüren/ Hamann/*Hamann* § 1 Rn. 495 f.). Dahinter steht die Sorge, dass auf diese Weise die in § 1 Abs. 1 S. 3 zum Schutz der Arbeitnehmer aufgestellten Voraussetzungen für die Entsendung von Arbeitnehmern zu einer Arbeitsge-meinschaft umgangen werden könnten.

Dass die Konzernunternehmen **demselben Wirtschaftszweig** angehö- **235** ren, ist keine Voraussetzung. Der **Unternehmensgegenstand** ist für den Konzernbegriff ohne Belang (Schüren/Hamann/*Hamann* § 1 Rn. 497).

Nach § 18 AktG müssen die rechtlich selbständigen Unternehmen **unter 236 einheitlicher Leitung zusammengefasst** sein. Leitung in diesem Sinne ist die **planmäßige und auf eine gewisse Dauer angelegte gezielte Ein-flussnahme auf wesentliche Bereiche der Geschäftsführung** (*Kremhel-mer* NA Teil G Rn. 123). Die Geschäftspolitik muss mit anderen Worten maßgeblich – also zB in den Bereichen Beschaffung, Produktion, Absatz, Finanzierung, Personal – mitgestaltet werden (Schüren/Hamann/*Hamann* § 1 Rn. 499). Eine einheitliche Leitung in diesem Sinne kann auch von einer Kommune ausgeübt werden (*Plander* NZA 2002, 69 (71)).

Die Leitung muss auch **tatsächlich ausgeübt** werden. Die bloße Mög- **237** lichkeit der einheitlichen Leitung verbindet die betreffenden Unternehmen dagegen noch nicht zu einem Konzern. Hinsichtlich der rechtlichen Absiche-rung der einheitlichen Leitung ist zu unterscheiden: Beim **vertraglichen Unterordnungskonzern** beruht sie auf einem Beherrschungsvertrag (§ 291 AktG) oder der Eingliederung eines Unternehmens (§ 319 AktG). Hier wird gem. § 18 Abs. 1 S. 2 AktG unwiderlegbar vermutet, dass die Unternehmen unter einheitlicher Leitung zusammengefasst sind. Beim **faktischen Unter-ordnungskonzern** kommen dagegen sonstige Beherrschungsmittel (va Stimm- u. Entsendungsrechte) zum Einsatz, bei deren Vorliegen dann die

widerlegbare Konzernvermutung des § 18 Abs. 1 S. 3 AktG eingreift. Beim
Gleichordnungskonzern isd § 18 Abs. 2 AktG kann sich die einheitliche
Leitung zB aus personellen Verflechtungen oder wechselseitigen Verpflichtungen der betreffenden Unternehmen ergeben (Boemke/Lembke/*Lembke*
§ 1 Rn. 229; Schüren/Hamann/*Hamann* § 1 Rn. 500).

238   **cc) Arbeitseinsatz zwischen Konzernunternehmen.** Voraussetzung
für ein Eingreifen des Abs. 3 Nr. 2 ist, dass der **Arbeitseinsatz zwischen
den Konzernunternehmen** erfolgt. Dies bedeutet, dass der Arbeitnehmer
in einem Arbeitsverhältnis mit einem konzernangehörigen Unternehmen
stehen muss und von diesem an ein anderes konzernangehöriges Unternehmen verliehen wird. Ob es sich bei dem entleihenden bzw. verleihenden
Unternehmen um das herrschende oder ein abhängiges Unternehmen handelt, ist ohne Bedeutung (Schüren/Hamann/*Hamann* § 1 Rn. 502; ErfK/
Wank § 1 Rn. 58). Zu beachten ist aber, dass im **Gemeinschaftsunternehmen** eine Überlassung von Arbeitnehmern zwischen den gleichberechtigt
herrschenden Unternehmen nicht unter Abs. 3 Nr. 2 fällt. Die herrschenden
Unternehmen bilden mit dem Gemeinschaftsunternehmen jeweils einen
Konzern. Demzufolge ist eine Überlassung zwischen den gleichberechtigten
Unternehmen keine konzerninterne Überlassung, sondern eine solche zwischen verschiedenen Konzernen (Schüren/Hamann/*Hamann* § 1 Rn. 503).

239   Ohne Bedeutung sind **Anlass und Zweck der Überlassung.** Insbesondere ist nicht erforderlich, dass die Überlassung – wie in Abs. 2 Nr. 1 gefordert – zur Vermeidung von Kurzarbeit oder von Entlassungen erfolgt (Schü-
ren/Hamann/*Hamann* § 1 Rn. 504).

240   **dd) Arbeitnehmer nicht zum Zweck der Überlassung eingestellt
und beschäftigt.** Mit der Neuregelung des § 1 durch das Erste Gesetz zur
Änderung des Arbeitnehmerüberlassungsgesetzes – Verhinderung von Missbrauch der Arbeitnehmerüberlassung (1. AÜGÄndG) v. 28.4.2011, BGBl. I
S. 642 wurde das Konzernprivileg auf die konzerninterne Überlassung von
Arbeitnehmern beschränkt, die nicht zum Zweck der Überlassung eingestellt
und beschäftigt werden. Mit dieser Formulierung wollte der Gesetzgeber
sicherstellen, dass es nicht allein auf den bei Abschluss des Arbeitsvertrags
festgelegten Leistungsinhalt ankommt, sondern auch darauf, dass sie später
nicht zum Zwecke der Überlassung beschäftigt werden. Die Begründung des
RegE verweist in diesem Zusammenhang auf die RL 2008/104/EG. Diese
definiert „Leiharbeitsunternehmen" als „eine natürliche oder juristische Person, die nach einzelstaatlichem Recht mit Leiharbeitnehmern Arbeitsverträge
schließt oder Beschäftigungsverhältnisse eingeht, um sie entleihenden Unternehmen zu überlassen, damit sie dort unter deren Aufsicht und Leitung
vorübergehend arbeiten" (Art. 3 Abs. 1 Buchst. b) Darüber hinaus definiert
sie „Leiharbeitnehmer" als einen „Arbeitnehmer, der mit einem Leiharbeitsunternehmen einen Arbeitsvertrag geschlossen hat oder ein Beschäftigungsverhältnis eingegangen ist, um einem entleihenden Unternehmen überlassen
zu werden und dort unter dessen Aufsicht und Leitung vorübergehend zu
arbeiten" (Art. 3 Abs. 1 Buchst. c). Daraus wird gefolgert, dass Arbeitnehmer,

die nicht zum Zweck der Überlassung eingestellt und beschäftigt werden, vom Schutzbereich ausgenommen werden könnten (BT-Drs. 17/4804, 8).

ee) Arbeitsvertragliche Zulässigkeit. Von dem Problem der Anwen- **241** dung der Bestimmungen des AÜG zu unterscheiden ist die ganz andere Frage, welche **arbeitsvertraglichen Voraussetzungen** bei einem konzerninternen Einsatz von Arbeitnehmern erfüllt sein müssen. Insoweit ist festzuhalten, dass die Ableistung von Arbeit in einem Konzernunternehmen der **Zustimmung des Arbeitnehmers** bedarf (*Ulber* § 1 Rn. 375) und – ohne diese Zustimmung – nur im Wege der **Änderungskündigung** erreicht werden kann. Dagegen bildet das arbeitgeberseitige Weisungsrecht keine ausreichende Grundlage für einen Fremdfirmeneinsatz. In Betracht kommt allerdings die Aufnahme einer **Konzernversetzungs- oder Konzernabordnungsklausel** in den Arbeitsvertrag (dazu *Windbichler* S. 77; *ErfK/Wank* § 1 Rn. 59 spricht insoweit von einem konzernrechtl. Versetzungsvorbehalt). Auch kann die Arbeitspflicht von den Arbeitsvertragsparteien von vornherein **auf den gesamten Konzern bezogen** werden (*Schüren/Hamann/Hamann* § 1 Rn. 520).

c) § 1 Abs. 3 Nr. 2a. Mit dem Ersten Gesetz zur Änderung des Arbeit- **242** nehmerüberlassungsgesetzes – Verhinderung von Missbrauch der Arbeitnehmerüberlassung (1. AÜGÄndG) v. 28.4.2011, BGBl. I S. 642, wurde ein **zusätzlicher Ausnahmetatbestand geschaffen.** Danach gilt das AÜG nicht „zwischen Arbeitgebern, wenn die Überlassung nur gelegentlich erfolgt und der Arbeitnehmer nicht zum Zweck der Überlassung eingestellt und beschäftigt wird" (Zweifel an der Vereinbarkeit der Regelung mit EU-Recht etwa bei *Lembke* DB 2011, 416).

Problematisch ist an der Regelung, nicht zuletzt angesichts der weitrei- **243** chenden Sanktionen der illegalen Arbeitnehmerüberlassung, die Unbestimmtheit des Begriffs „gelegentlich" (vgl. etwa BR-Drs. 847/10, 3). Nach der Rspr. sind aber jedenfalls – vor dem Hintergrund des Ausnahmecharakters der Vorschrift sowie im Hinblick auf den Schutzzweck der Norm – **strenge Anforderungen an das Erfordernis einer nur „gelegentlichen" Überlassung** zu stellen (BAG 20.1.2016, AP AÜG § 1 Nr. 38). Mit der Ausnahmevorschrift sollen in Bezug sowohl auf den Arbeitnehmer als auch auf das überlassende Unternehmen lediglich gelegentlich auftretende Überlassungsfälle ausgeklammert werden, wie zB die Abdeckung eines kurzfristigen Spitzenbedarfs eines anderen Unternehmens (BT-Drs. 17/4804, 8).

d) § 1 Abs. 3 Nr. 2b. Durch die neue Vorschrift in Abs. 3 Nr. 2b wird **244** künftig geregelt, dass die Vorgaben des AÜG in weitem Umfang nicht für die in Tarifverträgen des öffentlichen Dienstes vorgesehenen Personalgestellungen gelten (vgl. zum Problem etwa *Fieberg* NZA 2014, 187; ausdrücklich zustimmend etwa *Olbertz/Groth* GWR 2016, 371; kritisch demgegenüber *Seel* öAT 2016, 27: „Begünstigung der öffentlichen Hand"). Diese sind dadurch gekennzeichnet, dass bei einer Verlagerung der Aufgaben eines Beschäftigten auf einen Dritten das Arbeitsverhältnis mit dem bisherigen Arbeitgeber weiter besteht, die arbeitsvertraglich geschuldete Leistung jedoch zukünftig bei dem Dritten nach dessen Weisungen erbracht wird. Die Regelung beseitigt bestehende Rechtsunsicherheiten, ob und inwieweit das AÜG auf Personalgestellungen Anwendung findet (vgl. einerseits LAG Baden-Württemberg 11.2.2016, BeckRS 2016, 67031 u. LAG Baden-Württemberg 17.4.2013, BeckRS 2013, 69374 und andererseits OVG Münster 19.9.2014, ZTR 2015, 107). Zugleich trägt sie nach der Gesetzesbegründung dem Umstand Rechnung, dass die Personalgestellung funktional als eine besondere Form der Aufgabenverlagerung anzusehen ist und im Bestandsschutzinteresse der von der Aufgabenverlagerung betroffenen Arbeitnehmer erfolgt. Im Schrifttum wird die Neuregelung verbreitet als nicht europarechtskonform bewertet (vgl. nur *Lembke* NZA 2017, 1 mwN).

245   Die Regelung betrifft nur die auf Grund eines Tarifvertrags des öffentlichen Dienstes vorgenommenen Personalgestellungen. Unabhängig hiervon findet das AÜG keine Anwendung, wenn **Personalgestellungen gesetzlich vorgesehen** sind und Arbeitnehmer auf Grund dieser spezialgesetzlichen Regelung von einer juristischen Person des öffentlichen Rechts einer anderen juristischen Person zur Verfügung gestellt bzw. zugewiesen werden (BT-Drs. 18/9232, 23; näher hierzu *Henssler/Grau,* Arbeitnehmerüberlassung und Werkverträge, § 5 Rn. 40).

246   Der Tarifvertrag muss die Arbeitnehmerüberlassung legitimieren. Die entsprechende Tarifnorm kann abstrakt bestehen oder eigens für eine bestimmte Personalgestellung geschaffen werden (*Sprenger* ZTR 2016, 558). Bejaht man insoweit das Vorliegen einer Betriebsnorm iSd § 3 Abs. 2 TVG, kommt es auf die **Tarifgebundenheit** nur des Arbeitgebers, nicht auch der betroffenen Arbeitnehmer an. Ausreichend dürfte es aber sein, wenn die tarifvertragliche Regelung aufgrund einer **vertraglichen Inbezugnahme** im Arbeitsverhältnis des betroffenen Arbeitnehmers Anwendung findet (so jedenfalls *Henssler/Grau,* Arbeitnehmerüberlassung und Werkverträge, § 5 Rn. 47). Umstr. ist, ob und inwieweit Tarifgebundenheit des „Dritten" erforderlich ist (vgl. dazu *Henssler/Grau,* Arbeitnehmerüberlassung und Werkverträge, § 5 Rn. 47 mwN).

247   Für das Eingreifen der Ausnahmeregelung kommt es nicht darauf an, ob die Aufgaben **dauerhaft oder nur vorübergehend** auf den anderen Arbeitgeber verlagert werden. Auf bloße Versetzungen findet die Vorschrift aber keine Anwendung (*Henssler/Grau,* Arbeitnehmerüberlassung und Werkverträge, § 5 Rn. 44). Nicht erforderlich dürfte dabei sein, dass sich die vom Beschäftigten wahrgenommenen Aufgaben mit den verlagerten Aufgaben komplett decken (*Henssler/Grau,* Arbeitnehmerüberlassung und Werkverträge, § 5 Rn. 29).

248   **e) § 1 Abs. 3 Nr. 2c.** Die Regelung in Abs. 3 Nr. 2c sieht eine weitgehende Ausnahme vom Anwendungsbereich des AÜG für Überlassungen zwischen juristischen Personen des öffentlichen Rechts vor, sofern sie **Tarifverträge des öffentlichen Dienstes oder Regelungen der öffentlich-rechtlichen Religionsgesellschaften anwenden.** Die Regelung erfasst Überlassungen innerhalb des öffentlich-rechtlichen Bereichs und damit Überlassungen im Rahmen der Erfüllung öffentlicher Aufgaben. Prägend für

diese Bereichsausnahme ist, dass **auf beiden Seiten der Arbeitnehmer-überlassung juristische Personen des öffentlichen Rechts** stehen, die verfassungsrechtlich in besonderem Maße an Recht und Gesetz gebunden sind und denen eine besondere verfassungsrechtliche Stellung zukommt (BT-Drs. 18/9232, 23). Abs. 3 Nr. 2c knüpft an die **öffentlich-rechtliche Rechtsform des Arbeitgebers** an, zB auch zu Gunsten von Körperschaften, Anstalten und Zweckverbänden, die durch Landesgesetz oder auf Grund eines Landesgesetzes durch Vereinbarung zwischen Kommunen errichtet worden sind.

Weitere Voraussetzung ist, dass sie die **Tarifverträge des öffentlichen** **249** **Dienstes anwenden.** Im Gegensatz zu § 1 Abs. 3 Nr. 2b muss die Überlassung selbst nicht durch einen Tarifvertrag freigegeben sein. Die beteiligten Arbeitgeber müssen alle Tarifverträge anwenden. Hierbei muss es sich allerdings nicht um ein einheitliches Tarifwerk handeln, welches auf beiden Seiten der Arbeitnehmerüberlassung zur Anwendung kommt (BT-Drs. 18/9232, 22). Denkbar ist also, dass unterschiedliche „Tarifregime" des öffentlichen Dienstes bestehen (*Henssler/Grau,* Arbeitnehmerüberlassung und Werkverträge, § 5 Rn. 52). Gegenüber nicht tarifgebundenen Arbeitnehmern müssen **dynamische Bezugnahmeklauseln** im Arbeitsvertrag die Anwendung sichern. Eine statische Bezugnahmeklausel würde nicht verhindern können, dass die Arbeitsbedingungen in diesem Bereich absinken (*Sprenger* ZTR 2016, 558 unter Hinw. auf BR-Drs. 294/16, 10; aA *Henssler/Grau,* Arbeitnehmerüberlassung und Werkverträge, § 5 Rn. 53, wonach nur erforderlich sein soll, dass die beiden Arbeitgeber entsprechende Tarifverträge „anwenden").

Anders als nach § 1 Abs. 3 Nr. 2b müssen die beteiligten Arbeitgeber die **250** Aufgaben nicht zuvor selbst wahrgenommen haben; es kann auch um die **Wahrnehmung neuer Aufgaben** gehen. Im Unterschied zu Abs. 3 Nr. 2b kommt es somit nicht darauf an, ob der Drittpersonaleinsatz im Zusammenhang mit einer Aufgabenverlagerung erfolgt (*Henssler/Grau,* Arbeitnehmerüberlassung und Werkverträge, § 5 Rn. 50).

Ebenso wie die Regelung in Abs. 1 Nr. 2b wird die in Abs. 1 Nr. 2c **251** enthaltene Regelung im Schrifttum verbreitet als nicht **europarechtskonform** bewertet (vgl. nur *Lembke* NZA 2017, 1 mwN).

f) § 1 Abs. 3 Nr. 3. aa) Grundsätzliche Fragen. Ebenfalls keine **252** Anwendung findet das AÜG bei der Überlassung eines Arbeitnehmers in das Ausland. Dieser Ausnahmetatbestand wurde durch das AFRG vom 24.3.1997 (BGBl. I S. 594) in das AÜG eingefügt, um die Durchführung von internationalen joint ventures zu erleichtern. Dabei besteht die doppelte Voraussetzung, dass die **Arbeitnehmerüberlassung in das Ausland** und überdies **an ein deutsch-ausländisches Gemeinschaftsunternehmen** erfolgt, an dem der Verleiher beteiligt ist.

Umstr. ist das **Verhältnis zum Ausnahmetatbestand des § 1 Abs. 3** **253** **Nr. 2.** Während nach einer Ansicht Nr. 2 als lex specialis vorgehen soll, wenn der inländische Arbeitgeber und das ausländische Gemeinschaftsunternehmen einen Konzern bilden, soll nach der Gegenauffassung Nr. 3 lex specialis gegenüber Nr. 2 sein (so *Ulber* § 1 Rn. 385). Die Gesetzesbegründung stützt eher die erstgenannte Auffassung, da Nr. 3 als Auffangtatbestand für den Fall gedacht war, dass gerade keine grenzüberschreitende konzerninterne Arbeitnehmerüberlassung vorliegt (Schüren/Hamann/*Hamann* § 1 Rn. 527).

254   **bb) Arbeitnehmerüberlassung in das Ausland.** Privilegiert ist nur die – gewerbsmäßige sowie nichtgewerbsmäßige – Arbeitnehmerüberlassung **vom Inland in ein Land außerhalb der EU sowie des EWR.** Demgegenüber bleibt der umgekehrte Fall – die Entleihe eines Arbeitnehmers aus dem Ausland – auch dann unzulässig, wenn sie durch ein deutsch-ausländisches Gemeinschaftsunternehmen erfolgt (Schüren/Hamann/*Hamann* § 1 Rn. 525). Auch ist eine **von vornherein zeitlich unbegrenzte Überlassung** ausgeschlossen. Zur Konkretisierung mag – wie im Fall des Abs. 3 Nr. 2 – auf die Befristungsgründe des § 14 Abs. 1 S. 2 TzBfG abgestellt werden. Überdies muss der Schwerpunkt des Arbeitsverhältnisses im Inland verbleiben; auch muss der Arbeitnehmer (mindestens) eine realistische Rückkehroption haben (Schüren/Hamann/*Hamann* § 1 Rn. 526).

255   **cc) Beteiligung des Verleihers an dem Gemeinschaftsunternehmen.** An dem deutsch-ausländischen Gemeinschaftsunternehmen, das den Arbeitnehmer aufnimmt, muss der **Verleiher beteiligt** sein. Ein **Gemeinschaftsunternehmen** liegt dann vor, wenn mindestens zwei selbständige Unternehmen an einem weiteren rechtlich selbständigen Unternehmen beteiligt sind, um einen gemeinsamen Zweck zu verfolgen. Träger des Gemeinschaftsunternehmens ist somit notwendigerweise eine Kapital- oder Personengesellschaft (Schüren/Hamann/*Hamann* § 1 Rn. 529). Sodann muss von den beteiligten Unternehmen ein Unternehmen, nämlich **das entsendende Unternehmen, ein deutsches Unternehmen** und **mindestens ein weiteres Unternehmen ein ausländisches Unternehmen** sein. Das deutsche Unternehmen muss seinen (Haupt-)Geschäftssitz in Deutschland haben und deutschem Gesellschaftsrecht unterliegen. Letzteres ergibt sich daraus, dass das Gemeinschaftsunternehmen auf der Grundlage zwischenstaatlicher Vereinbarungen begründet worden sein muss, was die Geltung deutschen Gesellschaftsrechts voraussetzt (Schüren/Hamann/*Hamann* § 1 Rn. 530). Eine konzernmäßige Verbindung braucht zwischen den Unternehmen nicht zu bestehen (BT-Drs. 13/4941, 248).

256   Voraussetzung ist weiter, dass das Gemeinschaftsunternehmen **auf der Grundlage einer zwischenstaatlichen Vereinbarung** gegründet wurde (Bsp. hierfür bei Schüren/Hamann/*Hamann* § 1 Rn. 531). Fehlt es an dieser Voraussetzung, greift Abs. 3 Nr. 3 nicht ein (vgl. BT-Drs. 13/4941, 248). Die Anwendbarkeit eines Doppelbesteuerungsabkommens oder eines sonstigen internationalen Vertrags reicht insoweit nicht aus (*Sandmann/Marschall/Schneider* Art. 1 § 1 Rn. 84).

257   Schließlich muss das **Verleihunternehmen an dem Gemeinschaftsunternehmen (kapitalmäßig) beteiligt** sein. Die Größe des Anteils ist zwar grundsätzlich unerheblich (Boemke/Lembke/*Lembke* § 1 Rn. 248; *Sandmann/Marschall/Schneider* Art. 1 § 1 Rn. 84). Doch genügt eine bloße „Scheinbeteiligung" den Anforderungen des Abs. 3 Nr. 3 nicht (vgl. *Ulber* § 1 Rn. 394, der für erforderlich hält, dass der Verleiher auf Grund seiner

Beteiligung die Möglichkeit hat, auf die Geschäftspolitik Einfluss zu nehmen). Zu denken ist insoweit einerseits an Beteiligungen von ganz geringem Umfang und andererseits an Fälle, in denen Anteile von sog. Strohmanngesellschaften im Interesse des ausländischen Beteiligten gehalten werden. Dass das inländische und ein ausländisches Unternehmen – und sei es auch noch so enge – Geschäftsbeziehungen miteinander unterhalten, reicht für ein Eingreifen des Abs. 3 Nr. 3 ebenfalls nicht aus (Schüren/Hamann/*Hamann* § 1 Rn. 552).

Bei dem Verleiher kann es sich um eine **natürliche** oder **juristische** 258 **Person** ebenso handeln wie um eine **Personengesellschaft.**

Reinen Verleihunternehmen ist es – ebenso wie im Zusammenhang 259 mit § 1 Abs. 3 Nr. 2 – nicht gestattet, im Wege der Beteiligung an einem deutsch-ausländischen Gemeinschaftsunternehmen ohne Bindung an die Regelungen des AÜG Arbeitnehmerüberlassung (in das Ausland) zu betreiben (Schüren/Hamann/*Hamann* § 1 Rn. 534). Demgegenüber kommt es nach aA auf den Geschäftszweck des verleihenden Unternehmens nicht an. Demnach könne sich dieser durchaus in der Überlassung von Arbeitnehmern erschöpfen (*Sandmann/Marschall/Schneider* Art. 1 § 1 Rn. 84; Boemke/Lembke/*Lembke* § 1 Rn. 247).

Die **Staatsangehörigkeit des Arbeitnehmers** ist ohne Bedeutung. 260 Dementsprechend dürfen auch Arbeitnehmer aus Staaten außerhalb der EU und des EWR verliehen werden (vgl. BT-Drs. 13/4941, 248).

dd) Arbeitsvertragliche Zulässigkeit. Von der Frage des Eingreifens 261 der Regeln des AÜG ist wieder die Frage der **arbeitsvertraglichen Zulässigkeit** des Auslandseinsatzes zu unterscheiden. Auch insoweit ist festzuhalten, dass der Fremdfirmeneinsatz **grundsätzlich nur mit Zustimmung des Arbeitnehmers** möglich ist. Dies setzt regelmäßig das Bestehen einer sog. Versetzungsklausel voraus. Im Übrigen wird auf die Ausführungen unter → Rn. 201 verwiesen.

3. Rechtsfolgen

a) Rechtsfolgen bei Vorliegen der Voraussetzungen eines Ausnah- 262 **metatbestands.** Liegen die Voraussetzungen eines der in Abs. 3 genannten Ausnahmetatbestände vor, so sind die Vorschriften des AÜG mit Ausnahme der im Eingangssatz des Abs. 3 genannten Bestimmungen – zu beachten ist insoweit insbesondere § 1b S. 1 – **unanwendbar.**

Seit der Gesetzesänderung durch das AFRG 1997 (BGBl. I S. 594) ist das 263 AÜG kein Artikelgesetz mehr. Dementsprechend kann man zur Begründung der Unanwendbarkeit der früheren Artikel 2–6 nicht mehr auf den Wortlaut abstellen. Nichtsdestoweniger besteht Einigkeit darin, dass die Anwendung **sozialversicherungsrechtlicher Vorschriften** wie der des § 28e Abs. 2 SGB IV ausgeschlossen (Schüren/Hamann/*Hamann* § 1 Rn. 543). Unanwendbar ist aber – außerhalb des AÜG – auch § 40 Abs. 1 Nr. 2 AufenthG, wonach ausländischen Arbeitnehmern die erstmalige Erteilung der Aufenthaltserlaubnis zu versagen ist, wenn sie als Leiharbeitnehmer tätig werden wollen (Schüren/Hamann/*Hamann* § 1 Rn. 544).

264 **Unanwendbar ist ua auch § 14 Abs. 3.** Dies wird in der Lit. zT so verstanden, dass dem Betriebsrat des aufnehmenden Betriebs die Rechte aus § 99 BetrVG nicht zustehen sollen. Nach der Gegenansicht entfaltet Abs. 3 dagegen keine Sperrwirkung für die Anwendung anderer Gesetze, so dass § 99 BetrVG uneingeschränkt anwendbar bleibt (vgl. Schüren/Hamann/ *Hamann* § 1 Rn. 541).

265 **b) Rechtsfolgen bei Nichtvorliegen der Voraussetzungen eines Ausnahmetatbestands.** Liegen die Voraussetzungen eines der in Abs. 3 genannten Ausnahmetatbestände nicht vor, so ist das **AÜG in vollem Umfang anzuwenden.**

266 Dies bedeutet va, dass eine **illegale Arbeitnehmerüberlassung** vorliegt, wenn der Verleiher nicht über die dann erforderliche Überlassungserlaubnis verfügt. Die BA kann die illegale Beschäftigung nach § 6 untersagen. Außerdem begehen Verleiher und Entleiher eine Ordnungswidrigkeit nach § 16 Abs. 1 Nr. 1 bzw. Nr. 1a. In den Fällen des Abs. 3 Nr. 1 u. 2 wird gem. **§ 10 Abs. 1 S. 1** das Bestehen eines Arbeitsverhältnisses mit dem Träger des Beschäftigungsunternehmens fingiert. Im Fall des Abs. 3 Nr. 3 ist dagegen § 10 Abs. 1 auf Grund der Geltung des sog. Territorialitätsprinzips unanwendbar. Ein Arbeitsverhältnis mit einem im Ausland ansässigen Arbeitgeber wird somit nicht begründet (BAG 22.3.2000, EzA § 14 AÜG Nr. 4 mAnm *Hamann*).

267 Verfügt der Verleiher über eine **Überlassungserlaubnis,** so kommen die eben geschilderten Sanktionen nicht in Betracht. Der Verleiher hat aber die Vorschriften des AÜG einzuhalten. Hat er Bestimmungen des Gesetzes verletzt, droht nach § 5 ein Widerruf der Überlassungserlaubnis. Außerdem greift uU die Vermutung des § 1 Abs. 2 ein.

§ 1a Anzeige der Überlassung

(1) **Keiner Erlaubnis bedarf ein Arbeitgeber mit weniger als 50 Beschäftigten, der zur Vermeidung von Kurzarbeit oder Entlassungen an einen Arbeitgeber einen Arbeitnehmer, der nicht zum Zweck der Überlassung eingestellt und beschäftigt wird, bis zur Dauer von zwölf Monaten überläßt, wenn er die Überlassung vorher schriftlich der Bundesagentur für Arbeit angezeigt hat.**

(2) **In der Anzeige sind anzugeben**
1. **Vor- und Familiennamen, Wohnort und Wohnung, Tag und Ort der Geburt des Leiharbeitnehmers,**
2. **Art der vom Leiharbeitnehmer zu leistenden Tätigkeit und etwaige Pflicht zur auswärtigen Leistung,**
3. **Beginn und Dauer der Überlassung,**
4. **Firma und Anschrift des Entleihers.**

Übersicht

I. Überblick

§ 1a enthält eine **Privilegierung der sog. „Kollegenhilfe"**. Denn nach **1** § 1a Abs. 1 ist ein Arbeitgeber unter den in der Bestimmung genannten Voraussetzungen von der **Erlaubnispflicht** nach § 1 Abs. 1 S. 1 befreit. Ersetzt wird die Erlaubnispflicht durch die Verpflichtung, die Überlassung vorher schriftlich der Bundesagentur für Arbeit anzuzeigen. Allerdings befreit § 1a nur von der Erlaubnispflicht nach § 1 Abs. 1 S. 1. Die **übrigen Bestimmungen des AÜG** bleiben unter Einschluss insbesondere des sektoralen Verbots der Arbeitnehmerüberlassung nach § 1b S. 1 weiterhin anwendbar (*Urban-Crell/Germakowski/Bissels/Hurst* § 1a Rn. 22). Letzteres bedeutet, dass eine Überlassung in Betriebe des Baugewerbes zu Arbeiten, die üblicherweise von Arbeitern verrichtet werden, auch im Rahmen der Kollegenhilfe unzulässig ist, sofern nicht die Voraussetzungen des § 1b S. 2 gegeben sind (vgl. hierzu nur *Schüren/Hamann* § 1a Rn. 62 mwN). Im Unterschied zu § 1 Abs. 3 Nr. 1 ist für die Anwendung des § 1a nicht Voraussetzung, dass ein Tarifvertrag die Möglichkeit der Überlassung vorsieht.

II. Entstehungsgeschichte

2   § 1a wurde durch das Gesetz zur Verlängerung beschäftigungsfördernder Vorschriften (BeschFG 1990) vom 22.12.1989, BGBl. I S. 2406) in das AÜG eingefügt. Zu Beginn galt die Bestimmung nur befristet. Doch wurde die Geltungsdauer später zunächst verlängert (BeschFG 1994, BGBl. I S. 1786) und die Befristung schließlich – mit dem Gesetz zur Reform der Arbeitsförderung (Arbeitsförderungs-Reformgesetz – AFRG) vom 24.3.1997 (BGBl. I S. 594) – sogar ganz aufgehoben.

3   Auch inhaltlich hat die Bestimmung im Lauf der Zeit Änderungen erfahren. Im Ersten Gesetz zur Umsetzung des Spar-, Konsolidierungs- und Wachstumsprogramms im Bereich des Arbeitsförderungsgesetzes und anderer Gesetze vom 21.12.1993 (1. SKWPG, BGBl. I S. 2353) wurde die ursprünglich bestehende **Voraussetzung beseitigt,** wonach „Kollegenhilfe" **nur zwischen Arbeitgebern „desselben Wirtschaftszweiges im selben oder unmittelbar angrenzenden Handwerkskammerbezirk"** zulässig war. Und durch das AFRG 1997 wurde der Anwendungsbereich der Bestimmung dadurch erheblich ausgeweitet, dass Kollegenhilfe **auch Arbeitgebern mit weniger als 50 (zuvor 20) Beschäftigten** gestattet ist. Auch die **zulässige Überlassungsdauer wurde von drei auf zwölf Monate verlängert.**

3a   Durch das Erste Gesetz zur Änderung des Arbeitnehmerüberlassungsgesetzes – Verhinderung von Missbrauch der Arbeitnehmerüberlassung (1. AÜGÄndG) v. 28.4.2011, BGBl. I S. 642, hat § 1a eine nicht unwesentliche Änderung erfahren. Seitdem gilt das Erfordernis, dass der Arbeitnehmer „nicht zum Zweck der Überlassung eingestellt und beschäftigt wird". Trotz dieser Einschränkung wird zuweilen bezweifelt, dass die Regelung den Anforderungen der RL 2008/104/EG genügt (vgl. nur DGB zu den Gesetzentwürfen, Ausschussdrucksache 17(11)431, S. 47).

III. Gesetzeszweck

4   Die Vorschrift ist im Zusammenhang mit den ebenfalls erst nachträglich geschaffenen Ausnahmetatbeständen des § 1 Abs. 1 S. 3 (Abordnung zu einer Arbeitsgemeinschaft) und des § 1 Abs. 3 (Überlassung zur Vermeidung von Kurzarbeit und Entlassungen, konzerninterne Überlassung, gelegentliche Überlassung, grenzüberschreitende Überlassung an ein deutsch-ausländisches Gemeinschaftsunternehmen) zu sehen (vgl. → § 1 Rn. 156 ff.). Diese Tatbestände sollten durch eine Ausnahme zugunsten der „Kollegenhilfe" ergänzt werden.

5   Die Privilegierung sollte nach der ursprünglichen Konzeption eine rasche und flexible Reaktion bei drohender Kurzarbeit bzw. Entlassung von Arbeitnehmern ermöglichen. Dabei hatte der historische Gesetzgeber **insbesondere kleinere Handwerksbetriebe** im Auge. Diesen sollte die Möglichkeit eröffnet werden, verhältnismäßig unkompliziert Arbeitnehmer an andere Arbeitgeber verleihen zu können, um damit die bestehenden Arbeitsplätze langfristig zu sichern (BT-Drs. 11/4952, 9 u. 11). Allerdings ist die Bedeutung der „Kollegenhilfe" noch stets verhältnismäßig bescheiden (vgl. nur Schüren/ *Hamann* § 1a Rn. 5; *Ulber* § 1a Rn. 2).

IV. Verfassungsmäßigkeit der Regelung

Die **Verfassungsmäßigkeit** des § 1a Abs. 1 wird in der Lit. zuweilen **6** bezweifelt, seitdem der Gesetzgeber den Schwellenwert für die Kollegenhilfe auf „weniger als 50 Beschäftigte" heraufgesetzt hat. Insoweit wird ua angeführt, dass angesichts der geringen Verbreitung der Kollegenhilfe kein arbeitsmarktpolitisches Bedürfnis für eine Ausweitung des Geltungsbereichs der Vorschrift gegeben sei. Die weit gehende Zulassung der Kollegenhilfe führe zu einer Verletzung des Art. 3 Abs. 1 GG, weil es zu einer nicht gerechtfertigten Ungleichbehandlung zwischen Leiharbeitnehmern, die im Rahmen des § 1a verliehen werden, und den anderen Leiharbeitnehmern komme (so *Ulber* § 1a Rn. 3 f.).

Nach hM bewegt sich § 1a indes noch im Rahmen der **Einschätzungs-** **7** **prärogative des Gesetzgebers.** Kritisiert wird aber vielfach, dass sich der Gesetzgeber mit der starken Ausweitung der Kollegenhilfe auf Arbeitgeber mit weniger als 50 Beschäftigten bei gleichzeitiger Vervierfachung der höchstzulässigen Überlassungsdauer weit vom ursprünglichen Gesetzeszweck – Sicherung von Arbeitsplätzen in kleineren Unternehmen – entfernt habe (vgl. Schüren/*Hamann* § 1a Rn. 6).

V. Geltungsbereich

Gegenständlich erfasst § 1a im Grundsatz **jede Arbeitnehmerüberlas-** **8** **sung.** Zugleich gilt § 1a für alle gewerblichen Betriebe. Eine Beschränkung auf Handwerksbetriebe entspricht zwar dem Willen des (ursprünglichen) historischen Gesetzgebers, ist aber seit der Novellierung der Vorschrift durch das 1. SKWPG nicht mehr gerechtfertigt (Schüren/*Hamann* § 1a Rn. 10).

Was das **Verhältnis zu den in § 1 Abs. 1a, Abs. 3 aufgeführten Über-** **9** **lassungsarten** betrifft, so gehen die entsprechenden Bestimmungen der Regelung in § 1a vor. Dies bedeutet, dass zB die konzerninterne Arbeitnehmerüberlassung selbst dann nicht anzeigepflichtig ist, wenn im Einzelfall die Voraussetzungen des § 1a Abs. 1 erfüllt sind. § 1a sollte die nach § 1 Abs. 1a, Abs. 3 privilegierten Überlassungen nicht erschweren (BT-Drs. 11/4952, 11).

Hinsichtlich des **Verhältnisses von § 1a zu § 1b** ist demgegenüber festzu- **10** halten, dass die Überlassung von Arbeitnehmern in Betriebe des Baugewerbes zu Arbeiten, die üblicherweise von Arbeitern verrichtet werden, auch im Rahmen der Kollegenhilfe grundsätzlich unzulässig ist (so zB auch Schüren/ *Hamann* § 1a Rn. 62; *Ulber* § 1a Rn. 7; vgl. auch unter → Rn. 1).

Bezüglich des **persönlichen Geltungsbereichs** ist bemerkenswert, dass **11** nach dem Wortlaut des § 1a Abs. 1 aF **grundsätzlich auch Verleihunternehmen** Arbeitgeber iSd § 1a sein konnten. Das ändert aber nichts daran, dass sich die Rechtsposition des Inhabers einer Überlassungserlaubnis allein nach dieser Erlaubnis bestimmte. Dies bedeutete beispielsweise, dass Bedingungen oder Auflagen, unter denen die Überlassungserlaubnis erteilt worden sein mochte, auch dann einzuhalten waren, wenn die Voraussetzungen des § 1a vorlagen. Für **Inhaber einer Überlassungserlaubnis** war somit nur die Überlassungserlaubnis maßgeblich (BT-Drs. 11/4952, 12). Auf § 1a konnten sie sich nicht berufen (Schüren/*Hamann* § 1a Rn. 11 f.; *Ulber* § 1a Rn. 8). Seit der Neuregelung durch das Erste Gesetz zur Änderung des Arbeitnehmerüberlassungsgesetzes – Verhinderung von Missbrauch der Arbeitnehmerüberlassung (1. AÜGÄndG) v. 28.4.2011, BGBl. I S. 642, stellt § 1a Abs. 1 aber ohnehin das Erfordernis auf, dass der Arbeitgeber nur einen Arbeitnehmer überlassen darf, der nicht zum Zweck der Überlassung eingestellt und beschäftigt wird. Damit werden Arbeitsverhältnisse von der Privilegierung ausgenommen, wenn sie von vornherein auf einen Einsatz bei Dritten ausgerichtet waren (vgl. hierzu etwa Boemke/Lembke/*Boemke* § 1a Rn. 21).

VI. Voraussetzungen einer Befreiung von der Erlaubnispflicht

12   Die Privilegierung der Kollegenhilfe ist von verschiedenen Voraussetzungen abhängig. Diese knüpfen zT an den Verleiherbetrieb an. **Keinen Anforderungen,** etwa hinsichtlich seiner Größe, begegnet demgegenüber der **Entleiherbetrieb** (Schüren/*Hamann* § 1a Rn. 31 f.).

1. Arbeitgeber mit weniger als 50 Beschäftigten

13   Eine Befreiung von der Erlaubnispflicht kommt nur für Arbeitgeber in Betracht, die **weniger als 50 Beschäftigte** haben. Maßgeblich ist insoweit der **Zeitpunkt der Überlassung.**

14   **a) Beschäftigte.** „Beschäftigte" in diesem Sinne sind **alle Arbeitnehmer,** also Angestellte und Arbeiter, und zwar unabhängig davon, ob es sich um Voll- oder Teilzeitbeschäftigte handelt. Auch geringfügig Beschäftigte zählen nach allg. Auffassung zu den „Beschäftigten" iSd § 1a (Schüren/*Hamann* § 1a Rn. 16). Zu berücksichtigen sind auch Auszubildende (Schüren/*Hamann* § 1a Rn. 17 mwN).

15   Nicht zu berücksichtigen sind demgegenüber **arbeitnehmerähnliche Personen.** Diese sind gerade keine Arbeitnehmer und somit nicht persönlich abhängige Beschäftigte (Schüren/*Hamann* § 1a Rn. 18). Auch **andere für den Arbeitgeber tätige Personen** wie zB Leiharbeitnehmer oder freie Mitarbeiter finden im Rahmen des § 1a keine Berücksichtigung (hM Boemke/Lembke/*Boemke* § 1a Rn. 14; Schüren/*Hamann* § 1a Rn. 19; aA *Ulber* § 1a Rn. 13 f., wonach auch „sonstige in den Betrieb eingegliederte Beschäftigte" zu berücksichtigen sein sollen). **Ruhende Arbeitsverhältnisse** sind iRd § 1a nicht zu berücksichtigen, sofern das Ruhen nicht lediglich kurzfristig ist (Boemke/Lembke/*Boemke* § 1a Rn. 14; *Ulber* § 1a Rn. 12).

b) Anzahl der Beschäftigten. Das Gesetz fordert, dass der Arbeitgeber **16** weniger als 50 Personen beschäftigt. Dies ist nach hM **wörtlich** zu nehmen. Dementsprechend kommt es – im Unterschied etwa zu § 1 Abs. 1 BetrVG oder § 23 Abs. 1 S. 2 KSchG – nicht darauf an, wie viele Personen der Arbeitgeber „in der Regel" beschäftigt. Die Gefahr, dass es zu Manipulationen der Beschäftigtenzahl kommen könnte, wird im Schrifttum zwar gesehen. Doch wird diese Gefahr zu Recht als vernachlässigbar eingeschätzt (Schüren/*Hamann* § 1a Rn. 21).

§ 1a ist **arbeitgeberbezogen,** nicht etwa unternehmens- oder gar **17** betriebsbezogen, zu verstehen. Es kommt also auf die Gesamtzahl der bei einem Arbeitgeber Beschäftigten an, nicht auf die Zahl derjenigen, die in einem bestimmten Unternehmen oder Betrieb des Arbeitgebers beschäftigt sind (Boemke/Lembke/*Boemke* § 1a Rn. 13; Schüren/*Hamann* § 1a Rn. 22). Dies ist insbesondere auch dann zu beachten, wenn ein Unternehmen in mehrere Unternehmen aufgespalten wird und weiterhin eine einheitliche Leitung gegeben ist (vgl. insoweit auch BT-Drs. 11/4952, 11).

2. Arbeitnehmerüberlassung zur Vermeidung von Kurzarbeit oder Entlassungen

Eine Befreiung von der Erlaubnispflicht tritt nach § 1a nur dann ein, wenn **18** die **Überlassung „zur Vermeidung von Kurzarbeit oder Entlassungen"** erfolgt. Diese Voraussetzung ist angesichts der nicht unbedenklichen Ausweitung des § 1a (vgl. unter → Rn. 2 ff.) besonders ernst zu nehmen (vgl. Schüren/*Hamann* § 1a Rn. 6).

a) Kurzarbeit. Der Begriff der „Kurzarbeit" ist nach hM – ebenso wie **19** im Zusammenhang mit § 1 Abs. 3 Nr. 1 – durch einen Rückgriff auf **§§ 95 ff. SGB III** zu bestimmen (Boemke/Lembke/*Boemke* § 1a Rn. 16). Durch diesen Rückgriff soll den Erfordernissen der Rechtssicherheit und Praktikabilität Rechnung getragen werden (Schüren/*Hamann* § 1a Rn. 25; aA *Ulber* § 1a Rn. 21, wonach das Privileg im Einzelfall auch dann soll eingreifen können, wenn die Voraussetzungen für den Bezug von Kurzarbeitergeld nicht erfüllt sind).

b) Entlassungen. Hinsichtlich des Begriffs „Entlassungen" soll dagegen **20** nach – zutreffender – hM auf **§ 17 KSchG und § 112a BetrVG** abzustellen sein, ohne dass die dort genannten Mindestzahlen erreicht werden müssten (Boemke/Lembke/*Boemke* § 1a Rn. 16; Schüren/*Hamann* § 1a Rn. 26). Auch soll § 1a selbst bei einzelnen Kündigungen anwendbar sein (Schüren/*Hamann* § 1a Rn. 27; aA *Ulber* § 1a Rn. 23). In diesem Zusammenhang wird auch auf den Schutzzweck der Vorschrift verwiesen, der unabhängig davon zu berücksichtigen sei, in welchem Umfang in einem konkreten Fall ein Arbeitsplatzverlust drohe (Schüren/*Hamann* § 1a Rn. 28 u. Hinw. auf BT-Drs. 11/4952, 9).

c) Vermeidung von Kurzarbeit oder Entlassungen. Voraussetzung **21** der Anwendung des § 1a ist in jedem Fall, dass die **konkrete und begründete Gefahr** von Kurzarbeit oder Entlassungen besteht. Nur unter dieser

Voraussetzung kann davon die Rede sein, dass die Arbeitnehmerüberlassung Kurzarbeit oder Entlassungen verhindern soll (Schüren/*Hamann* § 1a Rn. 30). Insoweit müssen konkrete Tatsachen vorliegen, die dem Arbeitgeber nur noch die Wahl zwischen einer Überlassung von Arbeitnehmern oder der Einführung von Kurzarbeit bzw. Entlassungen eröffnen. Im Streitfall liegt die entsprechende Darlegungs- und Beweislast beim Arbeitgeber (BT-Drs. 11/4952, 9).

3. Verleihdauer von bis zu zwölf Monaten

22   Die zulässige Überlassungsdauer beträgt seit dem 1.4.1997 **zwölf Monate.**

23   **a) Wiederholte Überlassung.** Schwierigkeiten ergeben sich hinsichtlich der maximalen Überlassungsdauer, wenn **wiederholt ein und derselbe Arbeitnehmer überlassen** werden soll. Insoweit ist zu unterscheiden: Besteht für die Überlassung eines bestimmten Arbeitnehmers ein Einsatzplan, so ist bis zur Ausschöpfung des Zeitraums von zwölf Monaten eine wiederholte Überlassung möglich. Dabei ist jedoch jede Überlassung anzeigepflichtig (so jedenfalls Schüren/*Hamann* § 1a Rn. 35; Boemke/Lembke/*Boemke* § 1a Rn. 23). Liegt ein derartiger Einsatzplan nicht vor, so muss für jeden Einsatz gesondert geprüft werden, ob die materiellen und formellen Voraussetzungen des § 1a gegeben sind. Zu beachten ist insoweit, dass § 1a keine Mindestunterbrechungszeit verlangt (aA *Ulber* § 1a Rn. 18). Allerdings muss ein besonderes Augenmerk einem evtl. Missbrauch gelten. Dementsprechend ist zu fordern, dass die erneute Überlassung auf dem Eintritt von Umständen beruht, die nicht schon zu der ersten Überlassung Anlass gegeben haben (vgl. zur Problematik Schüren/*Hamann* § 1a Rn. 36).

24   **b) Mehrfachüberlassung.** In engem Zusammenhang mit der zulässigen Überlassungsdauer steht das **Problem der sog. Mehrfachüberlassung.** Insoweit ist zunächst festzuhalten, dass § 1a nach einhelliger Auffassung auch die zeitgleiche oder zeitlich gestaffelte Überlassung mehrerer Arbeitnehmer erlaubt. Fraglich ist aber, ob in diesem Fall die Überlassungszeiten zusammengerechnet werden müssen. Dies wird von der hM unter Hinweis auf den Schutzzweck des § 1a verneint (vgl. Schüren/*Hamann* § 1a Rn. 38 ff.; aA *Ulber* § 1a Rn. 19; so auch FW BA AÜG Ziff. 1a.2 Abs. 3).

4. Vorherige schriftliche Anzeige

25   Der Verzicht auf die Beantragung einer Überlassungserlaubnis soll eine **schnelle und „unbürokratische" Kollegenhilfe** ermöglichen (BT-Drs. 11/4952, 11). Nichtsdestoweniger ist zu beachten, dass jede einzelne Überlassung angezeigt werden muss (Schüren/*Hamann* § 1a Rn. 43; *Ulber* § 1a Rn. 25).

26   **a) Form der Anzeige.** Die Anzeige muss **schriftlich** erfolgen. Dies bedeutet, sofern man § 126 BGB für anwendbar hält (so *Ulber* § 1a Rn. 27; Schüren/*Hamann* § 1a Rn. 44), dass die Anzeige vom Arbeitgeber eigenhändig zu unterschreiben ist. Eine Anzeige in elektronischer Form (§ 126a BGB) ist nach § 126 Abs. 3 BGB ebenfalls zulässig. Eine Anzeige per Telefax reicht demgegenüber nicht aus (vgl. zur Problematik *Henneke* NJW 1998, 2194; *Ulber,* § 1a Rn. 27; Schüren/*Hamann,* § 1a Rn. 44). **Stellvertretung** ist nach allgemeinen Grundsätzen zulässig. Doch muss die Anzeige von dem vertretungsberechtigten Stellvertreter eigenhändig unterschrieben sein. Auch muss sich das Bestehen des Vertretungsverhältnisses aus der Anzeige selbst ergeben (*Ulber,* § 1a Rn. 27; Schüren/*Hamann,* § 1a Rn. 44).

b) Inhalt der Anzeige. Der **notwendige Inhalt der Anzeige** ergibt **27** sich – abschließend – aus Abs. 2 (Boemke/Lembke/*Boemke* § 1a Rn. 27; Schüren/*Hamann* § 1a Rn. 45). Die dort genannten Voraussetzungen sollen der Arbeitsverwaltung eine wirksame (wenngleich nur summarische) Kontrolle ermöglichen. Dementsprechend fordert Abs. 2 alle Angaben, die erforderlich sind, um die überlassenen Arbeitnehmer ermitteln und die notwendigen Feststellungen hinsichtlich des Entleihers treffen zu können.

Die BA hält entsprechende **Vordrucke** bereit. Zwar empfiehlt es sich, die **28** Vordrucke der BA zu verwenden. Doch ist dies keine Voraussetzung für die Wirksamkeit der Anzeige (Schüren/*Hamann* § 1a Rn. 47). Mehrere Arbeitnehmer betreffende Angaben können in einem Vordruck zusammengefasst werden (Schüren/*Hamann* § 1a Rn. 48). Die amtlichen Vordrucke der BA gehen inhaltlich über die Anforderungen des Abs. 2 hinaus (*Urban-Crell/Germakowski/Bissels/Hurst* § 1a Rn. 17). Die Nichtbeantwortung der entsprechenden Fragen hat keinen Einfluss auf die Wirksamkeit der Anzeige (*Ulber* § 1a Rn. 26; Schüren/*Hamann* § 1a Rn. 47).

c) Adressat der Anzeige. Adressat der Anzeige ist die für den Geschäfts- **29** sitz des Arbeitgebers örtlich zuständige Regionaldirektion. Der Eingang bei einer unzuständigen Regionaldirektion reicht nach Abs. 2 nicht aus (Schüren/*Hamann* § 1a Rn. 50; aA Boemke/Lembke/*Boemke* § 1a Rn. 26).

d) Zeitpunkt der Anzeige. Eine Erlaubnisfreiheit tritt nach Abs. 1 nur **30** dann ein, wenn die **Anzeige vor der Überlassung** (Boemke/Lembke/*Boemke* § 1a Rn. 32; Schüren/*Hamann* § 1a Rn. 51) erfolgt. Allerdings genügt es, wenn die Anzeige unmittelbar vor der Überlassung erfolgt (Schüren/*Hamann* § 1a Rn. 54). Das Erfordernis der vorherigen Anzeige soll der Arbeitsverwaltung eine Präventivkontrolle der Überlassung ermöglichen. Erfolgt die Überlassung ohne die erforderliche Anzeige, so liegt eine unzulässige Arbeitnehmerüberlassung vor, die von der Erlaubnisbehörde nach § 6 zu untersagen ist.

5. Arbeitnehmer nicht zum Zweck der Überlassung eingestellt oder beschäftigt

Seit der Neuregelung des § 1a durch das Erste Gesetz zur Änderung **30a** des Arbeitnehmerüberlassungsgesetzes – Verhinderung von Missbrauch der Arbeitnehmerüberlassung (1. AÜGÄndG) v. 28.4.2011, BGBl. I S. 642, gilt schließlich das Erfordernis, dass der überlassene Arbeitnehmer vom Verleiher „**nicht zum Zweck der Überlassung eingestellt und beschäftigt**" wurde (vgl. hierzu *Ulber* § 1a Rn. 14a). Diese Änderung geht

auf Art. 3 Abs. 1 Buchst. b u. c der RL 2008/104/EG zurück (vgl. hierzu
→ § 1 Rn. 194a).

VII. Rechtsfolgen

1. Rechtsfolgen bei Vorliegen der Voraussetzungen des § 1a Abs. 1 u. 2

31   Liegen die in § 1a Abs. 1 u. 2 genannten Voraussetzungen vor, so ist der
Arbeitgeber **von der nach § 1 Abs. 1 S. 1 bestehenden Erlaubnispflicht
befreit.** Die Überlassung ist dann als erlaubte Arbeitnehmerüberlassung zu
beurteilen (BT-Drs. 11/4952, 9).

32   Allerdings erschöpft sich die Rechtsfolge des § 1a in der Entbindung von
der Erlaubnispflicht. Hiervon unberührt bleibt die **Verpflichtung zur
Beachtung der sonstigen für die Arbeitnehmerüberlassung geltenden
Bestimmungen.** Anwendbar bleibt zB die Vermutung für das Vorliegen von
Arbeitsvermittlung nach § 1 Abs. 2 iVm § 3 Abs. 1. Auch besteht nach § 99
BetrVG bzw. § 75 BPersVG iVm § 14 Abs. 3 u. 4 unter den dort genannten
Voraussetzungen die Verpflichtung, im Entleiherbetrieb den Betriebs- bzw.
Personalrat vor der Übernahme der Leiharbeitnehmer zu beteiligen. Überdies
genießt der Leiharbeitnehmer nach § 14 Abs. 2 S. 1 und § 7 S. 2 BetrVG im
Entleiherbetrieb das aktive Wahlrecht. Schließlich kann der Leiharbeitnehmer
nach §§ 3 Abs. 1 Nr. 3, 8 von seinem Arbeitgeber die Vergütung sowie alle
sonstigen wesentlichen Arbeitsbedingungen verlangen, die vergleichbare
Arbeitnehmer des Entleihers erhalten (vgl. zum Ganzen Schüren/*Hamann*
§ 1a Rn. 62 ff.).

2. Rechtsfolgen bei Nichtvorliegen der Voraussetzungen des § 1a Abs. 1 u. 2

33   Sind nicht alle der in § 1a genannten Voraussetzungen erfüllt, so ist danach
zu unterscheiden, ob Abs. 1 oder Abs. 2 nicht erfüllt ist.

34   **a) Nichtvorliegen der Voraussetzungen des Abs. 1.** Hinsichtlich der
Voraussetzungen des Abs. 1 ist zunächst festzuhalten, dass diese **für jede
einzelne Überlassung gesondert** zu überprüfen sind (Schüren/*Hamann*
§ 1a Rn. 68).

35   Sind die dort genannten Voraussetzungen nicht gegeben, liegt eine **illegale
Arbeitnehmerüberlassung** vor. Die Erlaubnisbehörde hat die illegale
Arbeitnehmerüberlassung gem. § 6 umgehend zu untersagen. Auch kommen
straf- und ordnungswidrigkeitenrechtliche Sanktionen nach §§ 15 ff. in
Betracht.

36   Der Arbeitnehmerüberlassungsvertrag der beteiligten Arbeitgeber ist **nach
§ 9 Nr. 1 unwirksam.** Der Arbeitsvertrag mit dem Arbeitnehmer wird demgegenüber vom Nichtvorliegen der Voraussetzungen des Abs. 1 nur insofern
berührt, als die Vereinbarung über die Ableistung der Arbeit im Fremdbetrieb
nichtig ist. Für die Zeit der Tätigkeit im Entleiherbetrieb wird nach hM gem.

§ 10 Abs. 1 S. 1 ein zusätzliches Arbeitsverhältnis mit dem Entleiher fingiert (Schüren/*Hamann* § 1a Rn. 68; ErfK/*Wank* § 1a Rn. 9).

Scheitert die Erlaubnisfreiheit daran, dass der Arbeitgeber die Überlassung **37** **nicht rechtzeitig angezeigt** hat, so muss man die Frage beantworten, wie sich eine verspätete Anzeige durch den Arbeitgeber auswirkt. Nach hM wird eine unzulässige Arbeitnehmerüberlassung durch die **verspätete Anzeige nicht rückwirkend geheilt** und die Illegalität somit mit mit Wirkung ex tunc beseitigt. Begründet wird dies ua damit, dass es sich bei der Anzeigepflicht um eine notwendige materielle Voraussetzung der Erlaubnisfreiheit handelt (Boemke/Lembke/*Boemke* § 1a Rn. 24; Schüren/*Hamann* § 1a Rn. 71). Hingewiesen wird dabei nicht zuletzt auf die weit reichenden Konsequenzen, die eine Heilung für die individualarbeitsrechtlichen Beziehungen der Beteiligten hätte (vgl. nur Schüren/Hamann/*Hamann* § 1a Rn. 74). Doch soll eine illegale Arbeitnehmerüberlassung durch die verspätete Anzeige **auch nicht für die Zukunft wirksam** werden (Schüren/*Hamann* § 1a Rn. 72). Auf ein **Verschulden des Arbeitgebers** kommt es bei einer Nichtanzeige der Arbeitnehmerüberlassung nicht an. Auch die Möglichkeit einer **Wiedereinsetzung in den vorigen Stand** ist nicht gegeben. Der Arbeitgeber trägt somit das Verspätungsrisiko (Schüren/Hamann/*Hamann* § 1a Rn. 75).

b) Nichtvorliegen der Voraussetzungen des Abs. 2. Vom Fall der **38** Nichtanzeige zu unterscheiden ist der **Fall der lediglich unvollständigen Anzeige.** Diese begründet einen Verstoß gegen § 1a Abs. 2, der nach hM gem. § 16 Abs. 1 Nr. 2a lediglich als Ordnungswidrigkeit sanktioniert ist, aber nach zutreffender Auffassung nicht zur Bejahung einer Erlaubnispflicht führt (Schüren/Hamann/*Hamann* § 1a Rn. 76). Nach aA soll demgegenüber auch bei einer unvollständigen Anzeige eine illegale gewerbsmäßige Arbeitnehmerüberlassung anzunehmen sein (*Ulber* § 1a Rn. 31). Auch nach hM gilt aber, dass fehlende Angaben nachzuholen sind und unzutreffende Angaben richtig gestellt werden müssen (Schüren/Hamann/*Hamann* § 1a Rn. 77).

3. Arbeits- und betriebsverfassungsrechtliche Voraussetzungen der Arbeitnehmerüberlassung

§ 1a führt unter den dort genannten Voraussetzungen zur **Erlaubnisfrei- 39 heit der Arbeitnehmerüberlassung.** Eine ganz andere Frage ist, ob der Arbeitgeber arbeitsvertraglich zur Überlassung berechtigt und wie die Überlassung in betriebsverfassungsrechtlicher Hinsicht zu beurteilen ist.

Arbeitsrechtlich ist der Arbeitnehmer grundsätzlich nur dann zur Arbeits- **40** leistung im Rahmen der Leiharbeit verpflichtet, wenn sich diese **Verpflichtung aus dem Arbeitsvertrag** ergibt (sog. „Leiharbeitsklausel") oder der **Arbeitnehmer der Überlassung zustimmt.** Im Übrigen bleibt der Arbeitgeber, der einen Arbeitnehmer einem anderen Arbeitgeber zur Leistung von Arbeit überlassen will, auf das Instrument der **Änderungskündigung** nach § 2 KSchG angewiesen (Schüren/Hamann/*Hamann* § 1a Rn. 55 f.).

Betriebsverfassungsrechtlich gesehen ist va von Bedeutung, dass in Betrie- **41** ben mit regelmäßig mehr als 20 wahlberechtigten Arbeitnehmern ein **Mitbestimmungsrecht des Betriebsrats nach §§ 99, 95 Abs. 3 BetrVG** wegen

Versetzung in Betracht kommt (*Ulber* § 1a Rn. 33). Beteiligungsrechte unter dem Gesichtspunkt einer Betriebsänderung (§§ 111 ff. BetrVG) werden demgegenüber idR ausscheiden (*Ulber,* § 1a Rn. 33).

§ 1b Einschränkungen im Baugewerbe

[1]Arbeitnehmerüberlassung nach § 1 in Betriebe des Baugewerbes für Arbeiten, die üblicherweise von Arbeitern verrichtet werden, ist unzulässig. [2]Sie ist gestattet
a) zwischen Betrieben des Baugewerbes und anderen Betrieben, wenn diese Betriebe erfassende, für allgemeinverbindlich erklärte Tarifverträge dies bestimmen,
b) zwischen Betrieben des Baugewerbes, wenn der verleihende Betrieb nachweislich seit mindestens drei Jahren von denselben Rahmen- und Sozialkassentarifverträgen oder von deren Allgemeinverbindlichkeit erfasst wird.
[3]Abweichend von Satz 2 ist für Betriebe des Baugewerbes mit Geschäftssitz in einem anderen Mitgliedstaat des Europäischen Wirtschaftsraumes gewerbsmäßige Arbeitnehmerüberlassung auch gestattet, wenn die ausländischen Betriebe nicht von deutschen Rahmen- und Sozialkassentarifverträgen oder für allgemeinverbindlich erklärten Tarifverträgen erfasst werden, sie aber nachweislich seit mindestens drei Jahren überwiegend Tätigkeiten ausüben, die unter den Geltungsbereich derselben Rahmen- und Sozialkassentarifverträge fallen, von denen der Betrieb des Entleihers erfasst wird.

Literatur: *Becker,* Gemeinschaftsrechtliche, sozialpolitische, arbeitsmarktpolitische und verfassungsrechtliche Aspekte des Verbots der Arbeitnehmerüberlassung im Baugewerbe, DB 1982, 2348; *Düwell,* Arbeitnehmerüberlassung in Betriebe des Baugewerbes, BB 1995, 1082; *Kainzbauer-Hilbert,* Arbeitnehmerüberlassung zur Erbringung von Bauleistungen, DB 2016, 954; *Kort,* Die Bedeutung der europarechtlichen Grundfreiheiten für die Arbeitnehmerentsendung und die Arbeitnehmerüberlassung, NZA 2002, 1248; *Löwisch,* Schutz der Selbstbestimmung durch Fremdbestimmung, ZfA 1996, 293; *ders.,* Arbeitsrecht und wirtschaftlicher Wandel, RdA 1999, 69; *Mayer/Paasch,* Verfassungsrechtliche Fragen des sektoralen Verbots der Arbeitnehmerüberlassung im Baugewerbe, AuR 1983, 329; *Sahl/Bachner,* Die Neuregelung der Arbeitnehmerüberlassung im Baugewerbe, NZA 1994, 1063; *Salamon,* Auswirkungen der Änderungen des AÜG auf die konzerninterne Personalgestellung im Baugewerbe, NZA-RR 2012, 61; *Schlachter,* Grenzüberschreitende Dienstleistungen: Die Arbeitnehmerentsendung zwischen Dienstleistungsfreiheit und Verdrängungswettbewerb, NZA 2002, 1242; *Ulber,* Personal-Service-Agenturen und Neuregelung der Arbeitnehmerüberlassung, AuR 2003, 7.

Übersicht

I. Überblick

Nach § 1b S. 1 ist die Arbeitnehmerüberlassung in Betriebe des Baugewer- **1** bes unzulässig, soweit es um Arbeiten geht, die üblicherweise von Arbeitern verrichtet werden. Das **Merkmal der „Gewerbsmäßigkeit"** wurde im Zuge der Neufassung der Vorschrift aufgrund des Ersten Gesetzes zur Änderung des Arbeitnehmerüberlassungsgesetzes – Verhinderung von Missbrauch der Arbeitnehmerüberlassung (1. AÜGÄndG) v. 28.4.2011, BGBl. I S. 642, gestrichen, um den europarechtlichen Vorgaben, die lediglich auf eine Arbeitnehmerüberlassung im Rahmen einer „wirtschaftlichen Tätigkeit" zielen (vgl. Art. 1 Abs. 2 der RL 2008/104/EG), Rechnung zu tragen. Die **Baubranche** gilt als **für illegale Praktiken der Arbeitnehmerüberlassung besonders anfällig** (vgl. BT-Drs. 14/4220, 30 f.; vgl. auch LSG Bayern 7.8.2008, BeckRS 2009, 52510). Deshalb ist sie spezifischen Restriktionen unterworfen. § 1b S. 1 ist ein **gesetzliches Verbot iSd § 134 BGB** (Boemke/Lembke/*Boemke* § 1b Rn. 21; Schüren/*Hamann* § 1b Rn. 1; *Ulber* § 1b Rn. 24; aus der Rspr. OLG Hamm 13.4.2016, BeckRS 2016, 08310). Dies bedeutet, dass Verträge, die auf eine Arbeitnehmerüberlassung in Betriebe des Baugewerbes gerichtet sind und die Tätigkeit von Arbeitern betreffen, **nichtig** sind.

2   Aufgeweicht wird das Verbot durch **zahlreiche Ausnahmen.** So ist nach
§ 1b S. 2 Buchst. b die brancheninterne gewerbsmäßige Arbeitnehmerüberlassung **im Geltungsbereich deckungsgleicher Tarifverträge** gestattet.
Nach § 1b S. 2 Buchst. a ist unter gewissen Voraussetzungen auch die bran-
chenübergreifende Arbeitnehmerüberlassung gestattet. Gestattet ist nach § 1b
S. 3 unter gewissen Voraussetzungen auch die **grenzüberschreitende
Arbeitnehmerüberlassung.** § 1 Abs. 1a bestimmt, dass die **Abordnung
von Arbeitern des Baugewerbes zu einer Bau-ARGE** zulässig ist. Hingewiesen werden muss schließlich auch auf **Regelungen der Tarifpartner
im Baugewerbe,** nämlich einerseits § 9 BRTV-Bau und andererseits § 9
RTV-Poliere. Danach können Arbeitnehmer ohne Bindung an das AÜG an
eine Bau-ARGE abgestellt werden.

3   Was speziell die **Problematik grenzüberschreitend erbrachter Bauleistungen** betrifft, so ist auch das am 1.3.1996 in Kraft getretene **Gesetz über
zwingende Arbeitsbedingungen bei grenzüberschreitenden Dienstleistungen (Arbeitnehmer-Entsendegesetz – AEntG** v. 26.2.1996, BGBl. I
S. 227) von Bedeutung.

II. Entstehungsgeschichte

4   Der Aufschwung, den die Leiharbeit als Folge der Aufhebung des generellen Verbots der Arbeitnehmerüberlassung durch die Entscheidung des BVerfG
vom 4.4.1967 (BVerfGE 21, 261) erlebte, betraf va die Baubranche. Hier
kam es in der Folge zu einer **starken Verbreitung der Leiharbeit.** Zugleich
war der Anteil ausländischer Leiharbeitnehmer ausgesprochen groß. Da im
Zusammenhang mit dieser Entwicklung auch ein sprunghafter Anstieg illegaler Überlassungen zu verzeichnen war, sah sich der Gesetzgeber gefordert.
Dabei war ursprünglich beabsichtigt, die Arbeitnehmerüberlassung in der
Baubranche ausnahmslos zu verbieten. Allerdings entschied man sich später
dafür, **Angestellte von diesem Verbot auszunehmen,** da sich die Baubranche hinsichtlich der von diesen verrichteten Arbeiten nicht wesentlich
von anderen Wirtschaftszweigen unterscheide. In dieser Form trat das Verbot
als § 12a AFG am 1.1.1982 in Kraft (BGBl. I S. 1497). Allerdings war die
Bestimmung von Anfang an politisch heftig umstritten (vgl. *Sahl/Bachner*
NZA 1994, 1063 (1064)). Auch ihre Verfassungsmäßigkeit wurde angezwei-
felt.

5   Mit dem Gesetz zur Änderung des Arbeitsförderungsgesetzes im Bereich
des Baugewerbes vom 20.9.1994 (BGBl. I S. 2456) wurde das Verbot entschärft und Satz 2 angefügt. Durch das Gesetz zur Reform der Arbeitsförderung (Arbeitsförderungs-Reformgesetz – AFRG) vom 24.3.1997 (BGBl. I
S. 594) wurde § 12a AFG als § 1b – inhaltlich unverändert – in das AÜG
überführt. Abermals geändert wurde die Vorschrift durch das **Erste Gesetz
für moderne Dienstleistungen am Arbeitsmarkt** vom 23.12.2002
(BGBl. I S. 4607). Mit dem am 1.1.2003 in Kraft getretenen Satz 3 sollte der
Rspr. des EuGH (25.10.2001, AP EG Art. 49 Nr. 3 = NZA 2001, 1299)
Rechnung getragen werden. Darüber hinaus wurden mit dem neu gefassten
Satz 2 die Ausnahmen von dem in Satz 1 enthaltenen Verbot der Arbeitneh-

merüberlassung erweitert. Mit dem **Ersten Gesetz zur Änderung des Arbeitnehmerüberlassungsgesetzes – Verhinderung von Missbrauch der Arbeitnehmerüberlassung** (1. AÜGÄndG) v. 28.4.2011, BGBl. I S. 642, wurde das Merkmal „Gewerbsmäßigkeit" gestrichen.

III. Gesetzeszweck

Für das weitgehende Verbot der Arbeitnehmerüberlassung im Baugewerbe **6** sind va drei Gründe maßgeblich (BT-Drs. 9/846, 35 f.): Zunächst soll **illegalen Praktiken entgegengewirkt** werden. Dabei hat der Gesetzgeber zum schärfsten Instrument, dem Verbot der Arbeitnehmerüberlassung im Baugewerbe, gegriffen. Dies ist vor dem Hintergrund zu sehen, dass sich die bestehenden Kontrollrechte und Meldepflichten als unzulänglich erwiesen hatten. Sodann soll dem Umstand Rechnung getragen werden, dass Leiharbeitnehmer von den tariflichen Sozialleistungen des Baugewerbes, also insbes. von den **Leistungen der Urlaubs- und Lohnausgleichskassen sowie der Zusatzversorgungskassen,** ausgeschlossen waren. Schließlich ist die gesetzliche Regelung von der Sorge bestimmt, durch den zunehmenden Einsatz von Leiharbeitskräften könnte es zu einem **Abbau der „Normalbeschäftigung"** im Baugewerbe kommen. Diese Sorge ist vor dem Hintergrund zu sehen, dass Bauunternehmen, die sich Leiharbeitnehmern bedienen, der Geltung von Tarifverträgen ausweichen und so gegenüber der Konkurrenz Wettbewerbsvorteile realisieren können (näher zum Ganzen *Schüren/ Hamann* § 1b Rn. 9 ff.).

Trotz der weit reichenden Bedenken, der die Arbeitnehmerüberlassung **7** im Bereich der Baubranche begegnet, hat sich der Gesetzgeber nach und nach zu einer **Lockerung des Verbots** entschlossen. Damit sollte den **Erfordernissen der Wettbewerbsfähigkeit und Flexibilität** Rechnung getragen werden. Wenn der Gesetzgeber insoweit allerdings eine Gebundenheit an die entsprechenden Rahmen- und Sozialkassentarifverträge fordert, so verfolgt er damit ein doppeltes Ziel. Zum einen soll auf diesem Wege **Wettbewerbsverzerrungen begegnet** und zum anderen soll damit die **Finanzierung der im Baubereich bestehenden Sozialkassen sichergestellt** werden (BT-Drs. 12/7564, 3; Bedenken hinsichtlich dieser Zielsetzung insbes. bei *Löwisch* ZfA 1996, 293 (307 f.); *ders.* RdA 1999, 69 (73)).

IV. Vereinbarkeit mit höherrangigem Recht

1. Verfassungsmäßigkeit der Regelung

Die Verfassungsmäßigkeit des Verbots der Arbeitnehmerüberlassung im **8** Baugewerbe war von jeher lebhaft umstritten. Trotz bedenkenswerter Kritik im Schrifttum hat das BVerfG in seiner Entscheidung vom 6.10.1987 (NJW 1988, 1195 ff.) **§ 12a AFG aF, die Vorgängerregelung des § 1b S. 1, für verfassungsmäßig erklärt.** Seine Entscheidung hat das Gericht ua damit begründet, dass die Bestimmung eine bloße Berufsausübungsregelung darstelle, die angesichts der Einschätzungsprärogative des Gesetzgebers auf dem Gebiet der Arbeits-, Sozial- und Wirtschaftsordnung als gerechtfertigt anzusehen sei. Dementsprechend verletze die Regelung weder den Verleiher noch den Entleiher oder den Leiharbeitnehmer selbst in seiner durch Art. 12 Abs. 1 GG garantierten Berufsfreiheit. Auch Art. 3 Abs. 1 GG sei nicht verletzt. Zwar komme es zu einer Ungleichbehandlung zwischen Betrieben des Baugewerbes und anderen Betrieben, die nicht von dem Verbot der Arbeitnehmerüberlassung betroffen seien. Dennoch sei die vom Gesetzgeber getroffene Regelung sachlich vertretbar und nicht willkürlich, da die Missstände bei der Leiharbeit im Baugewerbe besonders ausgeprägt seien (BVerfG NJW 1988, 1195 (1199)).

9   Auch nach der Entscheidung des BVerfG war der Streit um die Verfassungsmäßigkeit des § 12a AFG nicht zur Ruhe gekommen (vgl. nur die Nachw. bei Schüren/*Hamann* § 1b Rn. 14 ff.). Die **Verfassungsmäßigkeit** der Nachfolgeregelung, des § 1b, wurde indes im Schrifttum im Einklang mit der Entscheidung des BVerfG zu § 12a AFG aF, zunächst weit überwiegend bejaht (Zweifel allerdings zB bei *Buchner* NZA 2000, 905 (912); *Hanau,* Gutachten D II 4f − 63. DJT). Zuletzt haben sich indes die Zweifel an der Verfassungsmäßigkeit der Regelung spürbar verstärkt. Die Gefahr, dass Leiharbeitnehmer von den tariflichen Arbeitsbedingungen, insbesondere von den Leistungen der Sozialkassen des Baugewerbes ausgeschlossen würden, bestehe, so wird verbreitet angenommen, nicht mehr (Schüren/*Hamann* § 1a Rn. 15 mwN)

2. Vereinbarkeit mit EU-Recht

10   Mit Urteil vom 25.10.2001 (AP EG Art. 49 Nr. 3 = NZA 2001, 1299) hat der EuGH § 1b aF − aber auch § 1 Abs. 4 AEntG − für **europarechtswidrig** erklärt. Das Gericht begründete dies mit einer **Verletzung der nach Art. 65 AEUV gewährleisteten Dienstleistungsfreiheit.** Diese Feststellung stützte das Gericht darauf, dass ausländische Unternehmen zur Gründung einer Niederlassung in Deutschland gezwungen seien, um die in § 1b S. 2 geforderte Voraussetzung einer Gebundenheit an die einschlägigen Tarifverträge zu erfüllen. Sodann stützte der EuGH seine Entscheidung auf eine **Verletzung der Niederlassungsfreiheit (Art. 49 AEUV).** Diese ergebe sich daraus, dass die Regelung Unternehmen aus anderen Mitgliedstaaten den Zugang zum deutschen Markt erschwere, weil sie die Kriterien, nach denen eine Niederlassung als „Betrieb des Baugewerbes" gelte, nur schwer erfüllen könnten. Den Vorwurf der Europarechtswidrigkeit soll Satz 3 ausräumen.

10a   Durch das (auch der Umsetzung der RL 2008/104/EG dienende) Erste Gesetz zur Änderung des Arbeitnehmerüberlassungsgesetzes − Verhinderung von Missbrauch der Arbeitnehmerüberlassung (1. AÜGÄndG) v. 28.4.2011, BGBl. I S. 642, hat § 1b, abgesehen von der Streichung des Merkmals „Gewerbsmäßigkeit" keine Änderung erfahren. Demgegenüber stehen zahlreiche Stimmen in der Lit., welche eine Aufhebung der Vorschrift europarechtlich für geboten erachten (vgl. nur *Böhm* DB 2011,

473 (475); *Lembke* BB 2010, 1533; *ders.* DB 2011, 414 (416); vgl. auch *Sansone,* in Preis/Sagan, Europäisches Arbeitsrecht, 2015, § 8 Rn. 40 mwN). Nach Art. 4 Abs. 1 der RL sind Verbote oder Einschränkungen des Einsatzes von Leiharbeit nur aus Gründen des Allgemeininteresses gerechtfertigt; hierzu zählen nach der RL „vor allem der Schutz der Leiharbeitnehmer, die Erfordernisse von Gesundheitsschutz und Sicherheit am Arbeitsplatz oder die Notwendigkeit, das reibungslose Funktionieren des Arbeitsmarktes zu gewährleisten und eventuellen Missbrauch zu verhüten" (vgl. hierzu zuletzt EuGH 17.3.2015 – C–533/13, NZA 2015, 423). Ob eine dieser Voraussetzungen erfüllt ist, erscheint in der Tat höchst zweifelhaft.

V. Voraussetzungen des Verbots nach S. 1

Das Verbot der Arbeitnehmerüberlassung im Baugewerbe ist an eine **Reihe** **11** **von Voraussetzungen** geknüpft. Zunächst bezieht es sich schon nach seinem Wortlaut („Arbeitnehmerüberlassung nach § 1") nur auf die Arbeitnehmerüberlassung im Rahmen einer wirtschaftlichen Tätigkeit (gegenständlicher Geltungsbereich). Sodann greift es nur ein, wenn es sich beim Entleiherbetrieb um einen Betrieb des Baugewerbes handelt (fachlicher Geltungsbereich). Überdies ist es nur auf Tätigkeiten gerichtet, die üblicherweise von Arbeitern verrichtet werden (persönlicher Geltungsbereich). Schließlich ist zu beachten, dass das Verbot des § 1b S. 1 nach dem sog. Territorialitätsprinzip nur für das Gebiet der Bundesrepublik Deutschland Geltung hat (räumlicher Geltungsbereich).

1. Gegenständlicher Geltungsbereich

Das Verbot des § 1b S. 1 bezieht sich nach dem klaren Wortlaut der Vor- **12** schrift („Arbeitnehmerüberlassung nach § 1") **nur auf die Arbeitnehmerüberlassung im Rahmen einer wirtschaftlichen Tätigkeit.** Das Verbot erstreckt sich nicht auf den **Einsatz von Fremdpersonal in baugewerblichen Betrieben auf der Grundlage eines Werk- oder Dienstvertrags** (Schüren/*Hamann* § 1b Rn. 20). Nicht erfasst werden von § 1b insbesondere Einsätze von Arbeitnehmern bei Generalunternehmern auf der Grundlage echter, mit einem Subunternehmer abgeschlossener Werkverträge. Werden, wie dies recht häufig geschieht, Betrieben des Baugewerbes Maschinen mit Bedienungspersonal überlassen, so greift das Verbot des § 1b ein, sofern diese Gestaltung als Arbeitnehmerüberlassung zu beurteilen ist (Schüren/*Hamann* § 1b Rn. 23).

Im Übrigen bleibt zu beachten, dass nach § 1 Abs. 1 S. 3 u. 4 die **Abord-** **13** **nung von Bauarbeitern zu einer Bau-ARGE vom AÜG nicht erfasst** wird, weil insoweit nach den genannten Bestimmungen gerade keine Arbeitnehmerüberlassung im Rechtssinn vorliegt. Zulässig sind auch **Freistellungen nach § 9 BRTV-Bau bzw. § 9 RTV-Poliere.** In diesen Fällen liegt deshalb keine Überlassung zur Arbeitsleistung vor, weil das Arbeitsverhältnis des Arbeitnehmers mit dem Inhaber des Stammbetriebs nach den genannten tarifvertraglichen Bestimmungen ruhend gestellt wird und mit der Aufnahme der Arbeit für die ARGE ein Arbeitsverhältnis mit dieser zustande kommt (*Düwell* BB 1995, 1082 (1084)).

14   Demgegenüber stellt das AÜG im Eingangssatz des § 1 Abs. 3 ausdrücklich klar, dass die dort genannten **Ausnahmetatbestände** – neben den außerhalb des Bereichs der Privatwirtschaft liegenden Fällen in Nr. 2b und 2c sind dies die Arbeitnehmerüberlassung zur Vermeidung von Kurzarbeit und Entlassungen, konzerninterne Arbeitnehmerüberlassung, gelegentliche Arbeitnehmerüberlassung, Überlassung an ein deutsch-ausländisches Gemeinschaftsunternehmen – **im Bereich der Baubranche nicht gelten.** Entsprechendes gilt für die sog. „Kollegenhilfe" nach § 1a (Boemke/Lembke/*Boemke* § 1b Rn. 11; Schüren/*Hamann* § 1b Rn. 22).

2. Fachlicher Geltungsbereich

15   **a) Betriebe des Baugewerbes.** Beim Entleiherbetrieb muss es sich um einen **Betrieb des Baugewerbes** handeln. Werden Arbeitnehmer eines Baubetriebs einem Nicht-Baubetrieb überlassen, kommt das Verbot des § 1b somit nicht zur Anwendung (Schüren/*Hamann* § 1b Rn. 24; *Sandmann/Marschall/Schneider* Art. 1 § 1b Rn. 3).

16   Eine Legaldefinition des **„Betriebs des Baugewerbes"** enthält **§ 101 Abs. 2 S. 1 SGB III.** Diese Definition ist auch für den Bereich des AÜG maßgeblich (vgl. nur Schüren/*Hamann* § 1b Rn. 25; *Kainzbauer-Hilbert* DB 2016, 954). Danach ist ein „Betrieb des Baugewerbes" ein „Betrieb, der gewerblich überwiegend Bauleistungen auf dem Baumarkt erbringt". Nach **§ 101 Abs. 2 S. 2 SGB III** sind **„Bauleistungen"** definiert als „alle Leistungen, die der Herstellung, Instandsetzung, Instandhaltung, Änderung oder Beseitigung von Bauwerken dienen".

17   Nach hM wird der Kreis der Betriebe des Baugewerbes durch die auf Grund von § 182 Abs. 2 S. 1 SGB III ergangene Baubetriebe-Verordnung vom 28.10.1980 (BGBl. I S. 2033), zuletzt geändert durch Art. 37 des Gesetzes zur Verbesserung der Eingliederungschancen am Arbeitsmarkt vom 20.12.2011 (BGBl. I S. 2854) festgelegt (BGH 17.2.2000, AP AFG § 12a Nr. 1; OLG Hamburg 13.1.1993, EzAÜG § 12 AÜG Nr. 1; aus der Lit. Boemke/Lembke/*Boemke* § 1b Rn. 15; *Düwell* BB 1995, 1082 (1083); Schüren/*Hamann* § 1b Rn. 27 mwN; vgl. demgegenüber *Ulber* § 1b Rn. 19 mit dem Argument, dass die Regelung im SGB III nicht durch eine untergesetzliche Bestimmung beschränkt werden könne; dezidiert aA aber Schüren/Hamann/*Hamann* § 1b Rn. 28 ff.).

18   Zwar wird eingeräumt, dass § 1b auf der einen Seite und die Baubetriebe-Verordnung auf der anderen Seite unterschiedliche Ziele verfolgen; § 1b hat ersichtlich eine arbeitsmarktpolitische Zwecksetzung, wohingegen die genannte Verordnung witterungsbedingte Nachteile auffangen soll (Schüren/*Hamann* § 1b Rn. 30). Dennoch soll auf die Konkretisierung in der Baubetriebe-Verordnung abzustellen sein, weil nur diese dem **Willen des historischen Gesetzgebers** entspreche (Schüren/*Hamann* § 1b Rn. 31). Auch lasse sich auf diesem Weg vermeiden, dass die durch witte-

rungsbedingten Arbeitsausfall der Stammbelegschaft und durch die Winterbeschäftigungsumlage (§§ 354 ff. SGB III) belasteten Betriebe in Wettbewerb zu Baubetrieben treten müssen, die einen kurzfristigen Arbeitsbedarf
durch Leiharbeitnehmer abdecken, bei denen kein Ausfall von Arbeitszeit
anfällt und für die auch keine Winterbeschäftigungsumlage zu entrichten
ist (Schüren/*Hamann* § 1b Rn. 31). Aus der Maßgeblichkeit der Baubetriebe-Verordnung ergibt sich, dass das Verbot der Arbeitnehmerüberlassung **nur für Betriebe des Bauhauptgewerbes, nicht aber für das
Baunebengewerbe** gilt (BGH 17.2.2000, AP AFG § 12a Nr. 1).

b) Erstreckung auf Betriebsabteilungen. Im Einklang mit § 97 S. 2 **19**
SGB III erfasst das Verbot des § 1b **auch Betriebsabteilungen eines an
sich nicht baugewerblichen Betriebs** (Schüren/*Hamann* § 1b Rn. 36;
Ulber § 1b Rn. 20). Unter einer „Betriebsabteilung" ist **ein organisatorisch
verselbständigter Betriebsteil** zu verstehen, der mit eigenen Betriebsmit-
teln ausgestattet ist, bezüglich des Gesamtbetriebs eine personelle Einheit
darstellt und einen spezifischen arbeitstechnischen Zweck verfolgt (vgl. nur
Schüren/*Hamann* § 1b Rn. 37 mwN; vgl. aus der Rspr. auch BAG 28.9.2005,
NZA-RR 2006, 397).

Keine Betriebsabteilungen in diesem Sinne sind idR **einzelne Bau- und 20
Montagestellen,** da mit ihnen – unabhängig von Größe und Dauer und
auch unabhängig von der Einheitlichkeit der Baustellenleitung – kein
abgrenzbarer, eigenständiger Zweck verfolgt wird (*Düwell* BB 1995, 1082
(1083); Schüren/Hamann/*Hamann* § 1b Rn. 38). Anders kann es iE aber
dann liegen, wenn Baustellen und Montagestellen eine größere Dauer haben
und produktionstechnisch sowie in der personellen Ausstattung, Versorgung
und Leitung eine gewisse Selbstständigkeit und Abgegrenztheit besitzen (vgl.
insoweit Gagel/*Bieback* SGB III § 97 Rn. 29).

c) Überwiegende Erbringung von Bauleistungen. Nach der Legal- **21**
definition des „Betriebs des Baugewerbes" in § 101 Abs. 2 S. 1 SGB III ist
erforderlich, dass **in dem Betrieb überwiegend Bauleistungen
erbracht** werden. Der Begriff der „Bauleistungen" ist in § 101 Abs. 2 S. 2
SGB III definiert als „Leistungen die der Herstellung, Instandsetzung,
Instandhaltung, Änderung oder Beseitigung von Bauwerken dienen". Was
darunter zu verstehen ist, ergibt sich aus der **Baubetriebe-Verordnung
vom 28.10.1980** (BGBl. I S. 2033) idF vom 26.4.2006 (BGBl. I S. 1085).
Betriebe, die die in der Verordnung aufgelisteten Arbeiten ausführen, gelten somit als „Betriebe des Baugewerbes" iSv § 1b (Schüren/*Hamann* § 1b
Rn. 40).

Die Bauleistungen müssen überwiegend – und dh in Ermangelung anderer **22**
Anhaltspunkte: zu **mehr als der Hälfte** (Schüren/Hamann/*Hamann* § 1b
Rn. 41; *Ulber* § 1b Rn. 20) – erbracht werden. Liegt ein **sog. Mischbetrieb**
vor, in dem teilweise Leistungen iSd Baubetriebe-Verordnung und teilweise
andere Leistungen erbracht werden, so ist nach hM ein **Vergleich zwischen
der Gesamtarbeitszeit** der mit der Erbringung von Bauleistungen betrauten
Voll- und Teilzeitarbeitnehmer mit der Gesamtarbeitszeit der mit der Erbringung anderer Leistungen betrauten Voll- und Teilzeitarbeitnehmer anzustel-

len (BAG 24.8.1994, AP TVG § 1 Tarifverträge: Bau Nr. 181; Boemke/
Lembke/*Boemke* § 1b Rn. 16; Schüren/*Hamann* § 1b Rn. 42; *Urban-Crell/
Germakowski/Bissels/Hurst* § 1b Rn. 18; vgl. auch Gagel/*Bieback* SGB III
§ 101 Rn. 42 mwN). Auf einen Vergleich der dem einen oder dem anderen
Bereich zuzurechnenden Arbeitsplätze kommt es demgegenüber nicht an (so
aber BAG 21.3.1984, EzAÜG § 5 TVG Nr. 2; dagegen Boemke/Lembke/
Boemke, § 1b Rn. 16; Schüren/*Hamann,* § 1b Rn. 42). Ein Abstellen auf
andere Abgrenzungskriterien, die im Schrifttum ebenfalls diskutiert werden –
überwiegender Betriebszweck; „Gepräge" des Betriebs; Verhältnis der Brut-
tolohnsummen, der erzielten Umsätze und Gewinne; Verkehrsanschauung
(vgl. auch hierzu Schüren/Hamann/*Hamann* § 1b Rn. 43) – ist schon angesichts der Erfordernisse der Rechtssicherheit und Rechtsklarheit wenig überzeugend.

23   Bei dem Vergleich der Gesamtarbeitszeiten ist – wie in anderen rechtlichen Zusammenhängen auch (vgl. nur § 111 Abs. 1 S. 1 BetrVG, § 23
Abs. 1 S. 2 KSchG) – auf **die „in der Regel Beschäftigten"** abzustellen.
Zufällige Personalschwankungen müssen außer Betracht bleiben. Aushilfs-
weise beschäftigte Personen zählen allerdings ebenso wenig mit wie geringfügig Beschäftigte iSv § 8 SGB IV (Schüren/Hamann/*Hamann* § 1b
Rn. 44).

24   Aus der Gleichstellung von Betrieben und Betriebsabteilungen in § 171
S. 2 SGB III folgt, dass sich das **Kriterium „überwiegend" auch auf
Betriebsabteilungen beziehen** kann (Schüren/Hamann/*Hamann* § 1b
Rn. 45).

3. Persönlicher Geltungsbereich

25   Verboten ist die Arbeitnehmerüberlassung nach § 1b S. 1 nur bezüglich
von **Tätigkeiten, die üblicherweise von Arbeitern verrichtet** werden
(näher hierzu *Sandmann/Marschall/Schneider* Art. 1 § 1b Rn. 9). Tätigkeiten
von (kaufmännischen und technischen) Angestellten fallen somit nicht in den
Anwendungsbereich der Vorschrift.

25a   Die Formulierung „üblicherweise" wird im Schrifttum so verstanden, dass
es dabei auf die **Verkehrsanschauung** ankommen soll. Da diese im Wesentlichen durch die entsprechenden tarifvertraglichen Bestimmungen geprägt
wird, ist bei der Abgrenzung der Arbeiter- von den Angestelltentätigkeiten
auf die **Tarifverträge des Baugewerbes** abzustellen (Boemke/Lembke/
Boemke § 1b Rn. 18; Schüren/Hamann/*Hamann* § 1b Rn. 47).

25b   Dementsprechend war in erster Linie der **Berufsgruppenkatalog**
heranzuziehen, der dem BRTV-Bau als Anhang beigegeben war. Danach
zählten zu den Arbeitern etwa Werkpoliere, Bauvorarbeiter, Spezialbau-
facharbeiter, gehobene Baufacharbeiter, Baufacharbeiter, Baufachwerker,
Bauwerker sowie Hilfskräfte. Ergänzt wurde dieser Katalog durch entsprechende Regelungen des RTV-Angestellte und des RTV-Poliere. Der
RTV-Angestellte enthielt eine Verweisung auf § 3 AVG aF (jetzt § 133
Abs. 2 SGB VI) sowie den dazu ergangenen Berufsgruppenkatalog. Der
BRTV-Bau enthält in seiner aktuellen Fassung keinen derartigen Berufs-

gruppenkatalog mehr. Der **RTV-Angestellte und Poliere** verweist in seiner geltenden Fassung zur Bestimmung der Angestelltentätigkeiten in § 1 Abs. 3 auf die Vorschriften des SGB VI zur Ausübung einer versicherungspflichtigen Tätigkeit. Ferner enthält er in § 5 eine Gruppeneinteilung mit detaillierter Beschreibung der einzelnen Merkmale. Zwar kann nach Inkrafttreten des Gesetzes zur Organisationsreform in der gesetzlichen Rentenversicherung vom 9.12.2004 (BGBl. I S. 3242), mit dem die Unterscheidung zwischen Arbeiterrentenversicherung und Angestelltenversicherung aufgegeben und durch einen einheitlichen Versichertenbegriff ersetzt wurde, nicht mehr unmittelbar auf das SGB VI zurückgegriffen werden. Nichtsdestoweniger enthalten § 3 AVG aF und der dazugehörige Berufsgruppenkatalog sowie die in § 133 Abs. 2 SGB VI aF enthaltene Aufzählung weiterhin Anhaltspunkte für die Abgrenzung der Arbeiter- von den Angestelltentätigkeiten (näher Schüren/Hamann/ *Hamann* § 1b Rn. 48; Boemke/Lembke/*Boemke* § 1b Rn. 18).

Wird eine bestimmte Tätigkeit von keiner der genannten Regelungen **26** erfasst, so bleibt nur eine **Qualifizierung der Tätigkeit nach allgemeinen Grundsätzen.** Danach ist Angestellter, wer überwiegend geistige, und Arbeiter, wer überwiegend mechanisch-körperliche Arbeit verrichtet (Schüren/Hamann/*Hamann* § 1b Rn. 49).

Für das Eingreifen des Verbots der Arbeitnehmerüberlassung kommt es **27** nur darauf an, ob die im Entleiherbetrieb ausgeübte Tätigkeit **tatsächlich üblicherweise von Arbeitern verrichtet** wird (Boemke/Lembke/*Boemke* § 1b Rn. 18 f.; Schüren/Hamann/*Hamann* § 1b Rn. 50). Demzufolge ist **unerheblich, ob der Leiharbeitnehmer bei seinem Vertragsarbeitgeber den Status eines Arbeiters oder den eines Angestellten** hat. Unerheblich ist auch, welche Tätigkeit der Leiharbeitnehmer in der Vergangenheit beim Vertragsarbeitgeber oder bei Dritten verrichtet hat oder welche Tätigkeit er in Zukunft verrichten wird. Das Verbot des § 1b greift somit zB auch dann ein, wenn ein Angestellter eines gewerbsmäßigen Verleihunternehmens zur Verrichtung von Arbeitertätigkeiten vorübergehend in einen Betrieb des Baugewerbes verliehen wird.

4. Räumlicher Geltungsbereich

Das Verbot der Arbeitnehmerüberlassung gilt nach dem **sog. Territoriali-** **28** **tätsprinzip** nur für das Staatsgebiet der Bundesrepublik Deutschland (Schüren/Hamann/*Hamann* § 1b Rn. 51). Wird ein Arbeitnehmer von einem Verleiher mit Sitz im Inland gewerbsmäßig an Betriebe im Ausland verliehen, greift § 1b S. 1 somit nicht ein.

Eine in der Lit. vertretene Auffassung, wonach das Verbot des § 1b S. 1 auf **29** den durch **§ 1 Wintergeld-Verordnung vom 24.5.1978** (BGBl. I S. 646) erweiterten räumlichen Geltungsbereich zu erstrecken sei und auch noch Teile des europäischen Gebiets erfassen soll (so *Ulber* § 1b Rn. 23), wird va mit Blick auf die Entstehungsgeschichte des Verbots der Arbeitnehmerüberlassung überwiegend abgelehnt (Boemke/Lembke/*Boemke* § 1b Rn. 6; Schüren/Hamann/*Hamann* § 1b Rn. 52).

VI. Ausnahmeregelung in Satz 2

1. Grundsätzliche Fragen

30   **a) Hintergrund und Zweck.** Nach Satz 2 galt eine Ausnahme vom Verbot der Arbeitnehmerüberlassung im Baugewerbe, wenn die Betriebe **von denselben Rahmen- und Sozialkassentarifverträgen oder deren Allgemeinverbindlichkeit erfasst** werden. Mit dieser Ausnahme, die auf das Gesetz zur Änderung des Arbeitsförderungsgesetzes im Bereich des Baugewerbes vom 20.9.1994 (BGBl. I S. 2456) zurückgeht, sollten **Wettbewerbsfähigkeit und Flexibilität der Betriebe des Baugewerbes erhöht** werden. Auch sollte die **Gefahr von Entlassungen und Kurzarbeit verringert** werden. Zugleich wollte der Gesetzgeber die **Anwendung der Tarifverträge des Baugewerbes,** va mit Blick auf die auf den entsprechenden tarifvertraglichen Bestimmungen beruhenden Sozialkassen, sichern. Das Erfordernis der Tarifbindung von Verleiher und Entleiher beruhte darauf, dass es Betrieben, die keine Baubetriebe sind, verwehrt sein sollte, das Verbot nach Satz 1 zu umgehen und Arbeiter in Betriebe des Baugewerbes zur Verrichtung von Arbeitertätigkeiten zu überlassen (BT-Drs. 12/7564, 3).

31   Durch das Erste Gesetz für moderne Dienstleistungen am Arbeitsmarkt v. 23.12.2002 (BGBl. I S. 4607) wurde § 1b neu gefasst. Die Änderung zielte auf eine weitere Lockerung des Verbots der Leiharbeit im Baugewerbe. Zu diesem Zweck sah die Neuregelung zwei Ausnahmetatbestände vor. S. 2 aF wurde zu S. 2 Buchst. b. Dabei wurde die Vorschrift zT erweitert und zT verschärft (näher Schüren/Hamann/*Hamann* § 1b Rn. 60). Zudem wurde mit S. 2 Buchst. a unter gewissen Voraussetzungen die Arbeitnehmerüberlassung zwischen Betrieben des Baugewerbes und anderen Betrieben gestattet. Als Betriebe des Baugewerbes sind auch im Zusammenhang mit S. 2 Buchst. a und b Betriebe iSd § 101 Abs. 2 S. 1 SGB III iVm der Baubetriebe-VO anzusehen. Dementsprechend zählen auch Betriebsabteilungen zu den Betrieben des Baugewerbes (Schüren/Hamann/*Hamann* § 1b Rn. 61).

32   **b) Überlassungserlaubnis.** § 1b S. 2 gestattet ausnahmsweise die Überlassung von Arbeitnehmern im Baugewerbe. Auch wenn die Voraussetzungen dieser Ausnahme erfüllt sind, bleibt es aber noch immer bei dem **Erfordernis einer gültigen Überlassungserlaubnis** (Schüren/Hamann/*Hamann* § 1b Rn. 54). Von diesem Erfordernis entbindet § 1b S. 2 somit nicht (vgl. auch OLG Celle 27.8.2003, BeckRS 2004, 01290).

2. Voraussetzungen

33   **a) Arbeitnehmerüberlassung zwischen Betrieben des Baugewerbes und anderen Betrieben nach § 1b S. 2 Buchst. a.** Gestattet ist die Arbeitnehmerüberlassung nach § 1b S. 2 Buchst. a zwischen Betrieben des Baugewerbes und anderen Betrieben, sofern allgemeinverbindliche Tarifverträge, die für diese Betriebe gelten, entsprechende Bestimmungen enthalten. Bedeutung hat diese Bestimmung nur für **Verleiher, die nicht dem Baugewerbe angehören.** Verleiht hingegen ein Baubetrieb, der auf eine Überlas-

sungserlaubnis verweisen kann, Bauarbeiter an ein Unternehmen außerhalb der Baubranche, greift das Verbot des § 1b S. 1 von vornherein nicht ein (Schüren/Hamann/*Hamann* § 1b Rn. 56).

Voraussetzung der in § 1b S. 2 Buchst. a geregelten Ausnahme ist zunächst, **34** dass der entsprechende **Tarifvertrag die Arbeitnehmerüberlassung ausdrücklich vorsieht und auch für allgemeinverbindlich erklärt** wurde (vgl. zum letztgenannten Erfordernis *Ulber* § 1b Rn. 36). Darüber hinaus müssen die **beteiligten Betriebe in den Geltungsbereich dieses Tarifvertrags fallen** (beachte allerdings Boemke/Lembke/*Boemke* § 1b Rn. 32, wonach nicht erforderlich sein soll, dass für beide Betriebe ein und derselbe Tarifvertrag einschlägig ist; ebenso *Sandmann/Marschall/Schneider* Art. 1 § 1b Rn. 15a; aA und wie hier Schüren/Hamann/*Hamann* § 1b Rn. 57, *Ulber* § 1b Rn. 35). Die Bedeutung dieses Erfordernisses wird erst deutlich, wenn man sich vergegenwärtigt, dass der Baubereich traditionell in vier Tarifbereiche – eigentliches Bauhauptgewerbe, Dachdeckerhandwerk, Garten- und Landschaftsbau, Gerüstbaugewerbe – unterteilt ist, für die jeweils eigene Sozialkassen bestehen. Da die beteiligten Betriebe in den Geltungsbereich desselben Tarifvertrags fallen müssen, greift der Ausnahmetatbestand nur dann ein, wenn sich die Sozialpartner im Baugewerbe auf einen **Tarifvertrag** einigen, **dessen Geltungsbereich mindestens einen der genannten Tarifbereiche und zudem auch noch einen Bereich außerhalb des Baugewerbes erfasst** (vgl. auch *Ulber* § 1b Rn. 35). Unter dieser Voraussetzung kann dann zB ein Arbeiter eines Unternehmens des Glaserhandwerks einem Betrieb des Gerüstbaugewerbes überlassen werden. Nach S. 2 aF konnte die Arbeitnehmerüberlassung demgegenüber stets nur innerhalb ein und desselben Tarifbereichs erfolgen.

b) Arbeitnehmerüberlassung zwischen Betrieben des Baugewer- 35 bes nach § 1b S. 2 Buchst. b. Erlaubt ist die Arbeitnehmerüberlassung nach § 1b S. 2 Buchst. b auch zwischen Betrieben des Baugewerbes, also unmittelbar zwischen einem entleihenden und einem verleihenden Unternehmen des Baugewerbes (*Ulber* § 1b Rn. 38). Als „Betriebe des Baugewerbes" sind auch im Zusammenhang mit S. 2 Betriebe iSd **§ 101 Abs. 2 S. 1 SGB III iVm der Baubetriebe-Verordnung** anzusehen (Schüren/Hamann/*Hamann* § 1b Rn. 67).

Ferner setzte § 1b S. 2 aF voraus, dass Verleiher und Entleiher von densel- **36** ben Rahmen- und Sozialkassentarifverträgen erfasst wurden. Erlaubt war die Arbeitnehmerüberlassung somit nur, wenn **Verleiher und Entleiher demselben Tarifbereich angehörten.**

Dabei ist es auch nach der Neuregelung des § 1b S. 2 Buchst. b geblieben **37** (ebenso Schüren/Hamann/*Hamann* § 1b Rn. 63; *Sandmann/Marschall/Schneider* Art. 1 § 1b Rn. 17; aA Boemke/Lembke § 1b Rn. 38). Wie schon nach altem Recht muss der verleihende Betrieb von denselben Rahmen- und Sozialkassentarifverträgen oder deren Allgemeinverbindlichkeit erfasst werden wie der entleihende Betrieb. Allerdings hat der Gesetzgeber den **Bereich der Ausnahme vom Verbot der Arbeitnehmerüberlassung erweitert.** Denn es besteht nicht mehr das Erfordernis, dass auch im entleihenden

Betrieb die tarifvertraglichen Bestimmungen gelten (*Ulber* AuR 2003, 7 (8); Schüren/Hamann/*Hamann* § 1b Rn. 64).

38   Zugleich wurde die Ausnahme vom Verbot der Arbeitnehmerüberlassung aber **restriktiver** gefasst. Denn nicht nur bleibt es beim Erfordernis der Tarifgebundenheit des verleihenden Betriebs. Vielmehr besteht die zusätzliche Voraussetzung, dass die **Tarifgebundenheit im Zeitpunkt der Überlassung mindestens drei Jahre bestanden** hat. Damit will der Gesetzgeber verhindern, dass Baubetriebe mit dem alleinigen Zweck errichtet werden, Arbeitnehmerüberlassung im Baugewerbe zu betreiben (Schüren/Hamann/*Hamann* § 1b Rn. 60).

38a   Im Baugewerbe bestehen **von jeher vier Tarifbereiche,** nämlich das **eigentliche Bauhauptgewerbe,** das **Dachdeckerhandwerk,** der **Garten, Landschafts- und Sportplatzbau** sowie das **Gerüstbaugewerbe** (vgl. nur Gagel/*Bieback* SGB III § 175 Rn. 135 ff.). Jeder dieser Bereiche verfügt über **eigene Sozialkassen** (*Sahl/Bachner* NZA 1994, 1063 (1065)). Dass eine **Arbeitnehmerüberlassung nur innerhalb der genannten Tarifbereiche zulässig** ist, ergibt sich aus dem Wortlaut des § 1b S. 2 Buchst. b („denselben"), aber va auch daraus, dass nur bei diesem Verständnis Wettbewerbsverzerrungen zwischen Arbeitgebern aus verschiedenen Tarifbereichen vermieden werden können. Auch kommt es nur bei dieser Interpretation zur Sicherung der Finanzierung der Sozialkassen im Baugewerbe (Schüren/Hamann/*Hamann* § 1b Rn. 63).

39   Die Tarifbindung muss **nur auf Seiten des Arbeitgebers** bestehen. Ob auch die ihm überlassenen Arbeitnehmer tarifgebunden sind, ist also unerheblich (Schüren/Hamann/*Hamann* § 1b Rn. 64 f.).

40   Ob die Geltung der Tarifverträge auf der **Zugehörigkeit zum Arbeitgeberverband** beruht (§ 3 Abs. 1 TVG) oder Ergebnis einer **Allgemeinverbindlicherklärung** ist (§ 5 TVG), spielt keine Rolle (Boemke/Lembke/*Boemke* § 1b Rn. 37; Schüren/Hamann/*Hamann* § 1b Rn. 64). Da die in Betracht kommenden Tarifverträge traditionell für allgemeinverbindlich erklärt werden, kommt der Tarifgebundenheit kraft Verbandsmitgliedschaft in der Praxis allerdings keine Bedeutung zu (Schüren/Hamann/*Hamann,* § 1b Rn. 64). Nicht ausreichend ist es, wenn die tarifvertraglichen Bestimmungen nur deshalb zur Anwendung gelangen, weil die Arbeitsvertragsparteien die Tarifverträge **einzelvertraglich in Bezug genommen** haben. Entsprechendes gilt, wenn ihre Anwendung auf einer **Übung im Betrieb** beruht (Schüren/Hamann/*Hamann* § 1b Rn. 65).

41   Da **Unternehmen aus dem Raum des EWR** eine Tarifbindung nur im Wege der Gründung einer Niederlassung in Deutschland herbeiführen können – der räumliche Geltungsbereich der Rahmen- und Sozialkassentarifverträge ist auf das Gebiet der Bundesrepublik Deutschland beschränkt – gilt für sie die Sonderregelung des Satzes 3.

42   Ob ein Rahmen- oder Sozialkassentarifvertrag für einen bestimmten Betrieb gilt, ist eine Frage des **fachlichen Geltungsbereichs.** Über diesen bestimmen allein die Parteien des Tarifvertrags. Bei **Mischbetrieben** kommt es idR darauf an, ob mehr als die Hälfte der Gesamtarbeitszeit der Arbeitnehmer des Betriebs auf Tätigkeiten entfällt, auf deren Regelung der Rahmen-

bzw. Sozialkassentarifvertrag gerichtet ist (vgl. BAG 24.8.1994, AP TVG § 1 Tarifverträge: Bau Nr. 181; 18.5.1994, AP § 1 Tarifverträge: Bau Nr. 180; Schüren/Hamann/*Hamann* § 1b Rn. 74; auch auf die „überwiegenden Geschäftszwecke" will abstellen *Ulber* § 1b Rn. 46). Für die Frage, ob dieselben Rahmen- und Sozialkassentarifverträge gelten, kommt es nur auf den fachlichen, nicht jedoch auf den örtlichen Geltungsbereich an (*Sandmann/ Marschall/Schneider* Art. 1 § 1b Rn. 18; vgl. auch BT-Drs. 12/7688, 7).

Das Erfordernis der Tarifbindung schließt **gewerbsmäßige Verleihun-** **43** **ternehmen** von der Privilegierung durch § 1b S. 2 aus. Dies gilt selbst dann, wenn diese überwiegend oder gar ausschließlich Bauarbeiter verleihen. Denn in jedem Fall ist die Überlassung von Bauarbeitern keine baugewerbliche Tätigkeit. Eine Geltung der entsprechenden Tarifverträge in diesen Unternehmen scheidet damit aus (Boemke/Lembke § 1b Rn. 36; Schüren/ Hamann/*Hamann* § 1b Rn. 68).

Ausländische Bauunternehmen mit Sitz außerhalb der EU bzw. **44** **des EWR** werden ebenfalls nicht von den Rahmen- und Sozialkassentarifverträgen des Baugewerbes erfasst.

VII. Sonderregelung für grenzüberschreitende Arbeitnehmerüberlassung in Satz 3

§ 1b S. 3 geht auf eine **Entscheidung des EuGH** (25.10.2001, Slg. 2001, **45** I-8163 = AP EG Art. 49 Nr. 3 = NZA 2001, 1299) zurück, mit dem die Unvereinbarkeit von § 1b aF mit dem EU-Recht festgestellt worden war. Die Vorschrift wurde daraufhin durch das Erste Gesetz für moderne Dienstleistungen am Arbeitsmarkt vom 23.12.2002 (BGBl. I S. 4607) neu gefasst. Nach altem Recht waren Träger ausländischer Bauunternehmen zur Gründung einer Niederlassung in der Bundesrepublik Deutschland gezwungen, um dem Erfordernis der Tarifbindung Rechnung zu tragen. Der EuGH sah dadurch sowohl die **nach Art. 56 AEUV gewährleistete Dienstleistungsfreiheit** als auch die **Niederlassungsfreiheit (Art. 49 AEUV)** als verletzt an.

Mit § 1b S. 3 wird für Unternehmen mit einem Geschäftssitz in einem **46** anderen Mitgliedstaat des EWR auf das **Erfordernis der Tarifbindung verzichtet.** Stattdessen genügt es, wenn die ausländischen Betriebe nachweislich seit **mindestens drei Jahren** überwiegend Tätigkeiten ausüben, die unter den fachlichen Geltungsbereich derselben Rahmen- und Sozialkassentarifverträge fallen, von denen der Betrieb des Entleihers erfasst wird (näher hierzu Schüren/Hamann/*Hamann* § 1b Rn. 73; Zweifel i. H. a. die Vereinbarkeit der Regelung mit EU-Recht Boemke/Lembke/*Boemke* § 1b Rn. 43). Der Zweck der Fristbestimmung liegt darin, einen Missbrauch der Ausnahmebestimmung zum Verbot der Arbeitnehmerüberlassung durch ausländische Verleihunternehmen zu verhindern. Ähnlich wie im Rahmen des § 1 Abs. 1 S. 3 ist vorliegend hinsichtlich des Merkmals „überwiegend" auf **die gesamten Aktivitäten des Unternehmens** innerhalb und außerhalb des EWR abzustellen (zutr. Boemke/Lembke § 1b Rn. 48; *Schüren/Hamann/*Hamann § 1b Rn. 72). Nicht von der Regelung erfasst werden Unternehmen mit

(Haupt-)Sitz in einem anderen EU- oder EWR-Staat, die im Inland eine Niederlassung haben (*Ulber* AuR 2003, 7 (9)). Der erforderliche Nachweis kann zB durch Vorlage einer Bestätigung der jeweils zuständigen Einzugsstelle für die Sozialkassenbeiträge des Herkunftslandes erfolgen. So stellt die SOKA-Bau, Abteilung Europaangelegenheiten, eine Bescheinigung über die ordnungsgemäße Teilnahme am Urlaubskassenverfahren der deutschen Bauwirtschaft auch für ausländische Unternehmen aus (vgl. FW BA AÜG Ziff. 1b. 2 Abs. 7).

47   Hinzuweisen ist in diesem Zusammenhang auch auf die Regelung in § 8 Abs. 3 AEntG. Diese Vorschrift stellt sicher, dass jedem Leiharbeitnehmer unter Einschluss der aus dem Ausland entliehenen Leiharbeitnehmer die Mindestentgelte, Urlaubsregelungen und Sozialkassenverfahren des Entleiherbetriebes gewährt werden müssen, wenn er in einem vom AEntG erfassten Betrieb eingesetzt wird. Die Leiharbeitnehmer müssen also nicht in einem Verleiherbetrieb beschäftigt sein, der dem betrieblichen Geltungsbereich des erstreckten Tarifvertrags unterfällt. Darüber hinaus muss aber auch der Entleiherbetrieb diesem Geltungsbereich nicht zwingend unterfallen; vielmehr kommt es auf die Erbringung von Tätigkeiten an, die als solche den tariflichen Regelungen entsprechen (ErfK/*Schlachter* AEntG § 8 Rn. 5).

VIII. Rechtsfolgen eines Verstoßes

1. Zivilrechtliche Folgen

48   **a) Folgen für den Arbeitnehmerüberlassungsvertrag.** § 1b S. 1 stellt ein **Verbotsgesetz iSd § 134 BGB** dar. Dies bedeutet, dass ein **Arbeitnehmerüberlassungsvertrag** (zwischen Verleiher und Entleiher), der gegen § 1b verstößt, **nichtig** ist (ErfK/*Wank* § 1b Rn. 6). Gewährte Leistungen sind grundsätzlich nach §§ 812 ff. BGB (unter Einschluss des § 817 S. 2 BGB) zurückzuerstatten (BGH 17.2.2000, AP AFG § 12a Nr. 1; Schüren/Hamann/ *Hamann* § 1b Rn. 83; Boemke/Lembke/*Boemke* § 1b Rn. 21 mit Anknüpfung an die nach § 9 Nr. 1 eintretende Nichtigkeit).

49   **b) Folgen für den Leiharbeitsvertrag.** Während hinsichtlich der Folgen eines Verstoßes für den Arbeitnehmerüberlassungsvertrag Einigkeit herrscht, werden die Rechtsfolgen hinsichtlich des Leiharbeitsvertrags (zwischen Verleiher und Arbeitnehmer) **unterschiedlich beurteilt.**

50   Nach einer Ansicht führt ein Verstoß gegen § 1b zur **Nichtigkeit (auch) des Leiharbeitsvertrags.** Allerdings soll nach § 10 Abs. 1 S. 1 analog ein Arbeitsverhältnis mit dem Entleiher fingiert werden (*Becker/Wulfgramm* Art. 1 § 1 Rn. 98).

51   Nach anderer Auffassung wird die **Wirksamkeit** des Leiharbeitsvertrags von einem Verstoß gegen § 1b nicht berührt. § 1b ziele nur darauf ab, die gewerbsmäßige Arbeitnehmerüberlassung im Baugewerbe zu verhindern, nicht aber darauf, den Abschluss von Leiharbeitsverträgen schlechthin zu unterbinden (*Sandmann/Marschall/Schneider* Art. 1 § 1b Rn. 14).

52   Nach einer vermittelnden Auffassung soll bei einem Verstoß gegen § 1b zu **differenzieren** sein. Handelt es sich um Leiharbeitsverträge, die ausschließlich auf die Verrichtung von Arbeitertätigkeiten in fremden Baube-trieben zielen, sollen diese nach § 134 BGB nichtig sein. Das mit § 1b verfolgte Ziel der Untersagung dieser Art von Arbeitnehmerüberlassung habe Vorrang vor dem Interesse des Leiharbeitnehmers an der Aufrecht-erhaltung seines Arbeitsvertrags (Boemke/Lembke/*Boemke* § 1b Rn. 23; Schüren/Hamann/*Hamann* § 1b Rn. 88; *Ulber* § 1b Rn. 27; aA *Urban-Crell,* Anm. zu BAG 13.12.2006, AP AÜG § 1 Nr. 31). Immerhin soll dem von der Nichtigkeit seines Arbeitsvertrags betroffenen Arbeitnehmer durch die **Anwendung der Grundsätze über das fehlerhafte Arbeitsverhältnis** geholfen werden, wenn das nichtige Arbeitsverhältnis von den Beteiligten in Vollzug gesetzt wurde (Schüren/Hamann/*Hamann* § 1b Rn. 92). Eine analoge Anwendung des § 10 Abs. 1 S. 1 und damit die Fiktion eines Arbeitsverhältnisses zwischen Arbeitnehmer und Entleiher (diese fordert *Ulber* § 1b Rn. 29) ist nach dieser Auffassung allerdings abzulehnen, da es bereits an dem Erfordernis einer planwidrigen Unvollständigkeit des Geset-zes fehle (Schüren/Hamann/*Hamann* § 1b Rn. 89). Dem hat sich das BAG angeschlossen und festgestellt, dass der Gesetzgeber die Rechtsfolgen gewerbsmäßiger Arbeitnehmerüberlassung ohne Erlaubnis des Verleihers und die Rechtsfolgen unzulässiger gewerbsmäßiger Arbeitnehmerüberlas-sung in Betriebe des Baugewerbes durch einen Verleiher mit Erlaubnis zur Arbeitnehmerüberlassung unterschiedlich regeln wollte und damit keine unbewusste, planwidrige Gesetzeslücke vorliegt (BAG 13.12.2006, AP AÜG § 1 Nr. 31 m. zust. Anm. *Urban-Crell).* Auch über § 1 Abs. 2 ist nach hM ein Arbeitsverhältnis mit dem Entleiher nicht begründbar (vgl. Schü-ren/Hamann/*Hamann* § 1b Rn. 90; auch *Urban-Crell,* Anm. zu BAG 13.12.2006, AP AÜG § 1 Nr. 31).

Demgegenüber sollen Leiharbeitsverträge nicht von der Nichtigkeitssank- **53** tion des § 134 BGB betroffen sein, wenn sie nicht ausschließlich auf Arbeiter-tätigkeiten in fremden Baubetrieben gerichtet sind (Boemke/Lembke/*Boemke* § 1b Rn. 22; Schüren/Hamann/*Hamann* § 1b Rn. 93; grds. zust. auch *Ulber* § 1b Rn. 20).

Allerdings soll sich aus derartigen Arbeitsverhältnissen **keine Verpflich- 54 tung des Arbeitnehmers** zu der nach § 1b S. 1 verbotenen Erbringung der Arbeitsleistung in einem Baubetrieb ergeben. Vielmehr stehe dem Arbeitneh-mer insofern ein **Leistungsverweigerungsrecht** zu mit der Konsequenz, dass der Arbeitgeber nach § 615 S. 1 BGB iVm § 11 Abs. 4 S. 2 in Annahme-verzug gerate, wenn der Arbeitnehmer die Arbeit berechtigterweise verwei-gere. Befolge der Arbeitnehmer dagegen die rechtswidrige Anweisung, so habe er – als Anspruch aus einem partiell fehlerhaften Arbeitsverhältnis – einen Anspruch auf die entsprechende Arbeitsvergütung (Schüren/Hamann/*Hamann* § 1b Rn. 94 f.).

Unabhängig von der Beantwortung der geschilderten Streitfrage bleibt **55** stets zu beachten, dass der Verleiher über eine **gültige Überlassungserlaub-nis** verfügen muss. Kann er keine derartige Erlaubnis vorweisen, so ist der Leiharbeitsvertrag, ebenso wie der Arbeitnehmerüberlassungsvertrag, bereits nach § 9 Nr. 1 unwirksam. In diesem Fall wird dann nach **§ 10 Abs. 1 S. 1** ein Arbeitsverhältnis mit dem Entleiher fingiert. Damit sind auch Beiträge zur der Sozialkasse zu entrichten (BAG 8.7.1988, NZA 1999, 493; zuletzt LAG Hessen 20.1.2010, BeckRS 2010, 69096; Schüren/Hamann/*Hamann* § 1b Rn. 96).

2. Weitere Folgen

56   Weitere Rechtsfolgen ergeben sich aus dem Gewerbe- und dem Ordnungswidrigkeitenrecht.

57   **a) Gewerberechtliche Folgen.** Gewerberechtlich gilt zunächst, dass der Verleiher bei einem Verstoß gegen § 1b mit einem **Widerruf der Überlassungserlaubnis** gem. § 5 Abs. 1 Nr. 3 oder der **Nichtverlängerung der Erlaubnis** nach § 3 Abs. 1 rechnen muss. Eine Verletzung des § 1b S. 1 stellt eine Verletzung der arbeitsvertraglichen Pflichten des Verleihers iSv § 3 Abs. 1 Nr. 1 dar und indiziert seine Unzuverlässigkeit. Nicht in Betracht kommt demgegenüber eine Untersagung einzelner gegen § 1b S. 1 verstoßender Arbeitnehmerüberlassungen. Hierfür enthält das AÜG keine Rechtsgrundlage. Auch eine analoge Anwendung des § 6 kommt nicht in Betracht (Schüren/Hamann/*Hamann* § 1b Rn. 98).

58   **b) Ordnungswidrigkeitenrecht.** Was das Ordnungswidrigkeitenrecht betrifft, so ist festzuhalten, dass ein Verstoß gegen § 1b S. 1 sowohl für den **Verleiher,** der über eine Verleiherlaubnis verfügt, als auch für den **Entleiher** eine nach § 16 Abs. 1 Nr. 1e bußgeldbewehrte Ordnungswidrigkeit darstellt. Keine Sanktionen ergeben sich demgegenüber für den **betroffenen Leiharbeitnehmer selbst,** der nach § 14 OWiG nur notwendiger Teilnehmer ist; § 1b bezweckt gerade auch seinen Schutz (Boemke/Lembke/*Boemke* § 1b Rn. 25; Schüren/Hamann/*Hamann* § 1b Rn. 99). Verfügt der Verleiher nicht über eine Überlassungserlaubnis, so wird § 16 Abs. 1 Nr. 1b durch die speziellere Vorschrift des § 16 Abs. 1 Nr. 1 verdrängt (BT-Drs. 9/846, 48 zu Art. 1 § 1 Nr. 58; *Ulber* § 1b Rn. 32; aA Boemke/Lembke/*Boemke* § 1b Rn. 26, die Idealkonkurrenz annehmen). Auch in diesem Fall ist der Leiharbeitnehmer selbst keinen Sanktionen ausgesetzt (Schüren/*Hamann* § 1b Rn. 100).

59   Für die privilegierten Überlassungen iSd § 1 Abs. 3 stellt der Eingangssatz der Vorschrift klar, dass ein Verstoß gegen § 1b S. 1 als Ordnungswidrigkeit nach § 16 Abs. 1 Nr. 1b zu ahnden ist, obwohl das AÜG im Übrigen keine Anwendung findet.

§ 2 Erteilung und Erlöschen der Erlaubnis

(1) **Die Erlaubnis wird auf schriftlichen Antrag erteilt.**

(2) **[1]Die Erlaubnis kann unter Bedingungen erteilt und mit Auflagen verbunden werden, um sicherzustellen, daß keine Tatsachen eintreten, die nach § 3 die Versagung der Erlaubnis rechtfertigen. [2]Die Aufnahme, Änderung oder Ergänzung von Auflagen sind auch nach Erteilung der Erlaubnis zulässig.**

(3) **Die Erlaubnis kann unter dem Vorbehalt des Widerrufs erteilt werden, wenn eine abschließende Beurteilung des Antrags noch nicht möglich ist.**

(4) [1]**Die Erlaubnis ist auf ein Jahr zu befristen.** [2]**Der Antrag auf Verlängerung der Erlaubnis ist spätestens drei Monate vor Ablauf des Jahres zu stellen.** [3]**Die Erlaubnis verlängert sich um ein weiteres Jahr, wenn die Erlaubnisbehörde die Verlängerung nicht vor Ablauf des Jahres ablehnt.** [4]**Im Falle der Ablehnung gilt die Erlaubnis für die Abwicklung der nach § 1 erlaubt abgeschlossenen Verträge als fortbestehend, jedoch nicht länger als zwölf Monate.**

(5) [1]**Die Erlaubnis kann unbefristet erteilt werden, wenn der Verleiher drei aufeinanderfolgende Jahre lang nach § 1 erlaubt tätig war.** [2]**Sie erlischt, wenn der Verleiher von der Erlaubnis drei Jahre lang keinen Gebrauch gemacht hat.**

Übersicht

I. AÜG-Verwaltungsverfahren

1. Anwendbarkeit des Verwaltungsverfahrensgesetzes

Auf das AÜG-Verwaltungsverfahren findet grds. das **VwVfG** Anwendung. **1** In der bis zum 20.5.1996 geltenden Fassung des § 2 Abs. 2 Nr. 4 VwVfG

waren von der Geltung dieses Gesetzes noch die „in § 51 des Sozialgesetz-
buchs bezeichneten Angelegenheiten", unter ihnen die **Tätigkeit der BA**
(§ 17), ausgeschlossen. Ebenso wenig war das SGB X anwendbar, da die im
Allgemeinen Teil des SGB (SGB I v. 11.12.1975, BGBl. I S. 3015, Art. 2 § 1)
zu findende abschließende Liste der Materien, für welche das SGB gilt, das
AÜG nicht aufführt. Daher folgte das AÜG-Verwaltungsverfahren allgemeinen Verfahrensgrundsätzen, wie sie vor Erlass des (sie weitgehend kodifizie-
renden) VwVfG zum Tragen kamen.

2   § 2 Nr. 4 VwVfG. nimmt seit seiner Novellierung 1996 von der Geltung
des VwVfG nur noch „Verfahren nach dem Sozialgesetzbuch" aus. **Ratio
der Neuregelung** war, den Anwendungsbereich des VwVfG auf diejenigen
Fälle auszudehnen, in denen bis dahin weder das SGB X noch das VwVfG
zur Anwendung gekommen waren (BT-Drs. 13/1354, 10; *Schmitz* in Stel-
kens/Bonk/Sachs, VwVfG, 8. Aufl., 2014, § 2 Rn. 97 f.), unter ihnen das
AÜG (so auch HWK/*Kalb* § 2 Rn. 3 f.). Soweit das **AÜG Sondervor-
schriften** für das Verwaltungsverfahren enthält – etwa für Rücknahme oder
Widerruf –, **gehen** diese **den Regeln des VwVfG vor** (Subsidiarität des
VwVfG, § 1 Abs. 1 VwVfG aE; vgl. → § 4 Rn. 1 und → § 5 Rn. 1).

2. Verfahrensgrundsätze

3   **a) Amtsermittlung und Mitwirkungsobliegenheit.** Die Erlaubnis ist
ein **mitwirkungsbedürftiger Verwaltungsakt,** dh zur Einleitung des Verwaltungsverfahrens ist ein Antrag auf Erlaubniserteilung erforderlich. Für diesen schreibt § 2 Abs. 1 **Schriftform** (§ 126 BGB) vor. Der Antrag verpflichtet
die Behörde zur Einleitung eines (nichtförmlichen) Verwaltungsverfahrens
(§ 22 S. 2 Nr. 1 Var. 2 und Nr. 2 VwVfG; dazu *Ritgen* in Knack/Henneke,
VwVfG, 10. Aufl., 2014, § 22 Rn. 22 ff.; *Kopp/Ramsauer,* VwVfG, 17. Aufl.,
2016, § 22 Rn. 25 ff.). Eine Rechtspflicht zur **Begründung** des Antrags
besteht nicht; es handelt sich insoweit um eine **bloße Obliegenheit** des
Antragstellers. Die **Tatsachenermittlung erfolgt von Amts wegen** (§ 24
Abs. 1 VwVfG), doch kann die Behörde in den Grenzen der Zumutbarkeit
und Verhältnismäßigkeit den Antragsteller zur Mitwirkung bei der Sachver-
haltsermittlung auffordern (§ 26 Abs. 2 VwVfG; dazu *Kopp/Ramsauer,*
VwVfG, 17. Aufl., 2016, § 26 Rn. 40 ff.; *Ritgen* in Knack/Henneke, VwVfG,
10. Aufl., 2014, § 26 Rn. 104 ff.). Bei dieser **„Mitwirkungslast"** (Einzelheiten hierzu *Sandmann/Marschall/Schneider* § 2 Nr. 13; *Wolff/Bachof/Stober,* Verwaltungsrecht Bd. I, § 60 II 1 Rn. 39) handelt es sich ebenfalls lediglich um
eine **Obliegenheit,** deren Befolgung nicht zwangsweise durchgesetzt werden
kann; ihre Nichterfüllung zeitigt für den Antragsteller insoweit mittelbare
Nachteile, als der Behörde die für die Stattgabe des Antrags erforderliche
Tatsachenkenntnis fehlen kann (vgl. *Kallerhoff* in Stelkens/Bonk/Sachs,
VwVfG, 8. Aufl., 2014, § 26 Rn. 44 ff.; *Kopp/Ramsauer,* VwVfG, 17. Aufl.,
2016, § 26 Rn. 44; BVerwG 7.11.1986, NVwZ 1987, 404, zur Entscheidung
bei Ungewissheit über das Vorliegen von Versagungsgründen iSd § 3 infra
→ Rn. 17 ff.). Die Auskunftspflicht nach § 7 Abs. 2 gilt für die Erlaubnis-
erteilung nicht, sondern setzt die Erlaubnis sachlogisch voraus (vgl. auch

Boemke/Lembke/*Boemke* § 7 Rn. 2; *Sandmann/Marschall/Schneider* § 7 Nr. 1; BSG 12.7.1989, NZA 1990, 157 f.).

b) Behördliche Zuständigkeit. Für die Ausführung des AÜG und damit **4** auch für die Erteilung der Erlaubnis ist die **BA zuständig** (§ 17). Diese hat einen Teil ihrer Zuständigkeiten nach dem AÜG auf ihre Regionaldirektionen sowie die Agenturen für Arbeit übertragen (näheres → § 17 Rn. 3). Da das AÜG keinerlei Vorschriften über die örtliche oder sachliche Zuständigkeit enthält, kann der Antrag auf Erteilung einer Verleiherlaubnis bei jeder Agentur für Arbeit – als Dienststelle der BA – eingereicht werden (ErfK/*Wank* § 2 Rn. 3; *Sandmann/Marschall/Schneider* § 2 Nr. 10; UGBH/*Urban-Crell* § 2 Rn. 14; Boemke/Lembke/*Boemke* § 2 Rn. 14).

c) Form der Erlaubnis. Anders als für den Antrag sieht das AÜG für **5** die Erlaubnis nicht ausdrücklich die Wahrung der Schriftform vor, so dass es bei der **Formenwahlfreiheit** des § 37 Abs. 2 S. 1 VwVfG bleibt. In der Praxis dürfte die mündliche oder konkludente Erlaubniserteilung jedoch keine Rolle spielen. Für den Fall, dass die Behörde die Erlaubnis doch einmal mündlich erteilt, hat der Inhaber bei unverzüglichem Verlangen und Vorliegen eines berechtigten Interesses (dazu *Ruffert* in Knack/Henneke, VwVfG, 10. Aufl., 2014, § 37 Rn. 58; *Schwarz* in Fehling/Kastner/Störmer, VerwR, 4. Aufl., 2016, § 37 VwVfG Rn. 33) einen Anspruch auf ihre schriftliche oder elektronische Bestätigung (§ 37 Abs. 2 S. 2 VwVfG).

Die **Erteilung der Erlaubnis** bedarf nur dann der **Begründung** (§ 39 **6** VwVfG), wenn dem Antrag nicht in vollem Umfang entsprochen wird, insbesondere bei Verbindung der Erlaubnis mit **Nebenbestimmungen** (§ 2 Abs. 2, 3) oder wenn etwas **anderes als das Beantragte** gewährt wird (zB „modifizierende Auflage", dazu → Rn. 21), sofern der Bescheid schriftlich erlassen wird (arg. e contrario § 39 Abs. 2 Nr. 1 VwVfG; dazu etwa *Schwarz* in Fehling/Kastner/Störmer, VerwR, 4. Aufl., 2016, § 39 VwVfG Rn. 37). Dabei hat die Behörde, soweit der Erlass der Nebenbestimmung Gegenstand einer Ermessensentscheidung gewesen ist, auch die Ermessensgesichtspunkte darzulegen (§ 39 Abs. 1 S. 3 VwVfG; dazu *U. Stelkens* in Stelkens/Bonk/Sachs, VwVfG, 8. Aufl., 2014, § 39 Rn. 55 ff.). Zwingend geboten ist die **Begründung** bei **schriftlicher Versagung** der Erlaubnis. Fehlt es daran, kann bis zum Abschluss eines verwaltungsgerichtlichen (hier: sozialgerichtlichen) Verfahrens die Begründung nachgeholt werden. Wegen § 46 VwVfG kann jedoch die fehlende Begründung nicht zum Erfolg der Klage führen, wenn die Behörde in der Sache nicht anders hätte entscheiden dürfen.

d) Bindungswirkung der Erlaubnis. Im AÜG finden sich keine Aussa- **7** gen dazu, inwieweit Gerichte und Behörden an bestandskräftige Verleiherlaubnisse gebunden sind. Die Frage ist nach allgemeinen verwaltungsverfahrensrechtlichen Grundsätzen zu beurteilen (vgl. BAG 12.7.2016 – 9 AZR 51/15, juris Rn. 38). Dabei ist es den Gerichten prinzipiell versagt, bestandskräftige Verwaltungsakte auf ihre Rechtmäßigkeit zu kontrollieren (BAG 12.7.2016 – 9 AZR 51/15, juris Rn. 38). Anders verhält es sich, wenn der Verwaltungsakt nichtig ist (BAG 14.9.2011, AP BGB § 611 Nr. 188 Rn. 19), er niemals bekanntgegeben oder aufgehoben wurde (LAG Baden-Württemberg 7.5.2015, NZA-RR 2015, 520; LAG Baden-Württemberg 18.6.2015 – 6 Sa 52/14, juris Rn. 26).

II. Nebenbestimmungen zur Verleiherlaubnis

8   Die Erlaubnis kann oder muss nach Maßgabe der § 2 Abs. 2–4 mit **Nebenbestimmungen** verbunden werden. Hinsichtlich der materiellen Voraussetzungen sind diese Regeln insoweit **leges speciales zu § 36 VwVfG** (zum Vorbehalt spezieller Regelungen *Kopp/Ramsauer,* VwVfG, 17. Aufl., 2016, § 36 Rn. 3, 7), dessen Legaldefinitionen jedoch für das AÜG maßgeblich bleiben.

1. Befristung der Erlaubnis

9   Die **Befristung** (§ 36 Abs. 2 Nr. 1 VwVfG) der Verleiherlaubnis auf ein Jahr ist durch § 2 Abs. 4 **grundsätzlich zwingend** vorgeschrieben. Nur Verleihern, die bereits drei aufeinanderfolgende Jahre nach § 1 erlaubt tätig gewesen sind, wird nach **Abs. 5** die Erlaubnis **unbefristet** erteilt (näheres infra → Rn. 30; zur Verlängerung einer befristeten Erlaubnis → Rn. 22). Nach der Idee des Gesetzgebers ist die Befristung als eine Art **Probezeit** zu verstehen (BT-Drs. 6/2303, 11; Boemke/Lembke/*Boemke* § 2 Rn. 33), die der Bewährung dient. Die Sätze 2–4, welche grundsätzlich die Möglichkeit der Verlängerung eröffnen und bei Untätigkeit der Behörde eine **Erlaubnisfiktion** begründen (Einzelheiten infra → Rn. 22), mildern die Folgen des in der Befristung liegenden **gravierenden Eingriffs in die Berufsfreiheit** (Art. 12 Abs. 1 GG) ab, so dass dieser **noch als verhältnismäßig** anzusehen ist (iE ähnlich Schüren/Hamann/*Schüren* § 2 Rn. 65; *Sandmann/Marschall/ Schneider* § 2 Nr. 25; *Ulber* § 2 Rn. 39).

2. Sonstige Nebenbestimmungen

10   Während die Verbindung der Erlaubnis mit einer Befristung der generalpräventiven Zielsetzung des Gesetzgebers entspringt, dienen **Nebenbestimmungen** nach § 2 Abs. 2, 3 **(Auflage, Bedingung, Widerrufsvorbehalt)** der Einhaltung der gesetzlichen Vorgaben im Einzelfall und ermöglichen erst die Erteilung der Erlaubnis. Zu unterscheiden ist zwischen Nebenbestimmungen zur Verhinderung des Eintritts von Versagungsgründen (§ 2 Abs. 2: Auflage, Bedingung) und dem Widerrufsvorbehalt (§ 2 Abs. 3) als Sonderform der auflösenden Bedingung, der im Falle der Ungewissheit über das Vorliegen von Versagungsgründen zur Erteilung einer „provisorischen" Erlaubnis führt.

11   **a) Bedingungen und Auflagen. Tatbestandsvoraussetzungen:** Die Erteilung einer Auflage oder Bedingung kommt nur insoweit in Betracht, als § 2 Abs. 2 S. 1 sie zulässt. Diese Bestimmung stimmt mit § 36 Abs. 1 VwVfG inhaltlich überein, genießt als **lex specialis** jedoch Vorrang (*Kopp/Ramsauer,* VwVfG, 17. Aufl., 2016, § 36 Rn. 25 ff.). § 36 Abs. 2 VwVfG findet, da bei

Vorliegen der Tatbestandsvoraussetzungen ein Anspruch auf die Erlaubnis besteht, daneben keine Anwendung.

§ 2 Abs. 2 räumt der Behörde hinsichtlich der Verknüpfung der Erlaubnis **11a** mit einer Bedingung oder Auflage einen – allerdings engen – **Ermessensspielraum** ein. Ist der Eintritt von Tatsachen, welche die Versagung der Erlaubnis rechtfertigen, nicht zu erwarten, so ist der Erlass einer solchen Nebenbestimmung unzulässig (Boemke/Lembke/*Boemke* § 2 Rn. 22; *Ulber* § 2 Rn. 22; *Becker/Wulfgramm* § 2 Rn. 20). Über den Wortlaut der Bestimmung hinaus werden nicht nur künftige, sondern **auch gegenwärtige Hindernisse** erfasst. Können Versagungsgründe nicht anders als durch Bedingungen oder Auflagen ausgeräumt werden, ist die **Behörde zu ihrem Erlass verpflichtet,** da grds. ein Anspruch auf Verleiherlaubnis besteht und die Erteilung einer durch Nebenbestimmungen eingeschränkten Erlaubnis im Verhältnis zur Versagung das mildere Mittel ist (BSG 21.7.1988, NZA 1989, 74; vgl. auch *Sandmann/Marschall/Schneider* § 2 Nr. 20; Boemke/Lembke/*Boemke* § 2 Rn. 19; *Ulber* § 2 Rn. 22; UGBH/*Urban-Crell* § 2 Rn. 19). Kann auch die Nebenbestimmung die Versagungsgründe nicht ausräumen, ist die Erlaubnis – sofern kein Fall des Abs. 3 vorliegt – zu versagen. In jedem Fall muss die Entscheidung, wenn die Erlaubnis schriftlich erteilt (oder versagt) wird, begründet werden (§ 39 Abs. 1 VwVfG; zu den Anforderungen an die Begründung vgl. *Kopp/Ramsauer*, VwVfG, 17. Aufl., 2016, § 39 Rn. 17 ff.).

Vorrang der Auflage: Ist die Auflage zur Erreichung des mit § 2 Abs. 2 **12** verbundenen Zieles gleich geeignet wie eine Bedingung, genießt sie als **weniger belastende Nebenbestimmung Vorrang** (BSG 22.3.1979, BSGE 48, 115; vgl. auch BVerwG 17.9.1987, BVerwGE 78, 114 (121); 17.7.1995, NVwZ-RR 1996, 20;). Eine Auflage ist nach der Legaldefinition des § 36 Abs. 2 Nr. 4 VwVfG „eine Bestimmung, durch die dem Begünstigten ein Tun, Dulden oder Unterlassen vorgeschrieben wird". Die Auflage ist eine selbständige, zusätzliche Belastung zum Grund-VA (BVerwG 17.11.1972, BVerwGE 41, 178; 14.12.1977, BVerwGE 55, 135). Ihr niedrigerer Belastungsgrad folgt daraus, dass die Auflage als Zusatzverpflichtung das Recht, vom erteilten Verwaltungsakt Gebrauch zu machen, sachlogisch voraussetzt, während die Erfüllung der Bedingung diesem Gebrauchmachen sachlich vorgeschaltet ist (*Brenner* JuS 1996, 281 (285); OVG Lüneburg 8.9.1980, GewArch 1981, 341 (344); BVerwG 17.9.1987, BVerwGE 78, 114 (119 f.); *Kopp/Ramsauer*, VwVfG, 17. Aufl., 2016, § 36 Rn. 73; *Henneke* in Knack/Henneke, VwVfG, 10. Aufl., 2014, § 36 Rn. 68; kritisch gegenüber der Annahme eines abstrakten Rangverhältnisses *U. Stelkens* in Stelkens/Bonk/Sachs, VwVfG, 8. Aufl., 2014, § 36 Rn. 88). Die **erteilte Erlaubnis** hat daher (zunächst) **auch dann Bestand,** wenn die **Auflage nicht erfüllt** wird (arg. e contrario § 5 Abs. 1 Nr. 2). Da die Behörde nicht zur Benennung der Nebenbestimmung verpflichtet ist, muss ggf. durch **Auslegung** ermittelt werden, welche **Art von Nebenbestimmung** vorliegt. Soll der Verwaltungsakt unabhängig davon Wirkung entfalten, dass die Nebenbestimmung erfüllt wird, deutet dies auf eine Auflage hin; soll die Erfüllung der Nebenbestimmung Voraussetzung dafür sein, dass der Verwaltungsakt Wirkung entfaltet, liegt im Zweifel eine Bedingung (infra → Rn. 14) vor (ausführlich *Henneke* in Knack/Henneke, VwVfG, 10. Aufl., 2014, § 36 Rn. 68).

13 **Auflagen** können nach § 2 Abs. 2 S. 2 auch **nachträglich** noch erlassen oder auch geändert oder ergänzt werden, ohne dass es eines ausdrücklichen Auflagenvorbehalts (§ 36 Abs. 2 Nr. 5 VwVfG) bedarf. Voraussetzung hierfür ist, dass damit einem Versagungsgrund nach § 3 entgegengewirkt wird (*Schüren/Hamann/Schüren* § 2 Rn. 51 mwN; *Sandmann/Marschall/Schneider* § 2 Nr. 20; Boemke/Lembke/*Boemke* § 2 Rn. 29; *Becker/Wulfgramm* § 2 Rn. 33; LSG Hessen 17.8.1981, EzAÜG, § 2 AÜG Erlaubnisarten Nr. 1).

14 Eine **Bedingung** ist eine Bestimmung, nach welcher der Eintritt oder der Wegfall einer Vergünstigung oder einer Belastung von dem ungewissen Eintritt eines zukünftigen Ereignisses abhängt (§ 36 Abs. 2 Nr. 2 VwVfG). So kann, wenn ein Hindernisgrund iSv § 3 vorliegt, durch aufschiebende Bedingung erreicht werden, dass die Erlaubnis erst dann Wirkung entfaltet, wenn das Hindernis beseitigt ist (aA HWK/*Kalb* § 2 Rn. 8). Hierauf wird sich die Behörde jedoch nur ausnahmsweise einlassen, da der Nachweis des Bedingungseintritts oft schwer zu führen ist (vgl. *Sandmann/Marschall/Schneider* § 2 Nr. 17; Schüren/Hamann/*Schüren* § 2 Rn. 44). Versagt sie stattdessen die Erlaubnis, muss der Erlaubnissuchende im Rahmen eines neuen Antrags darlegen, dass er nunmehr die materiellen Voraussetzungen erfüllt.

15 **Zulässig** ist **nur** die **aufschiebende Bedingung,** nicht die auflösende Bedingung (mit Ausnahme des Widerrufsvorbehalts unter den besonderen Voraussetzungen des Abs. 3, dazu infra → Rn. 16). Dies folgt aus der Struktur des Gesetzes: Erlischt die Erlaubnis wegen Fristablaufs, sieht § 2 Abs. 4 S. 4 eine Nachwirkung noch nicht abgewickelter Verträge vor. Das Fehlen entsprechender Regelungen für den Fall des Eintritts einer auflösenden Bedingung deutet darauf hin, dass der Gesetzgeber diese Form der Nebenbestimmung nicht gestatten wollte (ebenso Schüren/Hamann/*Schüren* § 2 Rn. 39; *Becker/Wulfgramm* § 2 Rn. 20; aA *Ulber* § 2 Rn. 24; UGBH/*Urban-Crell* § 2 Rn. 22). Neben dem **„Probezeitprinzip"** des § 2 Abs. 4 ist für zusätzliche Erprobungsbedingungen kein Raum mehr.

16 **b) Widerrufsvorbehalt.** Der **Widerrufsvorbehalt** (§ 36 Abs. 2 Nr. 3 VwVfG) ist ein Sonderfall der auflösenden Potestativbedingung: Erklärt die Behörde den Widerruf (§ 5), **entfällt** die **Erlaubnis ex nunc.** Zulässig ist die Verbindung der Verleiherlaubnis mit einem Widerrufsvorbehalt nur unter den Voraussetzungen des § 2 Abs. 3, dh die abschließende Beurteilung des Antrags darf noch nicht möglich sein. **Mangelnde Beurteilungsreife** (BT-Drs. 6/2303, 10 f.: maßgeblich ist der Zeitpunkt der Antragstellung) liegt vor, wenn die Behörde noch nicht über alle Sachkenntnisse verfügt, die für die Rechtsfolge „Erteilung der Erlaubnis" erforderlich sind. Der Passus „noch nicht möglich" verdeutlicht, dass § 2 Abs. 3 nicht nur die Fälle erfasst, in denen Ungewissheit über die künftige Möglichkeit einer abschließenden Beurteilung besteht. Vielmehr sind auch Fälle erfasst, in denen sich erkennen lässt, dass die abschließende Beurteilung erst zu einem in der Zukunft liegenden Zeitpunkt möglich sein wird.

17 In der Sache eröffnet § 2 Abs. 3 den Weg zur Erteilung einer **vorläufigen Verleiherlaubnis.** Ob die Behörde die Untersuchung der Erteilungsvoraussetzungen fortsetzt oder bis zur vollständigen Sachverhaltsaufklärung eine

Erlaubnis unter Widerrufsvorbehalt erteilt, steht jedenfalls dann in ihrem **Ermessen,** wenn die Behörde mit der künftigen Möglichkeit einer abschließenden Beurteilung rechnet (anders *Becker/Wulfgramm* § 2 Rn. 25; *Sandmann/Marschall/Schneider* § 2 Nr. 21). Unzulässig ist die Ablehnung des Antrags unter Berufung auf seine mangelnde Beurteilungsreife, denn aus der **Wertung des Art. 12 Abs. 1 GG** folgt, dass die Aufnahme einer beruflichen Tätigkeit gestattet werden muss, sofern nicht Gemeinwohlbelange zwingend entgegenstehen; dass sich gesetzliche Versagungsgründe nicht manifestieren lassen, reicht hierfür nicht aus (zu den Eingriffsvoraussetzungen des Art. 12 Abs. 1 GG siehe *Kämmerer* in von Münch/Kunig, GG, 6. Aufl., 2012, Bd. 1, Art. 12 Rn. 57 ff.; zum grundrechtlichen Schutz des Verleihers vgl. BVerfG 4.4.1967, BVerfGE 21, 261 (269)). Im **Einzelfall** kann sich das **Ermessen** jedoch zugunsten des Antragstellers **auf null verdichten.** Dies ist der Fall, wenn die künftige Möglichkeit vollständiger Sachverhaltsaufklärung ungewiss ist und die Gründe hierfür nicht aus der Sphäre des Antragstellers herrühren (anders Schüren/Hamann/*Schüren* § 2 Rn. 62, der die Erteilung einer vorläufigen Erlaubnis nur für statthaft hält, wenn Tatsachenzweifel in angemessener Frist aufgeklärt werden können; so wohl auch UGBH/*Urban-Crell* § 2 Rn. 31). Ebenso kann ein Anspruch auf Erteilung einer vorläufigen Erlaubnis bestehen, wenn die Fortsetzung der Prüfung – in Anbetracht ihrer Komplexität oder Dauer – für den Antragsteller eine unangemessene Härte bedeuten würde (ebenso *Becker/Wulfgramm* § 2 Rn. 25). In jedem Fall muss der Widerruf jedoch ein angemessenes und ausreichendes Mittel zur Abwehr der Gefahren sein, vor deren Eintritt der Vorbehalt schützen soll (vgl. Schüren/ Hamann/*Schüren* § 2 Rn. 62). Kann trotz gegenwärtiger mangelnder Beurteilungsreife die Prognose gestellt werden, dass bei vollständiger Sachverhaltsaufklärung die Erlaubnis wahrscheinlich versagt werden muss, ist es grds. ermessensfehlerfrei, wenn die Behörde von der Erteilung einer vorläufigen Erlaubnis Abstand nimmt (ähnlich *Sandmann/Marschall/Schneider* § 2 Nr. 21, die eine Erlaubnis mit Widerrufsvorbehalt nur dann in Betracht ziehen, wenn Tatsachen bereits erkennen lassen, dass die abschließende Prüfung nicht zu einer Versagung führen wird).

Ein **Teil der Lehre** spricht sich für eine **teleologische Einschränkung** **18** des § 2 Abs. 3 aus: Die Gründe für die mangelnde Beurteilungsreife dürften nicht aus der Sphäre des Antragstellers herrühren und nicht allein seine Zuverlässigkeit betreffen; andernfalls werde die Erlaubniserteilung unter Widerrufsvorbehalt zur Erteilung auf Probe (Schüren/Hamann/*Schüren* § 2 Rn. 61; *Ulber* § 2 Rn. 35; *Sandmann/Marschall/Schneider* § 2 Nr. 21). **Dem ist nicht beizupflichten,** da der Erlaubniserteilung im Fall des § 2 Abs. 3 ja gerade keine gesicherten Tatsachen zugrunde liegen, deren Fortbestand der Kontrolle unterworfen werden soll, sondern diese lediglich ein Provisorium darstellt (zur Unterscheidung, zugleich der hier vertretenen Ansicht widersprechend, *Sandmann/Marschall/Schneider* § 2 Nr. 21 mwN). Da alle nach § 3 Abs. 1 denkbaren Versagungsgründe in irgendeiner Weise der Sphäre des Antragstellers entspringen, ließe die geforderte teleologische Reduktion § 2 Abs. 3 praktisch keinen Anwendungsbereich mehr.

Mit der Erlaubniserteilung unter Widerrufsvorbehalt ist das Verwaltungs- **19** verfahren nicht abgeschlossen. Vielmehr hat die Behörde weiterhin Anhaltspunkten nachzugehen, die eine endgültige Entscheidung zulassen. Kann später sichergestellt werden, dass **kein Versagungsgrund** in Betracht kommt, **hebt die Behörde den Widerrufsvorbehalt auf** (vgl. *Becker/Wulfgramm* § 2 Rn. 25; *Ulber* § 2 Rn. 38). Im umgekehrten Fall, wenn sich erweist, dass Versagungsgründe bestehen, kann der Widerruf erklärt werden (§ 5 Abs. 1 Nr. 1; dazu infra → § 5 Rn. 4 f.).

20   Die Regeln über die Verlängerung der Erlaubnis bzw. die Verlängerungsfiktion (§ 2 Abs. 4 S. 3) gelten auch für die unter Widerrufsvorbehalt erteilte Erlaubnis (*Becker/Wulfgramm* § 2 Rn. 26). Der Widerrufsvorbehalt erlischt in diesem Fall nicht, da die Verlängerung stets die Erlaubnis mit ihrem ursprünglichen Inhalt in Bezug nimmt und damit den mit dieser funktional untrennbar verbundenen Widerrufsvorbehalt als unselbständige Nebenbestimmung einschließt (aA *Ulber* § 2 Rn. 44; *Becker/Wulfgramm* § 2 Rn. 26, 26a; wie hier *Schüren/Hamann/Schüren* § 2 Rn. 71). Die **Erteilung einer unbefristeten Erlaubnis nach Ablauf von drei Jahren** ist nach dem Wortlaut des Absatzes 5 jedoch **kein Fall der Verlängerung,** sondern der **Neuerteilung.** Ein zuvor ausgesprochener Widerrufsvorbehalt erledigt sich zu diesem Zeitpunkt. Die Erneuerung des Vorbehalts wird dann in aller Regel ermessensfehlerhaft sein, da nach Ablauf der drei Jahre die Erteilungsvoraussetzungen nach § 3 erwiesen sein werden. Zum Rechtsschutz gegen Nebenbestimmungen s. infra → Rn. 39.

3. „Modifizierende Auflagen"

21   Keine Nebenbestimmung im Rechtsinne ist die „**modifizierende Auflage",** die mit der Auflage iSd § 36 Abs. 2 Nr. 4 VwVfG nur den Namen gemein hat (hM; vgl. BVerwG 21.10.1970, BVerwGE 36, 145 (153 f.); 8.2.1974, DÖV 1974, 380; OVG Berlin 30.5.1996, NVwZ 1997, 1005; *U. Stelkens* in Stelkens/Bonk/Sachs, VwVfG, 8. Aufl., 2014, § 36 Rn. 98.; *Henneke* in Knack/Henneke, VwVfG, 10. Aufl., 2014, § 36 Rn. 72 ff.; *Kopp/ Ramsauer,* VwVfG, 17. Aufl., 2016, § 36 Rn. 74; Schüren/Hamann/*Schüren* § 2 Rn. 53; *Störmer* in Fehling/Kastner/Störmer, VerwR, 4. Aufl., 2016, § 36 VwVfG Rn. 55 ff.). Tatsächlich bezeichnet der Begriff den Fall, dass die erteilte Erlaubnis sich qualitativ von der begehrten unterscheidet, bezieht sich also – anders als Nebenbestimmungen – nicht auf einen Zusatz zum Verwaltungsakt, sondern seinen Regelungsgehalt selbst (BVerwG 8.2.1974, DÖV 1974, 380). Der Antragsteller erhält anstelle der begehrten eine andere, ungünstigere Erlaubnis. **Rechtsschutz** gegen „die modifizierende Auflage" eröffnet die **Verpflichtungsklage,** gerichtet auf Verurteilung zum Erlass des ursprünglich begehrten Bescheides (*Ulber* § 2 Rn. 30; *Becker/Wulfgramm* § 2 Rn. 37).

III. Verlängerung befristeter Erlaubnisse

1. Verlängerungsantrag, Stattgabefiktion

22   Grundsätzlich erlischt die Erlaubnis binnen Jahresfrist ab Erteilung (§ 2 Abs. 4 S. 1). Der Verleiher kann jedoch ihre **Verlängerung** beantragen, die jeweils ebenfalls **auf ein Jahr befristet** ist (Satz 2). Der Antrag auf Verlängerung ist spätestens drei Monate vor Ablauf der Erlaubnis zu stellen, wobei entsprechend Absatz 1 auch insoweit Schriftform erforderlich ist. Erfolgt der Antrag nach diesem Zeitpunkt, ist er als solcher auf **erneute Erlaubniserteilung** zu behandeln (vgl. *Sandmann/Marschall/Schneider* § 2 Nr. 28; *Ulber* § 2 Rn. 28; FW BA AÜG Ziff. 2.4 Abs. 6), für den die Stattgabefiktion des § 2 Abs. 4 S. 3 nicht gilt. Nach dieser Vorschrift verlängert sich die Erlaubnis nicht nur im Falle der Stattgabe des rechtzeitig gestellten Verlängerungsantrages, sondern auch bei Untätigbleiben der Behörde bis zum Ende der Jahresfrist. Wird der Antrag innerhalb dieses Zeitraumes abgelehnt, führt dies grundsätzlich zum Erlöschen der Erlaubnis (beachte jedoch die Nachwirkungszeit gem. S. 4). Erfolgt die Ablehnung der Verlängerung verspätet, kommt allenfalls die **Umdeutung** (§ 47 VwVfG) in eine Rücknahme (§ 5) der Verleiherlaubnis in Betracht.

2. Nachwirkung

Wird der Antrag auf Verlängerung abgelehnt, erlischt die Erlaubnis mit **23** Jahresende (auflösende Befristung), doch sieht § 2 Abs. 4 S. 4 eine **Nachwirkung** vor: Die Erlaubnis gilt als fortbestehend, soweit es die Abwicklung nach § 1 erlaubt abgeschlossener Verträge erfordert, längstens jedoch für weitere zwölf Monate. Die **Frist beginnt** mit dem **Zeitpunkt des Erlöschens der Erlaubnis,** nicht schon mit Bekanntgabe des Bescheids über die Ablehnung der Verlängerung (aA Schüren/Hamann/*Schüren* § 2 Rn. 72; *Ulber* § 2 Rn. 45; wie hier Boemke/Lembke/*Boemke* § 2 Rn. 37; UGBH/*Urban-Crell* § 2 Rn. 38). Da der Verleiher noch bis zum Ende des Jahreszeitraums Inhaber einer gültigen Erlaubnis ist, braucht ihm nicht zugemutet werden, schon in dieser Zeit Abwicklungsmaßnahmen zu ergreifen.

§ 2 Abs. 4 S. 4 nimmt auf die mit den **Unternehmern abgeschlossenen 24 Überlassungsverträge** Bezug (§ 1 Abs. 1). Die mit den **Leiharbeitnehmern abgeschlossenen Arbeitsverträge** werden in § 1 nicht erwähnt, doch zielt § 2 Abs. 4 S. 4 nach dem Willen des Gesetzgebers (BT-Drs. 6/ 2303, 11) gerade darauf ab, dem Arbeitgeber ausreichend Zeit für ihre Kündigung zu gewähren (aA Boemke/Lembke/*Boemke* § 2 Rn. 39: Die Erlaubnis erfasse die Arbeitsverträge nicht, für die daher auch die Nachwirkung nicht gelte; wie hier Schüren/Hamann/*Schüren* § 2 Rn. 74 ff.). Unter „**Abwicklung**" ist die weitere Erfüllung der Verträge bis zur Wirksamkeit der Kündigung zu verstehen, die zum nächstmöglichen Zeitpunkt auszusprechen ist (zum Begriff auch Schüren/Hamann/*Schüren* § 2 Rn. 87).

Fehlt es an einem Verlängerungsantrag, erlischt die Erlaubnis ohne Nach- **25** wirkung. **Unklar** ist, ob die Nachwirkung auch bei **verfristeten Anträgen** eintreten kann. Der Wortlaut des § 2 Abs. 4 S. 4 scheint zwar auf die „vor Ablauf des Jahres" erteilte Ablehnung hinzudeuten, schließt eine anderweitige Interpretation jedoch nicht aus. Auch verfristete Anträge sind von der Behörde – zwingend abschlägig – zu bescheiden. **Für die Nachwirkung auch in solchen Fällen spricht,** dass ein Wertungswiderspruch zu gewärtigen wäre, versagte man dem möglicherweise materiell zuverlässigen, aber

fristvergessenen Verleiher die Nachwirkung, erkennte sie einem unzuverlässigen Antragsteller allein wegen der Rechtzeitigkeit seines Antrags jedoch zu
(ablehnend dagegen *Sandmann/Marschall/Schneider* § 2 Rn. 30; Boemke/
Lembke/*Boemke* § 2 Rn. 40). Folgt man der hier vertretenen Ansicht, dass
die Nachwirkungsfrist stets mit Ende des regulären Verleihzeitraumes und
nicht mit dem Versagungsbescheid der Behörde beginnt (supra → Rn. 23),
könnte der Verleiher, der keinen rechtzeitigen Verlängerungsantrag gestellt
hat, auch nicht besser gestellt werden als im Falle eines rechtzeitig gestellten
Antrags. Sachgerecht ist die Nachwirkung auch im Hinblick auf die Umdeutung des verfristeten Verlängerungsantrags in einen solchen auf Neuerteilung:
Die Anwendung des § 2 Abs. 4 S. 4 ermöglicht insoweit die Kontinuität des
Geschäftsbetriebs bis zur Entscheidung der Behörde über die neue Verleiherlaubnis.

26   Die Beschränkung der Nachwirkungszeit auf **zwölf Monate** wird zur
Abwicklung der abgeschlossenen, möglicherweise unbefristet abgeschlossenen Arbeitsverträge **nicht immer ausreichen.** Zwar übersteigt die gesetzliche Kündigungsfrist in keinem Fall sieben Monate, doch ist nicht auszuschlies-
sen, dass **tarifvertraglich Kündigungsfristen vereinbart** werden, die über
zwölf Monate hinausgehen. Auch soweit dies auf das Leiharbeitsgewerbe
selbst nicht zutrifft, können andere Tarifverträge, deren Vorgaben über § 9
Nr. 2 indirekt für die Ausgestaltung der Arbeitsverhältnisse maßgeblich sind,
solche längeren Kündigungsfristen vorsehen (krit. zur Verfassungsmäßigkeit
der faktischen Bindung von Vertragspartnern an den Inhalt eines zwischen
Dritten geschlossenen Tarifvertrags *Kämmerer/Thüsing* ZIP 2002, 596 (600 f.);
Rieble/Klebeck NZA 2003, 23 (27 f.); *Klebeck,* Gleichstellung der Leiharbeitnehmer als Verfassungsverstoß, 2004, 45 ff.; aA BVerfG [Kammerbeschluss]
29.12.2004, BB 2005, 495). Selbst bei befristeten Arbeitsverträgen, deren
Laufzeit zwölf Monate übersteigt, kann die Abwicklung mangels Möglichkeit
ordentlicher Kündigung länger als zwölf Monate in Anspruch nehmen.

27   Wie die **Kollision** zwischen der **Pflicht zur Erfüllung der Verträge**
und dem **Verbot der Arbeitnehmerüberlassung** ausgeräumt werden
kann, ist unklar. Was das **Leiharbeitsverhältnis** betrifft, soll dem Verleiher
nicht die außerordentliche Kündigung nach § 314 Abs. 1 BGB zum Ende
des Nachwirkungszeitraums, sondern nur ein Recht zur ordentlichen
(betriebsbedingten) Kündigung zustehen, da die Abwicklungsfrist keine
sofortige Betriebsstilllegung gebiete. Zwölf Monate seien zur Abwicklung
auch ausreichend (Schüren/Hamann/*Schüren* § 2 Rn. 85; ErfK/Wank § 2
Rn. 9; *Ulber* § 2 Rn. 48). Dieses Kündigungsrecht hilft jedoch gerade dann
nicht weiter, wenn das Recht zur betriebsbedingten Kündigung ausgeschlossen ist oder tarifvertraglich eine über zwölf Monate hinausreichende Kündi-
gungsfrist vereinbart ist; dann muss dem Verleiher auch im Verhältnis zum
Arbeitnehmer das Recht zur außerordentlichen Kündigung gewährt werden.
Ob für diesen Fall § 9 Nr. 1 die Unwirksamkeit der Arbeitsverträge mit
Ablauf des Nachwirkungszeitraums herbeiführt oder nicht, ist umstritten.
Nach der Gegenauffassung (Boemke/Lembke/*Boemke* § 2 Rn. 38.; UGBH/
Urban-Crell § 2 Rn. 42 f.) besteht das Arbeitsverhältnis über das Ende der
Nachwirkungszeit hinaus fort, da die Formulierung „nach § 1 erlaubt abge-

schlossene Verträge" sich nicht auf Arbeitsverträge beziehe (so auch Schüren/
Hamann/*Schüren* § 2 Rn. 86, mit dem Argument, dass sich ansonsten der
Verleiher mit Hilfe des Gesetzes ohne Beachtung sonstigen Bestandsschutzes
von seinen Mitarbeitern trennen könnte). Nach § 1 Abs. 1 sei nur die Überlassung von Arbeitnehmern erlaubnispflichtig, nicht der Vertragsschluss mit
diesen. Gegen diese Ansicht spricht der klare Wortlaut des § 9 Nr. 1, wonach
Verträge zwischen Verleihern und Leiharbeitnehmern unwirksam sind, wenn
die „nach § 1 erforderliche Erlaubnis" fehlt. **Arbeitsverträge erlöschen**
damit in jedem Fall **zum Ende des Nachwirkungszeitraumes** nach § 4
Abs. 4 S. 4, auch wenn sie nicht gekündigt worden sind (vgl. *Ulber* § 9 Rn. 14
mwN; *Sandmann/Marschall/Schneider* § 9 Nr. 18 f.; ErfK/*Wank* § 9 Rn. 3 f.).
In beiden Fällen – Kündigung wie auch gesetzlicher Unwirksamkeit – kann
den Verleiher, wenn er das Erlöschen der Verleiherlaubnis zu vertreten hat
und beim Arbeitnehmer pflichtwidrig die Erwartung ihres Fortbestehens
ausgelöst hat, die Pflicht zum **Ersatz** hierauf beruhender **Schäden** nach
§§ 280 Abs. 1, 275 BGB treffen. Die **Ausübung des Kündigungsrechts**
stellt insoweit nur eine zur Schadensbegrenzung geeignete **Obliegenheit**
dar. Erlöschen die Arbeitsverhältnisse ohnehin zum Ende des Nachwirkungszeitraumes, noch bevor uU eine ordentliche Kündigung Wirkung entfalten
kann, steht nichts entgegen, dem Verleiher auch die **außerordentliche
Kündigung** bezogen auf diesen Zeitpunkt zu gestatten (dagegen Schüren/
Hamann/*Schüren* § 2 Rn. 85; ErfK/*Wank* § 2 Rn. 9). Rechtspolitisch ist die
Beibehaltung der kurzen Nachwirkungsfrist in § 2 Abs. 4 S. 4 verfehlt, da
sie dem Ziel des Gesetzgebers, auch längerfristige Leiharbeitsverhältnisse zu
ermöglichen, entgegenwirkt.

　　Mit Inkrafttreten des § 1 Abs. 1b AÜG, der regelmäßig keine 18 Monate **28**
übersteigende Überlassung eines Arbeitnehmers zulässt, hat sich die Wahrscheinlichkeit erheblich verringert, dass die verbleibende Laufzeit eines
Überlassungsvertrags über den Nachwirkungszeitraum hinausreicht. Wo
dies ausnahmsweise doch der Fall ist, gilt (mit Ausnahme bloßer Rahmenverträge UGBH/*Urban-Crell* § 2 Rn. 40): Der Verleiher muss, soweit vorgesehen, das Recht zur **ordentlichen Kündigung** wahrnehmen. Sie ist zum
frühestmöglichen Zeitpunkt auszusprechen. Wirkt selbst dann die Restlauf-
zeit des Vertrages noch über das Ende des Nachwirkungszeitraumes hinaus,
räumt die hM dem Verleiher ein **Recht zur außerordentlichen Kündigung** zum Ende des Nachwirkungszeitraumes nach § 314 Abs. 1 BGB ein
(Schüren/Hamann/*Schüren* § 2 Rn. 91; *Ulber* § 2 Rn. 47). Erfolgt **keine
Kündigung,** kommt **§ 9 Nr. 1** zur Anwendung, mit der Folge, dass der
Überlassungsvertrag mit dem Ende des Nachwirkungszeitraumes unwirksam
wird (Schüren/Hamann/*Schüren* § 2 Rn. 92; Boemke/Lembke/*Boemke* § 2
Rn. 38; *Sandmann/Marschall/Schneider* § 9 Nr. 19). Der Verleiher darf während des **Nachwirkungszeitraumes keine neuen Arbeitsverhältnisse
begründen,** selbst dann, wenn die Erfüllung der abzuwickelnden Überlassungsverträge nicht auf andere Weise möglich ist; § 4 Abs. 4 S. 4, wonach die
Erlaubnis nur für die erlaubt abgeschlossenen Verträge als fortbestehend gilt,
schließt dies aus. Die Vertreter der **Gegenauffassung,** welche sich auf die
Erlaubnisfreiheit des Abschlusses von Arbeitsverträgen berufen (Boemke/

Lembke/*Boemke* § 2 Rn. 39), berücksichtigen den Schutzzweck des § 1 Abs. 1 nicht hinreichend: Da der Erlaubnisvorbehalt dem Schutz des Rechtsverkehrs vor unzuverlässigen Entleihern dient, genügt es nicht, die Erlaubnis nur auf das Recht zum Abschluss von Überlassungsverträgen zu erstrecken; vielmehr muss sie auch die Arbeitsverträge umfassen, die auf diese Überlassung gerichtet sind (so auch *Sandmann/Marschall/Schneider* § 2 Nr. 27).

29   Hat der Verleiher beim Entleiher sorgfaltswidrig **Vertrauen** auf den **Fortbestand der Verleiherlaubnis** ausgelöst und der Entleiher hierdurch einen Schaden erlitten, haftet ihm der Verleiher uU gem. **§§ 280 Abs. 1, 3, 283, 275 Abs. 1 BGB** (nicht jedoch nach § 311a BGB).

IV. Unbefristete Erlaubnis

1. Erteilung

30   Ist der Verleiher drei aufeinanderfolgende Jahre nach § 1 erlaubt tätig gewesen, gestattet § 2 Abs. 5 die Erteilung einer **unbefristeten Erlaubnis.** Während bei Absatz 4 nur die Geltungsdauer der befristeten Erlaubnis verlängert wird, handelt es sich im Falle des Absatzes 5 um den Erlass einer neuen Erlaubnis. Obschon der Wortlaut der Bestimmung Ermessen einzuräumen scheint, besteht ein **Anspruch** des Verleihers auf Erteilung einer unbefristeten Erlaubnis nach hM jedenfalls dann, wenn ein Verleiher drei Jahre lang seine Tätigkeit ordnungsgemäß und unbeanstandet ausgeübt hat, wobei **kleinere Einzelverstöße unschädlich** sind (*Ulber* § 2 Rn. 49; ähnlich, wenn auch unter Betonung des Ermessens, UGBH/*Urban-Crell* § 2 Rn. 49; Schüren/Hamann/*Schüren* § 2 Rn. 111). Dies entspricht der Wertung des Art. 12 Abs. 1 GG (so auch *Schubel-Engelbrecht* § 2 Rn. 28, die sich für eine Umdeutung in eine Ist-Bestimmung aussprechen). Entgegen vorherrschender Auffassung (*Sandmann/Marschall/Schneider* § 2 Nr. 31; Boemke/Lembke/*Boemke* § 2 Rn. 42) berechtigen **Unregelmäßigkeiten bei der Gewerbeausübung** solange **nicht** zur **abermaligen Erteilung** einer **befristeten Erlaubnis,** wie sie unterhalb der **Verbotsschwelle des § 3** liegen. Denn hat sich der Verleiher als insgesamt zuverlässig erwiesen, ist kein Raum für eine weitere „Probezeit". Unter den Voraussetzungen des § 2 Abs. 2 kann die unbefristete Erlaubnis jedoch mit **Auflagen** (§ 2 Abs. 2) verbunden werden. Da es sich in der Sache nur um die „Entfristung" einer zweimal verlängerten Erlaubnis handelt und, wie sich aus § 2 Abs. 2 S. 2 ergibt, die nachträgliche Verknüpfung der befristeten Erlaubnis mit Bedingungen nicht statthaft ist, muss im Falle des § 2 Abs. 5 das Recht zur Aufnahme einer Nebenbestimmung auf die Auflage beschränkt bleiben.

2. Erlöschen

31   Die **unbefristete Erlaubnis erlischt** nach § 2 Abs. 5 S. 2, wenn der Erlaubnisinhaber von ihr drei Jahre lang keinen Gebrauch gemacht hat. Hierfür reicht nicht aus, dass Arbeitsverhältnisse mit Leiharbeitnehmern in dieser Zeit bestanden haben, umso mehr, als es sich insoweit oft um bloße Rahmenvereinbarungen handelt, die dem Ruhen des Gewerbebetriebs des Verleihers

nicht entgegenstehen. Erforderlich ist vielmehr, dass wenigstens einmal innerhalb dieses Zeitraums tatsächlich einem Entleiher Arbeitnehmer überlassen
worden sind (Schüren/Hamann/*Schüren* § 2 Rn. 115 f.; *Niebler/Biebl/Roß,*
AÜG, 2. Aufl., 2003, Rn. 322; UGBH/*Urban-Crell* § 2 Rn. 51; Kasseler HdB
zum ArbR/*Düwell* 4.5. Rn. 180; *Sandmann/Marschall/Schneider* § 2 Nr. 33;
Ulber § 2 Rn. 50).

V. Erlöschen der Erlaubnis bei Ende der Existenz des Erlaubnisinhabers

Die Erlaubnis wird dem Verleiher für eine bestimmte Tätigkeit erteilt. **32**
Kraft dieser **Personengebundenheit,** die insbesondere im Erfordernis persönlicher Zuverlässigkeit nach § 3 Abs. 1 Nr. 1 zum Ausdruck kommt,
erlischt die Erlaubnis, wenn die Existenz des Inhabers endet (vgl. *Sandmann/*
Marschall/Schneider § 2 Nr. 23; *Ulber* § 2 Rn. 53; UGBH/*Urban-Crell* § 2
Rn. 56; BSG 12.12.1991, DB 1992, 1636; aA *Becker/Wulfgramm* § 2 Rn. 41,
die auf das Fortführungsprivileg nach § 46 Abs. 1 GewO zurückgreifen wollen). Bei **natürlichen Personen** ist dies der **Tod** (nicht jedoch Insolvenz,
Entmündigung, Untersagung der Berufsausübung; dann kommt jedoch ein
Widerruf in Betracht; vgl. *Sandmann/Marschall/Schneider* § 2 Nr. 35), bei
juristischen Personen die **Auflösung.** Dies ist im Gesetz nicht ausdrücklich
geregelt, entspricht jedoch **allgemeinen Grundsätzen des Gewerberechts**
(zur Durchbrechung dieses Grundsatzes durch das Hinterbliebenenprivileg
nach § 46 Abs. 1 GewO vgl. *Stober/Eisenmenger,* Besonderes Wirtschaftsver-
waltungsrecht, 16. Aufl., 2016, § 46 I 4; *Frotscher* in Schmidt, Öffentliches
Wirtschaftsrecht, BT 1, 1995, § 1 III d). Nach dem Wortlaut des § 9 Nr. 1
führt dies jedoch zur sofortigen Nichtigkeit aller abgeschlossenen Arbeits-
und Überlassungsverträge. Steht der Arbeitnehmer in einem Entleihverhält-
nis, entsteht gem. § 10 Abs. 1 im gleichen Zeitpunkt ein Arbeitsverhältnis
zwischen dem bisherigen Entleiher und dem bisherigen Leiharbeitnehmer;
in **verleihfreien Zeiten ist der Arbeitnehmer jedoch schutzlos gestellt.**
Dieses **Ergebnis** erscheint **unbillig.**

Soweit der Erlaubnisinhaber eine **juristische Person** ist, schließt ihre **33**
Auflösung (Liquidation) die Abwicklung der laufenden Geschäfte von Gesetzes wegen ohnehin mit ein (§ 70 Abs. 1 GmbHG; § 268 Abs. 1 S. 1 AktG;
vgl. Schüren/Hamann/*Schüren* § 2 Rn. 102; *Becker/Wulfgramm* § 2 Rn. 42).
In Anlehnung an diese Vorgaben lässt sich § 9 Nr. 1 in der Weise interpretieren, dass die **Unwirksamkeitsfolge** insoweit **erst mit dem Abschluss der**
Liquidation eintritt. Dies würde allerdings bedeuten, dass die Arbeitnehmer
bei Beendigung der Existenz des Verleihers besser stünden als bei Nichterneu-
erung der Erlaubnis eines fortbestehenden Verleihers. Dieser **Wertungswi-**
derspruch lässt sich abwenden, indem die **großzügige Deutung des § 9**
Nr. 1 unter Rekurs auf § 2 Abs. 4 S. 4 eingeschränkt wird: Die Abwicklung von Arbeitsverträgen darf in keinem Fall länger als zwölf Monate in
Anspruch nehmen; andernfalls werden die Verträge zum Ende dieses Zeitraums nichtig (krit. UGBH/*Urban-Crell* § 2 Rn. 62).

34   Bei **natürlichen Personen** ist dieser Lösungsweg **nicht beschreitbar.** Als höchstpersönliches Recht geht die Verleiherlaubnis nicht auf die Erben über. Entschließt sich ein Erbe zur Fortführung des Betriebs, kann zwar ggf. kurzfristig eine Erlaubnis unter Widerrufsvorbehalt nach § 2 Abs. 2 (so der Vorschlag von *Sandmann/Marschall/Schneider* § 2 Nr. 23) erteilt werden (die Verhängung eines Bußgeldes wegen Verletzung des § 16 Abs. 1 Nr. 1 bei Überlassung wäre in der Interimszeit unverhältnismäßig und daher ermessensfehlerhaft), doch setzt diese beim Erben die Erfüllung der in § 3 genannten Erfordernisse voraus. Wird seitens der Erben kein Antrag auf Erlaubnis gestellt, können sich diese vom unwirksam gewordenen Arbeitsvertrag formlos lossagen. Im **Schrifttum** wird vorgeschlagen, eine auf **maximal zwölf Monate beschränkte Abwicklungsphase** (§ 2 Abs. 4 S. 4) unter **analoger Anwendung des § 46 GewO** anzunehmen (Schüren/Hamann/*Schüren* § 2 Rn. 100; *Ulber* § 2 Rn. 53; HWK/*Kalb* § 2 Rn. 14; UGBH/*Urban-Crell* § 2 Rn. 59; für direkte Anwendbarkeit des § 46 GewO *Becker/Wulfgramm* § 2 Rn. 41; ablehnend *Sandmann/Marschall/Schneider* § 2 Nr. 23). Das (zeitlich nicht begrenzte) Fortführungsrecht nach § 46 Abs. 1 GewO kommt immer zum Tragen, wenn ein Spezialgesetz „nicht etwas anderes bestimmt". Im AÜG fehlt eine ausdrückliche abweichende Bestimmung, doch folgt aus der Ausgestaltung der Verleiherlaubnis als höchstpersönlicher, dass die uneingeschränkte Geltung des § 46 GewO ausgeschlossen ist (so auch Schüren/Hamann/*Schüren* § 2 Rn. 99). Die **vorgeschlagene Begrenzung** einer solchen erbenbezogenen Nachwirkung auf zwölf Monate wäre mit dem Grundgedanken der Höchstpersönlichkeit zwar noch vereinbar, **nicht jedoch mit dem Telos des § 46 GewO.** Dieser zielt darauf ab, Erben im Todesfall zur Vermeidung persönlicher Härten ein Fortführungsrecht einzuräumen (vgl. *Marcks* in Landmann/Rohmer, GewO, 73. EL, § 46 Rn. 2; *Ennuschat* in Tettinger/Wank/Ennuschat, GewO, 8. Aufl., 2011, § 46 Rn. 1); die vorgeschlagene erbenbezogene Nachwirkung würde dieses Recht jedoch zur Pflicht verkehren. Zweitens steht den Erben nach § 46 GewO nicht die Befugnis zu, das Gewerbe selbst auszuüben: Sie benötigen hierfür einen Stellvertreter (§ 45 GewO), der die Voraussetzungen für die Erteilung einer Gewerbeerlaubnis (insbes. Zuverlässigkeit) in Person erfüllt. Schließlich bezieht sich § 46 außer auf überlebende Ehegatten nur auf minderjährige Erben; volljährigen Erben mutet das Gesetz zu, selbst einen Antrag auf Gewerbeerlaubnis zu stellen, wenn sie die Erlaubnisvoraussetzungen mitbringen (vgl. *Marcks* in Landmann/Rohmer, GewO, 73. EL, § 46 Rn. 2). Dies kann im Anwendungsbereich des AÜG nicht anders sein.

35   Im Ergebnis lässt sich die **Lücke beim Schutz der Arbeitnehmer** also nicht füllen, da sie zum einen in eine Art Gewerbeausübungszwang münden und zum anderen den Wortlaut der analog angewandten Vorschriften überdehnen würde. Dies weckt **gravierende Bedenken** im Hinblick auf den **verfassungsrechtlich gebotenen Schutz der Arbeitnehmer und die Vertragsautonomie.** Ursächlich ist § 9 Nr. 1, der – anders als in anderen Bereichen des Gewerberechts – den Wegfall der Ausübungserlaubnis mit der Nichtigkeitsfolge für hierfür abgeschlossene Verträge koppelt. § 10 Abs. 2

kann diese Lücke nicht hinreichend schließen, da mit Todesfällen stets gerechnet werden muss. Würde man die Individualarbeitsverträge vom Nichtigkeitsverdikt des § 9 Nr. 1 ausnehmen, könnten sich die Erben zunächst nur durch Ausschlagung der gesamten Erbschaft von den arbeitsvertraglichen Verbindlichkeiten befreien. Dem Gesetzgeber ist insofern Nachbesserung des Gesetzes anzuraten.

VI. Rechtsschutz

1. Zuständigkeit der Sozialgerichte

Obschon das AÜG-Verwaltungsverfahren dem VwVfG unterliegt, wird **36** Rechtsschutz nicht durch die Verwaltungs-, sondern die **Sozialgerichtsbarkeit** gewährt (§ 51 SGG).

2. Rechtsschutz gegen die Versagung der Erlaubnis

Gegen die **Ablehnung des erstmaligen Erlaubnisantrags** ist die auf **37** Erteilung der Erlaubnis gerichtete **Verpflichtungsklage** (in Gestalt der Versagungsgegenklage, § 54 Abs. 1 S. 1 SGG) statthaft; in den **seltenen Fällen** eines Ermessensspielraumes der Regionaldirektion kommt die **Bescheidungsklage auf ermessensfehlerfreie Entscheidung** (§ 84 Abs. 2 S. 2 SGG) in Betracht. Zu den Sachurteilsvoraussetzungen der Klage gehört – auch bei der Verpflichtungsklage (§ 78 Abs. 3 SGG) – die Durchführung eines Vorverfahrens (§ 83 SGG), das sich – da Vorverfahren zum sozialgerichtlichen Rechtsschutz – nach den speziellen Bestimmungen des SGG (§ 78 SGG) richtet (Schüren/Hamann/*Schüren* § 2 Rn. 117; ErfK/ *Wank,* 2. Aufl., § 2 Rn. 20; Boemke/Lembke/*Boemke* § 2 Rn. 47; UGBH/ *Urban-Crell* § 2 Rn. 65 ff.); zuständig für den Erlass des Widerspruchsbescheids ist die **Regionaldirektion** der **BA** (§ 84 SGG), welche die Recht- und Zweckmäßigkeit (§ 78 Abs. 1 S. 1 SGG) der Entscheidung überprüft. Der Widerspruch ist binnen eines Monats ab Bekanntgabe des Bescheids zu erheben (§ 87 Abs. 1 SGG). Entgegen einer in der Rechtsprechung sowie Teilen des Schrifttums vertretenen Auffassung ist die **Widerspruchsbehörde nicht** in dem Sinne „**Herrin des Verfahrens",** dass sie durch Einlassung auf einen verfristeten Widerspruch über **Sachentscheidungsvoraussetzungen disponieren** könnte (anders BSG 12.10.1979, BSGE 49, 85; BVerwG 27.2.1963, BVerwGE 15, 306; 13.12.1967, BVerwGE 28, 305; VGH BW 26.10.1981, NVwZ 1982, 316; wie hier die hL: *Kopp/Schenke,* VwGO, 22. Aufl., 2016, § 70 Rn. 9 mwN; *Sodan/Ziekow,* VwGO, 4. Aufl., 2014, § 68 Rn. 40 ff. mwN, § 70 Rn. 39; *Funk* BayVBl. 1993, 586; *Judick* NVwZ 1984, 356; zum Streitstand *Leitherer* in Meyer-Ladewig/Keller/Leitherer, SGG, 11. Aufl., 2014, § 84 Rn. 7 mwN). § 66 Abs. 1 SGG sieht vor, dass die Frist für ein Rechtsmittel oder die Einlegung eines anderen Rechtsbehelfes nur dann zu laufen beginnt, wenn dem Bescheid eine **schriftliche Rechtsbehelfsbelehrung** beigefügt worden ist (dazu *Keller* in Meyer-Ladewig/Keller/Leitherer, SGG, 11. Aufl., 2014, § 66 Rn. 1). Unterbleibt dies, kann das Rechtsmittel

(Widerspruch, Klage) grds. noch binnen eines Jahres ab Kenntnisgabe eingelegt werden (§ 66 Abs. 2 SGG; *Keller* in Meyer-Ladewig/Keller/Leitherer, SGG, 11. Aufl., 2014, § 66 Rn. 12a ff.). Hierbei handelt es sich nicht um eine Rechtsmittel-, sondern um eine **Ausschlussfrist** (vgl. auch *Kopp/Schenke,* VwGO, 22. Aufl., 2016, § 58 Rn. 16). Grundsätzlich kann die erstmalige Erteilung der Verleiherlaubnis nicht im Rahmen des einstweiligen Rechtsschutzes erstritten werden, da hierdurch die Hauptsache vollständig vorweggenommen würde (LSG Baden-Württemberg 11.3.2011 – L 13 AL 3438/10 ER-B, juris Rn. 2).

38   An sich ist die **Verpflichtungsklage** auch gegen die **Versagung der Verlängerung einer erteilten Erlaubnis** statthaft, da der Erlaubnisinhaber den Erlass eines begünstigenden Verwaltungsaktes begehrt. **Alternativ** hierzu wird jedoch auch die **Anfechtungsklage** in Betracht kommen (Boecken/Düwell/Diller/Hanau/*Ulrici* § 2 Rn. 32; für die Statthaftigkeit der Anfechtungsklage in diesen Fällen SG Köln 31.8.2015 – S 1 AL 438/15 ER, juris Rn. 23): Denn wird der Bescheid über die Versagung der Verlängerung aufgehoben, tritt die Rechtsfolge der automatischen Verlängerung gem. § 2 Abs. 4 S. 3 ein. Der praktische Nutzen für den Antragsteller wird idR gering sein, da bis zur Entscheidung über seinen Klageantrag längere Zeit vergehen kann, nicht zuletzt wegen des zu durchlaufenden Vorverfahrens; da dem Widerspruch jedoch ebenso wenig wie der später erhobenen Klage aufschiebende Wirkung zukommt (§ 86a Abs. 4 SGG), zwingt ihn das Auslaufen seiner befristeten Erlaubnis zur Einstellung des Gewerbebetriebs. Um dies zu verhindern, muss der Erlaubnisinhaber gegenüber dem Gericht oder bereits gegenüber der Behörde die **Herstellung der aufschiebenden Wirkung seines Widerspruchs** beantragen (§ 86b Abs. 1 Nr. 2 bzw. § 86 Abs. 4 S. 2 iVm Abs. 3 SGG; LSG Bayern 5.1.2009, EzAÜG, SGG Nr. 7; SG Köln 31.8.2015 – S 1 AL 438/15 ER, juris Rn. 23; SG Darmstadt 4.5.2016 – S 11 AL 105/16 ER, juris Rn. 27; *Ulber* AÜG Art. 2 Rn. 7; Boemke/Lembke/*Boemke* § 2 Rn. 52; zustimmend unter Verweis auf eine planwidrige Regelungslücke *Sandmann/Marschall/Schneider* Art. 2 Nr. 18; Boemke/Lembke/*Boemke* § 2 Rn. 53). Der Antrag ist **begründet, wenn** das Aufschiebungsinteresse des Verleihers das staatliche Vollzugsinteresse **überwiegt.** Neben den summarisch ermittelten Erfolgsaussichten des Rechtsbehelfs der Hauptsache müssen dabei auch die gravierenden Folgen ins Gewicht fallen, die sich aus der erzwungenen Unterbrechung der Verleihtätigkeit ergeben können. Besteht die Möglichkeit der Sicherung der Rechtstreue des Verleihers durch Erlass nachträglicher Nebenbestimmungen, ist der Antrag auf Herstellung der aufschiebenden Wirkung in der Regel begründet (LSG Bayern 5.1.2009 – L 10 B 720/08 AL ER, juris Rn. 28. ff.; Boemke/Lembke/*Boemke* § 2 Rn. 52, unter Verweis auf SG Duisburg 9.9.1986, EzAÜG § 3 AÜG Versagungsgründe Nr. 10; zur dann eintretenden Verlängerung der Erlaubnis um ein weiteres Jahr LSG Hamburg 26.4.1991, EzAÜG § 2 AÜG Erlaubnisarten Nr. 6; einschränkend *Sandmann/Marschall/Schneider* Art. 2 Nr. 20, die eine Aussetzung des Vollzuges nur ausnahmsweise bei Vorliegen besonderer Umstände in Betracht ziehen).

3. Rechtsschutz gegen Nebenbestimmungen zur Erlaubnis

Über den **Rechtsschutz gegen belastende Nebenbestimmungen** zur 39
Erlaubnis besteht **keine Einigkeit.** Nach **vorherrschender Ansicht im
Schrifttum** zum AÜG sind Bedingungen, Befristungen und Widerrufsvorbehalte – anders als die „selbständige" Auflage – als „unselbständige" Nebenbestimmungen der isolierten Anfechtung nicht zugänglich, so dass der Adressat auch insoweit auf die **Verpflichtungsklage** verwiesen wird (gerichtet
auf Erteilung der Erlaubnis ohne belastende Nebenbestimmung; vgl. dazu
Boemke/Lembke/*Boemke* § 2 Rn. 49; Schüren/Hamann/*Schüren* § 2 Rn. 43,
52, 63, 125 ff.; *Ulber* § 2 Rn. 25, 26, 37; UGBH/*Urban-Crell* § 2 Rn. 69 ff.).
Das **BSG** hingegen hält in stRspr die (auf die Beseitigung der Nebenbestimmung gerichtete **(Teil-)Anfechtungsklage** auch bei Bedingungen und
Befristungen jedenfalls dann für statthaft, wenn der begehrte Verwaltungsakt
ein rechtlich gebundener ist (BSG 13.11.1985, BSGE 59, 148 (152);
27.2.1992, NJW 1992, 2981; 30.1.2002, NZS 2003, 270 (272)). Dieser Linie
entspricht weitgehend die neuere Rechtsprechung des BVerwG, das gegen
belastende Nebenbestimmungen (auch bei Ermessensverwaltungsakten)
grundsätzlich die **Anfechtungsklage** für statthaft hält und den Erfolg des
isolierten Vorgehens gegen die Nebenbestimmung – eine materiell-rechtliche
Frage – zutreffend in der **Begründetheit** verortet (BVerwG 10.7.1980,
BVerwGE 60, 269; 22.11.2000, BVerwGE 112, 221; krit. die hL: *Henneke*
in Knack/Henneke, VwVfG, 10. Aufl., 2014, § 36 Rn. 85 f. mwN; *Kopp/
Ramsauer,* VwVfG, 17. Aufl., 2016, § 36 Rn. 93 f.; *Störmer* in Fehling/Kast-
ner/Störmer, VerwR, 4. Aufl., 2016, § 36 VwVfG Rn. 95 ff.). Ist die Nebenbestimmung rechtswidrig und kann der Grund-VA sinnvoller Weise ohne
sie Bestand haben, hat die Anfechtungsklage Erfolg; andernfalls ist nur ein
Verpflichtungsantrag erfolgreich. Für den Fall der Erteilung der Erlaubnis
zur Arbeitnehmerüberlassung unter Nebenbestimmungen nach § 2 Abs. 2, 3
bedeutet dies: Sowohl die **Anfechtungs- als auch die Verpflichtungsklage** sind – unabhängig von der Natur der Nebenbestimmung – statthaft.
Erst bei der **Begründetheitsprüfung** wirkt sich die Frage der **Trennbarkeit
von Grund-VA und Nebenbestimmung** aus. So kann eine Nebenbestimmung rechtswidrig sein, weil es ihrer zur Erfüllung des damit verfolgten
Zwecks nicht bedarf: bei § 2 Abs. 2, wenn der Nichteintritt von Versagungsgründen auch ohne Nebenbestimmung hinreichend gewährleistet ist, und
bei § 2 Abs. 3, wenn die Sache entgegen der Auffassung der Behörde – in
positivem Sinne – entscheidungsreif ist. In solchen Fällen kann die Erlaubnis
von der Nebenbestimmung getrennt werden, so dass eine Anfechtungsklage
Erfolg hätte. Ist die Nebenbestimmung dagegen aus anderen Gründen (zB
wegen Unverhältnismäßigkeit) rechtswidrig, und kann der Grund-VA ohne
eine Nebenbestimmung nicht erlassen werden, kann wegen dieser engen
Verflechtung mit dem Grund-VA uU nur die Verpflichtungsklage (ggf.
gerichtet auf Erlass eines Verwaltungsakts mit einer weniger belastenden
Nebenbestimmung) Erfolg haben. Die **„modifizierende Auflage"** ist keine
Nebenbestimmung im Rechtssinne, sondern durch sie wird der Verwaltungsakt selbst im Verhältnis zum Antrag verändert. Dies wirkt sich bereits auf

Zulässigkeitsebene aus: Statthaft ist nicht die Anfechtungsklage, sondern allein die – auf Erlass der Erlaubnis in der begehrten Form – gerichtete **Verpflichtungsklage** (→ Rn. 37). Erledigt sich eine angegriffene Auflage während des Prozesses (etwa durch Zeitablauf), ist anstelle der Anfechtungsklage nur noch eine Fortsetzungsfeststellungsklage (§ 131 Abs. 1 S. 3 SGG) statthaft. Das entsprechende Feststellungsbegehren ist als Minus im Klagantrag der Anfechtungsklage enthalten (LSG Hamburg 23.9.2015 – L 2 AL 64/13, juris Rn. 55). Einer ausdrücklichen Umstellung des Klageantrags bedarf es insoweit nicht; ein konkludentes Einverständnis des Klägers, ggf. auf der Basis eines gerichtlichen Hinweises, mit einer Fortsetzungsfeststellungsprüfung reicht aus (vgl. *Gerhardt* in Schoch/Schneider/Bier, VwGO, 41. EL, 2016, § 113 Rn. 79; *Wolff* in Sodan/Ziekow, VwGO, 4. Aufl., 2014, § 113 Rn. 290).

§ 2a Gebühren und Auslagen

(1) **Für die Bearbeitung von Anträgen auf Erteilung und Verlängerung der Erlaubnis werden vom Antragsteller Gebühren und Auslagen erhoben.**

(2) **Die Bundesregierung wird ermächtigt, durch Rechtsverordnung die gebührenpflichtigen Tatbestände näher zu bestimmen und dabei feste Sätze und Rahmensätze vorzusehen. Die Gebühr darf im Einzelfall 2.500 Euro nicht überschreiten.**

I. Entstehungsgeschichte und Gesetzeszweck

1   Die Bestimmung des § 2a zur **Kostenpflichtigkeit** der Bearbeitung **von Anträgen auf Erteilung und Verlängerung von Erlaubnissen** wurde mit Wirkung vom 1.1.1982 durch das **Gesetz zur Bekämpfung der illegalen Beschäftigung** (BillBG v. 15.12.1981, BGBl. I S. 1390) in das AÜG eingefügt. Sie wurde letztmalig 2013 durch das **Gesetz zur Strukturreform des Gebührenrechts des Bundes** (BGBl. I S. 3154 (3173)) geändert. Mit diesem Gesetz wurde auch das **Verwaltungskostengesetz** (VwKostG) **aufgehoben,** das bis dahin bei der Erhebung der Kosten für die Bearbeitung des Antrags auf Erlaubniserteilung anzuwenden war (vgl. § 2a Abs. 2 S. 1 aF). An die Stelle des VwKostG ist nunmehr das **Gesetz über Gebühren und Auslagen des Bundes** (BGebG) vom 7.8.2013 (BGBl. I S. 3154) getreten. Hatte § 2a Abs. 1 S. 2 aF noch verfügt, dass „vom Antragsteller Kosten (Gebühren und Auslagen) erhoben" würden, ist im Zuge der Novelle auch hier der Oberbegriff „Kosten" entfallen. Die Änderung ist rein terminologischer Art, in der Sache kann nach wie vor von einer Kostentragungspflicht gesprochen werden. So lautet der Name der auf der Basis von § 2a Abs. 2 erlassenen Rechtsverordnung auch jetzt noch „Verordnung über die Kosten der Erlaubnis zur Arbeitnehmerüberlassung (Arbeitnehmerüberlassungserlaubnis-Kostenverordnung – AÜKostV)". Die Verordnungsermächtigung zugunsten der Bundesregierung trat an die Stelle der Verweisung des § 2a

Abs. 2 S. 1 aF auf die Vorschriften des VwKostG. Gleichwohl kann das **BGebG** als dessen Nachfolgegesetz für die Anwendung des § 2a teils weiter **herangezogen** werden, da es allgemein für die Erhebung der Gebühren für öffentlich-rechtliche Verwaltungstätigkeit der Behörden des Bundes sowie der bundesunmittelbaren Körperschaften, Anstalten und Stiftungen des öffentlichen Rechts gilt (§ 2 Abs. 1 BGebG). Dies gilt insbesondere für die Definitionen der Begriffe der Gebühren und Auslagen (§ 3 Abs. 4, 5 BGebG), die sich im AÜG und in der AÜKostV nicht finden. Überdies wird auf das VwKostG, obwohl aufgehoben, durch § 3 AÜKostV weiterhin insoweit normativ verwiesen, als hiernach als Auslagen die in § 10 Abs. 1 Nr. 2–4 VwKostG in der bis zum 14.8.2013 geltenden Fassung bezeichneten Aufwendungen erhoben werden. Diese Praxis der Verweisung einer eigentlich der Präzisierung dienenden Verordnung auf Vorschriften eines nicht mehr geltenden Gesetzes dient nicht der Normenklarheit und sollte beendet werden. Nach dem **Verursacherprinzip** werden von § 2a die **Antragsteller** für den Verwaltungsaufwand der BA mit herangezogen. Zudem soll die Kostentragungspflicht verhindern, dass Erlaubnisse auf Vorrat beantragt werden (Schüren/Hamann/*Schüren* § 2a Rn. 3; kritisch sowohl hinsichtlich der Effizienz als auch der Verfassungsmäßigkeit eines über Gebühren steuernden Eingriffs in das Recht auf Zugang zum Gewerbe [Art. 12 Abs. 1 GG] *Ulber* § 2a Rn. 1). Der maximal zulässige **Gebührenrahmen** für Verleiherlaubnisse wurde durch das Erste Gesetz zur Umsetzung des Spar-, Konsolidierungs- und Wachstumsprogramms (1. SKWPG v. 21.12.1993, BGBl. I S. 2353 (2362)) mit Wirkung zum 1.1.1994 von 3.000 DM auf 5.000 DM (jetzt: 2.500 Euro) erhöht.

II. Sachlicher und persönlicher Geltungsbereich

1. Sachlicher Anwendungsbereich

Für Begriff und teils auch den Gegenstand der Gebühren und Auslagen **2** sind die Vorschriften des BGebG heranzuziehen. Gemäß § 3 Abs. 4 BGebG sind **Gebühren** öffentlich-rechtliche Geldleistungen, die der Gebührengläubiger vom Gebührenschuldner für individuell zurechenbare öffentliche Leistungen erhebt. Nach § 2a Abs. 1 werden sie für die „Bearbeitung von Anträgen auf Erteilung und Verlängerung der Erlaubnis" – und damit als Verwaltungsgebühren – erhoben. § 1 AÜKostV weicht hiervon inhaltlich ab, als die Erteilung und die Verlängerung der Erlaubnis für gebührenpflichtig erklärt werden, nicht aber die zur Ablehnung führende Bearbeitung des Antrags (insoweit können jedoch nach dem BGebG Gebühren anfallen, infra → 9). Für das gleiche Behördenhandeln werden **Auslagen** erhoben. Sie definiert § 3 Abs. 5 BGebG als nicht von der Gebühr umfasste Kosten, die die Behörde für individuell zurechenbare öffentliche Leistungen im Einzelfall nach § 12 Abs. 1 oder 2 BGebG erhebt. Erstattungsfähig sind allerdings gem. § 4 AÜKostV nur die von § 10 Abs. 2–4 des aufgehobenen VwKostG erfassten Auslagen, also Aufwendungen für weitere Ausfertigungen, Abschriften und Auszüge, die auf besonderen Antrag erteilt werden (Nr. 2), Aufwendungen für Übersetzungen, die auf besonderen Antrag gefertigt werden (Nr. 3), Kosten, die durch öffentliche Bekanntmachung entstehen, mit Ausnahme der hierbei erwachsenden Postgebühren, sowie Kosten für Zeugen, Sachverständige, Umweltgutachter, Dolmetscher oder Übersetzer (Nr. 4).

3   Gebühren und Auslagen dürfen nur für die Bearbeitung von Anträgen auf **Erteilung oder Verlängerung einer Verleiherlaubnis** (§ 2) erhoben werden, nicht aber für sonstige im AÜG vorgesehene Verwaltungsakte wie insbesondere Rücknahme (§ 4) oder Widerruf (§ 5) einer Erlaubnis oder Überwachungsmaßnahmen (§ 7 Abs. 2–4). Etwas anderes gilt lediglich dann, wenn für **andere Maßnahmen** der **BA** im Zusammenhang mit der Durchführung des AÜG **spezialgesetzliche Regelungen** zur Erhebung von Gebühren und Auslagen ermächtigen. So werden die Kosten des Verwaltungszwangs (§ 6) nach dem VwVG, die Kosten eines Strafverfahrens (§§ 15, 15a) nach der StPO und die Kosten eines Bußgeldverfahrens (§ 16) nach §§ 105 ff. OWiG erhoben.

4   Die Kostenpflicht knüpft an die **Bearbeitung von Anträgen an** und entsteht damit **unabhängig von der Entscheidung** der Behörde. Sie besteht somit auch dann, wenn ein Antrag auf Erteilung einer Erlaubnis **abgelehnt** wird, nicht hingegen, wenn der Antrag vor Beginn der Sachprüfung **zurückgenommen** worden ist (UGBH/*Urban-Crell* § 2a Rn. 4). Insoweit verdrängt § 2a Abs. 1 als **lex specialis** die Regelung des § 10 Abs. 4 BGebG. Keine Kostenpflicht besteht, wenn der Antragsteller, der eine nach seiner Auffassung nicht erlaubnispflichtige Arbeitnehmerüberlassung im Rahmen der Ausnahmetatbestände des § 1 Abs. 3 betreibt, lediglich die Bescheinigung der **Erlaubnisfreiheit** attestiert haben will, es sei denn, dass der Antrag als Eventual- oder Hilfsantrag formuliert ist und die BA im Anschluss an die Bejahung der Erlaubnispflicht in das reguläre Prüfungsverfahren eintritt (vgl. *Ulber* § 2a Rn. 5).

2. Persönlicher Anwendungsbereich

5   Die Kostenpflicht gilt grundsätzlich für **jeden Antragsteller,** auch wenn ein solcher seinen **Geschäftssitz** in einem anderen **EU-Mitgliedstaat** hat. Im Lichte der Niederlassungsfreiheit (Art. 49 AEUV) und der Dienstleistungsfreiheit (Art. 56 AEUV) stellt sich die Frage, ob Verleiher, die bereits in einem EU-Mitgliedstaat über eine Erlaubnis verfügen, verpflichtet werden können, in Deutschland eine Überlassungserlaubnis zu beantragen und dafür Kosten zu entrichten. Dazu hat der **EuGH** entschieden, dass die **grenzüberschreitende Überlassung von Arbeitnehmern** zwar einem mitgliedstaatlichen Genehmigungserfordernis unterworfen werden darf, die Genehmigungserteilung aber **nicht diskriminierend** sein darf und die Genehmigungsbehörde die bereits im **Mitgliedstaat** der **Niederlassung** vom Antragsteller **eingereichten Nachweise und Sicherheiten** zu **berücksichtigen** hat (EuGH 17.12.1981, Slg. 1981, 3305 Rn. 19 f. – Webb). Besitzt der Antragsteller im Staat seiner Niederlassung bereits eine Verleiherlaubnis, so kann es zu einer **Kostenminderung aus Billigkeitsgründen** führen, wenn die BA die für ein Genehmi-

gungsverfahren in einem anderen EU- oder EWR-Mitgliedstaat eingereichten Unterlagen verwenden kann (ErfK/*Wank* § 2a Rn. 1). Eine **Ausnahme von der Kostenpflicht** kann sich aus § 8 des BGebG für bestimmte **juristische Personen des öffentlichen Rechts** ergeben.

III. Bemessung der Gebühren und Auslagen (Abs. 2)

§ 2a Abs. 2 S. 1 ermächtigt die Bundesregierung, die gebührenpflichtigen **6** Tatbestände für die Bearbeitung von Anträgen auf Erteilung oder Verlängerung der nach § 1 Abs. 1 S. 1 erforderlichen Erlaubnis per Rechtsverordnung „näher zu bestimmen". Dabei können feste Sätze und Rahmensätze festgelegt werden. Während bei festen Sätzen schlicht **ein** quantitativer (Geld-)Wert angegeben wird, werden Rahmensätze durch die Festlegung eines **Höchst** sowie eines **Mindestbetrages** bestimmt. § 2a Abs. 2 S. 2 gibt für die Gebühr lediglich vor, dass sie 2.500 Euro nicht überschreiten darf. Für Auslagen ist kein Höchstsatz vorgegeben, zu erstatten sind insoweit tatsächlich erwachsene und sachnotwendige Aufwendungen.

Die Bundesregierung hatte bereits vor der Strukturreform des Gebühren **7** rechts des Bundes die **Verordnung über die Kosten der Erlaubnis zur gewerbsmäßigen Arbeitnehmerüberlassung** (AÜKostV) vom 18.6.1982 (BGBl. I S. 692, geändert durch die Erste Verordnung zur Änderung der Arbeitnehmerüberlassungserlaubnis-Kostenverordnung vom 15.6.1999, BGBl. I S. 1327, zum 1.1.2002 durch Art. 42 des 4. Euro-Einführungsgesetzes vom 21.12.2000 [BGBl. I S. 1983] auf Euro umgestellt) erlassen. Durch die **Zweite Verordnung zur Änderung der Arbeitnehmerüberlassungserlaubnis-Kostenverordnung** vom 23.11.2015 (BGBl. I S. 2084) ist diese novelliert worden, wobei aus dem Verordnungstitel das Attribut „gewerbsmäßig" gestrichen wurde.

Gebühren in Höhe von 1.000 Euro werden erhoben für die Erteilung **8** oder Verlängerung einer befristeten Erlaubnis (§ 2 Nr. 1 AÜKostV), von 2.500 Euro für die Erteilung einer unbefristeten Erlaubnis (§ 2 Nr. 2 AÜKostV). Der Verordnungsgeber hat sich damit gegen einen Kostenrahmen und für Festbeträge entschieden. Den Gebührenrahmen des § 2a Abs. 2 S. 2 schöpfte er nur für die Erteilung unbefristeter Erlaubnisse aus. Die Gebühr ist in jedem Fall zu erheben, über Ermessen verfügt die BA insoweit nicht („werden […] erhoben"). Für Auslagen gilt nichts anderes. Die **Gebühren schuld entsteht** regelmäßig bei der Bekanntgabe der positiven Entscheidung über den Antrag (vgl. § 4 Abs. 1 S. 1, 2 BGebG). **Kostengläubigerin** ist nach § 5 Nr. 1 BGebG die **BA**, die nach § 17 Abs. 1 S. 1 für die Durchführung des AÜG zuständig ist. Die Kosten werden, sofern die Behörde keinen anderen Zeitpunkt bestimmt, **zehn Tage nach der Bekanntgabe der Gebühren festsetzung** an den Gebührenschuldner **fällig** (vgl. § 14 BGebG).

Gebühren entstehen auch, wenn die Erlaubnis nicht erteilt wird, allerdings **9** nicht nach § 2a AÜG iVm der AÜKostV. So ist bei **Nichterteilung oder Nichtverlängerung der Erlaubnis nach § 1 Abs. 1 S. 1** und bei erfolglosen Widersprüchen gegen die Versagung der Erlaubnis bzw. die Erlaubniserteilung zugunsten eines Dritten **„eine Gebühr bis zu der Höhe zu erhe-**

ben", die für die Erlaubniserteilung vorgesehen ist (vgl. § 10 Abs. 2 S. 1, Abs. 3 S. 1 BGebG). Insoweit ist der BA – anders als bei der Erhebung der Gebühr für die Erteilung der Erlaubnis – ein **Ermessensspielraum** bei der Festsetzung von Gebühren eingeräumt, der freilich durch die bestehende Verwaltungspraxis eingeschränkt wird (Selbstbindung der Verwaltung). **Keine Gebühren** fallen hingegen an, wenn der **Antrag allein** wegen der **Unzuständigkeit** der ablehnenden Behörde **abgelehnt** wird oder ein **Widerspruch nur deshalb keinen Erfolg hat,** weil die Verletzung von Formvorschriften **nach § 45 VwVfG unbeachtlich** ist (vgl. § 10 Abs. 2 S. 2, Abs. 3 S. 3 BGebG). Richtet sich der **erhobene Widerspruch allein** gegen die **festgesetzten Kosten bzw. Auslagen,** beträgt die Gebühr höchstens **25 Prozent des Betrags,** dem nicht im Widerspruchsverfahren abgeholfen wurde (§ 10 Abs. 3 S. 2 BGebG). Weitere **Gebührenermäßigungen** bestehen bei **Erledigungen** und **Antragsrücknahmen** vor Sachentscheidung (§ 10 Abs. 5). Wird eine unbefristete Erlaubnis oder Verlängerung begehrt, ist die getroffene Verwaltungsentscheidung aber mit einer Befristung verbunden, wird nur die Gebühr erhoben, die für den Antrag auf befristete Erlaubnis vorgesehen ist (vgl. FW BA AÜG Ziff. 2a.4 Abs. 2 lit. d).

10   Die Kostenentscheidung ist, wenn sie zusammen mit der Sachentscheidung erging, **gemeinsam mit der Sachentscheidung zurückzunehmen oder zu widerrufen.** Erging die Entscheidung über die Gebühr getrennt von der Sachentscheidung, so fehlt ihr nach Rücknahme oder Widerruf der Sachentscheidung der Rechtsgrund, so dass sie (bei Rechtmäßigkeit zum Erlasszeitpunkt) ebenfalls zu widerrufen ist (*Sandmann/Marschall/Schneider* § 2a Nr. 12). In beiden Fällen ist eine neue Gebührenentscheidung zu treffen, überzahlte Gebühren sind zu erstatten (§ 21 Abs. 1 BGebG). Nach § 20 Abs. 1 S. 1 BGebG kann **die Kostenentscheidung zusammen mit der Sachentscheidung oder selbständig angefochten** werden. Ein Rechtsbehelf gegen die Sachentscheidung erstreckt sich auch auf die Kostenentscheidung (§ 20 Abs. 1 S. 2 BGebG).

§ 3 Versagung

(1) **Die Erlaubnis oder ihre Verlängerung ist zu versagen, wenn Tatsachen die Annahme rechtfertigen, daß der Antragsteller**
1. **die für die Ausübung der Tätigkeit nach § 1 erforderliche Zuverlässigkeit nicht besitzt, insbesondere weil er die Vorschriften des Sozialversicherungsrechts, über die Einbehaltung und Abführung der Lohnsteuer, über die Arbeitsvermittlung, über die Anwerbung im Ausland oder über die Ausländerbeschäftigung, über die Überlassungshöchstdauer gemäß § 1 Absatz 1b, die Vorschriften des Arbeitsschutzrechts oder die arbeitsrechtlichen Pflichten nicht einhält;**
2. **nach der Gestaltung seiner Betriebsorganisation nicht in der Lage ist, die üblichen Arbeitgeberpflichten ordnungsgemäß zu erfüllen;**
3. **dem Leiharbeitnehmer die ihm nach § 8 zustehenden Arbeitsbedingungen einschließlich des Arbeitsentgelts nicht gewährt.**

(2) Die Erlaubnis oder ihre Verlängerung ist ferner zu versagen, wenn für die Ausübung der Tätigkeit nach § 1 Betriebe, Betriebsteile oder Nebenbetriebe vorgesehen sind, die nicht in einem Mitgliedstaat der Europäischen Wirtschaftsgemeinschaft oder einem anderen Vertragsstaat des Abkommens über den Europäischen Wirtschaftsraum liegen.

(3) Die Erlaubnis kann versagt werden, wenn der Antragsteller nicht Deutscher im Sinne des Artikels 116 des Grundgesetzes ist oder wenn eine Gesellschaft oder juristische Person den Antrag stellt, die entweder nicht nach deutschem Recht gegründet ist oder die weder ihren satzungsmäßigen Sitz noch ihre Hauptverwaltung noch ihre Hauptniederlassung im Geltungsbereich dieses Gesetzes hat.

(4) [1]Staatsangehörige der Mitgliedstaaten der Europäischen Wirtschaftsgemeinschaft oder eines anderen Vertragsstaates des Abkommens über den Europäischen Wirtschaftsraum erhalten die Erlaubnis unter den gleichen Voraussetzungen wie deutsche Staatsangehörige. [2]Den Staatsangehörigen dieser Staaten stehen gleich Gesellschaften und juristische Personen, die nach den Rechtsvorschriften dieser Staaten gegründet sind und ihren satzungsgemäßen Sitz, ihre Hauptverwaltung oder ihre Hauptniederlassung innerhalb dieser Staaten haben. [3]Soweit diese Gesellschaften oder juristische Personen zwar ihren satzungsmäßigen Sitz, jedoch weder ihre Hauptverwaltung noch ihre Hauptniederlassung innerhalb dieser Staaten haben, gilt Satz 2 nur, wenn ihre Tätigkeit in tatsächlicher und dauerhafter Verbindung mit der Wirtschaft eines Mitgliedstaates oder eines Vertragsstaates des Abkommens über den Europäischen Wirtschaftsraum steht.

(5) [1]Staatsangehörige anderer als der in Absatz 4 genannten Staaten, die sich aufgrund eines internationalen Abkommens im Geltungsbereich dieses Gesetzes niederlassen und hierbei sowie bei ihrer Geschäftstätigkeit nicht weniger günstig behandelt werden dürfen als deutsche Staatsangehörige, erhalten die Erlaubnis unter den gleichen Voraussetzungen wie deutsche Staatsangehörige. [2]Den Staatsangehörigen nach Satz 1 stehen gleich Gesellschaften, die nach den Rechtsvorschriften des anderen Staates gegründet sind.

Literatur: *Bauer/Krets,* Gesetze für moderne Dienstleistungen am Arbeitsmarkt, NJW 2003, 537 ff.; *Bayreuther,* Vollständige Arbeitnehmerfreizügigkeit zu Gunsten der MOE-Staaten, DB 2011, 706 ff.; *ders.,* Die Novellen des Arbeitnehmerentsende- und des Mindestarbeitsbedingungsgesetzes, DB 2009, 678 ff.; *Böhm,* 1.5.2011: Europa-Tag für die Zeitarbeit, NZA 2010, 1218 ff.; *Deinert,* Konzerninterne Entsendung ins Inland, ZESAR 2016, 107 ff.; *Düwell/Dahl,* Verhinderung des missbräuchlichen Einsatzes von Arbeitnehmerüberlassung und Umsetzung der Leiharbeitsrichtlinie, DB 2010, 1759 ff.; *Ebert,* Grenzüberschreitende Arbeitnehmerüberlassung, ArbRB 2007, 83 ff.; *Feuerborn/ Hamann,* Liberalisierung der Arbeitnehmerüberlassung durch das Arbeitsförderungs-Reformgesetz, BB 1997, 2530 ff.; *Franzen,* Grenzüberschreitende Arbeitnehmerüberlassung – Überlegungen aus Anlass der Herstellung vollständiger Arbeitnehmerfreizügigkeit zum 1.5.2011, EuZA 2011, 451 ff.; *Hamann,* Die Reform des AÜG im Jahr

2011, RdA 2011, 321 ff.; *ders.,* Kurswechsel bei der Arbeitnehmerüberlassung, NZA 2010, 70 ff.; *ders.,* Die Richtlinie Leiharbeit und ihre Auswirkungen auf das nationale Recht der Arbeitnehmerüberlassung, EuZA 2009, 287 ff.; *v. Harbou,* Der Zugang Asylsuchender und Geduldeter zu Erwerbstätigkeit und Bildung. NVwZ 2016, 421 ff.; *Hennecke,* Deutsches Arbeitsrecht im Ausland: Wirken die §§ 9, 10 AÜG grenzüberschreitend? (Teil I), ZESAR 2017, 63 ff.; *Heuchemer/Schielke,* Herausforderungen für die Zeitarbeitsbranche, BB 2011, 758 ff.; *Hümmerich/Holthausen/Welslau,* Arbeitsrechtliches im Ersten Gesetz für moderne Dienstleistungen am Arbeitsmarkt, NZA 2003, 7 ff.; *Kokemoor,* Neuregelung der Arbeitnehmerüberlassung durch die Hartz-Umsetzungsgesetze, NZA 2003, 238 ff.; *Lembke,* AÜG-Reform 2017 – Eine Reformatio in Peius, NZA 2017, 1 ff.; *ders.,* Die geplanten Änderungen im Recht der Arbeitnehmerüberlassung, DB 2011, 414 ff.; *ders.,* Die „Hartz-Reform" des Arbeitnehmerüberlassungsgesetzes, BB 2003, 98 ff.; *Leuchten,* Das neue Recht der Leiharbeit, NZA 2011, 608 ff.; *Moritz,* Inkrafttreten des Arbeitnehmerüberlassungsgesetzes, BB 1972, 1569 ff.; *Noack,* Die Erlaubnispflicht nach dem Arbeitnehmerüberlassungsgesetz, NJW 1972, 2114 ff.; *Raab,* Europäische und nationale Entwicklungen im Recht der Arbeitnehmerüberlassung, ZfA 2003, 389 ff.; *Riediger,* Beschränkte Anwendbarkeit des neuen AÜG für Verleiher aus dem Ausland?, GWR 2017, 109 ff.; *Rosenau/Mosch,* Neue Regeln für die Leiharbeit, NJW-Spezial 2011, 242 f.; *Schaeffer,* Der Begriff der Unzuverlässigkeit in § 35 Abs. 1 GewO, WiVerw 1982, 100 ff.; *Schlegel,* Europäische Normalität: Volle Arbeitnehmerfreizügigkeit für EU-8-Bürger ab 1. Mai 2011, DB 2011, Editorial Heft 17; *ders.,* Sozial- und arbeitsrechtliche Fragen der vollen Arbeitnehmerfreizügigkeit von Bürgern aus den EU-8-Staaten seit 1.5.2011, jurisPK-SozR 9/2011 Anm. 1; *Schneider-Sievers,* Freizügigkeit für Arbeitnehmer und Unternehmen – der nationale Blickwinkel, RdA 2012, 277 ff.; *Schüren/Wank,* Die neue Leiharbeitsrichtlinie und ihre Umsetzung in deutsches Recht, RdA 2011, 1 ff.; *Schüren/Wilde,* Die neue Entsendebescheinigung A-1 und die Voraussetzungen ihrer Erteilung, NZS 2011, 121 ff.; *Thüsing,* Blick in das europäische und ausländische Arbeitsrecht, RdA 2011, 118 ff.; *ders.,* Europäische Impulse im Recht der Arbeitnehmerüberlassung, DB 2002, 2218 ff.; *Ulber,* Die Bindungswirkung von A1-Bescheinigungen bei illegaler Arbeitnehmerüberlassung, ZESAR 2015, 3 ff.; *Wilde,* Illegale Arbeitnehmerüberlassung aus dem Ausland mit A-1 Bescheinigung, NZS 2016, 48 ff.; *Ziglmeier,* Werkverträge und Arbeitnehmerüberlassung im Lichte des AÜG 2017, DStR 2016, 2585 ff.

Übersicht

I. Einleitung

1. Entstehungsgeschichte

Die Regelung wurde schon im ursprünglichen **Gesetzgebungsverfah-** **1** **ren 1972** mehrmals verändert. Absatz 3 und Absatz 4 wurden erst auf Vorschlag des Ausschusses für Arbeit und Sozialordnung in § 3 eingefügt (BT-Drs. VI/3505, 4). Im Laufe der Jahre wurden **weitere Anpassungen** erforderlich (siehe *Becker/Wulfgramm* § 3 Rn. 1 ff.; grafische Darstellung bei *Sell*, Ausschuss-Drs. 18(11)761 neu, S. 74). Diese betrafen im Wesentlichen die **Verlängerung der Überlassungshöchstdauer, Lockerungen der bestehenden Verbote** hinsichtlich der **vertraglichen Gestaltung des Leiharbeitsverhältnisses** sowie die **Umsetzung europarechtlicher Vorgaben.** So wurde der zulässige Zeitraum für die ununterbrochene Überlassung eines Leiharbeitnehmers an denselben Entleiher von zunächst drei auf sechs Monate (Beschäftigungsförderungsgesetz vom 26.4.1985, BGBl. I S. 710), dann auf neun Monate (Erstes Gesetz zur Umsetzung des Spar-, Konsolidierungs- und Wachstumsprogramms vom 21.12.1993, BGBl. I S. 2353), später auf zwölf Monate (Arbeitsförderungs-Reform-Gesetz vom 24.3.1997, BGBl. I S. 594) und schließlich auf 24 Monate (Gesetz zur Reform der arbeitsmarktpolitischen Instrumente – Job-AQTIV-Gesetz – vom 10.12.2001, BGBl. I S. 3443) verlängert. Außerdem wurden das besondere **Befristungs-, das Wiedereinstellungs- und das Synchronisationsverbot gelockert,** indem eine einmalige Synchronisation oder Kündigung und Wiedereinstellung für zulässig erklärt wurden und erst eine wiederholte Befristung oder Wiedereinstellung im Sinne der Vorschriften zur Versagung der Erlaubnis führten (Arbeitsförderungs-Reform-Gesetz vom 24.3.1997, BGBl. I S. 594). Daneben wurden die Bestimmungen zur Zulässigkeit **grenzüberschreitender Arbeitnehmerüberlassung** im Hinblick auf den neu geschaffenen Europäischen Wirtschaftsraum ergänzt (Gesetz zur Ausführung des Abkommens vom 2.5.1992 über den Europäischen Wirtschaftsraum – EWR-Ausführungsgesetz – vom 27.4.1993, BGBl. I S. 512).

2   Durch das **Erste Gesetz für moderne Dienstleistungen am Arbeitsmarkt** – „Hartz I" – vom 23.12.2002 (BGBl. I S. 4607) hat § 3 die grundlegendste Umgestaltung erfahren. Entsprechend den Vorschlägen der Hartz-Kommission wurden das bislang bestehende besondere **Befristungsverbot,** das **Wiedereinstellungsverbot,** das **Synchronisationsverbot** und die Beschränkung der **Überlassungshöchstdauer aufgehoben,** um das Recht der Arbeitnehmerüberlassung zu flexibilisieren. Im Gegenzug wurde der Grundsatz eingeführt, dass Leiharbeitnehmer **Anspruch auf Gleichstellung** mit den Arbeitnehmern des Entleihers hinsichtlich der wesentlichen Arbeitsbedingungen, einschließlich des Arbeitsentgelts, haben (sog. Gleichstellungsgrundsatz). Dies hat zu einer Zeitenwende in der Leiharbeit geführt (*Böhm* NZA 2003, 828). Der Gesetzgeber wollte die Leiharbeit als flexibles Arbeitsmarktinstrument aufwerten und sowohl für Verleiher und Entleiher als auch für Leiharbeitnehmer attraktiver machen. Man hatte erkannt, dass die Arbeitnehmerüberlassung nicht nur Arbeitsplätze sichern kann, indem die wechselnden Bedarfe der Unternehmen mit Leiharbeitnehmern abgedeckt werden, sondern sogar zusätzliche Beschäftigungspotentiale durch Überstundenabbau schaffen kann. Außerdem bietet die Leiharbeit Arbeitslosen eine Chance zum Wiedereinstieg in den Arbeitsmarkt. Deshalb war Ziel der Reform, Leiharbeit nicht nur für Arbeitgeber flexibler, sondern durch die tarifliche Absicherung auch für Arbeitnehmer attraktiver zu machen und ihre gesellschaftliche Akzeptanz zu erhöhen. Mit diesem neuen Leitbild verband der Gesetzgeber die Erwartung an die Sozialpartner und Unternehmen der Leiharbeitsbranche, dass sie die Leiharbeit zu einem allgemein anerkannten Bereich der deutschen Wirtschaft entwickeln, der sich durch Qualität, Flexibilität und soziale Sicherheit auszeichnet und, dass sie einen Abbau zur Arbeitslosigkeit leisten, indem sie mittels der Arbeitnehmerüberlassung bezahlte Überstunden in neue qualifizierte und sozial abgesicherte Arbeitsplätze umwandeln (BT-Drs. 15/25, 24).

3   Weitere Änderungen hat § 3 durch das **Erste Gesetz zur Änderung des Arbeitnehmerüberlassungsgesetzes** – Verhinderung von Missbrauch der Arbeitnehmerüberlassung vom 28.4.2011 (BGBl. I S. 642) erhalten. Das Gesetz setzte zum einen die **Richtlinie 2008/104/EG** des Europäischen Parlaments und Rates vom 19.11.2008 über Leiharbeit – **Leiharbeitsrichtlinie** – in deutsches Recht um, deren Umsetzungsfrist zum 5.12.2011 ablief. Deshalb wurde die Ausnahme vom Gleichstellungsgrundsatz bei Einstellung eines zuvor Arbeitslosen ersatzlos gestrichen, da die Leiharbeitsrichtlinie eine solche Ausnahme nicht vorsieht. Zum anderen wollte der Gesetzgeber dem **missbräuchlichen Einsatz** von Leiharbeitsverhältnissen entgegen wirken (BT-Drs. 17/4804, 1). Daher gilt seither die noch verbliebene Ausnahme zum Gleichstellungsgrundsatz (Anwendung eines Tarifvertrags) nicht, wenn

Arbeitnehmer entlassen werden und bei ihrem bisherigen Arbeitgeber oder innerhalb des Konzerns als Leiharbeitnehmer zu schlechteren Arbeitsbedingungen weiterbeschäftigt werden. Außerdem darf von einer gem. § 3a festgesetzten Lohnuntergrenze für die Leiharbeit auch bei Anwendung eines Tarifvertrags nicht zuungunsten der Leiharbeitnehmer abgewichen werden.

Zuletzt wurde § 3 mit **Wirkung zum 1.4.2017** durch das **Gesetz zur** 4 **Änderung des Arbeitnehmerüberlassungsgesetzes und anderer Gesetze** vom 21.2.2017 (BGBl. I S. 258) angepasst in Form von **Folgeänderungen** zur Einführung einer **Überlassungshöchstdauer** in § 1 Abs. 1b, indem die Überschreitung der Überlassungshöchstdauer in den Katalog der Unzuverlässigkeitsbeispiele aufgenommen wurde, sowie zur Änderung der **systematischen Stellung des Gleichstellungsgrundsatzes,** der nunmehr in § 8 geregelt ist, während Absatz 1 Nr. 3 nur noch einen Verweis enthält. Dadurch konnte die erlaubnisrechtliche Vorschrift redaktionell deutlich gestrafft werden. Eine inhaltliche Änderung ist damit nicht verbunden (BT-Drs. 18/9232, 23).

2. Ziel

Die Vorschrift bestimmt, unter welchen Voraussetzungen eine **Verleiher-** 5 **laubnis** oder ihre **Verlängerung zu versagen** ist. Der Zweck dieser **präventiven Zugangsschranke** besteht darin, zum einen im Interesse der Sicherheit des **sozialen Schutzes der Leiharbeitnehmer** unzuverlässige Verleiher aus dem Bereich der Arbeitnehmerüberlassung herauszuhalten (BSG 6.2.1992, EzAÜG § 3 AÜG Versagungsgründe Nr. 15 mit Verweis auf BT-Drs. VI/2303, 11; LSG Rheinland-Pfalz 19.12.2002, EzAÜG § 1 AÜG Gewerbsmäßige Arbeitnehmerüberlassung Nr. 27; *Becker/Wulfgramm* § 3 Rn. 3), und zum anderen **Entleiher** vor **unzuverlässigen Verleihern** zu schützen, indem letztere keinen Zugang zum Leiharbeitsmarkt erhalten (BT-Drs. VI/2303, 11). Um diese sozialpolitische Zielsetzung zu verwirklichen, enthält Absatz 1 einen **umfassenden Katalog von Versagungsgründen** für die Erteilung oder Verlängerung der Erlaubnis. Die Absätze 2–5 enthalten Regelungen zu weiteren Versagungsgründen, die vorliegen können, wenn die **Arbeitnehmerüberlassung aus dem Ausland** oder von **ausländischen Antragstellern** betrieben werden soll.

3. Anspruch auf Erlaubniserteilung

Die Arbeitnehmerüberlassung basiert auf dem Prinzip eines **generellen** 6 **Verbots mit Erlaubnisvorbehalt.** Sie ist grundsätzlich untersagt, darf aber mit einer entsprechenden Erlaubnis ausgeübt werden. Da die Erlaubnispflicht eine Einschränkung der Berufsfreiheit (Art. 12 GG) des Verleihers darstellt, besteht ein **Anspruch** auf die Verleiherlaubnis, wenn **keine Versagungsgründe** vorliegen. Das **Ermessen** der Behörde ist in diesen Fällen **auf Null** reduziert (LSG Nordrhein-Westfalen 2.7.2010, Breithaupt 2010, 1085 ff.; LSG Bremen 17.12.1975, EzAÜG § 3 AÜG Versagungsgründe Nr. 1; LSG Niedersachsen 22.7.1977, EzAÜG § 4 AÜG Rücknahme Nr. 1; *Becker/Wulfgramm* § 3 Rn. 5; FW BA AÜG Ziff. 3.1 Abs. 1). Umgekehrt **muss** die BA einschreiten, wenn Versagungsgründe vorliegen, und die Erlaubnis bzw. deren Verlängerung versagen. Die Behörde hat diesbezüglich kein Ermessen (*Noack* NJW 1972, 2114 (2115)).

4. Abschließende Nennung der Versagungsgründe

7   Die Norm enthält einen **abschließenden Katalog** von Gründen, die zu einer Versagung der Verleiherlaubnis führen können (*Becker/Wulfgramm* § 3 Rn. 6; Boemke/Lembke/*Lembke* § 3 Rn. 10; *Sandmann/Marschall/Schneider* § 3 Anm. 1; Schüren/Hamann/*Schüren* § 3 Rn. 34; UGBH/*Hurst* § 3 Rn. 11; aA LSG Bremen 17.5.1975, EzAÜG § 3 AÜG Versagungsgründe Nr. 1; wohl auch *Ulber* § 3 Rn. 12–15). Die Behörde kann die Erlaubnis oder ihre Verlängerung **nur aus diesen Gründen verweigern.** Die Gegenmeinung, die sich auf die ursprüngliche Gesetzesbegründung stützt (BT-Drs. VI/2303, 11), übersieht, dass sich der Hinweis des historischen Gesetzgebers, von einer abschließenden Aufzählung der Versagungsgründe sei abgesehen worden, nur auf Absatz 1 Nr. 1 bezieht. Sie ist auch aus verfassungsrechtlichen Gründen abzulehnen, da Beschränkungen des Grundrechts der Berufsfreiheit nach Art. 12 Abs. 1 S. 2 GG einer ausdrücklichen gesetzlichen Regelung bedürfen.

5. Maßgeblicher Zeitpunkt für das Vorliegen von Versagungs-gründen

8   Die Versagungsgründe müssen im **Zeitpunkt der Entscheidung der Erlaubnisbehörde** vorliegen, also entweder im Zeitpunkt der Erlaubniserteilung oder im Zeitpunkt der Widerspruchsentscheidung. Wird gegen die Entscheidung der Behörde Klage erhoben, kommt es auf den Zeitpunkt der **letzten mündlichen Verhandlung** an (BSG 6.2.1992, EzAÜG § 3 AÜG Versagungsgründe Nr. 15; LSG Rheinland-Pfalz 19.12.2002, EzAÜG § 1 AÜG Gewerbsmäßige Arbeitnehmerüberlassung Nr. 27).

6. Beweislast für das Vorliegen von Versagungsgründen

9   Für das Vorliegen aller Versagungsgründe trifft die **BA** eine **erleichterte Beweislast.** Sie muss nach dem Wortlaut der Vorschrift nicht das Vorliegen der Versagungsgründe selbst, sondern nur das Vorliegen der Tatsachen, die die Annahme rechtfertigen, dass Versagungsgründe gegeben sind, beweisen. Bloße Vermutungen, Spekulationen oder Gerüchte genügen dafür nicht. Es reicht jedoch aus, wenn konkrete, sich auf **Tatsachen gründende Anhaltspunkte** bestehen (LSG Baden-Württemberg 11.3.2011, BeckRS 2011, 73254; FW BA AÜG Ziff. 3.1 Abs. 2). Deshalb muss die Behörde – entgegen § 24 VwVfG – den **Sachverhalt nicht vollständig aufklären** (Boemke/ Lembke/*Lembke* § 3 Rn. 13; *Sandmann/Marschall/Schneider* § 3 Anm. 4; *Ulber* § 3 Rn. 20; UGBH/*Hurst* § 3 Rn. 10). So ist die Erlaubnis oder ihre Verlängerung zB zu versagen, wenn die Behörde auf Grund der Mitteilung einer amtlichen Stelle feststellt, dass der Antragsteller einschlägig vorbestraft ist. Die BA muss in diesem Fall nicht zusätzlich in die Strafakten Einsicht nehmen, um sich selbst ein Bild vom Verhalten des Antragstellers zu verschaffen (*Sandmann/Marschall/Schneider* § 3 Anm. 4).

7. Systematik der Versagungsgründe

Absatz 1 nennt die **allgemein** zur Versagung der Erlaubnis führenden **10** Gründe, während Absätze 2–5 die besonderen Versagungsgründe bei **ausländischen Verleihern** oder **Verleihern mit Sitz im Ausland** regeln (→ Rn. 72 ff.). Das Vorliegen eines der genannten Gründe reicht aus, um die Erlaubnis zu versagen oder nicht zu verlängern (FW BA AÜG Ziff. 3.1 Abs. 4).

Die in Absatz 1 genannten Gründe rechtfertigen nicht nur die Versagung **11** der Erlaubnis, sondern bilden gleichzeitig die Grundlage für die gesetzliche **Vermutung der Arbeitsvermittlung** nach § 1 Abs. 2. Mit dieser Rechtsfolge sind jedoch **keine wesentlichen Rechtsfolgen** (mehr) verbunden (*Hamann* RdA 2011, 321 (328 f.)). Zum einen ist die Arbeitsvermittlung grundsätzlich nicht mehr erlaubnispflichtig (→ Rn. 35) und zum anderen hat die Vermutung der Arbeitsvermittlung nicht mehr zur Folge, dass kraft Gesetzes ein Arbeitsverhältnis zum Entleiher zu Stande kommt (BAG 12.7.2016, BeckRS 2016, 72463; 10.12.2013, NZA 2014, 196 (198); 28.6.2000, AP AÜG § 13 Nr. 3; *Gröger* DB 1998, 470 (471); aA *Mohr/Pomberg* DB 2001, 590 (593); *Hamann* BB 1999, 1655; *Behrend* BB 2001, 2641 (2643)).

8. Grundsatz der Verhältnismäßigkeit

Bei der Entscheidung über die Erteilung oder Verlängerung der Erlaubnis **12** hat die **BA** eingehend zu prüfen, ob der Grundsatz der Verhältnismäßigkeit gewahrt ist (FW BA AÜG Ziff. 3.1 Abs. 3, Abs. 5). Nicht jeder Gesetzesverstoß muss zwingend zur Versagung der Erlaubnis führen, da dies existenzbedrohende Folgen für den Antragsteller haben kann (FW BA AÜG Ziff. 3.1 Abs. 3). Vielmehr sind stets die **Gesamtumstände des jeweiligen Einzelfalls** und die einzelnen Gesetzesverstöße je nach Gewicht und Bedeutung für den Schutz der Leiharbeitnehmer zu würdigen (BT-Drs. 18/9232, 22; 18/10064, S. 13; FW BA AÜG Ziff. 3.1 Abs. 3). Danach ist die Versagung der Erlaubnis nur bei einem **schwerwiegenden Verstoß** oder **mehreren geringfügigen Verstößen** zulässig (*Becker/Wulfgramm* § 3 Rn. 9). Bei geringfügigen Verstößen wird es im Allgemeinen ausreichen, erst für den **Wiederholungsfall** die Versagung der Erlaubnis anzudrohen – dies gilt auch für die neu zum 1.4.2017 erfolgte Ergänzung der Nr. 1 um die Überlassungshöchstdauer nach § 1 Abs. 1b – bzw. zu prüfen, ob anstelle einer Versagung eine **Erlaubnis mit Auflage** möglich ist (BSG 22.3.1979, EzAÜG § 2 AÜG Erlaubnisverfahren Nr. 2; LSG Bayern 14.3.1985, NZA 1986, 109 f.; *Becker/Wulfgramm* § 3 Rn. 9; FW BA AÜG Ziff. 3.1 Abs. 3). Dies kommt bei Verlängerungen insbesondere bei einer unzureichenden Betriebsorganisation in Frage (FW BA AÜG Ziff. 3.1. Abs. 5). Hat der Antragsteller jedoch **mehrfach** oder wiederholt gegen die in Absatz 1 Nr. 1 genannten **Pflichten verstoßen,** ist die Annahme gerechtfertigt, dass der Antragsteller sich auch künftig nicht an die einschlägigen gesetzlichen Regelungen halten wird und deshalb die erforderliche Zuverlässigkeit nicht besitzt (*Sandmann/Marschall/Schneider* § 3 Anm. 11; FW BA AÜG Ziff. 3.1.3 Abs. 1).

13   Ein **schwerwiegender Verstoß** liegt vor, wenn es zu einer **Beeinträchtigung der Rechte des** Leiharbeitnehmers **im Kern** kommt (LSG Bayern 14.3.1985, EzAÜG § 3 AÜG Versagungsgründe Nr. 8). Dies ist insbesondere der Fall, wenn der **soziale Schutz des Leiharbeitnehmers** nachhaltig **beeinträchtigt** wird, zB bei der Nichtanmeldung zur Sozialversicherung oder bei der Nichtabführung von Sozialversicherungsbeiträgen (*Becker/Wulfgramm* § 3 Rn. 9). Umgekehrt liegt nur ein **geringfügiger Verstoß** vor, wenn der soziale Schutz des Leiharbeitnehmers in keiner Weise gefährdet ist. Dies sind Verhaltensweisen des Verleihers, bei denen es sich um untergeordnetes oder rechtlich umstrittenes Tun oder Unterlassen handelt (LSG Bayern 14.3.1985, EzAÜG § 3 AÜG Versagungsgründe Nr. 8; auch → Rn. 14), zB bei einer **geringfügigen Überschreitung der Überlassungshöchstdauer** (*Becker/Wulfgramm,* § 3 Nr. 9; BT-Drs. 18/9232, 22; 18/10064, 13), oder wenn der Verleiher seinen Betriebsrat zu einer Versetzung nicht angehört oder den Anspruch eines Leiharbeitnehmers auf eine Teilzeitbeschäftigung gem. § 8 TzBfG zu Unrecht abgelehnt hat. Dies gilt auch in Bezug auf den **Gleichstellungsgrundsatz,** insbesondere die Pflicht zum sog. **Equal-Pay.** Auch gewissenhaft und sorgfältig handelnden Verleihern kann angesichts der **praktischen Schwierigkeiten** bei der Ermittlung der Fakten und der Berechnung von Equal-Pay gelegentlich ein Verstoß gegen das Gleichstellungsgebot unterlaufen (*Henssler,* Ausschluss-Drs. 18(11)761 neu, S. 49). Derartige Verstöße führen **nicht zur Unzuverlässigkeit** des Antragstellers.

14   Zudem ist zu berücksichtigen, dass die BA als **Behörde** – anders als die Arbeitsgerichte – **nicht Instanz arbeitsrechtlicher Entscheidungsfindung** ist. Daher muss sich die Erlaubnisbehörde bei der Beanstandung von Pflichtverstößen auf solche Punkte beschränken, denen **gesicherte Rechtspositionen** zugrunde liegen (*Ulrici* § 3 Rn. 23; FW BA AÜG Ziff. 3.1.1 Abs. 1). Deshalb muss von der BA auch beachtet werden, dass das AÜG bereits aus der Vergangenheit viele Unklarheiten enthielt, zB ob ein Verleih dauerhaft oder noch vorübergehend erfolgt. Aufgrund der jüngsten Änderungen des AÜG kommen nun noch etliche **neue Pflichten** für Verleiher hinzu. Die zugrunde liegenden gesetzlichen Regelungen sind jedoch **nicht** immer **klar definiert.** Daher bestehen im AÜG viele noch **ungeklärte Rechtsfragen,** zB zur Berechnung der Überlassungshöchstdauer und des Equal-Pay oder zur Form der Konkretisierung des Leiharbeitnehmers gem. § 1 Abs. 1 S. 6. Hier kann bis zur höchstrichterlichen Klärung **kein Pflichtenverstoß** im erlaubnisrechtlichen Sinne angenommen werden, wenn der Verleiher nach angemessener Prüfung der Rechtslage eine rechtlich **vertretbare Auslegung** der gesetzlichen Norm zur Anwendung bringt (*Ulrici,* § 3 Rn. 23; vgl. BAG 10.11.2011, AP BGB § 613a Nr. 419 zur Information gem. § 613a Abs. 5 BGB bei ungeklärten Rechtsfragen).

9. Personengebundene Erlaubnis

15   Die Erlaubnis zur Arbeitnehmerüberlassung ist personengebunden, da die (gewerberechtlich) relevanten **Eigenschaften des Antragstellers** im Vordergrund stehen (*Becker/Wulfgramm* § 3 Rn. 7). Dies bedeutet, dass die Erlaubnis für die natürliche Person bzw. für die juristische Person erteilt wird und weder übertragen noch in eine andere Gesellschaft eingebracht werden kann (FW BA AÜG Ziff. 7.2 Abs. 3). Daher ist bei einer **Änderung** einer Einzelfirma, OHG, KG oder GbR in eine GmbH eine **neue Verleiherlaubnis** erforderlich (*Becker/Wulfgramm* § 3 Rn. 7; FW BA AÜG Ziff. 7.2 Abs. 4). Die einer natürlichen Person erteilte Erlaubnis zur Arbeitnehmerüberlassung geht nicht auf die Gesellschaft über, in die diese eintritt, auch wenn diese allein an ihr beteiligt ist und sie führt. Die Gesellschaft hat auch dann keinen Anspruch auf eine von vornherein unbefristete Erlaubnis, wenn die natürliche Person, der die Erlaubnis zur Arbeitnehmerüberlassung erteilt ist, deren einziger Gesellschafter und Geschäftsführer ist (LSG Baden-Württemberg 6.12.1983, EzAÜG § 2 AÜG Erlöschensgründe Nr. 1; *Becker/Wulfgramm* § 3 Rn. 7).

Wird ein **Rechtsträger** gem. § 1 UmwG **umgewandelt** (Verschmelzung,   **16** Spaltung, Vermögensübertragung, Formwechsel) ist außer beim Formwechsel die Beantragung einer **neuen Verleiherlaubnis** erforderlich, da die bisherige Erlaubnis mit der Umwandlung erlischt (LAG Düsseldorf 25.8.2008, EzAÜG § 2 AÜG Erlöschensgründe Nr. 3; 10.3.2008, EzAÜG § 10 AÜG Fiktion Nr. 120; FW BA AÜG Ziff. 7.2 Abs. 4).

II. Allgemeine Versagungsgründe (Abs. 1)

1. Unzuverlässigkeit des Antragstellers (Nr. 1)

Absatz 1 Nr. 1 bestimmt, dass die Erlaubnis zu versagen ist, wenn Tatsachen   **17** den Schluss nahe legen, dass der Antragsteller die nach § 1 erforderliche Zuverlässigkeit nicht besitzt.

Das AÜG knüpft seit dem 1.12.2011 nicht mehr an die „Gewerbsmäßig-   **18** keit" an. Erlaubnispflicht besteht gem. § 1 Abs. 1 S. 1 bereits, wenn die Arbeitnehmerüberlassung im Rahmen einer wirtschaftlichen Tätigkeit ausgeübt wird (→ § 1 Rn. 22). Sofern der Verleiher jedoch eine **gewerbsmäßige Verleihtätigkeit** betreibt, muss er zugleich die **gewerberechtliche Zuverlässigkeit** erfüllen. Diese ist ein allgemeines Zulassungserfordernis für die erlaubte Tätigkeit eines Gewerbetreibenden (§ 35 Abs. 1 GewO). Absatz 1 Nr. 1 stellt in diesem Falle eine **besondere Untersagungsvorschrift** im Sinne des § 35 Abs. 8 GewO dar, die dem § 35 Abs. 1–7a GewO vorgeht. Eine Versagung, eine Rücknahme oder ein Widerruf der Erlaubnis wegen Unzuverlässigkeit kann daher auch im Falle der gewerbsmäßigen Arbeitnehmerüberlassung nur auf der **Grundlage des AÜG** durch die zuständigen Stellen der **BA** und nicht durch die Gewerbeaufsicht erfolgen (Hamburgisches OVG 5.4.2005, GewArch 2005, 257 f.).

a) Begriff der Zuverlässigkeit. Bei dem Begriff der Zuverlässigkeit han-   **19** delt es sich um einen gerichtlich nachprüfbaren, **unbestimmten Rechtsbegriff** (BSG 6.2.1992, EzAÜG § 3 AÜG Versagungsgründe Nr. 15; *Becker/Wulfgramm* § 3 Rn. 15). Da das AÜG selbst keine Definition vorgibt, sondern sich mit einer **beispielhaften Aufzählung** einiger Unzuverlässigkeitskriterien begnügt, und bis 30.11.2011 nur die gewerbsmäßige Arbeitnehmerüberlassung unter Erlaubnisvorbehalt stellte, griff die Rechtsprechung auf den

Zuverlässigkeitsbegriff der GewO zurück. Danach ist gewerberechtlich unzuverlässig, wer nach dem Gesamteindruck seines Verhaltens **keine Gewähr** dafür bietet, dass er sein **Gewerbe** in Zukunft **ordnungsgemäß ausüben wird** (BVerwG 2.2.1982, GewArch 1982, 294; 19.3.1970, GewArch 1971, 200 (201)). Der Begriff der erforderlichen Zuverlässigkeit ist unter Beachtung der **spezifischen Anforderungen der Gewerbeart der Arbeitnehmerüberlassung** zu konkretisieren (LSG Rheinland-Pfalz 16.1.1981, EzAÜG § 3 AÜG Versagungsgründe Nr. 5; *Becker/Wulfgramm* § 3 Rn. 15).

20   Obwohl das AÜG seit dem 1.12.2011 nicht mehr auf die „Gewerbsmäßigkeit" für die Erlaubnispflicht abstellt, ist nicht ersichtlich, dass durch diese Änderung zugleich eine Änderung des Zuverlässigkeitsbegriffs herbeigeführt werden sollte. **Zuverlässig im Sinne des AÜG** sind daher – **wie bisher** – Antragsteller, welche die Überlassung von Arbeitskräften an Dritte voraussichtlich unter **Einhaltung** sämtlicher **hierfür geltender gesetzlicher Bestimmungen** ausführen werden (vgl. BSG 6.2.1992, EzAÜG § 3 AÜG Versagungsgründe Nr. 15; *Becker/Wulfgramm* § 3 Rn. 15). Dabei ist auf den Schutzzweck der jeweiligen Vorschriften abzustellen.

21   Maßgeblich ist eine **Prognose für die Zukunft.** Die Prognose ist ein aus den vorhandenen tatsächlichen Umständen der Vergangenheit und der Gegenwart gezogener Schluss auf ein wahrscheinliches zukünftiges Verhalten des Antragstellers (BVerwG 26.2.1997, GewArch 1997, 242 ff.).

22   Bei ihrer Entscheidung kann die Behörde auch **frühere Verstöße** gegen nunmehr aufgehobene Verbote (zB die Überlassungshöchstdauer von Leiharbeitnehmern), **Verstöße vor Beginn der Gewerbeausübung** oder **frühere Gewerbeverbote** in ihre Entscheidung einbeziehen (*Becker/Wulfgramm* § 3 Rn. 16; *Sandmann/Marschall/Schneider* § 3 Anm. 10; FW BA AÜG Ziff. 3.1.3 Abs. 9; ähnlich Schüren/Hamann/*Schüren* § 3 Rn. 63). Entscheidend für die negative Prognose ist, ob der Antragsteller Gewähr dafür bietet, die Arbeitnehmerüberlassung unter Einhaltung sämtlicher hierfür geltender gesetzlicher Bestimmungen zu betreiben (→ Rn. 21). Hat der Antragsteller hierbei bereits in der Vergangenheit gegen (zu dieser Zeit) geltende Gesetze verstoßen begründet dies berechtigterweise Anzeichen für eine negative Prognose für die Zukunft. Allerdings ist bei der negativen Prognose auch der Zeitfaktor zu berücksichtigen. Daher **verlieren** frühere Verstöße mit entsprechendem zeitlichem Abstand an **Gewicht und Aussagekraft** für die Prognose (Boemke/Lembke/*Lembke* § 3 Rn. 18; UGBH/*Hurst* § 3 Rn. 63; *Ulrici* § 3 Rn. 24).

23   Führt die Prognose zu **keinem eindeutigen Ergebnis,** hat die Behörde die Erlaubnis **im Zweifel** zu erteilen (BSG 6.2.1992, EzAÜG § 3 AÜG Versagungsgründe Nr. 15).

24   **b) Begriff des Antragstellers. aa) Natürliche Personen.** Die Verleiherlaubnis ist eine **personengebundene Erlaubnis** (*Becker/Wulfgramm* § 3 Rn. 7; → Rn. 15). Daher kommt es zunächst darauf an, dass der **Antragsteller** selbst zuverlässig, also willens und in der Lage ist, die Verleihtätigkeit gesetzmäßig auszuführen.

Hierfür maßgeblich ist nach Sinn und Zweck des AÜG die **objektive** 25 **Zurechenbarkeit** eines bestimmten Verhaltens oder bestimmter Eigenschaften, die auf die Unzuverlässigkeit des Antragstellers schließen lassen. Ein **Verschulden** ist zur Begründung der Unzuverlässigkeit nicht erforderlich (BVerwG 19.3.1970, GewArch 1971, 200 (201); 29.3.1966, BVerwGE 24, 38 (41); LSG Rheinland-Pfalz 19.12.2002, EzAÜG § 1 AÜG Gewerbsmäßige Arbeitnehmerüberlassung Nr. 37; *Becker/Wulfgramm* § 3 Rn. 10).

Es **fehlt** an der objektiven Zurechenbarkeit, wenn der Antragsteller durch 26 **unwahre oder unvollständige Angaben** seitens des **Leiharbeitnehmers** unwissentlich die objektiven Tatbestandsmerkmale eines Versagungsgrunds erfüllt (*Becker/Wulfgramm* § 3 Rn. 10). Dies kann zB im Hinblick auf die Überlassungshöchstdauer der Fall sein, wenn ein Leiharbeitnehmer in Bezug auf vorangegangene Einsätze bei einem Entleiher gegenüber dem Verleiher falsche Angaben macht.

bb) Gesellschaften und juristische Personen. Ist der Antragsteller eine 27 Gesellschaft oder juristische Person, müssen die **kraft Gesetzes vertretungsberechtigten Personen** zuverlässig sein.

Bei **Personengesellschaften** (zB KG, OHG, GbR) und **Personenge-** 28 **samtheiten** (zB nichtrechtsfähiger Verein, Erbengemeinschaft) kommt es auf den **zur Geschäftsführung berechtigten Gesellschafter** an. Sind mehrere Gesellschafter kraft Gesellschaftsvertrag geschäftsführend und ist einer von ihnen unzuverlässig, ist die Erlaubnis grundsätzlich zu versagen (BVerwG 5.8.1965, GewArch 1966, 9 ff.; *Boemke/Lembke/Lembke* § 3 Rn. 22; *ErfK/ Wank* AÜG § 3 Rn. 4; *UGBH/Hurst* § 3 Rn. 23; *Ulber* § 3 Rn. 28; *Ulrici* § 3 Rn. 27; aA *Becker/Wulfgramm* § 3 Rn. 17; *Sandmann/Marschall/Schneider* § 3 Rn. 8; *Schüren/Hamann/Schüren* § 3 Rn. 70, die nur dem unzuverlässigen Gesellschafter die Erlaubnis versagen wollen, sofern diese nicht zur Unzuverlässigkeit der Mitgesellschafter führt), es sei denn, durch **Auflagen** kann sichergestellt werden, dass die unzuverlässige vertretungsberechtigte Person von der Vertretung der Gesellschaft in Angelegenheiten des Verleihbetriebs ausgeschlossen wird (LSG Bayern 5.1.2009, EzAÜG SGG Nr. 7). Hierbei ist es jedoch nicht möglich, die Erlaubnis davon abhängig zu machen, dass der unzuverlässige Gesellschafter aus der Gesellschaft ausscheidet, da dann eine neue Gesellschaft entstünde (*Boemke/Lembke/Lembke* § 3 Rn. 22; aA *Becker/Wulfgramm* § 3 Rn. 17; *ErfK/Wank* § 3 Rn. 6; *Schüren/Hamann/ Schüren* § 3 Rn. 68). Auf die Zuverlässigkeit eines **Kommanditisten** kommt es nicht an, da dieser gem. § 164 HGB von der Geschäftsführung ausgeschlossen und nach § 170 HGB zur Vertretung der Gesellschaft nicht ermächtigt ist, es sei denn im Gesellschaftsvertrag ist etwas Abweichendes geregelt (*Becker/ Wulfgramm* § 3 Rn. 17).

Bei **Kapitalgesellschaften** (zB GmbH, AG) ist auf die Zuverlässigkeit der 29 **vertretungsberechtigten Organe** (zB Geschäftsführer, Vorstand) abzustellen (LSG Baden-Württemberg 11.3.2011, BeckRS 2011, 73254; LSG Rheinland-Pfalz 19.12.2002, EzAÜG § 1 AÜG Gewerbsmäßige Arbeitnehmerüberlassung Nr. 27; LSG Bayern 29.7.1986, EzAÜG § 3 AÜG Versagungsgründe Nr. 9; SG Berlin 29.11.1989, EzAÜG § 3 AÜG Versagungsgründe Nr. 13). Bei mehreren Organmitgliedern sind **alle Personen** zu überprüfen (FW BA AÜG Ziff. 3.1.3 Abs. 10). Auch hier gilt, dass die Erlaubnis bereits bei Unzuverlässigkeit einer Person zu versagen ist, es sei denn diese wird durch Auflagen von der Verleihtätigkeit ausgeschlossen. Die Unzuverlässigkeit eines **Gesellschafters** ist hingegen unbeachtlich, es sei denn der Gesellschaftsvertrag räumt ihm **maßgeblichen Einfluss** auf die **Geschäftsführung** ein.

30   Bei einem **Wechsel** der gesetzlichen Vertreter oder eines geschäftsführenden Gesellschafters ist dieser Umstand der Erlaubnisbehörde lediglich unaufgefordert **anzuzeigen** (§ 7 Abs. 1 S. 2) und hat zunächst auf den Bestand der Erlaubnis keine Auswirkung. Die Behörde **prüft** in diesem Fall jedoch **erneut die Zuverlässigkeit** der vertretungsberechtigten Person(-en) und kann die Erlaubnis gegebenenfalls widerrufen (FW BA AÜG Ziff. 3.1.3 Abs. 10). Wechseln andere Mitglieder der Gesellschaft (zB Gesellschafter einer GmbH), ist eine erneute Zuverlässigkeitsprüfung in der Regel nicht erforderlich. Nur wenn sich, zB durch einen Gesellschafterwechsel bei einer **Personengesellschaft,** eine **Änderung der Identität der Gesellschaft** ergibt, ist eine neue Erlaubnis erforderlich, weil die ursprünglichen Gesellschaft erteilte Erlaubnis erlischt.

31   **cc) Dritte.** Gewährt der Antragsteller einem Dritten **Einfluss** auf seinen **Geschäftsbetrieb,** so kann die **Unzuverlässigkeit des Dritten** ebenfalls zur Versagung der Erlaubnis führen. Beschäftigt der Antragsteller zB **unzuverlässiges Stammpersonal,** das mit **Führungsaufgaben** betraut ist (Hessischer VGH 16.6.1993, DB 1993, 2021 ff.; SG Koblenz 3.12.1980, EzAÜG § 3 AÜG Versagungsgründe Nr. 4), oder ist der Antragsteller nicht bereit oder in der Lage seinen als unzuverlässig anzusehenden **Ehepartner** vom Einfluss auf die Führung der Geschäfte auszuschließen (LSG Rheinland-Pfalz 16.1.1981, EzAÜG § 3 AÜG Versagungsgründe Nr. 5), führt dies zur Unzuverlässigkeit des Antragstellers selbst, weil er die fremde, negative Einflussnahme duldet (*Becker/Wulfgramm* § 3 Rn. 17). Im Falle von unzuverlässigem Führungspersonal hat die BA jedoch die Möglichkeit, vorrangig eine **Auflage** zu erteilen, das betreffende Führungspersonal von der Tätigkeit der Arbeitnehmerüberlassung auszuschließen (FW BA AÜG Ziff. 3.1.3 Abs. 9). Wird der Antragsteller lediglich als **Strohmann** tätig, kommt es auf die Zuverlässigkeit des Hintermanns als tatsächlicher Verleiher an (BVerwG 2.2.1982, NVwZ 1982, 559; BSG 6.2.1992, EzAÜG § 3 AÜG Versagungsgründe Nr. 15; LSG Baden-Württemberg 11.3.2011, BeckRS 2011, 73254; aA Boemke/Lembke/*Lembke* § 3 Rn. 25). Dem antragstellenden Strohmann, der die Arbeitnehmerüberlassung überhaupt nicht selbst betreiben, sondern nur einem Hintermann, der den Geschäftsbetrieb unabhängig führen will, zu einer Erlaubnis verhelfen will (sog. Scheingeschäft), ist die Erlaubnis in jedem Fall, unabhängig von der Zuverlässigkeit des Hintermanns, zu versagen, weil **kein rechtliches Interesse** an ihr besteht (*Becker/Wulfgramm* § 3 Rn. 8).

32   **c) Gesetzliche Beispiele.** Der Begriff der Zuverlässigkeit wird durch die in Absatz 1 Nr. 1 genannten Regelbeispiele konkretisiert. Die **Aufzählung**

ist – wie der Wortlaut „insbesondere" zeigt – **nicht abschließend** (BSG 6.2.1992, EzAÜG § 3 AÜG Versagungsgründe Nr. 15; *Becker/Wulfgramm* § 3 Rn. 13; FW BA AÜG Ziff. 3.1.1 Abs. 2). Es handelt sich überwiegend um Vorschriften, deren Einhaltung dem **Schutz der Leiharbeitnehmer** dient.

aa) Sozialversicherungsrecht. Das einzuhaltende Sozialversicherungs- 33 recht umfasst sämtliche Vorschriften der unterschiedlichen Sozialversicherungszweige des SGB und anderer Gesetze, die Pflichten des Arbeitgebers festlegen. Bei einer Verletzung dieser Pflichten handelt es sich regelmäßig um **schwerwiegende Verstöße** (*Becker/Wulfgramm* § 3 Rn. 19, → Rn. 12). Zu beachten sind insbesondere (siehe FW BA AÜG Ziff. 3.1.1 Abs. 3) die **Anmeldung** der Leiharbeitnehmer bei der **zuständigen Krankenkasse,** das **Abführen von Sozialversicherungsbeiträgen** zur Kranken-, Renten-, Arbeitslosen-, Pflege- und Unfallversicherung (zB § 28e SGB IV; dazu SG Köln 11.8.1977, EzAÜG § 3 AÜG Versagungsgründe Nr. 3) und **Umlagen** (zB § 356 SGB III), die Einhaltung der **Melde-, Anzeige- und Auskunftspflichten** (zB § 28a SGB IV), die Abführung von **Sozialkassenbeiträgen** an die **Urlaubs- und Lohnausgleichskassen** der Bauwirtschaft (zB SOKA-Bau); aber auch die Abführung der **Schwerbehindertenabgabe** (BVerwG 13.12.2001, NZA 2002, 386) sowie die **Erstellung von Entgeltbescheinigungen.**

bb) Steuerrecht. Im Hinblick auf das einzuhaltende Steuerrecht nennt 34 das Gesetz ausdrücklich die **Einbehaltung und Abführung von Lohnsteuern** (§§ 38 Abs. 3, 41a Abs. 1 Nr. 2 EStG). Dabei kommt eine Versagung der Erlaubnis selbst dann in Betracht, wenn in der Vergangenheit in einem vom Verleihbetrieb unabhängigen Geschäftsbetrieb des Antragstellers Lohnsteuern hinterzogen wurden (LSG Niedersachsen 22.7.1977, EzAÜG § 4 AÜG Rücknahme Nr. 1). Darüber hinaus kann auch die **Nichtbeachtung anderer steuerrechtlicher Pflichten** wie die Hinterziehung von Gewerbe-, Einkommens- oder Umsatzsteuern, je nach Art und Schwere, zur Annahme der Unzuverlässigkeit des Verleihers führen (LSG Niedersachsen 22.7.1977, EzAÜG § 4 AÜG Rücknahme Nr. 1).

cc) Arbeitsvermittlungsrecht. Die einzuhaltenden Bestimmungen des 35 Arbeitsvermittlungsrechts beschränken sich nach **Aufhebung der Erlaubnispflicht** für die **private Arbeitsvermittlung** durch das Gesetz zur Vereinfachung der Wahl der Arbeitnehmervertreter in den Aufsichtsrat vom 27.3.2002 (BGBl. I S. 1130) auf **wenige Vorschriften.** Der Antragsteller kann zulässigerweise neben der Arbeitnehmerüberlassung auch Arbeitsvermittlung betreiben. Letztere muss jedoch ordnungsgemäß angemeldet (§ 14 Abs. 1 S. 1 GewO) und durchgeführt (§§ 292 ff. SGB III) werden. Danach besteht ein ausschließliches Vermittlungsrecht der BA auch für die **Anwerbung aus dem Ausland** nicht mehr. Allerdings kann gem. § 292 SGB III durch Rechtsverordnung bestimmt werden, dass die Vermittlung für eine Beschäftigung im Ausland außerhalb von EU und EWR sowie die Vermittlung und die Anwerbung aus diesem Ausland für eine Beschäftigung im Inland (Auslandsvermittlung) für bestimmte Berufe und Tätigkeiten **nur von**

der **BA** durchgeführt werden darf. Dies gilt zB für eine Beschäftigung in **Gesundheits- und Pflegeberufen** von Arbeitnehmern aus Afrika, Mittelamerika und Südasien gem. § 38 BeschV (dazu *Huber* NZA 2014, 820 ff.). Mit dem Verbot der privaten Anwerbung und Arbeitsvermittlung wird gewährleistet, dass in Ländern, die selbst eine Mangelsituation im Bereich der Gesundheits- und Pflegeberufe aufweisen, keine Abwerbung erfolgt (FW BA BeschV Ziff. 38.00). Das Verbot gilt nicht für berufliche Ausbildungen nach § 17 AufenthG. Unter Anwerbung sind alle Tätigkeiten im In- und Ausland zu verstehen, mit denen gezielt Fachkräfte im Gesundheits- und Pflegebereich in den betroffenen Staaten auf eine Beschäftigung in Deutschland angesprochen werden. Dies kann zB über Internet oder in Form von Stellenbörsen erfolgen (FW BA BeschV Ziff. 38.01).

36   Die **missbräuchliche Einlösung von Vermittlungsgutscheinen** der BA kann einen Gesetzesverstoß darstellen, der auf eine Unzuverlässigkeit des Antragstellers schließen lässt.

37   **dd) Recht der Ausländerbeschäftigung.** Die Unzuverlässigkeit des Antragstellers kann sich auch daraus ergeben, dass er in seinem Unternehmen ausländische Arbeitnehmer **ohne Erlaubnis beschäftigt** (vgl. BVerwG 13.3.1973, AP GastG § 10 Nr. 1).

38   Für Staatsangehörige der **EU-Altmitgliedstaaten** (→ Rn. 82) besteht **uneingeschränkte Arbeitnehmerfreizügigkeit,** dh freier Zugang zur Beschäftigung in jedem anderen Mitgliedstaat. Sie bedürfen daher keiner Erlaubnis. Gleiches gilt für Staatsangehörige der **EWR-Staaten** (→ Rn. 86), die ebenfalls uneingeschränkte Arbeitnehmerfreizügigkeit genießen. Staatsangehörige der **Schweiz** sind nach dem Freizügigkeitsabkommen EU-Schweiz EWR-Staatsangehörigen gleichgestellt (→ Rn. 104).

39   Besonderheiten galten für Staatsangehörige der **EU-Beitrittsstaaten** aus den Jahren 2004/2007/2013 (sog. MOE-Staaten) im Wege der sog. **Osterweiterung** der EU (auch → Rn. 83 f.). Nur für die Staatsangehörigen **von Malta und Zypern** wurde eine sofortige Arbeitnehmerfreizügigkeit ab dem Beitrittszeitpunkt vereinbart. Für die restlichen **Staaten** galt eine **Übergangszeit** von bis zu sieben Jahren ab dem Zeitpunkt des Beitritts (sog. „2+3+2"-Modell). In der Übergangszeit durften Staatsangehörige der Beitrittsstaaten eine Beschäftigung nur mit **Genehmigung der BA** (§ 284 SGB III) ausüben und daher von Verleihern nur beschäftigt werden, wenn die Arbeitnehmer eine solche **Arbeitsgenehmigung-EU** besitzen (*Schlegel* jurisPR-SozR 9/2011 Anm. 1; *Schneider-Sievers* RdA 2012, 277). Die Genehmigung war jedoch im Falle der Leiharbeit von einzelnen Ausnahmen abgesehen zu versagen (→ Rn. 40). Staatsangehörige der Beitrittsstaaten konnten daher **während der Übergangszeit** grundsätzlich **nicht als Leiharbeitnehmer** in Deutschland **tätig werden** (*Bayreuther* DB 2011, 706 (708); *Böhm* NZA 2010, 1218 (1219); *Schlegel* jurisPR-SozR 9/2011 Anm. 1). Die **Übergangsfrist** ist jedoch für sämtliche Beitrittsstaaten **abgelaufen,** so dass auch für diese Staatsangehörigen volle Arbeitnehmerfreizügigkeit in Deutschland gilt. Diese Personen bedürfen daher **keiner Arbeitsgenehmigung-EU mehr** (FW BA AÜG

Ziff. 3.1.1 Abs. 4). Für Staatsangehörige der **Tschechischen Republik, Estland, Lettland, Litauen, Ungarn, Polen, Slowenien** und der **Slowakische Republik** (Beitritt 1.5.2004) ist die Übergangsfrist am 30.4.2011 abgelaufen, so dass **seit dem 1.5.2011** die volle Arbeitnehmerfreizügigkeit gilt. Für Staatsangehörige aus **Bulgarien** und **Rumänien** (Beitritt 1.1.2007) ist die Übergangsfrist am 31.12.2013 abgelaufen, so dass deren Staatsangehörige **seit dem 1.1.2014** volle Arbeitnehmerfreizügigkeit genießen. Für Staatsangehörige aus **Kroatien** (Beitritt 1.7.2013) ist die Übergangsfrist am 30.6.2015 abgelaufen, daher gilt die volle Arbeitnehmerfreizügigkeit **seit dem 1.7.2015.** Hier wurde die höchstmögliche Frist von sieben Jahren von Deutschland nicht ausgeschöpft.

Arbeitnehmer, die **nicht Staatsangehörige der Mitgliedstaaten der** 40 **EU oder des EWR** sind, dürfen eine Beschäftigung im Bundesgebiet nur aufnehmen, wenn der Aufenthaltstitel sie dazu berechtigt. Grundsätzlich muss die BA dem Aufenthaltstitel zustimmen. Die **Zustimmung** der BA zur Beschäftigung ist gem. § 40 Abs. 1 Nr. 2 AufenthaltsG **zu versagen,** wenn der Ausländer **als Leiharbeitnehmer tätig** werden will. Die Zustimmung zur Beschäftigung als Leiharbeitnehmer kann jedoch unter bestimmten Voraussetzungen erteilt werden, wenn der Ausländer gem. § 32 Abs. 3 iVm Abs. 5 BeschV eine **Duldung** oder eine **Aufenthaltsgestattung** besitzt und für die Zustimmung der BA **keine Vorrangprüfung** erforderlich ist (*v. Harbou* NVwZ 2016, 421 (423); FW BA AÜG Ziff. 3.1.1 Abs. 4). Dies eröffnet weitere Chancen zur Eingliederung in Arbeit (BR-Drs. 447/15, 12). Eine Tätigkeit als Leiharbeitnehmer ist folglich **nach Ablauf von drei Monaten** (§ 32 Abs. 1 BeschV) in den 133 Agenturbezirken, in denen keine Vorrangprüfung durchgeführt wird (siehe Anlage zu § 32 BeschV), uneingeschränkt möglich; in den anderen 23 Agenturbezirken nur in Engpassberufen nach der Positivliste oder als Hochschulabsolventen sowie **ab 15-monatigem Aufenthalt** (FW BA BeschV Ziff. 32.03). Die Beschäftigung von **Asylbewerbern** und **Geduldeten** als Leiharbeitnehmer ist zudem möglich, wenn eine **Zustimmung** der BA gem. § 32 Abs. 2 BeschV **nicht erforderlich** ist (FW BA BeschV Ziff. 32.03). Diese Einschränkungen gelten nicht für **anerkannte Flüchtlinge, asylberechtigte Personen** und **subsidiär schutzberechtigte Personen.** Diese Personen haben eine Aufenthaltserlaubnis, die ihnen uneingeschränkt jede Erwerbstätigkeit in Deutschland ermöglicht. Sie können daher auch als Leiharbeitnehmer tätig werden. Zu den **Voraussetzungen der Ausländerbeschäftigung** in Deutschland siehe *Rahne* DB 2012, 2281 ff.; *Huber* NZA 2014, 820 ff.; *Krug/Güttner* ArbRAktuell 2016, 155 ff.

ee) Überlassungshöchstdauer. Bei Verleihern, die gegen die Überlas- 41 sungshöchstdauer gem. § 1 Abs. 1b verstoßen, steht die für die Erteilung und Verlängerung der Verleiherlaubnis erforderliche Zuverlässigkeit zur Ausübung der Arbeitnehmerüberlassung in Frage, da die Überlassungshöchstdauer zu den **wesentlichen Merkmalen der Arbeitnehmerüberlassung** gehört (BT-Drs. 18/9232, 22). Daher wurde die Nichteinhaltung der Überlassungshöchstdauer **neu in den Beispielskatalog** der Versagungsgründe in Absatz 1

Nr. 1 aufgenommen. Aufgrund der Übergangsfrist in § 19 ist eine Überschreitung **frühestens ab dem 1.10.2018** möglich. Eine **geringfügige
Überschreitung** der Überlassungshöchstdauer in einem Einzelfall begründet
regelmäßig alleine noch **nicht die Unzuverlässigkeit,** da stets die Gesamtumstände zu würdigen und der Grundsatz der Verhältnismäßigkeit zu beachten ist (BT-Drs. 18/9232, 22; FW BA AÜG Ziff. 3.1 Abs. 3; → Rn. 19).

42   **ff) Arbeitsschutzrecht.** Zum einzuhaltenden Arbeitsschutzrecht gehören **alle öffentlich-rechtlichen Bestimmungen,** die der **Sicherheit** und
dem **Gesundheitsschutz am Arbeitsplatz** dienen (vgl. *Becker/Wulfgramm*
§ 3 Rn. 24). Die Arbeitnehmer sollen gegen Arbeitsunfälle, Berufserkrankun-
gen und ungeeignete Arbeitsbedingungen oder Beschäftigungsarten sowie
vorzeitigen Verschleiß geschützt werden. Die allgemeinen Maßnahmen ergeben sich dabei insbesondere (siehe FW BA AÜG Ziff. 3.1.1 Abs. 6) aus
dem **ArbZG,** dem **JArbSchG** und den sonstigen **öffentlich-rechtlichen
Arbeitsschutzbestimmungen** einschließlich der **Unfallverhütungsvorschriften,** d. h dem **ArbSchG** sowie den Unfallverhütungsvorschriften der
Berufsgenossenschaften, aber auch aus der GewO, dem ASiG, der Arbeitsstät-
tenverordnung einschließlich der Arbeitsstättenrichtlinien, dem Geräte- und
Produktsicherheitsgesetz sowie dem Chemikaliengesetz (vgl. BVerwG
13.3.1973, AP GastG § 10 Nr. 1 zur Gewerbeuntersagung wegen beharrlicher
Missachtung der Pflichten als Unternehmer gegenüber der zuständigen
Berufsgenossenschaft). Bei besonders schutzbedürftigen Personen wie
schwangeren Frauen und schwerbehinderten Menschen, sind darüber hinaus
die besonderen Vorschriften des **MuSchG** sowie des **SGB IX** einzuhalten
(*Becker/Wulfgramm* § 3 Rn. 24).

43   **gg) Arbeitsrechtliche Pflichten.** Die vom Antragsteller einzuhaltenden
arbeitsrechtlichen Pflichten umfassen sämtliche arbeitsrechtliche **Haupt- und
Nebenpflichten,** die sich aus Gesetzen, Tarifverträgen, Betriebsvereinbarungen und Einzelarbeitsverträgen ergeben, insbesondere (siehe FW BA AÜG
Nr. 3.1.1 Abs. 7) die regelmäßige **Zahlung des Arbeitsentgelts,** die **Entgeltfortzahlung** an Feiertagen und im Krankheitsfall, die Einhaltung der
Fürsorgepflichten nach den Arbeitnehmerschutzgesetzen (ua ArbZG,
ArbSchG, ASiG), die **Gewährung von Urlaub,** die Beachtung des **KSchG,**
die Erfüllung der **Pflichten** nach dem **SGB IX** sowie die Einhaltung der
besonderen Pflichten des Verleihers gegenüber dem Leiharbeitnehmer **aus
§§ 9 ff.,** zB darf der Verleiher den Zugang zu Gemeinschaftseinrichtungen
oder -diensten gem. § 13b nicht beschränkt und der Verleiher muss dem
Leiharbeitnehmer gem. § 11 innerhalb von einem Monat nach dem vereinbarten Beginn einen **Nachweis** über die wesentlichen Arbeitsbedingungen
sowie bei Vertragsschluss ein Merkblatt der Behörde über den wesentlichen
Inhalt des AÜG auszuhändigen. Dagegen besteht keine Pflicht des Verleihers,
die **wesentlichen Arbeitsbedingungen des Entleiherbetriebs** nachzuweisen (BAG 23.3.2011, EzA § 10 AÜG Nr. 15).

44   Verstößt der Antragsteller gegen den **Gleichstellungsgrundsatz** gem. § 8
Abs. 1, liegt auch ein **Verstoß gegen Absatz 1 Nr. 1** vor (FW BA AÜG
Ziff. 3.1.5). Vergütet der Verleiher seine Leiharbeitnehmer zwar entsprechend

einem Tarifvertrag, der ein Abweichen vom Gleichstellungsgrundsatz eigentlich erlaubt, ist jedoch eine **Lohnuntergrenze** gem. § 3a Abs. 2 festgesetzt, und liegt die Vergütung des Tarifvertrags unterhalb der festgesetzten Lohnuntergrenze, liegt ebenfalls ein Verstoß gegen die arbeitsrechtlichen Pflichten nach Absatz 1 Nr. 1 vor (BT-Drs. 17/5238, 14). Gleiches gilt für einen Verstoß gegen den **gesetzlichen Mindestlohn** gem. § 1 Abs. 2 S. 1 MiLoG. Allerdings liegt derzeit (und absehbar auch in Zukunft) die Lohnuntergrenze in der Arbeitnehmerüberlassung oberhalb des Mindestlohns gemäß MiLoG. Daher findet die Pflicht aus dem MiLoG aktuell keine Anwendung. Die Regelungen des AÜG und der auf dessen Grundlage erlassenen Rechtsverordnungen gehen den Regelungen des MiLoG vor, soweit die Höhe der Lohnuntergrenze die Höhe des Mindestlohns nicht unterschreitet (§ 1 Abs. 3 MiLoG). Aufgrund dieser Vorrangregelung sowie der Übergangsregelung in § 24 Abs. 1 MiLoG war es in der Vergangenheit trotz Inkrafttretens des Mindestlohns vom 1.1.2015 **bis zum 31.5.2016** möglich, Leiharbeitnehmern in den **neuen Bundesländern ein geringeres Stundenentgelt** zu zahlen, welches die 2. LUGrVO vorsah. Seit dem 1.6.2016 liegt die Lohnuntergrenze auch in den neuen Bundesländern nicht mehr unter dem Mindestlohn gemäß MiLoG (siehe § 2 Abs. 2 2. LuGrVO bzw. § 2 Abs. 2 3. LuGrVO).

Im Hinblick auf den Gleichstellungsgrundsatz muss der **Verleiher in 45 Erfahrung bringen,** bei welchen Arbeitgebern der Leiharbeitnehmer in den **letzten sechs Monaten beschäftigt** war, um festzustellen, ob eine Abweichung vom Gleichstellungsgrundsatz überhaupt zulässig ist (FW BA AÜG Ziff. 8.3 Abs. 2). Sofern sich dies nicht bereits aus den üblichen Bewerbungsunterlagen ergibt, muss der Verleiher diese Angaben gesondert erfragen (zB in einem speziellen Fragebogen oder durch einen Zusatz im Personalfragebogen). Daneben empfiehlt es sich, dass der Verleiher (ergänzend) im Leiharbeitsvertrag eine besondere **Mitteilungspflicht** aufnimmt, die den Leiharbeitnehmer verpflichtet, dem Verleiher unverzüglich mitzuteilen, wenn er bei einem Entleiher eingesetzt werden soll bzw. wird, bei dem er in den letzten sechs Monaten aus einem Arbeitsverhältnis ausgeschieden ist bzw. nicht weiterbeschäftigt wurde (FW BA AÜG Ziff. 8.3 Abs. 2). Die **BA überprüft bei der Antragstellung,** ob der Antragsteller bei seinen Leiharbeitnehmern eine solche **Abfrage durchführt,** der Prüfbogen der Behörde wurde entsprechend angepasst (BA E-Mail-Info SGB III v. 2.5.2011). Andernfalls kann der Antragsteller die Einhaltung des Gleichstellungsgrundsatzes nicht gewährleisten, so dass ein **Versagungsgrund** vorliegt, da er nicht wissen kann, ob die Drehtürregelung eingreift und damit ein Abweichen vom Gleichstellungsgrundsatz nicht zulässig wäre.

Der Verleiher muss auch die Vorschriften über die **Befristung von 46 Arbeitsverträgen** einhalten. Hierbei gilt insbesondere, dass eine befristete Einsatzmöglichkeit beim Entleiher keinen sachlichen Grund im Sinne des § 14 Abs. 1 TzBfG darstellt und eine Befristung ohne sachlichen Grund nur unter den Voraussetzungen des § 14 Abs. 2 TzBfG möglich ist. War ein Leiharbeitnehmer bereits vorher (unabhängig von der Dauer) bei dem Verleiher befristet oder unbefristet beschäftigt, ist eine Befristung ohne sachlichen

Grund für einen Zeitraum von drei Jahren nicht mehr möglich. Die Dreijahresfrist beginnt mit dem Ende des vorangegangenen Arbeitsverhältnisses (FW BA AÜG Ziff. 3.1.1 Abs. 8).

47   Außerdem ist der Verleiher an die Arbeitgeberverpflichtungen gebunden, die aus dem **Benachteiligungsverbot des AGG** erwachsen (BSG 6.4.2000, AP AÜG § 11 Nr. 1)

48   Verwendet der Antragsteller arbeitsrechtlich **unzulässige Vertragsklauseln** in seinen Standardarbeitsverträgen, ergibt sich daraus **nicht die Unzuverlässigkeit.** Die Behörde hat keine Befugnis, zum Schutz der Leiharbeitnehmer die vom Verleiher verwandten Leiharbeitsvertragsmuster einer **präventiven Inhaltskontrolle** zu unterziehen. Die Behörde kann zwar auf die Erreichung gesetzlicher Ziele mit hoheitlichen Auflagen hinwirken, nicht aber bei der privaten Rechtsgestaltung zwischen Verleiher und Leiharbeitnehmer mitwirken (LSG Hamburg 27.1.1994, EzAÜG § 2 AÜG Erlaubnisverfahren Nr. 5; aA SG Hamburg 24.9.1992, EzAÜG § 3 AÜG Versagungsgründe Nr. 17).

49   **d) Sonstige Anhaltspunkte für die Unzuverlässigkeit des Antragstellers.** Auch das Nichtvorliegen bestimmter Voraussetzungen persönlicher oder sachlicher Art im Zusammenhang mit der Ausübung einer wirtschaftlichen Tätigkeit kann die Annahme der Unzuverlässigkeit des Antragstellers rechtfertigen. So können **Alkohol- oder Drogensucht, psychische Erkrankungen** oder die **Bestellung eines Betreuers** (§ 1896 BGB) Merkmale für die Unzuverlässigkeit sein (FW BA AÜG Ziff. 3.1.3 Abs. 9).

50   **aa) Weitere Vorschriften.** Die **Aufzählung** der Gesetzesbestimmungen in Absatz 1 Nr. 1 ist nur **beispielhaft** (→ Rn. 32). Daher kann auch die Verletzung sonstiger Vorschriften die Unzuverlässigkeit des Antragstellers begründen. Dazu gehören insbesondere das Recht der Arbeitnehmerüberlassung selbst, die Bestimmungen des Arbeitnehmerentsenderechts sowie das Wettbewerbsrecht.

51   **(1) Arbeitnehmerüberlassungsrecht.** So führt die erlaubnispflichtige Überlassung von Arbeitnehmern bereits **vor Erteilung** der Erlaubnis zur Annahme der Unzuverlässigkeit des Antragstellers (SG Köln 11.8.1977, EzAÜG § 3 AÜG Versagungsgründe Nr. 3). Ebenso kann das Einreichen von vorsätzlich oder fahrlässig **falsch ausgefüllten Formularen** zur Versagung der Erlaubnis führen (SG Koblenz 3.12.1980, EzAÜG § 3 AÜG Versagungsgründe Nr. 4). Gleiches gilt bei einem Verstoß gegen das Verbot des **Kettenverleihs** (BT-Drs. 18/9232, 19). Ein Kettenverleih war bereits nach bisheriger Verwaltungspraxis unzulässig (FW BA AÜG Ziff. 1.1.2 Abs. 11, 12), nunmehr ist der Kettenverleih gesetzlich (§ 1 Abs. 1 S. 3 ausdrücklich untersagt (BT-Drs. 18/9232, 19). Die Unzuverlässigkeit kann auch ein Verstoß gegen das Verbot der **verdeckten Arbeitnehmerüberlassung:** Verletzt der Verleiher das **Offenlegungsgebot** gem. § 1 Abs. 1 S. 5 und S. 6, führt dies regelmäßig zur Versagung der Erlaubnis. Auch isolierte Verstöße gegen die **Kennzeichnungspflicht** (§ 1 Abs. 1 S. 5) oder die **Konkretisierungspflicht** (§ 1 Abs. 1 S. 6) können die Unzuverlässigkeit begründen

(*Lembke* NZA 2017, 1 (9); *Ulrici* § 3 Rn. 44). Gleiches gilt, wenn der Verleiher entgegen **§ 11 Abs. 2 S. 4** den Leiharbeitnehmer **nicht informiert** oder bei einem Verstoß gegen die **Vorgaben aus § 9 Abs. 1 Nr. 2a-5** (→ Rn. 43).

(2) Arbeitnehmerentsenderecht. Wird ein Leiharbeitnehmer von sei- 52 nem Entleiher mit Tätigkeiten beschäftigt, die in den Geltungsbereich eines für **allgemeinverbindlich erklärten Tarifvertrages** oder einer **Rechts-verordnung** nach dem **AEntG** fallen, hat der Verleiher dem Leiharbeitneh-mer das in diesem Tarifvertrag oder dieser Rechtsverordnung festgelegte **Mindestentgelt** zu zahlen und die vorgeschriebenen Beiträge zu den dort genannten gemeinsamen Einrichtungen zu leisten (§ 8 Abs. 3 AEntG). Der Tarifvertrag muss den **Entleihbetrieb betrieblich erfassen** und im Übrigen räumlich und persönlich anwendbar sein (BAG 21.10.2009, AP TVG § 1 Tarifverträge: Maler Nr. 14; *Schlegel* jurisPR-SozR 9/2011 Anm. 1). Eine Abweichung zuungunsten des Leiharbeitnehmers ist dann auch durch Tarif-vertrag nicht zulässig, da die Vorschriften des AEntG **Vorrang vor den Regelungen des AÜG** haben. Dies gilt sowohl für Verleiher mit Sitz im In- als auch im Ausland (*Bayreuther* DB 2009, 678). Darüber hinaus muss ein **Verleiher mit Sitz im Ausland** bei Überlassung von Leiharbeitnehmern, auf deren Arbeitsverhältnis ein Tarifvertrag kraft Allgemeinverbindlicherklä-rung oder aufgrund einer Rechtsverordnung Anwendung findet, seine **Mit-wirkungspflichten** gem. § 18 Abs. 3 und Abs. 4 AEntG sowie § 17b Abs. 1 und Abs. 2 erfüllen und die geforderte **Versicherung** abgeben, dass er seine Verpflichtungen nach § 8 AEntG bzw. § 8 Abs. 5 einhält (*Ulber* § 3 Rn. 71).

(3) Wettbewerbsrecht. Eine Unzuverlässigkeit kann sich auch daraus 53 ergeben, dass ein Verleiher wettbewerbswidrig (zB durch **Verleiten zum Vertragsbruch**) Arbeitnehmer **abwirbt,** um diese selbst im Rahmen einer wirtschaftlichen Tätigkeit an Entleiher zu überlassen (*Becker/Wulfgramm* § 3 Rn. 27).

bb) Grundlegende Rechtskenntnisse. Der Antragsteller muss nicht 54 über einschlägige Fachkunde und Berufserfahrung verfügen, um als zuverläs-sig zu gelten. Daher können grundsätzlich auch **Berufsanfänger** eine Erlaubnis erhalten (BSG 6.2.1992, EzAÜG § 3 AÜG Versagungsgründe Nr. 15). Unerfahrenheit im Geschäftsverkehr ist nicht mit Unzuverlässigkeit gleichzusetzen (*Sandmann/Marschall/Schneider* § 3 Anm. 12). Wer nicht bereits von Anfang an über die notwendigen Kenntnisse verfügt, kann sich der **Hilfe sachkundiger Dritter** oder **externer Berater** (zB Rechtsanwalt, Steuerberater) bedienen und auf diese Weise etwaige fachkundliche Defizite ausgleichen bzw. sich den erforderlichen Kenntnisstand aneignen (BSG 6.2.1992, EzAÜG § 3 AÜG Versagungsgründe Nr. 15; aA SG Berlin 29.11.1989, EzAÜG § 3 AÜG Versagungsgründe Nr. 13; *Ulber* § 3 Rn. 32). Allerdings dürfen beim Antragsteller **elementarste Grundkenntnisse** des **Arbeits-, Sozialversicherungs- und Steuerrechts** nicht fehlen (BSG 6.2.1992, EzAÜG § 3 AÜG Versagungsgründe Nr. 15; FW BA AÜG Ziff. 3.1.3 Abs. 2), da der Antragsteller sonst nicht in der Lage ist, seine Arbeitgeberpflichten (sei es auch mit Hilfe von fachkundigen Externen) zu erfüllen. Der **Nachweis** dieser **Mindestkenntnisse** ist in der Regel erbracht, wenn der Antragsteller über eine abgeschlossene **kaufmännische Ausbildung** bzw. einen **Meisterbrief** verfügt, oder bereits **längere Zeit als Gewerbetreibender** oder im **Personalbereich** eines Unternehmens tätig war. Gleiches gilt, wenn der Antragsteller an einem **Existenzgründerlehrgang der IHK** bzw. einem vergleichbaren Lehrgang teilgenommen hat oder es sich um einen **Mischbetrieb** handelt, der bereits längere Zeit besteht (FW BA AÜG Ziff. 3.1.3 Abs. 2).

55 Wenn die notwendigen Grundkenntnisse für die Behörde nicht aus den beigebrachten Unterlagen ersichtlich sind, hat der Antragsteller die Möglichkeit, den Nachweis im **Rahmen eines Gesprächs** zu erbringen (FW BA AÜG Ziff. 3.1.3 Abs. 2).

56 **cc) Wirtschaftliche Verhältnisse.** Die Behörde überprüft im Rahmen der Antragstellung auch die wirtschaftlichen Verhältnisse des Verleihers, da sich die Unzuverlässigkeit des Verleihers aus der **fehlenden wirtschaftlichen Leistungsfähigkeit** oder aus **ungeordneten wirtschaftlichen Verhältnissen** ergeben kann (LSG Bayern 8.11.2002, EzAÜG § 3 AÜG Versagungsgründe Nr. 20; BT-Drs. VI/2303, Anlage 3, S. 24). Der Antragsteller muss daher über eine gewisse **finanzielle Grundausstattung** verfügen, da er nicht nur das Lohnrisiko der Leiharbeitnehmer trägt, sondern auch Sozialversicherungsbeiträge und Steuern abführen muss. Die Behörde verlangt vom Antragsteller aus diesem Grund für die Erteilung der Erlaubnis einen **Nachweis über liquide Mittel** in Höhe von 2.000 EUR je Leiharbeitnehmer, mindestens jedoch 10.000 EUR in Form einer Bankbürgschaft oder Kreditbestätigung. Der Antragsteller kann den Nachweis jedoch auch anderweitig erbringen, zB durch Vorlage eines aktuellen Kontoauszugs (FW BA AÜG Ziff. 3.1.3 Abs. 5).

57 Anhaltspunkte für ungeordnete Vermögensverhältnisse sind zB die Eintragung ins **Schuldnerverzeichnis** (§ 26 Abs. 2 InsO) oder die Abgabe einer **eidesstattlichen Versicherung** (§ 807 ZPO). Allein die **Eröffnung des Insolvenzverfahrens** ist dagegen noch kein zwingender Grund, die Erlaubnis wegen ungeordneter wirtschaftlicher Verhältnisse zu versagen, solange der Betrieb fortgeführt wird. Der Insolvenzverwalter ist daher aufzufordern, nach Abschluss des Berichtstermins (§ 29 Abs. 1 InsO) mitzuteilen, ob das Unternehmen stillgelegt oder vorläufig fortgeführt wird. Für den Fall, dass das Unternehmen stillgelegt werden soll, ist die Erlaubnis zu versagen bzw. zu widerrufen (FW BA AÜG Ziff. 3.1.3 Abs. 4). Auf ein **Verschulden** des Antragstellers kommt es nicht an (*Becker/Wulfgramm* § 3 Rn. 26). Die Eröffnung des Insolvenzverfahrens kann für die BA jedoch Veranlassung geben, in eine Zuverlässigkeitsprüfung von Amts wegen einzutreten (*Noack* NJW 1972, 2114 (2115)).

58 **dd) Straftaten und Ordnungswidrigkeiten.** Schließlich können **einschlägige rechtskräftige Straftaten,** zB wegen Steuerhinterziehung, Diebstahl, Unterschlagung, Betrug, Hehlerei, Untreue, Urkundenfälschung und Wucher, aber auch andere Delikte, wie Nötigung, Beleidigung, Körperverletzung und Sittlichkeitsverbrechen, wenn sie **im Rahmen der beruflicher**

Tätigkeit begangen wurden, die Annahme fehlender Zuverlässigkeit rechtfertigen (LSG Bayern 8.11.2002, EzAÜG § 3 AÜG Versagungsgründe
Nr. 20; SG Speyer 16.9.1981, EzAÜG § 3 AÜG Versagungsgründe Nr. 7;
Becker/Wulfgramm § 3 Rn. 27; FW BA AÜG Ziff. 3.1.3 Abs. 6; einschränkend
Schüren/Hamann/*Schüren* § 3 Rn. 45 ff., die dem Antragsteller Gelegenheit
geben wollen, darzutun, warum trotz der Verurteilung in der Vergangenheit
für die Zukunft von ihm ein anderes, rechtstreues Verhalten erwartet werden
kann). Delikte, die für die Ausübung der Verleihtätigkeit **keine Relevanz**
besitzen (zB Trunkenheitsdelikte im Straßenverkehr) müssen von der
Behörde jedoch nicht berücksichtigt werden (*Ulber* § 3 Rn. 20).

Unzuverlässig ist ein Verleiher, der in den **letzten fünf Jahren vor** 59
Antragstellung wegen og einschlägiger Delikte **rechtskräftig verurteilt**
wurde. Dabei ist allerdings nicht schematisch auf die Tatsache der Verurteilung abzustellen, vielmehr sind die Einzelumstände der Tat im Hinblick auf
den besonderen Zweck des AÜG abzuwägen, dh ob aus einer zur Bestrafung
führenden Tatsache auf die Unzuverlässigkeit des Verleihers geschlossen werden kann (*Becker/Wulfgramm* § 3 Rn. 27; FW BA AÜG Ziff. 3.1.3 Abs. 6).

In Betracht kommen auch **Ordnungswidrigkeiten,** die im Zusammen- 60
hang mit der Verleihtätigkeit begangen wurden. Darüber hinaus können
andere Gesetzesverstöße zusammengenommen eine **persönliche Grund-
haltung zur Missachtung gesetzlicher Vorschriften** erkennen und damit
auf eine mangelnde Zuverlässigkeit schließen lassen (SG Speyer 16.9.1981,
EzAÜG § 3 AÜG Versagungsgründe Nr. 7; ähnlich LSG Bayern 8.11.2002,
EzAÜG § 3 AÜG Versagungsgründe Nr. 20). Geringfügige Ordnungswidrigkeiten, die mit einer Verwarnung oder einem Verwarnungsgeld geahndet
werden können (§ 56 Abs. 1 OWiG) bleiben jedoch außer Betracht (Schüren/
Hamann/*Schüren* § 3 Rn. 139).

Auch noch **nicht rechtskräftige** Straftaten oder Ordnungswidrigkeiten 61
können von der Erlaubnisbehörde herangezogen werden, sofern der
zugrunde liegende Sachverhalt zweifelsfrei ermittelt wurde, so dass von
einer rechtskräftigen Feststellung ohne Zweifel auszugehen ist (FW BA AÜG
Ziff. 3.1.3 Abs. 7).

Kann auf Grund der Eintragungen im **Führungszeugnis** keine Entschei- 62
dung über die Zuverlässigkeit getroffen werden, so sind im erforderlichen
Umfang weitere Unterlagen (zB die Strafakte) beizuziehen (FW BA AÜG
Ziff. 3.1.3 Abs. 6).

2. Mangelnde Betriebsorganisation (Nr. 2)

Die Vorschrift des Absatz 1 Nr. 2 legt ergänzend zu Absatz 1 Nr. 1, der 63
die persönlichen Zuverlässigkeitsanforderungen betrifft, die **betriebsorgani-
satorischen Anforderungen** an die Zuverlässigkeit des Antragstellers fest.
Danach muss die Betriebsorganisation so gestaltet sein, dass der Antragsteller
die ihm obliegenden, üblichen Arbeitgeberpflichten erfüllen kann. Nach dem
Willen des Gesetzgebers soll der Verleiher nicht lediglich formell als Arbeitgeber auftreten, sondern **tatsächlich in der Lage sein,** die **Arbeitgeberfunktion auszuüben** (BT-Drs. VI/2303, 11).

64   **a) Übliche Arbeitgeberpflichten.** Die üblichen Arbeitgeberpflichten, die der Antragsteller zu erfüllen hat, ergeben sich in erster Linie aus dem **Arbeits-, Steuer- und Sozialversicherungsrecht** (*Becker/Wulfgramm* § 3 Rn. 33). Dazu gehören insbesondere die ordnungsgemäße Abrechnung und Auszahlung des Arbeitsentgelts, das Abführen von Lohnsteuern und Sozialversicherungsbeiträgen sowie die ordnungsgemäße Erfüllung von Melde-, Anzeige- und Auskunftspflichten (→ Rn. 33 ff.). Aber auch die Einhaltung der arbeitnehmerüberlassungsspezifischen **Kontrollpflichten** über die vertragsgemäße Beschäftigung der Leiharbeitnehmer, vor allem in Hinblick auf die vereinbarte Tätigkeit und Arbeitszeit sowie die Einhaltung des Arbeitsschutzes und der Unfallverhütungsvorschriften im Einsatzbetrieb sind vom Antragsteller sicherzustellen (FW BA AÜG Ziff. 3.1.4 Abs. 1). Dies muss der Antragsteller jedoch nicht notwendigerweise selber erledigen. Es ist zulässig, wenn sich der Antragsteller zur Erfüllung seiner Steuerangelegenheiten zB eines **Steuerberaters** oder **Steuerbevollmächtigten** bedient (→ Rn. 66).

65   **b) Betriebsorganisation.** An die Betriebsorganisation sind zunächst bestimmte äußere Mindestanforderungen wie **feste Geschäftsräume** und eine gewisse **materielle Ausstattung** zu stellen. Ein Wohnwagen, eine „Baubude" oder ein Hotel- bzw. Untermietzimmer sind dabei ebenso wenig ausreichend wie eine reine **Briefkastenfirma** (LSG Baden-Württemberg 11.3.2011, BeckRS 2011, 73254; FW BA AÜG Ziff. 3.1.4 Abs. 2). Die Zustellung von Post, aber auch eine telefonische Erreichbarkeit muss gewährleistet sein. Andernfalls können Gerichte, Aufsichtsbehörden oder Sozialversicherungsträger den Antragsteller nicht zur Einhaltung seiner gesetzlichen Pflichten veranlassen (*Sandmann/Marschall/Schneider* § 3 Anm. 19; UGBH/*Hurst* § 3 Rn. 69).

66   Der Antragsteller muss darüber hinaus technisch und organisatorisch in der Lage sein, eine **ordnungsgemäße Buchhaltung** zu führen (*Becker/Wulfgramm* § 3 Rn. 33). Je nach Betriebsgröße und Zahl der Leiharbeitnehmer kann dafür sogar eine eigene Verwaltungsabteilung oder sogar Aufsichtspersonal erforderlich sein (FW BA AÜG Ziff. 3.1.4 Abs. 1). Voraussetzung ist jedoch nicht, dass der Antragsteller die unterschiedlichen Arbeitgeberpflichten selbst oder mit eigenen Mitarbeitern erfüllt. Er kann (wie jeder andere Arbeitgeber auch) Erfüllungsgehilfen einsetzen, zB mit den steuerrechtlichen Angelegenheiten einen **Steuerberater** beauftragen (*Becker/Wulfgramm* § 3 Rn. 35) oder die Abrechnung und Auszahlung der Arbeitsentgelte einem **externen Lohnbüro** übergeben. Beschäftigt der Antragsteller eigenes Personal, das mit Führungsaufgaben oder der Leitung von Zweigniederlassungen betraut ist, muss er für die **Auswahl geeigneter Personen** mit entsprechender **Sachkunde** Sorge tragen (*Ulber* § 3 Rn. 87).

67   Auch wenn die Tätigkeit der Arbeitnehmerüberlassung in der Regel einen in kaufmännischer Weise eingerichteten Geschäftsbetrieb gem. § 1 Abs. 2 HGB und demzufolge eine **Eintragung ins Handelsregister** gem. § 29 HGB erfordert, gehört die Erfüllung dieser gesetzlichen Pflicht, ebenso wie die Erwähnung der Arbeitnehmerüberlassung in der **Satzung** einer Aktiengesellschaft (§ 23 Abs. 3 Nr. 2 AktG) oder im Gesellschaftsvertrag einer GmbH (§ 3 Abs. 1 Nr. 2 GmbHG), **nicht zu den Anforderungen** an eine ordentliche Betriebsorganisation, so dass ihre Verletzung nicht zur Versagung der Erlaubnis führt (Boemke/Lembke/*Lembke* § 3 Rn. 52; *Sandmann/Marschall/Schneider* § 3 Anm. 21; Schüren/Hamann/*Schüren* § 3 Rn. 158; UGBH/*Hurst* § 3 Rn. 72).

Eine **betriebsorganisatorische Trennung** der unterschiedlichen Ge- **68** schäftsbereiche bei **Mischbetrieben,** deren Betriebszweck nicht ausschließlich in der Überlassung von Arbeitskräften besteht, ist ebenfalls **nicht erforderlich** (Boemke/Lembke/*Boemke* § 3 Rn. 53; UGBH/*Hurst* § 3 Rn. 73; *Ulrici* § 3 Rn. 48; aA *Ulber* § 3 Rn. 88). Dies wäre im Fall echter Arbeitnehmerüberlassung (→ Einf. Rn. 13) schon gar nicht möglich, weil die gleichen Arbeitnehmer sowohl mit Tätigkeiten im sonstigen Geschäftsbetrieb des Antragstellers als auch als Leiharbeitnehmer beschäftigt werden können (UGBH/*Hurst* § 3 Rn. 73) Zudem ist es nunmehr auch Mischbetrieben erlaubt, vom Gleichstellungsgrundsatz abzuweichen (BAG 12.10.2016, BeckRS 2016, 113417; *Bender* NZS 2017, 196), so dass eine betriebsorganisatorische Trennung nicht mehr aus diesem Grund geboten ist (vgl. FW BA AÜG Ziff. 8.5 Nr. 5).

3. Verletzung des Gleichstellungsgebots (Nr. 3)

Die Vorschrift des Abs. 1 Nr. 3 normiert einen **besonderen Tatbestand 69 der Unzuverlässigkeit.** Leiharbeitnehmer haben danach grundsätzlich Anspruch hinsichtlich der wesentlichen Arbeitsbedingungen mit den vergleichbaren Arbeitnehmern des Entleihers gleichgestellt zu werden (sog. Gleichstellungsgrundsatz). Ein Tarifvertrag kann jedoch abweichende Regelungen zulassen (→ § 8 Rn. 39 ff.). Der Sache nach handelt es sich um ein besonderes Gleichstellungsgebot (*Rieble/Klebeck* NZA 2003, 23 (26)). Die Gleichstellungsverpflichtung besteht während der **Dauer der Überlassung,** dh während des Zeitraums, in dem der Leiharbeitnehmer dem Entleiher zur Verfügung gestellt wird, um dort unter dessen Aufsicht und Leitung vorübergehend zu arbeiten (BAG 23.3.2011, EzAÜG § 10 AÜG Nr. 15; Art. 3 Abs. 1 Buchst. e der Leiharbeitsrichtlinie). In den **verleihfreien Zeiten** richten sich die Arbeitsbedingungen einschließlich des Arbeitsentgelts dagegen weiterhin nach den **Vereinbarungen zwischen Verleiher und Leiharbeitnehmer** (BT-Drs. 15/25, 38; FW BA AÜG Ziff. 8.1 Abs. 9).

Verstößt der Antragsteller gegen den **Gleichstellungsgrundsatz, 70** können die Erlaubnis oder ihre Verlängerung versagt werden. Allerdings ist insbesondere bei einem Verstoß gegen die Pflicht zum sog. **Equal-Pay** zu berücksichtigen, dass auch gewissenhaft und sorgfältig handelnden Verleihern angesichts der **praktischen Schwierigkeiten** bei der Ermittlung der Fakten und der Berechnung von Equal-Pay gelegentlich ein Verstoß gegen das Gleichstellungsgebot unterlaufen kann (*Henssler,* Ausschuss-Drs. 18(11)761 neu, S. 49), der nicht zur Annahme der Unzuverlässigkeit führt (→ Rn. 12 f.).

Resultierte der Verstoß gegen Equal-Pay auf der **unzulässigen Anwen- 71 dung von CGZP-Tarifverträgen** (siehe BAG 14.12.2010, AP TVG § 2

Nr. 6), begründete dies bis zur Entscheidung des BAG nicht die Unzuverlässigkeit des Verleihers, selbst wenn die Wirksamkeit der CGZP-Tarifverträge bereits vorher zweifelhaft war. Solange die BA es duldete, dass Verleiher zweifelhafte Tarifverträge zur Anwendung bringen, kann dies **kein Indiz für die Unzuverlässigkeit** sein (Schüren/Hamann/*Schüren* § 3 Rn. 49, 161). Etwas anderes galt ab rechtskräftiger Feststellung. Wendete der Verleiher gleichwohl weiterhin die unwirksamen Tarifverträge an, begründet dies Zweifel an der Zuverlässigkeit des Verleihers, es sei denn die BA duldete weiterhin die Anwendung. Die Anwendung der zuletzt bestehenden Tarifverträge des AMP sowie der Tarifgemeinschaft Zeitarbeitsunternehmen in der Bundesvereinigung Deutscher Dienstleistungsunternehmen (BOLERO) mit der CGZP, der CGM, der DHV, dem BIGD, dem ALEB sowie der medsonet vom 15.3.2010 waren aus behördlicher Sicht unbedenklich, wenn die unterzeichnenden Einzelgewerkschaften eine Regelkompetenz innerhalb ihrer jeweiligen satzungsmäßigen Branchenzuständigkeit besaßen und der Einsatz der Leiharbeitnehmer innerhalb dieser Zuständigkeiten erfolgte (BA HEGA 05/11 – 03 Ziff. 4). Die Tarifpartner haben mit Aufhebungsvertrag vom 17.1.2013 die Beendigung dieser Tarifverträge ohne Nachwirkung zum 31.3.2013 vereinbart. Somit ist eine Abweichung vom gesetzlichen Gleichstellungsgrundsatz auf Grund der Anwendung dieser Tarifverträge nicht mehr möglich.

III. Versagungsgründe bei Auslandsbezug (Abs. 2–5)

72   Die Absätze 2–5 enthalten Regelungen zu weiteren Versagungsgründen, die vorliegen können, wenn die Arbeitnehmerüberlassung aus dem Ausland oder von ausländischen Antragstellern betrieben werden soll. In diesem Zusammenhang legt Absatz 2 die Anforderungen an den **Betriebssitz** fest, während die Absätze 3–5 die **Staatsangehörigkeit** des **Antragstellers** oder bei **Gesellschaften** und **juristischen Personen** das Recht, nach denen sie **gegründet** sind, betreffen.

1. Verleih aus dem Ausland nach Deutschland

73   Aus den Bestimmungen der Absätze 2–5 ergibt sich, dass auch der Verleiher mit **Sitz im Ausland** für die Überlassung von Leiharbeitnehmern aus dem Ausland nach Deutschland eine **deutsche Verleiherlaubnis** benötigt. Das AÜG erfasst jede Überlassung von Arbeitnehmern, die in Deutschland betrieben wird, auch durch einen Verleiher mit Sitz im Ausland (BVerwG 29.6.2016, NZS 2017, 217; LSG Nordrhein-Westfalen 2.7.2010, Breithaupt 2010, 1085; LAG Hessen 28.8.1981, EzAÜG § 10 AÜG Fiktion Nr. 11; BayObLG 26.2.1999, DB 1999, 1019; FW BA AÜG Ziff. 3.2).

74   Ausländischen Antragstellern obliegen als Arbeitgeber aufgrund ihres Heimatrechts teilweise andere Pflichten als den deutschen Arbeitgebern. Sie müssen daher nicht nur das **deutsche AÜG** beachten, sondern auch das **einschlägige Recht ihres Heimatlandes** für den Bereich der Arbeitnehmerüberlassung (*Bayreuther* DB 2011, 706 (708); *Deinert* ZESAR 2016,

107 (112); FW BA AÜG Ziff. 3.5 Abs. 1). Besteht keine gesetzliche Regelung im Heimatland, gelten nur die Bestimmungen des AÜG. Andererseits muss die Erlaubnis uU mit **Auflagen** versehen oder ganz versagt werden, wenn die Vorgaben des AÜG mit denen des Heimatlandes kollidieren. Die Erlaubnis ist zudem nur zu erteilen, wenn eine eventuell erforderliche **Erlaubnis des Heimatlandes** vorliegt (FW BA AÜG Ziff. 3.5 Abs. 3). Sofern eine im **Heimatland unzulässige,** aber **in Deutschland zulässige Arbeitnehmerüberlassung** ausgeübt werden soll und die Tätigkeit sich nur auf diesen zulässigen Verleih nach Deutschland beschränkt, kann Zuverlässigkeit gem. Absatz 1 Nr. 1 angenommen werden, es sei denn, es liegen anderweitige Anhaltspunkte für eine Unzuverlässigkeit vor. Anträge von Mischbetrieben mit Sitz in der EU bzw. EWR auf Erteilung einer Erlaubnis können dementsprechend nicht automatisch wegen Fehlens der Erlaubnis des Heimatlandes abgelehnt werden. In diesen Fällen ist die Zuverlässigkeit, ggf. in Zusammenarbeit mit den Behörden des Heimatlandes, zu prüfen (FW BA AÜG Ziff. 3.5 Abs. 4).

Verleiher aus dem Ausland benötigen eine deutsche Verleiherlaubnis auch **75** dann, wenn sie in ihrem **Heimatstaat erlaubt** tätig sind und im Rahmen der Dienstleistungsfreiheit grenzüberschreitend tätig werden (BVerwG 29.6.2016, NZS 2017, 217; LSG Nordrhein-Westfalen 2.7.2010, Breithaupt 2010, 1085 ff.; *Bayreuther* DB 2011, 706 (708); *Böhm* NZA 2010, 1218 (1219); *Becker/Wulfgramm* § 3 Rn. 77). Dieser zusätzliche Erlaubnisvorbehalt ist durch das Allgemeininteresse des aufnehmenden Staates gerechtfertigt (EuGH 17.12.1981, AP EWG-Vertrag Art. 177 Nr. 9; aA *Riediger* GWR 2017, 109 (111)). Dementsprechend findet auch die **Dienstleistungsrichtlinie** 2006/123/EG nach Art. 2 Abs. 2 Buchst. e auf Leiharbeit keine Anwendung.

Unter **deutscher Bundesflagge** fahrende **Seeschiffe** und **Luftfahr- 76 zeuge** unterliegen ebenfalls den Vorschriften des AÜG (BSG 29.6.1984, EzAÜG § 10 AÜG Fiktion Nr. 31). Zum Anwendungsbereich des AÜG insgesamt → Einf. Rn. 25 und 45 ff.

a) Unzulässigkeit bei Antragstellern mit Sitz außerhalb EU/EWR 77 (Abs. 2). Die Erlaubnis oder ihre Verlängerung ist nach Absatz 2 zu versagen, wenn für die Ausübung der Arbeitnehmerüberlassung Betriebe, Betriebsteile oder Nebenbetriebe des Verleihers vorgesehen sind, die nicht in einem Mitgliedstaat der EU oder des EWR liegen. Entscheidend für den Tatbestand des Absatz 2 ist, dass von den in der Vorschrift genannten Betriebseinheiten **unmittelbar Arbeitnehmer überlassen** werden (FW BA AÜG Ziff. 3.3). Grund für die Einschränkung sind die **stark begrenzten Kontroll- und Eingriffsmöglichkeiten** der Erlaubnisbehörde, wenn Verleiher mit Sitz im Ausland tätig werden (BT-Drs. VI/2303, 12; FW BA AÜG Ziff. 3.3).

Die Vorschrift gilt für Antragsteller, die die Staatsangehörigkeit Deutsch- **78** lands oder eines anderen EU- oder EWR-Mitgliedstaates besitzen gleichermaßen wie für Antragsteller, die andere Staatsangehörige sind. Es kommt allein auf den **Ort, von dem der Verleih aus betrieben werden soll,** an (*Becker/Wulfgramm* § 3 Rn. 62; FW BA AÜG Ziff. 3.3). Auch Deutschen und EU- oder EWR-Staatsangehörigen ist die Arbeitnehmerüberlassung aus dem Nicht-EU/EWR-Ausland daher nicht gestattet (*Becker/Wulfgramm* § 3 Rn. 62). Für Deutsche im Sinne des Art. 116 GG liegt insofern eine **Berufsausübungsregelung** im Sinne des Art. 12 GG vor. Bei reinen Berufsausübungsregelungen beschränkt sich der Grundrechtsschutz jedoch auf die Abwehr in sich verfassungswidriger, weil übermäßig belastender und nicht zumutbarer gesetzlicher Eingriffe (BVerfG 16.2.1965, NJW 1965, 741). **Vernünftige Erwägungen des Allgemeinwohls** können eine Berufsausübungsregelung dagegen ohne weiteres rechtfertigen (BVerfG 11.6.1958, AP GG Art. 12 Nr. 13). Diese sind unter dem Gesichtspunkt einer möglichst effektiven Kontrolle durch die Erlaubnisbehörde, die bei einer Betriebsstätte außerhalb des EWR nicht sichergestellt werden kann, gegeben (*Becker/Wulfgramm* § 3 Rn. 68).

79   **aa) Betrieb, Betriebsteil, Nebenbetrieb.** Die Begriffe Betrieb, Betriebsteil und Nebenbetrieb sind im AÜG nicht definiert und daher anhand der im **Betriebsverfassungsrecht gebräuchlichen Definitionen** zu bestimmen. Diese Begriffsmerkmale treffen auch auf die Verleiherbetriebe zu, deren Betriebszweck darin besteht, anderen Unternehmern (Entleihern) Arbeitskräfte zu überlassen (*Becker/Wulfgramm* § 3 Rn. 70).

80   Danach ist ein **Betrieb** die organisatorische Einheit, innerhalb der ein Arbeitgeber mit Hilfe von technischen und immateriellen Mitteln bestimmte arbeitstechnische Zwecke fortgesetzt verfolgt, die sich nicht in der Befriedigung von Eigenbedarf erschöpfen (BAG 18.3.1997, NZA 1998, 97 (98)). Unter **Betriebsteil** ist eine räumlich und organisatorisch abgrenzbare Abteilung eines Betriebes, die aber wegen ihrer Eingliederung in den Betrieb unselbständig ist, zu verstehen. Diese Abteilung erfüllt zwar innerhalb des Hauptbetriebes eine bestimmte Aufgabe, die sich von den anderen erkennbar unterscheiden lässt, in ihrer Zielrichtung jedoch dem arbeitstechnischen Zweck des Gesamtbetriebes dient (BAG 18.3.1997, NZA 1998, 97 (98)). Dagegen ist ein **Nebenbetrieb** ein organisatorisch selbständiger Betrieb, der einen eigenen Betriebszweck verfolgt, jedoch in seiner Aufgabenstellung auf Hilfeleistungen für einen Hauptbetrieb ausgerichtet ist (BAG 1.4.1987, AP BGB § 613a Nr. 64).

81   **bb) Für Arbeitnehmerüberlassung vorgesehen.** Für die Arbeitnehmerüberlassung vorgesehen sind Betriebe, Betriebsteile oder Nebenbetriebe, die am grenzüberschreitenden Verleih, zB durch Führung der Geschäftsunterlagen, **unmittelbar beteiligt** sind, zB weil dort die Leiharbeitsverträge oder sonstige mit der Arbeitnehmerüberlassung in Zusammenhang stehender Geschäftsvorgänge verwaltet werden. Andernfalls ist eine wirksame Kontrolle der Verleiher nicht möglich (*Sandmann/Marschall/Schneider* § 3 Anm. 44; *Schüren/Hamann/Schüren* § 3 Rn. 185; UGBH/*Hurst* § 3 Rn. 83; *Ulber* § 3 Rn. 104; *Ulrici* § 3 Rn. 65; aA Boemke/Lembke/*Boemke* § 3 Rn. 75, die den Aufbewahrung von Geschäftsunterlagen außerhalb der EU bzw. des EWR als zulässig erachten). **Unerheblich** ist es dagegen, wenn der Verleiher zwar eine Betriebsstätte außerhalb der EU bzw. des EWR hat, diese jedoch **in keiner Weise mit der Überlassung** von Arbeitskräften nach Deutschland befasst ist (*Sandmann/Marschall/Schneider* § 3 Anm. 44; Schüren/Hamann/

Schüren § 3 Rn. 185; UGBH/*Hurst* § 3 Rn. 83; *Ulrici* § 3 Rn. 65). Auch spielt es keine Rolle, wo der Entleiher seinen Sitz hat. Ziel des § 3 ist allein die **Überwachung der Tätigkeit** des Verleihers (Boemke/Lembke/*Boemke* § 3 Rn. 76; aA *Ulber* § 3 Rn. 103).

cc) Nicht in einem Mitgliedstaat der EU oder des EWR. (1) Alt- 82
mitgliedstaaten der EU. Zu den Alt-Mitgliedstaaten der EU gehören **Deutschland, Belgien, Dänemark, Finnland, Frankreich, Griechen-**
land, Irland, Italien, Luxemburg, die Niederlande, Österreich, Portu-
gal, Schweden, Spanien sowie derzeit noch **Großbritannien.** Ausgenom-
men sind lediglich die britischen Hoheitszonen auf Zypern sowie die Kanalinseln und die Insel Man, eingeschlossen sind dagegen die **Färöer**
(Art. 355 Abs. 5 AEUV).

(2) Beitrittsstaaten der EU ab 2004. Mit dem Beitritt neuer Mitglied- 83
staaten aus Mittel- und Osteuropa (sog. MOE- oder Beitrittsstaaten) wurde die EU ab 1.5.2004 um die **Tschechische Republik, Estland, Zypern,**
Lettland, Litauen, Ungarn, Malta, Polen, Slowenien und die **Slowaki-**
sche Republik, ab 1.1.2007 um **Bulgarien** und **Rumänien** sowie ab 1.7.2013 um **Kroatien** erweitert. Die **Niederlassungsfreiheit** und die **Dienstleistungsfreiheit** gelten für diese Staaten ab dem ersten Tag des Beitritts grundsätzlich uneingeschränkt. Daher können auch Antragsteller mit Sitz in den Beitrittsstaaten eine **Verleiherlaubnis erhalten** (*Schlegel* jurisPK-
SozR 9/2011 Anm. 1). Nur Deutschland und Österreich sind berechtigt, **Übergangsregelungen** bei der Dienstleistungsfreiheit im Baugewerbe (einschließlich verwandter Wirtschaftszweige), im Bereich der Reinigung von Gebäuden, Inventar und Verkehrsmitteln sowie bei der Tätigkeit von Innen-
dekorateuren anzuwenden (Anhänge zu Art. 24 der Akte über die Bedingun-
gen des Beitritts der Tschechischen Republik, Estlands, Zyperns, Lettlands, Litauens, Ungarns, Maltas, Polens, Sloweniens und der Slowakei und die Anpassungen der die Europäische Union begründenden Verträge, ABl. 2003 L 236, S. 33 ff.; Anhänge zu Art. 23 der Akte über die Bedingungen des Beitritts der Republik Bulgarien und Rumäniens und die Anpassungen der Verträge, auf denen die Europäische Union beruht, ABl. 2005 L 157, S. 203 ff.; Anhänge zu Art. 18 der Akte über die Bedingungen des Beitritts der Republik Kroatien und die Anpassungen des Vertrags über die Europäische Union, des Vertrags über die Arbeitsweise der Europäischen Union und des Vertrags zur Gründung der Europäischen Atomgemeinschaft, ABl. 2012 L 112, S. 67 ff.).

Jedoch ist zu beachten, dass für die **Bürger der Beitrittsstaaten** mit 84 Ausnahme von Malta und Zypern die **Arbeitnehmerfreizügigkeit** erst nach einer **Übergangszeit von bis zu sieben Jahren** (sog. „2+3+2"-
Modell) in **Deutschland** galt. Leiharbeitnehmer, die Staatsangehörige der Beitrittsländer sind, konnten daher **mangels Arbeitserlaubnis** als Leihar-
beitnehmer in der Übergangszeit wie Drittstaatsangehörige grundsätzlich **nicht zur grenzüberschreitenden Arbeitnehmerüberlassung** von einem Verleiher mit Sitz in einem Beitrittsstaat nach Deutschland entsandt werden (*Schlegel* jurisPK-SozR 9/2011 Anm. 1). Die **Übergangsfrist** ist

jedoch für sämtliche Beitrittsstaaten **abgelaufen,** so dass auch für diese Staatsangehörigen volle Arbeitnehmerfreizügigkeit in Deutschland gilt. Für Staatsangehörige der **Tschechischen Republik, Estland, Lettland, Litauen,
Ungarn, Polen, Slowenien** und der **Slowakische Republik** (Beitritt
1.5.2004) ist die Übergangsfrist am 30.4.2011 abgelaufen, so dass **seit dem
1.5.2011** die volle Arbeitnehmerfreizügigkeit gilt. Für Staatsangehörige aus
Bulgarien und **Rumänien** (Beitritt 1.1.2007) ist die Übergangsfrist am
31.12.2013 abgelaufen, so dass deren Staatsangehörige **seit dem 1.1.2014**
volle Arbeitnehmerfreizügigkeit genießen. Für Staatsangehörige aus **Kroatien** (Beitritt 1.7.2013)ist die Übergangsfrist am 30.6.2015 abgelaufen. Daher
gilt die volle Arbeitnehmerfreizügigkeit **seit dem 1.7.2015.** Hier wurde die
höchstmögliche Frist von sieben Jahren nicht ausgeschöpft.

85   Während der Übergangszeiten war es nicht möglich, grenzüberschreitende
Arbeitnehmerüberlassung unter Berufung auf die **Dienstleistungsfreiheit**
zu betreiben. Anders als bei sonstigen Dienstleistungen (siehe dazu zB EuGH
9.8.1994, AP EWG-Vertrag Art. 59 Nr. 1), besteht die Dienstleistung der
Überlassung von Arbeitskräften gerade darin, dem **Arbeitsmarkt des Auf-
nahmestaates Arbeitskräfte zuzuführen** (aA *Kort* NZA 2002, 1248
(1250)). Dies würde der Ausnahmeregelung zur Freizügigkeit zuwiderlaufen
(EuGH 27.3.1990, NZA 1990, 653). Ziel der Einschränkung der Arbeitnehmerfreizügigkeit in der Übergangszeit war es, Störungen auf den Arbeits-
märkten der alten Mitgliedstaaten zu vermeiden. Die Ausnahmeregelung
würde daher umgangen, wenn die Dienstleistungsfreiheit des Verleihers mit
Sitz in einem Beitrittsstaat dahingehend ausgelegt würde, dass der Verleih
von Beitrittsstaatsangehörigen in die Altmitgliedstaaten zulässig wäre, solange
Übergangszeiten für die Freizügigkeit bestehen (LSG Nordrhein-Westfalen
2.7.2010, Breithaupt 2010, 1085 ff.).

86   **(3) EWR-Mitgliedstaaten.** Der EWR wurde zum 1.1.1994 durch ein
Abkommen zwischen der EU und den EFTA-Staaten, die sich in der europäischen Freihandelszone (European Free Trade Association) zusammenge-
schlossen haben, errichtet. Seither nehmen die EFTA-Staaten am europäischen Binnenmarkt teil. Zu den Vertragsstaaten des EWR gehören heute
neben den **Mitgliedstaaten der EU** auch **Island, Liechtenstein und Norwegen.** Die **Schweiz** lehnte eine Ratifizierung des EWR-Vertrages dagegen
ab.

87   **dd) Kein Ermessen.** Die Behörde hat in den Fällen des Absatzes 2 keinen
Ermessensspielraum. Sie muss die **Erlaubnis zwingend versagen,** wenn
der Antragsteller seine Betriebsstätte oder Teile davon außerhalb der EU bzw.
des EWR hat (*Becker/Wulfgramm* § 3 Rn. 66; FW BA AÜG Ziff. 3.3). Die
Behörde kann die Erlaubnis auch nicht mit der Auflage erteilen, einen außerhalb der EU bzw. des EWR liegenden Betriebsteil aufzugeben. **Verlegt**
umgekehrt ein Verleiher seinen Geschäftsbetrieb nach Erlaubniserteilung zu
einem späteren Zeitpunkt ins Ausland außerhalb der EU bzw. des EWR, ist
die Erlaubnis ebenso zwingend gem. § 5 Abs. 1 Nr. 3 **zu widerrufen.**

88   **b) Ermessen bei nichtdeutschen Antragstellern (Abs. 3).** Nach
Absatz 3 **kann** die Erlaubnis versagt werden, wenn der Antragsteller nicht

Deutscher im Sinne des Art. 116 GG ist, oder wenn eine Gesellschaft oder juristische Person den Antrag stellt, die weder nach deutschem Recht gegründet ist, noch ihren satzungsmäßigen Sitz, ihre Hauptverwaltung oder ihre Hauptniederlassung im Geltungsbereich des AÜG hat.

Die Vorschrift kommt nur zur Anwendung, wenn der Antragsteller **erst-** **89** **malig eine Erlaubnis** zur Arbeitnehmerüberlassung beantragt, nicht dagegen, wenn es um eine Verlängerung der Erlaubnis geht. Dies ergibt sich sowohl aus dem Wortlaut als auch aus dem Willen des Gesetzgebers. Bei einer **Verlängerung** kann die Behörde die Erlaubnis daher nur unter Verweis auf **Absatz 1 oder Absatz 2 verweigern** (Boemke/Lembke/*Boemke* § 3 Rn. 89; *Sandmann/Marschall/Schneider* § 3 Anm. 52; Schüren/Hamann/*Schüren* § 3 Rn. 201; UGBH/*Hurst* § 3 Rn. 85; *Ulber* § 3 Rn. 124).

aa) Natürliche Personen. Bei natürlichen Personen stellt Absatz 3 Hs. 1 **90** auf die **Staatsangehörigkeit** ab. Die Erlaubnis kann danach grundsätzlich versagt werden, wenn der Antragsteller nicht Deutscher im Sinne des Art. 116 GG ist. **Heimatlose Ausländer** sind Deutschen unter den Voraussetzungen des § 17 Abs. 2 S. 1 HAuslG gleichgestellt. Anerkannte **Asylberechtigte** sind hingegen wie Drittstaatsangehörige zu behandeln (§ 2 Abs. 1 AsylVfG iVm Art. 18 des Abkommens über die Rechtsstellung von Flüchtlingen v. 28.7.1951, BGBl. 1953 II S. 559). Gleiches gilt für **Flüchtlinge** und **Vertriebene,** wenn diese nicht ihre deutsche Staatsangehörigkeit nachweisen können. Diese Personengruppen sind weder Deutschen noch EU/EWR-Staatsangehörigen gleichgestellt, so dass der Versagungsgrund nach Absatz 3 Hs. 1 greift.

bb) Gesellschaften und juristische Personen. Bei Gesellschaften (dh **91** Personengesellschaften und -gemeinschaften, → Rn. 28) und juristischen Personen (→ Rn. 29) steht die Erteilung der Erlaubnis gem. Absatz 3 Hs. 2 grundsätzlich im Ermessen der Behörde, wenn sie **nicht nach deutschem Recht gegründet** sind oder weder ihren satzungsmäßigen **Sitz,** ihre **Hauptverwaltung** noch ihre **Hauptniederlassung** im Geltungsbereich des AÜG haben. Die Behörde hat einen Ermessensspielraum allerdings nur dann, wenn alle Alternativen **kumulativ** vorliegen. Ist hingegen eine der genannten Varianten nicht erfüllt (zB eine GmbH ist nach deutschem Recht gegründet), greift Absatz 3 nicht, auch wenn eine der anderen Alternativen erfüllt ist, zB, wenn die GmbH zwar nach deutschem Recht gegründet ist, ihren Hauptsitz aber außerhalb Deutschlands hat (Boemke/Lembke/*Lembke* § 3 Rn. 83; aA *Ulber* § 3 Rn. 114; *Ulrici* § 3 Rn. 70). Die Behörde hat in diesen Fällen **kein Ermessen.** Sie hat die Erlaubnis zu erteilen, wenn der Antragsteller zuverlässig im Sinne des Absatzes 1 ist und die Voraussetzungen der Ausnahme nach Absatz 2 nicht vorliegen.

(1) Nicht nach deutschem Recht gegründet. Eine Gesellschaft oder **92** juristische Person ist nach deutschem Recht gegründet, wenn sie dem **deutschen Gesellschaftsrecht** untersteht und nach den dort festgelegten Voraussetzungen eingerichtet wurde. Um Scheingründungen zu vermeiden, muss die Vorschrift über ihren Wortlaut hinaus dahingehend ausgelegt werden, dass allein die Gründung nach deutschem Recht nicht ausreicht, sondern vielmehr die **Bindung an die deutschen Rechtsvorschriften fortbestehen** muss (*Sandmann/Marschall/Schneider* § 3 Anm. 55; UGBH/*Hurst* § 3 Rn. 87; *Ulber* § 3 Rn. 113; aA Schüren/Hamann/*Schüren* § 3 Rn. 212).

93 **(2) Weder Sitz, Hauptverwaltung noch Hauptniederlassung im Geltungsbereich des AÜG.** Der **Sitz** einer Gesellschaft oder juristischen Person ist der in der Satzung oder im Gesellschaftsvertrag festgelegte Ort. Die **Hauptverwaltung** ist der Standort, an dem die **kaufmännische Führung** des Gesamtunternehmens ausgeübt wird (*Becker/Wulfgramm* § 2 Rn. 83). Eine **Hauptniederlassung** befindet sich an dem Ort, an dem der **Mittelpunkt der gewerblichen Geschäftstätigkeit** liegt (*Becker/Wulfgramm* § 3 Rn. 83). Die Formulierung in Absatz 3 Hs. 2 entstammt fast wörtlich aus den vom Rat der EWG erlassenen Allgemeinen Programmen zur Aufhebung der Beschränkungen der Niederlassungsfreiheit und des freien Dienstleistungsverkehrs (AblEG v. 15.1.1962, 32, 36; berichtigt im AblEG v. 10.2.1962, 167).

94 **c) Zulässigkeit bei Antragstellern mit Sitz innerhalb EU/EWR (Abs. 4).** Ein Antragsteller mit Sitz in einem Mitgliedstaat der EU bzw. des EWR hat wie ein Verleiher mit Sitz in Deutschland **Anspruch auf die Erlaubnis** oder ihre Verlängerung, wenn er **zuverlässig** ist, dh wenn Versagungsgründe nach Absatz 1 nicht vorliegen (*Becker/Wulfgramm* § 3 Rn. 6). Absatz 2 und Absatz 3 finden in diesen Fällen keine Anwendung.

95 Dies ergibt sich für Antragsteller aus der **EU** aufgrund der gemeinschaftsrechtlichen Vorgaben über den freien **Dienstleistungsverkehr** und die **Niederlassungsfreiheit** (Art. 49 und 56 AEUV), wonach Beschränkungen des freien Dienstleistungsverkehrs innerhalb der EU grundsätzlich verboten sind (*Becker/Wulfgramm* § 3 Rn. 65). Die Überlassung von Arbeitskräften stellt eine Dienstleistung im Sinne dieser Vorschrift dar (EuGH 17.12.1981, AP EWG-Vertrag Art. 177 Nr. 9). Dabei verstößt es nicht gegen die Dienstleistungsfreiheit, auch Verleiher aus anderen Mitgliedstaaten der Erlaubnispflicht nach dem AÜG zu unterwerfen (EuGH 17.12.1981, AP EWG-Vertrag Art. 177 Nr. 9).

96 Für den **EWR** gelten entsprechende **völkerrechtliche Bestimmungen** aufgrund des Abkommens über den EWR. Deshalb stellt Absatz 4 Satz 1 und Satz 2 natürliche Personen sowie Gesellschaften und juristische Personen, die dem Recht der EWR-Staaten unterliegen, Deutschen gleich (*Becker/Wulfgramm* § 3 Rn. 76). Sie erhalten die Erlaubnis daher grundsätzlich unter den **gleichen Bedingungen** wie deutsche Antragsteller.

97 **aa) Natürliche Personen.** Als Ausnahme zu Absatz 3 bestimmt Absatz 4 Satz 1, dass Staatsangehörige der Mitgliedstaaten der EU sowie der drei weiteren Vertragsstaaten des EWR (Island, Liechtenstein und Norwegen) Deutschen gleichgestellt werden. Sie haben somit ebenfalls **Anspruch auf die Verleiherlaubnis,** ohne dass ein Ermessensspielraum der Behörde im Hinblick auf die Staatsangehörigkeit besteht.

98 **bb) Gesellschaften und juristische Personen.** Dementsprechend sehen Absatz 4 Satz 2 und Satz 3 die **Gleichstellung** von **Gesellschaften**

und **juristischen Personen** vor, die nach dem Recht eines der EU bzw. dem EWR angehörenden Staates gegründet wurden oder ihren satzungsmäßigen Sitz, ihre Hauptverwaltung oder ihre Hauptniederlassung **innerhalb eines dieser Staaten** haben. Ob eine Gesellschaft oder juristische Person wirksam nach dem Recht eines EU/EWR-Mitgliedstaates errichtet wurde, richtet sich nach den einschlägigen Vorschriften des jeweiligen **nationalen Rechts.** Für die Begriffe Sitz, Hauptverwaltung und Hauptniederlassung → Rn. 93. Auf die Staatsangehörigkeit der Gesellschafter oder gesetzmäßigen Vertreter kommt es unterdessen nicht an (*Becker/Wulfgramm* § 3 Rn. 89). Nicht erforderlich ist darüber hinaus im Hinblick auf die Gesellschaftsform, dass die nach ausländischem Recht gegründete juristische Person eine Entsprechung im deutschen Recht hat.

Allerdings bestimmt Absatz 4 Satz 3 einschränkend, dass sofern eine Gesell- **99** schaft oder juristische Person zwar ihren satzungsmäßigen Sitz, jedoch **weder** ihre **Hauptverwaltung** noch ihre **Hauptniederlassung innerhalb der EU/EWR**-Staaten hat, die Ausnahme nur unter der weiteren Voraussetzung eingreift, dass die Tätigkeit der Gesellschaft oder juristischen Person in **tatsächlicher und dauerhafter Verbindung mit der Wirtschaft eines EU/ EWR-Staates** steht. Eine solche Verbindung ist gegeben, wenn die Gesellschaft oder juristische Person bereits vor Stellung des Antrags auf Verleiherlaubnis in irgendeiner Weise am **Wirtschaftsleben** eines EU/EWR-Mitgliedstaates **teilgenommen** hat, zB dort eine Zweigstelle oder Betriebsstätte betreibt (*Becker/Wulfgramm* § 3 Rn. 91). Diese Teilnahme am Wirtschaftsleben muss dauerhaft sein, dh darf nicht nur gelegentlich stattgefunden haben. Absatz 4 Satz 2 und Satz 3 übernehmen fast wörtlich die Formulierungen des Rates in den Allgemeinen Programmen zur Aufhebung der Beschränkungen der Niederlassungsfreiheit und des freien Dienstleistungsverkehrs (ABl. 1962, S. 32 (36); berichtigt durch ABl. 1962, S. 167).

cc) Sozialversicherung. Welches **Sozialversicherungsrecht** für die **100** Leiharbeitnehmer aus der EU oder des EWR anzuwenden ist, regelt die **VO (EG) Nr. 883/2004** bzw. dessen Vorgängerregelung EWG-VO Nr. 1408/ 71 (FW BA AÜG Ziff. 3.5 Abs. 1). Danach verbleibt der Leiharbeitnehmer bei einer **vorübergehenden Entsendung** weiterhin in der Sozialversicherung seines **Heimatlandes,** sofern der Arbeitseinsatz in Deutschland voraussichtlich die **Dauer von 24 Monaten** nicht übersteigt und der Leiharbeitnehmer unmittelbar zuvor bereits der Sozialversicherung seines Heimatlandes unterfiel. Dies gilt nicht, wenn der Leiharbeitnehmer einen anderen (Leih-)Arbeitnehmer ablösen soll, dessen (24-monatige) Entsendezeit bereits abgelaufen ist (Art. 12 VO (EG) Nr. 883/2004). Wesentliche Kriterien der Entsendung sind folglich, dass das Beschäftigungsverhältnis im Heimatland des Leiharbeitnehmers fortbesteht. Ferner, dass der Leiharbeitnehmer seine Arbeitsleistung aufgrund des Beschäftigungsverhältnisses für einen Arbeitgeber in Deutschland tatsächlich erbringt. Schließlich, dass die Arbeitsleistung in Deutschland nur vorübergehender Natur ist (*Schlegel* jurisPR-SozR 9/ 2011 Anm. 1). Die **Aneinanderkettung von Leiharbeitseinsätzen** für dieselbe Stelle beim Entleiher und Verbleib in der heimischen Sozialversicherung ist daher nur **begrenzt möglich** (*Bayreuther* DB 2011, 706 (708)). Zur Vertiefung siehe „Praktischer Leitfaden zum anwendbaren Recht in der Europäischen Union (EU), im Europäischen Wirtschaftsraum (EWR) und in der Schweiz" der Europäischen Kommission, abrufbar auf der Website der DVKA.

101   Ob eine **vorübergehende Entsendung** vorliegt, prüfen die zuständigen **Behörden des Heimatlandes.** Liegen die Voraussetzungen vor, bescheinigt das Heimatland dies mittels des Vordrucks A1 (früher E 101). Die **A1-Bescheinigung** (zu den Voraussetzungen siehe *Schüren/Wilde* NZS 2011, 121 ff.) ist für die deutschen Behörden und Gerichte gem. Art. 5 Abs. 1 VO (EG) Nr. 987/2009 **verbindlich,** solange die Bescheinigung von den Behörden des Heimatlands weder zurückgezogen noch für ungültig erklärt worden ist (*Schlegel* jurisPK–SozR 9/2011 Anm. 1). Daher ist ein deutsches Gericht nicht befugt, die Gültigkeit der Bescheinigung im Hinblick auf die Bestätigung der **Tatsachen,** auf deren Grundlage eine solche Bescheinigung ausgestellt wurde, während der Dauer der Entsendung des Arbeitnehmers zu überprüfen (EuGH 26.1.2006, AP EWG-Verordnung Nr. 1408/71 Nr. 13; OLG Bamberg 9.8.2016, NZA-RR 2016, 597 (598); *Schüren/Wilde* NZS 2011, 121 (122)). Die Bindungswirkung gilt auch, wenn die Bescheinigung inhaltlich falsch ist oder die Bescheinigung durch Täuschung oder Bestechung der heimischen Behörden erlangt wurde (*Wilde* NZS 2016, 48 (49)). Allerdings muss die Ausstellungsbehörde des Heimatlands, welche die Bescheinigung ausgestellt hat, deren Richtigkeit überprüfen und sie gegebenenfalls zurückziehen, wenn die deutschen Behörden **Zweifel an der Richtigkeit** des der Bescheinigung zugrunde liegenden Sachverhalts und demnach der darin gemachten Angaben geltend macht (EuGH 26.1.2006, AP EWG-Verordnung Nr. 1408/71 Nr. 13).

102   Die **Rechtsfolgen nach §§ 9, 10** werden durch die Bindungswirkung einer erteilten A1-Bescheinigung nicht verdrängt. Die Bescheinigung hat **keine arbeitsrechtliche Gestaltungswirkung,** sondern regelt ausschließlich die **Zuordnung zu einem europäischen Sozialversicherungssystem.** Die Bindungswirkung erfasst daher nicht die Frage, ob ein Arbeitsverhältnis in Deutschland zum Verleiher oder Entleiher besteht bzw. neu begründet worden ist (*Deinert* ZESAR 2016, 107 (115); *Ulber* ZESAR 2015, 3 (9); *Zieglmeier* DStR 2016, 2858 (2868); aA *Schüren/Hamann/Schüren* Einl. Rn. 831; *Hennecke* ZESAR 2017, 63 (67); *Riediger* GWR 2017, 109 (112)). Wird bei einer illegalen Arbeitnehmerüberlassung, einer verdeckten Arbeitnehmerüberlassung oder bei einem Überschreiten der Überlassungshöchstdauer der inländische **Entleiher** nach §§ 9 Abs. 1 Nr. 1–1b, 10 Abs. 1 S. 1 **neuer Arbeitgeber** des Leiharbeitnehmers, muss der Entleiher als neuer Arbeitgeber die **Sozialversicherungsbeiträge** dann allerdings aufgrund der A1-Bescheinigung an den **ausländischen Träger abführen,** da eine Konnexität zwischen Arbeitgeberwechsel und Beitragsschuldnerschaft besteht (*Zieglmeier* DStR 2016, 2858 (2868)). Die Bindungswirkung einer erteilten A1-Bescheinigung (bzw. früherer E 101-Bescheinigung) steht der **bußgeldrechtlichen Ahndung** illegaler Arbeitnehmerüberlassungen nach § 16 Abs. 1 Nr. 1 ebenfalls nicht entgegen (OLG Bamberg 9.8.2016, NZA-RR 2016, 597; *Wilde* NZS 2016, 48; aA *Hennecke* ZESAR 2017, 63 (68)).

d) Gleichstellung auf Grund internationaler Abkommen (Abs. 5). **103**
Als weitere Ausnahme zu Absatz 3 bestimmt Absatz 5, dass eine Gleichstellung mit deutschen Staatsangehörigen sowie deutschen Gesellschaften oder
juristischen Personen auch dann erfolgt, wenn sich diese **auf Grund eines**
internationalen Abkommens in Deutschland niederlassen und bei
ihrer Geschäftstätigkeit nicht weniger günstig behandelt werden dür-
fen als deutsche natürliche und juristische Personen. Eine solche Inländergleichbehandlung galt bisher auf Grund mehrerer **Assoziationsabkommen**
mit verschiedenen **Staaten** aus **Mittel- und Osteuropa** (sog. MOE-Staaten).

Mit der **Erweiterung der EU** sind die Niederlassungsrechte aus diesen **104**
Abkommen teilweise überholt, weil für Staatsangehörige der betreffenden
Staaten nach dem Beitritt ohnehin die **gemeinschaftsrechtlichen Grund-**
freiheiten gelten (→ Rn. 94). Relevant bleibt das Assoziierungsabkommen
zwischen der Europäischen Wirtschaftsgemeinschaft und der **Türkei** v.
12.9.1963 (BGBl. 1964 II S. 509). Mit der **Schweiz** gibt es verschiedene
Abkommen, die am 1.6.2002 in Kraft getreten sind. Eines dieser Abkommen regelt die Freizügigkeit der Arbeitnehmer. Dagegen gibt es kein Abkommen über die Dienstleistungsfreiheit. Deshalb können zwar Arbeitnehmer
aus der Schweiz als Leiharbeitnehmer in Deutschland tätig werden, Verleihunternehmen mit Sitz in der Schweiz aber keine Verleiherlaubnis erhalten
und daher auch nicht grenzüberschreitend Arbeitnehmer nach Deutschland
verleihen.

e) Ermessen. Liegen die Voraussetzungen der Ausnahmen von Absatz 3 **105**
nach Absatz 4 und Absatz 5 nicht vor, hat die Erlaubnisbehörde nach pflichtgemäßem Ermessen zu entscheiden, ob sie einem Antragsteller, der keine
Inländergleichbehandlung genießt, die Erlaubnis versagt oder erteilt. Die
Behörde darf dabei jedoch nichtprivilegierte Ausländer **nicht generell von**
der Arbeitnehmerüberlassung ausschließen (BSG 12.12.1990, NZA
1991, 951 f.). Bei der Ermessensentscheidung ist grundsätzlich auf das
arbeitsmarktpolitische Interesse an der Zulassung des Antragstellers abzustellen. Hierbei sind die Verhältnisse der Branche und des Wirtschaftsraums
zu berücksichtigen, in dem schwerpunktmäßig die Arbeitnehmerüberlassung
ausgeübt werden soll (FW BA AÜG Ziff. 3.4). So kann die Behörde zu dem
Ergebnis kommen, dass für die Überlassung von Arbeitskräften durch den
Antragsteller entweder kein oder lediglich ein auf **bestimmte Berufsgrup-**
pen oder **regional beschränktes Bedürfnis** besteht. In den letztgenannten
Fällen kann eine entsprechend **eingeschränkte Erlaubnis erteilt** werden
(*Sandmann/Marschall/Schneider* § 3 Anm. 48). Zudem hat die Behörde im Ein-
zelfall festzustellen, ob insbesondere die Überprüfung der Einhaltung der
Bestimmungen des AÜG gewährleistet werden kann.

2. Verleih aus Deutschland ins Ausland

Für die Überlassung von Leiharbeitnehmern in das Ausland gelten, abgese- **106**
hen von dem Spezialfall des § 1 Abs. 3 Nr. 3, **keine besonderen Vorschrif-**
ten. Der in Deutschland tätige Verleiher, der in das Ausland verleiht, benötigt

eine **deutsche Verleiherlaubnis** (*Becker/Wulfgramm* § 3 Rn. 101; *Ebert* ArbRB 2007, 83 (84)). Ob darüber hinaus eine **ausländische Verleiher-laubnis** des Staates, in den der Verleiher den Leiharbeitnehmer überlassen möchte, erforderlich, oder ob eine Überlassung in das betreffende Land über-haupt zulässig ist, richtet sich nach dem **nationalen Recht** des betreffenden Staates. Auf diese Frage bezieht sich die deutsche Verleiherlaubnis nicht. Ob der Antragsteller die ausländischen Erfordernisse erfüllt, wird von der deutschen Behörde auch nicht überprüft (*Ebert* ArbRB 2007, 83 (84); auch → Einf. Rn. 46).

IV. Rechtsschutz

107   Die Behörde muss ihre Entscheidung über die Versagung oder Nichtver-längerung der Erlaubnis begründen und mit einer Rechtsbehelfsbelehrung versehen. Das AÜG selbst enthält in Bezug auf den zu beschreitenden Rechtsweg gegen die Entscheidung der Behörde keine Vorschriften (*Noack* NJW 1972, 2114 (2116)). Es gelten daher die allgemeinen Vorschriften. Wird die Erlaubnis versagt, kann der Antragsteller daher als Rechtsbehelfe **nach dem SGG** Widerspruch einlegen und Klage erheben.

1. Widerspruch

108   Gegen den Versagungsbescheid der Behörde steht dem Antragsteller zunächst gem. § 83 SGG der Widerspruch zu. Dieser ist nach § 84 SGG innerhalb von einem Monat nach Bekanntgabe der Ablehnung einzulegen. Die Widerspruchsbehörde überprüft dann die **Recht- und Zweckmäßig-keit der Versagungsentscheidung** (§ 78 SGG).

2. Klage

109   Nach erfolglosem Abschluss des Widerspruchsverfahrens kann der Antrag-steller **Verpflichtungsklage** vor dem zuständigen **Sozialgericht** erheben (§§ 51, 54, 87 SGG). Die Behörde hat die andauernde Rechtswidrigkeit der Verleiherlaubnis darzulegen und zu beweisen (zur Beweiserleichterung → Rn. 9).

3. Vorläufiger Rechtsschutz

110   Nach § 86a Abs. 4 SGG haben Widerspruch und Anfechtungsklage gegen die Versagung der Verlängerung der Erlaubnis grundsätzlich **keine aufschie-bende Wirkung.**

111   Im Übrigen wird auf die Ausführungen zum Rechtsschutz unter → § 2 Rn. 35 ff. verwiesen.

§ 3a Lohnuntergrenze

(1) **Gewerkschaften und Vereinigungen von Arbeitgebern, die zumindest auch für ihre jeweiligen in der Arbeitnehmerüberlassung**

tätigen Mitglieder zuständig sind (vorschlagsberechtigte Tarifvertragsparteien) und bundesweit tarifliche Mindeststundenentgelte im Bereich der Arbeitnehmerüberlassung miteinander vereinbart haben, können dem Bundesministerium für Arbeit und Soziales gemeinsam vorschlagen, diese als Lohnuntergrenze in einer Rechtsverordnung verbindlich festzusetzen; die Mindeststundenentgelte können nach dem jeweiligen Beschäftigungsort differenzieren und auch Regelungen zur Fälligkeit entsprechender Ansprüche einschließlich hierzu vereinbarter Ausnahmen und deren Voraussetzungen umfassen. Der Vorschlag muss für Verleihzeiten und verleihfreie Zeiten einheitliche Mindeststundenentgelte sowie eine Laufzeit enthalten. Der Vorschlag ist schriftlich zu begründen.

(2) Das Bundesministerium für Arbeit und Soziales kann, wenn dies im öffentlichen Interesse geboten erscheint in einer Rechtsverordnung ohne Zustimmung des Bundesrates bestimmen, dass die vorgeschlagenen tariflichen Mindeststundenentgelte nach Absatz 1 als verbindliche Lohnuntergrenze auf alle in den Geltungsbereich der Verordnung fallenden Arbeitgeber sowie Leiharbeitnehmer Anwendung findet. Der Verordnungsgeber kann den Vorschlag nur inhaltlich unverändert in die Rechtsverordnung übernehmen.

(3) Der Verordnungsgeber hat bei seiner Entscheidung nach Absatz 2 im Rahmen einer Gesamtabwägung neben den Zielen dieses Gesetzes zu prüfen, ob eine Rechtsverordnung nach Absatz 2 insbesondere geeignet ist, die finanzielle Stabilität der sozialen Sicherungssysteme zu gewährleisten. Der Verordnungsgeber hat zu berücksichtigen
1. die bestehenden bundesweiten Tarifverträge in der Arbeitnehmerüberlassung und
2. die Repräsentativität der vorschlagenden Tarifvertragsparteien.

(4) Liegen mehrere Vorschläge nach Absatz 1 vor, hat der Verordnungsgeber bei seiner Entscheidung nach Absatz 2 im Rahmen der nach Absatz 3 erforderlichen Gesamtabwägung die Repräsentativität der vorschlagenden Tarifvertragsparteien besonders zu berücksichtigen. Bei der Feststellung der Repräsentativität ist vorrangig abzustellen auf
1. die Zahl der jeweils in den Geltungsbereich einer Rechtsverordnung nach Absatz 2 fallenden Arbeitnehmer, die bei Mitgliedern der vorschlagenden Arbeitgebervereinigung beschäftigt sind;
2. die Zahl der jeweils in den Geltungsbereich einer Rechtsverordnung nach Absatz 2 fallenden Mitglieder der vorschlagenden Gewerkschaften.

(5) Vor Erlass ist ein Entwurf der Rechtsverordnung im Bundesanzeiger bekannt zu machen. Das Bundesministerium für Arbeit und Soziales gibt Verleihern und Leiharbeitnehmern sowie den Gewerkschaften und Vereinigungen von Arbeitgebern, die im Geltungsbereich der Rechtsverordnung zumindest teilweise tarifzuständig sind,

Gelegenheit zur schriftlichen Stellungnahme innerhalb von drei
Wochen ab dem Tag der Bekanntmachung des Entwurfs der Rechtsverordnung im Bundesanzeiger. Nach Ablauf der Stellungnahmefrist
wird der in § 5 Absatz 1 Satz 1 des Tarifvertragsgesetzes genannte
Ausschuss mit dem Vorschlag befasst.

(6) Nach Absatz 1 vorschlagsberechtigte Tarifvertragsparteien
können gemeinsam die Änderung einer nach Absatz 2 erlassenen
Rechtsverordnung vorschlagen. Die Absätze 1 bis 5 finden entsprechend Anwendung.

Literatur: *Düwell,* Lohnuntergrenzen bei vorübergehender Arbeitnehmerüberlassung, DB 2013, 756-758; *Krause,* Flexibler Personaleinsatz, ZfA 2014, 349-394; *Leuchten,* Das neue Recht der Leiharbeit, NZA 2011, 608-612; *Riechert,* Grenzen tariflicher
Abweichung vom Equal Pay-Grundsatz des AÜG, NZA 2013, 303-309; *Ulber,* Das
neue Arbeitnehmerüberlassungsgesetz, AiB 2011, 351-356

Übersicht

I. Entstehungsgeschichte

1   Die Regelung zur Festlegung einer **verbindlichen Lohnuntergrenze**
für die Arbeitnehmerüberlassung ist nicht ohne Vorbild – vergleichbare Normen sind insbesondere in §§ 3–9 AEntG und hierbei insbesondere in **§ 7
AEntG** enthalten. Auch wenn die Regelungen im Einzelnen nicht wortgleich denjenigen des AEntG entsprechen, sind sie inhaltlich doch (weitestgehend) identisch und sollen „das im AEntG geregelte Verfahren zur Erstreckung branchenspezifischer Mindestlöhne unter Berücksichtigung der
Besonderheiten der Arbeitnehmerüberlassung" weitestgehend übernehmen
(BT-Drs. 17/5328, 14). Der Einführung des Mindestlohns ging ein langer
politischer Prozess voraus. Die Notwendigkeit eines solchen Konstrukts

wurde zunächst nicht gesehen, sollte doch gerade durch die Einführung des
Equal pay-Grundsatzes – von dem eine Abkehr nur durch Tarifverträge möglich war (§ 9 Nr. 2 AÜG) – ein effektiver Schutz eines angemessenen Lohnes
gewährleistet werden. Allerdings zeigte sich, dass in der Praxis Tarifverträge
geschlossen wurden (insbesondere von der CGZP), die einen Lohn deutlich
unter *Equal pay* beinhalteten.

Gefordert wurde ein solcher Mindestlohn nicht allein von den Gewerk- **2**
schaften, sondern auch von einigen Arbeitgeberverbänden, um damit abzusichern, dass der Equal pay-Grundsatz nicht durch niedrige Tarifverträge
umgangen werden kann. Solche Tarifverträge wurden insbesondere von der
CGZP geschlossen; auch wenn deren Tariffähigkeit durch eine Entscheidung
des BAG abgelehnt wird (BAG 14.12.2010, AP TVG § 2 Nr. 6), stellt sich
das Problem eines angemessenen Lohns für die Arbeitnehmerüberlassung
auch weiterhin, gerade weil hier auch immer ein Vergleich zu den festangestellten Arbeitnehmern möglich ist. Die Einführung eines Mindestlohns entspricht auch den Zielen, die der Gesetzgeber durch die Änderungen des
AÜG erreichen will: Missbrauch soll verhindert und die Arbeitnehmerüberlassung soll gestärkt und zukunftsfest gemacht werden (BT-Drs. 17/4804, 7).
Dieses Ziel kann aber nur dann erreicht werden, wenn die Arbeitnehmerüberlassung auch gesellschaftlich anerkannt ist – die Einführung eines Mindestlohns trägt hierzu gerade bei (BT-Drs. 17/5238, 15). Den Interessen aller
Beteiligten wird dabei Rechnung getragen. Nichtsdestotrotz erfolgte die Aufnahme des Mindestlohns in das AÜG recht kurzfristig, in der ursprünglichen
Fassung vom 17.2.2011 (BT-Drs. 17/4804) war eine Regelung hinsichtlich
des Mindestlohns noch nicht enthalten. Auch in den hierzu ergangenen
Stellungnahmen insbesondere auch des Bundesrates (BT-Drs. 17/4804, 13)
war ein Mindestlohn noch nicht vorgesehen. Dieser wurde erst im Zuge des
Vermittlungsverfahrens zur Festsetzung der Regelsätze des SGB II und XII
als politischer Kompromiss kurzfristig zum. 23.3.2011 in des Gesetz zur
Änderung des AÜG aufgenommen (BT-Drs. 17/5238, 7) – in der Literatur
war von einem „politischen Kuhhandel" die Rede (*Rieble/Vielmeier* EuZA
2011, 474 (502)).

Die Norm ist zum 30.4.2011 in Kraft getreten und zum 16.8.2014 leicht **3**
geändert worden. Damit war aber nicht automatisch verbunden, dass ein
Mindestlohn für die Arbeitnehmerüberlassung wirksam geworden ist. Vielmehr bedarf es dazu einer Rechtsverordnung, für deren Erlass das unten
dargestellte Verfahren einzuhalten ist. Eine solche **Rechtsverordnung** wurde
erst im Dezember 2011 veröffentlicht. Der Grund hierfür war, dass ein ver-
bindlicher Vorschlag der Tarifvertragsparteien lange Zeit fehlt. Ein Anfang
Juli 2011 eingereichter Vorschlag wurde auf Grund förmlicher Fehler vom
BMAS zurückgewiesen. Erst im Bundesanzeiger vom 28.12.2011 (BAnz.
2011 Nr. 195, S. 4608) konnte eine entsprechende Rechtsverordnung veröffentlicht werden, sodass ab 1.1.2012 der Mindestlohn 7,01 EUR für die
neuen und 7,89 EUR für die alten Bundesländer betrug. Zum 1.11.2012
erhöhte dieser sich auf 7,50 EUR bzw. 8,19 EUR. Durch die zweite Verordnung über eine Lohnuntergrenze in der Arbeitnehmerüberlassung wurde der
Mindestlohn zwischen dem 1.4.2014 und dem 31.12.2016 weiter stufenweise
auf 8,50 EUR bzw. 9,00 EUR angehoben.

II. Systematik/Zweck

4   Inhaltlich lehnt sich die Regelung zum Mindestlohn sehr eng an die vergleichbaren Normen im AEntG an (BT-Drs. 17/5328, 14), sodass auch eine Aufnahme der Arbeitnehmerüberlassung in § 4 AEntG möglich gewesen wäre. Dass dies unterblieben ist, liegt weniger an dogmatischen Besonderheiten, sondern daran, dass bei der Verabschiedung Eile geboten war und der Mindestlohn damit effektiver über das AÜGÄndG 1 untergebracht werden konnte. Ein weiterer Grund des Verzichts der Aufnahme in das AEntG liegt darin, dass explizit die **Besonderheiten der Arbeitnehmerüberlassung** gegenüber den anderen im AEntG geregelten Fällen berücksichtigt werden sollen. Auch wenn der konkrete Begriff im Rahmen des AÜG nicht genannt wird, handelt es sich hier ebenso wie bei AEntG um eine Allgemeinverbindlichkeitserklärung einer Regelung. Gerade aus § 3a Abs. 2 AÜG ergibt sich dies zwingend, spricht diese Regelung doch davon, dass ein „tarifliches Mindeststundenentgelt" auf „alle in den Geltungsbereich der Verordnung fallenden Arbeitgeber sowie Leiharbeitnehmer Anwendung findet". Dies ist nichts anderes als eine Umschreibung der Allgemeinverbindlichkeitserklärung. Auch die Gesetzesbegründung weist hierauf hin, wenn sie die Laufzeit an die Laufzeit der zugrunde liegenden tariflichen Regelung knüpfen will (BT-Drs. 17/5238, 14).

5   Allerdings besteht ein **zentraler Unterschied zur Allgemeinverbindlicherklärung nach dem AEntG:** Während es dort zwingend ist einen Tarifvertrag als solchen für allgemeinverbindlich zu erklären, ist im Rahmen des Mindestlohns in der Arbeitnehmerüberlassung ein separater Vorschlag der entsprechenden Tarifvertragsparteien nötig, der sich aber – zumindest im Regelfall – von einem Tarifvertrag ableitet. Der Unterschied liegt darin begründet, dass ansonsten Unsicherheiten bezüglich des Verhältnisses zum Gleichbehandlungsgrundsatz bestehen – kann von diesem doch durch Tarifvertrag abgewichen werden (so BT-Drs. 17/5328, 14 f.). Dies soll durch den Mindestlohn gerade nicht erreicht werden. Hierfür soll weiterhin ein eigenständiger Tarifvertrag – in den Grenzen des Mindestlohns (§ 9 Nr. 2 AÜG jetzt iVm § 8 Abs. 2 AÜG) erforderlich sein (BT-Drs. 17/5238, 14). Teilweise wird in Tarifverträgen der Arbeitnehmerüberlassung auch explizit festgeschrieben, dass damit eine Abweichung vom Equal pay-Grundsatz nicht möglich sein soll (BT-Drs. 17/5238, 15). Dies würde dann bedeutungslos, wenn ein Tarifvertrag als solcher allgemeinverbindlich würde und damit eine Abkehr ermöglichen würde. Aus diesem Grund wurde der Umweg über den Vorschlag und nicht über eine Allgemeinverbindlicherklärung eines Tarifvertrags gegangen.

6   Durch die Regelung erhält das BMAS die Möglichkeit durch Rechtsverordnung eine durch die Tarifvertragsparteien vorgeschlagene Mindestlohnuntergrenze für alle Beschäftigten der Branche zu bestimmen. Von einer solchen Regelung sind damit nicht nur die tarifungebundenen Arbeitnehmer erfasst, sondern auch diejenigen Arbeitnehmer, welche an einen anderen Tarifvertrag gebunden sind. Damit wird ein **effektiver Mindestschutz** gewährleistet. Gesichert ist damit insbesondere, dass nur ein solcher Vorschlag der Tarifvertragsparteien zu einer Rechtsverordnung führt, der einen effektiven Schutz der Arbeitnehmer gewährleistet – enthält § 3a Abs. 3 AÜG doch gerade besondere Auswahlkriterien in welchen Fällen eine Rechtsverordnung erlassen werden soll. Damit wird ein umfassender Schutz der Arbeitnehmer gewährleistet. Nicht allein bei dem „ob" der Einführung des Mindestlohns, sondern auch bei der Auswahl zwischen verschieden Tarifverträgen obliegt dem BMAS gem. § 3a Abs. 4 AÜG ein Entscheidungsspielraum, um dem Ziel – Schutz der Arbeitnehmer – bestmöglich gerecht zu werden. Dementsprechend ist auch § 3a als eine zwingende Mindestbedingung im Rahmen der grenzüberschreitenden Arbeitnehmerüberlassung nach Deutschland zu verstehen (Boemke/Lembke/*Marseaut* § 3a Rn. 13).

III. Voraussetzungen einer Rechtsverordnung

1. Vorliegender Vorschlag von Tarifvertragsparteien (§ 3a Abs. 1 AÜG)

Notwendig für den Erlass einer Rechtsverordnung zur Festlegung eines **7** Mindestlohns ist stets das Vorliegen eines **Vorschlags durch die Tarifvertragsparteien.** Nicht der Staat selbst kann einen solchen festlegen, sondern er kann nur einen bestehenden Vorschlag übernehmen (*Ulrici* § 3a Rn. 12). Der Unterschied zur Regelung des AEntG liegt hier darin, dass kein Tarifvertrag als solcher allgemeinverbindlich wird, sondern nur ein entsprechender (Mindest)Lohnvorschlag der Tarifvertragsparteien. Das Gesetz verzichtet hier ausdrücklich darauf, auf einen Tarifvertrag Bezug zu nehmen. Begründet liegt dies in den Besonderheiten des AÜG, welche zu den vom AEntG abweichenden Regelungen führen (BT-Drs. 17/5238, 14). Das AÜG selbst enthält den *Equal pay*-Grundsatz, von dem eine Abkehr nur durch Tarifvertrag möglich sein soll (§ 9 Nr. 2 jetzt iVm § 8 Abs. 2). Die inhaltliche Grenze eines solchen Tarifvertrags soll die Rechtsverordnung zum Mindestlohn darstellen. Sollte ein Tarifvertrag allgemeinverbindlich erklärt werden, bestünde ein Konkurrenzproblem zwischen diesen beiden Tarifverträgen; insbesondere das Verhältnis zum Equal pay-Grundsatz wäre dann unklar. Zur Vermeidung dieser Problematik hat das Gesetz nunmehr den Umweg über den Vorschlag der Tarifvertragsparteien gewählt (BT-Drs. 17/5238, 14 f.)

Unklar ist aber, ob dessen ungeachtet nicht ein (wirksamer) **Tarifvertrag 8** insofern erforderlich ist, dass dieser die **Grundlage für den Vorschlag** darstellen muss. Auch ist wohl davon auszugehen, dass trotz der zum AEntG abweichenden Formulierung, ein bestehender Tarifvertrag erforderlich ist, dessen umfassende Geltung dem BMAS vorgeschlagen werden soll. So zeigt ein systematischer Vergleich zum AEntG, dass die gleichen Voraussetzungen wie dort bezweckt sind. Auch die Gesetzesbegründung scheint davon auszugehen (BT-Drs. 17/5238, 14). Insofern unterscheidet sich die Regelung zwar in der Formulierung und in ihrem dogmatischen Ansatz, nicht aber in der Rechtsfolge und der Handhabung von den Vorgaben des AEntG. Grundgedanke ist stets, dass die Tarifvertragsparteien gemeinsam eine gerechte Lohnuntergrenze ausgehandelt haben und diese dann in der Regel unverändert als Vorschlag unterbreitet und durch die Rechtsverordnung übernommen wird. Hierbei wird auch gewahrt, dass eine solche Grenze einen gerechten Ausgleich zwischen Arbeitnehmer- und Arbeitgeberinteressen herbeiführt, kann doch der Vorschlag nur gemeinsam von Gewerkschaften und Arbeitgebervereinigungen erbracht werden.

9   Notwendig ist dabei, dass sowohl die Gewerkschaften, als auch die Arbeitgebervereinigungen zumindest auch für die in der Arbeitnehmerüberlassung tätigen Mitglieder zuständig sind (BT-Drs. 17/5238, 14). Auch hier zeigt sich eine Nähe zu § 7 Abs. 1 AEntG – hier muss der Tarifvertrag, der allgemeinverbindlich werden soll, in den fachlichen Geltungsbereich der betroffenen Branche fallen, da er ja nur für die Arbeitnehmer in seinem Geltungsbereich gilt. Auch hier müssen die Tarifvertragsparteien zum einen auch im Bereich der Arbeitnehmerüberlassung tätig sein, zum anderen muss der konkrete Tarifvertrag gerade auch dem Bereich der Arbeitnehmerüberlassung zugehören.

10   Ein **Mindestorganisationsgrad** ist allerdings nicht erforderlich. Bereits im AEntG wurde die Streitigkeit aufgeworfen, ob in Anlehnung an § 5 Abs. 1 Nr. 1 TVG aF ein Mindestorganisationsgrad von 50 % zu fordern ist. Nach der ganz herrschenden Meinung ist dies für das AEntG zu verneinen (*Koberski/Asshoff/Eustrup/Winkler* AEntG § 7 Rn. 31 ff.; *Thüsing/Bayreuther* AEntG §§ 7, 7a Rn. 9; Erf*K/Schlachter* AEntG § 7 Rn. 5). Auch für das AÜG gilt Entsprechendes. Die Gefahr, dass hier eine Regelung allgemeinverbindlich wird, die nur eine sehr geringe Repräsentativität aufweist, stellt sich hier ohnehin nicht, hat doch das BMAS gem. § 3a Abs. 3 AÜG explizit zu prüfen, ob die Tarifvertragsparteien tatsächlich eine ausreichende Repräsentativität aufweisen. Ist dies nicht gegeben, steht dies bereits den Zielen des Mindestlohns entgegen, sodass eine entsprechende Rechtsverordnung nicht zu erlassen ist. Diese, auch im Geltungsbereich des AEntG klare Ansicht (vgl. Thüsing/*Bayreuther,* 1. Auflage, AEntG § 7 Rn. 11), wurde nun auch explizit ins AÜG aufgenommen. Hinzu kommt, dass seit dem 16.8.2014 auch für die Allgemeinverbindlicherklärung nach § 5 Abs. 1 TVG das Erreichen einer Quote von 50 % nicht mehr erforderlich ist (vgl. *Forst* RdA 2015, 25 (29)).

11   Auch der **Inhalt des für allgemeinverbindlich zu erklärenden Vorschlags** ergibt sich unmittelbar aus dem Gesetz. Gemäß § 3a Abs. 1 S. 2 wird die Vorgabe aufgestellt, dass „für Verleihzeiten und verleihfreie Zeiten einheitliche Mindeststundenentgelte sowie eine Laufzeit" enthalten sein müssen (BT-Drs. 17/5238, 14). Europarechtlich zwingend ist dies freilich nicht, lässt die Richtlinie doch auch zu, dass eine Bezahlung nur während der Verleihung erfolgt (sog. entleiherbezogenes Modell) (hierzu → Einl. Rn. 29 f.). Nach deutschem Recht wurde aber dieses Modell bisher nicht umgesetzt, sodass auch die hier gewählte Regelung im Lichte der bisherigen Regelungen zur Arbeitnehmerüberlassung folgerichtig erscheint.

12   Zudem scheint der Gesetzgeber in der Begründung davon auszugehen, dass der Vorschlag nicht allein auf die Festlegung des Mindestentgelts beschränkt werden kann, sondern auch eine **Laufzeitfestlegung** enthalten kann („die vorgeschlagene Laufzeit…" – BT-Drs. 17/5238, 14). Ein solcher Vorschlag ist insgesamt auch stimmig – enthält doch der Tarifvertrag der im

AEntG für allgemeinverbindlich erklärt wird, stets eine zeitliche Begrenzung. Insofern ist es stimmig diese Grundsätze auch auf das AÜG zu übertragen, auch wenn hier ein Tarifvertrag nicht unmittelbar allgemeinverbindlich wird. Probleme stellen sich allerdings dann bei der Frage der Geltungsdauer der Rechtsverordnung (hierzu → Rn. 40).

2. Inhaltliche Grenzen der Rechtsverordnung

Inhaltlich ergibt sich die Rechtsverordnung zwingend aus dem Vorschlag **13** der Tarifvertragsparteien. Eine **inhaltliche Änderung** – egal in welche Richtung – ist nicht möglich (vgl. § 3a Abs. 2 S. 2 AÜG) (UGBH/*Hurst* § 3a Rn. 17; Boemke/Lembke/*Marseaut* § 3a Rn. 57; so auch zum AEntG: Thüsing/*Bayreuther* AEntG §§ 7, 7a Rn. 27). Aus diesem Grund ist es auch unzulässig eine Teilverweisung vorzunehmen (s. Thüsing/*Bayreuther* AEntG §§ 7, 7a Rn. 23 mwN). Unverändert ist damit weit auszulegen und bedeutet, dass die Vorschläge der Tarifvertragsparteien 1:1 zu übernehmen sind. Ein eigener Gestaltungsspielraum des BMAS besteht nicht.

3. Änderung einer Rechtsverordnung § 3a Abs. 6 AÜG

Eine einmal wirksam verabschiedete Rechtsverordnung ist verbindlich. **14** Eine Änderung ist damit auch nur unter besonderen Formalien möglich. So ist es dem BMAS selbst jedenfalls nicht möglich, Änderungen an der Rechtsverordnung vorzunehmen. Ein Gestaltungsspielraum kann auch hier nicht bestehen. Die Voraussetzungen einer Änderung sind identisch mit denen eines Neuerlasses der Rechtsverordnung, wie sich aus § 3a Abs. 6 AÜG deutlich ergibt.

IV. Verfahren

1. Vorschlag an das BMAS

Der Erlass einer Rechtsverordnung setzt einen gemeinsamen Vorschlag der **15** Tarifvertragsparteien (also Arbeitgebervereinigungen und Gewerkschaften) voraus (§ 3a Abs. 1 S. 1 AÜG). Wie beim AEntG, bei dem dies durch das Arbeitnehmer-Entsendegesetz vom 20.4.2009 (BGBl. 2009 I S. 799) geändert wurde, ist auch hier klargestellt, dass der Antrag von beiden am Tarifvertrag beteiligten Parteien zu stellen ist. Nicht eindeutig ist allerdings, ob dem Vorschlag ein bestehender Tarifvertrag vorzuschalten ist, oder ob völlig unabhängig davon der Vorschlag erbracht werden kann. Die besseren Gründe sprechen wohl dafür, einen vorherigen Tarifvertrag zu fordern (→ Rn. 8). Die Unterschiede zum AEntG beruhen nur auf dogmatischen Gründen (→ Rn. 8).

Zudem muss der Vorschlag die Formvorschriften des § 3a Abs. 1 S. 3 AÜG **16** beachten und ist damit **schriftlich zu stellen** und zu begründen. Eine entsprechende Regelung existierte im AEntG nicht, so dass die Ausgestaltung im Einzelnen noch unklar erscheint. Wohl knüpft das Begründungserfordernis aber nicht an der Höhe des Lohnes selbst an, sondern bezieht sich darauf,

warum gerade diese konkrete Vereinbarung Grundlage einer Rechtsverordnung werden soll (*Ulrici* § 3a Rn. 20). Zu hohe Hürden für die Begründung
sollten aber nicht bestehen. Die zukünftige Entwicklung dieses Kriteriums
bleibt aber freilich abzuwarten.

2. Auswahl des BMAS gemäß § 3a Abs. 3 AÜG

17   Das BMAS kann gem. § 3a Abs. 2 AÜG eine Rechtsverordnung schaffen,
die ein Mindestentgelt basierend auf den Tarifverträgen zum Inhalt hat.
Bereits die Formulierung in § 3a Abs. 2 AÜG zeigt, dass das BMAS nicht
gezwungen ist, eine solche Rechtsverordnung zu erlassen, sondern hierbei
ein **Ermessen** hat, jedenfalls unter der Voraussetzung, dass der Erlass der
Rechtsverordnung im öffentlichen Interesse geboten erscheint. Konkretisiert
wird die Ausübung des Ermessens durch § 3a Abs. 3 AÜG. Weitere **Grenzen
bei der Ausübung des Ermessens** sind gem. Satz 1 sowohl die Ziele des
Gesetzes als auch die Eignung der Rechtsverordnung die finanzielle Stabilität
der sozialen Sicherungssysteme zu gewährleisten. Zudem ergibt sich aus
Satz 2, dass bestehende bundesweite Tarifverträge in der Arbeitnehmerüberlassung (Nr. 1) sowie die Repräsentativität der vorschlagenden Tarifvertragsparteien zu berücksichtigen sind (Nr. 2). Das Ermessen ist damit als **gebun-
denes Ermessen** anzusehen. Es ist eine **Gesamtabwägung** hinsichtlich
aller Ziele anzustellen (BT-Drs. 17/5238, 15). Der Verordnungsgeber hat
damit einen ihm eingeräumten Einschätzungs- und Prognosespielraum, mittels dem er die Lohnuntergrenze zu überprüfen hat (BT-Drs. 17/5238, 15).

18   Der Erlass der Rechtsverordnung durch das BMAS steht unter der Voraussetzung, dass ein **öffentliches Interesse** an der Schaffung der Rechtsverordnung besteht (§ 3a Abs. 2 S. 11). Ein Anspruch auf Schaffung einer Rechtsverordnung kann sich damit aus dieser Regelung ergeben (Thüsing/*Bayreuther*
AEntG §§ 7, 7a Rn. 10). Zu beachten bleibt allerdings, dass nicht allein das
öffentliche Interesse maßgeblich sein kann – vielmehr sind auch die Interessen
der Tarifvertragsparteien zu berücksichtigen, die ihrerseits ein spezifisches
Interesse an Schaffung einer Rechtsverordnung haben. Sie haben nach hM
einen Anspruch auf rechtsfehlerfreie Ermessensentscheidung (Thüsing/*Bayreuther* AEntG §§ 7, 7a Rn. 15; ErfK/*Schlachter* AEntG § 7 Rn. 6).

19   Im Gegensatz zur Arbeitnehmerentsendung sind **weitere Kriterien**
genannt (Abs. 3 S. 1 und 2), an denen sich das BMAS bei der Entscheidung
der Schaffung einer Rechtsverordnung zu orientieren hat. Bei der Gewichtung dieser Kriterien ist eine Gesamtabwägung vorzunehmen, so dass alle
Punkte gemeinsam zu beachten und in Zusammenhang zu stellen sind, ohne
dass eine Kriterium eine überragende Bedeutung erhält.

20   Die **Bedeutung des öffentlichen Interesses** im Rahmen einer Rechtsverordnung zur Gewährung eines Mindestlohns ist nicht zu überschätzen.
Auch hier sind die Parallelen zum AEntG offensichtlich. Ein öffentliches
Interesse an dem Erlass einer solchen Rechtsverordnung ist zudem schon dann
zu bejahen, wenn ansonsten Nachteile für eine Vielzahl von Beschäftigten
im Bereich der Arbeitnehmerüberlassung drohen (ErfK/*Schlachter* AEntG § 7
Rn. 5; Thüsing/*Bayreuther* AEntG §§ 7, 7a Rn. 11). Dies wird im Regelfall

zumindest dann erfüllt sein, wenn der maßgebliche Mindestlohn als angemessen angesehen werden kann. Maßstab sollte hier der durchschnittlich in der Arbeitnehmerüberlassung gewährte Lohn sowie im Verhältnis dazu die Löhne für einen Festangestellten in der jeweiligen Branche sein. Ergibt sich durch die Einführung des Mindestlohns eine (signifikante) Lohnsteigerung für eine Vielzahl von Beschäftigten, so ist auch ein öffentliches Interesse an einer solchen Einführung zu bejahen. Es genügt nach Ansicht des BAG, dass ein anerkanntes Interesse des Gesetzgebers verfolgt wird (BAG 28.3.1990, NZA 1990, 781). Das Kriterium des öffentlichen Interesses ist damit weit auszulegen, ein öffentlicher Notstand (§ 5 Abs. 1 S. 2 TVG aF) muss nicht vorliegen (Thüsing/*Bayreuther* AEntG §§ 7, 7a Rn. 11; Boemke/Lembke/*Marseaut* § 3a Rn. 59).

Dem Verordnungsgeber kommt bei der Entscheidung, ob dieses Kriterium 21 vorliegt ein weiter **Beurteilungsspielraum** zu (so auch: Boemke/Lembke/ *Marseaut* § 3a Rn. 58). Bereits der Gesetzeswortlaut des TVG selbst fordert nur, dass ein Handeln im öffentlichen Interesse geboten erscheint. Angreifbar ist die Entscheidung des BMAS, ein öffentliches Interesse liege nur dann vor, wenn bei dieser Entscheidung wesentliche und offensichtliche Fehler unterlaufen sind (BAG 22.9.1993, BAGE 74, 226; 8.3.1990, NZA 1990, 781; Thüsing/*Bayreuther* AEntG §§ 7, 7a Rn. 14; Koberski/Asshoff/Eustrup/ Winkler § 7 Rn. 29).

Im AEntG war umstritten, inwiefern auch noch weitere Kriterien die 22 Entscheidung zur Schaffung einer Rechtsverordnung bestimmen können. Eine Allgemeinverbindlicherklärung zur Entlastung der Sozialkassen oder aus wettbewerbsschützenden Gründen wurde abgelehnt (Thüsing/*Bayreuther* AEntG §§ 7, 7a Rn. 11). Abweichend davon hat der Gesetzgeber in § 3a Abs. 3 S. 1 AÜG formuliert, dass zumindest auch die **Stabilität der sozialen Sicherungssysteme** zu prüfen ist. Dies nimmt Bezug auf eine Entscheidung des BVerfG (BVerfG 3.4.2001, BVerfGE 103, 293 (307, 309)). Nur wenn die Sicherheit dieser Systeme gewährleistet ist, darf die Rechtsverordnung erlassen werden. Dies darf aber nicht so weit verstanden werden, dass die Rechtsverordnung der Sicherung der Sozialsysteme dienen muss, vielmehr darf sie nur dieser Funktion nicht entgegenstehen. Damit widerspricht die Ausübung des Ermessens auch hier nicht der Praxis im Rahmen des AEntG. Zudem kann dieses Kriterium auch als Spezifizierung des öffentlichen Interesses aus Satz 1 angesehen werden (Boemke/Lembke/*Marseaut* § 3a Rn. 62; auch der Gesetzgeber scheint hiervon auszugehen BT-Drs. 17/5238, 15) – ein öffentliches Interesse wäre schließlich dann zu verneinen, wenn damit die sozialen Sicherungssysteme in Instabilität gerieten. Zudem ist die Stabilität der Sicherungssysteme auch nur „insbesondere" zu berücksichtigen – auch systematische Erwägungen zeigen damit, dass dies tatsächlich als Sonderfall des öffentlichen Interesses anzusehen ist.

Weitere vom BMAS im Rahmen des Ermessens zu beachtende Kriterien 23 sind die **„Ziele des Gesetzes".** Welche Ziele hierunter zu verstehen sind, bleibt freilich unklar, macht das AÜG doch keine ausdrücklichen Vorgaben. Die Gesetzesbegründung stellt hierfür auf die „Erschließung neuer Beschäftigungsmöglichkeiten und die Bekämpfung von Arbeitslosigkeit" ab (BT-

Drs. 17/5328, 15). Zudem wird aber auch ein „angemessenes Schutzniveau"
für die Leiharbeitnehmer gefordert (BT-Drs. 17/5328, 15). Die Formulierung des Gesetzes ist hier systematisch missglückt. Eine vergleichbare Regelung, die auf die Ziele des Gesetzes verweist, enthält § 7 Abs. 2 S. 1 AEntG.
Gemeint sind damit allerdings ausdrücklich die in § 1 AEntG genannten Ziele
nämlich insbesondere die Schaffung angemessener Mindestarbeitsbedingungen. Vergleichbare Ziele können ins AÜG nur bedingt hineingelesen werden – dient es doch zumindest nicht allein nur dem Schutz des Arbeitnehmers
bezogen auf angemessene Mindestentgelte. Dessen ungeachtet verweisen
sowohl die Gesetzesbegründung als auch der Wortlaut des Gesetzes auf die
Ziele des AÜG und nicht des § 1 AEntG. Dennoch ist das AÜG auch als
Gesetz zum Schutz der Leiharbeitnehmer konzipiert, deren Tätigkeit Grenzen zu unterwerfen ist. Dies ergibt sich auch aus der Gesetzesbegründung
zum AÜG (BT-Drs. VI/2303, 9). Der Schutz der Arbeitnehmer ist damit
auch bei der Entscheidung des BMAS, eine Rechtsverordnung zum Mindestlohn zu schaffen, zu beachten. Das BMAS hat damit zu prüfen, ob der
Mindestlohn (das heißt die entsprechende Höhe) tatsächlich zu einem erhöhten Schutz der Arbeitnehmer führt und ob den hohen Anforderungen der
Arbeitnehmerüberlassung Rechnung getragen wird. Zudem soll auch die
gesellschaftliche Akzeptanz und Qualität der Arbeitnehmerüberlassung
gesteigert werden (BT-Drs. 17/5328, 15). Aus diesem Grund ist auch hier
zu prüfen, inwiefern die Lohnhöhe diesen arbeitnehmerschützenden Zielen
gerecht wird. Dessen ungeachtet, wäre aber ein Verweis auf die Regelungen
des AEntG oder eine Klarstellung hinsichtlich der Ziele wünschenswert.

24   Zu berücksichtigen sind bei der Entscheidung, ob eine Rechtsverordnung
zu erlassen ist, gem. Abs. 3 S. 2 Nr. 1 und 2 AÜG zudem auch **die bestehenden bundesweiten Tarifverträge** in der Arbeitnehmerüberlassung sowie
die Repräsentativität der vorschlagenden Parteien (BT-Drs. 17/5238, 15).
Aus dem AEntG ist eine solche Regelung nur zur Auswahl zwischen mehreren Tarifverträgen bekannt (§ 7 Abs. 2 AEntG), nicht aber zur Entscheidung,
ob überhaupt ein Mindestlohn einzuführen ist. Hier gilt erneut das zu den
Zielen des Gesetzes (→ Rn. 19) erläuterte. Rechtliche Bedeutung haben
diese Regelungen nicht, kann doch ein Mindestlohn an sich nie zur Verschlechterung des status quo des Arbeitnehmers führen, trifft er doch nur
diejenigen Arbeitnehmer, deren Lohn geringer als der Mindestlohn ist. Dessen ungeachtet beinhaltet die Festlegung eines Mindestlohns auch stets eine
politische Komponente, zeigt sie doch, dass die zuständige Behörde den
festgelegten Lohn für angemessen erachtet. Es besteht damit auch die Gefahr,
dass – bei Fehlen eines Wettbewerbs – höhere Löhne auf das Niveau des
Mindestlohns abgesenkt werden. Dies widerspricht freilich dem Ziel des
Mindestlohns und ist zu vermeiden. Aus diesem Grund enthält die Regelung
hier eine solche Schranke, die das Schaffen einer Rechtsverordnung nur dann
fordert, wenn der Inhalt auch angemessen wäre. Verhindert werden soll
damit, dass Mindestlöhne geschaffen werden, deren Höhe für unbillig erachtet wird. Es sollen damit nur solche Vorschläge zu Mindestlöhnen werden,
deren Tarifvertragsparteien repräsentativ sind und deren Inhalt gemessen an
anderen Tarifverträgen angemessen ist. Verhindert werden soll damit wohl

explizit, dass die vielgescholtenen Tarifverträge der CGZP (siehe hierzu nur die maßgebliche Entscheidung des BAG 14.12.2010, AP TVG § 2 Tariffähigkeit Nr. 6; vgl. auch → § 3 Rn. 88; → § 9 Rn. 40 f.) zu einem – sehr geringen – Mindestlohn führen.

3. Auswahl unter mehreren Tarifverträgen – § 3a Abs. 4 AÜG

Die Norm enthält eine spezielle Regel mittels derer der Konflikt zwischen **25** unterschiedlichen Vorschlägen zum Mindestlohn gelöst werden soll. Dies wird jedoch nur dann relevant, wenn auch im Bereich der Arbeitnehmerüberlassung mehrere Tarifvertragsparteien Tarifverträge mit unterschiedlichen Entgelthöhen geschlossen haben (siehe auch Thüsing/*Bayreuther* AEntG §§ 7, 7a Rn. 31 ff.). Zuständig iSd § 3a Abs. 1 S. 1 AÜG sind damit mehrere Tarifvertragsparteien (bspw. Tarifverträge von BZA und DGB-Tarifgemeinschaft Zeitarbeit; igZ und DGB-Tarifgemeinschaft Zeitarbeit; AMP und CGZP). Diesen Konflikt zu lösen, soll die Norm helfen. Nicht allein hinsichtlich der Entscheidung über das „ob" der Schaffung einer Rechtsverordnung sondern auch hinsichtlich der Auswahl zwischen verschiedenen Vorschlägen konkretisiert das Gesetz in § 3a Abs. 4 das Ermessen des Ministeriums. Der Gestaltungsspielraum des Verordnungsgebers wird damit eingeschränkt (BT-Drs. 17/5238, 15). Maßgeblich sind im Rahmen der Gesamtabwägung erneut die identischen Kriterien wie bei Abs. 3, wobei die aus § 7 AEntG abgeleitete Repräsentativität (BT-Drs. 17/5238, 15) vorrangiges Merkmal zu sein hat.

Wie die **Repräsentativität** zu bestimmen ist, ergibt sich aus dem Gesetz **26** selbst, das § 7 Abs. 2 S. 2 AEntG nahezu wortgleich nachgebildet ist. Maßgeblich zur Bestimmung der Repräsentativität sind damit die Anzahl von Leiharbeitnehmern, die bei einem Arbeitgeber beschäftigt werden, der an einen Tarifvertrag der Tarifvertragsparteien (gem. Abs. 1 Satz 1) gebunden wäre. Das Gesetz verzichtet auch hier erneut darauf, sich konkret auf den Tarifvertrag zu beziehen. Es stellt sich damit erneut die Frage, ob Grundlage der Rechtsverordnung ein bestehender Tarifvertrag sein muss, oder ob ein „Vorschlag" der Tarifvertragsparteien ausreichend ist. Auch hier gilt allerdings erneut das oben (→ Rn. 15) Gesagte – ein Tarifvertrag bleibt erforderlich. Die im Vergleich zum AEntG abweichende Formulierung des Gesetzes führt nicht zu einer Vereinfachung der Rechtslage, sondern sagt nur mit anderen Worten das Gleiche wie das AEntG.

Zweites Kriterium zur Bestimmung der Repräsentativität ist die Mitglieds- **27** zahl der Gewerkschaften, die den jeweiligen Vorschlag zur Rechtsverordnung unterbreitet haben. Umstritten ist teilweise, ob zur Auslegung des Begriffs der Gewerkschaftsmitgliedschaft auf sämtliche Arbeitnehmer abzustellen ist oder nur auf diejenigen, für die tatsächlich eine tarifliche Bindung besteht (vgl. hierzu Thüsing/*Bayreuther* AEntG §§ 7, 7a Rn. 38). Bessere Gründe sprechen aber für die erste Ansicht. Schon der Wortlaut steht einer abweichenden Sichtweise entgegen. Zudem zeigt sich hier, dass das Gesetz gerade nicht mehr auf einen konkreten Tarifvertrag Bezug nimmt. Stattdessen bezieht es sich allein auf die Gewerkschaftsmitglieder im Geltungsbereich der

Rechtsverordnung, das heißt im Bereich der Leiharbeit. Für das zusätzliche Erfordernis einer tatsächlichen tarifvertraglichen Bindung besteht hier – im Gegensatz zum AEntG – keinerlei rechtliche Grundlage. Maßgeblich müssen damit alle Leiharbeitnehmer sein, die bei der konkreten Gewerkschaft organisiert sind.

28   Eine **unterschiedliche Gewichtung** dieser Kriterien wird vom Gesetz nicht bezweckt und wird auch in der Literatur abgelehnt (Thüsing/*Bayreuther* AEntG §§ 7, 7a Rn. 39). Führen beide Kriterien zu unterschiedlichen Ergebnissen, so ist eine Gesamtabwägung geboten. Bei dieser wäre dann insbesondere zu berücksichtigen, wie hoch die Unterschiede bei den einzelnen Kriterien waren. Führt auch dies zu keinem praktikablen Ergebnis, ist schlussendlich eine Gesamtbetrachtung unter Berücksichtigung aller Kriterien vorzunehmen und zu bestimmen, welcher Vorschlag am weitesten die Ziele des Abs. 3 berücksichtigt. Praktische Bedeutung hat dies freilich kaum. Auch wenn im Bereich der Arbeitnehmerüberlassung mehrere Gewerkschaften Tarifverträge geschlossen haben, so wird sich doch anhand der Repräsentativität ein einheitliches Ergebnis zeigen. Entschärft ist diese Problematik zudem auch dadurch, dass generell die Tariffähigkeit der CGZP durch die Rechtsprechung verneint wurde (BAG 14.12.2010, NZA 2011, 289).

4. Anhörungs- und Beteiligungsrechte – § 3a Abs. 5 S. 2 und 3 AÜG

29   Nicht erforderlich zur Verabschiedung einer Rechtsverordnung zum Mindestlohn ist wie § 3a Abs. 2 S. 1 AÜG deutlich darstellt die Zustimmung des Bundesrates. Das BMAS kann demnach eigenständig eine entsprechende Rechtsverordnung schaffen. Eine Zustimmung zu fordern würde auch der Systematik der Norm nicht gerecht, ist das BMAS doch sowohl hinsichtlich des Inhalts der Norm an den Vorschlag als auch hinsichtlich der Auswahl eines Vorschlags an ausführliche ermessensregelnde Vorschriften gebunden (→ Rn. 17).

30   Vor Erlass einer Rechtsverordnung haben die hiervon Betroffenen Gelegenheit zur **Stellungnahme** (§ 3a Abs. 5 S. 2 AÜG). Erfasst sind hiervon sowohl die (Leih)Arbeitnehmer und Verleiher (als Arbeitgeber) sowie die Tarifvertragsparteien, also Gewerkschaften und Arbeitgebervereinigungen (BT-Drs. 17/5238, 15). Sie haben die Möglichkeit innerhalb von drei Wochen ab Bekanntmachung (§§ 31 Abs. 1 VwVfG, 187 Abs. 1, 188 Abs. 2 Alt. 1 BGB) des Entwurfs der Rechtsverordnung im Bundesanzeiger schriftliche Stellungnahmen hierzu abzugeben. Damit sind alle Tarifvertragsparteien und Arbeitgebervereinigungen zur Stellungnahme befugt; auch dann wenn der Vorschlag nicht von ihnen erbracht wurde.

31   Nach Ablauf der **Stellungnahmefrist** von drei Wochen hat sich der Tarifausschuss nach § 5 Abs. 1 S. 1 TVG mit dem Vorschlag zu befassen. Im Gegensatz zum AEntG wird darauf verzichtet auf die „erstmalige" Antragstellung der Tarifvertragsparteien abzustellen, da diese Voraussetzung für erhebliche Unklarheiten gesorgt hat (siehe hierzu nur: Thüsing/*Bayreuther*

AEntG §§ 7, 7a Rn. 22). Die Beteiligung des Tarifausschusses ist damit verbindliche Verfahrensvoraussetzung zur Schaffung einer Rechtsverordnung zum Mindestlohn. Zweck der Beteiligung des Ausschusses ist, dass auch gesamtwirtschaftliche Erwägungen in den Entscheidungsprozess einbezogen werden (BT-Drs. 16/10486, 16). Insbesondere sollen hierbei gerade diejenigen wirtschaftlichen Erwägungen berücksichtigt werden, die über die Branche selbst hinausgehen (BT-Drs. 17/5238, 15). Insofern ist eine Beteiligung bei jeder Rechtsverordnung auch systematisch stimmig. Die Probleme die sich im Bereich des AEntG bestehen, stellen sich hier dann nicht.

Das Gesetz enthält keine **Rechtsfolgen und Verfahrensvorschriften** 32 hinsichtlich der Behandlung des Entwurfs der Rechtsverordnung durch den Tarifausschuss. Die Gesetzesbegründung stellt nur fest, dass die Stellungnahme gem. § 3a Abs. 5 S. 2 AÜG Grundlage des Befassens sein muss (BT-Drs. 17/5238, 15). Dies ist umso überraschender, wo doch die entsprechende Norm im AEntG (§ 7 Abs. 5 AEntG) in Satz 2 und 3 ausführliche Verfahrensvorschriften enthält. Zudem bleibt ungeklärt, welche Folgen eine fehlende Stellungnahme aus § 3a Abs. 5 S. 2 AÜG haben würde, würde doch nach der Gesetzesbegründung dann die Grundlage für den Tarifausschuss fehlen. Hier ist wohl davon auszugehen, dass die entsprechenden Regelungen des AEntG auch für die Einführung eines Mindestlohns bei der Arbeitnehmerüberlassung greifen müssen. Es ist kein Anhaltspunkt ersichtlich, dass für das „befassen" gemäß des AÜG andere Voraussetzungen greifen, als für das AEntG. Der Gesetzgeber scheint hier schlichtweg übersehen zu haben, das genaue Procedere zu regeln. Somit scheint eine planwidrige Regelungslücke vorzuliegen, sodass eine analoge Anwendung der entsprechenden Normen im AEntG geboten ist (vgl. *Ulrici* § 3a Rn. 5).

Der **Tarifausschuss** hat sich binnen drei Monaten mit dem Entwurf zu 33 befassen und eine Stellungnahme abzugeben. Unterlässt er dies, kann die Rechtsverordnung erlassen werden (§ 7 Abs. 5 S. 2 AEntG aE).

Handelt der Tarifausschuss innerhalb der 3 Monate ist auch hierbei ein 34 besonderes Zustimmungsverfahren einzuhalten. Der Ausschuss kann dem Entwurf zustimmen oder diesen ablehnen. Je nach Quorum treten dann unterschiedliche Rechtsfolgen ein: Bei Zustimmung von mindestens 4 der 6 Mitglieder kann das BMAS die Rechtsverordnung erlassen (§ 7 Abs. 5 S. 2 AEntG). Stimmen hingegen nur 2 oder 3 Ausschussmitglieder dem Entwurf zu, dann ist das BMAS nicht mehr befugt die Rechtsverordnung zu erlassen. Die Befugnis für den Erlass dieser Rechtsverordnung geht dann auf die Bundesregierung über (§ 7 Abs. 5 S. 3 AEntG). Stimmen weniger als zwei Ausschussmitglieder dem Entwurf zu, so ist der Erlass einer Rechtsverordnung nicht mehr möglich. Ein Mindestlohn kann dann nur noch durch ein erneutes Durchlaufen des Verfahrens (Abs. 1–5) herbeigeführt werden.

5. Bekanntmachung im Bundesanzeiger

Zur Wirksamkeit der Rechtsverordnung ist schlussendlich gem. § 3a Abs. 5 35 S. 1 AÜG die Bekanntmachung eines Entwurfes im Bundesanzeiger erforderlich. Hieran knüpfen dann die Anhörungs- und Beteiligungsrechte gem. § 3a Abs. 5 S. 2 und 3 AÜG an.

6. Inkrafttreten

36   Bei Einhaltung aller Vorschriften tritt die Rechtsverordnung nach **Veröffentlichung im Bundesgesetzblatt** in Kraft. Genauer Zeitpunkt des Inkrafttretens ist dabei entweder gem. Art. 82 Abs. 2 S. 1 GG derjenige Tag, der in der Rechtsverordnung festgelegt wurde, oder, falls ein solcher fehlt, der der vierzehnte Tag nach Ablauf des Tages, an dem der Bundesanzeiger ausgegeben wurde.

7. Außerkrafttreten

37   Gesetzliche Regelungen zur **Geltungsdauer der Rechtsverordnung** liegen nicht vor. Ergänzend kann hier aber auf die zum AEntG vertretenen Ansichten zurückgegriffen werden. Einziger explizit geregelter Fall ist in Abs. 6 die Änderung einer Rechtsverordnung, für die das gleiche Verfahren wie für den (Neu-)Erlass einer Rechtsverordnung greift (BT-Drs. 17/5238, 15). Dabei muss klar sein, dass die vorherige Rechtsverordnung damit nicht mehr Gültigkeit hat. Die Änderung steht damit einer konkludenten Aufhebung und einem Neuerlass gleich. Problematischer ist die Frage nach einer Bindung der Geltungsdauer der Rechtsverordnung an einen möglichen Tarifvertrag. Gerade im Rahmen des AEntG wurde diese Frage kontrovers diskutiert, liegt doch der Rechtsverordnung unmittelbar ein Tarifvertrag mit einer festen Geltungsdauer zugrunde (BT-Drs. 14/45, 26, hierzu Thüsing/*Bayreuther* AEntG §§ 7, 7a Rn. 29). Hingegen wird im Rahmen der Arbeitnehmerüberlassung lediglich ein Vorschlag als Grundlage der Rechtsverordnung zugelassen, der eine zeitliche Komponente nicht enthält.

38   Eine **Befristung der Rechtsverordnung** muss aber auch möglich sein, sofern diese Entscheidung vom Ermessen des Verordnungsgebers gedeckt ist. Wenn es ihm obliegt, eine Rechtsverordnung nicht zu erlassen, muss es ihm erst recht möglich sein, eine solche zu befristen. Voraussetzung ist nur die ordnungsgemäße Ausübung des Ermessens aus Abs. 3. Gleiches gilt selbst dann, wenn, wie hier vertreten, dem Vorschlag ein Tarifvertrag zugrunde liegt. Auch hier ist es dem Verordnungsgeber unbenommen, die Laufzeit der Rechtsverordnung vor derjenigen des Tarifvertrags zu beenden (str. vgl. nur Boemke/Lembke/*Marseaut* § 3a Rn. 86; ErfK/*Schlachter* AEntG § 7 Rn. 7; Thüsing/*Bayreuther* AEntG §§ 7, 7a Rn. 29 ff.; Däubler/*Lakies* TVG § 5 Anhang 2 AEntG § 7 Rn. 29).

39   Noch schwieriger ist die Frage, ob das Ende der Rechtsverordnung nicht zwingend mit dem Ablauf eines dem Vorschlag zugrundeliegenden Tarifvertrages zu synchronisieren ist. Jedenfalls die Begründung zum AEntG legt nahe, dass eine solche Synchronisation nicht gewollt ist (BT-Drs. 14/45, 26). Dies hat dann allerdings zur Folge, dass auch bei Änderung des Inhalts des Tarifvertrags die Regelungen des Tarifvertrags vermittelt über die Rechtsverordnung wirksam bleiben. Bei einer Änderung nach oben mag dies noch nachvollziehbar sein, begründet doch die Rechtsverordnung nur eine Mindestgrenze; spätestens bei einer Absenkung des Gehaltsniveaus zeigen sich dann aber starke Probleme, wäre diese durch die Rechtsverordnung folgenlos. Aus diesem Grund wird beim AEntG eine ungeschriebene Pflicht erwogen, die Rechtsverordnung in einem solchen Fall aufzuheben (vgl. Thüsing/*Bayreuther* AEntG §§ 7, 7a Rn. 29). Dies sollte auch auf die Regelungen des AÜG übertragen werden, um unbillige Ergebnisse zu vermeiden. Im Regelfall wird zudem dann ohnehin § 3a Abs. 6 AÜG greifen, sodass eine Änderung der Rechtsverordnung nach den entsprechenden Grundsätzen durchzuführen ist.

Zudem ist auch davon auszugehen, dass der Vorschlag der Tarifvertragsparteien nicht nur allein auf die Festlegung des Entgelts beschränkt ist, sondern auch eine zeitliche Komponente enthalten kann (BT-Drs. 17/5238, 14). Hier hat die Rechtsverordnung den zeitlichen Vorschlag unverändert zu übernehmen. Zudem besteht aber nach der Gesetzesbegründung auch ein Zusammenhang zwischen dem Tarifvertrag und dem eigentlichen Vorschlag: So muss die vorgeschlagene Laufzeit von derjenigen des Tarifvertrags gedeckt sein (BT-Drs. 17/5238, 14). Im Umkehrschluss scheint es dann allerdings möglich zu sein, dass die vorgeschlagene Laufzeit kürzer ist als diejenige der tariflichen Regelung. Hier würde ein effektiver Schutz der Arbeitnehmer gewahrt bleiben. Demnach besteht ein mittelbarer Zusammenhang zwischen Geltungsdauer der Rechtsverordnung und dem zugrunde liegenden Tarifvertrag. Allerdings ist dies dann keine Frage der Geltung der Rechtsverordnung, sondern des Inhalts des Vorschlags (→ Rn. 12). Die Rechtsverordnung hat diesen unverändert zu übernehmen. **40**

V. Rechtsfolgen bei Nichteinhaltung

Die Rechtsfolgen einer Nichteinhaltung des Mindestlohns ergeben sich aus § 8 Abs. 5 AÜG, sodass stets ein Anspruch auf Zahlung des Mindestlohnes besteht. Dieser besteht auch rückwirkend, nur so ist ein effektiver Schutz des Arbeitnehmers gewährleistet (hierzu → § 8 Rn. 77). **41**

Zudem liegt bei vorsätzlicher oder fahrlässiger Nichtgewährung des Mindestentgelts gem. § 16 Nr. 7b AÜG eine Ordnungswidrigkeit vor, die gem. § 16 Abs. 2 Hs. 2 AÜG mit einer Geldbuße bis zu 500.000 EUR geahndet werden kann. Zuständig sind hierfür gem. § 16 Abs. 3 Hs. 1 AÜG die Zollverwaltungsbehörden. **42**

§ 4 Rücknahme

(1) [1]Eine rechtswidrige Erlaubnis kann mit Wirkung für die Zukunft zurückgenommen werden. [2]§ 2 Abs. 4 Satz 4 gilt entsprechend.

(2) [1]Die Erlaubnisbehörde hat dem Verleiher auf Antrag den Vermögensnachteil auszugleichen, den dieser dadurch erleidet, daß er auf den Bestand der Erlaubnis vertraut hat, soweit sein Vertrauen unter Abwägung mit dem öffentlichen Interesse schutzwürdig ist. [2]Auf Vertrauen kann sich der Verleiher nicht berufen, wenn er
1. die Erlaubnis durch arglistige Täuschung, Drohung oder eine strafbare Handlung erwirkt hat;
2. die Erlaubnis durch Angaben erwirkt hat, die in wesentlicher Beziehung unrichtig oder unvollständig waren, oder

3. die Rechtswidrigkeit der Erlaubnis kannte oder infolge grober Fahrlässigkeit nicht kannte. [3]Der Vermögensnachteil ist jedoch nicht über den Betrag des Interesses hinaus zu ersetzen, das der Verleiher an dem Bestand der Erlaubnis hat. [4]Der auszugleichende Vermögensnachteil wird durch die Erlaubnisbehörde festgesetzt. [5]Der Anspruch kann nur innerhalb eines Jahres geltend gemacht werden; die Frist beginnt, sobald die Erlaubnisbehörde den Verleiher auf sie hingewiesen hat.

(3) Die Rücknahme ist nur innerhalb eines Jahres seit dem Zeitpunkt zulässig, in dem die Erlaubnisbehörde von den Tatsachen Kenntnis erhalten hat, die die Rücknahme der Erlaubnis rechtfertigen.

Übersicht

I. Grundlagen; Verhältnis zu § 48 VwVfG

1   Obschon das VwVfG seit der Änderung seines § 2 Nr. 4 auf das AÜG grundsätzlich Anwendung findet, hat der Bundesgesetzgeber darauf verzichtet, die §§ 4 und 5 betreffend Rücknahme und Widerruf aus dem AÜG zu streichen. Mit einigen Ausnahmen stimmt § 4 mit §§ 48 Abs. 1 S. 2, Abs. 3 iVm Abs. 2 S. 3, Abs. 4 VwVfG betreffend die Rücknahme begünstigender Verwaltungsakte, die keine Geld- oder Sachleistungen gewähren oder dafür Voraussetzung sind, überein. **Als Sonderregelung** über die Rücknahme von Erlaubnissen zur Arbeitnehmerüberlassung **geht § 4 dem insoweit subsidiären § 48 VwVfG** vor. Die praktische **Bedeutung** der Rücknahme ist, anders als die des Widerrufs (§ 5), gering (zwischen dem 1. Quartal 2009 und dem 4. Quartal 2012 nur 15 Fälle: Zwölfter Bericht der Bundesregierung über Erfahrungen bei der Anwendung des Arbeitnehmerüberlassungsgesetzes, BT-Drs. 18/673, 18). Hierzu dürfte auch die recht restriktive Fassung des § 4 beigetragen haben. So ist in Folge des Ersten Gesetzes für moderne Dienstleistungen am Arbeitsmarkt (BGBl. 2002 I S. 4607) die Liste von Versagungsgründen nach § 3 nicht nur kürzer geworden, sondern diese Gründe knüpfen auch verstärkt an Umstände an, die erst nach der Aufnahme der Verleihtätigkeit offenbar werden und damit nicht zur Rücknahme, sondern nur zum Widerruf berechtigen.

II. Tatbestandsvoraussetzung: Rechtswidrige Erlaubnis

Die Rücknahme setzt die **Rechtswidrigkeit** der **Verleiherlaubnis** 2 voraus. Auf ihre Anfechtbarkeit kommt es nicht an (arg. § 48 Abs. 1 S. 1 VwVfG). Die Darlegungs- und Beweislast für die Rechtswidrigkeit liegt bei der Behörde (UGBH/*Urban-Crell* § 4 Rn. 7). Für die **Bestimmung der Rechtmäßigkeit** ist nach weitaus hM (Schüren/Hamann/*Schüren* § 4 Rn. 7; *Ulber* § 4 Rn. 7; Boemke/Lembke/*Boemke* § 4 Rn. 4; *Sandmann/Marschall/ Schneider* § 4 Nr. 4; *Sachs* in Stelkens/Bonk/Sachs, VwVfG, 8. Aufl., 2014, § 48 Rn. 49 ff. mwN) – auch bei Verwaltungsakten mit Dauerwirkung, wie der Verleiherlaubnis – auf den **Zeitpunkt des Genehmigungserlasses,** nicht auf den der Aufhebung der Erlaubnis abzustellen. Beruht die Rechtswidrigkeit auf Verfahrens- oder Formfehlern und sind diese geheilt worden (§ 45 VwVfG), ist die Erlaubnis rechtmäßig. Die Umdeutung (§ 47 VwVfG) dürfte bei der Verleiherlaubnis keine Rolle spielen. Die Maßgeblichkeit des Erlasszeitpunktes führt dazu, dass etwa bei **späterem Wegfall der Zuverlässigkeit** des Genehmigungsinhabers die Erlaubnis nicht „rechtswidrig geworden" ist, sondern rechtmäßig bleibt. Ihre Entziehung kann dann **nur** im Wege des **Widerrufs** vorgenommen werden (vgl. § 5 Abs. 2 Nr. 3, 4). Als grundsätzlich milderes Mittel kommt der Widerruf nach diesen Bestimmungen auch bei **(bereits ursprünglich) rechtswidrigen Erlaubnissen** in Betracht (infra → § 5 Rn. 2). Mangels besonderer gesetzlicher Regelungen gelten für die Rücknahme grundsätzlich dieselben Zuständigkeits- und Formvorschriften wie für die Erlaubnis (*Becker/Wulfgramm* § 4 Rn. 33; BVerwG 18.5.1967, BVerwGE 27, 78).

III. Rechtsfolgen

1. Rücknahme

a) Ermessensentscheidung. § 4 Abs. 1 S. 1 stellt die Rücknahme in 3 das **Ermessen** der Erlaubnisbehörde (vgl. für § 48 VwVfG als Parallelnorm *Ziekow*, VwVfG, 3. Aufl., 2013, § 48 Rn. 14). Sie hat ihre Entscheidung darüber, ob die Erlaubnis zurückgenommen wird oder nicht, unter Berücksichtigung und angemessener Gewichtung aller sachrelevanten Umstände zu treffen. Das Bestehen **schutzwürdigen Vertrauens** auf den Fortbestand der Erlaubnis führt grds. **nicht zur Ermessensfehlerhaftigkeit der Rücknahmeentscheidung** (wie auch der Gegenschluss aus § 48 Abs. 2 VwVfG erweist), sondern verleiht dem Adressaten nach § 4 Abs. 2 nur einen Anspruch auf Ersatz des durch die Rücknahme ausgelösten Vermögensnachteils. Andererseits ist es aber auch **nicht rechtsfehlerhaft,** wenn die Behörde solche **Vertrauensschutzerwägungen in ihre Entscheidung einfließen lässt** und sich mit Blick darauf gegen eine Rücknahme entscheidet (vgl. BVerwG 10.2.1994, NVwZ 1994, 896 f.; aA unter Verweis auf die amtliche Begründung [BT-Drs. VI/2303, 12] etwa Boemke/Lembke/*Boemke* § 4 Rn. 7; *Sandmann/Marschall/Schneider* § 4 Nr. 7; *Becker/Wulfgramm* § 4 Rn. 8; UGBH/*Urban-Crell* § 4 Rn. 8; wie hier

Ulber § 4 Rn. 7; vermittelnd Schüren/Hamann/*Schüren* § 4 Rn. 17). Anders als § 48 Abs. 1 S. 1 VwVfG sieht der Wortlaut des § 4 Abs. 1 S. 1 **keine „teilweise" Rücknahme** vor; dies folgt daraus, dass die Verleiherlaubnis anders als andere Gewerbeerlaubnisse nicht weiter aufgeschlüsselt ist und damit eine Aufspaltung (Fortbestand für einen bestimmten Katalog von Überlassungszwecken) nicht in Betracht kommt.

4 **b) Rücknahme ex nunc.** § 4 Abs. 1 S. 1 lässt die Rücknahme nur **mit Wirkung für die Zukunft** (ex nunc) zu. Diese Vorgabe weicht von § 48 Abs. 1 S. 1 ab, wonach die Rücknahme selbst bei begünstigenden Verwaltungsakten auch mit Wirkung für die Vergangenheit zulässig ist. Diese ex-tunc-Rücknahme ist nach § 48 Abs. 2 S. 4 VwVfG bei Fehlen schutzwürdigen Vertrauens auf den Bestand der Erlaubnis (§ 48 Abs. 2 S. 3 VwVfG = § 4 Abs. 2 S. 2) der Regelfall, während es im AÜG auch insoweit bei der Grundregel des § 4 Abs. 1 S. 1 bleibt. Ratio dieser Regelung ist, dass nicht durch den nachträglichen Wegfall der Erlaubnis ein rechtswidriger Zustand eintreten soll, der seinerseits den Ordnungswidrigkeitentatbestand des § 16 Abs. 1 Nr. 1 begründet. Auch die Nachwirkung (§ 4 Abs. 1 S. 2 iVm § 2 Abs. 4 S. 4) würde ihren Zweck verfehlen, wenn der Beginn der Zwölf-MonatsFrist nachträglich auf einen in der Vergangenheit liegenden Zeitpunkt bezogen und damit die notwendigen Abwicklungshandlungen letztlich vereitelt würden.

5 **c) Rechtsschutz gegen den Rücknahmebescheid.** Die Rücknahme der Verleiherlaubnis ist ein **belastender Verwaltungsakt** (§ 35 S. 1 VwVfG). Er erlangt Bestandskraft, wenn er nicht innerhalb eines Monats durch **Widerspruch** angegriffen wird (§ 77 SGG). Nach § 86a Abs. 4 S. 1 SGG entfalten **Widerspruch und Anfechtungsklage** bei AÜG-Erlaubnissen **keine aufschiebende Wirkung;** nach § 86 Abs. 3 und 4 SGG kann die BA die Rücknahmeentscheidung aber außer Vollzug setzen. Will der Adressat des Rücknahmebescheides **Vollstreckungsmaßnahmen** nach § 6 **verhindern,** muss er nach § 86b Abs. 1 Nr. 2 SGG beim **Gericht der Hauptsache** (dh dem **Sozialgericht,** das für die noch zu erhebende Anfechtungsklage örtlich und sachlich zuständig wäre, § 51 Abs. 1 Nr. 4, § 57 Abs. 1 SGG) einen **Antrag auf Anordnung der aufschiebenden Wirkung des erhobenen Widerspruchs** stellen. Dieser Antrag ist erfolgreich, wenn das Aussetzungsinteresse des Antragstellers das Vollziehungsinteresse überwiegt, was in der Regel der Fall ist, wenn der erhobene Rechtsbehelf (Widerspruch oder Klage) bei summarischer Betrachtung Erfolg haben wird (vgl. *Keller* in Meyer-Ladewig/ Keller/Leitherer, SGG, 11. Aufl., 2014, § 86b Rn. 12–12f mwN). Lehnt die BA im Widerspruchsverfahren die Aufhebung des Rücknahmebescheides ab, so ist die **Anfechtungsklage** beim örtlich zuständigen **Sozialgericht** (§ 57 Abs. 1, § 87 SGG Abs. 1) zulässig.

6 **d) Rücknahmefrist, § 4 Abs. 3.** Um der Rechtssicherheit bzw. des Vertrauensschutzes willen ist die Befugnis der Erlaubnisbehörde zur Rücknahme der Verleiherlaubnis auf den Zeitraum **eines Jahres ab Kenntnis von den rücknahmebegründenden Tatsachen** beschränkt. Die in § 48

Abs. 4 S. 2 vorgesehene Ausnahme für den Fall, dass der Adressat den Verwaltungsakt durch arglistige Täuschung, Drohung oder Bestechung erwirkt hat, wurde ins AÜG nicht übernommen. Nach dem Wortlaut des § 4 Abs. 3 ist allein auf Kenntnis der rücknahmebegründenden Tatsachen abzustellen. Für die Parallelnorm des § 48 Abs. 4 VwVfG besteht weitgehende Einigkeit darüber, dass diese Formulierung zu eng ist und auch die Erkenntnis von Rechtsanwendungsfehlern den Fristlauf begründen kann (BVerwG 13.11.1986, NVwZ 1987, 500; 19.12.1984, BVerwGE 70, 356, NJW 1985, 819; VGH München 18.10.1990, ZBR 1992, 23; zum Diskussionsstand *Peuker* in Knack/Henneke, VwVfG, 10. Aufl., 2014, § 48 Rn. 88 ff.). Die wohl hM vertritt eine behördenfreundliche Position: Nach ihr soll der **Fristlauf** erst **beginnen,** wenn der Erlaubnisbehörde, also der örtlich zuständigen Regionaldirektion der BA (*Sandmann/Marschall/Schneider* § 4 Nr. 14), zum einen die Rechtswidrigkeit der Erlaubnis bekannt ist und zum anderen vollständige Kenntnis der für eine Rücknahmeentscheidung erheblichen Tatsachen vorliegt (vgl. BVerwG 19.12.1984, BVerwGE 70, 356; *Martini* JuS 2003, 266 (268); *Ziekow*, VwVfG, 3. Aufl., 2013, § 48 Rn. 51 f.). Hiergegen wird mit Recht eingewandt, dass die Behörde (etwa durch Nachermittlungen) über den Fristbeginn praktisch disponieren und damit den Vertrauensschutz unterlaufen könne. Nach der zustimmungswürdigen **Gegenauffassung** (*Peuker* in Knack/Henneke, VwVfG, 10. Aufl., 2014, § 48 Rn. 92 mwN; *Maurer*, Allgemeines Verwaltungsrecht, 18. Aufl. 2011, § 11 Rn. 35a) ist die **Jahresfrist als Bearbeitungsfrist** zu interpretieren, in der eine Entscheidung über die Rücknahme herbeizuführen ist. Diese beginnt zu laufen, wenn die Rechtswidrigkeit der Verleiherlaubnis sich aus den der Erlaubnisbehörde bekannten Tatsachen ergibt oder erkennbar ist (LSG Niedersachsen 25.11.1993, EzAÜG, § 5 AÜG Nr. 1 und Nr. 3, zum Widerruf vgl. Boemke/Lembke/*Boemke* § 4 Rn. 11); insofern bedarf es der Tatsachenkenntnis, nicht aber der Kenntnis der Rechtswidrigkeit der Erlaubnis (ähnlich *Kopp/Ramsauer,* VwVfG, 17. Aufl., 2016, § 48 Rn. 155; aA *Peuker* in Knack/Henneke, VwVfG, 10. Aufl., 2014, § 48 Rn. 102, der ein Kennenmüssen sowohl hinsichtlich Sachverhalt als auch Rechtslage genügen lässt). Abzustellen ist aus Transparenzgründen auf die Kenntnis eines Bediensteten der zuständigen Regionaldirektion in amtlicher Eigenschaft (vgl. *Sandmann/Marschall/Schneider* § 4 Nr. 14; Boemke/Lembke/*Boemke* § 4 Rn. 12; *Ulber* § 4 Rn. 8a; Schüren/Hamann/*Schüren* § 4 Rn. 23; *Peuker* in Knack/Henneke, VwVfG, 10. Aufl., 2014, § 48 Rn. 101; LSG Niedersachsen 25.11.1993, EzAÜG § 5 AÜG Nr. 1 und Nr. 3; weiter UGBH/*Urban-Crell* § 4 Rn. 18, die analog § 166 BGB die Kenntniserlangung eines Mitarbeiters der BA genügen lassen will), während die Gegenauffassung die Kenntnis des mit der Sache befassten, für die Rücknahme zuständigen Amtsträgers für maßgeblich hält (BVerwG 19.12.1984, BVerwGE 70, 356; *Kastner* in Fehling/Kastner/Störmer, VerwR, 4. Aufl., 2016, § 48 VwVfG Rn. 65; vermittelnd etwa *Kopp* GewArch. 1986, 185, der unter dem Gesichtspunkt des Organisationsverschuldens auf den Zeitpunkt abstellt, zu dem bei einem ordnungsgemäßen Geschäftsgang die zuständige Stelle hätte Kenntnis erlangen müssen).

2. Sekundäre Rechtsfolgen

7   **a) Nachwirkungszeit.** § 4 Abs. 1 S. 2 ordnet die entsprechende Geltung von § 2 Abs. 4 S. 4 an (vgl. → § 2 Rn. 23 ff.). Die zurückgenommene Erlaubnis **wirkt** somit zur Abwicklung der laufenden Leiharbeitsverhältnis und Überlassungsverträge für bis zu zwölf Monate **nach.**

8   **b) Anspruch auf Vermögensausgleich. aa) Positive Tatbestandsvoraussetzungen.** Der Verleiher kann einen Anspruch auf Ausgleich des Vermögensnachteils geltend machen, wenn kumulativ folgende Voraussetzungen erfüllt sind: (1) Vorliegen eines **rechtmäßigen Rücknahmebescheids;** (2) ein **Antrag** des Verleihers; (3) **Vertrauen** auf den **Bestand der Erlaubnis** und (4) **dieses Vertrauens** unter Abwägung mit dem öffentlichen Interesse **schutzwürdig** ist. § 4 Abs. 2 S. 2 schließt für die dort genannten drei Fälle die Berufung auf Vertrauensschutz aus. Die Aufzählung ist nicht abschließend (vgl. *Sandmann/Marschall/Schneider* § 4 Nr. 11); sofern sich kein Ausschlussgrund aus Nr. 1–3 ergibt, kommt der Auffangtatbestand des Satzes 1 Hs. 2 in Betracht. In diesem Fall bedarf es zur Bewertung der Schutzwürdigkeit der – in Satz 2 entbehrlichen – Betrachtung des öffentlichen Interesses.

9   **bb) Ausschlussgründe.** Vertrauensschutz und damit ein Ausgleichsanspruch sind ausgeschlossen:
  – nach Nr. 1, wenn der Verleiher die Erlaubnis durch **arglistige Täuschung** (dh durch Angaben, deren Unrichtigkeit dem Antragsteller bewusst war oder die er zumindest für möglich hielt; vgl. *Kopp/Ramsauer,* VwVfG, 17. Aufl., 2016, § 48 Rn. 112), **Drohung** oder eine **strafbare Handlung** (zB Bestechung, § 334 StGB – so ausdrücklich § 48 Abs. 2 S. 3 Nr. 1 VwVfG –, außerdem etwa Nötigung, § 240 StGB) erwirkt hat. Nach überwiegender Ansicht muss die Täuschung für die Erlangung der Erlaubnis **ursächlich** sein (vgl. *Kopp/Ramsauer,* VwVfG, 17. Aufl., 2016, § 48 Rn. 113 mwN; *Peuker* in Knack/Henneke, VwVfG, 10. Aufl., 2014, § 48 Rn. 120). Anders als nach § 48 Abs. 2 S. 3 Nr. 1 VwVfG, der lediglich die Bestechung (§ 334 StGB) anführt, lässt § 4 Abs. 2 S. 2 Nr. 1 potenziell jede strafbare Handlung genügen. Diese braucht nicht schuldhaft begangen zu sein.
  – nach Nr. 2, wenn der Verleiher die Erlaubnis durch in wesentlicher Beziehung **unrichtige oder unvollständige Angaben** erwirkt hat. Es muss sich insoweit um **entscheidungserhebliche** Angaben handeln. Verschulden ist nicht erforderlich; Nr. 2 kann also auch dann erfüllt sein, wenn dem Antragsteller nicht einmal Fahrlässigkeit zur Last gelegt werden kann. **Erwirkt** ist die Erlaubnis durch die unrichtigen oder unvollständigen Angaben, wenn die Behörde bei Kenntnis des richtigen oder vollständigen Sachverhalts die Erlaubnis nicht oder in anderer Form (zB mit einem Vorbehalt des Widerrufs, § 2 Abs. 2) erteilt hätte (vgl. zu § 48 VwVfG *Peuker* in Knack/Henneke, VwVfG, 10. Aufl., 2014, § 48 Rn. 119, 121). Kein Erwirken liegt vor, wenn die zur Verfügung gestellten Angaben für eine abschließende Entscheidung nicht ausreichen und deshalb die Erteilung der Erlaubnis unter Widerrufsvorbehalt erfolgt (§ 2 Abs. 2).

– nach Nr. 3, wenn der Verleiher die **Rechtswidrigkeit der Erlaubnis kannte oder infolge grober Fahrlässigkeit nicht kannte.** Die Kenntnis oder grobfahrlässige Unkenntnis des Rechtsmangels schließt hier das Vertrauen auf den Bestand des Verwaltungsakts aus. Abzustellen ist auf die Rechtswidrigkeit selbst, nicht auf die Umstände, aus denen sich der Rechtsmangel ergibt. Kenntnis ist auch dann anzunehmen, wenn der nicht rechtskundige Antragsteller kraft „Parallelwertung in der Laiensphäre" von der Unrichtigkeit der erteilten Erlaubnis ausging *(Kopp/Ramsauer,* VwVfG, 17. Aufl., 2016, § 48 Rn. 122). Unkenntnis schließt Vertrauensschutz nur dann aus, wenn sie grobfahrlässig ist, die gebotene Sorgfalt maW in besonders schwerem Maße verletzt worden ist. Das ist der Fall, wenn nicht einmal einfachste, nahe liegende Überlegungen angestellt worden sind (hierzu und zum anzulegenden konkret-individuellen Fahrlässigkeitsbegriff *Kastner* in Fehling/Kastner/Störmer, VerwR, 4. Aufl., 2016, § 48 VwVfG, Rn. 48 f.; *Peuker* in Knack, VwVfG, 10. Aufl., 2014, § 48 Rn. 122; BVerwG 13.11.1986, NVwZ 1987, 500). Von Verleihern ist allgemein zu erwarten, dass sie Kenntnis der wesentlichen Grundzüge des AÜG besitzen und über die Fälle unterrichtet sind, in denen die Überlassung nicht erlaubt ist.

cc) Ausgleichsmodalitäten. Soweit – was selten der Fall sein wird (zur **10** geringen Bedeutung der Entschädigungsregelung Schüren/Hamann/*Schüren* § 4 Rn. 24; Boemke/Lembke/*Boemke* § 4 Rn. 2) – schutzwürdiges Vertrauen auf den Bestand der Erlaubnis bestanden hat, steht dem Verleiher ein **Anspruch auf Ersatz des Vermögensnachteils** zu, der ihm durch die Entziehung entstanden ist. Der Anspruch aus § 2 Abs. 2 S. 1, 3 ist mangels Rechtswidrigkeit der Rücknahme kein Schadensersatzanspruch, auch kein Fall der Entschädigung für Enteignung oder Aufopferung (da der Bestand der Erlaubnis nicht den Schutz der Rechtsordnung genoss), sondern ein **Ausgleichsanspruch sui generis.** Ersetzt wird das **negative Interesse (Vertrauensinteresse),** insbesondere Aufwendungen, aus denen auch in Anbetracht der Abwicklungsfrist des § 4 Abs. 1 S. 2 kein voller Nutzen mehr gezogen werden kann. Da dieser Zeitraum zur Kündigung der Arbeitsverträge regelmäßig ausreicht, wird insoweit grds. kein ausgleichsbedürftiger Posten bestehen. Nicht ersetzt wird das positive Interesse, also der entgangene Gewinn (§ 252 BGB). Übersteigt das negative das positive Interesse, so bildet Letzteres die Kappungsgrenze für den Ausgleichsbetrag (§ 4 Abs. 1 S. 3).

In verfahrensrechtlicher Sicht bedarf es nach Satz 1 eines **Antrags** des **11** Verleihers. Dieser muss nach Satz 5 innerhalb eines Jahres gestellt werden, wobei der **Fristlauf** nicht mit der Rücknahme beginnt, sondern erst mit dem Hinweis der Behörde auf den Lauf der Frist für einen möglichen Ausgleichsanspruch. Die Behörde setzt den Betrag des Vermögensnachteils durch (feststellenden) Verwaltungsakt fest. Wird der festgesetzte Betrag nicht ausgezahlt, kann ggf. **Leistungsklage** erhoben werden. Ist der Ausgleichsberechtigte der Meinung, dass der festgelegte Betrag zu niedrig ist, muss er **Verpflichtungsklage** auf Festsetzung des höheren Betrages erheben. Zuständig sind, da keine der in § 40 Abs. 2 VwGO genannten Ausnahmen Platz greift, nicht die ordentlichen Gerichte, sondern nach § 51 SGG die **Sozialgerichte** (so auch UGBH/*Urban-Crell* § 4 Rn. 20 ff.; Schüren/Hamann/*Schüren* § 4 Rn. 28).

§ 5 Widerruf

(1) **Die Erlaubnis kann mit Wirkung für die Zukunft widerrufen werden, wenn**
1. **der Widerruf bei ihrer Erteilung nach § 2 Abs. 3 vorbehalten worden ist;**
2. **der Verleiher eine Auflage nach § 2 nicht innerhalb einer ihm gesetzten Frist erfüllt hat;**
3. **die Erlaubnisbehörde auf Grund nachträglich eingetretener Tatsachen berechtigt wäre, die Erlaubnis zu versagen, oder**
4. **die Erlaubnisbehörde auf Grund einer geänderten Rechtslage berechtigt wäre, die Erlaubnis zu versagen; § 4 Abs. 2 gilt entsprechend.**

(2) [1]**Die Erlaubnis wird mit dem Wirksamwerden des Widerrufs unwirksam.** [2]**§ 2 Abs. 4 Satz 4 gilt entsprechend.**

(3) **Der Widerruf ist unzulässig, wenn eine Erlaubnis gleichen Inhalts erneut erteilt werden müßte.**

(4) **Der Widerruf ist nur innerhalb eines Jahres seit dem Zeitpunkt zulässig, in dem die Erlaubnisbehörde von den Tatsachen Kenntnis erhalten hat, die den Widerruf der Erlaubnis rechtfertigen.**

Übersicht

I. Grundlagen

1   Der Widerruf der Verleiherlaubnis ist – wie die Rücknahme – selbst ein **(belastender) Verwaltungsakt.** Ebenso wie § 4 verdrängt auch § 5 die entsprechenden Bestimmungen des Verwaltungsverfahrensgesetzes (§ 49 Abs. 1, 2, 4, 5) als **lex specialis** vollständig. Dabei stellen zumindest die Varianten der Abs. 1 Nr. 3 und 4 für den Widerruf niedrigere Hürden auf als die korrespondierenden Widerrufsgründe des VwVfG (§ 49 Abs. 2 Nr. 3, 4). Diese **Erleichterung des Widerrufes** ist vor dem Hintergrund der Erkenntnis zu sehen, dass das Gewerbe der Arbeitnehmerüberlassung in sozialer Hinsicht besonders sensibel ist und ein ausgeprägtes öffentliches Interesse an der Unterbindung missbräuchlicher Praktiken besteht (vgl. zu den Gefährdungspotentialen durch Fremdfirmenarbeit zusammenfassend *Ulber* Einl. C Rn. 10–20). Des (nach § 49 Abs. 2 Nr. 3 und 4 sonst erforderlichen) separaten Nachweises einer Gefährdung des öffentlichen Interesses bei Vorliegen eines Versagungsgrundes bedarf es daher nicht. Die Zahl der ausgesprochenen Widerrufe übersteigt die der erlassenen Rücknahmebescheide seit jeher um ein Vielfaches. Zwischen 2009 und 2012 wurden nach Angaben der Bundesregierung nur 15 Erlaubnisse zurückgenommen, aber 318 widerrufen (Zwölfter Bericht der Bundesregierung über Erfahrungen bei der Anwendung des Arbeitnehmerüberlassungsgesetzes, BT-Drs. 18/673, 18).

II. Tatbestandsvoraussetzungen

1. Rechtmäßige oder rechtswidrige Erlaubnis

Die Beseitigung rechtmäßig erteilter Erlaubnisse ist nur über das Rechts- **2** instrument des **Widerrufs** möglich. **Statthaft** ist der **Widerruf** jedoch **auch bei rechtswidrigen Verwaltungsakten.** Denn soweit bereits rechtmäßige Verwaltungsakte im Wege des Widerrufes aufgehoben werden können, muss dies erst recht bei rechtswidrigen Verwaltungsakten möglich sein, sofern im Übrigen ein Widerrufsgrund besteht (ganz hM; vgl. BVerwG 21.11.1986, NVwZ 1987, 498; VGH Mannheim 6.3.1991, NVwZ-RR 1992, 126 (127); *Sachs* in Stelkens/Bonk/Sachs, VwVfG, 8. Aufl., 2014, § 49 Rn. 6 m. zahlr. Nachw.; *Peuker* in Knack/Henneke, VwVfG, 10. Aufl., 2014, § 49 Rn. 26; *Kopp/Ramsauer,* VwVfG, 17. Aufl., 2016, § 49 Rn. 12; *Ziekow,* VwVfG, 3. Aufl., 2013, § 49 Rn. 4; UGBH/*Urban-Crell* § 5 Rn. 3). Ist unklar, ob ein Versagungsgrund von Anfang an vorlag und die Erlaubnis damit rechtswidrig oder rechtmäßig ist, kann die Behörde die Rechtswidrigkeit dahinstehen lassen und zum Instrument des Widerrufs greifen (BVerwG 18.9.1991, NVwZ-RR 1992, 68; 24.11.1998, BVerwGE 108, 30 (35); *Sachs* in Stelkens/Bonk/Sachs, VwVfG, 8. Aufl., 2014, VwVfG § 49 Rn. 7). Zur Bestimmung der Rechtmäßigkeit ist auf den **Zeitpunkt der Erlaubniserteilung** abzustellen, nicht auf den Widerrufszeitpunkt (vgl. auch → § 4 Rn. 2). Dies folgt bereits aus Abs. 1 Nr. 4, wonach bei einer Änderung der Rechtslage, die zur Versagung der Erlaubnis führen würde, der Widerruf und nicht etwa die Rücknahme in Betracht kommt. Soweit die Rechtswidrigkeit der Erlaubnis auf Verfahrens- oder Formfehlern beruhte, die geheilt worden sind (§ 45 VwVfG), ist die Erlaubnis als rechtmäßig anzusehen.

2. Widerrufsgründe

3   Der Widerruf ist nur zulässig bei Vorliegen eines der in Abs. 1 Nr. 1–4
aufgelisteten **Widerrufsgründe.** Die **Liste** ist **abschließend** (vgl. BT-Drs.
VI/2303, 12; Boemke/Lembke/*Boemke* § 5 Rn. 6; *Becker/Wulfgramm* § 5
Rn. 8; *Sandmann/Marschall/Schneider* § 5 Nr. 1; Schüren/Hamann/*Schüren* § 5
Rn. 7; *Ulber* § 5 Rn. 1a); der dort nicht genannte (allerdings bedeutungsarme)
Auffangtatbestand des Widerrufs zur Verhütung oder Beseitigung schwerer
Nachteile für das Gemeinwohl (§ 49 Abs. 2 Nr. 5 VwVfG) kann, da § 49
VwVfG vollständig von § 5 AÜG verdrängt wird, nicht zur Anwendung
kommen.

4   **a) Widerrufsvorbehalt, Nr. 1. Nicht erfasst** werden nach dem eindeutigen Wortlaut **Widerrufsvorbehalte,** die die Erlaubnisbehörde in Ausübung des ihr durch § 3 Abs. 3 eingeräumten Ermessens gemacht hat (vgl.
dazu Schüren/Hamann/*Schüren* § 5 Rn. 13 mwN; aA *Franßen/Haesen* § 5
Rn. 3). Die Verbindung des Grund-VA mit einem Widerrufsvorbehalt ist
notwendige, wenn auch nicht hinreichende Voraussetzung für den Widerruf
nach Nr. 1, denn der Widerruf ist **nur im Lichte des Zweckes** zulässig, zu
dem der **Widerrufsvorbehalt ergangen** ist („nach Maßgabe des Widerrufsvorbehalts", vgl. *Kopp/Ramsauer,* VwVfG, 17. Aufl., 2016, § 49 Rn. 35
mwN). Die Erklärung des Widerrufs setzt insofern voraus, dass sich die
Vermutungen, derentwegen die Erlaubnis nur unter dem Vorbehalt des
Widerrufs erteilt worden ist, **bestätigt** haben, dh, dass sich das Vorliegen
eines Versagungsgrundes manifestiert hat und dieser nicht ausgeräumt werden
kann. **Unzulässig** ist der Widerruf daher, (a) wenn die Behörde, ohne dass
sich an der Ausgangsprognose etwas geändert hat, lediglich den „Schwebezu-
stand" beenden will, weil sie die Risiken der „vorläufigen" Erlaubniserteilung
für nicht länger akzeptabel hält (Boemke/Lembke/*Boemke* § 5 Rn. 8;
UGBH/*Urban-Crell* § 5 Rn. 7; aA Schüren/Hamann/*Schüren* § 5 Rn. 16;
Sandmann/Marschall/Schneider § 5 Nr. 2; ErfK/*Wank* § 5 Rn. 3; *Ulber* § 5
Rn. 4); (b) wenn auch neue Tatsachenerkenntnisse keine Gewissheit über das
Bestehen von Versagungsgründen vermitteln. Diese Ungewissheit ist gerade
die Ratio, auf welcher § 2 Abs. 2 beruht. Entfiele die Erlaubnis, stünde dem
Verleiher erneut ein Anspruch auf Erteilung einer Erlaubnis unter Widerrufs-
vorbehalt zu; für diesen Fall schließt § 5 Abs. 3 den Widerruf aber ausdrück-
lich aus (Boemke/Lembke/*Boemke* § 5 Rn. 8).

5   Maßgeblich für den Widerruf nach Nr. 1 ist, dass eine ursprünglich bestehende **Ungewissheit nachträglich ausgeräumt** wird und der **Antrag**
damit **endgültig Beurteilungsreife** erlangt. Hat die Behörde jedoch die
Beurteilungsreife zum Erteilungszeitpunkt zu Unrecht verneint, weil sie das
manifeste Vorliegen eines Versagungsgrundes verkannt hat, hätte die vorläufige Erteilung der Erlaubnis gar nicht erst erfolgen dürfen: Die Erlaubnis ist
mangels Erfüllung des Tatbestands des § 2 Abs. 2 rechtswidrig und unterliegt
insofern der Rücknahme. Umgekehrt gestattet der nachträgliche Eintritt von
Versagungsgründen nur dann den Widerruf nach Nr. 1, wenn sich darin die
Prognose der Unzuverlässigkeit zum Erlasszeitpunkt bestätigt; andernfalls ist
der Widerruf auf Nr. 3 zu stützen. Entgegen einer verbreiteten Ansicht (vgl.

ErfK/*Wank* § 5 Rn. 4; Schüren/Hamann/*Schüren* § 5 Rn. 14; *Ulber* § 5 Rn. 5; VGH Kassel 26.4.1988, NVwZ 1989, 165 f.) ist die **Rechtmäßigkeit des Widerrufsvorbehalts nicht Voraussetzung für die Zulässigkeit des Widerrufs,** sofern jener nur bestandskräftig geworden ist. Die Erklärung des Widerrufs wird bei Rechtswidrigkeit des Vorbehalts jedoch regelmäßig **ermessensfehlerhaft** sein (vgl. *Kopp/Ramsauer,* VwVfG, 17. Aufl., 2016, § 49 Rn. 37; UGBH/*Urban-Crell* § 5 Rn. 8; weitergehend Boemke/Lembke/*Boemke* § 5 Rn. 7, der die materielle Rechtmäßigkeit des Widerrufvorbehalts dahinstehen lassen möchte, wenn die Erlaubnis unter Vorbehalt bestandskräftig geworden ist; i. d. S. wohl auch BVerwG 21.11.1986, NVwZ 1987, 498).

b) Nichterfüllung einer Auflage, Nr. 2. Ebenso wie § 49 Abs. 1 Nr. 2 **6** VwVfG sieht § 5 Abs. 1 Nr. 2 die Möglichkeit des Widerrufs vor, wenn der Adressat eine **Auflage nicht** innerhalb einer hierfür gesetzten Frist **erfüllt** hat. Der **schwere Verstoß** gegen die Auflage ist ihrer Nichterfüllung **gleichzusetzen** (BVerwG 16.9.1975, BVerwGE 49, 168). Verpflichtet die Auflage zum Unterlassen, kann die Fristsetzung entbehrlich sein; dennoch muss auch der (in § 49 Abs. 1 Nr. 2 VwVfG ausdrücklich in Bezug genommene) Verstoß gegen eine Unterlassensverpflichtung zum Widerruf berechtigen (vgl. *Sachs* in Stelkens/Bonk/Sachs, VwVfG, 8. Aufl., 2014, § 49 Rn. 53; BVerwG 27.9.1982, BVerwGE 66, 172 (175); *Ulber* § 5 Rn. 6; aA Boemke/Lembke/ *Boemke* § 5 Rn. 10; ErfK/*Wank* § 5 Rn. 5; Schüren/Hamann/*Schüren* § 5 Rn. 18; *Sandmann/Marschall/Schneider* § 5 Nr. 4).

§ 5 Abs. 1 Nr. 2 **setzt nicht voraus,** dass den Erlaubnisinhaber an der **7** Nichterfüllung der Auflage ein **Verschulden** trifft (BVerwG 6.9.1995, NVwZ-RR 1996, 193; *Kopp/Ramsauer,* VwVfG, 17. Aufl., 2016, § 49 Rn. 38c). Die Frage des Verschuldens ist jedoch auf der Rechtsfolgenseite bei der **Ermessensausübung** in Ansatz zu bringen (ebenso UGBH/*Urban-Crell* § 5 Rn. 10). Die Ansicht, dass die isolierte Anfechtung einer Auflage der Nichterfüllung gleichgesetzt werden kann (BVerwG 12.3.1982, BVerwGE 65, 139 (141 f.)), ist abzulehnen (so auch *Kopp/Ramsauer,* VwVfG, 17. Aufl., 2016, § 49 Rn. 38b). Dass der Adressat die Auflage mit Widerspruch oder Klage angegriffen hat, steht dem Widerruf allerdings nicht per se entgegen, da es diesen Rechtsbehelfen gem. § 86a Abs. 4 SGG an der aufschiebenden Wirkung fehlt (vgl. Boemke/Lembke/*Boemke* § 5 Rn. 11; Schüren/Hamann/*Schüren* § 5 Rn. 20) und daher auch die Vollstreckung der Auflage zulässig wäre. Ist die Auflage jedoch rechtswidrig und erkennt dies die Behörde – ggf. auch ohne vorgängigen Rechtsbehelf –, ist der Widerruf in der Regel ermessensfehlerhaft (Boemke/Lembke/*Boemke* § 5 Rn. 11; Schüren/Hamann/*Schüren* § 5 Rn. 20; *Kopp/Ramsauer,* VwVfG, 17. Aufl., 2016, § 49 Rn. 38a). Dies ist, wenn die rechtswidrige Auflage bereits bestandskräftig geworden ist, schon angesichts der rechtssichernden Funktion der Bestandskraft allerdings nicht zwingend anzunehmen. Nicht zuletzt kann am Widerruf uU ein überwiegendes öffentliches Interesse bestehen (zum Streitstand *Kopp/Ramsauer,* VwVfG, 17. Aufl., 2016, § 49 Rn. 38a; BVerwG 21.11.1986, NVwZ 1987, 498); hierzu zählt gerade auch die Verhinderung von Versagungsgründen gem. § 2 Abs. 2.

8   Die **Ausübung des Widerrufsermessens** (→ Rn. 15) muss insbesondere dem **Verhältnismäßigkeitsgrundsatz** genügen. Unzulässig ist der Widerruf daher bei einem geringfügigen Verstoß gegen die mit der Auflage verbundene Pflicht (Schüren/Hamann/*Schüren* § 5 Rn. 21; Boemke/Lembke/*Boemke* § 5 Rn. 12). **Umstritten** ist, ob die Behörde aus dem gleichen Grund **vor dem Widerruf zunächst den Versuch einer Vollstreckung der Auflage** (§ 6 AÜG iVm § 9 Abs. 1 VwVG) unternehmen muss. Ein Teil der Lehre lässt es genügen, dass die Behörde dem Erlaubnisinhaber eine Abmahnung erteilt oder eine **Nachfrist** gesetzt hat (*Kopp/Ramsauer*, VwVfG, 17. Aufl., 2016, § 49 Rn. 39), während nach anderer Ansicht grds. zunächst auf den Versuch des Verwaltungszwangs zu rekurrieren ist (Schüren/Hamann/*Schüren* § 5 Rn. 21; Boemke/Lembke/*Boemke* § 5 Rn. 12; ErfK/*Wank* § 5 Rn. 5; UGBH/*Urban-Crell* § 5 Rn. 13, 23). Selbst wenn man die Vollstreckung nicht allgemein für vorrangig hält, muss doch für den Widerruf der Erlaubnis zur Arbeitnehmerüberlassung eine Ausnahme gemacht werden: Angesichts der hier besonders gravierenden Folgen des Widerrufs – Verbot der Gewerbeausübung ohne Suspensiveffekt dagegen gerichteter Rechtsbehelfe – ist ein **vorheriger Vollstreckungsversuch grds. zwingend** (so iE auch *Becker/Wulfgramm* § 5 Rn. 11).

9   **c) Nachträglicher Eintritt eines Versagungsgrundes, Nr. 3.** Der Fall, dass nachträglich ein Versagungsgrund eintritt, ist von der Ermittlung eines ursprünglich bestehenden Versagungsgrundes zu unterscheiden; im letztgenannten Fall hätte die Erlaubnis schon nicht erteilt werden dürfen und kann zurückgenommen werden. Nr. 3 verbindet einen tatsächlich bestehenden Versagungsgrund – bei insoweit unveränderter Rechtslage – mit einer **hypothetischen Kausalitätsbetrachtung** (*Sachs* in Stelkens/Bonk/Sachs, VwVfG, 8. Aufl., 2014, § 49 Rn. 58; *Kopp/Ramsauer*, VwVfG, 17. Aufl., 2016, § 49 Rn. 40, 47): Würde der Antrag auf Erlaubniserteilung jetzt gestellt, könnte oder müsste die Erlaubnis gar versagt werden. An der Rechtmäßigkeit der erteilten Erlaubnis vermag dieser Umstand indes nichts zu ändern. Nicht ausschlaggebend ist auch, ob es sich um zwingende (§ 3 Abs. 1, 2) oder fakultative Versagungsgründe (§ 3 Abs. 3) handelt. Fälle des § 5 Abs. 1 Nr. 3 sind zB: später eingetretene Unzuverlässigkeit (§ 3 Abs. 1 Nr. 1); nachträglicher Vermögensverfall und insbesondere Insolvenz (§ 3 Abs. 1 Nr. 2) sowie ein nach Erlaubniserteilung begangener Verstoß gegen das Gebot der Gewährung gleicher Arbeitsbedingungen (§ 3 Abs. 1 Nr. 3). Anders als nach § 49 Abs. 1 Nr. 3 VwVfG ist keine Gefährdung des öffentlichen Interesses nachzuweisen.

10   **d) Änderung der Rechtslage, Nr. 4.** Die einmal rechtmäßig erteilte Erlaubnis genießt **keinen Bestandsschutz** unter einer neuen Rechtslage. Vielmehr eröffnet Nr. 4 der Behörde das Recht, die Erlaubnis im Widerrufswege zu entziehen, wenn sie nach der neuen Rechtslage versagt werden müsste (hypothetische Kausalität, → Rn. 8). Auf diese Weise kann eine einheitliche Rechtsanwendung gewährleistet werden. Gleichzeitig wird so deutlich, dass die Änderung der Rechtslage per se nicht zur Unwirksamkeit oder Beschränkung einer erteilten Erlaubnis führt (BAG 10.12.2013, AP AÜG

§ 1 Nr. 34). § 5 Abs. 1 Nr. 4 setzt die Hürden für einen Widerruf niedriger als § 49 Abs. 1 Nr. 4 VwVfG, wonach der Widerruf in diesem Fall nur unter der zusätzlichen Voraussetzung zulässig ist, dass von der gewährten Vergünstigung noch kein Gebrauch gemacht worden oder das öffentliche Interesse gefährdet ist.

Die **Änderung der Rechtslage** kann durch Änderung der gesetzlichen **11** Bestimmungen herbeigeführt werden (so hat zB das Erste Gesetz für moderne Dienstleistungen am Arbeitsmarkt den neuen Versagungsgrund der Ungleichbehandlung eingeführt, § 3 Abs. 1 Nr. 3). Eine **Änderung der (höchstrichterlichen) Rechtsprechung oder der Verwaltungspraxis** betrifft dagegen nur die Rechtsauslegung und kann damit **nicht als Änderung der Rechtslage** gelten (vgl. *Kopp/Ramsauer*, VwVfG, 17. Aufl., 2016, § 49 Rn. 50a; *Sachs* in Stelkens/Bonk/Sachs, VwVfG, 8. Aufl., 2014, § 49 Rn. 80; aA ErfK/*Wank* § 5 Rn. 7; differenzierend UGBH/*Urban-Crell* § 5 Rn. 19). Auch ein **Wiederaufgreifen des Verfahrens nach § 51 Abs. 1 Nr. 1 VwVfG,** der mangels einer Spezialregelung im AÜG grundsätzlich weiterhin anwendbar bleibt, scheidet insoweit aus (BVerwG 25.5.1981, NJW 1981, 2595; *Sachs* in Stelkens/Bonk/Sachs, VwVfG, 8. Aufl., 2014, § 51 Rn. 104 ff. mwN). Entgegen einer im Schrifttum geäußerten Ansicht (Schüren/Hamann/*Schüren* § 5 Rn. 27 mwN) **berechtigt die Änderung der Rechtsprechung,** selbst der höchstrichterlichen, in der Regel auch **nicht zur Rücknahme;** denn rechtswidrig ist die frühere Gesetzesinterpretation nur dann, wenn sie unter keinem denkbaren Gesichtspunkt als vertretbar angesehen werden kann. Hinzu kommt, dass Gerichtsentscheidungen mit Ausnahme von Entscheidungen des BVerfG (§ 31 BVerfGG) nur inter partes Wirkungen erzeugen.

Als Entziehung einer rechtmäßig erworbenen Rechtsposition, welche **12** nicht durch den Erlaubnisinhaber veranlasst worden ist, zieht der Widerruf in den Fällen des § 5 Abs. 1 Nr. 4 nach **Aufopferungsgrundsätzen** die Notwendigkeit des Ausgleichs in Geld nach sich, Hs. 2 iVm § 4 Abs. 2 (näher dazu infra → Rn. 19).

3. Beweis- und Darlegungslast

Es ist **Sache der Behörde,** das **Bestehen eines Widerrufsgrundes 13 nachzuweisen.** Dies gilt auch für den Fall, dass von einem Widerrufsvorbehalt Gebrauch gemacht wird: Die Behörde hat in diesem Fall den Beweis dafür zu erbringen, dass der anfangs nur für möglich gehaltene Versagungsgrund tatsächlich vorliegt (aA *Sandmann/Marschall/Schneider* § 5 Nr. 2; Schüren/Hamann/*Schüren* § 5 Rn. 28; wie hier Boemke/Lembke/*Boemke* § 5 Rn. 21, unter Verweis auf einen Widerspruch zu § 5 Abs. 3).

4. Unzulässigkeit des Widerrufs nach Absatz 3

Der Widerruf ist **unzulässig, wenn** die Behörde – würde ein Antrag **14** gleicher Art gegenwärtig erneut gestellt – eine **Erlaubnis gleichen Inhalts erteilen müsste.** § 5 Abs. 3, der seine materielle Entsprechung in § 49 Abs. 1 Hs. 2 VwVfG findet, ist Ausprägung der **Gesetzmäßigkeit der Verwal-**

tung: Hat der Inhaber nach den zum Zeitpunkt der Entscheidung über den Widerruf maßgeblichen Bestimmungen einen Anspruch auf Erteilung einer Erlaubnis, darf die Verwaltung nicht durch Entziehung der bestehenden Erlaubnis im Widerrufswege einen gesetzeswidrigen Zustand herbeiführen (*Sachs* in Stelkens/Bonk/Sachs, VwVfG, 8. Aufl., 2014, § 49 Rn. 22; *Kopp/ Ramsauer,* VwVfG, 17. Aufl., 2016, § 49 Rn. 21a; UGBH/*Urban-Crell* § 5 Rn. 21). Seine Bedeutung beschränkt sich auf die Widerrufsgründe in § 5 Abs. 1 Nr. 1 und 2, da Nr. 3 und 4 die Berechtigung der Behörde zur Versagung der Erlaubnis voraussetzen. Zu beachten ist, dass sich der Rechtsanspruch auf eine Erlaubnis gleichen Inhalts wie die zuvor erteilte bezieht und damit den Fall, dass eine erneute Erteilung nur noch unter Nebenbestimmungen möglich ist, nicht erfasst (vgl. etwa *Ulber* § 5 Rn. 15). Allerdings dürfte der Fall, dass eine abschließende Beurteilung nicht mehr möglich ist, kaum praktisch werden.

III. Rechtsfolge

1. Ermessensentscheidung

15   Wie die Rücknahme steht auch der Widerruf im **Ermessen** der Erlaubnisbehörde (vgl. – für § 49 VwVfG als Parallelvorschrift – statt vieler *Kastner* in Fehling/Kastner/Störmer, VerwR, 4. Aufl., 2016, § 49 VwVfG, Rn. 4, 23). Bei der Entscheidung über den Widerruf ist das **Vertrauen des Erlaubnisinhabers in den Fortbestand einer rechtmäßig erteilten Erlaubnis zu berücksichtigen;** insbesondere wenn der Widerrufsgrund nicht auf sein Verhalten zurückgeht (was etwa bei Abs. 1 Nr. 3 der Fall sein kann), kann der Widerruf daher uU ermessensfehlerhaft sein. In den Fällen des § 5 Abs. 1 Nr. 4 findet der Vertrauensschutz in der Form Berücksichtigung, dass ein Nachteilsausgleich in Geld nach Maßgabe des § 4 Abs. 2 gewährt wird. Der Berücksichtigung des Vertrauens bei der Entscheidung über den Widerruf steht dies nicht entgegen (aA Boemke/Lembke/*Boemke* § 4 Rn. 7; zur Diskussion vgl. supra → § 4 Rn. 3), auch wenn diesem bei der Abwägung der Ermessensgesichtspunkte ein geringerer Stellenwert zukommt.

2. Wirkung für die Zukunft

16   Der **Widerruf wirkt für die Zukunft (ex nunc);** Rückwirkung ist ausgeschlossen. Mit dem Wirksamwerden des Widerrufs, also dem Zeitpunkt der Bekanntgabe (§§ 41, 43 Abs. 1 VwVfG), tritt die Unwirksamkeit der Erlaubnis ein. Die durch § 49 Abs. 4 VwVfG eröffnete Befugnis, diese Wirkung für einen späteren als den Bekanntgabezeitpunkt anzuordnen, besteht nach dem Wortlaut des § 5 Abs. 2 zwar nicht. Andererseits jedoch kommt § 49 Abs. 4 VwVfG nur klarstellende Funktion im Hinblick auf die Ermessenseinräumung in § 49 Abs. 1 VwVfG zu (*Kopp/Ramsauer,* VwVfG, 17. Aufl., 2016, § 49 Rn. 75). Lässt § 5 Abs. 1 sowohl den Widerruf mit Wirkung zum Jetztzeitpunkt als auch den Verzicht auf den Widerruf zu, spricht nichts dagegen, als Kompromiss **auch einen zu einem späteren Zeitpunkt wirksamen Widerruf zuzulassen** (aA Boemke/Lembke/

Boemke § 5 Rn. 23; *Sandmann/Marschall/Schneider* § 5 Nr. 8; Schüren/
Hamann/*Schüren* § 5 Rn. 34).

IV. Widerrufsfrist

Die Behörde hat die **Widerrufsfrist des Absatzes 4** zu beachten. Danach **17**
ist der Widerruf nur binnen eines Jahres ab Kenntnis der Behörde von den
Tatsachen zulässig, die den Widerruf der Erlaubnis rechtfertigen. Abzustellen
ist auf die **Kenntnis der Behörde,** nicht des Amtswalters (vgl. → § 4 Rn. 6).

V. Sekundäre Rechtsfolgen

1. Nachwirkung

Auch im Falle des Widerrufs steht dem Erlaubnisinhaber eine **Zwölfmo-** **18**
natsfrist für die Abwicklung seines Geschäftsbetriebs zu, § 5 Abs. 2 S. 2 iVm
§ 2 Abs. 4 S. 4 (näheres → § 2 Rn. 23 ff.).

2. Ausgleichsanspruch

Anders als nach § 49 Abs. 6 VwVfG wird ein **finanzieller Ausgleich** nur **19**
für den Fall gewährt, dass die Änderung der Rechtslage Grund des Widerrufs
gewesen ist (§ 5 Abs. 1 Nr. 4 Hs. 2 iVm § 4 Abs. 2). Die in § 4 Abs. 2 S. 2
aufgeführten Gründe, bei denen das Vertrauen nicht schutzwürdig ist und
damit ein Ausgleichsanspruch ausscheidet, sind – Nr. 3 insbesondere – auf die
Rechtswidrigkeit der Erlaubnis zugeschnitten und können für den Widerruf
kaum praktisch werden (*Becker/Wulfgramm* § 5 Rn. 16; zur auch im Übrigen
geringen Praxisrelevanz des Ausgleichsanspruchs vgl. *Ulber* § 5 Rn. 12). Zu
den tatbestandlichen Voraussetzungen, zum Umfang des Ausgleichs, zum
Verfahren sowie zum Rechtsschutz gegen den Widerrufsbescheid vgl. im
Einzelnen → § 4 Rn. 5 ff.

Während es sich bei § 4 Abs. 4 (Ausgleichsanspruch nach Rücknahme) **20**
um einen Anspruch sui generis handelt (vgl. → § 4 Rn. 10), kompensiert
der Ausgleich gem. § 5 Abs. 2 S. 2 iVm § 2 Abs. 4 S. 4 eine Maßnahme mit
enteignender Wirkung. Zwar lässt der Wortlaut der Bestimmung dies nicht
erkennen, offenkundig jedoch wird dies in Ansehung der Parallelvorschrift
des § 49 Abs. 6 S. 1 VwVfG, wo anders als in § 48 Abs. 3 VwVfG von Entschädigung für den erlittenen Vermögensnachteil die Rede ist (*Sachs* in Stel-
kens/Bonk/Sachs, VwVfG, 8. Aufl., 2014, § 49 Rn. 124 ff.; etwas anders –
ausgleichspflichtige Eigentumsinhaltsbestimmung – *Kopp/Ramsauer,* VwVfG,
17. Aufl., 2016, § 49 Rn. 78). Wie in § 4 Abs. 4 wird der auszugleichende
Vermögensnachteil durch die Erlaubnisbehörde, also durch **Verwaltungsakt,**
festgesetzt. Obschon § 5 Abs. 2 Nr. 4 Hs. 2 anders als § 49 Abs. 6 VwVfG
pauschal auf die für Rücknahmen geltende Regelung (§ 4 Abs. 2) verweist
und damit – anders als jener (§ 49 Abs. 6 S. 3 VwVfG) – keine Rechtswegzu-
weisung enthält, muss es doch bei **Streitigkeiten über die Höhe des Aus-**

gleichs wegen Art. 14 Abs. 3 S. 4 GG, § 40 Abs. 2 VwGO bei der **Zuständigkeit der ordentlichen Gerichte** bleiben.

§ 6 Verwaltungszwang

Werden Leiharbeitnehmer von einem Verleiher ohne die erforderliche Erlaubnis überlassen, so hat die Erlaubnisbehörde dem Verleiher dies zu untersagen und das weitere Überlassen nach den Vorschriften des Verwaltungsvollstreckungsgesetzes zu verhindern.

Übersicht

I. Grundlagen

1   § 6 berechtigt und verpflichtet die Behörde für den Fall, dass Arbeitnehmer ohne die erforderliche Erlaubnis vermittelt werden, zum Erlass einer Untersagungsverfügung und ihrer zwangsweisen Durchsetzung im Vollstreckungswege. Zuständig für den Erlass von Untersagungsverfügungen sind die Regionaldirektionen der BA (Fachgebiet legale Arbeitnehmerüberlassungen), für die Zwangsvollstreckung nach § 4 lit. b VwVG die Behörden der Zollverwaltung (vgl. FW BA AÜG Ziff. 6.2 Abs. 6).

II. Untersagungsverfügung

2   Obschon bereits aus § 1 Abs. 1 S. 1 ein gesetzliches Verbot der Arbeitnehmerüberlassung folgt, hat der Gesetzgeber sich dafür entschieden, dass zunächst eine **behördliche Untersagungsverfügung** zu ergehen hat, die – als Verwaltungsakt – **Gegenstand der Verwaltungsvollstreckung** ist. Die Untersagungsverfügung ist eine rechtlich gebundene Entscheidung. Sie setzt voraus, dass jemand ohne die nach § 1 Abs. 1 erforderliche Erlaubnis Arbeitnehmerüberlassung betreibt. Auch wenn die Formulierung „das weitere Überlassen" suggeriert, dass die Überlassung schon begonnen haben muss, ist doch zum Schutze des Rechtsverkehrs und der Arbeitnehmer als **ausreichend für die Untersagung** zu erachten, dass **Vorbereitungshandlungen** (Stellenangebote, Vertragsverhandlungen mit Entleihern etc) stattfinden (hM; vgl. *Ulber*

§ 6 Rn. 6; Boemke/Lembke/*Boemke* § 6 Rn. 4; *Sandmann/Marschall/Schneider* § 6 Nr. 2; Schüren/Hamann/*Schüren* § 6 Rn. 7; Urban-Crell/Germakowski/ Bissels/Hurst/*Germakowski* § 6 Rn. 6; anders *Becker/Wulfgramm* § 6 Rn. 6). Die Untersagungsverfügung kann gleichwohl nur die Überlassung und nicht bereits die vorbereitenden Maßnahmen zum Inhalt haben (gegen Boemke/Lembke/ *Boemke* § 6 Rn. 7).

Die Verfügung, die den formalen und inhaltlichen Anforderungen der **3** §§ 35 ff. VwVfG zu genügen hat (vgl. HWK-*Kalb* § 6 Rn. 7), kann **nur an den Verleiher adressiert** werden; der Erlass eines entsprechenden Verwaltungsaktes gegenüber dem Entleiher kommt dagegen nicht in Betracht (vgl. *Sandmann/Marschall/Schneider* § 6 Nr. 4a). Die Bekanntgabe der gegenüber dem Verleiher ergangenen Verfügung an den Entleiher empfiehlt sich jedoch gem. § 13 Abs. 2 S. 1 VwVfG (zur Geltung dieses Gesetzes vgl. → § 2 Rn. 1). Bei Strohmannverhältnissen hat nach Ansicht des BVerwG sowohl an den Strohmann als auch an den Hintermann eine Verfügung zu ergehen (BVerwG 2.2.1982, NVwZ 1982, 557; Schüren/Hamann/*Schüren* § 6 Rn. 11; UGBH/ *Germakowski* § 6 Rn. 9). Entgegen einer im Schrifttum vertretenen Auffassung (Boemke/Lembke/*Boemke* § 6 Rn. 8; Schüren/Hamann/*Schüren* § 6 Rn. 12) braucht die der Verfügung beizugebende Rechtsbehelfsbelehrung (§ 66 SGG) nicht darauf hinzuweisen, dass Rechtsmittel gegen die Untersagungsverfügung keine aufschiebende Wirkung besitzen.

III. Durchsetzung der Untersagungsverfügung

1. Zulässigkeit des Verwaltungszwanges

Da Rechtsmittel gegen die Untersagungsverfügung gem. § 86a Abs. 4 SGG **4** ohne aufschiebende Wirkung sind, ist sie **ohne weiteres vollstreckbar** (§ 6 Abs. 1 aE VwVG; vgl. *Sandmann/Marschall/Schneider* § 6 Nr. 10). Hat die zuständige Behörde oder das Verwaltungsgericht die aufschiebende Wirkung eines erhobenen Widerspruchs (oder einer Klage) auf Antrag hergestellt, ist die Ausübung des Verwaltungszwanges unzulässig.

2. Ermessensfehlerfreie Auswahl eines statthaften Zwangsmittels

Auf die Vollstreckung der Untersagungsverfügung findet, wie § 6 klarstellt, **5** das **Verwaltungsvollstreckungsgesetz** des Bundes (VwVG) Anwendung. Von den in § 9 VwVG genannten Zwangsmitteln scheidet **Ersatzvornahme** (§ 10 VwVG) aus, da die Untersagungsverfügung auf Unterlassung und damit nicht auf die Vornahme einer vertretbaren Handlung (§ 887 ZPO) gerichtet ist (vgl. *Ulber* § 6 Rn. 14; Boemke/Lembke/*Boemke* § 6 Rn. 10). In der Regel kommt nur die Verhängung eines **Zwangsgeldes** in Betracht, da es sich hierbei im Verhältnis zum unmittelbaren Zwang um das mildere Mittel handelt (vgl. §§ 9 Abs. 2 S. 2, 12 VwVG). Dies gilt allerdings nicht für das „unselbständige" Zwangsmittel der **Ersatzzwangshaft,** die nur bei Uneinbringlichkeit des Zwangsgeldes verhängt werden darf (von grundsätzlicher Unzulässigkeit wegen Eingriffs in das Grundrecht aus Art. 2 Abs. 2 GG geht *Ulber* § 6 Rn. 17, aus). Sie ist überdies nur zulässig, wenn bereits in der

Zwangsgeldandrohung auf sie hingewiesen worden ist (§ 16 Abs. 1 VwVG); ferner bedarf es wegen Art. 104 Abs. 2 GG eines gerichtlichen Beschlusses (*Becker/Wulfgramm* § 6 Rn. 23). Das **Zwangsgeld** ist ein **bloßes Beugemittel.** Daraus folgt, dass es neben einer Geldstrafe oder einem Bußgeld zulässig ist und wiederholt erhoben werden kann (§ 13 Abs. 5 VwVG). Als Beugemittel darf es bei Zielerreichung nicht mehr vollstreckt werden (§ 15 Abs. 3 VwVG).

3. Vollzugs- und Vollstreckungszuständigkeit

6   Die **Zuständigkeit der BA** bzw. ihrer Dienststellen als Vollzugsbehörden nach § 7 Abs. 1 Hs. 1 VwVG ergibt sich aus § 6 iVm § 17 S. 1. Dies gilt auch für die Androhung und Festsetzung eines Zwangsgeldes. Die **Vollstreckungszuständigkeit,** dh die Zuständigkeit für seine zwangsweise Beitreibung liegt demgegenüber bei den **Hauptzollämtern** (§ 4 lit. b VwVG). Diese „geteilte" Zuständigkeit für die Verwaltungsvollstreckung, die allerdings auf das Mittel des Zwangsgeldes beschränkt ist, führt auch zu unterschiedlichen Rechtswegen für Klagen gegen einzelne Maßnahmen im Bereich der Zwangsvollstreckung (infra → Rn. 10).

4. Androhung mit Fristsetzung

7   Das VwVG schreibt die vorherige Androhung unter Bestimmung eines bestimmten Zwangsmittels vor (§ 13 Abs. 1 S. 1, 3 VwVG). Die Androhung soll mit der Untersagungsverfügung verbunden werden (§ 13 Abs. 2 S. 2 VwVG). Wird ein Zwangsgeld angedroht, muss dessen Betrag fixiert werden; die Festlegung einer Höchstgrenze ist unzulässig (§ 13 Abs. 5 VwVG; dazu BVerwG 13.4.1984, NJW 1984, 2591; einschränkend BVerwG 8.5.1958, BVerwGE 7, 17, wonach die Androhung „weitere Zwangsgelder" unter Umständen hinreichend bestimmt sein kann; *App/ Wettlaufer,* Verwaltungsvollstreckungsrecht, 5. Aufl., 2011, § 37 Rn. 10; Engelhardt/App/Schlatmann/*Troidl,* VwVG, 10. Aufl., 2014, § 13 Rn. 5). Die nach § 13 Abs. 1 S. 2 VwVG zu bestimmende angemessene Frist, binnen welcher der Vollzug des Verwaltungsaktes dem Pflichtigen zugemutet werden kann, kann bei Untersagungsverfügungen relativ kurz bemessen werden. Die **Androhung** ist nach den Regeln des **Verwaltungszustellungsgesetzes förmlich zuzustellen.** Dies gilt auch bei ihrer Verbindung mit der Unterlassungsverfügung, für die eine Zustellung nicht vorgeschrieben ist (§ 13 Abs. 7 VwVG).

7a   Die **Androhung** ist ein **selbständiger Verwaltungsakt** und kann daher nach § 18 VwVG isoliert angefochten werden, es sei denn, dass sie mit der Untersagungsverfügung verbunden ist. Der Widerspruchsführer bzw. Kläger hat darzulegen, dass er durch die Androhung selbst (und nicht durch den Inhalt des zu vollstreckenden Verwaltungsakts) eine Rechtsverletzung erlitten hat (§ 18 Abs. 1 S. 3 VwVG). Da die Ausnahmetatbestände der § 86a Abs. 2 und 4 SGG nicht Platz greifen (keine Forderung öffentlicher Abgaben oder Kosten, da der öffentliche Einnahmezweck nicht im Vordergrund steht; Engelhardt/App/Schlatmann/*Troidl,* VwVG, 10. Aufl., 2014, § 11 Rn. 1), haben Widerspruch und Anfechtungsklage gegen die Androhung aufschiebende Wirkung.

5. Festsetzung des Zwangsmittels

Bei Nichterfüllung der Verpflichtung innerhalb der in der Androhung 8 gesetzten Frist wird das **Zwangsmittel** festgesetzt (§ 14 VwVG). Die Festsetzung eines Zwangsgelds erfolgt durch **Leistungsbescheid,** der den Adressaten zur Zahlung verpflichtet. Zahlt dieser nicht freiwillig, wird der Leistungsbescheid nach den **Vorschriften des VwVG vollstreckt.** Schon angesichts der ausgelösten Rechtsfolgen ist die **Festsetzung eines Zwangsgeldes als Verwaltungsakt** zu qualifizieren (BVerwG 16.9.1975, BVerwGE 49, 169 (170); Engelhardt/App/Schlatmann/*Troidl,* VwVG, 10. Aufl., 2014, § 14 Rn. 2; *Ulber* § 6 Rn. 20; zum Rechtsschutz vgl. die Ausführungen zur Androhung, supra → Rn. 7) Im Falle des unmittelbaren Zwangs wird dem Betroffenen nur Mitteilung von der Anweisung an die Vollzugskräfte gemacht, den unmittelbaren Zwang anzuwenden (Engelhardt/App/Schlatmann/*Troidl,* VwVG, 10. Aufl., 2014, § 14 Rn. 4 mwN). Die damit verbundene Eröffnung einer „letzten Möglichkeit" zur Abwendung ist keine selbständige Rechtsfolge, weswegen die **Festsetzung des Zwangsmittels** des unmittelbaren Zwanges **kein Verwaltungsakt** ist (so aber Engelhardt/App/Schlatmann/ *Troidl,* VwVG, 10. Aufl., 2014, § 16 Rn. 4).

6. Anwendung des Zwangsmittels

Das Zwangsmittel wird der Festsetzung (supra → Rn. 8) gemäß angewen- 9 det. Für das Zwangsgeld bedeutet dies, dass es eingezogen oder, wenn der Pflichtige nicht zahlungswillig ist, nach §§ 1–5 VwVG (Vollstreckung wegen Geldforderungen) beigetrieben wird (Engelhardt/App/Schlatmann/*Troidl,* VwVG, 10. Aufl., 2014, § 15 Rn. 1). **Zuständig** für die **Beitreibung** sind gem. § 4 lit. b VwVG die Vollstreckungsbehörden der Bundesfinanzverwaltung, also die **Hauptzollämter;** § 5 VwVG unterwirft ihre Handlungen den Vorschriften der **Abgabenordnung.**

IV. Rechtsschutz

Gegen die **Untersagungsverfügung** kann sich der Adressat durch 10 **Widerspruch** und nachfolgend **Anfechtungsklage** vor den Sozialgerichten wehren (§ 51 Abs. 1 SGG). Gleiches gilt für die Androhung und Festsetzung der Zwangsmittel (supra → Rn. 7 f.) und die Anwendung unmittelbaren Zwanges. Wird ein **Zwangsgeld** verhängt, ist gegen seine Anwendung durch die Hauptzollämter hingegen der **Finanzrechtsweg** eröffnet (§ 33 Abs. 1 Nr. 2 FGO; vgl. Boemke/Lembke/*Boemke* § 6 Rn. 22; Engelhardt/App/ Schlatmann/*Stammberger,* VwVG, 10. Aufl., 2014, § 5 Rn. 8).

§ 7 Anzeigen und Auskünfte

(1) [1]**Der Verleiher hat der Erlaubnisbehörde nach Erteilung der Erlaubnis unaufgefordert die Verlegung, Schließung und Errichtung**

von Betrieben, Betriebsteilen oder Nebenbetrieben vorher anzuzeigen, soweit diese die Ausübung der Arbeitnehmerüberlassung zum Gegenstand haben. [2]Wenn die Erlaubnis Personengesamtheiten, Personengesellschaften, oder juristischen Personen erteilt ist und nach ihrer Erteilung eine andere Person zur Geschäftsführung oder Vertretung durch Gesetz, Satzung oder Gesellschaftsvertrag berufen wird, ist auch dies unaufgefordert anzuzeigen.

(2) [1]Der Verleiher hat der Erlaubnisbehörde auf Verlangen die Auskünfte zu erteilen, die zur Durchführung des Gesetzes erforderlich sind. [2]Die Auskünfte sind wahrheitsgemäß, vollständig, fristgemäß und unentgeltlich zu erteilen. [3]Auf Verlangen der Aufsichtsbehörde hat der Verleiher die geschäftlichen Unterlagen vorzulegen, aus denen sich die Richtigkeit seiner Angaben ergibt oder seine Angaben auf sonstige Weise glaubhaft zu machen. [4]Der Verleiher hat seine Geschäftsunterlagen drei Jahre lang aufzubewahren.

(3) [1]In begründeten Einzelfällen sind die von der Erlaubnisbehörde beauftragten Personen befugt, Grundstücke und Geschäftsräume des Verleihers zu betreten und dort Prüfungen vorzunehmen. [2]Der Verleiher hat die Maßnahmen nach Satz 1 zu dulden. [3]Das Grundrecht der Unverletzlichkeit der Wohnung (Art. 13 des Grundgesetzes) wird insoweit eingeschränkt.

(4) [1]Durchsuchungen können nur auf Anordnung des Richters bei dem Amtsgericht, in dessen Bezirk die Durchsuchung erfolgen soll, vorgenommen werden. [2]Auf die Anfechtung dieser Anordnung finden die §§ 304 bis 310 der Strafprozessordnung entsprechende Anwendung. [3]Bei Gefahr im Verzuge können die von der Erlaubnisbehörde beauftragten Personen während der Geschäftszeit die Durchsuchungen ohne richterliche Anordnung vornehmen. [4]An Ort und Stelle ist eine Niederschrift über die Durchsuchung und ihr wesentliches Ergebnis aufzunehmen, aus der sich, falls keine richterliche Anordnung ergangen ist, auch die Tatsachen ergeben, die zur Annahme einer Gefahr im Verzuge geführt haben.

(5) Der Verleiher kann die Auskunft auf solche Fragen verweigern, deren Beantwortung ihn selbst oder einen der in § 383 Abs. 1 Nr. 1 bis 3 der Zivilprozessordnung bezeichneten Angehörigen der Gefahr strafgerichtlicher Verfolgung oder eines Verfahrens nach dem Gesetz über Ordnungswidrigkeiten aussetzen würde.

Literatur: *Thüsing/Lembke,* Zeitarbeit im Spannungsverhältnis von Dienstleistungsfreiheit und Tarifautonomie, ZfA 2007, 87.

Übersicht

I. Entstehungsgeschichte und Gesetzeszweck

Die Vorschrift des §7 wurde während des **Gesetzgebungsverfahrens** 1 verschiedentlich auf Grund der Vorschläge des Ausschusses für Arbeit und Sozialordnung und des Rechtsausschusses geändert (vgl. BT-Drs. VI/2303, 13; BT-Drs. VI/3505, 5; *Jaschke* zu BT-Drs. VI/3505, 3; *Becker/Wulfgramm* Art. 1 §7 Rn. 1). Die jetzige Fassung von §7 besteht **unverändert seit Inkrafttreten** des Gesetzes.

Der Zweck des §7 liegt darin, der Erlaubnisbehörde die erforderliche 2 **Kontrolle** über den Verleiher zu ermöglichen um hierdurch den **sozialen Schutz des Leiharbeitnehmers** zu gewährleisten. Aus diesem Grund ist der Verleiher gem. Abs. 1 dazu verpflichtet, bestimmte betriebliche und personelle Veränderungen unaufgefordert anzuzeigen. Gem. Abs. 2 wird der Behörde ein Auskunftsrecht eingeräumt, das insbesondere der Vorbereitung von Entscheidungen über die Erteilung von Auflagen, über die Rücknahme und den Widerruf und über die Einleitung von Straf- und Ordnungswidrigkeitenverfahren dient. Kommt der Verleiher seiner Verpflichtung zur Auskunftserteilung nicht nach, etwa durch Auskunftsverweigerung oder durch Erteilen einer unvollständigen oder nicht richtigen Auskunft, hat die Behörde Betretungs- und Prüfungsrechte (Abs. 3), sowie ein Durchsuchungsrecht (Abs. 4). Die Auskunftspflicht des Verleihers wird durch sein in Abs. 5 geregeltes Auskunftsverweigerungsrecht begrenzt (vgl. BT-Drs. VI/2303, 13).

II. Geltungsbereich der Vorschrift

3 **Verleiher** iSd Vorschrift ist nur derjenige, der sich entsprechend § 1 im **Besitz der Verleihererlaubnis** befindet. Nicht erfasst ist hingegen die illegale Arbeitnehmerüberlassung (so auch *Ulrici* § 7 Rn. 3): Nach dem Wortlaut der Vorschrift obliegen die Anzeige- und Auskunftspflichten dem Verleiher erst „nach Erteilung der Erlaubnis". Auch wenn solch eine klare Einschränkung für Abs. 2 fehlt, kann hier nichts anderes gelten, da § 7 nur der Kontrolle und Verwaltung der legalen Arbeitnehmerüberlassung dient, wohingegen eine Untersagung der illegalen Arbeitnehmerüberlassung nach § 6 erfolgen kann und ein weiteres Vorgehen gegen die Beteiligten mit den Mitteln des OWiG erfolgt (*Becker/Wulfgramm* Art. 1 § 7 Rn. 2a; *Schüren/Hamann/Schüren* § 7 Rn. 6; aA *Ulber* § 7 Rn. 2). Würde sich der Geltungsbereich des § 7 auch auf Verleiher ohne Verleihererlaubnis beziehen, so müssten diese zur Selbstanzeige verpflichtet sein (*Schüren/Hamann/Schüren* § 7 Rn. 6; ErfK/ *Wank* § 7 Rn. 1). Die Anzeige- und Auskunftspflichten treffen den jeweiligen Inhaber der Verleihererlaubnis. Handelt es sich hierbei um juristische Personen, treffen die Pflichten ihre Organe als gesetzlichen Vertreter (*Schüren/* *Hamann/Schüren* § 7 Rn. 7).

III. Anzeigepflichten (Abs. 1)

4 § 7 Abs. 1 legt eine Reihe von Anzeigepflichten für den Verleiher fest. Diese sollen der Gewährleistung einer effizienten und kontinuierlichen Kontrolle durch die Behörde dienen (BT-Drs. VI, 2303, 13). Der Verleiher muss aus diesem Grund gem. Abs. 1 S. 1 bestimmte **betriebliche Veränderungen** anzeigen, soweit sie die Ausübung der Arbeitnehmerüberlassung zum Gegenstand haben. Ferner muss er **personelle Veränderungen** anzeigen, da diese Einfluss auf die Zuverlässigkeit des Verleihers haben können (Abs. 1 S. 2).

5 Für die Anzeige ist **keine besondere Form** festgelegt, doch sollte sie aus Gründen der Beweissicherung schriftlich erfolgen. Der Anzeigenempfänger ist die Regionaldirektion der BA, in deren Bezirk der Verleiher seinen Geschäftssitz hat. Bei mehreren Niederlassungen hat der Verleiher die Veränderungen in dem Bezirk anzuzeigen, in dem er seinen Hauptsitz hat (*Becker/* *Wulfgramm* Art. 1 § 7 Rn. 3). Für ausländische Verleiher gelten besondere Zuständigkeitsregelungen, → Einl. Rn. 50.

1. Entstehungszeitpunkt der Anzeigepflichten

6 Entsprechend dem Wortlaut der Vorschrift sind nur solche Veränderungen anzeigepflichtig, die **nach** der **Erteilung der Erlaubnis** erfolgt sind. Veränderungen, die vor ihrer Erteilung auftreten, muss der Verleiher der Erlaubnisbehörde im Rahmen des Antragsverfahrens gem. § 1 mitteilen (*Schüren/* *Hamann/Schüren* § 7 Rn. 9; *Urban-Crell/Schulz* Rn. 728). Die Anzeige durch den Verleiher hat allerdings **vor dem Eintritt der geplanten Veränderung** zu erfolgen, um somit der Behörde die Prüfung zu ermöglichen, ob etwaige Auswirkungen auf die Verleihererlaubnis bestehen. Um spätere unerwünschte

Konsequenzen zu vermeiden, sollte sich der Verleiher bereits vorab bei der Erlaubnisbehörde erkundigen, ob diese Bedenken gegen geplante Maßnahmen vorbringt. Im Übrigen hat die Erlaubnisbehörde im Interesse des Verleihers ihre Dienststellen angewiesen, nach einer angezeigten Veränderung dem Verleiher innerhalb einer angemessenen Frist Mitteilung zu machen, wenn sich diese nachteilig auf die Verleihererlaubnis auswirkt (Schüren/Hamann/ *Schüren* § 7 Rn. 10; *Becker/Wulfgramm* Art. 1 § 7 Rn. 3a).

Der Verleiher muss seine Anzeige der geplanten Veränderungen **unaufge-** 7 **fordert** machen. Dies schließt allerdings nicht aus, dass die Behörde ihn nicht auch selbst zu einer Anzeige auffordern kann, wenn ihr entsprechende Anhaltspunkte für eine Veränderung vorliegen (*Ulber* § 7 Rn. 4; Schüren/ Hamann/*Schüren* § 7 Rn. 11). Zur **Durchsetzung** der Anzeigepflicht kann die Behörde im Wege des **Verwaltungszwangs** § 6 gegen den Verleiher vorgehen. Das Verlangen zur Auskunft kann als ein Verwaltungsakt ausgestaltet werden; der Aufforderung muss dann – in Abgrenzung zum schlichten Verwaltungshandeln – ein Regelungswille zu entnehmen sein (vgl. BSG 12.7.1989, NZA 1990, 157 (158); 29.7.1992, NZA 1993, 524 (526); Schüren/Hamann/*Schüren* § 7 Rn. 11; *Ulber* § 7 Rn. 4; *Urban-Crell/Schulz* § 14 Rn. 725; aA *Noack* BB 1973, 1313). Dieser kann dann mit Unanfechtbarkeit des Verwaltungsakts in Rechtskraft erwachsen.

2. Anzeige betrieblicher Veränderungen (Abs. 1 S. 1)

Nach § 7 Abs. 1 S. 1 ist die **Verlegung, Schließung und Errichtung** 8 **von Betrieben, Betriebsteilen oder Nebenbetrieben** durch den Verleiher vorher anzeigepflichtig, wenn diese die Ausübung der wirtschaftlichen Arbeitnehmerüberlassung zum Gegenstand haben. Die Begriffe **Betriebe, Betriebsteile** und **Nebenbetriebe** stammen aus dem Betriebsverfassungsrecht (vgl. §§ 1, 4 BetrVG in der Fassung bis zum BetrVerf-Reformgesetz vom 23.7.2001) und werden genauso definiert (Schüren/Hamann/*Schüren* § 7 Rn. 13). Nebenbetrieb ist damit ein selbständiger Betrieb, der für einen anderen Betrieb – den Hauptbetrieb – eine Hilfsfunktion ausübt. Ein Betriebsteil ist eine räumlich und organisatorisch abgrenzbare Organisationseinheit des Betriebes (*Richardi* BetrVG § 4 Rn. 6, 10).

Unter einer **Verlegung** ist die örtliche Veränderung einer Betriebsstätte 9 unter Wahrung ihrer Identität (hierzu gehören insbesondere Belegschaft, Arbeitsbereich, Entleiherkreis) zu verstehen. Hierbei kommt es nicht darauf an, ob das Unternehmen innerhalb des gleichen Bezirks eines Regionaldirektors der BA fortgeführt wird, da die Verleihererlaubnis nicht auf ein bestimmtes Bundesgebiet begrenzt ist (*Becker/Wulfgramm* Art. 1 § 7 Rn. 4). Wird die Identität nicht gewahrt, liegt eine Schließung oder Neuerrichtung vor, die ebenfalls anzeigepflichtig ist; eine Abgrenzung im Einzelfall erübrigt sich also. Eine **Schließung** ist die endgültige, nicht nur vorübergehende, Einstellung eines Betriebes, Betriebsteils oder Nebenbetriebs. Zur Schließung zählt – anders als bei der Stilllegung iSd § 21b BetrVG – auch eine Veräußerung oder Verpachtung des Betriebes, denn die Erlaubnis ist auf den Verleiher bezogen, der sich hiermit seiner Leitungsmacht entäußert. Eine **Errichtung** liegt bei der Eröffnung eines Betriebes vor (Schüren/Hamann/*Schüren* § 7 Rn. 14; *Becker/Wulfgramm* Art. 1 § 7 Rn. 4; *Ulber* § 7 Rn. 5 ff.; ErfK/*Wank* § 7 Rn. 5; *Urban-Crell/ Schulz* Rn. 729), aber auch bei der identitätsändernden Neustrukturierung, denn auch diese betrifft die Schutzinteressen des Arbeitnehmers. Die Dogmatik zum Übergangsmandat nach § 21a BetrVG kann hier übernommen werden (Richardi/*Thüsing* BetrVG § 21a Rn. 4 ff. mwN).

10   Die **Jahresfrist für einen Widerruf** nach § 5 Abs. 4 wird nicht bereits durch die Anzeige einer geplanten Veränderung, sondern erst durch ihre **tatsächliche Durchführung** in Gang gesetzt, da als Voraussetzung für einen Widerruf nach der Erteilung der Erlaubnis Tatsachen eintreten müssen, die zur Versagung der Erlaubnis berechtigen (Schüren/Hamann/*Schüren* § 7 Rn. 15; ErfK/*Wank* § 7 Rn. 5; *Ulber* § 7 Rn. 9; *Ulrici* § 7 Rn. 10; HWK/ *Kalb* § 7 Rn. 6).

3. Personelle Veränderungen (Abs. 1 S. 2)

11   Darüber hinaus dient § 7 Abs. 1 S. 2 der Gewährleistung der Kontrolle von **Personengesamtheiten** (zB nichtrechtsfähiger Verein, Gütergemeinschaft nach §§ 1415 ff. und 1483 ff. BGB, Erbengemeinschaft), **Personengesellschaften** (zB KG, OHG, BGB-Gesellschaft) oder **juristischen Personen** (zB GmbH, AG, KG aA, rechtsfähiger Verein). Diese müssen dann personelle Änderungen der Geschäftsführung oder Vertretung die auf einer Berufung nach Gesetz, Satzung oder Gesellschaftsvertrag beruhen, anzeigen, wenn hierdurch andere als der Erlaubnisbehörde bekannte Personen die Geschäfte selbständig führen (*Becker/Wulfgramm* Art. 1 § 7 Rn. 5; Schüren/Hamann/ *Schüren* § 7 Rn. 17;). Zu den anzeigepflichtigen Veränderungen zählen schon nach dem Wortlaut der Vorschrift allerdings **nicht** die Veränderungen im Bereich **rechtsgeschäftlich** erteilter Geschäftsführungs- oder Vertretungsmacht, wie etwa die Erteilung oder der Entzug einer **Prokura oder Handlungsvollmacht** (ErfK/*Wank* § 7 Rn. 6; *Ulber* § 7 Rn. 10; Boemke/ Lembke/*Boemke* § 7 Rn. 16; *Urban-Crell/Schulz* Rn. 730).

4. Rechtsfolgen bei Verletzung der Anzeigepflichten

12   Eine Verletzung der Anzeigepflichten liegt vor, wenn der Verleiher die erforderlichen Anzeigen überhaupt nicht, nicht richtig, nicht vollständig oder nicht rechtzeitig erstattet. In diesen Fällen liegt eine **Ordnungswidrigkeit** des Verleihers gem. § 16 Abs. 1 Nr. 4 vor, die mit einer Geldbuße iHv 500 EUR geahndet werden kann (§ 16 Abs. 2 aE). Darüber hinaus kann die Erlaubnisbehörde den Verleiher nach Aufforderung zur Abgabe einer Anzeige mittels Verwaltungsakt die Anzeigepflicht des Verleihers im Wege des **Verwaltungszwangs** durchsetzen (vgl. BSG 12.7.1989, NZA 1990, 157 f.; s. auch BSG 29.7.1992, NZA 1993, 525 und → Rn. 32). Aus beharrlichen oder schwerwiegenden Verstößen gegen die Anzeigepflichten aus § 7 Abs. 1 kann nachträglich die Unzuverlässigkeit des Verleihers geschlossen werden, so dass ein **Widerruf der Erlaubnis** gem. § 5 Abs. 1 Nr. 3 iVm § 3 Abs. 1 Nr. 1 gerechtfertigt ist (Schüren/Hamann/*Schüren* § 7 Rn. 18; *Becker/Wulf-*

gramm Art. 1 § 7 Rn. 6; *Ulber* § 7 Rn. 4). Es gilt hier nichts anderes als im allgemeinen Gewerberecht. Die dortigen Maßstäbe – die recht streng sind – sind auch hier heranzuziehen, auch → § 5 Rn. 8.

IV. Auskunftspflichten (Abs. 2)

Die Auskunftspflichten dienen ebenso wie die Anzeigepflichten vor allem **13** der Kontrolle durch die Erlaubnisbehörde. Der Verleiher ist demnach zur Auskunft darüber verpflichtet, ob er etwaigen nach § 2 Abs. 2 erteilten Auflagen nachgekommen ist, bzw. ob die in § 3 enthaltenen **Voraussetzungen** durch den Verleiher eingehalten werden. Die Auskunftspflicht dient daher insbesondere der **Vorbereitung von Entscheidungen** über die Erteilung von Auflagen, die Rücknahme und den Widerruf der Erlaubnis und die Einleitung von Straf- und Ordnungswidrigkeitenverfahren (BT-Drs. VI/2303, 13).

1. Auskunftspflichten nach Abs. 2 S. 1 und 2

Der Verleiher ist nach Abs. 2 S. 1 und 2 dazu verpflichtet, auf ein **konkre-** **14** **tes Auskunftsverlangen** der Erlaubnisbehörde innerhalb einer angemessenen Frist die entsprechende Auskunft zu erteilen (Schüren/Hamann/*Schüren* § 7 Rn. 20; ErfK/*Wank* § 7 Rn. 7; *Urban-Crell/Schulz* Rn. 732). Der Verleiher ist nur auf ein entsprechendes Verlangen der Erlaubnisbehörde hin zu einer Auskunftserteilung verpflichtet, so dass er nicht bereits von sich aus die Behörde über sämtliche Umstände informieren muss, die diese zur Durchführung ihrer Kontrolltätigkeit benötigt (Boemke/Lembke/*Boemke* § 7 Rn. 19). Die **Auskunftspflicht** trifft grundsätzlich den **Verleiher.** Ist dieser keine natürliche Person, so wird sein gesetzlicher Vertreter zur Auskunftserteilung verpflichtet. Da die Auskunft allerdings nicht höchstpersönlich erfolgen muss, kann sich der Verleiher zur Erfüllung seiner Auskunftspflicht einer dritten Person, wie etwa einem Angestellten, Steuer- oder Rechtsberater oÄ bedienen (Schüren/Hamann/*Schüren* § 7 Rn. 23; ErfK/*Wank* § 7 Rn. 7; Boemke/Lembke/*Boemke* § 7 Rn. 18; *Ulrici* § 7 Rn. 15).

Im Hinblick auf die Frage, **ob** und in **welchem Umfang** die Behörde Aus- **15** künfte von dem Verleiher benötigt, um ihren Überwachungspflichten nachzukommen, steht ihr Ermessen zu. Die Aufsichtsbehörde soll Missbrauch und Verstöße bereits von vornherein verhindern (BSG 12.7.1989, NZA 1990, 157 (158)). Aus diesem Grund ist es unerheblich, ob ihrem Auskunftsverlangen Unregelmäßigkeiten zugrunde liegen. Ein konkreter Anlass oder eine besondere Begründung des Auskunftsverlangens ist somit nicht erforderlich (Schüren/Hamann/*Schüren* § 7 Rn. 21; *Ulber* § 7 Rn. 12; Boemke/Lembke/*Boemke* § 7 Rn. 21).

Die Erlaubnisbehörde ist sowohl an den **Gleichbehandlungs-** als auch **16** an den **Verhältnismäßigkeitsgrundsatz** gebunden. Der Gleichbehandlungsgrundsatz bedeutet allerdings nicht, dass die Behörde alle Verleiher im gleichen Umfang und in gleichen Abständen überwachen muss. Da die Überwachung der Verleiher der Verhinderung von gesetzeswidrigem Verhalten dient, ist eine strengere Überwachung von sich bisher als unzuverlässig erwiesenen Verleihern gerechtfertigt (Boemke/Lembke/*Boemke* § 7 Rn. 22). Aus dem Verhältnismäßigkeitsgrundsatz geht allerdings hervor, dass die besonders strenge Überwachung eines Verleihers nur zulässig ist, wenn sich aus der bisherigen Überwachung, auf Grund von Hinweisen anderer Behörden oder wegen anderer konkreter Hinweise oder Anhaltspunkte bestimmte Bedenken gegen die ordnungsgemäße Ausübung der Verleihertätigkeit ergeben (Schüren/Hamann/*Schüren* § 7 Rn. 22; Boemke/Lembke/*Boemke* § 7 Rn. 22). Im Einzelfall dürfte diese Schwelle unzulässiger Überkontrolle nur schwer ermittelbar sein. Der Rechtsschutz gegen unzulässige Auskunftsverlangen – als Anfechtungsklage gegen einen Verwaltungsakt oder allgemeine Leistungsklage in Form der Unterlassungsklage bei schlichtem Verwaltungshandeln – wird durch die Sozialgerichte gewährt, → Rn. 25.

17   **Zulässiger Inhalt** des Auskunftsverlangens sind alle Angaben, die die behördliche Kontrolle ermöglichen, ob der Verleiher die Vorschriften des AÜG einhält. Bei einem sog. gemischten Unternehmen kann die Erlaubnisbehörde daher die Nennung aller seiner Beschäftigten, unter der Trennung von Leiharbeitnehmern und anderen Arbeitnehmern, sowie Angaben zu ihrer Beschäftigungsdauer verlangen um eine unzulässige „Vermischung" von Arbeitsbereichen zu verhindern (LSG Berlin 26.1.1988, EzAÜG Nr. 1 zu § 7 AÜG Auskunftspflichten). Der Verleiher ist hingegen nicht dazu verpflichtet, Auskünfte über die bei Drittunternehmen herrschenden Verhältnisse zu machen. Da sich alle anderen in § 7 geregelten Pflichten nur auf den **konkreten Verleiherbetrieb** beziehen, muss dies auch für die Auskunftspflicht gelten. Der Verleiher muss demgemäß keine Auskünfte über Vorgänge bei Dritten erteilen, mit denen er geschäftliche Beziehungen unterhält (Schüren/Hamann/*Schüren* § 7 Rn. 26; Boemke/Lembke/*Boemke* § 7 Rn. 20).

18   Die Auskünfte müssen gem. Abs. 2 S. 2 **wahrheitsgemäß, vollständig, fristgemäß** und **unentgeltlich** erteilt werden. Eine von der Behörde bestimmte, angemessene Frist ist hierbei einzuhalten (*Becker/Wulfgramm* Art. 1 § 7 Rn. 8). Die Auskünfte müssen ferner in **deutscher Sprache** erfolgen, da nach dem allgemeinen Verwaltungsverfahrensrecht die Amtssprache deutsch ist (vgl. § 23 Abs. 1 VwVfG, § 19 Abs. 1 SGB X; Schüren/Hamann/*Schüren* § 7 Rn. 24; *Becker/Wulfgramm* Art. 1 § 7 Rn. 8). Der Verleiher kann daher keine Erstattung der Kosten für Abschriften, Kopien und Übersetzungen verlangen (*Becker/Wulfgramm* Art. 1 § 7 Rn. 8; Schüren/Hamann/*Schüren* § 7 Rn. 24; *Ulber* § 7 Rn. 12; Boemke/Lembke/*Boemke* § 7 Rn. 23).

2. Nachprüfungsrecht der Erlaubnisbehörde (Abs. 2 S. 3 und 4)

19   **a) Vorlage der geschäftlichen Unterlagen.** Die Erlaubnisbehörde kann gem. Abs. 2 S. 3 die **Vorlage von geschäftlichen Unterlagen** oder eine andere Form der **Glaubhaftmachung** verlangen, um so die Richtigkeit der Auskünfte des Verleihers zu überprüfen. Zu den geschäftlichen Unterlagen sind alle schriftlichen Unterlagen, Datenträger oder Tonbandaufzeichnungen zu zählen, die einen Bezug zu der vom Verleiher betriebenen Arbeitnehmerüberlassung haben, was bei Mischbetrieben zu einer Einschränkung führt

(ErfK/*Wank* § 7 Rn. 7; *Urban-Crell/Schulz* Rn. 735). Hierunter fallen insbesondere Überlassungsverträge, Leiharbeitsverträge, Korrespondenz mit Vertragspartnern und Behörden, Lohnlisten, Geschäftsbücher, Belege über die Abführung von Sozialversicherungsbeiträgen und Steuerbescheide (Schüren/Hamann/*Schüren* § 7 Rn. 31; *Becker/Wulfgramm* Art. 1 § 7 Rn. 9; ErfK/*Wank* § 7 Rn. 7; *Ulber* § 7 Rn. 13). Die Geschäftsunterlagen sind im Original vorzulegen (*Becker/Wulfgramm* § 7 Rn. 15).

Legt der Verleiher **fremdsprachige Dokumente** vor, kann die Erlaubnis- **20** behörde verlangen, dass er eine deutsche Übersetzung beifügt. Die Übersetzungskosten hat der Verleiher zu tragen (vgl. § 7 Abs. 2 S. 2). Der Grundsatz der deutschen Amtssprache gilt nicht nur für Auskünfte sondern auch für die Vorlage von Dokumenten (vgl. § 23 Abs. 2 VwVfG, 19 Abs. 2 SGB X; Schüren/Hamann/*Schüren* § 7 Rn. 33 so auch *Ulber* § 7 Rn. 14; Boemke/Lembke/*Boemke* § 7 Rn. 26). Die dadurch eintretenden faktischen Benachteiligungen ausländischer Entleiher stellen keine Diskriminierung im Sinne der europäischen Dienstleistungsfreiheit dar.

Bei **gemischten Unternehmen** sind im Hinblick auf die Vorlage von **21** Geschäftsunterlagen allerdings **Einschränkungen** zu machen. So dürften unter den Begriff der geschäftlichen Unterlagen nicht solche Unterlagen fallen, die in dem keine Arbeitnehmerüberlassung betreibenden Unternehmensteil angefallen sind, auch wenn sich aus ihnen Schlüsse auf die Geschäftsführung des Verleihers ziehen lassen. Durch eine solche Erweiterung der Auskunftspflicht würde die BA allerdings allgemeine Kontrollbefugnisse über die Wirtschaft erhalten, obwohl diese gesetzlich auf die Arbeitnehmerüberlassung beschränkt sind. In diesen Fällen kann die BA lediglich vom Verleiher eine dahingehende Glaubhaftmachung verlangen, dass zwischen seiner Verleihertätigkeit und den übrigen Geschäftsbereichen kein Zusammenhang besteht (*Becker/Wulfgramm* Art. 1 § 7 Rn. 9; ErfK/*Wank* § 7 Rn. 7).

b) Glaubhaftmachung. Fehlen Unterlagen oder reichen die vorhande- **22** nen nicht aus, so kann der Verleiher gem. Abs. 2 S. 3 Fall 2 seine Angaben auch auf andere Weise glaubhaft machen. Bei einer **Glaubhaftmachung** reicht aus, dass ein **überwiegender Grad der Wahrscheinlichkeit** für die Richtigkeit der Angaben spricht (Thomas/Putzo/*Reichold* ZPO § 294 Rn. 2; Baumbach/Lauterbach/Albers/*Hartmann* ZPO § 294 Rn. 1; s. auch *Becker/Wulfgramm* Art. 1 § 7 Rn. 9a; Schüren/Hamann/*Schüren* § 7 Rn. 34). Die Mittel der Glaubhaftmachung hängen vom jeweiligen Einzelfall ab; eine **Versicherung an Eides Statt** kann der Verleiher allerdings nicht abgeben, da sie in Verfahren nach dem AÜG weder durch Gesetz noch durch Rechtsverordnung vorgesehen und die Erlaubnisbehörde insoweit auch nicht als zuständig erklärt worden ist (für eine generelle Unzulässigkeit Schüren/Hamann/*Schüren* § 7 Rn. 35; Boemke/Lembke/*Boemke* § 7 Rn. 28; aA *Becker/Wulfgramm* Art. 1 § 7 Rn. 9a; *Ulber* § 7 Rn. 15).

c) Aufbewahrungspflicht für Geschäftsunterlagen. Gem. Abs. 2 S. 4 **23** hat der Verleiher gegenüber der Erlaubnisbehörde die Pflicht, seine Geschäftsunterlagen **drei Jahre lang aufzubewahren.** Andere Aufbewahrungspflichten, etwa aus dem Handels- oder Steuerrecht, werden hiervon nicht berührt

(Schüren/Hamann/*Schüren* § 7 Rn. 36). Da durch die Vorlage der Geschäftsunterlagen entsprechend dem Gesetzeszweck eine effektive Kontrolle durch die Behörde ermöglicht werden soll, unterfallen nach zutreffender Ansicht sämtliche aber auch nur solche Geschäftsunterlagen der Aufbewahrungspflicht, die der Verleiher nach Abs. 2 S. 3 Fall 1 der Behörde vorlegen muss (*Becker/Wulfgramm* Art. 1 § 7 Rn. 10; Boemke/Lembke/*Boemke* § 7 Rn. 29; Schüren/ Hamann/*Schüren* § 7 Rn. 36). Die Dreijahresfrist ist unabhängig vom Geschäftsjahr und beginnt mit der Entstehung der jeweiligen Geschäftsunterlagen, da ab diesem Zeitpunkt auch die Nachprüfungsmöglichkeit der Erlaubnisbehörde beginnt (Schüren/Hamann/*Schüren* § 7 Rn. 37; Boemke/Lembke/ *Boemke* § 7 Rn. 30; KassHdB/*Düwell* 4.5. Rn. 532; aA *Ulber* § 7 Rn. 17).

3. Rechtsfolgen bei Verletzung der Auskunftspflichten

24   Erteilt der Verleiher überhaupt nicht, nicht richtig, nicht vollständig, nicht rechtzeitig oder nicht fristgerecht, so macht er sich gem. § 16 Abs. 1 Nr. 5 bzw. Nr. 6 einer Ordnungswidrigkeit schuldig, die mit einer Geldbuße bis zu 500 EUR geahndet werden kann. Darüber hinaus kann die Erlaubnisbehörde ebenfalls sowohl die Auskunfts- als auch die Vorlagepflicht des Verleihers im Wege des **Verwaltungszwangs** durchsetzen (ausführl. *Becker/Wulfgramm* Art. 1 § 7 Rn. 11). Bei beharrlichen oder schwerwiegenden Verstößen gegen die Auskunftspflichten besteht darüber hinaus die Möglichkeit eines **Widerrufs der Erlaubnis** gem. § 5 Abs. 1 Nr. 3 iVm § 3 Abs. 1 Nr. 1. Dies gilt auch bei einem Verstoß gegen die Aufbewahrungspflicht (*Becker/Wulfgramm* Art. 1 § 7 Rn. 11). Es gilt hier nichts anderes als im allgemeinen Gewerberecht.

4. Rechtsschutz

25   Der Verleiher kann gegen die Handlungen der Erlaubnisbehörde, die regelmäßig Verwaltungsakte darstellen, **Widerspruch** einlegen und bei Erfolglosigkeit eine Anfechtungsklage zum Sozialgericht erheben (BSG 12.7.1989, NZA 1990, 157 f.; 29.7.1992, DB 1993, 889 *Becker/Wulfgramm* Art. 1 § 7 Rn. 11; Schüren/Hamann/*Schüren* § 7 Rn. 38). Beide Rechtsbehelfe haben allerdings keine aufschiebende Wirkung (Arg. §§ 86, 97 SGG; Schüren/ Hamann/*Schüren* § 7 Rn. 38; *Becker/Wulfgramm* Art. 1 § 7 Rn. 11).

V. Behördliches Nachschaurecht (Abs. 3)

26   Durch das von § 7 Abs. 3 eingeräumte Nachschaurecht, das der Sicherstellung einer ordnungsgemäßen Überwachung des Verleihers dient, sind in begründeten Einzelfällen die von der Erlaubnisbehörde beauftragten Personen dazu befugt, **Grundstücke und Geschäftsräume** des Verleiher zu **betreten** und dort **Prüfungen** vorzunehmen (S. 1), während der Verleiher zur Duldung der entsprechenden Handlungen verpflichtet ist (S. 2).

1. Betretungs- und Prüfungsrecht (Abs. 3 S. 1)

27   **a) Voraussetzungen für die Nachschau.** Das Recht zur Nachschau soll der Kontrollbehörde zusätzliche Überwachungsmöglichkeiten gewähren, wenn der Verleiher seiner Anzeige- und Auskunftspflicht nicht nachkommt. Die Rechte aus Abs. 3 stehen der Behörde allerdings nur dann zu, wenn Tatsachen vorliegen, die den **konkreten Verdacht** begründen, dass eine Prüfung **gesetzeswidrige Zustände** ergeben würde und hierzu ein Betreten der Geschäftsräume erforderlich ist (vgl. BSG 29.7.1992, DB 1993, 889; Boemke/Lembke/*Boemke* § 7 Rn. 33 f.; Schüren/Hamann/*Schüren* § 7 Rn. 41; *Noack* BB 1973, 1313 [1314]; vgl. auch SG Duisburg 12.10.1988, EzAÜG § 7 Prüfrecht Nr. 2). Gründe für eine Nachschau können etwa **Beschwerden von Leiharbeitnehmern, sofern sie hinreichend substantiiert sind** (*Noack* BB 1973, 1313 [1314]; ErfK/*Wank* § 7 Rn. 10; *Ulber* § 7 Rn. 22) oder eine **Auskunftsverweigerung des Verleihers** unter Berufung auf § 7 Abs. 5 sein (hierzu → Rn. 4; *Becker/Wulfgramm* Art. 1 § 7 Rn. 12; Schüren/Hamann/*Schüren* § 7 Rn. 41; Urban-Crell/Germanowski/Bissels/Hurst/*Germanowski* § 7 Rn. 19, 22; *Urban-Crell/Schulz* Rn. 740; *Ulber* § 7 Rn. 21; aA Boemke/Lembke/*Boemke* § 7 Rn. 34). **Stichprobenartige Überprüfungen ohne Anlass** sind hingegen nicht zulässig (*Becker/Wulfgramm* Art. 1 § 7 Rn. 12; *Urban-Crell/Schulz* Rn. 740).

Die Nachschau setzt **nicht** vorher eine **Aufforderung zur Auskunftserteilung** durch die Behörde voraus, der der Verleiher nicht oder nur unvollständig nachgekommen ist oder eine vorige Ankündigung der Maßnahme (BSG 29.7.1992, NZA 1993, 524 (525); ErfK/*Wank* § 7 Rn. 9; Boemke/Lembke/*Boemke* § 7 Rn. 35; aA SG Duisburg 12.10.1988, EzAÜG § 7 Prüfrecht Nr. 2). Grundsätzlich gebietet zwar der Verhältnismäßigkeitsgrundsatz, dass zunächst das Auskunftsverlangen als das mildere Mittel eingesetzt wird. Dennoch sind Einzelfälle denkbar, in denen der Verdacht, dass der Verleiher seine Pflichten verletzt hat, nur durch eine Nachschau, nicht aber bereits durch die Erteilung einer Auskunft aufgeklärt werden kann. Daher kann eine Nachschau uU auch **ohne vorheriges Auskunftsverlangen** erfolgen (vgl. BSG 29.7.1992, DB 1993, 889). Um den Erfolg einer Nachschau nicht zu gefährden, ist auch eine **vorherige Ankündigung nicht** erforderlich (ErfK/*Wank* § 7 Rn. 9, 20; Boemke/Lembke/*Boemke* § 7 Rn. 35). 28

b) Durchführung durch berechtigten Personenkreis. Zu den zur Durchführung der Nachschau berechtigten Personen gehören vor allem die **Bediensten der Regionaldirektion der BA.** Die Erlaubnisbehörde kann darüber hinaus allerdings auch **andere Personen,** insbesondere Vertreter anderer Behörden beauftragen (zB der Gewerbeaufsicht oder der Finanzbehörden) (*Ulrici* § 7 Rn. 23). 29

c) Umfang der Befugnisse. Dem Wortlaut des § 7 Abs. 3 S. 1 entsprechend beschränkt sich das Nachschaurecht auf **Grundstücke und Geschäftsräume** des Verleihers. Da durch das Nachschaurecht das **Grundrecht** des Verleihers auf **Unverletzlichkeit der Wohnung** aus Art. 13 GG (s. zur Ausdehnung des Schutzbereichs auch auf Geschäftsräume BVerfG 13.10.1971, BVerfGE 32, 54 (75 f.)) beschränkt wird, ist eine verfassungskonforme Auslegung erforderlich. Insofern werden die Wohnräume des Verleihers auch dann nicht vom Nachschaurecht erfasst, wenn der Verleiher sie nicht nur zu Wohn-, sondern auch zu Geschäftszwecken nutzt (BVerfG 30

13.10.1971, BVerfGE 32, 54 (75 f.); *Becker/Wulfgramm* Art. 1 § 7 Rn. 13; Boemke/Lembke/*Boemke* § 7 Rn. 37; Schüren/Hamann/*Schüren* § 7 Rn. 46). Die behördliche Nachschau muss auch dann ausgeschlossen sein, wenn die Räume an Dritte (unter-)vermietet sind (Boemke/Lembke/ *Boemke* § 7 Rn. 37; *Ulber* § 7 Rn. 24). Etwas anderes muss allerdings auf Grund des Gesetzeszwecks dann gelten, wenn der Verleiher die Geschäfts-räume lediglich mit Dritten teilt (vgl. § 758a Abs. 3 ZPO, hierzu Thomas/ Putzo/*Seiler* ZPO § 758a Rn. 20 ff.; Boemke/Lembke/*Boemke* § 7 Rn. 37; *Ulber* § 7 Rn. 24). Im Hinblick auf Art. 13 GG gilt ferner, dass die Räum-lichkeiten des Verleihers **nicht außerhalb der Geschäftszeiten** aufgesucht werden können (grundlegend: BVerfG 13.10.1971, BVerfGE 32, 54 (75 f.); BSG 29.7.1992, NZA 1993, 524 (526); Schüren/Hamann/*Schüren* § 7 Rn. 47; *Urban-Crell/Schulz* Rn. 742). Im Wege der Nachschau darf nur geprüft werden, ob die Vorschriften des AÜG vom Verleiher beachtet wur-den. Das Nachschaurecht umfasst inhaltlich auch die geschäftlichen Unter-lagen (Schüren/Hamann/*Schüren* § 7 Rn. 49).

2. Duldungspflicht des Verleihers (Abs. 3 S. 2)

31   Der Verleiher hat die Nachschau lediglich zu dulden. Aktive Mitwirkungs-handlungen können nur insoweit gefordert werden, als sie notwendig sind, um der Erlaubnisbehörde die Nachschau zu ermöglichen. So muss er etwa den Beauftragten Zutritt zu seinem Grundstück und seinen Geschäftsräumen gewähren, Auskunft über den Aufbewahrungsort der Geschäftsunterlagen geben und gegebenenfalls einen **Arbeitsplatz für die Durchführung der Prüfung zur Verfügung stellen** (*Becker/Wulfgramm* Art. 1 § 7 Rn. 14a; Schüren/Hamann/*Schüren* § 7 Rn. 50; ErfK/*Wank* § 7 Rn. 13; *Urban-Crell/ Schulz* Rn. 743; *Ulber* § 7 Rn. 25). Über das Betreten und die Prüfungstätig-keit hinaus muss der Verleiher auch die vorrübergehende Mitnahme seiner Geschäftsunterlagen dulden, wenn sich die Prüfung der Unterlagen nicht vor Ort abschließen lässt (Schüren/Hamann/*Schüren* § 7 Rn. 51; *Ulber* § 7 Rn. 25).

3. Rechtsfolgen bei Verletzung der Duldungspflicht

32   Die Erlaubnisbehörde kann auch die Duldungspflicht des Verleihers im Wege des Verwaltungszwangs durchsetzen (bereits → Rn. 12; BSG 29.7.1992, DB 1993, 889; 12.7.1989, NZA 1990, 157 (158); Schüren/ Hamann/*Schüren* § 7 Rn. 52; ErfK/*Wank* § 7 Rn. 14; *Ulber* § 7 Rn. 25 aus-führl. *Becker/Wulfgramm* Art. 1 § 7 Rn. 114b).

VI. Durchsuchungsrecht (Abs. 4)

1. Voraussetzungen der Durchsuchung

33   Unter einer Durchsuchung ist die **ohne** oder **gegen den Willen** des Betroffenen durchgeführte **zwangsweise Suche zur Sicherstellung** von Geschäftsunterlagen zu verstehen (Musielak/Voit/*Lackmann* ZPO § 758

Rn. 3 mwN). Durch das in Abs. 4 statuierte Durchsuchungsrecht werden die Kontrollmöglichkeiten der Erlaubnisbehörde ergänzt (vgl. BT-Drs. VI/2303, 13) und verstärkt (Schüren/Hamann/*Schüren* § 7 Rn. 54).

Die Durchsuchung ist die weitest gehende Überwachungsmaßnahme **34** der Erlaubnisbehörde und setzt – ebenso wie das Nachschaurecht – einen konkreten Tatverdacht voraus (Boemke/Lembke/*Boemke* § 7 Rn. 45). Bei der Zulässigkeit einer Durchsuchung ist ebenfalls der Verhältnismäßigkeitsgrundsatz zu beachten. Die Zulässigkeit der Durchsuchung setzt daher voraus, dass keine weniger belastende Maßnahme, wie etwa das Auskunftsverlangen oder die behördliche Nachschau erfolgversprechend ist. Das bedeutet allerdings nicht, dass die Erlaubnisbehörde vor einer zulässigen Durchsuchung erst sowohl das Auskunftsverlangen als auch das Nachschaurecht zunächst erfolglos durchgeführt haben muss (Boemke/Lembke/*Boemke* § 7 Rn. 45; Schüren/Hamann/*Schüren* § 7 Rn. 55; so aber SG Duisburg 12.10.1988, EzAÜG § 7 Prüfungsrecht Nr. 2; *Becker/Wulfgramm* Art. 1 § 7 Rn. 15). Es ist allerdings keine derartige Abstufung der Kontrollrechte der Absätze 2, 3 und 4 dass sie nur nacheinander ausgeübt werden dürften (vgl. BSG 29.7.1992, NZA 1993, 524 (525)). Eine Durchsuchung muss daher auch dann **ohne vorherige Maßnahme** zulässig sein, wenn auf Grund bestimmter Tatsachen der konkrete Verdacht begründet ist, der Verleiher habe in so grober Weise gegen das AÜG verstoßen, dass die Erlaubnisbehörde die Erlaubnis voraussichtlich widerruft oder zurücknimmt und wenn weiterhin zu erwarten ist, dass der Verleiher seine Pflichten gem. § 7 Abs. 2, 3 höchstwahrscheinlich nicht erfüllt (Schüren/Hamann/*Schüren* § 7 Rn. 55; *Ulber* § 7 Rn. 26 f.).

2. Richterliche Anordnung (Abs. 4 S. 1 und 2)

Entsprechend Art. 13 Abs. 2 GG dürfen Durchsuchungen grundsätzlich **35** nur auf Grund einer richterlichen Anordnung erfolgen. **Zuständig** ist der Richter desjenigen Amtsgerichts, in dessen Bezirk die Durchsuchung stattfinden soll (s. auch HWK/*Kalb* § 7 Rn. 19). Da der Wortlaut des AÜG insoweit offen ist, kann sich die Anordnung der Durchsuchung nicht nur auf die **Geschäftsräume,** sondern auch auf die **Wohnräume** des Verleihers beziehen (Schüren/Hamann/*Schüren* § 7 Rn. 57; *Becker/Wulfgramm* Art. 1 § 7 Rn. 16; *Urban-Crell/Schulz* Rn. 745; *Ulber* § 7 Rn. 27). Die Durchsuchung auf Grund der richterlichen Anordnung ist auch nicht auf die Geschäftszeit beschränkt; der Richter kann vielmehr die Durchsuchung auch **außerhalb der üblichen Geschäftszeit** und gem. § 104 StPO analog auch zur **Nachtzeit** anordnen. Für solche schwerwiegenden Grundrechtseingriffe müssen allerdings besondere Voraussetzungen vorliegen, so dass sie nur in Ausnahmefällen angeordnet werden (vgl. Schüren/Hamann/*Schüren* § 7 Rn. 58; ErfK/*Wank* § 7 Rn. 12). Die Durchsuchung darf nach der Rechtsprechung des BVerfG nur innerhalb eines **halben Jahres** nach dem Erlass der richterlichen Anordnung vorgenommen werden (vgl. BVerfG 27.5.1997, BVerfGE 96, 44; sa hierzu *Cirener* JR 1997, 389; *Vahle* DSB 1997, Nr. 10, 18–19).

3. Durchsuchung bei Gefahr im Verzug (Abs. 4 S. 3)

36   In Ausnahmefällen kann eine Durchsuchung auch ohne richterliche Anordnung erfolgen, wenn **Gefahr im Verzug** ist, wenn also die vorherige Einholung der richterlichen Anordnung den **Zweck der Durchsuchung** gefährden würde. Die Durchsuchungsanordnung muss somit nicht eingeholt werden, wenn nach dem bisherigen Verhalten des Verleihers konkrete Anhaltspunkte für die Annahme bestehen, dass er Geschäftsunterlagen beiseiteschaffen oder verfälschen oder sich der Überprüfung ganz entziehen wird (Schüren/Hamann/*Schüren* § 7 Rn. 62; *Urban-Crell/Schulz* Rn. 749). Über die Wahrscheinlichkeit der Gefährdung des angestrebten Durchsuchungserfolgs entscheidet der Beauftragte der Erlaubnisbehörde nach pflichtgemäßem Ermessen (vgl. OLG Stuttgart 11.12.1968, NJW 1969, 760 [761]; *Becker/Wulfgramm* Art. 1 § 7 Rn. 17). Eine Gefährdung kann allerdings nicht bereits dann angenommen werden, wenn zwischen der Erlaubnisbehörde und dem Verleiher der Umfang der Anzeige- und Auskunftspflichten streitig ist oder eine Auskunftsverweigerung vorliegt (*Becker/Wulfgramm* Art. 1 § 7 Rn. 17).

37   Das Durchsuchungsrecht gem. Abs. 4 S. 3 erstreckt sich ebenfalls auch auf die **Wohn- und Geschäftsräume** des Verleihers, wobei es allerdings ausdrücklich auf die **Geschäftszeiten** beschränkt ist. Hierbei sind die **üblichen Geschäftszeiten** der Verleiherbranche maßgeblich und nicht die konkreten Geschäftszeiten des Verleihers (Urban-Crell/*Germakowski/Bissels* § 7 Rn. 16; Schüren/Hamann/*Schüren* § 7 Rn. 63; Boemke/Lembke *Boemke* § 7 Rn. 48).

4. Niederschrift (Abs. 4 S. 4)

38   Abs. 4 S. 4 ordnet an, dass bei **jeder** Durchsuchung eine **Niederschrift über die Durchsuchung und ihr wesentliches Ergebnis** aufgenommen werden. Mindestinhalt der Niederschrift ist: Zeit und Ort der Durchsuchung, anwesende Personen, Gegenstand und Grund der Durchsuchung (sofern nicht bereits aus der richterlichen Anordnung ersichtlich) und das wesentliche Ergebnis. Bei der Durchsuchung ohne richterliche Anordnung müssen ferner die Tatsachen angegeben werden, aus denen sich die Annahme der Gefahr im Verzug ergibt.

39   Da die Niederschrift an **Ort und Stelle** erfolgen muss, ist eine spätere Niederschrift in den Diensträumen der Erlaubnisbehörde nicht ausreichend (Schüren/Hamann/*Schüren* § 7 Rn. 66). Die Niederschrift ist vom Beauftragten der Erlaubnisbehörde zu unterschreiben. Auf Wunsch des Verleihers ist ihm eine **Abschrift** zu übergeben (Schüren/Hamann/*Schüren* § 7 Rn. 66; *Urban-Crell/Schulz* Rn. 758).

5. Rechtsschutz

40   Der Verleiher kann gegen die **richterliche Durchsuchungsanordnung** entsprechend **§§ 304–310 StPO** vorgehen. Hiernach kann er beim Amtsgericht schriftlich oder zu Protokoll der Geschäftsstelle **Beschwerde** einlegen (§§ 304 Abs. 1, 306 Abs. 1 StPO). Bei einer **Durchsuchung bei Gefahr im Verzug** – also ohne richterlicher Anordnung – kann der Verleiher beim

Sozialgericht gem. § 55 SGG eine **Feststellungsklage** oder – für den Fall, dass die Anordnung und Durchführung der Durchsuchung als Verwaltungsakt qualifiziert werden (Schüren/Hamann/*Schüren* § 7 Rn. 64; BSG 12.7.1989 NZA 1990, 157), der sich mit der Durchsuchung erledigt hat – eine **Fortsetzungsfeststellungsklage** erheben (Boemke/Lembke/*Boemke* § 7 Rn. 64). Da einer Durchsuchung selber aber kein Regelungsgehalt innewohnt, dürfte die allgemeine Feststellungsklage die richtige Klageart sein.

VII. Auskunftsverweigerungsrecht (Abs. 5)

Die Auskunftspflicht des Verleihers wird durch sein in § 5 statuiertes **Auskunftsverweigerungsrecht** beschränkt. Hiernach kann der Verleiher Auskünfte auf solche Fragen verweigern, deren Beantwortung ihn selbst oder Angehörige iSd § 383 Abs. 1 Nr. 1–3 ZPO (also Verlobte, Ehegatten, Lebenspartner und in gerader Linie Verwandte und Verschwägerte, sowie in den Seitenlinien Verwandte oder Verschwägerte bis zum dritten Grad) in die Gefahr der Verfolgung einer Straftat oder Ordnungswidrigkeit aussetzen würde. Der Verleiher muss sich **ausdrücklich** auf das Auskunftsverweigerungsrecht **berufen.** Eine nähere Begründung ist nicht erforderlich; er muss allerdings andeutungsweise darlegen, warum eine mögliche Gefahr bestehen könnte (Schüren/Hamann/*Schüren* § 7 Rn. 28; *Becker/Wulfgramm* Art. 1 § 7 Rn. 19 ff.). **41**

Aus der Verweigerung der Auskunft durch den Verleiher dürfen **keine** für ihn **nachteiligen Schlüsse,** zB im Hinblick auf seine Zuverlässigkeit gezogen werden (vgl. allgemein BGH 26.10.1965, BGHSt 20, 281; 29.8.1974, BGHSt 25, 365 (368); 26.10.1983, BGHSt 32, 140; 2.4.1987, BGHSt 34, 324 (325); 26.5.1992, BGHSt 38, 302; 10.3.1998, NStZ-RR 1998, 277; 23.5.2000, NStZ 2000, 546). Allerdings darf die Behörde den Tatsachenvortrag, auf den der Verleiher sein Auskunftsverweigerungsrecht stützt, berücksichtigen, der eine Unzuverlässigkeit des Verleihers iSv § 3 Abs. 1 indizieren kann (so etwa bei Straftaten des Verleihers im Zusammenhang mit der Arbeitnehmerüberlassung; s. Boemke/Lembke/*Boemke* § 7 Rn. 60; *Ulber* § 7 Rn. 32). Ferner kann die Auskunftsverweigerung die Erlaubnisbehörde dazu veranlassen, sich die zur Überprüfung maßgeblichen Informationen durch andere Maßnahmen (etwa durch behördliche Nachschau) zu verschaffen (Schüren/Hamann/*Schüren* § 7 Rn. 29; *Becker/Wulfgramm* Art. 1 § 7 Rn. 22). **42**

§ 8 Grundsatz der Gleichstellung

(1) [1]**Der Verleiher ist verpflichtet, dem Leiharbeitnehmer für die Zeit der Überlassung an den Entleiher die im Betrieb des Entleihers für einen vergleichbaren Arbeitnehmer des Entleihers geltenden wesentlichen Arbeitsbedingungen einschließlich des Arbeitsentgelts zu gewähren (Gleichstellungsgrundsatz). [2]Erhält der Leiharbeitnehmer das für einen vergleichbaren Arbeitnehmer des Entleihers im Entleihbetrieb geschuldete tarifvertragliche Arbeitsentgelt oder in Ermangelung eines solchen ein für vergleichbare Arbeitnehmer in**

der Einsatzbranche geltendes tarifvertragliches Arbeitsentgelt, wird vermutet, dass der Leiharbeitnehmer hinsichtlich des Arbeitsentgelts im Sinne von Satz 1 gleichgestellt ist. [3]Werden im Betrieb des Entleihers Sachbezüge gewährt, kann ein Wertausgleich in Euro erfolgen.

(2) [1]Ein Tarifvertrag kann vom Gleichstellungsgrundsatz abweichen, soweit er nicht die in einer Rechtsverordnung nach § 3a Absatz 2 festgesetzten Mindeststundenentgelte unterschreitet. [2]Soweit ein solcher Tarifvertrag vom Gleichstellungsgrundsatz abweicht, hat der Verleiher dem Leiharbeitnehmer die nach diesem Tarifvertrag geschuldeten Arbeitsbedingungen zu gewähren. [3]Im Geltungsbereich eines solchen Tarifvertrages können nicht tarifgebundene Arbeitgeber und Arbeitnehmer die Anwendung des Tarifvertrages vereinbaren. [4]Soweit ein solcher Tarifvertrag die in einer Rechtsverordnung nach § 3a Absatz 2 festgesetzten Mindeststundenentgelte unterschreitet, hat der Verleiher dem Leiharbeitnehmer für jede Arbeitsstunde das im Betrieb des Entleihers für einen vergleichbaren Arbeitnehmer des Entleihers für eine Arbeitsstunde zu zahlende Arbeitsentgelt zu gewähren.

(3) Eine abweichende tarifliche Regelung im Sinne von Absatz 2 gilt nicht für Leiharbeitnehmer, die in den letzten sechs Monaten vor der Überlassung an den Entleiher aus einem Arbeitsverhältnis bei diesem oder einem Arbeitgeber, der mit dem Entleiher einen Konzern im Sinne des § 18 des Aktiengesetzes bildet, ausgeschieden sind.

(4) [1]Ein Tarifvertrag im Sinne des Absatzes 2 kann hinsichtlich des Arbeitsentgelts vom Gleichstellungsgrundsatz für die ersten neun Monate einer Überlassung an einen Entleiher abweichen. [2]Eine längere Abweichung durch Tarifvertrag ist nur zulässig, wenn
1. nach spätestens 15 Monaten einer Überlassung an einen Entleiher mindestens ein Arbeitsentgelt erreicht wird, das in dem Tarifvertrag als gleichwertig mit dem tarifvertraglichen Arbeitsentgelt vergleichbarer Arbeitnehmer in der Einsatzbranche festgelegt ist, und
2. nach einer Einarbeitungszeit von längstens sechs Wochen eine stufenweise Heranführung an dieses Arbeitsentgelt erfolgt.
[3]Im Geltungsbereich eines solchen Tarifvertrages können nicht tarifgebundene Arbeitgeber und Arbeitnehmer die Anwendung der tariflichen Regelungen vereinbaren. [4]Der Zeitraum vorheriger Überlassungen durch denselben oder einen anderen Verleiher an denselben Entleiher ist vollständig anzurechnen, wenn zwischen den Einsätzen jeweils nicht mehr als drei Monate liegen.

(5) Der Verleiher ist verpflichtet, dem Leiharbeitnehmer mindestens das in einer Rechtsverordnung nach § 3a Absatz 2 für die Zeit der Überlassung und für Zeiten ohne Überlassung festgesetzte Mindeststundenentgelt zu zahlen.

Literatur: *Baeck/Winzer/Hies,* Neuere Entwicklungen im Arbeitsrecht, NZG 2016, 415; *Bauer/Krets,* Gesetze für moderne Dienstleistungen am Arbeitsmarkt, NJW 2003,

537; *ders./Fischinger,* Sachgrundlose Befristung und Verbot der Vorbeschäftigung bei „demselben Arbeitgeber", DB 2007, 1410; *Bayreuther,* Nachwirkung von Zeitarbeitstarifverträgen im Kontext des Equal Pay/Treatment Gebots des AÜG, BB 2010, 309; *ders.,* Vollständige Arbeitnehmerfreizügigkeit zu Gunsten der MOE-Staaten, DB 2011, 706; *ders.,* Tarifzuständigkeit beim Abschluss mehrgliedriger Tarifverträge im Bereich der Arbeitnehmerüberlassung, NZA 2012, 14; *ders.,* Bezugnahmeabreden und mehrgliedrige Tarifverträge in der Arbeitnehmerüberlassung, DB 2014, 717; *ders.,* Vergütungsstrukturen und Equal-pay in der Arbeitnehmerüberlassung nach der AÜG-Reform, NZA 2017, 18; *Bieback/Dieterich/Hanau/Kocher/Schäfer,* Tarifgestützte Mindestlöhne, 2007; *Bissels/Falter,* Ausgewählte Rechtsprobleme der AÜG-Reform (Teil 1), ArbRAktuell 2017, 4; *dies.,* Ausgewählte Rechtsprobleme der AÜG-Reform (Teil 2), ArbRAktuell 2017, 33; *Bissels/Khalil,* Die Anwendbarkeit von Tarifverträgen der Zeitarbeit in Mischbetrieben, BB 2013, 315; *Blanke,* Der Gleichbehandlungsgrundsatz in der Arbeitnehmerüberlassung, DB 2010, 1528; *Boemke,* Die EG-Leiharbeitsrichtlinie und ihre Einflüsse auf das deutsche Recht, RIW 2009, 177; *Böhm,* „Billig-Tarifverträge" in der Zeitarbeit – Risiken für die Kunden, DB 2003, 2598; *ders.,* Lohndumping durch konzerninterne Arbeitnehmerüberlassung?, DB 2010, 672; *ders.,* Der Fall „Schlecker": Risiken und Fernwirkungen einer erfolgreichen Gewerkschaftskampagne, DB 2010, 1350; *ders.,* 1.5.2011: Europa-Tag für die Zeitarbeit, NZA 2010, 1218; *Brandl/Haberkorn/Veit,* Betriebliche Altersversorgung bei Leiharbeitnehmern, NZA 2014, 1167; *Brors,* Zweifelhafte Zulässigkeit der gestaffelten individualvertraglichen Verweisung auf die Zeitarbeitstarifverträge der Christlichen Gewerkschaft und des DGB, BB 2006, 101; *dies.,* Bei Equal Pay Ansprüchen keine Aussetzung nach § 97 Abs. 5 ArbGG notwendig – Nichtigkeit des „neuen" christlichen Tarifvertrags, jurisPR-ArbR 25/2011 Anm. 1; *Brose,* Sachgrundlose Befristung und betriebsbedingte Kündigung von Leiharbeitnehmern – Ein unausgewogenes Rechtsprechungskonzept, DB 2008, 1378; *Buchner,* Leiharbeit: Ablösung der Verpflichtung zur Gewährung der im Entleiherbetrieb geltenden Arbeitsbedingungen (§ 10 Abs 4 AÜG) durch Tarifregelungen, DB 2004, 1042; *Deutscher Anwaltverein (DAV),* Stellungnahme durch den Ausschuss Arbeitsrecht zum Referentenentwurf eines Gesetzes zur Änderung des Arbeitnehmerüberlassungsgesetzes und anderer Gesetze, RdA 2016, 173; *Deinert,* Arbeitsrechtliche Herausforderungen einer veränderten Gewerkschaftslandschaft, NZA 2009, 1176; *Düwell,* Verhinderung des missbräuchlichen Einsatzes von Arbeitnehmerüberlassung und Umsetzung der Leiharbeitsrichtlinie, DB 2010, 1759; *ders./Dahl,* Aktuelle Gesetzes- und Tariflage in der Arbeitnehmerüberlassung, DB 2009, 1070; *dies.,* Verhinderung des missbräuchlichen Einsatzes von Arbeitnehmerüberlassung und Umsetzung der Leiharbeitsrichtlinie, DB 2010, 1759; *dies.,* Mitbestimmung des Betriebsrats beim Einsatz von Leiharbeitnehmern, NZA-RR 2011, 1; *Düwell/Weyand,* Hartz und die Folgen: Das neue Arbeits- und Sozialrecht, 2003; *Fastrich,* Gleichbehandlung und Gleichstellung, RdA 2000, 65; *Ferme,* Die Lehren aus der Tarifunfähigkeit der CGZP, NZA 2011, 619; *Fischer,* Zeitarbeit zwischen allen (Tarif-)Stühlen? – oder: Gewerkschaften in den Untiefen der Tarifzuständigkeit, RdA 2013, 326; *Franzen,* Tarifzuständigkeit und Tariffähigkeit im Bereich der Arbeitnehmerüberlassung, BB 2009, 1472; *ders.,* Neuausrichtung des Drittpersonaleinsatzes – Überlegungen zu den Vorhaben des Koalitionsvertrags, RdA 2015, 141; *Friemel,* Muss Zeitarbeitsbranche Milliarden nachzahlen?, NZS 2011, 851; *Fuchs,* Das Gleichbehandlungsgebot in der Leiharbeit nach den neuen Leiharbeitsrichtlinie, NZA 2009, 57; *Gaul/Koehler,* Tarifunfähigkeit der CGZP, ArbRB 2011, 112; *Giesen,* Reform der Leiharbeit, ZRP 2016, 130; *Greiner,* Rechtsfragen der Koalitions-, Tarif- und Arbeitskampfpluralität, 2010; *ders.,* Der GKH-Beschluss – Evolution oder (erneute) Revolution der Rechtsprechung zur Tariffähigkeit?, NZA 2011, 825; *ders.,* Vergaberegeln im öffentlichen Personennahverkehr – ein Angriff auf die Tarifautonomie, ZTR 2013, 647; *ders.,* Das Recht der befristeten Arbeitsverhältnisse im Umbruch, ZESAR 2014, 357; *ders.,* Wo kein Kläger, da kein Richter – Ansätze zur

Unterbindung der Divergenz von Rechtslage und Rechtswirklichkeit im Arbeitsrecht, AuR 2016, 92; *ders./Strippelmann,* Anmerkung zum Urteil des BAG vom 13.3.2013, Az. 5 AZR 424/12 – Zur Verjährung des Anspruchs des Leiharbeitnehmers auf Zahlung von Entgelt nach dem „Equal-Pay"-Grundsatz, EWiR 2013, 571; *dies.,* Mindestlohn für Nichtarbeit?, BB 2015, 949; *Grobys/Schmidt/Brocker,* Verfassungsmäßigkeit von „Equal Pay"?, NZA 2003, 777; *Hamann,* Betriebsverfassungsrechtliche Auswirkungen der Reform der Arbeitnehmerüberlassung, NZA 2003, 526; *ders.,* Gleichbehandlungsgrundsatz im AÜG, BB 2005, 2185; *ders.,* Die Richtlinie Leiharbeit und ihre Auswirkungen auf das nationale Recht der Arbeitnehmerüberlassung, EuZA 2009, 287; *ders.,* Die Reform des AÜG im Jahr 2011, RdA 2011, 321; *Heidl,* Probleme der sachgrundlosen Befristung von Arbeitsverhältnissen nach § 14 Abs. 2 Satz 1, 2 TzBfG, RdA 2009, 297; *Henssler,* Mindestlohn und Tarifrecht, RdA 2015, 43; *Heuchemer/Schielke,* Herausforderungen für die Zeitarbeitsbranche, BB 2011, 758; *Himmerich/Holthausen,* Soziale Mächtigkeit durch aktive Teilnahme am Tarifgeschehen, NZA 2006, 1070; *Jöris,* Tarifautonomie in Bedrängnis, ZfA 2016, 71; *Karthaus,* „Der Kampf um die Leiharbeitslöhne hat gerade erst begonnen.", AuR 2010, 494; *ders./Klebe,* Legitimation durch Kollektivvertrag – Leiharbeit, Werkvertrag und die Erosion der Arbeitgeberrolle, in: FS f. Kempen, 2013, S. 295; *Kocher,* Nachwirkung im Bereich tarifdispositiven Rechts am Beispiel von Tarifverträgen zu § 9 Nr. 2 AÜG, DB 2010, 900; *Laux,* Der Equal-Pay-Anspruch des Leiharbeitnehmers, in: FS f. Bepler, 2012, S. 343; *Lembke,* Die „Hartz-Reform" des Arbeitnehmerüberlassungsgesetzes, BB 2003, 98; *ders.,* Die Tariffähigkeit und Tarifzuständigkeit der Tarifgemeinschaft Christlicher Gewerkschaften für Zeitarbeit und Personalserviceagenturen, NZA 2007, 1333; *ders.,* Aktuelle Brennpunkte in der Zeitarbeit, BB 2010, 1533; *ders.,* Die geplanten Änderungen im Recht der Arbeitnehmerüberlassung, DB 2011, 414; *ders.,* CGZP-Sachverhalte vor dem 14.12.2010: Aussetzen oder Durchentscheiden?, NZA 2011, 1062; *ders.,* Gesetzesvorhaben der Großen Koalition im Bereich der Arbeitnehmerüberlassung, BB 2014, 1333; *ders./Distler,* Die Bezugnahme auf Tarifverträge der Zeitarbeitsbranche durch Unternehmen mit Mischbetrieben, NZA 2006, 952; *ders./Mengel/Schüren/Stoffels/Thüsing/Schunder,* Erfurt (ist ge)fordert: Mehr Transparenz bei der Bezugnahme auf Zeitarbeitstarifverträge, NZA 2013, 948; *ders./Rothmann,* Die legislative und judikative Regulierung der Zeitarbeit, ZESAR 2014, 372; *Löwisch,* Folgewirkung der Tarifunfähigkeit der CGZP, SAE 2013, 11; *ders.,* Tarifeinheit nur auf Antrag, NZA 2015, 1369; *Lützeler/Bissels,* Leiharbeit: Neue tarif- und sozialversicherungsrechtliche Aspekte nach der CGZP-Entscheidung, DB 2011, 1636; *Melot de Beauregard,* Der Referentenentwurf zur Reform der Arbeitnehmerüberlassung und des Werkvertragsrechts, DB 2015, 2881; *Mengel,* Befristung – Arbeitnehmerüberlassung – Rechtsmissbrauch, RdA 2008, 175; *Nebeling/Gründel,* Vermeidung des Gleichstellungsgrundsatzes in Mischbetrieben mit Zeitarbeit, BB 2009, 2366; *Nielebock,* Regelung europarechtskonformer Ausnahmen vom Gleichbehandlungsgrundsatz durch die Änderung des AÜG 2011?, in: FS f. Bepler, 2012, S. 455; *dies.,* „Equal Pay"-Anspruch für Leiharbeit, Wirksamkeit von Tarifverträgen der CGZP, Beginn des Laufs von Ausschlussfristen, jurisPR-ArbR 11/2012, Anm. 6; *Park/Riederer v. Paar/Schüren,* Arbeits-, sozial- und strafrechtliche Risiken bei der Verwendung von Scheintarifverträgen, NJW 2008, 3670; *Plagemann/Brand,* Sozialversicherungsbeiträge für nicht erfüllte „Equal pay"-Ansprüche?, NJW 2011, 1488; *Preis/Greiner,* Befristungsrecht – Quo vadis?, RdA 2010, 148; *Raab,* Europäische und nationale Entwicklungen im Recht der Arbeitnehmerüberlassung, ZfA 2003, 389; *Reiserer,* Gestaltung von Leiharbeitsverträgen nach dem Beschluss des BAG zur Tarifunfähigkeit der CGZP, DB 2011, 764; *Richardi,* Der CGM-Beschluss des ArbG Stuttgart: Tariffähigkeit und Tarifzensur, NZA 2004, 1025; *Rieble,* Tariflose Zeitarbeit?, BB 2012, 2177; *ders./Klebeck,* Lohngleichheit für Leiharbeit, NZA 2002, 23; *ders./Vielmeier,* Umsetzungsdefizite der Leiharbeitsrichtlinie, EuZA 2011, 474; *Riechert,* Grenzen tariflicher Abweichung vom Equal Pay-Grundsatz des AÜG, NZA 2013, 303; *Röder/Krieger,* Arbeitnehmerüberlassung: Kein Ausweg aus der Equal-pay-Falle?, DB 2006, 2122; *Rödl/Ulber, D.*, Unvereinbarkeit von § 9 Nr. 2 Halbs. 4 AÜG mit der Leiharbeitsrichtlinie, NZA 2012, 841; *Rolfs/Witschen*, Zeitarbeit vor dem Aus?, DB 2010, 1180; *Röpke*, Die Gestaltbarkeit von Arbeitsbedingungen im Rahmen von § 9 Nr. 2 AÜG, 2016; *Rosenau/Mosch*, Neue Regelungen für die Leiharbeit, NJW-Spezial 2011, 242; *Salzmann-Hennersdorf*, Das Leiharbeitsverbot im Baugewerbe, 2003; *Sansone*, Gleichstellung von Leiharbeitnehmern nach deutschem und Unionsrecht, 2011; *Schlegel*, Arbeits- und sozialversicherungsrechtliche Konsequenzen des CGZP-Beschlusses, NZA 2011, 380; *Schöne*, „Billig-Tarifverträge" in der Zeitarbeit – Wo genau liegt das Risiko?, DB 2004, 136; *Schrader*, Die arbeitsvertragliche Bezugnahme auf Tarifverträge, BB 2005, 715; *Schüren*, Die Verfassungsmäßigkeit der Reform des Arbeitnehmerüberlassungsgesetzes – ein Rückblick mit Ausblicken, RdA 2006, 303; *ders.*, Die Tariffähigkeit der Tarifgemeinschaft Christlicher Gewerkschaften für Zeitarbeit und PSA vor den deutschen Arbeitsgerichten, NZA 2007, 1213; *ders.*, Tarifunfähigkeit der Tarifgemeinschaft Christlicher Gewerkschaften für die Leiharbeitsbranche, NZA 2008, 453; *ders.*, Vertragsauslegung – „Equal-Pay"-Anspruch – Besprechung des Urteils BAG v. 19.9.2007 – 4 AZR 656/06, RdA 2009, 58; *ders./Wank*, Die neue Leiharbeitsrichtlinie und ihre Umsetzung in deutsches Recht, RdA 2011, 1; *Seel*, Neue Spielregeln für die Arbeitnehmerüberlassung – Eine Analyse des Referentenentwurf des AÜG, öAT 2016, 27; *Stang/Ulber, J.*, Keine neue Mogelpackung! – Anforderung an eine gesetzliche Neuregelung der Leiharbeit, NZA 2015, 910; *Stoffels/Bieder*, AGB-rechtliche Probleme der arbeitsvertraglichen Bezugnahme auf mehrgliedrige Zeitarbeitstarifverträge, RdA 2012, 27; *Temming*, Der vertragsbeherrschende Dritte, 2015; *Thüsing*, Equal pay bei Leiharbeit, DB 2003, 446; *ders.*, Blick in das europäische und ausländische Arbeitsrecht, RdA 2009, 118; *ders.*, Dauerhafte Arbeitnehmerüberlassung: Neues vom BAG, vom EuGH und auch vom Gesetzgeber, NZA 2014, 10; *ders.*, Zur Vorbereitung auf die AÜG-Reform, DB 2016, 2663; *ders./Lembke*, Zeitarbeit im Spannungsverhältnis von Dienstleistungsfreiheit und Tarifautonomie, ZfA 2007, 87; *ders./Pötters*, Flexibilisierung der Arbeitszeit durch Zeitkonten im Rahmen der Arbeitnehmerüberlassung, BB 2012, 317; *ders./Stiebert*, Equal Pay in der Arbeitnehmerüberlassung zwischen Unionsrecht und nationalem Recht, ZESAR 2012, 199; *Tuengerthal/Andorfer*, Die CGZP-Entscheidungen und die angeblichen Ansprüche der Sozialversicherung, BB 2011, 2939; *Ulber, D.*, Tariffähigkeit und Tarifzuständigkeit der CGZP als Spitzenorganisation?, NZA 2008, 438; *ders.*, Neues zur Tariffähigkeit, RdA 2011, 353; *Ulber, J.*, Personal-Service-Agenturen und Neuregelung der Arbeitnehmerüberlassung, AuR 2003, 7; *ders.*, Wirksamkeit tariflicher Regelungen zur Ungleichbehandlung von Leiharbeitnehmern, NZA 2009, 232; *ders.*, Regierungsentwurf zur Verhinderung von Missbrauch der Arbeitnehmerüberlassung, AuR 2010, 412; *ders.*, Die Richtlinie der Leiharbeit, AuR 2010, 10; *ders.*, Der Referentenentwurf des BMAS sowie der Gesetzentwurf des Bundesrats zur Änderung des AÜG und anderer Gesetze (Stand 8.1.2016); *ders./Stang*, Die geplante Neuregelung der Leiharbeit, AuR 2015, 250; *Waas*, Der Gleichbehandlungsgrundsatz im neuen Arbeitnehmerüberlassungsgesetz, ZESAR 2012, 7; *Waltermann*, Abschied vom Normalarbeitsverhältnis?, Gutachten B zum 68. Deutschen Juristentag, 2010; *ders.*, Fehlentwicklung in der Leiharbeit, NZA 2010, 482; *Wank*, Der Richtlinienvorschlag der EG-Kommission zur Leiharbeit und das „Erste Gesetz für moderne Dienstleistungen am Arbeitsmarkt", NZA 2003, 14; *Wensing/Freise*, Beteiligungsrechte des Betriebsrats bei der Übernahme von Leiharbeitnehmern, BB 2004, 2238; *Willemsen/Mehrens*, Beabsichtigte Neuregelung des Fremdpersonaleinsatzes – Mehr Bürokratie wagen?, NZA 2015, 897; *Zeppenfeld/Faust*, Zeitarbeit nach dem CGZP-Beschluss des BAG, NJW 2011, 1643; *Zimmer*, Der Grundsatz der Gleichbehandlung in der Leiharbeitsrichtlinie 2008/104/EG und seine Umsetzung ins deutsche Recht, NZA 2013, 289; *Zimmermann*, BB-Rechtsprechungsreport zur Arbeitnehmerüberlassung 2012/2013 (Teil 2), BB 2014, 1653, *ders.*, Der Referentenentwurf zur AÜG-Reform 2017, BB 2016, 53.

Übersicht

I. Entstehungsgeschichte der Norm

Das Prinzip der Gleichstellung mit den Arbeitnehmern des Entleihers ist **1** nicht neu und war zuletzt – bis zur Zusammenführung im neuen § 8 mWz 1.4.2017 (BGBl. I S. 258; s. dazu BT-Drs. 18/9232) – in § 3 Abs. 1 Nr. 3 aF, § 9 Nr. 2 aF und § 10 Abs. 4 aF enthalten. Schon durch das **Job-AQTIV-Gesetz** vom 10.12.2001 (BGBl. I S. 3443) wurde festgelegt, dass Leiharbeitnehmer ab dem dreizehnten Monat der ununterbrochenen Überlassung an denselben Entleiher Anspruch auf die im Betrieb des Entleihers für vergleichbare Arbeitnehmer geltenden Arbeitsbedingungen haben. Durch das Erste Gesetz für moderne Dienstleistungen am Arbeitsmarkt – **„Hartz I"** – vom 23.12.2002 (BGBl. I S. 4607) wurde die Regelung insofern verschärft, als die Gleichstellungsverpflichtung nunmehr grundsätzlich ab dem ersten Tag der Überlassung galt und ihre Verletzung zur Versagung der Erlaubnis führen konnte. Andererseits gab es vorher keine Ausnahme für tarifvertragliche Abweichungen, sodass insgesamt eine Lockerung eingetreten war (ausführlich zur Entstehungsgeschichte des Gleichstellungsgrundsatzes *Blanke* DB 2010, 1528 ff.; *Fuchs* NZA 2009, 57 ff.). Weitere Änderungen erfuhr § 3 Abs. 1 Nr. 3 aF durch das **Erste Gesetz zur Änderung des Arbeitnehmerüberlassungsgesetzes** – Verhinderung von Missbrauch der Arbeitnehmerüberlassung – vom 28.4.2011 (BGBl. I S. 642). Die Novelle setzte zum einen die **Richtlinie 2008/104/EG** des Europäischen Parlaments und Rates vom 19.11.2008 über Leiharbeit – Leiharbeitsrichtlinie – in deutsches Recht um, deren Umsetzungsfrist zum 5.12.2011 ablief. Die frühere Ausnahme vom Equal-pay/treatment-Grundsatz bei Einstellung eines zuvor arbeitslosen Leiharbeitnehmers wurde ersatzlos gestrichen, da eine solche Ausnahme in der RL 2008/104/EG nicht vorgesehen ist (BT-Drs. 17/4804, 1 f.). Zum anderen wollte der Gesetzgeber dem missbräuchlichen Einsatz von Leiharbeitsverhältnissen entgegen wirken (BT-Drs. 17/4804, 1). Hierbei hatte der Gesetzgeber die bundesweit bekannt gewordene Praxis eines Drogeriediscounters vor Augen („Fall Schlecker", dazu *Böhm* DB 2010, 672; *ders.* DB 2010, 1350 ff.; *Düwell* DB 2010, 1759; *Heuchemer/Schielke* BB 2011, 758 (760)). Zukünftig sollte die dort praktizierte **„Drehtür-Methode"** nicht mehr zulässig sein, bei der Stammarbeitnehmer entlassen und bei ihrem bisherigen Arbeitgeber oder innerhalb des Konzerns als Leiharbeitnehmer zu schlechteren Arbeitsbedingungen weiterbeschäftigt wurden. Bereits im Frühjahr 2010 hatten einige Tarifpartner als Reaktion den Geltungsbereich ihrer Tarifverträge für die Arbeitnehmerüberlassung mit „Konzernsachverhalten" entsprechend begrenzt (Nachweise bei *Sandmann/Marschall/Schneider* § 3 Anm. 25; vgl. auch *Böhm* DB 2010, 1350 (1351)). Gesetzlich wurde diese Praxis durch das Erste Gesetz zur Änderung des AÜG (Missbrauchsverhinderungsgesetz, BGBl. I S. 642) v. 28.4.2011 mWv 30.4.2011 durch die Einführung einer sog. Drehtürklausel (zunächst § 3 Abs. 1 Nr. 3 S. 4 aF, jetzt § 8 Abs. 3) begrenzt, indem eine konzernweit geltende Karenzzeit von sechs Monaten vor einem Leiharbeitnehmereinsatz mit tariflicher Abweichung vom Gleichstellungsgrundsatz normiert wurde, wenn der Arbeitnehmer zuvor aus einem Arbeitsverhältnis bei einem Konzernunternehmen ausgeschieden ist.

2   In Ansehung der vollständigen Arbeitnehmerfreizügigkeit für die zum 1.5.2004 beigetretenen EU-Mitgliedstaaten fügte der Gesetzgeber in § 3a Abs. 2 die Möglichkeit ein, für die Leiharbeit eine **Lohnuntergrenze** festzusetzen. In § 3 Abs. 1 Nr. 3 S. 2 aF (jetzt präzisiert in § 8 Abs. 5, Abs. 2 S. 1 Hs. 2, S. 4) wurde daher klargestellt, dass bei einer nach § 3a Abs. 2 eingeführten Lohnuntergrenze eine Unterschreitung der geregelten Mindeststundenentgelte auch nicht durch eine abweichende Regelung in einem Tarifvertrag möglich ist (dazu *Hamann* RdA 2011, 321 (329 ff.); *Rosenau/Mosch* NJW-Spezial 2011, 242 (243)). Die arbeitnehmerüberlassungsrechtliche Lohnuntergrenze garantierte dadurch auch den nach Deutschland grenzüberschreitend überlassenen Leiharbeitnehmern das nach Art. 3 Abs. 1 der Richtlinie 96/71/EG des Europäischen Parlaments und des Rates vom 16.12.1996 über die Entsendung von Arbeitnehmern im Rahmen der Erbringung von Dienstleistungen – Entsenderichtlinie – maßgebliche Mindestarbeitsentgelt (BT-Drs. 17/5238, 14 f.). Die Bundesregierung verabschiedete zunächst im Dezember 2011 für die Zeitarbeitsbranche eine bis Oktober 2013 befristete Lohnuntergrenzenverordnung. Von April 2014 bis 31.12.2016 galt die zweite Lohnuntergrenzen-Verordnung v. 21.3.2014 (BAnz. AT 26.3.2014 V1). Als Folgewirkung des Inkrafttretens des MiLoG zum 1.1.2015 scheint der Regelungsbedarf für eine branchenbezogene Lohnuntergrenze im Bereich der Leiharbeit reduziert; heute gilt der zum 1.1.2017 auf 8,84 Euro erhöhte **allgemeine gesetzliche Mindestlohn** uneingeschränkt auch in der Leiharbeit. Auch er entfaltet gem. § 1 Abs. 3 MiLoG internationalrechtliche Wirkung in Entsendefällen (vgl. ausf. BeckOK ArbR/*Greiner* MiLoG § 1 Rn. 81 ff., § 22 Rn. 2 ff.). Der gesetzgeberisch präzisierte Verweis auf die Wirkungen einer **Lohnuntergrenzenverordnung** (§ 8 Abs. 5, Abs. 2 S. 1 Hs. 2, S. 4) war damit zunächst **wirkungslos,** da eine solche vom 1.1.2017 bis 31.5.2017 nicht existierte. Mit Wirkung zum 1.6.2017 hat der Verordnungsgeber allerdings durch Erlass der Dritten Verordnung über eine Lohnuntergrenze in der Arbeitnehmerüberlassung vom 26.5.2017 (BAnz. AT 31.5.2017 V1) eine Lohnuntergrenze von 9,23 Euro brutto/Stunde (alte Bundesländer) bzw. 8,91 Euro brutto/Stunde (neue Bundesländer einschließlich Berlin) festgesetzt. Nach § 2 Abs. 2 der Verordnung steigt die Lohnuntergrenze bis zum 1.10.2019 in mehreren Schritten (näher → Rn. 88) auf 9,96 Euro (alte Bundesländer) bzw. 9,66 Euro (neue Bundesländer einschließlich Berlin).

3   Das gesetzliche Gleichbehandlungsgebot erlangte zunächst nur **geringe praktische Bedeutung,** da weit überwiegend die Möglichkeit der Abweichung durch Tarifverträge genutzt wurde. In aller Regel erfolgte dies im Wege der arbeitsvertraglichen Bezugnahme, da Leiharbeitnehmer kaum gewerkschaftlich organisiert sind (nur zu ca. 2 %, vgl. dazu UBGH/*Hurst* § 8 Rn. 66; *Sansone* Gleichstellung S. 363; *Rieble* BB 2012, 2177; *Karthaus/Klebe* FS Kempen, 2013, 295 (297), Fn. 9 mwN). Erst nach dem CGZP-Beschluss des BAG (BAG 14.12.2010, BAGE 136, 302 = NZA 2011, 289), aus dem die Unwirksamkeit der Tarifverträge der CGZP folgte, fand der Equal-pay/

treatment-Grundsatz vielfach rückwirkend Anwendung (vgl. *Schlegel* NZA 2011, 380; *Gaul/Koehler* ArbRB 2011, 112; *Reiserer* DB 2011, 764).

Grundlegend novelliert wurde der gesetzliche Gleichstellungsgrundsatz 4 zuletzt durch das Gesetz zur Änderung des Arbeitnehmerüberlassungsgesetzes und anderer Gesetze (BGBl. I S. 258) mWz **1.4.2017.** Nach mehrfacher Überarbeitung der Referentenentwürfe vom 16.11.2015 und 17.2.2016 sowie des Ministeriumsentwurfs vom 1.6.2016 wurde der Gesetzentwurf der Bundesregierung vom 20.7.2016 (BT-Drs. 18/9232) in der Ausschussfassung (BT-Drs. 18/9232, 18/10064) am 21.10.2016 vom Bundestag in 3. Lesung verabschiedet. Der Gesetzgeber reagierte damit auf die langjährige politische Diskussion um eine Rückführung der Leiharbeit auf ihre Kernfunktionen (dazu exemplarisch *Waltermann,* Gutachten B zum 68. DJT, S. 43ff.; *Laux* FS Bepler, 2012, 343ff.; *Nielebock* FS Bepler, 2012, 455). Die Neuregelung führt die bislang in § 3 Abs. 1 Nr. 3 aF, § 9 Nr. 2 aF und § 10 Abs. 4 aF enthaltenen Regelungen zum Gleichstellungsgrundsatz in § 8 zusammen. Die fortbestehenden Rechtsfolgenanordnungen in § 3 Abs. 1 Nr. 3 nF und § 9 Nr. 2 nF verweisen nunmehr lediglich auf die zentrale Regelung in § 8. Wesentliche Rechtsfolgen des Verstoßes gegen den Gleichstellungsgrundsatz (Versagung der Erlaubnis und Unwirksamkeit der abweichenden Abrede) folgen aber nach wie vor aus beiden genannten Vorschriften.

Inhalt der Neuregelung ist va eine **zeitliche Begrenzung** der bislang 5 unbegrenzten tarifvertraglichen Abweichungsmöglichkeit hinsichtlich der Entgeltgleichbehandlung auf neun Monate (§ 8 Abs. 4 S. 1). Eine zeitlich unbegrenzte tarifvertragliche Abweichung ist nur noch unter den eingrenzenden Voraussetzungen des § 8 Abs. 4 S. 2, also bei stufenweiser Heranführung an eine am Equal-pay-Niveau orientierte Vergütungshöhe, zulässig (→ Rn. 118ff.). Vorbildwirkung hatten insofern die zuvor geltenden tarifvertraglichen Regelungen über **Branchenzuschläge** (→ Rn. 119). Zur Effektuierung der zeitlichen Höchstgrenzen normiert § 8 Abs. 4 S. 4, dass frühere Überlassungszeiten desselben Arbeitnehmers an denselben Entleiher innerhalb eines dreimonatigen Referenzzeitraums angerechnet werden; wer dabei als Verleiher fungiert, ist irrelevant. Nicht angerechnet werden gem. § 19 Abs. 2 AÜG nF Überlassungszeiten vor dem 1.4.2017. Bei anderen Arbeitsbedingungen als dem Entgelt bleibt es gem. § 8 Abs. 2 bei einer zeitlich unbegrenzten tarifvertraglichen Abweichungsmöglichkeit. Schließlich präzisiert die Neuregelung in § 8 Abs. 5, Abs. 2 S. 1 Hs. 2, S. 4 die Wirkung der arbeitnehmerüberlassungsrechtlichen Lohnuntergrenze iSd § 3a AÜG (→ Rn. 2). Insofern wird durch § 8 Abs. 2 S. 4 klargestellt, dass bei einer Unterschreitung der Lohnuntergrenze durch den Tarifvertrag das Equal-pay-Niveau (und nicht etwa das in der Lohnuntergrenzenverordnung festgelegte Entgeltniveau) gilt. Im Übrigen werden mit der Neufassung der Norm **keine weiteren inhaltlichen Änderungen** angestrebt (BT-Drs. 18/9232, 23).

Ob durch die zeitliche Begrenzung der tarifvertraglichen Abweichungs- 6 möglichkeit die **praktische Bedeutung** des Equal-pay/treatment-Grundsatzes wesentlich steigt, scheint **zweifelhaft,** da vielfach der Kostensenkungs- und Vereinfachungsaspekt für die Unternehmen so dominierend sein dürfte, dass künftig der Einsatz eines bestimmten Leiharbeitnehmers nach Erreichen

der höchstzulässigen Abweichungsdauer beendet und er durch einen anderen
Leiharbeitnehmer ersetzt wird, für den dann wieder das (niedrigere) tarifliche
Entgeltniveau anwendbar ist. Diese Möglichkeit hätte der Gesetzgeber durch
Festlegung einer **arbeitsplatz– statt arbeitnehmerbezogenen Abwei-
chungshöchstdauer** verschließen können (dafür *Seel* öAT 2016, 27 (28 f.);
vgl. auch LAG Berlin-Brandenburg 19.12.2012, LAGE § 99 BetrVG 2001
Nr. 17 Rn. 41; 9.1.2013, NZA-RR 2013, 234 Rn. 61). Diese Lösung wurde
zwar erwogen (vgl. BT-Drs. 18/10064, 10; Ausschussdrs. 18(11)761, 10,
12 f.), aber letztlich wohl aus Gründen des politischen Kompromisses und
zur Ermöglichung einer einfach handhabbaren Vollzugskontrolle durch die
Bundesagentur für Arbeit (nach § 17 Abs. 1 sowie als Verwaltungsbehörde
iSv § 36 Abs. 1 S. 1 Nr. 1 OWiG iVm § 16 Abs. 3) nicht umgesetzt.

II. Vereinbarkeit mit höherrangigem Recht

7   Der Gleichstellungsgrundsatz ist **verfassungsgemäß** (BVerfG 29.12.2004,
NZA 2005, 153 ff.). Das BVerfG ließ offen, ob er einen Eingriff in die
Koalitionsfreiheit (Art. 9 Abs. 3 GG) bewirkt, denn jedenfalls wäre – in Anerkennung des großen gesetzgeberischen Gestaltungsspielraums bei Regelungen mit arbeitsmarktpolitischer Wirkung – ein solcher Eingriff verfassungsrechtlich gerechtfertigt. Gleiches gilt für den zweifellos zu konstatierenden
Eingriff in die Berufsausübungsfreiheit (Art. 12 Abs. 1 GG) der Verleihunternehmen bzw. der Entleiher. Legitime Regelungsziele liegen darin, ein **angemessenes Schutzniveau** für Leiharbeitnehmer zu gewährleisten, die Stellung des Leiharbeitnehmers auf dem Arbeitsmarkt zu stärken und dadurch
zugleich die gesellschaftliche Akzeptanz und Qualität der Leiharbeit zu steigern. Zu beachten ist dabei, dass der Gleichstellungsgrundsatz als gegenläufi-
ges Korrektiv im Zuge der weitgehenden Deregulierung der Leiharbeit durch
Aufgabe der Höchstüberlassungsdauer und des Synchronisationsverbots (vgl.
Boemke/Lembke/*Boemke* Einl. Rn. 7) eingeführt bzw. verschärft wurde. Es
ist somit **Teil eines legislatorischen Gesamtkonzepts,** das einerseits die
Möglichkeit der Arbeitnehmerüberlassung erweitert, um sie wirkungsvoller
als Brücke aus der Arbeitslosigkeit in Beschäftigung zu nutzen und neue
Beschäftigungsmöglichkeiten zu erschließen, andererseits aber auch wirksame
Grenzen setzen muss. Mit der Bekämpfung der Massenarbeitslosigkeit verwirklicht das AÜG ein Ziel von Verfassungsrang. Die Rahmensetzung ua
durch den Gleichstellungsgrundsatz dient dabei der **praktischen Konkor-
danz** mit gegenläufigen Verfassungsgütern, insbes. dem Sozialstaatsprinzip
(Art. 20 Abs. 1 GG) und dem grundgesetzlichen Schutzauftrag zugunsten der
Vertragsfreiheit der Leiharbeitnehmer (vgl. BVerfG 19.10.1993, BVerfGE 89,
214; 29.12.2004, NZA 2005, 153 ff.). Im Schrifttum blieb die Verfassungsmäßigkeit des Gleichstellungsgrundsatzes jedoch nicht unumstritten (dazu *Gro-
bys*/*Schmidt*/*Brocker* NZA 2003, 777 ff.; 2. Aufl. § 3 Rn. 97 ff.). **Unionsrechtlich** erfordert bereits Art. 5 RL 2008/104/EG die Normierung eines
Gleichstellungsgrundsatzes, allerdings verweist Art. 3 Abs. 2 RL 2008/104/
EG hinsichtlich der Definition der Grundbegriffe, insbes. des „Arbeitsentgelts" (→ Rn. 14 ff.), auf die Kompetenz der Mitgliedstaaten. Zur Verfas-

sungs- und Unionsrechtskonformität einzelner Detailregelungen, insbes. der tarifdispositiven Ausgestaltung, vgl. noch → Rn. 43 ff.; 106 ff.

III. Gleichstellungsgrundsatz (Abs. 1)

Leiharbeitnehmer haben nach § 8 Abs. 1 S. 1 grundsätzlich den **8** **Anspruch,** hinsichtlich der wesentlichen Arbeitsbedingungen mit den vergleichbaren Arbeitnehmern des Entleihers gleichgestellt zu werden (sog. **Equal-pay/treatment-Grundsatz**). Von diesem Grundsatz kann nur durch Tarifvertrag abgewichen werden. Der Sache nach handelt es sich dabei nicht um ein Gleichbehandlungs-, sondern um ein **Gleichstellungsgebot** (*Rieble/Klebeck* NZA 2002, 23 (26)), das – noch präziser – auch als Schlechterstellungsverbot bezeichnet werden kann (*Ulrici* § 8 Rn. 11 mwN; UBGH/*Hurst* § 8 Rn. 22). Denn der Grundsatz der Gleichstellung beruht auf dem Prinzip „Gleiches gleich" und „Ungleiches entsprechend seiner Eigenart ungleich" zu behandeln. Daraus folgt, dass er immer nur für einen Handelnden, nie für unterschiedliche Handelnde – vorliegend Verleiher und Entleiher – Geltung beansprucht. Der allgemeine arbeitsrechtliche **Gleichbehandlungsgrundsatz** zielt auf die Gleichbehandlung der Arbeitnehmer und richtet sich daher an den Vertragsarbeitgeber (BAG 25.4.1995, AP BGB § 242 Gleichbehandlung Nr. 130). Dieser soll einzelne Arbeitnehmer oder Gruppen von Arbeitnehmern nicht willkürlich, dh ohne sachlichen Grund, von allgemein begünstigenden Regelungen ausnehmen und schlechter stellen als andere seiner Arbeitnehmer in vergleichbarer Lage (BAG 5.3.1980, AP BGB § 242 Gleichbehandlung Nr. 44).

In der **Dreieckskonstellation** der Arbeitnehmerüberlassung sind jedoch **9** die Personen, gegenüber denen Leiharbeitnehmer durch den Verleiher gleichgestellt werden sollen, gerade nicht Arbeitnehmer des Verleihers, sondern eines Dritten (des Entleihers), weshalb das arbeitsrechtliche Prinzip der Gleichbehandlung nicht anwendbar ist. Vielmehr sollen Leiharbeitnehmer und die Stammarbeitnehmer des Entleihers im Ergebnis gleichgestellt werden. Diese Ergebnisgleichheit wird dadurch erreicht, dass an bestimmte sachliche Differenzierungskriterien, nämlich das Bestehen von Arbeitsverhältnissen zu unterschiedlichen Arbeitgebern, nicht angeknüpft werden darf (*Fastrich* RdA 2000, 65 (67)). Insofern handelt es sich auch um ein **besonderes Diskriminierungsverbot** (*Sandmann/Marschall/Schneider* § 3 Anm. 21a; *Thüsing* DB 2003, 446 (447)).

Verpflichtet wird durch das gesetzliche Gebot allein der **Verleiher** als **10** Vertragsarbeitgeber des Leiharbeitnehmers. Allerdings können Tarifverträge auch dem **Entleiher** (als Mitgliedsunternehmen) auferlegen, bei Abschluss von Überlassungsverträgen darauf hinzuwirken, dass die überlassenen Leiharbeitnehmer Anspruch auf Equal-pay/treatment haben (zB Tarifverträge der nordwestdeutschen Eisen- und Stahlindustrie, dazu *Karthaus* AuR 2010, 494 ff.). Die Rechtsfolgen im Falle eines Verstoßes ergeben sich dann aus der jeweiligen tarifvertraglichen Regelung.

1. Mindest-, keine Höchstarbeitsbedingungen

11 Nach dem in § 8 Abs. 1 S. 1 geregelten Gleichstellungsgrundsatz ist der Verleiher verpflichtet, dem Leiharbeitnehmer für die Zeit der Überlassung an den Entleiher die im Betrieb des Entleihers für einen vergleichbaren Arbeitnehmer des Entleihers geltenden wesentlichen Arbeitsbedingungen einschließlich des Arbeitsentgelts zu gewähren. Es handelt sich um eine wortgleiche Übernahme des § 10 Abs. 4 S. 1 aF. Maximalarbeitsbedingungen gibt § 8 Abs. 1 S. 1 indes nicht vor: § 9 Nr. 2 statuiert lediglich die Unwirksamkeit von Vereinbarungen, die für den Leiharbeitnehmer schlechtere als die ihm nach § 8 zustehenden Arbeitsbedingungen einschließlich des Arbeitsentgelts vorsehen (→ Rn. 127). Daraus ist zu schließen, dass § 8 Abs. 1 S. 1 Mindestbedingungen für Leiharbeitnehmer festlegt (vgl. *Rieble/Klebeck* NZA 2002, 23 (26), vgl. auch Art. 5 Abs. 1 RL 2008/104/EG). Präziser kann auch von einem **Schlechterstellungsverbot** gesprochen werden (*Boemke* RIW 2009, 177 (182); Boemke/Lembke/*Lembke* § 3 Rn. 56). Der Leiharbeitnehmer muss somit nicht exakt gleiche Arbeitsbedingungen erhalten; seine **Besserstellung** ist möglich (*Boemke* RIW 2009, 177 (183); aA ErfK/*Wank* AÜG § 3 Rn. 11). Dies muss schon aus Praktikabilitätsgründen für Verleiher gelten, die – entgegen der großen Mehrheit der Verleiher (→ Rn. 3, 6) – nicht von der Tarifdispositivität (→ Rn. 39 ff.) Gebrauch machen. Jedenfalls folgt aus dem Charakter einer Mindestarbeitsbedingung, dass die Gleichstellungsverpflichtung keine Verschlechterung der bisherigen Arbeitsbedingungen eines Leiharbeitnehmers rechtfertigt, wenn diese günstiger als die im Betrieb des Entleihers geltenden Arbeitsbedingungen sind (mit ähnlicher Tendenz nun Boemke/Lembke/*Lembke* § 9 Rn. 144; aA noch Boemke/Lembke/*Lembke*, 2. Aufl. § 10 Rn. 126). Auch eine **Änderungskündigung zur Lohnsenkung** ist nicht unter Berufung auf § 8 Abs. 1 zulässig (BAG 12.1.2006, EzAÜG § 9 AÜG Nr. 20; *Sandmann/Marschall/Schneider* § 3 Anm. 23).

2. Günstigkeitsvergleich

12 Ob die mit dem Leiharbeitnehmer vereinbarten oder die im Betrieb des Entleihers geltenden Arbeitsbedingungen günstiger sind, ist weder bezogen auf einzelne Vertragsbedingungen noch in einem Gesamtvergleich zu ermitteln. Vielmehr sind, ebenso wie bei der Anwendung des Günstigkeitsprinzips nach § 4 Abs. 3 TVG, im Wege eines **Sachgruppenvergleichs** solche Vertragsbestandteile miteinander zu vergleichen, die in einem sachlichen Zusammenhang stehen (FW BA AÜG Ziff. 8.1 Abs. 3; Boemke/Lembke/*Lembke* § 9 Rn. 148; *Thüsing* DB 2003, 446 (447); aA *Boemke* RIW 2009, 177 (184)). Welche Regelungen die gleiche Sachgruppe betreffen, ist nach der Verkehrsanschauung zu entscheiden (BAG 20.4.1999, AP GG Art. 9 Nr. 89; 23.5.1984, NZA 1984, 255 f.). Ein sachlicher Zusammenhang ist beispielsweise zwischen der Dauer des Urlaubs und der Höhe des Urlaubsgeldes, zwischen dem Grundgehalt und Zuschlägen oder zwischen dem Stundenlohn und der Auslösung anzunehmen (BAG 12.4.1972, AP TVG § 4 Günstigkeitsprinzip Nr. 13). Dagegen gehören Urlaubs- und Entgeltregelungen zu verschiedenen Sachgruppen (vgl. im Einzelnen HMB/*Greiner* Teil 9 Rn. 212 ff.), die Entgeltregelungen dagegen insgesamt zu einer Sachgruppe, sodass sie in ihrer Gesamtheit zu betrachten sind (FW BA AÜG Ziff. 8.1 Abs. 3; BAG 23.3.2011, NZA 2011, 850 Rn. 35). Ergibt sich, dass in einer Sachgruppe die zwischen dem Leiharbeitnehmer und dem Verleiher geltende Regelung insgesamt günstiger ist, in einer anderen Sachgruppe dagegen die im Entleihbetrieb geltenden Vereinbarungen, findet ein Mischsystem Anwendung, aus dem eine Art **Meistbegünstigung des Leiharbeitnehmers** resultiert. Kein Raum für einen derartigen Günstigkeitsvergleich ist dagegen, wenn zulässigerweise von der tariflichen Abweichungsmöglichkeit gem. § 8 Abs. 2 Gebrauch gemacht wurde: Dies macht das gesetzliche Gleichstellungsgebot unanwendbar. Raum für einen Günstigkeitsvergleich – allerdings nicht nach § 8 Abs. 1, sondern nach § 4 Abs. 3 TVG – kann dann aber bestehen, wenn einzelarbeitsvertraglich zwischen Leiharbeitnehmer und Verleiher vom (normativ geltenden) Tarifvertrag abweichende Bedingungen vereinbart wurden: Diese gelten, soweit sie sich für den Arbeitnehmer gegenüber dem Tarifvertrag als günstiger erweisen.

3. Gegenstand der Gleichstellung: einbezogene Arbeitsbedingungen

Die in den Gleichstellungsgrundsatz einbezogenen wesentlichen Arbeits- **13** bedingungen ergeben sich nicht aus dem NachwG, sondern sind abschließend in Art. 3 Abs. 1 Buchst. f, i, ii, Art. 5 Abs. 1 UAbs. 2 RL 2008/104/ EG aufgeführt (vgl. BAG 13.3.2013, NZA 2013, 1226 Rn. 35). Von einer (möglichen) Erweiterung hat der deutsche Gesetzgeber abgesehen. (BAG 23.3.2011, EzAÜG § 10 AÜG Nr. 15; *Fuchs* NZA 2009, 57 (61); *Hamann* EuZA 2009, 287 (305); *Schüren/Wank* RdA 2011, 1 (4); *Thüsing* RdA 2009, 118; UBGH/*Hurst* § 8 Rn. 36; *Wank* NZA 2003, 14; aA 2. Aufl. § 3 Rn. 60 mwN; *Lembke* BB 2010, 1533 (1537), *Nebeling/Gründel* BB 2009, 2366; *Ulber* AuR 2010, 10 (13); *ders.* § 9 Rn. 57; wohl auch *Boemke* RIW 2009, 177 (180)). Dazu zählen gemäß Art. 3 Abs. 1 Buchst. f die Arbeits- und Beschäftigungsbedingungen, die durch Gesetz, Verordnung, Verwaltungsvorschrift, Tarifvertrag oder sonstige verbindliche Bestimmungen allgemeiner Art, die **beim Entleiher gelten,** festgelegt sind, und sich auf folgende Punkte beziehen: Arbeitsentgelt, Arbeitszeit, Überstunden, Pausen, Ruhezeiten und Nachtarbeit, sowie Urlaub und arbeitsfreie Tage. Darüber hinaus hat der Entleiher gemäß Art. 5 Abs. 1 UAbs. 2 die in seinem Unternehmen geltenden Regeln bezüglich Schwangerer, Kinder und Jugendlicher und die in § 1 AGG genannten Diskriminierungsverbote zu beachten.

a) Arbeitsentgelt. Hinsichtlich des Arbeitsentgelt ist das erhaltene bzw. **14** aufgrund des Arbeitsvertrags zwischen Leiharbeitnehmer und Verleiher geschuldete Entgelt mit demjenigen zu vergleichen, das der Arbeitnehmer erhalten hätte, wenn er für die gleiche Tätigkeit beim Entleiher eingestellt worden wäre (FW BA AÜG Ziff. 8.1 Abs. 1; BAG 21.10.2015, NZA 2016, 422; 19.2.2014, NZA 2014, 915; 24.9.2014, BeckRS 2014, 73720 Rn. 25; 19.2.2014, AP AÜG § 10 Nr. 43 Rn. 21; BT-Drs. 18/9232, 23; *Bayreuther* NZA 2017, 18 (20);tätigkeitsbezogene Sichtweise, vgl. BAG 21.10.2015, BAGE 153, 75 = NZA 2016, 422 Rn. 26). Es kommt auf die **hypothetische**

Eingruppierung des Leiharbeitnehmers in das Entgeltschema oder die Vergütungsstruktur des Entleihbetriebs an. Dies entspricht der bisherigen gesetzlichen Regelung und Rechtsprechung, die der Gesetzgeber ausweislich der Gesetzesmaterialien (denen allerdings keine Verbindlichkeit zukommt) unverändert aufgreifen will (BT-Drs. 18/9232, 23 ff.; vgl. auch *Bayreuther* NZA 2017, 18 (21)). Zur Durchführung des Günstigkeitsvergleichs zwischen Leih- und Stammarbeitnehmer muss grundsätzlich **keine Umrechnung in einen Stundenlohn** erfolgen; dieser bedarf es aber dann, wenn Vergütungsansprüche für eine von der regelmäßigen vertraglichen Arbeitszeit vergleichbarer Stammarbeitnehmer abweichenden Stundenzahl geltend gemacht werden (BAG 19.2.2014, NZA 2014, 1097 Rn. 47). Der Anspruch auf gleiches Arbeitsentgelt entsteht mit jeder Überlassung für die jeweilige Dauer der Überlassung und wird ratierlich zu dem im Arbeitsvertrag zwischen Verleiher und Leiharbeitnehmer für die Vergütung bestimmten Zeitpunkt **fällig** (BAG 24.9.2014, BeckRS 2014, 73280 Rn. 28; 13.3.2013, BAGE 144, 306 = NZA 2013, 680 Rn. 42).

15   In zeitlicher Hinsicht ist allerdings eine **Gesamtbetrachtung** der Vergütung während des Überlassungsvorgangs geboten, sodass eine zeitweise Vergütung oberhalb des Equal-pay-Niveaus eine zeitweilige Vergütung unterhalb dieses Niveaus ausgleichen kann. Die entsprechenden Zahlbeträge sind zu **saldieren** (vgl. BAG 19.2.2014, NZA 2014, 915 Rn. 36; 23.3.2011, NZA 2011, 850 Rn. 35 mwN). Bei wiederholter Überlassung eines Leiharbeitnehmers an denselben Entleiher beschränkt sich die zeitliche Gesamtbetrachtung aber auf die einzelnen Überlassungszeiträume; eine übergreifende Saldierung kommt nicht in Betracht (*BAG 21.10.2015*, NZA 2016, 422).

16   Eine **gesetzliche Definition,** was „Arbeitsentgelt" iSd § 8 Abs. 1 ist, **fehlt** (krit. mit Blick auf die daraus folgende Rechtsunsicherheit und fehlende Praktikabilität *Willemsen/Mehrens* NZA 2015, 897 (900); *Thüsing* Ausschussdrs. 18(11)761, 28; *Henssler* Ausschussdrs. 18(11)761, 45). Sachlicher Referenzpunkt des Gleichstellungsanspruchs sind nach Rechtsprechung des BAG grundsätzlich alle auf den Lohnabrechnungen vergleichbarer Vertragsarbeitnehmer des Entleihers ausgewiesenen Bruttovergütungsbestandteile (FW BA AÜG Ziff. 8.1 Abs. 2; BAG 24.9.2014, BeckRS 2014, 73720 Rn. 26; 19.2.2014, AP AÜG § 10 Nr. 43 Rn. 23; 19.2.2014, BeckRS 2014, 68893 Rn. 21; BT-Drs. 18/9232, 23); der Begriff des Arbeitsentgelts ist nicht unionsrechtlich vorgeprägt und **weit auszulegen** (so BAG 19.2.2014, NZA 2014, 915 Rn. 36 unter Verweis auf BT-Drs. 15/25, 38). Einbezogen wird dabei nicht nur das verstetigte Arbeitsentgelt, sondern jede Vergütung, die aus Anlass des Arbeitsverhältnisses gewährt wird bzw. aufgrund gesetzlicher Entgeltfortzahlungstatbestände gewährt werden muss (BAG 19.2.2014, AP AÜG § 10 Nr. 43 Rn. 23; 19.2.2014, AP AÜG § 10 Nr. 42 Rn. 36; 13.3.2013, NZA 2013, 1226 Rn. 27; BT-Drs. 18/9232, 23; UBGH/*Hurst* § 8 Rn. 37). Einzubeziehen sind demnach außer der versteigten **Grundvergütung** insbesondere das Urlaubsentgelt, Entgeltfortzahlung, Sonderzahlungen und **Gratifikationen** (zB Weihnachtsgeld, erhöhtes Urlaubsentgelt, zusätzliches Urlaubsgeld; dazu BAG 21.10.2015, BAGE 153, 75 = NZA 2016, 422), **Zulagen** und Zuschläge (zB für Überstunden, Sonn- und Feiertagsar-

beit, Arbeit unter erschwerten oder belastenden Bedingungen), **Personalrabatte, vermögenswirksame Leistungen** (vgl. BAG 19.2.2014, NZA 2014, 915 Rn. 37; *Salzmann-Hennersdorf,* Das Leiharbeitsverbot im Baugewerbe, 2003, S. 97) und **Sachbezüge** (BT-Drs. 18/9232, 23). Eine über die gesetzlichen Mindestvorschriften hinausgehende, dh längere oder höhere Entgeltfortzahlung im Krankheitsfall, ist ebenfalls dem Arbeitsentgelt zuzurechnen. Hängt der Anspruch auf eine Gratifikation oder Sondervergütung von bestimmten Stichtagen ab, oder ist die Zahlung mit einem **Rückzahlungsvorbehalt** verknüpft, hat der Leiharbeitnehmer Anspruch, wenn ein mit gleicher Überlassungsdauer befristet beschäftigter Stammarbeitnehmer des Entleihers ebenfalls Anspruch auf die Leistung hätte (ErfK/*Wank* AÜG § 3 Rn. 14; Schüren/Hamann/*Schüren* § 9 Rn. 131 f.). Wird die Höhe einer Gratifikation oder Sondervergütung auch für die eigene Belegschaft des Entleihers bei unterjährigem Eintritt (pro rata) gekürzt, gilt dies auch für den Leiharbeitnehmer (wohl weitergehend *Bayreuther* NZA 2017, 18 (21)). Zum Arbeitsentgelt gehören auch **erfolgsabhängige** Vergütungsbestandteile (zB Prämien und Provisionen). Besteht – insbes. bei vermögenswirksamen Leistungen – eine besondere Zweckbindung und fehlt die sofortige Verfügbarkeit für den Arbeitnehmer, führt dies – wegen des gänzlich anderen Regelungszwecks anders als insbes. hinsichtlich der Anrechnung von Entgeltbestandteilen auf den gesetzlichen Mindestlohnanspruch (s. BeckOK ArbR/*Greiner* MiLoG § 1 Rn. 27) – nicht zur Ausklammerung aus der Vergleichsbetrachtung. Dagegen ist echter **Aufwendungsersatz,** mit dem *per definitionem* ein tatsächlich entstandener Aufwand (ggf. realistisch pauschaliert) erstattet werden soll (BAG 13.3.2013, NZA 2013, 1226 Rn. 34), kein Arbeitsentgelt und somit auch keine wesentliche Arbeitsbedingung iSd § 8 Abs. 1 S. 1 (BAG 13.3.2013, NZA 2013, 1226 Rn. 35). Anderes gilt, wenn es sich bei einer nur *pro forma* als Aufwendungsersatz ausgewiesene Leistung tatsächlich um „verschleiertes" Arbeitsentgelt handelt (BAG 13.3.2013, NZA 2013, 1226 Rn. 37).

Unter den Begriff des Arbeitsentgelts fallen insbesondere auch **Sachbe-** **17** **züge** bzw. Sachleistungen (§ 8 Abs. 1 S. 3; zB Verpflegung, Job-Ticket oder die Überlassung eines Firmenwagens zur privaten Nutzung), wenn sie Gegenleistung für die geschuldete Arbeitsleistung sind (so schon nach alter Rechtslage BAG 19.2.2014, NZA 2014, 915; *Boemke* RIW 2009, 177 (181); *Hamann* EuZA 2009, 287 (305)). Dies stellt das Gesetz in Abs. 1 Satz 3 nun explizit klar. Diese Leistungen wird der Verleiher in der Regel nicht in gleicher Weise wie der Entleiher erbringen können. Deshalb ist grundsätzlich ihr **wirtschaftlicher Wert** zu bestimmen und dem Leiharbeitnehmer als Geldleistung zu gewähren (dazu bereits nach alter Rechtslage BAG 19.2.2014, NZA 2014, 915; ErfK/*Wank* AÜG § 3 Rn. 14; *Lembke* BB 2003, 98 (101); *Rieble/Klebeck* NZA 2002, 23 (25); Schüren/Hamann/*Schüren* § 9 Rn. 135; UBGH/*Hurst* § 8 Rn. 48); Maßstab kann der monetäre Wert der Sachleistung sein, der in den Lohnabrechnungen vergleichbarer Stammarbeitnehmer ausgewiesen ist (FW BA AÜG Ziff. 8.1 Abs. 2).

Allerdings ist (nicht nur, aber insbes.) im Fall der Sachleistungen zu beach- **18** ten, dass sie häufig an bestimmte Voraussetzungen, wie zB eine bestimmte **Dauer der Betriebszugehörigkeit** geknüpft sind, die auch in der Person des Leiharbeitnehmers erfüllt sein müssen, damit ein Anspruch auf sie besteht *(Bauer/Krets* NJW 2003, 537 (539)). Das gilt zB auch dann, wenn eine Jahressonderzahlung an das Erreichen von Unternehmenszielen geknüpft wird, die erst nach Beendigung der Überlassungsdauer erreicht werden. **Insgesamt kann § 8 Abs. 1 nicht die Nachteile kompensieren, die aus der charakteristischen „Unstetigkeit" der einzelnen Arbeitnehmerüberlassung resultieren,** sondern zielt ausschließlich darauf ab, dem Arbeitnehmer die Arbeitsbedingungen zu verschaffen, die ein vergleichbar kurz im Entleihbetrieb befristet beschäftigter Arbeitnehmer erhalten würde (vgl. BAG 21.10.2015, NZA 2016, 422; LAG Schleswig-Holstein 12.2.2014, BeckRS 2014, 68048).

19   Die Möglichkeit der **Nutzung von Sozialeinrichtungen** im Entleihbetrieb (zB Betriebskindergarten, Kantine) gehört ebenfalls zum Arbeitsentgelt (BAG 21.9.1998, AP BetrVG 1972 § 77 Nr. 43). Da es sich gleichfalls um Sachleistungen handelt, kann der Verleiher sie gem. § 8 Abs. 1 S. 3 in Geld umrechnen (UBGH/*Hurst* § 8 Rn. 39) oder mit dem Entleiher im Überlassungsvertrag eine Vereinbarung treffen, dass auch dem Leiharbeitnehmer die tatsächliche Nutzung ermöglicht wird. Neben dem gegen den Verleiher gerichteten Gleichstellungsanspruch hat der Leiharbeitnehmer seit dem 1.12.2011 nun auch einen **Anspruch gegen den Entleiher auf Gewährung des Zugangs** zu den Gemeinschaftseinrichtungen und -diensten im Entleihbetrieb (§ 13b).

20   Vom Begriff des Arbeitsentgelts ist auch die **betriebliche Altersversorgung** erfasst (BAG 9.12.1997, AP BetrAVG § 1 Gleichbehandlung Nr. 40; BAG 17.10.1995, AP BGB § 242 Gleichbehandlung Nr. 132; *Brandl/Haberkorn/Veit* NZA 2014, 1167). Leiharbeitnehmer haben deshalb gegenüber dem Verleiher einen **Verschaffungsanspruch** dergestalt, dass dieser die zum Erwerb einer Versorgungsanwartschaft notwendigen Beiträge im Betrieb des Entleihers entrichten muss. Jedoch ist zu beachten, dass Anwartschaften in der betrieblichen Altersversorgung erst nach einer Beschäftigungsdauer von fünf Jahren unverfallbar werden (§ 1b BetrAVG). Da die Einsatzzeit von Leiharbeitnehmern hingegen oft nur wenige Monate beträgt, können sie **in der Regel keine Ansprüche** aus der betrieblichen Altersversorgung im Entleihbetrieb erwerben (*Bauer/Krets* NJW 2003, 537 (539); ErfK/*Wank* AÜG § 3 Rn. 14; UBGH/*Hurst* § 8 Rn. 38). Der Verleiher braucht in diesen Fällen keine Beiträge zu entrichten. Sofern die Gegenauffassung (*Brandl/ Haberkorn/Veit* NZA 2014, 1167 (1170)) auf die Dauer des zum Verleiherbetrieb bestehenden Arbeitsverhältnisses abstellt, verkennt dies, dass auch ansonsten stets die Anspruchsvoraussetzungen eines Entgeltbestandteils im konkreten Überlassungsfall, dh im Entleihbetrieb, erfüllt sein müssen. Hier punktuell zwischen dem Bestehen einer Altersvorsorgeregelung (im Entleihbetrieb) und der Erfüllung der erst aus dieser hervorgehenden Anwartschaftsvoraussetzung einer bestimmten Beschäftigungsdauer (im Verleihbetrieb) zu trennen, scheint daher systemwidrig. Die potentielle Anwartschaft des Leiharbeitnehmers beruht nämlich allein auf dem Gleichstellungsanspruch aus § 8 Abs. 1, dessen tatbestandliche Grundlage nach Beendigung der Überlassung entfällt. Dass dies zu einer punktuellen Schlechterstellung der Leiharbeitnehmer führt (*Brandl/Haberkorn/Veit* NZA 2014, 1167 (1170); die Problemlage erkennen auch *Rieble/Klebeck* NZA 2002, 23 (25)), ist anzuerkennen, lässt sich jedoch angesichts der **begrenzten Regelungsintention** des § 8 Abs. 1, nach der die aus der charakteristischen Unstetigkeit der einzelnen Arbeitnehmerüberlassung entstehenden Nachteile gerade nicht kompensiert werden (→ Rn. 18), nicht systemkonform vermeiden.

Ausschlussfristen gehören nicht zu den wesentlichen Arbeitsbedingungen **21** iSd § 8 Abs. 1 S. 1. Diese sind kein integraler Bestandteil des Arbeitsentgelts, sondern betreffen ausschließlich die Art und Weise der Geltendmachung eines entstandenen Anspruchs. Eine Einbeziehung der Ausschlussfristen widerspräche auch dem in §§ 9 Nr. 2, 10 Abs. 4 normierten Schlechterstellungsverbot. Aufgabe des § 10 Abs. 4 ist es, einen Mindestschutz zu schaffen, wie er den Zielen der RL 2008/104/EG entspricht. Ausschlussfristen dienen jedoch nicht der Gewährleistung wirtschaftlicher Mindestbedingungen für Leiharbeitnehmer, sondern würden die Leiharbeitnehmer regelmäßig nur belasten (BAG 23.3.2011, EzAÜG § 10 AÜG Nr. 15; LAG Sachsen 23.8.2011, BB 2011, 2943; *Schlegel* NZA 2011, 380 (382); aA LAG München 12.11.2009, LAGE Nr. 5 zu § 10 AÜG; *Lembke* BB 2010, 1533 (1537)).

b) Arbeitszeit, Überstunden, Pausen, Ruhezeiten, Nachtarbeit. **22** Für den Leiharbeitnehmer sind die Arbeitszeit-, Überstunden-, Pausen-, Ruhezeiten- und Nachtarbeitsregelungen (dazu *Boemke* RIW 2009, 177 (180)) vergleichbarer Arbeitnehmer des Entleihers für den Günstigkeitsvergleich maßgeblich, dh auch die Dauer der **regelmäßigen wöchentlichen Arbeitszeit.** Sofern die regelmäßige Arbeitszeit bei Verleiher und Entleiher divergiert, ist nicht automatisch die kürzere Arbeitszeit „günstiger", da sie im Günstigkeitsvergleich eine „Sachgruppe" mit der synallagmatisch geschuldeten Vergütung bildet (→ Rn. 12). Daher sollte im Zweifel die vertraglich zwischen Leiharbeitnehmer und Verleiher vereinbarte Arbeitszeit gelten (*Boemke* RIW 2009, 177 (183)). Um etwaige Unterschiede auszugleichen, empfiehlt es sich jedoch, bereits im Leiharbeitsvertrag zu vereinbaren, dass sich für den Zeitraum der Überlassung die Dauer der geschuldeten Arbeitszeit nach der beim Entleiher geltenden Arbeitszeit richtet – flankiert von einem bestimmten Arbeitszeitvolumen (*Boemke* RIW 2009, 177 (184)) –, oder im Rahmen eines flexiblen Arbeitszeitmodells ein **Arbeitszeitkonto** zu vereinbaren (dazu *Thüsing/Pötters* BB 2012, 317 ff.).

c) Urlaub und arbeitsfreie Tage. Auch für den jährlichen Erholungsur- **23** laub (*Boemke* RIW 2009, 177 (181)) und arbeitsfreie Tage sind die **Regelungen des Entleihers** zu Grunde zu legen. Gewährt der Verleiher dem Leiharbeitnehmer während des Zeitraums einer Überlassung Urlaub, berechnet sich somit das Urlaubsentgelt nach den dafür beim Entleiher anzuwendenden Bestimmungen (BAG 28.5.2014, BeckRS 2014, 71240 Rn. 27). Für die Dauer des jährlich zu gewährenden Urlaubs kommt es auf die Überlassungszeit an. Mit jedem **vollen Monat der Überlassung** an denselben Entleiher erwirbt der Leiharbeitnehmer **ein Zwölftel** des im Entleihbetrieb geltenden Jahresurlaubs. Dauert der Einsatz eines Leiharbeitnehmers weniger als einen Monat, entfällt die Gleichstellung, weil auch ein vergleichbarer Arbeitnehmer des Entleihers bei einer entsprechend kurzen Beschäftigungsdauer keinen Urlaubsanspruch erworben hätte (§ 5 Abs. 1 BUrlG). Dem Leiharbeitnehmer steht in diesen Fällen lediglich der mit dem Verleiher vereinbarte Urlaub zu. Indessen kann es für den Umfang der Urlaubsdauer des Entleihers nicht darauf ankommen, dass der Leiharbeitnehmer den Urlaub während der Überlassung tatsächlich nimmt (*Düwell/Weyand,* Hartz und die Folgen: Das neue Arbeits- und Sozialrecht, Rn. 262). Bei Urlaubsabgeltung wegen Beendigung des Arbeitsverhältnisses gemäß § 7 Abs. 4, § 11 BUrlG erfolgt nach höchstrichterlicher Rechtsprechung **keine fiktive Berechnung** auf der Basis des Arbeitsentgelts vergleichbarer Stammarbeitnehmer oder der für diese geltenden Urlaubs- bzw. Urlaubsabgeltungsbestimmungen, denn Voraussetzung für die Urlaubsabgeltung ist idR die Beendigung des Arbeitsverhältnisses. Damit endet spätestens auch die Überlassung des Leiharbeitnehmers, so dass ein Anspruch auf Equal-pay nicht mehr besteht (BAG 28.5.2014, BeckRS 2014, 71240 Rn. 27.).

24   Unter **arbeitsfreie Tage** fallen nicht nur **gesetzliche Feiertage,** sondern auch **sonstige betriebliche Arbeitsbefreiungen** im Entleihbetrieb, zB am Rosenmontag, Heiligabend oder Silvester (aA *Boemke* RIW 2009, 177 (181), der nur gesetzliche Feiertage einbezieht). Der Wortlaut des deutschen Richtlinientexts ist nicht auf gesetzliche Feiertage beschränkt. Aus einem Vergleich mit dem englischen, französischen oder spanischen Richtlinientext lässt sich nichts Gegenteiliges herleiten (aA *Boemke* RIW 2009, 177 (181)). Auf europäischer Ebene gibt es keine „Originalfassung". Vielmehr werden Verordnungen und andere Schriftstücke von allgemeiner Geltung (dazu gehören auch Richtlinien) aufgrund der „Sprachencharta der EU" (Verordnung Nr. 1 zur Regelung der Sprachenfrage für die Europäische Wirtschaftsgemeinschaft, ABl. 1958 L 17, S. 385) in allen Amtssprachen der EU abgefasst. Damit existieren nationale Richtlinienfassungen mit einem jeweils autonomen Richtlinientext.

25   **d) Schutz Schwangerer, Kinder, Jugendlicher und Diskriminierungsverbote.** Darüber hinaus gehören zu den wesentlichen Arbeitsbedingungen alle beim Entleiher geltenden gesetzlichen und betrieblichen Regeln bezüglich Schwangerer, Kinder und Jugendlicher und die gesetzlichen Diskriminierungsverbote des AGG (BAG 23.3.2011, EzAÜG § 10 AÜG Nr. 15). Hierdurch wird gewährleistet, dass Leiharbeitnehmer während des Einsatzes beim Entleiher denselben Schutz haben wie die Stammarbeitnehmer (*Hamann* EuZA 2009, 287 (306)).

4. Personeller Bezugspunkt der Gleichstellung: vergleichbare Arbeitnehmer

26   Die wesentlichen Arbeitsbedingungen entsprechen gemäß Art. 5 Abs. 1 RL 2008/104/EG denjenigen, die für den Leiharbeitnehmer gelten würden, wenn er vom Entleiher unmittelbar für den **gleichen Arbeitsplatz** eingestellt worden wäre. Es kommt folglich auf eine **hypothetische Betrachtungsweise** an (*Boemke* RIW 2009, 177 (182); *Fuchs* NZA 2009, 57 (60); *Hamann* EuZA 2009, 287 (306); *Schüren/Wank* RdA 2011, 1 (4); *Thüsing* RdA 2009, 118; *Ulber* § 9 Rn. 66; Boemke/Lembke/*Lembke* § 9 Rn. 100;

kritisch *Nebeling/Gründel* BB 2009, 2366 (2367)). Vergleichbarer Arbeitnehmer ist gleichwohl in erster Linie ein mit **gleicher oder ähnlicher Tätigkeit**
beim Entleiher beschäftigter Arbeitnehmer (BT-Drs. 15/25, 38; *Sandmann/
Marschall/Schneider* § 3 Anm. 21e; Boemke/Lembke/*Lembke* § 9 Rn. 104; FW
BA AÜG Ziff. 8.1 Abs. 5; aA *Fuchs* NZA 2009, 57 (60); diff. ErfK/*Wank*
AÜG § 3 Rn. 15 „eine gleichartige Tätigkeit [reicht] nicht als Vergleichsmaßstab"), da zu vermuten ist, dass der Leiharbeitnehmer zu denselben Bedingungen eingestellt worden wäre (*Schüren/Wank* RdA 2011, 1 (4); vgl. auch
Boemke RIW 2009, 177 (182)). Zwei Tätigkeiten sind gleich, wenn sie einander entsprechen. Sie sind ähnlich, wenn sie zwar nicht identisch sind, aber
auf der gleichen Hierarchieebene liegen und vergleichbare Anforderungen
im Hinblick auf Qualifikation, Fähigkeiten, Verantwortungsbewusstsein und
körperliche, psychische und intellektuelle Belastung der Arbeitnehmer stellen
(ähnlich Boemke/Lembke/*Lembke* § 9 Rn. 104 „wechselseitige Austauschbarkeit"; *Thüsing/Stiebert* ZESAR 2012, 199 (202) „funktional austauschbare" Tätigkeiten; *Thüsing* DB 2003, 446 (447); UBGH/*Hurst* § 8 Rn. 29).
Eine individuelle Über- oder Unterqualifizierung für die ausgeübte Tätigkeit
steht der Vergleichbarkeit nicht entgegen (FW BA AÜG Ziff. 8.1 Abs. 5).
Gilt im tarifgebundenen Entleihunternehmen ein Tarifvertrag, können auch
die Eingruppierungsmerkmale wertendes Indiz für oder gegen die Vergleich-
barkeit von Tätigkeiten sein (vgl. FW BA AÜG Ziff. 8.1 Abs. 5; UBGH/
Hurst § 8 Rn. 29). Ist im Betrieb des Entleihers **kein** dem Leiharbeitnehmer
vergleichbarer Stammarbeitnehmer beschäftigt, ist auf die üblichen, im
Betrieb oder Wirtschaftszweig geltenden Arbeitsbedingungen vergleichbarer
Arbeitnehmer abzustellen, die in Falle einer hypothetischen Einstellung des
Leiharbeitnehmers in den Entleihbetrieb gölten (vgl. FW BA AÜG Ziff. 8.1
Abs. 1; *BAG* 19.2.2014, NZA 2014, 915; *19.2.2014*, AP AÜG § 10 Nr. 42).
Insbesondere können dies die im einschlägigen Tarifvertrag geregelten
Arbeitsbedingungen sein (Boemke/Lembke/*Lembke* § 9 Rn. 108 ff.; ErfK/
Wank AÜG § 3 Rn. 16; NK-GA/*Ulrici* § 3 Rn. 40; *Hamann* EuZA 2009,
287 (307); *Lembke* BB 2003, 98 (100); *Sandmann/Marschall/Schneider* § 3
Anm. 21e; Schüren/Hamann/*Schüren* § 9 Rn. 124; UBGH/*Hurst* § 8 Rn. 29;
FW BA AÜG Ziff. 8.1 Abs. 5; nach aA findet der Gleichstellungsgrundsatz
bei Fehlen vergleichbarer Arbeitnehmer ohnehin keine Anwendung, so *San-
sone* Gleichstellung S. 269; *Nebeling/Gründel* BB 2009, 2366 (2367); *Rieble/
Klebeck* NZA 2002, 23 (24); *Thüsing* DB 2003, 446 (447)). Dementsprechend
stellt auch das BAG bei Anwendung eines allgemeinen, zB tarifvertraglichen
Entgeltschemas im Entleihbetrieb auf die „**fiktive Eingruppierung** des
Leiharbeitnehmers in dieses Entgeltschema" ab (BAG 19.2.2014, AP AÜG
§ 10 Nr. 41 Rn. 15; vgl. auch BAG 24.9.2014, AP AÜG § 10 Nr. 47 Rn. 24).
Dieses Ergebnis ist letztlich auch richtlinienkonforme Auslegung im Lichte
von Art. 5 Abs. 1 RL 2008/104/EG (UBGH/*Hurst* § 8 Rn. 33; Boemke/
Lembke/*Lembke* § 9 Rn. 114; EnzEuR/*Forst* § 16 Rn. 87; *Hamann* EuZA
2009, 287 (307); *Thüsing* RdA 2009, 118; *Thüsing/Stiebert* ZESAR 2012,
199 (203)).

Gibt es im Betrieb des Entleihers **mehrere vergleichbare Arbeitneh-** 27
mer, für die jeweils unterschiedliche Arbeitsbedingungen gelten, ist zu klä-

ren, zu welchen Bedingungen der Arbeitsplatz im Zeitpunkt der Überlassung besetzt worden wäre. Dabei ist grundsätzlich auf den Stammarbeitnehmer abzustellen, der **zuletzt eingestellt** worden ist (*Schüren/Wank* RdA 2011, 1 (4); *Thüsing* RdA 2009, 118; aA *Bauer/Krets* NJW 2003, 537 (539); *Nebeling/Gründel* BB 2009, 2366; *Röder/Krieger* DB 2006, 2122; *Thüsing* DB 2003, 446 (448); *Ulber* § 9 Rn. 68; UBGH/*Hurst* § 8 Rn. 30), da zu vermuten ist, dass der Leiharbeitnehmer ebenfalls zu diesen Bedingungen eingestellt worden wäre, es sei denn, besondere Umstände rechtfertigen eine Abweichung (*Schüren/Wank* RdA 2011, 1 (4)). Für solche besonderen Umstände ist der Leiharbeitnehmer **beweispflichtig** (→ Rn. 38), sofern er die besseren Bedingungen eines früher eingestellten Stammarbeitnehmers geltend macht bzw. der Verleiher, wenn sich dieser auf die ungünstigeren Bedingungen beruft.

28   Für die Vergleichbarkeit kommt es schließlich auch auf die **Ausbildung,** besondere **Fachkenntnisse,** langjährige **Berufserfahrung** oder die Dauer der **Betriebszugehörigkeit** an, wenn daran die Gewährung bestimmter Arbeitsbedingungen, wie die Dauer des Urlaubs oder die Höhe des Arbeitsentgelts geknüpft ist (*Lembke* BB 2003, 98 (103); *Thüsing/Stiebert* ZESAR 2012, 199 (202)). Gleiches gilt, wenn im Betrieb des Entleihers für neu eingestellte Arbeitnehmer andere Arbeitsbedingungen gelten als für Arbeitnehmer, die vor längerer Zeit eingestellt wurden (zB Wegfall freiwilliger Leistungen). In diesen Fällen sind nur solche Arbeitnehmer des Entleihers mit dem Leiharbeitnehmer vergleichbar, deren Arbeitsverhältnis in etwa zur gleichen Zeit wie die Überlassung des Leiharbeitnehmers begonnen hat (Boemke/Lembke/*Lembke* § 9 Rn. 100; *Thüsing* DB 2003, 446 (448)).

5. Dauer der Gleichstellung

29   Die Gleichstellungsverpflichtung besteht während der **Dauer der Überlassung,** dh während des Zeitraums, in dem der Leiharbeitnehmer dem Entleiher zur Verfügung gestellt wird, um dort unter dessen Aufsicht und Leitung vorübergehend zu arbeiten (BAG 23.3.2011, EzAÜG § 10 AÜG Nr. 15; Art. 3 Abs. 1 lit. e RL 2008/104/EG). In den **verleihfreien Zeiten** richten sich die Arbeitsbedingungen einschließlich des Arbeitsentgelts dagegen weiterhin nach den Vereinbarungen zwischen Verleiher und Leiharbeitnehmer (BT-Drs. 15/25, 38; *Sandmann/Marschall/Schneider* § 3 Anm. 21 f.; FW BA AÜG Ziff. 8.1 Abs. 9). Insofern handelt es sich um eine **Teilbefristung von Arbeitsbedingungen.** Diese wird nach neuerer Rechtsprechung bei formularvertraglicher Ausgestaltung an den §§ 305 ff. BGB gemessen (ausf. APS/*Greiner* TzBfG vor § 14 Rn. 42 ff. mwN, auch zur Rechtsentwicklung und zur Situation bei individualvertraglicher Vereinbarung). Ein solcher sachlicher Grund für die Geltung unterschiedlicher Arbeitsbedingungen in Verleih- und Nichtverleihzeiten ist in dem Umstand zu sehen, dass Leiharbeitnehmer in den verleihfreien Zeiten keine Arbeitsleistung erbringen und der Verleiher daher keine Einnahmen aus der Überlassung hat. Er ergibt sich aber auch schon aus der gesetzlichen Regelung des § 8 selbst.

30   Bei der Vereinbarung unterschiedlicher Arbeitsbedingungen in Verleih- und Nichtverleihzeiten ist lediglich die Regelung des **§ 11 Abs. 4 zu beach-**

ten. Danach dürfen die gesetzlichen Regelungen über den Annahmeverzug (§ 615 BGB) nicht abbedungen werden (→ § 11 Rn. 41 ff.). Der Verleiher hat dem Leiharbeitnehmer daher auch in Zeiten, in denen er ihn nicht verleihen kann, Arbeitsentgelt zu zahlen. Die Höhe des zu zahlenden Arbeitsentgelts ist nicht festgelegt. Daher kann grundsätzlich eine **geringere Vergütung für verleihfreie Zeiten** vereinbart werden (FW BA AÜG Ziff. 8.5 Abs. 6). Allerdings ist dabei der Schutzzweck des § 11 Abs. 4 zu berücksichtigen, wonach sichergestellt werden soll, dass der Verleiher das Beschäftigungsrisiko des Leiharbeitnehmers trägt. Deshalb ist eine Lohnzahlung in symbolischer Höhe ebenso wie eine Freistellung von der Arbeitsleistung ohne Entgeltzahlung unzulässig (ErfK/*Wank* AÜG § 3 Rn. 17; ähnlich Schüren/ Hamann/*Schüren* § 9 Rn. 148). Eine weitere Einschränkung gilt, wenn eine **Lohnuntergrenze** gemäß § 3a festgesetzt worden ist (→ Rn. 2, 86 ff., 125). Diese ist gemäß § 10 Abs. 5 sowohl für Zeiten der Überlassung als auch in verleihfreien Zeiten verbindlich (FW BA AÜG Ziff. 8.1 Abs. 9, Ziff. 8.5 Abs. 6). Ferner gilt auch in verleihfreien Zeiten (zumindest mittelbar über § 615 BGB) der **Mindestlohnanspruch** des § 1 MiLoG (zur Problematik des Mindestlohns in Zeiten der Nichtarbeit vgl. BeckOK ArbR/*Greiner* MiLoG § 1 Rn. 74 ff.; *Greiner/Strippelmann* BB 2015, 949).

6. Vermutungsregelung (Satz 2)

Seit Neufassung des Gleichstellungsgrundsatzes mWz 1.4.2017 enthält **31** Abs. 1 Satz 2 eine Vermutungsregelung, nach der die Einhaltung des Gleichstellungsgebots hinsichtlich des Arbeitsentgelts (widerleglich) vermutet wird, wenn der Leiharbeitnehmer das für einen vergleichbaren Arbeitnehmer des Entleihers **im Entleihbetrieb geschuldete tarifvertragliche Arbeitsentgelt** erhält (Alt. 1). Gleiches gilt in einem nicht tarifgebundenen Einsatzunternehmen, wenn der Leiharbeitnehmer das für vergleichbare Arbeitnehmer **in der Einsatzbranche geltende tarifvertragliche Arbeitsentgelt** erhält (Alt. 2). Hervorzuheben ist, dass sich die Vermutungswirkung nur auf den Aspekt der Entgeltgleichstellung (→ Rn. 14 ff.) bezieht und auf andere vom Gleichstellungsgebot erfasste Arbeitsbedingungen (→ Rn. 22 ff.) keine Anwendung findet. Die begrenzte, rein prozessuale bzw. auf das erlaubnisbehördliche Verfahren bezogene Wirkung der Vermutungsregel des Satzes 2 (→ Rn. 34 ff.) löst die sonstigen Probleme der Berechnung des Equal-pay nicht, insbes. nicht die im deutschen Recht ungeregelte Frage, welche Entgeltbestandteile „wesentlich" iSd Satz 1 sind (→ Rn. 16 ff.). Dieses kritikwürdige Regelungsdefizit bleibt auch nach der Novellierung zum 1.4.2017 (zutr. mit Regelungsvorschlägen *Thüsing* Ausschussdrs. 18(11)761, 28; *Henssler* Ausschussdrs. 18(11)761, 45; *DAV* RdA 2016, 173 (175)).

Satz 2 Alt. 1 gilt nur dann, wenn für den Einsatzbetrieb ein Tarifvertrag **32** potentiell normativ gem. § 4 Abs. 1 TVG (iVm § 3 TVG oder – bei Allgemeinverbindlicherklärung – iVm § 5 Abs. 4 TVG) gilt (ebenso *Ulrici* § 8 Rn. 42; *Giesen* ZRP 2016, 130 (132); weiter *Thüsing* DB 2016, 2663 (2664); *Bayreuther* NZA 2017, 18 (21), die darauf abstellen, ob der Verleiher – unabhängig von der Rechtsgrundlage – nach Tarif vergütet; unklar FW BA AÜG

Ziff. 8.1 Abs. 6; der Rekurs in FW BA AÜG Ziff. 8.1 Abs. 5 auf die Tarifbindung spricht aber für die hier vertretene Sichtweise). Der gesetzliche Rekurs
auf das „geschuldete tarifvertragliche Arbeitsentgelt" spricht für die hier vertretene enge Interpretation. Noch deutlicher wird dies durch das systematische Verhältnis zu Satz 2 Alt. 2, für den in der Tat kein Anwendungsbereich
verbliebe, wenn jeder mindestens auf Tarifniveau vergütende Entleihbetrieb
bereits unter Satz 2 Alt. 1 fiele (zutr. *Thüsing* DB 2016, 2663 (2664)). Für
die vorauszusetzende normative Bindung kann es nur auf die einseitige **Tarifbindung auf Unternehmensseite** ankommen, da nach traditioneller Sichtweise keine durchsetzbaren und sicheren Erkenntnismöglichkeiten hinsichtlich der Gewerkschaftszugehörigkeit der Stammbelegschaft existieren (vgl.
zum Problem *Greiner* Rechtsfragen S. 481 ff.; zur Parallelproblematik bei § 77
Abs. 3 BetrVG: *Richardi* BetrVG § 77 Rn. 259 f. mwN). Besteht im Einsatzbetrieb eine **tarifplurale Regelungssituation,** gilt nach der Kollisionsregel
des § 4a Abs. 2 S. 2 TVG nur der Mehrheitstarifvertrag, der somit auch für
Satz 2 Alt. 1 maßgebend sein muss (aA *Ulrici* § 8 Rn. 42). Solange für den
Entleihbetrieb allerdings noch kein Beschlussverfahren zur Mehrheitsfeststel-
lung gem. § 99 ArbGG rechtskräftig abgeschlossen ist, sollte aus Gründen der
Praktikabilität die Wahrung des Niveaus jedes wirksamen Tarifvertrags, an
den der Entleiher normativ gebunden ist, für Satz 2 Alt. 1 genügen (grundl.
zum Problem der konstitutiven Wirkung des Beschlusses nach § 99 ArbGG
Löwisch NZA 2015, 1369; weiterhin dazu HMB/*Greiner* Teil 9 Rn. 127 ff.).

33   **Satz 2 Alt. 2** ist gegenüber Satz 2 Alt. 1 subsidiär (vgl. BT-Drs. 18/9232,
23) und gilt nur, wenn **keine normative Bindung** des Entleihunternehmens
an einen Tarifvertrag besteht. Dennoch kann auch ein nicht tarifgebundener
Entleiher, zB infolge flächendeckender arbeitsvertraglicher Bezugnahme, in
Anlehnung an das branchenweite Tarifniveau vergüten, sodass bei diesem
Normverständnis mit der Darlegung der Vermutungstatsache keine automatische Widerlegung der Vermutung eintritt (vgl. zu dieser Konsequenz bei
weiterer Interpretation von Satz 2 Alt. 1 *Thüsing* DB 2016, 2663 (2664)).
Kommen in der Einsatzbranche mehrere Tarifverträge zur Anwendung, soll
nach der – nicht bindenden – Gesetzesbegründung auf den Tarifvertrag abzustellen sein, der in der Branche prägend ist (BT-Drs. 18/9232, 23; krit. dazu
BAP Ausschussdrs. 18(11)761, 137 f.: unzumutbare Hürde für Verleiher),
also den „repräsentativsten" Tarifvertrag. Da insofern nicht auf den Betrieb,
sondern auf die Branche abzustellen ist, findet jedenfalls das strenge Mehr-
heitsprinzip des § 4a Abs. 2 S. 2 TVG keine Anwendung; vielmehr kann
allenfalls der branchenbezogene Repräsentativitätsmaßstab des § 7 Abs. 2
AEntG zugrunde gelegt werden. Da das Repräsentativitätskriterium keinen
Niederschlag im Gesetzeswortlaut gefunden hat, scheint es allerdings überzeugender, die Vermutungsregelung eingreifen zu lassen, wenn das Vergütungsniveau eines gültigen Tarifvertrags der Einsatzbranche gewahrt wird,
auch wenn dieser nicht der repräsentativste Tarifvertrag iSd § 7 Abs. 2 AEntG
ist (ebenso *Ulrici* § 8 Rn. 42; zur generellen Problematik gesetzlicher Tarifver-
tragsklassifizierungen *Greiner* ZTR 2013, 647).

34   Die Vermutungsregelung soll va die **Gesetzesanwendung** und Kontrolle
der Einhaltung des Gleichstellungsgebots durch die Bundesagentur für Arbeit

erleichtern (FW BA AÜG Ziff. 8.1 Abs. 6; BT-Drs. 18/9232, 23; die Regelung begrüßend *DAV* RdA 2016, 173 (176)): Mit dem normativ geltenden oder branchenüblichen Tarifniveau ist ein abstrakt-genereller Maßstab vorhanden, der die konkret-individuelle Ermittlung der Arbeitsbedingungen vergleichbarer Arbeitnehmer im Entleihbetrieb entbehrlich machen kann. Eine durchführbare und auch im Massengeschäft praktikable behördliche Gleichstellungskontrolle wird dann immerhin auf Basis der Tarifentgelte erzielt. Zugleich erhöht sie die **Rechtssicherheit** für die Verleiher, die sich auf die Vermutungsregelung berufen können, sobald sie das Tarifniveau des Einsatzbetriebs bzw. der Einsatzbranche wahren (aA *Ulrici* § 8 Rn. 45, der die praktische Bedeutung generell verneint).

Allerdings droht damit eine gewisse **Abschwächung des Gleichstel- 35 lungsgedankens:** Indem nur das Tarifentgelt maßgebend ist, stehen übertarifliche Ansprüche der Stammbelegschaft, etwa aufgrund arbeitsvertraglicher Vereinbarung, Gesamtzusage oder betrieblicher Übung, der Anwendung der Vermutungsregel nicht entgegen (krit. dazu *Henssler* Ausschussdrs. 18(11)761, 66; *DGB* Ausschussdrs. 18(11)761, 15), wenn der Leiharbeitnehmer nur die niedrigere tarifliche Vergütung erhält. Gleichstellung wird also uU vermutet, obwohl Ungleichstellung vorliegt. Soweit dies für eine europarechtswidrige Aushöhlung des Gleichstellungsgedankens gehalten wird (vgl. *Henssler* Ausschussdrs. 18(11)761, 66; *DGB* Ausschussdrs. 18(11)761, 15), ist dem entgegenzuhalten, dass sich die Wirkung der Vermutungsregel (Satz 2) in einer **verfahrensrechtlichen Beweislastumkehr** (UBGH/*Hurst* § 8 Rn. 46) erschöpft: Der Verleiher kann unter Verweis auf die Wahrung des Tarifniveaus der Einsatzbranche die Vermutung aktivieren; dem Leiharbeitnehmer bleibt es aber unbenommen, die Vermutung durch Darlegung einer übertariflichen Vergütungspraxis im Einsatzbetrieb zu erschüttern, etwa durch Hinweis auf Betriebsvereinbarungen, die übertarifliche Vergütungsbestandteile regeln (vgl. *Thüsing* DB 2016, 2663 (2664)). Selbst wenn eine übertarifliche Vergütungsstruktur nicht betriebsöffentlich praktiziert wird, hat der Leiharbeitnehmer über § 13 die Möglichkeit, sich die dazu erforderlichen Informationen zu beschaffen. Satz 2 führt daher zu **keiner materiell-rechtlichen Abweichung** vom Gleichstellungsprinzip und ist auch nicht richtlinienwidrig, denn Beweislastfragen regelt die Richtlinie nicht. Allerdings ist nicht zu verkennen, dass die Neigung gerade der Leiharbeitnehmer zur individuellen Rechtsdurchsetzung begrenzt ist (zutr. *Henssler* Ausschussdrs. 18(11)761, 66; allg. zur Problematik *Greiner* AuR 2016, 92). Von hoher Bedeutung für die (unionsrechtlich geforderte) **Effektivität** des Gleichstellungsgrundsatzes ist daher, dass im Rahmen der behördlichen Kontrolle die Bundesagentur trotz Eingreifens der Vermutungsregel bei Vorliegen von konkreten Verdachtsmomenten jederzeit eine einzelfallbezogene Detailkontrolle anhand von Satz 1 durchführen kann (vgl. auch FW BA AÜG Ziff. 8.1 Abs. 6). Gerade die Widerleglichkeit der Vermutung vermeidet somit ein unionsrechtswidriges Umsetzungsdefizit. Dieselbe Struktur – zunächst Anwendung der Vermutung, aber Befugnis zur weitergehenden behördlichen Amtsermittlung bei Verdachtsmomenten – dürfte auch für das **sozialversicherungsrechtliche Verfahren** gelten (aA *Bayreuther* NZA 2017, 18 (21), der verlangt, dass der Arbeitnehmer zuvor individualrechtlich einen höheren Vergütungsanspruch durchgesetzt hat).

7. Auskunftsanspruch

36   Damit der Verleiher seiner Gleichstellungsverpflichtung genügen kann, sieht **§ 12 Abs. 1 S. 3** einen Auskunftsanspruch des Verleihers gegen den Entleiher vor. Um Leiharbeitnehmern die Überprüfung ihrer Vertragsbedingungen zu ermöglichen, wird ihnen gemäß **§ 13** ebenfalls ein Auskunftsanspruch gegenüber dem Entleiher eingeräumt, der sich auf die materiellrechtlich maßgebende Frage der hypothetischen Eingruppierung im Entleihbetrieb bezieht (→ Rn. 26; *Bayreuther* NZA 2017, 18 (21)). Dies gilt nicht, soweit eine Ausnahme von der Gleichstellung vorliegt (§§ 12, 13).

8. Geltung für gemeinnützige Arbeitnehmerüberlassung

37   Der Grundsatz der Gleichstellung gilt auch für die gemeinnützige Arbeitnehmerüberlassung, da das AÜG nicht mehr zwischen gewerbsmäßiger und gemeinnütziger Überlassungstätigkeit unterscheidet. Seit dem 1.12.2011 kommt es im Einklang mit der RL 2008/104/EG nur noch darauf an, ob die Arbeitnehmerüberlassung im Rahmen einer **„wirtschaftlichen Tätigkeit"** des Verleihers erfolgt (§ 1 Abs. 1 S. 1). Daher gilt der Grundsatz der Gleichstellung zB auch für Werkstätten für behinderte Menschen und gemeinnützige Integrationsprojekte, wenn diese eine erlaubnispflichtige Arbeitnehmerüberlassung betreiben (FW BA AÜG Ziff. 8.1 Abs. 7; UBGH/*Hurst* § 8 Rn. 26; vgl. auch *Hamann* RdA 2011, 321 (323)). Etwaigen behinderungsbedingten Einschränkungen der Leiharbeitnehmer, sofern sie sich auf die Arbeitsleistung auswirken, wird dadurch hinreichend Rechnung getragen, dass ein Vergleich immer nur mit vergleichbaren Arbeitnehmern des Entleihers maßgeblich ist (FW BA AÜG Ziff. 8.1 Abs. 7; UBGH/*Hurst* § 8 Rn. 26).

9. Darlegungs- und Beweislast

38   Der **Leiharbeitnehmer** trägt die Darlegungs- und Beweislast hinsichtlich der Voraussetzungen des Gleichstellungsanspruchs. Dies umfasst insbesondere auch die Darlegung der Höhe der Vergütungsdifferenz zu den Beschäftigten des Entleihbetriebs (BAG 13.3.2013, NZA 2013, 782 Rn. 21). Zur **substantiierten Darlegung** genügt die Einführung der durch den Entleiher gem. § 13 erteilten Auskunft (BAG 13.3.2013, NZA 2013, 782 Rn. 22). Wird keine solche Auskunft vorgelegt, muss der Leiharbeitnehmer nach Rspr. des BAG alle für die Berechnung des Gleichstellungsanspruchs erforderlichen Tatsachen vortragen (zu den Anforderungen im Einzelnen: BAG 20.11.2013, AP AÜG § 10 Nr. 35 Rn. 18; 23.10.2013, AP AÜG § 10 Nr. 32 Rn. 14). Gleiches gilt, wenn der **Verleiher** die Richtigkeit der Auskunft nach § 13 **substantiiert bestreitet** (zutr. *Bayreuther* NZA 2017, 18 (20)); insofern sind die Anforderungen an die Substantiierung hoch (Bestreiten *„erheblicher Art"*, so *BAG* 24.9.2014, AP AÜG § 10 Nr. 46; darauf verweisend *Bayreuther* NZA 2017, 18 (21)). Der Leiharbeitnehmer muss dann einen vergleichbaren

Stammarbeitnehmer benennen und das diesem gezahlte Arbeitsentgelt darlegen, einschließlich etwaiger Entgeltfortzahlung, gewährten Urlaubs- oder Freizeitausgleichs oder Mehrarbeitsabgeltung, sofern sich das Gleichstellungspetitum auch auf diese Aspekte bezieht (BAG 20.11.2013, AP AÜG § 10 Nr. 35 Rn. 19; 23.10.2013, NZA 2014, 313 Rn. 27 ff.). Er muss die Differenz zwischen seiner eigenen und der Vergleichsvergütung dartun (BAG 21.10.2015, NZA 2016, 422). Alternativ hat er die Möglichkeit, sich auf ein allgemeines (zB tarifvertragliches) **Vergütungsschema** zu berufen. Hierzu muss er zunächst den Inhalt des Vergütungsschemas darlegen. Außerdem muss er darlegen, dass das Vergütungsschema im Überlassungszeitraum im Betrieb des Entleihers tatsächlich Anwendung fand, und dartun, wie er in dieses fiktiv einzugruppieren gewesen wäre (BAG 13.3.2013, NZA 2013, 782 Rn. 23). Angesichts dieser strengen Maßstäbe ist die bloße Aussage, der Entleiher vergüte seine Stammarbeitnehmer nach bestimmten Tarifverträgen, nicht hinreichend substantiiert (BAG 23.10.2013, AP AÜG § 10 Nr. 32 Rn. 15).

IV. Abweichungsmöglichkeit durch Tarifvertrag (Abs. 2)

1. Tarifdispositivität – Grundsatz und Grenzen

Abs. 2 regelt den Grundsatz der Tarifdispositivität des Gleichstellungs- **39** grundsatzes. Der gesetzliche Gleichstellungsgrundsatz gilt demnach nur vorbehaltlich einer **tarifvertraglichen Abweichung.** Dies soll es den Tarifvertragsparteien ermöglichen, die Arbeitsbedingungen für die Leiharbeit **flexibel** zu gestalten. In Betracht kommt zB, die Leistungen für Einsatzzeiten und Zeiten des Nichtverleihs in einem **Gesamtkonzept** zu regeln, oder Pauschalierungen beim Arbeitsentgelt zuzulassen (BT-Drs. 15/25, 38; FW BA AÜG Ziff. 8.2 Abs. 3). Verbreiteter Praxis entsprach bereits vor der jüngsten Gesetzesnovelle, tarifvertraglich eine Annäherung an den Gleichstellungsgrundsatz durch Regelung von **Branchenzuschlägen** zu erreichen, die die Gesamtvergütung des Leiharbeitnehmers in Einsatzzeiten, abhängig von der Branchenzugehörigkeit des Entleihbetriebs und dem dort einschlägigen Tarifniveau, erhöhen.

Infolge der **Neuregelung zum 1.4.2017** (→ Rn. 4 ff.) ist die **Tarifdis-** **40** **positivität** für den wichtigsten Aspekt der Gleichstellung, die Entgeltgleichstellung (Equal-pay), jedoch durch Abs. 4 überlagert und insbesondere in zeitlicher Hinsicht durch die grundsätzlich maximal neunmonatige Abweichungsdauer **eingeschränkt.** Auch die bereits zum 30.4.2011 in Kraft getretene (→ Rn. 1), heute in Abs. 3 enthaltene „**Drehtürklausel**" schließt die Tarifdispositivität des Gleichstellungsgebots für Leiharbeitnehmer aus, die innerhalb der letzten sechs Monate vor der Überlassung in einem Arbeitsverhältnis zu einem Unternehmen standen, das demselben Konzern angehört wie das Entleihunternehmen. Abs. 2 ist daher unter Berücksichtigung seiner wesentlichen Einschränkungen durch Abs. 3, Abs. 4 zu lesen und anzuwenden.

Eine **weitere Einschränkung** war dem Gesetzgeber so wichtig, dass es **41** sie gleich doppelt (in Abs. 2 Satz 1 und Abs. 5) geregelt hat: Der Tarifvertrag

darf die in einer Rechtsverordnung nach § 3a Abs. 2 festgesetzten Mindeststundenentgelte nicht unterschreiten (sog. **Lohnuntergrenze**). Rechtsfolge
von Abs. 2 Satz 1 ist die Unwirksamkeit der sie unterschreitenden Tarifnorm.
Abs. 5 beinhaltet korrespondierend eine Anspruchsgrundlage des Leiharbeitnehmers auf Vergütung entsprechend der festgesetzten Lohnuntergrenze (zur
Rechtsentwicklung hinsichtlich der Lohnuntergrenze → Rn. 2, 86 ff., 123).
Neben die spezifische Lohnuntergrenze für die Arbeitnehmerüberlassung tritt
die allgemeine Lohnuntergrenze in Gestalt des **gesetzlichen Mindestlohns,**
für den in §§ 1, 3 S. 1 MiLoG entsprechende Rechtsfolgen normiert sind.

42   Höhere branchenbezogene Mindestlöhne können sich gem. § 1 Abs. 3
MiLoG auch im Anwendungsbereich des AÜG aus einer gleichzeitigen
Anwendbarkeit des insoweit **vorrangigen AEntG** und der auf seiner Grund-
lage ergangenen Mindestlohnverordnungen ergeben: Gemäß § 8 Abs. 3
AEntG hat der Verleiher die nach dem AEntG geltenden tariflichen (vgl. § 4
Abs. 1, § 5, § 6 Abs. 2 AEntG) oder durch Rechtsverordnung (vgl. §§ 7, 7a
AEntG) festgesetzten Arbeitsbedingungen zu gewähren, wenn ein Leiharbeitnehmer vom Entleiher mit Tätigkeiten beschäftigt wird, die in den Geltungsbereich der jeweiligen Regelung fallen. Dies gilt auch dann, wenn der Betrieb
des Entleihers als solcher nicht in den fachlichen Geltungsbereich des Tarifvertrags oder der Rechtsverordnung fällt (vgl. FW BA AÜG Ziff. 8.5 Abs. 8).

2. Vereinbarkeit mit höherrangigem Recht

43   Umstritten ist die Vereinbarkeit der tarifdispositiven Ausgestaltung mit
höherrangigem Recht. In der **RL 2008/104/EG** sind die für Deutschland
relevanten Abweichungsmöglichkeiten vom Gleichstellungsgrundsatz in
Art. 5 Abs. 2, Abs. 3 normiert. Falsch ist die Annahme, die Richtlinie habe
insofern lediglich Programmsatzfunktion und mache keine zwingenden
rechtlichen Vorgaben (so aber *Rieble/Vielmeier* EuZA 2011, 474 (500)). Dafür
sind keinerlei Anhaltspunkte ersichtlich; insbesondere schließt Art. 153
Abs. 5 AEUV nicht jede Regelung arbeitsrechtlicher Fragen mit potentiellen
Berührungspunkten zum Tarifrecht aus (so aber offenbar *Rieble/Vielmeier*
EuZA 2011, 474 (500)). Andernfalls könnte der europäische Gesetzgeber im
Arbeitsrecht gar nichts regeln, denn jede inhaltliche Vorgabe hat potentiell
eine die Tarifmacht begrenzende Wirkung. **Art. 5 Abs. 2 RL 2008/104/
EG** ermöglicht Abweichungen, die im Gegenzug voraussetzen, dass die
betroffenen Leiharbeitnehmer bei dem Leiharbeitsunternehmen unbefristet
beschäftigt werden und auch für die entleihfreien Zeiten eine Vergütung
erhalten. Letzteres ist zwar in Deutschland ohnehin umfassend gewährleistet
(→ Rn. 30), es fehlt aber am Erfordernis einer unbefristeten Beschäftigung.
Grundlage der Tarifdispositivität kann daher nur **§ 5 Abs. 3 RL 2008/
104/EG** sein, der tarifvertragliche Abweichungen „unter Achtung des
Gesamtschutzes von Leiharbeitnehmern" zulässt. Teilweise wird daraus abge-
leitet, der Gesetzgeber müsse das zulässige Ausmaß der tariflichen Abwei-
chung konkret vorgeben und begrenzen (*Ulber*, Rechtsgutachten 1. RefE,
S. 15; *Ulber* AuR 2010, 10 (14); *Ulber/Stang* AuR 2015, 250; *Waltermann*
NZA 2010, 482 (484); *Zimmer* NZA 2013, 289 (291); vgl. auch EUArbR/

Rebhahn/Schörghofer RL 2008/104/EG Art. 5 Rn. 18; *Sansone* Gleichstellung S. 544; *Röpke* Gestaltbarkeit von Arbeitsbedingungen S. 153). Dies steht aber im Kontrast zur Grundentscheidung des Art. 9 Abs. 3 GG für ein tarifautonomes Regelungskonzept mit Anerkennung einer **umfassenden Richtigkeitsgewähr gültiger Tarifverträge** (*Thüsing* RdA 2009, 118; *Lembke* BB 2010, 1533 (1540); vgl. auch BT-Drs. 17/4804, 9; aA unter Hinweis auf die in der Leiharbeit widerlegte Richtigkeitsvermutung *Schüren/Wank* RdA 2011, 1 (5); *Fuchs* NZA 2009, 57 (61); *Waltermann,* Gutachten B zum 68. DJT, S. 51 f., 60 f.).

Die somit konfligierenden Schutzanliegen der sozialen Sicherung der Leih- **44** arbeitnehmer und der institutionellen Gewährleistung von Tarifautonomie lassen sich nur unter zwei Voraussetzungen in Einklang bringen: Vor allem muss das **allgemeine Tarifrecht,** insbes. die **Tariffähigkeit der Gewerkschaften** (§ 2 Abs. 1 TVG), so ausgestaltet sein, dass die Zuverlässigkeit der Tarifakteure (vgl. *Greiner* Rechtsfragen S. 239 f.) auch im besonders sensiblen und missbrauchsanfälligen Bereich des tarifdispositiven Gesetzesrechts gewährleistet ist. Nur in zweiter Linie ist dann die Normierung eines allgemeinen gesetzlichen Rahmens der tarifdispositiven Gestaltungsmöglichkeit im AÜG geboten.

Dem ersten, entscheidenden Schutzansatz hat das BAG durch die Spezifi- **45** zierung der Tariffähigkeitsanforderungen im **CGZP-Beschluss** (BAG 14.12.2010, BAGE 136, 302 = NZA 2011, 289) Genüge getan (dazu ErfK/ *Wank* AÜG § 3 Rn. 22 ff.). Die dort entwickelten Instrumente (insbes. das „Kongruenzprinzip", vgl. HMB/*Greiner* Teil 2 Rn. 197) sichern die soziale Mächtigkeit und damit die **Zuverlässigkeit der gewerkschaftlichen Akteure,** die im Bereich der Leiharbeit zur tarifautonomen Gestaltung der Abweichung vom Gleichstellungsgrundsatz berufen sind. Im AÜG wurde zudem der Gesamtschutz der Leiharbeitnehmer durch Streichung der früheren Ausnahme bei Einstellung von Arbeitslosen (dazu 2. Aufl. § 3 Rn. 73 ff.; Voraufl. § 3 Rn. 84; BT-Drs. 17/4804, 9) sowie Einführung von Lohnuntergrenze (Abs. 2 Satz 1, 5, MiLoG), Drehtürklausel (Abs. 3) und zeitlicher Begrenzung zulässiger Abweichungen im Bereich der Entgeltgleichstellung (Abs. 4) erheblich gestärkt; zudem verbessert auch der zum 1.1.2015 eingeführte allgemeine gesetzliche Mindestlohn die Rechtsstellung der Leiharbeitnehmer und enthält eine allgemeine Begrenzung der Tarifvertragsfreiheit. Insgesamt erweist sich der heute erreichte Schutzstandard in Anbetracht des großen mitgliedstaatlichen Ausgestaltungsspielraums, den die RL 2008/104/ EG durch Rekurs auf das Gesamtschutzniveau anerkennt, jedenfalls hinsichtlich des Grundprinzips der tarifdispositiven Ausgestaltung als **richtlinienkonform** (so auch iErg die ganz hM, etwa Preis/Sagan/*Sansone,* Europäisches Arbeitsrecht, § 8 Rn. 76; *Sansone* Gleichstellung S. 546; Boemke/Lembke/ *Boemke* § 9 Rn. 192; *Schüren/Riederer v. Paar* Einl. Rn. 608; *Ulrici* § 8 Rn. 16 ff.; *Riesenhuber,* Europäisches Arbeitsrecht, § 18 Rn. 17; *Thüsing* RdA 2009, 118 (119); *Deinert* NZA 2009, 1176 (1180); *Hamann* EuZA 2009, 287 (309 f.); *Lembke* DB 2011, 414; *Lembke* BB 2010, 1533 (1540); *Nebeling/ Gründel* BB 2009, 2366 (2369); *Riechert* NZA 2013, 303 (306).

Für richtlinienwidrig gehalten wird von Teilen des Schrifttums insbes. die **46** in Abs. 2 Satz 3 geregelte Möglichkeit der **einzelvertraglichen Bezug-**

nahme auf den abweichenden Tarifvertrag bei fehlender normativer Tarifbindung. Diese Regelungsvariante finde in Art. 5 Abs. 2, Abs. 3 RL 2008/
104/EG keine Grundlage (zur neuen Fassung *Ulber,* Rechtsgutachten 1.
RefE, S. 17; Ausschussdrs. 18(11)761, 16, 66 nF, bereits zuvor *Rödl/Ulber*
NZA 2012, 841; *Zimmer* NZA 2013, 289 (292 f.)): Art. 5 Abs. 3 eröffne nur
eine in Deutschland an die Tarifnormwirkung (§ 4 Abs. 1 TVG) gebundene
sozialpartnerschaftliche Regelungsmacht; Art. 5 Abs. 2 ermögliche eine einzelvertragliche Abweichung nur bei einer gesetzlichen Vorgabe zur unbefristeten Ausgestaltung des Leiharbeitsverhältnisses. Trotz dieser *prima facie* ein-
gängigen Argumentation ist auch die Zulassung der einzelvertraglichen
Bezugnahme im Ergebnis **richtlinienkonform:** Die Frage, wie Tarifnormen gelten, ist eine den mitgliedstaatlichen Tarifrechtsordnungen vorbehal-
tene Regelungsfrage, hinsichtlich derer Art. 153 Abs. 5 AEUV Unionskom-
petenzen ausschließt. Bedenkt man, dass insbes. im englischen Tarifrecht
eine Tarifnormwirkung unbekannt ist und Tarifverträge generell durch das
Mittel der einzelvertraglichen Bezugnahme wirken, begegnet auch das in
Deutschland etablierte „Mischsystem" aus normativer Tarifwirkung für Mitglieder und daneben zulässiger Außenseiterwirkung durch arbeitsvertragliche
Inbezugnahme (und Allgemeinverbindlichkeit) keinen unionsrechtlichen
Bedenken. Insbesondere unterscheidet das Erfordernis der grundsätzlich glo-
balen Bezugnahme auf einen einschlägigen Tarifvertrag (→ Rn. 70 ff., ins-
bes. 76) die Konstellation des Abs. 2 Satz 3 markant von der in Art. 5 Abs. 2
RL 2008/104/EG angelegten freien einzelvertraglichen Abweichung vom
Gleichstellungsgrundsatz. Nur letztere erfordert kompensatorisch die Vor-
gabe eines unbefristeten Arbeitsverhältnisses. Anders als dort wird bei der
Bezugnahme nach Abs. 2 Satz 3 nicht der abweichende Gestaltungswille
der Parteien des Einzelarbeitsvertrags umgesetzt, sondern vielmehr der **im
Tarifvertragsschluss manifestierte Abweichungswille** zuverlässiger
(→ Rn. 45) Sozialpartner auf das Außenseiter-Arbeitsverhältnis erstreckt.
Hält man die Möglichkeit der einzelvertraglichen Inbezugnahme für unions-
rechtswidrig, droht im tarifgebundenen Verleihbetrieb eine strukturelle
Benachteiligung der Gewerkschaftsmitglieder: Der für diese normativ gel-
tende Tarifvertrag bedingt das Gleichstellungsgebot wirksam ab, während die
Tarifgleichstellung der Außenseiter durch Bezugnahmeklausel nicht möglich
wäre (zu einer Parallelproblematik bei anderen belastenden Tarifnormen vgl.
BAG 23.7.2014, NZA 2014, 1341; dazu auch APS/*Greiner* TzBfG § 14
Rn. 458 ff.). Bejaht man dann stattdessen die universelle Anwendung des
Günstigkeitsprinzips (§ 4 Abs. 3 TVG, vgl. APS/*Greiner* TzBfG § 14
Rn. 458a), käme es zur Gleichstellung aller auf Equal-pay-Niveau, und der
sozialpartnerschaftliche Wille zu seiner Abbedingung bliebe wirkungslos –
ein Ergebnis, das mit dem in den Erwägungsgründen 16, 17 und 19 der RL
2008/104/EG anerkannten sozialpartnerschaftlichen Gestaltungsspielraum
evident unvereinbar wäre.

3. Anforderungen an den Tarifvertrag

47   **a) Regelungsintention.** Die Tarifvertragsparteien müssen bei Vereinbarung der tariflichen Regelungen einen auf die Abbedingung des Gleichstel-

lungsgrundsatzes bezogenen **Regelungswillen** gehabt haben. Ein konkretes Datum gibt die Übergangsvorschrift des § 19 S. 2 aF vor. Danach darf der Tarifvertrag **nicht vor dem 15.11.2002,** dem Tag der Verabschiedung von „Hartz I" im Deutschen Bundestag, **in Kraft getreten** sein (zweifelnd *Nebeling/Gründel* BB 2009, 2366 (2370); aA UBGH/*Hurst* § 8 Rn. 60). Sollen bereits vor diesem Datum bestehende Tarifverträge ein Abweichen von der Gleichstellungsverpflichtung ermöglichen, wie dies insbesondere in Mischbetrieben der Fall sein dürfte, ist zumindest eine **Anpassung nach dem 15.11.2002** vonnöten. Hierfür reicht eine Änderung in der Weise aus, dass die Tarifvertragsparteien vereinbaren, auch angesichts der neuen Rechtslage an den bisherigen tariflichen Regelungen festzuhalten.

Nicht erforderlich ist, dass der Tarifvertrag ausdrücklich auf den Gleichstel- **48** lungsgrundsatz Bezug nimmt und erklärt, dass ein Abweichen beabsichtigt ist. Es besteht insofern **kein Zitiergebot** (Boemke/Lembke/*Lembke* § 9 Rn. 108; UBGH/*Hurst* § 8 Rn. 56; aA *Ulber* AuR 2003, 7 (12)).

b) Wirksamkeit. Ein Tarifvertrag muss **wirksam** sein, damit er eine **49** Abweichung vom Equal-pay/treatment-Grundsatz ermöglicht (BAG 13.3.2013, BAGE 144, 306 = NZA 2013, 680 Rn. 35; BAG 13.3.2013, AP AÜG § 10 Nr. 24 Rn. 27). Dies setzt insbesondere die **Tariffähigkeit** und **Tarifzuständigkeit** der Tarifvertragsparteien voraus (dazu *Brors* BB 2006, 101 ff.; *Greiner* NZA 2011, 825 ff.; *Hümmerich/Holthausen* NZA 2006, 1070 ff.; *Richardi* NZA 2004, 1025 ff.; *Rolfs/Witschen* DB 2010, 1180 ff.; *Ulber* RdA 2011, 353 ff.). Auf **Gewerkschaftsseite** wurde die Tariffähigkeit bzw. Tarifzuständigkeit insbes. der sog. **christlichen Gewerkschaften** bereits seit längerem in Frage gestellt (vgl. BAG 5.10.2010, NZA 2011, 300 ff. [GKH]; BAG 10.2.2009, NZA 2009, 908 ff. [DHV]; BAG 28.3.2006, AP TVG § 2 Tariffähigkeit Nr. 4 [CGM]; BAG 6.6.2000, NZA 2001, 156 ff. [CGM]; BAG 16.1.1990, NZA 1990, 626 ff. [CGHB]; BAG 16.1.1990, NZA 1990, 623 ff. [CGBCE]; BAG 25.11.1986, NZA 1987, 492 ff. [CGBCE]; BAG 10.9.1985, NZA 1986, 332 ff. [ALEB]; *Franzen* BB 2009, 1472 ff.; *Lembke* NZA 2007, 1333 ff.; *Schüren* NZA 2008, 453 ff.; *ders.* NZA 2007, 1213 ff.; *Ulber* NZA 2008, 438 ff.).

Für die Zeitarbeitsbranche hat das BAG entschieden, dass die **CGZP** keine **50** tariffähige Spitzenorganisation ist, die im eigenen Namen Tarifverträge abschließen kann (BAG 14.12.2010, AP TVG § 2 Tariffähigkeit Nr. 6). Sie ist damit **nicht tariffähig.** Wird ein Tarifvertrag von einer nicht tariffähigen Organisation abgeschlossen, ist dieser unwirksam und damit von Anfang an nichtig (BAG 13.3.2013, BAGE 144, 306 = NZA 2013, 680; *Böhm* DB 2003, 2598 (2599); *Park/Riederer v. Paar/Schüren* NJW 2008, 3670; Schüren/Hamann/*Schüren* § 9 Rn. 115; *Ulber* NZA 2008, 438 (442); *ders.* § 9 Rn. 289; BA HEGA 05/11 – 03 Ziff. 3.1; BA E-Mail-Info SGB III v. 21.10.2010; vgl. auch BAG 15.11.2006, AP TVG § 4 Tarifkonkurrenz Nr. 34; aA Boemke/Lembke/*Lembke* § 9 Rn. 245; *Buchner* DB 2004, 1042; *Friemel* NZS 2011, 851; *Lembke* NZA 2011, 1062 ff.; *Schöne* DB 2004, 136). Auch ein Vertrauen der Verleiher in die Tariffähigkeit ist nicht geschützt (BAG 13.3.2013, NZA 2013, 782 Rn. 17 f.; diff. HWK/*Henssler* TVG § 1 Rn. 21a f.; UBGH/*Hurst*

§ 8 Rn. 100; zu den **sozialversicherungsrechtlichen Konsequenzen** der Anwendung der CGZP-Tarifverträge *Friemel* NZS 2011, 851 (853 f.); *Plagemann/Brand* NJW 2011, 1488 ff.; *Schlegel* NZA 2011, 380 ff.; *Tuengerthal/Andorfer* BB 2011, 2939 ff.; *Zeppenfeld/Faust* NJW 2011, 1643 (1646 f.)) Die CGZP hatte zuvor **Flächentarifverträge,** insbesondere mit dem **AMP** bzw. dessen Vorgängerorganisationen, sowie Hunderte von Haustarifverträgen abgeschlossen (Schüren/Hamann/*Schüren* § 9 Rn. 111; dazu *Düwell/Dahl* DB 2009, 1070 (1071)), deren Nichtigkeit durch den CGZP-Beschluss des BAG festgestellt wurde. Verschiedene in der CGZP zusammengeschlossene sog. christliche Gewerkschaften versuchten in der Folge, unter Vermeidung der rechtlichen Monita des CGZP-Beschlusses, mehrgliedrige Tarifverträge zu schließen. Nach skeptischen erstinstanzlichen Entscheidungen (vgl. ArbG Herford 4.5.2011, BeckRS 2011, 72557; dazu auch *Brors* jurisPR–ArbR 25/2011 Anm. 1) wurde diese Praxis aufgegeben und erfolgte die Kündigung der Tarifverträge mWz 31.3.2013.

51   Heute dominieren in der Leiharbeit somit die von verschiedenen **DGB-Gewerkschaften** (GdP, EVG, GEW, NGG, IG BAU, IG BCE, IG Metall und ver.di) als Tarifgemeinschaft mit den Arbeitgeberverbänden BAP (2011 hervorgegangen aus einem Zusammenschluss von AMP und BZA) sowie iGZ jeweils 2013 abgeschlossenen (Änderungs-)Tarifverträge. Ein struktureller Unterschied besteht darin, dass – anders als im Fall der CGZP – auf Gewerkschaftsseite keine Spitzenorganisation agiert und hinsichtlich der Tariffähigkeit der Gewerkschaften keine ernsthaften Zweifel bestehen. Allerdings rückt die Frage nach der **Tarifzuständigkeit der DGB-Gewerkschaften** für die Arbeitnehmerüberlassung zunehmend in den Fokus der Rechtsprechung und wird unterschiedlich bewertet (Tarifzuständigkeit der IG Metall bejahend: ArbG Frankfurt 11.2.2014 – 4 BV 523/13, nv; *Zimmermann* BB 2014, 1653 (1656); Tarifzuständigkeit von ver.di offen lassend *BAG 26.1.2016,* NZA 2016, 842 (845), bejahend LAG Hessen 5.5.2014, BeckRS 2014, 72205; partiell verneinend LAG Hessen 4.9.2014, BeckRS 2015, 68348; im Schrifttum bejahend: *Bayreuther* NZA 2017, 18 (19); *ders.* DB 2014, 717; *ders.* NZA 2012, 14 (15); *Stoffels/Bieder* RdA 2012, 27 (33); verneinend etwa *Fischer* RdA 2013, 326). Ursprünglich berechtigte Bedenken haben die Gewerkschaften zwischenzeitlich durch Anpassung ihrer Satzungen ausgeräumt (aA *Löwisch/Rieble* TVG § 2 Rn. 372 ff.).

52   **c) Inhalt.** An den Inhalt des Tarifvertrages sind keine besonderen Anforderungen zu stellen. Die inhaltliche Gestaltung unterliegt weitestgehend der **Tarifautonomie** der Sozialpartner. Sie müssen allerdings nach der seit dem 1.4.2017 geltenden Regelung in Abs. 2 die abweichenden Vereinbarungen **selbst durch zwingende Tarifnormen treffen** (ebenso *Ulrici* § 8 Rn. 47; großzügiger aber wohl FW BA AÜG Ziff. 8.2 Abs. 1b: „durch oder aufgrund eines Tarifvertrages"). Nach der früheren Wortlautfassung des § 3 Abs. 1 Nr. 3 aF konnte ein Tarifvertrag abweichende Regelungen „zulassen". Dies wurde verbreitet als Ermächtigung zur Regelung tariflicher Öffnungsklauseln gedeutet, mit denen die Tarifparteien den Parteien des Einzelarbeitsvertrags und den Betriebspartnern die Möglichkeit eigener Regelungen eröffnen

konnten (zu Recht zweifelnd bereits *Thüsing* DB 2003, 446 (448) unter Verweis auf die fehlende praktische Bedeutung und die gegenteilige Tendenz der Gesetzesmaterialien; weitergehend Voraufl. § 3 Rn. 89).

Der heutige Wortlaut und auch die Gesetzessystematik schließen diese **53** Deutungsmöglichkeit aus: Der Wortlaut von Abs. 2 und 4 akzentuiert anders als die Vorgängerregelung, indem sie nur die Situation erfassen, dass ein Tarifvertrag (selbst) vom Gleichstellungsgrundsatz „abweicht". Dafür, die Delegationsmöglichkeit an die Betriebs- und Arbeitsvertragsparteien zu verneinen, spricht zudem der **Umkehrschluss aus § 1 Abs. 1b S. 5 nF,** denn dieser regelt im Hinblick auf die ebenfalls tarifdispositiv ausgestaltete Überlassungshöchstdauer ausdrücklich die **Möglichkeit der Weiterdelegation** durch Normierung einer tariflichen Öffnungsklausel. § 8 nF enthält keine vergleichbare Regelung. Folgt man der hier vertretenen Auffassung zur alten Rechtslage (→ Rn. 52), kontrastiert das Ergebnis auch nicht mit der Aussage in der Regierungsbegründung (BT-Drs. 18/9232, 23), außer der Einführung einer zeitlichen Begrenzung keine inhaltlichen Änderungen der Abweichungsmöglichkeit herbeiführen zu wollen. Entscheidend für die Unzulässigkeit einer Öffnungsklausel beim Gleichstellungsgrundsatz spricht (und sprach schon immer) schließlich die **Bedeutung der Tarifautonomie** für das gesetzgeberisch intendierte Schutzkonzept: Das durch Art. 5 Abs. 3 RL 2008/104/EG geforderte Mindestschutzniveau kann nur sichergestellt werden, wenn über das inhaltliche Ausmaß der Abweichung vom Gleichstellungsniveau sozial mächtige, zuverlässige Tarifvertragsparteien entscheiden, deren Handeln die grundrechtliche Dignität des Art. 9 Abs. 3 GG genießt (→ Rn. 43 ff.).

Die Gestaltungsfreiheit der Tarifvertragsparteien ist lediglich dahingehend **54** eingeschränkt, dass die Tarifpartner nicht gegen **höherrangiges Recht** verstoßen dürfen (BAG 15.1.1955, NJW 1955, 684). Dies wirkt sich auch auf die Prüfungspraxis der Bundesagentur für Arbeit als Erlaubnisbehörde (vgl. § 17 Abs. 1) aus. Bei Anwendung eines Tarifvertrages gilt grundsätzlich die **Richtigkeits- und Angemessenheitsgewähr** der tariflichen Regelungen, nachdem durch den CGZP-Beschluss des BAG (14.12.2010, NZA 2011, 289) der tarifrechtliche Rahmen so für die Spezifika der Arbeitnehmerüberlassung nachjustiert wurde, dass nunmehr die Zuverlässigkeit der Akteure sichergestellt ist (zuvor krit. zur Richtigkeitsgewähr in der Arbeitnehmerüberlassung *Waltermann,* Gutachten B zum 68. DJT, S. 51 f., 60 f.; *Schüren/ Wank* RdA 2011, 1 (5)). Eine Inhaltskontrolle ist weder durch Behörden noch durch Gerichte vorzunehmen, da sie mit dem Grundkonzept der Tarifautonomie unvereinbar wäre (FW BA AÜG Ziff. 8.5 Abs. 7; vgl. auch Wiedemann/*Thüsing* TVG § 1 Rn. 246). Anderes gilt bei **Verstößen gegen zwingendes Recht,** etwa gegen die Diskriminierungsverbote des § 1 AGG, den gesetzlichen Mindestlohn gemäß §§ 1, 3 S. 1, 11 MiLoG iVm der Mindestlohnanpassungsverordnung, den Mindesturlaub gemäß § 3 BUrlG oder Vorschriften des Arbeitsschutzes (*Sandmann/Marschall/Schneider* § 3 Anm. 22; UBGH/*Hurst* § 8 Rn. 57).

Insbesondere tarifvertragliche **Entgeltregelungen** unterliegen nur sehr **55** eingeschränkt einer gerichtlichen Überprüfung: Bei Unterschreitung des nach §§ 1, 11 MiLoG iVm der jeweils geltenden Verordnung zur Anpassung der Höhe des Mindestlohns (Mindestlohnanpassungsverordnung, zurzeit idF v. 15.11.2016 mWz 1.1.2017, BGBl. 2016 I S. 2530) geschuldeten gesetzlichen Mindestlohns ist die Tarifnorm gem. § 3 S. 1 MiLoG nichtig (vgl. Thüsing/*Greiner* MiLoG § 3 Rn. 4). Es gilt dann nicht der gesetzliche Mindestlohn, sondern – mangels wirksamer tarifvertraglicher Abweichung – das Equal-pay-Niveau. Dieselbe Rechtsfolge normiert nun (klarstellend) Abs. 2 Satz 4 für den Fall, dass der Tarifvertrag die Lohnuntergrenze des § 3a Abs. 2 iVm einer Lohnuntergrenzenverordnung unterschreitet (zur Rechtsentwicklung → Rn. 2). Wegen **Sittenwidrigkeit** ist der abweichende Tarifvertrag dagegen – angesichts der verfassungsrechtlich gewährleisteten Tarifautonomie (Art. 9 Abs. 3 GG) – nur in Ausnahmefällen zu beanstanden, etwa wenn er auch unter Berücksichtigung der Besonderheiten der von ihm erfassten Beschäftigungsbetriebe und der dort zu verrichtenden Tätigkeiten gegen **elementare Gerechtigkeitsanforderungen** verstößt (BAG 28.5.2009, AP BGB § 611 Lehrer, Dozenten Nr. 184; 24.3.2004, AP BGB § 138 Nr. 59; auch aus diesem Grunde die Wirksamkeit der Tarifverträge der christlichen Gewerkschaften in der Zeitarbeitsbranche bezweifelnd *Hamann* EuZA 2009, 287 (309); *Schüren* RdA 2009, 58; *ders.* NZA 2008, 453 ff.; *Ulber* § 9 Rn. 209 f., 324; *Waltermann* NZA 2010, 482 (486 f.)).

56   Dagegen ist es **nicht** erforderlich, dass das **Vergütungsniveau der Arbeitnehmer im Entleihbetrieb** erreicht wird (BeckOK ArbR/*Kock* AÜG § 9 Rn. 31.1). Maßgeblich sind die Tarifentgelte des jeweiligen Wirtschaftszweigs, in dem der Arbeitnehmer beschäftigt ist. Die Zeitarbeitsbranche bildet nach – freilich immer noch diskussionswürdiger – Sicht der höchstrichterlichen Judikatur einen **eigenen Wirtschaftszweig,** der sich von anderen Branchen unterscheidet und Besonderheiten aufweist (vgl. BAG 24.3.2004, NZA 2004, 971 [zu § 612 BGB]; vgl. auch schon BVerfG 4.4.1967, NJW 1967, 974 zum Berufsbildcharakter der Verleihertätigkeit). Diese Besonderheiten der Arbeitnehmerüberlassung bedingen spezielle tarifliche Entgeltregelungen. Vergleichsmaßstab zur Ermittlung eines auffälligen Missverhältnisses des vertraglich vereinbarten Lohns eines Leiharbeitnehmers zu dessen Arbeitsleistung ist bei dieser Betrachtungsweise der **beim Verleiher maßgebliche Tariflohn** und nicht der Tariflohn, der beim Entleiher gilt. Für diese Unterscheidung sprechen auch der im AÜG geltende Equal-pay/treatment-Grundsatz und dessen Ausnahmen. Darin kommt zum Ausdruck, dass die für den Verleiher geltenden tariflichen Vorschriften grundsätzlich Vorrang vor den beim Entleiher geltenden Arbeitsbedingungen haben sollen. Der Gesetzgeber erkennt damit die Besonderheiten der Arbeitnehmerüberlassung an. Als Konsequenz der tarifdispositiven Ausgestaltung des Gleichstellungsgrundsatzes und der damit eröffneten **Sozialpartnerautonomie** ist es *de lege lata* zulässig, dass die Leiharbeitnehmer innerhalb des nach Abs. 4 eröffneten zeitlichen Rahmens **deutlich niedriger** als die Stammbelegschaft des Entleihers entlohnt werden. Dies gilt sogar dann, wenn der Tariflohn des Leiharbeitnehmers nur rund **die Hälfte** des beim Entleiher geltenden Tariflohns beträgt (BAG 24.3.2004, NZA 2004, 971; aA SG Berlin 27.2.2006, AuR 2007, 54 (56); *Raab* ZfA 2003, 389 (410); *Schüren* NZA

2008, 453 (456); *Ulber* § 9 Rn. 233; vgl. auch *Düwell/Dahl* DB 2009, 1070 (1072)).

Etwas anderes ergibt sich auch nicht aus der **RL 2008/104/EG.** Diese **57** enthält in Art. 5 Abs. 3 und ihren Erwägungsgründen zwar das Gebot der **Achtung des Gesamtschutzes von Leiharbeitnehmern.** Eine Einschränkung der Tarifautonomie im Wege europarechtskonformer Auslegung lässt sich daraus aber nicht herleiten (*Deinert* NZA 2009, 1176 (1180); *Lembke* DB 2011, 414 (417); *ders.* BB 2010, 1533 (1540); *Nebeling/Gründel* BB 2009, 2366 (2369); *Thüsing* RdA 2009, 118; zweifelnd *Düwell/Dahl* DB 2009, 1070 (1072); aA *Blanke* DB 2010, 1528 (1531 ff.); *Fuchs* NZA 2009, 57 (63); *Schüren/Wank* RdA 2011, 1 (5); *Ulber* AuR 2010, 10 (14); *ders.* AuR 2010, 412 (413); *ders.* § 9 Rn. 207, 212; *Waltermann* NZA 2010, 482 (484); *Ulber/Stang* AuR 2015, 250; *Zimmer* NZA 2013, 289 (291)).

Zum einen ergibt sich aus den Erwägungsgründen 16, 17 und 19 der RL **58** 2008/104/EG, dass die Richtlinie die **Tarifautonomie nicht beeinträchtigen** will (*Lembke* DB 2011, 414 (417); *ders.* BB 2010, 1533 (1540)). Zum anderen handelt es sich um eine im Laufe des Rechtssetzungsverfahrens bereits abgeschwächte Formulierung (dazu *Fuchs* NZA 2009, 57 ff.; *Thüsing* RdA 2009, 118). Schließlich verlangte der **deutsche Gesetzgeber** bereits bei Einführung des Gleichstellungsgrundsatzes im Rahmen von „Hartz I", dass nur dann durch tarifvertragliche Regelung abgewichen werden darf, wenn ein **angemessenes Schutzniveau** für die Leiharbeitnehmer gewährleistet bleibt (BT-Drs. 15/25, 24), sodass sich materiell durch den Richtlinientext keine Veränderungen ergeben (*Nebeling/Gründel* BB 2009, 2366 (2368)). Der deutsche Gesetzgeber hat das Schutzkonzept des AÜG in den letzten Jahren **sukzessive ausgebaut** – zuletzt entscheidend durch die zeitliche Begrenzung der tariflichen Abweichungsmöglichkeit vom Equal-pay-Grundsatz (Abs. 4; zu anderen Ausgestaltungselementen → Rn. 45) –, sodass ein angemessenes, richtlinienkonformes Schutzniveau der Leiharbeitnehmer heute im Gesamtbild erreicht scheint (vgl. Preis/Sagan/*Sansone,* Europäisches Arbeitsrecht, § 8 Rn. 77; *Hamann* EuZA 2009, 287 (310); *Thüsing* RdA 2009, 118 (119); aA ErfK/*Wank* AÜG § 3 Rn. 23a; *Ulber* § 9 Rn. 212; *Zimmer* NZA 2013, 289 (291); *Rödl/Ulber* NZA 2012, 841 (844), Fn. 31; *Ulber/Stang* AuR 2015, 250 (255); *Waas* ZESAR 2012, 7 (10); *Nielebock* FS Bepler, 2012, 455 (462)).

Regelt ein Tarifvertrag nur einen **Teil der wesentlichen Arbeitsbedin-** **59** **gungen,** sind zwei Fallkonstellationen mit unterschiedlichen Rechtsfolgen denkbar. Ist ein Tarifvertrag in der Weise lückenhaft, dass er wichtige Bereiche wie Urlaub oder Arbeitszeit ungeregelt lässt (zB reiner Entgelttarifvertrag), gilt für diese nicht abweichend geregelten Arbeitsbedingungen weiterhin der **Grundsatz der Gleichstellung,** denn laut Gesetz kann ein Tarifvertrag zwar Abweichungen zulassen, soweit dies aber nicht erfolgt, gelten die Arbeitsbedingungen des Entleihers (ebenso FW BA AÜG Ziff. 8.5 Abs. 11). Betreffen die tarifvertraglichen Vereinbarungen dagegen im Wesentlichen alle Arbeitsbedingungen und werden nur **kleine Teilbereiche** (zB Reisekosten, Verpflegungsmehraufwand) nicht geregelt, so sind nach Sinn und Zweck der Ausnahme vom Grundsatz der Gleichstellung für weitergehende Ansprüche die allgemeinen, **gesetzlichen Bestimmungen** (zB § 670 BGB) und nicht die beim Entleiher geltenden Bedingungen maßgebend. Dies muss vor allem im Hinblick auf freiwillige Leistungen des Entleihers gelten. Andernfalls gäbe es für den Verleiher nie eine abschließende Suspendierung der Gleichstellungsverpflichtung, denn in jedem Entleihbetrieb gelten unterschiedliche Arbeitsbedingungen (FW BA AÜG Ziff. 8.5 Abs. 12).

60   **d) Anwendung des Tarifvertrags.** Ein Tarifvertrag, der ein Abweichen von der Gleichstellungsverpflichtung ermöglicht, kann entweder durch **normative Geltung** (Abs. 2 Satz 1) oder durch **Inbezugnahme** im Einzelarbeitsvertrag (Abs. 2 Satz 3) auf das Leiharbeitsverhältnis Anwendung finden.

61   **aa) Normative Geltung.** Abs. 2 Satz 1 erfasst lediglich den Fall, dass ein Tarifvertrag auf das zwischen Leiharbeitnehmer und Verleiher bestehende Arbeitsverhältnis normativ Anwendung findet. Das setzt im Ausgangspunkt voraus, dass sowohl der Verleiher als auch der Leiharbeitnehmer tarifgebunden sind (sog. **beidseitige kongruente Tarifbindung,** § 4 Abs. 1 TVG). Die Eröffnung des tariflichen Geltungsbereichs alleine genügt dagegen nicht (missverständlich FW BA AÜG Ziff. 8.2 Abs. 3.1). Kraft Mitgliedschaft tarifgebunden sind Verleiher, die Mitglied des tarifvertragschließenden Arbeitgeberverbandes sind (§ 3 Abs. 1 TVG). Tarifgebunden sind sie auch, wenn sie bei einem **Firmentarifvertrag** selbst Tarifvertragspartner sind; unverändert kommt damit auch ein Firmentarifvertrag als Abweichungsinstrument in Betracht (mit gleicher Tendenz *Bayreuther* NZA 2017, 18 (19)). Leiharbeitnehmer sind tarifgebunden, wenn sie Mitglied der tarifvertragsschließenden Gewerkschaft sind (§ 3 Abs. 1 TVG). Zu beachten ist auch die Nachbindung (§ 3 Abs. 3 TVG), zB nach Verbandsaustritt. Unabhängig von Mitgliedschaft oder Parteistellung besteht Tarifbindung auch bei **Allgemeinverbindlicherklärung** eines Tarifvertrags (§ 5 TVG). Die **praktische Bedeutung** der normativen Tarifgeltung ist in der Leiharbeit **sehr begrenzt,** da bislang keine Allgemeinverbindlicherklärung von Leiharbeitstarifverträgen vorgenommen wurde und sich die mitgliedschaftliche Tarifbindung auf Arbeitnehmerseite in der Leiharbeit angesichts eines gewerkschaftlichen Organisationsgrades von weniger als 2 % äußerst schwach darstellt (→ Rn. 3).

62   Normative Geltung setzt voraus, dass der Tarifvertrag im Verleihbetrieb tatsächlich gilt, sodass im Fall der **Tarifkollision iSd § 4a Abs. 2 S. 2 TVG,** dh bei Tarifgebundenheit des Verleihers an mehrere konkurrierende Tarifverträge mit (zumindest teilweise) überlappendem Geltungsbereich nur der Tarifvertrag in Betracht kommt, der von der mitgliederstärksten Gewerkschaft im Betrieb abgeschlossen wurde (ausf. zum Kollisionsprinzip HMB/*Greiner* Teil 9 Rn. 115 ff.; Thüsing/Braun/*Lembke/Hesser,* Tarifrecht, 12. Kapitel, Rn. 242 ff.). Da der Tarifvertrag – anders als bei Abs. 1 Satz 2 – normativ gelten muss und nicht lediglich Referenzpunkt ist, kommt der Durchführung eines Beschlussverfahrens nach § 99 ArbGG hier keine konstitutive Wirkung zu (→ Rn. 32).

63   Anders als nach früherer Rspr. (BAG 22.4.1987, AP TVG § 1 Tarifverträge Bau Nr. 82; 25.2.1987, BAGE 55, 78 = AP TVG § 1 Tarifverträge: Bau Nr. 81; BAG 20.3.1991, AP TVG § 4 Tarifkonkurrenz Nr. 20) spielt nach der seit dem 10.7.2015 geltenden gesetzlichen Tarifkollisionsregel der Grad der „Einschlägigkeit" des Tarifvertrags für die betrieblichen Regelungsfragen (sog. „Spezialität" des Tarifvertrags) keine Rolle, sodass die normative Geltung eines von der Mehrheitsgewerkschaft geschlossenen Leiharbeitstarifvertrags auch in **„Mischbetrieben"** – also Betrieben, die neben der Arbeitnehmerüberlassung auch noch andere Betriebszwecke verfolgen – heute unproblematisch in Betracht kommt (zur früher bestehenden Problematik s. Voraufl. § 3 Rn. 96 ff.; iErg wie hier jüngst BSG 12.10.2016, NZS 2017, 306 Rn. 27 ff. zu § 3 Abs. 1 Nr. 3 S. 3 aF). Hat auf Gewerkschaftsseite eine **Tarifgemeinschaft** (s. HMB/*Höpfner* Teil 2 Rn. 178; Thüsing/Braun/*Emmert*, Tarifrecht, Kap. 2 Rn. 111 ff.) den Tarifvertrag geschlossen, kommt es für die Mehrheitsermittlung nach § 4a Abs. 2 S. 2 TVG nur auf die für den Betrieb tarifzuständige Gewerkschaft, nicht hingegen die anderen Mitglieder der Tarifgemeinschaft, an.

Zu klären ist allerdings nach wie vor, ob ein Mischbetrieb überhaupt in den **betrieblichen Geltungsbereich** des Leiharbeitstarifvertrags fällt, der von den Tarifvertragsparteien innerhalb ihrer Tarifzuständigkeiten autonom festgelegt wird (vgl. Thüsing/Braun/*Wißmann*, Tarifrecht, Kap. 4 Rn. 171 ff.). Fehlt eine ausdrückliche Regelung dazu, ist durch normative Auslegung (§§ 133, 157 BGB) zu ermitteln, welche Betriebe der Tarifvertrag erfassen soll. Da in der Tariflandschaft die **Organisation nach Branchen** vorherrscht, ist davon auszugehen, dass sich die von den Tarifparteien vereinbarten Regelungen grundsätzlich nur auf zur Branche gehörende Betriebe erstrecken sollen. Betrachtet man die Leiharbeit als eigenständige Branche (→ Rn. 56) spricht viel dafür, bei einer **branchenbezogenen** Ausgestaltung des betrieblichen Geltungsbereichs nur solche Mischbetriebe unter den Geltungsbereich ihrer Tarifverträge fallen zu lassen, die ihrem Gesamtbild nach der Leiharbeitsbranche zuzurechnen sind. Das sind solche, die **arbeitszeitlich überwiegend Arbeitnehmerüberlassung** betreiben, da die Zugehörigkeit eines Betriebes zu einer Branche bei mehreren Betriebszwecken über das Überwiegensprinzip bestimmt werden kann. **64**

Anderes gilt aber bei einer **tätigkeitsbezogenen** Ausgestaltung des Geltungsbereichs, also der schlichten Anknüpfung an den Vorgang der Arbeitnehmerüberlassung. Dieses Regelungsprinzip ist in den Zeitarbeitstarifverträgen zwischen BZA und DGB-Tarifgemeinschaft nach zutreffender Ansicht verwirklicht (vgl. BSG 12.10.2016, NZS 2017, 306 Rn. 33 ff. mwN); Gleiches soll für die zwischen iGZ und DGB-Tarifgemeinschaft geschlossenen Tarifverträge gelten (FW BA AÜG Ziff. 8.5 Abs. 5). Beanspruchen die Zeitarbeitstarifverträgen ohnehin keine Geltung für den gesamten Betrieb, kommt es auf den Hauptzweck des Betriebs oder Unternehmens im Sinne des Überwiegensprinzips nicht an (BSG 12.10.2016, NZS 2017, 306 Rn. 40; vgl. zur Problematik bereits *Bissels/Khalil* BB 2013, 315 (318); *Lembke/Distler* NZA 2006, 952 (955)). Auch aus dem Umstand, dass die nach dem Industrieverbandsprinzip organisierten DGB-Mitgliedsgewerkschaften Tarifvertragspartei sind, folgt noch keine Notwendigkeit, der Auslegung das Überwiegensprinzip zugrunde zu legen (BSG 12.10.2016, NZS 2017, 306 Rn. 39; Schüren/Hamann/*Schüren* § 9 Rn. 153; aA Voraufl. § 3 Rn. 98, 105; *Ulber* § 9 Rn. 121, 310). **65**

66   Ist der **Geltungsbereich** des Zeitarbeitstarifvertrags demnach **nicht eröffnet,** kann stattdessen der Tarifvertrag einschlägig sein, der für die Branche gilt, welcher der Mischbetrieb nach dem Überwiegensprinzip (→ Rn. 64) zuzuordnen ist. Dieser suspendiert jedoch nur dann vom Gleichstellungsgrundsatz, wenn er eine **ausdrückliche Klausel** enthält, wonach er im Falle des Verleihs des Arbeitnehmers ebenfalls anwendbar ist (*Ulber* § 9 Rn. 250; UBGH/*Hurst* § 8 Rn. 79; aA *Lembke/Diestler* NZA 2006, 952 (954 ff.)).

67   Etwas anderes gilt, wenn ein Betrieb über **eigenständige Organisationseinheiten** verfügt (zB selbständige Betriebsabteilung für Arbeitnehmerüberlassung, dazu *Nebeling/Gründel* BB 2009, 2366 (2371); allgemein zu den Abgrenzungskriterien etwa BAG 21.11.2007, NZA-RR 2008, 253). Dies sind Einheiten, die, bezogen auf einen konkreten Gesamtbetrieb, eine personelle Einheit darstellt, organisatorisch und räumlich abgrenzbar sind, über eigene technische Betriebsmittel verfügen und einen abgrenzbaren eigenen Zweck verfolgen. In diesem Fall können diese eigenständigen Organisationseinheiten als „Betriebe" im Sinne des Tarifvertrages anzusehen sein, da eine Aufspaltung der Tarifvertragsgeltung, bezogen auf den jeweiligen Betriebszweck, zulässig ist (BAG 11.9.1991, AP TVG § 1 Tarifverträge Bau Nr. 145; vgl. auch *Nebeling/Gründel* BB 2009, 2366 (2370 f.); *Sandmann/Marschall/Schneider* § 3 Anm. 21i; UBGH/*Hurst* § 8 Rn. 74 f.; FW BA AÜG Ziff. 8.5 Abs. 13). Auch das hängt aber vom Ergebnis der in jedem Einzelfall gebotenen normativen Auslegung des Tarifvertrags ab.

68   **bb) Geltung eines ausländischen Tarifvertrags.** Dass Verleiher mit Sitz in der EU bzw. im EWR grundsätzlich unter den gleichen Voraussetzungen wie in Deutschland ansässige Verleiher durch einen (heimischen) Tarifvertrag von der Gleichstellungsverpflichtung abweichen können, folgt nicht zuletzt aus den **gemeinschaftsrechtlichen Grundfreiheiten** (EuGH 24.1.2002, NZA 2002, 207 ff.; 25.10.2001, AP EG Art. 49 Nr. 3; UBGH/*Hurst* § 8 Rn. 85; *Bayreuther* DB 2011, 706 (709); *Böhm* NZA 2010, 1218 (1219); *Hamann* RdA 2011, 321 (330); FW BA AÜG Ziff. 8.5 Abs. 9; vgl. auch *Bieback/Dieterich/Hanau/Kocher/Schäfer,* Tarifgestützte Mindestlöhne, S. 137). Auf eine mit § 4 Abs. 1 TVG vergleichbare normative Geltung (→ Rn. 61 ff.) kommt es in diesem Sonderfall nicht an; es muss sich vielmehr um die **funktionsgleiche „reguläre" Geltung des Tarifvertrags nach der anwendbaren ausländischen Tarifrecht** handeln (enger allerdings FW BA AÜG Ziff. 8.5 Abs. 9). Der ausländische Tarifvertrag, der für das der grenzüberschreitenden Entsendung eines Leiharbeitnehmers zugrunde liegende Arbeitsverhältnis anwendbar ist, muss im Übrigen gewissen inhaltlichen **Mindestanforderungen** genügen, damit er von der Gleichstellungsverpflichtung suspendiert. So muss er etwa in gleicher Weise wie deutsche Tarifverträge die Arbeitsbedingungen zwingend regeln, gerichtlich einklagbare Regelungen enthalten und sich ähnlich wie deutsche Tarifverträge am Grundsatz der Gleichstellung orientieren (*Bayreuther* DB 2011, 706 (710); *Böhm* NZA 2010, 1218 (1219); *Sandmann/Marschall/Schneider* § 3 Anm. 21h; UBGH/*Hurst* § 8 Rn. 85 f.; FW BA AÜG Ziff. 8.5 Abs. 9). In diesem Fall

gilt auch für den ausländischen Tarifvertrag die **Richtigkeits- und Ange-**
messenheitsvermutung (*Bayreuther* DB 2011, 706 (710); *Böhm* NZA 2010,
1218 (1219); aA *Ulber* § 3 Rn. 94).

Ist der ausländische Tarifvertrag **lückenhaft,** weil er wichtige Bereiche   **69**
(zB Entgelt oder Urlaub) nicht regelt, gelten wie bei entsprechenden Vereinbarungen deutscher Sozialpartner entweder die Bedingungen des Entleihers
(Equal-pay/treatment-Grundsatz) oder die allgemeinen, nicht abdingbaren
arbeitsrechtlichen Gesetzesvorschriften (→ Rn. 59)

cc) Inbezugnahme (Satz 3). Abs. 2 Satz 3 bestimmt ausdrücklich, dass   **70**
im Geltungsbereich eines Tarifvertrags, der ein Abweichen von der Gleichstellung ermöglicht, auch **nicht tarifgebundene Arbeitgeber und Arbeit-**
nehmer die Anwendung der tariflichen Regelungen vereinbaren können.
Dies gilt auch unter Berücksichtigung der RL 2008/104/EG (*Schüren/Wank*
RdA 2011, 1 (5); aA *Rödl/Ulber* NZA 2012, 841; *Zimmer* NZA 2013, 289
(292)). Damit erlaubt der Gesetzgeber nicht nur den Tarifvertragsparteien ein
Abweichen von der gesetzlichen Pflicht zur Gleichstellung der Arbeitnehmer,
sondern gestattet dies auch den Parteien des Einzelarbeitsvertrags, wenn sie
stattdessen die Anwendung eines **einschlägigen Tarifvertrages** vereinbaren
(*Sandmann/Marschall/Schneider* § 3 Anm. 21h; einschränkend *Waltermann*
NZA 2010, 482 (486)). Die Inbezugnahme ersetzt dabei die fehlende Tarifbindung (§ 3 TVG) auf Unternehmens- und/oder Arbeitnehmerseite und
überwindet idR zugleich eine ggf. von den Tarifparteien vereinbarte **Veren-**
gung des persönlichen Geltungsbereichs auf mitgliedschaftlich tarifgebundene Arbeitsvertragsparteien (zutr. BSG 12.10.2016, NZS 2017, 306
Rn. 29 ff.; im allgemeinen Tarifrecht außerhalb des Anwendungsbereichs von
Abs. 2 Satz 3 soll dies diametral anders sein: BAG 15.4.2015, NZA 2015,
1388 Rn. 26); letztlich ist aber auch dies eine nur durch Auslegung von
Tarifvertrag und Bezugnahmeklausel im Einzelfall zu beantwortende Frage.

Der Tarifvertrag muss auch im Falle der Inbezugnahme **wirksam** sein, um   **71**
vom Gleichstellungsgebot abweichen zu können (BAG 28.5.2014, BeckRS
2014, 71240 Rn. 24; 13.3.2013, BAGE 144, 306 = NZA 2013, 680 Rn. 20 f.;
Lembke BB 2010, 1533 (1535); *Schlegel* NZA 2011, 380 (381); Schüren/
Hamann/*Schüren* § 9 Rn. 102; *Ulber* NZA 2008, 438 (439); → Rn. 49 ff.).
Zwar kann auch ein unwirksamer Tarifvertrag in Bezug genommen werden,
sofern das in der Klausel zum Ausdruck kommt; eine wirksame Abweichung
vom Gleichstellungsgrundsatz liegt dann aber nicht vor, sodass der Arbeitnehmer Anspruch auf Gleichstellung hat (BAG 13.3.2013, BAGE 144, 306 =
NZA 2013, 680 Rn. 35). Stellt sich die Unwirksamkeit des zunächst in Bezug
genommenen Tarifvertrags heraus, ist die **rückwirkende formularvertragli-**
che Inbezugnahme eines anderen, wirksamen Tarifvertrags nach Rechtsprechung des BAG **unwirksam,** weil darin eine unangemessene Benachteiligung
des Leiharbeitnehmers iSv § 307 Abs. 1 S. 1 BGB liegt (BAG 27.1.2016, NZA
2016, 679 Rn. 14).

Die Inbezugnahme eines Tarifvertrags bildet den praktischen Regelfall, da   **72**
Leiharbeitnehmer meist nicht Mitglied einer Gewerkschaft sind. Es besteht
in der Zeitarbeitsbranche ein sehr niedriger Organisationsgrad. Daher spielt

die Inbezugnahme von Tarifverträgen der Zeitarbeitsbranche in der Praxis eine **überragende Rolle** (ErfK/*Wank* AÜG § 3 Rn. 23b; *Lembke* DB 2011, 414 (417); *Thüsing/Lembke* ZfA 2007, 87 (90)). Rechtspolitisch wird dies teilweise als **Fehlentwicklung** kritisiert, da die Möglichkeit der Inbezugnahme den Anreiz zum Verbandsbeitritt auf Arbeitgeberseite vermindert (*Ulber,* Rechtsgutachten 1. RefE, S. 17; Ausschussdrs. 18(11)761, 16, 66; *Rödl/Ulber* NZA 2012, 841; *Zimmer* NZA 2013, 289 (292 f.)) und eine „virtuelle Repräsentation" der Leiharbeitnehmer durch die Gewerkschaften trotz fehlender Mitgliederbasis ermöglicht (vgl. *Schüren* RdA 2006, 303 (306 f.)). Bedenken im Hinblick auf die Vereinbarkeit der Bezugnahmemöglichkeit mit der **RL 2008/104/EG** bestehen allerdings nicht (ausf. → Rn. 43 ff., insbes. 46)

73   Liegt **keine wirksame Bezugnahme** auf einen abweichenden Tarifvertrag vor, hat der Leiharbeitnehmer Anspruch auf **Equal-pay/treatment,** dh der Verleiher muss die Arbeitsbedingungen gewähren, die einem vergleichbaren Arbeitnehmer im Entleihbetrieb (→ Rn. 26 ff.) zustehen würden (BAG 19.9.2007, NZA-RR 2008, 231; LAG Berlin-Brandenburg 20.9.2011, DB 2012, 119 = BeckRS 2011, 76625).

74   **(1) Einschlägiger Tarifvertrag und Umfang der Inbezugnahme.** Während die Arbeitsvertragsparteien auf Grund der ihnen zustehenden Vertragsfreiheit grundsätzlich jeden Tarifvertrag ganz oder teilweise in Bezug nehmen können (BAG 19.1.1999, AP TVG § 1 Bezugnahme auf Tarifvertrag Nr. 9), ist die Inbezugnahme in den Fällen der Abweichung von tarifdispositivem Gesetzesrecht beschränkt. Hier ist die Bezugnahme des räumlich, zeitlich, fachlich und betrieblich **einschlägigen Tarifvertrages** erforderlich (*Ferme* NZA 2011, 619 (621); Wiedemann/*Oetker* TVG § 3 Rn. 387; FW BA AÜG Ziff. 8.2 Abs. 3.2). Die Arbeitsvertragsparteien müssen demnach auf den Tarifvertrag Bezug nehmen, der für sie gelten würde, wenn sie tarifgebunden wären. Ausgeschlossen ist somit eine Verweisung mangels zeitlicher Geltung auf einen („alten") **abgelaufenen Tarifvertrag** und mangels Eröffnung des betrieblichen Geltungsbereichs auf einen **fremden (Firmen-)Tarifvertrag.** Dies ergibt sich aus dem eindeutigen Wortlaut der Vorschrift des Abs. 2 Satz 3: *„im Geltungsbereich eines solchen Tarifvertrags . . . "* (vgl. auch LAG Berlin-Brandenburg 20.9.2011, DB 2012, 119 (121) = BeckRS 2011, 76625). Denn nur ein einschlägiger Tarifvertrag kann eine sachgerechte und angemessene Regelung treffen.

75   In **Mischbetrieben** kann daher mit einer Bezugnahme auf einen Zeitarbeitstarifvertrag vom Gleichstellungsgrundsatz nur dann abgewichen werden, wenn auch Mischbetriebe vom tarifautonom festgelegten Geltungsbereich des Tarifvertrags erfasst werden (zum Problem → Rn. 63 ff.). Ist dies der Fall, steht die gesetzliche Regelung in Abs. 2 Satz 3 der Inbezugnahme nicht entgegen, denn der Wortlaut von Abs. 2 Satz 3 (ebenso wie zuvor von § 3 Abs. 1 Nr. 3 S. 3 aF) enthält, anders als zB § 6 AEntG, keine Beschränkung durch ein Überwiegensprinzip (→ Rn. 65); er stellt vielmehr allein auf den Geltungsbereich des Tarifvertrags und damit seine Einschlägigkeit ab (vgl. BSG 12.10.2016, NZS 2017, 306 Rn. 29 ff. zu § 3 Abs. 1 Nr. 3 S. 3 aF;

weiterhin *Lembke/Distler* NZA 2006, 952 (955); aA Voraufl. § 3 Rn. 98; ErfK/*Wank* § 3 Rn. 23b).

Der Tarifvertrag ist **vollständig** und umfassend in Bezug zu nehmen (FW   **76** BA AÜG Ziff. 8.2 Abs. 3.2; zur Höchstüberlassungsdauer ebenso BT-Drs. 18/9232, 20). Nur die **globale Inbezugnahme** des Tarifvertrags ermöglicht die Abweichung vom Gleichstellungsprinzip, da bei einer Teilinbezugnahme neben dem tariflichen Gestaltungswillen der Sozialpartner auch die arbeitsvertragliche Gestaltung zum Tragen kommt (→ Rn. 46, 58; wie hier *Hamann* EuZA 2009, 287 (310); Schüren/Hamann/*Schüren* § 9 Rn. 167 f.; *Ulber* § 9 Rn. 313; aA Voraufl. § 3 Rn. 106; *Ulrici* § 8 Rn. 62; *Thüsing* DB 2003, 446 (449); *Nebeling/Gründel* BB 2009, 2366 (2368)).

Die Vereinbarung einer **Absicherungs- bzw. Tarifwechselklausel,** die   **77** für den Fall der Unwirksamkeit des in Bezug genommenen Tarifvertrags auf einen anderen Tarifvertrag verweist, kann wegen **Verstoßes gegen das Transparenzgebot** (§ 307 Abs. 1 S. 2 BGB) unwirksam sein, wenn es für den Leiharbeitnehmer unklar ist, auf welcher dauerhaften tariflichen Grundlage sich sein Arbeitsverhältnis gründet. Hinzu kommt die Unsicherheit, von wem und wann überhaupt festgestellt wird, ob die in Bezug genommenen Tarifverträge unwirksam sind bzw. werden (BAG 15.1.2009, EzAÜG KSchG Nr. 30; *Brors* BB 2006, 101 (103 f.); *Lembke* BB 2010, 1533 (1536); *Rolfs/Witschen* DB 2010, 1180 (1184); *Schlegel* NZA 2011, 380 (381); Schüren/Hamann/*Schüren* § 9 Rn. 102; 181; *Ulber* § 9 Rn. 300, 315; UBGH/*Hurst* § 8 Rn. 108 ff.; zu Gestaltungsmöglichkeiten s. Preis/*Greiner,* Der Arbeitsvertrag, 5. Aufl. 2015, II V 40 Rn. 65c ff.).

Die dynamische **Bezugnahme auf einen mehrgliedrigen Tarifvertrag,**   **78** also einen mit mehreren Einzelgewerkschaften abgeschlossenen, in einer Urkunde zusammengefassten Tarifvertrag (vgl. BAG 8.11.2006, AP TVG § 5 Nr. 33; 13.3.2013, BAGE 144, 306 = NZA 2013, 680 Rn. 31 f.; LAG Berlin-Brandenburg 20.9.2011, DB 2012, 119 = BeckRS 2011, 76625), ist nur dann hinreichend transparent und verständlich, wenn klargestellt ist, welche der möglichen tariflichen Regelungen unter welchen Voraussetzungen Anwendung finden soll (zu Gestaltungsvorschlägen s. Preis/*Greiner,* Der Arbeitsvertrag, 5. Aufl. 2015, II V 40 Rn. 65g ff.; UBGH/*Hurst* § 8 Rn. 113). Die verschiedenen in Bezug genommenen Tarifverträge können unabhängig voneinander zu unterschiedlichen Zeitpunkten gekündigt, neu abgeschlossen oder inhaltlich divergierend geändert werden. Diese sich dann möglicherweise widersprechenden Tarifverträge fänden aufgrund der dynamischen Bezugnahmeklausel sämtlich auf das Arbeitsverhältnis Anwendung, ohne dass sich im Konfliktfall bestimmen ließe, welcher Tarifvertrag der maßgebliche sein soll. Da mit der Bezugnahme auf die verschiedenen Tarifverträge das gesetzliche Gleichstellungsgebot ausgeschlossen werden soll, ist eine klare und bestimmte Festlegung der anwendbaren Tarifverträge erforderlich. Ohne eine solche klare Feststellung liegt ein **Verstoß gegen das Transparenzgebot** (§ 307 Abs. 1 S. 2 BGB) vor (BAG 13.3.2013, BAGE 144, 306 = NZA 2013, 680 Rn. 31 f.; BAG 13.3.2013, AP AÜG § 10 Nr. 24 Rn. 22 f.; LAG Berlin-Brandenburg 20.9.2011, DB 2012, 119 = BeckRS 2011, 76625; ArbG Frankfurt/Oder 9.6.2011, LAGE § 9 AÜG Nr. 8 = BeckRS 2011, 76368; ArbG Arnsberg

24.2.2011, BeckRS 2011, 79149; ArbG Lübeck 15.3.2011, BeckRS 2011, 76558; *Nielebock* jurisPR-ArbR 11/2012 Anm. 6; krit. *Lembke/Mengel/Schüren/Stoffels/Thüsing/Schunder* NZA 2013, 948; aA Boemke/Lembke/*Lembke* § 9 Rn. 310 ff.; *Bayreuther* NZA 2012, 14 (17); *Lembke* NZA 2011, 1062 (1065); *Lützeler/Bissels* DB 2011, 1636 (1639); *Stoffels/Bieder* RdA 2012, 27). Eine kumulative **einzelvertragliche Bezugnahme** auf die – mittlerweile ohnehin gekündigten und damit als Bezugnahmeziel untauglichen (→ Rn. 70 f.) – Tarifverträge zwischen dem **AMP** und der **CGZP,** der **CGM,** der **DHV,** dem **BIGD,** dem **ALEB** sowie der **medsonet** in ihrer jeweils gültigen Fassung war daher **unwirksam** (BAG 13.3.2013, BAGE 144, 306 = NZA 2013, 680 Rn. 31 f.; BAG 13.3.2013, AP AÜG § 10 Nr. 24 Rn. 22 f.; LAG Berlin-Brandenburg 20.9.2011, DB 2012, 119 = BeckRS 2011, 76625; ArbG Frankfurt/Oder 9.6.2011, LAGE § 9 AÜG Nr. 8 = BeckRS 2011, 76368; zur heutigen Tarifsituation → Rn. 50 f.).

79   Einem nicht tarifgebundenen Verleiher steht es grundsätzlich frei, mit einigen Leiharbeitnehmern die Anwendung eines Tarifvertrages und mit anderen eine Gleichstellung mit den Arbeitsbedingungen des Entleihers zu vereinbaren. Die Vertragsfreiheit des Verleihers findet insofern jedoch ihre Grenzen im **arbeitsrechtlichen Gleichbehandlungsgrundsatz.**

80   **(2) Inbezugnahme durch einen Verleiher mit Sitz in EU/EWR.** Ein Verleiher mit Sitz in der EU bzw. im EWR kann einen **ausländischen Tarifvertrag** in Bezug nehmen, soweit dies nach dem ausländischen Arbeitsrecht möglich ist. An den ausländischen Tarifvertrag sind aus deutscher Sicht jedoch gewisse Mindestanforderungen zu stellen (→ Rn. 68). Einen **deutschen Tarifvertrag** kann ein in der EU bzw. im EWR ansässiger Verleiher hingegen nicht in Bezug nehmen, da es insoweit an der Einschlägigkeit des räumlichen Geltungsbereichs fehlt (→ Rn. 74; aA wohl *Ulber* § 9 Rn. 311).

81   Etwas anderes gilt, wenn der in der EU bzw. im EWR ansässige Verleiher auf dem Gebiet der Bundesrepublik einen eigenen Betriebssitz hat. Davon ist auszugehen, wenn der ausländische Verleiher eine **Zweigniederlassung in Deutschland** errichtet hat, die im deutschen Handelsregister eingetragen ist. Diese Niederlassung kann dann auch rechtlich unselbständig sein. Voraussetzung ist jedoch, dass die Niederlassung eine Leitung hat, die befugt ist, Einstellungen und Entlassungen vorzunehmen.

82   **(3) Formen der Inbezugnahme.** Die Einbeziehung des gesetzesvertretenden Tarifvertrages in den einzelnen Arbeitsvertrag ist **formfrei möglich.** Sie kann sogar konkludent erfolgen (BAG 19.1.1999, AP TVG § 1 Bezugnahme auf Tarifvertrag Nr. 9; 11.8.1988, AP BGB § 625 Nr. 5). Die Inbezugnahme kann entweder durch die wörtliche Übernahme der Tarifbestimmungen in den Text des Arbeitsvertrages oder durch Verweis auf einen bestimmten Tarifvertrag im Arbeitsvertrag erfolgen. Prinzipiell in Betracht kommt eine statische oder dynamische Verweisung von Tarifverträgen: Bei der statischen Verweisung wird ein genau definierter Tarifvertrag in Bezug genommen, während eine dynamische Verweisung durch den Bezug auf einen Tarifvertrag in der jeweils aktuellen Fassung gekennzeichnet ist (dazu *Schrader* BB 2005, 715 ff.). Für die dauerhaft wirksame Abweichung vom Gleichstellungsprinzip ist allerdings **nur die dynamische Verweisung geeignet,** da bei einer statischen Bezugnahmeklausel im Zeitverlauf eine inhaltliche Divergenz von aktuell gültigem Tarifvertrag und arbeitsvertraglichem Bezugnahmeziel droht. Die Verweisung auf einen abgelaufenen, aktuell nicht mehr gültigen Tarifvertrag bewirkt jedoch keine wirksame Abweichung vom Gleichstellungsprinzip ($\rightarrow$ Rn. 74).

e) Nachwirkender Tarifvertrag. Auch **normativ nachwirkende** 83 Tarifverträge (§ 4 Abs. 5 TVG) können eine Abweichung vom Gleichstellungsgrundsatz (weiterhin) wirksam ermöglichen (FW BA AÜG Ziff. 8.2 Abs. 4). Für im Nachwirkungsstadium neu begründete Arbeitsverhältnisse beansprucht der Tarifvertrag allerdings nach st. Rspr. des BAG keine normative Geltung (vgl. BAG 15.11.2006, NZA 2007, 448 Rn. 32 mwN), sodass insofern lediglich die einzelvertragliche Bezugnahme den Gleichstellungsgrundsatz suspendieren lässt (ebenso FW BA AÜG Ziff. 8.2 Abs. 4). Generell ermöglicht nur eine dynamisch ausgestaltete **einzelvertragliche Inbezugnahme** die Abweichung vom Gleichstellungsgrundsatz (ErfK/*Wank* § 3 Rn. 23e; *Hamann* BB 2005, 2185 (2187 f.); *Nebeling/Gründel* BB 2009, 2366 (2369); *Röder/Krieger* DB 2006, 2122 (2123); Schüren/Hamann/*Schüren* § 9 Rn. 177; *Thüsing* DB 2003, 446 (449); UBGH/*Hurst* § 8 Rn. 81 f.; differenzierend Boemke/Lembke/*Lembke* § 9 Rn. 430, *Bayreuther* BB 2010, 309 (310 ff.)). Eine **statische Verweisung** genügt dagegen nicht, denn der Verleiher hat sich dann von etwaigen zukünftigen Entwicklungen des Tarifvertrags bewusst abgekoppelt; die **Überbrückungsfunktion** der Nachwirkung ist folglich **nicht einschlägig** (*Nebeling/Gründel* BB 2009, 2366 (2369); Schüren/Hamann/*Schüren* § 9 Rn. 175 f.; *Ulber* § 9 Rn. 263).

Da es sich bei Abs. 2 um tarifdispositives Recht und eine **Abweichung** 84 **vom gesetzlichen Gleichstellungsgrundsatz** handelt, ist – anders als im Normalfall eines nachwirkenden Tarifvertrags – eine **Begrenzung der Nachwirkung** erforderlich. Ein nachwirkender Tarifvertrag darf aufgrund der Überbrückungsfunktion den gesetzlichen Gleichstellungsgrundsatz nur verdrängen, solange der Abschluss eines neuen Tarifvertrages noch realistisch in Aussicht steht (Boemke/Lembke/*Lembke* § 9 Rn. 400, 431; *Bayreuther* BB 2010, 309 (311 ff.); *Kocher* DB 2010, 900 (903); aA UBGH/*Hurst* § 8 Rn. 83 f.). Wollen die Tarifvertragsparteien keinen neuen Tarifvertrag mehr vereinbaren oder erklären die Parteien übereinstimmend das Scheitern der neuen Verhandlungen, **endet die Nachwirkung** und damit die Ausnahme vom Gleichstellungsgrundsatz. Auch ohne ausdrückliche Erklärung endet die Nachwirkung, wenn keine realistische Aussicht auf eine Nachfolgeregelung besteht. Davon ist nach **Ablauf eines Jahres,** beginnend mit dem Ende der normativen Vollwirkung des Tarifvertrages, grundsätzlich auszugehen, sofern keine anderweitigen Umstände erkennbar sind (*Kocher* DB 2010, 900 (903); FW BA AÜG Ziff. 8.2 Abs. 5; ähnlich *Bayreuther* BB 2010, 309 (314), der jedoch strikt auf die Jahresfrist abstellt; aA *Ulber* § 9 Rn. 266, der eine Nachwirkung für Entgelttarifverträge gänzlich ablehnt; UBGH/*Hurst* § 8 Rn. 84, der jede Begrenzung der Nachwirkung ablehnt).

85 Im Falle der **Neubegründung eines Leiharbeitsverhältnisses im Nachwirkungszeitraum** führt § 4 Abs. 5 TVG selbst bei beidseitiger kongruenter Tarifbindung nicht zur unmittelbaren Tarifgeltung (Boemke/Lembke/*Lembke* § 9 Rn. 430; *Bayreuther* BB 2010, 309 (314); *Hamann* BB 2005, 2185 (2187); *Nebeling/Gründel* BB 2009, 2366 (2368); *Ulber* § 9 Rn. 263; FW BA AÜG Ziff. 8.2 Abs. 4; diff. für dynamische Verweisungen UBGH/*Hurst* § 8 Rn. 82). Anders als bei einem Übergang in die Nachwirkung gerät das Arbeitsverhältnis nicht in einen ungeregelten Zustand. Vielmehr sind die Parteien des Arbeitsvertrages von vorneherein in der Lage, den Vertragsinhalt zu gestalten (*Hamann* BB 2005, 2185 (2188 f.)). Bei einer **einzelvertraglichen Inbezugnahme,** wenn also der nachwirkende, die Abweichung vom Gleichstellungsgrundsatz regelnde Tarifvertrag ausdrücklich im Arbeitsvertrag des Leiharbeitnehmers in Bezug genommen wird, ist dagegen eine Abweichung vom Gleichstellungsgrundsatz möglich, solange die Nachwirkung reicht (Boemke/Lembke/*Lembke* § 9 Rn. 430; *Bayreuther* BB 2010, 309 (314); *Hamann* BB 2005, 2185 (2188); *Kocher* DB 2010, 900 (904); *Nebeling/Gründel* BB 2009, 2366 (2368 f.); *Thüsing* DB 2003, 446 (449); FW BA AÜG Ziff. 8.2 Abs. 4; aA *Ulber* § 9 Rn. 313).

86 **f) Zurückbleiben des TV hinter der Lohnuntergrenze (Satz 4).** Das BMAS kann aufgrund gemeinsamen Vorschlags von Gewerkschaften und Arbeitgebervereinigungen, die bundesweit tarifliche Mindeststundenentgelte im Bereich der Arbeitnehmerüberlassung miteinander vereinbart haben, diese als **Lohnuntergrenze** in einer Rechtsverordnung gemäß § 3a Abs. 2 verbindlich festsetzen (→ § 3a Rn. 7 ff.). Diese ist dann gemäß § 8 Abs. 5 für die erfassten Verleiher und deren Leiharbeitnehmer sowohl in **Einsatzzeiten** als auch **verleihfreien Zeiten** verbindlich – eine Vorgabe aus Art. 5 Abs. 2 RL 2008/104/EG.

87 Nach einer vom 1.1.2017 bis 31.5.2017 andauernden Unterbrechung infolge Ablaufs der Geltung der Zweiten Lohnuntergrenzenverordnung vom 21.3.2014 (BAnz. AT 26.3.2014 V1) besteht nunmehr nach **Inkrafttreten der Dritten Verordnung über eine Lohnuntergrenze in der Arbeitnehmerüberlassung** vom 26.5.2017 (BAnz. AT 31.5.2017 V1) seit dem 1.6.2017 erneut eine Lohnuntergrenze (→ Rn. 2).

88 Nach § 2 Abs. 2 der Dritten Lohnuntergrenzenverordnung vom 26.5.2017 (BAnz. AT 31.5.2017 V1) beträgt die Lohnuntergrenze für Leiharbeitnehmer in Berlin, Brandenburg, Mecklenburg-Vorpommern, Sachsen, Sachsen-Anhalt und Thüringen vom 1.6.2017 bis zum 31.3.2018 8,91 Euro, vom 1.4.2018 bis zum 31.12.2018 9,27 Euro, vom 1.1.2019 bis zum 30.9.2019 9,49 Euro und vom 1.10.2019 bis zum 31.12.2019 9,66 Euro. In den übrigen Bundesländern beträgt die Lohnuntergrenze vom 1.6.2017 bis zum 31.3.2018 9,23 Euro, vom 1.4.2018 bis zum 31.3.2019 9,49 Euro, vom 1.4.2019 bis zum 30.9.2019 9,79 Euro und vom 1.10.2019 bis zum 31.12.2019 9,96 Euro. Gemäß § 2 Abs. 3 der Verordnung richtet sich das demnach geschuldete Mindeststundenentgelt grundsätzlich nach dem jeweiligen Arbeitsort; auswärtig beschäftigte Leiharbeitnehmer behalten allerdings den Anspruch auf das Entgelt ihres Einstellungsortes, soweit dieses höher ist.

Soweit ein Tarifvertrag eine Vergütung **unterhalb** einer nach § 3a Abs. 2 **89** festgesetzten **Lohnuntergrenze** vorsieht, hat der Leiharbeitnehmer gemäß Abs. 2 Satz 4 rückwirkend Anspruch auf das für eine Arbeitsstunde zu zahlende Arbeitsentgelt, das einem vergleichbaren Arbeitnehmer des Entleihers zusteht **(Equal-pay)** und nicht etwa nur auf das festgesetzten Mindestlohn (vgl. *Hamann* RdA 2011, 321 (330) zu der bis 31.3.2017 geltenden, entsprechenden Regelung in § 10 Abs. 4 S. 3 aF). Die Wirksamkeit des Tarifvertrags im Übrigen bleibt jedoch auch in dieser Konstellation unberührt (BT-Drs. 17/5238, 16). Ferner ist der Verstoß **bußgeldbewehrt** (§ 16 Nr. 7b). Das Bußgeld kann bis zu **500.000 Euro** betragen. Eine festgesetzte Lohnuntergrenze befreit den Verleiher iÜ nicht vom Gleichstellungsgrundsatz; daher hat ein Leiharbeitnehmer daneben Anspruch auf **Equal-pay/treatment,** auch wenn seine Vergütung oberhalb der Mindeststundenentgelte liegt (vgl. auch *Ulber* § 9 Rn. 271).

Die Einhaltung einer festgesetzten Lohnuntergrenze bedarf in der Praxis **90** einer effektiven **Kontrolle.** Deshalb wurde die **Zollverwaltung** mit demselben **Kontroll- und Sanktionsinstrumentarium** ausgestattet, das ihr nach den Vorschriften des **AEntG** zur Prüfung der Einhaltung branchenspezifischer Mindestlöhne und für die Kontrolle der Anwendung des **MiLoG** zur Verfügung steht. Die Zollverwaltung ist auch mit der Verfolgung und Ahndung von Verstößen betraut (§§ 17 Abs. 2, 17a ff.). Die **Durchführung des AÜG** selbst obliegt im Übrigen der **Bundesagentur für Arbeit,** die insbesondere für die Erteilung und Verlängerung der Erlaubnis zur Arbeitnehmerüberlassung, ihren Widerruf und ihre Rücknahme zuständig ist (vgl. § 17 Abs. 1).

Daneben hat auch der Leiharbeitnehmer einen Anspruch auf **allgemei-** **91** **nen gesetzlichen Mindestlohn** gem. §§ 1, 11 MiLoG iVm der Mindestlohnanpassungsverordnung (BGBl. 2016 I S. 2530). Daraus resultiert für die Zeit seit 1.1.2017 ein allgemeiner gesetzlicher Mindestlohn von 8,85 Euro. Die nächste Anpassung erfolgt voraussichtlich zum 1.1.2019. Unterschreitet ein Tarifvertrag den gesetzlichen Mindestlohn, findet Abs. 2 Satz 4 keine Anwendung; vielmehr ist die Tarifnorm gem. § 3 S. 1 MiLoG unwirksam. Da es dann an einer wirksamen tariflichen Abbedingung des Gleichstellungsgebots fehlt, bleibt es beim Grundsatz des Abs. 1: Der Leiharbeitnehmer hat den **vollen Equal-pay-Anspruch.** Die Unwirksamkeit bezieht sich aber punktuell nur auf die Entgeltregelung, sodass andere wesentliche Arbeitsbedingungen iSd Abs. 1 (→ Rn. 22 ff.) weiterhin wirksam durch den teilnichtigen Tarifvertrag abbedungen sein können (ähnlich zum MiLoG *Henssler* RdA 2015, 43 (47), der bei Teilunwirksamkeit der untersten Lohngruppe aufgrund des MiLoG die anderen Lohngruppen unberührt lassen möchte).

4. Abschwächung des Gleichstellungsprinzips durch Arbeitszeitkonten?

Ein bislang (zu) wenig beachtetes **Spannungsverhältnis** besteht zwischen **92** dem Gleichstellungsgrundsatz des § 8 und der tariflichen Praxis, Divergenzen zwischen dem in den Leiharbeitstarifverträgen geregelten Arbeitszeitumfang und der betriebsüblichen Arbeitszeit in Entleihbetrieben durch Arbeitszeitkonten aufzufangen. Entsprechende Regelungen finden sich in Ziffer 3.2.1. Bundesmanteltarifvertrag iGZ-DGB und § 4 Bundesmanteltarifvertrag BAP-DGB. Gilt für den Leiharbeitnehmer gerade der Equal-pay-Anspruch, weil die tarifdispositiven Abweichungszeiträume (§ 8 Abs. 4) bereits ausgeschöpft sind, wird dieser dadurch konterkariert, dass die über die regelmäßige Arbeitszeit hinausgehenden Arbeitsstunden im Entleihbetrieb nicht vergütet werden, sondern als Zeitgutschriften in das Arbeitszeitkonto eingestellt werden. Erfolgt überdies der Freizeitausgleich (wie regelmäßig) in einer verleihfreien Zeit, ist zusätzlich **§ 11 Abs. 4 S. 2** zu beachten, nach welchem im Leiharbeitsverhältnis der Anspruch auf Annahmeverzugsentgelt (§ 615 BGB) zwingend ist. Nicht auf den Leiharbeitnehmer abgewälzt werden darf somit das Risiko *fehlender Einsetzbarkeit* als klassisches Wirtschaftsrisiko des Verleihers (vgl. Boemke/Lembke/*Boemke* § 11 Rn. 115).

93   Dient der in einer verleihfreien Zeit gewährte Freizeitausgleich der nachgelagerten Erfüllung des Equal-pay-Anspruchs für eine vorangehende Einsatzzeit, wird mit dem fortgezahlten Arbeitsentgelt (und damit dem ohnehin zwingend in verleihfreien Zeiten gem. § 11 Abs. 4 S. 2 zu gewährenden Entgelt) zugleich der zwingende Equal-pay-Anspruch für die zurückliegende Einsatzzeit erfüllt. Statt zweier gesetzlich zwingend zu gewährender Vergütungen für zwei unterschiedliche Zeiträume wird dem Arbeitnehmer im Ergebnis somit nur eine Vergütung ausgezahlt. Dennoch hat das **BAG** mit Urteil v. 16.4.2014, BeckRS 2014, 68682) entschieden, dass auch im Leiharbeitsverhältnis die Einrichtung und Führung eines Arbeitszeitkontos zum Ausgleich der monatlichen Abweichungen zwischen der vereinbarten individuellen regelmäßigen Arbeitszeit des Arbeitnehmers und der tatsächlichen Arbeitszeit grundsätzlich unbedenklich ist. Allerdings dürfe das Arbeitszeitkonto im Leihverhältnis **nicht** dazu eingesetzt werden, **§ 11 Abs. 4 S. 2 zu umgehen.** Regelungen, die es dem Verleiher ermöglichten, in verleihfreien Zeiten einseitig das Arbeitszeitkonto abzubauen, seien daher unwirksam (iErg ebenso *Ulber* § 11 Rn. 67 f.; HWK/*Gotthardt/Roloff* § 11 Rn. 23; *Ulber* NZA 2009, 232 (233); ähnlich auch schon LAG Rheinland-Pfalz 24.4.2008, EzAÜG § 11 AÜG Verleiherpflicht Nr. 5; vgl. auch *Thüsing/Pötters* BB 2012, 317 (320); dezidiert dagegen Schüren/Hamann/*Schüren* § 11 Rn. 112; *Ulrici* § 8 Rn. 70). Zu ergänzen sind diese Überlegungen um den Konnex zu § 8, denn die Führung eines Arbeitszeitkontos darf auch nicht der **Umgehung des Equal-pay–Grundsatzes** in Entleihzeiten dienen. Die durch das BAG hervorgehobene Begrenzung muss demnach insbesondere dann gelten, wenn für die in das Arbeitszeitkonto eingestellten Arbeitsstunden der Equal-pay-Anspruch galt. Für die teilweise postulierte „Gesamtabwägung“, die darauf abzielen soll, ob das Arbeitszeitkontenmodell auch mit Vorteilen für den Leiharbeitnehmer verbunden ist (dafür BeckOK ArbR/*Motz* AÜG § 11 Rn. 16a), ist in dieser Konstellation angesichts der zwingenden gesetzlichen Vorgaben durch § 8 einerseits und § 11 Abs. 4 S. 2 andererseits kein Raum. Gänzlich unbedenklich ist angesichts dessen die Durchführung des

Arbeitszeitkontenmodells nur, sofern ein (arbeitnehmerdisponibler) Freizeitausgleich innerhalb der Einsatzzeiten bei ein und demselben Entleihbetrieb erfolgt, weil dann für die gutgeschriebene Arbeitszeit und die als Ausgleich gewährte Freistellung mit dem Equal-pay-Anspruch des § 8 dieselbe zwingende gesetzliche Vergütungsregel gilt.

V. Verjährung, Verzicht, Ausschluss von Equal-pay

Der Gleichstellungsanspruch unterliegt der **Regelverjährung** der **94** §§ 195, 199 BGB (BAG 24.9.2014, AP AÜG § 10 Nr. 47 Rn. 21; 20.11.2013, AP AÜG § 10 Nr. 30 Rn. 9; 23.10.2013, BAGE 146, 217 = NZA 2014, 200 Rn. 24). Die Verjährungsfrist beginnt mit dem Schluss des Jahres, in dem der **Anspruch entstanden** ist und der Arbeitnehmer **Kenntnis** von den anspruchsbegründenden Umständen erlangt hat; ausreichende Kenntnis iSv § 199 Abs. 1 Nr. 2 BGB hat der Arbeitnehmer nach höchstrichterlicher Rechtsprechung, wenn er Kenntnis von der Tatsache hat, dass vergleichbare Stammarbeitnehmer des Entleihers mehr verdienen als er (BAG 20.11.2013, AP AÜG § 10 Nr. 30 Rn. 12; 13.3.2013, BAGE 144, 322 = NZA 2013, 785 Rn. 25). Kenntnis von der rechtlichen Bewertung, dass der abweichende Tarifvertrag iSd Abs. 2, Abs. 4 nichtig ist, ist hierzu nicht erforderlich (BAG 13.3.2013, BAGE 144, 322 = NZA 2013, 785 Rn. 24); das ist jedenfalls für die Konstellation des CGZP-Beschlusses zweifelhaft (vgl. Schüren/Hamann/*Schüren* § 10 Rn. 257; *Greiner/Strippelmann* EWiR 2013, 571).

Ausschlussfristen im Arbeitsvertrag können sich nach höchstrichter- **95** licher Judikatur auch auf den Equal-pay/treatment-Anspruch beziehen: Es handele sich um eigenständige arbeitsvertragliche Regelungen, denen die einzelvertragliche Unabdingbarkeit des gesetzlichen Anspruchs nicht entgegenstehe. Ausschlussfristen beträfen nämlich „ausschließlich die Art und Weise der Durchsetzung eines entstandenen Anspruchs" und gehörten nicht zu dessen unabdingbarem Inhalt (BAG 13.3.2013, BAGE 144, 306 = NZA 2013, 680 Rn. 36; UBGH/*Hurst* § 8 Rn. 118). Das dient zweifellos dem Interesse an einer schnellen, effizienzdienlichen Bereinigung der Rechtslage, begegnet aber denselben systematischen Bedenken wie Ausschlussfristen bei allen anderen zwingenden gesetzlichen Ansprüchen auch. Auch auf Basis der höchstrichterlichen Rechtsprechung müssen die Ausschlussfristen jedenfalls aber den allgemeinen Vorgaben der §§ 305 ff. BGB genügen (vgl. BAG 27.1.2016, AP BGB § 307 Nr. 71 Rn. 21; allg. BeckOK ArbR/*Jacobs* BGB § 307 Rn. 35 f.). Daraus folgen insbes. **Transparenzanforderungen:** Eine einzelvertragliche Ausschlussfrist, die sowohl auf die Fälligkeit des Anspruchs als auch auf Entstehung des Anspruchs abstellt, erschwert dem Arbeitnehmer das Verständnis, wenn nicht hinreichend erkennbar wird, wann die Frist zu laufen beginnt (BAG 19.2.2014, AP AÜG § 10 Nr. 38 Rn. 23). Die teilweise erwogene Konstruktion, dass eine Ausschlussfristenregelung in einem unwirksamen CGZP-Tarifvertrag kraft Bezugnahme als Allgemeine Geschäftsbedingung Bestandteil des Arbeitsvertrags geworden sein könnte, hat das BAG ebenfalls aus Transparenzgründen verworfen (BAG 28.1.2015, AP AÜG § 10 Nr. 51 Rn. 14; 13.3.2013, BAGE 144, 306 = NZA 2013, 680 Rn. 35; dagegen *Löwisch* SAE 2013, 11 (13)). Ebenso wenig wie hinsichtlich der Verjährung (→ Rn. 94) führt eine **Fehleinschätzung** des Arbeitnehmers **hinsichtlich der Rechtslage** zur Hemmung der Ausschlussfrist: Vertraue der Leiharbeitnehmer auf die Rechtswirksamkeit einer arbeitsvertraglichen Gestaltung, ist dieses Vertrauen nach kritikwürdiger Auffassung des BAG ebenso wenig geschützt wie das des Verleihers (BAG 24.9.2014, AP AÜG § 10 Nr. 45 Rn. 30; 25.9.2013, BAGE 144, 322 = NZA 2013, 785 Rn. 25 f.). Eine individualvertraglich vereinbarte Ausschlussfrist soll einer tariflichen vorgehen (BAG 28.1.2015, AP AÜG § 10 Nr. 51 Rn. 16).

96 **Ausgleichsklauseln,** zB im Rahmen eines Aufhebungsvertrags, einer „Ausgleichsquittung" oder eines Vergleichs, können ebenfalls zum materiell-rechtlichen Erlöschen oder zur Undurchsetzbarkeit des Gleichstellungsanspruchs führen. Gerichtliche Vergleiche, die ausdrücklich auch unbekannte Ansprüche erfassen, führen zum umfassenden Anspruchsausschluss und haben damit die Wirkung eines konstitutiven negativen Schuldanerkenntnisses (BAG 27.5.2015, BAGE 151, 382 = NZA 2015, 1125). Dagegen hat eine individualvertragliche „Ausgleichsquittung" idR nur die Wirkung eines deklaratorischen negativen Schuldanerkenntnisses bzgl. bestehender und bekannter Ansprüche (BAG 23.10.2013, BAGE 146, 217 = NZA 2014, 200 Rn. 17). All dies ist aber Auslegungsfrage und damit abhängig von den Parteivereinbarungen und Umständen des Einzelfalls.

97 **Verzichtsklauseln** nach Entstehen des Equal-pay/treatment-Anspruchs sind grds. zulässig, da das AÜG keine den § 77 Abs. 4 S. 2 BetrVG, § 4 Abs. 4 S. 1 TVG entsprechende Regelung mit einer drittwirkenden oder auf institutionelle Schutzaspekte abzielenden Intention kennt. Ebenso wie zB im Entgeltfortzahlungsrecht ist auch der Equal-pay-Anspruch Vermögensbestandteil des Arbeitnehmers, über den er frei verfügen kann (BAG 24.2.2016, NZA 2016, 762 Rn. 54). Zu beachten sind dabei allerdings zum einen die durch das AGB-Recht gesetzten Grenzen (BAG 24.2.2016, NZA 2016, 762 Rn. 44). Möglich ist zudem nur der Verzicht auf den bereits entstandenen Anspruch. Demgegenüber wäre ein vorab, zB im Arbeitsvertrag, vereinbarter Vorabverzicht nichts anderes als eine unwirksame Abbedingung des einzelvertraglich nicht dispositiven Gleichstellungsanspruchs.

VI. Rückausnahme: „Drehtürregelung" (Abs. 3)

1. Inhalt und Ziel

98 Die sog. „Drehtürklausel", die heute in Abs. 3 geregelt ist und eine Zusammenführung von § 9 Nr. 2 S. 4 aF und § 3 Abs. 1 Nr. 3 S. 4 aF ohne inhaltliche Änderungen darstellt (so BT-Drs. 18/9232, 24), soll den **missbräuchlichen Einsatz** der Arbeitnehmerüberlassung in den Fällen ausschließen, in denen Arbeitnehmer entlassen oder nicht weiter beschäftigt werden, also aus dem Unternehmen ausscheiden, und innerhalb von sechs Monaten als

Leiharbeitnehmer wieder in ihrem ehemaligen Unternehmen oder einem anderen Unternehmen desselben Konzerns zu schlechteren Arbeitsbedingungen eingesetzt werden (sog. Drehtür-Methode). Die Regelung ist mWz **30.4.2011** in Kraft getreten, gilt gem. § 19 Abs. 1 aber nur für **ab dem 15.12.2010 begründete Leiharbeitsverhältnisse** (ausf. Voraufl. § 3 Rn. 120).

Regelungszweck ist zu verhindern, dass das arbeitsmarktpolitische Instrument der Arbeitnehmerüberlassung missbräuchlich eingesetzt wird. Gleichwohl bleibt der Einsatz von Leiharbeitnehmern auch in diesen Fällen weiterhin möglich, jedoch sind den Leiharbeitnehmern die gleichen wesentlichen Arbeitsbedingungen einschließlich des Arbeitsentgelts zu gewähren wie vergleichbaren Arbeitnehmern im Betrieb des Entleihers. In diesem Fall ist der Verleiher folglich verpflichtet, einem Leiharbeitnehmer Equal-pay/treatment zu gewähren. Die sog. Drehtürregelung leistet damit einen wichtigen Beitrag, um den **Missbrauch der Arbeitnehmerüberlassung zu verhindern** und die betroffenen Leiharbeitnehmer zu schützen (BT-Drs. 17/4804, 9). **99**

Fällt ein Leiharbeitnehmer unter die Drehtürklausel, ist ihm Equal-pay/ treatment **während des gesamten Einsatzes** beim betreffenden Entleiher, dh **dauerhaft** – und nicht nur innerhalb des Sechsmonatszeitraums – zu gewähren (*Hamann* RdA 2011, 321 (328); *Lembke* DB 2011, 414 (419); aA *Rosenau/Mosch* NJW-Spezial 2011, 242). Andernfalls liefe die gesetzgeberische Intention leer. **100**

2. Innerhalb der letzten sechs Monate innerhalb desselben Konzerns

Die Anwendung einer abweichenden tariflichen Regelung ist nicht zulässig, wenn der Leiharbeitnehmer in den letzten **sechs Monaten vor der Überlassung** an den Entleiher in einem **Arbeitsverhältnis** zu dem Entleiher oder einem anderen Unternehmen desselben Konzerns stand. Eine freie Mitarbeit, ein Praktikum oder ein **Ausbildungsverhältnis** (UBGH/*Hurst* § 8 Rn. 126; *Lembke* DB 2011, 414 (419)) sind dagegen **nicht erfasst.** Gegen die Einbeziehung von ehemaligen Auszubildenden spricht nicht nur der Wortlaut, sondern auch der Umstand, dass im Gesetzgebungsverfahren der Antrag auf Ergänzung der Regelung des § 3 Nr. 3 aF um ein Ausbildungsverhältnis abgelehnt worden ist (BT-Drs. 17/5238, 10, 11). Etwas anderes gilt, wenn der Arbeitnehmer nach Abschluss seiner Ausbildung unmittelbar als Arbeitnehmer übernommen worden ist (*Ulber* § 9 Rn. 277, 281). **101**

Der Arbeitnehmer muss zudem aus dem Arbeitsverhältnis „ausgeschieden" sein. Dies ist der Fall, wenn das Arbeitsverhältnis **beendet** ist, zB durch **Kündigung** oder **Aufhebungsvertrag.** Auch das Auslaufen (bzw. die Nichtverlängerung) einer **Befristung** ist vom Wortlaut der Norm erfasst (UBGH/*Hurst* § 8 Rn. 127) und entspricht dem Willen des Gesetzgebers: Erfasst sein soll nicht nur der Fall, dass Arbeitnehmer entlassen werden, sondern auch den Fall, dass Arbeitnehmer schlicht „nicht weiterbeschäftigt **102** werden" (BT-Drs. 17/4804, 9, FW BA AÜG Ziff. 8.3 Abs. 1). Wird der Arbeitnehmer anschließend von einem Verleiher sachgrundlos befristet eingestellt und als Leiharbeitnehmer wieder bei seinem bisherigen Arbeitgeber (ggf. sogar auf seinem bisherigen Arbeitsplatz) eingesetzt, liegt darin nach höchstrichterlicher Rechtsprechung noch **keine missbräuchliche Gestaltung** iSd Befristungsrechts (BAG 9.3.2011, NZA 2011, 1147; 18.10.2006, AP TzBfG § 14 Verlängerung Nr. 4; LAG Hamm 30.7.2009, BeckRS 2011, 73490; *Bauer/Fischinger* DB 2007, 1410 (1412); ErfK/*Müller-Glöge* TzBfG § 14 Rn. 95; *Heidl* RdA 2009, 297 (299); *Mengel* RdA 2008, 175 (176 f.); vgl. aber die überzeugende Kritik daran, exemplarisch bei LAG Köln 25.3.2011, BeckRS 2011, 76740; *Brose* DB 2008, 1378 (1380 ff.); *Düwell/Dahl* DB 2010, 1759 (1760); *Preis/Greiner* RdA 2010, 148 (160 f.)). Der Arbeitnehmer ist ebenfalls „ausgeschieden", wenn das Arbeitsverhältnis lediglich **ruhend gestellt** wurde (ErfK/*Wank* AÜG § 3 Rn. 24a; *Hamann* RdA 2011, 321 (328); *Ulber* § 9 Rn. 282; zweifelnd UBGH/*Hurst* § 8 Rn. 127; *Lembke* DB 2011, 414 (419)). Andernfalls läge eine rechtsmissbräuchliche Umgehung der zwingenden Vorschrift vor.

103   Für die Berechnung des **6-Monats-Zeitraums** kommt es einerseits auf das **Beendigungsdatum** beim bisherigen Arbeitgeber und andererseits auf den **ersten Tag der vertraglich vereinbarten Tätigkeit** beim Entleiher an – es gelten die §§ 187 Abs. 1, 188 Abs. 2 Var. 1 BGB. Ob der Entleiher und der bisherige Arbeitgeber des Leiharbeitnehmers zu demselben **Konzern** gehören, bestimmt sich nach § 18 AktG. Danach liegt ein Konzern vor, wenn ein herrschendes und ein oder mehrere abhängige Unternehmen unter einheitlicher Leitung des herrschenden Unternehmens zusammengefasst sind. Es gelten die Voraussetzungen wie bei § 1 Abs. 3 Nr. 2 (vgl. auch FW BA AÜG Ziff. 1.4.2). Ob der **Verleiher** ebenfalls zum Konzern gehört, ist dagegen unerheblich (*Hamann* RdA 2011, 321 (328)).

104   Aufgrund Abs. 3 muss der **Verleiher in Erfahrung bringen,** bei welchen Arbeitgebern der Leiharbeitnehmer in den letzten sechs Monaten beschäftigt war, um festzustellen, ob eine Abweichung vom Equal-pay/treatment-Grundsatz zulässig ist. Sofern sich dies nicht bereits aus den üblichen Bewerbungsunterlagen ergibt, muss der Verleiher diese Angaben gesondert erfragen (zB in einem speziellen Fragebogen oder durch einen Zusatz im Personalfragebogen). Daneben empfiehlt es sich, dass der Verleiher (ergänzend) im Leiharbeitsvertrag eine besondere **Mitteilungspflicht** aufnimmt, die den Leiharbeitnehmer verpflichtet, dem Verleiher unverzüglich mitzuteilen, wenn er bei einem Entleiher eingesetzt werden soll bzw. wird, bei dem er in den letzten sechs Monaten aus einem Arbeitsverhältnis ausgeschieden ist (FW BA AÜG Ziff. 8.3 Abs. 2). Die **Erlaubnisbehörde überprüft** bei der Antragstellung, ob der Antragsteller bei seinen Leiharbeitnehmern eine solche Abfrage durchführt, der Prüfbogen der Behörde wurde entsprechend angepasst (BA E-Mail-Info SGB III v. 2.5.2011). Andernfalls kann der Antragsteller die Einhaltung des Gleichstellungsgrundsatzes nicht gewährleisten, so dass ein **Versagungsgrund** vorliegt, da er nicht wissen kann, ob die Drehtürregelung eingreift und damit ein Abweichen vom Gleichstellungsgrundsatz nicht zulässig wäre.

VII. Zeitliche Begrenzung – 9 Monate (Abs. 4)

Die zeitliche Begrenzung der Tarifdispositivität der Entgeltgleichstellung **105**
auf grundsätzlich neun Monate ist die zentrale Neuerung durch die Novelle
des AÜG mWz 1.4.2017 (BT-Drs. 18/9232, 24).

1. Grundsatz: 9 Monate (Satz 1)

a) Vereinbarkeit mit höherrangigem Recht. Teilweise wurde im **106**
Gesetzgebungsverfahren kritisiert, die Überlagerung von zeitlicher Begren-
zung der Tarifdispositivität auf grds. neun Monate (Abs. 4) und zeitlicher
Begrenzung der Höchstüberlassungsdauer auf grds. achtzehn Monate (§ 1
Abs. 1b) führe zu einer Aushöhlung und Entwertung des gesetzgeberischen
Versprechens einer zulässigen achtzehnmonatigen Überlassung, da die mangelnde wirtschaftliche Attraktivität einer Arbeitnehmerüberlassung bei vollem
Equal-pay-Anspruch dazu führe, dass die Arbeitnehmerüberlassung faktisch
auf neun Monate begrenzt werde (*Melot de Beauregard* DB 2015, 2881). Teilweise wird die **Überlagerung beider Gestaltungselemente** (Höchstüberlassungsdauer und zwingender Equal-pay-Anspruch) für **unionsrechtswid-
rig** gehalten: Die Arbeitnehmerüberlassung sei ab Erreichen des Equal-pay-
Niveaus nach grds. neun Monaten für den Leiharbeitnehmer nicht mehr mit
greifbaren Nachteilen verbunden, der durch die Höchstüberlassungsdauer
bedingte Wechsel des Einsatzbetriebs hingegen schon, da im Zweifel beim
nächsten Einsatz wieder auf der ersten Stufe des Zuschlagstarifvertrags einge-
stiegen werde (vgl. § 8 Abs. 4 S. 4; s. dazu *Thüsing* NZA 2014, 10 (11 f.);
Seel öAT 2016, 27 (29)). Daraus folgt möglicherweise die Unionsrechtswid-
rigkeit der Höchstüberlassungsdauer, nicht aber des zwingenden Equal-pay-
Anspruchs nach grds. neun Monaten. Letzterer entspricht der gesetzgeberischen Intention, die Arbeitnehmerüberlassung **auf ihre Kernfunktionen
zurückzuführen** und damit auch einem zentralen Anliegen der RL 2008/
104/EG: Leiharbeit soll nicht in erster Linie Instrument zur Arbeitskostensen-
kung sein, sondern vielmehr einen notwendigen Flexibilitätspuffer für Unternehmen bei konjunktureller Spitzenauslastung bereitstellen (BT-Drs. 18/
9232, 14). Die stärkere Orientierung am Equal-pay-Grundsatz und damit an
den Kernfunktionen der Leiharbeit nach neunmonatiger Überlassungsdauer
nähert somit die Rechtslage der Grundregel der RL 2008/104/EG an. Eine
derartige „Annäherung an die Grundregel der Richtlinie kann aber für sich
genommen nicht richtlinienwidrig sein" (so zutreffend *Franzen* RdA 2015,
141 (147); aA unter Hinweis auf Art. 5 Abs. 4 RL 2008/104/EG *Ulber*,
Rechtsgutachten 1. RefE, S. 18 f.). Die Möglichkeit, grds. neun Monate lang
das Equal-pay-Niveau unterschreiten zu dürfen, wenn die Sozialpartner diese
Möglichkeit vorsehen (→ Rn. 43 ff.), erhält somit eine über die beabsichtigte
Rückführung auf die Leiharbeitskernfunktionen hinausgehende Flexibilität
aufrecht, die allerdings im Interesse der Sozialpartnerautonomie liegt und
auch in der RL 2008/104/EG Anerkennung findet (→ Rn. 43 ff.).

Teilweise sieht die Literatur in der zeitlichen Dispositionsbegrenzung durch **107**
Abs. 4 einen rechtfertigungslosen Eingriff in **Tarifautonomie** (*Baeck/Win-
zer/Hies* NZG 2016, 415 (419); *Jöris* ZfA 2016, 71 (77); *Lembke* BB 2014,

1333 (1341); *Lembke/Rothmann* ZESAR 2014, 372 (382); *Zimmermann* BB 2016, 53 (55); *BRAK* Ausschussdrs. 18(11)761, 89 f.; weniger drastisch *Willemsen/Mehrens* NZA 2015, 897 (901); Bedenken auch bei *Franzen* RdA 2015, 141 (148) unter Verweis auf die hohe Tarifbindung auf Arbeitgeberseite), da bestehende, ausdifferenzierte Tarifwerke nach Verstreichen der grds. neun Monate bedeutungslos würden. Richtigerweise besteht jedoch ein „Kompetenzdualismus" zwischen staatlicher Gesetzgebung und sozialpartnerschaftlicher Autonomie (ausf. *Greiner* Rechtsfragen S. 60 ff., 93 ff.). Der Gesetzgeber schafft erst die Fähigkeit der Sozialpartner zur normativen Regelung der Arbeits- und Wirtschaftsbedingungen. Es liegt in seiner durch die institutionelle Gewährleistung des Art. 9 Abs. 3 GG begrenzten Ausgestaltungskompetenz, das Verhältnis von staatlicher Rahmensetzung und Sozialpartnerautonomie auszutarieren. Institutionell sichert bereits der Equal-pay-Grundsatz die Tarifautonomie, indem zentraler Maßstab in tarifgebundenen Einsatzunternehmen der Tarifvertrag der Einsatzbranche ist, der selbst bei Fehlen einer Tarifbindung Orientierungspunkt ist. Die Vermutungsregel des Abs. 1 Satz 2 verdeutlicht dies nun zusätzlich (→ Rn. 33). Wäre demnach auch bei einem gänzlichen Verzicht auf die Tarifdispositivität des Gleichstellungsgrundsatzes dem institutionellen Schutzanliegen des Art. 9 Abs. 3 GG Genüge getan, kann die Ermöglichung größerer Sozialpartnerautonomie in einem begrenzten Zeitraum keine Eingriffswirkung haben und erst recht keine Verletzung von Art. 9 Abs. 3 GG bewirken.

108   **Leitgedanke** des Abs. 4 ist, dass in der **zweiten Hälfte** der achtzehnmonatigen Höchstüberlassungsdauer des § 1 Abs. 1b eine stärkere Akzentuierung der **legitimen Kernfunktionen der Leiharbeit** erfolgen soll. Dem trägt die striktere Bindung an den Equal-pay-Grundsatz angemessen Rechnung. Die notwendig typisierende und „gegriffene" Grenzziehung bei der halben Höchstüberlassungsdauer rechtfertigt als sachbezogene Ungleichbehandlung auch keinen Willkürvorwurf (so aber *Stang/Ulber* NZA 2015, 910 (914); *Ulber,* Rechtsgutachten 1. RefE, S. 18 f.): Die Intensivierung des gesetzlichen Schutzes mit steigender Einsatzdauer ist sachlich durch die sukzessive Abschwächung des Flexibilisierungsinteresses und gleichzeitig zunehmender Dominanz des Aspekts der Arbeitskostenersparnis gut begründbar.

109   **b) Praktische Wirkungen.** Die praktischen Wirkungen der neunmonatigen Höchstfrist werden teilweise kleingerechnet. Selbst Kritiker erkennen jedoch an, dass gegenwärtig immerhin 48 % der Leiharbeitsverhältnisse länger als drei Monate und ca. 25 % länger als neun Monate andauern (*Stang/Ulber* NZA 2015, 910 f.; Arbeitsmarktberichterstattung der BA, April 2015, 17; IAB Kurzbericht 13/2014, S. 5.). Bliebe dies unverändert, würde immerhin **ein Viertel** der Leiharbeitnehmer von der Neuregelung potentiell **profitieren.** In der Praxis wird die neue Rechtslage allerdings wohl zu **Ausweichreaktionen** führen: Künftig werden Ver- und Entleihunternehmen vielfach versuchen, eine neun Monate überschreitende Einsatzdauer in einem Entleihbetrieb nach Möglichkeit zu vermeiden.

110   **c) Fristberechnung.** Die Anknüpfung an den Begriff des „Entleihers" in Abs. 4 verdeutlicht, dass die Fristberechnung **unternehmensbezogen**

erfolgt. Einsatzzeiträume in unterschiedlichen Betrieben desselben Entleih-unternehmens, also desselben Rechtsträgers, sind mithin zu summieren. Die Übergangsvorschrift des § 19 Abs. 2 verdeutlicht, dass **Überlassungszeiten vor dem 1.4.2017** insgesamt unberücksichtigt bleiben (vgl. auch FW BA AÜG Ziff. 8.4 Abs. 2). Die Fristberechnung erfolgt grundsätzlich nach **§§ 187 Abs. 1, 188 Abs. 2 Alt. 1 BGB.** Fristauslösendes Ereignis ist die (vereinbarte) Tätigkeitsaufnahme im Entleihbetrieb als „in den Lauf eines Tages fallender Zeitpunkt" iSd § 187 Abs. 1 BGB. Anders sehen dies aller-dings die fachlichen Weisungen der BA, in denen die Frist als „Vollfrist" iSd §§ 187 Abs. 2 S. 1, 188 Abs. 2 Alt. 2 BGB interpretiert wird (FW BA AÜG Ziff. 8.4 Abs. 2, ebenso *Ulrici* § 8 Rn. 73; UBGH/*Hurst* § 8 Rn. 139). Nach dieser Auffassung endet die Frist nicht – wie hier vertreten – nach § 188 Abs. 2 Alt. 1 BGB mit Ablauf des Tages, der nach seiner Bezeichnung dem Tag der Tätigkeitsaufnahme entspricht, sondern nach § 188 Abs. 2 Alt. 2 BGB bereits mit Ablauf des Vortages.

Bei einer **kontinuierlichen Überlassung,** welche die gesetzlich ermög- **111** lichten Abweichungszeiträume ausschöpft, bereitet die Fristberechnung keine Probleme. Schwieriger ist die Handhabung in der Konstellation, dass der Leiharbeitnehmer kurzzeitig (zB für einen Monat) an ein Entleihunterneh-men E überlassen wird, dann anderweitig (oder gar nicht) eingesetzt ist, um zB wiederum einen Monat später erneut bei E eingesetzt zu werden. Stehen dann wegen Anrechnung der Unterbrechungszeit nur noch sieben Monate oder vielmehr acht Monate zur Verfügung?

Die Anrechnungsbegrenzungsregel des **Abs. 4 Satz 4** verdeutlicht zum **112** einen, dass die volle **neunmonatige** (bzw. in Fällen des Satzes 2 fünfzehnmo-natige) **Abweichungsfrist** wieder zur Verfügung steht (ebenso FW BA AÜG Ziff. 8.4 Abs. 5), wenn zwischen den Einsätzen in einem Entleihunterneh-men **mehr als drei Monate** liegen, die ihrerseits nach §§ 187 Abs. 1, 188 Abs. 2 Alt. 1 BGB zu berechnen sind; fristauslösendes Ereignis ist insofern die Beendigung des vorangegangenen Einsatzes. Zum anderen verdeutlicht Abs. 4 Satz 4 aber auch, dass die **Unterbrechungszeit** bei einem erneuten Einsatz im Entleihunternehmen vor Verstreichen der dreimonatigen Unter-brechungszeit **nicht auf den Fristlauf anzurechnen** ist. Vielmehr lässt die Regelung klar erkennen, dass die neunmonatige (bzw. in Fällen des Satzes 2 fünfzehnmonatige) Abweichungsfrist **nicht zusammenhängend** verlaufen muss (vgl. FW BA AÜG Ziff. 8.4 Abs. 5). Diskutiert werden hieran anknüp-fend zwei in Betracht kommende rechtliche Konstruktionen: In Betracht kommt die Anwendung von **§ 191 BGB,** wonach bei einem nach Monaten bestimmten Zeitraum, der nicht zusammenhängend verlaufen muss, der Monat in 30 Kalendertage umgerechnet wird, sodass lediglich die Einsatztage in einem bestimmten Entleihunternehmen zu summieren und auf den Frist-lauf anzurechnen sind (dafür FW BA AÜG Ziff. 8.4 Abs. 5 („in Anlehnung an § 191 BGB"); *Ulrici* § 8 Rn. 73; gegen die Anwendbarkeit von § 191 BGB *Bayreuther* NZA 2017, 18 (19); *Bissels/Falter* ArbRAktuell 2017, 4 (5); *dies.* ArbRAktuell 2017, 33 (36)). Andererseits wird vorgeschlagen, den Fristlauf bei abgrenzbaren Unterbrechungen, die durch eine gesonderte Ausübung des Direktionsrechts seitens des Verleihers bedingt sind, **analog § 209 BGB** als gehemmt zu betrachten (dafür *Bayreuther* NZA 2017, 18 (19) unter Verweis auf eine frühere Praxis der Höchstüberlassungsdauerberechnung vor der Hartz-I-Reform).

113   Die rechtliche Konstruktion ist allerdings nicht entscheidend, sondern bei beiden Lösungsansätzen besteht in gleicher Weise das **Wertungsproblem, welche Unterbrechungszeiten auf die Frist angerechnet werden sollen und welche nicht.** Klar ist, dass der einmonatige Unterbrechungszeitraum im obigen Beispiel (→ Rn. 111) den Fristlauf unterbrechen sollte, nicht aber zB der allwöchentlich wiederkehrende Unterbrechungszeitraum von vier Tagen bei einem teilzeitbeschäftigten Leiharbeitnehmer, der wöchentlich von Montag bis Mittwoch an das Entleihunternehmen E überlassen ist. Würde man hier § 191 BGB oder § 209 BGB analog anwenden, würden sich die gesetzlichen Fristen mehr als verdoppeln – Anspruch auf Equal-pay hätte der Arbeitnehmer für seinen Einsatz bei E in Anwendung der Grundregel des Satzes 1 erst nach mehr als 18 Monaten. Das ist weder gesetzgeberisch gewollt noch iErg überzeugend (in diese Richtung auch UBGH/*Hurst* § 8 Rn. 139; dezidiert dafür aber *Ulrici* § 8 Rn. 73: Die Frist ende stets mit Ablauf des 270. Einsatztages).

114   Sinnvoll scheint eine differenzierende Lösung: Bei **kontinuierlichem Leiharbeitnehmereinsatz in einem Entleihbetrieb** sollte die Fristberechnung grundsätzlich klassisch in Anwendung der §§ 187 Abs. 1, 188 Abs. 2 Alt. 1 BGB erfolgen, allerdings mit Hemmung analog § 209 BGB bei größeren, die reguläre Folge von Einsatz- und Nichteinsatzzeiten durchbrechenden Pausen (insofern ebenso *Bayreuther* NZA 2017, 18 (19)). Kontinuierlicher Leiharbeitnehmereinsatz in diesem Sinne liegt nicht nur vor, wenn der Leiharbeitnehmer täglich in demselben Entleihbetrieb eingesetzt ist, sondern auch dann, wenn bei wechselnden Einsatzbetrieben ein abstraktes Einsatzschema erkennbar wird (zB der Leiharbeitnehmer wöchentlich von Montag bis Mittwoch im Entleihunternehmen E und von Donnerstag bis Freitag im Entleihunternehmen F eingesetzt wird, aA wohl *Giesen* ZRP 2016, 130 (132)).

115   Im Falle eines **diskontinuierlichen Leiharbeitnehmereinsatzes,** bei dem ein Leiharbeitnehmer ohne regelmäßig wiederkehrendes zeitliches Muster bei unterschiedlichsten Entleihbetrieben eingesetzt wird, scheint dagegen die Anwendung von **§ 191 BGB** auf die jeweiligen Überlassungszeiten in den einzelnen Entleihbetrieben **praktikabler.** Für diese Sichtweise bei diskontinuierlichen Überlassungen spricht entscheidend Abs. 4 Satz 4, wonach nur „der Zeitraum vorheriger Überlassungen", nicht aber die Unterbrechungszeit, anzurechnen ist, wenn es innerhalb der dort normierten Drei-Monats-Frist zum erneuten Einsatz im früheren Entleihbetrieb kommt (→ Rn. 112).

116   **Wochenenden und Feiertage** sind somit in der Konstellation des verstetigten, kontinuierlichen Leiharbeitnehmereinsatzes in einem Entleihbetrieb unproblematisch anzurechnen, da die hypothetische Equal-pay-Vergleichsbetrachtung (→ Rn. 14) auch die geschuldete Entgeltfortzahlung der Stammbeschäftigten an arbeitsfreien Tagen einbezieht (→ Rn. 23 f.). Keine Anrechnung erfolgt hingegen in der Konstellation des diskontinuierlichen Leiharbeitnehmereinsatzes, sofern arbeitsfreie Tage mangels verstetigter

Zuordnung zu einem Entleihbetrieb als verleihfreie Zeiten zu kategorisieren sind. Dieselbe wertende Einordnung als Einsatzzeit oder verleihfreie Zeit muss für **Urlaubs- und Krankheitstage** des Leiharbeitnehmers gelten, die im Falle einer verstetigten Zuordnung zu einem bestimmten Entleihbetrieb an bestimmten, einem abstrakten Schema folgenden Kalendertagen ebenfalls auf die AÜG-Fristen angerechnet werden sollten.

All dies gilt für die Equal-pay-Frist nach Abs. 4 Satz 1 ebenso wie für die **117** verlängerte Frist nach Satz 2 und die Höchstüberlassungsdauer nach § 1 Abs. 1, Abs. 1b.

2. Ausnahme: Stufenweise Heranführung (Satz 2)

Nach Satz 2 verlängert sich die zulässige Abweichung durch Tarifvertrag **118** auf 15 Monate, wenn tarifvertraglich festgelegt ist, dass nach einer Einarbeitungszeit von längstens sechs Wochen eine **stufenweise Heranführung** an das Equal-pay-Niveau beginnt und nach spätestens 15 Monaten Einsatzdauer ein Entgeltniveau erreicht wird, das von den Tarifparteien des Leiharbeitstarifvertrags als dem Equal-pay-Niveau **gleichwertig** festgelegt wird. Da letzteres kein volles Equal-pay nach dem zu Abs. 2 dargestellten Maximen (→ Rn. 14 ff.) voraussetzt, kann man Satz 2 auch als Ausdruck einer letztlich **zeitlich unbegrenzten,** nur noch durch die Höchstüberlassungsdauer nach § 1 Abs. 1, Abs. 1b beschränkten **Tarifdispositivität** bezeichnen (so die Interpretation bei *Bayreuther* NZA 2017, 18 (19)), die allerdings grob an einer Annäherung an den gesetzlichen Equal-pay-Standard orientiert sein soll.

Abs. 4 eröffnet damit **zwei** sehr unterschiedlich ausgeformte **tarifauto-** **119** **nome Gestaltungsmöglichkeiten:** Zum einen die neunmonatige volle Entbindung vom Equal-pay-Niveau (Satz 1), zum anderen die dauerhafte Entbindung vom Equal-pay-Niveau (Satz 2), allerdings um den Preis, dass ab der sechsten Einsatzwoche eine stufenweise Anhebung erfolgen muss und Zielpunkt nach 15 Monaten ein dem Equal-pay-Niveau gleichwertiges Vergütungsniveau ist. Entscheiden sich die Tarifparteien für letztere Variante, ermöglicht dies letztlich eine – wenn auch in Teilen an den neuen gesetzlichen Rahmen anzupassende – Fortsetzung der bisherigen Praxis, Branchenzuschlagstarifverträge zu vereinbaren (ebenso *Giesen* ZRP 2016, 130 (132)), deren praktische Relevanz infolgedessen weiter zunehmen dürfte (so auch *Bayreuther* NZA 2017, 18 (22) mit näheren Hinweisen zu gebotenen Anpassungen der bestehenden Tarifverträge).

Da bei normativer Tarifgeltung (§ 4 Abs. 1 TVG) eindeutig bestimmt sein **120** muss, welche der beiden Regelungssituationen gilt, besteht **keine** Möglichkeit, im Tarifvertrag dem Arbeitgeber eine durch Ausgestaltung der arbeitsvertraglichen Bezugnahmeklausel auszuübende **Wahlmöglichkeit** zwischen beiden Ausgestaltungen zu eröffnen (ähnlich *Bayreuther* NZA 2017, 18 (19)) – obwohl einzuräumen ist, dass die Bedeutung der Bezugnahmeklauselpraxis in der Leiharbeit klar dominiert (→ Rn. 3). Eher vorstellbar ist bei hinreichend klarer Abgrenzung hingegen ein Tarifvertrag, der für bestimmte (zB prognostisch längere) Spielarten des Leiharbeitnehmereinsatzes das eine Modell, für andere das andere Modell vorgibt (skeptisch *Bayreuther* NZA 2017, 18 (19)).

121   Die Frage, ob nach 15 Monaten objektiv **tatsächliche Gleichwertigkeit** erreicht wird, soll der **behördlichen und gerichtlichen Kontrolle entzogen** bleiben; die Tarifautonomie der Parteien des Leiharbeitstarifvertrags dominiert (vgl. BT-Drs. 18/9232, 24; kritisch dazu *DGB* Ausschussdrs. 18(11)761, 16). Sie sollen wertend entscheiden, welche Ausgestaltung für das als „gleichwertig" festgelegte Zielentgelt gewählt wird (aA UBGH/*Hurst* § 8 Rn. 135, der jedes tarifvertragliche Entgelt, das unter 100 % des Vergleichsentgelts liegt, nicht genügen lässt). Dieses muss sich insbes. nicht streng an der Entgeltstruktur des Einsatzbetriebs orientieren, sondern schon im Grundsatz nur an der Tarifstruktur der Einsatzbranche: Übertarifliche Entgeltbestandteile des Entleihbetriebs bleiben, anders als nach der Grundregel des Abs. 1, unbeachtlich. Selbst hinsichtlich des branchenweiten Tarifniveaus darf vergröbert und pauschaliert werden (zutr. *Giesen* ZRP 2016, 130 (132)), so müssen zB ausdifferenzierte Vergütungsstrukturen der Einsatzbranche nicht abgebildet werden (*Bayreuther* NZA 2017, 18 (20), exemplarisch verweisend auf die ERA-Strukturkomponenten der Metallbranche). Soll es dadurch zu keiner Aushöhlung der gesetzgeberisch gewollten Orientierung am Equal-pay-Niveau kommen, sollte aber zumindest Raum bleiben für eine **gerichtliche Evidenz- und Missbrauchskontrolle,** die bei Anerkennung eines großen sozialpartnerschaftlichen Bewertungsspielraums nachvollzieht, ob die Vergütung insgesamt ein dem Equal-pay nahekommendes Niveau erreicht (vgl. auch die krit. Bewertung der ungenauen Gesetzesfassung durch *Thüsing* Ausschussdrs. 18(11)761, 29).

122   Für die **Berechnung** der in Satz 2 genannten **Fristen** gelten die Darlegungen zur Berechnung der Neun-Monats-Frist nach Satz 1 entsprechend (→ Rn. 110 ff.). Hinsichtlich der Sechs-Wochen-Frist dürfte dabei in der Fallgruppe des diskontinuierlichen Leiharbeitnehmersatzes (→ Rn. 115) der unmittelbar nur für nach Monaten oder Jahren bemessene Zeiträume geltende § 191 BGB entsprechend anzuwenden sein.

3. Möglichkeit der Inbezugnahme (Satz 3)

123   Satz 3 verdeutlicht, dass auch im Hinblick auf die Abweichung vom Equal-pay-Grundsatz innerhalb der Höchstfrist eine einzelvertragliche Bezugnahme auf den Tarifvertrag in Betracht kommt. Die Regelung akzentuiert etwas anders als die allgemeinere Regelung in Abs. 2 Satz 3: Während dort die vereinbarte „Anwendung des Tarifvertrages" ermöglicht wird, wird hier auf die **„Anwendung der tarifvertraglichen Regelungen"** abgestellt. Diese Wortlautdivergenz dürfte so zu verstehen sein, dass jedenfalls hinsichtlich der Abweichung vom Equal-pay-Grundsatz eine **Teilverweisung** auf den diesbezüglichen tarifvertraglichen Regelungskomplex vereinbart werden darf, selbst wenn man ansonsten eine globale Inbezugnahme des gesamten Tarifvertrags verlangt (zu dieser umstrittenen Frage → Rn. 76; aA *Ulber,* Rechtsgutachten 1. RefE, S. 21, der die partielle Inbezugnahme auch im Regelungsbereich von Abs. 4 für unwirksam hält).

4. Anrechnung vorangegangener Beschäftigung (Satz 4)

Satz 4 enthält eine **Anrechnungsregel,** nach welcher auf die Höchstabwei- **124** chungsfrist der Zeitraum vorheriger Überlassungen desselben Leiharbeitneh- mers an denselben Entleiher vollständig anzurechnen ist, wenn zwischen den Einsätzen jeweils **nicht mehr als drei Monate** liegen. Eine entsprechende Regelung enthält § 1 Abs. 1b S. 2 im Hinblick auf die Höchstüberlassungs- dauer. Beide Regelungen tragen dem einfachen Gedanken Rechnung, dass jede für eine bestimmte Gestaltung zugelassene Höchstdauer wirkungslos bliebe, wenn keine vergangenheitsbezogene Betrachtung von Vorbeschäfti- gungszeiten erfolgt; insofern gilt nichts anderes als für das befristungsrechtliche Vorbeschäftigungsverbot des § 14 Abs. 2 S. 2 TzBfG. Anders als dort hat der Gesetzgeber richtigerweise einen **Referenzzeitraum** definiert, diesen aller- dings mit drei Monaten sehr eng bemessen. Dies eröffnet **Umgehungsmög- lichkeiten** (etwa ein „Wechselmodell", bei dem zwei Leiharbeitnehmer zwi- schen zwei Entleihern „rotieren"), welche die praktische Wirksamkeit der Zeitbegrenzung durch Abs. 4 deutlich infrage stellen. Dies gilt insbesondere in Konzernstrukturen (*Zimmermann* BB 2016, 53 (55).; *DGB* Ausschussdrs. 18(11)761, 16 f. mit dem – wegen Anknüpfung an die „Tätigkeit" leider kaum praktikablen – Alternativvorschlag, alle Einsatzzeiten eines Arbeitnehmers mit der jeweiligen Tätigkeit bei allen Entleihern anzurechnen; *WSI Hans-Böckler- Stiftung* Ausschussdrs. 18(11)761, 66; aA *Willemsen/Mehrens* NZA 2015, 897 (901), da die betriebsbezogene Betrachtungsweise auch in bestehenden Tarif- werken zugrunde gelegt werde, vgl. weiterhin BT-Drs. 18/9232, 24). Es wird insofern Aufgabe der Rechtsprechung sein, Maßstäbe für eine **wirksame Rechtsmissbrauchskontrolle** zu entwickeln, die Anleihen beim Befristungs- recht nehmen kann (dazu BAG 18.7.2012, BAGE 142, 308 = NZA 2012, 1351 Rn. 38 ff.; vgl. auch *Greiner* ZESAR 2014, 357; umfassend zur Zurechnung in Konzernstrukturen unter Rückgriff auf das Konzernhaftungsrecht jüngst *Temming,* Der vertragsbeherrschende Dritte, 2015; für eine Orientierung an § 14 Abs. 3 S. 3 TzBfG mit Anrechnung aller früheren Einsatzzeiten im Unter- nehmen/Konzern *WSI Hans-Böckler-Stiftung* Ausschussdrs. 18(11)761, 66).

VIII. Lohnuntergrenze (Abs. 5)

Abs. 5 stellt klar, dass der Verleiher in jedem Fall verpflichtet ist, dem **125** Leiharbeitnehmer mindestens das in einer **Rechtsverordnung nach § 3a Abs. 2** für die Zeit der Überlassung und für Zeiten ohne Überlassung festge- setzte **Mindeststundenentgelt** zu zahlen (dazu BT-Drs. 18/9232, 24; zur Rechtsentwicklung → Rn. 2; zu Detailfragen der Lohnuntergrenze → Rn. 86 ff.). Die Vorschrift ist iVm dem Arbeitsvertrag **Anspruchs- grundlage** des Leiharbeitnehmers, gerichtet auf Zahlung des arbeitnehmer- überlassungsspezifischen Mindestlohns durch den Verleiher. Eine ähnliche (quantitativ allerdings weitergehende) Rechtsfolge ergibt sich für Einsatzzei- ten, bei denen tarifvertraglich von einem oberhalb der Lohnuntergrenze liegenden Equal-pay/treatment-Niveau abgewichen wird, schon aus der prä- ziseren Regelung in Abs. 2 Satz 4. Eigenständige Bedeutung erlangt Abs. 5

für **verleihfreie Zeiten,** für Einsatzzeiten hingegen nur im (eher theoretischen) Fall, dass das Equal-pay/treatment-Niveau unterhalb des arbeitnehmerüberlassungsspezifischen Mindestlohns liegt, der in der auf Basis von § 3a erlassenen Lohnuntergrenzenverordnung geregelt ist.

IX. Rechtsfolgen bei Verstoß gegen das Gleichstellungsgebot

126 Für den Fall, dass der Verleiher gegen die Gleichstellungsverpflichtung verstößt, normiert § 3 Abs. 1 Nr. 3 einen besonderen Tatbestand der Unzuverlässigkeit. In der Konsequenz können als **öffentlich-rechtliche Sanktion** die Erteilung der Erlaubnis oder ihre Verlängerung versagt werden. Eine bereits erteilte Erlaubnis kann zurückgenommen (§ 4) oder widerrufen werden (§ 5 Abs. 1 Nr. 3). Darüber hinaus greift die Vermittlungsvermutung nach § 1 Abs. 2 (→ § 1 Rn. 107 ff.).

127 Daneben bestimmt § 9 Nr. 2 als **arbeitsrechtliche Rechtsfolge,** dass Vereinbarungen, die nicht im Einklang mit der Gleichstellungsverpflichtung oder den vorgesehenen Ausnahmen stehen, **unwirksam** sind. Im Zusammenspiel mit § 8 Abs. 1 folgt daraus, dass Leiharbeitnehmer in diesen Fällen Anspruch auf die gleichen wesentlichen Arbeitsbedingungen wie die Stammarbeitnehmer im Entleihbetrieb haben (Equal-pay/treatment). Soweit der Verleiher seine Leiharbeitnehmer unter Verstoß gegen eine festgesetzte **Lohnuntergrenze** gemäß § 3a vergütet, hat der Leiharbeitnehmer Anspruch auf das für eine Arbeitsstunde zu zahlende **Arbeitsentgelt,** das einem vergleichbaren Arbeitnehmer des Entleihers zusteht (Equal-pay, Abs. 2 Satz 4). Gleiches gilt bei einer den gesetzlichen Mindestlohn gem. §§ 1, 11 MiLoG iVm der Mindestlohnanpassungsverordnung unterschreitenden Vereinbarung (→ Rn. 89). Das Gleichstellungsgebot ist nach höchstrichterlicher Judikatur **kein Schutzgesetz** iSv § 823 Abs. 2 BGB (BAG 13.3.2013, BAGE 144, 306 = NZA 2013, 680 Rn. 56), sodass auf eine Verletzung grds. kein deliktischer Schadensersatzanspruch gestützt werden kann.

128 In betriebsverfassungsrechtlicher Hinsicht kann der **Betriebsrat des Entleihers** bei einem Verstoß gegen den Gleichstellungsgrundsatz nicht die **Zustimmung zur Einstellung** gemäß § 99 Abs. 2 Nr. 1 BetrVG verweigern (BAG 1.6.2011, NZA 2011, 1435 (1440); 21.7.2009, AP AÜG § 3 Nr. 4; *Düwell/Dahl* NZA-RR 2011, 1 (4); *Hamann* NZA 2003, 526 (533); *Wensing/ Freise* BB 2004, 2238 (2242)). Dafür spricht auch, dass ein entsprechender Änderungsantrag im Gesetzgebungsverfahren zur aF, der in § 14 ausdrücklich regeln sollte, dass dem Betriebsrat ein Zustimmungsverweigerungsrecht zusteht, wenn der Verleiher gegen das Gleichstellungsgebot verstößt, abgelehnt wurde (BT-Drs. 17/5238, 10, 12). Auch bei einem **Verstoß gegen** eine festgesetzte **Lohnuntergrenze** besteht kein Zustimmungsverweigerungsrecht des Betriebsrats (*Hamann* RdA 2011, 321 (331)).

129 Ein Verstoß gegen den Equal-pay/treatment-Grundsatz stellt seit 1.12.2011 zudem eine Ordnungswidrigkeit dar (§ 16 Nr. 7a). Es droht ein **Bußgeld** von bis zu **500.000 Euro.** Ein Bußgeld in gleicher Höhe droht bei einem Verstoß gegen die Lohnuntergrenze (§ 16 Nr. 7b) oder den gesetzlichen Mindestlohn (§ 21 Abs. 1 Nr. 9, Abs. 3 MiLoG).

§ 9 Unwirksamkeit

(1) **Unwirksam sind:**

1. Verträge zwischen Verleihern und Entleihern sowie Verleihern und Leiharbeitnehmern, wenn der Verleiher nicht die nach § 1 erforderliche Erlaubnis hat; der Vertrag zwischen Verleiher und Leiharbeitnehmer wird nicht unwirksam, wenn der Leiharbeitnehmer schriftlich bis zum Ablauf eines Monats nach dem zwischen Verleiher und Entleiher für den Beginn der Überlassung vorgesehenen Zeitpunkt gegenüber dem Verleiher oder dem Entleiher erklärt, dass er an dem Arbeitsvertrag mit dem Verleiher festhält; tritt die Unwirksamkeit erst nach Aufnahme der Tätigkeit beim Entleiher ein, so beginnt die Frist mit Eintritt der Unwirksamkeit,

1a. Arbeitsverträge zwischen Verleihern und Leiharbeitnehmern, wenn entgegen § 1 Absatz 1 Satz 5 und 6 die Arbeitnehmerüberlassung nicht ausdrücklich als solche bezeichnet und die Person des Leiharbeitnehmers nicht konkretisiert worden ist, es sei denn, der Leiharbeitnehmer erklärt schriftlich bis zum Ablauf eines Monats nach dem zwischen Verleiher und Entleiher vorgesehenen Zeitpunkt gegenüber dem Verleiher oder dem Entleiher, dass er an dem Arbeitsvertrag mit dem Verleiher festhält,

1b. Arbeitsverträge zwischen Verleihern und Leiharbeitnehmern mit dem Überschreiten der zulässigen Überlassungshöchstdauer nach § 1 Absatz 1b, es sei denn, der Leiharbeitnehmer erklärt schriftlich bis zum Ablauf eines Monats nach Überschreiten der zulässigen Überlassungshöchstdauer gegenüber dem Verleiher oder dem Entleiher, dass er an dem Arbeitsvertrag mit dem Verleiher festhält,

2 Vereinbarungen, die für den Leiharbeitnehmer schlechtere als die ihm nach § 8 zustehenden Arbeitsbedingungen einschließlich des Arbeitsentgelts vorsehen,

2a. Vereinbarungen, die den Zugang des Leiharbeitnehmers zu den Gemeinschaftseinrichtungen oder -diensten im Unternehmen des Entleihers entgegen § 13b beschränken,

3. Vereinbarungen, die dem Entleiher untersagen, den Leiharbeitnehmer zu einem Zeitpunkt einzustellen, in dem dessen Arbeitsverhältnis zum Verleiher nicht mehr besteht; dies schließt die Vereinbarung einer angemessenen Vergütung zwischen Verleiher und Entleiher für die nach vorangegangenem Verleih oder mittels vorangegangenem Verleih erfolgte Arbeitsvermittlung nicht aus,

4. Vereinbarungen, die dem Leiharbeitnehmer untersagen, mit dem Entleiher zu einem Zeitpunkt, in dem das Arbeitsverhältnis zwischen Verleiher und Leiharbeitnehmer nicht mehr besteht, ein Arbeitsverhältnis einzugehen,

5. Vereinbarungen, nach denen der Leiharbeitnehmer eine Vermittlungsvergütung an den Verleiher zu zahlen hat.

(2) **Die Erklärung nach Absatz 1 Nummer 1, 1a oder 1b (Festhaltenserklärung) ist nur wirksam, wenn**
1. **der Leiharbeitnehmer diese vor ihrer Abgabe persönlich in einer
   Agentur für Arbeit vorlegt,**
2. **die Agentur für Arbeit die abzugebende Erklärung mit dem
   Datum des Tages der Vorlage und dem Hinweis versieht, dass sie
   die Identität des Leiharbeitnehmers festgestellt hat, und**
3. **die Erklärung spätestens am dritten Tag nach der Vorlage in der
   Agentur für Arbeit dem Ver- oder Entleiher zugeht.**

(3) **Eine vor Beginn einer Frist nach Absatz 1 Nummer 1 bis 1b
abgegebene Festhaltenserklärung ist unwirksam. Wird die Überlassung nach der Festhaltenserklärung fortgeführt, gilt Absatz 1 Nummer 1 bis 1b. Eine erneute Festhaltenserklärung ist unwirksam. § 28e
Absatz 2 Satz 4 des Vierten Buches Sozialgesetzbuch gilt unbeschadet der Festhaltenserklärung.**

Literatur: *Ankersen,* Neues AÜG seit 1.3.2003 bundesweit in Kraft, NZA 2003,
421; *Bauer/Heimann,* Leiharbeit und Werkvertrag – Achse des Bösen?, NJW 2013,
3287; *Bauer/Krets,* Gesetze für moderne Dienstleistungen am Arbeitsmarkt, NJW 2003,
537; *Bayreuther,* Die Vorschläge der Hartz-Kommission, NZA 2004, Sonderbeilage 1,
3; *ders.,* Tarifpolitik im Spiegel der verfassungsgerichtlichen Rechtsprechung – Zum
„Equal pay"-Beschluss des BVerfG, NZA 2005, 341; *ders.,* Ausschlussfristen und Verjährung im Umfeld der CGZP-Tarifverträge, DB 2011, 2267; *Becker,* Zum fingierten
Arbeitsvertrag nach § 10 Abs. 1 AÜG, BB 1978, 363; *Behrend,* Arbeitnehmerüberlassung
bis zu 24 Monaten – Job-AQTIV mit Hindernissen, NZA 2002, 372; *Benkert,* Änderungen im Arbeitnehmerüberlassungsgesetz durch „Hartz III", BB 2004, 998; *Betz,*
Verfallsklauseln im Arbeitsrecht und deren Auswirkungen auf Equal Pay-Klagen nach
Feststellung der Tariffähigkeit der CGZP, NZA 2013, 350; *Bissels,* Nachforderungen
der Deutschen Rentenversicherung wegen der Tariffunfähigkeit der CGZP, DB 2016,
231; *ders./Falter,* Reform des Fremdpersonaleinsatzes: Ein neuer Versuch aus dem
BMAS, DB 2016, 543; *Bissels,* Nachforderungen der Deutschen Rentenversicherung
wegen der Tariffunfähigkeit der CGZP, DB 2016, 231; *Bissels/Falter,* Ausgewählte
Rechtsprobleme der AÜG-Reform, ArbRAktuell (Teil 2), 2017, 33; *Boemke/Lembke,*
Änderungen im AÜG durch das „Job-AQTIV-Gesetz", DB 2002, 893; *Böhm,* Zeitenwende bei der Zeitarbeit: Start mit Irritationen, NZA 2003, 828; *ders.,* „Billig-Tarifverträge" in der Zeitarbeit – Risiken für die Kunden, DB 2003, 2598; *ders.,* Replik zu
Schöne, DB 2004, 137; *ders.,* Gesetzgebung korrigiert Rechtsprechung zur Provision
für Arbeitsvermittlung nach Arbeitnehmerüberlassung, DB 2004, 1130; *ders.,* Demon-
tage der „Billig-Tarifverträge" in der Zeitarbeit: Wachsende Risiken für die Kunden,
DB 2005, 2023; *ders.,* Arbeitnehmerüberlassung: Ausweg aus der Equal pay-Falle ein
Holzweg?, DB 2007, 168; *ders.,* Umsetzung der EU-Leiharbeitsrichtlinie – mit Fragezeichen?!, DB 2011, 473; *Boemke,* Die EG-Leiharbeitsrichtlinie und ihre Einflüsse auf
das deutsche Recht, RIW 2009, 177; *Brors,* Zweifelhafte Zulässigkeit der gestaffelten
individualvertraglichen Verweisung auf die Zeitarbeitstarifverträge der Christlichen
Gewerkschaften und des DGB, BB 2006, 101; *dies.,* Equal pay Anspruch und Ausschlussfristen, NZA 2010, 1385; *dies.,* Die tariflichen Konsequenzen des CGZP-
Beschlusses, AuR 2011, 138; *dies./Schüren,* Konzerninterne Arbeitnehmerüberlassung
zur Kostensenkung, BB 2004, 2745; *dies.,* Kostensenkung durch konzerninterne Arbeitnehmerüberlassung, BB 2005, 494; *Buchner,* Leiharbeit: Ablösung der Verpflichtung zur
Gewährung der im Entleiherbetrieb geltenden Arbeitsbedingungen (§ 10 Abs. 4 AÜG)
durch Tarifregelungen, DB 2004, 1042; *Dahl,* Die Arbeitsvermittlungsprovision nach

vorangegangener Arbeitnehmerüberlassung, DB 2002, 1374; *Deinert,* Neuregelung des Fremdpersonaleinsatzes im Berrieb, RdA 2017, 65; *Düwell,* Änderungen im Arbeitsrecht durch das Job-AQTIV-Gesetz, DB 2002, 98; *ders./Dahl,* Arbeitnehmerüberlassung und Befristung, NZA 2007, 889; *Fastrich,* Gleichbehandlung und Gleichstellung, RdA 2000, 65; *Ferme,* Die Lehren aus der Tarifunfähigkeit der CGZP, NZA 2011, 619; *Franzen,* Neuausrichtung des Drittpersonaleinsatzes – Überlegungen zu den Vorhaben des Koalitionsvertrags, RdA 2015, 141; *Freckmann,* Arbeitnehmerüberlassung und „Hartz-Reform", DStR 2003, 294; *Friemel,* Muss Zeitarbeitsbranche Milliarden nachzahlen?, NZS 2011, 851; *Fuchs,* Das Gleichbehandlungsgebot in der Leiharbeit nach der neuen Leiharbeitsrichtlinie, NZA 2009, 57; *Gaul/Otto,* Gesetze für moderne Dienstleistungen am Arbeitsmarkt, DB 2002, 2486; *dies.,* Gesetze für moderne Dienstleistungen am Arbeitsmarkt – Änderungen durch den Vermittlungsausschuss DB 2003, 94; *Geißler,* Equal pay für Zeitarbeiter durch unwirksame Tarifverträge?, ArbR Aktuell 2010, 113; *Greiner,* Werkvertrag und Arbeitnehmerüberlassung – Abgrenzungsfragen und aktuelle Rechtspolitik, NZA 2013, 697; *Grobys/Schmidt/Brocker,* Verfassungsgemäßheit von „Equal pay"?, NZA 2003, 777; *Hamann,* Gleichbehandlungsgrundsatz im AÜG, BB 2005, 2185; *ders.,* Die Richtlinie Leiharbeit und ihre Auswirkungen auf das nationale Recht der Arbeitnehmerüberlassung, EuZA 2009, 287; *ders.,* Kurswechsel bei der Arbeitnehmerüberlassung?, NZA 2011, 70; *ders.,* Die Reform des AÜG im Jahr 2011, RdA 2011, 321; *ders.,* Umsetzung der Vorgabe „vorübergehend" in der Leiharbeitsrichtlinie – Regulierungsempfehlungen an den nationalen Gesetzgeber, NZA 2015, 904; *ders./Rudnik,* Die Festhaltenserklärung des Leiharbeitnehmers nach dem neuen AÜG, NZA 2017, 22; *ders./Rudnik,* Scheinwerkvertrag mit Überlassungserlaubnis – Ein probates Mittel zur Vermeidung illegaler Arbeitnehmerüberlassung?, NZA 2015, 449; *Hanau,* Einzelfragen und -antworten zu den ersten beiden Gesetzen für moderne Dienstleistungen am Arbeitsmarkt, ZIP 2003, 1573; *Henssler,* Aufspaltung, Ausgliederung und Fremdvergabe, NZA 1994, 294; *ders.,* Überregulierung statt Rechtssicherheit – der Referentenentwurf des BMAS zur Reglementierung von Leiharbeit und Werkverträgen, RdA 2016, 18; *ders.,* Fremdpersonaleinsatz durch On-Site-Werkverträge und Arbeitnehmerüberlassung – offene Fragen und Anwendungsprobleme des neuen Rechts, RdA 2017, 83; *Heuchemer/Schielke,* Herausforderungen für die Zeitarbeitsbranche, BB 2011, 758; *Hirdina,* Die Arbeitnehmerüberlassung – Eine verfassungswidrige Überregulierung?, NZA 2011, 325; *Hunnekuhl/zu Dohna-Jaeger,* Ausweitung des Arbeitnehmer-Entsendegesetzes auf die Zeitarbeitsbranche – Im Einklang mit der Verfassung?, NZA 2007, 954; *Kocher,* Nachwirkung im Bereich tarifdispositiven Rechts am Beispiel von Tarifverträgen zu § 9 Nr. 2 AÜG, DB 2010, 900; *Kokemoor,* Neuregelung der Arbeitnehmerüberlassung durch die Hartz-Umsetzungsgesetze, NZA 2003, 238; *Lambrich/Göhler,* Vertrauensschutz bei Rechtssprechungsänderungen im Arbeits- und Sozialrecht – Königsweg zur Abwehr von Equal-Pay-Klagen und Nachzahlungsbescheiden der DRV, RdA 2014, 299; *Lembke,* Die „Hartz-Reform" des Arbeitnehmerüberlassungsgesetzes, BB 2003, 98; *ders.,* Die Fusion von Arbeitgeberverbänden der Zeitarbeitsbranche, in: *Düwell/Stückemann/Wagner* (Hrsg.), Bewegtes Arbeitsrecht, FS für Wolfgang Leinemann zum 70. Geburtstag, 2006, S. 427; *ders.,* Die Tariffähigkeit und Tarifzuständigkeit der Tarifgemeinschaft Christlicher Gewerkschaften für Zeitarbeit und Personalserviceagenturen, NZA 2007, 1333; *ders.,* Die geplanten Änderungen im Recht der Arbeitnehmerüberlassung, DB 2011, 414; *ders.* AÜG-Reform – Eine Reformatio in peius, NZA 2017, 1; *ders.,* Neue Rechte von Leiharbeitnehmern gegenüber Entleihern, NZA 2011, 319; *ders.,* CGZP-Sachverhalte vor dem 14.12.2010: Aussetzen oder Durchentscheiden?, NZA 2011, 1062; *ders.,* Der CGZP-Beschluss des BAG vom 14.12.2010 und seine Folgen, NZA-Beilage 2012, 66; *ders.,* Der Einsatz von Fremdpersonal im Rahmen von freier Mitarbeit, Werkverträgen und Leiharbeit, NZA 2013, 1312; *der.,* Gesetzesvorhaben der Großen Koalition im Bereich der Arbeitnehmerüberlassung, BB 2014, 1333; *ders./Distler,* Die Bezugnahme auf Tarifverträge der Zeitarbeitsbranche durch Unternehmen mit Mischbetrieben, NZA 2006, 952; *ders./Fesenmeyer,* Abreden über Vermittlungsprovisionen in Arbeitnehmerüberlassungsverträgen, DB 2007, 801; *Lembke/Mengel/Schüren/Stoffels/Thüsing/Schunder:* Erfurt (ist ge)fordert: Mehr Transparenz bei der Bezugnahme auf Zeitarbeitstarifverträge, NZA 2013, 948; *Leuchten,* Das neue Recht der Leiharbeit, NZA 2011, 608; Lützeler/Bissels/Domke, Entscheidung des BAG zur Tariffähigkeit der CGZP: Nüchterne Bewertung statt Panik-mache, ArbRAktuell 2011, 136; *Maschmann,* Fremdpersonaleinsatz im Unternehmen und die Flucht in den Werkvertrag, NZA 2013, 1305; *Melms/Lipinski,* Absenkung des Tarifniveaus durch die Gründung von AÜG-Gesellschaften als alternative oder flankierende Maßnahme zum Personalabbau, BB 2004, 2409; *Mengel,* Konzerneigene Arbeitnehmerüberlassung, in: *Rieble/Junker/Giesen* (Hrsg.): Arbeitsrecht im Konzern (2010), S. 45; *Nebeling/Gründel,* Vermeidung des Gleichstellungsgrundsatzes in Misch-betrieben mit Zeitarbeit, BB 2009, 2366; *Neef,* Reichweite des CGZP-Beschlusses, NZA 2011, 615; *Neumann,* Das Erste und Zweite Gesetz für moderne Dienstleistungen am Arbeitsmarkt im Überblick, NZS 2003, 113; *Picker,* Arbeitnehmerüberlassung – Eine moderne Personalwirtschaftsform als Mittel arbeitsrechtlicher Modernisierung, ZfA 2002, 469; *Plagemann/Brand,* Sozialversicherungsbeiträge für nicht erfüllte „Equal pay"-Ansprüche?, NJW 2011, 1488; *Rambach/Begerau,* „Unechte" Vermittlungsprovisi-onen aus dem Arbeitnehmerüberlassungsvertrag?, BB 2002, 937; *Reipen,* Vermittlungs-orientierte Arbeitnehmerüberlassung durch die Personal-Service-Agentur (PSA), BB 2003, 787, 790; *ders.,* Dubiose Gewerkschaften – Sozialversicherungsrechtliche Risiken für Zeitarbeitsunternehmen und ihre Kunden, NZS 2005, 407; *Reiserer,* Gestaltung von Leiharbeitsverträgen nach dem Beschluss des BAG zur Tarifunfähigkeit der CGZP, DB 2011, 764; *Reuter,* Arbeitgeberwechsel und Widerspruchsrecht in der Leiharbeit, RdA 2015, 171; *Rieble,* Relativität der Tariffähigkeit, FS Wiedemann, 2003, S. 519; *Rieble/Klebeck,* Lohngleichheit für Leiharbeit, NZA 2003, 23; *ders.,* Zeitarbeit – invers, NZA 2013, 309; *Rieble/Vielmeier,* Umsetzungsdefizite der Leiharbeitsrichtlinie, EuZA 2011, 474; *dies.,* Rechtsirrige Bemessung des Arbeitsentgelts und Beitragsschuld, ZIP 2011, 789; *Röder/Krieger,* Arbeitnehmerüberlassung: Kein Ausweg aus der Equal pay-Falle?, DB 2006, 2122; *Schlegel,* Arbeits- und sozialversicherungsrechtliche Konsequenzen des CGZP-Beschlusses, NZA 2011, 380; *Schöne,* „Billig-Tarifverträge" in der Zeitarbeit – Wo genau liegt das Risiko?, DB 2004, 136; *Schöttler/Müllerleile,* Entleiherhaftung auf dem Prüfstand – Auswirkungen des BAG-Beschlusses zur Tarifunfähigkeit der CGZP, BB 2011, 3061; *Schüren,* Die Verfassungsmäßigkeit der Reform des Arbeitnehmerüber-lassungsgesetzes – ein Rückblick mit Ausblicken, RdA 2006, 303; *ders.,* Kostensenkung durch konzerneigene Verleihunternehmen, BB 2007, 2346; *ders.,* Leiharbeit in Deutschland, RdA 2007, 231; *ders.,* Die Tariffähigkeit der Tarifgemeinschaft Christli-cher Gewerkschaften für Zeitarbeit und PSA vor den deutschen Arbeitsgerichten, NZA 2007, 1213; *ders.,* Verjährung von Nachzahlungsansprüchen der Leiharbeitnehmer nach Feststellung der Tarifunfähigkeit der CGZP, AuR 2011, 142; *ders.,* Scheinwerk- und Scheindienstverträge mit Arbeitnehmerüberlassungserlaubnis – Vorschlag zu einer Kor-rektur des AÜG, NZA 2013, 176; *ders./Behrend,* Arbeitnehmerüberlassung nach der Reform – Risiken der Neuen Freiheit, NZA 2003, 521; *Schüren/Fasholz,* Inhouse-Outsourcing und der Diskussionsentwurf zum AÜG – Ein Diskussionsbeitrag, NZA 2015, 1473; *Schüren/Wank,* Die neue Leiharbeitsrichtlinie und ihre Umsetzung in deut-sches Recht, RdA 2011, 1; *Seel,* Neue Spielregel für die Arbeitnehmerüberlassung – Eine Analyse des Referentenwurf des AÜG, öAT 2016, 27; *Stang/Uber,* Keine neue Mogelpackung! – Anforderungen an eine gesetzliche Neuregelung der Leiharbeit, NZA 2015, 910; *Steiner,* Anm. zu BAG vom 9.3.2011, ArbRAktuell 2011, 353; *Stoffels,* Die Verjährung von Equal-Pay-Ansprüchen, NZA 2011, 1057; *Thüsing,* Europäische Impulse im Recht der Arbeitnehmerüberlassung, DB 2002, 2218; *ders.,* Equal pay bei Leiharbeit – Zur Reichweite der Gleichbehandlungspflicht nach dem AÜG –, DB 2003, 446; *ders.,* Provisionsvereinbarungen bei Arbeitsvermittlung nach Arbeitnehmerüberlassung, DB 2003, 2122; *ders.,* Arbeitsrecht als Arbeitsplatzschutzrecht, NJW 2003, 1989; *ders.,* Blick in das europäische und ausländische Arbeitsrecht, RdA 2009, 118; *Tuengerthal/Andorfer,* Die CGZP-Entscheidungen und die angeblichen Ansprüche der Sozialversicherung, BB 2011, 2939; *Ulber,* Personal-Service-Agenturen und Neuregelung der Arbeitnehmerüberlassung, AuR 2003, 7; *ders.,* Wirksamkeit tariflicher Regelungen zur Ungleichbehandlung von Leiharbeitnehmern, NZA 2009, 232; *ders.,* Die Richtlinie zur Leiharbeit, AuR 2010, 10; *ders.,* Regierungsentwurf und Verhinderung von Missbrauch der Arbeitnehmerüberlassung, AuR 2010, 412; *Ulrici,* Bekämpfung illegaler Arbeitnehmerüberlassung durch Arbeitsrecht, NZA 2016, 1317; *Waas,* Das Spannungsverhältnis von Tarifvertrag und Gesetz beim Grundsatz der Entgeltgleichheit im neuen AÜG, BB 2003, 2175; *Wank,* Der Richtlinienvorschlag der EG-Kommission zur Leiharbeit und das „Erste Gesetz für moderne Dienstleistungen am Arbeitsmarkt", NZA 2003, 14; *ders.,* Neuere Entwicklungen im Arbeitnehmerüberlassungsrecht, RdA 2003, 1; *ders.,* Änderungen im Leiharbeitsrecht, RdA 2017, 100; *Willemsen/Annuß,* Kostensenkung durch konzerninterne Arbeitnehmerüberlassung, BB 2005, 437; *Willemsen/Mehrens,* Beabsichtigte Neuregelung des Fremdpersonaleinsatzes – Mehr Bürokratie wagen?, NZA 2015, 897; *Zeppenfeld/Faust,* Zeitarbeit nach dem CGZP-Beschluss des BAG, NJW 2011, 1643; *Zimmer,* Der Grundsatz der Gleichbehandlung in der Leiharbeitsrichtlinie 2008/104/EG und seine Umsetzung ins deutsche Recht, NZA 2013, 289; *Zimmermann,* Tatbestandsmerkmal „vorübergehend" weiter ungelöst, NZA 2015, 528; *ders.,* Der Referentenentwurf zur AÜG-Reform 2017, BB 2016, 53.

Übersicht

I. Gesetzeszweck und Entstehungsgeschichte

1   § 9 ist Teil des privatrechtlichen Abschnitts des AÜG, der nach der Novelle des AÜG zum 1.4.2017 nunmehr die §§ 8–14, sowie Teile von § 1 umfasst. Zwischen diesem privatrechtlichen Teil und den öffentlich-rechtlichen Abschnitten in §§ 1–7 und §§ 15–19 bestehen enge **Wechselwirkungen,** die sich insbesondere in § 9 manifestieren, der gleichsam als Scharnier wirkt (vgl. ausführlich *Becker/Wulfgramm* vor Art. 1 § 9 Rn. 1 ff.; Schüren/Hamann/ *Schüren* § 9 Rn. 1). So regelt § 9 zwar ausschließlich die Rechtsbeziehungen zwischen den an der Arbeitnehmerüberlassung beteiligten Privaten; die Norm stellt aber in Abs. 1 Nr. 1, Nr. 1a und Nr. 1b ab und zentral für die Unwirksamkeitsfolge auf die öffentlich-rechtliche Erlaubnispflicht, die Deklarierungs- und Konkretisierungspflicht sowie die Höchstüberlassungsdauer nach § 1 ab. Dadurch setzt § 9 zugleich das öffentlich-rechtliche Präventivverbot mit Erlaubnisvorbehalt in § 1 Abs. 1 (vgl. dazu → § 1 Rn. 2) auf privatrechtlicher Ebene um und steht strukturell in Beziehung zu den entsprechenden Normen zu den gewerberechtlichen Folgen in § 3 und §§ 4, 5. Ebenso werden durch § 9 neu eine Verletzung der neuen Pflichten zur ausdrücklichen vertraglichen Kennzeichnung der Arbeitnehmerüberlassung sowie zur Konkretisierung des Zeitarbeitnehmers im Überlassungsvertrag (§ 9 Abs. 1a iVm § 1 Abs. 1) sowie eine Überschreitung der (wieder eingeführten) Höchstüberlassungsdauer (§ 9 Abs. 1b iVm § 1 Abs. 1b) sanktioniert. Zusammen mit den Regelungen zu den Rechtsfolgen der Unwirksamkeit in § 10 ist § 9 daher ein entscheidendes Element für die **Effektivität des Gesetzes,** die sich in der gestaltenden Praxis gerade auch auf die (Androhung der) privatrechtlichen Rechtsfolgen gründet. Die zivil- und arbeitsvertraglichen Aspekte des Leiharbeitsverhältnisses sind in §§ 8–11 jedoch nicht umfassend, sondern nur insoweit geregelt, als sie von den allgemeinen Regeln abweichen und ihnen vorgehen. Im Übrigen gilt somit das allgemeine Arbeits- und Zivilrecht (Boemke/Lembke/*Lembke* § 9 Rn. 1). Umgekehrt war das AÜG auch auf Personal-Service-Agenturen (PSA) der BA nach dem früheren § 37c Abs. 1 S. 1 SGB III anwendbar (ErfK/*Wank* § 1 Rn. 36; vgl. zu weiteren Nachweisen die 3. Auflage).

2   Die **privatrechtliche Sanktion illegal tätiger Verleiher,** insbesondere unseriöser verdeckt operierender Verleihunternehmen, die von vorneherein keine Überlassungserlaubnis beantragen und daher nicht von § 3 erreicht werden, ist auch eines der beiden wesentlichen gesetzgeberischen Ziele von § 9 (vgl. *Becker/Wulfgramm* Art. 1 § 9 Rn. 3; Boemke/Lembke/*Lembke* § 9 Rn. 38; Schüren/Hamann/*Schüren* § 9 Rn. 4, 9). Hinzugekommen ist mit

der Gesetzesnovelle zum 1.4.2017 die Sanktion der sog. „verdeckten" Arbeitnehmerüberlassung im Fall von als solchen bezeichneten bzw. durchgeführten
Werk- oder Dienstleistungsverträgen (vgl. dazu nur die Gesetzesbegründung
zum Referentenentwurf vom 16.11.2015, S. 18 f., 23 f. und BAG 3.6.2014 –
9 AZR 111/13, ArbR Aktuell 2014, 436; BAG 10.12.2013 – 9 AZR 51/
13, AP AÜG § 1 Nr. 34; BAG 18.1.2012, NZA-RR 2012, 455 (458);
13.12.2006, NZA 2007, 751 und *Hamann/Rudnik* NZA 2015, 449 (455);
Henssler RdA 2017, 83, 83 ff.; *Schüren* NZA 2013, 176 (178); *Stang/Ulber*
NZA 2015, 910 (912)). und die Sanktionierung des Überschreitens der wieder eingeführten Höchstüberlassungsdauer nach § 1 Abs. 1b (vgl. dazu nur
die Gesetzesbegründung zum Referentenentwurf vom 16.11.2015, S. 19 f.,
24 sowie zum Referentenentwurf vom 17.2.2016, S. 18 f. und 24 f.; Regierungsentwurf, BR-Drs. 249/16, 15 und 21). Daneben dient die Norm –
in Abs. 1 Nr. 2–5 – vor allem auch dem sozialen (finanziellen) Schutz des
Zeitarbeitnehmers (vgl. auch BT-Drs. VI/2303, 13; Boemke/Lembke/
Lembke § 9 Rn. 39; Schüren/Hamann/*Schüren* § 9 Rn. 10; *Ulber* § 9 Rn. 2).

Die bis 31.12.2002 geltende alte Fassung des § 9 ging fast ausschließlich **3**
auf den Referentenentwurf zurück, nur der Begriff der „Unwirksamkeit"
wurde anstelle des Begriffes der „Nichtigkeit" aus rechtssystematischen Gründen auf Empfehlung des Rechtsausschusses und des Ausschusses für Arbeit
und Sozialordnung eingeführt (vgl. BT-Drs. VI/3505, 7 und Bericht *Jaschke,*
BT-Drs. VI/3505, 3; Boemke/Lembke/*Lembke* § 9 Rn. 2; Schüren/
Hamann/*Schüren* § 9 Rn. 15). Die dann seit dem 1.1.2003 geltende Fassung
war durch das Erste Gesetz für moderne Dienstleistungen am Arbeitsmarkt
vom 23.12.2002 (BGBl. I S. 4607) eingeführt worden und zeigte § 9 umfassend reformiert (vgl. zur Gesetzgebungshistorie Boemke/Lembke/*Lembke* § 9
Rn. 2 ff.; *Düwell/Dahl* NZA 2007, 889, 889 f.; ausführlich mit Überblick zu
allen Änderungen seit Inkrafttreten des AÜG *Ulber* Einl. B Rn. 1 ff.; UGBH/
Hurst/Bissels Einl. Rn. 31 ff., § 9 Rn. 4 ff.; vgl. *Picker* ZfA 2002, 469 ff. für
eine Bestandsaufnahme und Entwicklung von Modernisierungsvorschlägen
vor der Reform). Dabei wurden die alten Unwirksamkeitstatbestände Nr. 2
und Nr. 3, die an die Versagensgründe nach § 3 Abs. 1 Nr. 3 und Nr. 4 aF
anknüpften, gestrichen und entsprechend dem neuen Versagensgrund in § 3
Abs. 1 Nr. 3 durch die neue Nr. 2 ersetzt. Das bisherige Befristungsverbot
nach Nr. 2 aF und das Wiedereinstellungsverbot gem. Nr. 3 und 4 aF sind
aufgehoben (BT-Drs. 15/25, 39), in Nr. 2 wurde das Gleichstellungsgebot/
Schlechterstellungsverbot eingeführt (vgl. Boemke/Lembke/*Lembke* § 9
Rn. 5, 90 ff.). An die Stelle der bisherigen Untersagungsgründe und Unwirksamkeitsgründe traten der allgemeine Bestandsschutz und das neue Befristungsrecht, so dass für die Arbeitnehmerüberlassung kaum eine größere Flexibilität eingetreten ist (vgl. nur *Bauer/Krets* NJW 2003, 537 (539 f.); *Bayreuther*
NZA 2004, Sonderbeilage 1, 3 (6); ausführlich Schüren/Hamann/*Schüren*
Einl. Rn. 250 ff. mwN). Nach der Übergangsregelung in § 19 aF galt die
–damalige Fassung seit dem 1.1.2004 für alle Leiharbeitsverhältnisse, für alte
Leiharbeitsverhältnisse, die vor dem 1.1.2004 begründet worden waren, galt
die alte Fassung noch bis 31.12.2003. Heute sind kaum noch Sachverhalte
aus dieser Zeit zu beurteilen (Boemke/Lembke/*Lembke* § 19 Rn. 22). Mit

dem Dritten Gesetz für moderne Dienstleistungen am Arbeitsmarkt vom 23.12.2003 (BGBl. I S. 2848) hat der Gesetzgeber außerdem § 9 Nr. 3 in prompter Reaktion auf die heftig kritisierte Entscheidung des BGH vom 3.7.2003 (BB 2003, 2015 ff.; dazu *Thüsing* DB 2003, 2122 ff.) zur Unzulässigkeit von Vereinbarungen über Vermittlungsprovisionen um einen zweiten klarstellenden und rechtsprechungskorrigierenden Halbsatz erweitert (vgl. BR-Drs. 730/03, 59; *Tillmann* AuA 2004, 21 (22 f.); Boemke/Lembke/ *Lembke* § 9 Rn. 6).

4   Mit Wirkung zum 30.4.2011 wurde § 9 in Umsetzung der Leiharbeitsrichtlinie (RL 2008/104/EG; vgl. hierzu *Boemke* RIW 2009, 177; *Fuchs* NZA 2009, 57; *Hamann* EuZA 2009, 287; *Ulber* AuR 2010, 10; *ders.* AuR 2010, 412; *Waas* ZESAR 2009, 207; ausf. *Rieble/Vielmeier* EuZA 2011, 474; *Schüren/Wank* RdA 2011, 1) und zur Verhinderung von Missbrauch der Arbeitnehmerüberlassung (so der Titel des Änderungsgesetzes, vgl. BT-Drs. 17/4804) geändert. Angepasst an die europarechtlichen Anforderungen wurde die Regelung in Nr. 2 (Wegfall der 6-Wochen-Regelung sowie Einführung einer „Drehtürklausel" im letzten Hs., Einengung des Tarifvorbehalts im Hinblick auf die Mindestlohnregelung des § 3a Abs. 2); neu eingefügt wurden die Nr. 2 und 5 (vgl. BT-Drs. 17/4804 sowie *Leuchten* NZA 2011, 608; *Lembke* NZA 2011, 319; *ders.* DB 2011, 414; *Hamann* NZA 2011, 70; *Böhm* DB 2011, 473; *Ulber* AuR 2010, 412). Insoweit wurde die Übergangsregelung in § 19 aF dahin angepasst, dass die sog. „Drehtürklausel" (§ 9 Nr. 2 letzter Hs. a.F.) *nicht* anwendbar ist auf Leiharbeitsverhältnisse, die vor dem 15.12.2010 begründet worden sind. Die Regelungen des § 9 Nr. 2, 2a und 5 sind bereits zum 29.4.2011 in Kraft getreten.

5   Ebenfalls in Umsetzung der Leiharbeitsrichtlinie wurde in § 1 Abs. 1 S. 2 aF die Regelung aufgenommen, dass die Überlassung von Arbeitnehmern an Entleiher „vorübergehend" erfolgt. Sie geht auf Art. 1 Abs. 1 der Richtlinie zurück, der den Anwendungsbereich der Richtlinie definiert und von Leiharbeitnehmern spricht, die „entleihenden Unternehmen zur Verfügung gestellt werden, um vorübergehend unter deren Aufsicht und Leitung zu arbeiten". Obwohl nach der Gesetzesbegründung die Einfügung in § 1 Abs. 1 nur der Klarstellung dienen sollte und damals insbesondere auf die Festlegung genau bestimmter Höchstüberlassungsfristen ausdrücklich verzichtet wurde (vgl. BT-Drs. 17/4804, 8), wurde in der Literatur zum Teil vertreten, dass eine zeitlich unbefristete Dauerüberlassung nicht mehr zulässig sei, und so die – ausdrücklich gestrichene – Höchstüberlassungsdauer im Wege der Auslegung wieder eingeführt sei (so ausdrücklich ErfK/*Wank* § 1 Rn. 37c; gegen die Zulässigkeit der Dauerüberlassung auch *Hamann* EuZA 2009, 287 (310); *ders.* RdA 2011, 321 (324); *Leuchten* NZA 2011, 608 (609); *Schüren/Wank* RdA 2011, 1 (3); *Ulber* AuR 2010, 10 (11)). Indes enthielt die Begriffsbestimmung der Richtlinie – ebenso wie § 1 Abs. 1 S. 2 aF selbst – keinen Anhaltspunkt dafür, dass eine dauerhafte Arbeitnehmerüberlassung verboten sein solle, und sieht auch keinerlei Rechtsfolgen für einen Verstoß vor; es handelte sich daher um einen bloßen Programmsatz, der darauf hinwies, dass die Arbeitnehmerüberlassung typischerweise vorübergehend stattfindet (ebenso *Lembke* DB 2011, 414 (415); *Rieble/Vielmeier* EuZA 2011, 474 (489)) und nicht als dauerhafte Überlassung geplant sein darf. Auch die Richtlinie gibt keine Höchstüberlassungsdauer vor (*Leuchten* NZA 2011, 608 (609); *Schüren/Wank* RdA 2011, 1 (3); *Ulber* AuR 2010, 10 (11)). In der höchstrichterlichen Rechtsprechung ergab sich entsprechend zuletzt eine Linie, dass eine als dauerhaft geplante Überlassung unzulässig sei (vgl. nur BAG 10.7.2013 – 7 ABR 91/11, AP AÜG § 1 Nr. 33; vgl. auch LAG Niedersachen 19.9.2012 – 17 TaBV 124/11, BeckRS 2012, 74786 zu einer **arbeitnehmerbezogenen Auslegung und zu der zuvor überwiegenden arbeitsplatzbezogen** Auslegung in dem Sinne, dass mit der Überlassung Stammarbeitsplätze nicht durch Dauerüberlassungen besetzt werden sollen: LAG Baden-Württemberg 31.7.2013 – 4 Sa 18/13, BeckRS 2013, 71078; LAG Berlin-Brandenburg 19.7.2013 – 9 TaBV 1089/13, BeckRS 2013, 74772; teilweise sollte eine vorübergehende Überlassung sogar noch strenger nur bei Vorliegen bestimmter **Sachgründen** zulässig sein, zB in Anlehnung an § 14 Abs. 2 TzBfG, also etwa Vertretung, Auftragsspitzen etc, dazu LAG Hessen 21.5.2013 – 4 TaBV 298/12, BeckRS 2013, 72674; LAG Berlin-Brandenburg 9.1.2013 – 15 Sa 1635/12, NZA-RR 2013, 234, 237), aber es blieb nach der BAG-Rechtsprechung offen, welche konkreten zeitlichen Grenzen unvereinbar mit dem Begriff „vorübergehend" sein könnten. In der Praxis, nicht zuletzt befördert durch die Rechtsprechung zur Mitbestimmung der Betriebsräte zur „Einstellung" von Zeitarbeitnehmern, ergaben sich oftmals Absprachen zu einer Höchstdauer von zwei Jahren (analog § 14 Abs. 2 TzBfG).

Mit der neusten Gesetzesänderung zum 1.4.2017 wurde § 1 Abs. 1 S. 2 aF **6** nunmehr gestrichen und in § 1 Abs. 1 S. 4 iVm § 1 Abs. 1b wieder eine konkrete zeitliche Überlassungshöchstdauer gesetzlich festgelegt. Nach § 1 Abs. 1b darf derselbe Zeitarbeitnehmer grundsätzlich nicht länger als 18 aufeinander folgende Monate an denselben Entleiher überlassen werden. Zu dieser Grundregel sieht § 1 Abs. 1b allerdings mit Tariföffnungsklausel Ausnahmen für Vereinbarungen in Tarifverträgen und in der Folge auch Betriebs- oder Dienstvereinbarungen der „Einsatzbranche" vor. Erst in der allerletzten Phase des längeren Gesetzgebungsverfahrens ist die Option der Vereinbarung einer längeren Höchstüberlassungsdauer durch Betriebs- oder Dienstvereinbarungen auf nicht-tarifgebundene Entleiher erweitert worden (vgl. dazu noch anders die Gesetzesbegründung zum Referentenentwurf vom 16.11.2015, S. 19 f. sowie zum Referentenentwurf vom 17.2.2016, S. 20; Regierungsentwurf, BR-Drs. 249/16, 16). Damit wurden mutmaßlich auch verfassungsrechtliche Angriffspunkte aufgrund unsachlicher Ungleichbehandlung von tarifgebundenen und nicht-tarifgebundenen Entleiherbetrieben beseitigt. Eine nicht sachlich nachvollziehbare Ungleichbehandlung zwischen Entleiherbetrieben mit und ohne Betriebsrat ist aber verblieben, weil die tarifvertraglich längere Überlassungshöchstdauer nicht einzelvertraglich in Arbeitsverhältnisse übernommen werden darf (vgl. dazu nur Stellungnahme Nr. 14/2016 der BRAK vom Juni 2016, Seite 8). Neu eingeführt hat der Gesetzgeber ein „Widerspruchsrecht", mit dem der Zeitarbeitnehmer die wesentliche Rechtsfolge der Unwirksamkeitsanordnungen in § 9 Abs. 1 verhindern kann, die in § 10 Abs. 1 festgelegt ist, namentlich die Fiktion eines

Arbeitsverhältnisses mit dem Entleiher. Die Gesetzesbegründung führt dazu zutreffend verfassungsrechtliche Gründe an (vgl. dazu die Gesetzesbegründung zum Referentenentwurf vom 16.11.2015, S. 23 sowie zum Referentenentwurf vom 17.2.2016, S. 25; Regierungsentwurf, BR-Drs. 249/16, 21). Ein weitere wichtige Änderung der Novelle zum 1.4.2017 ist auch die Neuregelung des Equal-Treatment/Equal-Pay-Gebot in einem eigenständigen § 8 (statt zuvor § 10 Abs. 4 aF). Außerdem werden neben einer Verleihung ohne Erlaubnis auch die verdeckte Arbeitnehmerüberlassung und eine Überschreitung der Überlassungshöchstdauer sanktioniert, wobei für diese Fälle des § 9 zukünftig die Rechtsfolgen des § 10 Abs. 1–3 eintreten.

II. Unwirksamkeitsgründe nach Abs. 1

7   Die nunmehr acht gesetzlich normierten Unwirksamkeitstatbestände des Abs. 1 teilen sich in zwei Gruppen, die für die Praxis überragend wichtigen Tatbestände nach Nr. 1, Nr. 1a, Nr. 1b und den Tatbestand Nr. 2 einerseits sowie die Tatbestände nach Nr. 2a, Nr. 3, Nr. 4 und Nr. 5 andererseits. Die Tatbestände Nr. 1, Nr. 1a und Nr. 1b bereiten als Bindeglied zwischen § 1 und § 10 Abs. 1 weiterführend die Fiktionswirkung nach § 10 Abs. 1 vor, die nach der neuen Rechtslage bei allen diesen drei Unwirksamkeitsgründe greift, vorbehaltlich eines Widerspruchs des Zeitarbeitnehmers, und sind überdies Grundlage der Ansprüche des Leiharbeitnehmers gegen den Verleiher nach § 10 Abs. 2 und Abs. 3. Der Tatbestand Nr. 2 verweist hingegen direkt auf die Regelungen des Gleichstellungsgrundsatzes im neuen § 8, während die Tatbestände Nr. 2a, Nr. 3, Nr. 4 und Nr. 5 als bloße Unwirksamkeitsgründe wirken. Die einzelnen Rechtsfolgen der Unwirksamkeit ergeben sich grundsätzlich aus den allgemeinen Regeln des Bürgerlichen Rechts (ErfK/*Wank* § 9 Rn. 2; HWK-*Gotthardt/Roloff* § 9 Rn. 3; zur dogmatischen Einordnung ausführlich vgl. *Becker/Wulfgramm* Art. 1 § 9 Rn. 7 ff. mwN); etwaige Abweichungen sind im Zusammenhang mit dem jeweiligen Unwirksamkeitsgrund dargestellt. Der Unwirksamkeitsgrund Nr. 2 hat gem. § 8 Abs. 1 eine besondere Rechtsfolge und entspricht im Übrigen auch dem Widerrufsgrund nach § 5 Abs. 1 Nr. 3 iVm § 3 Abs. 1 Nr. 3.

1. Fehlende Erlaubnis nach § 1 (Abs. 1 Nr. 1)

8   Der erste und wichtigste Unwirksamkeitstatbestand knüpft an eine fehlende erforderliche Erlaubnis nach § 1 an und betrifft sowohl den Arbeitnehmerüberlassungsvertrag zwischen Verleiher und Entleiher als auch den Arbeitsvertrag zwischen Verleiher und Leiharbeitnehmer. Der Tatbestand ist für das Arbeitsverhältnis zwischen Verleiher und Zeitarbeitnehmer durch die Gesetzesnovelle zum 1.4.2017 in wesentlicher Hinsicht neu geregelt, indem ein **Widerspruchsrecht** für den Arbeitnehmer als negatives Tatbestandsmerkmal eingeführt wurde und bei wirksamer Ausübung des Widerspruchsrechts (nur) der Arbeitsvertrag entgegen der Grundregel in § 9 Abs. 1 Nr. 1 nicht unwirksam wird. Ebenso wird mit einem Widerspruch bzw. der Festhalenserklärung des Zeitarbeitnehmers gem. § 9 Abs. 2 und Abs. 3 zugleich

der Eintritt der Fiktion eines Arbeitsverhältnisses zum Entleiher nach § 10 Abs. 1 verhindert.

a) Tatbestand. Der Unwirksamkeitsgrund setzt zunächst voraus, dass für **9** die Überlassung eine Erlaubnis des Verleihers gem. § 1 **erforderlich** ist; nicht erlaubnispflichtige Arbeitnehmerüberlassung nach § 1 Abs. 3 kann daher von § 9 Abs. 1 Nr. 1 nicht erfasst werden. Erst recht erstreckt sich die Norm trotz des begrifflich weiteren Wortlauts nicht auf Werk-, Dienst-, Geschäftsbesorgungs- oder sonstige Verträge zwischen Unternehmen allgemein oder Verleihern und Entleihern, sondern nur auf Arbeitnehmerüberlassungsverträge im Sinne von § 1 und § 12 (*Becker/Wulfgramm* Art. 1 § 9 Rn. 14 mwN; *Ulber* § 9 Rn. 7) und Leiharbeitsverhältnisse (*Ulber* § 9 Rn. 23). Allerdings fallen auch **Scheindienst- und Scheinwerkverträge** zum Fremdpersonaleinsatz, nach denen scheinbare Erfüllungsgehilfen des Auftragnehmers den Vertrag erfüllen sollen, ebenso wie Verträge mit scheinbaren Solo-Selbstständigen allgemein unter § 9 Abs. 1 Nr. 1 (vgl. zur nur BAG 18.1.2012, NZA-RR 2012, 455 (458); LAG Baden-Württemberg 1.8.2013, NZA 2013, 1017; *Bundesagentur für Arbeit*, Fachliche Weisungen zum AÜG, Stand 1.4.2017, S. 15 ff.; *Deinert* RdA 2017, 65 (73); ErfK/*Wank* § 10 Rn. 1; *Greiner* NZA 2013, 697 (698 ff.); *Lembke* NZA 2013, 1312 (1314 f., 1317 f.)); *Maschmann* NZA 2013, 1305 (1306);BGH 8.11.1979, NJW 1980, 452; BAG 15.6.1983, NJW 1984, 2912; 11.4.1984, NZA 1984, 161 f.; 30.1.1991, AP AÜG § 10 Nr. 8, Bl. 4/1 ff.; *Becker/Wulfgramm* Art. 1 § 10 Rn. 13; Schüren/Hamann/*Schüren* § 9 Rn. 6, § 10 Rn. 1, 23 f., 26 ff.; *Ulber* § 9 Rn. 7 sowie § 10 Rn. 13, 19, wenn – wie in der Praxis typisch – statt des vertraglich angestrebten Vertragstyps tatsächlich ein Arbeitsverhältnis mit dem Verleiher besteht. Jedoch waren bisher weder die verdeckten Arbeitnehmerüberlassungsverträge noch die Zeitarbeitsverträge gem. § 9 Abs. 1 Nr. 1 unwirksam, wenn eine Arbeitnehmerüberlassungserlaubnis vorgehalten wurde. Erst recht ergab sich dann keine Fiktion eines Arbeitsverhältnisses zum Entleiher als Rechtfolge gem. § 10 Abs. 1 (analog), wie das BAG wiederholt entschieden hat (BAG 3.6.2014 – 9 AZR 111/13, ArbR Aktuell 2014, 436; BAG 10.12.2013 – 9 AZR 51/ 13, AP AÜG § 1 Nr. 34; BAG 18.1.2012, NZA-RR 2012, 455 (458); 13.12.2006, NZA 2007, 751) Diese Konstellationen wurden zunehmend Gegenstand politischer Auseinandersetzungen (vgl. nur *Bauer/Heimann* NJW 2013, 3287 (3288 f.)) und sind mit der Gesetzesänderung nun in dem neuen Tatbestand Nr. 1a erfasst. Dieser lässt eine Unwirksamkeit (nur) des Zeitarbeitsvertrags eintreten, wenn die Arbeitnehmerüberlassung nicht ausdrücklich als solche im Überlassungsvertrag zwischen Verleiher und Entleiher bezeichnet und die Person des Zeitarbeitnehmers konkretisiert ist gem. § 1 Abs. 1 S. 5 und 6 ist. Damit ist nun auch bei erteilter Arbeitnehmerüberlassungserlaubnis und entsprechenden vertraglichen (hilfsweisen) Regelungen zur Überlassung unwirksam, wenn vordergründig der Leistungsaustausch im Rahmen eines Werk- oder Dienstleistungsvertrages der beteiligten Unternehmen vorgenommen wird. Da aber die Unwirksamkeit nach Nr. 1a dem Wortlaut nach nicht für den Überlassungsvertrag angeordnet wird, wird die Wirksamkeit des Scheinwerks- oder Scheindienstvertrags zwischen Verleiher und Entleiher weiterhin nur an § 9 Abs. 1 Nr. 1 zu messen sein. Das bedeutet, dass bei (versteckt) vorliegender Überlassungserlaubnis die Unternehmen weiter an ihren Austauschvertrag gebunden sind. Dies dürfte in der Praxis zumindest zu Anpassungsbedarf für die Vertragspartner führen, wenn die überlassenen Arbeitnehmer nicht der Fiktion eines Arbeitsverhältnisses mit dem Entleiher widersprechen, denn dieser wird dann kaum noch zusätzliches Fremdpersonal benötigen, während der fortbestehende Vertrag mit dem Entleiher dies gerade unverändert vorsehen dürfte.

10   Eine analoge Anwendung von § 9 Abs. 1 Nr. 1 für den „Scheinüberlassungsvertrag" bei Verstoß gegen § 1b S. 1 kommt aber nicht in Betracht (vgl. auch BAG 13.12.2006, NZA 2007, 751). ().

11   Das Gesetz fordert außerdem, dass der Verleiher die erforderliche Erlaubnis nicht „hat", und stellt somit allein auf die jeweils aktuelle Situation ab. Entsprechend kommt es nicht darauf an, ob die erforderliche Erlaubnis nie erteilt wurde (§ 3) oder später entfallen ist, zB durch Rücknahme (§ 4), Widerruf (§ 5), Ablauf einer Befristung (§ 2 Abs. 4), Eintritt einer auflösenden Bedingung (§ 2 Abs. 1) usw (vgl. *Becker/Wulfgramm* Art. 1 § 9 Rn. 11, 16, 18; Boemke/Lembke/*Lembke* § 9 Rn. 46; ErfK/*Wank* § 9 Rn. 3; HWK-*Gotthardt/Roloff* § 9 Rn. 4). Das bloße Vorliegen von Rücknahme- oder Widerrufstatbeständen steht der Rücknahme oder dem Widerruf nicht gleich und führt daher noch nicht zur Unwirksamkeit (vgl. ErfK/*Wank* § 9 Rn. 4; Schüren/Hamann/*Schüren* § 9 Rn. 20; BeckOK ArbR/*Kock* AÜG § 9 Rn. 5). Die Unwirksamkeit tritt **unabhängig von der subjektiven Kenntnis** der Vertragspartner bei objektiv fehlender Erlaubnis ein (vgl. LAG Hessen 10.6.1983, ArbuR 1984, 154; *Becker/Wulfgramm* Art. 1 § 9 Rn. 16; Boemke/Lembke/*Lembke* § 9 Rn. 48; ErfK/*Wank* § 9 Rn. 3; HWK-*Gotthardt/Roloff* § 9 Rn. 4; *Ulber* § 9 Rn. 13; UGBH/*Urban-Crell* § 9 Rn. 9).

12   Der Verleiher hat jedoch seine Vertragspartner, den Entleiher und den Leiharbeitnehmer, gem. § 11 Abs. 1 S. 2 Nr. 1 über das Bestehen einer Erlaubnis und nach § 11 Abs. 3, § 12 Abs. 2 über einen etwaigen Wegfall der Erlaubnis zu unterrichten. Die Vertragspartner des Verleihers können daher grundsätzlich nur bei falscher Unterrichtung in Unkenntnis über eine fehlende Erlaubnis sein oder wenn sie fälschlich von einem Werk- oder Dienstvertragsverhältnis ausgehen. Fehlen im Arbeitnehmerüberlassungsvertrag Angaben zur Erlaubnis gem. § 12 Abs. 1, ist dieser Vertrag zwischen Verleiher und Entleiher bereits (auch) nach § 125 BGB wegen Verstoß gegen die gesetzliche Schriftform nichtig (*Becker/Wulfgramm* Art. 1 § 9 Rn. 16; Schüren/Hamann/*Brors* § 12 Rn. 6, 12; *Ulber* § 12 Rn. 38; aA Boemke/Lembke/*Lembke* § 12 Rn. 9: nur einklagbarer Anspruch auf Abgabe der Erklärung).

13   **b) Rechtsfolgen.** Die schwebende Unwirksamkeit der Verträge tritt grundsätzlich in dem Zeitpunkt ein, in dem die erforderliche Erlaubnis (erstmals) fehlt.

14   Fehlt die Erlaubnis bereits **bei Vertragsschluss,** ist der jeweilige Vertrag von Anfang an schwebend unwirksam (*Becker/Wulfgramm* Art. 1 § 9 Rn. 11, 16; *Ulber* § 9 Rn. 13, 14), wobei zugleich der Tatbestand der Nichtigkeit wegen Gesetzesverstoß nach § 134 BGB iVm § 1 Abs. 1 erfüllt ist. Eine

nachträgliche Heilung geschlossener Verträge durch die spätere Erteilung der Erlaubnis ist ausgeschlossen, weil die Erlaubnis nicht rückwirkend mit Genehmigungswirkung erteilt werden kann (vgl. LAG Hamburg 29.10.2011 – 6 Sa 27/10, BeckRS 2011, 70968; LAG Schleswig-Holstein 6.4.1984, ArbuR 1985, 129 f.; *Becker/Wulfgramm* Art. 1 § 9 Rn. 11, 16; BeckOK ArbR/*Kock* AÜG § 9 Rn. 8; Boemke/Lembke/*Lembke* § 9 Rn. 48; ErfK/*Wank* § 9 Rn. 6; HWK-*Gotthardt/Roloff* § 9 Rn. 8, 11; KassHB/*Düwell* 4.5 Rn. 269, 316; HK-ArbR/*Lorenz* § 9 Rn. 5; Schüren/Hamann/*Schüren* § 9 Rn. 24 f., 44; *Ulber* § 9 Rn. 13, § 10 Rn. 8, 20; UGBH/*Urban-Crell* § 9 Rn. 10). Allerdings können die Vertragspartner nach Erteilung der Erlaubnis wirksame neue Verträge für die Zukunft schließen (ebenso Boemke/Lembke/*Lembke* § 9 Rn. 48; ErfK/*Wank* § 9 Rn. 6, § 10 Rn. 4; *Ulber* § 9 Rn. 13, § 10 Rn. 8, 20; UGBH/*Urban-Crell* § 9 Rn. 11; Däubler/Hjort/Schubert/Wolmarath/*Lorenz* § 9 Rn. 5; *Becker/Wulfgramm* Art. 1 § 9 Rn. 11, 16). Die bloße Fortsetzung der Leiharbeit auf der Basis der bisherigen Verträge ist dagegen nicht ausreichend (so aber mit unterschiedlicher Begründung KassHB/*Düwell* 4.5 Rn. 316 und Schüren/Hamann/*Schüren* § 9 Rn. 25: Heilung für die Zukunft), weil diese nicht nur teilnichtig gem. § 139 BGB sind (ebenso *Ulber* § 9 Rn. 13; UGBH/*Urban-Crell* § 9 Rn. 11; Däubler/Hjort/Schubert/Wolmarath/*Lorenz* § 9 Rn. 5) und jedenfalls der Arbeitnehmerüberlassungsvertrag wegen der gesetzlichen Schriftform nach § 12 Abs. 1 unter ausdrücklichem Hinweis auf die Erlaubnis in einer neuen Urkunde vereinbart werden muss (ebenso Boemke/Lembke/*Lembke* § 9 Rn. 48; *Ulber* § 9 Rn. 13; UGBH/*Urban-Crell* § 9 Rn. 11; HWK-*Gotthardt/ Roloff* § 9 Rn. 8; BeckOK ArbR/*Kock* AÜG § 9 Rn. 8; so nun auch ErfK/ *Wank* § 9 Rn. 6). Entsprechendes gilt auch für die Bestätigung des ggf. nur ursprünglich unwirksamen Vertrages gem. § 141 BGB (Boemke/Lembke/ *Lembke* § 9 Rn. 48; *Ulber* § 9 Rn. 13; vgl. auch Palandt/*Ellenberger* BGB § 141 Rn. 4). Das vor Erlaubniserteilung fingierte Arbeitsverhältnis zwischen Arbeitnehmer und Entleiher muss grundsätzlich durch Kündigungserklärung eines Vertragspartners einseitig für die Zukunft beendet oder vertraglich unter Beachtung der Schriftform gem. § 623 BGB aufgehoben werden. Dies gilt nur dann nicht, wenn **nachträglich eine (neue) Erlaubnis** zur Arbeitnehmerüberlassung im Sinne von § 1 erteilt und die Verträge zwischen Verleiher, Entleiher und Arbeitnehmer neu abgeschlossen werden, weil dann kein Schutzbedürfnis mehr für das fingierte Arbeitsverhältnis besteht (vgl. auch KassHB/*Düwell* 4.5 Rn. 279; Schüren/Hamann/*Schüren* § 10 Rn. 124 jeweils mwN; wohl auch *Ulber* § 10 Rn. 21). In der Praxis ist es jedoch sicherer, beim Neuabschluss der Verträge auch zusätzlich die Aufhebung des fingierten Arbeitsverhältnisses zwischen Entleiher und Leiharbeitnehmer zu vereinbaren (so auch Schüren/Hamann/*Schüren* § 10 Rn. 125). Aufgrund des neu eingeführten Widerspruchsrechts des Zeitarbeitnehmers in § 9 Abs. 1 Nr. 1 Hs. 2 kann die (schwebende) Unwirksamkeit für das Arbeitsverhältnis – aber selbstverständlich nicht für den illegalen Überlassungsvertrag – nunmehr durch eine entsprechende **Festhaltenserklärung** des Arbeitnehmers nach § 9 Abs. 2 beendet/beseitigt werden. Die sprachliche Abweichung zwischen der Einleitung zu § 9 Abs. 1 („Unwirksam sind") und der Formulierung zum Widerspruchsrecht in § 9 Abs. 1 Nr. 1 („wird nicht unwirksam") ist als Redaktionsversehen einzuordnen. Die Festhaltenserklärung ist nach der gesetzlichen Anordnung ein einseitiges Rechtsgeschäft und eine **empfangsbedürftige Willenserklärung** (vgl. dazu auch *Hamann/Rudnik* NZA 2017, 23 ff.; UGBH/*Urban-Crell* § 9 Rn. 77 ff.). Sie muss sinnvollerweise auf den Zeitpunkt des Eintritts der Unwirksamkeit bzw. des Beginns der Überlassung (ex tunc) **zurückwirken** (UGBH/*Urban-Crell* § 9 Rn. 91), wie es auch § 184 BGB als gesetzlichen Regelfall vorsieht.

15   Entfällt die Erlaubnis **nach Vertragsschluss,** tritt die schwebende Unwirksamkeit in diesem Zeitpunkt ein und nicht etwa rückwirkend, wofür auch § 4 Abs. 1 S. 1, § 5 Abs. 1 S. 1 und § 10 Abs. 1 S. 1 Hs. 2 sprechen (*Becker/Wulfgramm* Art. 1 § 9 Rn. 11; ErfK/*Wank* § 9 Rn. 4; HWK-*Gotthardt/Roloff* § 9 Rn. 7; Schüren/Hamann/*Schüren* § 9 Rn. 43; *Ulber* § 9 Rn. 14, 31; UGBH/*Urban-Crell* § 9 Rn. 8). In bestimmten Fällen, bei Rücknahme (§ 4), Widerruf (§ 5) und Nichtverlängerung einer Erlaubnis (§ 2 Abs. 4), tritt die Unwirksamkeit jedoch nicht bereits mit Wegfall der Erlaubnis, sondern auf Grund ausdrücklicher Anordnung in § 2 Abs. 4 S. 4 (iVm § 4 Abs. 1 S. 2 bzw. § 5 Abs. 2 S. 2) erst nach einer **Abwicklungsfrist** von höchstens zwölf Monaten ein.

Für die Durchsetzung dieser zivilrechtlichen Folgen ist nicht die Bundesagentur zuständig, sondern sind die Beteiligten auf den Zivilrechtsweg verwiesen (vgl. auch *Bundesagentur für Arbeit,* Fachliche Weisungen zum AÜG, Stand 1.4.2017, S. 90).

16   **aa) Rechtsfolgen für den Arbeitnehmerüberlassungsvertrag.** Die Gesetzesnovelle zum 1.4.2017 hat in wesentlicher Hinsicht neu geregelt, indem ein Widerspruchsrecht für den Arbeitnehmer eingeführt wurde und bei wirksamer Ausübung des Widerspruchsrechts der Arbeitsvertrag entgegen der Grundregel in § 9 Abs. 1 Nr. 1 Hs. 1 nicht unwirksam wird. Allerdings gilt diese Ausnahmeregelung nicht für den Überlassungsvertrag, so dass dieser stets unwirksam ist und bleibt. Dies ist im Hinblick auf den Gesetzeszweck konsequent, da ohne Überlassungserlaubnis keine legale Überlassung stattfinden darf und das Widerspruchsrecht des Arbeitnehmers letztlich nur die Fiktion eines Arbeitsverhältnisses mit dem Entleiher nach § 10 Abs. 1 verhindern soll. Die Unwirksamkeit des Arbeitnehmerüberlassungsvertrages zwischen Verleiher und Entleiher beendet das Vertragsverhältnis für die Zukunft mit sofortiger Wirkung; es bestehen **keine Leistungspflichten** (Boemke/Lembke/*Lembke* § 9 Rn. 49; KassHB/*Düwell* 4.5 Rn. 317; HWK-*Gotthardt/Roloff* § 9 Rn. 6; Schüren/Hamann/*Schüren* § 9 Rn. 45; *Ulber* § 9 Rn. 16; UGBH/*Urban-Crell* § 9 Rn. 14, 93 f.; BeckOK ArbR/*Kock* AÜG § 9 Rn. 11), allerdings ggf. sekundär **Schadensersatzpflichten aus Vertrauenshaftung und deliktischer Haftung** (vgl. Boemke/Lembke/*Lembke* § 9 Rn. 53; KassHB/*Düwell* 4.5 Rn. 322; *Ulber* § 9 Rn. 21; UGBH/*Urban-Crell* § 9 Rn. 15, 93 f. jeweils mwN). Für die Vergangenheit ist ein ohne erforderliche Erlaubnis vollzogenes Arbeitnehmerüberlassungsverhältnis **nach den Grundsätzen des Bereicherungsrechts gem. §§ 812 ff. BGB abzuwickeln,** weil im Sinne einer Leistungskondiktion der Rechtsgrund für die gegenseitigen Leistungen nach § 812 Abs. 1 S. 1 BGB gefehlt hat. Der Bereicherungsanspruch ist nicht durch § 10 Abs. 1 ausgeschlossen (vgl. grundlegend BGH 8.11.1979, NJW 1980, 452, 452 f.; BGH 18.7.2000, NJW 2000, 3492 (3494); *Becker/Wulfgramm* Art. 1 § 9 Rn. 18, § 10 Rn. 15a, 16a; Boemke/Lembke/*Lembke* § 9 Rn. 49 ff.; ErfK/*Wank* § 9 Rn. 5; HWK-*Gotthardt/Roloff* § 9 Rn. 6; BeckOK ArbR/*Kock* AÜG § 9 Rn. 11; KassHB/*Düwell* 4.5 Rn. 317 ff.; ausführlich Schüren/Hamann/*Schüren* § 9 Rn. 46 ff. und *Ulber* § 9 Rn. 16 ff.). Insoweit ist insbesondere § 817 S. 2 BGB zu beachten, so dass der bösgläubige/vorsätzlich illegale Verleiher jedenfalls **keinen Anspruch auf Wertersatz** für die Dienste des Leiharbeitnehmers (Überlassungsvergütung) – etwa in Höhe des Marktwertes oder nach dem Überlassungsvertrag – hat (vgl. BGH 8.11.1979, NJW 1980, 452, 452 f.; BGH 17.1.1984, NJW 1984, 1456; BGH 17.2.2000, NJW 2000, 1557 (1558); *Becker/Wulfgramm* Art. 1 § 10 Rn. 15a, 16a; Boemke/Lembke/*Lembke* § 9 Rn. 50; ErfK/*Wank* § 9 Rn. 5; Schüren/Hamann/*Schüren* § 9 Rn. 50, 54, 57; UGBH/*Urban-Crell* § 9 Rn. 18; zum gutgläubigen/nicht-vorsätzlich illegalen Verleiher vgl. Schüren/Hamann/*Schüren* § 9 Rn. 62 ff.; Boemke/Lembke/*Lembke* § 9 Rn. 50). Eine Abwicklung nach den Grundsätzen über faktische Vertragsverhältnisse ist jedenfalls abzulehnen, weil der Entleiher nicht schutzbedürftig ist und andernfalls der Verleiher den vereinbarten Gewinn erzielen und somit zum Gesetzesverstoß verleitet werden kann (allgM: BGH 8.11.1979, NJW 1980, 452 (453); *Becker/Wulfgramm* Art. 1 § 9 Rn. 18, § 10 Rn. 15a; ErfK/*Wank* § 9 Rn. 5; HWK-*Gotthardt/Roloff* § 9 Rn. 6; KassHB/*Düwell* 4.5 Rn. 317; Schüren/Hamann/*Schüren* § 9 Rn. 40 ff., 45; *Ulber* § 9 Rn. 16; UGBH/*Urban-Crell* § 9 Rn. 14). Umstritten ist jedoch, ob der Verleiher vom Entleiher nach §§ 267, 812 Abs. 1 S. 1 Alt. 2 BGB im Wege der Rückgriffskondiktion wegen Tilgung fremder Schulden die Herausgabe der an den Leiharbeitnehmer ggf. **bereits gezahlten Vergütung** verlangen kann, weil der Entleiher diese Vergütungszahlung erspart hat, die ihm als fingierter Arbeitgeber nach § 10 Abs. 1 S. 1 oblegen hätte (so BGH 8.11.1979, NJW 1980, 452, 453; vgl. auch BGH 17.1.1984, NJW 1984, 1456; BGH 18.7.2000, NJW 2000, 3492 (3495); *Becker/Wulfgramm* Art. 1 § 10 Rn. 15a, 16a; Boemke/Lembke/*Lembke* § 9 Rn. 51; KassHB/*Düwell* 4.5 Rn. 320; *Ulber* § 9 Rn. 17; UGBH/*Urban-Crell* § 9 Rn. 18). Alternativ wird in der Literatur eine differenzierte Abwicklung über einen (gestörten) Gesamtschuldnerausgleich gefordert (vgl. ausführlich Schüren/Hamann/*Schüren* § 9 Rn. 46 ff., 53 f. und HWK-*Gotthardt/Roloff* § 9 Rn. 6; *Ulber* § 9 Rn. 18 ff.; dagegen ausdrücklich UGBH/*Urban-Crell* § 9 Rn. 21). Diesem Anspruch steht § 817 S. 2 BGB nicht entgegen, weil dieser Ausschlusstatbestand nur auf die Leistungskondiktion Anwendung findet (Boemke/Lembke/*Lembke* § 9 Rn. 51 mwN). Insgesamt kann der Verleiher daher vom Entleiher dessen ersparte Aufwendungen für Vergütung, nicht jedoch den unternehmerischen Gewinn aus der illegalen Leiharbeit verlangen (Boemke/Lembke/*Lembke* § 9 Rn. 51; *Ulber* § 9 Rn. 19; jeweils mwN).

Im Gegenzug kann der **Entleiher** vom Verleiher etwaig **gezahlte Über– 17 lassungsvergütung** im Wege der Leistungskondiktion nach § 812 Abs. 1 BGB zurückfordern, wobei § 817 S. 2 BGB insoweit aus Billigkeitserwägungen gem. § 242 BGB ebenfalls nicht entgegenstehen soll (Boemke/Lembke/ *Lembke* § 9 Rn. 52; aA Schüren/Hamann/*Schüren* § 9 Rn. 54, 60; *Ulber* § 9 Rn. 20). Dieser Anspruch des Entleihers und der Bereicherungsanspruch des Verleihers sind nach der bereicherungsrechtlichen Saldotheorie ggf. zu saldieren (vgl. Boemke/Lembke/*Lembke* § 9 Rn. 52 mwN; KassHB/*Düwell* 4.5 Rn. 321; UGBH/*Urban-Crell* § 9 Rn. 20). Ein Ausgleich nach den Regeln über eine (gestörte) Gesamtschuldnerschaft scheidet aus (UGBH/ *Urban-Crell* § 9 Rn. 21. mwN)

18   Zu den **umsatzsteuerrechtlichen Folgen** der Unwirksamkeit vgl. Boemke/Lembke/*Lembke* § 10 Rn. 92 mwN.

19   **bb) Rechtsfolgen für das Leiharbeitsverhältnis.** Die Rechtsfolgen für das Arbeitsverhältnis zwischen Verleiher und Zeitarbeitnehmer hat die Gesetzesnovelle zum 1.4.2017 in wesentlicher Hinsicht neu geregelt, indem ein Widerspruchsrecht für den Arbeitnehmer eingeführt wurde und bei wirksamer Ausübung des Widerspruchsrechts durch eine **Festhaltenserklärung** gem. § 9 Abs. 2 der Arbeitsvertrag entgegen der Grundregel in § 9 Abs. 1 Nr. 1 Hs. 1 nicht unwirksam wird. Damit will der Gesetzgeber Nachteile für Arbeitnehmer in besonderen Konstellationen vermeiden, zB wenn beim Verleiher ein (besser) kündigungsgeschütztes Arbeitsverhältnis als beim Entleiher besteht, zB mangels Überschreiten der Kleinbetriebsschwelle nach § 23 KSchG beim Entleiher (vgl. die Gesetzesbegründung zum Referentenentwurf vom 16.11.2015, S. 23 sowie zum Referentenentwurf vom 17.2.2016, S. 24; Regierungsentwurf, BR-Drs. 249/16, 21). Zugleich sollen auch verfassungsrechtliche Angriffspunkte der „Zwangsüberleitung" des Arbeitsverhältnisses auf den Entleiher beseitigt werden, die sich andernfalls aus der Fiktionsanordnung in § 10 Abs. 1 ergeben (vgl. die Gesetzesbegründung zum Referentenentwurf vom 16.11.2015, S. 23 sowie zum Referentenentwurf vom 17.2.2016, S. 24; Regierungsentwurf, BR-Drs. 249/16, 21 und auch *Deinert* RdA 2017, 65 (79); *Henssler* RdA 2017, 83 (99); *Lembke* BB 2014, 1333 (1339); *Willemsen/Mehrens* NZA 2015, 897 (900)). Die Anforderungen an die wirksame Ausübung der Widerspruchsrechts durch eine sog. **Festhaltenserklärung,** die in § 9 Abs. 2 und Abs. 3 in der letzten Phase des Gesetzgebungsverfahrens ausgestaltet und legal definiert wurde, sind hoch. Es ist eine gesetzliche Schriftform im Sinne von § 126 BGB (ohne Zulassung der elektronischen Form) vorgesehen sowie die Einbindung der Agentur für Arbeit und ein enger Fristenplan, nach dem die Erklärung am dritten Kalendertag (!) nach Vorlage bei der Agentur dem Entleiher oder Verleiher zu gehen muss (vgl. dazu auch noch → Rn. 80).

19a   Für den Fall, dass es bei der **Unwirksamkeit des Arbeitsvertrages** nach Nr. 1 Hs. 1 bleibt, ist umstritten, ob die Unwirksamkeit des Leiharbeitsvertrags das Arbeitsverhältnis zwischen dem Verleiher und dem Leiharbeitnehmer, soweit es vollzogen wurde (vgl. ausführlich zur Bedeutung des Vollzugs Boemke/Lembke/*Lembke* § 9 Rn. 60 ff.), **für die Zukunft** automatisch beendet oder es in ein sog. „fehlerhaftes bzw. faktisches Arbeitsverhältnis" nach den allgemeinen Grundsätzen über unwirksame und in Vollzug gesetzte Arbeitsverträge umwandelt wird (für faktisches Arbeitsverhältnis BGH

31.3.1982, AP AÜG § 10 Nr. 4, Bl. 2/1 (für die Vergangenheit); *Becker* BB 1978, 363 (364); *Becker/Wulfgramm* Art. 1 § 9 Rn. 18, § 10 Rn. 14; ErfK/ *Wank* § 9 Rn. 5, § 10 Rn. 5; HWK-*Gotthardt/Roloff* § 9 Rn. 9 f.; Schüren/ Hamann/*Schüren* § 9 Rn. 22, 27 f., § 10 Rn. 142, 148 mwN; *Ulber* § 9 Rn. 31, § 10 Rn. 75, 80; wohl auch KassHB/*Düwell* 4.5 Rn. 265; **aA** BGH 8.11.1979, NJW 1980, 452 (453); 31.3.1982, AP AÜG § 10 Nr. 4, Bl. 2/1 (für die Zukunft); BGH 18.7.2000, NJW 2000, 3492 (3495); Boemke/ Lembke/*Lembke* § 9 Rn. 66; UGBH/*Urban-Crell* § 9 Rn. 26; offengelassen bei BAG 26.7.1984, EzAÜG Nr. 170). Von diesem faktischen Arbeitsverhält- nis sollen sich beide Seiten jedoch **für die Zukunft** mit einer einseitigen Erklärung – und ohne Beteiligung eines Betriebsrats nach § 102 BetrVG – ohne weiteres lösen können (vgl. *Becker/Wulfgramm* Art. 1 § 9 Rn. 18, § 10 Rn. 38a (aA aber *dies.* Art. 1 § 10 Rn. 10); Schüren/Hamann/*Schüren* § 10 Rn. 167 ff.; *Ulber* § 9 Rn. 34, § 10 Rn. 75). Dies ist auch für beide Vertrags- partner geboten, da ab demselben Zeitpunkt, in dem wegen fehlender Erlaubnis der Leiharbeitsvertrag – und fehlender Festhaltenserklärung des Zeitarbeitnehmers – unwirksam und daher in das faktische Arbeitsverhältnis umgewandelt wird, gem. § 10 Abs. 1 S. 1 (zusätzlich) ein Arbeitsverhältnis zwischen dem Leiharbeitnehmer und dem Entleiher besteht. Dies gilt jeden- falls, wenn zu diesem Zeitpunkt bereits im Sinne von § 10 Abs. 1 S. 1 eine Tätigkeit des Arbeitnehmers beim Entleiher vorgesehen ist (dies ist das Hauptargument der Gegenansicht, die wegen dieser gesetzlichen Regelungen die Rechtsfolgen eines faktischen Arbeitsverhältnisses als gesperrt ansieht, vgl. insbesondere UGBH/*Urban-Crell* § 9 Rn. 26 f. mwN). Angesichts der nunmehr gesetzlich vorgesehen (bewussten) Entscheidung des illegal überlas- senen Arbeitnehmers für oder gegen die Fiktion des Arbeitsverhältnisses zum Entleiher kann ggf. auch mit dem Ablauf der Frist nach § 9 Abs. 1 Nr. 1 Hs. 2 das faktische Arbeitsverhältnis als beendet betrachtet werden. In der Praxis sollten die Verleiher aber vorsorglich dennoch die Lösung erklären. Diese darf auch zeitlich unverändert sofort nach Feststellung der grundsätzli- chen Unwirksamkeit im Sinne von § 9 Abs. 1 Nr. 1 erfolgen. Der Zeitarbeit- nehmer ist dadurch geschützt, dass er mit einer wirksamen **Festhaltenserklä- rung** innerhalb der Monatsfrist **rückwirkend** auf den Zeitpunkt der ursprünglichen Unwirksamkeit den Arbeitsvertrag wieder wirksam und das Arbeitsverhältnis zu einem vollständigen Vertragsverhältnis wandeln kann. Die Festhaltenserklärung ist insoweit ein rückwirkendes Gestaltungsrecht. Entsprechend entfällt rückwirkend das fingierte Arbeitsverhältnis mit dem Entleiher.

Mit der Einführung des Widerspruchsrechts in § 9 Abs. 1 Nr. 1 soll der **20** Leiharbeitnehmer vor Sanktionswirkungen des Gesetzes geschützt werden, die für ihn (aus seiner Sicht) nachteilig sind. Der Gesetzgeber hatte dazu Konstellationen im Blick, in denen (ausnahmsweise) der Schutz und die Arbeitsbedingungen bei dem Verleiher vorteilhafter für den Arbeitnehmer sind als bei dem Entleiher (vgl. die Gesetzesbegründung zum Referentenent- wurf vom 16.11.2015, S. 23 sowie zum Referentenentwurf vom 17.2.2016, S. 24; Regierungsentwurf, BR-Drs. 249/16, 21). Aber die Festhaltenserklä- rung unterliegt keinen inhaltlichen Begründungsanforderungen, so dass die

Arbeitnehmer auch aus anderen Motiven die Fiktion eines Arbeitsverhältnisses zum Entleiher verhindern dürfen, zB wenn sie ihre flexiblen Arbeitsbedingungen als vorteilhaft einstufen, wie es gerade im Bereich höherwertiger Projekttätigkeiten und Interimstätigkeiten der Fall sein kann (vgl. auch *Willemsen/Mehrens* NZA 2015, 897 (900)). Die Arbeitsagentur als „Vorlagestelle" stellt insoweit eine formale Hürde dar, aber wird ggf. in der Praxis wohl auch die Motive des Arbeitnehmers hinterfragen bzw. zu der Entscheidung beraten. Damit soll wohl Kritik begegnet werden, das Widerspruchsrecht des Leiharbeitnehmers gegen die grundsätzlichen gesetzlichen Rechtsfolgen hebele das Sanktionssystem des AÜG aus (vgl. dazu nur Beschlussempfehlung und Bericht des Ausschusses für Arbeit und Soziales, BT-Drs. 18/10064, 16; *Schüren/Fasholz* NZA 2015, 1473 (1475)). Diese Kritik ist aber auch deshalb verfehlt, weil für den Überlassungsvertrag zwischen Verleiher und Entleiher bei fehlender Erlaubnis trotz Ausübung des Widerspruchsrechts immer die Unwirksamkeitsfolge eingreift und somit die Sanktionswirkung gegen die illegale Überlassung sichert. Überdies sind stets die Ordnungswidrigkeitstatbestände gem. § 1 Abs. 1 Nr. 1 und Nr. 1a erfüllt. Die Festhaltenserklärung ist für den illegalen Verleiher sogar wirtschaftlich als Verstärkung der Sanktionen zu sehen: Denn der Fortbestand des Arbeitsverhältnisses, ohne dass der Verleiher den Zeitarbeitnehmer noch weiter an den Entleiher überlassen kann, bedeutet im Zweifel Zusatzkosten gegenüber dem Wechsel des Zeitarbeitnehmers zum Entleiher (vgl. auch *Reuter* RdA 2015, 171 (179); kritisch deswegen *Franzen* RdA 2015, 141 (145); vgl. auch *Deinert* RdA 2017, 65 (80) zu einer anschließenden betriebsbedingten Kündigung durch den Verleiher).

21   Die gesetzliche Regelung in § 9 Abs. 1 Nr. 1 Hs. 2 trifft auch Anordnungen zu **Form und Frist der Festhaltenserklärung** des Arbeitnehmers, zu der zusätzlich die Vorgaben in § 9 Abs. 2 und 3 zu beachten sind (vgl. zu Abs. 2 und 3 noch → Rn. 79). Es ist eine **gesetzliche Schriftform** vorgesehen, für die § 126 BGB gilt; die elektronische Form nach § 126 Abs. 3, § 126a BGB ist zwar erlaubt, aber praktisch wenig verbreitet. Als Adressat benennt das Gesetz alternativ den Verleiher oder Entleiher. Wie für andere fristgebundene empfangsbedürftige Willenserklärungen muss der Arbeitnehmer dazu auch für den Zugang bei einem empfangsberechtigten Vertreter des Unternehmens sorgen. Zur Frist ist angeordnet – erinnernd an § 613a Abs. 6 BGB –, dass der illegal überlassene Arbeitnehmer die Festhaltenserklärung innerhalb eines Monats nach dem vorgesehenen Beginn der Überlassung erklären musst. Hat er bereits seine Tätigkeit beim Entleiher aufgenommen, so beginnt die einmonatige Frist mit Eintritt der Unwirksamkeit, somit mit dem Wegfallen der Erlaubnis, zu laufen. Für die Fristberechnung gelten nach den allgemeinen Regeln §§ 187 ff. BGB. Daher entsteht das fingierte Arbeitsverhältnis zum Entleiher nach § 10 Abs. 1 (sowie auch das faktische Arbeitsverhältnis zum Verleiher) zunächst nur schwebend durch die Unwirksamkeitsanordnung in § 9 Abs. 1 Nr. 1 Hs. 1, bis das Widerspruchsrecht ausgeübt oder die Frist abgelaufen ist (vgl. auch *Henssler* RdA 2016, 18 (24), der die Rechtsunsicherheit der Schwebelage kritisiert).

22   Fraglich ist allerdings mangels Aussagen des Gesetzestextes, ob die Monatsfrist auch läuft, wenn zwar bereits objektiv der Tatbestand der illegalen Über-

lassung vorliegt, aber der der Leiharbeitnehmer davon noch nichts weiß, somit gutgläubig zu den die Unwirksamkeit begründenden Tatsachen ist (vgl. *Bissels/Falter* ArbRAktuell 2017, 35; *Hamnn/Rudnik* NZA 2017, 23; *Lembke* NZA 2017, 9). Zwar war zu der alten Gesetzesfassung unstreitig, dass die Unwirksamkeitsfolge und damit auch die Fiktion nach § 10 Abs. 1 unabhängig von dem Willen und der Kenntnis von Entleiher und Leiharbeitnehmer eingetreten ist (vgl. nur Boemke/Lembke/*Lembke* § 10 Rn. 22). Aber angesichts der Einräumung eines Gestaltungsrechts für den illegal überlassenen Arbeitnehmer mit dem ausdrücklichen Zweck, ihn vor Nachteilen zu schützen, kann es wohl nicht richtig sein, dass dieses Recht auch bei Unkenntnis verfristen soll (vgl. im Ergebnis auch *Bissels/Falter* ArbRAktuell 2017, 35; aA wohl *Deinert* RdA 2017, 65 (79 f.); *Ulrici* § 9 Rn. 11; *Wank* RdA 2017, 100 (113)). Zwar ist der Wortlaut der Norm dazu offen, aber der Schutzzweck auch nach dem Willen des Gesetzgebers eindeutig. Überdies spricht auch die systematische Nähe zum Widerspruchsrecht nach § 613a Abs. 6 BGB dafür, dass die Frist erst bei Kenntnis des Arbeitnehmers einsetzt (vgl. auch Boemke/Lembke/*Lembke* § 10 Rn. 37; *Reuter* RdA 2015, 171; *Zimmermann* BB 2016, 53 (56); wohl aA *Ulrici* § 9 Rn. 11, der die Norm deswegen für verfassungswidrig hält, aber wohl nicht verfassungskonform auslegen will). Es ist aber keine Unterrichtungspflicht des Verleihers oder Entleiher zugunsten des Arbeitnehmers vorgehen; freiwillige Unterrichtungen sollten jedoch zulässig sein (vgl. ausführlich dazu UGBH/*Urban-Crell* § 9 Rn. 80 ff.). Es bleibt allerdings insofern die Entwicklung der Rechtsprechung abzuwarten.

Bei illegaler **Leiharbeit im gemischten Arbeitsverhältnis/Betrieb,** **23** wenn der Arbeitnehmer nur teilweise für den Entleiher und im Übrigen rechtmäßig für den Vertragsarbeitgeber/Verleiher tätig wird, wird im Hinblick auf die nur teilweise Leiharbeit eine entsprechende Teilnichtigkeit des Arbeitsvertrages bei gleichzeitigem Fortbestand des Basis-Arbeitsverhältnisses mit dem Verleiher gefordert (ausführlich Schüren/Hamann/*Schüren* § 9 Rn. 29 ff.; ebenso BeckOK ArbR/*Kock* AÜG § 9 Rn. 10; aA *Ulber* § 9 Rn. 29 f., § 10 Rn. 76 f.; UGBH/*Urban-Crell* § 9 Rn. 24; jeweils mwN). Insoweit ist dann auch kein Platz für einen Widerspruch bzw. eine Festhaltenserklärung nach neuem Recht.

Für die Vergangenheit gilt das faktische Arbeitsverhältnis als vollwertiges **24** Arbeitsverhältnis, eine Rückabwicklung zwischen Verleiher und Arbeitnehmer, insbesondere auch ein bereicherungsrechtlicher Rückzahlungsanspruch des Verleihers, scheidet aus (vgl. BGH 8.11.1979, NJW 1980, 452 (453); 31.3.1982, AP AÜG § 10 Nr. 4, Bl. 2/1; *Becker* BB 1978, 363 (364); *Becker/Wulfgramm* Art. 1 § 10 Rn. 15a mwN; HWK-*Gotthardt/Roloff* § 9 Rn. 9; KassHB/*Düwell* 4.5 Rn. 265; *Ulber* § 10 Rn. 75; UGBH/*Urban-Crell* § 9 Rn. 27). Im Hinblick auf die Vergangenheit kann der Leiharbeitnehmer jedoch eine etwaige Vergütungsdifferenz gegenüber dem Entleiher auf der Basis des nach § 10 Abs. 1 S. 1 fingierten Arbeitsverhältnisses geltend machen, soweit er ohne erforderliche Erlaubnis des Verleihers für den Entleiher tätig war (ebenso wohl auch *Becker/Wulfgramm* Art. 1 § 9 Rn. 17 sowie weitergehend § 10 Rn. 15a; Schüren/Hamann/*Schüren* § 10 Rn. 152 ff. ausführlich auch zu weiteren Inhalten des faktischen Arbeitsverhältnisses zum Verleiher in Rn. 150 ff. und zum gesamtschuldnerischen Ausgleich mit dem Entleiher in Rn. 177 ff.). § 8 Abs. 1 ist insoweit nicht einschlägig, weil dafür konkludent ein mit erforderlicher Erlaubnis durchgeführtes Leiharbeitsverhältnis Voraussetzung ist. Es gilt allerdings zusätzlich § 10 Abs. 3, der auch den Verleiher verpflichtet, dem Leiharbeitnehmer im Falle der Unwirksamkeit der Arbeitnehmerüberlassungsverträge nach § 9 Abs. 1 Nr. 1 das vertragliche vereinbarte Entgelt zu zahlen; Verleiher und Entleiher haften insoweit als Gesamtschuldner (vgl. auch → § 10 Rn. 60 ff.). Außerdem hat der Leiharbeitnehmer gem. § 10 Abs. 2 Schadensersatzansprüche gegen den Verleiher (vgl. dazu → § 10 Rn. 52 ff.).

25   **cc) Weitere Sanktionen.** Arbeitnehmerüberlassung ohne erforderliche Erlaubnis ist gem. § 16 Abs. 1 Nr. 1, Nr. 1a eine Ordnungswidrigkeit und im Fall von ausländischen Arbeitnehmern ohne Arbeitserlaubnis nach §§ 15, 15a sogar ein Straftatbestand (vgl. dazu ausführlich KassHB/*Düwell* 4.5 Rn. 288 ff., 292 ff. und § 15 Rn. 1 ff., § 15a Rn. 1 ff., § 16 Rn. 8 ff.). Überdies ist die BA nach § 6 zum Verwaltungszwang (Untersagungsverfügung) gegenüber dem Verleiher verpflichtet (vgl. nur KassHB/*Düwell* 4.5 Rn. 287; UGBH/*Urban-Crell* § 9 Rn. 29 und § 6 Rn. 6 ff.). Diese öffentlich-rechtlichen Folgen der illegalen Überlassung (ohne eine erforderliche Erlaubnis) entfallen auch durch eine Festhaltenserklärung des Arbeitnehmers nicht (vgl. auch *Bundesagentur für Arbeit*, Fachliche Weisungen zum AÜG, Stand 1.4.2017, S. 90).

2. Verstoß gegen die Deklarierungs- und Konkretisierungspflicht gemäß § 1 Abs. 1 S. 5, 6 (Abs. 1 Nr. 1a)

26   Dieser Tatbestand ist durch die Novelle zum 1.4.2017 neu eingeführt worden (vgl. bereits → Rn. 1).

26a   **a) Tatbestand.** Die Norm regelt die Unwirksamkeit von Arbeitsverträgen zwischen Verleihern und Leiharbeitnehmern, wenn Verleiher und Entleiher im Überlassungsvertrag gegen die Pflicht zur Deklarierung und Konkretisierung nach § 1 Abs. 1 S. 5 und 6 verstoßen. Nach § 1 Abs. 1 S. 5 und 6 muss die Arbeitnehmerüberlassung im **Überlassungsvertrag** zwischen Verleiher und Entleiher ausdrücklich als solche bezeichnet werden und vor der Überlassung die Person des Leiharbeitnehmers unter Bezugnahme auf den Überlassungsvertrag konkretisiert werden (vgl. kritisch dazu *Zimmermann* BB 2016, 53 (55)). Diese Deklarierung und Konkretisierung muss nach dem Wortlaut der Norm zeitlich vor der Überlassung erfolgen und kann nicht nachgeholt werden (so auch *Zimmermann* BB 2016, 53 (55)). Da es auch keine Übergangsvorschrift dazu in § 19 gibt, war und ist in bereits laufenden Überlassungen die Kennzeichnung und Konkretisierung mit Inkrafttreten der Novelle zum 1.4.2017 durch Änderungen des Überlassungsvertrages nachzuholen oder zu dem Zeitpunkt vollständig neue Verträge abzuschließen (vgl. auch *Bundesagentur für Arbeit*, Fachliche Weisungen zum AÜG, Stand 1.4.2017, S. 20 f.). Nach § 1 Abs. 1 S. 5 iVm § 12 Abs. 1 S. 1 muss die Kennzeichnung als Arbeitnehmerüberlassung in dem Überlassungsvertrag und unter Beachtung der gesetzlichen Schriftform erfolgen. Die Konkretisierung muss nach § 1 Abs. 1 S. 6 zwar nur „unter Bezugnahme" auf den Überlassungsvertrag und damit nicht zwingend schriftlich erfolgen; es empfiehlt sich aber zumindest die Wahrung der schriftlichen Textform, nicht zuletzt wegen der Nachweispflichten gem. § 7 Abs. 2 (vgl. auch *Bundesagentur für Arbeit,* Fachliche Weisungen zum AÜG, Stand 1.4.2017, S. 20; *Zimmermann* BB 2016, 53 (55)). Außerdem muss der Verleiher den Leiharbeitnehmer gem. § 11 Abs. 2 S. 4 vor jeder Überlassung darüber informieren, dass er als Leiharbeitnehmer bei dem Entleiher tätig wird. Damit sollen Vereinbarungen zu einer „verdeckten" Arbeitnehmerüberlassung in Form von Scheinwerk- oder Scheindienstverträgen verhindert werden. Dazu sieht § 12 Abs. 1 S. 2 außerdem nun klarstellend vor, dass für die rechtliche Einordnung des Vertrags zwischen Verleiher und Entleiher nur die tatsächliche Durchführung maßgebend ist, wenn sich diese und die Art des Vertrags sich widersprechen. Liegt eine Arbeitnehmerüberlassung vor, wird der Überlassungsvertrag aber unter einer anderen Bezeichnung geführt und abgewickelt, ist in der Rechtsfolge gem. § 9 Abs. Nr. 1a der Arbeitsvertrag zwischen Verleiher und Leiharbeitnehmer unwirksam, nicht aber der Überlassungsvertrag. Mit dieser neuen Kennzeichnungs- und Konkretisierungspflicht zwingt der Gesetzgeber die Unternehmen tatsächlich (nun spätestens) in eine vorherige Entscheidung zur Gestaltung ihres Vertragsverhältnisses. Das ist eine Sonderregelung im deutschen Recht und sie wälzt in den Konstellationen, in denen eine Abgrenzung zwischen Überlassung und freiem Werk- oder Dienstleistungsvertrag auch für Experten nur schwer möglich ist, die Nachteile der **Rechtsunsicherheit** einseitig auf die Unternehmen ab (vgl. auch UGBH/ *Urban-Crell* § 9 Rn. 33 ff. mwN; *Willemsen/Mehrens* NZA 2015, 897 (902 f.); kritisch auch *Seel* öAT 2016, 27 (28)), zumal dazu zugleich Ordnungswidrigkeitentatbestände in § 16 Abs. 1 Nr. 1c und Nr. 1d eingeführt wurden (kritisch auch *Seel* öAT 2016, 27 (29)). Die Verstöße gegen die eher formellen Rechtmäßigkeitsregelungen nach § 9 Abs. 1 Nr. 1a stehen daher der illegalen Überlassung (ohne erforderliche Erlaubnis) gleich (vgl. auch *Bundesagentur für Arbeit,* Fachliche Weisungen zum AÜG, Stand 1.4.2017, S. 21).

Ebenso wie nach Nr. 1 nF besteht aber für den Zeitarbeitnehmer bei **26b** fehlender, ggf. auch nur formwidriger oder verspäteter Deklarierung bzw. Konkretisierung ein **Widerspruchsrecht** gegen die sich grundsätzlich gem. § 10 Abs. 1 ergebende Fiktion eines Arbeitsverhältnisses zum Entleiher als **negatives Tatbestandsmerkmal** („es sei denn"). Es kommt somit nur zu den Rechtsfolgen, wenn der Arbeitnehmer keine wirksame Festhaltenserklärung abgibt.

Zu der Rückwirkung der Festhaltenserklärung und ihren Voraussetzungen **27** gelten die Regeln zu § 9 Abs. 1 Nr. 1 entsprechend (vgl. dazu → Rn. 19).

b) Rechtsfolgen. Als Rechtsfolge sieht § 9 Abs. 1 Nr. 1a vor, dass der **28** Leiharbeitsvertrag von Anfang an unwirksam ist und ein gem. § 10 Abs. 1 S. 1 ein fingiertes Arbeitsverhältnis zum Entleiher besteht. Zu den Folgen für das Arbeitsverhältnis des Zeitarbeitnehmers im Fall dieser Unwirksamkeit und im alternativen Fall einer Festhaltenserklärung gelten die Regeln zu § 9 Abs. 1 Nr. 1 entsprechend (vgl. → Rn. 19 ff.).

Zusätzliche öffentlich-rechtliche Sanktionen sieht § 16 Abs. 1 Nr. 1c und **29** Nr. 1d sowie Nr. 8 in Form von Ordnungswidrigkeiten vor. Wer vorsätzlich oder fahrlässig eine Arbeitnehmerüberlassung nicht (richtig oder rechtzeitig) als solche bezeichnet oder den überlassenen Arbeitnehmer nicht (richtig oder rechtzeitig) konkretisiert, kann mit einer Geldbuße von bis zu 30.000 Euro sanktioniert werden. Da diese Vorgaben an den Überlassungsvertrag anknüpfen, sind davon sowohl der Verleiher als auch der Entleiher betroffen. Überdies ist nach § 21 Abs. 1 Nr. 3 SchwarzArbGG eine vergaberechtliche Sanktion mit Ausschluss aus Vergabewettbewerben für bis zu drei Jahre vorgesehen.

3. Verstoß gegen die Höchstüberlassungsdauer gemäß § 1 Abs. 1b (Abs. 1 Nr. 1b)

30   Dieser Unwirksamkeitstatbestand zur Überschreitung der Höchstüberlassungsdauer ist neu durch die Gesetzesnovelle zum 1.4.2017 eingefügt worden, aber knüpft insoweit an die früheren Tatbestände zur Absicherung der früheren Regelungen zu Höchstüberlassungszeiten an.

30a   **a) Tatbestand.** Der Tatbestand bezieht sich auf die (wieder) eingefügte Regelung einer Höchstüberlassungsdauer (vgl. zu früheren Regelungen 1. Auflage mwN) Nach § 1 Abs. 1 S. 4 ist die Überlassung von Arbeitnehmern nur vorübergehend und bis zu der Höchstüberlassungsdauer nach Abs. 1b zulässig. Nach § 1 Abs. 1b darf derselbe Arbeitnehmer nicht länger als 18 aufeinanderfolgende Monate an denselben Entleiher überlassen werden. Dabei sind Zeiträume der vorhergehenden Überlassung an denselben Entleiher anzurechnen, wenn zwischen den Einsätzen nicht mehr als drei Monate liegen. Damit hat der Gesetzgeber endgültig insoweit einen Schritt zurück hinter die Deregulierung der Jahre 2002/2003 gemacht, aber die für die Praxis allseits schädliche Rechtsunsicherheit beseitigt, die sich nach der Novelle im Jahr 2009 und der Ergänzung des Adjektivs „vorübergehend" in § 1 Abs. 1 ergeben hatte (vgl. zum Stand vor der Novelle *Nießen/Fabritius* NJW 2014, 263). Die Vereinbarkeit einer nationalen gesetzlichen Höchstüberlassungsdauer mit der Leiharbeitsrichtlinie und die Europarechtskonformität der Neuregelung ist noch ungeklärt (vgl. dazu nur BeckOK ArbR/*Kock* AÜG § 1 Rn. 24; *Franzen* RdA 2015, 141 (148 f.); *Henssler* RdA 2016, 18 (23); *Schüren/Fasholz* NZA 2015, 1473 (1474); *Wank* RdA 2017, 100 (108); *Willemsen/Mehrens* NZA 2015, 897 (898); *Zimmermann* NZA 2015, 528 (531); *Seel* öAT 2016, 27 (28 f.) und bereits *Lemke* BB 2014, 1333 (1338) jeweils mwN). Zwar verbietet die Richtlinie eine nicht nur vorübergehende Überlassung (vgl. auch BAG 10.7.2013, NJW 2013, 1296). Daraus kann im Umkehrschluss aber nicht gefolgert werden, dass jede Beschränkung der Überlassungsdauer – auch die Festsetzung einer nunmehr sehr kurzen Höchstüberlassungsdauer zulässig wäre, denn damit ist ein Eingriff in die unternehmerische Freiheit von Verleihern und Entleihern verbunden (vgl. nur *Franzen* RdA 2015, 141 (149); *Willemsen/Mehrens* NZA 2015, 897 (898)). Auch der EuGH hat in seinem Urteil im Fall „AKT" offen gelassen, unter welchen Voraussetzungen Beschränkungen der Arbeitnehmerüberlassung zulässig sind, aber auf den Maßstab des Art. 4 Abs. 1 RL verwiesen, nach dem Einschränkungen der Leiharbeit nur aus Gründen des Allgemeininteresses zulässig sind (EuGH 17.3.2015, NZA 2015, 423; dazu *Zimmermann* NZA

2015, 528 (530)). Problematisch auch aus verfassungsrechtlicher Hinsicht ist, dass die Höchstüberlassungsdauer die nach dem Befristungsrecht zulässigen Einsatzzeiten unterschreitet, vor allem auch die Höchstdauer der sachgrundlosen Befristung nach § 14 Abs. 2 TzBfG und nicht mit den parallel neu eingeführten Höchstgrenzen zur Abweichung von Equal Treatment/Equal Pay nach § 8 harmonisiert ist. **Verfassungsrechtlich unzulässig,** weil unverhältnismäßig ist somit das Ergebnis, dass nach Herstellung gleicher Arbeitsbedingungen nach neun Monaten bzw. bei Verlängerung nach 15 Monaten und entsprechend fehlender oder nur noch sehr geringer Schutzbedürftigkeit des Zeitarbeitnehmers die Überlassung zu dem Entleiher kurze Zeit später enden und er zu einem neuen Entleiher versetzt werden muss. Auf diese Weise führt die Kombination von Höchstüberlassungsdauer und Begrenzung der Abbedingung vom Gleichstellungsgrundsatz zur Schlechterstellung der Zeitarbeitnehmer. Dafür ist kein sachlicher Grund und somit keine Rechtsfertigung des Gesetzgebers erkennbar (vgl. auch vgl. dazu nur Stellungnahme Nr. 14/2016 der BRAK vom Juni 2016, Seite 4 ff. und *Deinert* RdA 2017, 65 (77 f.); *Henssler* RdA 2017, 83 (94, 97 f.)).

Die Überlassungshöchstdauer ist ausdrücklich **arbeitnehmerbezogen** 31 und nicht arbeitsplatzbezogen normiert, sie betrifft daher nur die Überlassung desselben Arbeitnehmers an denselben Entleiher (vgl. auch *Bundesagentur für Arbeit,* Fachliche Weisungen zum AÜG, Stand 1.4.2017, S. 23; *Seel* öAT 2016, 27 (28); *Zimmermann* BB 2016, 53). Es ist danach zulässig, rotierend einen Arbeitsplatz nach Ablauf der Höchstdauer immer wieder neu mit einem neuen Zeitarbeitnehmer zu besetzen (vgl. *Willemsen/Mehrens* NZA 2015, 897 (898); *Zimmermann* BB 2016, 53; *Seel* öAT 2016, 27 (28); kritisch dazu Deinert RdA 2017, 65 (77) und *Wank* RdA 2017, 100 (109) beide mit europarechtlichen Bedenken sowie *Hamann* NZA 2015, 904 (905); *Schüren/Fasholz* NZA 2015, 1473 (1474)), falls nicht Tarifverträge oder Betriebsvereinbarungen entgegenstehen. Gegen eine arbeitsplatzbezogene Höchstdauer sprach aber bereits der Umstand, dass sich „derselbe" Arbeitsplatz nur schwer abgrenzen lässt. Außerdem könnte ein Entleiher bei mehreren gleichartigen Arbeitsplätzen die Zeitarbeitnehmer zwar auf wechselnden Arbeitsplätzen, aber mit der gleichen Tätigkeit beschäftigen(vgl. auch *Lembke* NZA 2017, 4; *Willemsen/Mehrens* NZA 2015, 897 (898)). Unzulässig ist wegen der arbeitnehmerbezogenen Normierung auch der Einsatz eines Zeitarbeitnehmers für mehr als die jeweilige Höchstüberlassungszeit auf unterschiedlichen Arbeitsplätzen desselben Entleihers. Dabei ist der Begriff des Entleihers aber wiederum rechtsträgerbezogen zu verstehen, so dass eine Überlassung von mehr als 18 Monaten bzw. länger als für die jeweilige Höchstüberlassungszeit an verschiedene **Konzernunternehmen** zulässig ist (vgl. auch *Bundesagentur für Arbeit,* Fachliche Weisungen zum AÜG, Stand 1.4.2017, S. 8, 23 und *Henssler* RdA 2017, 83 (94)). Entsprechendes gilt für verschiedene Entleiherunternehmen, die einen Gemeinschaftsbetrieb bilden (*Henssler* RdA 2017, 83 (94 f.)). Zur Berechnung der Höchstüberlassungsfrist gelten nach §§ 187 ff. BGB die allgemeinen Fristenregeln (vgl. auch *Bundesagentur für Arbeit,* Fachliche Weisungen zum AÜG, Stand 1.4.2017, S. 23 und *Henssler* RdA 2017, 83 (95 f.) zu Problemfällen) und es kommt auf den Zeitraum der Überlassung seit deren

Beginn an, nicht auf die Zahl der konkreten Arbeitstage des überlassenen Arbeitnehmers oder gar die Zahl der tatsächlich geleisteten Arbeitsstunden (vgl. *Bundesagentur für Arbeit,* Fachliche Weisungen zum AÜG, Stand 1.4.2017, S. 23 ff.).

32   Die Höchstüberlassungsdauer ist tarifdispositiv ausgestaltet. Nach § 1 Abs. 1b S. 3 dürfen die Tarifpartner der Einsatzbranche in einem Tarifvertrag eine längere Überlassungsdauer festgelegen. Für tarifgebundene Arbeitsverhältnisse würde damit unmittelbar die längere Höchstdauer gelten. In der speziellen Situation der Zeitarbeitsbranche ist dies aber faktisch nicht oder nur in Ausnahmefällen denkbar. Denn das Arbeitsverhältnis der allermeisten Zeitarbeitnehmer (mit den Verleihern) ist bereits nicht kraft Mitgliedschaft in einer Gewerkschaft auf Seiten der Arbeitnehmer tarifunterworfen. Hinzu kommt, dass der Gesetzgeber die **Öffnung nur für Tarifverträge der Einsatzbranche,** damit der Entleiherunternehmen erlaubt, so dass die Verleiher auch ihrerseits keinen entsprechenden Tarifvertrag schließen dürfen bzw. keine solche Öffnung in den Tarifwerken der Arbeitsgeberverbände der Zeitarbeitsbranche erfolgen darf (vgl. auch *Bundesagentur für Arbeit,* Fachliche Weisungen zum AÜG, Stand 1.4.2017, S. 26). Der Gesetzestext wird somit insoweit **keinen oder nur selten Anwendungsfälle** haben (vgl. dazu nur Stellungnahme Nr. 14/2016 der BRAK vom Juni 2016, Seite 7 f.). Praxisrelevant kann daher allenfalls die Verlängerung der Höchstüberlassungsdauer durch Betriebs- oder Dienstvereinbarung werden, die durch Entleiher im Geltungsbereich eines öffnenden Tarifvertrags nach § 1 Abs. 1b S. 4 bis S. 7 abgeschlossen werden (dürfen), entweder durch Übernahme der tariflichen Höchstgrenze oder unter restriktiveren Bedingungen durch eine eigene Höchstüberlassungsdauer (vgl. zu Einzelheiten → § 1 Rn. 160 ff. und *Bundesagentur für Arbeit,* Fachliche Weisungen zum AÜG, Stand 1.4.2017, S. 26 f. sowie Stellungnahme BRAK). Dabei ist diese Öffnung unter engeren Bedingungen auch für nicht-tarifgebundene Entleihern zulässig, allerdings über eine tarifliche Höchstgrenze hinaus maximal bis zu einer Höchstdauer von 24 Monaten. Kirchen und öffentlich-rechtliche Religionsgemeinschaften können auch längere als 18 Monate dauernde Höchstfristen in ihren Reglungen vorsehen. Äußerst kritisch und rechtshistorisch einmalig ist der Umstand, dass die tarifliche Dispositionsbefugnis den Tarifpartnern der Einsatzbranche zugewiesen ist und nicht den Tarifpartnern der Zeitarbeitsbranche selbst (ebenso *Schüren/Fasholz* NZA 2015, 1473 (1474); *Bissels/Falter* DB 2016, 534; *Zimmermann* BB 2016, 53 (54); *Seel* öAT 2016, 27 (29); aA hingegen *Hamann* NZA 2015, 904 (907)). Denn damit hat der Gesetzgeber verfassungsrechtlich unzulässig die „Kunden" der Arbeitgeber (allein) in die Lage versetzt, über die Arbeits- und Einsatzbedingungen der Zeitarbeitnehmer zu Gunsten oder zu Lasten der Arbeitgeber und „Dienstleister" eben dieser Kundenunternehmen zu bestimmen. Überdies ist auch **keine Verlängerung der Höchstüberlassungsdauer durch arbeitsvertragliche Bezugnahmen** (auf die Tarifverträge der Einsatzbranche) in dem Zeitarbeitsvertrag zwischen Arbeitgebern und Leiharbeitnehmern zugelassen. Dies weicht ab von der bisherigen und in § 8 fortbestehenden Systematik der Öffnung zu Gunsten von Tarifverträgen der Zeitarbeitsbranche (vgl. auch *Hamann* NZA

2015, 904 (907); *Willemsen/Mehrens* NZA 2015, 897 (898); *Zimmermann* BB 2016, 53 (54) sowie vgl. dazu nur Stellungnahme Nr. 14/2016 der BRAK vom Juni 2016, Seite 8).

Für die Einhaltung der jeweils geltenden Höchstüberlassungsdauer sind **33** sowohl Verleiher als auch Entleiher verantwortlich, wie sich auch aus der Regelung des Ordnungswidrigkeitentatbestands in § 16 Abs. 1 Nr. 1e ergibt, der sowohl die Überlassung als auch das Tätigwerdenlassen sanktioniert. Angesichts der Bedeutung der **Einhaltung der Höchstüberlassungsdauer** für den Erhalt bzw. die Verlängerung der Überlassungserlaubnis ist aber besonders der Verleiher gezwungen, die Höchstgrenze jeweils für den einzelnen Kundenbetrieb zu ermitteln und zu überwachen (vgl. auch *Bundesagentur für Arbeit*, Fachliche Weisungen zum AÜG, Stand 1.4.2017, S. 27 f. zu einer „Feststellungspflicht des Erlaubnisinhabers").

b) Rechtsfolgen. Nach § 9 Abs. 1 Nr. 1b ist der **Arbeitsvertrag** zwi- **34** schen Verleihern und Leiharbeitnehmern mit dem Überschreiten der jeweils nach § 1 Abs. 1b für den Arbeitnehmer/diese Überlassung an den Entleiher geltenden Höchstüberlassungsdauer unwirksam. Der Arbeitsvertrag ist somit abweichend von § 9 Abs. 1 Nr. 1a nicht von Anfang an unwirksam, sondern wird erst mit Beginn des Tages nach Ablauf der Höchstüberlassungsdauer unwirksam. So wie auch nach § 9 Abs. 1 Nr. 1 ggf. mit späterem Wegfall der Überlassungserlaubnis die Unwirksamkeit später eintreten kann.

Entsprechend den neuen Regelungen in den Tatbeständen Nr. 1 und **34a** Nr. 1a hat der Leiharbeitnehmer aber ein **Widerspruchsrecht** zu, das er mit einer Festhaltenserklärung gem. § 9 Abs. 2 und Abs. 3 innerhalb eines Monats nach Überschreiten der zulässigen Höchstdauer gegenüber dem Verleiher oder Entleiher ausüben kann. Bei Ausübung dieses rückwirkenden Gestaltungsrechts bleibt der Zeitarbeitsvertrag (ex tunc bezogen auf den Zeitpunkt der Überschreitung der Höchstdauer) wirksam und es entfällt auch die Fiktion eines Arbeitsverhältnisses zum Entleiher. Insoweit gelten dieselben Regeln wie zum Widerspruchsrecht nach Nr. 1 und Nr. 1a (vgl. dazu → Rn. 26 f.).

Für die Rechtsfolgen einer Überschreitung der Höchstüberlassungsdauer **34b** gilt neben der Unwirksamkeitsanordnung vor allem wiederum § 10 Abs. 1–3. Nach § 9 Abs. 1 Nr. 1b ist der Arbeitsvertrag zwischen Verleiher und Zeitarbeitnehmer unwirksam und stattdessen besteht ein **fiktives Arbeitsverhältnis zum Entleiher.** Die Anordnung der Fiktion ist eine sehr scharfe Sanktion gegenüber dem Entleiher, denn sie greift gravierend in die Vertragsfreiheit ein. Es ist zweifelhaft, ob dies hier bei dem Tatbestand einer an sich legalen Überlassung noch verhältnismäßig ist (vgl. auch *Hamann* NZA 2015, 904 (908); *Henssler* RdA 2016, 18 (23)).

Als weitere Sanktion kann dem Verleiher die Verlängerung einer ggf. noch **34c** befristeten Erlaubnis versagt werden oder gar eine bereits erteilte (unbefristete) Erlaubnis widerrufen werden nach § 3 Abs. 1 Nr. 1 nF (vgl. auch *Bundesagentur für Arbeit*, Fachliche Weisungen zum AÜG, Stand 1.4.2017, S. 27; kritisch und für eine teleologische Reduktion bei Ausübung des Widerspruchsrechts *Seel* öAT 2016, 27 (29)). Dies ist eine noch größere Beschrän-

kung der Unternehmerfreiheit und ist verfassungsrechtlich nur dann verhältnismäßig, wenn dies auf schwerwiegende Fälle beschränkt wird. Die
Bundesagentur hat dies in ihren Arbeitsanweisungen bisher nicht so deutlich
festgelegt, sondern nur sehr vorsichtig anerkannt, dass eine „*geringfügige Überschreitung … in einem Einzelfall alleine*" keine gewerberechtliche Unzuverlässigkeit begründe, zugleich aber die Höchstdauer als Prüfungsschwerpunkt
genannt (vgl. *Bundesagentur für Arbeit*, Fachliche Weisungen zum AÜG, Stand
1.4.2017, S. 28, 57, 77). Die Überschreitung der Höchstüberlassungsdauer
stellt zudem gem. § 16 Abs. 1 Nr. 1e (nur) für den Verleiher eine Ordnungswidrigkeit dar, die mit einer Geldbuße von bis zu 30.000 Euro belegt werden
kann (vgl. zum Problem der dreifachen Sanktionierung kritisch auch *Henssler*
RdA 2016, 18 (23); *Zimmermann* BB 2016, 53 (54)).

34d   Nach richtiger Ansicht, ist auch der **Überlassungsvertrag** nach § 134
BGB iVm § 1 Abs. 1b ab Überschreiten der Höchstüberlassungsdauer
unwirksam, soweit er auf die fortdauernde Überlassung eines Arbeitnehmers
in denselben Betrieb desselben Entleihers gerichtet sind (vgl. UGBH/*Urban-
Crell* § 9 Rn. 37 mwN; aA *Wank* RdA 2017, 100 (109)), nicht jedoch soweit
es zB ein Rahmenvertrag ist, nach dem auch die Überlassung eines anderen
Arbeitnehmer geschuldet ist und die Überlassung unter Einhaltung der
Höchstüberlassungsdauer fortgesetzt werden kann. Soweit (Teil-)Unwirksam-
keit des Überlassungsvertrages vorliegt, ist dieser ggf. nach dem Bereicherungsrecht rückabzuwickeln (vgl. UGBH/*Urban-Crell* § 9 Rn. 37 und
→ Rn. 16).

4. Gleichstellungsgebot/Schlechterstellungsverbot – *Equal pay*/ *Equal Treatment* (Abs. 1 Nr. 2)

35   Der zweite Unwirksamkeitstatbestand sichert das Gleichstellungsgebot
bzw. Schlechterstellungsverbot (vgl. zu den Begriffen und Abgrenzungen
Boemke/Lembke/*Lembke* § 3 Rn. 3, § 9 Rn. 14, 70; *Rieble/Klebeck* NZA
2003, 23 (26) jeweils mwN und → § 3 Rn. 45 f. mwN und grundlegend
Fastrich RdA 2000, 65 ff.; aA BT-Drs. 15/25, 38, 39 – „Grundsatz der Gleichbehandlung") zugunsten des Leiharbeitnehmers und ist ursprünglich durch
das Erste Gesetz für moderne Dienstleistungen am Arbeitsmarkt vom
23.12.2002 (BGBl. I S. 4607) eingeführt worden (vgl. BT-Drs. 15/25, 38,
39) sowie später durch das Erste Änderungsgesetz zum AÜG zum 30.4.2011
reformiert worden. Nach der neuen Gesetzesänderung zum 1.4.2017 ist das
Gleichstellungsgebot einschließlich der Tariföffnungsklausel umfassend in § 8
geregelt und der Tatbestand in § 9 Abs. 1 Nr. 2 verschlankt worden. Er verweist nunmehr auf § 8 und entspricht § 3 Abs. 1 Nr. 3, der ebenfalls auf § 8
verweist (zum neuen Gleichstellungsgebot vgl. auch *Bissels/Falter* DB 2016,
534, 534 f.; *Zimmermann* BB 2016, 53 (54 f.); vgl. ausführlich zum Gleichstel-
lungsgebot/Schlechterstellungsgebot § 8. sowie zur Entstehungsgeschichte
Boemke/Lembke/*Lembke* § 9 Rn. 7 ff.; sowie *Boemke* RIW 2009, 177
(182 ff.); *Hamann* EuZA 2009, 287 (304 ff.); *Rieble/Vielmeier* EuZA 2011,
474 (496 ff.); *Ulber* AuR 2010, 412 ff.) und führt gem. § 8 Abs. 1 zu einem
besonderen Ergänzungsvergütungsanspruch des Leiharbeitnehmers gegen

den Verleiher. Unverändert und anders als nach der Vorgängerregelung bis 2003 ist die fehlende Gleichstellung ab dem ersten Tag der Überlassung ein Unwirksamkeitsgrund, sofern keine Abbedingung nach § 8 erlaubt ist. Die ursprüngliche Norm war bereits im Rahmen des Gesetzgebungsprozesses wegen ihrer weit über § 10 Abs. 5 aF hinausgehenden Inhalte teilweise heftig kritisiert worden, weil damit faktisch auch eine Mindestvergütung für Leiharbeitnehmer festgeschrieben und ein verfassungsrechtlich bedenklicher, starker gesetzlicher Zwang für einen Flächentarifvertrag, sogar für einen fachfremden – den „Entleiher-Tarif im Verleiher-Betrieb" – ausgeübt wurde (vgl. ausführlich *Waas* BB 2003, 2175, 2175 ff. und auch *Ankersen* NZA 2003, 421 (425); *Bauer/Krets* NJW 2003, 537 (538) mwN; *Bayreuther* NZA 2004, Sonderbeilage 1, 3 (6 f.); *Boemke/Lembke* DB 2002, 893 (896 f.) zu § 10 Abs. 5 aF; *Hümmerich/Holthausen/Welslau* NZA 2003, 7 (9 f.); *Lembke* BB 2003, 98 (103 f.); *Rieble/Klebeck* NZA 2003, 23 ff. (27 ff.); *Thüsing* NJW 2003, 1989 (1991); *ders.* DB 2003, 446 (449 ff., 450); *Tillmann* AuA 2004, 21 f.; *Schüren/Hamann/Schüren* § 9 Rn. 110 ff., 178 ff., 221; *Wank* NZA 2003, 14 (20, 22); **aA** *Grobys/Schmidt/Brocker* NZA 2003, 777 (778 ff.); *Ulber* AuR 2003, 7 (15); vgl. auch *Düwell* BB 2002, 98; unentschieden *Reipen* BB 2003, 787 (789)). Europarechtlich bestanden in Bezug auf die Regelung in der Form von § 9 Nr. 2 aF nach Inkrafttreten der Leiharbeitsrichtlinie (RL 2008/104/EG des Europäischen Parlaments und des Rates vom 19.11.2008 über Leiharbeit ABl. 2008 L 327, S. 9) Bedenken gegen die europarechtlichen Kompetenzen, so dass der deutsche Gesetzgeber ggf. gar nicht zur Umsetzung verpflichtet war (vgl. zur alten Fassung nur *Boemke/Lembke/Schüren* § 9 Rn. 29 f.; *Rieble/Klebeck* NZA 2003, 23 (26 f.); *Thüsing* DB 2002, 2218 (2220); *Wank* RdA 2003, 1 (10) jeweils mwN). Das **BVerfG** hatte allerdings mit Beschluss vom 29.12.2004 (NZA 2005, 153) **Verfassungsbeschwerden** von Verleihunternehmen und deren Verbänden gegen das Gleichstellungsgebot mangels Aussicht auf Erfolg nicht zur Entscheidung angenommen (vgl. dazu *Bayreuther* NZA 2005, 341; Boemke/Lembke/*Lembke* § 9 Rn. 84 ff.; *Lembke* BB 2005, 499; *Schüren* RdA 2006, 303; *Ulber* § 9 Rn. 130 ff.; vgl. zu verfassungsrechtlichen Bedenken auch *Hirdina* NZA 2011, 325 (330)). Mögliche Eingriffe in Grundrechte der Arbeitgeber(verbände) aus Art. 9 Abs. 3 GG seien durch kollidierende Grundrechte der Arbeitnehmer aus Art. 12 Abs. 1 GG (Verbesserung ihrer Stellung) sowie zur Bekämpfung der Arbeitslosigkeit (Sozialstaatsprinzip als Staatsziel, Art. 20 GG) gerechtfertigt. Die negative Koalitionsfreiheit der Arbeitgeber sei nicht verletzt (ebenso *Ulber* § 9 Rn. 145; aA *Bayreuther* NZA 2005, 341 (343)). Soweit in deren Berufsausübungsfreiheit eingegriffen werde, sei auch dieser Eingriff durch das Interesse der Arbeitnehmer an zumutbaren Arbeitsbedingungen (Art. 12 Abs. 1 GG) gerechtfertigt. Auch einen Verstoß gegen Art. 3 Abs. 1 GG verneinte das BVerfG. Mangels Beschwerdebefugnis nicht geprüft hat das Gericht, ob Grundrechte der Arbeitnehmer oder der Gewerkschaften verletzt sind (eine Verletzung der positiven Koalitionsfreiheit bejahen insoweit Boemke/Lembke/*Lembke* § 9 Rn. 89, 184 ff., weil durch die Rechtslage ein Druck auf einen Austritt aus den Gewerkschaften ausgeübt werde, aA *Ulber* § 9 Rn. 106). Zum Teil wurde darüber hinaus geltend gemacht, dass die Koalitionsfreiheit in ihrer Ausprägung als Einrichtungsgarantie für ein funktionsfähiges Tarifvertragssystem beeinträchtigt sei, weil den Gewerkschaften ein strukturelles Verhandlungsübergewicht dadurch zuteilwerde, dass die gesetzliche Regelung bereits das Optimum für die Arbeitnehmer darstellt, auf das sich die Gewerkschaften in den Verhandlungen stets zurückziehen könnten (*Lembke* BB 2005, 499 f.; ähnlich *Bayreuther* NZA 2005, 341 (342)).

36   **a) Tatbestand.** Der Unwirksamkeitsgrund betrifft **Vereinbarungen im Leiharbeitsvertrag** zwischen Verleiher und Leiharbeitnehmer, die die Arbeitsbedingungen des Leiharbeitnehmers gegenüber den ihm nach § 8 zustehenden Arbeitsbedingungen nachteilig regeln. Nach § 8 Abs. 1 ist der Verleiher verpflichtet, **für die Zeit der Überlassung** die im Betrieb des Entleihers für einen vergleichbaren Arbeitnehmer geltenden wesentlichen Arbeitsbedingungen zu gewähren. Insofern stellt § 9 Abs. 1 Nr. 2 für den Unwirksamkeitstatbestand umfassend und direkt auf die Regelungen nach § 8 ab (vgl. zu den Einzelheiten zum Inhalt von § 8 dort → § 8 Rn. 13 ff.).

37   Erste Voraussetzung ist, dass im Betrieb des Entleihers mit dem Leiharbeitnehmer **vergleichbare Arbeitnehmer** tätig sind. Insoweit ist nur auf Stammarbeitnehmer des Entleihers, nicht etwa auf andere Leiharbeitnehmer oder auf Grund Werkvertrags für einen Subunternehmer tätige andere Arbeitnehmer abzustellen. Auch nach der vergangenen Novellierung des AÜG durch das Erste Änderungsgesetz vom 28.4.2011 müssen die Stammarbeitnehmer des Entleihers in erster Linie **tätigkeitsbezogen** vergleichbar sein, somit gleiche oder vergleichbare Arbeit leisten (vgl. BAG 21.10.2015 – 5 AZR 604/14, AP AÜG § 10 Nr. 54; BAG 23.3.2011, NZA 2011, 850 (853); LAG Hamm 29.2.2012 – 3 Sa 889/11, BeckRS 2013, 70402; *Bundesagentur für Arbeit,* Fachliche Weisungen zum AÜG, Stand 1.4.2017, S. 79; *Boemke/Lembke/Lembke* § 9 Rn. 104; HWK-*Kalb* § 3 Rn. 32; ErfK/*Wank* § 3 Rn. 15; kritisch *Rieble/Vielmeier* EuZA 2011, 474 (498); vgl. auch zur alten Fassung: BT-Drs. 15/25, 38, 39; *Freckmann* DStR 2003, 294 (295); *Neumann* NZS 2003, 113 (115)), das heißt – entsprechend der Vergleichbarkeit im Sinne der Sozialauswahl nach § 1 Abs. 3 KSchG –, dass der Entleiher die Arbeitnehmer einseitig auf Grund seines Direktionsrechts austauschen kann. Fehlt es an einem Arbeitnehmer mit der gleichen oder ähnlichen Tätigkeit im Entleiherbetrieb, muss nunmehr – richtlinienkonform gem. Art. 5 Abs. 1 UAbs. 1 der Leiharbeits-RL – auf die hypothetische Betrachtung abstellt werden, welche Arbeitsbedingungen gelten würden, wenn der Leiharbeitnehmer vom Entleiher unmittelbar für den gleichen Arbeitsplatz eingestellt worden wäre. Es muss folglich auf den hypothetischen Arbeitnehmer im Betrieb Bezug genommen werden (vgl. BAG 19.2.2014, NJOZ 2014, 992 (998); 24.9.2014 – 5 AZR 254/13, AP AÜG § 10 Nr. 46; BAG 13.3.2013 – 5 AZR 242/12, BeckRS 2013, 71115 und auch *Bundesagentur für Arbeit,* Fachliche Weisungen zum AÜG, Stand 1.4.2017, S. 80 sowie *Fuchs* NZA 2009, 57 (60 f.) zur Richtlinie; *Schüren/Wank* RdA 2011, 1 (4); ErfK/ *Wank* § 3 Rn. 16; Boemke/Lembke/*Lembke* § 9 Rn. 104, 110; HWK-*Kalb* § 3 Rn. 33). Der Leiharbeitnehmer ist somit letztlich **in dem Betrieb des Entleihers fiktiv einzugruppieren** (vgl. nur *Bundesagentur für Arbeit,* Fach-

liche Weisungen zum AÜG, Stand 1.4.2017, S. 80; *Hamann* EuZA 2009, 287
(306 f.), der hilfsweise auf die beim Entleiher oder in der Branche üblichen
Arbeitsbedingungen abstellen will; *Ulber* § 9 Rn. 66, 74; Schüren/Hamann/
Schüren § 9 Rn. 124; *Thüsing* RdA 2009, 118; wohl anders *Boemke* RIW
2009, 177 (182), der keinen sachlichen Unterschied in dieser anderen
Betrachtungsweise sieht). Nicht für die Frage der Vergleichbarkeit, aber für
die Frage der Eingruppierung und der Gewährung von Arbeitsbedingungen
relevant sind auch zulässige Differenzierungen nach (Zusatz-)qualifikation,
Leistung, Betriebszugehörigkeit oder Alter (BAG 23.3.2011, NZA 2011, 850
(853); LAG Hamm 29.2.2012 – 3 Sa 889/11, BeckRS 2013, 70402; Boemke/
Lembke/*Lembke* § 9 Rn. 105 f.; HWK-*Kalb* § 3 Rn. 32). Auch keine Bedeutung für die Vergleichbarkeit hat das Merkmal der regelmäßigen Arbeitszeit
des Arbeitnehmers: So kann – angesichts der eindeutigen Regelung von § 4
Abs. 1 TzBfG sowie der Regelung in Art. 3 Abs. 2 UAbs. 2 der Leiharbeits-
RL (vgl. hierzu *Boemke* RIW 2009, 177 (181); *Fuchs* NZA 2009, 57 (61)) –
auch ein **Vergleich zwischen vollzeit- und teilzeitbeschäftigten Arbeitnehmern** stattfinden. Dabei kann aber nur die zeitanteilige Vergütung verlangt werden (Boemke/Lembke/*Lembke* § 9 Rn. 107; HWK-*Kalb* AÜG § 3
Rn. 32). Die vergleichbaren Arbeitnehmer müssen allerdings nach wie vor
dem **Betrieb des Entleihers** angehören, in dem der Leiharbeitnehmer eingesetzt wird, andernfalls hätte der Gesetzeswortlaut auf das Unternehmen
des Entleihers abstellen müssen. Auch die Richtlinie verlangt keine andere
Beurteilung, denn Art. 5 Abs. 1 stellt für die Vergleichbarkeit auf die hypothetische Einstellung des Leiharbeitnehmers auf den Arbeitsplatz ab und
erklärt damit das betriebliche Umfeld für maßgeblich. Bei der Vergleichbarkeit kommt es daher nicht auf andere Betriebe des Entleihers oder anderer
Unternehmen oder Tarifverträge an (ebenso *Rieble/Vielmeier* EuZA 2011,
474 (497 f.); Boemke/Lembke/*Lembke* § 9 Rn. 110 f.; *Thüsing* DB 2003, 446
(447); ähnlich *Rieble/Klebeck* NZA 2003, 23 (24); aA *Hamann* EuZA 2009,
287 (306 f.); HK-ArbR/*Lorenz* § 9 Rn. 8; ErfK/*Wank* § 3 Rn. 16). Um die
in der Praxis oftmals entstehenden Probleme mit der konkreten Identifizie-
rung eines vergleichbaren Arbeitnehmers oder bei Fehlen eines Vergleichs
zu mildern, hat der Gesetzgeber zum 1.4.2017 in § 8 Abs. 1 S. 2 zwei Vermu-
tungsregelungen ergänzt: Erstens wird die Gleichstellung zum Arbeitsentgelt
vermutet, wenn einem Leiharbeitnehmer das tarifvertragliche Arbeitsentgelt
gezahlt wird, das für einen vergleichbaren Arbeitnehmer des Entleihers im
Entleiherbetrieb geschuldet ist, mit der Folge, dass es auf etwaige Nebenleis-
tungen richtigerweise nicht ankommt bis zum Beweis des Gegenteils (vgl.
auch *Bundesagentur für Arbeit,* Fachliche Weisungen zum AÜG, Stand
1.4.2017, S. 80). Zweitens wird die Gleichstellung zum Arbeitsentgelt vermutet, wenn einem Leiharbeitnehmer in Ermangelung eines vergleichbaren
Arbeitnehmers im Betrieb das tarifvertragliche Arbeitsentgelt gezahlt wird,
das in der Einsatzbranche einem vergleichbaren Arbeitnehmer geschuldet ist.
Kommen unterschiedliche Tarifverträge in der Einsatzbranche zur Anwendung, ist richtigerweise zu ermitteln, welcher Tarifvertrag für die Branche
prägend ist bzw. überwiegend angewendet wird (vgl. § 1 Abs. 1b S. 7 und
Bundesagentur für Arbeit, Fachliche Weisungen zum AÜG, Stand 1.4.2017,
S. 27 zur Tariföffnungsklausel für die Höchstüberlassungsdauer).

38   Sofern für die Gruppe der vergleichbaren Arbeitnehmer unterschiedliche Arbeitsbedingungen bestehen, ist in zeitlicher Hinsicht bei unterschiedlichen Arbeitsbedingungen verschiedener „Arbeitnehmer-Generationen" im Betrieb nach den relevanten **Stichtagen,** typischerweise den Einstellungsdaten, zu differenzieren (Boemke/Lembke/*Lembke* § 9 Rn. 114; *Lembke* BB 2003, 98 (101); *Thüsing* DB 2002, 2218 (2221); *ders.* DB 2003, 446 (448)). Es ist aus Gründen der richtlinienkonformen Auslegung sachgerecht, zukünftig in Fällen, in denen mehrere Arbeitnehmer aus der Stammbelegschaft mit dem Leiharbeitnehmer vergleichbar sind, nicht mehr die Stammarbeitnehmer mit den ungünstigsten Arbeitsbedingungen als Vergleichsmaßstab heranzuziehen, sondern wiederum die hypothetische Betrachtungsweise der Leiharbeitsrichtlinie anzuwenden (*Thüsing* RdA 2009, 118; Boemke/Lembke/*Lembke* § 9 Rn. 113 f.). § 9 Abs. 1 Nr. 2 iVm § 8 Abs. 1 normiert insofern nur ein Schlechterstellungsverbot, schließt aber auch nach der neuen Rechtslage nicht aus, dass ein Leiharbeitnehmer besser gestellt wird als ein vergleichbarer Stammarbeitnehmer, weil ausschließlich Vereinbarungen, die schlechtere als die im Betrieb des Entleihers geltenden Arbeitsbedingungen regeln, verboten sind (vgl. auch Boemke/Lembke/*Lembke* § 9 Rn. 113; dazu auch *Rieble* NZA 2013, 309). Beruhen die abweichenden Bedingungen eines oder einiger der vergleichbaren Stammarbeitnehmer aber auf individueller Verhandlung unterschiedlicher Konditionen, ist für die Gleichstellung des Leiharbeitnehmers auf das **Minimum** abzustellen, weil es sich dann nicht um „wesentliche Arbeitsbedingungen", somit nicht um verbindliche Bestimmungen allgemeiner Art, handelt (Boemke/Lembke/*Lembke* § 9 Rn. 112; HWK-*Kalb* § 3 Rn. 34; ebenso bereits *Bauer/Krets* NJW 2003, 537 (539); *Freckmann* DStR 2003, 294 (295); *Lembke* BB 2003, 98 (100 f.); *Thüsing* DB 2002, 2218 (2221); *ders.* DB 2003, 446 (447 f., 448)).

39   Dabei scheidet allerdings ein Einzelvergleich zur Ermittlung des (minimalen) Vergleichsmodells im Sinne einer Meistbegünstigung („Rosinenpicken") aus. Die jeweils individuellen Vertragssysteme können nur einheitlich für den Leiharbeitnehmer gelten; ein Verweis auf die jeweils ungünstigsten Abreden ist unzulässig, so dass der Verleiher sich für das heranzuziehende Vertragsmodell des Entleihers entscheiden muss. Anders als bei einem Günstigkeitsvergleich zweier für den Leiharbeitnehmer anwendbarer Modelle kann hier auch **kein Sachgruppenvergleich** stattfinden, da für jeden einzelnen Arbeitnehmer des Entleihers nur jeweils eine Vertragsgestaltung gilt. Auch für den Vergleich mit den Bedingungen des Leiharbeitnehmers muss daher ein einheitliches Modell herangezogen werden.

40   Davon zu unterscheiden ist der Vergleich der beim Entleiher für vergleichbare Arbeitnehmer geltenden Arbeitsbedingungen einerseits und der Arbeitsbedingungen des Verleihers andererseits. Insoweit geht es um zwei (potentiell) für den Leiharbeitnehmer anwendbare Modelle und es hat zwar ebenfalls kein Einzelvergleich, aber nach allgemeinen Regeln ein **Sachgruppenvergleich** stattzufinden (*Bundesagentur für Arbeit,* Fachliche Weisungen zum AÜG, Stand 1.4.2017, S. 80; Boemke/Lembke/*Lembke* § 9 Rn. 148 ff. mwN und ausführlich zu einzelnen Arbeitsbedingungen; HWK-*Kalb* § 3 Rn. 35; *Thüsing* DB 2003, 446 (447); ebenso nach Erlass der Leiharbeits-RL auch *Hamann* EuZA

2009, 287 (307); *Ulber* § 9 Rn. 75). Zu der Sachgruppe Arbeitsentgelt ist aber kein Einzelvergleich der einzelnen Vergütungsbestandteile erforderlich, sondern ein Gesamtvergleich (der Vergütungshöhe nach) für die Entgelte im Überlassungszeitraum hinreichend (vgl. BAG 23.3.2011 – 5 AZR 7/10, AP AÜG § 10 Nr. 23 und *Bundesagentur für Arbeit,* Fachliche Weisungen zum AÜG, Stand 1.4.2017, S. 80). Bei der Vertragsgestaltung ist dies sinnvollerweise mit einem Verweis auf allein die Bedingungen des Entleihers zu berücksichtigen (*Thüsing* DB 2003, 446 (447)).41

Das Gleichstellungsgebot **betrifft nicht etwaige überlassungsfreie Zei-** **41** **ten,** wie sich nun auch aus § 8 Abs. 5 ergibt (vgl. nur BAG 23.3.2011, NZA 2011, 850 (853); *Bundesagentur für Arbeit,* Fachliche Weisungen zum AÜG, Stand 1.4.2017, S. 81; Schüren/Hamann/*Schüren* § 9 Rn. 118; *Ulber* § 9 Rn. 37, 43; Boemke/Lembke/*Lembke* § 9 Rn. 95; UGBH/*Urban-Crell,* § 9 Rn. 39); für diese Zeiten ist ein abgesenktes Vergütungsniveau zulässig, das seine Grenzen in der nach § 3a festzusetzenden Lohnuntergrenze und daneben in den allgemeinen Tatbeständen der Sittenwidrigkeit und des Wuchers nach § 138 BGB bzw. in einem etwaigen Tarifvertrag findet (Boemke/ Lembke/*Lembke* § 9 Rn. 96; UGBH/*Urban-Crell* § 9 Rn. 30; vgl. zum Lohnwucher: BAG 16.5.2012 – 5 AZR 268/11, NZA 2012, 974, 977; BAG 18.4.2012 – 5 AZR 630/10, NZA 978, 978 ff.). Soweit die Tariflöhne – was bei den mit dem DGB geschlossenen Tarifverträgen der Fall sein soll – der Verleihunternehmen oberhalb des Sozialhilfesatzes liegen, sollen die Voraussetzungen eines generell auffälligen Missverhältnisses nicht erfüllt sein (*Ulber* NZA 2009, 232 (234)). Insoweit liegt ggf. eine **Teilbefristung von Arbeits-** **bedingungen** zwischen dem Verleiher und dem Leiharbeitnehmer vor, die ausnahmsweise sachlich gerechtfertigt ist (Boemke/Lembke/*Lembke* § 9 Rn. 96; *Ulber* NZA 2009, 232 (233); *Lembke* BB 2003, 98 (102); zweifelnd *Freckmann* DStR 2003, 294 (296)).

Die Vereinbarungen müssen Arbeitsbedingungen einschließlich der Ent- **42** geltvereinbarungen betreffen und von wesentlichen Arbeitsbedingungen des Entleihers ungünstig abweichen. § 8 Abs. 1 S. 1 nF beschränkt nach seinem Wortlaut das Gleichstellungsgebot auf die **„wesentlichen" Arbeitsbedin-** **gungen.** Verstand der historische Gesetzgeber bei der Novellierung des AÜG 2003 darunter alle nach dem allgemeinen deutschen Arbeitsrecht vereinbarten Bedingungen, zB die Arbeitszeit, Urlaub, Nutzung sozialer Einrichtungen (BT-Drs. 15/25, 38, 39; so auch *Freckmann* DStR 2003, 294 (295); *Gaul/* *Otto* DB 2002, 2486 (2487); *Thüsing* DB 2003, 446, 446 f.; *Ulber* AuA 2003, 7 (10 f.)), war eine einschränkende Auslegung bereits seinerzeit überzeugender, damals das Abstellen auf den Kanon der wesentlichen Vertragsbedingungen nach § 2 Abs. 1 NachwG (so Boemke/Lembke/*Lembke* § 9 Rn. 117; *Lembke* BB 2003, 98 (101); UGBH/*Urban-Crell* § 3 Rn. 99). Nunmehr darf es keinen Rückgriff auf das NachwG mehr geben; vielmehr ist die Definition in Art. 3 Abs. 1 lit. f Leiharbeits-RL maßgeblich und abschließend, nach der es auf die durch Gesetz, Verordnung, Verwaltungsvorschrift, Tarifvertrag und/oder sonstige verbindliche Bestimmungen allgemeiner Art ankommt, die im entleihenden Unternehmen gelten und sich auf Dauer der Arbeitszeit, Überstunden, Pausen, Ruhezeiten, Nachtarbeit, Urlaub, arbeitsfreie Tage sowie das Arbeitsentgelt beziehen (BAG 23.3.2011, NZA 2011, 850 Rn. 29; so auch HWK/*Kalb* § 3 Rn. 29; *Rieble/Vielmeier* EuZA 2011, 474 (496); *Thüsing* RdA 2009, 118; *Hamann* EuZA 2009, 287 (305); *Boemke* RIW 2009, 177 (180); UGBH/*Hurst,* § 8 Rn. 36). Diese Bestimmung gibt nach der Systematik der Richtlinie verbindlich vor, was wesentliche Arbeitsbedingungen sind: Art. 3 Abs. 2 der RL lässt ausdrücklich das nationale Recht in Bezug auf die Begriffsbestimmungen (ua) von Arbeitsentgelt unberührt, nicht aber hinsichtlich der wesentlichen Arbeitsbedingungen insgesamt (*Hamann* EuZA 2009, 287 (304 f.); UGBH/*Hurst,* § 8 Rn. 36; **aA** *Ulber* § 9 Rn. 57, der die Aufzählung als nicht abschließend ansieht). Jedenfalls gehören zu den Arbeitsbedingungen nicht im Entleiherbetrieb geltende Ausschlussfristen (BAG 23.3.2011, NZA 2011, 850; vgl. auch BAG 27.5.2015, NZA 2015, 1125 Rn. 27), sowie Kündigungsfristen und Regelungen zur Befristung des Arbeitsverhältnisses (Boemke/Lembke/*Lembke* § 9 Rn. 139). Parallel zur Ausschlussfrist betrifft auch die Vereinbarung einer Ausgleichsklausel in einem gerichtlichen Vergleich, die zum Erlöschen bereits entstandener und durchsetzbarer Ansprüche auf Zahlung des gleichen Arbeitsentgelts führt, nicht die Entstehung der für die Zeit der Überlassung beim Entleiher geltenden wesentlichen Arbeitsbedingungen (BAG 27.5.2015, NZA 2015, 1125 (1127)).

43   Der Begriff **Arbeitsentgelt** ist hingegen gerade nach der Neuregelung einer extensiven Auslegung zugänglich, weil die Richtlinie insoweit die nationalen Begriffsbestimmungen für maßgeblich erklärt (vgl. Art. 3 Abs. 2 Leiharbeits-RL und *Hamann* EuZA 2009, 287 (305); UGBH/*Hurst,* § 8 Rn. 36). Nach der ausdrücklichen Gesetzesbegründung zur Neufassung von § 8 Abs. 1 gehört hierzu wie nach der bisherigen Rechtsprechung nicht nur die laufende Grundvergütung, sondern auch Zuschläge, Jahressonderleistungen wie ein 13. Monatsgehalt, tarifliche Sonderzahlungen, jede Vergütung die auf Grund gesetzlicher Entgeltfortzahlungstatbestände gezahlt werden muss, vermögenswirksame Leistungen und grundsätzlich auch Sozialleistungen (vgl. die Gesetzesbegründung zum Referentenentwurf vom 16.11.2015, S. 22 sowie zum Referentenentwurf vom 17.2.2016, S. 22 f.; Regierungsentwurf, BR-Drs. 249/16, 19 und BAG 24.9.2014 – 5 AZR 254/13, AP AÜG § 10 Nr. 46; BAG 19.2.2014 – 5 AZR 1046/12 und 1047/12, AP AÜG § 10 Nr. 42; BAG 13.3.2013 – 5 AZR 294/12, NZA 2013, 1226, 1226 ff.; BAG 23.3.2011, NZA 2011, 850 Rn. 33; 13.3.2013 – 5 AZR 242/12, AP AÜG § 10 Nr. 24; LAG Nürnberg 27.11.2013, NZA-RR 2014, 251 (253); vgl. auch *Bundesagentur für Arbeit,* Fachliche Weisungen zum AÜG, Stand 1.4.2017, S. 79; BT-Drs. 15/25, 38, 39; ausführlich auch Boemke/Lembke/ *Lembke* § 9 Rn. 123 ff.; *Freckmann* DStR 2003, 294 (295); *Gaul/Otto* DB 2002, 2486 (2487); HWK-*Kalb* § 3 Rn. 30; *Kokemoor* NZA 2003, 238 (240); *Lembke* BB 2003, 98 (101); *Neumann* NZS 2003, 113 (114); *Rieble/Klebeck* NZA 2003, 23 (24 f.); Schüren/Hamann/*Schüren* § 9 Rn. 132 ff.; *Ulber* § 9 Rn. 46 ff.; UGBH/*Hurst,* § 8 Rn. 37 ff.).

44   Die Rechtsprechung hat inzwischen eindeutig festgestellt, dass § 9 Abs. 1 Nr. 2 AÜG dem Schutz des Arbeitnehmers dient und dem Leiharbeitnehmer im laufenden Arbeitsverhältnis zumindest die Arbeits- und Beschäftigungsbedingungen gewähren soll, die für ihn gelten würden, wenn er vom Entleiher für eine vergleichbare Tätigkeit eingestellt worden wäre (BAG 27.5.2015, NZA 2015, 1125 (1126); 24.9.2015 – 5 AZR 254/13, AP AÜG § 10 Nr. 46). Daher ist nicht nur jede Leistung mit direktem Entgeltcharakter, sondern auch jede Vergütung, die aus Anlass des Arbeitsverhältnisses gewährt wird, zu berücksichtigen (BAG 24.9.2015 – 5 AZR 254/13, AP AÜG § 10 Nr. 46; BAG 13.3.2013 – 5 AZR 242/12, AP AÜG § 10 Nr. 24; LAG Nürnberg 27.11.2013, NZA-RR 2014, 251 (253)). Soweit Leistungen nicht im Bezugs-/Arbeitszeitraum, sondern nachgelagert fällig werden, wie z. B. Jahresboni, ist für die Gleichstellung in zeitlicher Hinsicht der Bezugs-/Arbeitszeitraum maßgeblich und ggf. nach Ende der Überlassung noch nachzuzahlen. Zur Vergütung gehören nach der Neuregelung in § 8 Abs. 1 S. 3 auch Sachleistungen, die mit dem jeweiligen geldwerten Vorteil abgeleistet werden können (kritisch dazu *Henssler* RdA 2018, 18 (24); vgl. zum alten Recht bereits LAG Niedersachsen 21.9.2012 – 6 Sa 113/12, BeckRS 2012, 76003; Boemke/Lembke/*Lembke* § 9 Rn. 127; *Lembke* BB 2003, 98 (101); *Rieble/Klebeck* NZA 2003, 23 (25); Schüren/Hamann/*Schüren* § 9 Rn. 125 ff., 135; HWK-*Kalb* § 3 Rn. 30; ähnlich auch *Bauer/Krets* NJW 2003, 537 (539) mit Rat zu Wartefristen für Sachleistungen auch für Stammarbeitnehmer; vgl. **zu einzelnen Arbeitsbedingungen** wie Arbeitszeit, Entgeltfortzahlung, Urlaub usw. *Bauer/Krets* NJW 2003, 537 (539); Boemke/Lembke/*Lembke* § 9 Rn. 122 ff. mwN; *Lembke* BB 2003, 98 (101); Schüren/Hamann/*Schüren* § 9 Rn. 129 ff.; UGBH/*Hurst* § 3 Rn. 100 ff.; auch *Hanau* ZIP 2003, 1573 (1576)). Bestimmte Voraussetzungen dafür, zum Beispiel das Vorliegen einer bestimmten Beschäftigungsdauer, müssen allerdings auch in der Person des Zeitarbeitnehmers erfüllt sein (*Bundesagentur für Arbeit,* Fachliche Weisungen zum AÜG, Stand 1.4.2017, S. 80; HWK-*Kalb* § 3 Rn. 30; Schüren/Hamann/*Schüren* § 9 Rn. 131 ff.; vgl. zu einer tarifvertraglichen Stichtagsregelung LAG Schleswig-Holstein 21.5.2013 – 2 Sa 398/12, ArbRAktuell 2013, 340; beachte zur Unwirksamkeit einer Stichtagsklausel zum 31.12. über eine Sonderzuwendung für das laufende Kalenderjahr in AGB aber: BAG 13.11.2013, NZA 2014, 368). Offen ist, ob unter einem (wirksamen) Freiwilligkeitsvorbehalt stehende Leistungen keine „geltenden" Arbeitsbedingungen sind und daher vom Verleiher nicht gleichermaßen zu gewähren sind (vgl. *Bauer/Krets* NJW 2003, 537 (539); vgl. zu den sehr restriktiven Voraussetzungen BAG 14.9.2011, NZA 2012, 81 (82 f.)und zur Unwirksamkeit bei laufenden Arbeitsentgelt BAG 25.4.2007, NZA 2007, 853). Dafür spricht, dass ein Freiwilligkeitsvorbehalt das Entstehen eines Anspruchs auf eine künftige Sonderzahlung grundsätzlich wirksam verhindert kann (BAG 14.9.2011, NZA 2012, 81 (82 f.)). Dagegen spricht, dass der Arbeitgeber dennoch den Gleichbehandlungsgrundsatz beachten muss und nicht ohne sachlichen Grund eine Gruppe von Arbeitnehmern von der Leistung ausnehmen darf (BAG 12.1.2000, NZA 2000, 944 (945)). Wenn danach ein wirksamer Freiwilligkeitsvorbehalt vorliegt, wird entscheidend sein, ob der mit dem Leiharbeitnehmer vergleichbare Stammarbeitnehmer die Leistung erhält oder nicht. Lediglich widerrufbare Leistungen sind allerdings bis zum wirksamen Widerruf in jedem Fall bestehende Entgeltansprüche (vgl. nur BAG

23.10.2002, NZA 2003, 557 (558 f.)) und daher einzubeziehen (aA wohl *Bauer/Krets* NJW 2003, 537 (539)). Sofern **Sozialleistungen,** die faktisch nur der Entleiher gewähren kann, zum Arbeitsentgelt gehören, kann der Verleiher diese nur finanziell kompensieren (vgl. § 8 Abs. 1 S. 3 nF; Boemke/Lembke/*Lembke* § 9 Rn. 129 ff.; *Lembke* BB 2003, 98 (101); Schüren/Hamann/*Schüren* § 9 Rn. 135; UGBH/*Hurst,* § 8 Rn. 461).

45   § 9 Abs. 1 Nr. 2 iVm § 8 Abs. 1 nF erfasst nach dem Wortlaut auch wesentliche Arbeitsbedingungen, die auf kollektiven Normen **(Tarifvertrag, Betriebsvereinbarung)** beruhen und an die der Entleiher normativ gebunden ist. Es besteht für den Leiharbeitnehmer – auch im Verhältnis zum Entleiher – allerdings nach allgemeinen Regeln grundsätzlich keine normative Bindung (Boemke/Lembke/*Lembke* § 9 Rn. 140; *Lembke* BB 2003, 98 (101 f.) mit Hinweis zu Ausnahmen bei Betriebsvereinbarungen; *Rieble/Klebeck* NZA 2003, 23 (24); UGBH/*Hurst,* § 8 Rn. 27); der Verleiher gewährt diese Arbeitsbedingungen entweder auf Grund einer entsprechenden Arbeitsvertragsklausel oder auf der gesetzlichen Grundlage nach § 8 Abs. 1 S. 1 iVm dem Leiharbeitsverhältnis (vgl. auch → Rn. 48). Allerdings greift in dem Fall, dass der Zeitarbeitnehmer Entgelt in Höhe des für einen vergleichbaren Stammarbeitnehmer des Entleihers geltenden tarifvertraglichen Arbeitsentgelts erhält oder, wenn es im Entleiherbetrieb keine tarifvertraglichen Regelungen gibt, in Höhe des für einen vergleichbaren Arbeitnehmer in der Einsatzbranche geltenden tariflichen Entgelts, die gesetzliche Vermutung nach § 8 Abs. 1 S. 2. § 9 Abs. 1 Nr. 2 ist auch systematisch-teleologisch korrigierend dahingehend auszulegen, dass Regelungen auf der Basis der tariflichen Öffnungsklausel des § 8 Abs. 2 nicht davon erfasst werden (Boemke/Lembke/*Lembke* § 9 Rn. 94).

46   Soweit die vom Verleiher gewährten Arbeitsbedingungen des Leiharbeitnehmers ausnahmsweise nicht ungünstig, sondern **vorteilhaft** von den Arbeitsbedingungen vergleichbarer Arbeitnehmer im Betrieb des Entleihers abweichen, greift § 9 Abs. 1 Nr. 2 selbstverständlich nicht ein; es gelten die vereinbarten vertraglichen Regelungen (Boemke/Lembke/*Lembke* § 9 Rn. 144; *Ulber* § 9 Rn. 39; 202; vgl. auch *Rieble* NZA 2013, 309; zweifelnd noch *Lembke* BB 2003, 98 (101); offengelassen bei *Freckmann* DStR 2003, 294 (295)), ohne dass es auf das Günstigkeitsprinzip ankommt (so aber *Bauer/Krets* NJW 2003, 537 (538); *Ulber* § 9 Rn. 39; wie hier Boemke/Lembke/*Lembke* § 9 Rn. 146). Bestehen Zweifel bei dem Günstigkeitsvergleich, gelten für den Leiharbeitnehmer die vereinbarten Bedingungen (Boemke/Lembke/*Lembke* § 9 Rn. 146; UGBH/*Hurst,* § 8 Rn. 43). Auch zugunsten des Leiharbeitnehmers gibt es **keine Meistbegünstigung** („Rosinenpicken“) etwa dahingehend, dass jeweils nur einzelne günstigere Arbeitsbedingungen des Verleihers oder des Entleihers gelten; es ist ein Sachgruppenvergleich anzustellen (vgl. auch → Rn. 27; Boemke/Lembke/*Lembke* § 9 Rn. 148).

47   Als alleinige Ausnahme zum Gleichstellungsgebot enthält § 8 Abs. 2 eine **Tariföffnungsklausel** (kritisch dazu Boemke/Lembke/*Lembke* § 9 Rn. 184 ff.; Schüren/Hamann/*Schüren* § 9 Rn. 96 ff.); sie steht im Einklang mit der Leiharbeits-RL, deren Art. 5 Abs. 3 tarifliche Abweichungen zulässt. Auch von der Ermächtigung in Art. 5 Abs. 2 Leiharbeits-RL hat der deutsche

Gesetzgeber in § 8 Abs. 4 Gebrauch gemacht, indem ein Tarifvertrag im Sinne von Abs. 2 hinsichtlich des Arbeitsentgelts von dem Gleichstellungsgrundsatz für die ersten neun Monate abweichen kann oder bis zu 15 Monate, wenn ein Branchentarifvertrag geschlossen wird (vgl. dazu → § 8 Rn. 103 ff. sowie *Bissels/Falter* DB 2016, 534, 534 f.). Nach der neuen Formulierung in § 8 Abs. 2 S. 1 kann der Tarifvertrag „vom Gleichstellungsgrundsatz abweichen" und nicht mehr „abweichende Regelungen zulassen" (somit auch für die Betriebspartner oder die Vertragspartner des Leiharbeitsvertrages eine Ermächtigung zu individuellen abweichenden Regelungen vorsehen, vgl. zur alten Rechtslage Boemke/Lembke/*Lembke* § 9 Rn. 233 ff.; *Ulber* § 9 Rn. 170; schon damals aA HWK-*Kalb* § 3 Rn. 36; *Ulber* AuA 2003, 7 (11 f.)). Der Tarifvertrag kann also nur noch selbst **unmittelbar** Abweichungen **festlegen,** also die konkreten schlechteren Arbeitsbedingungen vorgeben. Die Wirkung der Öffnungsklausel ist gegenüber der früheren Regelung bis 31.3.2017 **stark reduziert,** weil Abweichungen vom Gleichstellungsgrundsatz nur noch zeitlich befristet, grundsätzlich für neun Monate pro Überlassung (Einsatz) zulässig sind, selbst bei Anwendung von Tarifverträgen. Dies ist **verfassungsrechtlich bedenklich,** vor allem weil der Schutzeffekt angesichts der zeitlichen Staffelung und gemessen an der Praxis der Überlassung und Zeitarbeit bezweifelt werden muss (vgl. dazu nur Stellungnahme Nr. 14/ 2016 der BRAK vom Juni 2016, Seite 8 f.). Dabei genügt es, wenn bestimmte Sachgruppen abschließend geregelt sind; allerdings wird der Gleichstellungsgrundsatz auch nur insoweit verdrängt, wie der Tarifvertrag Regelungen trifft, hinsichtlich der anderen Arbeitsbedingungen bleibt es hingegen beim Equal-Treatment-Prinzip (Boemke/Lembke/*Lembke* § 9 Rn. 237 ff.). Soweit Verleiher und Leiharbeitnehmer nicht kongruent tarifgebunden sind, können die Vertragspartner im Geltungsbereich eines solchen Tarifvertrages gem. § 8 Abs. 2 S. 3 nF wie bisher die Anwendung der tariflichen Regelungen auch einzelvertraglich vereinbaren (*Zimmermann* BB 2016, 53 (54); *Bissels/Falter* DB 2016, 534; zum alten Recht ausführlich Boemke/Lembke/*Lembke* § 9 Rn. 236, 404 ff.; vgl. auch *Freckmann* DStR 2003, 294 (295); *Hümmerich/ Holthausen/Welslau* NZA 2003, 7 (10, 11); *Lembke* BB 2003, 98 (103); *Tillmann* AuA 2004, 21 (22). Solche Bezugnahmen sind auch nach der Leiharbeits-RL zulässig (*Hamann* EuZA 2009, 287 (310); *Boemke* RIW 2009, 177 (183); *Schüren/Wank* RdA 2011, 1 (5); vgl. auch *Lembke* DB 2011, 414 (417)). Für die Öffnung durch Bezugnahme soll überdies ein Verbandstarifvertrag erforderlich sein (Boemke/Lembke/*Lembke* § 9 Rn. 417; *Hamann* BB 2005, 2185; *Reipen* BB 2003, 787 (789); Schüren/Hamann/*Schüren* § 9 Rn. 151). Mangels gegenteiliger gesetzlicher Regelung kann ein Tarifvertrag nach allgemeinen Regeln auch nur **teilweise** – hinsichtlich einiger sachlich zusammenhängender Arbeitsbedingungen – in Bezug genommen werden (Boemke/ Lembke/*Lembke* § 9 Rn. 434; *Thüsing* DB 2003, 446 (449); ebenso HWK-*Kalb* § 3 Rn. 38; *Nebeling/Gründel* BB 2009, 2366 (2368); **aA** Schüren/ Hamann/*Schüren* § 9 Rn. 167 ff.; *Bundesagentur für Arbeit,* GA AÜG, Stand Juli 2015, Ziff. 3.1.6 Abs. 3, die unter Ziff. 3.1.8 Nr. 11 weitergehend fordert, dass ein TV die wesentlichen Arbeitsbedingungen „(mehr oder weniger) umfassend" regelt; *Hamann* EuZA 2009, 287 (310) mit dem Argument, dass

nur Tarifverträge in ihrer Gesamtheit die Ausgewogenheit von Arbeitneh-
mer- und Arbeitgeberinteressen widerspiegelten). In der **Praxis** werden die
Zeitarbeitsunternehmen allerdings nur dann in vollem Umfang von der Öffnungsklausel eines Tarifvertrages profitieren können, wenn sie auf den Tarifvertrag einzelvertraglich mit Bezugnahmeklausel verweisen und zwar im
Wege der dynamischen Bezugnahme, denn nur dann greift die Richtigkeitsgewähr, weil sichergestellt ist, dass die Arbeitsbedingungen an die wirtschaftliche Entwicklung angepasst werden (vgl. nur *Bundesagentur für Arbeit,* Fachliche Weisungen zum AÜG, Stand 1.4.2017, S. 82; *Nebeling/Gründel* BB 2009,
2366 (2369)). Nur dann kann die Geltung der Tarifbestimmungen für jeden
Leiharbeitnehmer sichergestellt werden. Andernfalls könnte trotz Verbandsmitgliedschaft oder gar Haustarifvertrag die Öffnung an der fehlenden
Gewerkschaftszugehörigkeit der Arbeitnehmer scheitern (ebenso *Tillmann*
AuA 2004, 21 (22); ähnlich Schüren/Hamann/*Schüren* § 9 Rn. 167). Insoweit
sind bei der Gestaltung der Bezugnahmeklauseln die Konsequenzen der
BAG-Rechtsprechung zu Tarifwechselkonstellationen und insbesondere
Umstrukturierungen zu beachten (problematisch insofern der Klauselvor-
schlag bei *Tillmann* AuA 2004, 21 (22)). Für eine Abweichung vom Equal
pay-Grundsatz durch Bezugnahme auf einen Entgelttarifvertrag (§ 8 Abs. 4)
ist nach der Rechtsprechung des BAG die einvernehmliche Vereinbarung
einer Bezugnahmeklausel erforderlich, sie kann nicht mittels Änderungskündigung einseitig durchgesetzt werden (BAG 12.1.2006, NZA 2006, 587
(589), das hieran den strengen Maßstab der Änderungskündigung zur Entgeltsenkung anlegt), und zwar auch dann nicht, wenn die Kunden eines
Verleihunternehmens nachweislich nicht bereit sind, Leiharbeitnehmer zu
„Equal pay"-Bedingungen zu beschäftigen (BAG 15.1.2009, NZA 2009, 957
(959) in einem obiter dictum; anders noch die Vorinstanz, LAG Baden-
Württemberg 12.4.2007 – 21 Sa 62/06, BeckRS 2009, 65526). Bei den
weiteren wesentlichen Arbeitsbedingungen greift zwar der Maßstab einer
Entgeltabsenkung nicht, aber dennoch muss auch hier die Bezugnahme auf
einen abweichenden Tarifvertrag gem. dem Wortlaut in § 8 Abs. 2 S. 3 nF
zwischen Arbeitgeber und Arbeitnehmer vereinbart werden. Die Tariföffnung besteht auch im **Nachwirkungszeitraum** fort; ebenso ist auch die
Bezugnahme auf einen nur noch nachwirkenden Tarifvertrag ausreichend,
denn auch für einen nachwirkenden Tarifvertrag gilt die Richtigkeitsgewähr
(vgl. auch *Bundesagentur für Arbeit,* Fachliche Weisungen zum AÜG, Stand
1.4.2017, S. 82; *Thüsing* DB 2003, 446 (448 f.) mwN; ebenso Boemke/
Lembke/*Lembke* § 9 Rn. 430; *Nebeling/Gründel* BB 2009, 2366 (2368 f.);
Schüren/Hamann/*Schüren* § 9 Rn. 177; UGBH/*Hurst,* § 8 Rn. 80; aA *Kocher*
DB 2010, 900). Dies soll – abweichend von den allgemeinen Grundsätzen –
auch für Arbeitnehmer gelten, die erst im Nachwirkungszeitraum neu eintreten (; *Bundesagentur für Arbeit,* Fachliche Weisungen zum AÜG, Stand
1.4.2017, S. 82; für die einzelvertragliche Bezugnahme; ebenso UGBH/
Hurst, § 8 Rn. 82; aA Boemke/Lembke/*Lembke* § 9 Rn. 430; *Nebeling/Grün-
del* BB 2009, 2366 (2368)).

48   Typischerweise ist bei einer derartigen Tariföffnungsklausel auch für tarif-
ungebundene Arbeitsverhältnisse der **räumliche und fachliche Geltungs-**

bereich des Tarifvertrages maßgebend (vgl. auch *Bundesagentur für Arbeit,*
Fachliche Weisungen zum AÜG, Stand 1.4.2017, S. 82, 85 ff.; Boemke/
Lembke/*Lembke* § 9 Rn. 416; HWK-*Kalb* § 3 Rn. 38; Schüren/Hamann/
Schüren § 9 Rn. 151; UGBH/*Hurst,* § 8 Rn. 68; speziell zu § 11 [§ 622 Abs. 4
S. 2 BGB] Schüren/Hamann/*Schüren* § 11 Rn. 58). Daher fällt für Mischun-
ternehmen, die nicht überwiegend Leiharbeitnehmer beschäftigen – und
daher nicht der Leiharbeitsbranche angehören (sog. Überwiegensprinzip,
vgl. *Nebeling/Gründel* BB 2009, 2366 (2369); UGBH/*Hurst* § 3 Rn. 135) –
, eine Öffnung auf der Basis der Tarifverträge der Zeitarbeitsbranche nach
einer Ansicht aus (zu dieser Ansicht vgl. die Darstellung bei Boemke/
Lembke/*Lembke* § 9 Rn. 420 mwN; vgl. auch *Bundesagentur für Arbeit,* GA
AÜG, Stand Juli 2015, Ziff. 3.1.8 Nr. 5 (überholt, vgl. nun *Bundesagentur
für Arbeit,* Fachliche Weisungen zum AÜG, Stand 1.4.2017, S. 86 f.); ErfK/
Wank § 3 Rn. 23b; Richtig ist jedoch, dass auch **Zeitarbeitgeber mit
Mischbetrieben** die Anwendung der abbedingenden Tarifwerke einzelvertraglich mit den Zeitarbeitnehmern vereinbaren dürfen (so auch BSG
12.10.2016 – B 11 AL 6/15 R, NZA 2017, 426, 427; *Bissels/Khalil* BB
2013, 315 (317 f.); Boemke/Lembke/*Lembke* § 9 Rn. 422; HWK-*Kalb* AÜG
§ 3 Rn. 38; UGBH/*Hurst,* § 8 Rn. 72; 76 ff.; *Lembke* NZA 2017, 7; *Lembke/
Distler* NZA 2006, 952 ff.; differenzierend Schüren/Hamann/*Schüren* § 9
Rn. 153: für Arbeitnehmer eines Mischbetriebs, die ausschließlich als Leiharbeitnehmer eingesetzt werden). Die Bezugnahme ist nach dieser Ansicht
auch wirksam, wenn der Anteil der Leiharbeit an der insgesamt geleisteten
Arbeitszeit in dem Mischbetrieb nicht überwiegt (vgl. nun auch *Bundesagentur für Arbeit,* Fachliche Weisungen zum AÜG, Stand 1.4.2017,
S. 86 f.; aA noch *Bundesagentur für Arbeit,* GA AÜG, Stand Juli 2015,
Ziff. 3.1.8 Nr. 5; *Nebeling/Gründel* BB 2009, 2366 (2369)). Aber darüber
hinaus geben manche Tarifverträge der Zeitarbeitsbranche teilweise keinen
fachlich-inhaltlichen Geltungsbereich an, sondern beziehen sich für den
fachlichen Geltungsbereich allein auf die „tarifgebundenen Mitglieder" des
tarifvertragsschließenden Arbeitgeberverbandes. Damit soll offenbar die
Bezugnahme für Nicht-Verbandsmitglieder unmöglich gemacht werden,
weil der fachliche Geltungsbereich **zirkelschlusshaft** nicht auf die Zeitarbeitsbranche, sondern nur die Verbandsmitglieder verweist. Für diese Tarifverträge ist daher bei der Bezugnahme im Sinne von § 8 Abs. 2 S. 3 nF
allein auf den räumlichen und ggf. persönlichen Geltungsbereich abzustellen
(ähnlich Schüren/Hamann/*Schüren* § 9 Rn. 152: Unwirksamkeit der
Beschränkung auf Verbandsmitglieder). Andernfalls – wenn es auch auf den
fachlichen Geltungsbereich ankäme – würden das gesetzgeberische Ziel und
der Normzweck konterkariert, auch tarifungebundenen Arbeitgebern die
Vorteile der Tariföffnungsklausel zugutekommen zu lassen. Bei derartiger
Auslegung widersprächen die Tarifverträge im Hinblick auf den Ausschluss
tarifungebundener Arbeitgeber dem Wortlaut von § 8 Abs. 2 S. 3 nF. Die
Tarifverträge wären dann insoweit gesetzeswidrig und wegen des arbeitsrechtlichen Rangprinzips unwirksam. Zudem würde damit auch der Normzweck der Leiharbeits-RL konterkariert, die – trotz der nicht eindeutigen
Definition von Leiharbeitsunternehmen in Art. 3 Abs. 1 Buchst. b – vor

allem den Schutz der Leiharbeitnehmer bezweckt. Dieser Zweck wäre gefährdet, wären Mischunternehmen von ihrem Geltungsbereich auszunehmen (ebenso *Hamann* EuZA 2009, 287 (298)). Hinzu kommt, dass die Richtlinie zur Bestimmung des Begriffs des Leiharbeitsunternehmens nicht auf ein quantitatives Überwiegen der Verleihtätigkeit, sondern nur darauf abstellt, ob ein Unternehmen überhaupt Arbeitnehmer verleiht und dies eine wirtschaftliche Tätigkeit ist (vgl. Art. 1 Abs. 2 und Art. 3 Abs. 1 lit. b Leiharbeits-RL und *Rieble/Vielmeier* EuZA 2011, 474 (481)).

49   Für die Abweichungen besteht **kein Zitiergebot;** der Tarifvertrag kann daher ohne Bezugnahme zu den gesetzlichen Regelungen die (ungünstigeren) Arbeitsbedingungen festlegen (Boemke/Lembke/*Lembke* § 9 Rn. 227). Deshalb können auch alle alten Tarifverträge, die nach dem 15.11.2002 in Kraft getreten sind, eine Abweichung vom Equal-Treatment-Grundsatz enthalten, auch soweit der Zeitpunkt ihres Inkrafttretens vor dem Inkrafttreten der ersten Fassung von § 9 Abs. 1 Nr. 2 zum 1.1.2003 lag (vgl. nur BT-Drs. 15/25, 39 f.; *Bundesagentur für Arbeit,* Fachliche Weisungen zum AÜG, Stand 1.4.2017, S. 89; Boemke/Lembke/*Lembke* § 9 Rn. 227; *Niebeling/Gründel* BB 2009, 2366 (2370), vgl. auch § 19 idF vom 1.1.2003). In der Praxis wird dies allerdings nur noch sehr selten relevant werden, weil die maßgeblichen Flächentarifverträge erst ab dem Jahr 2003 geschlossen worden sind (vgl. nur *Ankersen* NZA 2003, 421 (422 f.); *Böhm* NZA 2003, 828 f.; *ders.* DB 2003, 2598; *Tillmann* AuA 2004, 21 (22) und *Waas* BB 2003, 2175, Fn. 6 mwN).

50   Nur ein **wirksamer Tarifvertrag** und eine wirksame arbeitsvertragliche Bezugnahmeklausel können von der Gleichstellungspflicht befreien (vgl. nur Boemke/Lembke/*Lembke* § 9 Rn. 245; Schüren/Hamann/*Schüren* § 9 Rn. 102, 107 ff.). Daher soll der ggf. vereinbarte tarifliche Vergütungsstandard an dem gesetzlichen Standard der Gleichstellung zu messen und nicht jede Absenkung der tariflichen Vergütung gegenüber dem im Entleiherbetrieb geltenden Standard zulässig sein (*Schüren/Behrend* NZA 2003, 521 (525); *Ulber* AuA 2003, 7 (12); HWK-*Kalb* § 3 Rn. 36, der eine sachliche Rechtfertigung fordert; ebenso mit Berufung auf Art. 5 Abs. 3 der RL Schüren/Hamann/*Schüren* § 9 Rn. 171 und *Ulber* § 9 Rn. 212 ff., 239 ff.; aA *Böhm* DB 2003, 2598; *Hanau* ZIP 2003, 1573 (1577); *Nebeling/Gründel* BB 2009, 2366 (2369)). Gegen eine solche – mehr oder weniger willkürlich festzulegende – Untergrenze spricht jedoch der Wortlaut des Gesetzes, der seit dem 30.4.2011 mit den nach **§ 3a Abs. 2 festzusetzenden Mindeststundenentgelten** eine konkrete Lohnuntergrenze vorschreibt und daneben keinen Raum mehr für weitere Festlegungen belässt. Danach kann das Bundesministerium für Arbeit und Soziales auf Vorschlag der gem. § 3a Abs. 1 vorschlagsberechtigten Tarifvertragsparteien eine Rechtsverordnung erlassen, die die bundesweit tariflichen Mindeststundenentgelte als generell verbindliche Lohnuntergrenze für Leiharbeitnehmer festlegt. Existiert eine solche Verordnung, greifen die Regelungen eines Tarifvertrages, der vom Gleichstellungsgrundsatz abweicht, gem. § 8 Abs. 5 nicht, wenn sie diese Mindeststundenentgelte unterschreiten (vgl. auch *Bundesagentur für Arbeit,* Fachliche Weisungen zum AÜG, Stand 1.4.2017, S. 89). Dies gilt unabhängig davon, ob der Tarifvertrag kraft normativer Bindung oder einzelvertraglicher Bezugnahme gilt (Boemke/Lembke/ *Lembke* § 9 Rn. 240 f.; *Hamann* RdA 2011, 321 (329 f.)). Die Rechtsfolge bei einer Unterschreitung der Mindeststundenentgelte durch Tarifvertrag ist, dass nunmehr der Verleiher für jede Arbeitsstunde wieder das gleiche Entgelt eines vergleichbaren Stammarbeitnehmers des Entleihers zu zahlen hat, vgl. § 8 Abs. 2 S. 4 nF. Es greifen folglich nicht die Mindeststundenentgelte der Verordnung, sondern wieder der Equal-Pay-Grundsatz. Zum 1.4.2014 war eine „Zweite Verordnung über eine Lohnuntergrenze in der Arbeitnehmer- überlassung" erlassen, die bis zum 31.12.2016 galt. Die Dritte Verordnung über eine Lohnuntergrenze in der Arbeitnehmerüberlassung ist zum 1.6.2017 in Kraft getreten und ist bis zum 31.12.2019 befristet, vgl. Bundesanzeiger AT 31.5.2017 V1. Zu den allgemeinen gesetzlichen **Schranken der Tarif- autonomie** gehört im Bereich der Vergütung aber dennoch weiterhin der Maßstab der Sittenwidrigkeit oder des Wuchers nach § 138 BGB. Diese Grenze ist aber nicht schon dann erreicht, wenn die tarifliche Vergütung für Zeitarbeitnehmer erheblich von den Tarifvergütungen der Entleiherbetriebe abweicht; insoweit können die Tarifpartner vielmehr auch Besonderheiten der Zeitarbeitsbranche zulässigerweise berücksichtigen (vgl. BAG 24.3.2004, NZA 2004, 971 (974)). Die Höhe eines Entgelts kann erst dann als sittenwid- rig beanstandet werden, wenn der Tariflohn unter Berücksichtigung aller Umstände einen „Hungerlohn" darstellt (BAG 24.3.2004, NZA 2004, 971 (973)), was mit der durch § 3a eingeführten verbindlichen Lohnuntergrenze durch Rechtsverordnung aber bereits vermieden wird. Auch folgt keine wei- tergehende Beschränkung der Tarifautonomie aus der Leiharbeits-RL, denn sie lässt Abweichungen vom Gleichstellungsgrundsatz bereits dann zu, wenn der Gesamtschutz der Leiharbeitnehmer gesichert ist, Art. 5 Abs. 3 (ebenso *Leuchten* NZA 2011, 608 (610 f.); auch die Gesetzesbegründung nimmt aus- drücklich hierauf Bezug, vgl. BT-Drs. 17/4804, 9). Der von der Richtlinie geforderte Gesamtschutz wurde selbst vor der neusten AÜG-Reform bereits dadurch sichergestellt, dass eine Abweichung nur tarifvertraglich und nur bis zur Grenze des § 3a ermöglicht wurde (aA *Ulber* § 9 Rn. 233 ff.; *Zimmer* NZA 2013, 289 (291 f.); vor Einführung der Verordnungsermächtigung zur Lohnuntergrenze nach § 3a ebenso: *Ulber* AuR 2010, 412 (414 f.); *Hamann* EuZA 2009, 287 (309 f.), der eine „Angemessenheitskontrolle" forderte; vgl. auch *Fuchs* NZA 2009, 57 (61), der keine „voraussetzungslose Dispositionsbe- fugnis" der Tarifparteien akzeptieren wollte), denn bei einem wirksamen Tarifvertrag gilt die Richtigkeitsgewähr. Erst recht seit der Novellierung des AÜG zum 1.4.2017 wird der Gesamtschutz dadurch sichergestellt, dass zum Arbeitsentgelt nur noch zeitlich befristet (pro Einsatz) von der Gleichstellung abgewichen werden darf. Es ist grundsätzlich nur noch für neun Monate gem. § 8 Abs. 4 S. 1 nF und auch bei Tariföffnung für längstens 15 Monate durch Branchenzuschlagstarifverträge eine Abweichung zulässig. Damit besteht nunmehr eine strikte gesetzliche Regelung, unter welchen Vorausset- zungen genau vom Gleichstellungsgrundsatz abgewichen werden darf (so gefordert von *Ulber* AuR 2010, 10 (14); *ders.* § 9 Rn. 232; wohl auch *Schüren/ Wank* RdA 2011, 1 (5); Schüren/Hamann/*Schüren* § 9 Rn. 173; *Zimmer* NZA 2013, 289 (291)). Dies wird allerdings als Eingriff in die Tarifautonomie durch den nationalen Gesetzgeber kritisiert (vgl. zum Referentenentwurf, Stand November 2015 nur: *Henssler* RdA 2016, 18 (24); *Zimmermann* BB 2016, 53 (54 f.); *Seel* öAT 2016, 27 (29); aA zum Referentenentwurf, Stand 17.2.2016: *Bissels/Falter* DB 2016, 534 f.). Entscheidend ist, dass objektiv der Gesamtschutz gewährleistet ist, was jedoch zumindest voraussetzt, dass die tarifvertragsschließenden Parteien ihrerseits tariffähig sind.

51   Bereits seit Einführung der Tariföffnungsklausel wurde die **Tariffähigkeit von Gewerkschaften** für die Zeitarbeitsbranche und damit auch die Wirksamkeit der von ihnen geschlossenen Tarifverträge diskutiert (vgl. nur *Ankersen* NZA 2003, 421 (424); *Bayreuther* NZA 2004, Sonderbeilage 1, 3 (7); *Böhm* DB 2003, 2598 f.; Boemke/Lembke/*Lembke* § 9 Rn. 263 ff.; *Buchner* DB 2004, 1042; *Lembke* NZA 2007, 1333; *Schüren/Behrend* NZA 2003, 521 (524 f.); *Rieble/Klebeck* NZA 2003, 23 (28); Schüren/Hamann/*Schüren* § 9 Rn. 107 ff.; *Ulber* § 9 Rn. 156 ff. jeweils mwN; vgl. weiterführend dazu *Rieble* FS Wiedemann, 2003, 519 ff.). Angesichts des äußerst geringen Organisationsgrads in der Zeitarbeitsbranche, der seinerseits darauf zurückzuführen ist, dass die Tarifverträge nach der gesetzlichen Konzeption nur Verschlechterungen für die Arbeitnehmer bringen können (vgl. Boemke/Lembke/*Lembke* § 9 Rn. 272), ist die soziale Mächtigkeit der Gewerkschaften bezweifelt worden (vgl. nur Schüren/Hamann/*Schüren* § 9 Rn. 108 ff. mwN). Mit den allgemeinen Grundsätzen des BAG zur Tariffähigkeit von Gewerkschaften(BAG 28.3.2006, NZA 2006, 1112 (1118)) ist aber davon auszugehen, dass auch die Gewerkschaften der Zeitarbeitsbranche die soziale Mächtigkeit besitzen, weil sie bereits in nennenswertem Umfang Tarifverträge geschlossen haben (aA *Brors* BB 2006, 101 (102); *Ulber* § 9 Rn. 162). Diese Rechtsprechung wurde zwar relativiert, da das BAG später wieder die Bedeutung der Mitgliederzahl betonte und feststellte, dass nur im Zweifel auf die langjährige Teilnahme am Tarifgeschehen zurückgegriffen werden könne und dies nur bei einer jungen Gewerkschaft nicht gelten könne. Denn die Tariffähigkeit sei schließlich bereits Wirksamkeitsvoraussetzung bei Abschluss des Tarifvertrags und entstehe nicht erst dadurch (BAG 5.10.2010, NZA 2011, 300 (303 f.)). Aber bei Arbeitnehmervereinigungen, die auf dem Gebiet der Arbeitnehmerüberlassung tätig werden, ist die besondere Lage zu beachten: Die gesetzliche Konzeption des Equal pay kompensiert als Druckmittel für die Gewerkschaften den geringen Organisationsgrad, sodass es eines Streiks oder anderer, von den Mitgliedern getragener Kampfmittel regelmäßig nicht bedarf (Boemke/Lembke/*Lembke* § 9 Rn. 272; vgl. auch *Schüren* NZA 2007, 1213 (1214) mit Hinweisen auf Aussetzungsbeschlüsse nach § 97 Abs. 5 ArbGG, denen aber – anders als von *Schüren* suggeriert – keinerlei Aussagekraft im Hinblick auf die Tariffähigkeit zukommt, vgl. insoweit *Lembke* NZA 2007, 1333 (1334)). Vor diesem Hintergrund hat das BAG mit Beschluss vom 14.12.2010, NZA 2011, 289, zunächst gegenwartsbezogen festgestellt, dass die **Tarifgemeinschaft Christlicher Gewerkschaften** (CGZP) sowohl als Gewerkschaft als auch als Spitzenorganisation nach § 2 Abs. 3 TVG **unwirksame Tarifverträge** geschlossen habe, dies aber nicht mit mangelnder sozialer Mächtigkeit, sondern mit **fehlender Tariffähigkeit** mangels hinreichender Satzungsreglungen der Gewerkschaften (Eine Verfassungsbeschwerde wurde nicht zur Entscheidung angenommen, BVerfG 10.3.2014 – 1 BvR 1104/11, NZA 2014, 496, 496 f.). Damit stellte sich die Frage, ob die Tariffähigkeit auch auf die Vergangenheit bezogen und damit für alle von der CGZP abgeschlossenen Tarifverträge fehlte oder nur für die Zeit ab dem 8.10.2009 (für gegenwartsbezogene Wirkung *Brors* AuR 2011, 138; *Lembke* NZA 2011, 1062 (1065 f.); *ders.* NZA-Beil. 2012, 66 (68 f.); *Lützeler/Bissels/Domke* ArbRAktuell 2011, 136; *Neef* NZA 2011, 615 (618); *Schlegel* NZA 2011, 380 (381); *Zeppenfeld/Faust* NJW 2011, 1643). Allerdings hat die Rechtsprechung inzwischen auch die Tarifunfähigkeit der CGZP zu früheren Zeitpunkten festgestellt (LAG Berlin-Brandenburg 9.1.2012 – 24 TaBV 1285/11, BeckRS 2012, 67523, rkr., vgl. auch die erfolglose Nichtzulassungsbeschwerde dazu BAG 22.5.2012 – 1 ABN 27/12, ArbRAktuell 2012, 276; kritisch *Lembke* NZA-Beil. 2012, 66 (68 f.); Boemke/Lembke/*Lembke* § 9 Rn. 299). Nach dem BAG steht mit Rechtskraft der Entscheidung des LAG Berlin-Brandenburg fest, dass die CGZP seit ihrer Gründung durchgängig nicht tariffähig war (BAG 23.5.2012, NZA 2012, 623, Os. 3; BAG 24.7.2012, NZA 2012, 1061 Rn. 12; BAG 13.3.2013, NZA 2013, 680 Rn. 20; vgl. auch die teilweise Parallelentscheidung BAG 13.3.2013 – 5 AZR 242/12, AP AÜG § 10 Nr. 24 und BAG 23.5.2012, NZA 2012, 625 Rn. 5). Die **Tarifzuständigkeit der DGB-Gewerkschaften** und damit auch die Wirksamkeit der Tarifwerke der Zeitarbeit, die diese mit dem Arbeitgeberverband der Personaldienstleister **(BAP)** geschlossen haben, ist auch Gegenstand von Verfahren (nach § 97 Abs. 5 ArbGG) gewesen (vgl. dazu nur LAG Hessen 16.1.2016 – 9 TaBV 127/13, BeckRS 2014, 72205; LAG Hessen 4.9.2014 – 9 TaBV 91/14, BeckRS 2015, 68348: das die Tarifzuständigkeit der DGB-Gewerkschaften nicht in beiden Verfahren umfassend geprüft, aber jedenfalls ausdrücklich für ver.di und IG Metall bejaht hat). Es gibt eine Ansicht in der Literatur, dass mit der Einfügung von § 3a zum 30.4.2011 die Rechtskraftwirkung der Beschlüsse des BAG vom 14.12.2010 und des LAG Berlin-Brandenburg vom 9.1.2012 in zeitlicher Hinsicht wieder entfallen sei (vgl. Boemke/Lembke/*Lembke* § 9 Rn. 300; *Lembke* NZA 2011, 1062 (1066); *ders.* NZA-Beil. 2012, 66 (67); *Lützeler/Bissels* DB 2011, 1636 (1637); offen gelassen durch BAG 13.3.2013, NZA 2013, 680 Rn. 20; BSG 16.12.2015 – B 12 R 11/14, BeckRS 2016, 67791). Denn gem. § 3a Abs. 1 S. 1 haben Gewerkschaften und Arbeitgebervereinigungen, die zumindest auch für ihre jeweiligen in der Arbeitnehmerüberlassung tätigen Mitglieder zuständig sind und bundesweit tarifliche Mindeststundenentgelte im Bereich der Arbeitnehmerüberlassung miteinander vereinbart haben, ein Vorschlagsrecht für eine verbindliche Lohnuntergrenze. In jedem Fall wird sich aber noch für ältere Sachverhalte die frühere Unwirksamkeit der Tarifverträge der CGZP auswirken (so auch BAG 13.3.2013, NZA 2013, 680 Rn. 20; BSG 16.12.2015 – B 12 R 11/14 R, BeckRS 2016, 67791). Deswegen stellt sich die Frage nach arbeitsrechtlichen Konsequenzen einerseits (insbesondere Entgeltnachforderungen der Leiharbeitnehmer) und sozialrechtlichen Folgen andererseits (Beitragsnachforderungen der Sozialversicherungsträger).

Im Hinblick auf Nachforderungen von Leiharbeitnehmern hinsichtlich **52** der Lohndifferenz zu dem „Equal pay-Anspruch" war umstritten, ob im

Fall fehlender Tariffähigkeit und daraus resultierender **Unwirksamkeit des Tarifvertrages** die gesetzliche Gleichstellungsregel nach § 9 Nr. 2 (§ 8 Abs. 1 nF) von Anfang an gilt (so *Böhm* DB 2003, 2598 (2599); *ders.* DB 2004, 137; *ders.* NZA 2003, 828 (829 f.); *Reipen* NZS 2005, 407 (408); *Schüren/Behrend* NZA 2003, 521 (525); *Schlegel* NZA 2011, 380 (381); Schüren/Hamann/ *Schüren* § 10 Rn. 239; *Ulber* § 9 Rn. 168) oder richtigerweise für die Vergangenheit jedenfalls Vertrauensschutz in den (unwirksamen) Tarifvertrag zugunsten der Verleiher zu gewähren ist (ausführlich *Lambrich/Göhler* RdA 2014, 299, 299 ff.; Boemke/Lembke/*Lembke* § 9 Rn. 304; *Lembke* NZA 2011, 1062 (1066 f.); *ders.* NZA-Beil. 2012, 66 (68 f.); *Friemel* NZS 2011, 851; *Schöne* DB 2004, 136 f. mwN; im Ergebnis wohl auch *Buchner* DB 2004, 1042 f.; Schüren/Hamann/*Schüren* § 9 Rn. 124; vgl. zu den möglichen sozialversicherungsrechtlichen Folgen ausführlich *Reipen* NZS 2005, 407). Bei bereits ausgetauschten Leistungen hat aber die Rechtsprechung einen Nachzahlungsanspruch auf Equal pay bjaht und zugleich einen Vertrauensschutz oder die Anwendung von der Lehre vom fehlerhaften Tarifvertrag abgelehnt (vgl. BAG 13.3.2013, NZA 2013, 680 (682 f.); 13.3.2013 – 5 AZR 242/12, AP AÜG § 10 Nr. 24; vgl. auch BAG 15.11.2006, NZA 2007, 448 Rn. 23, wo es nicht zu einem Leistungsaustausch gekommen war). In diesem Fall ist für eine – auf § 10 Abs. 4 aF iVm § 9 Nr. 2 aF gestützte – **Entgeltnachforderung** erforderlich, dass der Arbeitnehmer die Summe im Klageantrag beziffert. Dazu muss er ggf. auf den Auskunftsanspruch gegen den Entleiher aus § 13 zurückgreifen. Er muss als Anspruchsteller die anspruchsbegründenden Tatsachen beweisen und im Einzelnen darlegen, in welchen Zeiträumen er an welchen Entleiher ausgeliehen war und welches Entgelt dort vergleichbare Arbeitnehmer erhalten haben (vgl. BAG 23.3.2011, NZA 2011, 850 Rn. 36; **aA** LAG Düsseldorf 29.8.2012 – 12 Sa 576/12, BeckRS 2012, 76072, das die Informationen aus dem Auskunftsanspruch für den Vortrag des Leiharbeitnehmers für ausreichend hält, so lange der Verleiher nicht die Erkundigungspflichten aus § 12 AÜG wahrnimmt und substantiiert vorträgt). Dies wird ihm vor allem für länger zurückliegende Einsätze oft nur schwer gelingen (ebenso *Heuchemer/Schielke* BB 2011, 758 (762)). Unabhängig davon werden die Arbeitgeber sich häufig auch auf **Ausschlussfristen** in den unwirksamen CGZP-**Tarifverträgen** oder im Arbeitsvertrag berufen. Im Entleiherbetrieb geltende tarifliche Ausschlussfristen stehen dem Anspruch nicht entgegen (BAG 23.3.2011, NZA 2011, 850). Auch die tariflichen Verfallfristen des CGZP-Tarifwerks greifen nicht, da der Leiharbeitnehmer Ausschlussfristen aus den unwirksamen Tarifverträgen der CGZP oder den mehrgliedrigen Tarifverträgen nicht einhalten muss, auch nicht bei arbeitsvertraglicher Bezugnahme darauf (BAG 13.3.2013, NZA 2013, 680 Rn. 34 für den Fall der bereits unwirksamen Bezugnahmeklausel und Rn. 35 für den Fall der wirksamen Bezugnahme; vgl. auch BAG 13.3.2013 – 5 AZR 242/12, AP AÜG § 10 Nr. 24; so auch *Schlegel* NZA 2011, 380 (382)). Zwar hält die Rechtsprechung auch die arbeitsvertragliche Bezugnahme auf „fehlerhafte" Tarifverträge für zulässig, wenn die Auslegung ergibt, dass – abweichend von dem Grundsatz, dass die Arbeitsvertragsparteien regelmäßig einen Tarifvertrag nur so in Bezug nehmen wollten, wie er auch tarifrechtlich gilt – die Parteien ohne Rücksicht auf die tarifrechtlichen Probleme die Anwendung des in Bezug genommenen Tarifwerks vereinbaren wollten (vgl. BAG 22.1.2002, NZA 2002, 1041 (1042)). Aber in dem Fall der Bezugnahme auf die unwirksamen Tarifwerke der CGZP wird die Erkennbarkeit dieses Willens regelmäßig nicht vorliegen, da der Arbeitgeber mit der Bezugnahme gerade die Tariföffnungsklausel nutzen und vom Gleichbehandlungsgebot nach § 9 Nr. 2 aF (§ 8 Abs. 2 nF) abweichen, somit gerade auf einen wirksamen Tarifvertrag verweisen wollte (so BAG 13.3.2013, NZA 2013, 680 Rn. 35; BAG 13.3.2013 – 5 AZR 242/12, AP AÜG § 10 Nr. 24; ähnlich LAG Düsseldorf 29.8.2012 – 12 Sa 576/12, BeckRS 2012, 76072; ebenfalls *Betz* NZA 2013, 350 (353)). In Betracht kommt folglich nur eine Abwehr mit etwaigen eigenständigen arbeitsvertraglichen Ausschlussfristen.

Auch **einzelvertragliche Ausschlussfristen** im Leiharbeitsvertrag kön- **53** nen dem Anspruch entgegenstehen, obwohl es sich um einen gesetzlichen Anspruch handelt, weil Ausschlussklauseln nicht in die Ansprüche selbst eingreifen, sondern nur deren Geltendmachung zeitlich begrenzen (vgl. BAG 19.3.2009, NZA 2009, 896 Rn. 25; 13.3.2013, NZA 2013, 680 Rn. 36; so auch *Lembke* BB 2010, 1533 (1536); *Lützeler/Bissels/Domke* ArbRAktuell 2011, 136; ErfK/*Preis* BGB § 218 Rn. 41; *Reiserer* DB 2011, 764 (765); *Zeppenfeld/Faust* NJW 2011, 1643 (1644 f.)). Für den Beginn der Ausschlussfristen ist nach der gesetzlichen Wertung des § 199 Abs. 1 Nr. 2 BGB die Fälligkeit der Ansprüche maßgeblich (BAG 1.3.2006, NZA 2006, 783 (784)). Dies bedeutet aber nicht, dass die Frist erst mit der rechtskräftigen Feststellung der Tarifunfähigkeit der CGZP am 14.12.2010 begonnen hätte, sondern es genügt, dass die jeweiligen Zahlungsansprüche fällig geworden sind und vom Gläubiger annähernd beziffert werden können (BAG 13.3.2013, NZA 2013, 680 (684 f.); Boemke/Lembke/*Lembke* § 9 Rn. 322; *Lembke* NZA-Beil. 2012, 66 (70); aA *Schüren* § 10 Rn. 257; UGBH/*Hurst* § 8 Rn. 118). Denn die Fälligkeit wird nach der Rspr. nur dann hinausgeschoben, wenn der Arbeitnehmer es *nicht* durch schuldhaftes Zögern versäumt hatte, sich Kenntnis von den Voraussetzungen zu verschaffen, die er für die Geltendmachung benötigt (BAG 1.3.2006, NZA 2006, 783 (784)). Es war den Arbeitnehmern aber möglich, sich die erforderliche Kenntnis mit Hilfe des Auskunftsanspruchs aus § 13 AÜG dem Entleiher gegenüber zu verschaffen und dann den Verleiher aus § 10 Abs. 4 AÜG in Anspruch zu nehmen (Boemke/Lembke/*Lembke* § 9 Rn. 322; *Lembke* NZA-Beil. 2012, 66 (70); so wohl auch *Zeppenfeld/Faust* NJW 2011, 1643 (1645)). Die Tariffähigkeit der CGZP war in der Literatur bereits seit langem bezweifelt worden. Aus demselben Grund scheidet auch ein späterer Beginn der regelmäßigen **Verjährungsfrist** (§ 195 BGB) gem. § 199 Abs. 1 Nr. 2 BGB aus, was auch das BAG inzwischen bestätigt hat (BAG 13.3.2013 – 5 AZR 424/12, AP AÜG § 10 Nr. 27; ausf. *Stoffels* NZA 2011, 1057 (1058 ff.); *Lembke* NZA-Beil. 2012, 66 (70 f.); **aA** und für einen Verjährungsbeginn erst mit Ablauf des Jahres 2010 *Schüren* AuR 2011, 142 (143); *Zeppenfeld/Faust* NJW 2011, 1643 (1645)). Auf Ausschlussfristen im *Entleiher*betrieb kann sich der Arbeitgeber hingegen nicht berufen, denn sie sind nicht Teil der „wesentlichen Arbeitsbedingungen" (vgl. BAG 23.3.2011, NZA 2011, 850 und → Rn. 30).

54 Den bereits früher von Teilen der Literatur geäußerten Bedenken an der
Wirksamkeit **gestufter Bezugnahmeklauseln,** die für den Fall der Feststellung der Tariffunfähigkeit der christlichen Gewerkschaften auf Tarifverträge
des DGB verweisen (vgl. *Brors* BB 2006, 101 ff.), hat sich das BAG angeschlossen und das Angebot auf Abschluss einer solchen Klausel im Rahmen einer
Änderungskündigung als unbestimmt angesehen: Für den Arbeitnehmer sei
im Zeitpunkt des Zugangs der Änderungskündigung unklar, auf welcher
dauerhaften tariflichen Grundlage sich zukünftig sein Arbeitsverhältnis gründet (BAG 15.1.2009, NZA 2009, 957 (959)). Auch wenn diese Ansicht hier
nicht geteilt wurde (vgl. ausführl. 2. Aufl., Rn. 46b mwN), muss **in der
Praxis** diese Rechtsprechung berücksichtigt werden. Der Schluss, dass diese
Bezugnahmeklauseln zugleich gegen das Transparenzgebot des § 307 Abs. 1
S. 2 BGB verstoßen (so *Brors* BB 2006 101; *Reiserer* DB 2011, 764), ist nicht
zwingend, wenngleich das BAG das Transparenzgebot zugleich als Bestimmt-
heitsgebot versteht und verlangt, dass die Klausel im Rahmen des rechtlich
und tatsächlich Zumutbaren die Rechte und Pflichten des Vertragspartners
des Klauselverwenders so klar und präzise wie möglich umschreibt (vgl. nur
BAG 31.8.2005, NZA 2006, 324 (328)). Das Bedürfnis für den Abschluss
gestufter Bezugnahmeklauseln dürfte inzwischen jedoch weitgehend entfallen
sein, nachdem das BAG die Unwirksamkeit der bisherigen CGZP-Tarifverträge festgestellt hat. Auch könnte die Verweisungsklausel im Falle der
Unwirksamkeit des Tarifvertrages deshalb nicht mehr anzuwenden sein, weil
der Arbeitgeber mit der Klausel zu erkennen gebe, dass er die Anwendung
der Tarifverträge für den Fall ihrer Nichtigkeit nicht wolle (vgl. *Bayreuther*
DB 2011, 2267 (2268)). Dies würde wohl wiederum auch die im Tarifvertrag
niedergelegten, individualrechtlich geltenden Ausschlussklauseln unanwendbar machen.

55 Soweit in den Arbeitsverträgen auf die zum 1.1.2010 geschlossenen **mehrgliedrigen Tarifverträge** zwischen dem AMP einerseits und den Gewerkschaften des CGB andererseits verwiesen wird/wurde, ist nach dem BAG
bereits die **Bezugnahmeklausel intransparent** und deswegen gem. § 307
Abs. 1 S. 2 BGB unwirksam. Dadurch sind wiederum Ansprüche der Leiharbeitnehmer auf Nachzahlung von Gleichstellungsentgelt begründet. Denn
bei den mehrgliedrigen Tarifverträgen „im engeren Sinne" handele es sich
um mehrere selbstständige Tarifverträge, die nur in einer Urkunde zusammengefasst seien und zur Gewährleistung der Bestimmtheit müsse in der
Bezugnahmeklausel eine Kollisionsregel vereinbart werden dazu, welches der
(eigenständigen) Tarifwerke bei sich widersprechenden Regelungen Vorrang
haben solle (BAG 13.3.2013, NZA 2013, 680 (683 f.); 13.3.2013 – 5 AZR
242/12, BeckRS 2012, 76072; LAG Düsseldorf 29.8.2012 – 12 Sa 576/12,
BeckRS 2012, 76072; **aA** Boemke/Lembke/*Lembke* § 9 Rn. 310 ff.; *Lembke*
NZA-Beil. 2012, 66 (69); *ders.* NZA 2011, 1062 (1065), *Bayreuther* NZA
2012, 14 (17); *Lembke/Mengel/Schüren/Stoffels/Thüsing/Schunder* NZA 2013,
948, 948 ff.). die Unwirksamkeit eines dieser Tarifverträge die übrigen Tarifverträge unberührt (BAG 15.11.2006, NZA 2007, 448 Rn. 24; *Bayreuther*
NZA 2012, 14; *Brors* AuR 2011, 138 (140); *Lembke* NZA 2011, 1062 (1065);
Lützeler/Bissels/Domke ArbRAktuell 2011, 136; *Neef* NZA 2011, 615 (618)).

Auch die dort vereinbarten Ausschlussfristen finden dann im Wege der Bezugnahme jedenfalls keine Anwendung (BAG 13.3.2013, NZA 2013, 680 Rn. 34; 13.3.2013 – 5 AZR 242/12, AP AÜG § 10 Nr. 24). Diese Rechtsprechung ist äußerst **praxisrelevant,** ggf. nicht nur für die Zeitarbeitsbranche (vgl. *Lembke/Mengel/Schüren/Stoffels/Thüsing/Schunder* NZA 2013, 948 (949 ff.);). In der Sache ist diese Ansicht abzulehnen (vgl. auch zur Wirksamkeit und Transparenz von Bezugnahmeklauseln: LAG Rheinland-Pfalz 2.3.2016 – 7 Sa 352/15, BeckRS 2016, 88640; LAG Rheinland-Pfalz 12.5.2016 – 2 Sa 65/15, BeckRS 2016, 72459; LAG Nürnberg 11.10.2013 – 3 Sa 699/10, BeckRS 2013, 195866; LAG Nürnberg 8.3.2013 – 1 Sa 379/12, juris; LAG Düsseldorf 24.10.2012 – 5 Sa 704/12, BeckRS 2013, 66441; LAG Sachsen-Anhalt 28.6.2016 – 2 Sa 421/15, BeckRS 2016, 72014 zu Tarifwerken des BAP und iGZ mit der Tarifgemeinschaft Zeitarbeit der DGB-Gewerkschaftenim Ergebnis ebenso LAG Baden-Württemberg 4.6.2013 – 22 Sa 73/12, BeckRS 2013, 70574 mit der Einstufung als „Einheitstarifvertrag"). Denn Sinn und Zweck der mehrgliedrigen Tarifverträge ist gerade die Vereinfachung der Anwendung mehrerer Tarifverträge; dem widerspräche es, müsste von den mehreren Tarifverträgen jeweils ein bestimmter als Bezugsobjekt benannt werden, obwohl sie doch in einer einheitlichen Urkunde niedergelegt sind. Soweit für den einzelnen Arbeitnehmer bei Vertragsschluss unklar bleibt, welcher der einzelnen Tarifverträge auf sein Arbeitsverhältnis Anwendung findet, kann dies nicht einer intransparenten Vertragsgestaltung angelastet werden, sondern beruht darauf, dass es für die Auswahl des konkreten Tarifvertrages auf den Beschäftigungsbetrieb ankommt (*Bayreuther* NZA 2012, 14 (17), der dies zutreffend als Besonderheit des Arbeitsrechts iSd § 310 Abs. 4 S. 2 BGB qualifiziert) – so wie es auch bei Geltung des Equal pay-Grundsatzes nicht vorhersehbar ist, wie der Arbeitnehmer in den Verleihzeiten entlohnt wird. Auch unter dem Gesichtspunkt der Tarifzuständigkeit sind die mehrgliedrigen Tarifverträge nicht – jedenfalls nicht vollständig – unwirksam. Selbst wenn einzelne Gewerkschaften – was aber keinesfalls eindeutig ist – ihre Tarifzuständigkeit mit dem Abschluss des mehrgliedrigen TV überschritten hätten, so folgte daraus nicht die Unwirksamkeit des Gesamtwerks (aA *Brors* AuR 2011, 138 (140 f.)): Nach der Rechtsprechung sind vielmehr mehrgliedrige Tarifverträge nur *insoweit* nichtig, wie eine Tarifvertragspartei ihre Zuständigkeit überschreitet (BAG 15.11.2006, NZA 2007, 448 Rn. 26 mwN). Soweit sich die Tarifzuständigkeiten der Tarifvertragsparteien hingegen überschneiden, ist der Tarifvertrag auch bei nur teilweiser gemeinsamer Tarifzuständigkeit wirksam (vgl. ErfK/*Franzen* TVG § 2 Rn. 38; iE auch *Bundesagentur,* HEGA 05/11-03, Ziff. 3.5 und ausführlich *Bayreuther* NZA 2012, 14 (15 ff.)).

Daneben ergaben sich bis zur Grenze der Verjährung für die Verleiher **56** (und wegen der Subsidiärhaftung nach § 28e Abs. 2 SGB IV auch für die Entleihern) Forderungen der Sozialversicherungsträger auf die Nachentrichtung von **Beiträgen zur Sozialversicherung** in beträchtlicher Höhe, weil die CGZP auch in der Vergangenheit tarifunfähig war (vgl. → Rn. 40), trotz der für die Nachentrichtung von Beiträgen grundsätzlich bestehenden vierjährigen Verjährungsgrenze gem. § 25 Abs. 1 SGB IV. Es entstehen im

Sozialversicherungsrecht die Beitragsansprüche für Vergütungsnachforderungen auch, wenn das Arbeitsentgelt zwar geschuldet, aber nicht gezahlt wird, selbst wenn der Arbeitnehmer es nicht fordert (sog. **Entstehungsprinzip,** vgl. BSG 16.12.2015 – B 12 R 11/14 R, BeckRS 2016, 67791; LSG Nordrhein-Westfalen 25.6.2012 – L 8 R 382/12 BER, BeckRS 2012, 71905 Rn. 23 ff.). Danach sind – rückwirkend bis zur Verjährungsgrenze – die Beitragsansprüche auf der Grundlage des nach dem Equal pay-Grundsatz geschuldeten Entgelts zu berechnen (LSG Nordrhein-Westfalen 25.6.2012 – L 8 R 382/12 BER, BeckRS 2012, 71905; ebenso *Reiserer* DB 2011, 764 (765); *Schlegel* NZA 2011, 380 (382 f.); *Zeppenfeld/Faust* NJW 2011, 1643 (1646); wohl auch *Schöttler/Müllerleile* BB 2011, 3061, 3061 f.). Das Zuflussprinzip, das nach § 22 Abs. 1 S. 2 SGB IV für Einmalzahlungen Anwendung findet, kann hingegen nicht herangezogen werden (LSG Nordrhein-Westfalen 25.6.2012 – L 8 R 382/12 BER, BeckRS 2012, 71905; aA *Plagemann/Brand* NJW 2011, 1488 (1490) und *Tuengerthal/Andorfer* BB 2011, 2939 (2940 f.), die „Equal pay"-Ansprüche erst als mit der Entscheidung des BAG vom 14.12.2010 entstanden ansehen und daher das Zuflussprinzip anwenden wollen. Dagegen spricht, dass ein nichtiger Tarifvertrag für die Vergangenheit keine Rechtswirkungen hervorbringt, mithin von dem grundsätzlich bestehen Anspruch auf „Equal pay" nicht abgewichen werden durfte). Von einer vertraglichen Ausschlussklausel werden diese Beitragsansprüche nicht erfasst (vgl. *Reiserer* DB 2011, 764 (765)), denn die Ansprüche sind bereits mit der Fälligkeit des Entgeltanspruchs der Arbeitnehmer entstanden und als öffentlich-rechtliche Forderungen nachträglich nicht abdingbar (vgl. BSG 30.8.1994, NZA 1995, 701 (703)). Aus demselben Grund sind auch Ausgleichsklauseln für den Bestand des Beitragsanspruchs unbeachtlich (vgl. Küttner–*Schlegel* Personalbuch 2016, Entgeltverzicht Rn. 22; *Reiserer* DB 2011, 764 (766)). Die Beitragsansprüche **verjähren** grundsätzlich in vier Jahren nach Ablauf des Kalenderjahres, in dem sie fällig geworden sind (§ 25 Abs. 1 SGB IV), sind also trotz der Vornahme eines die **Verjährungshemmung** auslösenden Tatbestandes (vgl. § 25 Abs. 2 SGB IV iVm §§ 203 ff. BGB) durch die bis Dezember 2011 durchgeführten Betriebsprüfungen der Rentenversicherungsträger gem. § 25 Abs. 2 S. 2 SGB IV (vgl. LSG Nordrhein-Westfalen 25.6.2012 – L 8 R 382/12 BER, BeckRS 2012, 71905) längst verjährt. Allein in der schriftlichen Ankündigung einer Betriebsprüfung von Seiten der Deutschen Rentenversicherung Bund, verbunden mit einer (vermeintlich) fristwahrenden pauschalen, aber unbezifferten „Geltendmachung" von Beiträgen, die noch im Dezember 2010 zahlreiche Anwender von CGZP-Tarifverträgen erhalten haben, lag noch kein verjährungshemmender Tatbestand, insbesondere fehlte es an einem gegenseitigen Meinungsaustausch, wie er Voraussetzung für die Hemmungswirkung wegen laufender Verhandlungen nach § 203 BGB wäre (vgl. *Zeppenfeld/Faust* NJW 2011, 1643 (1646)). Jedoch prüfte das BSG den Eintritt der dreißigjährigen Verjährungsfrist wegen vorsätzlicher Beitragsvorenthaltung gem. § 25 Abs. 1 S. 2 SGB IV. Zwar soll es für die Annahme von **Vorsatz** bereits genügen, wenn er noch vor Ablauf der vierjährigen Verjährungsfrist eingetreten ist und wenn der Beitragsschuldner eine Beitragspflicht nur für möglich gehalten, aber eine

Nichtabführung billigend in Kauf genommen hat (vgl. BSG 16.12.2015 – B 12 R 11/14 R, BeckRS 2016, 67791; BSG 21.9.2005 – B 12 KR 64/04 B, juris Rn. 14). Allerdings sind die Verleihunternehmen nicht schon im Dezember 2010 – mit Verkündung der BAG-Entscheidung bzw. mit Erhalt des Schreibens der Rentenversicherung oder einer entsprechenden Pressemitteilung – bösgläubig geworden (BSG 16.12.2015 – B 12 R 11/14 R, BeckRS 2016, 67791; vgl. dazu *Bissels* DB 2016, 231. 321 f.; vgl. auch LSG Nordrhein-Westfalen 25.6.2012 – L 8 R 382/12 BER, BeckRS 2012, 71905; **aA** *Bundesagentur für Arbeit,* HEGA 05/11-03, Ziff. 3.2; *Schlegel* NZA 2011, 380 (383)). Zudem sei der subjektive Tatbestand jeweils individuell zu ermitteln, sodass das BSG die Sache an das (übersprungene) LSG verwies. Nur für Ansprüche, die bis 2010 fällig geworden sind und bei denen das die Bösgläubigkeit begründende Ereignis noch in die vierjährige Regelverjährungsfrist fiel, ist eine rückwirkende Verlängerung auf eine dreißigjährige Frist überhaupt denkbar. Auch ist **in der Praxis** die nachträgliche Ermittlung der Höhe der „Equal pay"-Ansprüche nicht oder nicht ohne unverhältnismäßigen Aufwand möglich (vgl. LSG Schleswig-Holstein 25.6.2012 – L 5 KR 81/12 BER, BeckRS 2012, 70843, das aus den Schwierigkeiten sogar einen Vertrauensschutz herleitete). Zwar geht das BSG davon aus, dass die DRV grundsätzlich eine Schätzung der Nachzahlung vornehmen kann, allerdings müssen dazu konkrete Tatsachenfeststellungen getroffen werden und es muss genau ersichtlich sein, welche Beitragsnachforderungen auf einem konkreten Entgeltanspruch beruhen und welche geschätzt wurden (BSG 16.12.2015 – B 12 R 11/14 R, BeckRS 2016, 67791; vgl. dazu nur *Bissels* DB 2016, 231 (233)). Auch hat das BSG ausdrücklich entschieden, dass den Verleihern kein **Vertrauensschutz** zukommt (BSG 16.12.2015 – B 12 R 11/14 R, BeckRS 2016, 67791; aA mit guten Gründen *Zeppenfeld/Faust* NJW 2011, 1643 (1647)). Zur **Verwirkung** hat sich das BSG nicht geäußert, aber sie kommt wohl nicht in Betracht, weil es – soweit es keine Betriebsprüfungen mit entsprechenden Bescheiden gab – an dem erforderlichen Umstandsmoment fehlt (vgl. *Reipen* NZS 2005, 407 (410)). Risiken bestehen zudem auch für die **Entleiher,** denn sie haften nach § 28e Abs. 2 S. 1 SGB IV wie ein selbstschuldnerischer Bürge neben dem Verleiher. Es ist unklar, ob sich eine teleologische Reduktion dieser Haftung durchsetzen wird (dafür *Schöttler/Müllerleile* BB 2011, 3061 (3064 f.) mit dem Argument, alle Beteiligten, auch die Träger der Sozialversicherung, seien bei der Überlassung von der Tariffähigkeit der CGZP ausgegangen, so dass die als Sanktion gedachte Haftung der Entleiher unbillig sei).

Mit der Novelle des AÜG zum 1.4.2017 findet sich nun in § 8 Abs. 3 die **57** sogenannte **„Drehtürklausel"** und nicht mehr in § 9 Abs. 1 Nr. 2 Hs. 4. Sie soll den Missbrauch der Arbeitnehmerüberlassung dadurch verhindern, dass Arbeitnehmer entlassen und anschließend in ihrem ehemaligen Unternehmen oder einem anderen Unternehmen desselben Konzerns zu schlechteren Bedingungen – gar noch an ihrem alten Arbeitsplatz – eingesetzt werden (vgl. den in der Öffentlichkeit heftig diskutierten „Fall Schlecker", auf den die Tarifparteien der Zeitarbeitsbranche zunächst mit eigenen Drehtürklauseln reagiert haben, dazu *Lembke* DB 2011, 414 (419); *Hamann* NZA 2011, 70

(75 f.) und zu den „Schlecker-Klauseln" bereits *Mengel* in *Rieble/Junker/Giesen,* Arbeitsrecht im Konzern, 2010, S. 45, 67 ff.). In diesen Fällen bleibt die Arbeitnehmerüberlassung zwar weiterhin an sich möglich; allein die Möglichkeit zum Abweichen von Equal pay entfällt (vgl. nur BT-Drs. 17/4804, 9; *Bundesagentur für Arbeit,* Fachliche Weisungen zum AÜG, Stand 1.4.2017, S. 82 f.; kritisch *Ulber* AuR 2010, 412 (414), der sich aber zu Unrecht auf Art. 5 Abs. 5 Leiharbeits-RL beruft, weil die „erforderlichen" Maßnahmen zur Verhinderung von Missbrauch weitgehend im Ermessen der Mitgliedstaaten stehen). Die Unternehmen können somit auch zukünftig **konzerneigene Verleihunternehmen** betreiben, um den Personaleinsatz zu flexibilisieren (vgl. *Lembke* DB 2011, 414 (419); zu Gestaltungsmöglichkeiten und rechtlichen Problemen ausf. *Mengel* in *Rieble/Junker/Giesen,* Arbeitsrecht im Konzern, 2010, S. 45–72 mwN). Praktische Schwierigkeiten bei der Umsetzung der Drehtürklausel sah der Gesetzgeber nicht, weil er davon ausging, dass Verleiher ohnehin nach Vorbeschäftigungen der Bewerber fragen würden (vgl. BT-Drs. 17/4804, 9). Aufgrund der erheblichen Bedeutung der Vorbeschäftigung ist der Leiharbeitnehmer seinem Verleiher zur richtigen Auskunft und für den Fall der schuldhaften Falschauskunft zum Schadensersatz aus § 280 BGB verpflichtet (*Ulber* § 9 Rn. 286). Die Drehtürklausel findet allerdings nach § 19 Abs. 1 AÜG **keine Anwendung auf Arbeitsverhältnisse, die vor dem 15.12.2010 begründet wurden.** Voraussetzung für das Eingreifen der Drehtürklausel ist, dass der betreffende Leiharbeitnehmer in den letzten sechs Monaten vor der Überlassung an den Entleiher mit diesem oder einem konzernverbundenen Unternehmen in einem **Arbeitsverhältnis** stand und aus diesem ausgeschieden ist. Ein Ausbildungsverhältnis genügt hierfür nicht (*Lembke* DB 2011, 414 (419) mit Hinweis auf frühere Gesetzesentwürfe; so wohl auch *Ulber* § 9 Rn. 281, der aber darauf hinweist, dass die Beschäftigung nach Abschluss der Ausbildung gem. § 24 BBiG ein Arbeitsverhältnis darstellt), ebenso wenig die Tätigkeit bei dem Entleiher als Leiharbeitnehmer eines anderen Arbeitgebers (*Ulber* § 9 Rn. 280). Da der Wortlaut ausdrücklich das **Ausscheiden** des Arbeitnehmers in der Sechsmonatsfrist verlangt, sollte ein noch fortbestehendes ruhendes Arbeitsverhältnis mit dem Entleiher oder einem verbundenen Konzernunternehmen unschädlich sein (*Lembke* DB 2011, 414 (419); aA *Ulber* § 9 Rn. 282). Hinsichtlich der Konzernverbindung kommt es auf § 18 AktG an; hierzu wird auf die Kommentierung zu § 1 Abs. 3 Nr. 2 AÜG verwiesen.

58   Die **Rechtsfolgen** richten sich mit der Neufassung nach § 8 Abs. 1 AÜG, der unverändert Gleichstellung anordnet (vgl. dazu → § 8 Rn. 8) und nicht mehr nach § 10 Abs. 4 S. 4, der gestrichen wurde. Da insoweit die Pflicht zum Equal Treatment nicht zeitlich beschränkt ist, muss der Verleiher dem Arbeitnehmer ab dem ersten Tag dauerhaft die höhere Vergütung gewähren (*Hamann* NZA 2011, 70 (76); *Lembke* DB 2011, 414 (419); *Ulber* § 9 Rn. 285), kann aber den Einsatz vorzeitig beenden und den Arbeitnehmer an ein nicht konzernangehöriges Unternehmen verleihen (*Hamann* RdA 2011, 321 (328)). Damit wird die bloße Reduktion der Personalkosten durch Einschaltung konzerneigener Verleiher wirksam verhindert (*Hamann* NZA 2011, 70 (76); aA *Ulber* AuR 2010, 412 (414), der auf die Umgehung durch sechsmonatige Pausen hinweist – aber eine sechsmonatige Einsatzpause ist bei anhaltendem Personalbedarf nicht praktikabel, vgl. auch *Heuchemer/ Schielke* BB 2011, 758 (760)). Allerdings geht es den meisten Konzernen nicht nur um die Kostensenkung, sondern auch um einen flexiblen Einsatz ihres Personals. Es sollte auch bedacht werden, dass die Übernahme von Personal mit anschließendem „Rückverleih" an den vorherigen Arbeitgeber durchaus einen **Betriebsübergang** darstellen kann (vgl. zu einer Service-GmbH für Reinigungskräfte eines Krankenhauses BAG 21.5.2008, NZA 2009 144 ff. und ausführlich *Raab* EuZA 2011, 537 ff.); dann wären verschlechternde neue Arbeitsbedingungen wegen Umgehung des § 613a bereits nach § 134 BGB nichtig (vgl. *Heuchemer/Schielke* BB 2011, 758 (760 und 762 f.) zu möglichen neuen Fallstricken bei der Beurteilung der Zugehörigkeit von Leiharbeitsverhältnissen zu einem veräußerten Betrieb). Nach Ablauf der Sechs-Monats-Frist kommt es allerdings zu keiner weiteren Zusammenrechnung mit Einsätzen als Leiharbeitnehmer innerhalb dieser Frist, wenn diese zwischenzeitlich beendet wurden (aA *Ulber* § 9 Rn. 287 aus Umgehungsgesichtspunkten).

b) Rechtsfolgen. Arbeitsvertragliche Vereinbarungen zwischen Verleiher 59 und Leiharbeitnehmer, die den Tatbestand nach § 9 Abs. 1 Nr. 2 erfüllen, sind von Anfang an unwirksam und unheilbar nichtig, da keine Wirksamkeit durch Zustimmung eines Dritten oder einer Behörde erreicht werden kann (vgl. *Becker/Wulfgramm* Art. 1 § 9 Rn. 13 zum alten Recht). Diese **Teilnichtigkeit** führt allerdings auch nach der neuen Regelung nicht zur Gesamtnichtigkeit des Leiharbeitsvertrages; § 139 BGB gilt nicht (Boemke/Lembke/ *Lembke* § 9 Rn. 471). Denn nur die konkrete Vereinbarung ist nach § 9 Abs. 1 Nr. 2 unwirksam, der Arbeitsvertrag ist nur in den Fällen des § 9 Abs. 1 Nr. 1–1b unwirksam. Bei den sonstigen Unwirksamkeitsgründen greift § 10 unverändert nicht. Vielmehr hat der Leiharbeitnehmer statt der vertraglich festgelegten Ansprüche **gem. § 8 Abs. 1 S. 1** nF **einen gesetzlichen Anspruch gegen den Verleiher** auf Gewährung der besseren Arbeitsbedingungen des Entleihers, insbesondere auf Vergütung nach den Bedingungen beim Entleiher. Dieser Anspruch ist – wie auch die Teilnichtigkeit – auf die Zeiträume beschränkt, in denen der Leiharbeitnehmer überlassen ist und keinen adäquaten Lohn erhält; in den überlassungsfreien Zeiten gilt das Gleichstellungsgebot nicht, sondern es gelten die vereinbarten Arbeitsbedingungen, die gem. § 8 Abs. 5 nF aber das in der Rechtsverordnung nach § 3a Abs. 2 festgesetzte Mindeststundenentgelt nicht unterschreiten dürfen. Soweit Arbeitsbedingungen beim Entleiher allerdings auf kollektivrechtlichen Regelungen beruhen, gelten diese im Verhältnis von Verleiher und Leiharbeitnehmer nicht normativ, sondern nur als einzelvertragliche Ansprüche (vgl. → Rn. 33. Dieser einzelvertragliche Anspruch gegenüber dem Verleiher wird allerdings durch einen normativen Anspruch des Leiharbeitnehmers gegenüber dem Entleiher überlagert, soweit Betriebsvereinbarungen des Entleihers auch für Leiharbeitnehmer auf Grund aktiven Wahlrechts im Entleiherbetrieb gem. § 7 Abs. 2 BetrVG gelten (vgl. *Lembke* BB 2002, 98 (102); so wohl auch UGBH/*Urban-Crell* § 10 Rn. 30).

60   Ein Verstoß nach § 9 Abs. 1 Nr. 2 iVm § 8 Abs. 1 nF kann ein Grund für das Versagen oder den Widerruf der Verleiherlaubnis gem. § 3 Abs. 1 Nr. 3 und § 5 Abs. 1 Nr. 3 sein. Außerdem bestimmt sich die zivilrechtliche Folge nach § 8 Abs. 1, der dem Leiharbeitnehmer einen unmittelbaren **Gleichstellungsanspruch gegen den Verleiher** gibt (vgl. dazu § 8); Verstöße sind Ordnungswidrigkeiten nach § 16 Nr. 7a und 7b.

61   Soweit der Entleiher gegenüber dem Verleiher die in seinem Betrieb an vergleichbare Arbeitnehmer gezahlte Vergütung schuldhaft zu niedrig angibt, kann der Verleiher den ihm daraus entstehenden **Differenzschaden** wegen erhöhtem Vergütungsanspruch des Leiharbeitnehmers vom Entleiher nach allgemeinen Regeln, vorrangig als vertraglichen Schadensersatz, ggf. auch deliktisch zB nach § 823 Abs. 2 BGB iVm §§ 263, 826 BGB ersetzt verlangen (vgl. *Bauer/Krets* NJW 2003, 537 (538 f.); ErfK/*Wank* § 10 Rn. 27; UGBH/ *Urban-Crell* § 9 Rn. 49).

5. Zugang zu Gemeinschaftseinrichtungen oder -diensten (Abs. 1 Nr. 2a)

62   Die Regelung in Nr. 2a – die zum 1.12.2011 in Kraft getreten ist – soll die Vorschrift in § 13b absichern, der in Umsetzung des Art. 6 Abs. 4 Leiharbeits-RL ein Zugangsrecht der Leiharbeitnehmer zu Gemeinschaftseinrichtungen des Entleihers (Kinderbetreuung, Gemeinschaftsverpflegung, Beförderung) vorsieht (vgl. hierzu *Hamann* EuZA 2009, 287 (318 f.); *Schüren/ Wank* RdA 2011, 1 (7)). § 9 Abs. 1 Nr. 2a steht einem Verzicht der Leiharbeitnehmer auf dieses Recht im Arbeitsvertrag entgegen; hiermit soll einerseits das Zugangsrecht der Leiharbeitnehmer geschützt werden, andererseits will der Gesetzgeber verhindern, dass sich einzelne Verleiher Wettbewerbsvorteile dadurch verschaffen, dass sie einen Verzicht von ihren Arbeitnehmern fordern (vgl. BT-Drs. 17/4804, 9 f.). Das Verbot betrifft Individual- und Kollektivvereinbarungen (*Lembke* DB 2011, 414 (418)). Ferner stellt ein Verstoß gegen das Zugangsrecht aus § 13b eine Ordnungswidrigkeit dar, § 16 Abs. 1 Nr. 10. Zulässig ist es aber, wenn der Entleiher dem Leiharbeitnehmer ein gleichwertiges Surrogat anbietet (vgl. *Ulber* § 9 Rn. 373).

63   Eine vergleichbare Regelung für Verstöße gegen die Informationspflicht aus § 13a AÜG findet sich nicht (kritisch *Lembke* DB 2011, 414 (418); *ders.* NZA 2011, 319 (322); *Ulber* AuR 2010, 412 (415), die eine entsprechende Ergänzung fordern; wohl auch *Hamann* RdA 2011, 321 (336)). Ob eine die Informationspflicht ausschließende Vereinbarung zwischen dem Leiharbeitnehmer einerseits und dem Entleiher oder dem Verleiher andererseits tatsächlich nach § 134 BGB nichtig wäre (so *Lembke* NZA 2011, 319 (322) unter Hinweis auf Art. 10 Abs. 2 der Leiharbeits-RL, die wirksame, angemessene und abschreckende Sanktionen fordert), ist bereits deshalb zweifelhaft, weil § 9 ein Verbot gerade nicht enthält. Im Gegenteil lässt sich dem Schweigen des Gesetzes – im Vergleich zu § 9 Abs. 1 Nr. 2a und § 13b – im Umkehrschluss entnehmen, dass der Arbeitsvertrag in diesem Fall gerade nicht unwirksam sein soll. Eine entsprechende Vereinbarung zwischen Verleiher und Entleiher könnte hingegen als Vertrag zulasten Dritter unwirksam sein (*Lembke* NZA

2011, 319 (322), der aber weitergehend ein „Erfüllungsverhältnis" aus § 280 BGB zwischen dem Leiharbeitnehmer und dem Entleiher konstruiert; dieser Ansatz kann jedenfalls für das deutsche Recht nicht überzeugen, weil der Arbeitnehmer durch das mit dem Verleiher bestehende Leiharbeitsverhältnis ausreichend geschützt ist). Allerdings ist die Folge der Unwirksamkeit nicht erforderlich, wenn man den Informationsanspruch aus § 13a als zwingendes Recht ansieht, zumal es sich (wie bei § 13b) um einen durchsetzbaren Rechtsanspruch des Arbeitnehmers handelt – und nicht lediglich um einen unverbindlichen Programmsatz –, bei dessen Verletzung der Entleiher dem Leiharbeitnehmer gegenüber schadensersatzpflichtig ist (*Leuchten* NZA 2011, 608 (611); Küttner/*Röller,* Personalbuch 2016, *Arbeitnehmerüberlassung/Zeitarbeit* Rn. 45).

6. Einstellungsverbot gegenüber dem Entleiher (Abs. 1 Nr. 3)

Der dritte Unwirksamkeitstatbestand erfasst Verbote des Verleihers gegen- **64** über dem Entleiher, den Leiharbeitnehmer zu einem Zeitpunkt einzustellen, zu dem das Leiharbeitsverhältnis zum Verleiher nicht mehr besteht. Die Norm soll den beschäftigungspolitisch erwünschten sog. „Klebeeffekt" der Arbeitnehmerüberlassung schützen, der häufig dazu führen soll, dass ein zunächst als Leiharbeitnehmer tätiger Mitarbeiter vom Entleiher nach einer Kennenlern- und Einarbeitungsphase in ein Stammarbeitsverhältnis übernommen wird (vgl. ErfK/*Wank* § 9 Rn. 8; *Boemke* RIW 2009, 177 (185); UGBH/*Urban-Crell* § 9 Rn. 35, die auf eine Übernahmequote von 30 % verweisen und ausführlich *Neumann* NZS 2003, 113 (114)), und wird nunmehr auch von Art. 6 Abs. 2 Leiharbeits-RL gefordert (vgl. *Ulber* § 9 Rn. 374). Der Eingriff in die Vertragsfreiheit von Verleiher und Entleiher, insbesondere zum wirtschaftlichen Nachteil des Verleihers, wird durch das überwiegende Recht des Leiharbeitnehmers auf freie Wahl des Arbeitsplatzes nach Art. 12 Abs. 1 GG als verfassungsrechtlich gerechtfertigt beurteilt (BT-Drs. VI/2303, 13; BGH 10.11.2011, NZA-RR 2012, 67 (68); *Becker/Wulfgramm* Art. 1 § 9 Rn. 30 mwN; Boemke/Lembke/*Lembke* § 9 Rn. 500; Schüren/Hamann/*Schüren* § 9 Rn. 70; *Ulber* § 9 Rn. 340; UGBH/*Urban-Crell* § 9 Rn. 35).

a) Tatbestand. Unwirksam sind Vereinbarungen, die sich an den Entlei- **65** her richten und ihm die **Einstellung** eines bei ihm eingesetzten Leiharbeitnehmers **untersagen.** Dabei muss die unzulässige Vereinbarung sich nicht konkret auf einen bestimmten Arbeitnehmer beziehen, sondern kann auch allgemein gehalten sein (*Ulber* § 9 Rn. 378). Ebenso sind aber wegen des Schutzzwecks der Norm Vereinbarungen unwirksam, die dem Entleiher lediglich das **Angebot einer Einstellung oder sonstige Initiativen zur Einstellung untersagen,** weil diese Abreden die Wahl des Arbeitsplatzes für den Leiharbeitnehmer ebenso einschränken wie das Einstellungsverbot (Boemke/Lembke/*Lembke* § 9 Rn. 501; ErfK/*Wank* § 9 Rn. 8; HWK-*Gotthardt/Roloff* AÜG § 9 Rn. 14; *Hamann* EuZA 2009, 287 (317); *Ulber* § 9 Rn. 379; UGBH/*Urban-Crell* § 9 Rn. 36). Das Verbot erstreckt sich auch auf entsprechende Abreden im Falle illegaler Arbeitnehmerüberlassung und bei

Scheindienst- oder Scheinwerkverträgen unabhängig davon, ob diese Verträge bereits nach § 9 Abs. 1 Nr. 1 unwirksam sind (Schüren/Hamann/*Schüren* § 9 Rn. 73; *Ulber* § 9 Rn. 377). Nicht erfasst werden allerdings Verbote gegenüber dem Entleiher, den Leiharbeitnehmer als Selbständigen oder als Arbeitnehmer eines Dritten im Rahmen einer anderen Form des drittbezogenen Personaleinsatzes zu beschäftigen (*Becker/Wulfgramm* Art. 1 § 9 Rn. 29a; BeckOK ArbR/*Kock* § 9 Rn. 56).

66   Die Norm erstreckt sich auch nicht auf Abwerbungsverbote, die die wettbewerbsrechtliche Rechtslage nach § 3 UWG abbilden, also wettbewerbswidrige Abwerbung untersagen; umgekehrt bleiben **die gesetzlichen wettbewerbsrechtlichen Abwerbungsverbote** durch § 9 Abs. 1 Nr. 3 unberührt, so dass dem Entleiher auch ohne besondere (deklaratorische) Vertragsklausel im Verhältnis zum Verleiher zB die Verleitung zum Vertragsbruch untersagt ist (vgl. auch *Becker/Wulfgramm* Art. 1 § 9 Rn. 30c; BeckOK ArbR/*Kock* § 9 Rn. 56a; Boemke/Lembke/*Lembke* § 9 Rn. 502; ErfK/*Wank* § 9 Rn. 8a; HWK-*Gotthardt/Roloff* AÜG § 9 Rn. 15; KassHB/*Düwell* 4.5 Rn. 435; *Rambach/Begerau* BB 2002, 937 (942 f.); Schüren/Hamann/*Schüren* § 9 Rn. 75 mwN; *Ulber* § 9 Rn. 380; UGBH/*Urban-Crell* § 9 Rn. 37).

67   Auch Vereinbarungen **zwischen Verleiher und Entleiher** über eine **angemessene Vermittlungsgebühr** im Fall der Einstellung eines Leiharbeitnehmers durch den Entleiher werden von § 9 Abs. 1 Nr. 3 nicht erfasst, weil die freie Wahl des Arbeitsplatzes für den Leiharbeitnehmer dadurch nicht (unangemessen) eingeschränkt wird. Dies hat der Gesetzgeber mit der Einführung von § 9 Abs. 1 Nr. 3 Hs. 2 durch das Dritte Gesetz für moderne Dienstleistungen am Arbeitsmarkt vom 23.12.2003 (BGBl. I S. 2848) ausdrücklich festgestellt und somit den zwischen Rechtsprechung und Literatur heftig geführten Streit erledigt (vgl. nunmehr BGH 7.12.2006, NJW 2007, 764; 11.3.2010, NZA 2010, 511 (512); *Benkert* BB 2004, 998, 998 ff. (kritisch); *Böhm* DB 2004, 1150, 1150 ff. auch zur Rückwirkungsfrage; *Tillmann* AuA 2004, 21 (22 f.) und ausführlich zur früheren Gesetzeslage, *Dahl,* DB 2002, 1374 (1375 ff.); *Rambach/Begerau* BB 2002, 937 (941 f.); *Thüsing* DB 2003, 2122 ff. jeweils mwN zur früheren Rechtsprechung; aA noch zur alten Gesetzesfassung BGH 3.7.2003, BB 2003, 2015 (2016 ff.), kritisch dazu *Thüsing* DB 2003, 2122 ff.). Sie ist auch von Art. 6 Abs. 2 UAbs. 2 der Leiharbeits-RL ausdrücklich zugelassen (vgl. *Boemke* RIW 2009, 177 (186); *Hamann* EuZA 2009, 287 (317); *Schüren/Wank* RdA 2011, 1 (7)). Eine solche Klausel kann in AGB vereinbart werden und ist nicht überraschend, weil sie vom Gesetz vorgesehen und branchenüblich ist (BGH 7.12.2006, NJW 2007, 764 (765); unklar *Ulber* § 9 Rn. 383). In der umstrittenen Frage, welche Höhe der Vermittlungsgebühr **angemessen** und nicht prohibitiv ist (vgl. dazu ausführlich UGBH/*Urban-Crell* § 9 Rn. 57 ff., 59 ff. mwN und auch *Tillmann* AuA 2004, 21 (23): 15 % eines Bruttojahresgehalts; aA Boemke/Lembke/*Lembke* § 9 Rn. 189; *Lembke/Fesenmeyer* DB 2007, 801 (803): maximal ein Bruttomonatsgehalt; wiederum aA *Sandmann/Marschall* § 9 Rn. 29: 3 Monatsgehälter, ähnlich Schüren/Hamann/*Schüren* § 9 Rn. 82 – absolute Obergrenze), hat sich der BGH der Forderung angeschlossen, dass sich die Vergütung mit der Dauer der Überlassung verringern müsse (BGH

10.11.2011, NZA-RR 2012, 67 (69 f.); Boemke/Lembke/*Lembke* § 9 Rn. 510; *Hamann* EuZA 2009, 287 (317)): Danach ist grundsätzlich eine Vergütung unangemessen, die nicht nach der Dauer des vorangegangenen Verleihs gestaffelt ist (BGH 11.3.2010, NZA 2010, 511). Zur Begründung wird die Gesetzesbegründung herangezogen, nach der insbesondere die Dauer des Verleihs, die Höhe des vom Entleiher für den Verleih bereits gezahlten Entgelts und der Aufwand für die Gewinnung eines vergleichbaren Arbeitnehmers zu berücksichtigen sind (vgl. BT-Drs. 15/1749, 29). Die beiden erstgenannten Kriterien ändern sich im Laufe des Verleihs und der (anhand der Kosten für Vorstellungsgespräche, Zeitungsanzeigen etc durchaus kalkulierbare) Aufwand dürfte sich für den Verleiher über die Verleihzeit amortisieren, weil er regelmäßig in der Verleihvergütung Berücksichtigung findet (BGH 11.3.2010, NZA 2010, 511 (512)). Nur ausnahmsweise sei eine Klausel wirksam, deren Höhe nicht von der Dauer der Verleihzeit abhängig sei, wenn diese Höhe so niedrig bemessen ist, dass sie in „jedem denkbaren Fall" als angemessen bezeichnet werden müsste (BGH 11.3.2010, NZA 2010, 511 (513)). Diese Vorgaben hat der BGH danach noch einmal präzisiert. Danach darf die Vermittlungsprovision maximal für ein Jahr der vorangehenden Arbeitnehmerüberlassung vorgesehen werden, muss aber der Höhe nach degressiv gestaffelt werden, und zwar zumindest quartalsweise und in ihrer Abstufung in etwa proportional. Der BGH sieht eine anfängliche Maximalhöhe von zwei Bruttomonatsgehältern als zulässig an, die sich nach Ablauf von drei Monaten auf eineinhalb, nach sechs Monaten auf ein und nach neun Monaten auf ein halbes Bruttomonatsgehalt reduzieren muss (BGH 10.11.2011; NZA-RR 2012, 67 (69 f.)). Eine teilweise geforderte Begrenzung auf 1.000 EUR in einem „Niedriglohnsektor" (*Benkert* BB 2004, 998 (1000); ähnlich *Ulber* § 9 Rn. 389) lehnt der BGH ausdrücklich wegen der daraus resultierenden Abgrenzungsschwierigkeiten ab (BGH 10.11.2011 NZA-RR 2012, 67, 69). Bei der Vertragsgestaltung sollte die Praxis sich an diesen Maßstäben des BGH orientieren (ebenso Boemke/Lembke/*Lembke* § 9 Rn. 511). Bei unangemessener Gebühr sind vertragliche Abreden im Umkehrschluss nach § 9 Abs. 1 Nr. 3 unwirksam (vgl. BGH 11.3.2010, NZA 2010, 511 (513); Boemke/Lembke/*Lembke* § 9 Rn. 514; Schüren/Hamann/*Schüren* § 9 Rn. 79). Dabei kann sich die Unangemessenheit sowohl aus der Höhe der Gebühr als auch dem „Bindungszeitraum" ergeben, für den eine Einstellung die Vermittlungsgebühr auslösen soll. Die allgemeinen Regeln zum AGB-Recht gem. §§ 305 ff. BGB sind im Falle von Formularverträgen insoweit durch **Spezialgesetz** verdrängt (so auch *Lembke/Fesenmeyer* DB 2007, 801 (803); für eine Unwirksamkeit sowohl nach § 9 Abs. 1 Nr. 3 als auch § 307 Abs. 1 S. 1, Abs. 2 Nr. 1 BGB BGH 11.3.2010, NZA 2010, 511 (512); aA wohl BGH 7.12.2006, NJW 2007, 764.

Unwirksam sind nur Verbote, die zeitlich eine **Einstellung nach der** **68** **Beendigung des Leiharbeitsverhältnisses** zwischen dem Verleiher und dem Arbeitnehmer betreffen. Dabei kommt es nicht auf die Art der Beendigung des Leiharbeitsverhältnisses – Anfechtung, Kündigung, Aufhebungsvertrag, Befristungsende – an (*Becker/Wulfgramm* Art. 1 § 9 Rn. 30b; *Ulber* § 9 Rn. 385).

69   Ein Vergütungsanspruch des Verleihers besteht nur bei **Kausalität** der Arbeitnehmerüberlassung für die Einstellung des Leiharbeitnehmers (Boemke/Lembke/*Lembke* § 9 Rn. 504; Schüren/Hamann/*Schüren* § 9 Rn. 83; ähnlich *Ulber* § 9 Rn. 385: zeitlicher Zusammenhang). Der Abschluss des Arbeitsvertrages während der Überlassung oder die Kündigung des Leiharbeitsverhältnisses, um zum gegenwärtigen Entleiher zu wechseln, genügen stets (Schüren/Hamann/*Schüren* § 9 Rn. 84; *Ulber* § 9 Rn. 385). Dies gilt auch nach Ablauf der Überlassungszeit, denn nach dem Wortlaut von § 9 Abs. 1 Nr. 3 Hs. 2 ist auch der vorangegangene Verleih eine Form der Vermittlung (Boemke/Lembke/*Lembke* § 9 Rn. 503; aA Schüren/Hamann/ *Schüren* § 9 Rn. 85 ff.).

70   **b) Rechtsfolgen.** Nach Nr. 3 sind die Vereinbarungen unwirksam, die konkret das unzulässige Verbot enthalten. Es ist jedoch nicht gem. § 139 BGB der gesamte Arbeitnehmerüberlassungsvertrag zwischen Verleiher und Entleiher unwirksam, sondern es kommt nur zu einer **Teilnichtigkeit.** Nichtig sind die unzulässigen Verbotsklauseln selbst und Klauseln, die die unzulässigen Verbote unmittelbar sichern sollen, vor allem Vertragsstrafenklauseln (*Becker/Wulfgramm* Art. 1 § 9 Rn. 30a mit Hinweis auf §§ 812 ff. BGB zur Rückzahlung einer Vertragsstrafe; Boemke/Lembke/*Lembke* § 9 Rn. 513; ErfK/*Wank* § 9 Rn. 9; HWK-*Gotthardt/Roloff* § 9 Rn. 15; KassHB/*Düwell* 4.5 Rn. 434; *Rambach/Begerau* BB 2002, 937 (943); Schüren/Hamann/*Schüren* § 9 Rn. 76; *Ulber* § 9 Rn. 391; UGBH/*Urban-Crell* § 9 Rn. 64 ff.). Eine geltungserhaltende Reduktion auf das zulässige Maß kommt weder nach § 655 S. 1 BGB noch nach allgemeinen Regeln der AGB-Kontrolle in Betracht, weil anderenfalls der vom § 9 Abs. 1 Nr. 3 bezweckte Schutz der Leiharbeitnehmer beeinträchtigt würde: Da zum Zeitpunkt der Entscheidung über die Übernahme des Leiharbeitnehmers der Entleiher nicht weiß, welche Kosten ihm tatsächlich entstehen, wird der Wechsel des Leiharbeitnehmers erschwert und dessen Berufsfreiheit beeinträchtigt (BGH 11.3.2010, NZA 2010, 511 (513); ebenso *Ulber* § 9 Rn. 391).

71   § 9 Abs. 1 Nr. 3 stellt keinen Grund für die Versagung einer Arbeitnehmerüberlassungserlaubnis nach § 3 oder für die Rücknahme bzw. den Widerruf einer Erlaubnis gem. §§ 4, 5 dar. Verstöße gegen diese Schutznorm können aber die **gewerberechtliche Unzuverlässigkeit** des Verleiher im Sinne von § 3 Abs. 1 Nr. 1 begründen (*Becker/Wulfgramm* Art. 1 § 9 Rn. 31 mwN; Schüren/Hamann/*Schüren* § 9 Rn. 77; *Ulber* § 9 Rn. 394). Die Vorschrift ist Schutzgesetz iSv § 823 Abs. 2 BGB (*Ulber* § 9 Rn. 393 mwN; ErfK/*Wank* § 9 Rn. 10).

7. Anstellungsverbot gegenüber dem Leiharbeitnehmer (Abs. 1 Nr. 4)

72   Der fünfte Unwirksamkeitstatbestand entspricht strukturell dem Tatbestand Nr. 3 und erfasst Verbote des Verleihers gegenüber dem Leiharbeitnehmer, mit dem Entleiher ein Arbeitsverhältnis zu einem Zeitpunkt einzugehen, in dem das Leiharbeitsverhältnis zum Verleiher nicht mehr besteht. Die Norm hat wie der parallele Tatbestand Nr. 3 den Zweck, den „Klebeeffekt" der

Arbeitnehmerüberlassung zu schützen (vgl. bereits → Rn. 51 und LAG Köln 22.8.1984, DB 1984, 445 (446); *Becker/Wulfgramm* Art. 1 § 9 Rn. 32; Boemke/Lembke/*Lembke* § 9 Rn. 516; ErfK/*Wank* § 9 Rn. 11; Schüren/ Hamann/*Schüren* § 9 Rn. 89; *Ulber* § 9 Rn. 395; UGBH/*Urban-Crell* § 9 Rn. 49) und entspricht Art. 6 Abs. 3 der Leiharbeits-RL (*Hamann* EuZA 2009, 287 (318); *Ulber* § 9 Rn. 395).

a) Tatbestand. Unwirksam sind Vereinbarungen, die sich an den Leihar- **73** beitnehmer richten und ihm die **Eingehung eines Arbeitsverhältnisses** mit dem Entleiher **untersagen.** Entsprechend der Rechtslage bei Nr. 3 sind wegen des Schutzzwecks der Norm auch Vereinbarungen unwirksam, die dem Leiharbeitnehmer lediglich das **Angebot oder sonstige Initiativen zum Abschluss eines Arbeitsverhältnisses gegenüber dem Entleiher untersagen,** weil diese Abreden die Wahl des Arbeitsplatzes für den Leiharbeitnehmer ebenso einschränken wie das Verbot, ein Arbeitsverhältnis einzugehen (vgl. → Rn. 52). Anders als im Verhältnis zum Entleiher sind schon nach § 9 Abs. 1 Nr. 4 auch alle Vereinbarungen über **Vermittlungsprovisionen** für den Fall eines Wechsels zum Entleiher **unzulässig** (vgl. *Rambach/ Begerau* BB 2002, 937 (942) mwN; *Wank* NZA 2003, 14 (20); Boemke/ Lembke/*Lembke* § 9 Rn. 518; UGBH/*Urban-Crell* § 9 Rn. 51). Dies ergab sich nach der Einführung von § 9 Abs. 1 Nr. 3 Hs. 2 auch im Umkehrschluss aus § 9 Abs. 1 Nr. 3 und ist nunmehr direkt in § 9 Abs. 1 Nr. 5 festgeschrieben. Nicht erfasst werden Verbote gegenüber dem Leiharbeitnehmer, als Selbständiger oder als Arbeitnehmer eines Dritten im Rahmen einer anderen Form des drittbezogenen Personaleinsatzes für den Entleiher tätig zu werden (vgl. → Rn. 52).

Die Norm ist auch anwendbar, wenn der Verleiher sich gegenüber dem **74** Leiharbeitnehmer verpflichtet, für den Verbotszeitraum eine Entschädigung an den Leiharbeitnehmer zu zahlen; die **Regeln über nachvertragliche Wettbewerbsverbote** für Arbeitnehmer gem. §§ 74 ff. HGB iVm §§ 6 Abs. 2, 110 GewO werden durch § 9 Abs. 1 Nr. 4 nach dem eindeutigen Gesetzeswortlaut **verdrängt** (hA, vgl. nur LAG Köln 17.5.1984, EzAÜG Nr. 152b; *Becker/Wulfgramm* Art. 1 § 9 Rn. 33; ErfK/*Wank* § 9 Rn. 11; HWK-*Gotthardt/Roloff* AÜG § 9 Rn. 16; KassHB/*Düwell* 4.5 Rn. 362; *Rambach/Begerau* BB 2002, 937 (943); UGBH/*Urban-Crell* § 9 Rn. 52 jeweils mwN; *Ulber* § 9 Rn. 396; BeckOK ArbR/*Kock* AÜG § 9 Rn. 63; aA Boemke/Lembke/*Lembke* § 9 Rn. 519; Schüren/Hamann/*Schüren* § 9 Rn. 89 mwN). In der Praxis ist diese Frage aber nicht unbedingt bedeutsam, da ein nachvertragliches Wettbewerbsverbot nur eine Konkurrenz zum Verleihunternehmen – also typischerweise einem Leihunternehmen/Zeitarbeitsunternehmen – untersagen könnte. Die unmittelbare Anstellung als Arbeitnehmer beim Entleiher, der typischerweise gerade kein Konkurrent des Verleihers ist, könnte mit einem nachvertraglichen Wettbewerbsverbot daher auch nicht erfasst werden (Boemke/Lembke/*Lembke* § 9 Rn. 519; KassHB/*Düwell* 4.5 Rn. 362; Schüren/Hamann/*Schüren* § 9 Rn. 90; *Ulber* § 9 Rn. 396; UGBH/ *Urban-Crell* § 9 Rn. 52). Anders kann es aber bei Mischunternehmen aussehen, die zwar mit 53 % den überwiegenden Teil der Verleihunternehmen ausmachen, aber teilweise nur vorsorglich eine Erlaubnis besitzen und häufig gar keine (festen) Leiharbeitnehmer unter Vertrag haben (vgl. BT-Drs. 15/6008, 14).

75 Ein Anstellungsverbot ist nur unwirksam, wenn es die Zeit nach der **Beendigung des Leiharbeitsverhältnisses** erfasst. Außerdem richtet sich die Norm nur gegen Verbote, die sich an Leiharbeitnehmer des Verleihers richten, nicht gegen an Stammarbeitnehmer gerichtete, zB aus der (Personal-)Verwaltung des Verleihers (*Becker/Wulfgramm* Art. 1 § 9 Rn. 33).

76 Zulässig sind im Verhältnis des Verleihers und des Leiharbeitnehmers allerdings **Nebentätigkeitsverbote** entsprechend den allgemeinen einschränkenden Grundsätzen, nach denen ein Nebentätigkeitsverbot nur insoweit zulässig ist, als die Nebentätigkeit die Interessen des Arbeitgebers erheblich beeinträchtigt. Dies erfordert, dass die Nebentätigkeit die Erfüllung der Arbeitspflicht des Leiharbeitnehmers gegenüber dem Verleiher erheblich beeinträchtigen würde (ErfK/*Wank* § 9 Rn. 12; HWK-*Gotthardt/Roloff* AÜG § 9 Rn. 18; Schüren/Hamann/*Schüren* § 9 Rn. 93 f.; UGBH/*Urban-Crell* § 9 Rn. 54, jeweils mwN). Überdies besteht – wie in jedem Arbeitsverhältnis – für den Leiharbeitnehmer gem. § 60 HGB analog ein **gesetzliches Konkurrenzverbot** während des Leiharbeitsverhältnisses (LAG Berlin 9.2.1981, DB 1981, 1095; ErfK/*Wank* § 9 Rn. 12; HWK-*Gotthardt/Roloff* AÜG § 9 Rn. 18; Schüren/Hamann/*Schüren* § 9 Rn. 94; UGBH/*Urban-Crell* § 9 Rn. 53, jeweils mwN). Nach den allgemeinen Regeln hindert das gesetzliche Wettbewerbsverbot den Leiharbeitnehmer jedoch nicht, eine selbständige **Konkurrenztätigkeit** oder die Tätigkeit bei einem anderen Arbeitgeber für die Zeit nach Beendigung seines Arbeitsverhältnisses zu dem Verleiher **vorzubereiten;** insoweit steht auch § 9 Abs. 1 Nr. 4 nicht entgegen (*Becker/Wulfgramm* Art. 1 § 9 Rn. 33a; ErfK/*Wank* § 9 Rn. 12; Schüren/Hamann/*Schüren* § 9 Rn. 94 jeweils mwN). Im Rahmen der Vorbereitung einer zulässigen, sich an sein Ausscheiden anschließenden Konkurrenztätigkeit hat der Leiharbeitnehmer allerdings die allgemeinen Regeln des Wettbewerbsrechts zu beachten und darf insbesondere Kunden oder Kollegen – also andere (Leih-)Arbeitnehmer des Verleihers – **nicht in wettbewerbswidriger Weise,** zB durch Verleitung zum Vertragsbruch, abwerben (vgl. *LAG Berlin* 9.2.1981, DB 1981, 1095 und ausführlich *Becker/Wulfgramm* Art. 1 § 9 Rn. 33a f. sowie UGBH/*Urban-Crell* § 9 Rn. 53, jeweils mwN).

77 **b) Rechtsfolgen.** Nach Nr. 4 sind die Vereinbarungen unwirksam, die konkret das unzulässige Verbot enthalten. Es ist wie bei dem Tatbestand der Nr. 3 aber nicht gem. § 139 BGB der gesamte Leiharbeitsvertrag zwischen Verleiher und Leiharbeitnehmer unwirksam, sondern es kommt nur zu einer **Teilnichtigkeit.** Nichtig sind die unzulässigen Verbotsklauseln selbst und Klauseln, die die unzulässigen Verbote unmittelbar sichern sollen, vor allem Vertragsstrafenklauseln oder auch eine Klausel zur Rückzahlung einer Abfindung (vgl. LAG Köln 22.8.1984, DB 1985, 445 (446); Boemke/Lembke/*Lembke* § 9 Rn. 517, 520; *Becker/Wulfgramm* Art. 1 § 9 Rn. 33a mit Hinweis auf §§ 812 ff. BGB zur Rückzahlung einer Vertragsstrafe; ErfK/*Wank* § 9 Rn. 13; HWK-*Gotthardt/Roloff* AÜG § 9 Rn. 16, 19; KassHB/*Düwell* 4.5

Rn. 363; Schüren/Hamann/*Schüren* § 9 Rn. 95; *Ulber* § 9 Rn. 399; UGBH/ *Urban-Crell* § 9 Rn. 55). Hat der Verleiher ggf. die Karenzentschädigung für das Verbot schon gezahlt, kann er diese gem. § 817 BGB auch dann nicht zurückfordern, wenn der Leiharbeitnehmer dem – unwirksamen – Verbot doch zuwider handelt (KassHB/*Düwell* 4.5 Rn. 362; Schüren/Hamann/ *Schüren* § 9 Rn. 95 mwN; ErfK/*Wank* § 9 Rn. 13 BeckOK ArbR/*Kock* AÜG § 9 Rn. 63).

8. Verbot der Vermittlungsgebühr (Abs. 1 Nr. 5)

   Nr. 5 enthält das Verbot für den Verleiher, mit dem **Leiharbeitnehmer** 78 eine Vermittlungsvergütung zu vereinbaren. Dieses Verbot setzt Art. 6 Abs. 3 der Leiharbeits-RL um (*Ulber* § 9 Rn. 400) und soll nach der Gesetzesbegründung der Klarstellung dienen, es entspricht bereits der Praxis in Deutschland (BT-Drs. 17/4804, 10; vgl. auch *Hamann* EuZA 2009, 287 (317) und → Rn. 59). Es ist ebenso wie Nr. 4 darauf gerichtet, den „Klebeeffekt" zu sichern, ist aber lex specialis zu Nr. 4 und Schutzgesetz iSv § 823 Abs. 2 BGB (vgl. *Ulber* § 9 Rn. 401). Das Verbot richtet sich gegen Vereinbarungen in individual- und kollektivrechtlichen Vereinbarungen (*Lembke* DB 2011, 414 (417)), allerdings nur gegen Vereinbarungen, die vorsehen, dass der Leiharbeitnehmer eine Vergütung zahlen muss, sei es für Fälle der Überlassung an einen Entleiher, sei es für Fälle der Übernahme durch einen Entleiher (vgl. BT-Drs. 17/4804, 10; vgl. auch *Ulber* § 9 Rn. 401 f. zu Umgehungsmöglichkeiten). Folge eines Verstoßes gegen Nr. 5 ist die Unwirksamkeit der Vereinbarung, aber der Vertrag bleibt im Übrigen wirksam. Der Leiharbeitnehmer hat ein Leistungsverweigerungsrecht und die Behörde kann ggf. die Erlaubnis wegen mangelnder Zuverlässigkeit zurücknehmen oder widerrufen (vgl. *Ulber* § 9 Rn. 405).

III. Festhaltenserklärung (Abs. 2)

   Bei der illegalen Arbeitnehmerüberlassung (Abs. 1 Nr. 1), bei der unzuläs- 79 sig verdeckten Arbeitnehmerüberlassung (Abs. 1 Nr. 1a) sowie bei Überschreiten der jeweils geltenden Höchstüberlassungsdauer (Abs. 1 Nr. 1b) ist der Arbeitsvertrag zwischen dem Leiharbeitnehmer und dem Verleiher nach der grundsätzlichen Anordnung des Gesetzes unwirksam. Es besteht außerdem stattdessen ein fingiertes Arbeitsverhältnis des Arbeitnehmers mit dem Entleiher. Diese Rechtsfolgen treten aber nicht ein, wenn der Arbeitnehmer widerspricht und erklärt, dass er an seinem Arbeitsverhältnis mit dem Verleiher festhält **(Festhaltenserklärung)**. Abs. 2 ergänzt die Regelungen des Abs. 1 zum Widerspruchsrecht und zur Festhaltenserklärung. Die Norm definiert weitere Voraussetzungen für eine wirksame Festhaltenserklärung in Ergänzung zu den Form- und Fristvorgaben in § 9 Abs. 1 Nr. 1 bis Nr. 1b (vgl. dazu bereits → Rn. 21 f.). Die Norm ist erst in der allerletzten Phase des langen Gesetzgebungsverfahrens mit der letzten Änderung aufgrund der Beschlussempfehlung des Ausschusses für Arbeit und Soziales in das Gesetz aufgenommen worden und war noch im Referentenentwurf vom November

2015 bzw. Februar 2016 sowie im Regierungsentwurf vom 2.6.2016 nicht enthalten (vgl. dazu Gesetzesbegründung zum Referentenentwurf vom 16.11.2015, S. 7 und 23 f. sowie zum Referentenentwurf vom 17.2.2016, S. 7 f. und 24 f.; Regierungsentwurf, BR-Drs. 249/16, 4 und 22 sowie Beschlussempfehlung und Bericht des Ausschusses für Arbeit und Soziales, BT-Drs. 18/10064, 5, 16). Der Gesetzgeber hat damit wohl auf kritische Stimmen reagiert, die in dem bloßen Verbot einer Voraberklärung – so der vorherige Gesetzesentwurf – noch die Gefahr einer wahrheitswidrigen Vordatierung sahen (vgl. *Düwell,* Schriftliche Stellungnahme zum Gesetzentwurf der Bundesregierung, Ausschussdrucksache 18 (11) 760 neu, Seite 83; krit. auch *Lembke* NZA 2017, 9; vgl. auch *Bissels/Falter* ArbRAktuell 2017, 35 und UGBH/*Urban-Crell* § 9 Rn. 76 und dazu den Regierungsentwurf, BR-Drs. 249/16, 22).

80   Die Festhaltenserklärung ist eine **rechtsgestaltende empfangsbedürftige Willenserklärung** und stellt ein einseitiges Rechtsgeschäft dar, das die entsprechenden Anforderungen des Allgemeinen Teils des BGB erfüllen muss, zB zur Bestimmtheit, Bedingungsfeindlichkeit, zur richtigen Adressierung usw (vgl. dazu Regierungsentwurf, BR-Drs. 249/16, 22 und umfassend *Hamann/Rudnik* NZA 2017, 23 ff. und auch *Ulrici* § 9 Rn. 38 ff.; UGBH/*Urban-Crell* § 9 Rn. 77 ff.). Nach Abs. 2 ist eine Festhaltenserklärung überdies nur wirksam, wenn der Arbeitnehmer sie **persönlich** bei einer Agentur für Arbeit vorlegt. Dazu ist nicht erforderlich, dass die Agentur konkret für das Arbeitsverhältnis oder den Verleiher zuständig sein muss. Die Vorgabe zur persönlichen Vorlage erzwingt aber einen Termin für den Arbeitnehmer, der dann sicherlich auch in ein Gespräch zu seiner Entscheidung in Abweichung von der gesetzlichen Grundregelung verwickelt werden kann. Der Arbeitnehmer muss die Erklärung auch bereits in abgabereifer Fassung, somit unter Wahrung der gesetzlichen Schriftform, vorlegen („diese vor ihrer Abgabe … vorlegt"). Die Agentur für Arbeit muss auf der Festhaltenserklärung das Datum der Vorlage sowie einen Hinweis zur Prüfung der Identität des Arbeitnehmers vermerken. Der Arbeitnehmer wird somit auch ein gültiges amtliches Ausweisdokument zum Termin mitbringen müssen (Personalausweis, Reisepass). Mit dieser Regelung möchte der Gesetzgeber verhindern, dass Leiharbeitnehmer eine Erklärung abgeben, in die nachträglich – etwa durch den Verleiher oder den Entleiher – ein Datum eingetragen wird, das nicht dem tatsächlichen Tag der Erklärung entspricht (vgl. Beschlussempfehlung des Ausschusses für Arbeit und Soziales, BT-Drs. 18/10064, 15 und auch *Düwell,* Schriftliche Stellungnahme zum Gesetzentwurf der Bundesregierung, Ausschussdrucksache 18 (11) 760 neu, Seite 83). Die Schriftform schützt vor Übereilung und dient der Beweissicherung (vgl. *Lembke* NZA 2017, 9). Die Norm macht auch zusätzliche enge **Fristvorgaben:** Die Festhaltenserklärung muss spätestens am dritten Tag nach der Vorlage bei der Agentur für Arbeit dem Verleiher oder Entleiher zugehen. Erfolgt der Zugang erst am vierten Tag, ist die Erklärung unwirksam. Der Gesetzgeber möchte auf diese Weise verhindern, dass Erklärungen nach Abs. 1 Nr. 1–1b bereits zu Beginn der Überlassung auf „Vorrat" erstellt werden (vgl. Beschlussempfehlung des Ausschusses für Arbeit und Soziales, BT-Drs. 18/10064, 15 und auch *Lembke* NZA 2017, 9 f.). Die Frist ist nun sehr knapp bemessen, weil nach allgemeinen Regeln auf Kalendertage abzustellen ist und zB bei Vorlage in der Agentur an einem Freitag, der Arbeitnehmer die Erklärung auf jeden Fall am folgenden Montag übergeben muss, bei Erkrankung über das Wochenende somit Organisationsschwierigkeiten hat. Insgesamt bürokratisiert die Regelung die Abgabe einer Festhaltenserklärung erheblich und kommt in der Praxis einer Anzeige von Gesetzesverstößen gleich (zu Recht kritisch UGBH/*Urban-Crell* § 9 Rn. 81; vgl. auch *Henssler* RdA 2017, 83 (99) und *Wank* RdA 2017, 100 (113)).

Der Leiharbeitnehmer ist nach der Konzeption des Gesetzes für die fristge- **81** rechte Übermittlung der Erklärung an den Verleiher bzw. den Entleiher verantwortlich. Er muss den rechtzeitigen Zugang gem. §§ 130 ff. BGB zu bewirken, um die Monatsfrist nach Abs. 1 Nr. 1 bis Abs. 1b einzuhalten. Die Vorlage bei der Agentur für Arbeit sowie der Datumsvermerk genügen insoweit zum fristwahrenden Zugang nicht (vgl. Beschlussempfehlung des Ausschusses für Arbeit und Soziales, BT-Drs. 18/10064, 15 und *Bissels/Falter* ArbRAktuell 2017, 35).

IV. Zusatzregelungen (Abs. 3)

Die Norm ist mit der Novelle zum 1.4.2017 und erst in der letzten Phase **82** des Gesetzgebungsverfahrens mit der letzten Änderung der Beschlussempfehlung des Ausschusses für Arbeit und Soziales das Gesetz aufgenommen worden. Sie enthält verschiedene Regelungen, die teils nur der Klarstellung, aber auch einer Zusatzregelung dienen.

1. Unwirksamkeit einer Voraberklärung (Abs. 3 Satz 1)

Nach Abs. 3 Satz 1 ist eine Festhaltenserklärung, die vor Beginn der **83** Monatsfrist nach Abs. 1 Nr. 1 bis Nr. 1b abgegeben wird (sog. „Voraberklärung"), unwirksam (vgl. Beschlussempfehlung des Ausschusses für Arbeit und Soziales, BT-Drs. 18/10064, 15). Mit dieser Regelung soll insbesondere die formularmäßige Ausübung des Widerspruchsrechts oder die missbräuchliche Einflussnahme der beteiligten Unternehmen verhindert werden (ablehnend dazu Zimmermann BB 2016, 53 (56)). Es soll zB auch verhindert werden, dass Entleiher mit dem Verleiher vereinbaren, dass nur solche Leiharbeitnehmer überlassen werden, die der Entstehung eines Arbeitsverhältnisses widersprechen (vgl. dazu Zimmermann BB 2016, 53 (56)).

2. Fortführung einer rechtswidrigen Überlassung (Abs. 3 Satz 2 und 3)

Der Widerspruch gegen die Unwirksamkeit seines Arbeitsvertrages mit **84** dem Verleiher und gegen die Fiktion eines Arbeitsverhältnisses mit dem Entleiher soll dem Leiharbeitnehmer allein das Festhalten am bisherigen Arbeitsverhältnis ermöglichen und die nach Art. 12 GG geschützte Berufsfreiheit des Leiharbeitnehmers stärken. Es soll dagegen keine Fortführung einer rechtswidrigen Überlassung ermöglicht werden (vgl. Beschlussempfehlung des Ausschusses für Arbeit und Soziales, BT-Drs. 18/10064, 15). Daher hält Abs. 3 klarstellend fest, was sich bereits aus § 9 Abs. 1 ergibt, dass die rechtswidrige Überlassung trotz einer Festhaltenserklärung nicht fortgeführt werden darf und bei Fortführung (wieder) die Anordnungen nach Abs. 1 Nr. 1–1b gelten, somit die Unwirksamkeit des Überlassungsvertrages (im Fall von Nr. 1) und auch wieder die Fiktion eines Arbeitsverhältnisses zum Entleiher gem. § 10 Abs. 1. Bei einem solchen Fall der hartnäckigen Fortsetzung der rechtswidrigen Überlassung ist dann eine erneute Beseitigung der Fiktion durch eine wiederholte Festhaltenserklärung ausgeschlossen nach Satz 3 (vgl. auch *Bundesagentur für Arbeit,* Fachliche Weisungen, Stand 1.4.2017, S. 90). Hier zeigt sich wiederum ein recht deutliches Misstrauen des Gesetzgebers in die Rechtstreue der Überlassungsbranche.

3. Sozialversicherungsrechtliche Folgen einer Festhaltenserklärung (Abs. 3 Satz 4)

85 Ergänzend zur Festhaltenserklärung stellt Abs. 3 Satz 4 klar, dass die Erklärung sozialversicherungsrechtlich nicht zum Wegfall der gesamtschuldnerischen Haftung von Verleiher und Entleiher für die Zahlung der Sozialversicherungsbeiträge führt (vgl. auch Beschlussempfehlung des Ausschusses für Arbeit und Soziales, BT-Drs. 18/10064, 15).

§ 10 Rechtsfolgen bei Unwirksamkeit

(1) [1]Ist der Vertrag zwischen einem Verleiher und einem Leiharbeitnehmer nach § 9 unwirksam, so gilt ein Arbeitsverhältnis zwischen Entleiher und Leiharbeitnehmer zu dem zwischen dem Entleiher und dem Verleiher für den Beginn der Tätigkeit vorgesehenen Zeitpunkt als zustande gekommen; tritt die Unwirksamkeit erst nach Aufnahme der Tätigkeit beim Entleiher ein, so gilt das Arbeitsverhältnis zwischen dem Entleiher und dem Leiharbeitnehmer mit dem Eintritt der Unwirksamkeit als zustande gekommen. [2]Das Arbeitsverhältnis nach Satz 1 gilt als befristet, wenn die Tätigkeit des Leiharbeitnehmers bei dem Entleiher nur als befristet vorgesehen war und ein die Befristung des Arbeitsverhältnisses sachlich rechtfertigender Grund vorliegt. [3]Für das Arbeitsverhältnis nach Satz 1 gilt die zwischen dem Verleiher und dem Entleiher vorgesehene Arbeitszeit als vereinbart. [4]Im übrigen bestimmen sich Inhalt und Dauer dieses Arbeitsverhältnisses nach den für den Betrieb des Entleihers geltenden Vorschriften und sonstigen Regelungen. [5]Der Leiharbeitnehmer hat gegen den Entleiher mindestens Anspruch auf das mit dem Verleiher vereinbarte Arbeitsentgelt.

(2) [1]Der Leiharbeitnehmer kann im Falle der Unwirksamkeit seines Vertrages mit dem Verleiher nach § 9 von diesem Ersatz des Schadens verlangen, den er dadurch erleidet, dass er auf die Gültigkeit des Vertrages vertraut. [2]Die Ersatzpflicht tritt nicht ein, wenn der Leiharbeitnehmer den Grund der Unwirksamkeit kannte.

(3) ¹**Zahlt der Verleiher das vereinbarte Arbeitsentgelt oder Teile des Arbeitsentgelts an den Leiharbeitnehmer, obwohl der Vertrag nach § 9 unwirksam ist, so hat er auch sonstige Teile des Arbeitsentgelts, die bei einem wirksamen Arbeitsvertrag für den Leiharbeitnehmer an einen anderen zu zahlen wären, an den anderen zu zahlen. ²Hinsichtlich dieser Zahlungspflicht gilt der Verleiher neben dem Entleiher als Arbeitgeber; beide haften insoweit als Gesamtschuldner.**

Literatur: *Bauer/Fischinger,* Sachgrundlose Befristung und Verbot der Vorbeschäftigung bei „demselben Arbeitgeber", DB 2007, 1410; *Bauer/Krets,* Gesetze für moderne Dienstleistungen am Arbeitsmarkt, NJW 2003, 537; *Bayreuther,* Die Vorschläge der Hartz-Kommission, NZA 2004, Sonderbeilage 1, 3; *ders.,* Betriebsbedingte Kündigung eines Leiharbeitnehmers nach Wegfall eines Auftrags, RdA 2007, 176; *Behrend,* Arbeitnehmerüberlassung bis zu 24 Monaten – Job-AQTIV mit Hindernissen, NZA 2002, 372; *Bertram/Ockenfels,* Der Schadensersatzanspruch des Leiharbeitnehmers gegen den Verleiher gem. § 10 II AÜG, NZA 1985, 552; *Boemke/Lembke* Änderungen im AÜG durch das „Job-AQTIV-Gesetz", DB 2002, 893; *Böhm,* Zeitenwende bei der Zeitarbeit: Start mit Irritationen, NZA 2003, 828; *ders.,* Befristung von Leiharbeitsverhältnissen nach der AÜG-Reform – „Vorübergehender betrieblicher Bedarf" bei Dienstleistungs- und Subunternehmen, RdA 2005, 360; *Brors/Schüren,* Konzerninterne Arbeitnehmerüberlassung zur Kostensenkung, BB 2004, 2745; *dies.,* Kostensenkung durch konzerninterne Arbeitnehmerüberlassung, BB 2005, 494; *Dahl,* Das Beschäftigungsrisiko in der Zeitarbeit, DB 2006, 2519; *Düwell/Dahl,* Arbeitnehmerüberlassung und Befristung, NZA 2007, 889; *Frik,* Die Befristung von Leiharbeitsverträgen nach dem Teilzeit- und Befristungsgesetz, NZA 2005, 386; *Hanau,* Einzelfragen und -antworten zu den ersten beiden Gesetzen für moderne Dienstleistungen am Arbeitsmarkt, ZIP 2003, 1573; *Hirdina,* Die Arbeitnehmerüberlassung – Eine verfassungswidrige Überregulierung?, NZA 2011, 325; *Kokemoor,* Neuregelung der Arbeitnehmerüberlassung durch die Hartz-Umsetzungsgesetze, NZA 2003, 238; *Lembke,* Die „Hartz-Reform" des Arbeitnehmerüberlassungsgesetzes, BB 2003, 98; *ders.,* Die geplanten Änderungen im Recht der Arbeitnehmerüberlassung, DB 2011, 414; *ders.,* Neue Rechte von Leiharbeitnehmern gegenüber Entleihern, NZA 2011, 319; *Melms/Lipinski,* Absenkung des Tarifniveaus durch die Gründung von AÜG-Gesellschaften als alternative oder flankierende Maßnahme zum Personalabbau, BB 2004, 2409; *Neumann,* Das Erste und Zweite Gesetz für moderne Dienstleistungen am Arbeitsmarkt im Überblick, NZS 2003, 113; *Reuter,* Arbeitgeberwechsel und Widerspruchsrecht in der Leiharbeit, RdA 2015, 171; *Schüren/Behrend,* Arbeitnehmerüberlassung nach der Reform – Risiken der Neuen Freiheit, NZA 2003, 521; *Thüsing,* Equal pay bei Leiharbeit – Zur Reichweite der Gleichbehandlungspflicht nach dem AÜG –, DB 2003, 446; *Tillmann,* Große Freiheit mit Stolpersteinen, AuA 2004, 21; *Ulber,* Personal-Service-Agenturen und Neuregelung der Arbeitnehmerüberlassung, AuR 2003, 7; *Waas,* Das Spannungsverhältnis von Tarifvertrag und Gesetz beim Grundsatz der Entgeltgleichheit im neuen AÜG, BB 2003, 2175; *Wank,* Der Richtlinienvorschlag der EG-Kommission zur Leiharbeit und das „Erste Gesetz für moderne Dienstleistungen am Arbeitsmarkt", NZA 2003, 14; *ders.,* Neuere Entwicklungen im Arbeitnehmerüberlassungsrecht, RdA 2003, 1; *Werthebach,* Die Befristung von Leiharbeitsverträgen nach dem Teilzeit- und Befristungsgesetz, NZA 2005, 1044; *Willemsen/Annuß,* Kostensenkung durch konzerninterne Arbeitnehmerüberlassung, BB 2005, 437.

Übersicht

I. Gesetzeszweck und Entstehungsgeschichte

1   § 10 regelt die Folgen der Unwirksamkeit von Leiharbeitsverträgen aufbauend auf den Unwirksamkeitstatbeständen nach § 9 Abs. 1 Nr. 1, Nr. 1a und Nr. 1b. Die Rechtsfolge einer Unwirksamkeit wegen Verletzung des Gleichstellungsgebots nach § 9 Abs. 1 Nr. 2 ist nun nicht mehr in § 10 Abs. 4 geregelt, sondern in § 8 Abs. 1. Die untergeordneten Unwirksamkeitstatbestände gem. § 9 Abs. 1 Nr. 2a, Nr. 3, Nr. 4 und Nr. 5 sind auch nach der AÜG-Reform zum 1.4.2017 in § 10 nicht aufgenommen. Kern der Regelungen ist die **Fiktion eines Arbeitsverhältnisses** zwischen Entleiher und Leiharbeitnehmer in § 10 Abs. 1 und damit – wenn auch nicht vollständig – die Regelung zur Abwicklung der illegalen Leiharbeit, zu Verstößen gegen die Deklarierungs- und Konkretisierungspflicht sowie zum Überschreiten der Höchstüberlassungsdauer.

2   Die Vorschrift dient ganz vorrangig dem **Schutz des Leiharbeitnehmers,** zu dessen Gunsten insbesondere das gesetzlich fingierte Arbeitsverhältnis zum Entleiher wirkt, das an die Stelle des vertraglich vorgesehenen Arbeitsverhältnisses zum Verleiher tritt. Außerdem bewirkt die regelmäßig vom Entleiher unerwünschte Fiktion mittelbar eine gewisse **Kontrollfunktion** der Vorschrift, weil sie jedenfalls den rechtlich informierten Entleiher zu einer – idealerweise abschreckenden – sorgfältigen Prüfung der Überlassungserlaubnis, des Überlassungsvertrages nebst Konkretisierung der zu überlassenen Arbeitnehmer und der Rechtmäßigkeit der Arbeitnehmerüberlassung allgemein, aber insbesondere zur Beachtung der Höchstüberlassungsdauer veranlasst (*Becker/Wulfgramm* Art. 1 § 10 Rn. 3; ErfK/*Wank* § 10 Rn. 1b; HWK-*Gotthardt/Roloff* AÜG § 10 Rn. 2 unter Hinweis auf die Verpflichtung zur Festlegung abschreckender Sanktionen nach Art. 10 Abs. 2 Leiharbeits-RL; KassHB/*Düwell* 4.5 Rn. 268; Schüren/Hamann/*Schüren* § 10 Rn. 2 auch mit einer kritischen Betrachtung des gesetzlichen Systems und der Rechtsprechungspraxis in → Rn. 12 ff.; UGBH/*Urban-Crell* § 10 Rn. 1 f.; vgl. zu verfassungsrechtlichen Hinweisen *Ulber* § 10 Rn. 5, 9 f.).

Die bis 31.12.2002 geltende alte Fassung von § 10 Abs. 1, Abs. 2 und **3** Abs. 4 beruhte auf den Änderungsvorschlägen des Ausschusses für Arbeit und Sozialordnung sowie des Rechtsausschusses zu dem Regierungsentwurf und dem Referentenentwurf; sie war seit Einführung des AÜG unverändert geblieben (vgl. BT-Drs. VI/3505, 8 und Bericht Jaschke, BT-Drs. VI 3505, 3 sowie ausführlich *Becker/Wulfgramm* Art. 1 § 10 Rn. 1 f.; Boemke/Lembke/ *Lembke* § 10 Rn. 4; Schüren/Hamann/*Schüren* § 10 Rn. 6 ff.; *Ulber* § 10 Rn. 2 f.). § 10 Abs. 3 ist 1986 zur Schließung einer strafrechtlichen Lücke und Ausweitung des Anwendungsbereichs von § 266a StGB auf den illegalen Verleiher eingeführt worden (Boemke/Lembke/*Lembke* § 10 Rn. 4 mwN). Die seit 1.1.2003 geltende Fassung hatte das Erste Gesetz für moderne Dienstleistungen am Arbeitsmarkt vom 23.12.2002 (BGBl. I S. 4607) eingeführt (vgl. zur Gesetzgebungshistorie *Bauer/Krets* NJW 2003, 537 (538), Fn. 1 mwN; ausführlich mit **Überblick zu allen Änderungen** seit Inkrafttreten des AÜG *Urban-Crell/Germakowski* Einl. Rn. 31 ff.), nachdem es erst zum 1.1.2002 eine wesentliche Änderung mit der Einführung des Gleichstellungsgedankens in dem damals neuen § 10 Abs. 5 aF gegeben hatte (vgl. *Lembke* BB 2003, 98; Boemke/Lembke/*Lembke* § 10 Rn. 7; *Ulber* AuA 2003, 7 (10) jeweils mwN und vgl. *Boemke/Lembke* DB 2002, 893 (896 ff.) zu § 10 Abs. 5 aF). Dabei wurde die Vorschrift den Änderungen zu den Untersagungsgründen in § 3 und den Unwirksamkeitsgründen nach § 9 angepasst. § 10 Abs. 1–3 waren dabei fast unverändert geblieben, in § 10 Abs. 2 wurde nur der klarstellende Verweis auf § 9 Nr. 1 ergänzt (vgl. BT-Drs. 15/25, 39), während die bisherigen § 10 Abs. 4 und Abs. 5 aF (entsprechend der Streichung von § 3 Abs. 1 Nr. 6 aF) gestrichen und § 10 Abs. 4 aF zur Sicherung des Gleichstellungsgebots nach § 9 Nr. 2 aF(entsprechend der Vorläufernorm § 10 Abs. 5 aF) eingeführt worden war (vgl. BT-Drs. 15/25, 39). Nach der Übergangsregelung in § 19 aF galt diese Fassung seit dem 1.1.2004 für alle Leiharbeitsverhältnisse; für alte Leiharbeitsverhältnisse, die vor dem 1.1.2003 begründet worden waren, galt die alte Fassung noch bis 31.12.2003. Dann wurde § 10 Abs. 4 aF erneut geändert und eine Verpflichtung des Verleihers für den Fall der Unwirksamkeit nach § 9 Nr. 2 aF zur Gewährung der wesentlichen Arbeitsbedingungen geregelt; diese Verpflichtung diente vor allem als Anknüpfungspunkt für den damals neuen Ordnungswidrigkeitstatbestand nach § 16 Abs. 1 Nr. 7a aF (vgl. BT-Drs. 17/4804, 10). Der ebenfalls neue Absatz 5 aF verwies auf die neue Möglichkeit der Festsetzung eines „Mindestlohns" durch eine Rechtsverordnung nach § 3a Abs. 2 und gab dem Leiharbeitnehmer explizit einen Mindestlohnanspruch. Diese Änderungen traten zum 1.12.2011 in Kraft.

Mit der Reform zum 1.4.2017 wurden nun § 10 Abs. 4 und 5 gestrichen **4** und die Regelungen in den neuen § 8 zur umfassenden Regelung des Gleichstellungsgrundsatzes aufgenommen. Damit sollte keine inhaltliche Änderung verbunden sein (Gesetzesbegründung zum Regierungsentwurf, BT-Drs. 18/9232, 26; Gesetzesbegründung zum Referentenentwurf vom 16.11.2015, S. 24 f. und vom 17.2.2016, S. 25; Gesetzesbegründung zum Regierungsentwurf, BR-Drs. 294/16, 22 f.). Die Regelung in Abs. 5 zu den Entgeltuntergrenzen ging inhaltsgleich in § 8 Abs. 5 auf. In § 10 Abs. 1 wird nun auf die

erweiterten Tatbestände zur Unwirksamkeit in § 9 Abs. 1 Nr. 1, Nr. 1a und
Nr. 1b Bezug genommen und konkret auch für Verstöße gegen die Deklarati-
ons- und Konkretisierungspflicht sowie das Überschreiten der zulässigen
Höchstüberlassungsdauer die Fiktionswirkung angeordnet. damit hat der
Gesetzgeber auch auf die Rechtsprechung reagiert, die eine analoge Anwendung der Fiktionsregelung in der Vergangenheit abgelehnt hatte (vgl. dazu
→ § 9 Rn. und auch UGBH/*Urban-Crell* § 10 Rn. 1). Entsprechend gelten
neu auch die Rechtsfolgen nach § 10 Abs. 2 und 3 für alle in Bezug genommenen Tatbestände des § 9 Abs. 1.

II. Rechtsfolgen der Unwirksamkeit

5   **Zentrale Rechtsfolge** der Unwirksamkeitstatbestände nach § 9 Abs. 1
Nr. 1, Nr. 1a und Nr. 1b, somit der Unwirksamkeit des Leiharbeitsvertrages,
ist gem. § 10 Abs. 1 die **Fiktion eines Arbeitsverhältnisses** zwischen dem
Entleiher und dem Leiharbeitnehmer (ebenso Schüren/Hamann/*Schüren* § 10
Rn. 44; ErfK/*Wank* § 10 Rn. 2; *Ulber* § 10 Rn. 4; aA Boemke/Lembke/
Lembke § 10 Rn. 13 – „gesetzliches Arbeitsverhältnis" – die Wirkung einer
gesetzlichen Fiktion ist jedoch gerade die Begründung „gesetzlicher Rechte
und Pflichten" bzw. – wie hier – eines gesetzlichen Vertragsverhältnisses.).
§ 10 Abs. 1 enthält über die Fiktionsanordnung hinaus auch Regelungen zum
Inhalt des fingierten Arbeitsverhältnisses zwischen Entleiher und Arbeitnehmer, während § 10 Abs. 2 und 3 dem Leiharbeitnehmer **Ansprüche gegenüber dem Verleiher** gewähren, die vor allem dem finanziellen Schutz des
Leiharbeitnehmers dienen. Darüber hinaus muss der Entleiher in entsprechender Anwendung von § 2 Abs. 1 NachwG die wesentlichen Arbeitsbedingungen schriftlich niederlegen (Boemke/Lembke/*Lembke* § 10 Rn. 47).
Diese Rechtsfolgen nach § 10 treten nur ein, wenn der Zeitarbeitnehmer
keine oder keine wirksame Festhaltenserklärung gem. § 9 Abs. 1 iVm § 9
Abs. 2 und Abs. 3 abgibt (vgl. dazu → § 9 Rn. 79 ff.).

1. Fiktion eines Arbeitsverhältnisses mit dem Entleiher (Abs. 1)

6   Die **Voraussetzungen** für den Eintritt der gesetzlichen Fiktion eines
Arbeitsverhältnisses sind in § 9 Abs. 1 Nr. 1–1b geregelt, auf die § 10 Abs. 1
S. 1 Hs. 1 ausdrücklich verweist. Es müssen daher alle Voraussetzungen nach
§ 9 Abs. 1 Nr. 1, Nr. 1a oder Nr. 1b vorliegen (Boemke/Lembke/*Lembke*
§ 10 Rn. 17; HWK-*Gotthardt/Roloff* AÜG § 10 Rn. 3). Danach kommt es
nur zur Fiktion eines Arbeitsverhältnisses, wenn die Arbeitnehmerüberlassung
wegen fehlender erforderlicher Erlaubnis des Verleihers unwirksam ist
(*Ulber* § 10 Rn. 17; UGBH/*Urban-Crell* § 10 Rn. 7) oder nach den neu eingefügten Tatbeständen Nr. 1a und Nr. 1b, wenn in dem Leiharbeitsvertrag die
Überlassung nicht ausdrücklich als solche bezeichnet und die Person des
Leiharbeitnehmers nicht konkretisiert worden ist oder wenn die Überlassungshöchstdauer überschritten worden ist. Die Unwirksamkeit des Leiharbeitsvertrages aus anderen als den genannten Gründen (wie zB fehlerhafte
Vertretung, fehlende Schriftform usw) führt dagegen nicht zur Fiktion, denn

der Arbeitnehmer muss nur dann durch die Fiktion nach § 10 Abs. 1 geschützt werden, wenn und weil das Arbeitsverhältnis mit dem Verleiher nach § 9 Abs. 1 Nr. 1–1b unwirksam ist (Boemke/Lembke/*Lembke* § 10 Rn. 22 ff.; ErfK/*Wank* § 10 Rn. 2; HWK-*Gotthardt*/*Roloff* AÜG § 10 Rn. 3; Schüren/ Hamann/*Schüren* § 10 Rn. 33; *Ulber* § 10 Rn. 17). Neue und zusätzliche **(negative) Voraussetzung** für die Unwirksamkeit des Zeitarbeitsvertrags ist, dass der Zeitarbeitnehmer nicht schriftlich innerhalb eines Monats ab dem vorgesehenen Überlassungszeitpunkt oder ab dem Überschreiten der Höchstüberlassungsdauer wirksam sein Festhalten an dem Arbeitsverhältnis mit dem Verleiher erklärt. Da § 1 in der Fassung bis zum 28.4.2011 auf die Gewerbsmäßigkeit der Arbeitnehmerüberlassung abstellte, war § 10 davor nur auf die erlaubnispflichtige gewerbsmäßige Arbeitnehmerüberlassung anwendbar (BAG 15.4.1999, DB 1999, 2315; 2.6.2010, NZA 2011, 351; Schüren/ Hamann/*Schüren* § 10 Rn. 32). Seit der Änderung kommt es für die Erlaubnispflicht nach § 1 darauf an, dass die Überlassung im Rahmen der wirtschaftlichen Tätigkeit erfolgt (vgl. *Ulber* § 10 Rn. 1, 20). Unschädlich für die Fiktion im Fall illegaler Überlassung ist allerdings, wenn nicht nur nach § 9 Abs. 1 Nr. 1 die Erlaubnis des Verleihers fehlt, sondern zusätzlich auch die Genehmigungen gem. §§ 15 f. fehlen bzw. wenn auch die Tatbestände der §§ 15 f. gegeben sind (ErfK/*Wank* § 10 Rn. 2; Schüren/Hamann/*Schüren* § 10 Rn. 34; *Ulber* § 10 Rn. 17; aA Boemke/Lembke/*Lembke* § 10 Rn. 24). Es bestehen dann allerdings zusätzlich auch die Beschäftigungsverbote im Verhältnis zum Entleiher als dem fingierten Arbeitgeber (Schüren/Hamann/ *Schüren* § 10 Rn. 34).

Mit der Formulierung „gilt ein Arbeitsverhältnis […] als zustande gekom- 7 men" ordnet der Gesetzgeber im Sinne einer Fiktion zwingend – bei Ausbleiben einer wirksamen Festhaltenserklärung – ein Arbeitsverhältnis zwischen Entleiher und Leiharbeitnehmer, also aus Sicht des Leiharbeitnehmers einen **Arbeitgeberwechsel** an (vgl. ausführlich zur rechtsdogmatischen Einordnung der Fiktion auch hinsichtlich der arbeitsrechtlichen Vertrags- bzw. Eingliederungstheorie *Becker*/*Wulfgramm* Art. 1 § 10 Rn. 8 ff.). Abgesehen von der Option der Festhaltenserklärung, die allein ein einseitiges Gestaltungsrechts des illegal oder rechtswidrig überlassenen Arbeitnehmers ist, ist diese Fiktion nicht (vertraglich) abdingbar (vgl. zur früheren Rechtslage auch Boemke/Lembke/*Lembke* § 10 Rn. 22; KassHB/*Düwell* 4.5 Rn. 269; Schüren/Hamann/*Schüren* § 10 Rn. 40). Diese Fiktion ist für die Beteiligten der Arbeitnehmerüberlassung im Übrigen **nicht abdingbar** (ebenso UGBH/ *Urban-Crell* § 10 Rn. 11 mwN; aA LAG Hamm 12.2.1992 – 9 Sa 993/91, juris).

Die Fiktion des Arbeitsverhältnisses scheidet aus, wenn die **Arbeitneh-** 8 **merüberlassung ins Ausland** stattgefunden hat; insoweit ist die Rechtsfolgeanordnung des § 10 durch das Territorialitätsprinzip begrenzt und es verbleiben dem Leiharbeitnehmer nur die Ansprüche gegen den Verleiher, insbesondere nach § 10 Abs. 2 (vgl. *Ulber* § 10 Rn. 4, 14, *Ulrici;* § 10 Rn. 22 mwN zur Rechtsprechung und auch → Einl. Rn. 45 ff.).

Ausnahmsweise kann sich der Leiharbeitnehmer wegen **Treuwidrigkeit** 9 auch nicht auf die Rechtsfolge nach § 10 Abs. 1 berufen, wenn sich der

Entleiher rechtstreu verhalten und der Leiharbeitnehmer in Kenntnis der Illegalität der Arbeitnehmerüberlassung, der fehlenden Angaben im Zeitarbeitsvertrag oder der Überschreitung der Überlassungsdauer gearbeitet hat (vgl. weiterführend *Ulber* § 10 Rn. 23 sowie Boemke/Lembke/*Lembke* § 10 Rn. 40 ff. mwN zu einer teleologischen Reduktion bzw. einem Ausschluss der Fiktion wegen Rechtsmissbrauchs, wenn der Verleiher bewusst illegale Arbeitnehmerüberlassung herbeiführt, um den Leiharbeitnehmer loszuwerden sowie BAG 11.12.1996, NZA 1997, 817 f.).

10   **a) Beginn des fingierten Arbeitsverhältnisses.** Das fingierte Arbeitsverhältnis beginnt auf Grund ausdrücklicher gesetzlicher Anordnung rückwirkend erst in dem Zeitpunkt, in dem der Leiharbeitnehmer nach dem Arbeitnehmerüberlassungsvertrag zwischen dem Verleiher und dem Entleiher seine **Tätigkeit bei dem Entleiher beginnen soll** (vgl. auch *Becker/Wulfgramm* Art. 1 § 10 Rn. 12; ErfK/*Wank* § 10 Rn. 3; aA Boemke/Lembke/*Lembke* § 10 Rn. 25 ff.; Schüren/Hamann/*Schüren* § 10 Rn. 46 ff.; *Ulber* § 10 Rn. 10 f., 22 ff.; UGBH/*Urban-Crell* § 10 Rn. 13 – Zeitpunkt der Arbeitsaufnahme). Es kommt also weder auf den Zeitpunkt an, in dem die erforderliche Verleiherlaubnis gem. § 9 Abs. 1 Nr. 1 (erstmals) fehlt, noch auf etwaige (abweichende) Abreden zum Tätigkeitsbeginn mit dem Leiharbeitnehmer. Unerheblich ist auch der Zeitpunkt des Abschlusses des Arbeitnehmerüberlassungsvertrages ohne die erforderlichen Angaben gem. § 9 Abs. 1 Nr. 1a (*Becker/Wulfgramm* Art. 1 § 10 Rn. 12) oder der Zeitpunkt der tatsächlichen Arbeitsaufnahme durch den Leiharbeitnehmer (*Becker/Wulfgramm* Art. 1 § 10 Rn. 12; aA Boemke/Lembke/*Lembke* § 10 Rn. 25; *Ulber* § 10 Rn. 10 f., 22 ff.; UGBH/*Urban-Crell* § 10 Rn. 11). Ist der Zeitpunkt der Arbeitsaufnahme zwischen Verleiher und Entleiher nicht bestimmt oder im Nachhinein nicht mehr bestimmbar, ist ausnahmsweise auf den Zeitpunkt der tatsächlichen Arbeitsaufnahme abzustellen (BAG 10.2.1977, AP BetrVG 1972 § 103 Nr. 9, Bl. 2/1; ErfK/*Wank* § 10 Rn. 3; UGBH/*Urban-Crell* § 10 Rn. 11; andere Problemfälle, wie die fehlende Arbeitsaufnahme wegen Weigerung des Leiharbeitnehmers oder des Entleihers, sind ebenso zu lösen, vgl. Schüren/Hamann/*Schüren* § 10 Rn. 49 ff.; *Ulber* § 10 Rn. 22 ff., der deswegen aber entgegen dem ausdrücklichen Gesetzeswortlaut die Grundregel ändern möchte). Unabhängig davon kann die Fiktion nur eintreten, wenn der Leiharbeitnehmer individualisiert ist (so richtig Boemke/Lembke/*Lembke* § 10 Rn. 28; *Ulber* § 10 Rn. 24; vgl. auch HWK-*Gotthardt/Roloff* § 10 Rn. 5). Allerdings tritt die Individualisierung stets vor dem tatsächlichen Arbeitsantritt – wenn auch möglicherweise erst kurzfristig vorher – ein (*Becker/Wulfgramm* § 12 Rn. 21; aA Boemke/Lembke/*Lembke* § 10 Rn. 28; *Ulber* § 10 Rn. 24), so dass der Beginn des fingierten Arbeitsverhältnisses entsprechend dem Gesetzeswortlaut insoweit unproblematisch mit dem vorgesehenen Tätigkeitsbeginn, nicht dem tatsächlichen Arbeitsantritt eintreten kann. Ab dem Zeitpunkt des vorgesehenen Arbeitsantritts beim Entleiher beginnt auch die einmonatige Frist für den Zeitarbeitnehmer nach § 9 Abs. 1 Nr. 1 und Nr. 1a für die Festhaltenserklärung zu laufen, in der der Arbeitsvertrag zum Verleiher schwebend unwirksam ist. Parallel besteht in diesem Zeitraum schwebend ein fingiertes Arbeitsverhältnis mit dem Entleiher (vgl. → § 9 Rn. 79).

aa) Vorliegen der Unwirksamkeitstatbestände bei Vertragsschluss. 11
Fehlt die erforderliche Überlassungserlaubnis bereits im Zeitpunkt des
Abschlusses des Leiharbeitsvertrags, ist dieser Vertrag zwischen Verleiher und
Leiharbeitnehmer gem. § 9 Abs. 1 Nr. 1 zunächst **schwebend unwirksam**
und nach Ablauf der Frist für eine wirksame Festhaltenserklärung des Leiharbeitnehmers unheilbar unwirksam. Der Arbeitsvertrag kann auch nach späterer Erteilung der Verleiherlaubnis allenfalls wirksam neu geschlossen werden
(vgl. → § 9 Rn. 12). Allerdings kann eine wirksame Festhaltenserklärung des
Arbeitnehmers nach § 9 die Wirksamkeit rückwirkend herstellen. Entsprechendes gilt für einen Zeitarbeitsvertrag, wenn Verleiher und Entleiher in
ihren Überlassungsvertrag nicht bereits im Zeitpunkt des Vertragsschlusses
die notwendigen Angaben gem. § 1 Abs. 1 S. 5 aufgenommen bzw. fristgerecht vor Beginn der Überlassung konkretisiert haben (§ 9 Abs. 1 Nr. 1a).
Auch insoweit kann allenfalls durch Verschiebung der Überlassung und neue
Vertragsschlüsse der Fehler beseitig werden. Eine Unwirksamkeit nach § 9
Abs. 1 Nr. 1b wegen Überschreiten der Höchstüberlassungsdauer kann dagegen nicht bei Beginn der Überlassung vorliegen. Das fingierte Arbeitsverhältnis zwischen Entleiher und Leiharbeitnehmer beginnt in dem Zeitpunkt, in
dem der Leiharbeitnehmer nach der Vereinbarung zwischen Verleiher und
Entleiher seine Tätigkeit beginnen soll. Dies soll nicht gelten, wenn die
Beteiligten die Arbeitnehmerüberlassung in diesem Zeitpunkt nicht mehr
durchführen wollen und insbesondere der Leiharbeitnehmer die Tätigkeit
gar nicht antritt (ErfK/*Wank* § 10 Rn. 3; ähnlich Schüren/Hamann/*Schüren*
§ 10 Rn. 35, 47; BeckOK ArbR/*Motz* § 10 Rn. 5; *Ulber* § 10 Rn. 11, 24 f.;
wohl auch *Becker/Wulfgramm* Art. 1 § 10 Rn. 14). Diese Ausnahme ist jedoch
abzulehnen, denn nach dem ausdrücklichen Gesetzeswortlaut ist gerade auf
den vereinbarten, nicht den tatsächlichen Arbeitsbeginn abzustellen (aA
Boemke/Lembke/*Lembke* § 10 Rn. 25 ff. und auch Schüren/Hamann/*Schüren* § 10 Rn. 47 ff., dessen Ansicht in § 10 Rn. 35 insoweit konsequent
erscheint). Zudem ist nach der Gesetzesänderung ausdrücklich geregelt, dass
der rechtswidrig überlassene Arbeitnehmer schriftlich das Festhalten am
Arbeitsvertrag mit dem Verleiher erklären kann, aber auch muss, wenn er ein
fingiertes Arbeitsverhältnis mit dem Entleiher vermeiden will. Insoweit kann
es auf einen bloßen Nichtantritt der Arbeit beim Entleiher oder eine mündliche Abrede bzw. einen konkludenten Willen der Beteiligten nicht (mehr)
ankommen. Nach Eintritt der Fiktion sind die Arbeitsvertragsparteien (Entleiher und Arbeitnehmer) aber frei, einen Aufhebungsvertrag nach § 623
BGB zu schließen (vgl. dazu noch → Rn. 18).

Die Fiktion des Arbeitsverhältnisses ist auch insgesamt nach allgemeiner 12
Ansicht **unabhängig von der Kenntnis der Beteiligten oder dem Willen**
des Entleihers (*Becker/Wulfgramm* Art. 1 § 10 Rn. 13; Boemke/Lembke/
Lembke § 10 Rn. 22; ErfK/*Wank* § 10 Rn. 5; HWK-*Gotthardt/Roloff* § 10
Rn. 6; Schüren/Hamann/*Schüren* § 10 Rn. 36; *Ulber* § 10 Rn. 19). Daher
trifft die Fiktion auch den gutgläubigen Entleiher und Leiharbeitnehmer,
wenn zB der Verleiher sie über das Fehlen der erforderlichen Erlaubnis täuscht
oder pflichtwidrig den Wegfall der Erlaubnis nicht nach § 11 Abs. 3 anzeigt
oder sie von einem Selbständigenvertragsverhältnis ausgehen oder der Arbeit-

nehmer nicht über die Überlassung und seine Funktion als überlassener Arbeitnehmer informiert wird (*Becker/Wulfgramm* Art. 1 § 10 Rn. 13; *ErfK/Wank* § 10 Rn. 5; *HWK-Gotthardt/Roloff* § 10 Rn. 6; *Ulber* § 10 Rn. 19). Nach der Einführung der Festhaltenserklärung als Gestaltungsrechts des Arbeitnehmers kann die Fiktionswirkung aber richtigerweise den gutgläubigen Leiharbeitnehmer nicht treffen, solange die Frist zum Widerspruch noch nicht abgelaufen ist. Richtigerweise kann diese Frist auch nicht zu Lasten des gutgläubigen Arbeitnehmers beginnen, sondern erst mit seier Kenntnis laufen (vgl. dazu bereits → § 9 Rn. 22 mwN).

13   **bb) Vorliegen der Unwirksamkeitstatbestände nach Vertragsschluss.** Hat der Verleiher im Zeitpunkt des Vertragsschlusses eine Arbeitnehmerüberlassungserlaubnis und hat er die notwendigen Angaben nach § 1 Abs. 1 S. 5 und 6im/zum Überlassungsvertrag gemacht, kommt der Leiharbeitsvertrag mit dem Leiharbeitnehmer zwar zunächst wirksam zustande. Wenn die Erlaubnis aber später entfällt, werden der Leiharbeitsvertrag und auch der Arbeitnehmerüberlassungsvertrag gem. § 9 Abs. 1 Nr. 1 grundsätzlich unwirksam und wandelt sich das Leiharbeitsverhältnis zwischen Verleiher und Leiharbeitnehmer in ein faktisches Arbeitsverhältnis, während zwischen Entleiher und Leiharbeitnehmer ein Arbeitsverhältnis fingiert wird (vgl. BAG 10.2.1977, AP BetrVG 1972 § 103 Nr. 9, Bl. 2/1; *Becker/Wulfgramm* Art. 1 § 10 Rn. 15; *ErfK/Wank* § 10 Rn. 5; *HWK-Gotthardt/Roloff* § 10 Rn. 7; *Schüren/Hamann/Schüren* § 10 Rn. 144 ff. und § 9 Rn. 27 f.). Maßgeblicher (frühester) Zeitpunkt für die Fiktion ist auch in diesem Fall gem. § 10 Abs. 1 S. 1 Hs. 2 der Zeitpunkt der vereinbarten Arbeitsaufnahme. Voraussetzung für die Fiktion ist aber überdies, ausweislich des Gesetzeswortlauts, die Tätigkeitsaufnahme beim Entleiher. Entfällt die Verleiherlaubnis jedoch erst, **nachdem der Leiharbeitnehmer seine Tätigkeit beim Entleiher bereits begonnen hat** (vgl. *Ulber* § 10 Rn. 26), wird das Arbeitsverhältnis nach § 10 Abs. 1 S. 1 Hs. 4 außerdem frühestens ab dem Zeitpunkt fingiert, in dem die Unwirksamkeit der Verträge nach § 9 Abs. 1 Nr. 1 eintritt (vgl. auch *Becker/Wulfgramm* Art. 1 § 10 Rn. 16; *ErfK/Wank* § 10 Rn. 7; *UGBH/Urban-Crell* § 10 Rn. 12; anders Boemke/Lembke/*Lembke* § 10 Rn. 20). Entsprechendes gilt auch für ein Überschreiten der Höchstüberlassungsdauer, die stets nur nach Beginn der Überlassung und Tätigkeit beim Entleiher eintreten kann. Dagegen kann eine Unwirksamkeit nach § 9 Abs. 1 Nr. 1a durch fehlende Kennzeichnung und Konkretisierung wohl nur ausnahmsweise nach Beginn der Überlassung auftreten, wenn zB Verleiher und Entleiher ihren Überlassungsvertrag ändern oder neu schließen oÄ und dabei diese Formalien vergessen bzw. nicht einhalten.

14   In den besonderen Fällen der Rücknahme (§ 4), des Widerrufs (§ 5) oder der Nichtverlängerung (§ 2 Abs. 4 S. 3) ist zu beachten, dass die Unwirksamkeit der Verträge nicht sofort mit Wegfall der Erlaubnis, sondern erst nach der höchstens zwölfmonatigen **Abwicklungsfrist** gem. § 2 Abs. 4 S. 4 (iVm § 4 Abs. 1 S. 2 bzw. § 5 Abs. 2 S. 2) eintritt (ebenso *Becker/Wulfgramm* Art. 1 § 10 Rn. 16; *ErfK/Wank* § 10 Rn. 7; *UGBH/Urban-Crell* § 10 Rn. 12). Entsprechend verschiebt sich auch der Beginn des fingierten Arbeitsverhältnisses,

wenn der Fiktion nicht ohnehin im Rahmen der Abwicklungsfrist durch Beendigung der Arbeitnehmerüberlassung oder durch neue Verleiherlaubnis vorgebeugt wird.

Auch in diesem Fall hindert **fehlende Kenntnis** der Beteiligten vom 15 Wegfall der Erlaubnis oder vom Überschreiten der Höchstüberlassungsdauer oder **fehlender Wille** des Entleihers die Fiktion nicht (*Becker/Wulfgramm* Art. 1 § 10 Rn. 16; ErfK/*Wank* § 10 Rn. 7; *Ulber* § 10 Rn. 26). Nur eine wirksame Festhaltenserklärung des rechtswidrig überlassenen Arbeitnehmers kann den Eintritt der Fiktion verhindern (vgl. bereits → Rn. 12). Nach Eintritt der Fiktion sind die Arbeitsvertragsparteien aber frei, einen Aufhebungsvertrag nach § 623 BGB zu schließen (vgl. dazu noch → Rn. 18).

cc) Rückabwicklung der unwirksamen Vertragsverhältnisse. Zu 16 einer ggf. erforderlichen Rückabwicklung bei Vollzug der unwirksamen Arbeitnehmerüberlassungsverträge vgl. → § 9 Rn. 15 ff.

b) Inhalt des fingierten Arbeitsverhältnisses. Das fingierte Arbeitsver- 17 hältnis ist ein vollwertiges Arbeitsverhältnis (*Bundesagentur für Arbeit,* Fachliche Weisungen, Stand 1.4.2017, S. 93). Zu den Inhalten des fingierten Arbeitsverhältnisses zwischen Leiharbeitnehmer und Entleiher trifft § 10 Abs. 1 nur punktuelle, keineswegs abschließende Reglungen, vor allem zur Arbeitszeit (§ 10 Abs. 1 S. 3) und zum Arbeitsentgelt (§ 10 Abs. 1 S. 5). § 10 Abs. 1 S. 4 verweist pauschaler auf die im Entleiherbetrieb bzw. vergleichbaren Betrieben geltenden Regelungen; letztlich gilt auch ohne ausdrückliche besondere Anordnung und vorbehaltlich von Sonderregeln nach dem AÜG auch das **gesamte Arbeitsrecht** einschließlich des öffentlich-rechtlichen Arbeitsrechts, des Steuer- und Sozialversicherungsrechts sowie auch das dispositive Gesetzesrecht, soweit nach § 10 Abs. 1 S. 4 keine Regelungen einschlägig sind (vgl. auch *Bundesagentur für Arbeit,* Fachliche Weisungen, Stand 1.4.2017, S. 93; *Becker/Wulfgramm* Art. 1 § 10 Rn. 17; Boemke/Lembke/*Lembke* § 10 Rn. 64 ff.; BeckOK ArbR/*Motz* § 10 Rn. 21; ErfK/*Wank* § 10 Rn. 15; HWK-*Gotthardt/Roloff* § 10 Rn. 13 ff.; UGBH/*Urban-Crell* § 10 Rn. 15 ff.; aA offenbar KassHB/*Düwell* 4.5 Rn. 269 „umfassende Regelung"; vgl. insbesondere zu einer Versetzung auch Schüren/Hamann/*Schüren* § 10 Rn. 73 mwN und zur Sozialversicherung sowie zur Lohnsteuer Boemke/Lembke/ *Lembke* § 10 Rn. 87 ff.; Schüren/Hamann/*Schüren* Einl. Rn. 785 ff., § 1 Rn. 98).

Den nach § 10 Abs. 1 S. 3–5 für das fingierte Arbeitsverhältnis vorgegebe- 18 nen Inhalt können der Entleiher und der Leiharbeitnehmer durch selbst bestimmte Regeln ablösen, indem sie einvernehmlich das fingierte Arbeitsverhältnis durch Aufhebungsvertrag (unter Beachtung der Schriftform nach § 623 BGB) beenden und ein **neues inhaltlich abweichendes Arbeitsverhältnis** für die Zukunft begründen (BAG 19.12.1979, AP AÜG § 10 Nr. 1, Bl. 1/2 f.; *Becker/Wulfgramm* Art. 1 § 10 Rn. 17a; Boemke/Lembke/*Lembke* § 10 Rn. 31; ErfK/*Wank* § 10 Rn. 9; HWK-*Gotthardt/Roloff* § 10 Rn. 15; Schüren/Hamann/*Schüren* § 10 Rn. 42; *Ulber* § 10 Rn. 12, 56; UGBH/ *Urban-Crell* § 10 Rn. 19, 33 jeweils mwN). Der Leiharbeitnehmer muss über das Schriftformerfordernis nach § 623 BGB hinaus nicht vor einer solchen

Änderung geschützt werden, da er sich auf Grund der schriftlichen Niederle-
gung des Aufhebungsvertrages selbst über etwaige Nachteile klar werden
kann. Überdies ergibt sich aus der in § 613a Abs. 1 S. 4 BGB niedergelegten
Veränderungssperre im Umkehrschluss, dass der Gesetzgeber **keine ähnliche
Veränderungssperre** für das fingierte Arbeitsverhältnis für erforderlich hält
(ebenso Schüren/Hamann/*Schüren* § 10 Rn. 42, der allerdings eine strenge
Inhaltskontrolle der neuen Arbeitsbedingungen fordert). Eine rückwirkende
Aufhebung ist hingegen unzulässig (vgl. *Ulber* § 10 Rn. 12, 56); eine rückwir-
kende Inhaltsänderung entspricht dagegen einem Gehaltsverzicht und ist im
Umkehrschluss zu § 4 Abs. 4 S. 1 TVG und § 77 Abs. 4 S. 2 BetrVG mangels
Verzichtsverbot zulässig (im Ergebnis ebenso Boemke/Lembke/*Lembke* § 10
Rn. 31; offen gelassen von BAG 18.2.2003, DB 2003, 2181 zu B.II.1 der
Gründe).

19   **aa) Arbeitszeit (Satz 3).** Für die Arbeitszeit fingiert das Gesetz die zwischen Verleiher und dem Entleiher (!) festgelegte **Dauer und Lage der
Arbeitszeit** als für das Arbeitsverhältnis zwischen Entleiher und Leiharbeitnehmer vereinbart, so dass das fingierte Arbeitsverhältnis zB nur ein Teilzeit-
arbeitsverhältnis ist, wenn der Leiharbeitnehmer nur für eine Teilzeitstelle
ausgeliehen wurde (vgl. *Becker/Wulfgramm* Art. 1 § 10 Rn. 19; Boemke/
Lembke/*Lembke* § 10 Rn. 61; ErfK/*Wank* § 10 Rn. 10; *Ulber* § 10 Rn. 58 ff.;
UGBH/*Urban-Crell* § 10 Rn. 17 f.). Außerdem erstreckt sich die Fiktion auf
die Lage der Arbeitszeit (allgM vgl. nur ErfK/*Wank* § 10 Rn. 10; Schüren/
Hamann/*Schüren* § 10 Rn. 86 ff.; *Ulber* § 10 Rn. 62 ff.; UGBH/*Urban-Crell*
§ 10 Rn. 21; Boemke/Lembke/*Lembke* § 10 Rn. 61; überdies differenzierend
nach befristetem und unbefristetem Arbeitsverhältnis Schüren/Hamann/
Schüren § 10 Rn. 86 ff. unklar aber BT-Drs. VI/2303, 13 – nur Dauer der
Arbeitszeit). Dadurch soll der Leiharbeitnehmer vor unvorhersehbaren Änderungen seiner Arbeitszeit geschützt werden, was allerdings überzeugender
durch eine Anknüpfung an die im Leiharbeitsvertrag von Verleiher und Leiharbeitnehmer vereinbarte Arbeitszeit erreicht würde (zutreffend kritisch
Becker/Wulfgramm Art. 1 § 10 Rn. 20; UGBH/*Urban-Crell* § 10 Rn. 17).

20   Soweit Verleiher und Entleiher **keine Arbeitszeitregelung im Arbeitnehmerüberlassungsvertrag** getroffen haben, ist nach § 10 Abs. 1 S. 4 die
im Betrieb des Entleihers allgemein geltende oder **subsidiär** die in vergleichbaren Betrieben geltende Regelung maßgeblich (ebenso *Becker/Wulfgramm*
Art. 1 § 10 Rn. 21; Boemke/Lembke/*Lembke* § 10 Rn. 63; UGBH/*Urban-
Crell* § 10 Rn. 24; vgl. auch KassHB/*Düwell* 4.5 Rn. 270). Sind sowohl Entleiher als auch Leiharbeitnehmer tarifgebunden, gelten die tariflichen Arbeitszeiten normativ für das Arbeitsverhältnis (so wohl auch *Becker/Wulfgramm*
Art. 1 § 10 Rn. 21; ErfK/*Wank* § 10 Rn. 11; *Ulber* § 10 Rn. 64; vgl. auch
Boemke/Lembke/*Lembke* § 10 Rn. 62), nicht aber auf Grund der gesetzli-
chen Fiktion als einzelvertraglich vereinbart. Entsprechendes gilt für Arbeits-
zeitregelungen in Betriebsvereinbarungen des Entleihers (*Becker/Wulfgramm*
Art. 1 § 10 Rn. 21; ErfK/*Wank* § 10 Rn. 11; *Ulber* § 10 Rn. 64; UGBH/
Urban-Crell § 10 Rn. 24, 32; vgl. auch Boemke/Lembke/*Lembke* § 10
Rn. 62). In Ergänzung zu den einschlägigen Regeln über die Arbeitszeitver-

pflichtung für den Leiharbeitnehmer sind auch die öffentlichrechtliche Regeln über die **Höchstarbeitszeit** nach dem ArbZG und weiteren Gesetzen, wie zB JArbSchG usw, anwendbar.

Die arbeitszeitrechtlichen Vorgaben für den Entleiher sollen diesen nicht **21** schlechter stellen als der Verleiher nach den mit dem Leiharbeitnehmer vereinbarten Bedingungen stehen würde. Innerhalb der durch die tarifrechtlichen und durch eine Betriebsvereinbarung sowie die vertraglichen Regelungen vorgegebenen Grenzen kann der Entleiher als Arbeitgeber daher die Arbeitszeit grundsätzlich auf Grund seines **arbeitgeberseitigen Direktionsrechts** nach billigem Ermessen gem. § 106 GewO (§ 315 BGB) festlegen (ebenso Boemke/Lembke/*Lembke* § 10 Rn. 62; HWK-*Gotthardt/Roloff* § 10 Rn. 12; UGBH/*Urban-Crell* § 10 Rn. 22; ErfK/*Wank* § 10 Rn. 10).

Zulässig ist es für Entleiher und Leiharbeitnehmer auch, die gesetzlich **22** fingierte Arbeitszeitregelung durch eine **andere einvernehmliche Regelung** zu ersetzen; die gesetzliche Fiktion soll lediglich eine einseitige Änderung verhindern (vgl. auch → Rn. 31 und *Becker/Wulfgramm* Art. 1 § 10 Rn. 23; ErfK/*Wank* § 10 Rn. 11; UGBH/*Urban-Crell* § 10 Rn. 23; Boemke/Lembke/*Lembke* § 10 Rn. 62).

bb) Arbeitsentgelt (Satz 4 und 5). Grundsätzlich ordnet § 10 Abs. 1 **23** S. 4 an, dass sich das Arbeitsentgelt – wie alle anderen Inhalte des fingierten Arbeitsverhältnisses mit Ausnahme der Arbeitszeit – nach den im **Betrieb des Entleihers** geltenden Regeln richtet. Dies ist ein gesetzlicher **Vergütungsanspruch,** der jedoch teilweise **subsidiär** ist zu den kollektivrechtlich normativ geltenden Regelungen, insbesondere zu Tarifverträgen, die bei beiderseitiger Tarifbindung von Entleiher und Arbeitnehmer sowie bei Allgemeinverbindlichkeit vorgehen. Überdies garantiert § 10 Abs. 1 S. 5 dem Leiharbeitnehmer mindestens das Entgelt, das er mit dem Verleiher vereinbart hat, für den in der Praxis vorkommenden Fall, dass das Vergütungsniveau des Entleihers unter dem des Verleihers liegt. Der Leiharbeitnehmer hat jedoch keinen Anspruch auf den Erhalt eines etwaigen für ihn günstigen Vergütungsabstandes gegenüber dem Vergütungsniveau des Entleihers (BAG 21.7.1993, AP AÜG § 10 Nr. 10, Bl. 2/2 ff.; KassHB/*Düwell* 4.5 Rn. 273; Boemke/Lembke/*Lembke* § 10 Rn. 74; UGBH/*Urban-Crell* § 10 Rn. 30). Umgekehrt kann der Entleiher mit dem Arbeitnehmer für die Zukunft durchaus eine **Änderungsvereinbarung zur Absenkung** der etwaigen besseren Vergütungsbedingungen schließen (Boemke/Lembke/*Lembke* § 10 Rn. 31; KassHB/*Düwell* 4.5 Rn. 272; Schüren/Hamann/*Schüren* § 10 Rn. 96; *Ulber* § 10 Rn. 73 jeweils mwN auch zur Änderungskündigung). Für die Vergangenheit werden in der Praxis regelmäßig erhebliche Nachzahlungen fällig.

Der **Begriff „Arbeitsentgelt"** in § 10 Abs. 1 S. 5 ist weit zu verstehen **24** und erfasst jede Vergütung, die Gegenleistung für die Arbeit des Leiharbeitnehmers darstellt (*Becker/Wulfgramm* Art. 1 § 10 Rn. 25; Boemke/Lembke/*Lembke* § 10 Rn. 70; ErfK/*Wank* § 10 Rn. 13; HWK-*Gotthardt/Roloff* § 10 Rn. 17; *Ulber* § 10 Rn. 70; UGBH/*Hurst* § 8 Rn. 37). Dazu gehört vor allem laufendes Gehalt/Lohn, Zulagen, Jahressonderleistungen wie Urlaubsgeld, Weihnachtsgeld usw, erfolgsbezogene Vergütung wie Provisionen, ggf. auch

Bonus usw, Vermögenswirksame Leistungen und Sachleistungen wie Depu-
tate, etc (*Becker/Wulfgramm* Art. 1 § 10 Rn. 25; Boemke/Lembke/*Lembke*
§ 10 Rn. 70; ErfK/*Wank* § 10 Rn. 13; Schüren/Hamann/*Schüren* § 10
Rn. 79, 94; UGBH/*Urban-Crell* § 3 Rn. 100 jeweils mwN).

25   Der Vergütungsanspruch des Leiharbeitnehmers beruht zwar grundsätzlich
auf der gesetzlichen Anordnung in § 10 Abs. 1 S. 4, kann aber auch durch
normativ geltende Kollektivnormen vorrangig begründet sein. So gilt
der einschlägige **Tarifvertrag** bei beidseitiger Tarifbindung des Entleihers
und des Leiharbeitnehmers ebenso unmittelbar normativ wie bei Allgemeinverbindlichkeit (*Becker/Wulfgramm* Art. 1 § 10 Rn. 26; ErfK/*Wank* § 10
Rn. 13; *Ulber* § 10 Rn. 64; vgl. auch KassHB/*Düwell* 4.5 Rn. 271). Entsprechend gelten auch **Betriebsvereinbarungen des Entleiherbetriebs** vorrangig vor § 10 Abs. 1 S. 4 für das fingierte Arbeitsverhältnis und gewähren
dem Leiharbeitnehmer dieselben Ansprüche wie den Stammarbeitnehmers
des Entleihers.

26   Zahlt der Entleiher **übertarifliche Vergütung** an alle (Stamm-)Arbeit-
nehmer oder jedenfalls eine mit dem Leiharbeitnehmer vergleichbare
Gruppe, hat der Leiharbeitnehmer unabhängig von § 10 Abs. 1 S. 4 oder
seiner Tarifbindung auch aus dem allgemeinen Gleichbehandlungsgrundsatz
einen Anspruch auf die gleiche Vergütung (*Becker/Wulfgramm* Art. 1 § 10
Rn. 26; ErfK/*Wank* § 10 Rn. 13). Entsprechend gilt auch allgemein der
Gleichbehandlungsgrundsatz vorrangig und kann Vergütungsansprüche
des Leiharbeitnehmers nach den allgemeinen Regeln begründen, soweit ein
kollektiver Vergütungstatbestand und keine individuelle Vergütungsvereinbarung gegeben ist (so wohl auch ErfK/*Wank* § 10 Rn. 9, 13; HWK-*Gotthardt/
Roloff* § 10 Rn. 17; Schüren/Hamann/*Schüren* § 10 Rn. 74 ff., 79, 100;
UGBH/*Urban-Crell* § 10 Rn. 26 und im Ergebnis *Becker/Wulfgramm* Art. 1
§ 10 Rn. 31; *Ulber* § 10 Rn. 65). Soweit es auf die **Dauer der Betriebszugehörigkeit** ankommt, sind nur die Zeiten des fingierten Arbeitsverhältnisses,
nicht auch die vor Eintritt der Fiktion ggf. geleisteten Arbeitszeiten anzurechnen (ArbG Bochum 14.1.1982, DB 1982, 1623 (1624) (wohl zu legaler
Arbeitnehmerüberlassung); Boemke/Lembke/*Lembke* § 10 Rn. 66; ErfK/
Wank § 10 Rn. 9; Schüren/Hamann/*Schüren* § 10 Rn. 79).

27   Bestehen keine vorrangigen normativ geltenden kollektivrechtlichen
Regelungen oder Ansprüche aus dem allgemeinen Gleichbehandlungsgrundsatz, gründet sich der Vergütungsanspruch des Leiharbeitnehmers auf § 10
Abs. 1 S. 4 und richtet sich anhand dieses besonderen Gleichstellungsgebots
wiederum an den **Regelungen zur Vergütung eines vergleichbaren
Arbeitnehmers im Entleiherbetrieb** aus (vgl. BAG 15.6.1983, NJW 1984,
2912; 21.7.1993, AP AÜG § 10 Nr. 10, Bl. 2/2; ErfK/*Wank* § 10 Rn. 13);
auf den allgemeineren § 612 Abs. 2 BGB muss nicht zurückgegriffen werden
(so aber *Becker/Wulfgramm* Art. 1 § 10 Rn. 27). Etwaige tarifliche Ausschlussfristen des Entleiherbetriebs sollen zu Lasten des Leiharbeitnehmers erst gelten, wenn der Entleiher seine fingierte Arbeitgeberstellung anerkennt (vgl.
BAG 27.3.1983, EzAÜG Bd. 2 Nr. 132; Schüren/Hamann/*Schüren* § 10
Rn. 99; *Becker/Wulfgramm* Art. 1 § 10 Rn. 29a auch zu Auskunftspflichten
des Entleihers gegenüber dem Leiharbeitnehmer mwN, vgl. dazu aber auch

§ 11 Abs. 1 iVm § 2 Abs. 1 NachwG). Ausschlussfristen gehören jedenfalls nicht zu den wesentlichen Arbeitsbedingungen; der Leiharbeitnehmer, der seinen Anspruch aus § 10 Abs. 1 S. 4 geltend macht, muss sie daher nicht einhalten (BAG 23.3.2011, NZA 2011, 850, das es ablehnt, die Ausschlussfristen als integralen Bestandteil der wesentlichen Arbeitsbedingung „Entgelt" anzusehen).

Bestehen im Entleiherbetrieb keine Reglungen zur Vergütung eines vergleichbaren Arbeitnehmers, sind nach der gesetzlichen Vorschrift die **Regelungen vergleichbarer Betriebe** heranzuziehen. Darunter dürften wohl andere Betriebe desselben Entleiherunternehmens wie auch die Betriebe anderer Arbeitgeber fallen. Dennoch ist die Vorgabe für die Praxis durchaus problematisch, denn die Vergleichbarkeit von Betrieben ist schwierig zu beurteilen, selbst wenn sie derselben Branche am selben Standort angehören, können sich erhebliche Unterschiede der wirtschaftlichen Lage ergeben. **28**

Grundsätzlich sollen Betriebe vergleichbar sein, die im Hinblick auf die Größe und die örtlichen Verhältnisse sowie dem Geschäftszweig und ggf. den Tarifbedingungen dem Entleiherleiherbetrieb entsprechen (Boemke/Lembke/*Lembke* § 10 Rn. 68; vgl. auch Schüren/Hamann/*Schüren* § 10 Rn. 101, der vorrangig auf die üblichen Tarifbestimmungen abstellen will, ebenso *Ulber* § 10 Rn. 66). **29**

Unabhängig von dem Vergütungsniveau, das sich aus den für den Leiharbeitnehmer geltenden Kollektivnormen, dem Gleichstellungsgrundsatz oder den Regelungen im Entleiherbetrieb ergibt, hat der Leiharbeitnehmer zumindest Anspruch auf das mit dem Verleiher vereinbarte Arbeitsentgelt nach § 10 Abs. 1 S. 5. Der Begriff des „vereinbarten Arbeitsentgelts" ist weit zu verstehen (vgl. → Rn. 23) und erfasst **alle schriftlichen und mündlichen arbeitsvertraglichen Vereinbarungen** zwischen Verleiher und Leiharbeitnehmer einschließlich der einzelvertraglichen Bezugnahmen auf Kollektivnormen, insbesondere Tarifverträge (ErfK/*Wank* § 10 Rn. 14; Schüren/Hamann/*Schüren* § 10 Rn. 75 f.; ähnlich *Becker/Wulfgramm* Art. 1 § 10 Rn. 28). Bei der Berechnung des mit dem Verleiher vereinbarten Entgelts sind auch etwaige Tarifansprüche zu berücksichtigen, die auf Grund beiderseitiger Tarifbindung von Verleiher und Leiharbeitnehmer gelten, wenngleich diese nicht individuell zwischen den Beteiligten vereinbart sind. Andernfalls stünden nicht tarifgebundene Leiharbeitnehmer mit Verweis auf denselben Tarifvertrag besser als der organisierte Leiharbeitnehmer (so zutreffend *Becker/Wulfgramm* Art. 1 § 10 Rn. 28; ErfK/*Wank* § 10 Rn. 14; im Ergebnis durch analoge Anwendung auch Boemke/Lembke/*Lembke* § 10 Rn. 55). **30**

Dieser gesetzliche **Mindestvergütungsanspruch** des Leiharbeitnehmers ist auch die Berechnungsgrundlage für Beiträge, die nach einem (allgemeinverbindlichen) Tarifvertrag an eine Gemeinsame Einrichtung der Tarifparteien zu zahlen sind (vgl. LAG Hessen 7.6.1993, NZA 1994, 672). In der Praxis gewinnt die Regelung an Bedeutung, soweit das Entgelt, das der Zeitarbeitnehmer mit dem Verleiher vereinbart über dem Vergütungsniveau für Stammarbeitnehmer des Entleiherbetriebs liegt. Dies ist durchaus im Bereich anspruchsvoller Projekt- und Interminstätigkeiten zunehmend der Fall. Diese Tendenz wird nach der neuen Gesetzeslage dadurch verstärkt, dass **31**

§ 8 Abs. 1 für die rechtmäßige Arbeitnehmerüberlassung nunmehr vorbehaltlich eines Tarifabschlusses ebenfalls eine Gleichstellung des Leiharbeitnehmers
mit den vergleichbaren Arbeitnehmern des Entleiherbetriebs vorgibt, aber
keine Besserstellung verbietet. Für § 10 Abs. 1 S. 5 verbleibt daneben noch
ein Anwendungsbereich, soweit die mangels Erlaubnis illegale Arbeitnehmerüberlassung oder die verdeckte Arbeitnehmerüberlassung auf Grund von
Unkenntnis im Einzelfall oder bewusst vollkommen ohne Beachtung des
AÜG stattfindet.

32   Selbstverständlich steht es den Parteien des fingierten Arbeitsverhältnisses
wegen des allgemeinen Günstigkeitsprinzips frei, über den Mindestanspruch
des Leiharbeitnehmers hinaus eine bessere Vergütung zu vereinbaren. Soweit
die Mindestvergütungszusage des Verleihers und etwaige tarifliche Ansprüche
nicht unterschritten werden, kann der Entleiher mit dem Leiharbeitnehmer
durch **Änderungsvertrag** auch ein Vergütungsniveau vereinbaren, das die
im Entleiherbetrieb geltenden Regelungen unterschreitet; § 10 Abs. 1 S. 4
ist insoweit abdingbar (ebenso Boemke/Lembke/*Lembke* § 10 Rn. 31; wohl
auch *Becker/Wulfgramm* Art. 1 § 10 Rn. 29). Dem steht die Unabdingbarkeit
von § 8 Abs. 1 nicht entgegen, weil sich diese Norm nur auf das wirksame
Leiharbeitsverhältnis mit dem Verleiher bezieht.

33   **cc) Sonstige Arbeitsbedingungen (Satz 4).** Durch pauschalen Verweis
auf die im Entleiherbetrieb geltenden Regelungen, subsidiär die in einem
vergleichbaren Betrieb geltenden Regelungen gibt § 10 Abs. 1 S. 4 die Inhalte
des fingierten Arbeitsverhältnisses vor, die nicht ausdrücklich wie die Arbeitszeit nach Satz 3 und teilweise auch die Dauer gem. Satz 2 bzw. das Arbeitsentgelt nach Satz 5 geregelt sind. Nur **deklaratorische Wirkung** hat die Norm,
soweit damit auch die arbeitsrechtlichen und alle anderen für ein Arbeitsverhältnis geltenden gesetzlichen Regelungen in Bundes- und Landesverfassun-
gen, Bundes- und Landesgesetzen sowie Rechtsverordnungen einschließlich
von Richterrecht, zB zur betrieblichen Übung, Arbeitnehmerhaftung und
Arbeitskampf, erfasst werden sollen, da diese Regelungen auch auf faktische
Arbeitsverhältnisse unmittelbar anwendbar sind (vgl. BAG 1.6.1994, AP
AÜG § 10 Nr. 11, Bl. 4/2; *Becker/Wulfgramm* Art. 1 § 10 Rn. 31; Boemke/
Lembke/*Lembke* § 10 Rn. 64; ErfK/*Wank* § 10 Rn. 15); diese Normen gelten
auch unabhängig von § 10 Abs. 1 S. 4 für das fingierte Arbeitsverhältnis, weil
es gem. § 10 Abs. 1 S. 1 ein **vollwertiges Arbeitsverhältnis** ist (ebenfalls
ausdrücklich für ein vollgültiges Arbeitsverhältnis *Bundesagentur für Arbeit,*
Fachliche Weisungen, Stand 1.4.2017, S. 93; *Becker/Wulfgramm* Art. 1 § 10
Rn. 32 mwN und zu Einzelheiten; ErfK/*Wank* § 10 Rn. 15; UGBH/*Urban-
Crell* § 10 Rn. 17 ff.; Boemke/Lembke/*Lembke* § 10 Rn. 14).

34   Ist nur der Entleiher (nicht auch der Leiharbeitnehmer) tarifgebunden,
gelten die **tariflichen Regeln zu betrieblichen und betriebsverfassungsrechtlichen Gegenständen** gem. § 3 Abs. 2 TVG auch für den Leiharbeitnehmer (*Becker/Wulfgramm* Art. 1 § 10 Rn. 31; Boemke/Lembke/*Lembke*
§ 10 Rn. 65; ErfK/*Wank* § 10 Rn. 15); auch insoweit wirkt § 10 Abs. 1 S. 4
nur deklaratorisch. Entsprechendes gilt für die Anwendung von **Betriebsvereinbarungen,** die nach § 77 Abs. 4 S. 1 BetrVG ebenfalls den Leiharbeitneh-

mer erfassen (*Becker/Wulfgramm* Art. 1 § 10 Rn. 31; Boemke/Lembke/ *Lembke* § 10 Rn. 65).

Wie auch im besonderen Fall der Vergütungsabreden können Entleiher 35 und Leiharbeitnehmer – vorbehaltlich allgemeiner zwingender Regeln des Gesetzesrechts, aber auch des Verbots individuellen Verzichts auf kollektiv begründete Rechte nach § 77 Abs. 4 S. 2 BetrVG und § 4 Abs. 4 S. 1 TVG – die Arbeitsbedingungen des fingierten Arbeitsverhältnisses **einvernehmlich ändern** (vgl. BAG 19.12.1979, AP AÜG § 10 Nr. 1, Bl. 1/2 f.; *Becker/Wulfgramm* Art. 1 § 10 Rn. 33). Der Entleiher kann unter Beachtung der allgemeinen, allerdings strengen Voraussetzungen die Arbeitsbedingungen gegenüber dem Leiharbeitnehmer grundsätzlich auch durch **Änderungskündigung** nach § 2 KSchG einseitig verschlechtern; nicht ausreichend ist aber das Ziel der Gleichbehandlung (vgl. Schüren/Hamann/*Schüren* § 10 Rn. 97 und BAG 12.1.2006, NZA 2006, 587, das die Maßstäbe der Änderungskündigung zur Entgeltsenkung anwendet).

c) Dauer des fingierten Arbeitsverhältnisses. Zur Dauer des fingier- 36 ten Arbeitsverhältnisses regelt § 10 Abs. 1 S. 2 mittels weiterer **Fiktion,** dass das Arbeitsverhältnis **als befristet gilt,** wenn auch die Tätigkeit des Leiharbeitnehmers beim Entleiher nur für einen befristeten Zeitraum vorgesehen war und außerdem ein **sachlicher Grund** für eine Befristung vorliegt. Im Übrigen richtet sich die Dauer des fingierten Arbeitsverhältnisses gem. § 10 Abs. 1 S. 4 nach den im Entleiherbetrieb geltenden Regelungen und damit regelmäßig nach den allgemeinen gesetzlichen Regeln (*Becker/Wulfgramm* Art. 1 § 10 Rn. 34; ErfK/*Wank* § 10 Rn. 16). Voraussetzung für das fingierte Arbeitsverhältnis ist aber, dass der Arbeitnehmer keine wirksame Festhaltenserklärung abgibt. Bis zur Ausübung dieses Widerspruchsrechts bzw. zum Ablauf der Frist besteht das fingierte Arbeitsverhältnis schwebend wirksam und entfällt ggf. rückwirkend mit wirksamer Festhaltenserklärung.

aa) Befristung. Die erste Voraussetzung der Befristungsfiktion – nur als 37 **befristet geplanter Einsatz** des Leiharbeitnehmers beim Entleiher – wird in der Praxis noch vergleichsweise häufig erfüllt, weil auch rechtswidrige Arbeitnehmerüberlassung typischerweise auf einen bestimmten Zeitraum begrenzt vereinbart wird. Allerdings sind auch Fälle nicht selten, in denen – oftmals in Verkennung der Rechtslage, zB bei Scheinselbständigkeits- bzw. Scheinwerk-/dienstverträgen – die illegale oder verdeckte Überlassung unbefristet vorgesehen ist bzw. stattfindet (vgl. auch Schüren/Hamann/*Schüren* § 10 Rn. 56, 67, 70). Für diese Voraussetzung ist jedenfalls auf die **Vereinbarungen zwischen Verleiher und Entleiher** im Arbeitnehmernehmerüberlassungsverhältnis abzustellen; es kommt nicht darauf an, ob das Leiharbeitsverhältnis zwischen Verleiher und Leiharbeitnehmer (wirksam) befristet war (ebenso *Becker/Wulfgramm* Art. 1 § 10 Rn. 35; *Ulber* § 10 Rn. 28 ff. mwN; UGBH/*Urban-Crell* § 10 Rn. 37). Allerdings ist insoweit nach dem Gesetzeswortlaut die **Vereinbarung zum konkreten Einsatz des Leiharbeitnehmers** zwischen Verleiher und Entleiher maßgeblich, nicht etwa der (Rahmen-)Vertrag zur Arbeitnehmerüberlassung (Boemke/Lembke/*Lembke* § 10 Rn. 51).

38   Als zweite Voraussetzung der Befristungsfiktion muss ein **sachlich recht-fertigender Grund** vorliegen. Seit dem 1.1.2004 gilt **das allgemeine Befristungsrecht** auch für das Arbeitnehmerüberlassungsrecht (vgl. BT-Drs. 15/25, 39; *Bauer/Krets* NJW 2003, 537 (540); *Bayreuther* NZA 2004, Sonderbeilage 1, 3 (6); Boemke/Lembke/*Lembke* § 10 Rn. 200; ErfK/*Wank* Einl. Rn. 6 mwN; *Kokemoor* NZA 2003, 238 (241, 243); *Lembke* BB 2003, 98 (104); *Neumann* NZS 2003, 113 (115); *Schüren/Behrend* NZA 2003, 521 (522); *Ulber* AuA 2003, 7 (9); *Wank* NZA 2003, 14 (20)). Die Prüfung eines sachlichen Grundes für die Befristungsfiktion richtet sich seitdem nach § 14 Abs. 1 TzBfG (Boemke/Lembke/*Lembke* § 10 Rn. 52 ff.; UGBH/*Urban-Crell* § 10 Rn. 41; HWK-*Gotthardt/Roloff* § 10 Rn. 9; wohl auch *Ulber* § 10 Rn. 32). Da außerdem das frühere „**Synchronisationsverbot**" gem. § 3 Abs. 1 Nr. 5 aF **abgeschafft** ist (vgl. dazu → § 3 Rn. 102 ff. und BT-Drs. 15/25, 39; *Bauer/Krets* NJW 2003, 537 (539 f.); *Hanau* ZIP 2003, 1573 (1575); *Kokemoor* NZA 2003, 238 (239, 241, 243); *Lembke* BB 2003, 98 (104); *Schüren/Behrend* NZA 2003, 521, 523; *Wank* NZA 2003, 14 (20)), kann jedenfalls der Leiharbeitsvertrag zwischen Verleiher und Leiharbeitnehmer insgesamt nach den allgemeinen Regeln (va gem. § 14 Abs. 1 S. 2 Nr. 1 TzBfG) befristet werden, ggf. auch zur **Synchronisation von Leiharbeitsvertrag und Überlassungszeitraum** (ebenfalls für eine grundsätzliche Zulässigkeit der Synchronisation *Hanau* ZIP 2003, 1573 (1575), Fn. 21; *Kokemoor* NZA 2003, 238 (241); *Neumann* NZS 2003, 113 (115); *Ulber* AuA 2003, 7 (9); wohl auch *Bauer/Krets* NJW 2003, 537 (540); *Lembke* BB 2003, 98 (104) und auch Schüren/Hamann/*Schüren* § 3 Rn. 90, 128, 130, 133 ff.; skeptisch *Thüsing* DB 2003, 446; aA, weil sich das Synchronisationsverbot auch aus § 14 TzBfG ergebe bzw. dieser ebenso enge Grenzen setze, ausführlich Schüren/Hamann/*Schüren* Einl. Rn. 250 ff., § 3 Rn. 128 ff.; *Schüren/Behrend* NZA 2003, 521 (522 ff.); wohl auch *Ulber* AuA 2003, 7 (9); *ders.* § 9 Rn. 325 ff. und *Wank* RdA 2003, 1 (9); *ders.* NZA 2003, 14 (20), ihm folgend *Waas* BB 2003, 2175, 2175, Fn. 2; vgl. auch *Reipen* BB 2003, 787 (790)). Tatsächlich werden in der Praxis die Voraussetzungen nach § 14 TzBfG aber nicht ohne weiteres vorliegen, wenn sie wie im Allgemeinen auch auf die Arbeitnehmerüberlassung anzuwenden sind (*Wank* NZA 2003, 14 (22 ff.); daher fordert *Hanau* ZIP 2003, 1573 (1575), Fn. 21, zu Recht entsprechende Ausnahmeregelungen im TzBfG). In der Praxis ist daher vor allem eine Vielzahl kurzer Überlassungen und die Kündigung von Zeitarbeitsverträgen innerhalb der ersten sechs Monate der Beschäftigung vor Eintritt des allgemeinen Kündigungsschutzes nach § 1 KSchG zu beobachten. Im Einzelnen:

39   Für den **Verleiher** ist eine Befristung des (legalen) Leiharbeitsverhältnisses nach § 14 Abs. 2 TzBfG **ohne Sachgrund** zwar grundsätzlich zulässig, allerdings nicht praktikabel für eine nunmehr nicht mehr verbotene „Synchronisation" und in jedem Fall nur bis zur Höchstgrenze von zwei Jahren möglich (vgl. ErfK/*Wank* Einl. Rn. 6; *Bauer/Krets* NJW 2003, 537 (540); Boemke/Lembke/*Lembke* § 9 Rn. 540, 575 f.; *Lembke* BB 2003, 98 (104); *Schüren/Behrend* NZA 2003, 521 (523 f.); *Wank* NZA 2003, 14 (20)). Allerdings machen die Tarifverträge der Zeitarbeitsbranche zum Teil von der Öffnungsklausel in § 14 Abs. 2 S. 3 und 4 TzBfG Gebrauch und sehen eine längere

Befristungsdauer sowie eine höhere Anzahl von Verlängerungen vor, so dass mehr Möglichkeiten zur Synchronisation eröffnet sind (vgl. *Düwell/Dahl* NZA 2007, 889 (891); *Werthebach* NZA 2005, 1044; Boemke/Lembke/ *Lembke* § 9 Rn. 542; zu den Grenzen der Tariföffnungsklausel BAG 15.8.2012, NZA 2013, 45 (47 f.)). Auch dann gilt jedoch das Anschlussverbot des § 14 Abs. 2 S. 2 TzBfG, was insbesondere wegen der Vielzahl von Schüler- und Studentenarbeitsverhältnissen und der allgemein hohen Fluktuation in der Zeitarbeitsbranche eine solche sachgrundlose Befristung erschwert (vgl. zutreffend *Böhm* RdA 2005, 360 (361); vgl. auch *Düwell/Dahl* NZA 2007, 889 (891); *Werthebach* NZA 2005, 1044). Allerdings hat das BAG das Anschlussverbot allgemein eingeschränkt: Eine „Zuvor-Beschäftigung" ist nicht mehr gegeben, wenn das frühere Arbeitsverhältnis mehr als drei Jahre zurückliegt (BAG 6.4.2011, NZA 2011, 905). Das BAG hat auch entschieden, dass es zulässig ist, im Anschluss an einen für die Dauer von zwei Jahren sachgrundlos befristeten Arbeitsvertrag einen weiteren sachgrundlos befristeten Arbeitsvertrag mit einem anderen Arbeitgeber für zwei Jahre abzuschließen, selbst wenn die Beschäftigung des Arbeitnehmers im Wege der Arbeitnehmerüberlassung bei seinem vormaligen Vertragsarbeitgeber erfolgen soll, und dies damit begründet, dass „Arbeitgeber" iSv § 14 Abs. 2 S. 2 TzBfG der Vertragsarbeitgeber ist (BAG 18.10.2006, NZA 2007, 443 (444); bestätigt durch BAG 9.3.2011, NZA 2011, 1147 Rn. 18; zum Vertragsarbeitgeber auch BAG 16.7.2008, NZA 2008, 1347 (1348); 19.3.2014 – 7 AZR 527/12, AP TzBfG § 14 Rn. 119; ebenso Boemke/Lembke/*Lembke* § 9 Rn. 543). Auch sei in dieser Konstellation angesichts der jeweils nur einmal sachgrundlos befristeten Arbeitsverträge und der Gesamtdauer von vier Jahren (noch) nicht von einem nach § 242 BGB unzulässigen Rechtsmissbrauch auszugehen; anders könne dies aber bei einer länger als vierjährigen Beschäftigung für einen Arbeitgeber durch den Abschluss eines weiteren sachgrundlos befristeten Arbeitsvertrags mit einem dritten Arbeitgeber beurteilt werden (BAG 18.10.2006, NZA 2007, 443 (446)). Sah es nach diesem Urteil so aus, als versagte das BAG die Möglichkeit einer dauerhaft sachgrundlos befristeten Anstellung durch wechselnde Konzernunternehmen (ähnlich *Bauer/Fischinger* DB 2007, 1410 (1413); *Düwell/Dahl* NZA 2007, 889 (892)), hat es diese Rechtsprechung später nicht fortgeführt. In einer jüngeren Entscheidung stellt das BAG zwar weiterhin den Einwand des Rechtsmissbrauchs für den Fall in den Raum, dass mehrere rechtlich und tatsächlich verbundene Vertragsarbeitgeber in bewusstem und gewolltem Zusammenwirken mit einem Arbeitnehmer aufeinanderfolgende befristete Arbeitsverträge ausschließlich deshalb schließen, um über die Befristungsmöglichkeiten des § 14 Abs. 2 TzBfG hinaus sachgrundlose Befristungen aneinanderreihen zu können. Den Hinweis auf eine Zeitdauer von vier Jahren und die Einschaltung eines dritten Vertragsarbeitgebers hat das BAG indes nicht wiederholt (vgl. BAG 9.3.2011, NZA 2011, 1147 Rn. 21; ebenso BAG 19.3.2014 – 7 AZR 527/12, AP TzBfG § 14 Nr. 119; zu den Rechtsfolgen (aber offen lassend, ob Rechtsmissbrauch vorlag): BAG 23.9.2014 – 9 AZR 1025/12, AP TzBfG § 14 Nr. 122). Im konkreten Fall hat das BAG einen Rechtsmissbrauch verneint, obwohl der Arbeitnehmer vom neuen Vertragsarbeitgeber an den alten Arbeitgeber entliehen und auf seinem vorherigen Arbeitsplatz eingesetzt wird. Damit bleibt der Rechtsmissbrauch in dieser Fallgestaltung wohl nur noch eine theoretische Möglichkeit; in der Praxis wird es dem Arbeitnehmer schwer fallen nachzuweisen, dass § 14 Abs. 2 TzBfG umgangen werden sollte (zutr. *Steiner* ArbRAktuell 2011, 353; deswegen ordnet das BAG inzwischen eine abgestufte Darlegungs- und Beweislast an: BAG 19.3.2014 – 7 AZR 527/12, AP TzBfG § 14 Nr. 119). Vgl. zur sachgrundlosen Befristung nach § 14 Abs. 2a und Abs. 3 TzBfG ausf. Boemke/Lembke/*Lembke* § 9 Rn. 546 ff. Zur Dauer der einzelnen Überlassung (Einsatz bei demselben Entleiher) sind nun jedenfalls auch die neuen konkreten Höchstüberlassungsgrenzen nach § 1 Abs. 1b zu beachten.

40   Eine **Sachgrundbefristung** nach § 14 Abs. 1 S. 2 Nr. 1 TzBfG wegen nur vorübergehenden Bedarfs ist nun ebenfalls nicht mehr als solches ausgeschlossen, auch nicht zur „Synchronisation" von Leiharbeitsvertrag und Arbeitnehmerüberlassungsvertrag, weil der Verleiher tatsächlich nur in den Zeiten Bedarf für die Arbeitskraft des Leiharbeitnehmers hat, in denen für diesen eine Einsatzmöglichkeit auf Grund Arbeitnehmerüberlassungsvertrag besteht, ggf. auch nur für einen bestimmten Überlassungsauftrag (str., ebenso *Bauer/Krets* NJW 2003, 537 (540); *Böhm* RdA 2005, 360 (363); Boemke/Lembke/*Lembke* § 9 Rn. 561; *Kokemoor* NZA 2003, 238 (241, 243); *Thüsing* DB 2002, 446, 446; differenzierend nunmehr ErfK/*Wank* Einl. AÜG Rn. 7; *Ulber* AuR 2003, 7 (9), der zu einem unbefristeten Arbeitnehmerüberlassungs-(Rahmen-)vertrag abgrenzt; *ders.* § 9 Rn. 337; wohl auch *Düwell/Dahl* NZA 2007, 889 (890) (zumindest für Saisonkräfte oder solche Arbeitnehmer, an die der Entleiher „exotische" Anforderungen stellt, ebenso Schüren/Hamann/*Schüren* § 3 Rn. 100); *Lembke* BB 2003, 98 (104); *Tillmann* AuA 2004, 21, 21; wohl auch *Hirdina* NZA 2011, 325 (327) – jedenfalls wenn der Leiharbeitnehmer keine betrieblichen Daueraufgaben erledigt; weitergehend für ein Abstellen auf die Situation im Entleiherbetrieb – allerdings nur bei betriebsbezogenen Sachgründen – *Frik* NZA 2005, 386 (389) (kritisch hierzu *Werthebach* NZA 2005, 1044); **aA** *Bundesagentur für Arbeit,* Fachliche Weisungen, Stand 1.4.2017, S. 58; *Bayreuther* RdA 2007, 176 (180); *Dahl* DB 2006, 2519 (2520 f.); *Schüren/Behrend* NZA 2003, 521 (522); *Wank* NZA 2003, 14 (19, 20, 21); *Schüren* § 3 Rn. 98 ff.; **vgl. zu anderen Befristungstatbeständen ausführlich** Boemke/Lembke/*Lembke* § 9 Rn. 562 ff.; *Böhm* RdA 2005, 360 (364 ff.); ErfK/*Wank* Einl. Rn. 8 ff.; Schüren/Hamann/*Schüren* Einl. Rn. 244 ff., § 3 Rn. 88 ff.; *Schüren/Behrend* NZA 2003, 521 (522 f.); *Wank* NZA 2003, 14 (20) mwN). Grundsätzlich zulässig ist es für die Verleiher auch, die Leiharbeitnehmer mehrfach unbefristet einzustellen, jedoch vor Ablauf der sechsmonatigen Wartefrist nach § 1 Abs. 1 KSchG und dem Eintritt des allgemeinen Kündigungsschutzes zu kündigen (so *Hanau* ZIP 2003, 1573 (1575); *Lembke* BB 2003, 98 (104); vgl. auch Boemke/Lembke/*Lembke* § 9 Rn. 579 f.). Dies ist keine unzulässige Wiedereinstellung mehr, seit das frühere Wiedereinstellungsverbot aufgehoben wurde (vgl. nur BT-Drs. 15/25, 39 und Tillmann AuA 2004, 21). Insoweit ist jedoch auf die Rechtsprechung zur Berechnung der Wartezeit, insbesondere die Zusammenrechnung mehrerer Beschäftigungszeiten zu achten (vgl. auch *Hanau* ZIP 2003, 1573

(1575); *Lembke* BB 2003, 98 (104)). Nach der Aufhebung des Wiedereinstellungsverbots dürfte aber die Einstellung von Leiharbeitnehmern innerhalb von drei Monaten nach Beendigung des alten Leiharbeitsverhältnisses nicht zu einer solchen Zusammenrechnung führen (Boemke/Lembke/*Lembke* § 9 Rn. 581).

Alternativ wurden vor allem früher **konzerneigene Überlassungs- oder** 41 **Personalgesellschaften** gegründet (vgl. dazu ausführlich *Melms/Lipinski* BB 2004, 2409; *Willemsen/Annuß* BB 2005, 437; kritisch *Schüren/Brors* BB 2004, 2745; *dies.* BB 2005, 494; *Schüren* BB 2007, 2346). Grundsätzlich war – dies zeigten die Gesetzesänderungen der „Hartz-Reformen" (Aufhebung des Synchronisationsverbots und der zeitlichen Begrenzung der zulässigen Verleihdauer; Aufhebung der zwölfmonatigen Frist des § 10 Abs. 5 aF für das Gleichstellungsgebot; vgl. auch § 1 Abs. 3 Nr. 2) – die Arbeitnehmerüberlassung auch zwischen konzernverbundenen Unternehmen zeitlich langfristig zulässig und verstieß nicht gegen das Umgehungsverbot (LAG Niedersachsen 26.11.2007 – 6 TaBV 32/07, BeckRS 2008, 53427, n. r.; ebenso schon LAG Niedersachsen 20.2.2007 – 9 TaBV 107/05, BeckRS 2007, 45484, n. r.; LAG Niedersachsen 28.2.2006 – 13 TaBV 56/05, Beck 2006, 43575, n. r.; *Melms/Lipinski* BB 2004, 2409 (2416); Schüren/Hamann/*Hamann* § 1 Rn. 516; *Schüren* BB 2007, 2346 (2347); *Willemsen/Annuß* BB 2005, 437 (438)). Eine Anwendung der Tarifverträge der Zeitarbeit ermöglichte die Beschäftigung der Arbeitnehmer zu den Bedingungen der Zeitarbeitsbranche. Allerdings konnten die Arbeitnehmer nicht im Wege eines Betriebs(teil)übergangs auf die Personalführungsgesellschaft überführt werden, weil sich der Betriebszweck hin zur Arbeitnehmerüberlassung änderte und die wirtschaftliche Einheit daher nicht ihre Identität wahrte (vgl. nur BAG 21.8.2008 – 8 AZR 481/07, AP BGB § 613a, Nr. 354; *Willemsen/Annuß* BB 2005, 437 (439) und auch BAG 26.9.2002 – 2 AZR 640/01, BeckRS 2002, 30796995). Dies ist jedoch nur der Fall, wenn die Personalservicegesellschaft auch anderen Unternehmern Arbeitnehmer überlassen würde, „am freien Markt". Wird nur an das bisherige (Arbeitgeber-)Unternehmen überlassen, soll ein Betriebsteilübergang vorliegen (BAG 21.8.2008 – 8 AZR 481/07, AP BGB § 613a Nr. 354; aA Vorinstanz LAG München 27.2.2006 – 6 Sa 870/05, BeckRS 2008, 53427 Rn. 33). Auch eine Änderungskündigung mit dem Ziel der Versetzung in die neu gegründete Personalführungsgesellschaft ist unwirksam; daher können nur neu eingestellte Arbeitnehmer in dieser Verleihgesellschaft beschäftigt werden (*Willemsen/Annuß* BB 2005, 437 (439) mwN). Eine solche Konstruktion war nicht als **Strohmannkonstruktion** unwirksam (LAG Niedersachsen 26.11.2007 – 6 TaBV 32/07, BeckRS 2008, 53427, n. r.; aA *Brors/Schüren* BB 2004, 2745 (2747 ff.); *Schüren* BB 2007, 2346 (2348); Schüren/Hamann/*Schüren* § 1 Rn. 516 unter Verweis auf § 1 Abs. 2 – hierbei handelt es sich jedoch um eine rein gewerberechtliche Vorschrift, die auf die arbeitsvertraglichen Beziehungen der Beteiligten keine Auswirkungen hat, vgl. LAG Niedersachsen 20.2.2007 – 9 TaBV 107/05, BeckRS 2007, 45954, n. r.; LAG Niedersachsen 26.11.2007 – 6 TaBV 32/07, BeckRS 2008, 53427 – n. r.; *Willemsen/Annuß* BB 2005, 437 (439)). Zudem bestand der von § 1 Abs. 2 vorausgesetzte Zuordnungszweifel nicht, da sich die Begründung eines Arbeitsverhältnisses mit dem Verleihunternehmen als eindeutiger Parteiwille feststellen lässt (*Willemsen/Annuß* BB 2005, 437 (439)). Überdies haben auch konzerninterne Personalüberlassungsunternehmen ein Arbeitgeberrisiko getragen, das sich von dem eines unabhängigen Verleihunternehmens in aller Regel kaum unterscheidet (LAG Niedersachsen 20.2.2007 – 9 TaBV 107/05, BeckRS 2007, 45984, n. r.; LAG Niedersachsen 26.11.2007 – 6 TaBV 32/07, BeckRS 2008, 53427, n. r.; aA *Brors/Schüren* BB 2004, 2745 (2747 ff.); Schüren/Hamann/*Schüren* § 1 Rn. 516; *Schüren* BB 2007, 2346 (2348)). Auch wenn die Personalführungsgesellschaften nur innerhalb des Konzerns aktiv wurden, aber sonst nicht am Markt auftraten, waren sie keine Personalvermittler. Solche Gesellschaften waren auch nicht wegen vermeintlicher Umgehung des Bestandsschutzes für die Arbeitnehmer „Strohmann-Gesellschaften" (LAG Niedersachsen 26.11.2007 – 6 TaBV 32/07, BeckRS 2008, 53427, n. r.; aA *Schüren* BB 2007, 2346 (2348), der aber übersieht, dass der Schutz der Leiharbeitnehmer durch die hohen Anforderungen, die das BAG an die Darlegung des Wegfalls der Beschäftigungsmöglichkeiten beim Verleiher stellt (vgl. BAG 18.5.2006, AP AÜG § 9 Nr. 7 und dazu *Bayreuther* RdA 2007, 176 (179)), ausreichend gesichert ist). Bisher fehlt allerdings eindeutige höchstrichterliche Rechtsprechung zu dieser Frage (vgl. BAG 21.8.2008 – 8 AZR 481/07, BB 2009, 897, 901; und als Vorinstanz LAG München 27.2.2006 – 6 Sa 870/05, BeckRS 2009, 66293; die Entscheidungen des BAG 20.4.2005, NZA 2005, 1006 und BAG 25.1.2005, NZA 2005, 1199 unterstellen unter betriebsverfassungsrechtlichen Gesichtspunkten aber auch die konzerninterne Überlassung durch 100 %ige Tochterunternehmen dem AÜG, ohne die Zulässigkeit dieser Konstruktion infrage zu stellen – es findet sich vielmehr der ausdrückliche Hinweis, dass das Equal pay-Gebot ggf. individualrechtlich nach §§ 10 Abs. 4 aF, 13 AÜG durchzusetzen sei). Weitere instanzgerichtliche Entscheidungen sind ebenfalls nicht eindeutig (LAG Niedersachsen 26.11.2007 – 6 TaBV 32/07, BeckRS 2008, 53427, n. r.; LAG Niedersachsen 20.2.2007 – 9 TaBV 107/05, BeckRS 2007, 45984, n. r., und 28.2.2006 – 13 TaBV 56/05, BeckRS 209, 43575, n. r.; andererseits LAG Berlin 7.1.2005, NZA-RR 2005, 353 (354): Missbrauch der Gestaltungsform). Es war daher darauf zu achten, dass die Verleihgesellschaft werbend am Markt auftritt, die Arbeitnehmer an wechselnde Unternehmen verleiht, örtlich von der Muttergesellschaft getrennt ist, keine 100 %ige Tochter dieser ist und auch keine Personenidentität in der Geschäftsführung besteht (ebenso *Melms/Lipinski* BB 2004, 2409 (2416)). Allerdings hat der Gesetzgeber mit der Einführung der sog. **„Drehtür-/Schlecker-Klausel"** 2011 die umfassende konzerninterne Personalservice-/überlassungsgesellschaft bereits stark eingeschränkt, indem, unabhängig von der Frage der zeitlichen Beschränkung der Überlassung, die (erlaubnisfreie) konzerninterne Überlassung nicht mit Arbeitnehmern praktiziert werden darf, die „zum Zweck der Überlassung eingestellt und beschäftigt" sind (vgl. dazu nur *Mengel* in ZAAR, Arbeitsrecht im Konzern, 2010, S. 47 ff.). Unabhängig von der zulässigen Dauer der konzerninternen Überlassung, für die die konkrete Höchstgrenze nach § 1 Abs. 1b nicht gilt, können konzernintern Arbeitnehmer somit nur noch „gelegentlich" und nicht „hauptberuflich" überlassen werden. Es steht den Konzernen aber noch frei, auf der Basis einer Überlassungserlaubnis und unter Beachtung der strengeren Regulierung der Überlassung nach § 1 Abs. 1 bis Abs. 1b interne Überlassung durch Personalservicegesellschaften zu betreiben. Insoweit steht aber einer langfristigen konzerninternen Überlassung bereits seit 2011 die Vorgabe zur nur „vorübergehenden" Überlassung und nun seit April 2017 die **Höchstüberlassungsdauer** gem. § 1 Abs. 1b entgegen.

Davon zu trennen ist die Regelung zur **Befristung des fingierten** **42** **Arbeitsverhältnisses** zwischen dem Leiharbeitnehmer und dem Entleiher nach § 10 Abs. 1 S. 2 (ebenso Schüren/Hamann/*Schüren* § 10 Rn. 58 f.). Nach dem Gesetzeswortlaut kann sich die sachliche Rechtfertigung dieser Befristung sowohl aus dem Verhältnis des Leiharbeitnehmers zum Verleiher als auch zum Entleiher bzw. der **Situation des Verleihers als auch des Entleihers** ergeben. Für die Befristung des legalen Leiharbeitsverhältnisses ist auf die Situation des Verleihers abzustellen (vgl. nur ErfK/*Wank* Einl. AÜG Rn. 6; *Schüren/Behrend* NZA 2003, 521 (522); *Wank* NZA 2003, 14 (20)). Allerdings ist das in § 10 Abs. 1 S. 2 in Bezug genommene „Arbeitsverhältnis" wohl eher das fingierte Arbeitsverhältnis des § 10 Abs. 1 S. 1 zum Entleiher, so dass auch die sachliche Rechtfertigung einer Befristung möglicherweise nur mit der Situation des Entleihers begründet werden kann (so ausdrücklich Schüren/Hamann/*Schüren* § 10 Rn. 58 f.; im Ergebnis auch *Ulber* AuA 2003, 7 (9); weitergehend Boemke/Lembke/*Lembke* § 10 Rn. 52: Situation des Entleihers oder Sphäre des Leiharbeitnehmers; ebenso *Ulber* § 10 Rn. 32). Allerdings muss der Sachgrund in dem Zeitpunkt vorliegen, in dem das fingierte Arbeitsverhältnis entsteht (Boemke/Lembke/*Lembke* § 10 Rn. 53).

Soweit die **Situation des Entleihers** für die Befristungsfiktion maßgeb- **43** lich ist, kommen vorrangig ebenfalls der **Sachgrund** des vorübergehenden Bedarfs nach § 14 Abs. 1 S. 2 Nr. 1 TzBfG sowie die Befristung wegen Vertretung gem. § 14 Abs. 1 S. 2 Nr. 3 TzBfG in Betracht. Diese Umstände erlauben dem Entleiher bereits grundsätzlich die befristete unmittelbare Anstellung eines Arbeitnehmers, so dass er nicht zur Beschäftigung des Leiharbeitnehmers auf Grund Arbeitnehmerüberlassung gezwungen wäre (Schüren/Hamann/*Schüren* § 10 Rn. 56; *Ulber* § 10 Rn. 32). Soweit ein Sachgrund vorliegt, genügt dieser für die zweite Voraussetzung der Befristungsfiktion, weil § 10 Abs. 1 S. 2 **keine tatsächliche wirksame Befristungsabrede,** sondern allein das Vorliegen des Sachgrundes fordert. So ist insbesondere keine Wahrung der gesetzlichen Schriftform erforderlich (Schüren/Hamann/*Schüren* § 10 Rn. 55; HWK-*Gotthardt/Roloff* § 10 Rn. 9; UGBH/*Urban-Crell* § 10 Rn. 39; *Ulber* § 10 Rn. 28).

Eine Rechtfertigung der Befristung des fingierten Arbeitsverhältnisses **44** **ohne Sachgrund** nach § 14 Abs. 2 TzBfG scheidet aus, weil § 10 Abs. 1 S. 2 ausdrücklich einen „sachlichen Grund" fordert (ebenso Boemke/Lembke/ *Lembke* § 10 Rn. 52; Schüren/Hamann/*Schüren* § 10 Rn. 66; HWK-*Gotthardt/Roloff* § 10 Rn. 9; *Ulber* § 10 Rn. 32; UGBH/*Urban-Crell* § 10 Rn. 42).

Tritt die Befristungsfiktion nach § 10 Abs. 1 S. 2 ein, ist das fingierte **45** **Arbeitsverhältnis insgesamt befristet.** Es endet nach den allgemeinen

Regeln mit **Ablauf der Befristung** (vgl. § 15 Abs. 1 und Abs. 2 TzBfG), hier dem zwischen Verleiher und Entleiher vorgesehenen Ende des Einsatzes des Leiharbeitnehmers (*Becker/Wulfgramm* Art. 1 § 10 Rn. 36; ErfK/*Wank* § 10 Rn. 16; UGBH/*Urban-Crell* § 10 Rn. 41; *Ulber* § 10 Rn. 37; differenzierend Boemke/Lembke/*Lembke* § 10 Rn. 56: grundsätzlich Befristungsdauer aus dem Überlassungsvertrag maßgeblich, es sei denn, im Leiharbeitsvertrag ist eine kürzere Befristung vereinbart; wohl auch Schüren/Hamann/*Schüren* § 10 Rn. 62: Vereinbarung zwischen Arbeitnehmer und Verleiher über die Einsatzzeit des Leiharbeitnehmers beim Entleiher maßgeblich). Vorher ist es **nicht ordentlich kündbar** (vgl. § 15 Abs. 3 TzBfG), kann aber durch Aufhebungsvertrag oder bei Vorliegen entsprechender wichtiger Gründe durch außerordentliche Kündigung vorzeitig beendet werden (ebenso *Becker/ Wulfgramm* Art. 1 § 10 Rn. 36; ErfK/*Wank* § 10 Rn. 16; *Ulrici* § 10 Rn. 54 ff.; UGBH/*Urban-Crell* § 10 Rn. 46 ff., aber aA zur außerordentlichen Kündigung § 10 R., 48 ff., die aber nur insoweit durch die Option der Festhaltenserklärung ausgeschlossen sein kann, als es um den Kündigungsgrund „Freie Wahl des Arbeitgebers" geht.). Teilweise wird eine Mitteilung des Entleihers an den Leiharbeitnehmer zum Ende der Befristung gefordert, um ihm Gelegenheit zur Disposition zu geben (*Becker/Wulfgramm* Art. 1 § 10 Rn. 36; offen ErfK/*Wank* § 10 Rn. 16). Dies ist jedoch so pauschal gesetzlich nicht gefordert und daher abzulehnen (ebenso BeckOK ArbR/*Motz* § 10 Rn. 10; UGBH/*Urban-Crell* § 10 Rn. 42); der Arbeitnehmer ist insoweit auch grundsätzlich nicht schutzbedürftig, als er von Anfang an nicht von einer dauerhaften Tätigkeit bei dem Entleiher ausgegangen ist und nicht davon ausgehen durfte. Etwas anderes kann ausnahmsweise nur dann gelten, wenn die Voraussetzungen einer Unterrichtung über das Ende einer Zweckbefristung gem. § 15 Abs. 2 TzBfG erfüllt sind. Eine (freiwillige) Mitteilung des Entleihers stellt jedenfalls keine Kündigung dar (*Becker/Wulfgramm* Art. 1 § 10 Rn. 36; ErfK/*Wank* § 10 Rn. 16; UGBH/*Urban-Crell* § 10 Rn. 43).

46   Falls zwischen Entleiher und Leiharbeitnehmer auf Grund der Befristungsfiktion nur ein befristetes Arbeitsverhältnis besteht, kann dieses nach allgemeinen Regeln in ein unbefristetes Arbeitsverhältnis umgewandelt werden, wenn durch die **widerspruchslose Fortsetzung** gem. § 15 Abs. 5 TzBfG eine **neue Fiktion** eintritt (vgl. ausführlich *Ulber* § 10 Rn. 35 mwN und auch *Becker/Wulfgramm* Art. 1 § 10 Rn. 36; Boemke/Lembke/*Lembke* § 10 Rn. 57; ErfK/*Wank* § 10 Rn. 17; HWK-*Gotthardt/Roloff* § 10 Rn. 10; UGBH/*Urban-Crell* § 10 Rn. 44).

47   **bb) Ordentliche Kündigung.** Soweit das Arbeitsverhältnis zwischen Entleiher und Leiharbeitnehmer befristet fingiert wird, scheidet eine ordentliche Kündigung wegen **§ 15 Abs. 3 TzBfG** aus (vgl. → Rn. 37). Tritt jedoch keine Befristungsfiktion ein, wird das Arbeitsverhältnis nach § 10 Abs. 1 S. 1 **unbefristet fingiert** (ebenso *Becker/Wulfgramm* Art. 1 § 10 Rn. 37; Boemke/Lembke/*Lembke* § 10 Rn. 58; ErfK/*Wank* § 10 Rn. 17; HWK-*Gotthardt/Roloff* § 10 Rn. 10; KassHB/*Düwell* 4.5 Rn. 278; Schüren/ Hamann/*Schüren* § 10 Rn. 71; *Ulber* § 10 Rn. 35). Dieses unbefristete Arbeitsverhältnis ist für beide Vertragspartner ordentlich kündbar nach den allgemeinen Regeln, so dass ggf. **der allgemeine ebenso wie ein besonderer Kündigungsschutz** und die gesetzliche bzw. tarifliche **Kündigungsfrist** zu beachten sind (vgl. BT-Drs. VI/2303, 14; ausführlich *Becker/Wulfgramm* Art. 1 § 10 Rn. 37 ff.; *Boemke/Lembke/Lembke* § 10 Rn. 60; *Schüren/Hamann/Schüren* § 10 Rn. 104 ff.; *Ulber* § 10 Rn. 40 ff.; UGBH/ *Urban-Crell* § 10 Rn. 44 ff.). Die **Wartefrist** nach § 1 KSchG berechnet sich nur nach dem Zeitraum, in dem das fingierte Arbeitsverhältnis besteht, etwaige Beschäftigungszeiten des Leiharbeitnehmers beim Entleiher vor Eintritt der Fiktion nach § 10 Abs. 1 S. 1 sind nicht zu berücksichtigen (*ArbG Bochum* 14.1.1982, DB 1983, 1623, 1623 (wohl zu legaler Arbeitnehmerüberlassung); *Becker/Wulfgramm* Art. 1 § 10 Rn. 37; *Boemke/Lembke/Lembke* § 10 Rn. 60; ErfK/*Wank* § 10 Rn. 18; HWK-*Gotthardt/Roloff* § 10 Rn. 16; KassHB/ *Düwell* 4.5 Rn. 278; *Schüren/Hamann/Schüren* § 10 Rn. 107 (anders aber für Zeiten der illegalen Überlassung, weil auch für diese Zeiträume fingierte Arbeitsverhältnisse entstanden sind); aA *Ulber* § 10 Rn. 45).

cc) Außerordentliche Kündigung. Wie alle Dauerschuldverhältnisse **48** (vgl. § 314, § 626 BGB) kann auch das fingierte Arbeitsverhältnis von beiden Seiten jederzeit außerordentlich aus wichtigem Grunde gekündigt werden (vgl. auch *Becker/Wulfgramm* Art. 1 § 10 Rn. 38; ErfK/*Wank* § 10 Rn. 17; *Schüren/Hamann/Schüren* § 10 Rn. 111). Die (unerwartete) Fiktion des Arbeitsverhältnisses sowie die damit verbundenen Pflichten sind für den Entleiher jedoch kein wichtiger Kündigungsgrund, da andernfalls der Schutzzweck von § 10 Abs. 1 konterkariert würde (UGBH/*Urban-Crell* § 10 Rn. 48). Etwas anderes galt nur, soweit wegen wiederholter illegaler oder verdeckter Überlassung an verschiedene Entleiher der Leiharbeitnehmer ggf. in verschiedenen fingierten Arbeitsverhältnissen stand. Dies ist mit dem neu eingeführten Widerspruchsrecht nach § 9 Abs. 1 Nr. 1–1b nun zwar durch Festhaltenserklärungen des rechtswidrig überlassenen Arbeitnehmers zu verhindern, aber dennoch nicht ganz ausgeschlossen. Außerdem werden die früheren fingierten Arbeitsverhältnisse oftmals bereits auf Grund von Befristung geendet haben (*Schüren/Hamann/Schüren* § 10 Rn. 22, der auch darüber hinaus bei fehlender Befristung eine automatische Beendigung fordert, wenn nacheinander verschiedene Leiharbeitnehmer auf einem Arbeitsplatz eingesetzt wurden, vgl. → Rn. 64 f.; hiergegen aber *Ulber* § 10 Rn. 34). Da aber der Leiharbeitnehmer nun nicht nur mit eine außerordentlichen Kündigung, sondern bereits mit einer Festhaltenserklärung das fingierte Arbeitsverhältnis mit dem Entleiher verhindern kann, ist ihm wohl nicht mehr ohne Weiteres (zusätzlich) das früher zum Schutz seines Rechts auf **freie Arbeitsplatzwahl** zum Teil zugestandene Recht zur außerordentlichen Kündigung wegen angeordneten Arbeitgeberwechsels zuzugestehen (vgl. nur *Ulrici* § 10 Rn. 55; UGBH/*Urban-Crell* § 10 Rn. 49a. und zur alten Rechtslage; *Becker/Wulfgramm* Art. 1 § 10 Rn. 38; *Ulber* § 10 Rn. 44; gegen ein Kündigungsrecht und für ein Widerspruchsrecht bereits damals; *Boemke/ Lembke/Lembke* § 10 Rn. 36 f.; ErfK/*Wank* § 10 Rn. 8, 19; vgl. auch *Schüren/Hamann/Schüren* § 10 Rn. 112 ff., die eine ordentliche Kündigung für zumutbar halten). Treten aber in dem fingierten Arbeitsverhältnis neue wichtige Kündigungsgründe für den Arbeitnehmer auf, wie zB nachhaltige Verweigerung der Entgeltzahlung durch den Entleiher usw, muss er nach den allgemeinen Regeln doch zur außerordentlichen Kündigung berechtigt sein (ebenso wohl *Ulrici* § 10 Rn. 54; aA wohl UGBH/*Urban-Crell* § 10 Rn. 49).

49 **dd) Aufhebungsvertrag.** Sowohl ein fingiertes befristetes als auch ein fingiertes unbefristetes Arbeitsverhältnis kann unter Beachtung der gesetzlichen **Schriftform nach § 623 BGB** jederzeit durch Aufhebungsvertrag beendet werden (im Ergebnis auch *Becker/Wulfgramm* Art. 1 § 10 Rn. 36, 37; Boemke/Lembke/*Lembke* § 10 Rn. 31; ErfK/*Wank* § 10 Rn. 17; KassHB/ *Düwell* 4.5 Rn. 278; Schüren/Hamann/*Schüren* § 10 Rn. 116 f.; *Ulber* § 10 Rn. 41; UGBH/*Urban-Crell* § 10 Rn. 51).

50 **ee) Anfechtung.** Das fingierte Arbeitsverhältnis kann nicht durch Anfechtung (ex nunc) beseitigt werden, da es nicht auf Grund von Willenserklärungen der Vertragspartner, sondern gesetzlicher Anordnung zustande kommt (*Becker/Wulfgramm* Art. 1 § 10 Rn. 37; BeckOK ArbR/*Motz* § 10 Rn. 2; Boemke/Lembke/*Lembke* § 10 Rn. 32; ErfK/*Wank* § 10 Rn. 18; UGBH/*Urban-Crell* § 10 Rn. 50). Ein etwaiger Irrtum von Entleiher oder Leiharbeitnehmer oder eine Täuschung (durch den Verleiher) über die Umstände, die zu der Fiktion führen, sind daher kraft Gesetzes insoweit unbeachtlich (vgl. aber zur Schadensersatzpflicht → Rn. 52 ff.).

51 **ff) Verwirkung.** Das Recht des Leiharbeitnehmers, sich auf das fingierte Arbeitsverhältnis zu berufen, unterliegt nach allgemeinen Grundsätzen der Verwirkung gem. § 242 BGB. Diese kann insbesondere eintreten, wenn der Leiharbeitnehmer nach Kenntnis der Unwirksamkeitsgründe gem. § 9 Abs. 1 Nr. 1–1b längere Zeit untätig bleibt, also den Entleiher nicht in Anspruch nimmt, oder den Entleiher erst längere Zeit nach Ausscheiden aus dem Entleiherbetrieb verklagt (vgl. BAG 19.3.2003, AP AÜG § 13 Nr. 4; 30.1.1991, BB 1991, 2375 (2376); LAG Köln 28.11.1986, BB 1987, 335 (336 f.); *Becker/ Wulfgramm* Art. 1 § 10 Rn. 38a; KassHB/*Düwell* 4.5 Rn. 275; UGBH/*Urban-Crell* § 10 Rn. 65; andere Tendenz – Verwirkung erst nach Beendigung der Überlassung – Boemke/Lembke/*Lembke* § 10 Rn. 44; Schüren/Hamann/ *Schüren* § 10 Rn. 140 ff.; *Ulber* § 10 Rn. 50; jeweils mwN; so auch BAG 19.1.2003, AP AÜG § 13 Nr. 4 [III.4.b der Gründe] und BAG 10.10.2007, AP AÜG § 10 Nr. 20 Rn. 31; vgl. auch UGBH/*Urban-Crell* § 10 Rn. 65 f.). Die Inanspruchnahme des Verleihers ist jedoch nicht unbedingt widersprüchliches Verhalten des Leiharbeitnehmers und begründet nicht ohne weiteres eine Verwirkung (BAG 24.5.2006, EzAÜG § 10 AÜG Fiktion Nr. 114; ebenso 10.10.2007, AP AÜG § 10 Nr. 19 Rn. 26; Boemke/Lembke/*Lembke* § 10 Rn. 44). Dass eine Klage erst acht Jahre nach dem Ausscheiden aus dem Arbeitsverhältnis erhoben wird, führt auch nicht zur Prozessverwirkung, auch wenn der maßgebliche Sachverhalt 23 Jahre vor Klageerhebung begonnen hat (BAG 10.10.2007, AP AÜG § 10 Nr. 19 Rn. 12).

52 **d) Streitigkeiten.** Der Leiharbeitnehmer kann den Bestand seines fingierten Arbeitsverhältnisses gegenüber dem Entleiher im Wege einer allgemeinen **Feststellungsklage** gem. § 256 ZPO iVm § 46 Abs. 2 ArbGG vor den

Arbeitsgerichten nach § 2 Abs. 1 Nr. 3b) ArbGG geltend machen (vgl. BAG 13.6.2007, AP TzBfG § 14 Nr. 37; ausführlich dazu *Ulber* § 10 Rn. 51 ff. mwN). Die Dreiwochenfrist zur Erhebung einer Kündigungsschutzklage gem. §§ 4, 13 KSchG ist nicht einschlägig (*Becker/Wulfgramm* Art. 1 § 10 Rn. 38a; Boemke/Lembke/*Lembke* § 10 Rn. 96; Schüren/Hamann/*Schüren* § 10 Rn. 135 ff. jeweils mwN). Allerdings kann das Klagerecht nach allgemeinen Grundsätzen verwirken, wenn das fingierte Arbeitsverhältnis beendet ist. Überdies ist die **Dreiwochenfrist nach § 17 TzBfG** anwendbar, wenn der Entleiher sich auf eine Befristung des fingierten Arbeitsverhältnisses im Sinne von § 10 Abs. 1 S. 2 beruft, die der Leiharbeitnehmer nicht akzeptieren will (ebenso Boemke/Lembke/*Lembke* § 10 Rn. 59, 98; Schüren/Hamann/*Schüren* § 10 Rn. 65, 136; *Urban-Crell/Urban-Crell* § 10 Rn. 59). Dem Leiharbeitnehmer obliegt nach allgemeinen Regeln die **Darlegungs- und Beweislast** für den Bestand des fingierten Arbeitsverhältnisses, wenn er sich auf dieses Arbeitsverhältnis – wie typischerweise – beruft (BAG 9.4.1987, AP AÜG § 9 Nr. 1, Bl. 2/2 f.; Schüren/Hamann/*Schüren* § 10 Rn. 137; *Ulber* § 10 Rn. 51; UGBH/*Urban-Crell* § 10 Rn. 55; vgl. auch allgemein Boemke/Lembke/*Lembke* § 10 Rn. 20 mwN), also vor allem für das Vorliegen einer Arbeitnehmerüberlassung, die Erforderlichkeit der Erlaubnis nach § 1 und ihr Fehlen oder den Verstoß gegen die Deklarierungs- und Konkretisierungspflicht oder die Überschreitung der Höchstüberlassungsdauer. Für Ansprüche aus dem Arbeitsverhältnis gelten die allgemeinen Grundsätze zur **Leistungsklage** (vgl. Boemke/Lembke/*Lembke* § 10 Rn. 100; auch zur **Verjährung).**

53 Zur Realisierung seiner Ansprüche gegenüber dem Entleiher hat der Leiharbeitnehmer einen **Auskunftsanspruch** gegenüber dem Verleiher und dem Entleiher zu den Tatsachen, die er zur Durchsetzung seiner Ansprüche nach § 10 Abs. 1 benötigt (BAG 11.4.1984, NZA 1984, 161, 161 f.; KassHB/ *Düwell* 4.5 Rn. 267; Boemke/Lembke/*Lembke* § 10 Rn. 93 ff.; Schüren/ Hamann/*Schüren* § 10 Rn. 211; UGBH/*Urban-Crell* § 10 Rn. 56 jeweils mwN). Dafür muss der Arbeitnehmer die unerlaubte Arbeitnehmerüberlassung nicht in vollem Umfang nachweisen; ein Verdacht auf illegale Überlassung soll ausreichen (BAG 11.4.1984, AP AÜG § 10 Nr. 7, Bl. 1/2 ff.; Boemke/Lembke/*Lembke* § 10 Rn. 95; Schüren/Hamann/*Schüren* § 10 Rn. 211). Entsprechendes muss nunmehr für die Fälle der verdeckten Arbeitnehmerüberlassung oder bei Überschreiten der Höchstüberlassungsdauer nach § 1 Abs. 1b gelten.

54 Soweit tarifliche **Verfallfristen** für Ansprüche auf Arbeitsentgelt aus dem fingierten Arbeitsverhältnis gelten, sind diese nach allgemeinen Regeln zu beachten; die Fristen beginnen jedoch erst zu laufen, wenn der Entleiher seine Arbeitgeberstellung anerkennt (vgl. nur BAG 27.7.1983, AP AÜG § 10 Nr. 6, Bl. 3/1; Boemke/Lembke/*Lembke* § 10 Rn. 49; KassHB/*Düwell* 4.5 Rn. 274; Schüren/Hamann/*Schüren* § 10 Rn. 99; UGBH/*Urban-Crell* § 10 Rn. 64 jeweils mwN).

2. Schadensersatzanspruch des Leiharbeitnehmers (Abs. 2)

55 Der Leiharbeitnehmer hat nach § 10 Abs. 2 einen besonderen gesetzlichen Schadensersatzanspruch gegen den Verleiher auf Erstattung seines Vertrauens-

schadens, der sich auf die Fälle der Unwirksamkeit des Leiharbeitsvertrages nach § 9 Abs. 1 Nr. 1–1b bezieht Dieser Anspruch erstreckt sich auf Entgelt und sonstige Leistungen wie Urlaub, aber auch fehlenden Kündigungsschutz, die der Arbeitnehmer im Arbeitsverhältnis mit dem Entleiher nicht erhält, aber beim Verleiher gehabt hat/hätte (*Bundesagentur für Arbeit,* Fachliche Weisungen, Stand 1.4.2017, S. 93). Die Vorschrift ist allerdings wenig praxisrelevant (vgl. HWK-*Gotthardt/Roloff* § 10 Rn. 18; Schüren/Hamann/*Schüren* § 10 Rn. 147, 187). Dies wird nach Einführung des Widerspruchsrechts des Arbeitnehmers zum 1.4.2017 umso mehr gelten, weil er nun selbst für die Fortsetzung des Arbeitsverhältnisses mit dem Verleiher durch eine wirksame Festhaltenserklärung sorgen kann. Insoweit ist auch eine Schadensminderungspflicht nach allgemeinen Regeln gegeben.

56   **a) Tatbestand.** Erste Voraussetzung des Anspruchs ist die **Unwirksamkeit des Leiharbeitsvertrages** zwischen Verleiher und Leiharbeitnehmer wegen fehlender erforderlicher Verleiherlaubnis gem. § 9 Abs. 1 Nr. 1, wegen Verstoßes gegen die Deklarierungs- und Konkretisierungspflicht gem. Nr. 1a oder wegen Überschreiten der Höchstüberlassungsdauer nach Nr. 1b. Der Anspruch entsteht somit nicht, wenn der Leiharbeitsvertrag aus anderen Gründen wie zB fehlerhafte Stellvertretung, Minderjährigkeit, Sittenwidrigkeit usw unwirksam ist (Boemke/Lembke/*Lembke* § 10 Rn. 103; Schüren/Hamann/*Schüren* § 10 Rn. 197; *Ulber* § 10 Rn. 81 f.).

57   Negative Voraussetzung ist, dass der Leiharbeitnehmer die Unwirksamkeit nicht kannte; nach § 10 Abs. 2 S. 2 ist der Anspruch ausgeschlossen, wenn der Leiharbeitnehmer den **Grund der Unwirksamkeit positiv kannte.** Kennenmüssen genügt danach nicht (vgl. auch *Becker/Wulfgramm* Art. 1 § 10 Rn. 42; Boemke/Lembke/*Lembke* § 10 Rn. 106; ErfK/*Wank* § 10 Rn. 23; HWK-*Gotthardt/Roloff* § 10 Rn. 20; Schüren/Hamann/*Schüren* § 10 Rn. 199, 201; *Ulber* § 10 Rn. 83 ff.; UGBH/*Urban-Crell* § 10 Rn. 73) und kann auch nicht im Rahmen des Mitverschuldens nach § 254 BGB berücksichtigt werden (Boemke/Lembke/*Lembke* § 10 Rn. 106; *Ulber* § 10 Rn. 85). Der Leiharbeitnehmer hat positive Kenntnis, wenn er weiß, dass für die Überlassung eine Erlaubnis im Sinne von § 1 erforderlich ist und diese fehlt bzw. entfallen ist (*Becker/Wulfgramm* Art. 1 § 10 Rn. 43; Boemke/Lembke/*Lembke* § 10 Rn. 106; Schüren/Hamann/*Schüren* § 10 Rn. 199, 201; *Ulber* § 10 Rn. 84), dass eine kennzeichnungspflichtige Überlassung vorliegt und die Kennzeichnung oder Konkretisierung im Überlassungsvertrag ausgeblieben ist oder dass die Höchstüberlassungsdauer überschritten wurde. Da durch das Merkmal der „Erforderlichkeit" der Erlaubnis im Sinne von § 1 sowie der Abgrenzung zwischen Arbeitnehmerüberlassung und anderen Formen des Fremdpersonaleinsatzes letztlich Rechtskenntnisse und damit vorrangig innere Tatsachen Voraussetzung des Ausschlusstatbestandes sind, kann sich in der Praxis zu Lasten des Verleihers ein Nachweisproblem ergeben. In der Praxis wird auch gerade keine Kenntnis des Arbeitnehmers zum Überlassungsvertrag und der etwaigen Kennzeichnung oder Konkretisierung vorliegen.

58   **b) Rechtsfolgen.** Der Leiharbeitnehmer hat gegen den Verleiher Anspruch auf **Ersatz seines Vertrauensschadens,** also des Schadens, den er erleidet, weil er auf die Wirksamkeit des Vertrages vertraut hat (sog. negatives Interesse). Dies sind zunächst die Schäden durch die Aufgabe anderer Arbeitsplätze (Boemke/Lembke/*Lembke* § 10 Rn. 107, 111 mwN); es sollen aber auch Aufwendungen für den Vertragsschluss umfasst sein (so Boemke/Lembke/*Lembke* § 10 Rn. 110; Schüren/Hamann/*Schüren* § 10 Rn. 206; jeweils mwN). Der Anspruch ist der Höhe nach anders als zB in § 122 und § 179 Abs. 2 BGB **nicht auf das positive Interesse begrenzt,** also das Interesse, das der Verleiher an der Wirksamkeit des Vertrages hat (vgl. BT-Drs. VI/2303, 14; *Becker/Wulfgramm* Art. 1 § 10 Rn. 44; *Bertram/Ockenfels* NZA 1985, 552 (553); Boemke/Lembke/*Lembke* § 10 Rn. 109; missverständlich formuliert bei ErfK/*Wank* § 10 Rn. 24; HWK-*Gotthardt/Roloff* § 10 Rn. 21 f.; Schüren/Hamann/*Schüren* § 10 Rn. 203; UGBH/*Urban-Crell* § 10 Rn. 75 ff., jeweils mwN).

Der Verleiher muss dem Leiharbeitnehmer daher alle Schäden ersetzen, **59** die der Leiharbeitnehmer dadurch erleidet, dass der Entleiher seine **Verpflichtungen aus dem fingierten Arbeitsverhältnis** nach § 10 Abs. 1 nicht erfüllt (*Becker/Wulfgramm* Art. 1 § 10 Rn. 45 mwN; ErfK/*Wank* § 10 Rn. 24; Schüren/Hamann/*Schüren* § 10 Rn. 202 ff.; ausführlich *Ulber* § 10 Rn. 86; UGBH/*Urban-Crell* § 10 Rn. 76; aA *Bertram/Ockenfels* NZA 1985, 552 (554); Boemke/Lembke/*Lembke* § 10 Rn. 113, die verkennen, dass das Vertrauen in die Wirksamkeit des Leiharbeitsvertrages auch das Vertrauen in einen (durchsetzbaren) Vergütungsanspruch gegen den Verleiher umfasst, der (allein) durch die gesetzliche Regelung entfällt.). Ebenso haftet der Verleiher für die Nachteile, die dem Leiharbeitnehmer ggf. daraus entstehen, dass er in Unkenntnis des fingierten Arbeitsverhältnisses Ansprüche gegenüber dem Entleiher nicht rechtzeitig geltend macht (*Becker/Wulfgramm* Art. 1 § 10 Rn. 45; ErfK/*Wank* § 10 Rn. 24; HWK-*Gotthardt/Roloff* § 10 Rn. 23; Schüren/Hamann/*Schüren* § 10 Rn. 189; *Ulber* § 10 Rn. 87; UGBH/*Urban-Crell* § 10 Rn. 77). Außerdem muss der Verleiher alle **Schäden aus der gesetzlichen Beendigung des Leiharbeitsverhältnisses** mit dem Leiharbeitnehmer gem. § 9 Abs. 1 Nr. 1–1b ersetzen (*Becker/Wulfgramm* Art. 1 § 10 Rn. 45; ErfK/*Wank* § 10 Rn. 24).

Der Verleiher haftet im Fall der **Insolvenz des Entleihers** auch für **60** Ansprüche des Leiharbeitnehmers auf Insolvenzgeld, wenn der Leiharbeitnehmer in Unkenntnis des fingierten Arbeitsverhältnisses solche Ansprüche zu spät geltend macht (ausführlich ErfK/*Wank* § 10 Rn. 25 mwN; Schüren/Hamann/*Schüren* § 10 Rn. 209, 127 ff.; *Ulber* § 10 Rn. 87; UGBH/*Urban-Crell* § 10 Rn. 79 f.).

Zeitlich erfasst die Ersatzpflicht nur Ansprüche, die **ab dem Eintritt der** **61** **Unwirksamkeit** entstehen; dabei ist es unerheblich, ob der Leiharbeitsvertrag von Anfang an unwirksam ist oder erst später unwirksam wird (für den Wegfall der Erlaubnis: *Becker/Wulfgramm* Art. 1 § 10 Rn. 41; ErfK/*Wank* § 10 Rn. 22).

Im Fall der **Insolvenz des Verleihers** ist der Schadensersatzanspruch des **62** Leiharbeitnehmers nach § 10 Abs. 2 jedoch nicht geschützt (vgl. ausführlich Schüren/Hamann/*Schüren* § 10 Rn. 209, 161 ff. mwN; aA *Ulber* § 10 Rn. 87; UGBH/*Urban-Crell* § 10 Rn. 80 mwN).

3. Haftung des Verleihers für Forderungen Dritter, Gesamtschuldnerschaft (Abs. 3)

63   Die Vorschrift wurde durch das Zweite Gesetz zur Bekämpfung der Wirtschaftskriminalität vom 15.5.1986 (BGBl. I S. 721 (727)) eingeführt, um den (finanziellen) Schutz des Leiharbeitnehmers zu erweitern (vgl. zur Gesetzesgeschichte und zum Normzweck Schüren/Hamann/*Schüren* § 10 Rn. 212 ff. mwN). Die Norm schreibt zusätzlich zu den Arbeitgeberpflichten des Entleihers (vgl. § 10 Abs. 3 S. 2) ausdrücklich die Haftung des Verleihers auf Zahlung von Entgeltnebenkosten an Dritte, vor allem die Abführung der Lohnsteuer und der Sozialversicherungsbeiträge auf das dem Leiharbeitnehmer gezahlte Entgelt fest (vgl. Boemke/Lembke/*Lembke* § 10 Rn. 116; ErfK/ *Wank* § 10 Rn. 26). Bis zur Einführung von § 10 Abs. 3 haftete der Verleiher zwar nach der Rechtsprechung weitgehend in derselben Weise nach den Grundsätzen des faktischen Arbeitsverhältnisses (vgl. ausführlich *Becker/Wulfgramm* Art. 1 § 10 Rn. 53 ff.; Schüren/Hamann/*Schüren* § 10 Rn. 149 ff., 212, der das faktische Arbeitsverhältnis für vorrangig und § 10 Abs. 3 daher für funktionslos hält, vgl. → Rn. 209, 216). Nunmehr ist der Verleiher jedoch auch wegen Vorenthaltens von Sozialversicherungsbeiträgen nach § 266a StGB strafbar.

64   **a) Tatbestand.** Erste Voraussetzung für die Haftung des Verleihers ist, dass der Leiharbeitsvertrag nach § 9 Abs. 1 Nr. 1–1b wegen fehlender Verleiherlaubnis, mangelnder Kennzeichnung der Arbeitnehmerüberlassung und Konkretisierung der Person des Leiharbeitnehmers im/zum Überlassungsvertrag oder wegen Überschreiten der Höchstüberlassungsdauer **unwirksam** ist. Außerdem muss der Verleiher dem Leiharbeitnehmer trotz der Unwirksamkeit des Leiharbeitsvertrages **das vereinbarte Arbeitsentgelt oder zumindest einen Teil davon** gezahlt haben. Da auch eine Teilzahlung ausreicht, kommt dem Begriff des „vereinbarten" Entgelts wohl keine praktische Bedeutung zu; die Voraussetzung dürfte stets erfüllt sein, wenn der Verleiher an den Leiharbeitnehmer Vergütung für die Arbeitsleistung (beim Entleiher) zahlt. Da der Gesetzeswortlaut aber ausdrücklich auf das „Zahlen" abstellt, genügt es nicht, wenn der Verleiher zwar das unwirksame Leiharbeitsverhältnis vollzieht, also als Arbeitgeber und Verleiher auftritt, jedoch keine Entgeltzahlung leistet (ebenso Boemke/Lembke/*Lembke* § 10 Rn. 117; ErfK/*Wank* § 10 Rn. 26; *Ulber* § 10 Rn. 77; BeckOK ArbR/*Motz* § 10 Rn. 27; aA Schüren/Hamann/*Schüren* § 10 Rn. 222 ff.; HWK-*Gotthardt/Roloff* § 10 Rn. 26). Es gelten dann jedoch subsidiär die allgemeinen Regeln zum faktischen Arbeitsverhältnis zwischen Verleiher und Leiharbeitnehmer (im Ergebnis so auch Schüren/Hamann/*Schüren* § 10 Rn. 224 und ausführlich zu den Inhalten dieses faktischen Arbeitsverhältnisses Schüren/Hamann/*Schüren,* § 10 Rn. 144 ff.). Eine Zahlung liegt vor, wenn der Verleiher dem Leiharbeitnehmer im bereicherungsrechtlichen Sinn eine **Leistung** zuwendet, auch wenn ein Dritter, zB auch der Entleiher, als Zahlstelle auftritt (vgl. Boemke/ Lembke/*Schüren* § 10 Rn. 118).

65   Die Haftung des Verleihers entsteht **unabhängig von Kenntnis oder Gut- bzw. Bösgläubigkeit** hinsichtlich der illegalen, verdeckten oder zu langen Arbeitnehmerüberlassung (*Ulber* § 10 Rn. 89).

b) Rechtsfolgen. Als Rechtsfolge ordnet § 10 Abs. 3 die **Haftung des** 66
Verleihers für Entgeltnebenkosten an, die auf Grund öffentlich-rechtlicher
oder zivilrechtlicher Grundlage an Dritte zu zahlen sind, vorrangig also für
die Abführung der Lohnsteuer und des Gesamtsozialversicherungsbeitrages,
aber ggf. auch Beiträge zur betrieblichen Altersversorgung, vermögenswirksame Leistungen oder abgetretene oder gepfändete Lohnforderungen
(KassHB/*Düwell* 4.5 Rn. 266; Schüren/Hamann/*Schüren* § 10 Rn. 221; *Ulber*
§ 10 Rn. 90 ff.). Zur Abführung der **Lohnsteuer** ist der Verleiher aber bereits
durch § 42d Abs. 6 EStG verpflichtet; entsprechend legt § 28e Abs. 2 S. 3
und 4 SGB IV die Pflicht zur **Abführung des Gesamtsozialversiche-**
rungsbeitrags speziell fest (vgl. dazu Boemke/Lembke/*Lembke* § 10
Rn. 116; HWK-*Gotthardt*/*Roloff* § 10 Rn. 24, 27; Schüren/Hamann/*Schüren*
§ 10 Rn. 3, 149, 213, Einl. Rn. 798 ff.; *Ulber* § 10 Rn. 90). Der Verleiher
haftet als **Gesamtschuldner** im Sinne von § 421 BGB **neben dem Entlei-**
her, der als Arbeitgeber aus dem fingierten Arbeitsverhältnis nach allgemeinen Regeln haftet (vgl. zur Gesamtschuldnerhaftung ausführlich Schüren/
Hamann/*Schüren* § 10 Rn. 227 ff., 174 ff. und auch Boemke/Lembke/*Lembke*
§ 10 Rn. 119).

Inhaltlich soll sich die Haftung ggf. auch auf die Erstattung von **Abschie-** 67
bekosten erstrecken, wenn illegale oder verdeckte Arbeitnehmerüberlassung
einen ausländischen Leiharbeitnehmer mit Ausreisepflicht betrifft (vgl.
Becker/Wulfgramm Art. 1 § 10 Rn. 63 mwN).

Der bisher in § 10 Abs. 4 geregelte Gleichstellungsanspruch ist nunmehr 68
in § 8 normiert ebenso wie § 10 Abs. 5 aF.

4. Sanktionen illegaler und rechtswidriger Arbeitnehmerüberlassung

Für die illegale (§ 9 Abs. 1 Nr. 1) oder rechtswidrige (§ 9 Abs. 1 Nr. 1a– 69
2a) Arbeitnehmerüberlassung sieht das Gesetz neben § 10 zahlreiche Sanktionen vor, darunter vor allem auch die Ahndung als **Straftatbestände** und
Ordnungswidrigkeiten (vgl. §§ 15 ff., §§ 404, 406, 407 SGB III und auch
Becker/Wulfgramm Art. 1 § 10 Rn. 64 ff.; Schüren/Hamann/*Schüren* § 16
Rn. 20 ff., 29 ff., 63 ff.; UGBH/*Urban-Crell* § 16 Rn. 9 ff. mit guter Übersicht
in Anhang 4 Teil B.). Diese Sanktionstatbestände wurden im Zuge der jüngsten Novellierung weiter ausgebaut, nicht zuletzt auch, um den Aufsichtsbehörden ein flexibleres Eingreifen zu ermöglichen und die Handlungsalternati-
ven nicht auf den Widerruf oder die Rücknahme der Erlaubnis nach § 1 zu
beschränken (vgl. bereits → Rn. 65 und ausf. *Ulber* § 16 Rn. 3 ff.).

§ 10a Rechtsfolgen bei Überlassung durch eine andere Person als den Arbeitgeber

Werden Arbeitnehmer entgegen § 1 Abs. 1 S. 3 von einer anderen
Person überlassen und verstößt diese Person hierbei gegen § 1 Abs. 1
S. 1, 5 und 6 oder Abs. 1b, gelten für das Arbeitsverhältnis des Leihar-
beitnehmers § 9 Abs. 1 Nummer 1–1b und § 10 entsprechend.

1 Die Norm wurde durch Gesetz vom 21.12.2016 (BGBl. I S. 258) mWz 1.4.2017 neu eingefügt und flankiert das ebenfalls neu geschaffene, nun in § 1 Abs. 1 S. 3 enthaltene Verbot der Überlassung durch andere Personen als den Arbeitgeber, also des **Kettenverleihs bzw. Weiterverleihs** (dazu → § 1 Rn. 115 f.; → § 3 Rn. 51). Sie soll der bei Aufspaltung von Vertragsarbeitgeber- und Verleiherfunktion befürchteten Umgehung und Aushöhlung der Schutzbestimmungen des AÜG vorbeugen (vgl. BT-Drs. 18/9232, 27).

2 Die Regelung stellt klar, dass auch bei einem Verstoß gegen das in § 1 Abs. 1 S. 3 geregelte Verbot bestimmte **Schutzvorschriften des AÜG anwendbar** sind. In der Konstellation des Weiterverleihs eines Leiharbeitnehmers durch den Erstentleiher wird nach § 10a auch der weiterverleihende Erstentleiher zum Verpflichteten der im Normtext genannten Pflichten (→ Rn. 3) und wird den Rechtsfolgen von Pflichtverletzungen unterworfen.

3 Sachlich werden die Verbotsvorschriften der § 1 Abs. 1 S. 1 (Verstoß gegen die **Erlaubnispflicht;** dazu allg. → § 1 Rn. 67, 102), § 1 Abs. 1 S. 5 (Gebot, die Entsendung im Vertrag zwischen Ver- und Entleiher ausdrücklich als Arbeitnehmerüberlassung zu bezeichnen – **Transparenzgebot;** → § 1 Rn. 121 ff.), § 1 Abs. 1 S. 6 (Gebot, die **Person** des Leiharbeitnehmers unter Bezugnahme auf diesen Vertrag zu **konkretisieren;** dazu allg. → § 1 Rn. 121 ff.) und § 1 Abs. 1b (**Höchstüberlassungsdauer;** dazu allg. → § 1 Rn. 151 ff.) in der Konstellation des Weiterverleihs für anwendbar erklärt. Insofern kommt es darauf an, dass die entsprechenden Voraussetzungen in der Person des Weiterverleihers (also des Erstentleihers) gewahrt werden: Dieser muss beim Weiterverleih trotz des in § 1 Abs. 3 geregelten Verbots also die Transparenzanforderungen nach § 1 Abs. 1 S. 5, 6 wahren, die Höchstüberlassungsdauer beachten und bedarf einer Arbeitnehmerüberlassungserlaubnis.

4 § 10a hat somit **nicht die Funktion,** den nach § 1 Abs. 3 verbotenen **Weiterverleih als solchen zu sanktionieren** (dies kritisierend DGB, Ausschuss-Drs. 18(11)761, S. 17 f.), sondern regelt vielmehr Rechtsfolgen, wenn die genannten Pflichtverletzungen zu einer ohnehin verbotenen Weiterverleihpraxis hinzutreten. § 10a erfasst damit nur Fälle einer **doppelten Pflichtverletzung,** bei denen neben den Verstoß gegen das Weiterüberlassungsverbot des § 1 Abs. 1 S. 3 ein Verstoß gegen die genannten Gebote und Verbote tritt. Eine nach § 1 Abs. 1 S. 3 verbotene **Weiterverleihpraxis** wird als solche dagegen **durch § 16 Abs. 1 Nr. 1b sanktioniert.** Demnach ist der Verstoß gegen § 1 Abs. 1 S. 3 eine Ordnungswidrigkeit. Außerdem dürfte die Mitwirkung an einer verbotswidrigen Weiterverleihpraxis – sowohl im Hinblick auf den dies praktizierenden Erstentleiher als auch den dies duldenden Erstverleiher – die gem. § 3 Abs. 1 Nr. 1 für Erteilung und Verlängerung der Arbeitnehmerüberlassungserlaubnis erforderliche **Zuverlässigkeit** entfallen lassen. Dies gilt jedenfalls, wenn es sich um eine fortgesetzte und nicht bloß punktuelle verbotswidrige Praxis handelt.

5 In den von § 10a erfassten Konstellationen der „doppelten Pflichtverletzung" (→ 4), werden die **Rechtsfolgen nach § 9 Abs. 1 Nr. 1–1b und**

§ 10 im Verhältnis zwischen Weiterverleiher, Letztentleiher und Leiharbeitnehmer für **entsprechend anwendbar** erklärt. § 9 Abs. 1 Nr. 1 regelt die
grundsätzliche Unwirksamkeit des Vertrags zwischen Ver- und Entleiher
sowie des Leiharbeitsvertrags bei Fehlen einer Arbeitnehmerüberlassungserlaubnis (→ § 9 Rn. 8 ff.). § 9 Abs. 1 Nr. 1a regelt die grundsätzliche Unwirksamkeit des Leiharbeitsvertrags bei Verstoß gegen die Transparenzvorschriften
aus § 1 Abs. 1 S. 5, 6 (→ § 9 Rn. 26 ff.). § 9 Abs. 1 Nr. 1b regelt die grundsätzliche Unwirksamkeit des Arbeitsvertrags bei Überschreiten der Überlassungshöchstdauer (→ § 9 Rn. 30 ff.). Jeweils enthalten die Regelungen die
neu geschaffene Möglichkeit einer **Festhaltenserklärung** des Leiharbeitnehmers (→ § 9 Rn. 80 ff.). Im Hinblick auf die Festhaltenserklärung dürfte in
Fällen des § 10a auch **§ 9 Abs. 2** Anwendung finden, nach dem eine vor
Beginn einer Frist nach § 9 Abs. 1 Nr. 1–1b abgegebene Erklärung unwirksam ist, obwohl § 10a nicht auf § 9 Abs. 2 verweist. Die Anwendbarkeit folgt
daraus, dass § 9 Abs. 2 nur Modalitäten der durch § 10a in Bezug genommenen § 9 Abs. 1 Nr. 1–1b regelt.

Folgt man dem **Gesetzeswortlaut,** ist dagegen beim Weiterverleih der **6**
von der Bezugnahme ausgeschlossene **§ 9 Abs. 1 Nr. 2 nicht anwendbar,**
also die Unwirksamkeit von Vereinbarungen, die für den Leiharbeitnehmer
schlechtere als die ihm nach § 8 (Equal-pay/treatment-Grundsatz) zustehenden Arbeitsbedingungen einschließlich des Arbeitsentgelts vorsehen. Gleiches
gilt für die ebenfalls nicht in Bezug genommenen Vereinbarungen iSd **§ 9
Abs. 1 Nr. 2a–5,** also zB für eine Vereinbarung, die den Leiharbeitnehmer
entgegen § 13b von der Nutzung der Sozialeinrichtungen im Entleihbetrieb
ausschließt (§ 9 Abs. 1 Nr. 2a). Aus der unterbliebenen Inbezugnahme von
§ 9 Abs. 1 Nr. 2–5 lässt sich dennoch nicht ableiten, dass die dadurch grundsätzlich zwingend geschützten Ansprüche und Interessen des Leiharbeitnehmers in der Konstellation des Weiterverleihs vertraglich abdingbar sein sollen.
Insbesondere findet der Equal-pay/treatment-Anspruch des § 8 gewissermaßen „aus sich heraus" auch in der Sonderkonstellation des Weiterverleihs
Anwendung, da es sich begrifflich auch **bei dem Weiterverleih um Leiharbeit iSd § 8 handelt,** mag diese auch in einer durch § 1 Abs. 1 S. 3 untersag-
ten Variante praktiziert werden. Gleiches gilt für den in der Konstellation
des Weiterverleihs ebenfalls „aus sich heraus" anwendbaren Anspruch auf
Zugang zu Sozialeinrichtungen im (Letzt-)Entleihbetrieb, § 13b. Ganz klar
ist dieses Ergebnis infolge der verunglückten Teilverweisung in § 10a allerdings nicht, die somit auch gegenteilige Deutungsmöglichkeiten und Ansätze
für eine missbräuchliche Nutzung des Weiterverleihs eröffnet. Diesen sollte
die Rechtsprechung entgegentreten. Für die hier vertretene Sichtweise lassen
sich dabei auch die Gesetzesmaterialien anführen, die § 10a die Funktion
zuweisen, ohne Ausnahme „die in § 9 und § 10 getroffenen Regelungen zum
Drei-Personen-Verhältnis auch im Mehrpersonenverhältnis gelten" zu lassen
(BT-Drs. 18/9232, 27).

Gem. § 10a ist dagegen **§ 10** auch in der Konstellation des Weiterverleihs **7**
umfassend anwendbar. Anwendbar ist somit die **Fiktion eines Arbeitsverhältnisses** zwischen dem Leiharbeitnehmer und dem Letztentleiher bei
Unwirksamkeit des Leiharbeitsvertrags nach § 9 (§ 10 Abs. 1, → § 10

Rn. 5 ff.), der **Schadensersatzanspruch** des Leiharbeitnehmers gegen den Verleiher (§ 10 Abs. 2, → § 10 Rn. 54 ff.) sowie die **gesamtschuldnerische Haftung** von Ver- und Entleiher (§ 10 Abs. 3, → § 10 Rn. 62 ff.).

§ 11 Sonstige Vorschriften über das Leiharbeitsverhältnis

(1) [1]Der Nachweis der wesentlichen Vertragsbedingungen des Leiharbeitsverhältnisses richtet sich nach den Bestimmungen des Nachweisgesetzes. [2]Zusätzlich zu den in § 2 Abs. 1 des Nachweisgesetzes genannten Angaben sind in die Niederschrift aufzunehmen:
1. Firma und Anschrift des Verleihers, die Erlaubnisbehörde sowie Ort und Datum der Erteilung der Erlaubnis nach § 1,
2. Art und Höhe der Leistungen für Zeiten, in denen der Leiharbeitnehmer nicht verliehen ist.

(2) [1]Der Verleiher ist ferner verpflichtet, dem Leiharbeitnehmer bei Vertragsschluss ein Merkblatt der Erlaubnisbehörde über den wesentlichen Inhalt dieses Gesetzes auszuhändigen. [2]Nichtdeutsche Leiharbeitnehmer erhalten das Merkblatt und den Nachweis nach Absatz 1 auf Verlangen in ihrer Muttersprache. [3]Die Kosten des Merkblatts trägt der Verleiher. Der Verleiher hat den Leiharbeitnehmer vor jeder Überlassung darüber zu informieren, dass er als Leiharbeitnehmer tätig wird.

(3) [1]Der Verleiher hat den Leiharbeitnehmer unverzüglich über den Zeitpunkt des Wegfalls der Erlaubnis zu unterrichten. [2]In den Fällen der Nichtverlängerung (§ 2 Abs. 4 Satz 3), der Rücknahme (§ 4) oder des Widerrufs (§ 5) hat er ihn ferner auf das voraussichtliche Ende der Abwicklung (§ 2 Abs. 4 Satz 4) und die gesetzliche Abwicklungsfrist (§ 2 Abs. 4 Satz 4 letzter Halbsatz) hinzuweisen.

(4) [1]§ 622 Abs. 5 Nr. 1 des Bürgerlichen Gesetzbuchs ist nicht auf Arbeitsverhältnisse zwischen Verleihern und Leiharbeitnehmern anzuwenden. [2]Das Recht des Leiharbeitnehmers auf Vergütung bei Annahmeverzug des Verleihers (§ 615 des Bürgerlichen Gesetzbuchs) kann nicht durch Vertrag aufgehoben oder beschränkt werden; § 615 Satz 2 des Bürgerlichen Gesetzbuchs bleibt unberührt. [3]Das Recht des Leiharbeitnehmers auf Vergütung kann durch Vereinbarung von Kurzarbeit für die Zeit aufgehoben werden, für die dem Leiharbeitnehmer Kurzarbeitergeld nach dem Dritten Buch Sozialgesetzbuch gezahlt wird; eine solche Vereinbarung kann das Recht des Leiharbeitnehmers auf Vergütung bis längstens zum 31. Dezember 2011 ausschließen.

(5) [1]Der Entleiher darf Leiharbeitnehmer nicht tätig werden lassen, wenn sein Betrieb unmittelbar durch einen Arbeitskampf betroffen ist. [2]Satz 1 gilt nicht, wenn der Entleiher sicherstellt, dass Leiharbeitnehmer keine Tätigkeiten übernehmen, die bisher von Arbeitnehmern erledigt wurden, die

1. sich im Arbeitskampf befinden oder
2. ihrerseits Tätigkeiten von Arbeitnehmern, die sich im Arbeitskampf befinden, übernommen haben.

[3]Der Leiharbeitnehmer ist nicht verpflichtet, bei einem Entleiher tätig zu sein, soweit dieser durch einen Arbeitskampf unmittelbar betroffen ist. In den Fällen eines Arbeitskampfes hat der Verleiher den Leiharbeitnehmer auf das Recht, die Arbeitsleistung zu verweigern, hinzuweisen.

(6) [1]Die Tätigkeit des Leiharbeitnehmers bei dem Entleiher unter-liegt den für den Betrieb des Entleihers geltenden öffentlich-rechtlichen Vorschriften des Arbeitsschutzrechts; die hieraus sich ergebenden Pflichten für den Arbeitgeber obliegen dem Entleiher unbeschadet der Pflichten des Verleihers. [2]Insbesondere hat der Entleiher den Leiharbeitnehmer vor Beginn der Beschäftigung und bei Veränderungen in seinem Arbeitsbereich über Gefahren für Sicherheit und Gesundheit, denen er bei der Arbeit ausgesetzt sein kann, sowie über die Maßnahmen und Einrichtungen zur Abwendung dieser Gefahren zu unterrichten. [3]Der Entleiher hat den Leiharbeitnehmer zusätzlich über die Notwendigkeit besonderer Qualifikationen oder beruflicher Fähigkeiten oder einer besonderen ärztlichen Überwachung sowie über erhöhte besondere Gefahren des Arbeitsplatzes zu unterrichten.

(7) Hat der Leiharbeitnehmer während der Dauer der Tätigkeit bei dem Entleiher eine Erfindung oder einen technischen Verbesserungsvorschlag gemacht, so gilt der Entleiher als Arbeitgeber im Sinne des Gesetzes über Arbeitnehmererfindungen.

Literatur: *Bauer/Haußmann,* Arbeiten verboten! – Das neue Streikbrecherverbot für Leiharbeitnehmer, NZA 2016, 803; *Bauer/Krets,* Gesetze für moderne Dienstleistungen am Arbeitsmarkt, NJW 203, 537; *Boemke,* Annahmeverzug des Entleihers bei Nichtbeschäftigung des Leiharbeitnehmers?, BB 2006, 997; *Böhm,* Zeitenwende bei der Zeitarbeit: Start mit Irritationen, NZA 2003, 828; *Deinert,* Neuregelung des Fremdpersonaleinsatzes im Betrieb, RdA 2017, 65; *Düwell/Dahl,* Leiharbeitnehmer: First in, first out, DB 2007, 1699; *Franzen,* Neuausrichtung des Drittpersonaleinsatzes – Überlegungen zu den Vorhaben des Koalitionsvertrags, RdA 2015, 141; *Hamann,* Leiharbeitnehmer statt eigene Arbeitnehmer – Zulässigkeit und Grenzen einer Personalaustauschstrategie, NZA 2010, 1211; *Hanau,* Einzelfragen und -antworten zu den ersten beiden Gesetzen für moderne Dienstleistungen am Arbeitsmarkt, ZIP 2003, 1573; *Henssler,* Überregulierung statt Rechtssicherheit – der Referentenentwurf des BMAS zur Reglementierung von Leiharbeit und Werkverträgen, RdA 2016, 18; *Hümmerich/Holthausen/Welslau,* Arbeitsrechtliches im Ersten Gesetz für moderne Dienstleistungen am Arbeitsmarkt, NZA 2003, 7; *Lembke,* AÜG Reform 2017 – Eine Reformatio in Peius, NZA 2017, 1; *ders.* Gesetzesvorhaben der Großen Koalition im Bereich der Arbeitnehmerüberlassung, BB 2014, 1333; *Oberwetter,* Das Allgemeine Gleichbehandlungsgesetz im Bereich der Personaldienstleistungen, BB 2007, 1109; *Seel,* Neue Spielregel für die Arbeitnehmerüberlassung – Eine Analyse des Referentenentwurfs des AÜG, öAT 2016, 27; *Simon/Greßlin,* Abbau von Leiharbeit vor betriebsbedingten Kündigungen?, BB 2007, 2454; *Thüsing,* Von der Quadratur einer gesetzlichen Arbeitnehmerdefinition zur Zwangssolidarisierung der Leiharbeitnehmer, NZA 2015, 1478; *Wank,* Änderungen im Leiharbeitsrecht, RdA 2017, 100; *Willemsen/Mehrens,* Beabsichtigte Neuregelung des Fremdpersonaleinsatzes – Mehr Bürokratie wagen?, NZA 2015, 897; *Zimmermann,* Der Referentenentwurf zur AÜG-Reform 2017, BB 2016, 53.

Übersicht

I. Gesetzeszweck und Entstehungsgeschichte

1　　§ 11 gewährt dem Leiharbeitnehmer bestimmte Informationsrechte und regelt verschiedene Arbeitsbedingungen im Leiharbeitsverhältnis. Anders als § 9 Abs. 1 Nr. 1–1b und § 10 betrifft die Norm daher das wirksame („legale") Leiharbeitsverhältnis und abweichend von § 9 Abs. 1 Nr. 2–4 erklärt sie keine vertraglichen Vereinbarungen zum Schutz des Leiharbeitnehmers für unwirksam, sondern gewährt ihm konkrete Ansprüche und Arbeitsbedingungen. Die Vorschrift betrifft seit der Novellierung des AÜG im Jahr 2011 sowohl **die gewerbsmäßige wie auch die nichtge-werbsmäßige Arbeitnehmerüberlassung,** wie sich aus der Verwendung der Begriffe „Verleiher", „Entleiher" und „Leiharbeitnehmer" im Sinne des neu formulierten § 1 Abs. 1 ergibt, der – in Anpassung an die Leiharbeits-RL – nur noch von der Arbeitnehmerüberlassung im Rahmen der wirtschaftlichen Tätigkeit spricht (vgl. ErfK/*Wank* § 11 Rn. 1; *Ulber* § 11 Rn. 6 ff.). Sie enthält zwingendes Recht und kann nicht durch Vereinbarung abbedungen werden (Schüren/Hamann/*Schüren* § 11 Rn. 18). Die Regelungen des § 11 sind für das Leiharbeitsverhältnis nicht umfassend und abschließend; es gelten **die allgemeinen arbeitsrechtlichen Regeln,** soweit nicht in § 11 abweichende Regelungen getroffen sind oder auf Grund der Besonderheiten der Arbeitnehmerüberlassung gelten (vgl. Boemke/Lembke/*Boemke* § 11 Rn. 6; Schüren/Hamann/*Schüren* § 11 Rn. 19 f.; *Ulber* § 11 Rn. 5). Verstöße gegen diese Regelungen sollen (bereits) Indizien für eine gewerberechtliche Unzuverlässigkeit des Verleihers sein (*Bundesagentur für Arbeit,* Fachliche Weisungen, Stand 1.4.2017, S. 94).

Die bis 31.12.2002 geltende alte Fassung von § 11 beruhte weitgehend **2** auf dem Regierungsentwurf und Änderungsvorschlägen des Bundesrates, des Ausschusses für Arbeit und Sozialordnung sowie des Rechtsauschusses (vgl. BT-Drs. VI/2303, 4, 5, 21 und BT-Drs. VI/3505, 4, 9 sowie ausführlich *Becker/Wulfgramm* Art. 1 § 11 Rn. 1 ff.; Boemke/Lembke/*Boemke* § 11 Rn. 1; Schüren/Hamann/*Schüren* § 11 Rn. 1 ff.). Änderungen gab es in den 90-er Jahren, im Wesentlichen induziert durch Europarecht (vgl. Boemke/Lembke/*Boemke* § 11 Rn. 1; Schüren/Hamann/*Schüren* § 11 Rn. 8 ff. und *Ulber* § 11 Rn. 2 f. jeweils mwN). Die nach dem 1.1.2003 geltende Fassung ist durch das Erste Gesetz für moderne Dienstleistungen am Arbeitsmarkt vom 23.12.2002 (BGBl. I S. 4607) eingeführt worden (vgl. zur Gesetzgebungshistorie *Bauer/Krets* NJW 2003, 537 (538), Fn. 1 mwN; Schüren/Hamann/*Schüren* § 11 Rn. 14). Dabei sind die Absätze 3–5 und 7 unverändert geblieben; Abs. 2 wurde geringfügig geändert, Abs. 6 wurde erweitert und konkretisiert, während Abs. 1 verkürzt wurde und seitdem vorrangig auf das NachwG verweist, statt die erforderlichen Angaben eigenständig aufzuführen (vgl. BT-Drs. 15/25, 39; ErfK/*Wank* § 11 Rn. 1 und Boemke/Lembke/*Boemke* § 11 Rn. 41 ff.). Mit Wirkung zum 1.2.2009 wurde Abs. 4 Satz 3 eingefügt, nach dem auch in Verleihbetrieben Kurzarbeit vereinbart werden kann. Diese zunächst bis zum 31.12.2010 befristete Regelung wurde erneut befristet verlängert bis zum 31.12.2011.

Mit der Novelle zum 1.4.2017 wurde in § 11 Abs. 2 ein Satz 4 ergänzt, **2a** der den Verleiher verpflichtet, den Zeitarbeitnehmer vor jeder Überlassung darüber zu informieren, dass er als Leiharbeitnehmer tätig wird. Dies korrespondiert mit entsprechenden anderen neuen Regelungen in § 1 Abs. 1 S. 5 und 6 nF und § 9 Abs. 1 Nr. 1a zur verdeckten Arbeitnehmerüberlassung, die Scheinwerk- oder Dienstverträge verhindern sollen (vgl. Gesetzesbegründung Regierungsentwurf, BT-Drs. 18/9232, 27; Gesetzesbegründung Referentenentwurf vom 16.11.2015, S. 25 und vom 17.2.2016, S. 26; Gesetzesbegründung Regierungsentwurf, BR-Drs. 294/16, 23 und auch *Bundesagentur für Arbeit,* Fachliche Weisungen, Stand 1.4.2017, S. 94). Außerdem ist eine wichtige Neuregelung die Erweiterung des Verbotes zum Einsatz bei Streik in § 11 Abs. 5 nF. Gesetzlich gab es zuvor in Fällen des Arbeitskampfes nur ein fakultatives Leistungsverweigerungsrecht für die Zeitarbeitnehmer und es kam nach Einschätzung des Gesetzgebers noch zum häufigen Einsatz von Zeitarbeitnehmern bei Streik (vgl. dazu Gesetzesbegründung Regierungsentwurf, BT-Drs. 18/9232, 27; Gesetzesbegründung Regierungsentwurf, BR-Drs. 294/16, 23 f.). Allerdings war das weitergehende Einsatzverbot bereits in den Tarifwerken der Zeitarbeitsbranche enthalten (vgl. nur UGBH/*Germakowsi/Hurst* § 11 Rn. 53). Das grundsätzliche Verbot eines Streikeinsatzes ist verfassungswidrig (vgl. nur Stellungnahme der BRAK Nr. 14/2016 zum Regierungsentwurf, Juni 2016, S. 10 f. und auch UGBH/*Germakowsi/Hurst* § 11 Rn. 56; *Wank* RdA 2017, 100 (114) mwN; aA *Deinert* RdA 2017, 65 (78 f.); *Ulrici* § 11 Rn. 11 ff.).

II. Nachweis der wesentlichen
Leiharbeitsvertragsbedingungen (Abs. 1)

3   § 11 Abs. 1 verweist ausdrücklich auf die Anwendbarkeit des NachwG für das Leiharbeitsverhältnis und ergänzt die danach erforderlichen Angaben zu den wesentlichen Arbeitsbedingungen um spezielle arbeitnehmerüberlassungsrelevante Daten in Nr. 1 und 2. Dies ist eine **Rechtsgrundverweisung** (ebenso Boemke/Lembke/*Boemke* § 11 Rn. 41; BeckOK ArbR/*Motz* § 11 Rn. 6), weil ohne eine vorrangige Sonderregelung zum Nachweis der wesentlichen Arbeitsbedingungen, wie sie § 11 Abs. 1 aF enthielt (vgl. auch ErfK/*Wank* § 11 Rn. 1), das NachwG selbständig eingreift. Im Fall der zulässigen Arbeitnehmerüberlassung ist der Verleiher der Arbeitgeber des Leiharbeitnehmers und **§ 2 NachwG daher grundsätzlich anwendbar.** Aufgrund der Modifikationen des allgemeinen Nachweisrechts durch § 11 Abs. 1 Nr. 1 und 2 ist die Handhabung der Normen in der Praxis jedoch umständlicher als früher: der Verleiher muss alle nach § 2 Abs. 1 NachwG und ggf. § 2 Abs. 2 NachwG erforderlichen Angaben machen und außerdem § 11 Abs. 1 Nr. 1 und 2 erfüllen (vgl. auch BT-Drs. 15/25, 39; ErfK/*Wank* § 11 Rn. 1, 3; unklar Schüren/Hamann/*Schüren* § 11 Rn. 22 – Spezialität).

4   **Zweck der Regelung** ist – wie für § 2 NachwG –, den Leiharbeitnehmer über seine arbeitsrechtliche Stellung, insbesondere seine Ansprüche gegenüber seinem Arbeitgeber – hier dem Verleiher – zu informieren. Außerdem können die Arbeitsbehörden anhand des Dokuments ggf. das Leiharbeitsverhältnis kontrollieren und der Entleiher sich bei Unwirksamkeit der Arbeitnehmerüberlassung nach § 10 ggf. über die Arbeitsbedingungen informieren (*Becker/Wulfgramm* Art. 1 § 11 Rn. 6; Boemke/Lembke/*Boemke* § 11 Rn. 40; ErfK/*Wank* § 11 Rn. 2; Schüren/Hamann/*Schüren* § 11 Rn. 23 f.; *Ulber* § 11 Rn. 4).

1. Schriftlicher Nachweis

5   § 11 Abs. 1 enthält **keine gesetzliche Schriftform für den Leiharbeitsvertrag** (ebenso *Becker/Wulfgramm* Art. 1 § 11 Rn. 13; Boemke/Lembke/ *Boemke* § 11 Rn. 42; ErfK/*Wank* § 11 Rn. 2; Schüren/Hamann/*Schüren* § 11 Rn. 26; *Ulber* § 11 Rn. 14; UGBH/*Germakowsi/Hurst* § 11 Rn. 2), wie auch § 2 NachwG keine Form regelt. Anders als der Überlassungsvertrag gem. § 12 Abs. 1 Nr. 1 kann der Leiharbeitsvertrag zwischen Verleiher und Arbeitnehmer daher mündlich oder schriftlich ohne Beachtung der gesetzlichen Schriftformerfordernisse nach §§ 126 f. BGB vereinbart werden. Das Gesetz verlangt jedoch eine **schriftliche Niederlegung.** Der Verleiher kann seiner Nachweispflicht auf zwei Wegen nachkommen: entweder nimmt er gem. § 2 Abs. 4 NachwG in den in der Praxis üblichen schriftlichen Arbeitsvertrag alle erforderlichen Angaben auf oder legt die erforderlichen Angaben nach § 2 Abs. 1 und 2 NachwG in einem separaten Dokument nieder, das der Leiharbeitnehmer spätestens einen Monat nach vereinbartem Beginn des Arbeitsverhältnisses erhalten muss (ErfK/*Wank* § 11 Rn. 2; vgl. auch *Becker/ Wulfgramm* Art. 1 § 11 Rn. 13; Boemke/Lembke/*Boemke* § 11 Rn. 44;

HWK-*Gotthardt/Roloff* § 11 Rn. 5 und ausführlich Schüren/Hamann/*Schüren* § 11 Rn. 75 ff.; UGBH/*Germakowsi/Hurst* § 11 Rn. 3). Der Verleiher muss den Nachweis der Arbeitsbedingungen gem. § 2 Abs. 1 S. 1 NachwG unterzeichnen; dafür ist eine **Originalunterschrift** erforderlich (*Ulber* § 11 Rn. 75; UGBH/*Germakowsi/Hurst* § 11 Rn. 4). Dabei genügt jedoch eine ordnungsgemäße Vertretung des Arbeitgebers; eine Unterzeichnung durch den gesetzlichen Vertreter ist bei juristischen Personen nicht erforderlich (Boemke/Lembke/*Boemke* § 11 Rn. 4). Es gilt auch nicht § 174 BGB, weil die Niederschrift – mangels Willenserklärung – kein einseitiges Rechtsgeschäft ist (für eine entsprechende Anwendung von § 174 BGB aber Boemke/Lembke/*Boemke* § 11 Rn. 43). Die Niederschrift ersetzt auch nicht eine arbeitsvertragliche Einigung der Arbeitsvertragspartner, daher sind nur die vereinbarten Bedingungen niederzulegen (ebenso Boemke/Lembke/*Boemke* § 11 Rn. 43 f. auch zur Bedeutung einer Bestätigung des Arbeitnehmers zu anderen als den vereinbarten Bedingungen – Verlagerung der Beweislast auf den Arbeitnehmer). Besteht Streit über einzelne Arbeitsbedingungen oder Vertragsinhalte, kann der Arbeitnehmer nicht verlangen, dass der Arbeitgeber den vom Arbeitnehmer gewünschten Inhalt schriftlich niederlegt. Der Arbeitgeber kann insoweit den nach seiner Ansicht bestehenden Inhalt festhalten; der Arbeitnehmer muss ggf. die geltenden Inhalte arbeitsgerichtlich prüfen/feststellen lassen.

Bei jeder **Änderung** der erforderlichen Angaben, hat der Verleiher gem. **6** § 3 Abs. 1 NachwG innerhalb eines Monats – nicht mehr unverzüglich – einen schriftlichen Nachtrag zum Nachweis zu übergeben (Boemke/Lembke/*Boemke* § 11 Rn. 83 ff.; Schüren/Hamann/*Schüren* § 11 Rn. 78; UGBH/*Germakowsi/Hurst* § 11 Rn. 6). Trotz der Streichung von § 11 Abs. 1 S. 5 aF hat der Verleiher faktisch unverändert gem. § 7 Abs. 2 S. 4 den Nachweis bzw. den schriftlichen Arbeitsvertrag sowie etwaige Änderungen/Ergänzungen mindestens drei Jahre aufzubewahren (Boemke/Lembke/*Boemke* § 11 Rn. 89; Schüren/Hamann/*Schüren* § 11 Rn. 80; *Ulber* § 11 Rn. 76; UGBH/ *Germakowsi/Hurst* § 11 Rn. 18).

2. Erforderliche Angaben

Für die gem. § 11 Abs. 1 iVm § 2 Abs. 1 und ggf. Abs. 2 NachwG erforder- **7** lichen Angaben kann weitgehend auf Rechtsprechung und Literatur zu § 2 NachwG verwiesen werden. Da die Liste der erforderlichen Angaben zu den wesentlichen Vertragsbedingungen nach § 2 Abs. 1 NachwG nicht abschließend, sondern lediglich eine **Mindestnorm** sein soll (vgl. Boemke/Lembke/ *Boemke* § 11 Rn. 45; ErfK/*Wank* § 11 Rn. 3; HWK-*Gotthardt/Roloff* § 11 Rn. 18; Schüren/Hamann/*Schüren* § 11 Rn. 28, 69 jeweils mwN; UGBH/ *Germakowsi/Hurst* § 11 Rn. 11), gilt dies entsprechend auch für § 11 Abs. 1. Vereinbaren die Vertragspartner wesentliche Regelungen im Arbeitsvertrag, die nicht in den Katalogen nach § 2 NachwG und § 11 Abs. 1 erwähnt sind, sind diese besonderen wesentlichen Regelungen ebenfalls in den schriftlichen Nachweis aufzunehmen (Schüren/Hamann/*Schüren* § 11 Rn. 29 mwN und Verweis auf EuGH 8.2.2001, BB 2001, 1255 (1256); BAG 23.1.2002, NZA

2002, 800 (801 f.); ebenso *Ulber* § 11 Rn. 12, 20; Boemke/Lembke/*Boemke* § 11 Rn. 42, 61. Ausführlich zu weiteren ungenannten wesentlichen Arbeitsbedingungen Schüren/Hamann/*Schüren* § 11 Rn. 69 ff.; Boemke/Lembke/ *Boemke* § 11 Rn. 62 ff.; *Ulber* § 11 Rn. 58 ff.).

8   **a) Angaben gemäß § 2 Abs. 1 S. 2 NachwG. § 2 Abs. 1 S. 2 Nr. 1 NachwG – Name und Anschrift der Vertragsparteien:** Diese Angaben gehen über die nach § 11 Abs. 1 Nr. 1 erforderliche Angabe der Firma und Anschrift – allein – des Verleihers hinaus. Die Angabe der Rechtsform des Verleihers ist nicht erforderlich, soweit dies nicht auf Grund gesellschaftsrechtlicher oder handelsrechtlicher Regeln vorgeschrieben ist (Boemke/ Lembke/*Boemke* § 11 Rn. 47). Eine natürliche Person muss Vorname und Nachname angeben (Boemke/Lembke/*Boemke* § 11 Rn. 48). Es müssen auch die Daten des Leiharbeitnehmers aufgenommen werden, damit dieser individualisiert werden kann. Wegen der besonderen Anforderungen an die Beschäftigung ausländischer Leiharbeitnehmer (vgl. § 15 und § 11 Abs. 2 S. 2) ist es in der Praxis empfehlenswert, auch die Staatsangehörigkeit des Arbeitnehmers anzugeben und bei EU-Ausländern auch die Arbeitsgenehmigung (Schüren/Hamann/*Schüren* § 11 Rn. 32 mwN; ebenso HWK-*Gotthardt/ Roloff* § 11 Rn. 8; Boemke/Lembke/*Boemke* § 11 Rn. 48).

9   **§ 2 Abs. 1 S. 2 Nr. 2 NachwG – Beginn des Arbeitsverhältnisses:** Es ist der Zeitpunkt des vereinbarten Vertragsbeginns (Vertragslaufzeit), nicht der Arbeitsaufnahme anzugeben (vgl. *Grünberger* NJW 1995, 2809 (2810); Boemke/Lembke/*Boemke* § 11 Rn. 49; Schüren/Hamann/*Schüren* § 11 Rn. 33; ErfK/*Wank* § 11 Rn. 4 und *Ulber* § 11 Rn. 22; aA *Becker/Wulfgramm* Art. 1 § 11 Rn. 13; KassHB/*Düwell* 4.5 Rn. 334 – Tag der Arbeitsaufnahme).

10   **§ 2 Abs. 1 S. 2 Nr. 3 NachwG – Dauer der Befristung:** Befristete Leiharbeitsverträge dürften immer noch selten bleiben (vgl. → § 10 Rn. 37 ff. und ErfK/*Wank* § 11 Rn. 4). Überdies gilt gem. § 14 Abs. 4 TzBfG eine gesetzliche Schriftform für befristete Arbeitsverhältnisse, die § 2 Abs. 1 S. 2 Nr. 3 NachwG praktisch bedeutungslos macht (ausführlicher Schüren/ Hamann/*Schüren* § 11 Rn. 34 f.). Es ist nur die Dauer der Befristung, nicht jedoch der Befristungsgrund anzugeben (Boemke/Lembke/*Boemke* § 11 Rn. 50; Schüren/Hamann/*Schüren* § 11 Rn. 35; aA *Ulber* § 11 Rn. 24).

11   **§ 2 Abs. 1 S. 2 Nr. 4 NachwG – Arbeitsort:** Diese Angabe hat für Leiharbeitsverhältnisse besonders große Bedeutung (Schüren/Hamann/*Schüren* § 11 Rn. 36). Nach dem Gesetzeswortlaut ist zunächst wohl als Arbeitsort der Unternehmenssitz bzw. Betrieb des Verleihers zu nennen. Außerdem dürfte ein Hinweis entsprechend § 11 Abs. 1 Nr. 3 aF erforderlich sein, dass der Arbeitsort sich in Abhängigkeit von den Einsätzen bei verschiedenen Entleihern ändern wird (so ErfK/*Wank* § 11 Rn. 4; HWK-*Gotthardt/Roloff* § 11 Rn. 11; Schüren/Hamann/*Schüren* § 11 Rn. 36; vgl. auch *Becker/Wulfgramm* Art. 1 § 11 Rn. 13; Boemke/Lembke/*Boemke* § 11 Rn. 51). Soweit er bereits bekannt ist, ist der erste Einsatzort anzugeben. Etwaige besondere Bedingungen, die mit dem Arbeitsort zusammenhängen, wie zB eine Fahrtkostenregelung wegen räumlicher Entfernung, sind ebenfalls aufzunehmen (Schüren/Hamann/*Schüren* § 11 Rn. 38; HWK-*Gotthardt/Roloff* § 11

Rn. 11). Auswärtige Arbeit liegt vor bei Einsatz außerhalb des primären Arbeitsortes und im Ausland (*Becker/Wulfgramm* Art. 1 § 11 Rn. 13; ErfK/ *Wank* § 11 Rn. 4; Schüren/Hamann/*Schüren* § 11 Rn. 38, jeweils mwN). Soll der Leiharbeitnehmer nicht nur am Ort des Verleihunternehmens bei Entleihern eingesetzt werden, muss daher auch die Erbringung auswärtiger Arbeitsleistung geregelt und dazu ein schriftlicher Nachweis gegeben werden (vgl. auch Boemke/Lembke/*Boemke* § 11 Rn. 51; Schüren/Hamann/*Schüren* § 11 Rn. 37 f.).

§ 2 Abs. 1 S. 2 Nr. 5 NachwG – Beschreibung der Tätigkeit: Ausrei- **12** chend ist nicht mehr nur die Angabe eines Berufsbildes, sondern es ist die zu leistende Tätigkeit zu beschreiben (*Melms/Weck* RdA 2006, 171 (172); ErfK/*Wank* § 11 Rn. 5; Schüren/Hamann/*Schüren* § 11 Rn. 39 mwN unter Berufung auf *EuGH* 4.12.1997, NZA 1998, 137 ff.; vgl. auch Boemke/ Lembke/*Boemke* § 11 Rn. 52). Soweit dies möglich ist, müssen weitergehend auch Angaben zur fachlichen Ausrichtung der Einsätze oder jedenfalls des ersten Einsatzes bis hin zu konkreten Arbeitsplatzbeschreibungen erfolgen (ErfK/*Wank* § 11 Rn. 5). Die Angaben müssen präzise sein, der Verweis auf „sonstige zumutbare Tätigkeiten" genügt daher nicht; erforderlich ist die Aufnahme konkreter Kriterien für die Zumutbarkeit (Boemke/Lembke/ *Boemke* § 11 Rn. 52).

Die Tätigkeitsbeschreibung muss erkennen lassen, dass der Leiharbeitneh- **13** mer an **wechselnden Arbeitsorten** bzw. in wechselnden Betrieben eingesetzt wird, wobei die Bezeichnung als Leiharbeitnehmer im Arbeitsvertrag unverändert nicht erforderlich ist, jedoch ist der Verleiher nun gem. § 11 Abs. 2 S. 4 nF verpflichtet, den Arbeitnehmer vor jeder einzelnen Überlassung darüber zu informieren, dass er als Leiharbeitnehmer tätig wird. Diese Unterrichtung kann auch mündlich erfolgen. Ein ausdrücklicher schriftlicher Hinweis ist auch erforderlich, wenn der Leiharbeitnehmer nicht nur bei Entleihern, sondern auch im Unternehmen des Verleihers eingesetzt werden soll (ErfK/*Wank* § 11 Rn. 5; Schüren/Hamann/*Schüren* § 11 Rn. 40).

Soweit dem Leiharbeitnehmer dauerhaft oder vorübergehend andere als **14** die vereinbarten Tätigkeiten einseitig zugewiesen werden sollen, muss dies – wie allgemein bei Arbeitsverhältnissen – in einer entsprechenden **Versetzungsklausel** vorgesehen sein (vgl. auch Boemke/Lembke/*Boemke* § 11 Rn. 52; Schüren/Hamann/*Schüren* § 11 Rn. 39 f. mwN). Die Zuweisung einer geringerwertigen Tätigkeit kommt nur für einen vorübergehenden Zeitraum und unter Fortzahlung der erhöhten Vergütung in Betracht.

§ 2 Abs. 1 S. 2 Nr. 6 NachwG – Entgelt: Die Angaben zum Entgelt **15** müssen die Grundvergütung sowie alle etwaigen Zusatzvergütungen, zB Zuschläge, Prämien, Provision, Bonus, einschließlich von Lohnnebenleistungen wie zB Jahressonderleistungen, betriebliche Altersversorgung, und Sachleistungen nennen (vgl. *Becker/Wulfgramm* Art. 1 § 11 Rn. 13; Boemke/ Lembke/*Boemke* § 11 Rn. 53; ErfK/*Wank* § 11 Rn. 6; HWK-*Gotthardt/Roloff* § 11 Rn. 13; KassHB/*Düwell* 4.5 Rn. 336; Schüren/Hamann/*Schüren* § 11 Rn. 41). Es müssen nach dem Gesetzeswortlaut keine Angaben mehr zu den Zahlungszeiträumen und -terminen sowie die Art der Zahlung und etwaigen Vorschüssen erfolgen, sondern nur noch der Fälligkeitszeitpunkt ist von

Bedeutung (Boemke/Lembke/*Boemke* § 11 Rn. 55; vgl. auch ErfK/*Wank* § 11 Rn. 6; aA HWK-*Gotthardt/Roloff* § 11 Rn. 13; Schüren/Hamann/*Schüren* § 11 Rn. 44). Soweit ein Tarifvertrag gilt, kann gem. § 2 Abs. 3 S. 1 NachwG auf den Tarifvertrag verwiesen werden (Schüren/Hamann/*Schüren* § 11 Rn. 40).

16 Nicht zwingend ist nach umstrittener Ansicht die Angabe von **Freiwillig-keits- und Widerrufsvorbehalten;** sie ist aber für den Arbeitgeber aus Beweisgründen jedenfalls empfehlenswert (vgl. Boemke/Lembke/*Boemke* § 11 Rn. 53; Schüren/Hamann/*Schüren* § 11 Rn. 43 mwN).

17 Der Verleiher wird allerdings bei Vertragsschluss die Angaben zum Entgelt nicht immer vollständig machen können, weil gem. § 8 Abs. 1 S. 1 nF **während des Einsatzes bei einem Entleiher** die wesentlichen Arbeitsbedingungen des Leiharbeitnehmers grundsätzlich mindestens denen des Entleihers entsprechen müssen. Zu Beginn des Leiharbeitsverhältnisses wird der Verleiher diese Angaben typischerweise nur für den ersten Einsatz machen können (vgl. auch ErfK/*Wank* § 11 Rn. 6; Schüren/Hamann/*Schüren* § 11 Rn. 45 f.; sehr kritisch daher zu § 11 Abs. 1 *Hümmerich/Holthausen/Welslau* NZA 2003, 7 (11)). Der Verleiher hat deswegen zunächst auf die Regelung in § 8 Abs. 1 S. 1 zu verweisen und den Inhalt anzugeben. Außerdem hat er ggf. die **Entgeltdaten des ersten Entleihers** zu nennen (*Bauer/Krets* NJW 2003, 537 (540); ErfK/*Wank* § 11 Rn. 6). Wird der Leiharbeitnehmer später bei einem anderen Entleiher mit anderen Entgeltstrukturen eingesetzt, hat der Verleiher den Nachweis der Arbeitsbedingungen insoweit innerhalb eines Monats gem. § 3 S. 1 NachwG zu **aktualisieren** (Boemke/Lembke/*Boemke* § 11 Rn. 74; ErfK/*Wank* § 11 Rn. 6; *Lembke* BB 2003, 98 (99); Schüren/Hamann/*Schüren* § 11 Rn. 46 f.). Soweit im Sinne von § 8 Abs. 2 und Abs. 4 das Entgelt durch einen Leiharbeitstarifvertrages festgelegt ist, muss auf diesen Tarifvertrag verwiesen werden. Es sind dann jedoch keine Angaben mehr zu den Arbeitsbedingungen des jeweiligen Entleihers erforderlich; entsprechend hat der Leiharbeitnehmer auch **keinen Nachweisanspruch** mehr (vgl. zur parallelen Situation für den Auskunftsanspruch des Verleihers und des Leiharbeitnehmers gegenüber dem Entleiher § 12 Abs. 1 S. 4 Hs. 2 und § 13 Hs. 2 sowie BT-Drs. 15/1515, 132 f., 133; *Böhm* NZA 2003, 828 (831) zur Gesetzesfassung vor dem Dritten Gesetz für moderne Dienstleitungen am Arbeitsmarkt vom 23.12.2003, BGBl. I S. 2848).

18 Wird der Leiharbeitnehmer **nicht beim Entleiher eingesetzt,** kann § 8 Abs. 1 S. 1 nicht greifen und der Arbeitnehmer hat nur Anspruch auf die vom Verleiher zugesagte Vergütung. Dazu sind Angaben im Arbeitsvertrag bereits zu Beginn für die gesamte Vertragsdauer möglich – vorbehaltlich einer Lohnerhöhung – und daher aufzunehmen (ErfK/*Wank* § 11 Rn. 6; Schüren/ Hamann/*Schüren* § 11 Rn. 48). Dies sieht § 11 Abs. 1 Nr. 2 ausdrücklich vor. Für die Höhe ist § 11 Abs. 4 S. 2 zu beachten, der § 615 BGB unabdingbar stellt (vgl. dazu → Rn. 42 ff.).

19 **§ 2 Abs. 1 S. 2 Nr. 7 NachwG – Arbeitszeit:** Es müssen die vereinbarten Arbeitszeiten genannt werden. Damit wird vor allem verhindert, dass der Verleiher die Unabdingbarkeit von § 615 BGB gem. § 11 Abs. 4 S. 2 durch eine Reduzierung der Arbeitszeiten umgeht (ErfK/*Wank* § 11 Rn. 7;

KassHB/*Düwell* 4.5 Rn. 340; Schüren/Hamann/*Schüren* § 11 Rn. 51). Eine Vereinbarung über Arbeit auf Abruf ist unter den Voraussetzungen von § 12 TzBfG ebenso zulässig wie eine Flexibilisierung durch Festlegung eines Jahresfixums (vgl. Boemke/Lembke/*Boemke* § 11 Rn. 124 f.; KassHB/*Düwell* 4.5 Rn. 372 f.; Schüren/Hamann/*Schüren* § 11 Rn. 51 jeweils mwN; aA zur Arbeit auf Abruf: *Bundesagentur für Arbeit,* Fachliche Weisungen, Stand 1.4.2017, S. 95 unter Bezugnahme auf BAG 7.12.2005 – 5 AZR 535/04, AP TzBfG § 12 Nr. 4; zum Jahresfixgehalt vgl. BSG 29.7.1992, AP AÜG § 3 Nr. 3, Bl. 2/1 ff. aber zur aF; wohl auch ErfK/*Wank* § 11 Rn. 7; *Ulber* § 11 Rn. 47, jeweils mwN). Es müssen auch Regelungen zu Mehrarbeit, Überstunden, Schichtarbeit, Sonn- und Feiertagsarbeit nachgewiesen werden (Boemke/Lembke/*Boemke* § 11 Rn. 56; Schüren/Hamann/*Schüren* § 11 Rn. 51; *Ulber* § 11 Rn. 45 f.), da diese auch den Umfang der Arbeitszeit betreffen. Nicht erforderlich sind hingegen Angaben zur Lage der Arbeitszeit, jedenfalls wenn keine Vereinbarungen dazu getroffen sind (Boemke/Lembke/*Boemke* § 11 Rn. 56; aA *Ulber* § 11 Rn. 46; wohl auch Schüren/Hamann/*Schüren* § 11 Rn. 51).

Die Angaben können ggf. gem. § 2 Abs. 3 S. 1 NachwG durch einen **20** Hinweis auf eine einschlägige **Kollektivvereinbarung** (Tarifvertrag oder Betriebsvereinbarung) ersetzt werden (ErfK/*Wank* § 11 Rn. 7).

§ 2 Abs. 1 S. 2 Nr. 8 NachwG – Erholungsurlaub: Es sind Angaben **21** zum Umfang des Urlaubsanspruchs sowie zum Urlaubsgeld zu nennen. Erhält der Leiharbeitnehmer Urlaub nur nach den gesetzlichen Mindestbedingungen, genügt gem. § 2 Abs. 3 S. 2 NachwG auch ein Verweis auf das BUrlG (vgl. Boemke/Lembke/*Boemke* § 11 Rn. 57; Schüren/Hamann/*Schüren* § 11 Rn. 53). Falls zusätzliches Urlaubsgeld gezahlt wird, ist dies ausdrücklich anzugeben (ErfK/*Wank* § 11 Rn. 8; Schüren/Hamann/*Schüren* § 11 Rn. 54 jeweils mwN). Die Angaben können gem. § 2 Abs. 3 S. 1 NachwG ggf. durch Hinweis auf eine einschlägige Kollektivvereinbarung (Tarifvertrag oder Betriebsvereinbarung) ersetzt werden (Schüren/Hamann/*Schüren* § 11 Rn. 53).

§ 2 Abs. 1 S. 2 Nr. 9 NachwG – Kündigungsfristen: Vertragliche **22** Kündigungsfristen, auch zB gem. § 622 Abs. 5 Nr. 2 BGB verkürzte Fristen (eine Verkürzung nach § 622 Abs. 5 Nr. 1 BGB ist aber gem. § 11 Abs. 4 S. 1 unzulässig!), sind konkret anzugeben, für gesetzliche oder tarifvertragliche Fristen genügt nach § 2 Abs. 3 S. 2 NachwG ein Verweis (Boemke/Lembke/*Boemke* § 11 Rn. 58; ErfK/*Wank* § 11 Rn. 9; Schüren/Hamann/*Schüren* § 11 Rn. 55). Die Angaben können ggf. gem. § 2 Abs. 3 S. 1 NachwG durch einen Hinweis auf eine einschlägige Kollektivvereinbarung (in der Praxis ist wohl nur denkbar ein Tarifvertrag, vgl. dazu ausführlich und zu bisherigen Tarifverträgen Schüren/Hamann/*Schüren* § 11 Rn. 57 f.) ersetzt werden. Die Vereinbarungen kürzerer Kündigungsfristen durch nicht unmittelbar tarifgebundene Verleiher setzt grundsätzlich sowohl nach § 622 Abs. 4 S. 2 BGB als auch nach § 8 Abs. 2 S. 3 einen nicht allein persönlich definierten, sondern auch fachlichen und/oder räumlichen Geltungsbereich voraus (vgl. auch Boemke/Lembke/*Boemke* § 9 Rn. 416; Schüren/Hamann/*Schüren* § 11 Rn. 58). Bei der Bezugnahme ist für diese Tarifverträge ohne fachlich-inhaltlichen Geltungsbereich allein der räumliche und ggf. der persönliche Geltungsbereich maßgebend, da bei anderer Auslegung die Tarifverträge unwirksam wären (vgl. ausführlicher → § 9 Rn. 37).

23 **§ 2 Abs. 1 S. 2 Nr. 10 NachwG – Anwendbare Kollektivvereinbarungen:** Der Nachweis muss auch Angaben zu den auf das Leiharbeitsverhältnis geltenden Kollektivvereinbarungen, also Tarifverträgen und Betriebsvereinbarungen, enthalten. Es sind bereits Zeitarbeits-Tarifverträge geschlossen worden; außerdem können in Mischbetrieben Tarifverträge für Leiharbeitnehmer anwendbar sein (vgl. → § 9 Rn. 37). Der Nachweis ist bereits mit einem Hinweis auf den Tarifvertrag durch namentlichen Verweis, jedenfalls mit zusätzlichem Hinweis auf den – bei (ausnahmsweise) bestehender Tarifbindung – im Betrieb ausliegenden Text gem. § 8 TVG erbracht (*Hanau* ZIP 2003, 1573 (1577); HWK-*Gotthardt/Roloff* § 11 Rn. 17; ausführlich Schüren/Hamann/*Schüren* § 11 Rn. 59 ff.; zweifelnd Boemke/Lembke/*Boemke* § 11 Rn. 59). Für die Angaben zu Betriebsvereinbarungen kann ggf. ein allgemeiner Hinweis bzw. ein Hinweis auf die Regelungsgegenstände und das Ausliegen der Betriebsvereinbarungen gem. § 77 Abs. 2 S. 3 BetrVG genügen (ErfK/*Wank* § 11 Rn. 10; HWK-*Gotthardt/Roloff* § 11 Rn. 17; KassHB/ *Düwell* 4.5 Rn. 344; Schüren/Hamann/*Schüren* § 11 Rn. 60; zweifelnd Boemke/Lembke/*Boemke* § 11 Rn. 59); eine konkrete Liste für das Leiharbeitsverhältnis ist nicht erforderlich (Schüren/Hamann/*Schüren* § 11 Rn. 60).

24 **b) Angaben gemäß § 2 Abs. 2 NachwG.** Zusätzlich sind nach § 2 Abs. 2 NachwG Angaben zur Auslandstätigkeit (Dauer, Währung, besondere Vergütungs- und Kostenerstattungsleistungen sowie Rückkehrbedingungen) zu machen, wenn der Leiharbeitnehmer länger als einen Monat seine Arbeitsleistung im Ausland erbringen muss (vgl. ausführlich dazu Boemke/Lembke/ *Boemke* § 11 Rn. 69 ff.; Schüren/Hamann/*Schüren* § 11 Rn. 64 ff.). Zwar nimmt § 11 Abs. 1 s. 2 nicht ausdrücklich auch auf § 2 Abs. 2 NachwG Bezug, es ist aber nicht ersichtlich, warum diese Norm nicht auch für die Arbeitsverträge zur Arbeitnehmerüberlassung gelten sollte, soweit die Überlassung ins Ausland bzw. mit Arbeitsort im Ausland zulässig ist (vgl. dazu → § 3 Rn. 72 ff.)

25 **c) Angaben gemäß § 11 Abs. 1 S. 2 Nr. 1 und 2.** Die nach § 11 Abs. 1 vorgeschriebenen besonderen Angaben sind weitgehend bereits nach § 2 Abs. 1 S. 2 NachwG erforderlich (aA wohl BT-Drs. 15/25, 39), so die Firma und Anschrift des Verleihers (Nr. 1) sowie die Vergütungsleistungen für die überlassungsfreien Zeiten (Nr. 2).

26 Die Firma muss der Verleiher – anders als nur nach § 2 Abs. 1 S. 2 Nr. 1 NachwG – vollständig angeben, bei einer GmbH & Co. KG erfordert dies den vollen Namen auch der GmbH, nicht jedoch Angaben zu den vertretungsberechtigten Personen (HWK-*Gotthardt/Roloff* § 11 Rn. 6). Es ist eine Anschrift, nicht lediglich eine Postfachadresse gefordert (UGBH/*Germakowsi/Hurst* § 11 Rn. 15).

27 Eine echte **Ergänzung** ergibt sich für den Verleiher daher nur aus § 11 Abs. 1 S. 2 Nr. 1 im Hinblick auf die Angaben zur Erlaubnisbehörde sowie Ort und Datum der Erteilung der Arbeitnehmerüberlassungserlaubnis im

Sinne von § 1. Angesichts der weitreichenden Folgen bei Fehlen der Erlaubnis gem. § 9 Abs. 1 Nr. 1, § 10 ist diese Angabe für den Leiharbeitnehmer eine der wesentlichsten Informationen, die ihn vor einer unwirksamen/illegalen Leiharbeit nach §§ 9 Abs. 1 Nr. 1, 10 bewahren soll (Schüren/Hamann/*Schüren* § 11 Rn. 30 f., 25 mwN). Es ist die Erlaubnisbehörde anzugeben, die die Überlassungserlaubnis erteilt hat, auch wenn die Zuständigkeit nicht eindeutig geklärt ist oder unstreitig bei einer anderen Behörde liegt (ErfK/*Wank* § 11 Rn. 12; Schüren/Hamann/*Schüren* § 11 Rn. 30; zweifelnd Boemke/Lembke/*Boemke* § 11 Rn. 76).

Die Daten zu den **Vergütungsleistungen für die überlassungsfreien** 28 **Zeiten** sind Angaben zu den originären Arbeitsbedingungen des Verleihers (Schüren/Hamann/*Schüren* § 11 Rn. 63). Sie muss der Verleiher möglichst genau in Geldbeträgen angeben. Ist dies nicht möglich, sind die Berechnungsgrundlagen aufzuführen (vgl. BT-Drs. 13/668, 10; vgl. auch Boemke/Lembke/*Boemke* § 11 Rn. 77 f.).

Anders als bis zum 31.12.2002 (vgl. § 11 Abs. 1 S. 2 Nr. 2 und Nr. 7aF) 29 sind **keine Angaben mehr** zu Leistungen bei Krankheit oder den persönlichen Daten des Leiharbeitnehmers erforderlich, aber freiwillig zulässig (Boemke/Lembke/*Boemke* § 11 Rn. 77; ErfK/*Wank* § 11 Rn. 13; Schüren/Hamann/*Schüren* § 11 Rn. 49 f.). Werden allerdings die gesetzlichen Rechte erweitert oder, soweit abdingbar, eingeschränkt, sind dies wesentliche Vertragsinhalte, zu denen eine Angabe nach § 2 Abs. 1 S. 1 NachwG erforderlich ist (ausführlich Schüren/Hamann/*Schüren* § 11 Rn. 50; wohl auch Boemke/Lembke/*Boemke* § 11 Rn. 78).

3. Rechtsfolgen bei Verstoß

Die Vorschriften zu Informations- und Hinweispflichten nach § 11 sind 30 **zwingendes Recht** (Schüren/Hamann/*Schüren* § 11 Rn. 18, 147 mwN). Ein Verstoß gegen die Nachweispflicht macht den Leiharbeitsvertrag aber nicht unwirksam (Boemke/Lembke/*Boemke* § 11 Rn. 90, 93; ErfK/*Wank* § 11 Rn. 2; KassHB/*Düwell* 4.5 Rn. 329; Schüren/Hamann/*Schüren* § 11 Rn. 27; UGBH/*Germakowsi/Hurst* § 11 Rn. 5). § 125 BGB greift mangels gesetzlicher Schriftform nicht ein (vgl. → Rn. 5). Allerdings ergeben sich ggf. verschiedene nachteilige **arbeits- und zivilrechtliche Rechtsfolgen** für den Arbeitgeber, insbesondere Darlegungs- und Beweiserleichterungen für den Arbeitnehmer sowie ggf. Schadenersatzansprüche (vgl. ausführlich Boemke/Lembke/*Boemke* § 11 Rn. 93 ff.; Schüren/Hamann/*Schüren* § 11 Rn. 148 ff.; Hanau ZIP 2003, 1573 (1577); vgl. auch UGBH/*Germakowsi/Hurst* § 11 Rn. 7 ff.). Außerdem ist ein derartiger Verstoß – anders als bei alleiniger Anwendung des NachwG – als Ordnungswidrigkeit bußgeldbewehrt gem. § 16 Abs. 1 Nr. 8 (*Bundesagentur für Arbeit,* Fachliche Weisungen, Stand 1.4.2017, S. 94; *Becker/Wulfgramm* Art. 1 § 11 Rn. 6, 21; ErfK/*Wank* § 11 Rn. 2; Schüren/Hamann/*Schüren* § 11 Rn. 27, 153; UGBH/*Germakowsi/Hurst* § 11 Rn. 8). Dabei genügt für den Verstoß bereits das Fehlen einer erforderlichen Angabe. Trotz der damaligen Streichung der Aufbewahrungspflicht gem. § 11 Abs. 1 S. 5 aF geht der Ordnungswidrigkeittatbestand nach

§ 16 Abs. 1 Nr. 6 nicht ins Leere; über § 7 Abs. 2 S. 4 besteht die Aufbewahrungspflicht faktisch doch fort (vgl. dazu → § 7 Rn. 23 und → Rn. 6) und damit auch die Androhung der Ordnungswidrigkeit gem. § 16 Abs. 1 Nr. 6.

31   **In schweren oder häufig wiederholten Fällen** kann dem Verleiher die Verlängerung der Überlassungserlaubnis versagt oder die Erlaubnis widerrufen werden (*Becker/Wulfgramm* Art. 1 § 11 Rn. 20; ErfK/*Wank* § 11 Rn. 23; Schüren/Hamann/*Schüren* § 11 Rn. 152; unklarer *Bundesagentur für Arbeit,* Fachliche Weisungen, Stand 1.4.2017, S. 94). Außerdem liegt eine Pflichtverletzung vor, die den Verleiher gegenüber dem Leiharbeitnehmer ggf. schadensersatzpflichtig machen kann (*Becker/Wulfgramm* Art. 1 § 11 Rn. 19; Boemke/Lembke/*Boemke* § 11 Rn. 96; ErfK/*Wank* § 11 Rn. 23; Schüren/ Hamann/*Schüren* § 11 Rn. 148 ff.). In der Literatur wird entgegen fehlender Vorgaben im Gesetzeswortlaut und entgegen der Ablehnung im Gesetzgebungsverfahren überdies zahlreich eine **Umkehrung der Beweislast** in einem etwaigen Prozess des Leiharbeitnehmers gegen den Verleiher entsprechend der Diskussion zum NachwG gefordert (vgl. nur KassHB/*Düwell* 4.5 Rn. 347; Schüren/Hamann/*Schüren* § 11 Rn. 151; UGBH/*Germakowsi/ Hurst* § 11 Rn. 8; gegen Beweislastumkehr, aber für Beweislasterleichterungen Boemke/Lembke/*Boemke* § 11 Rn. 97; vgl. auch LAG Rheinland-Pfalz 1.6.2012 – 9 Sa 279/11, BeckRS 2012, 71656).

III. Merkblatt zum AÜG (Abs. 2 Satz 1–3)

32   Der Verleiher hat nach § 11 Abs. 2 dem Leiharbeitnehmer bei Abschluss des Leiharbeitsvertrages ein Merkblatt der Erlaubnisbehörde zu den wesentlichen Inhalten des AÜG zu übergeben. Den Text hat die Bundesagentur für Arbeit festgelegt. Das Merkblatt ist in fast allen europäischen Sprachen erhältlich (vgl. ErfK/*Wank* § 11 Rn. 14; Boemke/Lembke/*Boemke* § 11 Rn. 100). Zweck der Vorschrift ist ersichtlich die **Unterrichtung des Leiharbeitnehmers** über die Gesetzeslage und insbesondere seine Rechte und Pflichten, um ihn vor einer leichtfertigen oder ungewollten Aufgabe von Rechtspositionen zu schützen. Die Übergabe hat **bei Vertragsschluss** – also nicht früher und nicht später – zu erfolgen (Boemke/Lembke/*Boemke* § 11 Rn. 101; Schüren/Hamann/*Schüren* § 11 Rn. 85).

33   Ausländische Arbeitnehmer haben das Recht, das Merkblatt in ihrer Muttersprache zu erhalten. Dies müssen sie ausweislich des Gesetzeswortlautes in § 11 Abs. 2 S. 2 allerdings so verlangen (vgl. auch BT-Drs. 15/25, 39; Boemke/Lembke/*Boemke* § 11 Rn. 102; ErfK/*Wank* § 11 Rn. 14; Schüren/ Hamann/*Schüren* § 11 Rn. 86; UGBH/*Germakowsi/Hurst* § 11 Rn. 27). Dabei kommt es nicht darauf an, wie gut die Deutschkenntnisse des Arbeitnehmers sind (Boemke/Lembke/*Boemke* § 11 Rn. 103; ErfK/*Wank* § 11 Rn. 14; HWK-*Gotthardt/Roloff* § 11 Rn. 20; Schüren/Hamann/*Schüren* § 11 Rn. 86; UGBH/*Germakowsi/Hurst* § 11 Rn. 27). Regelmäßig wird die Amtssprache des Staates maßgeblich sein, dem der Ausländer angehört. Hat der Staat mehrere Amtssprachen, gilt die Sprache, die der Arbeitnehmer als Muttersprache angibt (Boemke/Lembke/*Boemke* § 11 Rn. 104; KassHB/*Düwell* 4.5 Rn. 352; Schüren/Hamann/*Schüren* § 11 Rn. 86). Entsprechendes muss gelten, wenn die Muttersprache des Arbeitnehmers (ausnahmsweise) nicht mit der Amtssprache seines Heimatstaates übereinstimmt. Liegt kein Merkblatt in der verlangten Sprache vor, soll der Verleiher für eine Übersetzung sorgen müssen (*Ulber* § 11 Rn. 87; kritisch dazu Boemke/Lembke/*Boemke* § 11 Rn. 105).

Der Verleiher hat allerdings nach umstrittener Ansicht **keine Kosten** für 34 die Übersetzung des von ihm zu übergebenden Merkblatts zu tragen, auch wenn er die Übersetzung in eine nicht standardmäßig abgedeckte Sprache veranlasst (vgl. Boemke/Lembke/*Boemke* § 11 Rn. 107; Schüren/Hamann/ *Schüren* § 11 Rn. 87; ErfK/*Wank* § 11 Rn. 14; aA HWK-*Gotthardt*/*Roloff* § 11 Rn. 20; KassHB/*Düwell* 4.5 Rn. 352; *Ulber* § 11 Rn. 87; offen UGBH/*Germakowsi*/*Hurst* § 11 Rn. 27). Nach § 11 Abs. 2 S. 3 können nur die Kosten für die Vervielfältigung und Übergabe des Merkblatts der Agentur, aber nicht etwaige Übersetzungskosten für die Erstellung des Merkblatts gemeint sein.

Der Verleiher kann sich gegenüber dem Leiharbeitnehmer **schadenser-** 35 **satzpflichtig** machen, wenn er den Leiharbeitnehmer nicht ordnungsgemäß mit dem Merkblatt unterrichtet (*Becker*/*Wulfgramm* Art. 1 § 11 Rn. 19; ErfK/ *Wank* § 11 Rn. 23; Schüren/Hamann/*Schüren* § 11 Rn. 148). Außerdem begeht der Verleiher eine Ordnungswidrigkeit nach § 16 Abs. 1 Nr. 8 (*Becker*/ *Wulfgramm* Art. 1 § 11 Rn. 7, 21; ErfK/*Wank* § 11 Rn. 23; Schüren/ Hamann/*Schüren* § 11 Rn. 153). In schweren oder häufig wiederholten Fällen kann dem Verleiher die Verlängerung der Überlassungserlaubnis versagt oder die Erlaubnis widerrufen werden (*Becker*/*Wulfgramm* Art. 1 § 11 Rn. 20; ErfK/*Wank* § 11 Rn. 23; Schüren/Hamann/*Schüren* § 11 Rn. 152).

IV. Information über Leiharbeitnehmereigenschaft (Abs. 2 Satz 4)

Mit der Gesetzesnovelle ist zum 1.4.2017 eine Pflicht des Verleihers 36 statuiert, den Arbeitnehmer vor jeder Überlassung zu dem Umstand zu unterrichten, dass er als Leiharbeitnehmer eingesetzt wird. Dies ergänzt die Vorgaben zur Kennzeichnungs- und Konkretisierungspflicht der Parteien des Überlassungsvertrags. Diese Informationsanforderungen sollen eine verdeckte Arbeitnehmerüberlassung verhindern und Scheinwerk- und Dienstleistungsverträge eindämmen sowie Leiharbeitnehmern eine bessere Wahrnehmung ihrer Rechte ermöglichen (vgl. Gesetzesbegründung Regierungsentwurf, BT-Drs. 18/9232, 27; Gesetzesbegründung Referentenentwurf vom 16.11.2015, S. 25 und vom 17.2.2016, S. 26; Gesetzesbegründung Regierungsentwurf, BR-Drs. 294/16, 23; *Bundesagentur für Arbeit,* Fachliche Weisungen, Stand 1.4.2017, S. 94). Diese Informationspflicht ist zwar in dem Absatz zum Merkblatt ergänzt, aber steht eigenständig neben der Pflicht zur Aushändigung des Merkblatts. Mangels gegenteiliger Vorgabe kann der Verleiher diese Pflicht auch durch eine mündliche Information erfüllen. Zu Beweiszwecken ist der Praxis aber eine schriftliche oder zumindest eine Unterrichtung in Textform anzuraten (vgl. auch *Zimmermann* BB 2016, 53 (55)). Denn es liegt bei Unterlassung eine Ordnungswidrigkeit nach § 16 Abs. 1 Nr. 8 vor. Auch sind auch bei schuldhafter Pflichtverletzung ggf. Schadenersatzansprüche denkbar sowie bei hartnäckiger Missachtung die Nichtverlängerung oder ein Widerruf der Überlassungserlaubnis.

V. Unterrichtung zum Wegfall der Erlaubnis (Abs. 3)

37   Der Verleiher hat den Leiharbeitnehmer gem. § 11 Abs. 3 S. 1 darüber zu unterrichten, wenn die nach § 1 erforderliche Überlassungserlaubnis entfällt. **Zweck der Norm** ist, den Leiharbeitnehmer möglichst zeitnah über diese wesentliche Änderung zu informieren, um ihm eine Reaktion zu ermöglichen, insbesondere seine Leiharbeit rechtzeitig einzustellen (Boemke/Lembke/*Boemke* § 11 Rn. 107; Schüren/Hamann/*Schüren* § 11 Rn. 88; *Ulber* § 11 Rn. 89). Fällt die Erlaubnis weg, wird nach § 9 Abs. 1 Nr. 1 der Leiharbeitsvertrag unwirksam und gem. § 10 Abs. 1 S. 1 ein Arbeitsverhältnis mit dem Entleiher – ggf. nach einer Abwicklungsfrist – fingiert.

38   Die Unterrichtung hat nach dem Wortlaut von § 11 Abs. 3 **unverzüglich,** also im Sinne von § 121 BGB ohne schuldhaftes Zögern **nach Kenntnis** des Verleihers vom Wegfall der Erlaubnis zu erfolgen. Die Information ist schon nach dem Gesetzeswortlaut **nicht formgebunden** (*Becker/Wulfgramm* Art. 1 § 11 Rn. 16; Boemke/Lembke/*Boemke* § 11 Rn. 108; BeckOK ArbR/*Motz* § 11 Rn. 12; ErfK/*Wank* § 11 Rn. 15; HWK-*Gotthardt/Roloff* § 11 Rn. 21; UGBH/*Germakowsi/Hurst* § 11 Rn. 29; aA KassHB/*Düwell* 4.5 Rn. 355; Schüren/Hamann/*Schüren* § 11 Rn. 90, 92; *Ulber* § 11 Rn. 91). In der Praxis empfiehlt sich allerdings zu Beweiszwecken stets eine schriftliche Information (ebenso Boemke/Lembke/*Boemke* § 11 Rn. 108).

39   Der Verleiher hat über den Wegfall als solches, aber auch über den **Zeitpunkt des Wegfalls** zu informieren, bei Zweifeln über den Zeitpunkt hat er über den voraussichtlichen bzw. mutmaßlichen Zeitpunkt zu unterrichten (ErfK/*Wank* § 11 Rn. 15; Boemke/Lembke/*Boemke* § 11 Rn. 108; BeckOK ArbR/*Motz* § 11 Rn. 12; Schüren/Hamann/*Schüren* § 11 Rn. 89). Außerdem ist nach § 11 Abs. 3 S. 3 im Falle einer Abwicklungsfrist wegen Nichtverlängerung (§ 2 Abs. 4 S. 2), Rücknahme (§ 4 Abs. 1 S. 2) oder Widerruf (§ 5 Abs. 2 S. 2) der Leiharbeitnehmer auf die **Abwicklungsfrist,** nicht jedoch weitere Folgen des Wegfalls der Erlaubnis hinzuweisen (ebenso Boemke/Lembke/*Boemke* § 11 Rn. 110; Schüren/Hamann/*Schüren* § 11 Rn. 91; ErfK/*Wank* § 11 Rn. 15; aA *Ulber* § 11 Rn. 92).

40   Unterrichtet der Verleiher den Leiharbeitnehmer nicht oder verspätet, liegt eine Pflichtverletzung vor, die den Verleiher gegenüber dem Leiharbeitnehmer schadensersatzpflichtig machen kann (*Becker/Wulfgramm* Art. 1 § 11 Rn. 19; ErfK/*Wank* § 11 Rn. 23; Schüren/Hamann/*Schüren* § 11 Rn. 148). Allerdings begeht der Verleiher mangels Auflistung von § 11 Abs. 3 keine Ordnungswidrigkeit nach § 16 Abs. 1 Nr. 8 (Schüren/Hamann/*Schüren* § 11 Rn. 153). In schweren oder häufig wiederholten Fällen kann dem Verleiher die Verlängerung der Verleiherlaubnis versagt oder die Erlaubnis widerrufen werden (*Becker/Wulfgramm* Art. 1 § 11 Rn. 20; ErfK/*Wank* § 11 Rn. 23; Schüren/Hamann/*Schüren* § 11 Rn. 152).

VI. Unabdingbarkeit von Kündigungsfristen, Annahmeverzugslohn und Kurzarbeit (Abs. 4)

Die Regeln zur Unabdingbarkeit der gesetzlichen Kündigungsfristen gem. **41** 622 Abs. 1 BGB sowie des Anspruchs auf Annahmeverzugslohn gem. § 615 BGB verstärken den Schutz des Leiharbeitnehmers gegenüber anderen Arbeitnehmern. Sie sollen verhindern, dass der Verleiher das **Beschäftigungsrisiko** auf den Leiharbeitnehmer abwälzt, und ergänzen insoweit §§ 3, 9, 10 (*Becker/Wulfgramm* Art. 1 § 11 Rn. 9, 29; Boemke/Lembke/*Boemke* § 11 Rn. 111; ErfK/*Wank* § 11 Rn. 16; Schüren/Hamann/*Schüren* § 11 Rn. 94). Die gesetzlich zwingende Zuweisung des Beschäftigungsrisikos bedeutet, dass das vorübergehende Fehlen von Beschäftigung keine betriebsbedingte Kündigung des Verleihers rechtfertigen kann. Anders ist es jedoch bei dauerhaftem Wegfall der Beschäftigungsmöglichkeiten (vgl. dazu auch BAG 18.5.2006, AP AÜG § 9 Nr. 7 Rn. 18 und Boemke/Lembke/*Boemke* § 11 Rn. 126 mwN und zu weiteren Personalmaßnahmen Rn. 124 ff.). Insoweit ist ungeklärt, ab wann die „dauerhaft" fehlende Einsatzmöglichkeit für einen oder mehrere Zeitarbeitnehmer festgestellt werden kann. Erweist sich ein Zeitarbeitnehmer aufgrund der allgemeinen Auftragslage oder individuell als längerfristig nicht vermittelbar, muss für den Verleiher ein Recht zur ordentlichen (betriebsbedingten) Kündigung bestehen. Fraglich ist aber, wie lange die beschäftigungslose Zeit zuzumuten ist, für die aufgrund neuerer verfehlter Rechtsprechung auch nicht ohne Weiteres ein Guthaben auf einem **Arbeitszeitkonto** des Zeitarbeitnehmers aus Einsatzzeiten während der überlassungsfreien Zeiten verrechnet werden darf (vgl. dazu nur BAG 23.11.2016 – 5 AZR 854/15, n.uv.; BAG 16.3.2014 – 5 AZR 483/12, AP BGB § 615 Nr. 134; BAG 6.3.2013 – 5 AZR 181/12, BeckRS 2013, 68691; LAG Baden-Württemberg 29.4.2009 – 17 Sa 4/09, BeckRS 2009, 66588; LAG Düsseldorf 16.11.2011 – 7 Sa 567/11, BeckRS 2017, 67891; LAG Mecklenburg-Vorpommern 14.6.2016 – 2 Sa 213/15, BeckRS 2016, 70371; LAG Mecklenburg-Vorpommern 13.10.2015 – 2 Sa 113/15, ArbRAktuell 2016, 42; LAG Mecklenburg-Vorpommern 19.2.2015 – 5 Sa 138/14, BeckRS 2015, 68469; LAG Berlin-Brandenburg 17.12.2014 – 15 Sa 982/14, BB 2015, 829, 829 ff.; LAG Düsseldorf 29.10.2014 – 7 Sa 1053/13, BeckRS 2015, 68350; LAG Hamburg 22.7.2014 – 4 Sa 56/13, BeckRS 2014, 73160; LAG Rheinland-Pfalz 24.4.2008 – 10 Sa 19/08, BeckRS 2008, 54127 und *Thüsing/Pötters* BB 2012, 317 ff.; UGBH/*Germakowsi/Hurst* § 11 Rn. 41 mwN; *Ulrici* § 11 Rn. 81 ff.).

Umgekehrt ist bei Personalabbau eines Entleihers bisher nicht abschließend **42** geklärt, ob vor Ausspruch einer betriebsbedingten Kündigung gegenüber eigenen Arbeitnehmern zunächst Leiharbeit reduziert werden muss (so LAG Hamm 5.3.2007, BB 2007, 2462 – mit Leiharbeitnehmern besetzte Arbeitsplätze als anderweitige Beschäftigungsmöglichkeit; ebenso LAG Hamm 6.8.2007, NZA-RR 2008, 180; LAG Bremen 2.12.1997 – 1 Sa 88/91; *Hamann* NZA 2010, 1211 (1215); *Düwell/Dahl* DB 2007, 1699 (1701); aber offen gelassen bei BAG 10.5.2007 – 2 AZR 4/06, BeckRS 2009, 69833). Richtigerweise kann der Arbeitgeber insoweit aber – wie zum Einsatz von freien Mitarbeitern – eine freie Unternehmerentscheidung treffen (ebenso *Simon/Greßlin* BB 2007, 2454; vgl. auch BAG 1.3.2007, AP KSchG 1969 § 1 Betriebsbedingte Kündigung Nr. 164 Rn. 25 zur Unternehmerentscheidung bei vorübergehend vakanten Arbeitsplätzen).

43 § 11 Abs. 4 S. 1 untersagt dem Verleiher, die – im Allgemeinen – ausnahmsweise **einzelvertragliche Verkürzung der gesetzlichen Kündigungsfristen mit Aushilfskräften** gem. § 622 Abs. 5 Nr. 1 BGB. Dagegen schließt § 11 Abs. 4 S. 1 nicht die anderen Ausnahmetatbestände zur Verkürzung der Kündigungsfristen aus, insbesondere ist eine Verkürzung auf Grund einer tariflichen Ausnahmeklausel gem. § 622 Abs. 4 BGB, während der Probezeit nach § 622 Abs. 3 oder in einem Kleinbetrieb nach § 622 Abs. 5 Nr. 2 BGB auch für den Verleiher zulässig (Boemke/Lembke/*Boemke* § 11 Rn. 114.; ErfK/*Wank* § 11 Rn. 16; HWK-*Gotthardt/Roloff* § 11 Rn. 22; KassHB/*Düwell* 4.5 Rn. 365; Schüren/Hamann/*Schüren* § 11 Rn. 94 ff.). Abgesehen von diesen Ausnahmen sind die gesetzlichen Kündigungsfristen gem. § 622 Abs. 1 und Abs. 2 bereits nach allgemeinen Regeln nicht zu Lasten des Arbeitnehmers abdingbar; dies gilt auch für Leiharbeit.

44 § 11 Abs. 4 S. 2 erklärt die Bestimmung zum **Annahmeverzug nach § 615 S. 1 BGB** für unabdingbar, die nach allgemeinen Regeln der Privatautonomie unterliegt (vgl. Palandt-*Weidenkaff* BGB § 615 Rn. 6 mwN). Der Verleiher muss den Leiharbeitnehmer also stets vergüten, auch wenn der Leiharbeitnehmer beim Entleiher keine Arbeit hat oder nicht für einen Entleiher tätig ist. Unabdingbar ist danach auch die Auslegung der Vorschriften zum Angebot der Arbeitsleistung nach § 615 S. 1 BGB nach der arbeitsgerichtlichen Rechtsprechung (vgl. Boemke/Lembke/*Boemke* § 11 Rn. 120 f.; KassHB/*Düwell* 4.5 Rn. 368; HWK-*Gotthardt/Roloff* § 11 Rn. 23; Schüren/Hamann/*Schüren* § 11 Rn. 101 ff. mwN; *Ulber* § 11 Rn. 103). Dies steht allerdings der Vereinbarung von **Arbeitszeitkonten** im Leiharbeitsverhältnis nicht entgegen; der Verleiher kann mit dem Leiharbeitnehmer ein (zB monatliches) Arbeitszeitvolumen vereinbaren (vgl. dazu → Rn. 18 und Boemke/Lembke/*Boemke* § 11 Rn. 125; aA *Ulber* § 11 Rn. 112). Das BAG erkennt ein berechtigtes Interesse des Arbeitgebers an einer gewissen Flexibilität der Arbeitsbedingungen an, denn „die Erbringung von Arbeit in starren Arbeitszeitrastern ist heute kaum noch möglich" und der Arbeitgeber müsse die Möglichkeit haben, auf unterschiedlichen Arbeitsanfall rasch und angemessen zu reagieren (BAG 7.12.2005, NZA 2006, 423 Rn. 42 zur AGB-Kontrolle einer Klausel zur Abrufarbeit). Daher erscheint es unverändert als „überzogen" (so bereits KassHB/*Düwell* 4.5 Rn. 372), wenn die Bundesagentur für Arbeit in ihrer Geschäftsanweisung die Vereinbarung von Jahresarbeitsverträgen auf Abruf unter Berufung auf die zuvor zitierte Rspr. wegen der teilweisen Verlagerung des Wirtschaftsrisikos auf den Arbeitnehmer als Verstoß gegen § 11 Abs. 4 AÜG wertet (vgl. *Bundesagentur für Arbeit,* Fachliche Weisungen, Stand 1.4.2017, S. 95). Zulässig ist jedoch die Ausgestaltung als **Abrufarbeitsverhältnis** im Sinne von § 12 TzBfG (vgl. nur *Bundesagentur für Arbeit,* Fachliche Weisungen, Stand 1.4.2017, S. 95; Schüren/Hamann/ *Schüren* § 11 Rn. 112; Boemke/Lembke/*Boemke* § 11 Rn. 125; UGBH/*Germakowsi/Hurst* § 11 Rn. 26; aA *Ulber* § 11 Rn. 112): Der soziale Schutz der

Arbeitnehmer wird über § 12 TzBfG und die Vereinbarung eines festen Arbeitszeitumfangs sichergestellt. Dies verhindert eine (vollständige) Verlagerung des Beschäftigungsrisikos auf den Leiharbeitnehmer: Wenn der Verleiher das vereinbarte Kontingent nicht abruft, gerät er in Annahmeverzug (vgl. Boemke/Lembke/*Boemke* § 11 Rn. 125; Schüren/Hamann/*Schüren* § 11 Rn. 112; UGBH/*Germakowsi/Hurst* § 11 Rn. 26).

Für die Berechnung des Annahmeverzugslohns gilt das allgemeine **Lohn-** **45** **ausfallprinzip,** nach dem der Leiharbeitnehmer so zu stellen ist, wie er bei Beschäftigung stünde (vgl. ausführlich *Becker/Wulfgramm* Art. 1 § 11 Rn. 29a; Boemke/Lembke/*Boemke* § 11 Rn. 117; Schüren/Hamann/*Schüren* § 11 Rn. 104 ff.; *Ulber* § 11 Rn. 104 und auch ErfK/*Wank* § 11 Rn. 17). Ist der Leiharbeitnehmer grundsätzlich an einen Entleiher ausgeliehen, hat der Verleiher das bei dem Entleiher für vergleichbare Arbeitnehmer **übliche Entgelt** nach § 8 Abs. 1 S. 1 zu zahlen (ErfK/*Wank* § 11 Rn. 17). In einer überlassungsfreien Zeit hat der Leiharbeitnehmer nur Anspruch auf das mit dem Verleiher **vereinbarte Entgelt** (ErfK/*Wank* § 11 Rn. 17; Boemke/Lembke/*Boemke* § 11 Rn. 118).

Auf diesen Annahmeverzugslohnanspruch muss sich der Leiharbeitnehmer **46** gemäß der allgemeinen Regeln in § 615 S. 2 BGB anderweitigen tatsächlichen oder auch nur möglichen Erwerb anrechnen lassen. Diese **Anrechnungsvorschrift** ist durch § 11 Abs. 4 S. 2 nicht für unabdingbar erklärt (*Becker/Wulfgramm* Art. 1 § 11 Rn. 30; Boemke/Lembke/*Boemke* § 11 Rn. 119; ErfK/*Wank* § 11 Rn. 17; HWK-*Gotthardt/Roloff* § 11 Rn. 23; Schüren/Hamann/*Schüren* § 11 Rn. 107; *Ulber* § 11 Rn. 116 (ausführlich)); die Abbedingung käme dem Leiharbeitnehmer auch nur zugute.

Der Leiharbeitnehmer muss sich jedoch gem. § 615 S. 1 BGB – anders **47** als nach § 11 Nr. 3 KSchG – **keine öffentlich-rechtlichen Leistungen** anrechnen lassen (ErfK/*Wank* § 11 Rn. 18; Schüren/Hamann/*Schüren* § 11 Rn. 108 ff. mwN; aA *Becker/Wulfgramm* Art. 1 § 11 Rn. 30a). Zunächst ergibt sich dies schon aus dem Wortlaut im Vergleich mit § 11 Nr. 3 KSchG. Außerdem steht einer solchen Anrechnung systematisch und dem Gesetzeszweck nach der gesetzliche Forderungsübergang zugunsten der öffentlichen Leistungsträger gem. § 115 SGB X entgegen. Dieser Forderungsübergang entfiele bei einer Anrechnung, weil eine Anrechnung den Anspruch des Leiharbeitnehmers gegenüber dem Verleiher erlöschen lassen würde und damit ein gesetzlicher Übergang dieser Forderung ebenfalls ausscheiden würde (vgl. Boemke/Lembke/*Boemke* § 11 Rn. 123 (instruktiv); ErfK/*Wank* § 11 Rn. 18; Schüren/Hamann/*Schüren* § 11 Rn. 108 ff.). In Höhe der übergegangenen Forderung kann der Verleiher gegenüber dem Leiharbeitnehmer aber die Zahlung verweigern (Boemke/Lembke/*Boemke* § 11 Rn. 123; HWK-*Gotthardt/Roloff* § 11 Rn. 24; Schüren/Hamann/*Schüren* § 11 Rn. 108).

§ 11 Abs. 4 nimmt auch nach der Neufassung des AÜG zum 1.4.2017 **48** nicht auf **§ 615 S. 3 BGB** Bezug, der das allgemeine Betriebsrisiko – in Abgrenzung zum allgemeinen Wirtschaftsrisiko nach § 615 S. 1 BGB – regelt. Dies ist zwar möglicherweise nach wie vor ein Versehen des Gesetzgebers; wiederum hat dieser aber die Möglichkeit einer gesetzlichen Korrektur nicht wahrgenommen, sodass § 615 S. 3 BGB **abdingbar** bleibt nach allgemeinen Regeln (aA Schüren/Hamann/*Schüren* § 11 Rn. 108).

49   § 11 Abs. 4 S. 3 erlaubte – befristet bis zum 31.12.2011 – den Ausschluss des Rechts des Leiharbeitnehmers auf Entgeltzahlung durch die Vereinbarung von Kurzarbeit, wenn dem Leiharbeitnehmer in dieser Zeit Kurzarbeitergeld nach SGB III gezahlt wurde. Dies trug der besonderen Betroffenheit der Verleihbetriebe von der Wirtschaftskrise Rechnung. Diese Vorschrift wurde zum 1.2.2009 zunächst befristet bis zum 31.10.2010 eingeführt und später bis zum 31.12.2011 verlängert; zugleich wurden die Voraussetzungen zum Bezug von Kurzarbeitergeld erleichtert (vgl. insbesondere § 421t Abs. 2 Nr. 1 SGB III, § 170 Abs. 1 S. 1 SGB III aF und hierzu insgesamt Schüren/Hamann/*Schüren* § 11 Rn. 115; *Ulber* § 11 Rn. 120 ff., dort auch zu europarechtlichen Bedenken wegen Art. 5 Abs. 2 der Leiharbeits-RL). Seit dem 1.1.2012 sind solche Vereinbarungen mangels Verlängerung der ausgelaufenen Ausnahmevorschrift unzulässig (Boemke/Lembke/*Boemke* § 11 Rn. 127). Da die Regelung nicht verlängert wurde, ist allerdings – wie nach der früheren Rechtslage – fraglich, ob die allgemeinen Voraussetzungen der Gewährung von Kurzarbeitergeld nicht einer Anpassung an die besonderen Verhältnisse der Leiharbeit bedürfen (hierzu Schüren/Hamann/*Schüren* § 11 Rn. 115 ff., der es – im Gegensatz zum Wortlaut von § 170 Abs. 1 Nr. 4 SGB III – für die Leiharbeit genügen lassen möchte, wenn mindestens 4 % und damit ein erheblicher Teil der Leiharbeitnehmer länger als drei Monate ohne Fremdfirmeneinsatz ist; aA *Ulber* § 11 Rn. 120). Denn bisher wurde der Arbeitsausfall von Arbeitnehmern in einem Betrieb der Arbeitnehmerüberlassung als branchenüblich iSv § 170 Abs. 4 Nr. 1 SGB III angesehen, so dass kein Kurzarbeitergeld gezahlt werden konnte (vgl. BSG 21.7.2009, NZA-RR 2010, 216).

50   Arbeitsrechtlich bedarf die Einführung von Kurzarbeit einer individual- oder kollektivrechtlichen Vereinbarung, somit entweder im Arbeitsvertrag oder in einem anwendbaren Tarifvertrag (so zB § 17.1 im BZA-DGB-Tarifvertrag für den Fall von Arbeitskämpfen im Entleihbetrieb) bzw. – soweit dies nicht der Fall ist – in einer Betriebsvereinbarung; zudem hat der Betriebsrat ein Mitbestimmungsrecht nach § 87 Abs. 1 Nr. 3 BetrVG (vgl. allgemein ErfK/*Preis* BGB § 611 Rn. 657 ff.; HWK/*Thüsing* BGB § 611 Rn. 317, jeweils mwN). Verweigert der Arbeitnehmer seine Zustimmung zur vertraglichen Änderung, kommt die Einführung von Kurzarbeit auch im Wege der Änderungskündigung in Betracht (Schüren/Hamann/*Schüren* § 11 Rn. 120). Der Tatbestand des § 11 Abs. 4 S. 3 ist ferner nur dann erfüllt, wenn Kurzarbeitergeld auch tatsächlich bewilligt wird (ErfK/*Wank* § 11 Rn. 19; *Ulber* § 11 Rn. 121).

VII. Einsatzverbot und Leistungsverweigerungsrecht im Arbeitskampf (Abs. 5)

51   Bereits nach § 11 Abs. 5 S. 1 aF hatte der Leiharbeitnehmer im Falle eines Arbeitskampfes im Entleiherbetrieb ein Recht zur Leistungsverweigerung gegenüber dem Verleiher als seinem Arbeitgeber. Das Gesetz wollte damit verhindern, dass der Leiharbeitnehmer gegen seinen Willen als Streikbrecher eingesetzt wird (zur aF: BT-Drs. VI/2303, 14; Boemke/Lembke/*Boemke* § 11 Rn. 129; ErfK/*Wank* § 11 Rn. 20; Schüren/Hamann/*Schüren* § 11 Rn. 123; UGBH/*Germakowsi/Hurst* § 11 Rn. 49 f.; kritisch zur alten Fassung *Ulber* § 11 Rn. 127 ff. und auch *Becker/Wulfgramm* Art. 1 § 11 Rn. 10, 41, die ein absolutes Einsatzverbot forderten). Zum 1.4.207 hat die Novelle die Regelungen erweitert auf ein Einsatzverbot (Streikbrecherverbot) in § 11 Abs. 5 S. 1 nF. Danach darf der Entleiher den Leiharbeitnehmer nicht tätig werden lassen, wenn sein Betriebs unmittelbar von einem Arbeitskampf betroffen ist. Das Verbot ist somit unabhängig von der Arbeitsbereitschaft des Leiharbeitnehmers (vgl. Gesetzesbegründung Regierungsentwurf, BT-Drs. 18/9232, 27 f.; Gesetzesbegründung Referentenentwurf vom 16.11.2015, S. 25 und vom 17.2.2016, S. 26; Gesetzesbegründung Regierungsentwurf, BR-Drs. 294/16, 24). Dies gilt nach dem Wortlaut der Norm und der Gesetzesbegründung nicht nur für nach dem Streikbeginn überlassene Leiharbeitnehmer, sondern auch für bereits vor dem Arbeitskampf eingesetzte Zeitarbeitnehmer (vgl. nur Gesetzesbegründung Regierungsentwurf, BT-Drs. 18/9232, 28; Gesetzesbegründung Referentenentwurf vom 16.11.2015, S. 25 f. und vom 17.2.2016, S. 26; Gesetzesbegründung Regierungsentwurf, BR-Drs. 294/16, 24; *Bundesagentur für Arbeit,* Fachliche Weisungen, Stand 1.4.2017, S. 95; kritisch dazu *Seel* öAT 2016, 26 (30); *Franzen* RdA 2015, 141 (151); *Henssler* RdA 2016, 18 (24)). Dieser ungewöhnliche Zwang für den Leiharbeitnehmer, einen Streik zumindest durch Nichtarbeit zu unterstützen, wird zu Recht heftig kritisiert (ErfK/*Wank* § 11 Rn. 20; *Franzen* RdA 2015, 141 (150 f.); *Henssler* RdA 2016, 18 (24); *Lembke* NZA, 2017, 11; *ders.* BB 2014, 1333 (1340); *Seel* öAT 2016, 26 (30); *Thüsing* NZA 2015, 1478 (1479); *Willemsen/Mehrens* NZA 2015, 897 (901); *Zimmermann* BB 2016, 53 (56)) und ist verfassungswidrig (vgl. Stellungnahme der BRAK Nr. 14/2016 zum Regierungsentwurf, Juni 2016, S. 10 f.). Umgekehrt darf sich der Leiharbeitnehmer nach allgemeinen Regeln grundsätzlich aber nicht aktiv am Arbeitskampf gegen den Entleiher beteiligen, weil er für sein Arbeitsverhältnis im Entleiherbetrieb keine Tarifbindung erreichen und auch die tariflichen Arbeitsbedingungen nicht verbessern kann (ErfK/*Wank* § 11 Rn. 20; Schüren/Hamann/*Schüren* § 11 Rn. 123, 127; UGBH/*Germakowsi/Hurst* § 11 Rn. 49; BeckOK ArbR/*Motz* § 11 Rn. 22). Allerdings hat das BAG zuletzt den Kreis der zulässig Streikenden nochmals ausgeweitet (vgl. nur BAG 19.6.2007, NZA 2007, 1055 und BAG 22.9.2009, NZA 2009, 1347), so dass für die Praxis offen ist, ob eine aktive Beteiligung der Zeitarbeitnehmer noch unzulässig ist (vgl. dazu nur *Franzen* RdA 2015, 141 (150); dafür *Melms/Lipinski* BB 2004, 2409 (2412); wohl aA *Ulber* § 11 Rn. 129). Es ist überdies zu beachten, dass der Gesetzgeber mit der Tariföffnungsklausel in § 1 Abs. 1b zur Höchstüberlassungsdauer auch die Tarifpartner der Einsatzbranche für die überlassenen Arbeitnehmer zu einem rechtlich relevanten Beteiligten gemacht hat. Denn nur die Tarifpartner der Einsatzbranche können die Überlassungsdauer verlängern, sie sind somit wohl auch ein tarifrechtlich zulässiger Gegenspieler der Zeitarbeitnehmer. Auch im Fall einer Gleichstellung nach § 8 ohne Abbedingung kommt eine Verbesserung der Arbeitsbedingungen beim Entleiher den Zeitarbeitnehmern mittelbar zugute). Soweit das Leistungsverweigerungsrecht des Zeitarbeitnehmers nach § 11 Abs. 5 S. 3 trotz Einführung des Einsatzverbotes erhalten geblieben ist und sprachlich leicht abweicht, weil dort Referenz nur der „Entleiher" nicht der „Betrieb" des Entleihers ist, könnte dies mehr als ein Redaktionsversehen sein. Es kann so verstanden werden, dass im Fall eines Arbeitskampfes, der den Betrieb des Entleihers, in dem der Zeitarbeitnehmer eingesetzt ist, nicht unmittelbar betrifft, sondern nur mittelbar oder einen anderen als den Einsatzbetrieb betrifft, dennoch ein Leistungsverweigerungsrecht bestehen soll. Dies wäre aber ein unverhältnismäßiger Eingriff in die Vertragsparität des Zeitarbeitsverhältnisses von Verleiher und Arbeitnehmer. Verfassungskonform ist § 11 Abs. 5 S. 3 somit nur als parallele Regelung zum Einsatzverbot zu sehen (vgl. auch die Gesetzesbegründung Regierungsentwurf, BT-Drs. 18/9232, 27 f.; Gesetzesbegründung Referentenentwurf vom 16.11.2015, S. 25 f. und vom 17.2.2016, S. 26; Gesetzesbegründung Regierungsentwurf, BR-Drs. 294/ 16, 23 f., die insoweit keinen Hinweis auf eine weitergehende Regelung zur „mittelbaren" Betroffenheit geben.).

52 Inhaltlich erstreckt sich das Streikbrecherverbot nur auf Arbeiten, die **in einem unmittelbar durch den Arbeitskampf betroffenen Betrieb** erledigt werden sollen (Gesetzesbegründung Regierungsentwurf, BT-Drs. 18/ 9232, 27 f.; Gesetzesbegründung Referentenentwurf vom 16.11.2015, S. 25 f. und vom 17.2.2016, S. 26; Gesetzesbegründung Regierungsentwurf, BR-Drs. 294/16, 23 f. und so schon nach altem Recht, vgl. *Becker/Wulfgramm* Art. 1 § 11 Rn. 18, 42; Boemke/Lembke/*Boemke* § 11 Rn. 131; HWK-*Gotthardt/Roloff* § 11 Rn. 27; KassHB/*Düwell* 4.5 Rn. 397; *Ulber* § 11 Rn. 127 ff.). Unmittelbar betroffen ist der Entleiherbetrieb, wenn er erstens in den betrieblichen, fachlichen und räumlichen Geltungsbereich des angestrebten Tarifvertrages fällt und zweitens entweder vom Streikbeschluss der streikenden Gewerkschaft von einem Aussperrungsbeschluss der Arbeitgeberseite erfasst ist. Es ist aber auf den Betrieb, nicht das Entleiherunternehmen abzustellen, so dass Überlassungen in nicht unmittelbar streikbetroffene Betriebe zulässig bleibt (vgl. UGBH/*Germakowsi/Hurst* § 11 Rn. 55; *Wank* RdA 2017, 100 (114); umfassend *Bauer/Haußmann* NZA 2016, 803 ff., auch zur unverändert zulässigen erlaubnisfreien **konzerninternen Überlassung** während des Streiks NZA 2016, 803 (807)). Nach § 11 Abs. 5 S. 2 gilt das Streikbrecherverbot auch dann nicht, wenn der Entleiher sicherstellt, dass der Zeitarbeitnehmer **keine Tätigkeiten übernimmt,** die bisher von Arbeitnehmern erledigt wurden, die sich im Arbeitskampf befinden (Satz 2 Nr. 1) oder ihrerseits Tätigkeiten von Arbeitnehmer, die sich im Streik befinden übernommen haben (Satz 2 Nr. 2). Denn es sollen nur die Teile eines Unternehmens vom Einsatzverbot erfasst werden, die auch (unmittelbar) bestreikt werden (vgl. Gesetzesbegründung Regierungsentwurf, BT-Drs. 18/ 9232, 27 f.; Gesetzesbegründung Referentenentwurf vom 16.11.2015, S. 25 und vom 17.2.2016, S. 26; Gesetzesbegründung Regierungsentwurf, BR-Drs. 294/16, 23 f.). Diese Abgrenzung verlangt allerdings eine Prognoseentscheidung des Entleihers, die sich je nach Entwicklung später als falsch erweisen kann. Insbesondere bei Teamarbeit oder beim Einsatz von Springern sind derartige Prognosen oft schwierig, so dass das Gesetz dem Entleiher hier das

Risiko aufbürdet (vgl. *Thüsing,* Schriftliche Stellungnahme zum Gesetzentwurf der Bundesregierung, Ausschussdrucksache 18 (11) 760 neu, S. 29 und Stellungnahme der BRAK Nr. 14/2016 zum Regierungsentwurf, Juni 2016, S. 10; vgl. auch *Bauer/Haußmann* NZA 2016, 803; UGBH/*Germakowsi/Hurst* § 11 Rn. 56). In der Praxis sollte dennoch versucht werden, zur Nutzung dieser Ausnahmeregelung die Tätigkeit der überlassenen Arbeitnehmer vor Beginn des Arbeitskampfes entsprechend zu dokumentieren.

Es ist nicht maßgeblich, ob der **Arbeitskampf rechtmäßig oder rechts-** **52a** **widrig** ist (*Ulber* § 11 Rn. 129; BeckOK ArbR/*Motz* § 11 Rn. 20; UGBH/ *Germakowsi/Hurst* § 11 Rn. 50 aA Boemke/Lembke/*Boemke* § 11 Rn. 132). Verstößt der Entleiher gegen das Verbot des Einsatzes von Zeitarbeitnehmern als Streikbrecher, so begeht er eine Ordnungswidrigkeit nach § 16 Abs. 1 Nr. 8a, die nach Abs. 2 bis zu 500.000 Euro Bußgeld geahndet werden kann.

Das Einsatzverbot im Entleiherbetrieb besteht **für die Dauer des** **53** **Arbeitskampfes.** Der Verleiher kann bereits zuvor beim Entleiher beschäftigte Leiharbeitnehmer dann ggf. bei einem anderen Entleiher einsetzen. Der Verleiher bleibt aber gegenüber diesen Zeitarbeitnehmern nach §§ 611, 615 S. 1 BGB iVm § 11 Abs. 5 S. 1 und den Regeln zur Verteilung des Vergütungsrisikos im Arbeitskampf zur Vergütungszahlung verpflichtet, soweit kein anderer Einsatz möglich ist (*Becker/Wulfgramm* Art. 1 § 11 Rn. 43, 45a; ErfK/ *Wank* § 11 Rn. 20; HWK-*Gotthardt/Roloff* § 11 Rn. 28; Schüren/Hamann/ *Schüren* § 11 Rn. 127 ff.; *Ulber* § 11 Rn. 139; UGBH/*Germakowsi/Hurst* § 11 Rn. 63, jeweils mwN; aA zur alten Fassung Boemke/Lembke/*Boemke* § 11 Rn. 137; *Melms/Lipinski* BB 2004, 2409 (2413 f.)). Die Höhe der Vergütung bestimmt sich in einem solchen Fall gem. § 8 Abs. 1 S. 1 nF nach der für einen vergleichbaren Arbeitnehmer im Betrieb des Entleihers geltenden Vergütung. Das Verbot nach § 11 Abs. 5 erfasst auch den Einsatz von neuen Zeitarbeitnehmern im bestreikten Betrieb. Da für diese Arbeitnehmer bereits keine Zuweisung zum Entleiherbetrieb während des Streiks zulässig ist, sind sie von Anfang an bei anderen Entleihern einzusetzen oder andernfalls wie in überlassungsfreien Zeiten zu vergüten. Letzteres zeigt den verfassungsrechtlich kritischen Zwang zur Streikunterstützung durch die Verleiher (vgl. Stellungnahme der BRAK Nr. 14/2016 zum Regierungsentwurf, Juni 2016, S. 10 f.).

Der Leiharbeitnehmer hat auch nach der Reform des AÜG zum 1.4.2017 **54** und nach Einführung des Streikeinsatzverbotes unverändert ein Leistungsverweigerungsrecht nach § 11 Abs. 5 S. 3. Dies ist relevant, wenn Zeitarbeitnehmer nach § 11 Abs. 5 S. 2 während des Streiks zulässigerweise Tätigkeiten fortführen oder aufnehmen dürfen (vgl. Gesetzesbegründung Regierungsentwurf, BT-Drs. 18/9232, 28; Gesetzesbegründung Regierungsentwurf, BR-Drs. 294/16, 24; *Ulrici* § 11 Rn. 103 ff.; zweifelnd *Wank* RdA 2017, 100 (114)). Der Verleiher hat den Leiharbeitnehmer auf das Leistungsverweigerungsrecht hinzuweisen, § 11 Abs. 5 S. 4.

Für einen **Arbeitskampf im Verleiherbetrieb** gelten für die Leiharbeit- **55** nehmer unverändert die allgemeinen Regeln; sie dürfen sich am Streik beteiligen, tragen insoweit aber auch das Lohnrisiko (vgl. Boemke/Lembke/ *Boemke* § 11 Rn. 130; ErfK/*Wank* § 11 Rn. 20; Schüren/Hamann/*Schüren* § 11 Rn. 111; *Ulber* § 11 Rn. 112).

VIII. Verantwortung für Arbeitsschutz (Abs. 6)

56   Der Verleiher ist als Arbeitgeber des Leiharbeitnehmers gem. §§ 3 ff. ArbSchG und §§ 618 f. BGB zur Einhaltung der öffentlich-rechtlichen Arbeitsschutzvorschriften verpflichtet. § 11 Abs. 6 lässt diese Verpflichtung des Verleihers unberührt und **verpflichtet zusätzlich den Entleiher** zur Einhaltung der öffentlich-rechtlichen Arbeitsschutzvorschriften gegenüber dem Leiharbeitnehmer. Die Norm ist auch nicht Spezialgesetz zu § 8 Abs. 2 ArbSchG, sondern Ergänzung zu dieser allgemeinen Regelung, weil sie ausdrücklich die allgemeinen öffentlich-rechtlichen Pflichten des Entleihers in Bezug nimmt (so im Ergebnis wohl auch *Becker/Wulfgramm* Art. 1 § 11 Rn. 11; *Ulber* § 11 Rn. 144; ähnlich Boemke/Lembke/*Schüren* § 11 Rn. 139 „deklaratorisch" und Rn. 156; aA ErfK/*Wank* § 11 Rn. 21; wohl auch KassHB/*Düwell* 4.5 Rn. 406 und Schüren/Hamann/*Schüren* § 11 Rn. 133 ff. „Aufspaltung der Fürsorgepflicht"; vgl. allgemein zur Fürsorgepflicht bei Leiharbeit KassHB/*Düwell* 4.5 Rn. 406 f.; *Ulber* § 11 Rn. 144 ff. jeweils mwN). Besondere Beachtung verdient auch § 6 Abs. 2 S. 2 AGG, nach dem der Entleiher neben dem Verleiher auch als Arbeitgeber iSd §§ 6–18 AGG gilt. Das hat zur Folge, dass der Entleiher auch dem Leiharbeitnehmer gegenüber die Arbeitgeberpflichten aus dem AGG beachten muss (vgl. *Oberwetter* BB 2007, 1109 ff. mwN).

57   § 11 Abs. 6 S. 2 und S. 3 verpflichten den Entleiher zu bestimmten **Unterrichtungen.** Diese Vorschriften basieren auf der EU-Richtlinie 91/383 EWG vom 25.6.1991 (Amtsblatt Nr. L 206, S. 19) und verlangen vom Entleiher mehr als bloße Hinweise, vielmehr eine inhaltliche Darlegung (vgl. Boemke/Lembke/*Boemke* § 11 Rn. 151). Bei einer Pflichtverletzung soll der Leiharbeitnehmer ein Leistungsverweigerungsrecht und Schadensersatzansprüche haben (HWK/*Gotthardt/Roloff* § 11 Rn. 33; Boemke/Lembke/*Boemke* § 11 Rn. 153 ff. mwN).

IX. Arbeitgeber im Sinne des Arbeitnehmererfindungsrechts (Abs. 7)

58   Nach allgemeinen Regeln wäre der Verleiher als Vertrags-Arbeitgeber des Leiharbeitnehmers auch der Arbeitgeber im Sinne des ArbNErfG. § 11 Abs. 7 ordnet jedoch als **Spezialgesetz** abweichend an, dass der Entleiher als Arbeitgeber des Leiharbeitnehmers im Sinne des ArbNErfG gilt, soweit der Leiharbeitnehmer während seiner Tätigkeit bei dem Entleiher eine Erfindung oder einen technischen Verbesserungsvorschlag macht. Die Vorschrift enthält eine unwiderlegliche gesetzliche Fiktion (ebenso Schüren/Hamann/*Schüren* § 11 Rn. 141), so dass es nach dem Gesetzeswortlaut nicht darauf ankommt, ob die Erfindung oder der Verbesserungsvorschlag des Leiharbeitnehmers dem Entleiher konkret zugutekommt oder mit dessen Betrieb zusammenhängt. Zweck der Norm ist aber die interessengerechte Zuordnung der Verwertungsrechte an der Wertschöpfung des Leiharbeitnehmers sowie der entsprechenden Vergütungspflicht des nutznießenden Arbeitgebers. Die Norm ist daher mit Blick auf diesen Zweck **teleologisch zu reduzieren** und nur insoweit anzuwenden, als die Erfindung oder der Verbesserungsvorschlag des Leiharbeitnehmers auf den Betrieb des Entleihers bezogen ist (allgM ErfK/ *Wank* § 11 Rn. 22; HWK-*Gotthardt/Roloff* § 11 Rn. 34; Schüren/Hamann/ *Schüren* § 11 Rn. 146; *Ulber* § 11 Rn. 153; BeckOK ArbR/*Motz* § 11 Rn. 27; aA Boemke/Lembke/*Boemke* § 11 Rn. 170). Dies ist der Fall, wenn die Erfindung oder der Vorschlag im Betrieb des Entleihers entstanden ist oder maßgeblich auf die Tätigkeit des Leiharbeitnehmers dort und den dort gewonnenen Erfahrungen beruht (ErfK/*Wank* § 11 Rn. 22; Schüren/Hamann/*Schüren* § 11 Rn. 146; *Ulber* § 11 Rn. 153).

§ 12 Rechtsbeziehungen zwischen Verleiher und Entleiher

(1) [1]**Der Vertrag zwischen dem Verleiher und dem Entleiher bedarf der Schriftform. [2]Wenn der Vertrag und seine tatsächliche Durchführung einander widersprechen, ist für die rechtliche**
Einordnung des Vertrages die tatsächliche Durchführung maßgebend. [3]In der Urkunde hat der Verleiher zu erklären, ob er die Erlaubnis nach § 1 besitzt. [4]Der Entleiher hat in der Urkunde anzugeben, welche besonderen Merkmale die für den Leiharbeitnehmer vorgesehene Tätigkeit hat und welche berufliche Qualifikation dafür erforderlich ist sowie welche im Betrieb des Entleihers für einen vergleichbaren Arbeitnehmer des Entleihers wesentlichen Arbeitsbedingungen einschließlich des Arbeitsentgelts gelten; Letzteres gilt nicht, soweit die Voraussetzungen der in § 8 Absatz 2 und 4 Satz 2genannten Ausnahme vorliegen.

(2) [1]**Der Verleiher hat den Entleiher unverzüglich über den Zeitpunkt des Wegfalls der Erlaubnis zu unterrichten. [2]In den Fällen der Nichtverlängerung (§ 2 Abs. 4 Satz 3), der Rücknahme (§ 4) oder des Widerrufs (§ 5) hat er ihn ferner auf das voraussichtliche Ende der Abwicklung (§ 2 Abs. 4 Satz 4) und die gesetzliche Abwicklungsfrist (§ 2 Abs. 4 Satz 4 letzter Halbsatz) hinzuweisen.**

Literatur: *Ankersen,* Neues AÜG seit 1.3.2003 bundesweit in *Kraft*, NZA 2003, 421; *Benkert,* Änderungen im Arbeitnehmerüberlassungsgesetz durch „Hartz III", BB 2004, 998; *Bruschke,* Die Haftung des Entleihers bei Arbeitnehmerüberlassung, StB 2014, 389; *Hamann,* Fremdpersonal im Unternehmen – Industriedienstleistung statt Leiharbeit?, NZA Beilage 2014, Nr 1, 3; *Hartmeyer,* Geplante Änderungen für die Arbeitnehmerüberlassung – ein Überblick, ZAT 2016, 151; *Immenga,* Rechtsfolgen unzulässiger Leiharbeitsverhältnisse, BB 1972, 805; *Jordan/Bissels,* Brennpunkt Fremdpersonaleinsatz, AuA 2013, 636; *Julius,* Arbeitsschutz und Fremdfirmenbeschäftigung, Diss. Halle 2004; *Lembke,* Die „Hartz-Reform" des Arbeitnehmerüberlassungsgesetzes, BB 2003, 98; *Naraschewski,* Zur bereicherungsrechtlichen Rückabwicklung eines nichtigen Arbeitnehmerüberlassungsvertrages, EWiR 2005, 565; *Reipen,* Dubiose Gewerkschaften – Sozialversicherungsrechtliche Risiken für Zeitarbeitsunternehmen und ihre Kunden, NZS 2005, 407; *Schubert,* Haftung für überlassene Mitarbeiter, AuA 2007, 680; *Spieler/Pollert,* Arbeitnehmerüberlassungsverträge, AuA 2011, 270; *Thüsing,* Europäische Impulse im Recht der Arbeitnehmerüberlassung, DB 2002, 2218; *Ulber,* Personal-Service-Agenturen und Neuregelung der Arbeitnehmerüberlassung, AuR 2003, 7; *Walker,* Der Vollzug des Arbeitsverhältnisses ohne wirksamen Arbeitsvertrag, JA 1985,

138; *Weber/Gördel,* Grenzgänger – Arbeitnehmerüberlassung ins Ausland, AuA 2007, 670.

Übersicht

I. Gesetzeszweck und Entstehungsgeschichte

1   § 12 regelt die Rechtsbeziehungen zwischen Verleiher und Entleiher. Die Vorschrift enthält allerdings **keine abschließenden Bestimmungen,** sondern stellt lediglich Mindestanforderungen an Form und Inhalt des Arbeitnehmerüberlassungsvertrags (so auch Boemke/Lembke/*Lembke* § 12 Rn. 2; aA *Ulber* § 12 Rn. 1). Der Normzweck besteht zunächst in dem Schutz des Entleihers. Durch die in Abs. 1 und Abs. 2 geregelten Auskunfts- und Hinweispflichten des Verleihers, soll der Entleiher davor geschützt werden, einen Leiharbeitnehmer zu beschäftigen, obwohl der Verleiher nicht oder nicht mehr in Besitz der hierfür erforderliche Erlaubnis ist. Fehlt nämlich die entsprechend § 1 zu erteilende Verleihererlaubnis wird gem. §§ 9, 10 Abs. 1 S. 1 ein Arbeitsverhältnis zwischen dem Verleiher und dem Leiharbeitnehmer fingiert. Dementsprechend geht der Entleiher mit Abschluss eines Überlassungsvertrages ein erhebliches Risiko ein (Boemke/Lembke/*Lembke* § 12 Rn. 2, 43; *Becker/Wulfgramm* Art. 1 § 12 Rn. 2; sa Bericht *Jaschke,* BT-Drs. VI/3505, 4).

2   Die Erklärungs- und Hinweispflicht des Verleihers ist auch für die Rückabwicklung des unwirksamen Überlassungsverhältnisses von Bedeutung, da der Entleiher entsprechend **§ 817 S. 2 BGB** die Überlassungssumme nur bei Unkenntnis über die fehlende Erlaubnis zurückfordern kann (vgl. BGH 7.3.1962, BGHZ 36, 395; BGH 29.4.1968, BGHZ 50, 90). Der vertraglichen Zusicherung des Verleihers im Besitz der Erlaubnis zu sein, kommt daher für die Feststellung der Gutgläubigkeit des Entleihers eine erhebliche Indizwirkung zu (Schüren/Hamann/*Brors* § 12 Rn. 18). Das Schriftformerfordernis beinhaltet neben der allgemeinen prozessualen **Beweisfunktion** auch eine Warnfunktion für den Entleiher (BT-Drs. 6/2303, 15: Der Entleiher ist zu schützen, da bei fehlender Verleihererlaubnis zwischen ihm und dem Leiharbeitnehmer gem. § 10 Abs. 1 ein Leiharbeitsverhältnis begründet wird). Darüber hinaus sichert das Schriftformerfordernis des Abs. 1 die Überwachung des Verleihers und des Entleihers durch die Aufsichtsbehörde (s. § 7 Abs. 1) und erleichtert eine Nachprüfbarkeit der Angaben gem. § 7 Abs. 2 (sa *Becker/Wulfgramm* Art. 1 § 12 Rn. 2; *Kurr* JA 1996, 717 (720)). Dem Schutzzweck des § 12 Abs. 1 S. 3 unterfällt in erster Linie der Gesundheitsschutz des Leiharbeitnehmers (Schüren/Hamann/*Brors* § 12 Rn. 1). Die Angaben hinsichtlich der vergleichbaren Arbeitsbedingungen im Entleiherbetrieb sollen den Verleiher in die Lage versetzen, seine Gleichbehandlungspflicht gegenüber dem Leiharbeitnehmer zu erfüllen (BT-Drs. 15/25, 39; Boemke/Lembke/*Lembke* § 12 Rn. 3; *Lembke* BB 2003, 98 (99)).

Die Vorschrift des § 12, die in ihrer ursprünglichen Fassung mit Wirkung **3** zum 11.10.1972 in Kraft trat (BGBl. 1972 I S. 1393), wurde erstmalig im Zuge der Einführung des SGB IV v. 23.12.1976 (BGBl. 1976 I S. 3845) – wenn auch nur redaktionell – geändert. Der in Abs. 3 enthaltene Verweis auf die Meldepflichten nach § 317a RVO wurde durch einen Verweis auf § 28a SGB IV ersetzt. Durch Art. 5 Nr. 2 des Gesetzes zur Umsetzung der EG-Rahmenrichtlinie Arbeitsschutz und weiterer Arbeitsschutzrichtlinien v. 7.8.1996 (BGBl. 1996 I S. 1246) wurde der jetzige § 12 Abs. 1 S. 4 eingeführt und hierdurch eine dahingehende inhaltliche Ergänzung der Vorschrift vorgenommen, dass der Arbeitnehmerüberlassungsvertrag nunmehr die Erklärung des Entleihers darüber enthalten muss, welche besonderen Merkmale die für den Leiharbeitnehmer vorgesehene Tätigkeit hat und welche berufliche Qualifikation hierfür erforderlich ist. Weitere Änderungen des AÜG erfolgten im Rahmen der **„Hartz–Reform"** durch Art. 6 Nr. 7 des Ersten Gesetz für Moderne Dienstleistungen am Arbeitsmarkt v. 23.12.2002 (BGBl. 2002 I S. 4607; s. zu den Auswirkungen der Hartz-Reform auf das AÜG *Ankersen* NZA 2003, 421 ff.; *Lembke* BB 2003, 98 ff.; *Ulber* AuR 2003, 7 ff.). Nach der Bestimmung des Art. 6 Nr. 7 lit. a wurden in § 12 Abs. 1 S. 4 AÜG die Wörter „zu erklären" durch das Wort „anzugeben" ersetzt und ferner die Hinzufügung eines neuen Halbsatzes am Ende des § 12 Abs. 1 S. 4 AÜG vorgenommen. Der Entleiher wird durch diese Ergänzung dazu verpflichtet, auch Angaben über die im Entleiherbetrieb geltenden wesentlichen Arbeitsbedingungen zu machen; dies soll dem Verleiher die Erfüllung seiner Pflicht zur Gleichbehandlung erleichtern (*Urban-Crell/Schulz* § 14 Rn. 198). § 12 Abs. 3 wurde durch Art. 6 Nr. 7 lit. b ersatzlos gestrichen (s. hierzu auch BT-Drs. 15/25, 39). Entsprechend der gesetzlichen Übergangsregelung (§ 19) trat diese Neufassung zwar erst zum 1.1.2004 in Kraft. Auf solche Arbeitsverhältnisse, die in den Geltungsbereich eines nach dem 15.11.2002 geschlossenen Tarifvertrages fallen, der die wesentlichen Arbeitsbedingungen einschließlich des Arbeitsentgelts iSd AÜG nF regelt, war die Neufassung allerdings bereits seit 2003 anzuwenden (s. zum vorzeitigen Inkrafttreten der Neufassung des AÜG *Ankersen* NZA 2003, 421 ff. sowie → § 19 Rn. 3).

Durch das Dritte Gesetz für moderne Dienstleistungen am Arbeitsmarkt (BGBl. 2003 I S. 2848 ff.) ist in § 12 Abs. 1 S. 4 aE der letzte Halbsatz eingefügt worden; diese Ausnahme im Hinblick auf die Erklärungspflicht des Entleihers soll lediglich klarstellenden Charakter haben (BT-Drs. 15/1515, 132). Auch sie ist zum 1.1.2004 in Kraft getreten. Zum 1.4.2017 wurde nun § 12 Abs. 1 erneut geändert, indem der neue Satz 2 eingefügt wurde, wonach bei einem Auseinanderfallen des Inhalts des Vertrages und seiner tatsächlichen Durchführung für die rechtliche Einordnung des Vertrages die tatsächliche Durchführung maßgebend ist. Weiterhin wurde in S. 4 der Verweis auf § 3 Abs. 1 Nr. 3 und § 9 Nr. 2 aufgrund der systematischen Neuordnung des AÜG durch § 8 Abs. 2 und 4 S. 2 ersetzt.

II. Schriftformerfordernis

1. Anwendungsbereich

4   Der Anwendungsbereich des in § 12 Abs. 1 enthaltenen Schriftformerfordernisses erfasst nur Fälle der **wirtschaftlichen Arbeitnehmerüberlassung.** Die entgegenstehende Ansicht, dass jeder Arbeitnehmerüberlassungsvertrag der Schriftform bedürfe (*Ulber* § 12 Rn. 3), vermag nicht zu überzeugen, da das AÜG gem. § 1 Abs. 1 S. 1 grundsätzlich nur auf die Arbeitnehmerüberlassung im Rahmen der wirtschaftlichen Tätigkeit anzuwenden ist (auch → Einl. Rn. 21 ff.). Dem steht auch § 1 Abs. 2 nicht entgegen, da dieser lediglich eine Beweislastregel bei der Abgrenzung zwischen wirtschaftlicher und nicht wirtschaftlicher Arbeitnehmerüberlassung darstellt (zum alten Begriff „gewerblich" s. Schüren/Hamann/*Schüren* Einl. Rn. 12 f.). Von dem Schriftformerfordernis ausgenommen ist nach richtiger Auffassung (Boemke/Lembke/*Lembke* § 12 Rn. 6; *Ulrici* § 12 Rn. 6; aA *Ulber* § 12 Rn. 26; Schüren/Hamann/*Brors* § 12 Rn. 4) auch die entsprechend § 1 Abs. 3 erlaubnisfreie wirtschaftliche oder nichtwirtschaftliche Arbeitnehmerüberlassung, da § 1 Abs. 3 – mit Ausnahme der dort aufgezählten Vorschriften – eine Anwendbarkeit des AÜG ausschließt (hierzu → § 1 Rn. 156 ff. und Schüren/Hamann/*Hamann* § 1 Rn. 424 ff.).

2. Art und Umfang des Schriftformerfordernisses

5   Gem. § 12 Abs. 1 S. 1 bedarf der **Überlassungsvertrag** der Schriftform, wodurch der Gesetzgeber eine Ausnahme zum allgemein für Schuldverträge geltenden Grundsatz der Formfreiheit geschaffen hat. Die an die Schriftform zu stellenden Anforderungen richten sich nach **§ 126 BGB.** Gem. § 126 Abs. 1 BGB muss die Urkunde durch die Vertragsparteien zunächst eigenhändig durch Namensunterschrift oder mittels notariell beglaubigten Handzeichens unterzeichnet werden. Für das Erfordernis der Eigenhändigkeit ist ausreichend, wenn ein hierzu berechtigter Vertreter die Unterschrift leistet (RG 27.6.1910, RGZ 74, 69 [75]; Palandt/*Ellenberger* BGB § 126 Rn. 9; Soergel/*Hefermehl* BGB § 126 Rn. 6; Erman/*Arnold* BGB § 126 Rn. 12). Existieren über den Überlassungsvertrag mehrere gleichlautende Urkunden, wird dem Schriftformerfordernis gem. § 126 Abs. 2 BGB auch genüge getan, wenn jede Vertragspartei die für die jeweils andere Partei bestimmte Urkunde

unterzeichnet. Die im Überlassungsvertrag verwendete Sprache muss nicht
unbedingt Deutsch sein. Nach § 126 BGB wird auch keine Abfassung des
Vertragstextes in lateinischen Buchstaben gefordert. Vielmehr kann somit
grundsätzlich jede Sprache als Vertragssprache bestimmt und in beliebigen
Schriftzeichen (zB Kurzschrift, fremdsprachliche Schriftzeichen) verfasst
werden, sofern der Vertragsinhalt im Wege der Übersetzung allgemeinver-
ständlich gemacht werden kann (Palandt/*Ellenberger* BGB § 126 Rn. 2;
MüKoBGB/*Einsele* § 126 Rn. 6). Teilweise wird wegen der Überwachungs-
aufgaben der Erlaubnisbehörde gefordert, gebräuchliche Schriftzeichen oder
Sprachen zu verwenden, um so zu verhindern, dass eine Überprüfung des
Vertragsinhalts durch die Erlaubnis- und Überwachungsbehörden erschwert
oder unmöglich gemacht wird (Schüren/Hamann/*Brors* § 12 Rn. 10). Dieser
Auffassung wird jedoch zutreffend entgegengehalten, dass nach § 7 Abs. 2
S. 3 iVm § 23 Abs. 2 VwVfG bei fremdsprachigen Unterlagen beglaubigte
Übersetzungen hinzugefügt werden müssen bzw. sich die Aufsichtsbehörde
solche Übersetzungen anfertigen lassen könnte (Boemke/Lembke/*Lembke*
§ 12 Rn. 11). Eine Beschränkung der Vertragssprache auf solche Sprachen,
die im inländischen Geschäftsverkehr allgemein verwendet werden, schränkt
die Vertragsfreiheit der Parteien ohne Not ein.

Gem. § 126a BGB kann die Schriftform eines Vertrages durch die **elektro-** 6
nische Schriftform ersetzt werden. Der Gesetzgeber hat in § 12 im Gegensatz zu anderen Normen (vgl. § 11 Abs. 1 S. 1 iVm § 2 Abs. 1 S. 3 NachwG,
§ 623 BGB) keinen Ausschluss dieser Regelung formuliert, so dass auch der
Arbeitnehmerüberlassungsvertrag in elektronischer Schriftform abgefasst
werden kann (*Urban-Crell/Schulz* Rn. 193). Dem Formerfordernis ist hier
genüge getan, wenn statt der schriftlichen Urkunde zwei gleichlautende
elektronische Dokumente erstellt werden. Ihnen muss einerseits der Name
des Entleihers und andererseits der Name des Verleihers hinzugefügt werden,
die mit einer qualifizierten elektronischen Signatur nach dem Signaturenge-
setz versehen werden müssen. Die Voraussetzung für eine Teilnahme am
Rechtsverkehr mit einer elektronischen Signatur ist der Besitz der für die
Speicherung und Anwendung des Signaturschlüssels geeigneten Soft- und
Hardware (s. hierzu Palandt/*Ellenberger* § 126a Rn. 3 f.). Wird die Unterschrift allerdings mechanisch hergestellt, etwa durch in Form eines Faksimile-
stempels, so wird die Schriftform nicht gewahrt (RG 27.2.1923, RGZ 106,
330; BGH 25.3.1970, NJW 1970, 1078 [1080]); Staudinger/*Hertel* BGB
§ 126 Rn. 133; RGRK/*Krüger/Nieland* § 126 Rn. 22).

§ 126 BGB ist auch für den **Umfang des Schriftformerfordernisses** 7
maßgebend. Hiernach bezieht sich der Formzwang sowohl auf die vertraglichen Hauptpflichten, also auch auf die Nebenabreden, sofern diese nach dem
Willen der Parteien Vertragsinhalt werden sollen (BGH 13.11.1963, AP BGB
§ 126 Nr. 1; Soergel/*Hefermehl* BGB § 125 Rn. 4 f.). Somit wird das gesamte
Rechtsgeschäft von dem Formzwang erfasst (so bereits RG 8.3.1904, RGZ
57, 258 (260); 21.6.1932, RGZ 136, 422 (424); Palandt/*Ellenberger* BGB
§ 125 Rn. 9). Es müssen daher alle Vertragspunkte in der Urkunde des Arbeitnehmerüberlassungsvertrags enthalten sein (s. auch Schüren/Hamann/*Brors*
§ 12 Rn. 5; *Ulber* § 12 Rn. 6; *Becker/Wulfgramm* § 12 Rn. 15).

8   Es ist allerdings umstritten, ob auch die **Erklärung des Verleihers nach § 12 Abs. 1 S. 3** oder die Angabe des **Entleihers nach Abs. 1 S. 4 schriftlich** erfolgen müssen. Dies wurde bisher vereinzelt mit der Begründung abgelehnt, dass es sich bei den Erklärungen nicht um Willens-, sondern um Wissenserklärungen handle. Ferner sollte sich aus der Gesetzesformulierung „… hat zu erklären" ergeben, dass hinsichtlich dieser Erklärungen kein Formzwang besteht, sondern der anderen Vertragspartei lediglich ein einklagbarer Anspruch auf Abgabe der entsprechenden Erklärung eingeräumt werden solle (Boemke/Lembke/*Lembke* § 12 Rn. 9). Diese Auffassung ist allerdings – nach wie vor – abzulehnen (so auch *Ulber* § 12 Rn. 6, 27). Für eine Einbeziehung der Erklärungen in das Schriftformerfordernis spricht zunächst der systematische Zusammenhang zwischen Satz 1 einerseits und den Sätzen 2 und 3 andererseits. Gem. S. 1 bedarf der Vertrag zwischen dem Verleiher und dem Entleiher der Schriftform. Die Sätze 2 und 3 bestimmen, dass die jeweiligen Erklärungen in der schriftlich festgelegten Vertragsurkunde enthalten sein müssen. Hieraus geht hervor, dass auch die jeweiligen Erklärungen von Ver- und Entleiher dem Schriftformerfordernis unterfallen sollen. Für diese Gesetzesauslegung spricht ferner der Gesetzeszweck des Abs. 1 (hierzu → Rn. 2), sowie insbesondere die Beweisfunktion der Vertragsurkunde (so auch *Ulber* § 12 Rn. 6, 27). Diese Beurteilung bestätigt sich dadurch, dass mit Wirkung zum 1.1.2004 in Satz 4 das Wort „erklären" durch „anzugeben" ersetzt wurde (vgl. BT-Drs. 15/25, 39, ohne nähere Begründung der Änderung).

9   Das **Schriftformerfordernis** bezieht sich allerdings nicht auf die in Abs. 2 statuierten **Unterrichtungs- und Hinweispflichten** des Verleihers (Boemke/Lembke/*Lembke* § 12 Rn. 63; KassHdb/*Düwell* 4.5 Rn. 421; aA Schüren/Hamann/*Brors* § 12 Rn. 27; *Ulber* § 12 Rn. 42 mit der Begründung, dass die Erklärung über das Bestehen oder nicht Nichtbestehen der Verleihererlaubnis und die Unterrichtung bzw. der Hinweis über Wegfall der Erlaubnis gleichbehandelt werden müssen), da der Gesetzgeber – anders als bei der Erklärungspflicht nach Abs. 1 S. 3 – in Abs. 2 nicht ausdrücklich eine Niederlegung der entsprechenden Erklärungen in der schriftlichen Vertragsurkunde anordnet.

10   Neben dem Arbeitnehmerüberlassungsvertrag an sich bezieht sich das Schriftformerfordernis auch auf Rahmen- und Vorverträge (*Ulber* § 3 Rn. 4; *Ulrici* § 12 Rn. 10; vgl. auch RGRK/*Krüger-Nieland* BGB § 125 Rn. 22: Die Formbedürftigkeit von Vorverträgen richtet sich nach dem rechtspolitischen Zweck des Formzwangs. Wenn dieser im Schutz vor einer Übereilung liegt, unterfallen auch Vorverträge dem Formzwang des Hauptvertrages). Regelt ein schriftlich abgeschlossener Rahmenvertrag die Rechtsbeziehungen zwischen dem Verleiher und dem Entleiher dauerhaft, so bedarf auch im Einzelfall jede konkrete Vereinbarung über eine Arbeitnehmerüberlassung der Schriftform (Boemke/Lembke/*Lembke* § 12 Rn. 7). Änderungen und Verlängerungen des Überlassungsvertrages müssen, sofern sie den Vertragsinhalt betreffen, der dem Schriftformerfordernis unterliegt, ebenfalls in einem schriftlichen Vertrag festgehalten werden (*Ulber* § 12 Rn. 5; Boemke/Lembke/*Lembke* § 12 Rn. 7; Schüren/Hamann/*Brors* § 12 Rn. 8). Zur Wahrung der Schriftform reicht es allerdings aus, wenn die Nachtragsurkunde, die nur die nachträglichen Änderungen enthält, im Übrigen aber auf die frühere Vereinbarung Bezug nimmt, eindeutig zum Ausdruck bringt, dass es unter Einbeziehung dieses Nachtrages bei dem Vertragsinhalt bleiben soll, der in dem früheren formgültigen Vertrag niedergelegt wurde (vgl. BGH 11.11.1987, MDR 1988, 310; 19.3.1963, BGHZ 52, 25; 26.2.1992, NJW 1992, 2283; 14.4.1999, NJW 1999, 2517; Palandt/*Ellenberger* § 126 Rn. 5). Entgegen der älteren Rechtsprechung ist nun eben nicht mehr erforderlich, dass die Nachtragsurkunde und die ursprüngliche Vertragsurkunde zu einer körperlichen Einheit zusammengefasst werden (so noch BGH 13.11.1963, AP BGB § 126 Nr. 1; vgl. Palandt/*Ellenberger* BGB § 126 Rn. 5).

Das Schriftformerfordernis bezieht sich hingegen nicht auf die nach **10a** § 1 Abs. 1 S. 6 ausdrücklich vor Vertragsschluss erforderliche **Konkretisierung** (aA *Zimmermann* BB 2016, 53; *Robert Bauer* BD 2016, 8; *Bertram* AIP 2016, 3 (7); zurückhaltender *Ziegelmeier* DStR 2016, 2858; BeckOK/*Motz* AÜG § 12 Rn. 3.1.; s. auch die BA FA, Abschn. 1.1.6.7.: „Die Konkretisierung unterliegt hingegen dann nicht der Schriftform des Überlassungsvertrages, wenn der Leiharbeitnehmer erst im Zuge der Erfüllung des Überlassungsvertrags durch den Verleiher unter Bezugnahme auf den Überlassungsvertrag namentlich benannt wird."). Dies gilt jedenfalls dort, wo die Konkretisierung einseitig durch den Verleiher vorgenommen wird. Anders als zuweilen vertreten (so iE BeckOK/*Motz* § 12 Rn. 3.1.) handelt es sich bei der Konkretisierung nicht um eine Nebenbestimmung zum Arbeitnehmerüberlassungsvertrag. Die Konkretisierung ist nicht notwendigerweise Teil des Vertrags. Der Rahmen- und Überlassungsvertrag kann abstrakt formuliert werden. Weder dem Wortlaut des § 1 Abs. 1 S. 6 noch der Gesetzesbegründung ist ein Schriftformerfordernis der Konkretisierung zu entnehmen. Bislang hat bereits spätestens mit Aufnahme der Tätigkeit durch den Leiharbeitnehmer – jedenfalls konkludent – eine Konkretisierung stattgefunden (aA *Ulber* § 12 Rn. 23). Bei der Pflicht, dem Entleiher einen Arbeitnehmer zur Verfügung zu stellen, handelt es sich nach hM um eine Gattungsschuld iSd § 243 BGB analog (ArbG Solingen, 8.8.2000, NZA-RR 2000, 579). Dabei kann man sich gedanklich an die Regelungen zum Leistungsbestimmungsrecht iSd §§ 315 ff. BGB anlehnen. Bei Vereinbarung eines Leistungsbestimmungsrechts gem. §§ 315, § 317 BGB gilt das Formerfordernis lediglich für dessen Einräumung, nicht aber für dessen Ausübung (BGH 7.2.1986, NJW 1986, 1983; 8.11.1968, NJW 1969, 131 (132); RG 8.11.1940, RGZ 165, 161 (163 f.); aA MüKoBGB/*Einsele* § 125 Rn. 34). Auch bei der Konkretisierung ist zwischen der Einräumung des Rechts (Schriftformerfordernis) und der Ausübung der Konkretisierung zu differenzieren (vgl. hierzu MüKoBGB/*Würdinger* § 315 Rn. 34 mwN). Durch die Neuregelung erfolgt lediglich eine Vorverlagerung des Zeitpunkts der Konkretisierung (vor die Überlassung). Auch weiterhin soll die Möglichkeit der einseitigen Konkretisierung bestehen (vgl. BT-Drs. 18/9232, 17). Wenn man bei der einseitigen Konkretisierung kein Formerfordernis annimmt, muss dies denklogisch auch für solche Fälle gelten, bei denen der Entleiher auf die Auswahl der Leiharbeitnehmer Einfluss nehmen kann. Es besteht grundsätzlich ein Dokumentationsinteresse für die Konkretisierung, das jedoch nicht notwendigerweise mit dem Schriftformerfordernis einher geht (s. ausführlich *Thüsing/Mathy* BB 2017, 821; ebenso *Traut/Potters* DB 2017, 846; aA *Bertram* AIP 2016, 3 (7)).

3. Rechtsfolgen bei Formmangel

11   Wahren Verleiher und Entleiher die in § 12 Abs. 1 S. 1 iVm § 126 oder § 126a BGB gesetzlich vorgeschriebene Schriftform nicht, so führt dies gem. **§ 125 S. 1 BGB zur Nichtigkeit** des Arbeitnehmerüberlassungsvertrages (vgl. etwa BGH 2.12.2004, AP BGB § 812 Nr. 34). IdR betrifft diese Rechtsfolge entsprechend § 139 BGB den **gesamten Überlassungsvertrag** einschließlich aller Nebenabreden (BGH 17.1.1984, EzAÜG Nr. 141; *Ulber* § 12 Rn. 26a; Schüren/Hamann/*Brors* § 12 Rn. 12). Eine Heilung des formnichtigen Überlassungsvertrags durch Vertragsdurchführung ist grundsätzlich nicht möglich, da der Gesetzgeber im Gegensatz zu anderen Vorschriften (vgl. §§ 311b Abs. 1 S. 2, 518 Abs. 2, 766 S. 3 BGB) in § 12 hierüber keine ausdrückliche Bestimmung geschaffen hat und auch keine der Heilungsvorschriften entsprechend anwendbar ist (siehe hierzu: OLG Karlsruhe 23.9.2005, TranspR 2006, 85; RGRK/*Krüger-Nieland* BGB § 125 Rn. 46; Boemke/Lembke/*Lembke* § 12 Rn. 12). In bestimmten Ausnahmefällen kann die Berufung auf den Formmangel des Arbeitnehmerüberlassungsvertrags jedoch gegen **Treu und Glauben** verstoßen (§ 242 BGB). Eine solche Ausnahme ist etwa dann anzunehmen, wenn der Verleiher den Entleiher arglistig von der Wahrung der Schriftform abhält, um seinen Verpflichtungen aus dem Arbeitnehmerüberlassungsvertrag nicht nachkommen zu müssen (OLG München 12.5.1993, EzAÜG § 12 AÜG Nr. 3; *Becker/Wulfgramm* § 12 Rn. 16; aA *Ulber* § 12 Rn. 28; allgemein zur Ausnahme der Nichtigkeitsrechtsfolge bei einem Verstoß gegen Treu und Glauben: Staudinger/*Hertel* BGB § 125 Rn. 98 ff.). Eine Vertragspartei handelt arglistig, wenn nur sie bei Abschluss des Rechtsgeschäfts Kenntnis von der Formbedürftigkeit hat und in der Absicht handelt, sich dann auf die Formbedürftigkeit zu berufen, wenn es für sie günstig ist und anderenfalls den Vertrag als wirksam zu behandeln (Schüren/Hamann/*Brors* § 12 Rn. 14; vgl. auch BGH 18.2.1955, BGHZ 16, 334 (337); 6.7.1961, BGHZ 35, 272 (279); Palandt/*Ellenberger* BGB § 125 Rn. 28). Nach Ansicht des OLG München (8.12.2010, BB 2011, 180) soll es sogar ausreichen, wenn die Vertragsannahme mündlich erklärt, die Arbeitsleistung entgegengenommen und die Vertragsunterzeichnung zugesagt wird sowie Tätigkeitsnachweise unterzeichnet wurden, auch wenn keine weitere Arglist nachzuweisen ist.

12   Ein formnichtiger Arbeitnehmerüberlassungsvertrag begründet **keine vertraglichen Leistungspflichten** zwischen Verleiher und Entleiher (*Ulber* § 12 Rn. 28). Öffentlich-rechtliche und sozialrechtliche Pflichten bleiben allerdings hiervon unberührt (Boemke/Lembke/*Lembke* § 12 Rn. 12; *Ulber* § 12 Rn. 32). Wurden trotz der Formnichtigkeit die Leistungen von Verleiher und Entleiher bereits erbracht, so erfolgten diese ohne Rechtsgrund und müssen rückabgewickelt werden. Ist der Arbeitnehmerüberlassungsvertrag bereits wegen **Fehlens der Verleihererlaubnis** gem. § 9 Abs. 1 Nr. 1 nichtig, erfolgt die Rückabwicklung unstreitig nach den **§§ 812 ff. BGB** (vgl. BGH

8.11.1979, AP AÜG § 10 Nr. 2; 17.1.1984, DB 1984, 1194; 17.2.2000, NJW 2000, 1557 (1558); Boemke/Lembke/*Lembke* § 12 Rn. 12).

Ist der Verleiher hingegen im Besitz der Erlaubnis und ist der Überlassungs- **13** vertrag somit lediglich auf Grund eines **tatsächlichen Formfehlers nichtig,** so wird teilweise vertreten, dass die Grundsätze des **faktischen oder fehlerhaften Arbeitsverhältnisses** (siehe hierzu BGH 24.10.1951, BGHZ 3, 285; BAG 15.11.1957, AP BGB § 125 Nr. 2; 7.12.1961, AP BGB § 611 Faktisches Arbeitsverhältnis Nr. 1; 25.4.1963, AP BGB § 611 Faktisches Arbeitsverhältnis Nr. 2; vgl. auch BAG 30.4.1997, AP BGB § 812 Nr. 20) anwendbar sein müssten, wenn die Arbeitnehmerüberlassung dennoch tatsächlich durchgeführt wurde. Nach dieser Auffassung besteht bei einem reinen Verstoß gegen das Schriftformerfordernis, im Unterschied zu einer auf dem Fehlen der Verleihererlaubnis beruhenden Unwirksamkeit des Vertrags, eine verschiedene Interessenslage. Daher müsse die Formnichtigkeit lediglich Wirkung für die Zukunft entfalten, so dass der Verleiher für die Vergangenheit seinen Vergütungsanspruch behalte. Ferner müssten beide Parteien des Überlassungsvertrages bis zu einer tatsächlichen Beendigung des Überlassungsvertrags sowohl ihre vertraglichen als auch ihre öffentlich-rechtlichen Pflichten erfüllen (*Becker/Wulfgramm* Art. 1 § 12 Rn. 16; so auch OLG Hamburg 13.1.1993, NJW-RR 1993, 1524).

Nach der zutreffenden Gegenansicht sind die Grundsätze des faktischen **14** oder fehlerhaften Arbeitsverhältnisses **generell nicht** auf das Verhältnis zwischen Verleiher und Entleiher übertragbar, da weder die Schutzbedürftigkeit des Verleihers noch die des Entleihers mit der eines Arbeitnehmers zu vergleichen sei (Boemke/Lembke/*Lembke* § 12 Rn. 12; Schüren/Hamann/*Brors* § 12 Rn. 15; *Ulber* § 12 Rn. 29; *Ulrici* § 12 Rn. 14; ErfK/*Wank* § 12 Rn. 3; MHdB ArbR/*Schüren* § 318 Rn. 178; im Ergebnis auch OLG München 8.12.2010, BB 2011, 180). Als wichtigstes Argument gegen eine bereicherungsrechtliche Rückabwicklung wird die soziale Schutzwürdigkeit des Arbeitnehmers angeführt (*Canaris* BB 1967, 165; *Picker* ZfA 1981, 1; ausführlich zum fehlerhaften Arbeitsverhältnis und seinen Rechtsfolgen HWK/*Thüsing* BGB § 119 Rn. 15 ff.). Im Verhältnis zwischen Verleiher und Entleiher besteht hingegen keine vergleichbare Situation; sie stehen sich vielmehr bei Vertragsabschluss als gleichberechtigte Partner gegenüber. Ferner sind beim Überlassungsverhältnis keine Drittinteressen zu schützen, da das Arbeitsverhältnis zwischen Verleiher und Leiharbeitnehmer nicht von der Nichtigkeit des Überlassungsvertrages beeinträchtigt wird (sa Boemke/Lembke/*Lembke* § 12 Rn. 13). Somit ist hier eine Abwicklung nach dem Bereicherungsrecht interessensgerecht. Auch das Vorliegen einer Verleihererlaubnis führt zu keiner außergewöhnlichen Schutzbedürftigkeit und rechtfertigt daher in diesem Fall auch keine Ausnahme von der bereicherungsrechtlichen Rückabwicklung (sa Schüren/Hamann/*Brors* § 12 Rn. 15). Darüber hinaus sind keine Gründe ersichtlich, die eine Unterscheidung zwischen der Formnichtigkeit und der fehlenden Verleihererlaubnis rechtfertigen würden (Schüren/Hamann/*Brors* § 12 Rn. 15 ff.).

Im Hinblick auf den **Umfang der Bereicherung** ist allerdings nach § 817 **15** Abs. 2 BGB danach zu unterscheiden, ob der Verleiher im Besitz der Erlaubnis war oder nicht. Bei einer **Nichtigkeit gem. § 9 Abs. 1 Nr. 1** ist dem Verleiher, dem bewusst ist, dass ihm die Erlaubnis gem. § 1 Abs. 1 fehlt, eine Bereicherungsanspruch nur in dem Umfang zuzuerkennen, in dem er dem Leiharbeitnehmer den nach § 10 Abs. 1 AÜG vom Entleiher geschuldeten Lohn und die sonstigen Abgaben zahlt, nicht aber in Höhe seines Gewinns (s. § 817 Abs. 2 BGB; BGH 8.11.1979, BB 1980, 368; 17.1.1984, EzAÜG Nr. 141). Nur für den Fall der unbewussten illegalen Überlassung kann der Verleiher auch Wertersatz verlangen, wobei allerdings die Gewinnspanne des Verleihers unberücksichtigt bleibt (MHdB ArbR/*Marschall,* 2. Aufl. 2000, § 176 Rn. 96 ff.).

16   Wenn der Verleiher allerdings über eine Erlaubnis nach § 1 verfügt, ist nach der Rechtsprechung der Entleiher um den **Verkehrswert der Arbeit-nehmerüberlassung,** einschließlich des Gewinns des Verleihers, bereichert (§ 818 Abs. 2 BGB), da der Entleiher die Arbeitnehmerüberlassung regelmä-ßig nur auf Grund eines mit diesem oder einem anderen Verleiher abzuschlie-ßenden formwirksamen Vertrages und damit gegen Zahlung der vollen Ver-gütung erlangen kann (BGH 17.1.1984, WM 1984, 435; sa BGH 17.2.2000, AP AFG § 12a Nr. 1; Boemke/Lembke/*Lembke* § 12 Rn. 12: aA *Ulber* § 12 Rn. 30, der eine unterschiedliche Beurteilung der Nichtigkeitsfolgen als nicht gerechtfertigt ablehnt). Der Wertersatzanspruch des Verleihers wird mit der von dem Entleiher gezahlten Überlassungsvergütung saldiert, so dass sich beide Ansprüche bei einer vollständigen Abwicklung der Arbeitnehmerüber-lassung aufheben (Schüren/Hamann/*Brors* § 12 Rn. 16; ErfK/*Wank* § 12 Rn. 4; Boemke/Lembke/*Lembke* § 12 Rn. 12).

III. Inhalt und Beendigung des Überlassungsvertrages

1. Inhalt

17   § 12 enthält zwar in Abs. 1 S. 2, 3 und 4 Inhaltserfordernisse für die Arbeit-nehmerüberlassung, doch stellen diese nur gewisse **Mindestanforderungen** dar, so dass der Überlassungsvertrag als schuldrechtlicher Vertrag *sui generis* im Übrigen weitestgehend der **Gestaltungsfreiheit** von Verleiher und Entleiher unterliegt (→ Einl. Rn. 40 ff.). Umrisse der maßgeblichen Hauptleistungs-pflichten lassen sich ferner aus § 1 Abs. 1 entnehmen. Einzelfragen zur kon-kreten Ausgestaltung des Leiharbeitsverhältnisses und seiner Beendigung sind jedoch von der konkreten Vertragsabrede abhängig.

17a   **a) Tatsächliche Durchführung.** Seit dem 1.4.2017 hat § 12 Abs. 1 einen neuen Satz 2, wonach bei einem Auseinanderfallen des Inhalts des Vertrages und seiner tatsächlichen Durchführung für die rechtliche Einordnung des Vertrages die tatsächliche Durchführung maßgebend ist. Laut Gesetzesbe-gründung soll dadurch eine Klarstellung hinsichtlich der Relevanz der tat-sächlichen Durchführung des Vertragsverhältnisses für die Feststellung eines Arbeitnehmerüberlassungsvertrags erfolgen (BT-Drs. 18/9232, 28). Insofern wird im Hinblick auf die Feststellung der Arbeitnehmereigenschaft auf die ständige Rechtsprechung des BAG verwiesen (BAG 15.4.2014, AP BetrAVG § 91 Nr. 71 Rn. 20; sa BAG 13.8.2008, AP AÜG § 10 Nr. 19 Rn. 15). Auch nach dem BAG ist der so ermittelte „wirkliche Wille" der Vertragsparteien entscheidend. Letztlich handelt es sich – wie bei dem parallel ausgestalteten neuen § 611a S. 5 BGB – um eine Vorschrift, die der missbräuchlichen Bezeichnung eines Arbeitnehmerüberlassungsvertrages, zB als Werkvertrag zum Zweck der Umgehung des AÜG, entgegenwirken soll. Freilich muss er gerade deswegen **einschränkend ausgelegt** werden: Ist ein Vertrag klar als Arbeitnehmerüberlassung gekennzeichnet, dann führt auch eine fehlende Eingliederung oder fehlende Weisungen nicht zu einer anderen rechtlichen Einordnung. Die Regel funktioniert also nur in eine Richtung – nicht auch in die andere.

b) Erklärungspflichten des Ver- und des Entleihers. Der Verleiher **18** ist gem. § 12 Abs. 1 S. 3 zu einer **Erklärung über das Bestehen bzw. Nichtbestehen der Erlaubnis zur Arbeitnehmerüberlassung** gem. § 1 verpflichtet und in der Vertragsurkunde schriftlich niederzulegen. Erklärt der Verleiher wahrheitswidrig im Besitz der entsprechenden Erlaubnis zu sein, so muss er dem Entleiher entsprechend § 241 Abs. 2 iVm § 280 Abs. 2; § 823 Abs. 2 BGB iVm § 263 BGB insbesondere den aus der unerlaubten Arbeitnehmerüberlassung entstehenden Schaden (siehe insbes. §§ 9 Nr. 1, 10) ersetzen. Fehlt eine entsprechende Erklärung, so kann der Entleiher die Beschäftigung des Leiharbeitnehmers und die Vergütungszahlung verweigern (Boemke/Lembke/*Lembke* § 12 Rn. 17). Wird die Arbeitnehmerüberlassung allerdings trotz fehlender Erklärung durchgeführt, so trifft den Entleiher im Hinblick auf die Entstehung des Schadens ein Mitverschulden entsprechend § 254 Abs. 1 BGB, das sich mindernd auf den Umfang des Schadensersatzanspruchs auswirkt (Boemke/Lembke/*Lembke* § 12 Rn. 17; Urban-Crell/Bissels/*Germakowsi/Hurst* § 12 Rn. 17).

Nach Abs. 1 S. 4 wird der Entleiher dazu verpflichtet in der Vertragsur- **19** kunde zu erklären, welche **besonderen Merkmale** die für den Leiharbeitnehmer vorgesehene Tätigkeit hat und welche berufliche Qualifikation dafür erforderlich ist. Die Formulierung „besondere Merkmale der Tätigkeit" ist als unbestimmter Rechtsbegriff auslegungsbedürftig. Aufgrund der eindeutigen Formulierung der Vorschrift ist eine lediglich schlagwortartige Beschreibung der Tätigkeitsmerkmale oder eines charakteristischen Berufsbilds unzureichend. Vielmehr muss zumindest eine stichwortartige Beschreibung der wesentlichen Tätigkeitsmerkmale und Aufgabengebiete der vorgesehenen Tätigkeit erfolgen (s. Boemke/Lembke/*Lembke* § 12 Rn. 19; *Ulrici* § 12 Rn. 25). Hilfreich können neben tariflichen Eingruppierungsmerkmalen auch die üblichen Angaben in einer Stellenausschreibung oder der Information des Betriebsrats nach § 99 BetrVG sein (s. hierzu Richardi/*Thüsing* BetrVG § 99 Rn. 148 ff.). Der Entleiher muss daher auch die für die berufliche Tätigkeit erforderliche Qualifikation angeben, wie der Wortlaut des Gesetzes klarstellend betont. Hierzu gehören etwa ein berufsspezifischer Abschluss, eine bestimmte Fahrerlaubnis, spezifische Fremdsprachenkenntnisse (vgl. Boemke/Lembke/*Lembke* § 12 Rn. 20).

Nach der Ergänzung der Erklärungspflicht des Entleihers um die Angaben **20** zu den wesentlichen Arbeitsbedingungen für **vergleichbare Arbeitnehmer** besteht die praxisrelevante Frage, welche Arbeitsbedingungen der Entleiher als wesentlich und welche Arbeitnehmer als vergleichbar anzusehen sind, da das Gesetz selbst keine Definition dieses Begriffs enthält. Nach dem Willen des Gesetzgebers sollen jedoch solche Arbeitnehmer des Entleihers mit dem Leiharbeitnehmer vergleichbar sein, die dieselbe oder zumindest ähnliche Tätigkeiten wie der Leiharbeitnehmer ausführen (vgl. BT-Drs. 15/25, 38). Dies entspricht der Definition der Vergleichbarkeit in § 2 Abs. 1 S. 3, § 3 Abs. 2 S. 1 TzBfG. Danach sind nicht nur gänzlich identische Beschäftigungen zu vergleichen, sondern auch funktional austauschbare mit gleichem Anforderungsprofil und Belastung (Annuß/*Thüsing* TzBfG § 4 Rn. 25). Für die Vergleichbarkeit maßgebend sind die vom Entleiher in der Vertragsurkunde anzugebenden besonderen Tätigkeitsmerkmale und erforderlichen beruflichen Qualifikationen, die für die Tätigkeit im Entleiherbetrieb vorausgesetzt werden (Boemke/Lembke/*Lembke* § 12 Rn. 22; Schüren/Hamann/ *Brors* § 12 Rn. 23). Darüber hinaus ist die jeweilige Eingruppierung der Tätigkeit hilfreiches Indiz. Es ist allerdings zu beachten, dass nur solche Arbeitnehmer vergleichbar sind, deren jeweilige Arbeitsverträge ähnliche Bedingungen im Hinblick auf Arbeitsort sowie zeitliche Lage und Dauer der Arbeitszeit enthalten (*Lembke* BB 2003, 98 (100)). **Fehlen vergleichbare Arbeitnehmer** im Entleiherbetrieb, so muss eine Erklärungspflicht des Entleihers gem. S. 4 entfallen (*Thüsing* DB 2002, 2218; aA Boemke/Lembke/ *Lembke* § 12 Rn. 23). Nach dem dritten Gesetz für moderne Dienstleistungen am Arbeitsmarkt (s. BGBl. 2003 I S. 2848 ff.) entfiel die Erklärungspflicht des Entleihers auch dann, wenn die Ausnahmen des § 3 Abs. 1 Nr. 3 und § 9 Nr. 2 vorlagen. Nunmehr wurden diese Ausnahmen im Zuge der systematischen Neuverortung des Gleichbehandlungsgrundsatzes in der Gesetzesänderung vom 1.1.2017 durch § 8 Abs. 2 und 4 S. 2 ersetzt. Dies ist stimmig, da hier keine Gleichbehandlungspflicht besteht, eine Kenntnis des Verleihers also nicht erforderlich ist.

21   Zu den **wesentlichen Arbeitsbedingungen** gehören nach der Gesetzesbegründung alle nach dem allgemeinen Arbeitsrecht vereinbarten Bedingungen, wie Dauer der Arbeitszeit und des Urlaubs, sowie die Nutzung sozialer Einrichtungen. Unter den Begriff des **Arbeitsentgelts** fallen sowohl die laufende Arbeitsvergütung, als auch Zuschläge, Ansprüche auf Entgeltfortzahlung und Sozialleistungen, sowie andere Lohnbestandteile (BT-Drs. 15/ 25, 38). Probleme können sich hierbei insbesondere dann ergeben, wenn im Entleiherbetrieb kein einheitliches Lohnniveau herrscht, so etwa wenn neue Arbeitnehmer im Entleiherbetrieb anders vergütet werden als bisher eingestellte Arbeitnehmer. Da sich der Verleiher bei der Beachtung des Gleichbehandlungsgrundsatzes an die gewandelte Einstellungspraxis halten muss (so *Thüsing* DB 2002, 2218 (2221)), muss sich die Erklärung des Entleihers ebenfalls hieran orientieren, ausführlicher → § 3 Rn. 44 ff. Zur Einhaltung der Erklärungspflicht muss es ausreichen, wenn im Rahmen des einzelnen Arbeitnehmerüberlassungsvertrags auf **Tarifverträge oder Betriebsvereinbarungen** verwiesen wird und diese in Kopie dem Arbeitnehmerüberlassungsvertrag angefügt werden (Boemke/Lembke/*Lembke* § 12 Rn. 24).

22   Weil die Gleichbehandlung als eine Pflicht des Verleihers ausgestaltet ist, hat er trotz der Erklärungspflicht des Entleihers eine eigenständige Verpflich-

tung die für ihn notwendigen Informationen zu erfragen. Der Verleiher hat bei Klarheiten im Hinblick auf die wesentlichen Arbeitsbedingungen nachzufragen; der Entleiher ist **verpflichtet Auskunft** zu erteilen (Boemke/Lembke/*Lembke* § 12 Rn. 25; *Lembke* BB 2003, 98 (99)). Ist die Auskunft des Entleihers nicht ordnungsgemäß, so macht er sich nach § 280 BGB gegenüber dem Verleiher schadensersatzpflichtig. Ferner kann der Verleiher gem. § 273 Abs. 1 BGB seine Leistung zurückbehalten (Boemke/Lembke/*Lembke* § 12 Rn. 34).

c) Leistungspflichten des Verleihers. aa) Hauptleistungspflichten. 23
Als Dienstverschaffungsvertrag (→ Einl. Rn. 40) besteht die Hauptleistungspflicht des Verleihers zunächst in der **Auswahl** und dem **Zurverfügungstellen** eines arbeitsbereiten, den vertraglich festgelegten Anforderungen entsprechenden Arbeitnehmers für die vertraglich vereinbarte Überlassungsdauer (BAG 18.1.1989, AP BetrVG 1972 § 9 Nr. 1; 5.5.1992, AP BetrVG 1972 § 99 Nr. 97; Boemke/Lembke/*Lembke* § 12 Rn. 36; Schüren/Hamann/*Schüren* Einl. Rn. 309; *Ulber* § 12 Rn. 9; *Walker* AcP 194 [1994], 295 (298)). Diese Verpflichtung zur Arbeitnehmerüberlassung ist regelmäßig eine Gattungsschuld, auf die die Vorschriften der §§ 243, 276 BGB entsprechend Anwendung finden. Ohne besondere vertragliche Vereinbarung ist der Verleiher somit lediglich verpflichtet, einen iSv § 243 Abs. 1 BGB allgemein geeigneten, nicht aber einen bestimmten Arbeitnehmer zur Verfügung zu stellen (AG Solingen 8.8.2000, NZA-RR 2000, 579; *Ulber* § 12 Rn. 9; *Urban-Crell/Schulz* Rn. 212; Boemke/Lembke/*Lembke* § 12 Rn. 36; Schüren/Hamann/*Schüren* Einl. Rn. 320; *Franßen/Haesen* § 12 Rn. 19; auch → Einl. Rn. 41). Liegt demgegenüber eine **konzerninterne Abordnung von Arbeitnehmern** oder ein **Fall der echten Leiharbeit** vor, wird ein bestimmter Arbeitnehmer zur Erbringung der Arbeitsleistung verliehen, so dass gerade keine Gattungsschuld vorliegt. Der Verleiher ist damit lediglich dazu verpflichtet, diesen einen Arbeitnehmer zur Verfügung zu stellen und dafür zu sorgen, dass er während der Überlassungszeit ordnungsgemäß arbeitet (Schüren/Hamann/*Schüren* Einl. Rn. 329).

Die Eignung eines Arbeitnehmers bestimmt sich maßgeblich nach **Ver-** 24
tragsinhalt. Der Entleiher kann dadurch, dass er die für die Tätigkeit des Leiharbeitnehmers vorausgesetzten besonderen Merkmale und beruflichen Qualifikationen gegenüber dem Verleiher erklären muss, seine betrieblichen Anforderungen an den Leiharbeitnehmer konkretisieren. Grundsätzlich muss der Leiharbeitnehmer den besonderen Merkmalen und Anforderungen der beim Entleiher vorgesehenen Tätigkeit entsprechen. Hierbei kann sowohl die fachliche (also bestimmte berufliche Qualifikationen oder fachliche Fertigkeiten) als auch die persönliche Geeignetheit (zB keine Vorbestrafung eines Kassierers wegen Untreue) vorausgesetzt werden (*Ulber* § 12 Rn. 9; vgl. auch BGH 13.5.1975, AP AÜG § 12 Nr. 1, wonach der Verleiher bei der Vermittlung eines Buchhalters durch den Überlassungsvertrag zur Vorlage eines Führungszeugnisses verpflichtet werden kann). Ein Arbeitnehmer ist auch dann als ungeeignet einzustufen, wenn er auf Grund von bestehenden Beschäftigungsverboten (zB nach dem MuSchG, JArbSchG; SGB IX) nicht eingesetzt

werden kann (*Ulber* § 12 Rn. 9). Anforderungen, die der Entleiher an seine Stammarbeitnehmer nicht stellen dürfte und hinsichtlich derer er kein Fragerecht hat, darf er auch nicht an den Verleiher und dessen Arbeitnehmer stellen. Der **Persönlichkeitsschutz** darf nicht durch die Aufspaltung des Arbeitsverhältnisses umgangen werden.

25   Der Arbeitnehmer muss währen der **gesamten Vertragslaufzeit** den Anforderungen des Überlassungsvertrags entsprechen (Schüren/Hamann/ *Schüren* Einl. Rn. 325). Seine anhaltende Eignung kann durch entsprechende Maßnahmen, wie etwa Kontrollen sichergestellt werden. Entspricht die Auswahl des Arbeitnehmers nicht den vertraglich festgelegten Anforderungen, so erfolgt keine Konkretisierung iSv § 243 Abs. 2 BGB; der Verleiher bleibt also weiterhin zur Überlassung eines geeigneten Arbeitnehmers verpflichtet. Kommt er dieser Verpflichtung nicht nach, haftet er gem. §§ 280 ff. BGB verschuldensunabhängig für den hierdurch entstandenen Schaden des Entleihers. Trifft den Verleiher überdies ein Auswahlverschulden, kommt eine Haftung aus § 241 Abs. 2 iVm § 280 BGB in Betracht. Der Entleiher muss hierzu beweisen, dass der Leiharbeitnehmer zur Erbringung der Arbeitsleistung in seinem Betrieb ungeeignet ist. Bei einer Schlechtleistung oder sonstigem Fehlverhalten des Arbeitnehmers ist eine über das **Auswahlverschulden** hinausgehende Haftung des Verleihers ausgeschlossen (*Urban-Crell/Schulz* Rn. 214).

26   Da der Arbeitnehmerüberlassungsvertrag ein Dauerschuldverhältnis ist, besteht die Verpflichtung zur **Arbeitnehmerüberlassung während der gesamten Vertragslaufzeit.** Bei Unmöglichkeit oder Unvermögen der Arbeitserbringung durch den Leiharbeitnehmer, etwa durch Krankheit, Urlaub oÄ muss der Verleiher für adäquaten Ersatz sorgen. Es tritt grundsätzlich keine Schuldbefreiung gem. § 275 Abs. 1 BGB ein. Der Verleiher trägt entsprechend § 276 BGB das Beschaffungsrisiko, einen anderen – gleich geeigneten Arbeitnehmer – zur Verfügung zu stellen (AG Solingen 8.8.2000, NZA-RR 2000, 579 f.; Boemke/Lembke/*Lembke* § 12 Rn. 36, 38; *Ulber* § 12 Rn. 9; Schüren/Hamann/*Schüren* Einl. Rn. 323). Eine Ausnahme gilt nur bei Arbeitnehmerüberlassung gerade eines bestimmten Arbeitnehmers (AG Solingen 8.8.2000, NZA-RR 2000, 579 f.). Grundsätzlich trägt der Verleiher somit das Beschaffungsrisiko, es sei denn, eine gegenteilige vertragliche Vereinbarung besteht dahingehend, dass der Verleiher dem Entleiher nur einen bestimmten Arbeitnehmer überlassen muss (Schüren/Hamann/*Schüren* Einl. Rn. 323, 325). In diesem Fall tritt entsprechend § 243 Abs. 2 BGB eine Konkretisierung ein.

27   Andererseits ist er allerdings auch dazu berechtigt, den Arbeitnehmer aus dem Entleiherbetrieb jederzeit **abzuberufen und anderweitig einzusetzen,** sofern er nicht die Überlassung eines bestimmten Arbeitnehmers schuldet (Boemke/Lembke/*Lembke* § 12 Rn. 36). Ob die bloße Nennung eines Namens im Überlassungsvertrag schon zu einer solchen Konkretisierung führt, ist im Einzelfall durch Auslegung zu ermitteln. Ansonsten können Ver- und Entleiher diese Ersetzungsbefugnis nicht vertraglich ausschließen (aA LAG Hessen 29.4.2010, BeckRS 2011, 71364), doch kann ihrer Geltendmachung durch den Verleiher der Grundsatz von Treu und Glauben entgegen-

stehen, wenn der Vertragszweck nur bei kontinuierlichem Einsatz des Arbeitnehmers gewährleistet ist. Dies kommt etwa bei einer langen Einarbeitungszeit in Betracht. Im Übrigen ist bei einem Austausch der Arbeitnehmer durch den Verleiher stets das Entleiherinteresse zu beachten. Dem entsprechend kann der Verleiher vor einem Austausch der Arbeitnehmer auch grundsätzlich eine Ankündigungsfrist zu beachten haben; maßgeblich ist der Inhalt des Überlassungsvertrags (auch → Einl. Rn. 41).

Hat der Verleiher dem Entleiher einen **geeigneten Arbeitnehmer zur 28 Verfügung gestellt,** so obliegt ihm so lange **keine weitere Leistungspflicht,** wie der Arbeitnehmer ordnungsgemäß arbeitet. In entsprechender Anwendung von § 243 Abs. 2 BGB ist daher zu folgern, dass dieser Teil der Leistungspflicht erst wieder auflebt, wenn der Entleiher die Eignung des Leiharbeitnehmers rügt oder dieser die Arbeit einstellt und der Verleiher davon erfährt (Schüren/Hamann/*Schüren* Einl. Rn. 326).

Für die **Nichtleistung des Arbeitnehmers** muss der Verleiher in den 29 Fällen der Konkretisierung oder der echten Leiharbeit nach § 280 Abs. 1 BGB iVm §§ 280 Abs. 3, 281 (oder § 283 BGB) nur haften, soweit ihn hieran eigenes Verschulden trifft. Ein solches eigenes Verschulden ist etwa dann zu bejahen, wenn der Verleiher den Leiharbeitnehmer nicht bezahlt und dieser dann zu Recht seine Arbeitsleistung einstellt (Schüren/Hamann/*Schüren* Rn. 329). Stellt der Leiharbeitnehmer seine Arbeitsleistung endgültig ein, ohne dass der Verleiher dies schuldhaft verursacht hat (zB Krankheit oder Tod des Arbeitnehmers), dann wird der Verleiher gem. § 275 Abs. 1 BGB von seiner Leistungspflicht befreit. Gem. § 326 Abs. 1 S. 1 Hs. 1 entfällt allerdings auch sein Anspruch auf die Überlassungsvergütung (Schüren/Hamann/ *Schüren* Einl. Rn. 330).

In **welcher Form der Leiharbeitnehmer dem Entleiher zur Verfü-** 30 **gung gestellt** wird, ergibt sich zunächst aus der vertraglichen Vereinbarung. Der Verleiher kann den Entleiher – soweit keine abweichende Vereinbarung getroffen wurde – dazu ermächtigen, seinen arbeitsvertraglichen Anspruch auf Erbringung der Arbeitsleistung geltend zu machen und durch das Weisungsrecht des Arbeitgebers auszuüben. Er ist hingegen nicht dazu verpflichtet, seinen Anspruch auf Arbeitsleistung an den Entleiher abzutreten (→ Einl. Rn. 35; *Gick,* Gewerbemäßige Arbeitnehmerüberlassung, 1984, 96 f.; *Rüthers/Bakker* ZfA 1990, 245 (274 f.)).

Leistungsstörungen im Überlassungsverhältnis können nicht nur durch 31 eine Nichtleistung des Verleihers, sondern auch durch eine **Nichtleistung oder Schlechtleistung des Arbeitnehmers** eintreten. Durch die Nichtleistung des Leiharbeitnehmers wird die Überlassungspflicht des Verleihers verletzt, die das Bereitstellen eines leistungsfähigen und -bereiten Arbeitnehmers umfasst. Etwas anderes gilt nur, wenn die Gründe für die Nichterbringung der Arbeitsleistung in den Risikobereich des Verleihers fallen, also dieser Arbeitnehmerschutzvorschriften nicht beachtet hat. Durch die Nichterbringung der Arbeitsleistung durch den Leiharbeitnehmer tritt auf Grund des Fixschuldcharakters der Arbeitserbringung gem. § 275 Abs. 1 BGB Unmöglichkeit ein. Gem. § 326 Abs. 1 BGB verliert der Verleiher für den Zeitraum des Arbeitsausfalls seinen Anspruch auf Vergütung. Gleichzeitig muss er gem.

§ 326 Abs. 2 BGB iVm § 276 Abs. 1 BGB verschuldensunabhängig für die bei dem Entleiher durch den Arbeitsausfall eingetretenen Schäden haften (Boemke/Lembke/*Lembke* § 12 Rn. 38; s. auch KassHdB/*Düwell* 4.5. Rn. 426). Freilich mag der Überlassungsvertrag die Überlassung von Arbeitnehmern auf einen beschränkten Personenkreis begrenzen (zB alle geeigneten Arbeitnehmer des Verleihers), so dass eine begrenzte Gattungsschuld vorliegt; ist eine Leistung hieraus nicht möglich, entfällt die Haftung. Dies gilt erst recht, wenn die Überlassung eines bestimmten Arbeitnehmers vereinbart war (AG Solingen 8.8.2000, NZA-RR 2000, 579).

32   Für eine **Schlechtleistung des Leiharbeitnehmers** hat der Verleiher, der lediglich die Überlassung des Arbeitnehmers schuldet, grundsätzlich nicht unmittelbar einzustehen. Der Leiharbeitnehmer ist daher auch nicht als Erfüllungsgehilfe des Verleihers zu qualifizieren (BAG 27.5.1983, EzAÜG § 611 BGB Haftung Nr. 7; AG Frankfurt 10.9.1993, EzAÜG § 278 Nr. 1; BGH 9.3.1971, AP BGB § 611 Leiharbeitsverhältnis Nr. 1; 13.5.1975, AP AÜG § 12 Nr. 1; Boemke/Lembke/*Lembke* § 12 Rn. 39; ErfK/*Wank* Einl. Rn. 20; s. auch Einl. 41). Hat der Verleiher den Arbeitnehmer allerdings nicht sorgfältig ausgewählt, trifft ihn eine Haftung nach § 280 BGB (BGH 13.5.1975, AP AÜG § 12 Nr. 1: Der Verleiher hat bei eigenem Auswahlverschulden für den Schaden einzustehen, den der Leiharbeitnehmer anrichtet; OLG Celle 1.2.1973, EzAÜG Nr. 2 zu § 611 BGB Haftung: Fällt dem Verleiher bei der Auswahl ein Verschulden zur Last, so haftet er hierfür wegen positiver Vertragsverletzung). Hierbei richtet sich der Sorgfaltsmaßstab nach der für den Arbeitnehmer konkret vorgesehenen Tätigkeit unter Auslegung des Überlassungsvertrags. Gesteigerte Sorgfaltspflichten bestehen auf Grund der mit dem Arbeitsplatz verbundenen besonderen Vertrauensstellung. Der Verleiher wird dazu verpflichtet sein, die charakterliche Eignung des Arbeitnehmers etwa durch das Anfordern eines Führungszeugnisses zu überprüfen (BGH 13.5.1975, AP AÜG § 12 Nr. 1; OLG Celle 1.2.1973, EzAÜG Nr. 2 zu § 611 BGB Haftung; kritisch *Dahl/Färber* DB 2009, 1650 (1651)). Nach der Beweislastumkehr in § 280 Abs. 1 S. 2 BGB muss der Verleiher bei nachgewiesener Pflichtverletzung einen Beweis seines fehlenden Verschuldens erbringen.

33   Es ist umstritten, ob der **Leiharbeitnehmer** während seiner Tätigkeit im Betrieb des Entleihers als **Verrichtungsgehilfe** gem. § 831 BGB des Verleihers anzusehen ist Dies wird überwiegend bejaht (BAG 5.5.1988, AP BGB § 831 Nr. 2; BGH 26.1.1995, NJW-RR 1995, 659; OLG München 25.10.1983, DB 1984, 982; Boemke/Lembke/*Lembke* § 12 Rn. 40; aA BAG 27.5.1983, EzAÜG Nr. 7 zu § 611 BGB Haftung; *Ulber* § 12 Rn. 15). Hiernach haftet der Verleiher für deliktische Schädigungen des Leiharbeitnehmers nach § 831 BGB und zwar auch soweit es um Schädigungen gegenüber dem Entleiher geht (OLG München 25.10.1983, DB 1984, 982). Die Haftung sei nur dann ausgeschlossen, wenn die Abhängigkeit zwischen Verleiher und Leiharbeitnehmer aufgehoben und der Leiharbeitnehmer vollständig aus dessen Betrieb herausgelöst sei (BGH 26.1.1995, NJW-RR 1995, 659 f.). Die Gegenauffassung lehnt dies unter dem Hinweis auf die Eingliederung des Leiharbeitnehmers in den Betrieb des Entleihers ab (vgl. etwa OLG Karlsruhe

23.9.2005, EzAÜG § 9 AÜG Nr. 19). Selbst die mögliche Abrufbarkeit durch den Verleiher ändere nichts daran, dass die konkrete Tätigkeit des Leiharbeitnehmers dem Weisungsrecht des Verleihers unterliege (Boemke/Lembke/ *Lembke* § 12 Rn. 40). Dies dürfte die schlüssigere Argumentation sein.

Unstreitig haftet der Verleiher für ein etwaiges Fehlverhalten des Leihar- **33a** beitnehmers jedenfalls dann nicht, wenn sich der Überlassungsvertrag als nichtig erweist (bspw. aufgrund mangelnder Schriftform gem. §§ 125 S. 1 BGB iVm 12 Abs. 1 S. 1 AÜG). Hier fehlt es für einen vertraglichen Schadensersatzanspruch bereits am Schuldverhältnis. Ebenso scheidet ein Anspruch aus § 831 BGB aus. Die Nichtigkeit des Überlassungsvertrages führt gem. § 10 Abs. 1 S. 1 AÜG zur Begründung eines Arbeitsverhältnisses zwischen Leiharbeitnehmer und Entleiher. Im Rahmen des Arbeitsverhältnisses kann daher ausschließlich der Entleiher als Geschäftsherr im Sinne des § 831 BGB angesehen werden (s. dazu auch OLG Karlsruhe 23.9.2005, TranspR 2006, 85).

bb) Nebenleistungspflichten. § 12 statuiert mit Abs. 2 die **Unterrich- 34 tungs- und Hinweispflicht** des Verleihers als ausdrückliche Nebenpflichten. Daneben muss der Verleiher während der Durchführung der Arbeitnehmerüberlassung die Vermögensinteressen des Entleihers wahren. Diese Verpflichtung ist begrenzt durch die Zumutbarkeit. Nicht zu dieser Schutzpflicht gehört allerdings, den Arbeitnehmer auf Tauglichkeit für den Arbeitseinsatz im Entleiherbetrieb zu überprüfen, da diese Verpflichtung bereits der Hauptpflicht zuzurechnen ist (Schüren/Hamann/*Schüren* Einl. Rn. 309).

d) Leistungspflichten des Entleihers. aa) Hauptpflichten. Die **35** Hauptleistungspflicht des Entleihers besteht zunächst in der **Zahlung** der idR vereinbarten **Überlassungsvergütung** an den Verleiher (Boemke/Lembke/ *Lembke* § 12 Rn. 45; Schüren/Hamann/*Schüren* Einl. Rn. 353; *Ulber* § 12 Rn. 16; *Urban-Crell/Schulz* Rn. 247). Ist in dem Arbeitnehmerüberlassungsvertrag keine Vergütungsvereinbarung enthalten, bestimmt sich diese gem. § 612 Abs. 2 BGB nach der üblichen Vergütung. Hierzu zählen die Lohn- und Lohnnebenkosten des Verleihers, sowie der Unternehmensgewinn. Entspricht die Vergütung des Verleihers der Höhe des Lohns des Leiharbeitnehmers, so besteht regelmäßig die Vermutung, dass die Tätigkeit des Verleihers keine wirtschaftliche Arbeitnehmerüberlassung ist. Da der Verleiher gem. § 614 BGB vorleistungspflichtig ist, wird die Zahlung der Vergütung erst am Ende der Überlassung bzw. eines bestimmten Überlassungszeitraums fällig, es sei denn, es besteht eine hiervon abweichende Vereinbarung (Boemke/ Lembke/*Lembke* § 12 Rn. 45; Schüren/Hamann/*Schüren* Einl. Rn. 354; *Ulber* § 12 Rn. 17). Aufgrund seiner Vorleistungspflicht kann der Verleiher bei Zahlungsverzug des Entleihers keine Zurückbehaltungs- oder Rücktrittsrechte geltend machen. Etwas anderes gilt nur in dem Fall, in dem die Zahlung nach bestimmten Abrechnungszeiträumen erfolgt. Gerät der Entleiher innerhalb eines Abrechnungszeitraums mit der Zahlung in Verzug, so kann der Verleiher die Überlassung des Arbeitnehmers für den nächsten Zeitraum zurückbehalten (*Ulber* § 12 Rn. 17). Unabhängig davon bleibt ihm stets die Geltendmachung eines Schadensersatzes nach § 280 BGB. Der Entleiher hat grundsätzlich gegenüber dem Leiharbeitnehmer keine Lohnzahlungspflicht. In Ausnahmefällen kann allerdings auch im Rahmen der Arbeitnehmerüberlassung der Entleiher dem Leiharbeitnehmer die entsprechende Vergütung zahlen – so etwa dann, wenn der Verleiher sich mit der Lohnzahlung im Verzug befindet und der Leiharbeitnehmer daraufhin seine Leistung zurückbehält.

36 Ob die **tatsächliche Beschäftigung** des Leiharbeitnehmers ebenfalls zu den Hauptpflichten des Entleihers gehört, wird nicht einheitlich beurteilt. Nach einer Auffassung gehört die Pflicht zur Annahme der Leistung des Arbeitnehmers lediglich zu den Obliegenheiten des Entleihers, da diese Pflicht nicht von der Zahlung der Überlassungsvergütung abhängig ist; der Entleiher müsse die Vergütung vielmehr unabhängig davon entrichten, ob er den Leiharbeitnehmer auch einsetze oder nicht (Schüren/Hamann/*Schüren* Einl. Rn. 359). Für eine Einordnung als selbständig einklagbare Hauptpflicht spricht allerdings nach überwiegender Auffassung zu Recht, dass der Beschäftigungspflicht des Verleihers gegenüber dem Leiharbeitnehmer nur durch die Annahme der Arbeitsleistung durch den Entleiher Rechnung getragen werden kann (s. nur Boemke/Lembke/*Lembke* § 12 Rn. 46). Wollte man anders entscheiden stünden Leiharbeitnehmer schlechter als andere Arbeitnehmer, trotz der grundlegenden Bedeutung dieses Anspruchs (s. BAG 10.11.1955, AP BGB § 611 Nr. 2; s. auch zum allgem. Weiterbeschäftigungsanspruch bei Kündigung HWK/*Thüsing* BGB § 611 Rn. 169). Kommt der Entleiher dieser Verpflichtung nicht nach, so gerät er gem. § 298 BGB in Annahmeverzug und bleibt daneben gem. § 326 Abs. 2 BGB zur Zahlung der vereinbarten Vergütung verpflichtet (Boemke/Lembke/*Lembke* § 12 Rn. 46; *Ulber* § 12 Rn. 19; *Franßen/Haesen* § 12 Rn. 24).

37 **bb) Nebenpflichten.** Den Entleiher treffen neben den Hauptpflichten auch eine Reihe von Nebenpflichten, die sich insbesondere aus seiner Stellung als faktischer Arbeitgeber ergeben. Hierzu gehört etwa, für die **Sicherheit des Leiharbeitnehmers am Arbeitsplatz** zu sorgen (Schüren/Hamann/*Schüren* Einl. Rn. 363 f.; *Ulber* § 12 Rn. 21). Der Leiharbeitnehmer kann die Erbringung der Arbeitsleistung verweigern, wenn der Entleiher dieser Verpflichtung nicht nachkommt. Der Verleiher wird in diesem Fall gem. § 275 Abs. 1 BGB von seiner vertraglichen Pflicht zur Arbeitnehmerüberlassung frei, während sein Anspruch auf die Überlassungsvergütung gem. § 326 Abs. 2 BGB bestehen bleibt (Boemke/Lembke/*Lembke* § 12 Rn. 43; KassHdb/*Düwell* 4.5 Rn. 440). Über den Arbeitsschutz hinaus hat der Verleiher als Arbeitgeber ein berechtigtes Interesse daran, dass der Entleiher gegenüber dem Leiharbeitnehmer auch allen sonstigen Fürsorgepflichten nachkommt, die aus der Annahme der Arbeitsleistung entstehen (Schüren/Hamann/*Schüren* Einl. Rn. 366).

38 Weiterhin steht dem Verleiher gegenüber dem Entleiher ein Anspruch auf **Auskunft über Arbeitspflichtverletzungen** des Leiharbeitnehmers zu. Da der Verleiher während der gesamten Überlassungsdauer Arbeitgeber des Leiharbeitnehmers bleibt, hat er einen Anspruch auf Informationen darüber, wie der Leiharbeitnehmer seine Arbeitsleistung erbringt, da ihm selbst eine diesbezügliche Überwachung während des Einsatzes im Entleiherbetrieb nicht möglich ist (Schüren/Hamann/*Schüren* Einl. Rn. 367; Boemke/Lembke/ *Lembke* § 12 Rn. 48; KassHdb/*Düwell* 4.5 Rn. 441).

Zu den Nebenpflichten des Entleihers gegenüber dem Verleiher gehört **39** schließlich auch die **Zeugniserteilung** über die Arbeitsleistung des Leiharbeitnehmers (vgl. § 630 BGB, § 109 GewO für die Zeugniserteilung im Arbeitsverhältnis; auch → Einl. Rn. 39; auch *Ulber* § 12 Rn. 20, der aber die Durchsetzbarkeit gegen den Entleiher durch den Arbeitnehmer verneint).

2. Beendigung des Überlassungsverhältnisses

Der Arbeitnehmerüberlassungsvertrag endet mit Kündigung, Auslauf der **40** Befristung, Eintritt einer auflösenden Bedingung oder einvernehmlicher Aufhebung. Da es sich hierbei nicht um eine arbeitsvertragliche Beziehung handelt, gelten KSchG und TzBfG nicht. Der vertragliche Wegfall der Erlaubnis gem. § 1 Abs. 1 führt nach § 2 Abs. 4 nicht zur Beendigung, wenn der Überlassungsvertrag nicht länger als zwölf Monate fortbesteht (→ § 2 Rn. 22). Demgegenüber führt der Wegfall der Erlaubnis, der weder Nichtverlängerung, Rücknahme oder Widerruf der Erlaubnis ist, zur sofortigen Beendigung des Überlassungsvertrages. Dazu gehört nach einem Teil der Lehre auch der Tod des Verleihers. Anderer Ansicht nach greift hier das Fortsetzungsprivileg des § 46 GewO (*Ulber* § 2 Rn. 53; *Urban-Crell/Schulz* Rn. 263; aA ErfK/*Wank* § 2 Rn. 10; Schüren/Hamann/*Schüren* § 2 Rn. 97 ff.). Dies dürfte zutreffen, denn hier handelt es sich um eine Vorschrift des allgemeinen Gewerberechts, für die das AÜG keine Sonderregelung vorsieht. Auch → Einl. Rn. 15 und → § 2 Rn. 31 ff.

Beim **Tod des Leiharbeitnehmers** tritt grundsätzlich keine Beendigung **41** des Überlassungsverhältnisses ein (Boemke/Lembke/*Lembke* § 12 Rn. 44; *Urban-Crell/Schulz* Rn. 261; aA Schaub/*Koch* § 120 Rn. 85), da der Verleiher während der gesamten Vertragslaufzeit dazu verpflichtet ist, einen geeigneten Arbeitnehmer zur Verfügung zu stellen. Der Verleiher bleibt also auch nach dem Tod des Leiharbeitnehmers zur Bereitstellung eines Arbeitnehmers verpflichtet. Etwas anderes gilt nur dann, wenn die Vertragsparteien von vornherein die Überlassung nur eines bestimmten Arbeitnehmers vereinbart hatten (hierzu auch → Rn. 23 f.; Schüren/Hamann/*Schüren* Einl. Rn. 344). Das Vertragsverhältnis kann bei Nichterbringung der Arbeitsleistung auch gem. § 326 Abs. 5 iVm § 323 Abs. 1 BGB durch einen **Rücktritt des Entleihers** beendet werden. Eine Nachfristsetzung ist in der Regel nicht erforderlich, da die Arbeitsleistung auf Grund des Fixschuldcharakters der Arbeitsleistung grundsätzlich nicht nachholbar ist (Schüren/Hamann/*Schüren* Einl. Rn. 345).

IV. Unterrichtungs- und Hinweispflicht des Verleihers bei Wegfall der Erlaubnis (Abs. 2)

§ 12 Abs. 2 erweitert mit der Unterrichtungs- und Hinweispflicht bei **42** Erlaubniswegfall den Kreis der den Verleiher **betreffenden Nebenpflichten.** Der Zweck dieser Regelung besteht darin, dass sich die Beteiligten rechtzeitig auf das Ende des Arbeitnehmerüberlassungsverhältnisses sollen einstellen können (*Jaschke,* zu BT-Drs. VI/3505, 4). Insbesondere dient diese Unterrichtungspflicht dem Schutz des Entleihers, damit dieser den Eintritt der Rechtsfolgen des § 10 verhindern kann (Schüren/Hamann/*Brors* § 12 Rn. 25 f.; Boemke/Lembke/*Lembke* § 12 Rn. 61 f.).

1. Unterrichtungspflicht bei Erlaubniswegfall (Abs. 2 S. 1)

43   Nach der Unterrichtungspflicht muss der Verleiher den Entleiher **unabhängig vom Erlöschungsgrund** über den Wegfall der Erlaubnis unterrichten. Diese Pflicht besteht auf Grund des Gesetzeszwecks nicht nur beim Erlaubniswegfall entsprechend Abs. 2 S. 2, sondern auch, wenn die Erlaubnis aus sonstigen Gründen wegfällt. Aus diesem Grund besteht die Unterrichtungspflicht bereits vor dem Wegfall der Erlaubnis. Somit muss der Entleiher spätestens ab dem Zeitpunkt der sicheren Kenntnis des Wegfalls der Erlaubnis unverzüglich durch den Verleiher informiert werden. Zum Umfang der Unterrichtungspflicht gehört auch die Mitteilung des Zeitpunkts des voraussichtlichen Erlöschens der Erlaubnis (Schüren/Hamann/*Brors* § 12 Rn. 26; Boemke/Lembke/*Lembke* § 12 Rn. 62). Die Unterrichtung hat unverzüglich, dh ohne schuldhaftes Zögern (s. § 121 Abs. 1 BGB) zu erfolgen. Unverzüglich ist die Mitteilung des Verleihers grundsätzlich nur dann, wenn sie sofort erfolgt, da auf Grund der gesetzlichen Regelung des Abs. 2 S. 2 davon auszugehen ist, dass dem erheblichen Interesse des Entleihers an der Kenntnis vom Wegfall der Erlaubnis keine berechtigten Interessen des Verleihers an der Zurückhaltung dieser Information entgegenstehen (Boemke/Lembke/*Lembke* § 12 Rn. 62; *Ulber* § 12 Rn. 40; Schüren/Hamann/*Brors* § 12 Rn. 26; weitergehend *Becker/Wulfgramm* Art. 1 § 12 Rn. 6, die dem Verleiher noch eine kurze Überlegungsfrist einräumen wollen). Lediglich in dem Fall, dass das Überlassungsverhältnis bereit vor dem Wegfall der Erlaubnis endet, entfällt mangels eines berechtigten Interesses des Entleihers eine Unterrichtungspflicht des Verleihers (Boemke/Lembke/*Lembke* § 12 Rn. 62; *Ulber* § 12 Rn. 40).

44   Verletzt der Verleiher seine Unterrichtungspflicht, ist er zum **Schadensersatz gem. § 280 Abs. 1 BGB** verpflichtet. Da Abs. 2 S. 1 ein Schutzgesetz iSv § 823 Abs. 2 BGB darstellt, kommt darüber hinaus auch eine deliktische Haftung in Betracht (Boemke/Lembke/*Lembke* § 12 Rn. 64; *Ulber* § 12 Rn. 38). Ersatzfähig sind zB Schäden, die dem Entleiher dadurch entstehen, dass wegen der Fiktion des § 10 Abs. 1 iVm § 9 Nr. 1 kraft Gesetzes ein Arbeitsverhältnis mit dem Leiharbeitnehmer begründet wird.

2. Hinweispflicht bei Nichtverlängerung, Rücknahme oder Widerruf der Erlaubnis (Abs. 2 S. 2)

45   In den Fällen des Wegfalls der Überlassungserlaubnis wegen **Nichtverlängerung** (§ 2 Abs. 4 S. 3), **Rücknahme** (§ 4) oder **Widerruf** (§ 5) sieht das Gesetz eine (maximale) Abwicklungsfrist von zwölf Monaten vor (§ 2 Abs. 4 S. 4 aE, § 4 Abs. 1 S. 2; § 5 Abs. 2 S. 2). Während dieser Abwicklungsfrist wird der Fortbestand der Erlaubnis fingiert, so dass den Entleiher erst nach

Ablauf der Abwicklungsfrist die Folgen des § 10 Abs. 1 S. 1 treffen können. Die Hinweispflicht des Verleihers betrifft das voraussichtliche Ende der Abwicklung sowie die gesetzliche Abwicklungsfrist. Der Verleiher muss auf Grund des eindeutigen Wortlauts des Abs. 2 S. 2 den Entleiher allerdings nicht über sonstige Gründe aufklären (Boemke/Lembke/*Lembke* § 12 Rn. 65; aA *Ulber* § 12 Rn. 41). Die Erlaubnis gilt während der fristgemäßen Abwicklung als fortbestehend, so dass dem Entleiher nachteilige Folgen erst nach dieser Zeit entstehen können. Ausführlicher → § 2 Rn. 22.

V. Streitigkeiten

Für Streitigkeiten aus dem Überlassungsverhältnis ist der Rechtsweg zu **46** den ordentlichen Gerichten eröffnet, da es sich hierbei nicht um ein Arbeitsverhältnis handelt (§ 13 GVG). Die gilt auch dann, wenn durch die Streitigkeiten zwischen Verleiher und Entleiher Interessen des Arbeitnehmers betroffen sind, die dieser allerdings gegen den Entleiher nicht selbst durchsetzen kann; so etwa bei Klagen des Verleihers gegen den Entleiher auf Erteilung eines Zwischenzeugnisses (*Schaub/Koch* § 120 Rn. 86).

§ 13 Auskunftsanspruch des Leiharbeitnehmers

Der Leiharbeitnehmer kann im Falle der Überlassung von seinem Entleiher Auskunft über die im Betrieb des Entleihers für einen vergleichbaren Arbeitnehmer des Entleihers geltenden wesentlichen Arbeitsbedingungen einschließlich des Arbeitsentgelts verlangen; dies gilt nicht, soweit die Voraussetzungen der in § 8 Absatz 2 und 4 Satz 2 genannten Ausnahme vorliegen.

Literatur: *Benkert,* Änderungen im Arbeitnehmerüberlassungsgesetz durch „Hartz III", BB 2004, 998 ff.; *Bissels,* Verjährung von Equal-Pay-Ansprüchen, jurisPR-ArbR 16/2013 Anm. 6; *ders./Falter,* Darlegungs- und Beweislast bei equal pay-Ansprüchen, DB 2016, 1080 ff.; *Böhm,* Zeitenwende bei der Zeitarbeit: Start mit Irritationen, NZA 2003, 828 ff.; *Hamann,* Anspruch auf Auskunftserteilung nach § 13 AÜG trotz noch ausstehender Entscheidung über die vergangenheitsbezogene Tarifunfähigkeit der CGZP, juris-PR-ArbR 4/2012, Anm. 2; *Kokemoor,* Neuregelung der Arbeitnehmerüberlassung durch die Hartz-Umsetzungsgesetze, NZA 2003, 238 ff.; *Lembke,* Die „Hartz-Reform" des Arbeitnehmerüberlassungsgesetzes, BB 2003, 98 ff.; *Rütz,* Begrenzung der Auswirkungen der sog. CGZP-Entscheidung – Zur Verjährung des Auskunftsanspruchs nach § 13 AÜG, DB 2014, 2232 ff.; *Schmülling,* Entstehung und Verjährung des Auskunftsanspruchs nach § 13 AÜG, GWR 2014, 397; *Schüren,* Anm. zu BAG v. 19.9.2007 – 4 AZR 656/06, RdA 2009, 58 ff.; *Söhl,* Entstehung und Verjährung des Auskunftsanspruchs nach § 13 AÜG, ArbRAktuell 2015, 385; *Ulrici,* „Equal-pay"-Anspruch und Darlegungslast des Leiharbeitnehmers, jurisPR-ArbR 37/2013 Anm. 3; *Wilke,* Equal Pay und Ermittlung des Vergleichsentgelts, ArbRAktuell 2016, 170.

I. Einleitung

1   Die Vorschrift des § 13 wurde durch das **Erste Gesetz für moderne Dienstleistungen am Arbeitsmarkt** – „Hartz I" – vom 23.12.2002 (BGBl. I S. 4607) neu in das AÜG eingefügt, nachdem die ursprüngliche Regelung des § 13 durch das Arbeitsförderungs-Reform-Gesetz vom 24.3.1997 (BGBl. I S. 594) bereits zum 1.4.1997 aufgehoben worden war. Die Bestimmung wurde durch das Dritte Gesetz für Dienstleistungen am Arbeitsmarkt – „Hartz III" – vom 23.12.2003 (BGBl. I S. 2848), sowie durch das Erste Gesetz zur Änderung des Arbeitnehmerüberlassungsgesetzes – Verhinderung von Missbrauch der Arbeitnehmerüberlassung vom 28.4.2011 (BGBl. I S. 642) sowie zuletzt durch das Gesetz zur Änderung des Arbeitnehmerüberlassungsgesetzes und anderer Gesetze vom 21.2.2017 (BGBl. I S. 258) angepasst. Es handelte sich lediglich um redaktionelle Folgeänderung beim Gleichstellungsgrundsatz (BT-Drs. 17/4804, 10) bzw. bei dessen systematischer Stellung im AÜG (BT-Drs. 18/9232, 28).

II. Auskunftsanspruch

1. Ziel

2   Ziel der Norm ist es, **Leiharbeitnehmern,** deren Arbeitsbedingungen sich nach den Arbeitsbedingungen vergleichbarer Arbeitnehmer des Entleihers richten, eine **Überprüfung ihrer Vertragsbedingungen zu ermöglichen** (BAG 19.9.2007, AP AÜG § 10 Nr. 17; BT-Drs. 15/25, 39; FW BA AÜG Ziff. 13 Abs. 1). Nur so können Leiharbeitnehmer nachvollziehen, ob der Verleiher seiner Gleichstellungsverpflichtung nach § 8 Abs. 1 tatsächlich nachkommt (BAG 16.1.2016, NZA 2016, 842 (847 f.); 24.4.2014, AP AÜG § 13 Nr. 6). Der Leiharbeitnehmer wird über den Auskunftsanspruch im Merkblatt der BA ausdrücklich informiert. Macht ein Leiharbeitnehmer gegenüber seinem Verleiher einen **Anspruch auf Gleichstellung** geltend, genügt es für die **Schlüssigkeit,** wenn der Leiharbeitnehmer eine **Auskunft des Entleihers** gemäß § 13 vorlegt und sich zur Begründung seines Zahlungsanspruchs auf die Differenz zu seiner vom Verleiher gezahlten Vergütung beruft. Es ist dann Sache des Verleihers, die Richtigkeit dieser Auskunft, insbesondere die Vergleichbarkeit der Tätigkeit oder die Höhe des Entgelts, substantiiert zu bestreiten (BAG 23.3.2011, EzAÜG § 10 AÜG Nr. 15; 19.9.2007, AP AÜG § 10 Nr. 17). Bestreitet der Verleiher die maßgeblichen Umstände der Auskunft in erheblicher Art und im Einzelnen, bleibt es bei dem Grundsatz, dass der Anspruchsteller die anspruchsbegründenden Tatsachen darlegen und beweisen muss (BAG 23.3.2011, EzAÜG § 10 AÜG Nr. 15).

Auskunftspflichten bestehen regelmäßig als vertragliche Nebenpflicht eines **3** Vertragspartners nach § 242 BGB, wenn der andere Vertragsteil über das Bestehen und den Umfang seiner vertraglichen Rechte keine Gewissheit hat und deshalb auf die Auskunft angewiesen ist, die der Vertragspartner unschwer geben kann (BAG 26.6.1985, BeckRS 1985, 04907). Da Leiharbeitnehmer jedoch in **keiner Vertragsbeziehung zum Entleiher** stehen (→ Einf. Rn. 37), bedurfte es einer gesonderten gesetzlichen Normierung des Auskunftsanspruchs über die im Betrieb des Entleihers geltenden Arbeitsbedingungen. Der Auskunftsanspruch nach § 13 ist daher kein vertraglicher, sondern ein **gesetzlicher Anspruch.** Das gesetzliche Schuldverhältnis zwischen dem Leiharbeitnehmer und dem Entleiher nach § 13 ist von dem Anspruch des Leiharbeitnehmers auf gleiches Arbeitsentgelt nach § 8 Abs. 1 zu unterscheiden (BAG 24.4.2014, AP AÜG § 13 Nr. 6).

2. Inhalt

Die Auskunft nach § 13 ist eine **Wissenserklärung.** Die Auskunftspflicht **4** trifft zunächst den **Entleiher** selbst, also diejenige natürliche oder juristische Person, in deren Betrieb der Leiharbeitnehmer eingesetzt wird. Das Gesetz hindert den Entleiher aber nicht, zur Erstellung und Bekanntgabe der Auskunft **Hilfspersonen** hinzuzuziehen, sofern diese über das für eine ordnungsgemäße Auskunft erforderliche Wissen verfügen. Insbesondere können **konzernverbundene Unternehmen,** die die Personalverwaltung für den Entleiher wahrnehmen, mit der Auskunftserteilung betraut oder ein **Arbeitgeberverband** eingeschaltet werden (BAG 19.2.2014, AP AÜG § 10 Nr. 40; 19.2.2014, AP AÜG § 10 Nr. 41).

3. Voraussetzungen

Leiharbeitnehmer können nach § 13 vom Entleiher Auskunft über die **im 5 Betrieb des Entleihers geltenden wesentlichen Arbeitsbedingungen** einschließlich des Arbeitsentgelts **vergleichbarer Arbeitnehmer** des Entleihers verlangen.

a) Überlassung an einen Entleiher. Voraussetzung ist zunächst, dass der **6** Leiharbeitnehmer auf Grund eines Überlassungsvertrages zwischen Verleiher und Entleiher **im Rahmen eines legalen, erlaubnispflichtigen Verleihs** an den Entleiher überlassen wurde. Der Anspruch **entsteht** „im Falle der Überlassung" (Hs. 1). Dies ist auf den **Zeitpunkt der tatsächlichen Überlassung,** dh den Zeitpunkt der Aufnahme der Tätigkeit im Betrieb des Entleihers, gegebenenfalls Tag für Tag neu, bezogen (BAG 24.4.2014, AP AÜG § 13 Nr. 6). Er besteht über die **Dauer des Einsatzes** beim Entleiher hinaus weiter, solange der Leiharbeitnehmer Ansprüche gegen den Verleiher aus dem Leiharbeitsverhältnis im Hinblick auf die Gleichstellungsverpflichtung nach § 8 Abs. 1 geltend machen kann.

7   **b) Wesentliche Arbeitsbedingungen.** Die wesentlichen Arbeitsbedingungen sind **abschließend** in Art. 3 Abs. 1f, Art. 5 Abs. 1 UAbs. 2 der **Leiharbeitsrichtlinie** aufgeführt. Dies sind nur solche, die durch Gesetz, Verordnung, Verwaltungsvorschrift, Tarifvertrag oder sonstige verbindliche Bestimmungen allgemeiner Art, die **beim Entleiher** gelten, festgelegt sind und sich auf folgende Punkte beziehen: **Arbeitsentgelt** nebst **Überstunden, Arbeitszeit** nebst **Pausen, Ruhezeiten** und **Nachtarbeit,** sowie **Urlaub** und **arbeitsfreie Tage** (→ § 8 Rn. 13 ff.).

8   Gelten für vergleichbare Arbeitnehmer des Entleihers **Tarifverträge,** hat der Leiharbeitnehmer **Anspruch auf Einsicht** in diese (*Ulber* § 13 Rn. 7).

9   **c) Vergleichbarer Arbeitnehmer.** Vergleichbar ist ein Arbeitnehmer, wenn er vom Entleiher unmittelbar für den **gleichen Arbeitsplatz** eingestellt worden wäre. Es kommt folglich auf eine **hypothetische Betrachtungsweise** an (→ § 8 Rn. 26). Damit der Leiharbeitnehmer nachvollziehen kann, welches die einschlägigen wesentlichen Arbeitsbedingungen sind, umfasst der Auskunftsanspruch auch die **Gründe für die Vergleichbarkeit** (Schüren/Hamann/*Brors* § 13 Rn. 2; aA *Ulrici* § 13 Rn. 11). Daher enthält die auf Grundlage des § 13 vom Entleiher erteilte Auskunft über die an vergleichbare Stammarbeitnehmer des Unternehmens gezahlte Vergütung grundsätzlich auch eine Aussage über die Vergleichbarkeit der Tätigkeit mit derjenigen der verglichenen Stammarbeitnehmer (BAG 19.9.2007, AP AÜG § 10 Nr. 17).

10   Beschäftigt der Entleiher **keinen vergleichbaren Arbeitnehmer,** ist der Entleiher auf ein entsprechendes Verlangen des Leiharbeitnehmers hin zu einer **ergänzenden Auskunft** verpflichtet, ihm über die auf der Grundlage einer hypothetischen Betrachtung für ihn geltenden Arbeitsbedingungen Auskunft zu erteilen, dh welche Arbeitsbedingungen für ihn gölten, wenn er im Zeitpunkt der Überlassung für die gleiche Tätigkeit direkt beim Entleiher eingestellt worden wäre. Dies gebietet die unionsrechtskonforme Auslegung der Norm im Lichte der Leiharbeitsrichtlinie (BAG 21.10.2015, NZA 2016, 422 (424); 19.2.2014, AP AÜG § 10 Nr. 40). Zur Auskunft gehört auch das **Zugänglichmachen des einschlägigen Tarifvertrages,** soweit der Entleiher auf Grund seiner Tarifbindung Zugang zu dem Tarifvertrag hat (→ Rn. 8). Wendet der Entleiher in seinem Betrieb ein **allgemeines Entgeltschema** an, kann auf die **fiktive Eingruppierung** des Leiharbeitnehmers in dieses Entgeltschema abgestellt werden. Maßstab ist in diesem Fall das Arbeitsentgelt, das der Leiharbeitnehmer erhalten hätte, wenn er für die gleiche Tätigkeit beim Entleiher eingestellt worden wäre (BAG 19.2.2014, AP AÜG § 10 Nr. 41; auch → § 8 Rn. 26; kritisch *Wilke* ArbRAktuell 2016, 170). Wendet der Entleiher kein allgemeines Entgeltschema an, erstreckt sich die Auskunftspflicht nicht auf die üblichen Entgelt- und Arbeitsbedingungen vergleichbarer Arbeitnehmer der Branche (UGBH/*Urban-Crell* § 13 Rn. 5). Es verbleibt in diesem Fall beim Zugänglichmachen des einschlägigen Tarifvertrags.

4. Ausnahme

Der Auskunftsanspruch des Leiharbeitnehmers besteht nur, wenn sich **11** seine Arbeitsbedingungen für die Zeit der Überlassung **tatsächlich an den Arbeitsbedingungen vergleichbarer Arbeitnehmer des Entleihers orientieren.** Deshalb entfällt die Auskunftsverpflichtung des Entleihers, wenn der Gleichstellungsgrundsatz nicht gilt (Hs. 2; BT-Drs. 15/1515, 133). Mit diesem **gesetzlichen Ausschlussgrund** ist klargestellt, dass ein Auskunftsanspruch ausscheidet, soweit der Gleichstellungsanspruch nicht besteht. Der Auskunftsanspruch gemäß § 13 ist im Verhältnis zum Hauptanspruch nur ein **Hilfsanspruch,** der gegenstandslos ist, wenn feststeht, dass der Leiharbeitnehmer auf Grund der Auskunft keinesfalls etwas fordern könnte (BAG 16.1.2016, NZA 2016, 842 (847 f.); 24.4.2014, AP AÜG § 13 Nr. 6; BT-Drs. 15/1515, 133). In diesem Fall hat der Leiharbeitnehmer **kein berechtigtes Interesse** an den entsprechenden Informationen. Diese sind für ihn ohne Bedeutung, weil sich seine Arbeitsbedingungen ausschließlich nach einem für ihn geltenden Tarifvertrag richten (*Böhm* NZA 2003, 828 (831)).

Der Anspruch auf Auskunft kann vom Leiharbeitnehmer zunächst unge- **12** achtet der eventuell bestehenden Ausnahme vom Gleichstellungsgrundsatz (Hs. 2) geltend gemacht werden. Der Ausnahmetatbestand gehört **nicht zu den Anspruchsvoraussetzungen.** Er ist ein Einwand, auf den sich der Entleiher berufen muss. Es ist folglich Sache des **Entleihers,** sich auf das **Nichtbestehen des Anspruchs** aufgrund der Tariföffnungsklausel zu berufen (BAG 24.4.2014, AP AÜG § 13 Nr. 6). Die dafür erforderlichen Tatsachen stehen dem Entleiher aufgrund der Rechtsbeziehung zum Verleiher (§ 12 Abs. 1 S. 3) zur Verfügung. Für das Vorliegen der Voraussetzungen des 2. Hs. ist der Entleiher darlegungs- und beweisbelastet (BAG 24.4.2014, AP AÜG § 13 Nr. 6).

Allerdings sind Fälle denkbar, in denen trotz des grundsätzlichen Eingrei- **13** fens der Ausnahme von der Gleichstellungsverpflichtung nach § 8 Abs. 1 ein, wenn auch **eingeschränkter, Auskunftsanspruch** fortbesteht. So ist es möglich, dass der für das Leiharbeitsverhältnis geltende Tarifvertrag auf **bestimmte Arbeitsbedingungen im Entleihbetrieb Bezug** nimmt. Der Leiharbeitnehmer kann dann Auskunft im Hinblick auf die zur Bestimmung seiner Arbeitsbedingungen relevanten Tatsachen beanspruchen (BT-Drs. 15/1515, 133). Dem wird durch die gesetzliche Formulierung „*soweit* die Voraussetzungen der in der in § 8 Absatz 2 und 4 Satz 2 genannten Ausnahme vorliegen" Rechnung getragen.

Bestehen berechtigte **Zweifel** an der **Wirksamkeit eines Tarifvertrags, 14** zB wegen fehlender Tariffähigkeit oder Tarifzuständigkeit einer der Tarifvertragsparteien, so dass uU doch der Gleichstellungsgrundsatz einschlägig ist, **besteht** bereits der **Auskunftsanspruch** des Leiharbeitnehmers nach § 13. Nach Sinn und Zweck der Regelung soll der Leiharbeitnehmer durch den Auskunftsanspruch in die Lage versetzt werden, seinen gegen den Verleiher gerichteten Zahlungsanspruch beziffert geltend machen zu können. Für die Geltendmachung des Auskunftsanspruchs nach § 13 reicht – wie für jegliche

Auskunftsansprüche – die hinreichende Wahrscheinlichkeit des Bestehens eines Hauptanspruchs aus (BAG 16.1.2016, NZA 2016, 842 (848); ArbG Emden 28.9.2011, LAGE § 13 AÜG Nr. 3; *Schüren* RdA 2009, 58 (59)). Bei bloßer Unklarheit, ob die Geltung oder Anwendbarkeit eines Tarifvertrags den Auskunftsanspruch ausschließt, steht gerade nicht fest, dass der die Auskunft Beanspruchende keinesfalls etwas fordern könnte.

15   Eine **Aussetzung** des **Rechtsstreits** auf Auskunft gemäß § 97 Abs. 5 ArbGG ist daher **nicht zulässig** (BAG 16.1.2016, NZA 2016, 842 (848); ähnlich ArbG Emden 28.9.2011, LAGE § 13 AÜG Nr. 3; aA *Hamann,* juris-PR-ArbR 4/2012, Anm. 2).

5. Erlöschen/Verjährung

16   Der **Anspruch** auf Auskunft erlischt, wenn der Leiharbeitnehmer seinen Anspruch auf Gleichstellung **nicht mehr durchsetzen** kann, zB wegen Verjährung oder weil eine wirksame Ausschlussfrist eingreift (ArbG Emden 28.9.2011, LAGE § 13 AÜG Nr. 3; Boemke/Lembke/*Lembke* § 13 Rn. 7; UGBH/*Urban-Crell* § 13 Rn. 4; *Ulrici* § 13 Rn. 14). Eine **Ausschlussfrist** kann zulässigerweise vorsehen, dass innerhalb einer bestimmten, angemessenen **Frist die Auskunft nach § 13 eingeholt** werden muss und der Leiharbeitnehmer dies seinem Arbeitgeber, dem Verleiher, mitteilt. Die Ausschlussfrist wäre dann bis zur endgültigen Einholung der Auskunft gehemmt und anschließend müsste der Arbeitnehmer gegebenenfalls wiederum in einer konkret bestimmten Frist seinen Anspruch geltend machen (LAG Düsseldorf 29.8.2012, BeckRS 2012, 76072).

17   Der Anspruch auf Auskunft selbst fällt unter § 194 BGB und unterliegt der **regelmäßigen Verjährungsfrist von drei Jahren** nach § 195 BGB (BAG 24.4.2014, AP AÜG § 13 Nr. 6). Die Frist **beginnt** mit dem Schluss des Jahres zu laufen, in dem der Anspruch entstanden ist und der Leiharbeitnehmer von den anspruchsbegründenden Umständen und der Person des Entleihers Kenntnis erlangt hat oder **ohne grobe Fahrlässigkeit** erlangt haben müsste (BAG 24.4.2014, AP AÜG § 13 Nr. 6). Für den Beginn der Verjährung kommt es folglich **nicht** darauf an, ob der Leiharbeitnehmer die Unwirksamkeit des vom Gleichstellungsgrundsatz abweichenden Tarifvertrags **tatsächlich erkannt** hat. Leiharbeitnehmer müssen daher ihre Auskunftsansprüche bereits zu einem Zeitpunkt geltend machen, in dem sie uU noch keine Kenntnis davon haben, dass die angewandten Tarifverträge unwirksam sind (*Schmülling* GWR 2014, 397; *Söhl* ArbRAktuell 2014, 385).

6. Form

18   Sowohl das Auskunftsersuchen des Leiharbeitnehmers als auch die Auskunftserteilung durch den Entleiher sind an **keine bestimmte Form** gebunden. Diese können mündlich, schriftlich, per Fax oder E-Mail erfolgen. Aus Gründen der **Beweiserleichterung** ist jedoch die Schrift- oder Textform zu empfehlen.

7. Verletzung des Auskunftsanspruchs

Verweigert der Entleiher die Auskunft oder erteilt er dem Leiharbeitneh- **19** mer schuldhaft falsche oder unvollständige Auskünfte, ist er zum **Ersatz** des daraus entstandenen **Schadens** verpflichtet (§§ 280 Abs. 1, 241 Abs. 2 BGB). Ein Schaden kann zB darin bestehen, dass der Leiharbeitnehmer einen zu geringen Arbeitsentgeltanspruch gegenüber dem Verleiher geltend gemacht hat, weitergehende Ansprüche jedoch inzwischen verjährt (§ 195 BGB) oder wegen mittlerweile eingetretener Zahlungsunfähigkeit nicht mehr erfüllt werden können. Darüber hinaus steht dem Leiharbeitnehmer in Bezug auf die von ihm geschuldete Arbeitsleistung ein **Zurückbehaltungsrecht** nach § 273 Abs. 1 BGB zu (vgl. BAG 8.7.1971, DB 1971, 1822). **Bußgeldbewehrt** ist die Verletzung der Norm dagegen nicht.

III. Rechtsschutz

Sowohl bei Verweigerung der Auskunft als auch für die Geltendmachung **20** eines Schadensersatzanspruchs ist für die Klage eines Leiharbeitnehmers gegen den Entleiher der **Rechtsweg vor die Arbeitsgerichte** (§ 2 Abs. 1 Nr. 3a ArbGG) eröffnet, da der „gespaltenen Arbeitgeberstellung" bei der Arbeitnehmerüberlassung zwischen Verleiher und Entleiher bei der Zuständigkeit der Gerichte für Arbeitssachen Rechnung getragen werden muss. Ziel des ArbGG ist es, alle bürgerlich-rechtlichen Streitigkeiten, die in greifbarer Beziehung zu einem Arbeitsverhältnis stehen, auch prozessual im Rahmen der Arbeitssachen zu erfassen. Das gilt in gleicher Weise für Streitigkeiten zwischen dem Leiharbeitnehmer und dem Entleiher, die ihren Ursprung in der Arbeitnehmerüberlassung haben (BAG 15.3.2011, NZA 2011, 653 f.; LAG Köln 18.4.2011, BeckRS 2011, 72755; LAG Hamburg 24.10.2007, BeckRS 2011, 66740; ArbG Freiburg 7.7.2010, BeckRS 2010, 71293).

Für den **Streitwert** der Klage des Leiharbeitnehmers gegen den Entleiher **21** auf Auskunft gemäß § 13 ist der mutmaßliche **Betrag der späteren Zahlungsklage,** reduziert um 50 %, zugrunde zu legen (LAG Hessen 2.8.2013, BeckRS 2013, 73097; LAG Nürnberg 12.8.2011, BeckRS 2011, 76781; aA LAG Köln 24.10.2012, BeckRS 2012, 75999 ein Viertel des Regelstreitwerts gem. § 23 RVG).

Der Leiharbeitnehmer muss in **zwei Verfahren,** einmal gegen den Ent- **22** leiher auf Auskunft und zum anderen gegen den Verleiher auf Zahlung der Differenzvergütung, vorgehen. Es ist **nicht möglich,** in nur **einem Verfahren** im Wege der **atypischen Stufenklage** (§ 254 ZPO analog) gegen Entleiher und Verleiher zugleich vorgehen (LAG Berlin-Brandenburg 5.6.2012, BeckRS 2012, 75329; *Ulrici* § 13 Rn. 16; *Ulrici* jurisPR-ArbR 37/2013 Anm. 3; aA ArbG Brandenburg a. d. Havel 24.11.2011, BeckRS 2014, 70896; Boemke/Lembke/*Lembke* § 13 Rn. 27; *Bissels* jurisPR-ArbR 16/2013; Anm. 6; *Hamann/Rudnik* Anm. zu BAG AP AÜG § 10 Nr. 27; ähnlich *Hamann* juris-PR-ArbR 4/2012, Anm. 2; UGBH/ *Urban-Crell* § 13 Rn. 12). Da die Stufenklage ein Sonderfall der **objektiven**

Klagehäufung ist, müssen sich die mit ihr erhobenen Ansprüche gegen denselben Beklagten richten (§ 260 ZPO). Deshalb ist es unzulässig, die Bezifferung des Zahlungsanspruchs gegen den einen Beklagten von einer Auskunft abhängig zu machen, die nicht er, sondern der andere Beklagte erteilen soll (BGH 26.5.1994, NJW 1994, 3102 (3103)).

§ 13a Informationspflicht des Entleihers über freie Arbeitsplätze

[1]Der Entleiher hat den Leiharbeitnehmer über Arbeitsplätze des Entleihers, die besetzt werden sollen, zu informieren. [2]Die Information kann durch allgemeine Bekanntgabe an geeigneter, dem Leiharbeitnehmer zugänglicher Stelle im Betrieb und Unternehmen des Entleihers erfolgen.

§ 13b Zugang des Leiharbeitnehmers zu Gemeinschaftseinrichtungen oder -diensten

Der Entleiher hat dem Leiharbeitnehmer Zugang zu den Gemeinschaftseinrichtungen oder -diensten im Unternehmen unter den gleichen Bedingungen zu gewähren wie vergleichbaren Arbeitnehmern in dem Betrieb, in dem der Leiharbeitnehmer seine Arbeitsleistung erbringt, es sei denn, eine unterschiedliche Behandlung ist aus sachlichen Gründen gerechtfertigt. Gemeinschaftseinrichtungen oder -dienste im Sinne des Satzes 1 sind insbesondere Kinderbetreuungseinrichtungen, Gemeinschaftsverpflegung und Beförderungsmittel.

Literatur: *Boemke,* Die EG-Leiharbeitsrichtlinie und ihre Auswirkungen auf das deutsche Recht, RIW 2009, 177 ff.; *Eismann,* Lohnsteuerrechtliche Arbeitgeberpflichten nach Änderung des Arbeitnehmerüberlassungsgesetzes, DStR 2011, 2381 ff.; *Hamann,* Die Reform des AÜG im Jahr 2011, RdA 2011, 321 ff.; *ders.,* Kurswechsel bei der Arbeitnehmerüberlassung, NZA 2010, 70 ff.; *ders.,* Die Richtlinie Leiharbeit und ihre Auswirkungen auf das nationale Recht der Arbeitnehmerüberlassung, EuZA 2009, 287 ff.; *Huke/Neufeld/Luickhardt,* Das neue AÜG: Erste Praxiserfahrungen und Hinweise zum Umgang mit den neuen Regelungen, BB 2012, 961 ff.; *Kock,* Neue Pflichten für Entleiher: Information über freie Stellen und Zugang zu Gemeinschaftseinrichtungen und -diensten (§ 13a und § 13b AÜG), BB 2012, 323 ff.; *Lembke,* Neue Rechte von Leiharbeitnehmern gegenüber Entleihern, NZA 2011, 319 ff.; *ders.,* Die geplanten Änderungen im Recht der Arbeitnehmerüberlassung, DB 2011, 414 ff.; *ders.,* Aktuelle Probleme der Zeitarbeit, BB 2010, 1533 ff.; *Leuchten,* Das neue Recht der Leiharbeit, NZA 2011, 608 ff.; *Raab,* Europäische und nationale Entwicklungen im Recht der Arbeitnehmerüberlassung, ZfA 2003, 389 ff.; *Rosenau/Mosch,* Neue Regeln für die Leiharbeit, NJW-Spezial 2011, 242 f.; *Thüsing,* Europäische Impulse im Recht der Arbeitnehmerüberlassung, DB 2002, 2218 ff.; *Ulber,* Die Richtlinie zur Leiharbeit, AuR 2010, 10 ff.; *ders.,* Regierungsentwurf zur Verhinderung von Missbrauch in der Arbeitnehmerüberlassung, AuR 2010, 412 ff.; *Vielmeier,* Zugang zu Gemeinschaftseinrichtungen nach § 13b AÜG, NZA 2012, 535 ff.; *Zimmermann,* Die neuen Pflichten der Einsatzunternehmen nach der AÜG-Reform 2011, ArbRAktuell 2011, 264 ff.

I. Einleitung

Die Vorschriften § 13a und § 13b wurden durch das Erste Gesetz zur Ände- 1
rung des Arbeitnehmerüberlassungsgesetzes – Verhinderung von Missbrauch
der Arbeitnehmerüberlassung vom 28.4.2011 (BGBl. I S. 642) in Umsetzung
von Art. 6 Abs. 1 und Abs. 4 der **Leiharbeitsrichtlinie** in das AÜG eingefügt. § 13a ist § 18 TzBfG nachempfunden (BT-Drs. 17/4804, 10), für § 13b
gab es kein gesetzliches Vorbild. Die Informationspflicht und das Zugangsrecht zu den Gemeinschaftseinrichtungen und -diensten gelten seit dem
1.12.2011.

II. Informationspflicht über freie Arbeitsplätze

1. Ziel

Die Informationspflicht soll die **Übernahme des Leiharbeitnehmers** in 2
die **Stammbelegschaft** des Entleihers unterstützen. Die Leiharbeitnehmer
werden über freie Arbeitsplätze im Unternehmen des Entleihers informiert,
so dass diese sich auf diese Stellen bewerben können (BT-Drs. 17/4804, 10).
§ 13a geht über die bisher bestehenden gesetzlichen Informationspflichten
bzgl. freier Arbeitsplätze gegenüber der Stammbelegschaft (§ 93 BetrVG, §§ 7
Abs. 2, 18 TzBfG) hinaus (*Boemke* RIW 2009, 177 (184); *Hamann* RdA
2011, 321 (334); *ders.* EuZA 2009, 287 (316); *Lembke* NZA 2011, 319 (320);
Thüsing DB 2002, 2218 (2221)). Durch die Information sollen Leiharbeitnehmer gem. Art. 6 Abs. 1 der Leiharbeitsrichtlinie die **gleichen Chancen** bei

der **Bewerbung** um den Arbeitsplatz haben wie die Stammbelegschaft des Entleihers. Um dies zu erreichen, räumt § 13a dem Leiharbeitnehmer einen **selbständig einklagbaren Auskunftsanspruch** gegen den Entleiher ein (*Hamann* RdA 2011, 321 (334); *Lembke* NZA 2011, 319 (320)). Betriebliche Regelungen, die **betriebsinternen Stammarbeitnehmern Vorrang** einräumen, sind unwirksam. Dagegen begründet die Norm (auch nicht in Verbindung mit der Leiharbeitsrichtlinie) **keine Pflicht zur bevorzugten Berücksichtigung** der Bewerbung eines Leiharbeitnehmers – auch nicht gegenüber externen Bewerbern. Dies verlangt das Prinzip der Chancengleichheit nicht (*Hamann* RdA 2011, 321 (334); *Zimmermann* ArbRAktuell 2011, 264 (265)). Die **Bewerberauswahlentscheidung** des Arbeitgebers wird durch § 13a nicht eingeschränkt (*Zimmermann* ArbRAktuell 2011, 264 (265); aA *Ulber* § 13a Rn. 18).

2. Voraussetzungen

3   Der Entleiher ist zur Information des Leiharbeitnehmers über **zu besetzende Stellen** verpflichtet. Der Entleiher hat daher über alle freien, frei werdenden oder neu geschaffenen Arbeitsplätze zu informieren, sofern diese (wieder) mit einem **Arbeitnehmer besetzt** werden sollen. Die Information kann durch **allgemeine Bekanntgabe** an geeigneter, dem Leiharbeitnehmer zugänglicher Stelle erfüllt werden.

4   **a) Freie Arbeitsplätze.** Der Entleiher muss die bei ihm tätigen Leiharbeitnehmer über alle **im Unternehmen** (auch in ausländischen Betrieben) zu besetzende Arbeitsplätze informieren. Es kommt nicht darauf an, ob der zu besetzende Arbeitsplatz im Einsatzbetrieb des Leiharbeitnehmers liegt (*Hamann* RdA 2011, 321 (334); *Lembke* DB 2011, 414 (418); *ders.* NZA 2011, 319 (320); *Thüsing* DB 2002, 2218 (2221); *Zimmermann* ArbRAktuell 2011, 264). Der Entleiher hat daher, sofern sein Unternehmen aus mehreren Betrieben besteht, Leiharbeitnehmer **in allen Betrieben zu informieren.** Erfasst sind sowohl **Vollzeit-** als auch **Teilzeitstellen, befristete** wie auch **unbefristete Arbeitsplätze** (*Huke/Neufeld/Luickhardt* BB 2012, 961 (966); *Hamann* RdA 2011, 321 (335); *ders.* EuZA 2009, 287 (315); *Lembke* NZA 2011, 319 (320); *Zimmermann* ArbRAktuell 2011, 264). Erfasst sind vom Wortlaut her auch Arbeitsplätze für **leitende Angestellte.** Über diese muss jedoch **nicht informiert** werden, wenn den eingesetzten Leiharbeitnehmern die Eignung fehlt (→ Rn. 6), was regelmäßig der Fall sein dürfte.

5   **Keine Informationspflicht** besteht, wenn zwar ein Beschäftigungsbedarf besteht, dieser jedoch nicht durch die Neu- oder Wiederbesetzung eines Arbeitsplatzes gelöst wird (*Hamann* RdA 2011, 321 (335)). Gleiches gilt, wenn der Arbeitgeber sich entscheidet, einen Arbeitsplatz (wieder) mit einem **Leiharbeitnehmer** zu besetzen (*Hamann* RdA 2011, 321 (335); *Lembke* NZA 2011, 319 (321); aA *Ulber* § 13a Rn. 3), da dann das Normziel – Übernahme in die Stammbelegschaft – nicht erreicht werden kann (*Hamann* RdA 2011, 321 (335)). Eine Pflicht zur Information scheidet ebenfalls aus, wenn ein Arbeitsplatz besetzt werden soll, jedoch **keine Auswahlentscheidung** mehr zu treffen ist, da ein anderer Arbeitnehmer den Arbeitsplatz

beanspruchen kann bzw. vorrangig zu berücksichtigen ist, zB aufgrund von § 9 TzBfG, § 78a Abs. 2 BetrVG (*Hamann* RdA 2011, 321 (335)), im Falle eines Anspruchs auf Wiedereinstellung, nach Rückkehr aus der Elternzeit, nach dem Ende der Ruhendstellung des Arbeitsverhältnisses oder im Falle von Umstrukturierungsmaßnahmen, die mit dem Wegfall von Arbeitsplätzen verbunden sind und für die betroffenen Arbeitnehmer eine Weiterbeschäftigungsmöglichkeit auf den freien Arbeitsplätzen besteht (*Kock* BB 2012, 323; *Ulrici* § 13a Rn. 9).

Nach dem Wortlaut der Norm spielt es für die Informationspflicht keine **6** Rolle, ob der Leiharbeitnehmer die für den Arbeitsplatz **erforderliche Eignung** besitzt. Hierbei handelt es sich offensichtlich um ein **Redaktionsversehen** des Gesetzgebers, da er die Informationspflicht § 18 TzBfG nachbilden wollte (BT-Drs. 17/4804, 10). Auch § 18 TzBfG sollte ursprünglich eine Informationspflicht über alle unbefristeten Arbeitsplätze begründen (BT-Drs. 14/4374, 10), wurde jedoch später im Gesetzgebungsverfahren auf „entsprechende" Arbeitsplätze beschränkt (BT-Drs. 14/4625, 12). Durch die Einfügung des Wortes „entsprechende" wurde klargestellt, dass befristet beschäftigte Arbeitnehmer nur über solche unbefristeten Arbeitsplätze zu informieren sind, für welche sie auf Grund ihrer Eignung in Frage kommen (BT-Drs. 14/4625, 21). **§ 13a ist** daher ebenfalls **auf „entsprechende" Arbeitsplätze zu begrenzen** (*Kock* BB 2012, 323; *Sandmann/Marschall/Schneider* § 13a Anm. 3; aA *Hamann* RdA 2011, 321 (335); *Lembke* DB 2011, 414 (418); *ders.* NZA 2011, 319; 320; *Ulrici* § 13a Rn. 7; *Ulber* § 13a Rn. 4). Zumindest bei **offensichtlich fehlender Eignung** muss eine Informationspflicht im Wege teleologischer Reduktion ausscheiden (*Zimmermann* ArbRAktuell 2011, 264; UGBH/*Hurst* § 13a Rn. 8; ähnlich *Ulber* § 13a Rn. 4). Andernfalls wäre die Regelung unverhältnismäßig (ErfK/*Wank* AÜG § 13a Rn. 2; vgl. auch *Hamann* RdA 2011, 321 (334), der eventuell eine restriktive Auslegung für geboten hält). Die Leiharbeitsrichtlinie steht diesem Verständnis nicht entgegen (*Kock* BB 2012, 323; aA *Boemke* RIW 2009, 177 (185); *Hamann* RdA 2011, 321 (335); *Lembke* NZA 2011, 319 (320)), da Art. 6 Abs. 1 der Leiharbeitsrichtlinie (ebenso wie die parallele Vorschrift in § 6 Abs. 1 der Befristungsrichtlinie 1999/70/EG, die in § 18 TzBfG mit einer auf „entsprechende" Arbeitsplätze beschränkten Informationspflicht umgesetzt wurde, s.o.) lediglich von „Stellen" spricht, ohne diesen Begriff zu definieren (*Kock* BB 2012, 323). Eine Ausnahme gilt jedoch, wenn der Entleiher auch seine Arbeitnehmer unabhängig von der Eignung über solche Arbeitsplätze informiert. Aufgrund der Chancengleichheit mit der Stammbelegschaft besteht die Informationspflicht dann ausnahmsweise doch (*Sandmann/Marschall/Schneider* § 13a Anm. 3).

b) Information. Der Entleiher kann entweder die bei ihm tätigen Leihar- **7** beitnehmer **unmittelbar informieren** oder dies durch die **üblichen Bekanntgabewege** erledigen. Daher gibt Satz 2 dem Entleiher die Möglichkeit, die Information an geeigneter, dem Leiharbeitnehmer zugänglicher Stelle im Betrieb oder Unternehmen allgemein bekannt zu machen. Dies sind zB **Aushang am Schwarzen Brett** (BT-Drs. 17/4804, 10; FW BA

AÜG Ziff. 13a Abs. 2), Einstellung auf der Stellenbörse im Intranet, Veröffentlichung in der Mitarbeiterzeitung oder Rund-E-Mail (*Lembke* DB 2011, 414 (418); *ders.* NZA 2011, 319 (321); *Zimmermann* ArbRAktuell 2011, 264 (265)); auch ein Hinweis auf die Stellenbörse auf der Internetseite des Unternehmens ist ausreichend (*Hamann* RdA 2011, 321 (334 f.)), wenn der Entleiher dort alle zu besetzenden Arbeitsplätze auflistet. Darüber hinaus wäre es für den Entleiher auch möglich, den **Verleiher über freie Arbeitsplätze zu informieren,** damit dieser diese Information an seine Leiharbeitnehmer weitergibt. Letzteres setzt allerdings regelmäßig eine direkte Kommunikation zwischen Verleiher und Leiharbeitnehmer voraus, da sich Leiharbeitnehmer während ihres Einsatzes grundsätzlich nicht in den Räumlichkeiten des Verleihers aufhalten (*Hamann* EuZA 2009, 287 (316)).

8   Voraussetzung für die ordnungsgemäße Bekanntgabe ist, dass der Leiharbeitnehmer **ungehinderten Zugang** zur Information hat. Besitzt der Leiharbeitnehmer an seinem Arbeitsplatz beim Entleiher zB **keinen Intranetzugang,** genügt die alleinige Bekanntgabe über das Intranet nicht (*Hamann* EuZA 2009, 287 (316)). Ebenfalls unzureichend wäre ein Aushang im Personalbüro oder lediglich in der Zentrale des Entleihers, wenn Leiharbeitnehmer in anderen Betrieben des Unternehmens eingesetzt sind, da Leiharbeitnehmer dann nicht **im normalen Arbeitsablauf** vom Aushang Kenntnis nehmen können (*Zimmermann* ArbRAktuell 2011, 264 (265)).

9   Die Information muss **zeitlich** so **rechtzeitig** erfolgen, dass der Leiharbeitnehmer sich noch mit Erfolg auf die Stelle bewerben kann. Eine Information erst wenige Tage vor Ablauf der Bewerbungsfrist reicht daher nicht (*Zimmermann,* ArbRAktuell 2011, 264 (265)).

10   Die Information muss **inhaltlich** so detailliert sein, dass der Leiharbeitnehmer auf dieser Basis entscheiden kann, ob er sich bewerben möchte (*Lembke* NZA 2011, 319 (321), *Zimmermann,* ArbRAktuell 2011, 264 (265)). Dazu bedarf es mindestens folgender Angaben: **Bezeichnung** und **aussagekräftige Beschreibung** der Stelle, Beginn der Tätigkeit, ggf. Befristung, Anforderungsprofil (insbesondere erforderliche Qualifikationen, Kenntnisse und Fähigkeiten) und tarifliche Eingruppierung. Ferner muss der Leiharbeitnehmer darüber informiert werden, wie, wo und bis wann er sich bewerben kann (*Kock* BB 2012, 323 (324); vgl. auch *Lembke* NZA 2011, 319 (321); *Ulber* § 13a Rn. 9).

11   Im Ergebnis führt die „überschießende Tendenz" der Informationspflicht (*Lembke* NZA 2011, 319 (320)) zu einer umfassenden, **allgemeinen Stellenausschreibung,** da der Entleiher die Information über freie Stellen nicht ausschließlich an die bei ihm tätigen Leiharbeitnehmer adressieren wird (*Hamann* NZA 2011, 70 (77); *ders.* EuZA 2009, 287 (316); *Lembke* NZA 2011, 319 (321); *Zimmermann* ArbRAktuell 2011, 264 (265)).

3. Einstellung

12   Wird der Leiharbeitnehmer vom Entleiher eingestellt, sind **Einsatzzeiten des Leiharbeitnehmers** beim Entleiher **nicht** als **Vorbeschäftigungszeit** anzurechnen. Das Arbeitsverhältnis beginnt vielmehr „bei Null" (UGBH/

Hurst § 13a Rn. 17; *Ulrici* § 13a Rn. 16). Das so genannte Zuvorbeschäfti-
gungsverbot des § 14 Abs. 2 S. 2 TzBfG bezieht sich auf denselben Vertragsarbeitgeber. Das ist die natürliche oder juristische Person, die mit dem Arbeitnehmer den Arbeitsvertrag geschlossen hat (BAG 9.3.2011, NZA 2011, 1147;
9.2.2011, NZA 2011, 791 (793)). Daher kann der Entleiher mit dem Leiharbeitnehmer, sofern dieser in den letzten drei Jahren nicht bei ihm als Arbeitnehmer beschäftigt war (BAG 6.4.2011, NZA 2011, 905), eine **sachgrundlose Befristung** gem. § 14 Abs. 2 TzBfG vereinbaren (BAG 8.12.1988, NZA
1989, 459 (460); *Bauer/Fischinger* DB 2007, 1410 (1411); *Hanau* RdA 1987,
26; *Heidl* RdA 2009, 297 (299); *Lembke* NJW 2006, 325 (326); *Osnabrügge*
NZA 2003, 639 (643)). Im Übrigen würde sonst der Zweck der Vorschrift,
die Übernahme des Leiharbeitnehmers in die Stammbelegschaft, konterkariert. Für die **Betriebszugehörigkeit** beim Entleiher sind die vorhergehenden Einsatzzeiten als Leiharbeitnehmer ebenfalls nicht anzuerkennen (*Kock*
BB 2012, 323 (324); UGBH/*Hurst* § 13a Rn. 17; Ulrici § 13a Rn. 16; aA
Ulber § 13a Rn. 23), es sei denn, dies wird ausdrücklich vereinbart (dazu
BAG 9.2.2011, NZA 2011, 791 (793)). Daher kann der Entleiher mit dem
Leiharbeitnehmer auch eine **Probezeit** vereinbaren, es sei denn, der Leiharbeitnehmer übt die gleiche Tätigkeit wie bisher aus, so dass eine Probezeit
entbehrlich ist (*Kock* BB 2012, 323 (324)).

Der Leiharbeitnehmer muss im Falle der Einstellung sein Arbeitsverhältnis **13**
mit dem Verleiher **kündigen.** Das Leiharbeitsverhältnis endet nicht automatisch mit der Einstellung beim Entleiher. Die einschlägigen **ordentlichen
Kündigungsfristen** hat der Leiharbeitnehmer dabei **einzuhalten.** Ein
Recht zur **außerordentlichen Kündigung** besteht für diesen Fall kraft
Gesetzes nicht und ergibt sich auch nicht aus der Leiharbeitsrichtlinie (*Kock*
BB 2012, 323 (324); aA *Ulber* § 13a Rn. 25). Dort ist zwar in Art. 6 Abs. 2
und Abs. 3 geregelt, dass der Wechsel in das entleihende Unternehmen nicht
erschwert werden darf (dazu *Hamann* EuZA 2009, 287 (316 f.)); dies rechtfertigt jedoch keine Durchbrechung des zivilrechtlichen Grundsatzes „*pacta sunt
servanda*" (*Kock* BB 2012, 323 (324)). Durch § 622 BGB und die allgemeine
Berufsfreiheit (Art. 12 Abs. 1 GG) ist der Leiharbeitnehmer ausreichend
geschützt.

III. Zugang zu Gemeinschaftseinrichtungen und -diensten

1. Ziel

Nach Art. 6 Abs. 4 der Leiharbeitsrichtlinie sollen Entleiher verpflichtet **14**
werden, den ihnen überlassenen Leiharbeitnehmern Zugang zu ihren
Gemeinschaftsreinrichtungen und -diensten zu gewähren (BT-Drs. 17/4804,
10). § 13b **ergänzt** damit den in § 8 geregelten **Gleichstellungsgrundsatz,**
der sich gegen den Verleiher richtet (LAG Hamburg 7.6.2012, AiB 2013,
137). § 13b dient der sozialen Aufnahme in den Betrieb durch **Teilhabe am
sozialen Betriebsleben,** um dadurch die Arbeits- und Beschäftigungsbedingungen der Leiharbeitnehmer im Einsatzbetrieb während Ihres dortigen Einsatzes zu verbessern (HessLAG 9.9.2016, NZA-RR 2017, 236 (237); *Viel-*

meier NZA 2012, 535 (536)). Die Norm soll soziale Teilhabe, nicht dagegen finanzielle Gleichstellung der Leiharbeitnehmer mit den Stammarbeitnehmern erreichen. Der soziale Teilhabeanspruch aus § 13b ist daher von den Leistungen mit Entgeltcharakter, die der Entleiher seinen Stammarbeitnehmern im Hinblick auf das Arbeitsverhältnis gewährt, abzugrenzen. Durch § 13b wird keine entgeltbezogene Verbindung zwischen Entleiher und Leiharbeitnehmer begründet (HessLAG 9.9.2016, NZA-RR 2017, 236 (237 f.); *Weuthen,* NZA-RR 2017, 239).

15   § 13b gewährt dem Leiharbeitnehmer einen **eigenständigen Anspruch** gegen den Entleiher (*Hamann* RdA 2011, 321 (366); *ders.* EuZA 2009, 287 (319); *Lembke* NZA 2011, 319 (323); *Ulber* AuR 2010, 10 (12)), der **unabhängig von der Gleichstellungsverpflichtung** des Verleihers besteht (BT-Drs. 17/4804, 10; vgl. auch Art. 6 Abs. 4 S. 1 der Leiharbeitsrichtlinie, die das Zugangsrecht „unbeschadet" des Grundsatzes der Gleichbehandlung aus Art. 5 Abs. 1 gewährt). Der Anspruch des Leiharbeitnehmers auf Zugang zu den Gemeinschaftseinrichtungen und -diensten besteht daher **unabhängig** von etwaigen vom **Gleichstellungsgrundsatz** abweichenden tarifvertraglichen Regelungen im Sinne von § 8 und ist auch **nicht tarifdispositiv** (*Hamann* RdA 2011, 321 (336); *ders.* EuZA 2009, 287 (319); *Lembke* DB 2011, 414 (418); *ders.* NZA 2011, 319 (323); *Zimmermann* ArbRAktuell 2011, 264 (266); FW BA AÜG Ziff. 13b Abs. 3).

2. Voraussetzungen

16   Der Zugang zu Gemeinschaftseinrichtungen und -diensten ist den Leiharbeitnehmern unter den **gleichen Voraussetzungen** und in der **gleichen Weise** zu gewähren wie den **vergleichbaren Arbeitnehmern** in dem Betrieb, in dem die Leiharbeitnehmer ihre Arbeitsleistung erbringen. Etwas anderes gilt nur, wenn sachliche Gründe eine unterschiedliche Behandlung rechtfertigen (BT-Drs. 17/4804, 10).

17   **a) Gemeinschaftseinrichtungen und -dienste.** Der Gesetzgeber hat (ebenso wie der EU-Richtliniengeber) auf eine **Definition** der Gemeinschaftseinrichtungen und -dienste **verzichtet** und zählt in § 13b S. 2 lediglich **Beispiele** auf (krit. *Vielmeier* NZA 2012, 535 (536)). Unter Gemeinschaftseinrichtungen und -dienste fallen danach jedenfalls **Kinderbetreuungseinrichtungen, Gemeinschaftsverpflegung** und **Beförderungsmittel** (vgl. auch FW BA AÜG Ziff. 13b Abs. 4).

18   Unerheblich ist, ob der Entleiher die Gemeinschaftseinrichtung bzw. -dienste selbst oder durch einen **externen Dritten** betreiben lässt (z. B Kantine, Massage), sofern sich diese **im Unternehmen** befinden (*Vielmeier* NZA 2012, 535 (538)). Angebote durch externe Dritte **außerhalb des Unternehmens** (zB vergünstigte Tarife im Fitnessstudio oder Schwimmbad für Arbeitnehmer des Entleihers) fallen dagegen nicht unter § 13b. Hier würde andernfalls in ein Vertragsverhältnis mit einem Dritten eingegriffen werden, bei dem auch die Interessen des externen Dritten mit zu berücksichtigen sind (aA *Ulrici* § 13b Rn. 8; *Vielmeier* NZA 2012, 535 (538) bei hinreichendem Einfluss auf die Leistung durch den Dritten).

aa) Gemeinschaftseinrichtungen. Unter Gemeinschaftseinrichtungen **19** sind unter Berücksichtigung der gesetzlichen Beispiele und des Wortsinnes von „Einrichtung" **gegenständliche,** dh physisch nutzbare **Einrichtungen** zu verstehen, die den Arbeitnehmern aufgrund ihres **täglichen Tätigwerdens im Betrieb** (und nicht aufgrund der arbeitsvertraglichen Dauerbeziehung) zur Verfügung gestellt werden (*Kock* BB 2012, 323 (325); vgl. auch *Lembke* NZA 2011, 319 (323); *Zimmermann* ArbRAktuell 2011, 264 (266)). Dazu gehören zB Betriebskindergärten, Kantinen, Pausen- und Ruheräume, betriebliche Erholungsheime, Sportanlagen, Werkmietwohnungen, Werksbibliotheken, Parkplätze, betriebseigene Tankstelle, Fitness- und Sportanlagen (HessLAG 9.9.2016, NZA-RR 2017, 236 (238); *Boemke* RIW 2009, 177 (186); *Hamann* RdA 2011, 321 (337); *Kock* BB 2012, 323 (325); *Lembke* DB 2011, 414 (418); *ders.* NZA 2011, 319 (324); *Raab* ZfA 2003, 389 (423); *Thüsing* DB 2002, 2218 (2221); weitergehend ErfK/*Wank* AÜG § 13b Rn. 1; *Ulber* § 13b Rn. 5, die alle Sozialeinrichtungen gem. § 87 Abs. 1 Nr. 8 BetrVG einbeziehen wollen; aA *Vielmeier* NZA 2012, 535 (537) für Werkmietwohnungen). **Nicht erfasst** sind **vom Wortsinn** mangels (gegenständlicher) „Einrichtung" Betriebsausflüge und -feiern (einschränkend Boemke/ Lembke/*Lembke* § 13b Rn. 29; *Sandmann/Marschall* § 13b Anm. 2 erfasst sind Ausflüge und Feiern in Räumlichkeiten des Entleihers; aA *Ulrici* § 13b Rn. 9; *Vielmeier* NZA 2012, 535 (537)), **Dienstwagen** sowie reine **Geld- und Sachleistungen** aller Art wie zB Fahrt-, Essens- und Mietkostenzuschüsse, Jobticket, Mitarbeiterrabatte, Essens- oder Tankgutscheine (HessLAG 9.9.2016, NZA-RR 2017, 236 (238); LAG Hamburg 7.6.2012, AiB 2013, 137 (138); *Kock* BB 2012, 323 (325); *Huke/Neufeld/Luickhardt* BB 2012, 961 (968); *Lembke* DB 2011, 414 (418); *ders.* NZA 2011, 319 (323 f.); *Rosenau/ Mosch* NJW-Spezial 2011, 242 (243); *Zimmermann* ArbRAktuell 2011, 264 (266); kritisch *Hamann* RdA 2011, 321 (337)).

Ebenfalls **nicht** unter § 13b fällt der Zugang zur **betrieblichen Altersver- 20 sorgung** des Entleihers (einschließlich Pensions- und Unterstützungskassen). Sinn und Zweck der Norm ist die einheitliche Behandlung der betrieblichen Belegschaft beim täglichen Arbeiten (→ Rn. 19). Bei der betrieblichen Altersversorgung geht es jedoch nicht um die Möglichkeit zur tatsächlichen Nutzung einer Einrichtung, sondern um die Förderung der rechtlichen Bindungen und Verpflichtungen, deren Grundlage das **Arbeitsverhältnis zum Betriebsinhaber** ist, so dass es auch ein Ruhestandsverhältnis geben kann (*Hamann* RdA 2011, 321 (337); *Kock* BB 2012, 323 (325); *Lembke* DB 2011, 414 (418); *ders.* NZA 2011, 319 (324); *Thüsing* DB 2002, 2218 (2222); vgl. auch Schüren/Hamann/*Hamann* § 14 Rn. 275, die den Ausschluss von Leiharbeitnehmern allerdings erst über den sachlichen Grund rechtfertigen; wohl auch *Boemke* RIW 2009, 177 (186); *Raab* ZfA 2003, 389 (424); aA *Ulber* § 13b Rn. 5).

bb) Gemeinschaftsdienste. Unter Gemeinschaftsdienste fallen alle **tat- 21 sächlichen Dienst- und Serviceleistungen** des Entleihers, die der Entleiher seinen Arbeitnehmern aufgrund ihres **täglichen Tätigwerdens im Betrieb** anbietet (*Kock* BB 2012, 323 (325)), zB Werksverkehr, Werksverkauf (aA *Vielmeier* NZA 2012, 535 (537)), psychologische Betreuung, Rückentraining, Gymnastikkurse, Massagen oder Betriebssportgruppen. Ebenfalls erfasst ist der Bezug eines Exemplars der Mitarbeiterzeitung (*Vielmeier* NZA 2012, 535 (536)). Nicht darunter fällt die Zuweisung einer dienstlichen E-Mail-Adresse ohne „Extern"-Kennung, da es sich um ein Arbeitsmittel handelt (Boemke/Lembke/*Lembke* § 13b Rn. 30; aA *Vielmeier* NZA 2012, 535 (538)). Reine **Geldleistungen** an die Arbeitnehmer, zB ein Zuschuss in Geld oder eine Erstattung der Kosten für Massage oder Rückentraining, fallen dagegen nicht darunter (→ Rn. 19).

22   **cc) Fort- und Weiterbildungsmaßnahmen.** Die Teilnahme an Fort- und Weiterbildungsmaßnahmen (zB Fach-, Sprach- und Computerkurse) kann **nicht** unter Berufung auf § 13b vom Leiharbeitnehmer **verlangt werden** (*Kock* BB 2012, 323 (325); UGBH/*Hurst* § 13b Rn. 9; *Ulber* § 13b Rn. 22; aA Boemke/Lembke/*Lembke* § 13b Rn. 28; *Lembke* NZA 2011, 319 (324); *Ulrici* § 13b Rn. 9 für betriebsinterne Kurse). Die Leiharbeitsrichtlinie sieht diesbezüglich in Art. 6 Abs. 5 Buchst. b lediglich einen **allgemeinen Appell** für die Mitgliedstaaten vor, den Zugang der überlassenen Leiharbeitnehmer zu betrieblichen Fort- und Weiterbildungsmaßnahmen **beim Entleiher zu verbessern,** jedoch keine konkrete Pflicht zur Umsetzung eines solchen Anspruchs. Im Gesetzgebungsverfahren gab es einen entsprechenden **Änderungsantrag** der Fraktion BÜNDNIS 90/DIE GRÜNEN. Danach sollte § 13b ausdrücklich um Fort- und Weiterbildungsmaßnahmen ergänzt werden. Der Antrag wurde jedoch **abgelehnt** und ist damit nicht Gesetz geworden (BT-Drs. 17/5238, 10 ff.).

23   **b) Zugang wie vergleichbare Arbeitnehmer.** Leiharbeitnehmer erhalten Zugang zu den Gemeinschaftseinrichtungen oder -diensten, wenn sie die **Voraussetzungen erfüllen,** die für die **Arbeitnehmer des Entleihers** gelten (zB Wartezeit, Bedürftigkeit, Anzahl der Kinder, Entfernung zur Arbeitsstätte). Die **ausgeübte Tätigkeit** des Leiharbeitnehmers spielt – anders als beim Gleichstellungsgrundsatz – **grundsätzlich keine Rolle,** es sei denn diese ist Zugangsvoraussetzung für die Nutzung (*Hamann* NZA 2011, 70 (77); *ders.* RdA 2011, 321 (338); *ders.* EuZA 2009, 287 (318)), zB Umkleiden/Waschräume stehen nur den Arbeitnehmern in der (schmutzträchtigen) Produktion, nicht dagegen den Arbeitnehmern in der Verwaltungsabteilung zur Verfügung (*Kock* BB 2012, 323 (325)). Es kommt auf eine Vergleichbarkeit mit Arbeitnehmern im **Einsatzbetrieb,** nicht dagegen in einem anderen Betrieb des Entleihers an. Die Leiharbeitsrichtlinie stellt zwar auf das Unternehmen ab, es erscheint jedoch sinnvoll, auf den Einsatzbetrieb abzustellen, da der Zugang zu Gemeinschaftseinrichtungen und -diensten eine Angelegenheit „vor Ort" ist, die von den **betrieblichen Gegebenheiten** abhängt (*Kock* BB 2012, 323 (325); UGBH/*Hurst* § 13b Rn. 11; vgl. auch *Ulber* § 13b Rn. 4, der zwar auf das Unternehmen abstellt, aber etwaige betriebliche Gegebenheiten als sachlichen Grund ansieht).

24   Der Zugang zu Gemeinschaftseinrichtungen und -diensten ist den Leiharbeitnehmern in der **gleichen Weise** zu gewähren wie den vergleichbaren Arbeitnehmern (BT-Drs. 17/4804, 10). Deshalb muss der Leiharbeitnehmer

etwaige **Kosten** für die **Inanspruchnahme** von Gemeinschaftseinrichtungen oder -diensten, zB monatliche Miete für Parkplatz, Preis für Massage, ebenso wie ein vergleichbarer Stammarbeitnehmer tragen. Werden die Kosten vom Arbeitgeber zugunsten der Stammarbeitnehmer **subventioniert,** zB vergünstigtes Kantinenessen, kommt dies auch den Leiharbeitnehmern zu Gute, da der Zugang in gleicher Weise zu gewähren ist (*Kock* BB 2012, 323 (325)). Etwas anderes gilt, wenn der Arbeitgeber lediglich einen **Zuschuss in Geld** an seine Arbeitnehmer leistet. Derartige Leistungen fallen **nicht** unter den Begriff Gemeinschaftseinrichtungen bzw. -dienste (LAG Hamburg 7.6.2012, AiB 2013, 137; → Rn. 19).

c) **Ausnahme.** Der Entleiher kann den Zugang verweigern, wenn **sachli- 25 che Gründe** eine unterschiedliche Behandlung rechtfertigen. Ein sachlicher Grund kann zB vorliegen, wenn der Entleiher gemessen an der **individuellen Einsatzdauer** einen **unverhältnismäßigen Organisations- und Verwaltungsaufwand** bei der Gewährung des Zugangs hat (BT-Drs. 17/4804, 10; FW BA AÜG Ziff. 13b Abs. 2), zB wenn aufgrund einer Eingewöhnungszeit und eines integrativen Betreuungskonzepts der Kindergruppen im **Betriebskindergarten** der Zugang nur Leiharbeitnehmern zusteht, die eine Mindesteinsatzdauer von sechs Monaten haben (*Kock* BB 2012, 323 (325)). Dies setzt allerdings voraus, dass auch vergleichbar befristet beschäftigten Stammarbeitnehmern der Zugang verwehrt wird, sonst liegt eine **mittelbare Benachteiligung** vor (*Hamann* RdA 2011, 321 (338), → Rn. 27). Eine zu kurze Einsatzdauer lässt sich nicht damit begründen, dass der Arbeitnehmerüberlassungsvertrag mit einer kurzen Frist kündbar ist (*Sandmann/Marschall/ Schneider* § 13b Anm. 4).

Ist die **Aufnahmekapazität** erreicht, stellt der **Ausschluss weiterer Teil- 26 nehmer** ebenfalls einen sachlichen Grund dar. Der Entleiher ist nicht verpflichtet, zur Aufnahme von Leiharbeitnehmern zusätzliche Kapazitäten zu schaffen (*Hamann* RdA 2011, 321 (338); *ders.* EuZA 2009, 287 (319); *Kock* BB 2012, 323 (325); *Ulrici* § 13b Rn. 13; aA *Ulber* § 13b Rn. 7). Der weitere Zugang muss dann in einem Auswahlverfahren nach **objektiven Kriterien** erfolgen (zB Warteliste, Bedürftigkeit, Anzahl der Kinder, Entfernung von der Betriebsstätte). Unzulässig wäre es dagegen, den Zugang aus Kapazitätsgründen nur den Leiharbeitnehmern zu verweigern. Dies stellt keinen objektiven Grund dar. Die Zugangsbedingungen müssen für Leiharbeitnehmer und Stammbelegschaft gleichermaßen gelten (*Hamann* RdA 2011, 321 (338); *ders.* EuZA 2009, 287 (319); *Ulrici* § 13b Rn. 13; *Ulber* § 13b Rn. 8, 12).

Sofern objektive Kriterien **mittelbar** zu einem Ausschluss von Leiharbeit- 27 nehmern führen, ist dies ebenfalls unzulässig, wenn es keinen sachlichen Grund für die Ungleichbehandlung gibt (*Hamann* NZA 2011, 70 (77); *ders.* EuZA 2009, 287 (319), *Lembke* BB 2010, 1533 (1539 ff.)), zB wenn Betriebskindergartenplätze nur Arbeitnehmern zur Verfügung stehen, die länger als ein Jahr im Betrieb beschäftigt sind und diese Regelung weit überwiegend Leiharbeitnehmer von der Nutzung ausschließt (*Hamann* RdA 2011, 321 (338); *ders.* EuZA 2009, 287 (319)). Dagegen liegt ein sachlicher Grund vor, wenn festgelegte Öffnungs- und Aufenthaltszeiten im Betriebskindergarten

uU Leiharbeitnehmer wegen langer An- und Abreisezeiten zum Entleiherbetrieb an der Nutzung hindern (*Kock* BB 2012, 323 (326); aA *Ulber* § 13b
Rn. 13).

28   Wird ein Leiharbeitnehmer zulässigerweise unter Beachtung von objektiven Kriterien vom Zugang ausgeschlossen, steht dem Leiharbeitnehmer **kein
Ersatzanspruch in Geld** zu. Dies ist § 13b nicht zu entnehmen und europarechtlich auch nicht geboten (*Kock* BB 2012, 323 (326); *Vielmeier* NZA 2012,
535 (540); UGBH/*Hurst* § 13b Rn. 16; *Ulrici* § 13b Rn. 13; aA *Ulber* § 13b
Rn. 12). Ein solcher Anspruch steht dem Leiharbeitnehmer nur gegenüber
dem Verleiher zu, wenn das Gleichstellungsgebot zur Anwendung kommt
(→ § 8 Rn. 17 ff.). Es besteht auch **keine Pflicht** des Entleihers, zu prüfen,
ob die **Bedingungen** für den Zugang zu den Gemeinschaftseinrichtungen
und –diensten **geändert** werden und so ausgestaltet werden können, dass
dem Leiharbeitnehmer der **Zugang ermöglicht** wird (*Kock* BB 2012, 323
(326); UGBH/*Hurst* § 13b Rn. 15; aA BT-Drs. 17/4804, 10; *Hamann* RdA
2011, 321 (338); FW BA AÜG Ziff. 13b Abs. 2). Eine solche Pflicht ergibt
sich weder aus der Leiharbeitsrichtlinie (so auch *Hamann* RdA 2011, 321
(338)), noch hat sie im Gesetzeswortlaut ihren Niederschlag gefunden (*Kock*
BB 2012, 323 (326)). Allerdings hat der **Betriebsrat** die Möglichkeit, die
Zugangsbedingungen im Rahmen seines Mitbestimmungsrechts aus § 87
Abs. 1 BetrVG zu ändern (*Hamann* RdA 2011, 321 (338)).

3. Steuern/Sozialversicherung

29   Bei der Nutzung von Gemeinschaftseinrichtungen und –diensten können
für den Leiharbeitnehmer **geldwerte Vorteile** entstehen, zB bei subventio-
niertem Kantinenessen oder verbilligtem Tanken an der betriebseigenen
Tankstelle. Hierbei handelt es sich aus steuerlicher Sicht um **Arbeitseinkommen,** welches dem Leiharbeitnehmer im Rahmen seines Arbeitsverhältnisses
mit dem Verleiher zugeflossen ist (*Eismann* DStR 2011, 2831; *Lembke* NZA
2011, 319 (324)). Wenn jedoch nur der Entleiher aus § 13b verpflichtet
ist, nicht jedoch der Verleiher aus § 8 Abs. 1, da dieser zulässigerweise vom
Gleichstellungsgrundsatz aufgrund eines Tarifvertrags abweicht, entsteht der
geldwerte Vorteil durch die **Leistung eines Dritten** (*Lembke* NZA 2011,
319 (324)). Gleichwohl bleibt der **Verleiher** als **Arbeitgeber** zum **Lohnsteuerabzug verpflichtet,** indem er die Lohnsteuer für Rechnung des
Arbeitnehmers bei jeder Lohnzahlung vom Arbeitslohn einbehält (§ 38 Abs. 3
S. 1 EStG). Dabei unterliegt auch der von einem Dritten gewährte Arbeitslohn der Lohnsteuerpflicht, wenn der Arbeitgeber **weiß** oder **erkennen
kann,** dass derartige Vergütungen erbracht werden (§ 38 Abs. 1 S. 3 EStG;
dazu *Eismann* DStR 2011, 2381 ff., der die entsprechenden Vorschriften zum
Lohnsteuerabzug bei Lohnzahlung durch Dritte vielfach für nicht durchführbar hält). Ist dies der Fall, muss der Verleiher sich die entsprechenden Angaben
beschaffen, damit er seinen lohnsteuerrechtlichen Pflichten nachkommen
kann. Dazu könnte der Verleiher mit dem Entleiher vereinbaren, dass der
Entleiher dem Verleiher die für die Lohnbesteuerung **erforderlichen
Daten** (Name des Leiharbeitnehmers, Wert und Zeitpunkt des jeweiligen

lohnsteuerpflichtigen geldwerten Vorteils) monatlich **übermittelt.** Der Entleiher muss schließlich als Arbeitgeber bzgl. seiner (eigenen) Arbeitnehmer die entsprechenden Angaben ebenfalls erheben. Gleichwohl wird der Entleiher diese Dienstleistung nicht kostenfrei für den Verleiher erbringen, sondern die Kosten dem Verleiher in Rechnung stellen oder der Verleiher ermäßigt die Vergütung für die Arbeitnehmerüberlassung entsprechend (*Eismann* DStR 2011, 2381 (2384)). Der Verleiher könnte aber auch seine **Leiharbeitnehmer** verpflichten, monatlich genaue Angaben über die vom Entleiher im Rahmen von § 13b erhaltenen geldwerten Vorteile zu machen. Bei dieser Variante ist der Verleiher aber weiterhin gefordert, weitere Ermittlungen für eine zutreffende Besteuerung anzustellen, da vom Leiharbeitnehmer in der Regel nicht erwartet werden kann, alle für die Versteuerung erforderlichen Angaben liefern zu können (*Huke/Neufeld/Luickhardt* BB 2012, 961 (968); *Eismann* DStR 2011, 2381 (2384 f.)).

Handelt es sich um steuerpflichtiges Arbeitseinkommen, ist dieses regelmä- **30** ßig auch als Arbeitsentgelt anzusehen, das **sozialabgabenpflichtig** ist (§ 14 Abs. 1 S. 1, § 17 Abs. 1 SGB IV, SvEV).

Möglich wäre es auch, wenn der **Entleiher** die Sachzuwendungen an die **31** Leiharbeitnehmer nach den Regelungen des § 37b EStG **pauschal besteuert.** Auch hier gilt – sofern der Entleiher überhaupt hierzu bereit ist, dass der Entleiher den entsprechenden Verwaltungsaufwand und die anfallende pauschale Steuer dem Verleiher in Rechnung stellen wird bzw. der Verleiher die Vergütung für die Arbeitnehmerüberlassung entsprechend ermäßigt (*Eismann* DStR 2011, 2381 (2382)).

IV. Unabdingbarkeit

Sowohl § 13a als auch § 13b sind **zwingendes Recht.** Abweichende Ver- **32** einbarungen im Arbeitsvertrag des Leiharbeitnehmers oder im Verhältnis zwischen Verleiher und Entleiher sind daher **unwirksam** (*Hamann* RdA 2011, 321 (338); *Lembke* NZA 2011, 319 (322, 324)). Für den Zugang zu Gemeinschaftseinrichtungen und -diensten gem. § 13b ist dies in § 9 Nr. 2a ausdrücklich verankert. Eine entsprechende Vorschrift für die Informationspflicht gem. § 13a hat der Gesetzgeber dagegen vergessen. Auch für diese Pflicht kann jedoch nichts anderes gelten, da es sich um **zwingendes Recht** handelt (*Huke/Neufeld/Luickhardt* BB 2012, 961 (967); *Hamann* RdA 2011, 321 (336); *Lembke* NZA 2011, 319 (322); *Ulber* AuR 2010, 412 (415)). Durch die Unabdingbarkeit wird verhindert, dass Leiharbeitnehmer bereits bei Abschluss ihres Arbeitsvertrags mit dem Verleiher rechtswirksam von diesem angehalten werden könnten, auf ihr Zugangsrecht zu verzichten. Die Regelung soll damit zugleich verhindern, dass sich einzelne Verleiher **Wettbewerbsvorteile** dadurch verschaffen, dass ihre Leiharbeitnehmer von vornherein, oder wenn es der Entleiher später fordert, auf diese Rechte verzichten. Die Regelung trägt daher dazu bei, dass der Wettbewerb der Verleiher über die Qualität der Dienstleistung und nicht über die Arbeitsbedingungen der Leiharbeitnehmer im Entleiherbetrieb geführt wird (BT-Drs. 17/4804, 10).

V. Verstöße

1. Informationspflicht

33   **Verletzt** der Entleiher seine **Informationspflicht** bzgl. freier Stellen (§ 13a), hat der Leiharbeitnehmer **keinen Anspruch auf Einstellung** (*Hamann* RdA 2011, 321 (335); *Lembke* NZA 2011, 319 (321); *Zimmermann* ArbRAktuell 2011, 264 (265)). Der Entleiher ist dem Leiharbeitnehmer jedoch zum **Ersatz** des entstandenen **Schadens** gem. §§ 280 Abs. 1, 241 Abs. 2 BGB verpflichtet (*Hamann* RdA 2011, 321 (325); *Lembke* NZA 2011, 319 (321); *Zimmermann* ArbRAktuell 2011, 264 (265)). Allerdings dürfte ein Anspruch auf **entgangenen Gewinn** aufgrund einer höheren Vergütung der ausgeschriebenen Stelle in der Regel nicht bestehen. Eine Beweiserleichterung oder gar Beweislastumkehr bzgl. Kausalität und Schaden lässt sich aus § 13a nicht ableiten. Hier gelten die **normalen Beweisregeln** (*Kock* BB 2012, 323 (324); UGBH/*Hurst* § 13a Rn. 15; aA *Hamann* RdA 2011, 321 (335)). Allein aus einem Verstoß gegen die Informationspflicht lässt sich daher nicht ableiten, dass der Leiharbeitnehmer eingestellt worden wäre, da dem Arbeitnehmer zwar gleiche Chancen bei der Bewerbung eingeräumt werden sollen, die Auswahlentscheidung des Entleihers jedoch nicht eingeschränkt ist (*Zimmermann* ArbRAktuell 2011, 264 (265); vgl. auch *Lembke* NZA 2011, 319 (321)). Darüber hinaus steht dem Leiharbeitnehmer in Bezug auf die von ihm geschuldete Arbeitsleistung ein **Zurückbehaltungsrecht** nach § 273 Abs. 1 BGB zu (vgl. BAG 8.7.1971, DB 1971, 1822).

34   Der **Betriebsrat** im **Entleiherbetrieb** hat ein **Zustimmungsverweigerungsrecht** gem. § 99 Abs. 2 Nr. 1 BetrVG, wenn der Entleiher seine Informationspflicht gem. § 13a gegenüber dem Leiharbeitnehmer verletzt. Die Rechtsprechung zur Zustimmungsverweigerung bei Verletzung der Nachfragepflicht bei der Arbeitsagentur bzgl. schwerbehinderter Menschen gem. § 81 Abs. 1 SGB IX (BAG 23.6.2010, AP SGB IX § 81 Nr. 17) ist auf diesen Fall übertragbar (*Hamann* RdA 2011, 321 (336); *Ulber* § 13a Rn. 22; wohl auch *Lembke* NZA 2011, 319 (322); *Zimmermann* ArbRAktuell 2011, 264 (265)).

2. Zugangsrecht

35   Bei einer **Verletzung des Zugangsrechts** zu Gemeinschaftseinrichtungen und -diensten gem. § 13b besteht ein Anspruch auf **Schadensersatz,** zB wenn der Leiharbeitnehmer nicht am Essen in der Kantine des Entleihers teilnehmen durfte und sich daher teurer außerhalb des Betriebs versorgen musste oder von der kostenlosen Nutzung des Betriebsparkplatzes ausgeschlossen war (HessLAG 9.9.2016, NZA-RR 2017, 236 (237); *Hamann* RdA 2011, 321 (339); *Leuchten* NZA 2011, 608 (611)). Darüber hinaus steht dem Leiharbeitnehmer in Bezug auf die von ihm geschuldete Arbeitsleistung ein **Zurückbehaltungsrecht** nach § 273 Abs. 1 BGB zu (→ Rn. 31).

3. Ordnungswidrigkeit

36   Außerdem droht dem Entleiher ein **Bußgeld** in Höhe von **bis zu 2.500 EUR,** wenn er vorsätzlich oder fahrlässig die bei ihm tätigen Leiharbeitneh-

mer nicht, nicht richtig oder nicht vollständig über freie Arbeitsplätze informiert bzw. den Zugang zu den Gemeinschaftseinrichtungen und -diensten
nicht gewährt (§ 16 Abs. 1 Nr. 9 und Nr. 10 und Abs. 2).

VI. Rechtsschutz

Ebenso wie im Falle des § 13 sind im Falle der Verletzung der §§ 13a und 13b durch den Entleiher für eine **Klage des Leiharbeitnehmers** gegen den **Entleiher** die **Arbeitsgerichte** gem. § 2 Abs. 1 Nr. 3a ArbGG zuständig (→ § 13 Rn. 20). **37**

§ 14 Mitwirkungs- und Mitbestimmungsrechte

(1) Leiharbeitnehmer bleiben auch während der Zeit ihrer Arbeitsleistung bei einem Entleiher Angehörige des entsendenden Betriebs
des Verleihers.

(2) [1]Leiharbeitnehmer sind bei der Wahl der Arbeitnehmervertreter
in den Aufsichtsrat im Entleihunternehmen und bei der Wahl der
betriebsverfassungsrechtlichen Arbeitnehmervertretungen im Entleihbetrieb nicht wählbar. [2]Sie sind berechtigt, die Sprechstunden dieser Arbeitnehmervertretungen aufzusuchen und an den Betriebs- und
Jugendversammlungen im Entleiherbetrieb teilzunehmen. [3]Die §§ 81,
82 Abs. 1 und §§ 84 bis 86 des Betriebsverfassungsgesetzes gelten im
Entleiherbetrieb auch in bezug auf die dort tätigen Leiharbeitnehmer.
[4]Soweit Bestimmungen des Betriebsverfassungsgesetzes mit Ausnahme des § 112a, des Europäische Betriebsräte-Gesetzes oder der auf
Grund der jeweiligen Gesetze erlassenen Wahlordnungen eine
bestimmte Anzahl oder einen bestimmten Anteil von Arbeitnehmern
voraussetzen, sind Leiharbeitnehmer auch im Entleiherbetrieb zu
berücksichtigen. [5]Soweit Bestimmungen des Mitbestimmungsgesetzes, des Montan Mitbestimmungsgesetzes, des Mitbestimmungsergänzungsgesetzes, des Drittelbeteiligungsgesetzes, des Gesetzes über
die Mitbestimmung der Arbeitnehmer bei einer grenzüberschreitenden Verschmelzung des SE- und des SCE-Beteiligungsgesetzes oder
der auf Grund der jeweiligen Gesetze erlassenen Wahlordnungen eine
bestimmte Anzahl oder einen bestimmten Anteil von Arbeitnehmern
voraussetzen, sind Leiharbeitnehmer auch im Entleiherunternehmen
zu berücksichtigen. [6]Soweit die Anwendung der in Satz 5 genannten
Gesetze eine bestimmte Anzahl oder einen bestimmten Anteil von
Arbeitnehmern erfordert, sind Leiharbeitnehmer im Entleiherunternehmen nur zu berücksichtigen, wenn die Einsatzdauer sechs Monate
übersteigt.

(3) [1]Vor der Übernahme eines Leiharbeitnehmers zur Arbeitsleistung ist der Betriebsrat des Entleiherbetriebs nach § 99 des Betriebsverfassungsgesetzes zu beteiligen. [2]Dabei hat der Entleiher dem
Betriebsrat auch die schriftliche Erklärung des Verleihers nach § 12

Abs. 1 Satz 2 vorzulegen. ³Er ist ferner verpflichtet, Mitteilungen des Verleihers nach § 12 Abs. 2 unverzüglich dem Betriebsrat bekanntzugeben.

(4) **Die Absätze 1 und 2 Sätze 1 und 2 sowie Absatz 3 gelten für die Anwendung des Bundespersonalvertretungsgesetzes sinngemäß.**

Literatur: *Abend,* Mitbestimmungsrechtliche Bewertung von Arbeitnehmern in Gemeinschaftsbetrieben, DB 2017, 607; *Barth,* Mitbestimmungs- und Beteiligungsrechte des Betriebsrats bei der Beschäftigung von Leih- und Fremdfirmenarbeitnehmern, 1996; *Bauschke,* Die so genannte Fremdfirmenproblematik, NZA 2000, 1201; *Becker,* Betriebsverfassungsrechtliche Aspekte, beim Drittbezogenen Personaleinsatz, AuR 1982, 369 ff.; *Böhm,* Leiharbeitnehmer: Wahlrecht zum Betriebsrat im Kundenbetrieb?, DB 2006, 104; *Benecke,* Leiharbeitnehmer in der Betriebsverfassung des Entleiherbetriebs – das BAG zu Betriebszugehörigkeit und Schwellenwerten, FS f. Wank 2014, 27; *Brors,* „Leiharbeitnehmer wählen ohne zu zählen" – Eine kurzlebige Entscheidung, NZA 2003, 1380; *Brose,* Die betriebsverfassungsrechtliche Stellung von Leiharbeitnehmern nach den Änderungen des AÜG, NZA 2005, 797; *Bulla,* Das Wahlrecht von Leiharbeitnehmern bei Betriebsratswahlen, DB 1975, 1795; *Bungert/Rogier,* Berücksichtigung von Leiharbeitnehmern bei den Schwellenwerten für die unternehmerische Mitbestimmung nach dem AÜG-Änderungsgesetz, DB 2016, 3022; *Dewender,* Betriebsfremde Arbeitnehmer in der Betriebsverfassung unter besonderer Berücksichtigung der unechten Leiharbeitnehmer, Diss. Bochum 2003; *Dörner,* Der Leiharbeitnehmer in der Betriebsverfassung, FS f. Wißmann 2005, 286; *Düwell/Dahl,* Mitbestimmung des Betriebsrats beim Einsatz von Leiharbeitnehmern, NZA-RR 2011, 1; *Erdlenbruch,* Die betriebsverfassungsrechtliche Stellung gewerbsmäßig überlassener Arbeitnehmer, 1992; *Hamann,* „Entwurf eines Gesetzes zur Änderung des AÜG und anderer Gesetze" vom 17.2.2016, ArbuR 2016, 136; *Heinze,* Rechtsprobleme des sog. echten Leiharbeitsverhältnisses, ZfA 1976, 183; *Hennige,* Betriebliche Mitbestimmung bei Arbeitnehmerüberlassung nach Reform des BetrVG, in Bauer/Rieble, Arbeitsrecht, 2001, S. 59; *Henssler,* Aufspaltung, Ausgliederung und Fremdvergabe, NZA 1994, 294; *Kleinebrink,* Der Einsatz von Leiharbeitnehmern zwischen unternehmerischer Freiheit und Rechtsmissbrauch, FA 2007, 293; *Körner,* Neue Betriebsratsrechte bei atypischer Beschäftigung, NZA 2006, 573; *Kort,* Informationsrechte von Betriebsräten bei Arbeitnehmerüberlassung, DB 2010, 1291; *Kraft,* Fragen zur betriebsverfassungsrechtlichen Stellung von Leiharbeitnehmern, FS f. Pleyer 1986, 383; *ders.,* Betriebsverfassungsrechtliche Probleme bei der Arbeitnehmerüberlassung, FS f. Konzen 2006, 439; *Kreuder,* Fremdfirmeneinsatz und Beteiligung des Betriebsrats, AuR 1993, 316; *Leisten,* Einstweilige Verfügung zur Sicherung von Mitbestimmungsrechten des Betriebsrats beim Einsatz von Fremdfirmen, BB 1992, 266; *Leuchten,* Zur Zustimmung des Betriebsrats bei der Einstellung von Leiharbeitnehmern, FS. f. Deutschen Anwaltsverein 2006, 927; *Linsenmaier/Kiel,* Der Leiharbeitnehmer in der Betriebsverfassung – „Zwei-Komponenten-Lehre" und normzweckorientierte Gesetzesauslegung, RdA 2014, 135; *Maschmann,* Fremdpersonaleinsatz im Unternehmen und die Flucht in den Werkvertrag, NZA 2013, 1305; *Mayer-Maly,* Das Leiharbeitsverhältnis, ZfA 1972, 1; *Oberthür,* Die neuen Rechte des Betriebsrats bei drittbezogenen Personaleinsatz, ArbRB 2014, 112; *Oetker,* Arbeitnehmerüberlassung und Unternehmensmitbestimmung im entleihenden Unternehmen nach § 14 II 5 und 6 AÜG, NZA 2017, 29; *Prütting,* Unterlassungsanspruch und einstweilige Verfügung in der Betriebsverfassung, RdA 1995, 257; *Reichold,* „Wählen heißt auch Zählen", FS. f. von Hoyningen-Huene 2014, 413; *Reineke,* Arbeitnehmerüberlassungsgesetz – Reformbedarf nach den Hartz-Reformen?, FS f. Löwisch 2007, 211; *Säcker,* Arbeitnehmerüberlassung im Konzern und Betriebsorganisation, FS f. Quack, S. 421; *Schubert/Liese,* Berücksichtigung von Leiharbeitnehmern bei den Schwellenwerten der Unternehmensmitbestimmung, NZA 2016, 1297; *Stück,* Was der Entleiher beachten muss, AuA 2005, 336; *von Tiling,* Beteiligungsrechte beim Einsatz von Leiharbeitnehmern, BB 2009, 2422; *Wagner,* Die werkvertragsbedingte Beschäftigung betriebsfremder Arbeitnehmer als Einstellung i. S. d. § 99 BetrVG, AuR 1992, 42; *Wassermann/Rudolph,* Leiharbeit als Gegenstand betrieblicher Mitbestimmung, Arbeitspapier 148 Hans-Böckler Stiftung; *Wensing/Freise,* Beteiligungsrechte des Betriebsrats bei der Übernahme von Leiharbeitnehmern, BB 2004, 2238; *Willlemsen/Mehrens,* Beabsichtigte Neuregelung des Frempersonaleinsatzes – Mehr Bürokratie wagen?, NZA 2015, 897; *Windbichler,* Mitbestimmung des Betriebsrats bei der Beschäftigung von Leiharbeitnehmern, DB 1975, 739.

Übersicht

I. Allgemeines

1. Entstehungsgeschichte

1   Bei Inkrafttreten des AÜG enthielt § 14 einen Straftatbestand bei Verletzung von Geheimhaltungspflichten. Durch das **Gesetz zur Bekämpfung
illegaler Beschäftigung** vom 15.12.1981 (BGBl. I S. 1390, in Kraft getreten
am 1.1.1982) wurde die Norm ersetzt und regelt seitdem die betriebsverfassungsrechtliche Stellung des Leiharbeitnehmers. Die dort niedergelegten
Regelungen waren durch den Gesetzgeber nicht gänzlich neu geschaffen

worden, sondern kodifizierten die vorangegangenen Entscheidungslinien der **Rechtsprechung:** In seiner Entscheidung vom 14.5.1974 (AP BetrVG 1972 § 99 Nr. 2 m. zust. Anm. *Kraft*) stellte das BAG fest, dass bei der Einstellung von Leiharbeitnehmern gemäß den Bestimmungen des AÜG der Betriebsrat des Entleihbetriebs gem. § 99 BetrVG zu beteiligen ist. Diese Regelung findet sich heute in § 14 Abs. 3 S. 1. In einer weiteren Entscheidung vom 6.6.1978 (AP BetrVG 1972 § 99 Nr. 6 m. im Ergebnis zust. Anm. *Löwisch/Mikosch*) befand das BAG, dass ein Arbeitgeber, der Leiharbeitnehmer beschäftigen will, seinem Betriebsrat Einsicht in die Arbeitnehmerüberlassungsverträge gewähren muss, während eine Auskunft über die Verträge zwischen Leiharbeitnehmer und Verleiher nicht verlangt werden konnte. Mit der Reichweite des Auskunftsanspruchs des Betriebsrats gegenüber dem Arbeitgeber befassen sich die heutigen Vorschriften des § 14 Abs. 3 S. 2 und 3.

Noch einmal geändert wurde die Norm durch das **Betriebsverfassungs-** **2** **reformgesetz** vom 23.7.2001 (BGBl. I S. 1852, in Kraft getreten am 28.7.2001). Dadurch wurde die Bestimmung in Abs. 2 Satz 1, wonach Leiharbeitnehmer im Entleihbetrieb nicht wahlberechtigt sind, aufgehoben; nunmehr ist allein das passive Wahlrecht ausgeschlossen. § 7 S. 2 BetrVG gewährt das aktive Wahlrecht auch dem Leiharbeitnehmer, der länger als drei Monate im Betrieb eingesetzt ist. Seit dem **Job-AQTIV-Gesetz** vom 14.12.2001 (BGBl. I S. 3443) gilt die Vorschrift auch für die Wahl der Arbeitnehmervertreter im Aufsichtsrat. Das **Erste Gesetz für moderne Dienstleistungen am Arbeitsmarkt** vom 23.12.2002 (BGBl. I S. 4607, „Hartz I") hat auf den Wortlaut des § 14 keinen Einfluss gehabt (zu den betriebsverfassungsrechtlichen Auswirkungen durch dieses Gesetz *Hamann* NZA 2003, 526 ff.). Auch die Umsetzung der **Leiharbeitsrichtlinie 2008/104/EG** hat nicht zu Änderungen des § 14 geführt, da der Gesetzgeber davon ausging, dass kein Anpassungsbedarf besteht. Die Leiharbeitsrichtlinie trifft in Art. 7 Regelungen zur Berücksichtigung von Leiharbeitnehmern bei Schwellenwerten (→ Rn. 16, 63) und in Art. 8 Regelungen zur Unterrichtung der Arbeitnehmervertreter (→ Rn. 160). Zum (aktiven und passiven) Wahlrecht äußert sie sich nicht, sodass der nationale Gesetzgeber hier in der Gestaltung frei ist.

2. Gesetzeszweck und Normstruktur

§ 14 will die betriebsverfassungsrechtlichen Fragen beantworten, die **3** durch die **Aufspaltung der Arbeitgeberbefugnisse** zwischen Verleiher und Entleiher entstehen. Für ein Bedürfnis nach betrieblichen Rechten ist es oftmals nicht entscheidend, ob zwischen dem Betriebsinhaber und einem Arbeitnehmer ein Vertragsverhältnis besteht (was im Verhältnis zwischen Entleiher und Leiharbeitnehmer gerade nicht der Fall ist), sondern es reicht, dass der (Leih-)Arbeitnehmer in nennenswerter Weise von den kollektiven Regelungen im Betrieb des Entleihers betroffen ist. Folgerichtig hängt nunmehr nach § 7 S. 2 BetrVG das aktive Wahlrecht lediglich davon ab, dass der (Leih-)Arbeitnehmer länger als drei Monate „eingesetzt" wird. Damit wird eine hinreichende Betroffenheit des Leiharbeitnehmers vermutet, um ihm gewisse Rechte der Betriebsverfassung zu gewähren. Daher dürfte die Festschreibung der Mitbestimmungs- und Mitwirkungsregelungen nach § 14 Abs. 2 und 3 nicht konstitutiv, sondern deklaratorisch sein (ebenso für Abs. 2 Satz 2 und 3 und Abs. 3, Boemke/Lembke/*Boemke* § 14 Rn. 2 aA ErfK/ *Wank* § 14 Rn. 5); weil der verliehene Arbeitnehmer durch seine Verleihung dem Betriebszweck des Verleihunternehmens dient, gilt dies auch für Abs. 1 (so auch *Ulber* § 14 Rn. 2; Boemke/Lembke/*Boemke* § 14 Rn. 2 und 11).

4   Mit der Gewährung des aktiven Wahlrechts verband der Gesetzgeber den **Zweck,** den Leiharbeitnehmer betriebsverfassungsrechtlich aus der Randbelegschaft an die Stammbelegschaft heranzuführen, ohne ihn als Arbeitnehmer des Entleihbetriebs einzustufen; seine betriebsverfassungsrechtliche Stellung im Entleiherbetrieb bleibt unberührt (BT-Drs. 14/5741, 28).

5   Seiner **Struktur** nach regelt § 14 in seinem Abs. 1 den Grundsatz, dass Leiharbeitnehmer Angehörige des Verleiherbetriebs bleiben, so dass der Arbeitnehmer auch während der Zeit seiner Überlassung in vollem Umfang der Betriebsverfassung des Verleiherbetriebs zuzuordnen ist und bleibt. Vor diesem Grundsatz regeln die Abs. 2 und 3, dass bestimmte betriebsverfassungsrechtliche Rechte des Leiharbeitnehmers und des Entleiherbetriebsrats hinzutreten. Die nur punktuelle Regelung einzelner Mitbestimmungstatbestände der Rechte von Leiharbeitnehmer und Entleiherbetriebsrat in Abs. 2 und 3 legt zwar die Vermutung nahe, dass sie abschließend geregelt worden ist; *enumeratio unius est exclusio alterius.* Dennoch geht die ganz hM davon aus, dass § 14 AÜG die **betriebsverfassungsrechtliche Zuordnung** der Leiharbeitnehmer nicht abschließend regelt (BAG 15.12.1992, AP AÜG § 14 Nr. 7; *Becker/Wulfgramm* Art. 1 § 14 Rn. 4 und 109; *Ulber* § 14 Rn. 2; ErfK/ *Wank* § 14 Rn. 4; *Fitting* BetrVG § 5 Rn. 238; *Hanau* NJW 2001, 2513 (2515); *Konzen* ZfA 1982, 259 (277); für analoge Anwendung GK-BetrVG/ *Raab* § 5 Rn. 23; s. auch BT-Drs. 9/847, 9). Allerdings erfolgt betriebsverfassungsrechtlich keine völlige Gleichstellung mit der Stammbelegschaft (*Stege/ Weinspach/Schiefer* BetrVG § 7 Rn. 5a aE), weil das fehlende vertragliche Band des Leiharbeitnehmers zum Entleiher von vornherein bestimmte auf den Arbeitsvertrag abstellende Mitbestimmungstatbestände (wie zB § 87 Abs. 1 Nr. 4 BetrVG) ausschließt.

3. Anwendungsbereich

6   Der Anwendungsbereich des § 14 bezieht sich auf die erlaubte wirtschaftliche Arbeitnehmerüberlassung iSv § 1 Abs. 1 iVm Abs. 3.

7   **a) Nicht wirtschaftliche Arbeitnehmerüberlassung.** Über ihren durch § 1 Abs. 1 S. 1 gezogenen Anwendungsbereich hinaus findet § 14 nach herrschender Meinung **auf nicht wirtschaftliche** Arbeitnehmerüberlassung **entsprechende Anwendung** (BAG 18.1.1989, AP AÜG § 14 Nr. 2; 28.9.1988, AP BetrVG 1972 § 99 Nr. 60; *F. Becker* AuR 1982, 369 (378); *Stege/Weinspach/Schiefer* BetrVG § 7 Rn. 5 aE; *Richardi* BetrVG § 5 Rn. 100; *Becker/Wulfgramm* § 14 Rn. 20; *Urban-Crell/Schulz* Rn. 909; *Konzen* RdA 2001, 76 (83); diff. Schüren/Hamann/*Hamann* § 14 Rn. 439 ff.; aA *Fitting* BetrVG § 5 Rn. 233, 236 f.: Leiharbeitnehmer kann bei echter Leiharbeit auch das passive Wahlrecht im Betrieb des Entleihers erwerben; einschrän-

kend GK-BetrVG/*Kreutz*/*Raab* § 7 Rn. 71). Dem ist im Grundsatz zu folgen: Ob ein Verleiher wirtschaftlich oder nicht wirtschaftlich handelt, ist für die betriebsverfassungsrechtliche Stellung eines Leiharbeitnehmers im Entleiherbetrieb rechtlich unbeachtlich, denn auch bei einer nicht wirtschaftlichen Überlassung wird der Leiharbeitnehmer vorübergehend in die Betriebsorganisation des Entleihers unter Fortbestand seiner arbeitsvertraglichen Beziehungen zu dem Verleiher eingegliedert. Hingewiesen wird auf die Entwurfsbegründung zum BetrVerf-Reformgesetz, wonach die Neuregelung des § 7 S. 2 BetrVG lediglich „insbesondere Leiharbeitnehmern im Sinne des Arbeitnehmerüberlassungsgesetzes" zu Gute kommen solle (BT-Drs. 14/5741, 36; vgl. *Stege*/*Weinspach*/*Schiefer* BetrVG § 7 Rn. 7; Hess/*Schlochauer*/Worzalla/ Glock, 6. Aufl. 2003, BetrVG § 7 Rn. 24). Wegen der Vergleichbarkeit der Interessenlage hält das BAG es daher für geboten, die Vorschrift des § 14 AÜG, allerdings mit Ausnahme des § 14 Abs. 3 S. 2 und 3, auch auf die gesetzlich nicht geregelten Erscheinungsformen der nichtwirtschaftlichen (seinerzeit „nicht gewerbsmäßigen") Arbeitnehmerüberlassung anzuwenden (BAG 22.3.2000, AP AÜG § 14 Nr. 8). Dasselbe gilt nach dem Territorialprinzip bei der Überlassung ausländischer Arbeitnehmer an einen deutschen Entleiher, allerdings nicht für einen Arbeitnehmer aus Deutschland, der einem im Ausland gelegenen – wenn auch deutschen – Unternehmen überlassen wird, es sei denn, dass sich die Auslandstätigkeit als „Ausstrahlung" des Inlandsbetriebs darstellt (BAG 22.3.2000, AP AÜG § 14 Nr. 8 mwN unter B II 2a ee; allg. Schüren/Hamann/*Schüren* Einl. 643 ff.). Nach aA (GK-BetrVG/*Kreutz*/*Raab* BetrVG § 7 Rn. 71) soll wegen der Vielgestaltigkeit der Rechtsbeziehungen außerhalb der wirtschaftlichen Arbeitnehmerüberlassung iSd AÜG für die Anwendbarkeit des § 14 darauf abgestellt werden, ob im Einzelfall etwa zwei Arbeitsverhältnisse oder ein Doppelarbeitsverhältnis entstehen bzw. ob und in welchem Umfang die Arbeitgeberstellung zwischen Vertragsarbeitgeber und dem Inhaber des Drittbetriebs aufgespalten ist. Abzulehnen ist eine entsprechende Anwendung des Abs. 1, denn anders als der wirtschaftlich verliehene Arbeitnehmer dient der nicht wirtschaftlich verliehene Arbeitnehmer durch seine Verleihe nicht dem Betriebszweck des Verleiherbetriebs. Dieses aber ist entscheidendes Kriterium der Betriebszugehörigkeit, auch → Rn. 60.

b) Unerlaubte wirtschaftliche Arbeitnehmerüberlassung. Die Vorschrift des § 14 AÜG findet **bei unerlaubter wirtschaftlicher Arbeitnehmerüberlassung** nach verbreiteter Ansicht gleichfalls **entsprechende Anwendung** (BAG 28.9.1988, AP BetrVG 1972 § 99 Nr. 60; *Becker*/*Wulfgramm* § 14 Rn. 125 f.; aA *Richardi* BetrVG § 5 Rn. 99; Schüren/Hamann/ *Hamann* § 14 Rn. 14; Boemke/Lembke/*Boemke* § 14 Rn. 5; GK-BetrVG/ *Kreutz* § 7 Rn. 70; DKKW/*Trümner* BetrVG § 5 Rn. 93; in diese Richtung auch *Stege*/*Weinspach*/*Schiefer* BetrVG § 5 Rn. 6). Die entsprechende Anwendung ist jedoch abzulehnen (Boemke/Lembke/*Boemke* § 14 Rn. 6 f., Schüren/Hamann/*Hamann* § 14 Rn. 502 ff. und *Becker*/*Wulfgramm* Art. 1 § 14 Rn. 23 ff.) unterscheiden danach, ob die Rechtsbeziehung zwischen dem Verleiher und dem Entleiher wie eine erlaubte vollzogen wird, indem von

8

der Wirksamkeit des Überlassungsvertrags ausgegangen oder die Überlassung als Werkvertrag durchgeführt wird (dann soll eine doppelte Betriebszugehörigkeit des Leiharbeitnehmers bestehen) – oder aber der Leiharbeitnehmer nur noch als Arbeitnehmer des Entleihers behandelt wird (dann soll die Betriebszugehörigkeit zum Verleiherbetrieb beendet sein und der Arbeitnehmer dort weder wählbar noch wahlberechtigt sein). Richtigerweise **endet** jedoch in beiden Fällen die **Betriebszugehörigkeit zum Verleiherbetrieb,** denn das kraft gesetzlicher Fiktion nach § 10 Abs. 1 AÜG zwischen dem Leiharbeitnehmer und dem Entleiher zustande gekommene Arbeitsverhältnis steht einem vertraglich begründeten Arbeitsverhältnis gleich und kann, wenn es unbefristet ist, nur durch Kündigung oder durch Auflösungsvertrag beendet werden (BAG 30.1.1991, AP AÜG § 10 Nr. 8). Ein Bedürfnis, den Leiharbeitnehmer auch bei „vollzogenem" Überlassungsvertrag dem Verleiherbetrieb zuzuordnen, besteht dann nicht mehr. Über die reguläre Betriebszugehörigkeit zum Entleiherbetrieb ist er hinreichend geschützt; dem Zweck des § 14 AÜG ist damit genügt.

9   **c) Fremdfirmeneinsatz auf Grund eines Dienst- oder Werkvertrages.** Nach der Formulierung des BAG (30.1.1991, AP AÜG § 10 Nr. 8; ähnl. BAG 15.6.1983, DB 1983, 2420) wird der **Fremdfirmenarbeiter** (auch: Unternehmerarbeiter) dadurch von der Arbeitnehmerüberlassung abgegrenzt, dass beim drittbezogenen Personaleinsatz von Fremdfirmenarbeitnehmern der Unternehmer (Arbeitgeber) **auf Grund eines Dienst- oder Werkvertrages** die zur Erreichung eines wirtschaftlichen Erfolges notwendigen Handlungen selbst organisiert und sich dabei seiner Arbeitnehmer als Erfüllungshilfen bedient; er bleibt für die Erfüllung der im Vertrag mit dem Dritten vorgesehenen Dienste oder für die Herstellung des dem Dritten vertraglich geschuldeten Werkes verantwortlich. Dagegen liegt Arbeitnehmerüberlassung vor, wenn der Arbeitgeber dem Dritten geeignete Arbeitskräfte überlässt, die der Dritte nach eigenen betrieblichen Erfordernissen in seinem Betrieb nach seinen Weisungen einsetzt. Dabei entscheidet über die rechtliche Einordnung eines Vertrages als Arbeitnehmerüberlassungsvertrag oder als Werk- oder Dienstvertrag der Geschäftsinhalt und nicht die von den Vertragsparteien gewünschte Rechtsfolge oder eine Bezeichnung, die dem tatsächlichen Geschäftsinhalt nicht entspricht. Widersprechen sich beide, so ist die **tatsächliche Durchführung** des Vertrages maßgebend, weil sich aus der praktischen Handhabung der Vertragsbeziehungen am ehesten Rückschlüsse darauf ziehen lassen, von welchen Rechten und Pflichten die Vertragsparteien ausgegangen sind, was sie also wirklich gewollt haben (BAG 30.1.1991, AP AÜG § 10 Nr. 8; *Stege/Weinspach/Schiefer* BetrVG § 7 Rn. 8; BAG 6.8.2003, AP AÜG § 9 Nr. 6. Zu Abgrenzungskriterien s. auch *Fitting* BetrVG § 5 Rn. 277 ff.; *Richardi* BetrVG § 5 Rn. 36 ff.; HWK/*Thüsing* BGB Vor § 611 Rn. 7 ff.).

10   In einem solchen Fall greifen die Vorschriften des AÜG nicht ein und finden nach ganz hM auch **keine entsprechende Anwendung** (BAG 30.1.1991, AP AÜG § 10 Nr. 8; Schüren/Hamann/*Hamann* § 14 Rn. 541 ff. mwN; *Fitting* BetrVG § 5 Rn. 273; *Stege/Weinspach/Schiefer* BetrVG § 7

Rn. 8; Boemke/Lembke/*Boemke* § 14 Rn. 8; *Hanau* RdA 2001, 65 (68); ähnl. *Maschmann* DB 2001, 2446). Nach *Ulber* § 14 Rn. 6 soll stets zu prüfen sein, ob nicht auch auf Fremdfirmenarbeiter Bestimmungen des BetrVG anzuwenden sind, die nicht ein Arbeitsverhältnis zum Einsatzbetrieb voraussetzen. Jedenfalls aber scheidet ein Mitbestimmungsrecht des Betriebsrats nach § 99 BetrVG aus (Boemke/Lembke/*Boemke* § 14 Rn. 9), auch → Rn. 40 ff.

d) Andere Formen des Fremdfirmeneinsatzes. Der Fremdfirmenein- **11** satz kann auch in der Weise geschehen, dass der Arbeitnehmer gem. § 1 Abs. 1 S. 2 zu einer „zur Herstellung eines Werkes gebildeten Arbeitsgemeinschaft" **(ARGE)** abgeordnet wird, was unter den weiteren Voraussetzungen der Vorschrift keine Arbeitnehmerüberlassung darstellt. In diesem Fall finden die Bestimmungen des § 14 keine, auch **keine analoge Anwendung** (Boemke/ Lembke/*Boemke* § 14 Rn. 10; Schüren/Hamann/*Hamann* § 14 Rn. 460; *Ulrici* § 14 Rn. 11). Von den meisten Vorschriften über die Arbeitnehmerüberlassung entbindet ferner **§ 1 Abs. 3** gewisse Erscheinungsformen. Auch auf derartige Konstellationen findet § 14 keine entsprechende Anwendung (Schüren/Hamann/*Hamann* § 14 Rn. 477 ff.). In beiden Fällen eine planwidrige Regelungslücke anzunehmen, ist bereits deshalb ausgeschlossen, weil der Gesetzgeber die genannten Erscheinungsformen explizit und absichtlich aus dem Geltungsbereich bestimmter Vorschriften herausgenommen hat.

II. Die Zuordnung des Leiharbeitnehmers zum Verleiherbetrieb (Abs. 1)

Nach § 14 Abs. 1 bleiben Leiharbeitnehmer „auch während der Zeit ihrer **12** Arbeitsleistung bei einem Entleiher" Angehörige des entsendenden Betriebs des Verleihers. Diese Vorschrift enthält eine doppelte Zuordnung, nämlich zum einen im Verhältnis Verleiher – Entleiher, zum anderen bei Bestehen mehrerer Betriebe des Verleihers zu einem dieser Betriebe. Die **Zuständigkeit des Betriebsrats im Verleiherbetrieb oder des Betriebsrats im Entleiherbetrieb** für die Wahrnehmung von Mitbestimmungsrechten in Bezug auf Leiharbeitnehmer bestimmt sich nach dem Gegenstand des geltend gemachten Mitbestimmungsrechts und der darauf bezogenen Entscheidungsmacht des jeweiligen Arbeitgebers (BAG 24.8.2016, NZA 2017, 269).

1. Allgemeines

Umstritten war und ist, ob der Leiharbeitnehmer ausschließlich betriebs- **13** zugehörig zum Entleiherbetrieb ist, oder ob es zu einer doppelten Betriebszugehörigkeit sowohl im Verleiher- als auch im Entleiherbetrieb kommt (ausführlich dazu Schüren/Hamann/*Hamann* § 14 Rn. 29 ff.).

Nach der Rechtsprechung des BAG ist ein Arbeitnehmer, wenn er von **14** seinem Vertragsarbeitgeber einem anderen Betriebsinhaber zur Arbeitsleistung überlassen und in dessen Betrieb eingegliedert wird, gem. § 14 Abs. 1 AÜG betriebsverfassungsrechtlich dem Betrieb des Vertragsarbeitgebers zugeordnet **(einfache Betriebszugehörigkeit zum Verleiherbetrieb),** und zwar auch im Fall der gesetzlich nicht geregelten Erscheinungsformen der nicht wirtschaftlichen Arbeitnehmerüberlassung (BAG 22.3.2000, EzA § 14 AÜG Nr. 4; 28.3.2001, AP BetrVG 1972 § 7 Nr. 5; MHdB ArbR/ *Schüren* § 318 Rn. 127; ErfK/*Wank* § 14 Rn. 4; GK-BetrVG/*Kreutz* § 7 Rn. 59 f.; hierzu aA → Rn. 15). So bleiben bspw. Arbeitnehmer eines konzernangehörigen Unternehmens diesem selbst dann zugeordnet, wenn es in Form einer Personalführungsgesellschaft ausschließlich die Aufgabe hat, seine Arbeitnehmer anderen Konzernunternehmen im In- und Ausland zur Arbeitsleistung ohne eigene Gewinnerzielungsabsicht zu überlassen (vgl. BAG 20.4.2005, EzA § 14 AÜG Nr. 5; wohl auch LAG Schleswig-Holstein 24.5.2007, BeckRS 2009, 60183). Aus § 14 Abs. 1 schließt man daher, dass der Leiharbeitnehmer uneingeschränkt dem Verleiherbetrieb zugeordnet sei. Eine doppelte Zugehörigkeit führe zu Kompetenzabgrenzungsproblemen, die das Betriebsverfassungsrecht gerade vermeiden wolle (ErfK/*Wank* § 14 Rn. 4). Werde ein Arbeitnehmer von seinem Vertragsarbeitgeber einem anderen Betriebsinhaber zur Arbeitsleistung überlassen und von diesem in dessen Betriebsorganisation tatsächlich eingegliedert, so begründe dies grundsätzlich keine betriebsverfassungsrechtliche Zugehörigkeit zum Betrieb des fremden Betriebsinhabers. Dies zeige gerade auch § 14 Abs. 1, wonach Leiharbeitnehmer auch während der Zeit ihrer Arbeitsleistung bei einem Entleiher Angehörige des entsendenden Betriebs des Verleihers blieben. Der Gesetzgeber messe damit im Falle der bei einem Leiharbeitsverhältnis zwischen dem Verleiher als Vertragsarbeitgeber und dem Entleiher als tatsächlichem Arbeitgeber eintretenden Aufspaltung der Arbeitgeberfunktion unter betriebsverfassungsrechtlichen Gesichtspunkten der auf vertraglichen Grundlagen beruhenden Rechtsbeziehung zum Verleiher ein größeres Gewicht bei als der tatsächlichen Eingliederung in den Betrieb des Entleihers (BAG 22.3.2000, EzA § 14 AÜG Nr. 4; 18.1.1989, AP BetrVG 1972 § 9 Nr. 1, unter B II 1b). Der tatsächlichen Eingliederung trage der Gesetzgeber insofern Rechnung, als durch § 14 Abs. 2 S. 2 und 3 dem Leiharbeitnehmer einzelne betriebsverfassungsrechtliche Rechte im Entleiherbetrieb zugebilligt würden; eine vollständige Betriebszugehörigkeit des Leiharbeitnehmers zum Entleiherbetrieb werde dadurch jedoch nicht begründet (BAG 22.3.2000, EzA § 14 AÜG Nr. 4; 18.1.1989, AP BetrVG 1972 § 9 Nr. 1, unter B II 1b mwN; BAG 25.11.1992, AP GesamthafenbetriebsG § 1 unter B I Nr. 8).

15   Dennoch gehen prominente Stimmen des Schrifttums von einer **doppelten Betriebszugehörigkeit** des überlassenen Leiharbeitnehmers aus (ausführlich Schüren/Hamann/*Hamann* § 14 Rn. 31 ff.; Boemke/Lembke/ *Boemke* § 14 Rn. 57 ff.; *Ulber* § 14 Rn. 9; *Urban-Crell/Schulz* Rn. 1023). Danach knüpft die Betriebszugehörigkeit nicht an die arbeitsrechtlichen Hauptleistungspflichten an, sondern an das tatsächliche Tätigwerden als Arbeitnehmer im fremden Betrieb, mithin an die Weisungszuständigkeit (Boemke/Lembke/*Boemke* § 14 Rn. 59). Weil der Leiharbeitnehmer von individuell nicht regelbaren, kollektiven Arbeitsbedingungen betroffen ist, bedarf es einer betriebsverfassungsrechtlichen Mitwirkungsmöglichkeit bei der Willensbildung des sein Direktionsrecht ausübenden Arbeitgebers. Dies ist im Fall der Arbeitnehmerüberlassung nicht nur bei dem Arbeitgeber im

Entleiherbetrieb, sondern auch bei demjenigen im Verleiherbetrieb der Fall, denn dieser verliert sein Direktionsrecht nicht völlig; der Arbeitnehmer bleibt auch dort von gewissen kollektiven Arbeitsbedingungen betroffen. Dieser Auffassung scheint sich der Gesetzgeber zumindest für den Personenkreis des § 7 S. 2 BetrVG angeschlossen zu haben, indem er diesen Leiharbeitnehmern ein doppeltes Wahlrecht einräumt.

Konsequenz des § 14 Abs. 1 ist, dass der Leiharbeitnehmer im Verleiherbe- **16** trieb für die **Zahl der Belegschaftsmitglieder** zu berücksichtigen ist (Boemke/Lembke/*Boemke* § 14 Rn. 13). Dies entspricht der Anforderung von Art. 7 Abs. 1 der Leiharbeitsrichtlinie. Schwierigkeiten könnten sich allenfalls daraus ergeben, dass sich in Deutschland keine explizite gesetzliche Regelung findet, die die Anforderungen der Richtlinie umsetzt. Dies ist aber hier unschädlich, da die Rechtslage dennoch eindeutig ist (allgemein zu den Erfordernissen einer ordnungsgemäßen Umsetzung ausführlich *Thüsing/Lambrich* BB 2002, 829). Zur Berücksichtigung bei der Betriebsratsgröße im Entleiherbetrieb − einer Konsequenz der doppelten Betriebszugehörigkeit, → Rn. 63 ff.

2. Rechte des Leiharbeitnehmers im Verleiherbetrieb

Gemäß § 14 Abs. 1 bleibt der Leiharbeitnehmer auch während der Zeit **17** seiner Arbeitsleistung bei einem Entleiher Angehöriger des entsendenden Betriebs des Verleihers. Damit ist ein Leiharbeitnehmer hinsichtlich seiner **wahlrechtlichen Stellung** im Verleiherbetrieb unter den allgemeinen Voraussetzungen der §§ 7 f. BetrVG sowohl wahlberechtigt als auch wählbar (GK-BetrVG/*Kreutz* § 7 Rn. 59; Richardi/*Thüsing* BetrVG § 7 Rn. 11; Boemke/Lembke/*Boemke* § 14 Rn. 15; *Urban-Crell/Schulz* Rn. 908; *Becker/Wulfgramm* § 14 Rn. 29; Schüren/Hamann/*Hamann* § 14 Rn. 115).

Dem Leiharbeitnehmer stehen im Verleiherbetrieb sämtliche **betriebliche 18 Individualansprüche** nach den **§§ 81 ff. BetrVG** zu (Richardi/*Thüsing* BetrVG vor § 81 Rn. 4; *Ulber* § 14 Rn. 19 ff.; *Fitting* BetrVG § 81 Rn. 2; Boemke/Lembke/*Boemke* § 14 Rn. 18). Hinsichtlich aller Individualansprüche gilt, dass sie nur dann im Betrieb des Verleihers geltend gemacht werden können, wenn sie auf Grund von **Umständen im Verleiherbetrieb** erhoben werden. Daher besteht zB kein Anspruch darauf, dass sich der Leiharbeitnehmer bei dem Verleiher über Umstände beschwert, die ihren Ursprung im Betrieb des Entleihers haben (aA Boemke/Lembke/*Boemke* § 14 Rn. 23; Schüren/Hamann/*Hamann* § 14 Rn. 136) − der Verleiher wird freilich gut daran tun, solchen Beschwerden dennoch Gehör zu schenken.

Zu Gunsten des Leiharbeitnehmers besteht auch das uneingeschränkte **19** Recht, an **Versammlungen** im Verleiherbetrieb teilzunehmen, etwa an Betriebs- bzw. Abteilungsversammlungen nach § 42 BetrVG oder an der Jugend- und Auszubildendenversammlung nach §§ 71, 42 BetrVG. Außerdem ist er befugt, die von dem Betriebsrat des Verleihers abgehaltenen **Sprechstunden** unter den allgemeinen Bedingungen (§ 39 BetrVG) aufzusuchen. Zu beachten ist hierbei, dass der Leiharbeitnehmer die Sprechstunde im Verleiherbetrieb nur im **Zusammenhang mit Umständen** aufsuchen darf (und nur dann besteht die Erforderlichkeit iSv § 39 Abs. 3 BetrVG), die ihre Ursache **im Verleiherbetrieb** haben (Boemke/Lembke/*Boemke* § 14 Rn. 16; aA Schüren/Hamann/*Hamann* § 14 Rn. 120). Für die Frage, ob der Leiharbeitnehmer die Sprechstunden des Verleiherbetriebsrats aufsuchen darf, kommt es nicht darauf an, von welchem Betriebsrat sich der Leiharbeitnehmer eine „bessere Beratung" erhofft, sondern auf die sachliche Zuständigkeit des Betriebsrats. Die jedoch erstreckt sich schon mangels Legitimation nicht auf Umstände in einem fremden Betrieb. Die Frage der Vergütungspflicht für die Dauer der Zeit, in der die Sprechstunde des Verleiherbetriebsrats aufgesucht wird, kann durch den Überlassungsvertrag geregelt werden. Ist dies nicht der Fall, so ist der Entleiher berechtigt, die Überlassungsvergütung entsprechend zu kürzen, wenn die Sprechstunde des Verleiherbetriebsrats aufgesucht wird (*Becker/Wulfgramm* § 14 Rn. 44; *Ulber* § 14 Rn. 15; Boemke/Lembke/*Boemke* § 14 Rn. 18; aA Schüren/Hamann/*Hamann* § 14 Rn. 122; ErfK/*Wank* § 14 Rn. 9). Sodann ist es Sache des Verleihers, zu beurteilen, ob die Voraussetzungen des § 39 Abs. 3 BetrVG vorlagen. Dem Leiharbeitnehmer obliegt in solchen Fällen, sich bei dem Aufsuchen des Verleiherbetriebs bei dem Entleiher unter stichwortartiger Angabe des Grundes **abzumelden** (*Ulber* § 14 Rn. 18). Dem Leiharbeitnehmer steht dann gegen den Entleiher ein Anspruch auf Freistellung zu.

3. Beteiligung des Betriebsrats im Verleiherbetrieb

20   Aus § 14 Abs. 1 folgt ebenfalls der Grundsatz, dass ein bei dem Verleiher bestehender Betriebsrat alle ihm nach der Betriebsverfassung zustehenden Rechte auch in Bezug auf den Leiharbeitnehmer hat (zustimmend *Ulrici* § 14 Rn. 20).

21   **a) Allgemeine Grundsätze.** Für die Mitbestimmung des Betriebsrats im Verleiherbetrieb gilt hinsichtlich des an den Entleiher überlassenen Leiharbeitnehmers die immanente Grenze, dass der **Verleiherbetriebsrat** Mitbestimmungsrechte **nur innerhalb seines Zuständigkeitsbereichs** ausüben kann. Da manche Mitbestimmungsrechte auf die Ausübung des Direktionsrechts des Arbeitgebers bezogen sind, ist eine Mitbestimmung des Verleiherbetriebsrats insoweit ausgeschlossen, als das Direktionsrecht bei dem Entleiher liegt (Schüren/Hamann/*Hamann* § 14 Rn. 356). In Betracht kommen insoweit etwa Mitbestimmungsrechte hinsichtlich der Ordnung des Betriebes (§ 87 Abs. 1 Nr. 1 BetrVG), der Arbeitszeit (Nr. 2 und 3), der Überwachung (Nr. 6), des Arbeitsschutzes (Nr. 7) und des Wohnraums (Nr. 9, dazu BAG 28.7.1992, AP BetrVG 1972 § 87 Werkmietwohnungen Nr. 7) (*Rost* NZA 1999, 113 (118 f.)). Knüpfen die Mitbestimmungstatbestände dagegen an das vertragliche Band zwischen Arbeitgeber und (Leih-)Arbeitnehmer an oder liegt ihnen die Eingliederung in den Verleiherbetrieb zugrunde, ist der Verleiherbetriebsrat zuständig (BAG 15.10.2014, NZA 2015, 560; Boemke/Lembke/*Boemke* § 14 Rn. 24; Schüren/Hamann/*Hamann* § 14 Rn. 356).

22   Das Gebot der Behandlung nach Recht und Billigkeit sowie der Förderung der Persönlichkeitsentfaltung **(§ 75 BetrVG)** gilt sowohl im Betrieb des Verleihers als auch des Entleihers (*Ulber* § 14 Rn. 24; Boemke/Lembke/*Boemke*

§ 14 Rn. 26; Schüren/Hamann/*Hamann* § 14 Rn. 360; zu Letzterem aA GK-BetrVG/*Kreutz* § 14 Rn. 16; dazu → § 14 Rn. 103b). Die Gleichbehandlungspflicht gilt jedoch nicht uneingeschränkt, sondern nur, soweit die Sachverhalte im Wesentlichen gleichartig sind und nicht sachliche Gründe eine Ungleichbehandlung rechtfertigen (vgl. Boemke/Lembke/*Boemke* § 14 Rn. 26; einschränkend insoweit *Ulber* § 14 Rn. 24; ausführlich *Richardi* BetrVG § 75 Rn. 16 ff.).

Die im Verleiherbetrieb geltenden **Betriebsvereinbarungen** entfalten **23** ihre normativ-zwingende Wirkung nach § 77 Abs. 4 S. 1 BetrVG grundsätzlich auch gegenüber den entsandten Arbeitnehmern. Sie können jedoch in ihrem Geltungsbereich ausdrücklich festlegen, dass nur im Verleiherbetrieb eingesetzte Arbeitnehmer von ihrem Geltungsbereich erfasst sein sollen (Boemke/Lembke/*Boemke* § 14 Rn. 27), oder dies kann sich durch eine am Zweck orientierte Auslegung ergeben, wie etwa im Fall einer Betriebsvereinbarung über das Verhalten im Betrieb, die, wenn sie mit dem Verleiherbetriebsrat geschlossen wurde, nur für den Verleiherbetrieb gelten kann. Zu den Betriebsvereinbarungen im Entleiherbetrieb → Rn. 145.

b) Mitbestimmungsrechte. Grundsätzlich ist der Verleiherbetriebsrat **24** zuständig für die Wahrnehmung betriebsverfassungsrechtlicher Beteiligungsrechte in Bezug auf die Leiharbeitnehmer. Seine Zuständigkeit ist jedoch begrenzt auf den Betrieb, für den er gebildet ist. Sie ist gerichtet auf die Mitwirkung an den Entscheidungen des Vertragsarbeitgebers in den die Leiharbeitnehmer betreffenden sozialen, personellen und wirtschaftlichen Angelegenheiten. Über die Betriebsgrenze hinaus stehen ihm keine Mitwirkungsbefugnisse zu (BAG 19.6.2001, AP BetrVG 1972 § 87 Leiharbeitnehmer Nr. 1). Soweit ein Mitbestimmungstatbestand nicht, nicht nur oder nicht vollständig in die Zuständigkeit des Verleiherbetriebsrats fällt, → Rn. 105 ff.

aa) Allgemeine Aufgaben. Wie hinsichtlich der Stammarbeitnehmer, **25** so stehen dem Betriebsrat im Verleiherbetrieb auch in Bezug auf Leiharbeitnehmer die allgemeinen Aufgaben nach **§ 80 BetrVG** zu. Dabei gilt die Besonderheit, dass der Verleiherbetriebsrat gem. § 80 Abs. 2 S. 2 BetrVG vom Verleiher auch die **Vorlage der** mit dem Entleiher geschlossenen **Überlassungsverträge** verlangen kann (*Ulber* § 14 Rn. 25; Boemke/Lembke/*Boemke* § 14 Rn. 28). Der Verleiherbetriebsrat hat auch das Recht, zur Wahrnehmung seiner Aufgaben den Leiharbeitnehmer an dessen Arbeitsplatz beim Entleiher **aufzusuchen** (Schüren/Hamann/*Hamann* § 14 Rn. 362; Boemke/Lembke/*Boemke* § 14 Rn. 28; *Ulber* § 14 Rn. 25a). Das **BAG wertet strenger:** Der Informationsanspruch des Betriebsrats nach § 80 Abs. 2 BetrVG zur Erfüllung der allgemeinen Überwachungsaufgaben nach § 80 Abs. 1 Nr. 1 BetrVG und das daraus abgeleitete Zugangsrecht zu den Arbeitsplätzen der Belegschaft besteht gegenüber dem Arbeitgeber des Betriebs, für den der Betriebsrat gebildet ist, nicht aber gegenüber Dritten (BAG 15.10.2014, NZA 2015, 560). Eine Kooperationspflicht zwischen den Betriebsräten von Entleiher und Verleiher (so *Ulber* § 14 Rn. 25a aE) kann jedenfalls nicht aus § 80 BetrVG hergeleitet werden.

26   **bb) Soziale Angelegenheiten. (1)** Zwar gilt das Mitbestimmungsrecht nach **§ 87 Abs. 1 Nr. 1 BetrVG** über die **Ordnung und das Verhalten im Betrieb** auch für den Verleiherbetriebsrat in Bezug auf den Leiharbeitnehmer; allerdings wird es in den für § 14 Abs. 1 relevanten Zeiten, in denen der Leiharbeitnehmer im Entleiherbetrieb eingesetzt wird, nicht von Bedeutung sein; vielmehr ist er dann an die bei dem Entleiher insoweit geltenden Regeln gebunden. Hält der Leiharbeitnehmer sich jedoch während der Dauer seiner Überlassung im Betrieb des Verleihers auf, so gelten entsprechende Ordnungsvorschriften auch für ihn (Boemke/Lembke/*Boemke* § 14 Rn. 31). Auf das Verhalten im Entleiherbetrieb erstreckt sich das Mitbestimmungsrecht des Verleiherbetriebsrats dagegen nicht (*Boemke* § 14 Rn. 31; *Urban-Crell/ Schulz* Rn. 988; Schüren/Hamann/*Hamann* § 14 Rn. 368; aA *Ulber* § 14 Rn. 36).

27   **(2)** Das Mitbestimmungsrecht des Verleiherbetriebsrats nach **§ 87 Abs. 1 Nr. 2 BetrVG** korrespondiert grundsätzlich mit dem Weisungsrecht des Arbeitgebers, der mangels mitbestimmter **Lage und Verteilung der Arbeitszeit** hierüber entscheiden kann. Die Folge ist, dass nicht der Verleiherbetriebsrat, sondern der Entleiherbetriebsrat hierüber mitzubestimmen hat (vgl. BAG 15.12.1993, AP AÜG § 14 Nr. 7; LAG Hamm 26.8.2005, EzAÜG § 14 AÜG Betriebsverfassung Nr. 63; ebenso Schüren/Hamann/ *Hamann* § 14 Rn. 374; *Ulber* § 14 Rn. 108). Nach aA steht auch dem Entleiherbetriebsrat ein entsprechendes Mitbestimmungsrecht zu (Boemke/ Lembke/*Boemke* § 14 Rn. 32 f., insbes. 34); dies hat jedoch „zwei Schranken" zur Folge, obwohl ein Mitbestimmungsbedarf nur an einer Stelle besteht, nämlich dort, wo das entsprechende Direktionsrecht liegt. Dies ist der Entleiherbetrieb. Teilweise wird jedoch angenommen, dass eine Mitbestimmung des Verleiherbetriebsrats nach Nr. 2 dann bestehen könne, wenn es im Entleiherbetrieb eine andere betriebliche Arbeitszeitlage gebe als im Betrieb des Verleihers und der Leiharbeitnehmer in den Entleiherbetrieb entsandt werden soll (Schüren/Hamann/*Hamann* § 14 Rn. 252). Dies ist jedoch abzulehnen, weil sich durch die Entsendung nicht die betriebliche Lage der Arbeitszeit im Verleiherbetrieb ändert; stellt man allein auf den entsandten Arbeitnehmer ab, so fehlt es außerdem an einem kollektiven Tatbestand, der Voraussetzung für die Ausübung der Mitbestimmungsrechte nach § 87 BetrVG ist (vgl. *Richardi* BetrVG § 87 Rn. 20 mwN; Bedenken auch bei Schüren/Hamann/ *Hamann* § 14 Rn. 254). Fehl geht insbesondere die Ansicht, der Verleiher könne dem Entleiher iRd Überlassungsvertrags keine weitergehenden Rechtspositionen einräumen, als er selbst innehat (*Ulber* § 14 Rn. 109; Boemke/Lembke/*Boemke* § 14 Rn. 34), denn die Regelungen von Betriebsvereinbarungen über die Lage und Verteilung der Arbeitszeit greifen beim Leiharbeitnehmer ins Leere, wenn der Arbeitgeber keine Weisungsbefugnis hat; im Entleiherbetrieb wird der Leiharbeitnehmer von den dort normativ geltenden Bestimmungen erfasst, → Rn. 145. Begrenzt ist das Recht nach Nr. 2 durch die Dauer der Arbeitszeit, die Regelungsgegenstand des zwischen Verleiher und Leiharbeitnehmer geschlossenen Vertrags sein wird.

28   **(3)** Auch im Fall der **Nr. 3** kann dem Verleiherbetriebsrat ein Mitbestimmungsrecht zustehen, so, wenn die Anordnungen von Überstunden oder

Kurzarbeit vom Verleiher ausgehen (Boemke/Lembke/*Boemke* § 14 Rn. 35). Entsendet zB der Verleiher, bei dem eine 35-Stunden-Woche gilt, einen Leiharbeitnehmer in einen Betrieb, in dem die betriebsübliche Arbeitszeit mehr als 35 Wochenstunden beträgt, für eine entsprechende Arbeitsleistung, so ordnet er auf Grund der im Leiharbeitsvertrag vereinbarten Befugnis gegenüber dem Leiharbeitnehmer die Leistung von Mehrarbeit an. Das führt zu einer vorübergehenden Erhöhung der betriebsüblichen Arbeitszeit des Verleiherbetriebs. Damit stellt sich bereits dort die dem Mitbestimmungsrecht nach § 87 Abs. 1 Nr. 3 BetrVG zugrundeliegende Regelungsfrage, wie dieser Mehrbedarf gedeckt werden und welche Arbeitnehmer oder Arbeitnehmergruppen ggf. zur Ableistung von Mehrarbeit herangezogen werden sollen (BAG 19.6.2001, AP BetrVG 1972 § 87 Nr. 1 Leiharbeitnehmer; so jetzt auch Schüren/Hamann/*Hamann* § 14 Rn. 378). Nach der Begründung des BAG kann der Leiharbeitnehmer dem Schutz des Mitbestimmungsrechts im Entsendebetrieb aber nicht dadurch entzogen werden, dass sein Vertragsarbeitgeber es dem Entleiher überlässt, die Leistung von Mehrarbeit bis zur Höhe der im Entleiherbetrieb geltenden betriebsüblichen Arbeitszeit anzuordnen; diese Befugnis steht dem Entleiher nur auf Grund einer entsprechenden Vereinbarung im Arbeitnehmerüberlassungsvertrag zu. Die Entscheidung über die Verlängerung der Arbeitszeit fällt beim Vertragsarbeitgeber, wenn zum Zeitpunkt der Entsendung auf Grund der mit dem Entleiher getroffenen Vereinbarung bereits feststeht, dass der Leiharbeitnehmer zu einer 35 Wochenstunden übersteigenden Arbeitsleistung herangezogen wird (BAG 19.6.2001, AP BetrVG 1972 § 87 Leiharbeitnehmer Nr. 1).

Etwas anderes gilt jedoch, wenn gegenüber dem Leiharbeitnehmer im **29** Entleiherbetrieb auf Grund einer späteren **Entscheidung des Entleihers** die Leistung von Mehrarbeit angeordnet wird und diese Anordnung zu einer vorübergehenden Veränderung der betriebsüblichen Arbeitszeit im Entleiherbetrieb führt, weil sich in diesem Fall die mitbestimmungspflichtige Regelungsfrage bezogen auf den Entleiherbetrieb darstellt, für den dessen Betriebsrat zuständig ist. Das schließt eine Doppelzuständigkeit zweier Betriebsräte aus (BAG 19.6.2001, AP BetrVG 1972 § 87 Leiharbeitnehmer Nr. 1; ähnl. LAG Köln 21.10.1994, MDR 1995, 393; Boemke/Lembke/*Boemke* § 14 Rn. 36; *Urban-Crell/Schulz* Rn. 990).

(4) Alle Beteiligungsrechte, die im Zusammenhang mit dem Mitbe- **30** stimmungsrecht nach **Nr. 4,** der Entlohnung des Leiharbeitnehmers stehen, stehen ausschließlich dem Betriebsrat des Verleiherbetriebs zu, denn ein Mitbestimmungsrecht des Betriebsrats des Entleiherbetriebs kommt nur ausnahmsweise dann in Betracht, wenn auf Grund des Normzwecks einerseits und des Direktionsrechts des Arbeitgebers des Entleiherbetriebs andererseits eine betriebsverfassungsrechtliche Zuordnung der Leiharbeitnehmer zum Entleiherbetrieb erforderlich machen, weil sonst die Schutzfunktion des Betriebsverfassungsrechts außer Kraft gesetzt würde (BAG 15.12.1992, AP AÜG § 14 Nr. 7). Dies ist aber bei dem Tatbestand der Nr. 4 nicht der Fall (iErg ebenso Schüren/Hamann/*Hamann* § 14 Rn. 384; *Ulber* § 14 Rn. 39; Boemke/Lembke/*Boemke* § 14 Rn. 37) oder doch nur, wenn der Entleiher eigene Zahlungsverpflichtungen übernommen hat (s. auch *Urban-Crell/Schulz* Rn. 993).

31   **(5)** Gleiches gilt für die Mitbestimmungstatbestände der **Nr. 5** über mit dem Urlaub zusammenhängende Regelungsfragen. Auch hier hat nur der Verleiherbetriebsrat mitzubestimmen, weil auch die zeitliche Festlegung und die Gewährung des Urlaubs Sache des Verleihers als Vertragspartner des Leiharbeitnehmers ist (Schüren/Hamann/*Hamann* § 14 Rn. 385; *Ulber* § 14 Rn. 39; *Becker/Wulfgramm* § 14 Rn. 81); dies gilt selbst dann, wenn bei der Gewährung des Urlaubs eine Abstimmung mit dem Entleiher erforderlich ist (Boemke/Lembke/*Boemke* § 14 Rn. 38). Ist nach dem Überlassungsvertrag allerdings der Entleiher zur verbindlichen Gewährung des Urlaubs berechtigt und verpflichtet, so steht das Mitbestimmungsrecht dem bei dem Entleiher gebildeten Betriebsrat zu (Boemke/Lembke/*Boemke* § 14 Rn. 39; *Urban-Crell/Schulz* Rn. 995; allgemeiner *Rüthers/Bakker* ZfA 1990, 245 (311)).

32   **(6)** Die Einführung und Anwendung von technischen Überwachungseinrichtungen nach **Nr. 6** fällt stets in die Zuständigkeit des Entleiherbetriebs (Schüren/Hamann/*Hamann* § 14 Rn. 386; Boemke/Lembke/*Boemke* § 14 Rn. 40; *Ulber* § 14 Rn. 41: bei dem Entleiher bestehende Einrichtungen können das Mitbestimmungsrecht des Entleiherbetriebsrats auslösen); entscheidend ist hierbei die betriebliche Eingliederung.

33   **(7)** Über Regelungen bezüglich der Arbeitssicherheit nach **Nr. 7** hat grundsätzlich nicht der Verleiherbetriebsrat, sondern der Entleiherbetriebsrat mitzubestimmen (in Bezug auf Schutzkleidung BAG 7.6.2016, BAGE 155, 215); gleichwohl ergibt sich aus § 11 Abs. 6, dass auch der Verleiherbetriebsrat mitzubestimmen hat, wenn der Verleiher in Erfüllung seiner sich daraus ergebenden Pflichten mitbestimmungspflichtige Maßnahmen trifft (Schüren/Hamann/*Hamann* § 14 Rn. 387; Boemke/Lembke/*Boemke* § 14 Rn. 41, auch → § 11 Rn. 54 ff.).

34   **(8)** Die Mitbestimmungsrechte der **Nr. 8 und 9** richten sich danach, ob die Sozialeinrichtung bzw. Werkswohnung von dem Verleiher oder dem Entleiher gewährt oder zur Verfügung gestellt wird (Boemke/Lembke/*Boemke* § 14 Rn. 42; *Urban-Crell/Schulz* Rn. 999). Sofern Einrichtungen des Entleihers auch den Leiharbeitnehmern offenstehen, ist nur der Betriebsrat des Entleihers, nicht der des Verleihers, zu beteiligen. Der Begriff der Sozialeinrichtung ist nicht identisch mit dem des gescheiterten Richtlinienentwurfs Leiharbeit und dessen Hinweis auf das *Equal pay*-Gebot (s. KOM [2002] 701 endg.; hierzu *Thüsing* DB 2003, 446 f.). Die dort genannten Sozialeinrichtungen, auf deren Nutzung der Leiharbeitnehmer einen Anspruch hat, sind enger gefasst und umfassen wohl nicht betriebliche Pensionsregelungen (hierzu *Richardi* BetrVG § 87 Rn. 599 ff.).

35   **(9)** In den Fragen der betrieblichen Lohngestaltung und der leistungsbezogenen Entgelte **(Nr. 10 und 11)** ist der Betriebsrat des Verleiherbetriebs mitbestimmungsberechtigt, weil Entgeltansprüche des Leiharbeitnehmers nur gegenüber seinem Vertragspartner, dem Verleiher, geltend gemacht werden können (Boemke/Lembke/*Boemke* § 14 Rn. 43; *Becker/Wulfgramm* § 14 Rn. 81; anders *Ulber* § 14 Rn. 43). Grundsätzlich besteht das dem Mitbestimmungstatbestand zugrundeliegende (*Fitting* BetrVG § 87 Rn. 407 mwN) Bedürfnis nach innerbetrieblicher Lohngerechtigkeit für den Leiharbeitnehmer nicht in Bezug auf die Stammarbeitnehmer des Entleiherbetriebs, sondern in Bezug auf die übrigen Arbeitnehmer im Verleiherbetrieb, die sich vergleichbarer Situation befinden (ähnl. Schüren/Hamann/*Hamann* § 14 Rn. 390). Allerdings ist seit der Geltung des § 9 Nr. 2/§ 3 Abs. 1 Nr. 3 nF zu beachten, dass unter dem Gesichtspunkt der Gleichbehandlung mit den Stammarbeitnehmern im Entleiherbetrieb das Arbeitsentgelt mit Rücksicht auf das Lohnniveau im Entleiherbetrieb uU erheblich von dem des Verleiherbetriebs abweichen kann. Dies kann für die Mitbestimmung nach Nr. 10 und 11 jedoch nicht von Bedeutung sein, denn für die relative Lohngerechtigkeit kann nur der Gesichtspunkt des „Gleichen Lohns für gleiche Arbeit" (so für § 3 Abs. 1 Nr. 3 nF ausdrücklich die Entwurfsbegründung zu „Hartz I", BT-Drs. 15/25, 38) maßgeblich sein, und vergleichbar ist die Arbeit des Leiharbeitnehmers allein mit derjenigen der Stammarbeiter im Entleiherbetrieb. Auch besteht ein Mitbestimmungsrecht nicht, soweit das Gleichbehandlungsgebot eine gesetzliche Regelung der Vergütung trifft. Damit hat das Mitbestimmungsrecht nach Nr. 10 und 11 im Verleiherbetriebsrat in Bezug auf entsandte Arbeitnehmer allenfalls geringe Bedeutung, auch → § 3 Rn. 44 ff.

(10) Zum betrieblichen Vorschlagswesen **(Nr. 12)** s. die Kommentierung 36 bei → § 11 Rn. 56 ff. sowie zur Mitbestimmung durch den Betriebsrat des Entleiherbetriebs → Rn. 143. In Hinblick auf die Durchführung von Gruppenarbeit **(Nr. 13)** sind die Umstände im Betrieb des Entleihers maßgeblich, weshalb auch der hier bestehende Betriebsrat mitbestimmungsberechtigt ist (Schüren/Hamann/*Hamann* § 14 Rn. 395); eine vom Verleiherbetrieb mitzubestimmende Gruppenarbeit in Bezug auf einen entsandten Arbeitnehmer ist nicht vorstellbar.

(11) Freiwillige Betriebsvereinbarungen iSv **§ 88 BetrVG,** die zwischen 37 dem Verleiher und dem bei ihm gebildeten Betriebsrat geschlossen worden sind, gelten für den (Leih-)Arbeitnehmer wie für alle anderen Betriebsangehörigen gleichermaßen (*Urban-Crell/Schulz* Rn. 1009). Gleichwohl kann ihr Geltungsbereich ausdrücklich auf bestimmte Arbeitnehmer, etwa Stammarbeitnehmer unter Ausschluss der Leiharbeitnehmer, beschränkt werden; ob dies wirksam ist, richtet sich ua nach § 75 BetrVG, auch → Rn. 22. Doch auch wenn Leiharbeitnehmer vom Geltungsbereich nicht ausdrücklich ausgenommen werden, kann eine Auslegung ergeben, dass Leiharbeitnehmer aus ihr keine Ansprüche herleiten können. Dies ist dann der Fall, wenn sie sich auf Arbeitsleistung beziehen, für die der Verleiher weisungsbefugt ist (Boemke/Lembke/*Boemke* § 14 Rn. 46), nicht dagegen, wenn Ansprüche gerade mit Rücksicht auf das Arbeitsverhältnis zwischen Verleiher und Arbeitnehmer eingeräumt werden (Schüren/Hamann/*Hamann* § 14 Rn. 397).

(12) Für den entsandten Arbeitnehmer ist das Mitbestimmungsrecht des 38 Betriebsrats zum Arbeits- und betrieblichen Umweltschutz nach **§ 89 BetrVG** bedeutungslos, weil er insoweit Gefahren allenfalls im Betrieb des Entleihers ausgesetzt ist (Schüren/Hamann/*Hamann* § 14 Rn. 398). Mitbestimmungsrechte im Verleiherbetrieb werden daher nicht berührt (Boemke/Lembke/*Boemke* § 14 Rn. 47).

cc) §§ 90, 91 BetrVG. Die Mitbestimmungsrechte der §§ 90 f. BetrVG 39 betreffen die konkreten Arbeitsbedingungen am Arbeitsplatz. Während der

Dauer der Überlassung aber spielen diese für ihn nur im Betrieb des Entleihers eine Rolle (vgl. Schüren/Hamann/*Hamann* § 14 Rn. 400). Die §§ 90 f. BetrVG können also währenddessen nur für den bei dem Entleiher gebildeten Betriebsrat von Bedeutung sein (Boemke/Lembke/*Boemke* § 14 Rn. 48; Schüren/Hamann/*Hamann* § 14 Rn. 400).

40   **dd) Personelle Angelegenheiten. (1) Allgemeine personelle Angelegenheiten.** Nach den §§ 92–95 BetrVG stehen dem Betriebsrat Beteiligungsrechte bei der Personalplanung, der Beschäftigungssicherung, der Ausschreibung von Arbeitsplätzen sowie hinsichtlich Personalfragebögen, Beurteilungsgrundsätzen und Auswahlrichtlinien zu. Für diese Mitbestimmungsrechte gilt allgemein, dass sie in Bezug auf die Stammarbeitnehmer wie die zu entsendenden (Leih-)Arbeitnehmer gelten. Das bedeutet zB, dass der Betriebsrat nach § 92 Abs. 1 S. 1 BetrVG auch dann zu unterrichten ist, wenn sich die Personalplanung auf Leiharbeitnehmer bezieht, dass der Betriebsrat Beschäftigungssicherung auch zugunsten eines mit einem Leiharbeitnehmer besetzten Arbeitsplatzes betreiben kann, dass Leiharbeitsplätze ebenso wie Stammarbeitsplätze auszuschreiben sind usw (Schüren/Hamann/*Hamann* § 14 Rn. 401 ff.; Boemke/Lembke/*Boemke* § 14 Rn. 48). Soweit diese Maßnahmen im Betrieb des Entleihers getroffen werden, ist der Betriebsrat des Verleihers nicht zuständig (Boemke/Lembke/*Boemke* § 14 Rn. 49).

41   **(2) Berufsbildung.** Soweit der Verleiher in seinem Betrieb Maßnahmen der Berufsbildung nach den **§§ 96–98 BetrVG** trifft, ist der Verleiherbetriebsrat auch in Bezug auf den Leiharbeitnehmer mitstimmungsberechtigt (Boemke/Lembke/*Boemke* § 14 Rn. 50; Schüren/Hamann/*Hamann* § 14 Rn. 411).

42   **(3) Personelle Einzelmaßnahmen.** Bei der Ermittlung der Schwellenzahl der zwanzig wahlberechtigten Arbeitnehmer iSv **§ 99 Abs. 1 S. 1 BetrVG** sind nach allgemeinen Grundsätzen auch die Leiharbeitnehmer zu berücksichtigen (*Ulrici* § 14 Rn. 20). Ob bei Maßnahmen, die den Leiharbeitnehmer betreffen, der Betriebsrat des Verleiherbetriebs oder derjenige des Entleiherbetriebs mitzubestimmen hat, richtet sich danach, ob der Vertragsarbeitgeber oder der Entleiher die mitbestimmungspflichtige Entscheidung trifft (BAG 19.6.2001, AP BetrVG 1972 § 87 Nr. 1; vgl. Boemke/Lembke/*Boemke* § 14 Rn. 51; *Urban-Crell/Schulz* Rn. 956).

43   Die **Einstellung** eines Arbeitnehmers durch den Verleiher zur späteren Überlassung, die **Eingruppierung** dieses Leiharbeitnehmers sowie seine **Umgruppierung** sind nach allgemeinen Grundsätzen nach § 99 Abs. 1 S. 1 BetrVG ausschließlich vom Verleiherbetriebsrat mitzubestimmen (BAG 17.6.2008, AP BetrVG 1972 § 99 Nr. 34 Eingruppierung). Die Entsendung eines Leiharbeitnehmers gilt jedoch wegen der Eigenart des Leiharbeitsverhältnisses im Entsendebetrieb nicht als **Versetzung** im Sinne des § 99 Abs. 1 S. 1 iVm § 95 Abs. 3 S. 2 BetrVG (BAG 19.6.2001, AP BetrVG 1972 § 87 Nr. 92 Arbeitszeit; *Becker/Wulfgramm* § 14 Rn. 86; Boemke/Lembke/*Boemke* § 14 Rn. 52; Richardi/*Thüsing* BetrVG § 99 Rn. 135 ff.; einschränkend *Fit-*

ting BetrVG § 99 Rn. 159a), denn das Leiharbeitsverhältnis ist wesensgemäß darauf angelegt, dass der Arbeitnehmer in fremden Betrieben eingesetzt wird; eine Mitbestimmung würde deswegen keine betriebliche Frage, sondern die unternehmerische Entscheidung des Leiharbeitnehmereinsatzes betreffen; es liegt ein Fall des § 95 Abs. 3 S. 2 BetrVG vor (Boemke/Lembke/*Boemke* § 14 Rn. 52). Abzulehnen ist die Auffassung, nach der ein Mitbestimmungsrecht des Verleiherbetriebsrats unter dem Gesichtspunkt der Versetzung ausnahmsweise dann ausgelöst wird, wenn der dem Leiharbeitnehmer konkret zugewiesene Arbeitsbereich nicht mehr in die Schwankungsbreite der vom Leiharbeitnehmer üblicherweise ausgeübten Tätigkeiten fällt (so aber Boemke/Lembke/*Boemke* § 14 Rn. 52). Diese im Einzelfall kaum mögliche Abgrenzung findet im Wortlaut des § 95 Abs. 3 S. 2 BetrVG keine Stütze.

Nach ganz allgemeinen Grundsätzen hat der Verleiherbetriebsrat die Mitbestimmungsrechte nach den **§§ 102, 103 BetrVG** auch in Bezug auf den Leiharbeitnehmer, wenn diesem **gekündigt** (nicht: bei der Beendigung seines Arbeitsverhältnisses schlechthin; missverständlich insoweit Schüren/Hamann/*Hamann* § 14 Rn. 427) werden soll (vgl. BAG 25.5.2000, AP BGB § 613a Nr. 209; LAG Düsseldorf 12.10.2005, EzAÜG § 14 AÜG Betriebsverfassung Nr. 62; ebenso *Ulber* § 14 Rn. 30; Schüren/Hamann/*Hamann* § 14 Rn. 428; *Becker/Wulfgramm* § 14 Rn. 88). Dies gilt auch für Kündigungen von Arbeitnehmern, die nach erfolgtem Widerspruch gegen einen Betriebsübergang im Wege der „Konzernleihe" von ihrem Arbeitgeber an den Betriebserwerber zur Weiterbeschäftigung bis zum Ablauf der Kündigungsfrist überlassen werden (LAG Düsseldorf 12.10.2005, EzAÜG § 14 AÜG Betriebsverfassung Nr. 62). Der Entleiherbetriebsrat dagegen kann kein Mitbestimmungsrecht geltend machen, weil die Kündigung als personelle Maßnahme wirksam nur vom Verleiher als Partner des Arbeitsvertrags ausgehen und daher nur eine Zuständigkeit des bei ihm bestehenden Betriebsrats gegeben sein kann. Etwas anderes gilt demgemäß im Fall der unerlaubten Arbeitnehmerüberlassung, bei der nach § 10 Abs. 1 S. 1 ein Arbeitsverhältnis mit dem Entleiher als zustande gekommen fingiert wird; hier kann nur der Entleiher kündigungsberechtigt und der bei ihm bestehende Betriebsrat mitbestimmungsberechtigt iSv §§ 102 f. BetrVG sein (*Becker/Wulfgramm* § 14 Rn. 118); dementsprechend fehlt in einem solchen Fall dem Verleiherbetriebsrat das Mitbestimmungsrecht nach §§ 102 f. BetrVG (BAG 10.2.1977, AP BetrVG 1972 § 103 Nr. 9; *Ulber* § 14 Rn. 31). Ein Ausscheiden des Leiharbeitnehmer aus dem Betrieb des Entleihers ist keine Kündigung und daher unter dem Gesichtspunkt der §§ 102, 103 BetrVG weder vom Betriebsrat des Entleihers noch des Verleihers mitbestimmungspflichtig (*Becker/Wulfgramm* § 14 Rn. 118; Boemke/Lembke/*Boemke* § 14 Rn. 55).

Der Verleiherbetriebsrat kann ua aus den Gründen des § 102 Abs. 5 BetrVG der **Kündigung des Leiharbeitnehmers** widersprechen. Ob diese Gründe vorliegen, ist allein nach den im Verleiherbetrieb herrschenden Umständen zu beurteilen (Schüren/Hamann/*Hamann* § 14 Rn. 429; *Becker/Wulfgramm* § 14 Rn. 88; aA *Ulber* § 14 Rn. 30). Insbesondere kommt nicht die Möglichkeit in Betracht, mit der Begründung wirksam zu widersprechen, dass ein freier Arbeitsplatz im Betrieb des Entleihers bestehe (so aber *Ulber*

§ 14 Rn. 30; dagegen Schüren/Hamann/*Hamann* § 14 Rn. 431), denn zum einen ist die Zuständigkeit des Verleiherbetriebsrats teleologisch auf die Angelegenheiten der ihn legitimierenden Belegschaft und ihre Zusammensetzung beschränkt, zum anderen steht einer solchen Ansicht der Wortlaut des § 102 Abs. 3 Nr. 5 BetrVG entgegen, wonach der Arbeitsplatz „im selben Betrieb oder in einem anderen Betrieb des Unternehmens" frei sein muss. Dies bezieht sich klar auf das Unternehmen des Arbeitgebers. Soweit Schüren/ Hamann/*Hamann* § 14 Rn. 429) das Widerspruchsrecht gewährt, falls der Leiharbeitnehmer einem anderen Entleiher überlassen werden kann, ist die von ihnen vorgeschlagene entsprechende Anwendung des § 102 Abs. 3 Nr. 3 BetrVG ebenso wenig angebracht, weil dieser Einwand der Sache nach die Frage des Wegfalls des Beschäftigungsbedürfnisses (eben als Leiharbeitnehmer) und damit einen Kündigungsgrund, nicht aber die Frage der Weiterbeschäftigungsmöglichkeit, die erst aufgeworfen werden kann, wenn etwa der Fortfall der Beschäftigungsmöglichkeit als Leiharbeitnehmer feststeht. Auch der *ultima ratio*-Grundsatz lässt sich nicht ins Feld führen (so aber Schüren/ Hamann/*Hamann* § 14 Rn. 429), weil das Vorhandensein eines milderen Mittels unabhängig davon zur (individualrechtlichen) Unwirksamkeit der Kündigung führt, ob dem Betriebsrat ein entsprechendes Widerspruchsrecht zur Seite steht und er aus diesem Grund widerspricht, oder ob dies nicht der Fall ist.

46   **ee) Wirtschaftliche Angelegenheiten.** Anders als im Entleiherbetrieb (dazu → Rn. 179 ff.) zählen Leiharbeitnehmer im Verleiherbetrieb auf Grund ihrer gewöhnlichen Betriebszugehörigkeit als Arbeitnehmer des Verleihers bei der Ermittlung der Schwellenzahl sowohl des **§ 106 Abs. 1 S. 1 BetrVG** als auch des **§ 111 S. 1 BetrVG** mit (Boemke/Lembke/*Boemke* § 14 Rn. 57; Schüren/Hamann/*Hamann* § 14 Rn. 435 f.). Auch wenn sie im Entleiherbetrieb wahlberechtigt werden und daher dort mitzählen (so die hier vertretene Auffassung entgegen dem BAG, → Rn. 187), bleiben sie wegen § 14 Abs. 1 gleichwohl im Verleiherbetrieb zu berücksichtigen. Nach allgemeinen Grundsätzen kann auch eine Entlassung von (Leih-)Arbeitnehmern im Betrieb des Verleihers eine Einschränkung oder Stilllegung iSv **§§ 111 S. 3 Nr. 1, 112a Abs. 1 S. 1 BetrVG** darstellen und eine Betriebsänderung bedeuten (Schüren/Hamann/*Hamann* § 14 Rn. 436; Boemke/ Lembke/*Boemke* § 14 Rn. 57).

III. Wahlrechtlicher Status des Leiharbeitnehmers im Entleiherbetrieb (Abs. 2 Satz 1)

47   § 14 Abs. 2 S. 1 klärt den wahlrechtlichen Status des Leiharbeitnehmers **im Entleiherbetrieb;** für seinen Status im Verleiherbetrieb gilt § 14 Abs. 1. Auch wenn der Leiharbeitnehmer sein Wahlrecht nicht einfordert, ist diese Frage von praktischer Bedeutung insbesondere im Fall der Anfechtung einer Betriebsratswahl (vgl. BAG 18.1.1989, AP BetrVG 1972 § 9 Nr. 1).

1. Organe und Gremien der Betriebsverfassung

a) Wählbarkeit. Während noch nach dem Gesetz zur Bekämpfung illega- 48
ler Beschäftigung sowohl die Wahlberechtigung als auch das Wahlrecht des
Leiharbeitnehmers im Entleiherbetrieb ausgeschlossen war, ist nunmehr
durch § 14 Abs. 2 S. 1 allein die Wählbarkeit des Leiharbeitnehmers in dem
Entleiherbetrieb ausdrücklich ausgeschlossen. Dies gilt sowohl für den Aufsichtsrat im Entleiherunternehmen als auch für alle Formen der Arbeitnehmervertretungen im Entleiherbetrieb. Vereinzelt wird der prinzipielle Ausschluss des passiven Wahlrechts wegen Verstoßes gegen Art. 3 GG für
verfassungswidrig gehalten, wobei darauf hingewiesen wird, dass ein Leiharbeitnehmer durchaus die formalen Voraussetzungen der Wählbarkeit nach
§§ 7, 8 BetrVG erfüllen könnte (DKKW/*Trümner* BetrVG § 5 Rn. 78a;
ebenso Schüren/Hamann/*Hamann* § 14 Rn. 62 ff. mwN; aA *Fitting* BetrVG
§ 8 Rn. 29; GK-BetrVG/*Kreutz* § 7 Rn. 59; Boemke/Lembke/*Boemke* § 14
Rn. 66 f.; *Maschmann* DB 2001, 2446 (2447)). Dies wird dem Zweck der
Vorschrift allerdings nur unvollkommen gerecht, denn diese will auch eine
gewisse Stabilität des Betriebsratsamtes sichern und verhindern, dass sich die
Zusammensetzung des Betriebsrates kurzfristig, etwa durch – möglicherweise
kurzfristige – Beendigung der Überlassung, ändert. Dies zu verhindern liegt
im Interesse der Wählenden, die mit ihrer Stimme ein Betriebsratsmitglied
grundsätzlich für die Dauer der Wahlperiode ohne Abrufbarkeit durch die
Parteien des Überlassungsvertrags legitimieren. Insofern ist § 14 Abs. 2 S. 1
im Verhältnis zu § 8 Abs. 1 S. 1 BetrVG die speziellere Norm. Auf dieses
Ergebnis deutet auch der den überlassenden Arbeitnehmern nur das aktive
Wahlrecht gewährende § 7 S. 2 BetrVG iVm einem entsprechenden Schweigen des die Wählbarkeit regelnden § 8 BetrVG hin: Dass eine dem § 7 S. 2
BetrVG entsprechende Regelung im § 8 BetrVG fehlt, heißt, dass die Wähl-
barkeit überlassenen Arbeitnehmern nicht zukommt; an einer Regelungslücke fehlt es angesichts des insoweit klaren § 14 Abs. 2 S. 1. Wahlberechtigt
und wählbar im Entleiherbetrieb ist der Arbeitnehmer allerdings im Fall der
Unwirksamkeit des Überlassungsvertrags nach § 10 Abs. 1 (*Ulber* § 14
Rn. 49), was sich aus den allgemeinen Grundsätzen ergibt.

Auch die **nicht wirtschaftlich überlassenen Arbeitnehmer** sind von 49
der Wählbarkeit ausgeschlossen (BAG 17.2.2010, AP BetrVG 1972 § 8
Nr. 14; Boemke/Lembke/*Boemke* § 14 Rn. 67). Nach dem BAG ist es wegen
der Vergleichbarkeit der Interessenlage geboten, die Vorschrift des § 14 – mit
Ausnahme von Abs. 3 Sätze 2 und 3 – auch auf die gesetzlich nicht geregelten
Erscheinungsformen der nichtwirtschaftlichen Arbeitnehmerüberlassung
anzuwenden (BAG 18.1.1989, AP AÜG § 14 Nr. 2; allgemeiner auch BAG
18.1.1989, AP BetrVG 1972 § 9 Nr. 1; auch → Rn. 7; zur Unzulässigkeit
einer Analogie im Hinblick auf Abs. 1 → Rn. 7, 60).

Der Leiharbeitnehmer bleibt jedoch nach § 14 Abs. 1 **im Verleiherbe-** 50
trieb unter den allgemeinen Voraussetzungen der §§ 7, 8 BetrVG **wählbar**
(Boemke/Lembke/*Boemke* § 14 Rn. 15; Schüren/Hamann/*Hamann* § 14
Rn. 115; *Becker/Wulfgramm* Art. 1 § 14 Rn. 29).

b) Wahlrecht. Nachdem die Bestimmung des § 14 Abs. 2 S. 1 aF, wonach 51
den Leiharbeitnehmern im Betrieb des Entleihers kein aktives Wahlrecht

zusteht, aufgehoben worden ist, ist der Leiharbeitnehmer nunmehr im Entleiherbetrieb **aktiv wahlberechtigt** (Nach der Studie von *Wassermann/Rudolph* machten die Leiharbeitnehmer bei den Betriebsratswahlen 2006 20 % der Wahlberechtigten aus, vgl. Arbeitspapier 148 Hans-Böckler Stiftung 2007, S. 11). Das Wahlrecht des Leiharbeitnehmers im Betrieb des Verleihers bleibt neben dem Wahlrecht im Entleiherbetrieb bestehen (Schüren/Hamann/ *Hamann* § 14 Rn. 49; differenzierte Auffassung: Hess/Worzalla/Glock/Nicolai/Rose/Huke BetrVG § 7 Rn. 25 ff., **doppeltes Wahlrecht**).

52   **Voraussetzung** ist allerdings, dass der Arbeitnehmer gem. **§ 7 S. 2 BetrVG** dem Betrieb angehört, um dessen Betriebsratswahl es geht (vgl. BAG 18.1.1989, BAGE 61, 7 (12 f.) = AP BetrVG 1972 § 9 Nr. 1; GK-BetrVG/*Kreutz* § 7 Rn. 11, 16). Diese Bestimmung bringt eine erhebliche (und nicht unumstrittene: *Däubler* AuR 2001, 1 (4); *Konzen* RdA 2001, 83; versöhnlicher HWK/*Gotthardt/Roloff* § 14 Rn. 8) Änderung der bisherigen Rechtslage: Während früher notwendige Voraussetzung war, dass die in § 5 Abs. 1 BetrVG genannten Personen zum Inhaber des Betriebs in einem Rechtsverhältnis als Arbeitnehmer stehen (s. *Richardi* BetrVG § 5 Rn. 71 ff.), reicht es nun, dass sie in die Betriebsorganisation **eingegliedert** sind, dh innerhalb der Betriebsorganisation des Arbeitgebers abhängige Arbeitsleistungen zur Erfüllung des Betriebszwecks erbringen (s. *Richardi* BetrVG § 5 Rn. 89 ff.). Der hM und Rspr. entsprach es zuvor, dass beide Elemente vorliegen müssen, damit betriebsverfassungsrechtlich eine vollständige Betriebszugehörigkeit anzunehmen ist (so noch BAGE 61, 7 (13)). Durch die Neufassung der Norm wollte der Gesetzgeber der „Erosion der Stammbelegschaft" durch den Einsatz von Arbeitnehmern anderer Arbeitgeber entgegenwirken; die Regelung solle insbesondere Leiharbeitnehmern im Sinne des AÜG zugutekommen (vgl. BT-Drs. 14/5741, 36). Es gibt damit nun grundsätzlich **zwei Möglichkeiten,** durch die die Betriebszugehörigkeit vermittelt wird: Zum einen das Arbeitsverhältnis zum Betriebsinhaber verbunden mit einer Eingliederung in den Betrieb (§ 7 S. 1 BetrVG), zum anderen eine Eingliederung in den Betrieb allein, die länger als drei Monate währt (Satz 2). Für den Leiharbeitnehmer kann nur letztere zutreffen.

53   **aa) Betriebszugehörigkeit.** Die **Betriebszugehörigkeit** eines Arbeitnehmers ist damit **nicht mit** dessen **Beschäftigung im Betrieb identisch.** Selbst bei einem standortgebundenen Betrieb gehört zum Betrieb auch, wer zur Verwirklichung des Betriebszwecks außerhalb der Betriebsstätte tätig wird, um als Erfüllungsgehilfe im Rahmen eines Dienst- oder Werkvertrags die vom Betriebsinhaber geschuldete Dienstleistung zu erbringen bzw. den geschuldeten Arbeitserfolg herbeizuführen (s. auch *Richardi* BetrVG § 5 Rn. 89 ff.). Betriebszugehörig sind also auch die einem Betrieb zugeordneten Arbeitnehmer, die ihre Tätigkeit außerhalb der Betriebsräume verrichten (BAG 29.1.1992, BAGE 69, 286 = AP BetrVG 1972 § 7 Nr. 1; BAG 22.3.2000, AP AÜG § 14 Nr. 8; BAG 20.4.2005, EzA § 14 AÜG Nr. 5). Ebenso ist **keine Voraussetzung** für die Betriebszugehörigkeit, dass ein Arbeitnehmer **in der Hauptsache für den Betrieb arbeitet.** Dies ist gem. § 5 Abs. 1 S. 2 BetrVG nur notwendig, wenn es sich um einen in Heimarbeit Beschäftigten handelt.

Die für die Betriebszugehörigkeit notwendige **Eingliederung in die** 54
Betriebsorganisation erfolgt grundsätzlich durch die **Einstellung,** die
weder mit dem Abschluss des Arbeitsvertrags noch mit der tatsächlichen
Arbeitsaufnahme in dem Betrieb identisch ist (s. zum Begriff der Einstellung
Richardi/*Thüsing* BetrVG § 99 Rn. 29 ff.). Sie liegt vielmehr in der Übertragung des Arbeitsbereichs, mit dem ein Arbeitsauftrag innerhalb der Arbeitsorganisation eines Unternehmens erfüllt wird (vgl. MHdB ArbR/*Richardi,* 2.
Auf. 2000, § 31 Rn. 46). Regelmäßig wird es darum gehen, dass dem Arbeitnehmer eine weisungsgebundene Tätigkeit zugewiesen wird, die der Verwirklichung des arbeitstechnischen Zwecks des Betriebs zu dienen bestimmt
ist. Besteht der Betriebszweck aber in der Überlassung oder Ausbildung von
Arbeitnehmern, so gehören auch diese zur Belegschaft des Betriebs (vgl. für
ein sog. Zeitarbeit-Unternehmen § 14 Abs. 1; für die Zugehörigkeit der zu
ihrer Berufsausbildung Beschäftigten zur Berufsausbildungsstätte s. Richardi/
Thüsing BetrVG § 5 Rn. 67 f.).

Die Betriebszugehörigkeit, die § 7 BetrVG für die Wahlberechtigung 55
voraussetzt, bezieht sich hier auf die **Zugehörigkeit zu einer betriebsrats-**
fähigen Organisationseinheit. Zum Betrieb gehören die Betriebsteile,
sofern sie nicht nach § 4 S. 1 BetrVG als selbstständige Betriebe gelten.
Kleinst- und Nebenbetriebe sind dagegen nur dann dem Hauptbetrieb zugeordnet, wenn sie selbst nicht betriebsratsfähig sind (§ 4 Abs. 2 BetrVG). Gilt
ein Betriebsteil betriebsverfassungsrechtlich als selbstständiger Betrieb (§ 4
Abs. 1 BetrVG), so ist die Abgrenzung ebenso vorzunehmen wie bei einem
Unternehmen aus zwei oder mehreren Betrieben (s. Richardi/*Thüsing*
BetrVG § 7 Rn. 34).

Zum Betrieb zählt die hM auch die sog. **Betriebsausstrahlungen** (BAG 56
25.4.1978, AP Internat. Privatrecht, Arbeitsrecht Nr. 16; BAG 7.12.1989,
AP Internat. Privatrecht, Arbeitsrecht Nr. 27; BAG 20.2.2001, AP BetrVG
1972 § 101 Nr. 23; *Auffarth* FS Hilger/Stumpf, 1983, 35 (37); *Boemke* NZA
1992, 112; GL/*Marienhagen* § 7 Rn. 14). Man bezieht diesen Begriff aber
auf völlig verschiedene Fallgruppen: die Entsendung von Arbeitnehmern ins
Ausland, die Beschäftigung im Außendienst und das Leiharbeitsverhältnis
seitens des Verleihers. Gemeinsamer Nenner ist lediglich die Begründung
einer Betriebszugehörigkeit trotz Nichtleistung der Arbeit im Betrieb. Die
Problematik beim **Leiharbeitsverhältnis** betrifft, da der Arbeitnehmer nicht
von seinem Vertragspartner, sondern vom Entleiher beschäftigt wird, primär
die betriebsverfassungsrechtliche Unternehmenszugehörigkeit, und erst
sekundär stellt sich die Frage, welchem Betrieb der Arbeitnehmer beim Verleiher zugeordnet bleibt bzw. welchem Betrieb des Entleihers er angehört,
wenn die Arbeitsorganisation des jeweils in Betracht kommenden Unternehmens sich in zwei oder mehrere Betriebe gliedert. Mit dem Begriff der
Betriebsausstrahlung kann man in diesen Fällen nicht die Zuordnung des
Arbeitnehmers zu einem bestimmten Betrieb begründen (ebenso im Ergebnis
MHdB ArbR/*Joost,* 2. Aufl. 2000, § 304 Rn. 53; GK-BetrVG/*Kreutz* § 7
Rn. 45; s. Richardi/*Thüsing* BetrVG § 7 Rn. 12 f.).

bb) Dreimonatige Dauer. Auch für die Betriebszugehörigkeit nach § 7 57
S. 1 BetrVG, die durch Eingliederung und ein Arbeitsverhältnis zum

Betriebsinhaber vermittelt wird, ist **nicht durchgängig notwendig,** dass der Arbeitnehmer einen **Arbeitsvertrag mit dem Betriebsinhaber** abgeschlossen hat, wenn nicht ein Arbeitsverhältnis zum Betriebsinhaber ausnahmsweise durch Gesetz zustande kommt (vgl. § 10 Abs. 1 AÜG).

58   Liegt eine **Arbeitnehmerüberlassung** von länger als drei Monaten vor, dann ist der überlassene Arbeitnehmer wahlberechtigt nach § 7 S. 2 BetrVG, obwohl er nicht Arbeitnehmer des Betriebsinhabers ist. Schwierigkeiten kann es bereiten, die dreimonatige Frist zu bestimmen (dazu auch *Maschmann* DB 2001, 2446 (2447)), denn nach der Gesetzesbegründung soll dem Arbeitnehmer das Wahlrecht bereits mit dem ersten Tag seines Arbeitseinsatzes zustehen (BT-Drs. 14/5741, 36). Erforderlich ist daher eine **Prognoseentscheidung,** die sich vor allem am Vertrag zwischen Betriebsinhaber und Entleiher orientieren wird (vgl. Schüren/Hamann/*Hamann* § 14 Rn. 58). Behält sich der Entleiher vor, den Arbeitnehmer während seines Aufenthalts durch einen anderen Arbeitnehmer zu ersetzen, auch wenn der ursprünglich entliehene Arbeitnehmer nicht verhindert ist, dann kann ein dreimonatiger Einsatz fraglich sein. Sinnvollerweise wird man auch einen im Wesentlichen **ununterbrochenen Einsatz** fordern müssen, denn mehrere nur kurze Einsätze desselben Arbeitnehmers können auch dann keine hinreichende Verbundenheit mit dem Betrieb begründen, wenn diese Einsätze insgesamt länger als drei Monate sind, sich jedoch über einen erheblich längeren Zeitraum erstrecken (zur vergleichbaren Frage beim passiven Wahlrecht eines betriebszugehörigen Arbeitnehmers und der dortigen Sechs-Monatsfrist s. Richardi/*Thüsing* BetrVG § 8 Rn. 24 ff.; enger noch *Schiefer* NZA 2002, 59; *Löwisch* BB 2001, 1737: jede, auch kurzfristige Unterbrechung steht der Wahlberechtigung entgegen). War der Arbeitnehmer länger als drei Monate im Betrieb eingesetzt, dann ist er auch am **letzten Tag seines Einsatzes** wahlberechtigt (anders *Maschmann* DB 2001, 2446 (2447)). Dem entspricht es, dass auch der gekündigte Arbeitnehmer unbestritten zumindest bis zum Ablauf der Kündigungsfrist wahlberechtigt ist (s. Richardi/*Thüsing* BetrVG § 7 Rn. 29). Es ist also unerheblich, dass er von den Folgen der Wahl nicht mehr betroffen sein wird. Ist der Leiharbeitnehmer in **mehreren Betrieben** tätig, dann wird man eine Wahlberechtigung nur für den Betrieb annehmen können, in dem er mindestens drei Monate arbeitet. Dies folgt aus dem Wortlaut der Norm, die auf den einzelnen Betrieb abstellt, und aus einem Gegenschluss zu § 8 Abs. 1 S. 2 BetrVG, der bei der passiven Wählbarkeit eine Anrechnung der Beschäftigungszeit in fremden Betrieben bestimmt.

59   Arbeitet ein Arbeitnehmer nur kurze Zeit in einem Betrieb, dann wird auch dann keine hinreichende Verbundenheit mit dem Betrieb begründet, wenn der Arbeitnehmer insgesamt länger als 3 Monate im Unternehmen zum Einsatz kommt. Dass damit ein Arbeitnehmer, der für mehrere Betriebe tätig ist, betriebsverfassungsrechtlich schlechter dastehen kann als ein Kollege, der nur einem Betrieb zugeordnet ist, ist hinzunehmen und dem Gesetz nicht unbekannt; Gleiches gilt ja für Heimarbeiter (s. Richardi/*Thüsing* BetrVG § 7 Rn. 36). Anderes gilt, wenn die Arbeitsleistung nicht zeitlich deutlich voneinander getrennt und im Voraus geplant in verschiedenen Betrieben erfolgt – 1. Monat Betrieb A, 2. Monat Betrieb B usw –, sondern der Einsatz

kurzfristig zwischen wenigen Betrieben wechselt, der Arbeitnehmer daher während der vollen drei Monate in den verschiedenen Betrieben präsent ist. Hier kann er dann in mehreren Betrieben wahlberechtigt sein (s. Richardi/ *Thüsing* BetrVG § 7 Rn. 34).

cc) Reichweite der Wahlberechtigung. Anders als das AÜG unter- **60** scheidet das Gesetz in § 7 S. 2 BetrVG nicht zwischen **wirtschaftlicher und nicht wirtschaftlicher Arbeitnehmerüberlassung.** Beides ist in Bezug auf den entleihenden Betrieb daher gleich zu behandeln (ebenso *Konzen* RdA 2001, 83; *Brors* NZA 2002, 125). Ob das auch für den verleihenden Betrieb gilt, ist unklar. Für die wirtschaftliche Arbeitnehmerüberlassung (sog. unechtes Leiharbeitsverhältnis) bestimmt weiterhin § 14 Abs. 1, dass der entliehene Arbeitnehmer auch während der Zeit seiner Arbeitsleistung bei einem Entleiher Angehöriger des entsendenden Betriebs des Verleihers bleibt. Der Arbeitnehmer kann damit also in **mehreren Betrieben wahlberechtigt** sein (ebenso Schüren/Hamann/*Hamann* § 14 Rn. 49; ähnl. *Hanau* NJW 2001, 2513 (2515)). Die Norm findet jedoch keine analoge Anwendung, wenn ein Verleiher nicht wirtschaftlich handelt, denn der entliehene Arbeitnehmer ist während seiner Entleihung nicht mehr in den Verleiherbetrieb eingeordnet und dient auch nicht mehr dem Betriebszweck des Verleiherbetriebs, weil der Betriebszweck nicht – wie bei der wirtschaftlichen Arbeitsüberlassung – gerade in der Überlassung von Arbeitnehmern besteht (im Ergebnis ebenso GK-BetrVG/*Kreutz/Raab,* 9. Auflage 2010, § 7 Rn. 43 ff.; aA jetzt GK-BetrVG/*Raab* § 7 Rn. 71 ff.). Allerdings hat sich das BAG in der Vergangenheit mehrfach ganz allgemein für eine analoge Anwendung des § 14 Abs. 1 auch auf die nicht wirtschaftliche (seinerzeit „nicht gewerbliche") Arbeitnehmerüberlassung entschieden, und zwar auch, um den Ausschluss des Wahlrechts im entleihenden Betrieb zu begründen (BAG 18.1.1989, BAGE 60, 368 (382) = AP AÜG § 14 Nr. 2; BAG 28.9.1988, BB 1989, 910; 22.3.2000, AP AÜG § 14 Nr. 8; s. auch Nachweise bei Richardi/*Thüsing* BetrVG § 5 Rn. 100). Dies greift jedoch zu kurz; die Voraussetzungen einer Analogie liegen nicht vor. In Bezug auf den Betrieb des Verleihers bestehen Unterschiede zwischen wirtschaftlicher und nicht wirtschaftlicher Überlassung: Wenn es ein maßgebliches Kriterium für die Betriebszugehörigkeit ist, dem arbeitstechnischen Zweck des Betriebs zu dienen (s. Richardi/*Thüsing* BetrVG § 7 Rn. 8), dann ist die unterschiedslose Feststellung der Betriebszugehörigkeit gem. § 14 für die nicht wirtschaftliche Überlassung unzutreffend. Hier kommt es darauf an, ob die Leihe nur von verhältnismäßig kurzer Dauer ist und der Arbeitnehmer – wie regelmäßig – nach der Leihe wieder zu seinem alten Betrieb zurückkehren soll. Ist dies der Fall, ist er auch während einer zeitlich begrenzten Entleihung weiterhin zugehörig zu seinem alten Betrieb. Hier kann nichts anderes gelten, als wenn sein Arbeitsverhältnis während der Zeit geruht hätte (s. Richardi/*Thüsing* BetrVG § 7 Rn. 48 f. und Richardi/*Thüsing* BetrVG § 5 Rn. 100).

Der gleiche Maßstab gilt dann auch für die **Konzernleihe:** Erfolgt die **61** Entleihung auf Dauer, dann gehört der Arbeitnehmer nicht mehr dem entsendenden Betrieb an (*Richardi* NZA 1987, 145 ff.; ähnlich *Fitting* BetrVG

§ 5 Rn. 223 ff.; *Windbichler,* Arbeitsrecht im Konzern, S. 278, 280; s. auch Richardi/*Thüsing* BetrVG § 5 Rn. 100; gleichsinnig LAG Hessen 12.2.1998, NZA-RR 1999, 505: Die Trainees einer Großbank können im Praxisjahr nur den Betriebsrat der Einsatzfiliale wählen, nicht auch den der Zentrale).

62   Dagegen genügt nicht ohne weiteres, dass der Betriebsinhaber einem Arbeitnehmer, der zu ihm in keinem Arbeitsverhältnis steht, Weisungen bei der Erbringung der Arbeit erteilen kann. Die im Betrieb tätigen Arbeitnehmer eines anderen Arbeitgebers (sog. **Fremdfirmenarbeitnehmer,** dazu auch → Rn. 9 ff.) gehören betriebsverfassungsrechtlich nicht zur Belegschaft des Betriebs, auch wenn sie dort überwiegend oder sogar ausschließlich beschäftigt werden (s. *Richardi* BetrVG § 5 Rn. 91). Daran hat auch die Ergänzung des Gesetzes in Satz 2 des § 7 BetrVG nichts geändert, denn diese spricht nur die Arbeitnehmerüberlassung, nicht aber den bloßen Fremdfirmeneinsatz an (ebenso *Maschmann* DB 2001, 2446; *Brors* NZA 2002, 123; ArbG Frankfurt 22.5.2002, NZA-RR 2003, 26; aA *Däubler* AuR 2001, 285 (286)). Beides ist zu unterscheiden: Ein Arbeitnehmer wird nicht bereits dann einem Dritten zur Arbeitsleistung „überlassen", wenn er auf Grund seines Arbeitsvertrags Weisungen eines Dritten, etwa des Betriebsinhabers zu befolgen hat. Erforderlich ist vielmehr zumindest, dass er innerhalb der Betriebsorganisation des Dritten für diesen und nicht weiterhin allein für seinen Arbeitgeber tätig wird (BAG 22.6.1994, BAGE 77, 102 = AP AÜG § 1 Nr. 16; s. auch BAG 30.1.1991, AP AÜG § 10 Nr. 8; ausf. *Becker* DB 1988, 2581). In Übereinstimmung zur Rspr. zum AÜG sind nach der Begründung des Regierungsentwurfs Arbeitnehmer zur Arbeitsleistung überlassen, wenn sie in den Einsatzbetrieb derart eingegliedert sind, dass sie dem Weisungsrecht des Betriebsinhabers unterliegen (BT-Drs. 14/5741, 36).

63   **c) Berücksichtigung von Leiharbeitnehmern bei Schwellenwerten im Betriebsverfassungsrecht.** Bisher war umstritten, ob Leiharbeitnehmer bei der Bestimmung der Arbeitnehmerzahlen nach den §§ 7, 38 BetrVG mitzuzählen sind. Nach der früheren Rechtsprechung des BAG waren unabhängig von der Wahlberechtigung nur die **betriebsangehörigen Arbeitnehmer** zu berücksichtigen (vgl. BAG 18.1.1989, BAGE 61, 7 = AP BetrVG 1972 § 9 Nr. 1). Notwendig war also, dass der Arbeitnehmer in einem Arbeitsverhältnis zum Betriebsinhaber stand und innerhalb der Betriebsorganisation des Arbeitgebers abhängige Arbeit leistete (sog. „Zwei-Komponenten-Lehre"). Auch das seit dem Jahr 2001 in § 7 S. 2 BetrVG geregelte aktive Wahlrecht für Leiharbeitnehmer änderte hieran nichts. (BAG 16.4.2003, AP BetrVG 2002 § 9 Nr. 1; zustimmend HWK/*Gotthardt/Roloff* § 14 Rn. 10; auch bei langjährigem Einsatz: LAG Hamm 15.7.2011, ArbRAktuell 2011, 545). Die Rechtsprechung des BAG stand auch in Einklang mit der Leiharbeitsrichtlinie. Nach Art. 7 Abs. 2 RL 2008/104/EG können die Mitgliedstaaten zwar vorsehen, dass Leiharbeitnehmer im Entleiherbetrieb mitzählen. Dies ist aber nicht erforderlich, wenn sie im Verleiherbetrieb berücksichtigt werden (Art. 7 Abs. 3 der Richtlinie), was in Deutschland der Fall ist (→ Rn. 16). Die Rechtsprechung konnte aus systematischen wie aus teleologischen Gründen nicht überzeugen; die Praxis hatte jedoch hierdurch verbindliche Vorgaben. Eine sehr kontroverse Diskussion war damit Makulatur (für ein Mitzählen: *Richardi* Betriebsverfassung S. 48 f.; *Fitting* BetrVG § 5 Rn. 264; *Däubler* AuR 2001, 285 (286); *Reichold* NZA 2001, 857 (861); *Thüsing* NZA Sonderheft 2001, 79; dagegen: *Löwisch* BB 2001, 1734 (1737 u. 1739); *Hanau* NJW 2001, 2513 (2515); *ders.* RdA 2001, 65 (68); *ders.* ZIP 2001, 1981 (1982); *Maschmann* DB 2001, 2446 (2448); *Wassermann/Rudolph,* Arbeitspapier 148 Hans-Böckler Stiftung 2007, S. 27, 31, nach deren Studie die Nichtberücksichtigung von Leiharbeitnehmern zu einer Beeinträchtigung der Arbeit des Entleiherbetriebs führt; aus den instanzgerichtlichen Entscheidungen: LAG Düsseldorf (5. Kammer) 31.10.2002, AP BetrVG 1972 § 7 Nr. 6: Die Leiharbeitnehmer zählen jedenfalls dann nicht mit, wenn der Betrieb mehr als 100 Arbeitnehmer aufweist; LAG Düsseldorf (15. Kammer) 21.11.2002, BeckRS 2007, 47579; LAG Düsseldorf (11. Kammer) 23.1.2003, LAG Report 2003, 270: jeweils nv sowie LAG Hamm 14.1.2003, LAG Report 2003, 143: Leiharbeitnehmer zählen gar nicht mit, unabhängig von der Betriebsgröße; LAG Köln 23.7.1999, AiB 2000, 429: Leiharbeitnehmer zählen mit; ArbG Frankfurt 22.5.2002, NZA-RR 2003, 26: Leiharbeitnehmer zählen jedenfalls bei Betrieben unter 100 Arbeitnehmern mit; vgl. auch ArbG Aachen 17.5.2002, DB 2002, 1774: Aus der Gesamtschau der §§ 5, 7 und 9 BetrVG ergibt sich, dass eine konstante, durch immer wieder neue Leiharbeitnehmer besetzte Stelle für die Berechnung des Schwellenwertes zählt und dies selbst dann, wenn der konkrete Leiharbeitnehmer auf der konkreten Stelle einmal im Monat ausgetauscht wird).

Der Gesetzgeber hat nunmehr mit dem Gesetz zur Änderung des Arbeit- **64** nehmerüberlassungsgesetzes und anderer Gesetze, das am 1.4.2017 in Kraft getreten ist, die Berücksichtigung der Leiharbeitnehmer bei Schwellenwerten im Betriebsverfassungsrecht sowie im Rahmen der Unternehmensmitbestimmung geregelt. So ist § 14 Abs. 2 AÜG unter anderem dahingehend ergänzt worden, dass Leiharbeitnehmer auch im Entleiherbetrieb zu berücksichtigen sind, soweit Bestimmungen des Betriebsverfassungsgesetzes mit Ausnahme des § 112a, des Europäischen Betriebsräte-Gesetzes oder der auf Grund der jeweiligen Gesetze erlassenen Wahlordnungen eine bestimmte Anzahl oder einen bestimmten Anteil von Arbeitnehmern voraussetzen (§ 14 Abs. 2 S. 4 AÜG). Laut der Gesetzesbegründung soll die Regelung die neuere Rechtsprechung aufgreifen und damit eine **klarstellende Funktion** haben (BT-Drs. 18/9232, 15). Die Begründung spielt damit auf den Rechtsprechungswandel des BAG an, der sich seit 2011 vollzogen hat. Seit seiner Entscheidung vom 18.10.2011 (NZA 2012, 221) machte das BAG die Berücksichtigung der Leiharbeitnehmer bei Schwellenwerten von dem Zweck der jeweiligen Norm, in dem der Schwellenwert geregelt ist, abhängig (S. auch BAG 13.3.2013, NZA 2013, 789). Im Bereich der Unternehmensmitbestimmung folgte parallel hierzu der Beschluss des BAG vom 4.11.2015 (NZA 2016, 559) zu § 9 Abs. 1 und 2 des MitbestG. Auch hier argumentierte das BAG mit dem Normzweck des § 9 MitbestG. In der Gesetzesbegründung wird zudem klargestellt, dass die Regelung **nicht** das Vorliegen der gegebenenfalls in der jeweiligen Norm enthaltenen weiteren Voraussetzungen wie beispielsweise die Beschränkung auf „in der Regel Beschäftigte" **fingiert.** Diese Voraussetzungen müssen gesondert vorliegen (BT-Drs. 18/9232, 29).

65   Der Gesetzgeber hat in seiner AÜG-Reform die Entwicklung in der Rechtsprechung aufgegriffen. Die Regelung geht jedoch über diese hinaus. Der Gesetzgeber lässt unberücksichtigt, dass das BAG in seinen Entscheidungen nicht ausnahmslos die Leiharbeitnehmer bei Schwellenwerten mitberücksichtigt (so auch *Oetker* NZA 2017, 29; *Schubert/Liese* NZA 2016, 1297 (1302)). Es hat in seinen Entscheidungen immer wieder hervorgehoben, dass der Normzweck hierfür relevant sei (BAG 18.10.2011, NZA 2012, 221; 24.1.2013, NZA 2013, 726; 13.3.2013, NZA 2013, 789; 4.11.2015, NZA 2016, 559). Zuletzt hat dies das BAG in seinem Beschluss zum MitbestG ausdrücklich hervorgehoben. So lasse sich die Frage, ob Leiharbeitnehmer bei den Schwellenwerten der Unternehmensmitbestimmung zu berücksichtigen seien, nicht allgemein, sondern nur bezogen auf den jeweiligen Schwellenwert beantworten (BAG 4.11.2015, NZA 2016, 559). Im Betriebsverfassungsrecht hat das BAG die Leiharbeitnehmer in Entleiherbetrieben dann bei Schwellenwerten berücksichtigt, wenn es um die Sicherstellung der Rechte des Betriebsrates sowie die Interessen der Arbeitnehmer des Betriebes ging (BAG 18.10.2011, NZA 2012, 221; 24.1.2013, NZA 2013, 789).

66   Nach dem Wortlaut des § 14 Abs. 2 S. 4 AÜG finden die Leiharbeitnehmer demnach unabhängig vom Normzweck Berücksichtigung im Entleiherunternehmen. Trotz des eindeutigen Wortlautes werden wohl aufgrund des Telos eine einschränkende Auslegung zulässig sein, soweit die Berücksichtigung der Leiharbeitnehmer im Entleiherbetrieb bei einem Schwellenwert dem Normzweck der jeweiligen Regelung widerspricht (so auch *Oetker* NZA 2017, 29 (32 f.); weitergehend: *Hamann* AuR 2016, 136 (141)). Für eine solche Auslegung sprechen die Ausführungen der Gesetzesbegründung: Der Gesetzgeber hat einen mit der Regelung einen klarstellenden Zweck in Hinblick auf die höchstrichterliche Rechtsprechung intendiert (BT-Drs. 18/9232, 15). Zum anderen schränkt er selbst explizit in der Begründung die Berücksichtigung der Leiharbeitnehmer ein. Sie sollten nur dann berücksichtigt werden, **soweit dies der Zielrichtung der jeweiligen Norm nicht widerspricht** (BT-Drs. 18/9232, 15).

2. Organe der Unternehmensmitbestimmung

67   Seit der Änderung durch das Job-AQTIV-Gesetz vom 14.12.2001 (BGBl. I S. 3443) bezieht sich das aktive Wahlrecht des Leiharbeitnehmers gem. § 14 Abs. 2 S. 1 auch auf die „Wahl der Arbeitnehmervertreter in den **Aufsichtsrat im Entleiherunternehmen**". Auf rechtspolitischer Ebene lehnen *Richardi/Annuß* (DB 2001, 43 (45)) dieses aktive Wahlrecht mit guten Argumenten ab: Eine arbeitsvertragliche Bindung scheint im Bereich der Unternehmensmitbestimmung kaum verzichtbar, um die mit den Aufsichtsratswahlen gewährte Möglichkeit zur Ausübung von Einfluss auf die Unternehmensführung zu rechtfertigen.

68   **a) Wählbarkeit und Wahlrecht.** Ebenso wie in der betrieblichen Mitbestimmung dem Leiharbeitnehmer im Verleiherbetrieb alle allgemeinen Rechte erhalten bleiben, während er einem anderen Arbeitgeber überlassen ist (vgl. → Rn. 18 ff.), so bleiben ihm **im Verleiherunternehmen** auch alle

Rechte der Unternehmensmitbestimmung erhalten. Die **Voraussetzungen** für das Wahlrecht ergeben sich aus dem auf das jeweilige Unternehmen anwendbaren Gesetz über die Unternehmensmitbestimmung:

aa) DrittelbG. § 5 Abs. 2 DrittelbG bestimmt, dass die Arbeitnehmerver- **69** treter im Aufsichtsrat von allen nach § 7 BetrVG (1972) wahlberechtigten Arbeitnehmern gewählt werden. Aktiv wahlberechtigt sind daher auch Leih- arbeitnehmer unter den Voraussetzungen des **§ 7 S. 2 BetrVG** (dazu → Rn. 53 ff.). Hier scheint freilich ein modifiziertes Verständnis angebracht: Anstelle nach dem Wortlaut der Norm darauf abzustellen, dass der Leiharbeit- nehmer für bestimmte Zeit „im Betrieb" eingesetzt werden muss, ist die **Zugehörigkeit zum Unternehmen** zu fordern (Schüren/Hamann/ *Hamann* § 14 Rn. 68), weil auch der Aufsichtsrat die Arbeitnehmer des Unternehmens, nicht nur des Betriebs, repräsentiert. Dieses aus dem Norm- zweck folgende Ergebnis gilt ungeachtet der Tatsache, dass auch in der Begründung des die Norm ändernden BetrVerf-ReformG die Rede davon ist, dass die überlassenen Arbeitnehmer aktiv wahlberechtigt sind, wenn sie länger als drei Monate „im Betrieb" eingesetzt werden (BT-Drs. 14/5741, 56). An die Wahlberechtigung zum Aufsichtsrat hat man hier nicht gedacht.

Leiharbeitnehmer sind **nicht** zum Aufsichtsrat **wählbar.** Ob dies aus § 5 **70** Abs. 2 DrittelbG gefolgert werden kann, ist offen und hängt davon ab, ob auch ein Leiharbeitnehmer im Betrieb des Entleihers iS dieser Vorschrift „beschäftigt" sein kann, was nicht ohne weiteres abgelehnt werden muss. Jedenfalls aber ist die Wählbarkeit klar durch § 14 Abs. 2 S. 1 ausgeschlossen, so dass sich eine Diskussion des § 76 Abs. 2 S. 2 BetrVG 1952 erübrigt (ebenso Schüren/Hamann/*Hamann* § 14 Rn. 68).

bb) MitbestG. Nach § 10 Abs. 1 MitbestG sind in den Unternehmen **71** nach § 1 MitbestG Delegierte zu wählen, die ihrerseits gem. § 15 MitbestG die Aufsichtsratsmitglieder wählen, oder es findet eine direkte Wahl der Auf- sichtsratsmitglieder nach § 9 Abs. 1 MitbestG statt. Für die Wahl der Delegier- ten ordnet **§ 10 Abs. 2 S. 2 MitbestG,** für die der Aufsichtsratsmitglieder **§ 18 S. 2 MitbestG** die entsprechende Geltung des **§ 7 S. 2 BetrVG** an, so dass nach dessen Voraussetzungen (→ Rn. 53 ff.) auch Leiharbeitnehmer aktiv wahlberechtigt sind. Zu beachten ist, dass das MitbestG unternehmens- bezogen ausgerichtet ist, weshalb – in Abweichung zu der direkten Anwen- dung des § 7 S. 2 BetrVG und parallel zum DrittelbG, → Rn. 68 ff. – die **Zugehörigkeit** des Leiharbeitnehmers **zum Unternehmen** entscheidend ist; der Arbeitnehmer kann also in unterschiedlichen Betrieben desselben Unternehmens tätig sein (Schüren/Hamann/*Hamann* § 14 Rn. 67). Zur Ermittlung dieser Unternehmenszugehörigkeit sind alle zusammenhängen- den Zeiten, in denen der Leiharbeitnehmer in verschiedenen Betrieben des- selben Unternehmens tätig war, zugrunde zu legen (Schüren/Hamann/ *Hamann* § 14 Rn. 67). Wählbar ist der Leiharbeitnehmer im Entleiherunter- nehmen nicht (Boemke/Lembke/*Boemke* § 14 Rn. 62). Der Ausschluss des Leiharbeitnehmers vom passiven Wahlrecht ergibt sich bezüglich der Arbeit- nehmervertreter selbst, aber auch bezüglich der Delegierten bereits aus § 14 Abs. 2 S. 1, denn Leiharbeitnehmer sind „bei der Wahl", dh nicht nur für das Amt im Gremium selbst, sondern auch als Delegierter, nicht wählbar. Die Vorschrift des § 14 Abs. 2 S. 1 gilt allerdings nicht unmittelbar für nicht wirtschaftlich überlassene Arbeitnehmer, wohl aber analog (vgl. → Rn. 51 mwN aA Boemke/Lembke/*Boemke* § 14 Rn. 67), denn für den Normzweck ist die Wirtschaftlichkeit der Überlassung ohne Bedeutung.

72   **cc) Montan–MitbestG.** § 6 Abs. 1 S. 2 Montan-MitbestG bestimmt, dass die Aufsichtsratsmitglieder von den Betriebsräten der unternehmensangehörigen Betriebe gewählt werden müssen. Da Leiharbeitnehmer nach § 14 Abs. 2 S. 1 bereits zum Betriebsrat nicht wählbar sind (vgl. → Rn. 50), besteht für ihn **kein aktives Wahlrecht** zum Aufsichtsrat. Etwas anderes ergäbe sich nur, wenn man annimmt, dass Leiharbeitnehmer auch das passive Wahlrecht zum Betriebsrat haben (so DKKW/*Trümner* BetrVG § 5 Rn. 78a; ebenso Schüren/Hamann/*Hamann* § 14 Rn. 62 ff. mwN; gegen die hM; vgl. *Fitting* BetrVG § 8 Rn. 29; GK-BetrVG/*Kreutz* § 7 Rn. 59; Boemke/ Lembke/*Boemke* § 14 Rn. 66; *Maschmann* DB 2001, 2446 (2447); → Rn. 50), denn dann besäßen sie auch das aktive Wahlrecht zum Aufsichtsrat. Das passive Wahlrecht ist jedoch stets durch § 14 Abs. 2 S. 1 ausgeschlossen; Ob der **Ausschluss der Wählbarkeit** des Leiharbeitnehmers zum Aufsichtsrat bereits aus § 6 Abs. 1 S. 1 Montan-MitbestG gefolgert werden kann (so Schüren/Hamann/*Hamann* § 14 Rn. 65), der voraussetzt, dass der Arbeitnehmer „in einem Betriebe des Unternehmens beschäftigt" ist, mag dahinstehen, weil dieser Ausschluss jedenfalls durch § 14 Abs. 2 S. 1 hinreichend deutlich bestimmt wird.

73   **dd) Montan–MitbestErgG.** Die Wahl zum Aufsichtsrat nach dem Montan-MitbestErgG erfolgt nach dessen § 7 entweder durch Delegierte oder direkt. § 8 Abs. 2 S. 2 Montan-MitbestErgG bestimmt, dass für die Wahl der **Delegierten** § 7 S. 2 BetrVG entsprechend gilt. Mithin sind unter dessen Voraussetzungen (dazu → Rn. 52 ff.) iVm denen des § 8 Abs. 2 S. 1 Montan-MitbestErgG auch Leiharbeitnehmer aktiv wahlberechtigt. Eine Entsprechung für diese Regelung findet sich für den Fall der **direkten Wahl** in § 10g Montan-MitbestErgG. Das passive Wahlrecht zum Delegierten macht § 8 Abs. 3 Montan-MitbestErgG von den Voraussetzungen des § 8 BetrVG und des § 8 Abs. 2 S. 1 Montan-MitbestErgG abhängig; eine Verweisung auf dessen Satz 2 und damit auf den für Leiharbeitnehmer geltenden § 7 S. 2 BetrVG ist ausgeschlossen. Leiharbeitnehmer sind nach § 14 Abs. 2 S. 1 sowohl als Delegierte („bei der Wahl") als auch als Aufsichtsratsmitglieder **nicht wählbar** (Schüren/Hamann/*Hamann* § 14 Rn. 66).

74   Zur Ermittlung der Zugehörigkeitsdauer nach den §§ 7 S. 2 BetrVG, 8 Abs. 2 S. 2 Montan-MitbestErgG wird auf die **Zugehörigkeit zum Konzern** abgestellt (Schüren/Hamann/*Hamann* § 14 Rn. 66). Dies ist zwar nicht durch § 7 S. 2 BetrVG angeordnet, jedoch richtig, denn zum einen brauchen an den Delegierten keine strengeren Anforderungen gestellt zu werden als an das zu wählende Mitglied, für das nach § 6 Abs. 2 Montan-MitbestErgG die Zugehörigkeit zu „einem Konzernunternehmen" ausreicht; zum anderen erfordert der Normzweck nicht, dass der Kandidat der Holding angehört haben muss, weil diese kein typisches Beschäftigungsunternehmen ist; vielmehr soll die Mindestzugehörigkeitsdauer sicherstellen, dass der Kandidat mit den Verhältnissen jedenfalls dort, wo die Wählenden arbeiten, vertraut ist, mithin in den abhängigen Unternehmen.

b) Berücksichtigung von Leiharbeitnehmern bei Schwellenwerten 75 in der Unternehmensmitbestimmung (Abs. 2 S. 5 und 6). Parallel zu der Regelung im Betriebsverfassungsrecht hat der Gesetzgeber ebenso für geregelte Schwellenwerte in Bestimmungen des Mitbestimmungsgesetzes, Montan-Mitbestimmungsgesetzes, Mitbestimmungsergänzungsgesetzes, des Drittelbeteiligungsgesetzes, des Gesetzes über die Mitbestimmung der Arbeitnehmer bei einer grenzüberschreitenden Verschmelzung des SE- und des SCE-Beteiligungsgesetzes oder der auf Grund der jeweiligen Gesetze erlassenen Wahlordnungen die Berücksichtigung der Leiharbeitnehmer normiert (§ 14 Abs. 2 S. 5 AÜG). Diese Normierung im Bereich der Unternehmensmitbestimmung begründet der Gesetzgeber mit dem Grundsatz der **Parallelität zwischen Betriebsverfassung und Unternehmensmitbestimmung** (BR-Drs. 294/16, 26). Ferner nennt er hier auch explizit als Anknüpfungspunkt die Entscheidung des BAG vom 4.11.2015 (NZA 2016, 559). Im Unterschied zu dem Beschluss des BAG beschränkt sich die Regelung nicht nur auf Leiharbeitnehmer, die auf Stammarbeitsplätzen tätig sind. Leiharbeitnehmer werden nach dem Wortlaut des Gesetzes unabhängig hiervon gezählt, wenn die Mindesteinsatzdauer nach Satz 6 erfüllt ist (s. ausführlich: *Oetker* NZA 2017, 29 (32)). Der Gesetzgeber lässt zudem mit dem Verweis unberücksichtigt, dass das BAG mit dieser Entscheidung aber keine allgemeinen Grundsätze für die Unternehmensmitbestimmung statuieren wollte (→ Rn. 64). Auch wie bei § 14 Abs. 2 S. 4 AÜG stellt sich hier die Frage der **einschränkenden Auslegung.** Dies wird wohl ebenso in Bezug auf die Regelung in Satz 5 anzunehmen sein (→ Rn. 66).

Die Regelung in Satz 6 schränkt das Erfassen der Leiharbeitnehmer ein: 76 So werden nur Leiharbeitnehmer im Entleiherunternehmen berücksichtigt, deren **Einsatzdauer 6 Monate übersteigt.** Diese Einschränkung gilt nicht für die Schwellenwerte im Betriebsverfassungsrecht, sondern **ausschließlich für die in der Unternehmensmitbestimmung.** Die Normierung der Mindesteinsatzdauer steht im Einklang mit der ständigen Rechtsprechung des BAG. Das BAG hat in der Vergangenheit nur Leiharbeitnehmer bei Schwellenwerten im Betriebsverfassungsrecht erfasst, wenn sie zu den „in der Regel" Beschäftigten gehörten (BAG 18.10.2011, NZA 2012, 221; 16.11.2004, NZA-RR 2005, 615; 12.10.1976, DB 1977, 356). „In der Regel" heißt – nach der Rechtsprechung konkretisiert –, dass die Leiharbeitnehmer länger als sechs Monate beschäftigt werden müssen (BAG 18.10.2011, NZA 2012, 221; 16.11.2004, NZA-RR 2005, 615). Maßgeblich sei die Personenstärke, die für das Unternehmen im Allgemeinen kennzeichnend sei (BAG 18.10.2011, NZA 2012, 221). Das BAG hat demnach ebenso arbeitsplatzbezogene Erwägungen miteinbezogen. Hiervon sieht der Wortlaut des Satz 6 ab. Nähere Ausführungen, die auf etwas anderes deuten, finden sich auch in der Gesetzesbegründung nicht. Satz 6 ist **arbeitnehmerbezogen** zu verstehen (so auch *Oetker* NZA 2017, 23 (33); *Schubert/Liese* NZA 2016, 1297 (1303)).

IV. Betriebsverfassungsrechtliche Rechte des
Leiharbeitnehmers (Abs. 2 Satz 2 und 3)

1. Allgemeines

77   § 14 Abs. 2 nennt in seinen Sätzen 2 und 3 bestimmte Individualrechte des Arbeitnehmers im Betrieb des Entleihers. Trotz der konkreten Bezeichnung der Rechte ist die **Aufzählung** der Rechte des Arbeitnehmers **nicht** als **abschließend** zu betrachten, → Rn. 5. Dies wird in der Gesetzesbegründung ausdrücklich ausgesprochen (BT-Drs. 9/847, 9: „Diese Regelungen sind nicht abschließender Natur. Die Feststellung etwaiger weiterer Beteiligungsrechte des Betriebsrats durch die Rechtsprechung, wie sie auch in dem vorgenannten Beschluss des BAG [BAG v. 14.5.1974, AP BetrVG 1972 § 99 Nr. 2] ihren Niederschlag gefunden haben, bleibt unberührt.") und entspricht der ganz hM (BAG 15.12.1992, AP AÜG § 14 Nr. 7; Boemke/Lembke/*Boemke* § 14 Rn. 72; Schüren/Hamann/*Hamann* § 14 Rn. 72 und 103; *Ulber* § 14 Rn. 50; ErfK/*Wank* § 14 Rn. 13; vgl. auch → Rn. 5). Auch unter systematischen Gesichtspunkten ist diese Sicht richtig, denn mit der Aufzählung erfassen die Sätze 2 und 3 des § 14 Abs. 2 quasi **alle Individualrechte, die sinnvoll nur im Entleiherbetrieb wahrgenommen werden können,** weshalb zB das Recht auf Einsicht in die – dort nicht geführten – Personalakten gem. § 83 BetrVG aus der Aufzählung ausgenommen ist (vgl. Richardi/*Thüsing* BetrVG § 83 Rn. 2; für einen weiten Begriff der Personalakten mit entsprechenden Einsichtsrechten auch im Entleiherbetrieb tritt *Ulber* § 14 Rn. 56, ein), ebenso wie der Anspruch auf Erläuterung der Zusammensetzung und Berechnung des Arbeitsentgelts gem. § 82 Abs. 2 BetrVG, das eben der Verleiher schuldet.

78   Immanente Voraussetzung für ein Recht des Arbeitnehmers nach § 14 Abs. 2 S. 2 und 3 ist freilich ein **Zusammenhang mit dem Betrieb des Entleihers** (vgl. Boemke/Lembke/*Boemke* Rn. 72 aE); im Übrigen kann der Arbeitnehmer seine Rechte nur im Betrieb des Verleihers wahrnehmen (§ 14 Abs. 1). Solche Rechte können aber auch neben die Rechte treten, die der Arbeitnehmer im Entleiherbetrieb hat (BT-Drs. 9/847, 9; Schüren/Hamann/*Hamann* § 14 Rn. 73). Dass der Leiharbeitnehmer auch Rechte im Entleiherbetrieb hat, ist, wie auch aus § 14 Abs. 1 folgt, für seine Rechtspositionen im Verleiherbetrieb unerheblich (Schüren/Hamann/*Hamann* § 14 Rn. 73; ErfK/*Wank* § 14 Rn. 5); so kann beispielsweise der Leiharbeitnehmer auch während der Arbeitszeit im Entleiherbetrieb an Sprechstunden im Verleiherbetrieb teilnehmen (Schüren/Hamann/*Hamann* § 14 Rn. 74*). Darauf zu achten ist jedoch, dass die **Erfüllung** des Anspruchs des Leiharbeitnehmers dem Verleiher bzw. dem Entleiher **rechtlich und tatsächlich möglich** ist; an letzterem fehlt es jedenfalls dann, wenn sich der Leiharbeitnehmer an den Verleiher wendet, der Gegenstand des Unterrichtsrechts jedoch Umstände im Betrieb des Entleihers betrifft; hier hat der Leiharbeitnehmer keinen Anspruch auf Unterrichtung „über das Dreieck". Entsprechendes gilt für die Rechte auf Anhörung, Erörterung und Beschwerde. Durch § 14 Abs. 2 werden nämlich keine Einwirkungsverpflichtungen oder

-obliegenheiten (etwa auf Auskunft oder Vornahme anderer Handlungen) zwischen Entleiher und Verleiher begründet; es werden dem Leiharbeitnehmer nur solche Rechte zusätzlich gewährt, wie er sie hätte, wenn der Entleiher sein vertraglicher Arbeitgeber wäre. Deshalb ist etwa die Aufforderung des Leiharbeitnehmers an den Verleiher, beim Entleiher auf Abhilfe zu drängen, rechtlich unverbindlich (aA wohl Schüren/*Hamann,* 3. Auflage 2007, § 14 Rn. 75 aE).

Nach vereinzelt vertretener Ansicht soll § 14 Abs. 2 S. 2 und 3 auf alle **79** Fälle **entsprechend anzuwenden** sein, in denen Arbeitnehmer Dritten zur Arbeitsleistung überlassen werden; ausreichend sei, dass der Arbeitnehmer auf Grund seiner faktischen Eingliederung in die Betriebsabläufe des Einsatzbetriebs ebenso schutzbedürftig ist wie vergleichbare Stammarbeitnehmer (*Ulber* § 14 Rn. 50b). Dies greift jedoch zu weit: Die Betriebsverfassung bezweckt die Kompensation für das Fehlen individueller Aushandelbarkeit von Arbeitsbedingungen, die durch das Direktionsrecht des Arbeitgebers geschaffen werden und eine Vielzahl von Arbeitnehmern betreffen. Folglich besteht auch das Schutzbedürfnis, das für *Ulber* (§ 14 Rn. 50b) Grund für die Erweiterung des § 14 Abs. 2 ist, nur dann, wenn auch die Ausübung des Direktionsrechts an einen Dritten übertragen wird, was etwa in den Fällen der Fremdfirmenarbeit auf Grund Dienst- oder Werkvertrags gerade nicht der Fall ist. Auch eine europarechtskonforme Auslegung (vgl. *Ulber* § 14 Rn. 50b) zwingt zu keinem anderen Ergebnis.

Richtigerweise gelangt § 14 Abs. 2 S. 2 und 3 bei **illegaler Arbeitnehm- 80 merüberlassung** nicht zur Anwendung, weil dann die Vorschriften des BetrVG wegen § 10 Abs. 1 S. 1 bereits direkt gelten (*Ulber* § 14 Rn. 51).

2. Sprechstunden und Versammlungen

Nach § 14 Abs. 2 S. 2 können die Leiharbeitnehmer im Entleiherbetrieb **81** sowohl Sprechstunden aufsuchen als auch an Betriebs- und Jugendversammlungen teilnehmen.

a) Sprechstunden. Leiharbeitnehmer sind berechtigt, die Sprechstunden **82** „dieser Arbeitnehmervertretungen" aufzusuchen. Zu solchen Sprechstunden gehören zunächst diejenigen, die der Betriebsrat nach **§ 39 Abs. 1 BetrVG** einrichtet. Unter den Voraussetzungen des **§ 69 BetrVG** kann auch die Jugend- und Auszubildendenvertretung Sprechstunden einrichten. Führt sie solche eigenen Sprechstunden nicht durch, so kann an den Sprechstunden des Betriebsrats ein Mitglied der Jugend- und Auszubildendenvertretung teilnehmen, um die in § 60 Abs. 1 genannten Arbeitnehmer zu beraten, vgl. **§ 39 Abs. 2 BetrVG.** Freilich gehören zu den Arbeitnehmervertretungen iSd Vorschrift auch ein Gesamt- oder ein Konzernbetriebsrat. Diese halten jedoch nicht für die Arbeitnehmer Sprechstunden ab. Für den Gesamtbetriebsrat folgt dies aus § 51 Abs. 1 BetrVG: Da dort § 39 BetrVG nicht für entsprechend anwendbar erklärt wird, kann der **Gesamtbetriebsrat** jedenfalls während der Arbeitszeit **keine Sprechstunden** einrichten. Doch ist es zulässig, dass er sie außerhalb der Arbeitszeit abhält (*Richardi/Annuß* BetrVG § 51 Rn. 38). Möglich ist auch, dass Arbeitgeber und Gesamtbetriebsrat eine freiwillige Regelung darüber treffen, Sprechstunden während der Arbeitszeit einzurichten (*Richardi/Annuß* BetrVG § 51 Rn. 38; ebenso *Fitting* BetrVG § 51 Rn. 45; GK–BetrVG/*Kreutz* § 51 Rn. 56). In beiden Fällen ist auch der Leiharbeitnehmer gem. § 14 Abs. 2 S. 2 zum Aufsuchen dieser Sprechstunden berechtigt. Wie der Gesamtbetriebsrat, so kann auch der **Konzernbetriebsrat** während der Arbeitszeit keine Sprechstunden einrichten (*Richardi/Annuß* BetrVG § 59 Rn. 34); die dort genannten Grundsätze gelten jedoch auch für den Konzernbetriebsrat.

83   **b) Versammlungen.** Gem. § 14 Abs. 2 S. 2 sind Leiharbeitnehmer auch berechtigt, an Betriebsversammlungen nach **§§ 42, 43 BetrVG** teilzunehmen. Dies schließt das Recht ein, an den Teil- bzw. Abteilungsversammlungen iSv § 42 Abs. 2 BetrVG teilzunehmen (*Ulber* § 14 Rn. 53). Ebenfalls besteht das Recht zur Teilnahme an Jugend- und Auszubildendenversammlungen iSv **§ 71 BetrVG** für jugendliche Arbeitnehmer und die Auszubildenden, die noch nicht 25 Jahre alt sind (§ 60 Abs. 1 BetrVG). Dieses Recht entfaltet kaum praktische Bedeutung, da die Arbeitnehmerüberlassung von Auszubildenden nicht zulässig ist: Sie stehen in einem Berufsausbildungsverhältnis, nicht in einem Arbeitsverhältnis; außerdem dürfen ihnen gem. § 6 Abs. 2 BBiG nur Verrichtungen übertragen werden, die dem Ausbildungszweck dienen, womit die pauschale Übertragung von Arbeitsleistungen nach Weisung des Entleihers nicht vereinbar ist (*Schüren/Hamann/Hamann* § 1 Rn. 43 und § 14 Rn. 84; *Boemke/Lembke/Boemke* § 14 Rn. 77).

84   **c) Vergütungszahlung.** Wie die Stammarbeitnehmer, so hat auch der Leiharbeitnehmer Anspruch auf Zahlung seiner Vergütung für die Zeit, in der er Sprechstunden aufsucht (**§ 39 Abs. 3 BetrVG;** Einzelheiten bei *Richardi/Thüsing* BetrVG § 39 Rn. 21 ff.) oder an Versammlungen teilnimmt (**§ 44 Abs. 1 S. 2 BetrVG;** Einzelheiten bei *Richardi/Annuß* BetrVG § 44 Rn. 26 ff.). Allerdings richtet sich der Anspruch für den Leiharbeitnehmer gegen den **Verleiher** als seinen Vertragsarbeitgeber (Schüren/Hamann/*Hamann* § 14 Rn. 79; *Becker/Wulfgramm* § 14 Rn. 58; Boemke/Lembke/*Boemke* § 14 Rn. 74). Gleichwohl kann freilich im Überlassungsvertrag zwischen Verleiher und Entleiher vereinbart sein, dass dieser auch für solche Ausfallzeiten des Arbeitnehmers von der Zahlung der **Überlassungsvergütung** nicht befreit ist, so dass im Ergebnis der **Entleiher** wirtschaftlich die Kosten trägt (vgl. MHdB ArbR/*Marschall,* 2. Aufl. 2000, § 175 Rn. 91, auch → Einl. Rn. 40). Diese Regelung soll nach wohl allg. Ansicht typischerweise auch bei Fehlen einer ausdrücklichen Bestimmung im Überlassungsvertrag anzunehmen, der Entleiher zur Minderung der Überlassungsvergütung also nicht berechtigt sein; der Leiharbeitnehmer nehme nämlich eine betriebsverfassungsrechtliche Rechtsposition wahr, die der Sphäre und dem Risikobereich des Entleihers zuzuordnen sei (Boemke/Lembke/*Boemke* § 14 Rn. 74 und 76; *Becker/Wulfgramm* § 14 Rn. 58; *Ulber* § 14 Rn. 52 und 53b; Schüren/Hamann/*Hamann* § 14 Rn. 80 und 85). Teilweise wird dies für den Fall der Sprechstundenteilnahme anders gesehen unter Berufung darauf, dass das Lohnrisiko nach § 39 Abs. 3 BetrVG dem Verleiher auferlegt sei (*Becker/Wulfgramm* § 14 Rn. 44). Doch verhält es sich in dem einen Fall nicht anders

als im anderen, nimmt der Leiharbeitnehmer doch in beiden Fällen ein betriebliches Recht wahr und bleibt der Verleiher gegenüber dem Leiharbeitnehmer zur Vergütungszahlung verpflichtet. Demgemäß ist auch nicht zwischen der Sprechstunden- und der Versammlungsteilnahme zu unterscheiden. Im Verhältnis zum Leiharbeitnehmer bleibt daher der Verleiher zur Vergütungszahlung verpflichtet; im Verhältnis zwischen Verleiher und Entleiher steht diesem bei Fehlen einer ausdrücklichen Regelung kein Recht zur Herabsetzung der Überlassungsvergütung zu. Durch die nicht abschließende Regelung in § 14 Abs. 2 und 3 wird verdeutlicht, dass die Wahrnehmung betrieblicher Rechte im Betrieb des Entleihers grundsätzlich so erfolgen soll, als wäre der Leiharbeitnehmer ein betriebsangehöriger Stammarbeitnehmer; hierzu gehört auch die Übernahme der mit der Wahrnehmung der Rechte verbundenen Kosten.

3. Unterrichtungs- und Erörterungspflicht (§ 81 BetrVG)

Ihrer Art nach handelt es sich bei den Ansprüchen, die § 81 BetrVG iVm **85** § 14 Abs. 2 S. 3 dem Leiharbeitnehmer gewährt, um Unterrichtungs-, Anhörungs- und Erörterungsansprüche. Der Sache nach beziehen sich diese Rechte auf Aufgabe und Verantwortung des Leiharbeitnehmers, die Art seiner Tätigkeit und ihre Einordnung in den Betrieb, Veränderungen in seinem Arbeitsbereich, ihrer Folgen für Fähigkeiten und Kenntnisse des Leiharbeitnehmers, seine Sicherheit und Gesundheit sowie Auswirkungen technischer Maßnahmen. Verallgemeinert ist damit die **Kommunikation über die individuellen Arbeitsbedingungen** des (Leih-) Arbeitnehmers geregelt. Die Norm enthält nicht nur Ansprüche des Arbeitnehmers, sondern auch die Obliegenheit des Arbeitgebers zur **Belehrung nach § 81 Abs. 1 S. 2 BetrVG,** die durch § 14 Abs. 2 S. 3 ebenfalls in Bezug genommen wird, auch wenn in der Überschrift des § 14 nur von „-rechten" die Rede ist. Zu **Einzelheiten des Normgehalts** des § 81 BetrVG siehe Richardi/*Thüsing* BetrVG § 81 Rn. 1 ff.

Ob für den Leiharbeitnehmer im Entleiherbetrieb auch **§ 81 Abs. 4 86 BetrVG** gilt, ist umstritten (dafür: Schüren/Hamann/*Hamann* § 14 Rn. 88; dagegen: Boemke/Lembke/*Boemke* § 14 Rn. 79), zumal Abs. 4 bei der Einführung der Verweisnorm des § 14 Abs. 2 S. 3 noch nicht galt (vgl. Schüren/Hamann/*Hamann* § 14 Rn. 88). Dem Wortlaut des § 14 Abs. 2 S. 3, der eine detaillierte Verweisung unter Begrenzung auf gewisse Absätze der §§ 81 ff. BetrVG enthält, ist eine Beschränkung auf die Abs. 1–3 des § 81 BetrVG nicht zu entnehmen. Zuzugeben ist, dass viele Bestimmungen des § 81 Abs. 4 BetrVG bei dem Einsatz von Leiharbeitnehmern wenig sinnvoll erscheinen, wie zB die Erörterung nach Satz 2, denn in der Praxis kann der Entleiher vom Verleiher verlangen, dass dieser ihm einen geeigneten Leiharbeitnehmer zur Verfügung stellt (Boemke/Lembke/*Boemke* § 14 Rn. 79); ein Interesse an der Weiterbildung des Leiharbeitnehmers dürfte dem Entleiher damit zumeist fehlen. Die Inbezugnahme des § 81 Abs. 4 BetrVG durch § 14 Abs. 2 S. 3 „schadet" jedoch nicht; auch wenn sie faktisch kaum Bedeutung haben wird, kann sie Geltung behalten. Darüber hinaus kann ein Leiharbeitnehmer auch praktisch von der Einführung neuer Techniken iSv § 81 Abs. 4 S. 1 BetrVG betroffen werden, so dass jedenfalls insoweit der Verweis auf § 81 Abs. 4 BetrVG nicht schlechthin leerläuft.

87   Die Rechte des Leiharbeitnehmers nach §§ 81 BetrVG, 14 Abs. 2 S. 3 sind dadurch begrenzt, dass ein **Bezug zum Entleiher** bestehen muss, soweit diese Rechte ihm gegenüber geltend gemacht werden. Ein Erörterungsanspruch gegenüber dem Verleiher über Umstände im Betrieb des Entleihers oder umgekehrt besteht nach dem Zweck des § 81 BetrVG nicht.

4. Anhörungs- und Erörterungsrecht (§ 82 Abs. 1 BetrVG)

88   Die Vorschrift des § 82 Abs. 1 BetrVG regelt iVm § 14 Abs. 2 S. 3 einen allgemeinen Anhörungsanspruch hinsichtlich aller den Arbeitnehmer betreffenden betrieblichen Angelegenheiten sowie das Recht, gegenüber dem Arbeitgeber Vorschläge über die Gestaltung von Arbeitsplatz und Arbeitsablauf zu machen. Während im Fall des § 81 BetrVG die Initiative vom Entleiher ausgeht, betrifft § 82 Abs. 1 BetrVG die Situation, dass der Leiharbeitnehmer initiativ wird (vgl. *Fitting* BetrVG § 82 Rn. 1; Schüren/Hamann/*Hamann* § 14 Rn. 89; *Urban-Crell/Schulz* Rn. 1064; Boemke/Lembke/*Boemke* § 14 Rn. 80). Zu **Einzelheiten** des Normgehalts von § 82 Abs. 1 BetrVG ausf. Richardi/*Thüsing* BetrVG § 82 Rn. 1 ff.

89   Wie bei anderen Rechten, die dem Leiharbeitnehmer im Entleiherbetrieb gewährt werden (vgl. → Rn. 72 ff.), so besteht auch hier die innere Begrenzung, dass ein **Zusammenhang mit dem Entleiherbetrieb** bestehen muss (Boemke/Lembke/*Boemke* § 14 Rn. 80). Nicht möglich ist also, dass der Leiharbeitnehmer von dem Verleiher verlangt, Umstände des Entleiherbetriebs mit ihm zu erörtern, oder ihm Vorschläge unterbreitet, die den Entleiherbetrieb betreffen, bzw. umgekehrt.

90   Vereinzelt wird die Frage aufgeworfen, ob auch der in § 14 Abs. 2 S. 3 nicht erwähnte **Abs. 2 des § 82 BetrVG** für den Leiharbeitnehmer im Entleiherbetrieb gelte (Boemke/Lembke/*Boemke* § 14 Rn. 81). Richtig ist, dass die Aufzählung in § 14 Abs. 2 nicht abschließend zu verstehen ist (→ Rn. 79). Gleichwohl richtet sich der Anspruch auf **Erläuterung von Berechnung und Zusammensetzung des Entgelts** (§ 82 Abs. 2 S. 1 Hs. 1 BetrVG) regelmäßig allein gegen den Schuldner des Arbeitsentgelts, also den Verleiher (Schüren/Hamann/*Hamann* § 14 Rn. 92; dem Entleiher wäre die Erfüllung dieses Anspruchs tatsächlich und – aus Gründen des Datenschutzes – oftmals auch rechtlich unmöglich; iE so auch Boemke/Lembke/*Boemke* § 14 Rn. 81). Allein dort, wo der Leiharbeitnehmer entsprechend dem Gebot des *Equal pay* an die Arbeitsbedingungen des Entleihers gebunden ist, kann man eine analoge Anwendung erwägen, denn hier werden die entscheidenden Vorgaben durch den Entleiher gemacht, und vom Verleiher nur nachvollzogen. Die Frage kann in anderen Fällen nur sein, ob der Leiharbeitnehmer einen Anspruch auf Erörterung einer **Beurteilung seiner Leistungen** (§ 82 Abs. 2 S. 1 Hs. 2 BetrVG) gegen den Entleiher haben kann, was davon abhängt, ob er eine Beurteilung erhält oder beanspruchen kann. Dies kann sich aus dem Überlassungsver-

trag ergeben, wenn dort bestimmt ist, dass der Entleiher dem Verleiher Tatsachen über Leistung und Verhalten des Leiharbeitnehmers während der Dauer der Überlassung mitteilt (Schüren/Hamann/*Hamann* § 14 Rn. 315), was durchaus der Praxis entspricht (Boemke/Lembke/*Boemke* § 14 Rn. 81). In solchen Fällen besteht auch ein Erörterungsanspruch nach § 82 Abs. 2 S. 1 Hs. 2 BetrVG. Der Sinn der Bestimmung verlangt dies, weil durch sie – ähnlich wie durch § 83 BetrVG – eine „Geheimpolitik" des Beurteilenden verhindert werden soll (so für Personalakten Richardi/*Thüsing* BetrVG § 83 Rn. 9; *Fitting* BetrVG § 83 Rn. 5). Dafür aber kommt es nicht darauf an, dass der Beurteilende gleichzeitig Partner des Arbeitsvertrags ist (Boemke/Lembke/*Boemke* § 14 Rn. 81). Die Beurteilung der Leistungen des Leiharbeitnehmers durch den Entleiher wird nach dem Entfallen der Höchstdauer für die Überlassung auf Grund des Ersten Gesetzes für moderne Dienstleistungen am Arbeitsmarkt an Bedeutung gewinnen.

Die **Erörterung der beruflichen Entwicklung im Betrieb** (§ 82 Abs. 2 **91** S. 2 Hs. 3 BetrVG) kann nunmehr – nach dem Fortfall der zeitlichen Begrenzung der Überlassung – auch für den Leiharbeitnehmer Bedeutung erlangen, wenn auch geringe (aA Schüren/Hamann/*Hamann* § 14 Rn. 94). Die Überlassung von Arbeitnehmern ist seiner Eigenart entsprechend nicht darauf angelegt, dem Leiharbeitnehmer das berufliche Fortkommen im Betrieb gerade des Entleihers zu sichern. Gleichwohl sollte dem Arbeitnehmer nach nun unbegrenzter Dauer der Überlassung nicht von vornherein der Anreiz genommen werden, sich im Entleiherbetrieb zu bewähren und auch dort auf berufliches Fortkommen zu hoffen, das schon in der Umsetzung auf eine beliebtere Stelle bestehen kann. Dann aber muss dieser Anreiz von einem entsprechenden Erörterungsanspruch flankiert sein. Dies gilt umso mehr als ein Wechsel des Leiharbeitnehmers in ein Arbeitsverhältnis zum Entleiher stattfinden kann – und nach Hoffnung des Gesetzgebers auch stattfinden soll (→ Einl. Rn. 4).

5. Beschwerderecht (§§ 84–86 BetrVG)

Die §§ 84–86 BetrVG regeln Zuständigkeiten und Verfahren bei der **92** Beschwerde von Arbeitnehmern. Zu den **Einzelheiten** des Normgehalts der §§ 84–86 BetrVG s. ausführl. die entsprechenden Kommentierungen Richardi/*Thüsing* BetrVG. Das Recht des Arbeitnehmers zur Beschwerde besteht auf Grund der §§ 84 ff. BetrVG, 14 Abs. 2 S. 3 im Betrieb des Entleihers, bleibt ihm aber auch im Verleiherbetrieb erhalten (*Becker/Wulfgramm* § 14 Rn. 50; ErfK/*Wank* § 14 Rn. 12; Schüren/Hamann/*Hamann* § 14 Rn. 96; *Urban-Crell/Schulz* Rn. 1070; HWK/*Gotthardt/Roloff* § 14 Rn. 4).

Für den Tatbestand der **Benachteiligung** oder **ungerechten Behand-** **93** **lung** (§ 84 Abs. 1 S. 1 BetrVG) im Entleiherbetrieb ist darauf zu achten, ob eine **Vorschrift,** auf die eine solche Beschwerde gestützt wird, überhaupt für den Leiharbeitnehmer im Entleiherbetrieb **anwendbar** ist. Hinsichtlich des allgemeinen Gebots zur Behandlung nach den Grundsätzen von Recht und Billigkeit (§ 75 BetrVG; vgl. dazu ↗ Rn. 107), das zugunsten des Leiharbeitnehmers auch im Entleiherbetrieb gilt, ist dies für einen weiten Bereich zu bejahen; gleichwohl ist für eine Benachteiligung entscheidend, ob ein **sachlicher Grund** für eine Ungleichbehandlung im Verhältnis zu Stammarbeitnehmer besteht (dazu Boemke/Lembke/*Boemke* § 14 Rn. 86). Hier liegen die Dinge anders als beim *Equal pay*-Gebot des § 9 Nr. 2, ↗ § 3 Rn. 44.

94   Das **Benachteiligungsverbot** des **§ 84 Abs. 3 BetrVG** konkretisiert das allgemeine Verbot der Benachteiligung wegen der Ausübung von Rechten gem. § 612a BGB (Richardi/*Thüsing* BetrVG § 84 Rn. 18; *Ulber* § 14 Rn. 61; zu § 612a BGB vgl. HWK/*Thüsing* BGB § 612a Rn. 1 ff.), das wegen seiner systematischen Stellung zunächst allein im Verhältnis zum vertraglichen Arbeitgeber gilt. Über § 14 Abs. 2 S. 3 gilt es nach § 84 Abs. 3 BetrVG jedoch (auch) gegenüber dem Entleiher. Ein Verstoß gegen das Benachteiligungsverbot hat wie bei § 612a BGB die Unwirksamkeit der Maßnahme zur Folge (*Becker/Wulfgramm* § 14 Rn. 50).

95   Auch **§ 86 BetrVG,** wonach die Einzelheiten des Beschwerdeverfahrens durch Tarifvertrag oder Betriebsvereinbarung geregelt werden können und statt der Einigungsstelle eine betriebliche Beschwerdestelle eingesetzt werden kann, ist in den Verweis durch § 14 Abs. 2 S. 3 einbezogen. Soweit ein **Tarifvertrag** das Beschwerdeverfahren regelt, ist eine **Betriebsvereinbarung ausgeschlossen** (ebenso *Fitting* BetrVG § 86 Rn. 2; GL/*Löwisch* BetrVG § 86 Rn. 6; DKKW/*Buschmann* BetrVG § 86 Rn. 3; GK-BetrVG/*Wiese/Franzen* § 86 Rn. 1). Der Vorrang des Tarifvertrags ergibt sich aus seiner Unabdingbarkeitswirkung (§ 4 Abs. 1 S. 2 TVG). Dagegen greift nicht die Regelungssperre des § 77 Abs. 3 BetrVG ein; es genügt also nicht Tarifüblichkeit, weil das Gesetz hier ausdrücklich beide Regelungsinstrumente als zulässig nebeneinander stellt (iErg ebenso *Fitting* BetrVG § 86 Rn. 2; ErfK/*Kania* BetrVG § 86 Rn. 2; GL/*Löwisch* BetrVG § 86 Rn. 6; GK-BetrVG/*Wiese/Franzen* § 86 Rn. 1, die darauf abstellen, es handele sich hier nicht um Arbeitsbedingungen iSd § 77 Abs. 3 BetrVG).

96   Voraussetzung ist, dass der **Tarifvertrag für den Betrieb gilt.** Maßgebend ist also, dass der Betrieb in den Geltungsbereich eines Tarifvertrags fällt, der Einzelheiten des Beschwerdeverfahrens regelt, und der Arbeitgeber tarifgebunden ist, während Tarifgebundenheit weder der Stammarbeitnehmer noch des Leiharbeitnehmers erforderlich ist; denn es handelt sich um eine betriebsverfassungsrechtliche Regelung, so dass die **Tarifgebundenheit des Arbeitgebers** genügt (§ 3 Abs. 2 TVG; ebenso *Fitting* BetrVG § 86 Rn. 1; GL/*Löwisch* BetrVG § 86 Rn. 6; GK-BetrVG/*Wiese/Franzen* § 86 Rn. 1).

97   Für die Ausübung des Beschwerderechts durch den Leiharbeitnehmer gegenüber dem Entleiher ist allgemein zu fordern, dass die **Beeinträchtigung** ihre **Ursache im Entleiherbetrieb** hat (Boemke/Lembke/*Boemke* § 14 Rn. 83). Nach einem Teil des Schrifttums soll das Beschwerderecht **gegenüber dem Verleiher** auch Beschwerden **bei einer Ursache im Entleiherbetrieb** umfassen; er sei nicht gezwungen, sich in einem solchen Fall an die zuständige Stelle im Entleiherbetrieb oder den Entleiherbetriebsrat zu

wenden (ErfK/*Wank* § 14 Rn. 12; Schüren/Hamann/*Hamann* § 14 Rn. 98; *Ulber* § 14 Rn. 60). Zur Begründung wird ausgeführt, Verstöße gegen den Arbeitsschutz (§ 11 Abs. 6) oder arbeitsvertragliche Pflichten des Verleihers (§ 3 Abs. 1 Nr. 1) berührten auch die betriebsverfassungsrechtliche Stellung des Leiharbeitnehmers im Entleiherbetrieb (*Ulber* § 14 Rn. 60); es könne sein, dass der Leiharbeitnehmer zu dem Entleiher kein Vertrauen habe, und es bleibe seiner Einschätzung überlassen, wo die Beschwerde am meisten Erfolg verspricht (Schüren/Hamann/*Hamann* § 14 Rn. 98). Diese Ansicht ist jedoch **systemwidrig,** denn nach dem Zweck des § 14, dem Leiharbeitnehmer die betrieblichen Rechte einzuräumen, die er als Arbeitnehmer des Entleihers hätte, werden Rechte immer nur bipolar, nämlich zwischen (Leih-)Arbeitnehmer und Entleiher (bzw. Verleiher) gewährt; nach dem Regelungszweck ist also nicht zu fordern, dass Ansprüche, die ihren Grund in dem einen Betrieb haben, im anderen Betrieb gewährt werden, denn dadurch würde dem Leiharbeitnehmer eine größere Rechtsposition geschaffen, als er selbst als gedachter Arbeitnehmer des Entleihers hätte. Auch unter dem Gesichtspunkt der effizienten Abhilfe der Beschwerde ist nicht erforderlich, dass ein Beschwerderecht bei dem Verleiher wegen eines Umstandes im Entleiherbetrieb eingeräumt werden müsste. Gleichwohl steht es dem Leiharbeitnehmer frei, sich **bei dem Verleiher ohne Rechtsanspruch nach § 84 BetrVG** zu **beschweren,** sofern etwa sein Vertrauensverhältnis zu diesem besser ist. Dass sich der Verleiherbetriebsrat zur Abhilfe an den Entleiher wendet, soll jedoch ausgeschlossen sein, weil sich seine Befugnisse auf den Betrieb, für den er gewählt wurde, beschränkten (Schüren/Hamann/*Hamann* § 14 Rn. 101; *Stückmann* DB 1999, 1902 (1904)).

Die **umgekehrte Möglichkeit,** nämlich sich bei einer Angelegenheit, **98** die ihren Ursprung im Verleiherbetriebsrat hat, sich im Entleiherbetrieb zu beschweren, wird dagegen abgelehnt, weil der Entleiher insoweit nicht „zuständige Stelle" iSv § 84 Abs. 1 S. 1 BetrVG sei und sich seine Fürsorgepflicht gegenüber dem Arbeitnehmer nicht aus dem Arbeitsvertrag, sondern der tatsächlichen Eingliederung herleite; seine Befugnisse beschränkten sich auf seinen Betrieb (Schüren/Hamann/*Hamann* § 14 Rn. 102; KassHdb/ *Düwell* 4.5 Rn. 472). Dies ist richtig, doch wer so argumentiert, darf zu der unter → Rn. 94 behandelten Frage nicht anders entscheiden, da auch die Befugnisse des Verleihers auf seinen Betrieb beschränkt sind. Der Betriebsrat im Verleihbetrieb ist also für entsandte Arbeitnehmer nur insoweit zuständig, als das arbeitsvertragliche Grundverhältnis zwischen Arbeitnehmer und Verleiher berührt ist; eine Zuständigkeit des Betriebsrats des Verleihbetriebs für mitbestimmungsrechtliche Fragen, die sich aus der Eingliederung der Leiharbeitnehmer in den Betrieb des Entleihers oder durch die Ausübung seines Weisungsrechts bei der Erbringung der Arbeitsleistung ergeben, besteht dagegen nicht (*Stückmann* DB 1999, 1902 (1904)).

Dem Leiharbeitnehmer steht nach **§ 84 Abs. 1 S. 2** das Recht zu, ein **99** Betriebsratsmitglied hinzuzuziehen. Dies kann jedoch nur ein Mitglied des Betriebsrats in demjenigen Betrieb sein, in dem die Ursache für die Beschwerde liegt; nicht zulässig ist, dass etwa ein Mitglied des Betriebsrats bei dem Entleiher zu einer Beschwerde bei dem Verleiher hinzugezogen wird (Schüren/Hamann/*Hamann* § 14 Rn. 100*).*

6. Andere betriebliche Individualrechte

100 Da die Aufzählung in § 14 Abs. 2 S. 3 nicht abschließender Natur ist, fragt sich, welche anderen Individualrechte gelten können. **§ 83 BetrVG** findet in § 14 Abs. 2 S. 3 keine Erwähnung, denn die Personalakten werden in aller Regel ausschließlich bei dem Verleiher geführt, so dass kein Bedürfnis für ein Einsichtsrecht bei dem Entleiher besteht. Insoweit wäre eine Einbeziehung des § 83 BetrVG in § 14 Abs. 2 S. 3 überflüssig. Anders verhält es sich, wenn bei dem Entleiher Personalakten über den Leiharbeitnehmer geführt werden. Hierbei gilt ein materieller Begriff der Personalakte; entscheidend ist danach nicht die Bezeichnung als Personalakte, sondern der Inhalt der den (Leih-)Arbeitnehmer betreffenden Vorgänge. Hierzu gehören zB Beurteilungen oder Aufzeichnungen über Arbeitsausfälle wegen Krankheit (Richardi/*Thüsing* BetrVG § 83 Rn. 6). Auch können aber auch Dokumentationen über Verstöße gegen die Ordnung im Betrieb oder Erfindungen iSv § 11 Abs. 7 darunter fallen (*Ulber* § 14 Rn. 56 m. weiteren Beispielen). Für den Fall, dass der Entleiher Personalakten führt, besteht Einigkeit, dass auch ein entsprechendes Einsichtsrecht nach §§ 83 BetrVG, 14 Abs. 2 S. 3 zu Gunsten des Leiharbeitnehmers im Entleiherbetrieb besteht (Boemke/Lembke/*Boemke* § 14 Rn. 82; *Ulber* § 14 Rn. 56; *Becker/Wulfgramm* § 14 Rn. 63; auch Schüren/Hamann/*Hamann* § 14 Rn. 95 iVm § 14 Rn. 134). Zur Frage nach einer Einbeziehung des **§ 82 Abs. 2 BetrVG** in § 14 Abs. 2 S. 3 → Rn. 91.

101 Nicht erwähnt ist in § 14 Abs. 2 ferner das Vorschlagsrecht des Arbeitnehmers nach **§ 86a BetrVG**. Es soll dem Leiharbeitnehmer im Entleiherbetrieb jedoch ebenfalls zustehen (Boemke/Lembke/*Boemke* § 14 Rn. 84; *Ulrici* § 14 Rn. 33). Dies ist richtig, zumal die Vorschrift des § 86a BetrVG erst mit dem BetrVerf-ReformG Eingang in das BetrVG gefunden hat und einem Redaktionsversehen zugeschrieben werden kann, dass die Verweisungsnorm des § 14 Abs. 2 S. 3 nicht entsprechend angepasst worden ist; das BetrVerf-Reformgesetz ließ Satz 3 des § 14 Abs. 2 unberührt und änderte nur den Ausschluss der Wahlberechtigung in dessen Satz 1 (BT-Drs. 14/5741, 17, 53). Es besteht auch kein sachlicher Grund, den Leiharbeitnehmern im Gegensatz zu den Stammarbeitnehmern dieses Recht vorzuenthalten. In der Konsequenz liegt es, dass Leiharbeitnehmer auch bei der Ermittlung des 5 %-Quorums nach § 86a S. 2 BetrVG mitzuzählen sind (aA *Löwisch* BB 2001, 1734 (1737)). Ob das BAG entsprechend wertet, ist im Hinblick auf die Rechtsprechung zur Betriebsratsgröße fraglich, → Rn. 63.

102 Der Leiharbeitnehmer kann auch Anregungen iSv **§ 80 Abs. 1 Nr. 3 BetrVG** an den Betriebsrat äußern und von ihm Unterrichtung über Stand und Ergebnis der Verhandlungen verlangen (ebenso für **Nr. 1** des § 80 Abs. 1 BetrVG schon BAG 14.5.1974, AP BetrVG 1972 § 99 Nr. 2). Ferner kann der Leiharbeitnehmer im Entleiherbetrieb verlangen, gem. **§ 75 BetrVG** nach den Grundsätzen von Recht und Billigkeit behandelt zu werden (ErfK/*Wank* § 14 Rn. 13; Schüren/Hamann/*Hamann* § 14 Rn. 106; auch schon BAG 14.5.1974, AP BetrVG 1972 § 99 Nr. 2; aA GK-BetrVG/*Kreutz* § 75 Rn. 16), zumal § 75 Abs. 1 S. 1 BetrVG nicht auf die Betriebszugehörigkeit (so aber anscheinend GK-BetrVG/*Kreutz* § 75 Rn. 16), sondern allein darauf abstellt, dass die „Person" „im Betrieb tätig" ist. Allerdings kann eine differenzierende Behandlung von Stamm- und Leiharbeitnehmern gerechtfertigt sein, wenn diese in der konkreten Ausgestaltung des Arbeitsverhältnisses begründet ist; deshalb wird für unzulässig gehalten, dass der Entleiher nur den Leiharbeitnehmern die Nutzung betrieblicher Einrichtungen untersagt (Boemke/Lembke/*Boemke* § 14 Rn. 86); dies kann freilich nicht gelten, soweit das Gleichbehandlungsgebot des § 9 Nr. 2 greift (→ § 3 Rn. 44 ff.).

V. Beteiligung des Betriebsrats im Entleiherbetrieb (Abs. 3)

Nach § 14 Abs. 3 hat der Betriebsrat des Entleiherbetriebs ein Mitbestim- **103** mungsrecht nach § 99 BetrVG, wenn ein Leiharbeitnehmer in den Entleiherbetrieb übernommen wird. Damit verbunden sind bestimmte Informationsrechte des Betriebsrats im Entleiherbetrieb im Zusammenhang mit dem Überlassungsverhältnis zum Verleiher (Satz 2 und 3).

1. Grundsätze

Ausdrücklich erfasst die Vorschrift damit nur ein ganz bestimmtes Mitbe- **104** stimmungsrecht; doch sind nach ganz hM die Rechte des Betriebsrats bei dem Einsatz von Leiharbeitnehmern in **§ 14 Abs. 3 S. 1 nicht abschließend** geregelt (BT-Drs. 9/847, 9; BAG 15.12.1992, AP AÜG § 14 Nr. 7; LAG Hessen 17.3.1992, BeckRS 1992, 30449213; *Ulber* § 14 Rn. 62; Schüren/Hamann/*Hamann* § 14 Rn. 11; auch → Rn. 77 ff.). Ob aber über § 14 Abs. 3 hinaus Beteiligungsrechte, die – wenn überhaupt – nur vom Betriebsrat des Entleiherbetriebs wahrgenommen werden können, entfallen sollen oder insofern die Leiharbeitnehmer dem Entleiherbetrieb zugeordnet werden sollen, lässt sich auch nach Ansicht des BAG (15.12.1992, AP AÜG § 14 Nr. 7) der Bestimmung des § 14 nicht eindeutig entnehmen. In § 14 wird weder klargestellt, dass nur die in § 14 Abs. 1–3 genannten Vorschriften im Entleiherbetrieb für die dort tätigen Leiharbeitnehmer gelten sollen, noch, dass der Betriebsrat des Entleiherbetriebs in allen Fällen zuständig sein soll, in denen Beteiligungsrechte für Leiharbeitnehmer nur vom Betriebsrat des Entleiherbetriebs wahrgenommen werden können. Unter Berufung auf die Gesetzesmaterialien geht das BAG mit der hM im Schrifttum (*Becker/Wulfgramm* Art. 1 § 14 Rn. 109; *Stückmann* DB 1999, 1902 (1904); *Konzen* ZfA 1982, 259 (277); s. im Allgemeinen auch → Rn. 5) davon aus, dass mit § 14 keine abschließende betriebsverfassungsrechtliche Zuordnung vorgenommen worden ist (BAG 15.12.1992, AP AÜG § 14 Nr. 7). Dementsprechend wird sich die folgende Gliederung hinsichtlich der Beteiligung des Entleiherbetriebsrats nach der Systematik des BetrVG richten.

Zunächst ist die **Zuständigkeit des Betriebsrats** im Verleiherbetrieb **105** gegen diejenige des Betriebsrats im Entleiherbetrieb **abzugrenzen.** Der Betriebsrat des Entleiherbetriebs ist nicht zur Wahrnehmung sämtlicher betriebsverfassungsrechtlicher Rechte und Pflichten hinsichtlich der dort eingesetzten Leiharbeitnehmer zuständig. Dauerhaft überlassene Arbeitnehmer sind nicht insgesamt als Arbeitnehmer des Entleiherbetriebs anzusehen

(BAG 4.8.2016, NZA 2017, 269). Ob bei Maßnahmen, die Leiharbeitnehmer betreffen, der Betriebsrat des Verleiherbetriebs oder derjenige des Entleiherbetriebs mitzubestimmen hat, richtet sich danach, ob der Vertragsarbeitgeber oder der Entleiher die mitbestimmungspflichtige Entscheidung trifft (BAG 19.6.2001, AP BetrVG 1972 § 87 Nr. 1). Bei einer gespaltenen Arbeitgeberstellung richtet sich die betriebsverfassungsrechtliche Zuständigkeit sowohl im Hinblick auf den Arbeitgeber als auch auf den Betriebsrat danach, wo die jeweilige Arbeitgeberfunktion, um deren Mitbestimmungspflichtigkeit es geht, angesiedelt ist. Geht es um eine Funktion, die dem Arbeitgeber des Beschäftigungsbetriebs obliegt, ist grundsätzlich dieser – bzw. der bei ihm gebildete Betriebsrat – betriebsverfassungsrechtlich zuständig. Soweit es um Funktionen geht, die der Vertragsarbeitgeber ausübt, sind dieser und der in seinem Betrieb bestehende Betriebsrat beteiligt (BAG 2.11.1993, AP BetrVG 1972 § 95 Nr. 32). Diese Aufteilung der betriebsverfassungsrechtlichen Funktionen und Zuständigkeiten bei gespaltener Arbeitgeberstellung hat nach Ansicht des BAG ihren Niederschlag in der Regelung des § 14 AÜG gefunden, in der das BAG insoweit einen allgemeinen Rechtsgedankens sieht (BAG 2.11.1993, AP BetrVG 1972 § 95 Nr. 32; 28.7.1992, AP BetrVG 1972 § 87 Nr. 7 Werkmietwohnungen; BAG 15.12.1992, EzA § 14 AÜG Nr. 3, beide mwN).

106   Ob für den Leiharbeitnehmer auch die im Betrieb geltenden **Betriebsvereinbarungen** Wirkung entfalten, hängt davon ab, ob sie an das Vertragsverhältnis zwischen Arbeitgeber und (Leih-)Arbeitnehmer anknüpfen, wie beispielsweise in Fragen der Entlohnung – dann keine Geltung –, oder ob sie an die Eingliederung des Leiharbeitnehmers in den Entleiherbetrieb anknüpfen, wie beispielsweise in Fragen des Verhaltens im Betrieb – dann Geltung (Boemke/Lembke/*Boemke* § 14 Rn. 88). Entsprechendes gilt für **Tarifverträge:** Betriebsnormen erfassen auch den Leiharbeitnehmer; Abschluss-, Inhalts- und Beendigungsnormen nicht, auch → Rn. 144 ff. für die Betriebsvereinbarung.

107   Nach ganz hM gilt **§ 75 BetrVG** für Leiharbeitnehmer im Entleiherbetrieb (Schüren/Hamann/*Hamann* § 14 Rn. 219; Boemke/Lembke/*Boemke* § 14 Rn. 86 f.; *Ulber* § 14 Rn. 62; *Richardi* BetrVG § 75 Rn. 7; *Fitting* BetrVG § 75 Rn. 12; DKKW/*Berg* BetrVG § 75 Rn. 5; MHdB ArbR/*Schüren* § 318 Rn. 65; aA GK-BetrVG/*Kreutz* § 75 Rn. 16). Die gegenteilige Auffassung ist abzulehnen, denn bereits nach dem Wortlaut („alle im Betrieb tätigen Personen") sind auch Leiharbeitnehmer erfasst. Auch beruht das Bedürfnis nach Schutz vor Diskriminierung nicht auf einer vertraglichen Beziehung zum Betriebsinhaber, sondern auf dem Umstand der tatsächlichen Eingliederung in die Arbeitsorganisation. Dieses Schutzbe-dürfnis haben auch Leiharbeitnehmer, weil und soweit die Betriebspartner ihnen gegenüber Rechte und Pflichten haben.

2. Allgemeine Aufgaben

108   Der Betriebsrat im Entleiherbetrieb ist berechtigt, in Bezug auf den Leiharbeitnehmer seine allgemeinen Aufgaben nach **§ 80 Abs. 1 BetrVG** wahrzunehmen. Fast alle Tatbestände der Vorschrift sind für den Entleiherbetriebsrat auch in Bezug auf den Leiharbeitnehmer von Bedeutung:

Zunächst kommen als allgemeine Aufgaben des Betriebsrats hinsichtlich **109** der in den Betrieb des Arbeitgebers entsandten Arbeitnehmer die Überwachungsrechte des Betriebsrats nach **§ 80 Abs. 1 Nr. 1 BetrVG** in Betracht (BAG 31.1.1989, AP BetrVG 1972 § 80 Nr. 33). Die Einhaltung der Arbeitnehmerschutzvorschriften ist nicht durch ein Vertragsverhältnis zum Betriebsinhaber, sondern dadurch bedingt, dass ein Arbeitnehmer durch seine Eingliederung bestimmten Gefahren ausgesetzt ist; nur insoweit ist der Entleiherbetriebsrat berechtigt (MHdB ArbR/*Schüren* § 318 Rn. 65). Daher hat der Entleiherbetriebsrat darüber zu wachen, dass entsprechende Schutzvorschriften eingehalten werden. Dazu gehören außer dem speziell für Leiharbeitnehmer zu beachtenden § 11 Abs. 5 und 6 auch die im Betrieb geltenden Tarifverträge und Betriebsvereinbarungen (Boemke/Lembke/*Boemke* § 14 Rn. 89; *Ulber* § 14 Rn. 63; Schüren/Hamann/*Hamann* § 14 Rn. 224). Die allgemein zugunsten der Stammarbeitnehmer bestehenden Vorschriften gelten für den Leiharbeitnehmer wie für einen Stammarbeitnehmer. Tarifverträge und Betriebsvereinbarungen gelten so, wie wenn der Leiharbeitnehmer Stammarbeitnehmer wäre. Das Recht des Betriebsrats erstreckt sich dagegen nicht auf die Einhaltung von im Überlassungsvertrag bestimmten Schutzregelungen (Schüren/Hamann/*Hamann* § 14 Rn. 223; *Urban-Crell/Schulz* § 14 Rn. 1075).

Der Entleiherbetriebsrat ist berechtigt, nach **§ 80 Abs. 1 Nr. 2 BetrVG** **110** Maßnahmen zu beantragen, die dem Betrieb und der Belegschaft dienen (Boemke/Lembke/*Boemke* § 14 Rn. 90; Schüren/Hamann/*Hamann* § 14 Rn. 225); insoweit ist auch der Leiharbeitnehmer Teil dieser Belegschaft.

Die Durchsetzung der tatsächlichen Gleichstellung von Frauen und Män- **111** nern und die Förderung der Vereinbarkeit von Familie und Erwerbstätigkeit (**§ 80 Abs. 1 Nr. 2a, 2b BetrVG**) knüpft nicht an den Arbeitsvertrag an und gilt daher auch in Bezug auf den Leiharbeitnehmer (Schüren/Hamann/*Hamann* § 14 Rn. 226, 227).

Der Entleiherbetriebsrat hat Anregungen auch des Leiharbeitnehmers iSv **112** **§ 80 Abs. 1 Nr. 3 BetrVG** entgegenzunehmen (Schüren/Hamann/*Hamann* § 14 Rn. 228); auch spricht eine praktische Sichtweise für die Geltung der Nr. 3 (Boemke/Lembke/*Boemke* § 14 Rn. 92). Diesem Recht des Entleiherbetriebsrats korrespondiert ein betrieblicher Individualanspruch des Leiharbeitnehmers iVm dem insoweit entsprechend anzuwendenden § 14 Abs. 2 S. 3 (→ Rn. 105).

Der Tatbestand des **§ 80 Abs. 1 Nr. 4 BetrVG** wird wenig Praxisrelevanz **113** entfalten, da der Entleiher auf Grund des Überlassungsvertrags einen Anspruch gegen den Verleiher auf Zurverfügungstellen eines geeigneten Arbeitnehmers hat; zu vernachlässigen ist er gleichwohl nicht, weil der Entleiher durchaus an der Eingliederung schwerbehinderter Arbeitnehmer interessiert sein kann, wenn sich die Behinderung auf die zu erfüllende Aufgabe nicht auswirkt und sie deshalb im Verhältnis zu anderen Leiharbeitnehmern gleich geeignet sind (aA Boemke/Lembke/*Boemke* § 14 Rn. 93; Schüren/Hamann/*Hamann* § 14 Rn. 229). Ein Leiharbeitnehmer ist nämlich nicht schon dann keine geeignete Arbeitskraft iSd Überlassungsvertrags, wenn er eine für den Einsatz irrelevante Behinderung hat. So gilt Nr. 4 auch in Bezug auf Leiharbeitnehmer (*Ulber* § 14 Rn. 67), auch wenn damit nicht zwingend eine besondere Schutzpflicht des Entleiherbetriebs einhergeht (aA *Ulber* § 14 Rn. 67, der eine uneingeschränkte Schutzpflicht annimmt); denn für den schwerbehinderten Leiharbeitnehmer gilt insoweit nichts anderes, als wenn er in seinem Stammbetrieb arbeitete. Allerdings wird der Entleiherbetriebsrat nicht von vornherein verlangen können, dass der Verleiher in besonderer Weise schwerbehinderte Leiharbeitnehmer oder eine bestimmte Auswahl zur Überlassung anbietet; dann wäre sein Kompetenzbereich überschritten und er griffe in das zweiseitige vertragliche Verhältnis zwischen Verleiher und Entleiher ein. Freilich wird bereits dadurch der Handlungsspielraum des Entleiherbetriebsrats erheblich beschränkt. Diese Grundsätze gelten entsprechend für die Aufgabe nach Nr. 6 (→ Rn. 115).

114   **§ 80 Abs. 1 Nr. 5 BetrVG** gilt ebenfalls in Bezug auf Leiharbeitnehmer, die die Voraussetzungen für das Wahlrecht zur Jugend- und Auszubildendenvertretung erfüllen (Schüren/Hamann/*Hamann* § 14 Rn. 230; *Ulber* § 14 Rn. 67); dies wird freilich selten der Fall sein (→ § 14 Rn. 83). Nach aA (Boemke/Lembke/*Boemke* § 14 Rn. 93, allerdings ohne Begründung) fällt die Aufgabe nach Nr. 5 allein in den Zuständigkeitsbereich des bei dem Verleiher gebildeten Betriebsrats.

115   Für die allgemeine Aufgabe nach **§ 80 Abs. 1 Nr. 6 BetrVG** gilt das zu Nr. 4 Gesagte (→ Rn. 107) entsprechend. Bietet der Verleiher mehrere gleich geeignete Arbeitnehmer zur Überlassung an, so steht dem Entleiherbetriebsrat das Recht zu, darauf hinzuwirken, dass die Einstellung älterer Arbeitnehmer gefördert wird (aA Schüren/Hamann/*Hamann* § 14 Rn. 229; Boemke/Lembke/*Boemke* § 14 Rn. 93); dass der Verleiher (auch) ältere Arbeitnehmer zur Überlassung anbietet, kann der Entleiherbetriebsrat dagegen nicht verlangen. Dies ist Sache des Vertragsverhältnisses und der Vertragsverhandlungen.

116   Der Entleiherbetriebsrat ist nach **§ 80 Abs. 1 Nr. 7 BetrVG** berechtigt, auch die Integration ausländischer Leiharbeitnehmer zu fördern (Boemke/Lembke/*Boemke* § 14 Rn. 94); Maßnahmen des Entleihers, auf die der Betriebsrat hinwirken kann, bestehen in der Beseitigung oder Verhinderung ausländerfeindlicher Handlungen, aber auch in der Bemühung, dass ausländische Arbeitnehmer Gelegenheit zum Erlernen der deutschen Sprache erhalten, soweit die Dauer der Überlassung dies erlaubt (Richardi/*Thüsing* BetrVG § 80 Rn. 45); über ein „allgemein-pädagogisches Mandat" verfügt der Betriebsrat dagegen nicht (*Konzen* RdA 2001, 76 (90); Schüren/Hamann/*Hamann* § 14 Rn. 232; krit. auch *Rieble* ZIP 2001, 133 (141)).

117   Die Aufgaben nach **§ 80 Abs. 1 Nr. 8 und 9 BetrVG** dürften dagegen für Leiharbeitnehmer ohne besondere Bedeutung sein. Der Erhalt des Arbeitsplatzes eines Leiharbeitnehmers von Nr. 8 nicht gemeint sein, denn die Arbeitnehmerüberlassung wird ihrem Wesen gemäß nicht genutzt, um unbefristete Arbeitsplätze im Entleiherbetrieb zu besetzen, sondern um vorübergehenden Arbeitsanfall zu bewältigen, → Einl. Rn. 8. Nr. 8, kann also nur Arbeitsplätze von Stammarbeitnehmern meinen (so auch Schüren/

Hamann/*Hamann* § 14 Rn. 233; *Urban-Crell/Schulz* Rn. 1077; *Konzen* RdA 2001, 76 (90 f.)); entscheidend für Nr. 8 ist eine bereits bestehende vertragliche Beziehung zum Entleiher, die dem Leiharbeitnehmer naturgemäß fehlt (Boemke/Lembke/*Boemke* § 14 Rn. 95). Zu der Aufgabe des Entleiherbetriebsrats nach Nr. 9 weist die Eigenschaft als Leiharbeitnehmer keinerlei Bezug auf (Boemke/Lembke/*Boemke* § 14 Rn. 96).

Nach **§ 80 Abs. 2 BetrVG** stehen dem Betriebsrat **umfassende Infor- 118 mations- und Vorlageansprüche** zur Durchführung seiner Aufgaben zu. **Satz 1 Hs. 2** stellt ausdrücklich fest, dass sich diese Ansprüche auch auf die Beschäftigung von Personen erstrecken, „die nicht in einem Arbeitsverhältnis zum Arbeitgeber stehen". Hierunter fallen jedenfalls auch Leiharbeitnehmer (Schüren/Hamann/*Hamann* § 14 Rn. 236; auch zu anderen Beschäftigtengruppen *Ulber* § 14 Rn. 68). „Zur Durchführung seiner Aufgaben nach diesem Gesetz" (§ 80 Abs. 2 S. 1 BetrVG) bedarf der Betriebsrat damit auch dann der Informationen, wenn andere Gesetze – so § 14 Abs. 3 S. 1 – auf die Aufgaben nach dem BetrVG verweisen. Seinem **Umfang** nach ist der allgemeine Unterrichtungsanspruch gerichtet auf die Daten von Personen und Anzahl der im Betrieb tätigen Leiharbeitnehmer, der Dauer ihrer – bisherigen und beabsichtigten – Überlassung, ihrer Qualifikationen sowie Art und Ort ihrer Beschäftigung (vgl. Schüren/Hamann/*Hamann* § 14 Rn. 236). Eingeschlossen ist nach dem 1. Hs. von § 80 Abs. 2 S. 2 BetrVG der Anspruch auf Vorlage der entsprechenden Unterlagen (Boemke/Lembke/*Boemke* § 14 Rn. 98; weitere Vorlageansprüche ergeben sich aus § 14 Abs. 3 S. 2 und 3); der Arbeitgeber muss diese jedoch nicht bereits von sich aus vorlegen (BAG 9.7.1001, AP BetrVG 1972 § 99 Nr. 94). Die Erweiterung der Ansprüche auf alle im Betrieb Beschäftigten hat auch den Zweck, dem Entleiherbetriebsrat zu ermöglichen, eine Arbeitnehmerüberlassung festzustellen, um für die Einhaltung der entsprechenden Schutzvorschriften Sorge zu tragen (Schüren/Hamann/*Hamann* § 14 Rn. 235; Boemke/Lembke/*Boemke* § 14 Rn. 98).

Im Betrieb des Entleihers gelten die Bestimmungen nach **§ 75 BetrVG 119** für den Betriebsrat auch in Bezug auf die dort tätigen Leiharbeitnehmer (Boemke/Lembke/*Boemke* § 14 Rn. 86 f.; Schüren/Hamann/*Hamann* § 14 Rn. 219; MHdB ArbR/*Schüren* § 318 Rn. 65; *Fitting* BetrVG § 75 Rn. 12; *Richardi* BetrVG § 75 Rn. 7). Nach aA (GK-BetrVG/*Kreutz* BetrVG § 75 Rn. 16) soll § 75 BetrVG im Fall der erlaubten Arbeitnehmerüberlassung nur bedingt zugunsten der Leiharbeitnehmer gelten. Diese Einschränkung ist jedoch abzulehnen, da auch die auf Grund erlaubter Überlassung in den Entleiherbetrieb entsandten Arbeitnehmer zu „alle(n) im Betrieb tätigen Personen" iSv § 75 Abs. 1 BetrVG gehören.

Besondere Informations- und Vorlageansprüche finden sich in **§ 14 Abs. 3 120 S. 2 und 3**; vgl. insofern → Rn. 192.

Die **Abs. 3 und 4 des § 80 BetrVG** beinhalten keinerlei Besonderheiten 121 bei dem Einsatz von Leiharbeitnehmern.

3. Soziale Angelegenheiten

Grundsätzlich ist der Betriebsrat des Verleiherbetriebs zuständig für die **122** Wahrnehmung betriebsverfassungsrechtlicher Beteiligungsrechte in Bezug auf die Leiharbeitnehmer; über die Betriebsgrenze hinaus stehen ihm keine Mitwirkungsbefugnisse zu. Die das Leiharbeitsverhältnis kennzeichnende Aufspaltung der Arbeitgeberfunktion zwischen dem Verleiher als dem Vertragsarbeitgeber und dem Entleiher als demjenigen, der die wesentlichen Arbeitgeberbefugnisse in Bezug auf die Arbeitsleistung ausübt, darf jedoch nicht die Schutzfunktion der Betriebsverfassung außer Kraft setzen; deshalb kommt ausnahmsweise auch eine betriebsverfassungsrechtliche Repräsentation von Leiharbeitnehmern durch den Betriebsrat des Entleiherbetriebs in Betracht, obwohl dieser Betriebsrat in Bezug auf die Leiharbeitnehmer nicht durch Wahl legitimiert ist, deren Interessen wahrzunehmen (BAG 19.6.2001, AP BetrVG 1972 § 87 Nr. 1 Leiharbeitnehmer; BAG 15.12.1992, AP AÜG § 14 Nr. 7). Allgemein hat der Entleiherbetriebsrat in sozialen Angelegenheiten in Bezug auf den Leiharbeitnehmer dort mitzubestimmen, wo Gegenstand und Zweck des Mitbestimmungsrechts an die tatsächliche **Eingliederung in die Organisation des Entleiherbetriebs** anknüpfen oder das Verhalten des Leiharbeitnehmer im Entleiherbetrieb Regelungsgegenstand ist; ein Mitbestimmungsrecht besteht dagegen nicht, wenn der Regelungsgegenstand das Bestehen eines Arbeitsverhältnisses zum Entleiher erfordert (Schüren/Hamann/*Hamann* § 14 Rn. 240; *Becker/Wulfgramm* § 14 Rn. 109; Boemke/Lembke/*Boemke* § 14 Rn. 122).

123   **a) § 87 Abs. 1 Nr. 1 BetrVG.** Das Mitbestimmungsrecht über Fragen der Ordnung des Betriebs und des Verhaltens der Arbeitnehmer im Betrieb knüpft an die tatsächliche Eingliederung des Leiharbeitnehmers in den Entleiherbetrieb an und kommt daher auch in Bezug auf Leiharbeitnehmer zur Anwendung (Boemke/Lembke/*Boemke* § 14 Rn. 123; Schüren/Hamann/ *Hamann* § 14 Rn. 246; MHdB ArbR/*Schüren* § 318 Rn. 65). Daher entfalten Betriebsvereinbarungen, die diese Tatbestände regeln, auch Wirkung gegenüber den Leiharbeitnehmer im Entleiherbetrieb; hierzu gehören zB Betriebsbußenordnungen (LAG Hamm 24.5.1973; DB 1973, 1511; Boemke/ Lembke/*Boemke* § 14 Rn. 123; Schüren/Hamann/*Hamann* § 14 Rn. 248; *Urban-Crell/Schulz* Rn. 1118; differenzierend *Ulber* § 14 Rn. 105). Als weitere Anwendungsbereiche kommen in Betracht (s. im Einzelnen *Richardi* BetrVG § 87 Rn. 184 ff.; vgl. auch Boemke/Lembke/*Boemke* § 14 Rn. 123; Schüren/Hamann/*Hamann* § 14 Rn. 247; *Ulber* § 14 Rn. 104): Regeln über Betreten und Verlassen des Betriebs, Ausgestaltung und Nutzung eines Werksausweises; Parkregelungen, Benutzung betrieblicher Einrichtungen, etwa des betrieblichen Telefonnetzes, das Verhalten am Arbeitsplatz, zu dem das Tragen einer Arbeitskleidung, das Radiohören sowie Alkohol- und Rauchverbote gehören können, aber auch Regeln über den Nachweis der Arbeitsunfähigkeit. Das Mitbestimmungsrecht nach Nr. 1 bezieht sich dagegen nicht auf die Erfüllung der Arbeitspflicht durch den (Leih-)Arbeitnehmer (*Richardi* BetrVG § 87 Rn. 194), so dass Abgrenzungsprobleme zum arbeits- bzw. überlassungsvertraglichen Verhalten des Leiharbeitnehmers bei dem Mitbestimmungstatbestand der Nr. 1 nicht auftreten können.

124   **b) § 87 Abs. 1 Nr. 2 BetrVG.** Ob der Betriebsrat des Entleiherbetriebs Mitbestimmungsrechte nach § 87 Abs. 1 BetrVG hat, muss sich nach dem jeweiligen Normzweck bestimmen (BAG 15.12.1992, AP AÜG § 14 Nr. 7; ebenso *Konzen* ZfA 1982, 259 (277)). Zweck der Mitbestimmung nach § 87 Abs. 1 Nr. 2 ist es, die Interessen der Arbeitnehmer an der **Lage ihrer Arbeitszeit** und damit zugleich der Freizeit für die Gestaltung ihres Privatlebens zur Geltung zu bringen (stRspr seit BAG 21.12.1982, AP BetrVG 1972 § 87 Arbeitszeit Nr. 9). Dieser Normzweck des Mitbestimmungsrechts nach § 87 Abs. 1 Nr. 2 BetrVG verlangt es, dass der Betriebsrat des Entleiherbetriebes das Mitbestimmungsrecht auch für die Leiharbeitnehmer wahrnimmt. Da der Entleiher das Weisungsrecht bezüglich Beginn und Ende der Arbeitszeit für die überlassenen Arbeitnehmer hat, kann das Mitbestimmungsrecht für die Leiharbeitnehmer nur durch den Betriebsrat des Entleiherbetriebes wahrgenommen werden. Ein Bedürfnis nach Mitbestimmung besteht bei ihnen ebenso wie bei den Arbeitnehmern des Entleihers. Dem Betriebsrat des Entleiherbetriebs steht mithin das Mitbestimmungsrecht nach § 87 Abs. 1 Nr. 2 BetrVG auch für Leiharbeitnehmer zu (BAG 15.12.1992, AP AÜG § 14 Nr. 7). Soweit die Leiharbeitnehmer im Entleiherbetrieb tätig sind, begründet dieser Normzweck die Zuständigkeit des dortigen Betriebsrats, weil dem Entleiher das Weisungsrecht in Bezug auf die Leiharbeitnehmer zusteht und er befugt ist, seinen Betrieb zu organisieren und innerhalb seiner Betriebsorganisation anstelle des Vertragsarbeitgebers Beginn und Ende der Arbeitszeit auch für die Leiharbeitnehmer festzulegen (BAG 19.6.2001, AP BetrVG 1972 § 87 Leiharbeitnehmer Nr. 1; BAG 15.12.1992, AP AÜG § 14 Nr. 7, unter B II 3; ebenso Boemke/Lembke/*Boemke* § 14 Rn. 124; *Urban-Crell/Schulz* Rn. 1120; Schüren/Hamann/*Hamann* § 14 Rn. 251; MHdB ArbR/*Schüren* § 318 Rn. 65; *Ulber* § 14 Rn. 108; *Becker/Wulfgramm* § 14 Rn. 109).

Bei dem Einsatz eines Leiharbeitnehmers ist jedoch zu beachten, dass **125** sich die Dauer seiner Arbeitszeit nach dem Überlassungsvertrag bzw. dem Arbeitsvertrag richtet; ist die Dauer der betriebsüblichen Arbeitszeit im Betrieb des Entleihers eine andere, dann können auch im Entleiherbetrieb bestehende Regelungen über die Lage der Arbeitszeit, die nicht ohne Rücksicht auf die Dauer der Arbeitszeit festgelegt werden kann, nicht ohne weiteres für den Leiharbeitnehmer gelten. Diese Besonderheit spielt insbesondere bei **Gleitzeitregelungen** eine Rolle, wo der Leiharbeitnehmer darauf zu achten hat, dass er bei Inanspruchnahme von Gleitzeit nicht seine vertragliche Arbeitszeitregelung verletzt (Schüren/Hamann/*Hamann* § 14 Rn. 258; *Ulber* § 14 Rn. 111). Dem Betriebsrat im Entleiherbetrieb steht es jedoch frei, eigens für Leiharbeitnehmer Regelungen über die Lage der Arbeitszeit nach Nr. 2 zu schaffen.

Zum **Inhalt des Mitbestimmungsrechts** nach Nr. 2 s. im Einzelnen die **126** Kommentierung bei *Richardi* BetrVG § 87 Rn. 255 ff.

c) § 87 Abs. 1 Nr. 3 BetrVG. Ob der Betriebsrat im Entleiherbetrieb **127** ein Mitbestimmungsrecht bei der vorübergehenden Verkürzung oder Verlängerung der betriebsüblichen Arbeitszeit auch in Bezug auf den Leiharbeitnehmer hat, richtet sich danach, ob der Entleiher derartige Maßnahmen gegenüber dem Leiharbeitnehmer anzuordnen berechtigt ist (Boemke/Lembke/

Boemke § 14 Rn. 126). Nach der Rechtsprechung des BAG kann jedoch der Leiharbeitnehmer dem Schutz des Mitbestimmungsrechts im Entsendebetrieb aber nicht dadurch entzogen werden, dass sein Vertragsarbeitgeber es **dem Entleiher überlässt,** die Leistung von Mehrarbeit bis zur Höhe der im Entleiherbetrieb geltenden betriebsüblichen Arbeitszeit anzuordnen; diese Befugnis steht dem Entleiher nur auf Grund einer entsprechenden **Vereinbarung im Arbeitnehmerüberlassungsvertrag** zu. Die Entscheidung über die Verlängerung der Arbeitszeit fällt beim Vertragsarbeitgeber, wenn zum Zeitpunkt der Entsendung auf Grund der mit dem Entleiher getroffenen Vereinbarung bereits feststeht, dass der Leiharbeitnehmer zu einer die Üblichkeit beim Verleiher übersteigenden Arbeitsleistung herangezogen wird (BAG 19.6.2001, AP BetrVG 1972 § 87 Leiharbeitnehmer Nr. 1). Etwas anderes gilt aber dann, wenn gegenüber dem Leiharbeitnehmer im Entleiherbetrieb auf Grund einer **späteren Entscheidung des Entleihers** die Leistung von Mehrarbeit angeordnet wird und diese Anordnung zu einer vorübergehenden Veränderung der betriebsüblichen Arbeitszeit im Entleiherbetrieb führt, weil sich in diesem Fall die mitbestimmungspflichtige Regelungsfrage bezogen auf den Entleiherbetrieb darstellt, für den dessen Betriebsrat zuständig ist. Das schließt eine Doppelzuständigkeit zweier Betriebsräte aus (BAG 19.6.2001, AP BetrVG 1972 § 87 Leiharbeitnehmer Nr. 1; ähnl. LAG Köln 21.10.1994, MDR 1995, 393; Boemke/Lembke/*Boemke* § 14 Rn. 36). Die Entsendung von Leiharbeitnehmern in Betriebe, deren betriebsübliche Arbeitszeit die vom Leiharbeitnehmer vertraglich geschuldete Arbeitszeit übersteigt, ist nach § 87 Abs. 1 Nr. 3 BetrVG mitbestimmungspflichtig, sofern die Entsendung für eine entsprechend verlängerte Arbeitszeit erfolgt. Das Mitbestimmungsrecht steht dem beim Verleiher gebildeten Betriebsrat zu (BAG 19.6.2001, AP BetrVG 1972 § 87 Nr. 1).

128   Vereinbart ein Zeitarbeitsunternehmen mit den Leiharbeitnehmern arbeitsvertraglich eine wöchentliche Arbeitszeit von durchschnittlich 25 Stunden, so ist dies nicht notwendig eine betriebsübliche Arbeitszeit im betriebsverfassungsrechtlichen Sinn; werden diese Arbeitnehmer sodann an Unternehmen verliehen, in deren Betrieben eine regelmäßige Wochenarbeitszeit von mehr als 35 Stunden gilt, besteht insoweit kein Mitbestimmungsrecht des Betriebsrats im Betrieb des Verleihers nach § 87 Abs. 1 Nr. 3 BetrVG (LAG Köln 6.6.2000, EzAÜG § 14 AÜG Betriebsverfassung Nr. 43; ähnl. LAG Köln 21.10.1994, EzAÜG § 14 AÜG Betriebsverfassung Nr. 37).

129   **d) § 87 Abs. 1 Nr. 4 BetrVG.** Ein Mitbestimmungsrecht des Betriebsrats des Entleiherbetriebs kommt nur ausnahmsweise dann in Betracht, wenn auf Grund des Normzwecks einerseits und des Direktionsrechts des Arbeitgebers des Entleiherbetriebs andererseits eine betriebsverfassungsrechtliche Zuordnung der Leiharbeitnehmer auch zum Entleiherbetrieb erforderlich machen, weil sonst die Schutzfunktion des Betriebsverfassungsrechts außer Kraft gesetzt würde, was zB bedeutet, dass alle Beteiligungsrechte, die im Zusammenhang mit der Entlohnung des Leiharbeitnehmers stehen, ausschließlich dem Betriebsrat des Verleiherbetriebs zustehen (BAG 15.12.1992, AP AÜG § 14 Nr. 7). Der Mitbestimmungstatbestand der Nr. 4, der **Zeit, Ort und**

Art der Auszahlung der Arbeitsentgelte betrifft, kann nur das Verhältnis betreffen, in dem das Arbeitsentgelt geschuldet wird, mithin das Verhältnis des Leiharbeitnehmers zum Verleiher als seinem Vertragspartner. Daher kommt eine Mitbestimmung des Betriebsrats im Verleiherbetrieb nach Nr. 4 in Bezug auf den Leiharbeitnehmer nicht in Betracht (Boemke/Lembke/ *Boemke* § 14 Rn. 127; Schüren/Hamann/*Hamann* § 14 Rn. 269; *Ulber* § 14 Rn. 117; *Becker/Wulfgramm* § 14 Rn. 109). Insoweit hat allein der Verleiherbetriebsrat ein Mitbestimmungsrecht (dazu → Rn. 30). Falls allerdings der Entleiher dem Leiharbeitnehmer ein „Arbeitsentgelt" (zum Begriff *Richardi* BetrVG § 87 Rn. 413) gewährt, steht insoweit dem Entleiherbetriebsrat ein Mitbestimmungsrecht auch nach Nr. 4 zu (Schüren/Hamann/*Hamann* § 14 Rn. 269; Boemke/Lembke/*Boemke* § 14 Rn. 127). Gleiches gilt, wenn der Entleiher gegenüber dem Verleiher im Überlassungsvertrag die Pflicht zur Auszahlung der Arbeitsvergütung übernommen hat (*Ulber* § 14 Rn. 117).

e) § 87 Abs. 1 Nr. 5 BetrVG. Das Mitbestimmungsrecht hinsichtlich der **130** **Aufstellung allgemeiner Urlaubsgrundsätze und des Urlaubsplans sowie der Festsetzung der zeitlichen** Lage **des Urlaubs** kann nur von dem Verleiherbetriebsrat wahrgenommen werden (dazu → Rn. 31). Das Recht zur Gewährung des Urlaubs ist mit diesem Mitbestimmungsrecht untrennbar verbunden; es steht allein dem Verleiher als Schuldner des Urlaubsanspruchs des Leiharbeitnehmers zu, so dass auch nur der bei diesem gebildete Betriebsrat bei den Tatbeständen der Nr. 5 mitbestimmt (Schüren/ Hamann/*Hamann* § 14 Rn. 270; Boemke/Lembke/*Boemke* § 14 Rn. 128; *Ulber* § 14 Rn. 118; *Becker/Wulfgramm* § 14 Rn. 109). Zwar liegt der Zweck des Mitbestimmungsrechts der Nr. 5 darin, eine optimale Abstimmung zwischen den Urlaubswünschen der einzelnen Arbeitnehmer und eine sinnvolle betriebliche Abstimmung zu ermöglichen (vgl. *Richardi* BetrVG § 87 Rn. 440), und dieses Bedürfnis besteht im Verleiherbetrieb solange nicht, wie die Arbeits- bzw. Urlaubszeit des Leiharbeitnehmers auf die betrieblichen Belange des Betriebs abgestimmt werden muss, in dem er arbeitet. Daher läge es nahe, jedenfalls bei langer Einsatzdauer ein Mitbestimmungsrecht des Entleiherbetriebs auch in Bezug auf Leiharbeitnehmer anzunehmen. Dies scheitert allerdings jedenfalls daran, dass dem Entleiher die Einhaltung der Urlaubsgrundsätze unmöglich ist, solange nicht er den Urlaub gewähren kann. Um den betrieblichen Erfordernissen im Entleiherbetrieb gerecht werden zu können, werden Verleiher und Entleiher entweder vereinbaren, dass der Leiharbeitnehmer zur Urlaubsgewährung durch einen anderen Leiharbeitnehmer ersetzt werden kann, oder sie vereinbaren (was umso bedeutsamer wird, je länger die Überlassungsdauer ist, zumal sie nunmehr keiner Beschränkung mehr unterliegt), dass dem Entleiher das Recht zur Urlaubsgewährung zustehen soll. In dem letztgenannten Fall ist es nach der Ratio des Mitbestimmungsrechts der Nr. 5 nur konsequent, es dem Betriebsrat im Entleiherbetrieb zu gewähren.

f) § 87 Abs. 1 Nr. 6 BetrVG. Das Mitbestimmungsrecht der Nr. 6 hin- **131** sichtlich **Einführung und Anwendung von technischen Überwachungseinrichtungen,** die **zur Überwachung des Leistungsverhal-**

tens der Arbeitnehmer bestimmt sind, bezweckt den Persönlichkeitsschutz der Arbeitnehmer, weil eine solche Kontrolle durch technische Eingriffe in die Persönlichkeitssphäre ermöglicht, gegen die der Arbeitnehmer wegen ihrer Unerkennbarkeit nicht effektiv vorgehen kann (vgl. *Richardi* BetrVG § 87 Rn. 480). Dieser Gefahr ist auch ein Leiharbeitnehmer im Entleiherbetrieb ausgesetzt, denn er kann allein auf Grund seines Tätigseins im Entleiherbetrieb Objekt der technischen Überwachung sein; entscheidend ist mithin seine tatsächliche Eingliederung, nicht eine vertragliche Beziehung zum Betriebsinhaber (Schüren/Hamann/*Hamann* § 14 Rn. 272; Boemke/Lembke/*Boemke* § 14 Rn. 129). Folglich gilt das Mitbestimmungsrecht nach Nr. 6 für den Entleiherbetriebsrat auch in Bezug auf Leiharbeitnehmer, sofern diese der Überwachung durch technische Einrichtungen ausgesetzt sind (*Ulber* § 14 Rn. 119; *Becker/Wulfgramm* § 14 Rn. 109; Schüren/Hamann/*Hamann* § 14 Rn. 272; Boemke/Lembke/*Boemke* § 14 Rn. 129). Zu den Einzelheiten des Mitbestimmungsrechts s. die Kommentierung bei *Richardi* BetrVG § 87 Rn. 484 ff.

132   **g) § 87 Abs. 1 Nr. 7 BetrVG.** Mit dem Mitbestimmungsrecht nach Nr. 7, das die **Verhütung von Arbeitsunfällen und Berufskrankheiten sowie den Gesundheitsschutz im Rahmen der gesetzlichen Vorschriften oder der UVV** betrifft, soll der Betriebsrat an Regelungen zur Ausfüllung öffentlich-rechtlicher Rahmenvorschriften des technischen Arbeitsschutzes beteiligt werden, damit dessen Anforderungen entsprochen wird (*Richardi* BetrVG § 87 Rn. 535; *Ulber* § 14 Rn. 120). Die Gefahren, denen die Arbeitsschutzvorschriften und damit mittelbar auch das Mitbestimmungsrecht nach Nr. 7 vorbeugen wollen, resultieren aus dem tatsächlichen Tätigsein im Betrieb des Entleihers und hängen nicht von einer vertraglichen Beziehung zum Inhaber des Entleiherbetriebs ab (vgl. auch zuletzt BAG 7.6.2016, NZA 2016, 1420). Daher besteht das Mitbestimmungsrecht des Betriebsrats im Entleiherbetrieb auch in Bezug auf die dort beschäftigten Leiharbeitnehmer (*Becker/Wulfgramm* § 14 Rn. 109, MHdB ArbR/*Schüren* § 318 Rn. 65; *Ulber* § 14 Rn. 120; Schüren/Hamann/*Hamann* § 14 Rn. 273; Boemke/Lembke/ *Boemke* § 14 Rn. 130). Dies ergibt sich auch aus § 11 Abs. 6, wonach die Tätigkeit des Leiharbeitnehmers im Entleiherbetrieb den für den Entleiherbetrieb geltenden öffentlich-rechtlichen Arbeitsschutzvorschriften unterliegt.

133   Die Einhaltung des öffentlich-rechtlichen Arbeitsschutzes wird auch durch das Mitbestimmungsrecht nach **§ 80 Abs. 1 Nr. 1 BetrVG** bezweckt (Richardi/*Thüsing* BetrVG § 80 Rn. 8); das Mitbestimmungsrecht nach § 87 Abs. 1 Nr. 7 BetrVG, das ein Initiativrecht einschließt, kommt dann in Betracht, wenn die öffentlich-rechtlichen Vorschriften einen Regelungsspielraum belassen (*Richardi* BetrVG § 87 Rn. 536). Der Spielraum kann auch in der Weise genutzt werden, dass die für die Stammarbeitnehmer geltenden besonderen betrieblichen Regelungen auf Leiharbeitnehmer erstreckt werden (Schüren/Hamann/*Hamann* § 14 Rn. 273, soweit sie nicht nach § 11 Abs. 6 oder nach Sinn und Zweck der Vorschriften ohnehin schon erfasst sind, weil sie nicht auf die vertragliche Bindung zum Entleiher abstellen (vgl. Boemke/ Lembke/*Boemke* § 14 Rn. 130 aE).

h) § 87 Abs. 1 Nr. 8 BetrVG. Nach Nr. 8 unterliegt die Form, **Ausge-** 134
staltung und Verwaltung von Sozialeinrichtungen, deren Wirkungsbe-
reich auf den Betrieb, das Unternehmen oder den Konzern beschränkt ist,
der Mitbestimmung des Betriebsrats. Zu Einzelheiten des Tatbestandes s. die
Kommentierung bei *Richardi* BetrVG § 87 Rn. 602 ff. Beispiele für derartige
Sozialeinrichtungen sind nicht nur Werksküchen, Erholungsheime und
-räume, Kindergärten, Sportanlagen und ein werkseigener Busverkehr, sondern auch Pensions- und Unterstützungskassen sowie Pensionsfonds der
betrieblichen Altersversorgung (*Fitting* BetrVG § 87 Rn. 347 mwN; vgl. auch
Richardi BetrVG § 87 Rn. 602 ff. mwN; Schüren/Hamann/*Hamann* § 14
Rn. 274; *Ulber* § 14 Rn. 121). Mitbestimmungsfrei ist die Zweckbestimmung
der Sozialeinrichtung, zu der auch die **Festlegung des begünstigten Perso-**
nenkreises nach abstrakten Kriterien zählt (*Richardi* BetrVG § 87
Rn. 628 f.; BAG 26.4.1988, AP BetrVG 1972 § 87 Altersversorgung Nr. 16).
Soweit nicht schon ausdrücklich auch Leiharbeitnehmer zu dem Kreis der
berechtigten Personen gehören, können Leiharbeitnehmer dann Zugang zur
Sozialeinrichtung verlangen, wenn sie die festgelegten abstrakten Kriterien
erfüllen. Bei der Festlegung dieser Kriterien sind die Betriebsparteien allerdings nicht völlig frei, sondern außer an § 75 BetrVG auch an das Gleichbehandlungsgebot des neuen **§ 3 Abs. 1 Nr. 3/§ 9 Nr. 2** gebunden, → § 3
Rn. 44; → § 9 Rn. 22.

Sachliche Differenzierungsgründe können einen Verstoß gegen diese 135
Gleichbehandlungsgebote ausschließen (Boemke/Lembke/*Boemke* § 14
Rn. 131). Ein sachlicher Grund kann darin bestehen, dass für die Einbeziehung in den Kreis der durch die Sozialeinrichtung Begünstigten das Bestehen
eines Arbeitsverhältnisses mit dem Betriebsinhaber Voraussetzung ist, weshalb
der Leiharbeitnehmer, bei dem dies nicht zutrifft, von der Sozialeinrichtung
ausgeschlossen sein kann (Schüren/Hamann/*Hamann* § 14 Rn. 275); soweit
für die Einbeziehung nach Sinn und Zweck der Sozialeinrichtung die tatsächliche Eingliederung entscheidend ist, sind auch Leiharbeitnehmer einzubeziehen. Dies ist etwa der Fall bei der Nutzung von Parkplätzen, der Werkskantine
oder von Sozialräumen (*Ulber* § 14 Rn. 122; Schüren/Hamann/*Hamann* § 14
Rn. 275). Ein Ausschluss der Leiharbeitnehmer von der Sozialleistung ist
hingegen gerechtfertigt, wenn Entgeltanreize geschaffen oder Betriebstreue
belohnt werden sollen, weil dies das Bestehen eines Arbeitsverhältnisses zum
Betriebsinhaber voraussetzt (Schüren/Hamann/*Hamann* § 14 Rn. 275;
Boemke/Lembke/*Boemke* § 14 Rn. 131).

Das Mitbestimmungsrecht des Betriebsrats im Entleiherbetrieb reicht so 136
weit, wie Leiharbeitnehmer zur Nutzung der Sozialeinrichtungen nach den
genannten Grundsätzen berechtigt sind (Schüren/Hamann/*Hamann* § 14
Rn. 276; Boemke/Lembke/*Boemke* § 14 Rn. 131).

i) § 87 Abs. 1 Nr. 9 BetrVG. Nach Nr. 9 hat der Betriebsrat mitzube- 137
stimmen über **Zuweisung, Nutzungsbedingungen und Kündigung von**
Wohnräumen, die den Arbeitnehmern mit Rücksicht auf das Bestehen
eines Arbeitsverhältnisses vermietet werden. (Zu Einzelheiten des Mitbestimmungstatbestandes s. *Richardi* BetrVG § 87 Rn. 690 ff.). Auch hier kann der

Arbeitgeber, da Werkmietwohnungen einen Sonderfall der Sozialeinrichtung der Nr. 8 darstellen, den begünstigten Personenkreis mitbestimmungsfrei nach abstrakten Kriterien festlegen (*Richardi* BetrVG § 87 Rn. 703 mwN). Tut er dies nicht, ist nach allgemeinen Grundsätzen (§ 75 BetrVG) zu beurteilen, ob auch Leiharbeitnehmer berechtigt sind, die besondere Sozialeinrichtung der Werkmietwohnungen in Anspruch zu nehmen (Boemke/Lembke/*Boemke* § 14 Rn. 131). Dies wird im Allgemeinen der Fall sein. Zwar setzt Nr. 9 voraus, dass die Wohnung „mit Rücksicht auf das Bestehen eines Arbeitsverhältnisses" vermietet wird, doch gilt **Nr. 9** insoweit **entsprechend für Leiharbeitnehmer** (jetzt auch Schüren/Hamann/*Hamann* § 14 Rn. 278, anders noch Vorauflage; aA mit starker Einschränkung *Ulber* § 14 Rn. 123; ohne Begr. *Becker/Wulfgramm* § 14 Rn. 109), denn durch dieses Merkmal sollen lediglich die von dem Betriebsinhaber beschäftigten Personen von fremden Personen unterschieden werden, an die der Betriebsinhaber seine Wohnungen unter den Bedingungen der §§ 535 ff. BGB ohne betriebliche Beschränkungen vermieten kann. Unter diesem Gesichtspunkt ist der Leiharbeitnehmer wie ein betriebsangehöriger Stammarbeitnehmer zu behandeln. Dies muss jedenfalls dann gelten, wenn der Leiharbeitnehmer im Entleiherbetrieb wahlberechtigt ist (dazu → Rn. 51 ff.), denn dann werden seine Interessen durch den Betriebsrat ebenso repräsentiert wie die der Stammbelegschaft; bezweckt das Merkmal der Rücksicht auf das Bestehen eines Arbeitsverhältnisses nach dem Gesagten nur die Abgrenzung zu den nicht vom Entleiher beschäftigten Personen, an die mitbestimmungsfrei vermietet werden kann, weil die Interessen der repräsentierten Belegschaft nicht berührt sind, dann fällt hierunter nicht der Leiharbeitnehmer.

138 Selbst dann aber, wenn Leiharbeitnehmer nicht den Stammarbeitnehmern gleichgestellt werden, erstreckt sich nach der Rspr. des BAG das Mitbestimmungsrecht des Entleiherbetriebsrats bei der Vergabe von Wohnungen an Arbeitnehmer und nicht vom Betriebsrat repräsentierte Personen aus einem einheitlichen Bestand auf alle Wohnungen, erfasst also auch die Vergabe an dritte Personen (BAG 30.4.1974, AP BetrVG 1972 § 87 Nr. 2 Werkmietwohnungen m. zust. Anm. *Natzel* = SAE 1975, 252 (255) m. zust. Anm. *Beuthien* zur Vergabe an einen leitenden Angestellten; *Richardi* BetrVG § 87 Rn. 706; *Schmidt-Futterer/Blank* DB 1976, 1233 (1234)); danach kann es dabei keinen Unterschied machen, ob zwischen dem Dritten und dem Arbeitgeber – wie bei leitenden Angestellten – ein Vertragsverhältnis besteht oder ob es sich um einen vertraglich überhaupt nicht an den Arbeitgeber gebundenen Dritten handelt; die Interessenlage ist in beiden Fällen gleich (BAG 28.7.1992, AP BetrVG 1972 § 87 Werkmietwohnungen Nr. 7).

139 **j) § 87 Abs. 1 Nr. 10 BetrVG.** Das Mitbestimmungsrecht über die **betriebliche Lohngestaltung, Entlohnungsgrundsätze und -methoden** meint die Festlegung abstrakt-genereller (kollektiver) Grundsätze zur Lohnfindung und bezweckt die Herstellung von Angemessenheit und Durchsichtigkeit des innerbetrieblichen Lohngefüges (BAG 31.1.1984, AP BetrVG 1972 § 87 Tarifvorrang Nr. 3; *Richardi* BetrVG § 87 Rn. 730 f.). Vor diesem Hintergrund kann es für die Personen von Bedeutung sein, die von dem

Betriebsinhaber Lohn beanspruchen können. Dies ist für den Leiharbeitnehmer in aller Regel nicht der Fall, weshalb eine Mitbestimmung nach Nr. 10 in Bezug auf Leiharbeitnehmer grundsätzlich ausscheidet (Schüren/Hamann/ *Hamann* § 14 Rn. 281; Boemke/Lembke/*Boemke* § 14 Rn. 132; *Urban-Crell/ Schulz* Rn. 1127; *Becker/Wulfgramm* § 14 Rn. 109).

Eine Mitbestimmung nach Nr. 10 kommt dagegen dann in Betracht, wenn **140** der Leiharbeitnehmer von dem Entleiher ausnahmsweise Lohn gewährt. **Lohn iSd Nr. 10** meint über das Arbeitsentgelt hinaus alle vermögenswerten Leistungen, bei denen die Bemessung nach bestimmten Grundsätzen oder nach einem System erfolgt, wobei die Mitbestimmung nicht auf die unmittelbar leistungsbezogenen Entgelte beschränkt ist, sondern alle Formen der Vergütung erfasst werden, die aus Anlass des Arbeitsverhältnisses gewährt werden (BAG 10.6.1986, AP BetrVG 1972 § 87 Lohngestaltung Nr. 22; zum Lohnbegriff *Richardi* BetrVG § 87 Rn. 734 ff. mwN). Möglich ist, dass der Entleiher freiwillig (dies schließt das Mitbestimmungsrecht nicht aus, *Richardi* BetrVG § 87 Rn. 745) an den Leiharbeitnehmer Essensgeld- oder Fahrgeldzuschüsse gewährt; in derartigen Fällen besteht ein Mitbestimmungsrecht nach Nr. 10 auch in Bezug auf den Leiharbeitnehmer (Schüren/Hamann/ *Hamann* § 14 Rn. 281; weitergehend *Ulber* § 14 Rn. 125a). Eine darüber hinausgehende Mitbestimmung, wie *Ulber* § 14 Rn. 125a, sie vertritt, überschreitet die Kompetenzen des Entleiherbetriebsrats, kann er doch nur gegenüber dem Entleiher auf eine Regelung iSv Nr. 10 hinwirken, der aber nicht Schuldner des Lohnanspruchs ist; eine Mitbestimmung des Entleiherbetriebsrats gegenüber dem Verleiher kommt nicht in Betracht (so auch Schüren/ Hamann/*Hamann* § 14 Rn. 282). Die Gefahr eines „Lohndumpings" (die *Ulber* § 14 Rn. 125a, sieht) besteht nach der durch „Hartz I" erfolgten Neufassung des **§ 3 Abs. 1 Nr. 3** (→ § 3 Rn. 44 ff.) nicht (mehr), zumal der Gesetzgeber einen weiten Begriff des „Arbeitsentgelts" zugrunde gelegt hat (vgl. die Entwurfsbegründung zu „Hartz I", BT-Drs. 15/25, 38). Ein Mitbestimmungsrecht des Entleiherbetriebsrats in Bezug auf den Leiharbeitnehmer nach Nr. 10 scheidet gleichwohl aus, weil auch § 3 Abs. 1 Nr. 3 nF nichts daran ändert, dass Schuldner des Lohnanspruchs der Verleiher bleibt, demgegenüber der Entleiherbetriebsrat keine Mitbestimmungsrechte geltend machen bzw. durchsetzen kann.

Sofern der Entleiher es nach dem Überlassungsvertrag übernommen hat, **141** selbst anstelle des Verleihers das Arbeitsentgelt an den Leiharbeitnehmer auszuzahlen, kommt ein Mitbestimmungsrecht nach Nr. 10 ebenso wenig zur Anwendung (zur Mitbestimmung nach Nr. 4 in einem solchen Fall → Rn. 129), denn Schuldner des Lohnanspruchs bleibt der Verleiher, und unter dem Gesichtspunkt der Lohngerechtigkeit kann eine Mitbestimmung allein in Bezug auf die bei diesem beschäftigten Personen sinnvoll sein.

k) § 87 Abs. 1 Nr. 11 BetrVG. Das Mitbestimmungsrecht nach N. 11 **142** über **leistungsbezogene Entgelte wie Akkord- und Prämiensätze,** das denselben Zweck wie das nach Nr. 10 hat und dieses ergänzt (*Richardi* BetrVG § 87 Rn. 808, 876), gilt aus denselben Gründen grundsätzlich ebenso wenig in Bezug auf Leiharbeitnehmer (Boemke/Lembke/*Boemke* § 14 Rn. 132;

Schüren/Hamann/*Hamann* § 14 Rn. 283; *Becker/Wulfgramm* § 14 Rn. 109; anders wiederum *Ulber* § 14 Rn. 126). Noch seltener als bei Nr. 10 wird es in der Praxis dazu kommen, dass die im Mitbestimmungstatbestand bezeichneten Lohnformen vom Entleiher auf den Leiharbeitnehmer angewendet werden, weil wiederum der Verleiher Schuldner des Lohnanspruchs ist und dem Entleiherbetriebsrat gegenüber dem Verleiher kein Mitbestimmungsrecht zusteht. Lohndifferenzen werden angesichts des neugefassten § 3 Abs. 1 Nr. 1 gleichwohl nicht entstehen (vgl. die entsprechenden Ausführungen zu Nr. 10, → Rn. 139 ff.).

143   **l) § 87 Abs. 1 Nr. 12 BetrVG.** Dem Mitbestimmungsrecht nach Nr. 12, das das **betriebliche Vorschlagswesen** betrifft, steht in einem weiten Teilbereich die Regelungssperre des § 87 Abs. 1 Einleitungssatz BetrVG entgegen, soweit ein Verbesserungsvorschlag unter den Regelungsbereich des Arbeitnehmererfindungsgesetzes fällt (zur Abgrenzung s. *Richardi* BetrVG § 87 Rn. 926 ff., vgl. auch → § 11 Rn. 56). Das Mitbestimmungsrecht nach Nr. 12 erstreckt sich auch auf Leiharbeitnehmer. Zwar beruht dies nicht auf der Tatsache der Eingliederung in den Betrieb, denn betriebliche Verbesserungsvorschläge können sinnvoll auch etwa nach Beendigung der Überlassung erfolgen, sofern sie nur auf Grund ihres Einsatzes bei dem Entleiher gemacht werden (so *Ulber* § 14 Rn. 127; Schüren/Hamann/*Hamann* § 14 Rn. 286). Nach dem Sinn des Mitbestimmungsrechts, der darin besteht, Verbesserungsvorschläge zum Wohl des Betriebs nutzbar zu machen und zu honorieren (vgl. *Richardi* BetrVG § 87 Rn. 925), ist jedoch eine arbeitsvertragliche Beziehung zum Betriebsinhaber nicht entscheidend.

144   **m) § 87 Abs. 1 Nr. 13 BetrVG.** Das Mitbestimmungsrecht über **Grundsätze und Durchführung von Gruppenarbeit** erlaubt dem Betriebsinhaber, aus mehreren Arbeitnehmern Betriebsgruppen zu bilden, die nach der Legaldefinition der Nr. 13 Gruppenarbeit ausführen. Das Mitbestimmungsrecht will nach der Gesetzesbegründung sicherstellen, dass die durch Teilautonomie geschaffenen Freiräume sachgerecht gestaltet werden, insbesondere leistungsschwächere Arbeitnehmer nicht ausgegrenzt werden (vgl. BT-Drs. 14/5741, 47 f.; *Ulber* § 14 Rn. 127b). Der Betriebsinhaber kann auch Leiharbeitnehmer in Gruppenarbeit einsetzen; tut er dies, so sind sie der aufgezeigten Gefahr in gleicher Weise ausgesetzt wie Stammarbeitnehmer. Daher besteht das Mitbestimmungsrecht des Entleiherbetriebsrats nach Nr. 13 auch in Bezug auf Leiharbeitnehmer (Schüren/Hamann/*Hamann* § 14 Rn. 291; *Ulber* § 14 Rn. 127b).

145   **n) Freiwillige Betriebsvereinbarungen.** Das Recht zum Abschluss freiwilliger Betriebsvereinbarungen beinhaltet eine umfassende Regelungszuständigkeit hinsichtlich aller sozialen Angelegenheiten (BAG 19.5.1978, AP BetrVG 1972 § 88 Nr. 1; *Richardi* BetrVG § 88 Rn. 6 mwN). Folglich steht es den Betriebspartnern im Entleiherbetrieb auch frei, Leiharbeitnehmer **ausdrücklich** in die Regelungen freiwilliger Betriebsvereinbarungen einzubeziehen (vgl. *Ulber* § 14 Rn. 131; UGBH/*Germakowsi/Hurst* § 14 Rn. 95). Dies wird zumeist jedoch nicht der Fall sein; dann ist durch Auslegung zu ermitteln, ob Leiharbeitnehmer mit einbezogen sein sollen. Für die **Ausle-gung** ist entscheidend, ob die Regelung eine **arbeitsvertragliche Bindung zum Betriebsinhaber** voraussetzt, oder ob dies nicht der Fall ist und die Regelung schlicht auf die **tatsächliche Eingliederung** des Leiharbeitneh-mers in die Arbeitsorganisation abstellt. Nur in dem letztgenannten Fall kommt eine Geltung auch für Leiharbeitnehmer in Betracht (Schüren/ Hamann/*Hamann* § 14 Rn. 299; Boemke/Lembke/*Boemke* § 14 Rn. 135; *Urban-Crell/Schulz* Rn. 1131).

Die Mitbestimmungstatbestände **der Nr. 1 und 1a** des § 88 BetrVG hän-   146 gen nicht davon ab, dass die Subjekte der Betriebsvereinbarung vertraglich Arbeitnehmer des Betriebsinhabers sind; derartige Betriebsvereinbarungen gelten auch ohne ausdrückliche Bestimmung für Leiharbeitnehmer (*Becker/ Wulfgramm* § 14 Rn. 110; *Ulber* § 14 Rn. 132).

Auch bei Betriebsvereinbarungen über die Errichtung und den Wirkungs-   147 bereich von Sozialeinrichtungen nach **Nr. 2** kann freiwillig der Kreis der berechtigten Personen auf solche Beschäftigten erstreckt werden, die lediglich im Betrieb tätig sind, ohne mit diesen Inhaber in einem Arbeitsverhältnis stehen zu müssen, wie zB im Fall der Betriebskantine oder des Parkplatzes (→ Rn. 135 ff.); allerdings können hier auch Leiharbeitnehmer ausgeschlos-sen sein, wenn die Betriebsvereinbarung beispielsweise Werkmietwohnungen betrifft, die nach der Auslegung nur an die prinzipiell unbefristet eingestellten Stammarbeitnehmer vergeben werden sollen; insoweit gilt hier dieselbe Unterscheidung wie bei § 87 Abs. 1 Nr. 8 BetrVG (dazu → Rn. 134 ff.).

Die Maßnahmen zur Förderung der Vermögensbildung als Betriebsverein-   148 barungsgegenstand nach **Nr. 3** werden mangels ausdrücklicher Einbeziehung der Leiharbeitnehmer in aller Regel nur Stammarbeitnehmer betreffen, weil die Vermögensbildung dem Lohnbereich zuzuordnen ist, der vom Entleiher-betrieb nicht mitbestimmt wird (vgl. → Rn. 28 und 129).

Unter dem Gesichtspunkt der Integration ausländischer Arbeitnehmer und   149 der Bekämpfung von Rassismus und Fremdenfeindlichkeit **(Nr. 4)** gelten entsprechende Betriebsvereinbarungen auch für Leiharbeitnehmer. Eine Beschränkung auf Stammarbeitnehmer wäre nicht zulässig, weil eine arbeits-vertragliche Bindung zum Betriebsinhaber kein etwa die Fremdenfeindlich-keit rechtfertigender Grund wäre und eine solche Regelung dem Gebot des § 75 Abs. 1 S. 1 BetrVG widerspräche.

o) Arbeits- und betrieblicher Umweltschutz. Die Mitbestimmungs-   150 rechte nach **§ 89 BetrVG** stehen dem Betriebsrat im Entleiherbetrieb auch in Bezug auf Leiharbeitnehmer zu, denn insbesondere bestehen die Gefahren, denen durch die Mitbestimmung in Fragen des Arbeitsschutzes vorgebeugt werden soll, betreffen die bei dem Entleiher beschäftigten Personen unabhän-gig von einer arbeitsvertraglichen Beziehung zum Betriebsinhaber (Schüren/ Hamann/*Hamann* § 14 Rn. 302; Boemke/Lembke/*Boemke* § 14 Rn. 136; *Ulber,* 133; *Becker/Wulfgramm* § 14 Rn. 110).

4. Personelle Angelegenheiten

Durch § 14 Abs. 3 sollte, wie der amtlichen Begründung des Gesetzesent-   151 wurfs zu entnehmen ist (vgl. BT-Drs. 9/847, 8), im Hinblick auf den

Beschluss des BAG vom 14.5.1974 (AP BetrVG 1972 § 99 Nr. 2) „klargestellt" werden, dass der Betriebsrat des Entleiherbetriebes vor der Übernahme
eines Leiharbeitnehmers zur Arbeitsleistung im Entleiherbetrieb nach § 99
BetrVG zu beteiligen ist. Die Vorschrift soll bestätigen, dass die Beschäftigung
von Leiharbeitnehmern als „Einstellung" isv von § 99 BetrVG der Mitbestimmung nach dieser Vorschrift unterfällt. Zu dieser klarstellenden Interpretation bestand bei Einleitung des Gesetzgebungsverfahrens im Jahr 1981 auch
durchaus Veranlassung, da, obwohl mit dem genannten Beschluss des BAG
für den Bereich des Betriebsverfassungsrechts bereits eine höchstrichterliche
Entscheidung vorlag, erneut Rechtsunsicherheit entstanden war (vgl. BAG
15.4.1986, EzA § 99 BetrVG 1972 Nr. 50), denn in einer Entscheidung des
6. Senats des BAG vom 3.10.1978 (AP BetrVG 1972 § 5 Nr. 18) wurde die
Auffassung vertreten, dass sich das Beteiligungsrecht des Betriebsrats nach
§ 99 BetrVG nur auf Personen beziehe, die als Arbeitnehmer im Betrieb
beschäftigt werden sollten. Damit war die vorhergehende Rechtsprechung
des 1. Senats des BAG in dem Beschluss vom 14.5.1973, AP BetrVG 1972
§ 99 Nr. 2, die sich ausschließlich auf eine Auslegung des Begriffs „Einstellung" stützt, in Frage gestellt worden, so dass es einer Klarstellung bedurfte
(BVerfG 20.5.1992, BVerfGE 90, 194 (202); LAG Düsseldorf 30.11.2000,
EzAÜG § 14 AÜG Personalvertretung Nr. 9).

152   Ob es sich bei § 14 Abs. 3 S. 1 um eine Rechtsgrund- oder eine Rechtsfolgenverweisung handelt, ist umstritten. Die hM geht von dem Charakter
einer Rechtsfolgenverweisung aus (*Ulber* § 14 Rn. 134; KassHdb/*Düwell* 4.5
Rn. 476; *Becker* AuR 1982, 369 (379) aE; *Becker/Wulfgramm* § 14 Rn. 96;
ErfK/*Wank* § 14 Rn. 18; HWK/*Gotthard/Roloff* § 14 Rn. 16). Im Vordringen begriffen scheint jedoch die Ansicht, die in § 14 Abs. 3 S. 1 eine **Rechtsgrundverweisung** sieht (Schüren/Hamann/*Hamann* § 14 Rn. 144 ff.;
Boemke/Lembke/*Boemke* § 14 Rn. 101). Die besseren Argumente sprechen
für die letztgenannte Auffassung. Relevant ist die Frage vor allem im Bereich
der Betriebe, die in der Regel nicht die mindestens 21 von § 99 Abs. 1 S. 1
BetrVG geforderten Arbeitnehmer beschäftigen (Boemke/Lembke/*Boemke*
§ 14 Rn. 101). Im Ergebnis besteht der Regelungsgehalt des § 14 Abs. 3 S. 1
allein darin, Leiharbeitnehmer in Bezug auf § 99 BetrVG wie Arbeitnehmer
zu behandeln und damit dem Betriebsrat des Entleihers dieselben Rechte zu
gewähren, die er hätte, wenn es sich bei dem Leiharbeitnehmer um einen
Stammarbeitnehmer handelte; § 99 BetrVG soll lediglich in seinem personellen Geltungsbereich erweitert werden, nicht dagegen im Übrigen. Dafür, dass
in einem Betrieb unterhalb der Schwellenzahl des § 99 Abs. 1 S. 1 BetrVG
bei der Eingliederung eines Leiharbeitnehmers, nicht aber bei der eines
Stammarbeitnehmers mitzubestimmen wäre, fehlt ein sachlicher Grund.

153   **a) Allgemeine personelle Angelegenheiten.** Das Mitbestimmungsrecht des Entleiherbetriebsrats bei der Personalplanung isv **§ 92 BetrVG** ist
auch dann berührt, wenn die Planung den Einsatz von Leiharbeitnehmern
betrifft (Boemke/Lembke/*Boemke* § 14 Rn. 139; Schüren/Hamann/*Hamann*
Rn. 307).

154   Unter dem Gesichtspunkt der Beschäftigungsförderung (**§ 92a BetrVG**)
kann der Entleiherbetriebsrat auch die Umwandlung von Leiharbeitsplätzen

in Stammarbeitsplätze anregen; umgekehrt kann auch der Abbau von Leiharbeit zur Erhaltung von Stammarbeitsplätzen vorgeschlagen werden (Boemke/Lembke/*Boemke* § 14 Rn. 140; *Urban-Crell/Schulz* Rn. 1088).

Hinsichtlich der Ausschreibung von Arbeitsplätzen kann der Betriebsrat **155** gem. **§ 93 BetrVG** die Ausschreibung auch von solchen Arbeitsplätzen verlangen, die der Arbeitgeber mit freien Mitarbeitern besetzen will, wenn es sich bei der vorgesehenen Beschäftigung um eine gem. § 99 BetrVG mitbestimmungspflichtige Einstellung handelt (BAG 27.7.1993, AP BetrVG 1972 § 93 Nr. 3); dies gilt erst recht, wenn der Arbeitsplatz mit einem Leiharbeitnehmer besetzt werden soll (so auch Schüren/Hamann/*Hamann* § 14 Rn. 310; Boemke/Lembke/*Boemke* § 14 Rn. 141; *Becker/Wulfgramm* § 14 Rn. 103; *Fitting* BetrVG § 93 Rn. 5; Richardi/*Thüsing* BetrVG § 93 Rn. 5). Anders verhält es sich nur, wenn der freie Arbeitsplatz dauerhaft mit Leiharbeitnehmern besetzt werden soll. Hier würde sich die Pflicht zur innerbetrieblichen Ausschreibung als unnötiger Formalismus darstellen (vgl. LAG Niedersachsen 9.8.2006, EzAÜG BetrVG Nr. 94).

Während Personalfragebögen nach § 94 Abs. 1 BetrVG in Bezug auf Leih- **156** arbeitnehmer, die gewöhnlich der Verleiher zur Überlassung auswählt, für den Entleiherbetriebsrat nicht von Bedeutung sind, wird die Mitbestimmung bei der Aufstellung allgemeiner Beurteilungsgrundsätze nach **§ 94 Abs. 2 BetrVG** größere Bedeutung erlangen, nachdem die Höchstbegrenzung der Überlassungsdauer fortgefallen ist. Zwar liegt die Befugnis zur Beurteilung grundsätzlich beim Verleiher (Schüren/Hamann/*Hamann* § 14 Rn. 315), doch hat der Leiharbeitnehmer mit zunehmender Überlassungsdauer ein verstärktes Interesse an einer Beurteilung seiner Arbeitsleistung, um seine Position auch gegen über dem Verleiher zu verbessern (so kann zB im Überlassungsvertrag bestimmt sein, dass der Entleiher dem Verleiher Tatsachen über die Leistung des Leiharbeitnehmers mitzuteilen hat, vgl. Schüren/Hamann/*Hamann* § 14 Rn. 315); schließlich können die Beurteilungen auch für eine Bewerbung auf dem Arbeitsmarkt oder eine Übernahme durch den Entleiher relevant werden. Damit besteht ein Mitbestimmungsrecht des Entleiherbetriebsrats jedenfalls nach § 94 Abs. 2 BetrVG auch in Bezug auf die im Betrieb tätigen Leiharbeitnehmer (Schüren/Hamann/*Hamann* § 14 Rn. 315; Boemke/Lembke/*Boemke* § 14 Rn. 142; *Ulber* § 14 Rn. 82; anders (bei Annahme einer fehlenden praktischen Relevanz) *Becker* AuR 1982, 369 (375)).

Das Mitbestimmungsrecht bei Auswahlrichtlinien nach **§ 95 Abs. 1, 2** **157** **BetrVG** kann für den Entleiherbetriebsrat teilweise auch in Bezug auf Leiharbeitnehmer Bedeutung erlangen. Für die Umgruppierung oder Kündigung gilt dies nicht, weil es sich dabei um personelle Maßnahmen handelt, die wirksam allein vom Verleiher vorgenommen werden können, da sie ausschließlich dem Partner des Arbeitsvertrags zustehen. Bedeutsam können Auswahlrichtlinien aber bei einer **Einstellung** des Leiharbeitnehmers werden, so, wenn ein Arbeitsverhältnis mit dem Entleiher begründet werden soll (*Ulber* § 14 Rn. 84; *Becker/Wulfgramm* § 14 Rn. 113); insofern gelten die allgemeinen Grundsätze. Dass die Auswahlrichtlinie etwa frühere Einsatzzeiten als Leiharbeitnehmer als positiv bewertet, wird für zulässig gehalten

(Schüren/Hamann/*Hamann* § 14 Rn. 316), auch, dass Auswahlrichtlinien bei der Übernahme von Leiharbeitnehmern bestimmte Qualifikationsanforderungen stellen, um zu verhindern, dass ungeeignete Leiharbeitnehmer überhaupt zum Einsatz kommen (so Schüren/Hamann/*Hamann* § 14 Rn. 319).

158   Auswahlrichtlinien können auch für den Fall der **Versetzung** eines Leiharbeitnehmers innerhalb des Entleiherbetriebs eingreifen. Sofern ein Leiharbeitnehmer nach dem Überlassungsvertrag als Springer eingesetzt wird, ist allerdings zu beachten, dass nach § 95 Abs. 3 S. 2 BetrVG eine Versetzung regelmäßig nicht anzunehmen ist (vgl. Schüren/Hamann/*Hamann* § 14 Rn. 329). Sind seine Aufgaben dagegen im Überlassungsvertrag konkret beschrieben, so bleibt es bei Satz 1 des § 95 Abs. 3 BetrVG (Boemke/ Lembke/*Boemke* § 14 Rn. 143; Schüren/Hamann/*Hamann* § 14 Rn. 330); ein Mitbestimmungsrecht besteht dann hinsichtlich der Auswahlrichtlinien auch in Bezug auf den Leiharbeitnehmer. In derartigen Fällen wird auch dieser Mitbestimmungtatbestand nach dem Fortfall der Höchstbegrenzung der Überlassungsdauer zunehmend an Bedeutung gewinnen.

159   **b) Berufsbildung.** Nachdem die Überlassungsdauer nicht mehr beschränkt ist, kann nicht mehr ohne weiteres von eine Bedeutungslosigkeit der Mitbestimmungsrechte zur Berufsbildung nach **§§ 96 ff. BetrVG** in Bezug auf Leiharbeitnehmer ausgegangen werden (ebenso Schüren/ Hamann/*Hamann* § 14 Rn. 322; anders noch Vorauflage). Grundsätzlich steht es dem Entleiher frei, auch den in seinem Betrieb tätigen Leiharbeitnehmern Berufsbildung zuteilwerden zu lassen; entscheidet er sich dafür, so greifen auch die Rechte des Entleiherbetriebsrats nach §§ 96–98 BetrVG ein (ein genereller Ausschluss, wie ihn Boemke/Lembke/*Boemke* § 14 Rn. 144; *Urban-Crell/Schulz* Rn. 1093, vertritt, kann daher nicht angenommen werden). In tatsächlicher Hinsicht wird dies freilich selten der Fall sein, weil der Entleiher fürchten muss, dass sich seine Investitionen in die Berufsbildung des Leiharbeitnehmers trotz prinzipiell unbegrenzter Einsatzdauer nicht amortisieren, etwa weil der Verleiher nicht die Überlassung dieses konkreten Leiharbeitnehmers schuldet und daher dessen Abberufung möglich bleibt.

160   **c) Beteiligung des Entleiherbetriebsrats nach § 99 BetrVG (§ 14 Abs. 3 S. 1).** Nach § 14 Abs. 3 ist der Betriebsrat des Entleiherbetriebs vor der „Übernahme" nach § 99 BetrVG zu beteiligen. Dies setzt zusammen mit § 92 BetrVG die Anforderungen des Art. 8 der Leiharbeitsrichtlinie um.

161   **aa) Anwendungsbereich.** Die Vorschrift des § 14 Abs. 3 bezieht sich unmittelbar nur auf die erlaubte wirtschaftliche Arbeitnehmerüberlassung, sie ist aber nach der Rspr. des BAG wegen der gleichen Interessenlage, der Betroffenheit der Belegschaft des aufnehmenden Betriebes, auch auf die **nicht wirtschaftliche** (seinerzeit „nicht gewerbliche") **und die unerlaubte wirtschaftliche Arbeitnehmerüberlassung entsprechend** anzuwenden (BAG 28.11.1989, EzA § 14 AÜG Nr. 2; 28.9.1988, AP BetrVG 1972 § 99 Nr. 60; 18.1.1989, AP AÜG § 14 Nr. 2; 18.1.1989, AP BetrVG 1972 § 99 Nr. 65; 31.1.1989, AP BetrVG 1972 § 80 Nr. 33; *Becker/Wulfgramm* § 14 Rn. 93). Sowohl bei erlaubter als auch unerlaubter wirtschaftlicher Arbeitnehmerüberlassung hat der Betriebsrat in beiden Fällen darüber zu wachen, dass die auch zugunsten der Leiharbeitnehmer geltenden Rechtsvorschriften vom Entleiherbetrieb eingehalten werden (BAG 31.1.1989, AP BetrVG 1972 § 80 Nr. 33; *Becker/Wulfgramm* § 14 Rn. 108). Das Mitbestimmungsrecht wird durch die Eingliederung dieser Personen in den Betrieb ausgelöst (→ Rn. 164 ff.). Eine Eingliederung ist auch bei **Arbeitnehmern von Fremdfirmen** möglich, die auf Grund eines Dienst- oder Werkvertrages mit Tätigkeiten im Betrieb beauftragt werden, denn der Regelung in § 14 AÜG ist nicht zu entnehmen, dass damit gleichzeitig Mitbestimmungsrechte des Betriebsrats bei der Einstellung von Personen, die weder Arbeitnehmer des Betriebes werden sollen noch Leiharbeitnehmer iSd AÜG sind, ausgeschlossen sind (BAG 28.11.1989, AP AÜG § 14 Nr. 5; 15.4.1986, AP BetrVG 1972 § 99 Nr. 35). Für die Eingliederung ist nach der Rspr. jedenfalls erforderlich, dass diese gemeinsam mit den im Betrieb schon beschäftigten Arbeitnehmern eine Tätigkeit zu verrichten haben, die ihrer Art nach weisungsgebunden ist, der Verwirklichung des arbeitstechnischen Zwecks des Betriebes dient und daher vom Betriebsinhaber organisiert werden muss. Die Personen müssen so in die betriebliche Arbeitsorganisation integriert werden, dass der Betriebsinhaber das für ein Arbeitsverhältnis typische Weisungsrecht innehat und die Entscheidung über den Einsatz auch nach Zeit und Ort trifft. Er muss diese Arbeitgeberfunktion wenigstens im Sinne einer aufgespaltenen Arbeitgeberstellung teilweise ausüben (BAG 9.10.2013, NZA 2014, 795; 11.9.2001, EzA § 99 BetrVG 1972 Einstellung Nr. 10). Dies aber ist nur bei echter oder verdeckter Arbeitnehmerüberlassung der Fall. In der Beschäftigung von Arbeitnehmern einer Drittfirma liegt ansonsten keine mitbestimmungspflichtige Einstellung, weil die Personalhoheit für die Arbeitnehmer bei der Drittfirma verbleibt (s. auch LAG Hamm 7.11.2000, EzAÜG Betriebsverfassung Nr. 44; Richardi/*Thüsing* BetrVG § 99 Rn. 61).

Personen, die als **Dienst- oder Werknehmer** oder deren Erfüllungsgehil- **162** fen die in einem Dienst- oder Werkvertrag vereinbarte Leistung erbringen, sind nicht schon deswegen in den Betrieb des Auftraggebers und dessen Organisation eingegliedert, weil sie im Betrieb des Auftraggebers tätig werden und weil die von ihnen zu erbringende Dienstleistung oder das von ihnen zu erstellende Werk hinsichtlich Art, Umfang, Güte, Zeit und Ort in den betrieblichen Arbeitsprozess eingeplant ist. Hinzukommen muss, dass diese Personen selbst in die Arbeitsorganisation des Arbeitgebers eingegliedert werden, so dass dieser die für ein Arbeitsverhältnis typischen Entscheidungen über deren Arbeitseinsatz auch nach Zeit und Ort zu treffen hat. Darauf, inwieweit äußere Umstände eine Zusammenarbeit mit den Arbeitnehmern des Betriebes notwendig machen, kommt es nicht an (BAG 5.3.1991, AP BetrVG 1972 § 99 Nr. 90). Problematisch sind diejenigen Fälle, in denen die zu erbringende Dienstleistung oder das zu erstellende Werk so in den betrieblichen Arbeitsprozess integriert ist, dass die Dienstleistung oder das Werk zu einem genau festgelegten Zeitpunkt an einem bestimmten Ort und von bestimmter Art und Güte erbracht werden muss. Äußeres Anzeichen für eine solche Fallgestaltung ist vielfach, dass eben diese Dienstleistung oder dieses Werk früher von Arbeitnehmern des Betriebsinhabers selbst nach des-

sen Anweisung und Organisation erbracht oder erstellt worden ist. Kommt
dann noch hinzu, dass der Dienst- oder Werkunternehmer bzw. seine Erfüllungsgehilfen auf Grund der Natur der zu erbringenden Dienstleistung oder
des zu erstellenden Werkes keinen oder jedenfalls keinen beachtlichen Entscheidungsspielraum hinsichtlich der Arbeitsausführung haben, so unterscheidet sich äußerlich die Tätigkeit der Erfüllungsgehilfen des Dienst- oder Werkunternehmers in keiner Weise mehr von der Tätigkeit, die früher
Arbeitnehmer des Betriebes erbracht haben oder auch jetzt noch gleichzeitig
erbringen. Die Tätigkeit der Erfüllungsgehilfen der Dienst- oder Werkunternehmer erscheint dann in die betriebliche Organisation eingebunden und
vom Arbeitgeber als Auftraggeber geplant und organisiert (BAG 5.3.1991,
AP BetrVG 1972 § 99 Nr. 90 unter II 2a). Hier wird jedoch regelmäßig eine
Arbeitnehmerüberlassung vorliegen, so dass nichts anderes gilt als in Bezug
auf sonstige Fremdfirmenarbeitnehmer.

163   Damit ergibt sich beim Fremdfirmeneinsatz folgende **Dreiteilung:** Liegt
eine echte Arbeitnehmerüberlassung vor, dann gilt § 14 Abs. 3 AÜG direkt
oder (bei nicht wirtschaftlicher Verleihung) analog, mit der Folge, dass der
Betriebsrat mitzubestimmen hat; liegt eine verdeckte Arbeitnehmerüberlassung vor, dann gilt § 99 BetrVG über §§ 10 Abs. 1, 9 Nr. 1, andernfalls aber
bestehen keine Beteiligungsrechte des Betriebsrats nach § 99 BetrVG. Weitere
Unterscheidungen zu treffen, ist nicht notwendig (im Ergebnis ebenso *Fitting*
BetrVG § 99 Rn. 63 ff.; DKKW/*Bachner* BetrVG § 99 Rn. 59; *Wagner* AuR
1992, 40). In der Tat sind die Grenzen zwischen Fremdarbeitnehmereinsatz
und verdeckter Arbeitnehmerüberlassung oftmals nur schwer zu erkennen.
Diese Unterscheidung ist durch das AÜG jedoch gesetzlich vorgegeben und
auch von der Sache her geboten. Hier sind trennschärfere Kriterien der
Abgrenzung zu finden, nicht aber die Unterscheidung über Bord zu werfen
(s. auch *Dauner-Lieb* NZA 1992, 817; *Henssler* NZA 1994, 294 (303)). Richt-
schnur ist die Beantwortung der Frage, ob der Betriebsinhaber die Personalhoheit hat, ob faktisch die **Arbeitgeberstellung** überwiegend von ihm ausgeübt wird, oder ob sie beim Arbeitgeber verbleibt (s. auch BAG 18.10.1994,
AP BetrVG 1972 § 99 Nr. 5 = NZA 1995, 281; BAG 5.3.1991, AP BetrVG
1972 § 99 Nr. 90).

164   **bb) Begriff der Übernahme.** Unter Übernahme ist die **Eingliederung,**
dh die tatsächliche Beschäftigung des Leiharbeitnehmers im Entleiherunter-
nehmen durch Zuweisung eines Arbeitsbereichs zu verstehen; dabei ist die
Dauer der beabsichtigten Überlassung irrelevant, der bloße Abschluss des
Überlassungsvertrags jedoch noch nicht ausreichend (Schüren/Hamann/
Hamann § 14 Rn. 149 ff.; Boemke/Lembke/*Boemke* § 14 Rn. 102). Auch die
Aufnahme in einen Stellenpool, aus dem der Verleiher auf Anforderung des
Entleihers Kräfte für die Einsätze im Entleiherbetrieb auswählt, ist noch keine
Übernahme. Die Mitbestimmungspflicht entsteht in solchen Fällen erst durch
den jeweiligen konkreten Einsatz (BAG 23.1.2008, AP AÜG § 14 Nr. 14).

165   Auch die **Verlängerung einer Überlassung** unterfällt dem Begriff der
Übernahme, weil in ihr eine erneute Übernahme gesehen werden kann (LAG
Hessen 9.2.1988, DB 1988, 1956; Boemke/Lembke/*Boemke* § 14 Rn. 103;

MHdB ArbR/*Schüren* § 318 Rn. 59; Schüren/Hamann/*Hamann* § 14 Rn. 152; *Ulrici* § 14 Rn. 47). Wird dem Leiharbeitnehmer während der Überlassungsperiode innerhalb des Entleiherbetriebs ein **anderer Arbeitsplatz zugewiesen,** so liegt dagegen keine Übernahme vor (Schüren/ Hamann/*Hamann* § 14 Rn. 153; Boemke/Lembke/*Boemke* § 14 Rn. 105). Unter Umständen kann dabei aber der Tatbestand der **Versetzung** erfüllt und ein Mitbestimmungsrecht unter diesem Aspekt nach § 99 Abs. 1 S. 1 BetrVG ausgelöst sein; in einem solchen Fall ist jedoch § 95 Abs. 3 S. 2 BetrVG zu beachten. Im Fall einer Versetzung ist der Betriebsrat dann zu beteiligen, soweit sich die Versetzung auf die nach § 99 Abs. 2 BetrVG geschützten Interessen der Stammbelegschaft auswirken kann und der Arbeitgeber trotz der Arbeitnehmerüberlassung an einer mitbestimmungspflichtigen Versetzung im Einsatzbetrieb beteiligt ist (BAG 9.10.2013, NZA 2014, 795). Eine Übernahme liegt auch dann vor, wenn ein Leiharbeitnehmer gegen einen anderen Leiharbeitnehmer **ausgetauscht** wird (LAG Hessen 16.1.2007, BeckRS 2007, 44175; ArbG Verden 1.8.1989, EzAÜG § 14 AÜG Betriebsverfassung Nr. 26; Boemke/Lembke/*Boemke* § 14 Rn. 105; Schüren/ Hamann/*Hamann* § 14 Rn. 154). Auch hier besteht ein Beteiligungsrecht des Entleiherbetriebsrats nach § 99 BetrVG; dies gilt selbst dann, wenn der Verleiher lediglich die Überlassung nach Qualifikation und Anzahl bestimmter Arbeitnehmer schuldet (ebenso LAG Hessen 16.1.2007, BeckRS 2007, 44175; aA LAG Niedersachsen 13.10.1999, BeckRS 1999, 30781152)

Wird zwischen dem Leiharbeitnehmer und dem Entleiher ein **Arbeitsver-** **166** **hältnis begründet,** so handelt es sich dabei nicht um eine Übernahme iSv § 14 Abs. 3, sondern um eine Einstellung nach dem auf Grund allgemeiner Grundsätze anwendbaren § 99 BetrVG (vgl. Schüren/Hamann/*Hamann* § 14 Rn. 156; Boemke/Lembke/*Boemke* § 14 Rn. 106).

cc) Inhalt des Beteiligungsrechts. Nach § 99 Abs. 1 S. 1 BetrVG iVm **167** § 14 Abs. 3 S. 1 hat der Entleiher den Betriebsrat des Entleiherbetriebs zu **unterrichten,** ihm die erforderlichen Bewerbungsunterlagen **vorzulegen, Auskunft** über die Person der Beteiligten zu geben sowie unter Vorlage der erforderlichen Unterlagen Auskunft über die Auswirkungen der geplanten Maßnahme zu geben und die **Zustimmung** des Betriebsrats zu der Maßnahme einzuholen. Der Begriff der „Maßnahme" ist in Hinblick auf § 14 Abs. 3 S. 2 („dabei") als Übernahme iSd Satzes 1 zu verstehen. Ein Mitbestimmungsrecht nach § 99 BetrVG kommt allerdings auch darüber hinaus nach den allgemeinen Grundsätzen insbesondere bei den Tatbeständen der Einstellung und der Versetzung in Betracht.

Außer den **Informations- und Vorlageansprüchen** des § 99 Abs. 1 **168** BetrVG stehen dem Betriebsrat des Entleiherbetriebs die in **§ 14 Abs. 3 S. 2 und 3** normierten Rechte zu (dazu ausführlich → Rn. 192 ff.). Soweit diese nicht schon nach § 99 Abs. 1 bestehen, treten sie hinzu, ohne aus-schließende Wirkung zu haben. Die Informationspflicht des Arbeitgebers nach **§ 99 Abs. 1 BetrVG** gilt nämlich uneingeschränkt auch bei der Über-nahme von Leiharbeitnehmern zur Arbeitsleistung (ArbG Verden 1.8.1989, EzAÜG § 14 AÜG Betriebsverfassung Nr. 26).

169   Zum **Inhalt des Mitbestimmungsrechts** im Allgemeinen vgl. die Kommentierung bei Richardi/*Thüsing* BetrVG § 99 Rn. 150 ff. Im Hinblick auf die Übernahme eines Leiharbeitnehmers umfasst die Unterrichtungspflicht prinzipiell alle Informationen, die für die Ausübung des Mitbestimmungsrechts nach § 99 BetrVG, § 14 Abs. 3 S. 1 von Bedeutung sind oder sein können; dies schließt auch die Zustimmungsverweigerungstatbestände nach § 99 Abs. 2 BetrVG ein (Schüren/Hamann/*Hamann* § 14 Rn. 158). Anzugeben sind damit grundsätzlich die Anzahl der zu übernehmenden Leiharbeitnehmer und die geplante Dauer ihrer Überlassung (Boemke/Lembke/*Boemke* § 14 Rn. 107; Schüren/Hamann/*Hamann* § 14 Rn. 159; MHdB ArbR/*Schüren* § 318 Rn. 60), ferner deren Qualifikation, der Einstellungstermin, die vorgesehenen Arbeitsplätze und auf die Auswirkungen der Einstellung auf die Stammbelegschaft (LAG Köln 12.6.1987, EzAÜG § 14 AÜG Betriebsverfassung Nr. 12).

170   Zu einer **vollständigen Unterrichtung** des Betriebsrats gehören auch die persönlichen Daten (Vor- und Zuname, Geburtsdatum, Anschrift, Beruf) des Leiharbeitnehmers (BAG 9.3.2011, NZA 2011, 871); dies gilt auch, wenn ein bereits im Betrieb tätiger Leiharbeitnehmer kurzfristig gegen einen anderen ausgewechselt werden soll (ArbG Verden 1.8.1989, EzAÜG § 14 AÜG Betriebsverfassung Nr. 26; vgl. auch LAG Köln 12.6.1987, EzAÜG § 14 AÜG Betriebsverfassung Nr. 12; Schüren/Hamann/*Hamann* § 14 Rn. 162). Ist aber der zu überlassende Arbeitnehmer nicht dem Namen nach bestimmt, so ist der Entleiher nicht verpflichtet, von sich aus umfassende Informationen beim Verleiher zu erfragen (LAG Hessen 16.1.2007, BeckRS 2007, 44175; Schüren/Hamann/*Hamann* § 14 Rn. 162; *Wensing/Freise* BB 2004, 2239 f.). Die aA (BAG 9.3.2011, NZA 2011, 871; *Ulber* § 14 Rn. 152) berücksichtigt nicht, dass der Überlassungsvertrag zumeist nicht mit Bezug auf einen konkreten Arbeitnehmer abgeschlossen wird, sondern der Verleiher lediglich eine geeignete Arbeitskraft zur Verfügung zu stellen hat; ist der Überlassungsvertrag nicht näher bestimmt, so braucht der Entleiher auch nicht von sich aus nachzuforschen, welchen Arbeitnehmer der Verleiher zu entsenden vorhat. Zwar muss ein Arbeitgeber, der Leiharbeitnehmer beschäftigen will, seinem Betriebsrat Einsicht in die Arbeitnehmerüberlassungsverträge gewähren (BAG 6.6.1978, AP BetrVG 1972 § 99 Nr. 6; ebenso die hM: Schüren/Hamann/*Hamann* § 14 Rn. 167; Boemke/Lembke/*Boemke* § 14 Rn. 109; *Ulber* § 14 Rn. 151; *Fitting* BetrVG § 99 Rn. 178; KassHdb/*Düwell* 4.5 Rn. 483; aA LAG Niedersachsen 28.2.2006, EzAÜG § 14 AÜG Nr. 64; *Wensing/Freise* BB 2004, 2240); dagegen ist der Entleiher nicht verpflichtet, seinem Betriebsrat Auskunft über die Arbeitsverträge der Leiharbeitnehmer mit dem Verleiher zu geben (BAG 6.6.1978, AP BetrVG 1972 § 99 Nr. 6; BAG 14.5.1974, AP BetrVG 1972 § 99 Nr. 2; Schüren/Hamann/*Hamann* § 14 Rn. 168; Boemke/Lembke/*Boemke* § 14 Rn. 110; MHdB ArbR/*Schüren* § 318 Rn. 60).

171   Soweit zu den mitzuteilenden Umständen nach § 99 Abs. 1 S. 1 Hs. 2 BetrVG auch die Auswirkungen der geplanten Maßnahme gehören (LAG Köln 12.6.1987, EzAÜG § 14 AÜG Betriebsverfassung Nr. 12), so sind damit die organisatorischen Auswirkungen auf die Belegschaft und den Arbeitsablauf gemeint, wie zB die Zuteilung von Parkplätzen oder die Beaufsichtigung und Einweisung, nicht jedoch Auswirkungen auf die allgemeine Personalplanung (Schüren/Hamann/*Hamann* § 14 Rn. 166).

dd) Zustimmungsverweigerungsrechte (§§ 99 Abs. 2 BetrVG, 14 **172** **Abs. 3 S. 2).** Gem. § 99 Abs. 2 BetrVG, 14 Abs. 3 S. 2 kann der Betriebsrat des Entleiherbetriebs die Zustimmung zur **Übernahme** oder zu **anderen den Leiharbeitnehmer betreffenden personellen Maßnahmen** iSv § 99 Abs. 1 BetrVG verweigern. Ein Mitbestimmungsrecht im Hinblick auf die Eingruppierung oder Umgruppierung des Leiharbeitnehmers steht dem Betriebsrat des Entleiherbetriebs nicht zu (ebenso zur Eingruppierung HWK/*Gotthard/Roloff* § 14 Rn. 18; ErfK/*Wank* § 14 Rn. 22). Hier fehlt es dem Entleiher angesichts seiner Stellung als Nichtvertragspartner an der erforderlichen Entscheidungsmacht. Insoweit besteht keine Zuständigkeit des Entleiherbetriebsrats, sondern allein eine solche des Betriebsrats des Verleiherbetriebes (BAG 17.6.2008, AP BetrVG 1972 § 99 Eingruppierung Nr. 34). Die Verweigerung muss der Betriebsrat innerhalb der Wochenfrist des § 99 Abs. 3 BetrVG unter Angabe der Gründe zu tun; die Frist beginnt aber nur bei ordnungsgemäßer Unterrichtung zu laufen (→ Rn. 182). Voraussetzung für eine wirksame Zustimmungsverweigerung ist ein **Verweigerungsgrund nach § 99 Abs. 2 BetrVG.** Nur die dort genannten Gründe kommen in Betracht; der Katalog des § 99 Abs. 2 BetrVG ist abschließend (Richardi/*Thüsing* BetrVG § 99 Rn. 208 mwN), und zwar auch im Fall des Einsatzes von Leiharbeitnehmern (Boemke/Lembke/*Boemke* § 14 Rn. 112; *Ulber* § 14 Rn. 159; Schüren/Hamann/*Hamann* § 14 Rn. 182). Daher kann der Entleiherbetriebsrat nicht etwa aus allgemeiner Ablehnung von Leiharbeit seine Zustimmung verweigern (Schüren/Hamann/*Hamann* § 14 Rn. 182*)*. Auch eine Verletzung des Gleichstellungsgebots des § 3 Abs. 1 Nr. 3, § 9 Nr. 2 AÜG („Equal pay", „equal treatment") kann der Betriebsrat nicht geltend machen (BAG 21.7.2009, AP AÜG § 3 Nr. 4).

(1) Nr. 1 gewährt einen Verweigerungsgrund bei einem (hypothetischen) **173** **Verstoß gegen Rechtsvorschriften, UVV, Tarifverträge, Betriebsvereinbarungen und gerichtliche Entscheidungen sowie behördliche Anordnungen.** Insoweit gelten zunächst die allgemeinen Grundsätze (s. Richardi/*Thüsing* BetrVG § 99 Rn. 210 ff.) auch für den Einsatz von Leiharbeitnehmern. Als Besonderheiten der Arbeitnehmerüberlassung ist zu beachten, dass ein Verstoß gegen die Vorschriften des AÜG, insbesondere des § 3 Abs. 1 Nr. 3–5, einen Verweigerungsgrund geben können. Unter der Geltung der zeitlichen Höchstbegrenzung der Überlassung konnte der Betriebsrat die Zustimmung zur Übernahme eines Leiharbeitnehmers zur Arbeitsleistung im Entleiherbetrieb mit der Begründung verweigern, es handele sich um eine gegen § 3 Abs. 1 Nr. 6 (aF) verstoßende Überlassung (BAG 28.9.1988, AP BetrVG 1972 § 99 Nr. 60). Dieser Verweigerungsgrund gilt nach Wegfall der durch „Hartz I" aufgehobenen Nr. 6 des § 3 Abs. 1 nicht mehr. Der Betriebsrat im Entleiherbetrieb kann die nach § 14 Abs. 3 S. 1 AÜG iVm § 99 BetrVG erforderliche Zustimmung zur Übernahme eines Leiharbeitnehmers nicht mit der Begründung verweigern, die Einstellung

solle auf einem wiederholt mit Leiharbeitnehmern besetzten Dauerarbeits-
platz erfolgen und verstoße gegen § 3 Abs. 1 Nr. 6, weil die Gesamtdauer
der Überlassungen die in dieser Vorschrift bestimmte Grenze überschreite.
Die zeitliche Einsatzlimitierung in § 3 Abs. 1 Nr. 6 ist nicht arbeitsplatz-,
sondern arbeitnehmerbezogen (BAG 12.11.2002, AP BetrVG 1972 § 99 Einstellung Nr. 41). Wenn auf bestimmten Arbeitsplätzen ein dauernder Bedarf
an Arbeitskräften besteht und diese ausschließlich mit Leiharbeitnehmern
besetzt werden, kann der Betriebsrat die Zustimmung zu einer beabsichtigten
Einstellung eines Leiharbeitnehmers nicht mit Hinweis auf § 99 Abs. 2 Nr. 1
BetrVG verweigern. Dem Betriebsrat steht nämlich das Beteiligungsrecht der
§§ 99 ff. BetrVG nur zu, wenn der Arbeitgeber sich für eine Einstellung
entschieden hat; das Beteiligungsrecht dient dagegen nicht dazu, den Arbeitgeber zur Schaffung von Arbeitsplätzen anzuhalten oder ihn davon abzuhalten,
Arbeitsplätze abzubauen oder freigewordene Arbeitsplätze nicht mehr zu
besetzen (LAG Düsseldorf 2.10.2001, BB 2002, 357 ff.). Mit Verweis auf die
oben genannte grundlegende Entscheidung des BAG vom 28.9.1988 (AP
BetrVG 1972 § 99 Nr. 60) begründet das BAG aber hingegen, dass das Verbot
der nicht mehr vorübergehenden Arbeitnehmerüberlassung in § 1 Abs. 1 S. 2
AÜG ein Verbotsgesetz sei, das den Betriebsrat zur Zustimmungsverweigerung berechtige (BAG 10.7.2013, NZA 2013, 1296). Für seine Entscheidung
zieht das Gericht die gleichen Gründe heran, mit denen es in seiner damaligen
Entscheidung das Zustimmungsverweigerungsrecht bei einem Verstoß gegen
die früher im AÜG noch verankerte Höchstbegrenzung der Arbeitnehmerüberlassung annahm. So bezwecke § 1 Abs. 1 S. 2 AÜG die Vermeidung
der Spaltung der Stammbelegschaft und die Eindämmung der Gefahr, dass
zumindest faktisch Druck auf die Arbeitsplatzsicherheit der Stammbelegschaft
und die Qualität ihrer Arbeitsbedingungen Druck ausgeübt werde (BAG
10.7.2013, NZA 2013, 1296). Insoweit seien auch die kollektiven Interessen
der Belegschaft betroffen (BAG 10.7.2013, NZA 2013, 1296).

174 Erfolgt die Arbeitnehmerüberlassung durch eine konzerneigene oder
unternehmensgruppenzugehörige Personaldienstleistungsgesellschaft, scheidet eine Berufung auf § 99 Abs. 2 Nr. 1 BetrVG ebenfalls aus. Es fehlt an
einem, den Zustimmungsverweigerungsgrund auslösenden, Verstoß gegen
das AÜG (LAG Niedersachsen 28.2.2006, EzAÜG § 14 AÜG Betriebsverfassung Nr. 64).

175 **(2)** Nach **Nr. 2** kann die Zustimmung bei einem **Verstoß gegen eine
Auswahlrichtlinie** nach § 95 BetrVG verweigert werden. Zu den allgemeinen Grundsätzen s. Richardi/*Thüsing* BetrVG § 99 Rn. 232 ff. In Bezug auf
den Einsatz von Leiharbeitnehmern kann problematisch sein, ob eine bei
dem Entleiher bestehende Auswahlrichtlinie auch auf Leiharbeitnehmer
angewendet werden kann, oder ob ihr Geltungsbereich allein die Stammarbeitnehmer erfasst (auch → Rn. 40). Falls die Richtlinie insoweit keine ausdrückliche Regelung enthält, ist diese Frage durch Auslegung zu beantworten
(Schüren/Hamann/*Hamann* § 14 Rn. 203). Das Fehlen einer besonderen
Regelung für Leiharbeitnehmer wird für sich nicht schon darauf hindeuten,
dass Leiharbeitnehmer nicht einbezogen sein sollen (anders *Becker/Wulfgramm*
§ 14 Rn. 100; MHdB ArbR/*Marschall,* 2. Aufl. 2000, § 175 Rn. 121), denn

es kann auf schlichter unreflektierter Nichtberücksichtigung der Leiharbeitnehmer bei Schaffung der Richtlinie beruhen. Aus demselben Grund lässt
sich nicht generell sagen, dass Leiharbeitnehmer stets einbezogen sein sollen
(so aber *Ulber* § 14 Rn. 168a); dass sie aus rechtlichen Gründen (zB wegen
§ 75 BetrVG) einbezogen werden *müssen,* ist eine andere Frage. Richtig ist,
dass zur Annahme der Anwendbarkeit auf Leiharbeitnehmer nicht ausreichend ist, dass die Anwendbarkeit sachgerecht wäre (Schüren/Hamann/
Hamann § 14 Rn. 203). Die Art der personellen Maßnahmen, für die nach
§ 95 BetrVG Auswahlrichtlinien geschaffen werden können (Einstellung, Versetzung, Umgruppierung, Kündigung), ist ein Umstand, der eher gegen die
Geltungserstreckung auf Leiharbeitnehmer, auf die die Maßnahmen nicht
zugeschnitten sind, spricht. Möglich ist, dass für Leiharbeitnehmer besondere
Auswahlrichtlinien gelten (Boemke/Lembke/*Boemke* § 14 Rn. 115).

   (3) Nr. 3 gewährt ein Zustimmungsverweigerungsrecht, wenn durch die   **176**
personelle Maßnahme betriebsangehörige Arbeitnehmer einen **ungerechtfertigten Nachteil** erleiden. Zu den allgemeinen Grundsätzen s. Richardi/
Thüsing BetrVG § 99 Rn. 235 ff. Dem Wortlaut nach sind auch Leiharbeitnehmer „im Betrieb beschäftigte Arbeitnehmer" iSd Vorschrift. Ihrem
Zweck nach meint sie aber nur die im Betrieb tätigen Stammarbeitnehmer
(Schüren/Hamann/*Hamann* § 14 Rn. 206), zumal die im Betrieb beschäftigten Arbeitnehmer, wie Nr. 3 annimmt, kündbar durch den Betriebsinhaber
sein müssen, was nur die Stammarbeitnehmer des Entleihers sind. Dass durch
den Einsatz von Leiharbeitnehmern andere Leiharbeitnehmer nicht mehr
benötigt werden, löst damit nicht schon nach Nr. 3 ohne Rückgriff auf § 14
Abs. 3 S. 1 ein Zustimmungsverweigerungsrecht aus.

   IVm § 14 Abs. 3 S. 1 und 2 kommt diese Bestimmung nicht (allein) im   **177**
Fall der Einstellung zur Anwendung, sondern auch bei der **„Übernahme"**
des Leiharbeitnehmers iSv § 14 Abs. 3 S. 1. Bereits dadurch können für
Stammarbeitnehmer Nachteile entstehen. Dies wird nicht eine Kündigung
sein, denn eine Kündigung, die auf die ersatzweise Beschäftigung von Leiharbeitnehmern zurückzuführen wäre, wäre als Austauschkündigung unzulässig
und daher wirkungslos (vgl. Boemke/Lembke/*Boemke* § 14 Rn. 116 unter
Hinweis auf BAG 26.9.1996, BB 1997, 260 (261)). Allerdings kann der
Einsatz von Leiharbeitnehmern für Stammarbeitnehmer eine Versetzung mit
ungünstigeren Arbeitsbedingungen zur Folge haben (*Becker/Wulfgramm* § 14
Rn. 101; Boemke/Lembke/*Boemke* § 14 Rn. 116; Schüren/Hamann/
Hamann § 14 Rn. 206). In diesem Fall kommt ein Zustimmungsverweige-
rungsrecht nach Nr. 3 in Betracht. Zweifelhaft ist, ob für den Nachteil iSd
Nr. 3 bereits ausreichend ist, dass durch den Einsatz von Leiharbeitnehmern
Mehrbelastungen durch Kontrollen und Einarbeitungen zukommen (so aber
Becker/Wulfgramm § 14 Rn. 101; *Ulber* § 14 Rn. 172; Boemke/Lembke/
Boemke § 14 Rn. 116; Schüren/Hamann/*Hamann* § 14 Rn. 206), selbst wenn
man nicht einen rechtlichen Nachteil verlangt und einen (rechtlich erheblichen) tatsächlichen Nachteil für ausreichend erachtet (so die hM, vgl.
Richardi/*Thüsing* BetrVG § 99 Rn. 244 mwN). Denn dass das Gesetz die
„sonstigen Nachteile" neben die Kündigung als speziellen Nachteil stellt,
deutet darauf hin, dass der Nachteil von einiger Erheblichkeit sein muss,

was nicht bereits bei jeder beliebigen, evtl. nicht einmal quantifizierbaren Erhöhung der Arbeitsbelastung der Fall ist. Wären Einarbeitungsbelastungen erhebliche Nachteile, wäre nicht nur die Übernahme, sondern auch die Einstellung weitgehend unmöglich, da diese stets Einarbeitungsbelastungen mit sich bringen.

178   Nicht anwendbar ist § 99 Abs. 2 Nr. 3 BetrVG auch für den Fall, dass im Betrieb beschäftigte Abrufkräfte durch Leiharbeitnehmer ersetzt werden sollen. Hierdurch entstehen den Stammarbeitnehmern aufgrund der Vergleichbarkeit beider Beschäftigungsgruppen keine nennenswerten Nachteile. Dies betrifft insbesondere den Bereich der Einarbeitung (vgl. LAG Niedersachsen 9.8.2006, EzAÜG BetrVG Nr. 94).

179   **(4)** Nach **Nr. 4** besteht ein Zustimmungsverweigerungsrecht, wenn „der betroffene Arbeitnehmer" selbst, dh im Fall der Arbeitnehmerüberlassung der Leiharbeitnehmer, durch die personelle Maßnahme in nicht gerechtfertigter Weise benachteiligt wird. Zu den allgemeinen Grundsätzen s. Richardi/*Thüsing* BetrVG § 99 Rn. 255 ff. In Hinblick auf den Leiharbeitnehmer ist zu beachten, dass solche Nachteile unbeachtlich sind, die auf Grund der Besonderheiten des Leiharbeitsverhältnisses gerechtfertigt sind (*Becker/Wulfgramm* § 14 Rn. 102; abweichend Schüren/Hamann/*Hamann* § 14 Rn. 209; Boemke/Lembke/*Boemke* § 14 Rn. 117; die bereits das Vorliegen eines Nachteils verneinen). So ist zB die zeitliche Begrenztheit des Leiharbeitnehmereinsatzes kein Gesichtspunkt, der zur Zustimmungsverweigerung berechtigt (vgl. Boemke/Lembke/*Boemke* § 14 Rn. 117), weil diese Eigenschaft der Arbeitnehmerüberlassung immanent ist. Für die Nichtgeltung von Betriebsvereinbarungen und Tarifverträgen lässt sich nicht schlechthin von einem ungerechtfertigten Nachteil sprechen (in diese Richtung aber Boemke/Lembke/*Boemke* § 14 Rn. 117), weil zuvor untersucht werden muss, ob die dadurch vorenthaltenen Vorteile nicht gerade auf ein vertragliches Band zum Entleiher abstellen. Ein sachlich nicht gerechtfertigter Nachteil soll auch darin zu sehen sein, dass der Leiharbeiter zu schweren bzw. gefährlichen Arbeiten herangezogen wird, die der Stammbelegschaft erspart bleiben soll (*Becker/ Wulfgramm* § 14 Rn. 102; *Ulber* § 14 Rn. 175; aA Schüren/Hamann/*Hamann* § 14 Rn. 209; Boemke/Lembke/*Boemke* § 14 Rn. 117). Dieser Standpunkt ist jedoch abzulehnen, kann doch ein Leiharbeitnehmer gerade für eine bestimmte Aufgabe gesucht und eingesetzt werden. Schließlich liegt auch in einer Verletzung des *Equal pay*-Grundsatzes kein Verweigerungsgrund nach Nr. 4, da die Einstellung es dem Leiharbeitnehmer gerade erst ermöglicht, seinen Anspruch auf gleiches Entgelt durchzusetzen (BAG 21.7.2009, AP AÜG § 3 Nr. 4).

180   **(5) Nr. 5** sieht ein Zustimmungsverweigerungsrecht für den Fall vor, dass eine nach § 93 BetrVG erforderliche Ausschreibung im Betrieb unterblieben ist. Zu den allgemeinen Grundsätzen s. Richardi/*Thüsing* BetrVG § 99 Rn. 262 ff. Bereits ohne die Verweisung über § 14 Abs. 3 S. 1, 2 kann die Vorschrift für den Fall Bedeutung erlangen, dass ein im Betrieb tätiger Leiharbeitnehmer sich wie andere Arbeitnehmer auch auf die auszuschreibende Stelle als Stammarbeitnehmer bewerben will. Für die Übernahme iSv § 14 Abs. 3 S. 1 allerdings, dh die Eingliederung eines Leiharbeitnehmers, ist dieser Verweigerungstatbestand bedeutungslos, denn durch eine Ausschreibung nach § 93 BetrVG soll nicht den Belegschaftsangehörigen die Möglichkeit eröffnet werden, sich auf den entsprechenden Arbeitsplatz zu bewerben (aA LAG Bremen 5.11.2009, BeckRS 2010, 72373). Der Betriebsrat im Entleiherbetrieb kann der Übernahme eines Leiharbeitnehmers widersprechen, wenn dieser auf einem nicht ausschließlich für Leiharbeitnehmer eingerichteten Arbeitsplatz eingesetzt werden soll und die Ausschreibung nach § 93 BetrVG unterblieben ist (BAG 14.5.1974, AP BetrVG 1972 § 99 Nr. 2; Schüren/Hamann/*Hamann* § 14 Rn. 210; Boemke/Lembke/*Boemke* § 14 Rn. 118; *Ulber* § 14 Rn. 178). Unerheblich ist, ob die Stellenbesetzung nur für begrenzte Zeit erfolgen soll (Schüren/ Hamann/*Hamann* § 14 Rn. 210), ob der Arbeitseinsatz nur kurzzeitig sein soll (Boemke/Lembke/*Boemke* § 14 Rn. 118) und ob überhaupt geeignete Stellenbewerber unter den Belegschaftsangehörigen vorhanden sind (Schüren/Hamann/*Hamann* § 14 Rn. 210).

(6) Nach **Nr. 6** ist der Betriebsrat zur Zustimmungsverweigerung berech-   181
tigt, wenn eine Störung des Betriebsfriedens durch den Bewerber zu befürchten ist. Zu den allgemeinen Grundsätzen s. Richardi/*Thüsing* BetrVG § 99 Rn. 268 ff. Bei diesem Verweigerungstatbestand handelt es sich um das vorbeugende Analogon zu dem Recht des Betriebsrats nach § 104 BetrVG, das ihm entsprechend auch in Bezug auf Leiharbeitnehmer zusteht (→ Rn. 185). Insoweit gelten für einen zu übernehmenden Leiharbeitnehmer keine Besonderheiten im Vergleich zu der Einstellung eines Arbeitnehmers im Allgemeinen (so auch UGBH/*Germakowsi* § 14 Rn. 95).

ee) Folgen der Verletzung der Mitbestimmungsrechte. Kommt der   182
Entleiher seinen Verpflichtungen gegenüber dem Betriebsrat nicht ordnungsgemäß nach, so greifen auch in Bezug auf den Einsatz von Leiharbeitnehmern die **allgemeinen Folgen** ein (vgl. dazu im Einzelnen die Kommentierung bei Richardi/*Thüsing* BetrVG § 99 Rn. 200 f.). Bei berechtigtem Widerspruch steht dem Entleiher frei, das Zustimmungsersetzungsverfahren einzuleiten; bis zur rechtskräftigen Ersetzung der Zustimmung darf der Leiharbeitnehmer nicht im Entleiherbetrieb beschäftigt werden (Schüren/Hamann/ *Hamann* § 14 Rn. 213). Der Lauf der Wochenfrist zur Mitteilung der Zustimmungsverweigerung durch den Betriebsrat (§ 99 Abs. 3 BetrVG) wird bei fehlerhafter Unterrichtung nicht in Gang gesetzt. Außerdem darf der Entleiher den Leiharbeitnehmer nicht beschäftigen, solange nicht der Betriebsrat seine Zustimmung dazu erteilt hat (*Ulber* § 14 Rn. 181a; Schüren/Hamann/ *Hamann* § 14 Rn. 213). Tut der Entleiher dies gleichwohl, so kann der Betriebsrat nach § 101 BetrVG beantragen, dass dem Entleiher aufgegeben wird, eine personelle Maßnahme aufzuheben, die der Entleiher ohne die erforderliche Zustimmung des Betriebsrates durchgeführt hat; der Betriebsrat hat damit einen Anspruch gegen den Entleiher auf Aufhebung der Maßnahme, dh auf Beseitigung des betriebsverfassungswidrigen Zustandes (vgl. BAG 1.8.1989; AP BetrVG 1972 § 99 Nr. 68; Schüren/Hamann/*Hamann* § 14 Rn. 214; Boemke/Lembke/*Boemke* § 14 Rn. 121). Allerdings kann auch der Einsatz von Leiharbeitnehmern zunächst als vorläufige personelle Maß-

nahme gem. § 100 BetrVG durchgeführt werden (LAG Hessen 7.4.1987, EzAÜG § 14 AÜG Betriebsverfassung Nr. 11). Die Regelungen der **§§ 100, 101 BetrVG** sind im Fall der Übernahme eines Leiharbeitnehmers mithin **entsprechend** anzuwenden (Schüren/Hamann/*Hamann* § 14 Rn. 175; MHdB ArbR/*Schüren* § 318 Rn. 64). Bei wiederholter Zuwiderhandlung kommt ein Vorgehen nach **§ 23 Abs. 3 BetrVG** in Betracht, denn es stellt einen groben Verstoß gegen die Mitbestimmungsrechte des Betriebsrats aus § 99 BetrVG dar, wenn der Arbeitgeber immer wieder Leiharbeitnehmer über den Beschäftigungszeitraum hinaus weiter einsetzt, zu dem der Betriebsrat seine Zustimmung gegeben hatte, ohne das Verfahren nach den §§ 99 ff. BetrVG erneut einzuleiten (LAG Hessen 9.2.1988, EzAÜG § 14 AÜG Betriebsverfassung Nr. 16; Schüren/Hamann/*Hamann* § 14 Rn. 214; Boemke/Lembke/*Boemke* § 14 Rn. 121; *Ulber* § 14 Rn. 183).

183   Hat der Entleiher einen Überlassungsvertrag abgeschlossen, der Betriebsrat jedoch der Übernahme nicht zugestimmt, so bleibt der Entleiher gegenüber dem Verleiher zur **Zahlung der Überlassungsvergütung** unter dem Gesichtspunkt des Annahmeverzugs verpflichtet (Schüren/Hamann/*Hamann* § 14 Rn. 216, 176; Boemke/Lembke/*Boemke* § 14 Rn. 111); dies ergibt sich aus dem Überlassungsvertrag iVm §§ 326 Abs. 2 S. 1, 293 ff. BGB. Dies ist zunächst nicht auf die Abgrenzung von Risikobereichen zurückzuführen (so aber Schüren/Hamann/*Hamann* § 14 Rn. 176), sondern darauf, dass der Entleiher eine termingebundene Mitwirkungshandlung iSv § 296 S. 1 BGB schuldet, nämlich die Zuweisung eines Arbeitsplatzes, und dass der Annahmeverzug nach § 326 Abs. 2 S. 1 Fall 2 BGB lediglich vom Verleiher nicht zu vertreten ist. § 615 BGB kommt nicht zur Anwendung, denn in dem für die Vergütungsfrage maßgeblichen Überlassungsvertrag ist kein Dienstvertrag iSv § 611, 615 BGB zu erkennen; einer entsprechenden Anwendung (vgl. auch Schüren/Hamann/*Hamann* § 14 Rn. 216; anders noch Vorauflage) bedarf es angesichts des § 326 Abs. 2 S. 1 Fall 2 BGB nicht. Vom Verleiher zu vertreten kann der Annahmeverzug dann, wenn der Betriebsrat des Entleiherbetriebs seine Zustimmung berechtigterweise unter Berufung auf einen Grund verweigert, für den der Verleiher verantwortlich ist, etwa weil der einzusetzende Leiharbeitnehmer nicht geeignet ist oder den Betriebsfrieden stört (Schüren/Hamann/*Hamann* § 14 Rn. 217).

184   **d) Mitbestimmung nach §§ 102 ff. BetrVG.** Da der Entleiher nicht in einem Arbeitsverhältnis zu dem Leiharbeitnehmer steht, kann er diesem auch nicht kündigen, so dass auch die Mitbestimmungsrechte der §§ 102 f. BetrVG nicht zugunsten des Entleiherbetriebsrats eingreifen können. Auch der tatsächliche Vorgang des Ausscheidens des Leiharbeitnehmers aus dem Entleiherbetrieb unterliegt nicht der Mitbestimmung nach §§ 102 f. BetrVG (Boemke/Lembke/*Boemke* § 14 Rn. 148). Dem Entleiher bleibt, will er sich von dem Leiharbeitnehmer lösen, die Möglichkeit, das **Überlassungsverhältnis** zum Verleiher zu **beenden.** Die §§ 102 f. BetrVG finden ihrem Wortlaut nach hierbei keine Anwendung; ob sie aber entsprechend anzuwenden sind, ist umstritten. Die hM lehnt eine solche entsprechende Anwendung ab (Boemke/Lembke/*Boemke* § 14 Rn. 148; Schüren/Hamann/*Hamann* § 14

Rn. 336; *Becker/Wulfgramm* § 14 Rn. 118; aA *Ramm* ZfA 1973, 263 (292)). Allerdings überzeugt das Argument der hM kaum, wonach das Mitbestimmungsrecht die Beteiligung des Betriebsrats vor Kündigungen dem Interesse des Arbeitnehmers an der Aufrechterhaltung des Arbeitsverhältnisses diene (so aber Schüren/Hamann/*Hamann* § 14 Rn. 336), denn diesem Interesse dienen primär die §§ 1 ff. KSchG. Gleichwohl ist der hM zuzustimmen, denn die Überlassung des Leiharbeitnehmers ist typischerweise nicht auf einen unbegrenzten Dauereinsatz angelegt (dann würde der Entleiher den Leiharbeitnehmer von vornherein als Stammarbeitnehmer einstellen, was kostengünstiger wäre), sondern wertungsmäßig eher einem befristeten Arbeitsverhältnis beim Entleiher vergleichbar; bei der Beendigung einer Befristung aber greifen die §§ 102 f. BetrVG nicht, auch nicht entsprechend, ein. Im Übrigen wird die Mitbestimmung nach §§ 102 f. BetrVG durch die Beteiligung des Betriebsrats des Verleiherbetriebs sichergestellt, und § 14 Abs. 3 will nicht zur Verdoppelung der Mitbestimmungsrechte führen, sondern nur verhindern, dass der Arbeitnehmer schutzlos dasteht.

Allerdings findet **§ 104 BetrVG** entsprechende Anwendung in Bezug auf **185** den Leiharbeitnehmer, da es unter dem Gesichtspunkt der Störung des Betriebsfriedens keinen Unterschied macht, dass ein vertragliches Band zum Entleiher nicht besteht; hier kann der Entleiherbetriebsrat vom Entleiher die Kündigung des Überlassungsvertrags verlangen (Schüren/Hamann/*Hamann* § 14 Rn. 338; Boemke/Lembke/*Boemke* § 14 Rn. 149; *Ulber* § 14 Rn. 189; *Ramm* ZfA 1973, 263 (284 f.); KassHdb/*Düwell* 4.5 Rn. 502 f.). Bestätigt wird diese Ansicht auch durch die neue Rechtsprechung des BAG zu § 111 BetrVG (BAG 18.10.2011, NZA 2012, 221; → Rn. 182), da in beiden Fallkonstellationen die Berücksichtigung der Leiharbeitnehmer auf den gleichen Motiven beruht.

5. Wirtschaftliche Angelegenheiten

Die §§ 106–113 BetrVG spielen im Zusammenhang mit dem Einsatz von **186** Leiharbeitnehmern nur eine sehr begrenzte Rolle:

a) Wirtschaftsausschuss (§§ 106 ff. BetrVG). Nach § 106 Abs. 1 S. 1 **187** BetrVG setzt die Einrichtung eines Wirtschaftsausschusses voraus, dass in dem Unternehmen in der Regel mehr als einhundert Arbeitnehmer ständig beschäftigt sind. Zu der Frage, ob bei der Ermittlung der Zahl der ständig beschäftigten Arbeitnehmer Leiharbeitnehmer jedoch zu berücksichtigen sind, werden unterschiedliche Ansichten vertreten. Nach **hM** sind **Leiharbeitnehmer** im Rahmen der Schwellenzahl des § 106 Abs. 1 S. 1 BetrVG **nicht zu berücksichtigen** (Schüren/Hamann/*Hamann* § 14 Rn. 342; Boemke/Lembke/*Boemke* § 14 Rn. 150; *Becker/Wulfgramm* § 14 Rn. 122; ErfK/*Wank* § 14 Rn. 28). Nach Boemke/Lembke/*Boemke* § 14 Rn. 150, zählen Leiharbeitnehmer selbst dann nicht mit, wenn sie auf Arbeitsplätzen eingesetzt werden, die ständig mit Leiharbeitnehmern besetzt werden (dagegen für die Einbeziehung solcher Leiharbeitnehmer Schüren/Hamann/*Boemke* § 14 Rn. 342). Nach Richardi/*Annuß* BetrVG § 106 Rn. 11, zählen allerdings die nach § 7 S. 2 BetrVG wahlberechtigten Leiharbeitnehmer mit (iRd § 106

BetrVG offen *Fitting* BetrVG § 106 Rn. 14, jedoch für eine vorbehaltlose Einbeziehung *Fitting* BetrVG § 111 Rn. 25). Dem Standpunkt von Richardi/ *Annuß* entspricht nach den Materialien auch derjenige der Bundesregierung zu den Schwellenwerten der §§ 9 und 38 BetrVG (Äußerung vor dem Ausschuss für Arbeit und Sozialordnung, BT-Drs. 14/6352, 54). Ihm ist auch im Zusammenhang mit § 106 BetrVG zu folgen. Für die Einrichtung eines (Hilfs-)Organs ist entscheidend, ob ein Repräsentationsbedürfnis besteht, das im Allgemeinen durch eine bestimmte Anzahl von Personen ausgedrückt wird; ein Repräsentationsbedürfnis kann aber allein von wahlberechtigten Personen ausgehen. Daher sind richtigerweise **Leiharbeitnehmer** auch bei § 106 BetrVG nur und immer dann **mitzuzählen, wenn** sie isv § 7 S. 2 BetrVG **wahlberechtigt** im Hinblick auf den Betriebsrat sind, dessen Hilfsorgan (Richardi/*Annuß* BetrVG § 106 Rn. 4) der Wirtschaftsausschuss ist. Zwar fordert § 106 Abs. 1 S. 1 BetrVG – anders als etwa § 111 S. 1 BetrVG: (mehr als zwanzig) wahlberechtigte Arbeitnehmer – nicht, dass die Arbeitnehmer wahlberechtigt sind, doch ist etwa dem § 9 BetrVG zu entnehmen, dass bei hohen Zahlen (§ 9 BetrVG verlangt ab 101 Arbeitnehmern keine Wahlberechtigung mehr) eine Reduzierung der Berücksichtigungsvoraussetzungen eintritt, um eine noch praktikable Ermittlung der Grenzzahlen zu ermöglichen. Dies gilt auch für § 106 Abs. 1 S. 1 BetrVG. Leiharbeitnehmer gänzlich unberücksichtigt zu lassen, ist angesichts der nunmehr unbegrenzten Dauer der Überlassung und des daraus folgenden gesteigerten Repräsentationsbedürfnisses der Leiharbeitnehmer nicht mehr sachgerecht. Dennoch scheint es wahrscheinlich, dass das BAG seiner abweichenden Rechtsprechung zur Berücksichtigung von Leiharbeitnehmern bei der Betriebsratsgröße auch hier folgen wird, → Rn. 63; → Einl. Rn. 34.

188   In dem **Einsatz von Leiharbeitnehmern** ist **keine wirtschaftliche Angelegenheit** isv § 106 Abs. 3 BetrVG zu sehen (Boemke/Lembke/ *Boemke* § 14 Rn. 151; Schüren/Hamann/*Hamann* § 14 Rn. 343; aA ErfK/ *Wank* § 14 Rn. 28; *Ulber* § 14 Rn. 87a). Ein Bedürfnis für eine andere Sichtweise besteht angesichts der mindestens ebenso weitreichenden Mitbestimmungsrechte des Betriebsrats nach §§ 99 BetrVG, 14 Abs. 3 nicht (ähnl. Boemke/Lembke/*Boemke* § 14 Rn. 151).

189   **b) Betriebsänderungen (§§ 111 ff. BetrVG).** Wie bei § 106 Abs. 1 S. 1 BetrVG, so wird auch bei § 111 S. 1 BetrVG uneinheitlich beurteilt, ob und unter welchen Umständen Leiharbeitnehmer bei der Schwellenzahl von mehr als zwanzig wahlberechtigten Arbeitnehmern zu berücksichtigen sind. Teilweise sollen sie nur dann mitzuzählen sein, wenn sie auf Dauerarbeitsplätzen eingesetzt werden (Schüren/Hamann/*Hamann* § 14 Rn. 345). Allerdings sind **Leiharbeiter** aus denselben Gründen und unter denselben Voraussetzungen wie zu § 106 Abs. 1 S. 1 BetrVG (→ Rn. 187) **mitzuzählen,** dh nur und immer schon dann, **wenn** sie isv § 7 S. 2 BetrVG **wahlberechtigt** sind (ebenso *Fitting* BetrVG § 111 Rn. 25). Diese Ansicht wird auch durch das BAG bestätigt (BAG 18.10.2011, NZA 2012, 221 nur Pressemitteilung) sofern jedenfalls die Beschäftigung beim Entleiher länger als drei Monate angedauert hat.

Eine **Betriebsänderung** iSv § 111 S. 1 und 3 BetrVG ist weder im Einsatz 190 noch im Abbau von Leiharbeitnehmern zu erblicken (Boemke/Lembke/ *Boemke* § 14 Rn. 152; ausführl. und mit teilw. Einschränkung für den Fall, dass Arbeitsplätze wegfallen sollen, auf denen Leiharbeitnehmer eingesetzt sind: Schüren/Hamann/*Hamann* § 14 Rn. 348 ff.).

Auch kommt nicht in Betracht, dass ein Leiharbeitnehmer Rechte aus 191 einem **Interessenausgleich** oder einem **Sozialplan** herleiten kann (Boemke/Lembke/*Boemke* § 14 Rn. 152; Schüren/Hamann/*Hamann* § 14 Rn. 353 f.). Für den Interessenausgleich „über eine Betriebsänderung" (§ 112 Abs. 1 S. 1 BetrVG) folgt dies daraus, dass im Zusammenhang mit dem Einsatz von Leiharbeitnehmern eine Betriebsänderung nicht vorliegt (→ Rn. 190); für den Sozialplan folgt dies aus diesem Zweck, der darin besteht, einen Ausgleich für den Verlust des Arbeitsplatzes zu gewähren (vgl. näher Richardi/*Annuß* BetrVG § 112 Rn. 51 ff.); seinen Arbeitsplatz (bei dem Verleiher) verliert der Leiharbeitnehmer nicht durch eine Maßnahme des Entleihers (vgl. Boemke/Lembke/*Boemke* § 14 Rn. 152; *Becker/Wulfgramm* § 14 Rn. 121). Auch wenn Leiharbeitnehmer infolge einer Betriebsverlegung des Entleiherbetriebs längere Anfahrtswege haben, so betrifft dies ihr Verhältnis zum Verleiher (Schüren/Hamann/*Hamann* § 14 Rn. 354).

6. Informationsobliegenheiten des Entleihers gegenüber dem Betriebsrat (Abs. 3 Satz 2 und 3)

Nach **§ 14 Abs. 3 S. 2** hat der Entleiher dem Betriebsrat „dabei", womit 192 die Übernahme eines Leiharbeitnehmers iSv Satz 1 gemeint ist, die schriftliche Erklärung „nach § 12 Abs. 1 Satz 2" vorzulegen, mithin die Urkunde, in der der Verleiher erklärt, ob er die Erlaubnis nach § 1 besitzt. Aufgrund von **Satz 3** des § 14 Abs. 3 ist der Entleiher verpflichtet, dem Betriebsrat unverzüglich die Mitteilungen des Verleihers nach § 12 Abs. 2 bekanntzugeben; diese Mitteilungen betreffen im Wesentlichen den Bestand der Erlaubnis, nämlich den Zeitpunkt des Wegfalls der Erlaubnis des Verleihers, ihre Nichtverlängerung, Rücknahme, ihren Widerruf sowie das voraussichtliche Ende der Abwicklung und die gesetzliche Abwicklungsfrist. Aus der Zusammenschau der mitzuteilenden Informationen und Dokumente sowie der systematischen Stellung der Sätze 2 und 3 ergibt sich, dass diese Obliegenheiten des Entleihers gegenüber seinem Betriebsrat zu dem Zweck geschaffen wurden, damit dieser seine im Zusammenhang mit der Übernahme des Leiharbeitnehmers sowie der möglichen Fiktion eines Arbeitsverhältnisses im Falle unerlaubter Überlassung stehenden Beteiligungsrechte rechtzeitig und umfassend wahrnehmen kann. Hieraus lässt sich auch ableiten, wie der Begriff „unverzüglich" in Satz 3 zu verstehen ist: Die Bekanntgabe der Informationen ist nicht mehr **unverzüglich,** wenn ein damit zusammenhängendes Mitbestimmungsrecht des Betriebsrats, insbesondere dasjenige nach § 99 BetrVG, nicht rechtzeitig oder nicht vollständig wahrgenommen werden kann. Falls die Mitteilung nicht in diesem Sinn unverzüglich erfolgt, steht dem Entleiherbetriebsrat die Möglichkeit zu, nach § 101 BetrVG die Aufhebung dieser Beschäftigung zu verlangen (auch → Rn. 182).

193   Weil § 14 Abs. 3 S. 2, 3 nur der Sicherstellung der Mitbestimmung des
Entleiherbetriebsrats dient, kann dieser nicht vom Entleiher verlangen, dass
der **Arbeitsvertrag** des Leiharbeitnehmers vorgelegt werde (Boemke/
Lembke/*Boemke* § 14 Rn. 110), denn dieser ist für sich genommen für das
Mitbestimmungsrecht des Betriebsrats bei der Übernahme des Leiharbeitneh-
mer nicht von Bedeutung. Gleiches gilt für **Bewerbungsunterlagen,** die
ebenfalls nicht bei der Übernahme eines Leiharbeitnehmers relevant werden
(Boemke/Lembke/*Boemke* § 14 Rn. 110).

194   Die Sätze 2 und 3 des § 14 Abs. 3 sind nicht nur Spezialnormen zu dem
bereits nach § 99 Abs. 1 S. 1 BetrVG bestehenden Unterrichtungs- und Vor-
legungsanspruch; sie verpflichten nämlich – insofern anders als § 99 Abs. 1
S. 1 BetrVG – den Entleiher unabhängig von einem Geltendmachen des
Anspruchs durch den Betriebsrat zur Mitteilung bzw. Vorlage. Insofern sind
die Bestimmungen des § 14 Abs. 3 S. 2 und 3 **nicht lediglich deklaratori-
scher Natur.**

195   Durch **§ 14 Abs. 3 S. 2** wird zwar bestimmt, dass der Arbeitgeber als
Entleiher dem Betriebsrat auch die **schriftliche Erklärung** des Verleihers,
dass er die Erlaubnis zur wirtschaftlichen Arbeitnehmerüberlassung besitzt,
vorzulegen ist, doch wird nach Rspr. des BAG (31.1.1989, AP BetrVG
1972 § 80 Nr. 33) damit lediglich die in § 99 Abs. 1 BetrVG normierte
Unterrichtungspflicht des Arbeitgebers gegenüber dem Betriebsrat
erweitert: Der Betriebsrat soll bei jeder einzelnen Übernahme eines Leiharbeitnehmers zur Arbeitsleistung in die Lage versetzt werden zu prüfen,
ob die Arbeitnehmerüberlassung durch einen Verleiher erfolgt, der die
erforderliche Erlaubnis besitzt, oder ob die Arbeitnehmerüberlassung
gegen Vorschriften des AÜG verstößt, weil sie ohne eine entsprechende
Erlaubnis erfolgt. Die den Arbeitgeber anlässlich der Beteiligung des
Betriebsrats bei einer personellen Einzelmaßnahme obliegenden Unterrichtungspflichten lassen aber die auf Grund anderer Vorschriften des
Betriebsverfassungsgesetzes, insbesondere die sich aus § 80 Abs. 2 BetrVG
ergebenden Unterrichtungspflichten des Arbeitgebers unberührt; sie sind
neben diesen Unterrichtungspflichten und „jederzeit", dh auch schon vor
der Übernahme eines bestimmten Leiharbeitnehmers zur Arbeitsleistung,
zu erfüllen (BAG 31.1.1989, AP BetrVG 1972 § 80 Nr. 33).

196   Der Informationsanspruch ist nicht auf Fälle „eindeutiger" Arbeitnehmerüberlassung beschränkt. Damit der Betriebsrat prüfen kann, ob ihm die
genannten Überwachungs- und Beteiligungsrechte hinsichtlich der von
den genannten Firmen in den Betrieb des Arbeitgebers entsandten Arbeitnehmer zustehen und ob ein Anlass gegeben ist, von diesen Rechten
Gebrauch zu machen, kann nach Rspr. des BAG **auch** die **Vorlage der
mit anderen Firmen abgeschlossenen „Werkverträge"** an den
Betriebsrat erforderlich sein, weil diese Verträge in der Regel nähere Vereinbarungen nicht nur über die übernommenen Arbeiten, sondern auch
darüber enthalten, in welcher Weise die entsandten Arbeitnehmer diese
Arbeiten zu verrichten haben, insbesondere auch darüber, ob und gegebenenfalls inwieweit die entsandten Arbeitnehmer in den Betrieb des Arbeitgebers eingegliedert und dessen Weisungen unterworfen werden. Damit

kann schon die Vertragsgestaltung Auskunft darüber geben, ob die Vertragsfirmen Dienst- oder Werkleistungen zur Ausführung übernommen haben, für deren Erfüllung sie sich ihrer eigenen Arbeitnehmer als Erfüllungsgehilfen in eigener Verantwortung bedienen, oder ob lediglich geeignete Arbeitskräfte zur Verfügung gestellt werden, die auf Weisung des Arbeitgebers bestimmte Arbeiten im Betrieb verrichten, was für eine Arbeitnehmerüberlassung sprechen kann (BAG 31.1.1989, AP BetrVG 1972 § 80 Nr. 33). Auch wenn der Arbeitgeber darauf verweist, dass es für die Frage, ob es sich um Arbeitnehmerüberlassung oder um die Erfüllung von Dienst- oder Werkleistungen auf Grund eines entsprechenden Vertrages handelt, nicht auf die vertragliche Vereinbarung, sondern in erster Linie auf die tatsächliche Handhabung ankommt (so BAG 15.4.1986, AP BetrVG 1972 § 99 Nr. 35), so folgt daraus nach BAG 31.1.1989 (AP BetrVG 1972 § 80 Nr. 33) doch nicht, dass die Vorlage der entsprechenden Verträge nicht erforderlich wäre, denn auf Grund der tatsächlichen Handhabung des Einsatzes von Arbeitnehmern dritter Firmen kann es sein, dass erst im Laufe der Zeit und damit im Nachhinein erkennbar wird, dass in Wahrheit eine Arbeitnehmerüberlassung vorliegt, die für den Betriebsrat Überwachungsaufgaben und Beteiligungsrechte begründen kann. Beteiligungsrechte nach § 99 BetrVG schon bei der Übernahme dieser Arbeitnehmer zur Arbeitsleistung können auf Grund solcher nachträglich gewonnenen Erkenntnisse nicht mehr wahrgenommen werden; dem Betriebsrat bliebe allenfalls die Möglichkeit, nach § 101 BetrVG die Aufhebung dieser Beschäftigung zu verlangen, und zwar auch dann, wenn bei rechtzeitiger Beteiligung für ihn ein Grund zur Verweigerung der Zustimmung nicht gegeben gewesen wäre (BAG 31.1.1989, AP BetrVG 1972 § 80 Nr. 33).

VI. Sinngemäße Anwendung auf das Bundespersonalvertretungsrecht (Abs. 4)

Nach § 14 Abs. 4 gelten die übrigen Vorschriften der Norm – mit Ausnahme des Abs. 2 Satz 3, der bestimmte betriebsverfassungsrechtliche Individualrechte betrifft – sinngemäß für die Anwendung des BPersVG. Eine entsprechende Anwendung für den **kirchlichen Bereich** und die Bedeutung für MVO und MVG-EKD fehlt. Die Vorgabe entsprechender Anwendung wäre im Hinblick auf die durch Art. 137 Abs. 3 WRV iVm Art. 140 GG gewährleistete Kirchenautonomie unzulässig. Maßgeblich sind daher allein die kirchlichen Regelungswerke. S. hierzu § 3 Abs. 1 S. 2 MAVO: „Mitarbeiterinnen und Mitarbeiter, die dem Dienstgeber zur Arbeitsleistung überlassen werden im Sinne des Arbeitnehmerüberlassungsgesetzes, sind keine Mitarbeiterinnen und Mitarbeiter dieser Ordnung". Auch für die **Landespersonalvertretungsgesetze** ist § 14 Abs. 4 jedenfalls nicht direkt anwendbar. Fehlt eine Übernahme der Norm in das Landesrecht, kann aber eine analoge Anwendung in Betracht kommen (Hess. VGH 18.11.2010, ZTR 2011, 126: für Hessen im konkreten Fall abgelehnt, sodass dort Leiharbeitnehmer nach sechs Monaten das passive Wahlrecht erlangen).

197

1. Geltungsbereich

198   Die sinngemäße Geltung dieser Vorschriften gilt nur für das **BPersVG,** nicht jedoch auch für die Anwendung **landesrechtlicher Personalvertretungsgesetze,** zumal die Gesetzgebungszuständigkeit des Bundes (vgl. Art. 73 Nr. 8 GG) auf die Rechtsverhältnisse der im Dienste des Bundes stehenden Personen beschränkt ist (BVerfG 20.5.1992, AP BetrVG 1972 § 99 Nr. 92; *Becker/Wulfgramm* Art. 1 § 14 Rn. 134; *Ulber* § 14 Rn. 191; Schüren/Hamann/*Hamann* § 14 Rn. 581; ErfK/*Wank* § 14 Rn. 29; *Urban-Crell/Schulz* Rn. 1039; aA *Heigl/Washner* PersR 1991, 113 (120)). Der Wortlaut der Vorschrift ist insofern eindeutig; und auch nach der Gesetzesbegründung bleibt es „Sache der Landesgesetzgeber, dies auch im Bereich des ihrer Gesetzgebungskompetenz unterliegenden öffentlichen Dienstes zu gewährleisten" (BT-Drs. 9/847, 9). Ein Beispiel für eine landesrechtliche Bestimmung bietet § 115 NdsPersVG: Abs. 1, 2 S. 1 und 2 sowie Abs. 3 des (AÜG) gilt in seiner jeweils geltenden Fassung für die Anwendung dieses Gesetzes sinngemäß".

199   Zu beachten ist jedoch, dass auch außerhalb solcher Normen bereits **nach allgemeinen Grundsätzen** ein **Mitbestimmungstatbestand** ausgelöst sein kann; so kann zB nach dem jeweiligen Landes-PersVG bei der Beschäftigung eines Leiharbeitnehmers eine mitbestimmungspflichtige Einstellung vorliegen (vgl. Boemke/Lembke/*Boemke* § 14 Rn. 154 f.; Schüren/Hamann/*Hamann* § 14 Rn. 591 und BVerfG 6.9.1995, EzAÜG § 14 AÜG Personalvertretung Nr. 7; *Altvater/Hamer/Ohnesorg* BPersVG § 75 Rn. 7b).

200   Definitionsgemäß setzt Arbeitnehmerüberlassung voraus, dass ein **Arbeitsverhältnis** zum Verleiher besteht (§ 1 Abs. 1 S. 1 AÜG), weshalb § 14 Abs. 4 allein Angestellte und Arbeiter betreffen kann, nicht dagegen Personen, die nicht in einem Arbeitsverhältnis zum Verleiher stehen, wie Beamte, Richter und Soldaten (Schüren/Hamann/*Hamann* § 14 Rn. 585). Zu eng ist es allerdings, dass die Leiharbeitnehmer im öffentlichen Dienst beschäftigt sein müssen (Boemke/Lembke/*Boemke* § 14 Rn. 156; insoweit zumindest undeutlich Schüren/Hamann/*Hamann* § 14 Rn. 585), so dass § 14 Abs. 4 auch bei einem privaten Verleiher zur Anwendung kommt, sofern nur der **Entleiher** Arbeitgeber im **öffentlichen Dienst** ist. Unmittelbar – ohne den Verweis nach Abs. 4 – gelten die Abs. 1–3 des § 14 bei Überlassung an ein **Unternehmen privater Rechtsform,** auch wenn es sich ganz oder teilweise in öffentlicher Hand befindet (*Ulber* § 14 Rn. 190; Schüren/Hamann/*Hamann* § 14 Rn. 588).

201   Dass die Vorschrift auf die **nicht wirtschaftliche Arbeitnehmerüberlassung** (entsprechend) anzuwenden ist, wird von der überwiegenden Meinung angenommen (wie hier *Ulber* § 14 Rn. 192; aA Schüren/Hamann/*Hamann* § 14 Rn. 584; Boemke/Lembke/*Boemke* § 14 Rn. 156 und Rn. 4). Eine Überlassung von einer Dienststelle der öffentlichen Verwaltung an einen privaten Arbeitgeber wird stets eine nicht wirtschaftliche Arbeitnehmerüberlassung darstellen (Schüren/Hamann/*Hamann* § 14 Rn. 600; vgl. zur Arbeitnehmerüberlassung im ÖPNV *Kokemoor* NZA 2000, 1077 (1080 f.)). Ein unechtes Leiharbeitsverhältnis liegt bei der Abstellung katechetischer Lehrkräfte auf Grund eines Gestellungsantrags nicht vor, weil sie nicht wirtschaftlich erfolgt; eine analoge Anwendung des § 14 Abs. 3 auf diesen Fall kommt nach Ansicht des OVG *Lüneburg* nicht in Betracht, wobei offengelassen wird, inwieweit diese Sonderregelung überhaupt analogiefähig ist; jedenfalls sei die Interessenlage wesentlich verschieden von der einer wirtschaftlichen Arbeitnehmerüberlassung (OVG Lüneburg 21.3.1990, EzAÜG § 14 AÜG Personalvertretung Nr. 2).

2. Die personalvertretungsrechtliche Stellung des Leiharbeitnehmers

In gleicher Weise wie für die Arbeitnehmerüberlassung im ausschließlich **202** privaten Bereich regelt § 14 Abs. 1 die Zugehörigkeit des Leiharbeitnehmers auch während der Dauer der Überlassung zum entsendenden Betrieb des Verleihers (vgl. BVerfG 20.5.1992, AP BetrVG 1972 § 99 Nr. 92); die Zugehörigkeit zum Betrieb des Entleihers richtet sich nach § 14 Abs. 2 und 3, so dass es auch hier zur **doppelten Betriebszugehörigkeit** kommt (ebenso Schüren/Hamann/*Hamann* § 14 Rn. 592; *Urban-Crell/Schulz* Rn. 1144; Boemke/Lembke/*Boemke* § 14 Rn. 158; *Ulber* § 14 Rn. 197: „partielle personalvertretungsrechtliche Zugehörigkeit"). Insofern ergibt sich hier dieselbe Frage nach alleiniger oder doppelter Betriebszugehörigkeit wie dort (vgl. dazu → Rn. 14 ff.).

3. Rechte des Leiharbeitnehmers

Wie im Fall der Arbeitnehmerüberlassung zwischen Privaten kommt als **203** Recht des Leiharbeitnehmers im Betrieb des Entleihers zunächst das Wahlrecht (Abs. 2 Satz 1) in Betracht; auf die in Abs. 2 Satz 3 genannten Individualrechte nimmt § 14 Abs. 4 dagegen nicht Bezug.

a) Wahlrecht (Abs. 2 Satz 1). Für das **passive Wahlrecht** des Leihar- **204** beitnehmers im Betrieb des Entleihers gilt § 14 Abs. 4 iVm Abs. 2 S. 1, so dass dort die Wählbarkeit ausgeschlossen ist und es auf die Voraussetzungen des § 14 BPersVG nicht ankommt.

Das **aktive Wahlrecht** besteht für den Leiharbeitnehmer wegen § 14 **205** Abs. 2 S. 1 im Entleiherbetrieb grundsätzlich. Für den Fall der Abordnung enthält **§ 13 Abs. 2 BPersVG** jedoch **Besonderheiten** gegenüber der Überlassung zwischen Privaten in Hinblick auf das aktive Wahlrecht. Diese Vorschrift ist Spezialnorm zu der allgemeineren des § 14 Abs. 2 S. 1 (Boemke/Lembke/*Boemke* § 14 Rn. 160; *Urban-Crell/Schulz* Rn. 1147; Schüren/Hamann/*Hamann* § 14 Rn. 595). Unter **Abordnung** wird die Weisung an einen Beamten verstanden, unter Aufrechterhaltung seiner beamtenrechtlichen Rechtsstellung und unter Beibehaltung seines Amtes bei der Heimatbehörde bei einer anderen Dienststelle eines öffentlich-rechtlichen Dienstherrn tätig zu sein (Schüren/Hamann/*Hamann* § 14 Rn. 594). Diese spezifisch beamtenrechtliche Definition lässt sich freilich nicht ohne weiteres auf die Überlassung eines Arbeitnehmers übertragen; gleichwohl sehen auch §§ 12 BAT und 9 Abs. 7 MTB II bei Angestellten und Arbeitern die Abordnung vor (Schüren/Hamann/*Hamann* § 14 Rn. 594). Nach § 12 Abs. 1 BAT kann „der Angestellte an eine Dienststelle außerhalb des bisherigen Dienstortes versetzt oder vo-raussichtlich länger als drei Monate abgeordnet werden". § 13 Abs. 2 BPersVG gilt nur bei einer Überlassung **zwischen zwei Dienststellen,** nicht jedoch, wenn Ver- oder Entleiher privatrechtlich organisiert sind (Boemke/Lembke/*Boemke* § 14 Rn. 160; Schüren/Hamann/*Hamann* § 14 Rn. 594). Unter den Voraussetzungen des § 13 Abs. 2 BPersVG entsteht das aktive Wahlrecht erst **nach Ablauf** von drei Monaten; insoweit besteht ein Unterschied zu § 7 S. 2 BetrVG, für den ausreichend ist, dass der Leiharbeitnehmer auf Grund einer Prognose drei Monate lang eingesetzt werden wird (→ Rn. 58). Des Weiteren unterscheidet sich § 13 Abs. 2 BPersVG dadurch von der Überlassung unter Privaten, dass das aktive Wahlrecht **im Verleiherbetrieb** gleichzeitig **erlischt.** Dies gilt allerdings nach § 13 Abs. 2 S. 3 BPersVG dann nicht, wenn feststeht, dass der Beschäftigte binnen weiterer sechs Monate in die alte Dienststelle zurückkehren wird. Vor der Erlangung des Wahlrechts zur Personalvertretung können diese Leiharbeitnehmer an der Wahl zur **Vertretung der nicht ständig Beschäftigten** (§ 65 BPersVG) teilnehmen (*Ulber* § 14 Rn. 197; Schüren/Hamann/*Hamann* § 14 Rn. 594).

206   Die **Zuweisung** nach Satz 4 des § 13 Abs. 2 BPersVG wird für § 14 Abs. 4 nicht relevant, da diese ein Arbeitsverhältnis erfordernde Norm auf die rein beamtenrechtliche Zuweisung keine Anwendung findet.

207   **b) Personalvertretungsrechtliche Individualrechte.** Solche Individualrechte, wie sie in den durch § 14 Abs. 2 S. 3 in Bezug genommenen **§§ 81, 82 Abs. 1, 84–86 BetrVG** bestimmt sind, kennt das BPersVG nicht in dieser Ausgestaltung; **Entsprechungen fehlen** dort (vgl. Richardi/*Thüsing* BetrVG § 84 Rn. 3 aE, § 85 Rn. 1 aE, § 86 Rn. 1 aE). Deshalb wird Satz 3 des § 14 Abs. 2 von dem Verweis in Abs. 4 ausgenommen. Dies drückt aus, dass § 14 Abs. 4 die Regelung nach dem BPersVG schlechthin unangetastet lassen und materielle Rechte nicht erweitern will.

208   Zu den Rechten nach § 14 Abs. 4 iVm Abs. 2 S. 2 gehört auch das Recht des Leiharbeitnehmers nach den §§ 43, 63 BPersVG, die **Sprechstunden** der Vertretungsorgane zu besuchen und gem. §§ 48, 62 BPersVG an **Versammlungen** teilzunehmen (vgl. *Ulber* § 14 Rn. 197). Nach der Rspr. des BVerfG wird auch im Falle der Aufnahme eines Leiharbeitnehmers das Bild der Eingliederung geprägt durch ein Weisungsrecht der aufnehmenden Dienststelle, das mit entsprechenden **Schutzpflichten** verbunden ist, sowie eine Weisungsgebundenheit des aufzunehmenden Arbeitnehmers, das mit entsprechenden **Schutzrechten** verbunden ist. Derartige Rechtsbeziehungen bestehen auch im Falle der Aufnahme eines Leiharbeitnehmers in die entleihende Dienststelle (BVerfG 20.5.1992, AP BetrVG 1972 § 99 Nr. 92; vgl. auch *Ulber* § 14 Rn. 197; *Urban-Crell/Schulz* Rn. 1151).

4. Beteiligungsrechte des Personalrats

209   Durch den Verweis in § 14 Abs. 4 gilt auch die Mitbestimmung nach § 99 BetrVG (§ 14 Abs. 2 S. 1) sinngemäß. Dem entspricht der personalvertretungsrechtliche Tatbestand der **§§ 75 Abs. 1 Nr. 1 und 76 Abs. 1 S. 1 jeweils iVm § 77 BPersVG.** Die Aufnahme eines bei einer Drittfirma angestellten Arbeitnehmers in eine Dienststelle zur Arbeitsleistung kann nämlich –

unabhängig von der Bezeichnung des der Arbeitsaufnahme zugrundeliegenden Vertrages zwischen Dienststelle und Drittfirma und der von diesen beabsichtigten Rechtsfolgen – als Arbeitnehmerüberlassung den Tatbestand der
Einstellung im personalvertretungsrechtlichen Sinn erfüllen (BVerfG
6.9.1995, EzAÜG § 14 AÜG Personalvertretung Nr. 7; s. auch BVerwG
20.5.1992, DVBl 1993, 402; zustimmend HWK/*Gotthardt/Roloff* § 14
Rn. 25). Hinzuweisen ist jedoch auf abweichende Regelungen der Länder,
s. zB § 107c LPersVG Ns.).

Nach der Rspr. des *BVerfG* ist die **Einstellung** in diesem Sinn zwar regel- 210
mäßig dadurch gekennzeichnet, dass die betreffende Person durch einen
(wirksamen) Arbeitsvertrag in den öffentlichen Dienst eingestellt wird. Die
Einstellung im Sinne des Personalvertretungsrechts setzt neben der **tatsächlichen Eingliederung** ein **arbeitsrechtliches Band** zu dem öffentlichen
Dienstherrn voraus. Dieses Erfordernis darf aber nicht in dem Sinne eng
verstanden werden, dass ausschließlich zweiseitige und notwendig perfekte
Vertragsbeziehungen für das bei der Einstellung von Arbeitnehmern geforderte arbeitsrechtliche Band zu verlangen sind (vgl. BVerfG 15.3.1994, PersR
1994, 288). Liegt einer Dienstleistung, die für die Dienststelle über einen nicht
nur geringfügige Dauer erbracht wird, eine vertragliche Dreiecksbeziehung
zugrunde, so ist nur ein **Mindestbestand an arbeitsvertraglichen oder
sonstigen arbeitsrechtlichen Rechtsbeziehungen** zu fordern, auf deren
Grundlage ein Weisungsrecht der Dienststelle in Bezug auf diese Dienstleistung und eine entsprechende Weisungsgebundenheit des dienstleistenden
Arbeitnehmers rechtlich abgesichert ist. Lediglich im Zusammenhang mit
der Geringfügigkeitsgrenze kommt es darauf an, ob die einzustellende Person
„nach Inhalt und Umfang ihrer Tätigkeit in der Dienststelle" als Beschäftigte
im Sinn des Personalvertretungsrechts anzusehen wäre (BVerfG 20.5.1992,
BVerfGE 90, 194 (196 ff.), BVerfG 15.3.1994, AP BPersVG § 75 Nr. 53; vgl.
BVerfG 27.11.1991, PersR 1992, 198 ff.; BVerfG 3.2.1988 PersV 1986, 466).
Im Übrigen fordert das BVerfG lediglich, dass der Dienstleistende mit der
ihm übertragenen Tätigkeit wie ein in dieser Dienststelle beschäftigter Arbeitnehmer im Rahmen der Aufbau- und Ablauforganisation der Dienststelle
Aufgaben wahrnimmt, die ihr im öffentlichen Interesse obliegen. Insbesondere würde auch der Schutzzweck des Mitbestimmungstatbestandes „Einstellung" nur unvollkommen berücksichtigt, wenn eine Beteiligung nur unter
der Voraussetzung stattfände, dass der Einzustellende durch die Maßnahme
„Angehöriger des öffentlichen Dienstes" wird und als solcher ebenfalls in
den kollektiven Schutz des Personalvertretungsrechts hineinwächst. Es gehe
hier nicht um eine Beteiligung an der Erweiterung des vom Personalrat
repräsentierten und von ihm zu schützenden Personenkreises oder um das
künftige Wahlrecht des mit der Dienstleistung betrauten Arbeitnehmers; im
Vordergrund der Mitbestimmung stehe der kollektive Schutz der in der
Dienststelle bereits tätigen Beschäftigten und ihrer hierbei zu berücksichti-
genden Interessen (BVerfG 3.2.1993, BVerfGE 92, 47 (53); 6.9.1995, EzAÜG
§ 14 AÜG Personalvertretung Nr. 7).

Mit dem Mitbestimmungsrecht bei der Einstellung gehen der **Anspruch** 211
auf Vorlage und die **Informationsansprüche** nach § 14 Abs. 3 S. 2 und 3

einher. Insoweit ergibt sich jedoch kein Unterschied zur Arbeitnehmerüberlassung zwischen Privaten (dazu → Rn. 192 ff.).

212   Die **Einstellung von ABM-Kräften** bei einer Dienststelle des Bundes
unterliegt auch dann der Mitbestimmung des bei dieser gebildeten Personal-
rats, wenn im Anschluss an die maßgebliche Eignungsbeurteilung durch diese
Dienststelle zunächst ein Arbeitsverhältnis mit einem Bundesland begründet
wird, dessen einziger Zweck es ist, die Arbeitsbeschaffungsmaßnahme in der
Einrichtung des Bundes zu ermöglichen (BVerfG 15.3.1994, EzAÜG § 14
AÜG Personalvertretung Nr. 5). Ein evangelischer Pfarrer, der **auf Grund
eines Gestellungsvertrages** von seiner Landeskirche für eine Tätigkeit als
Religionslehrer an einem staatlichen Gymnasium „bereitgestellt" wird, ist
kein für die dortigen Personalratswahlen wahlberechtigter Mitarbeiter, denn
er steht weder in unmittelbaren noch in mittelbaren dienstrechtlichen Beziehungen zum Land und ist auch faktisch nicht in das Gymnasium eingegliedert, weil die entscheidenden dienstrechtlichen Befugnisse bei der Landeskirche verbleiben, die alleiniger Vertragspartner des Landes auf Grund des
Gestellungsvertrages ist (BVerfG 3.9.1990, AP BPersVG § 4 Nr. 2).

213   § 14 Abs. 2 regelt die Mitbestimmungsrechte des Vertretungsorgans nach
dem Personalvertretungsrecht – ebenso wie nach dem Betriebsverfassungsrecht (vgl. → Rn. 77 ff.) – **nicht abschließend.** Besonders relevant werden
regelmäßig die Mitbestimmungstatbestände nach den Nr. 1, 5, 8, 11, 12, 15,
16 und 17 des § 75 Abs. 3 BPersVG sein (Schüren/Hamann/*Hamann* § 14
Rn. 610).

Vorbemerkungen zu §§ 15 ff.

Literatur: *Achenbach/Ransiek/Rönnau* (Hrsg.), Handbuch Wirtschaftsstrafrecht,
4. Aufl., 2015; *Achenbach,* Aus der Rechtsprechung zum Wirtschaftsstrafrecht, NStZ
1988, 97 ff.; *Baier,* Unterlassungsstrafbarkeit trotz fehlender Handlungs- oder Schuldfä-
higkeit, GA 1999, 272 ff.; *Bilsdorfer,* Straffreiheit für illegale Arbeitnehmerverleiher? BB
1982, 1866 ff.; *Bückle,* Beschäftigung von Leiharbeitnehmern ohne Arbeitsgenehmigung, BB 1981, 1529 ff.; *Cannawurf,* Die Beteiligung im Ausländerstrafrecht, 2007;
Erbs/Kohlhaas, Strafrechtliche Nebengesetze, Band 1, Stand: 211. Lfg. 2016; *Fischer,*
StGB, 64. Aufl., 2017; *Franzheim,* Das strafrechtliche Instrumentarium zur Bekämpfung
der illegalen Arbeitnehmerüberlassung, JR 1982, 889 ff.; *ders.,* Das strafrechtliche Instru-
mentarium zur Bekämpfung der Entleiher von illegal verliehenen Leiharbeitnehmern,
ZRP 1984, 303 ff.; *ders.,* Probleme des Beitragsbetrugs im Bereich der illegalen Arbeit-
nehmerüberlassung, wistra 1987, 313 ff.; *Graf/Jäger/Wittig* (Hrsg.), Wirtschafts- und
Steuerstrafrecht, 2. Aufl. 2017; *Hamann,* Gewerbsmäßige Arbeitnehmerüberlassung,
Jura 2003, 361 ff.; *von Heintschel-Heinegg* (Hrsg.), StGB, 2. Aufl. 2015 (= Beck'scher
Onlinekommentar zum StGB, Edition 33 (Stand 8/2017); *Ignor/Mosbacher* (Hrsg.),
Handbuch Arbeitsstrafrecht, 3. Aufl., 2016; *Joecks/Miebach* (Hrsg.), Münchner Kom-
mentar zum StGB, Bd. 7 (Nebenstrafrecht II), 2015; *Jörs,* Illegale Überlassung und
Vermittlung von Arbeitnehmern, Diss. Frankfurt/Main, 1987; *Jofer/Weiß,* Risiken und
Grenzen der Strafbarkeit beim Einsatz ausländischer Arbeitskräfte im Rahmen von
Werkverträgen mit Subunternehmen, StraFo 2007, 277 ff.; *Karl,* Die Strafbarkeit des
Arbeitgebers bei illegaler Beschäftigung ausländischer Arbeitnehmer, StV 2003, 696 ff.;
Kudlich, Die Unterstützung fremder Straftaten durch berufsbedingtes Verhalten, 2004;

ders., „Regeln der Grammatik", grammatische Auslegung und Wortlautgrenze, in: Paeffgen/Böse/Kindhäuser/Stübinger/Verrel/Zaczyk (Hrsg.), Puppe-FS, 2011, S. 123 ff.; *ders./Oğlakcıoğlu,* Wirtschaftsstrafrecht, 2. Aufl., 2014; *Mahler,* Die illegale Beschäftigung aus dem Blickwinkel der Bekämpfungsbehörden, 2011; *Mengel/Hagemeister,* Compliance und Arbeitsrecht, BB 2006, 2466 ff.; *Millich/Schäfer,* Zur Problematik ordnungswidriger Arbeitnehmerüberlassung nach dem Arbeitnehmerüberlassungsgesetz (AÜG), wistra 1986, 205 ff.; *Müller,* Zur Frage des Strafklageverbrauchs bei dem Verleih, der Vermittlung oder der Beschäftigung illegaler Arbeitnehmer, NStZ 1985, 397 ff.; *Müller-Gugenberger/Bieneck* (Hrsg.), Handbuch des Wirtschaftsstraf- und -ordnungswidrigkeitenrechts, 5. Aufl., 2011; *Niebler/Biebl/Roß,* Arbeitnehmerüberlassungsgesetz, Ein Leitfaden für die betriebliche Praxis, 2. Aufl., 2003; *Noack,* Die Straf- und Ordnungswidrigkeitenbestimmungen des Arbeitnehmerüberlassungsgesetzes, BB 1973, 1313 ff.; *Rabe von Kühlewein,* Strafrechtliche Haftung bei vorsätzlichen Straftaten anderer, JZ 2002, 1139 ff.; *Richter,* Illegale Arbeitnehmerüberlassung: Der Nachweis von Vorsatz und Fahrlässigkeit bei Scheinwerkverträgen, BB 1992, 421 ff.; *Roxin,* Strafrecht Allgemeiner Teil I, 4. Aufl., 2006; *Schnabel,* Folgen der neusten Rechtsprechung des Bundesgerichtshof zum Ausländergesetz bzw. Aufenthaltsgesetz, wistra 2005, 446 ff.; *Schönke/Schröder,* StGB, 28. Aufl., 2010; *Schrell,* Sicherung angemessenen Arbeitslohns durch das Straf- und Ordnungswidrigkeitenrecht, 2014; *Stypmann,* Keine Bestrafung des unerlaubt handelnden Verleihers wegen Hinterziehung von Arbeitnehmer-Beitragsteilen? (Anmerkung zu: BGH, U. v. 31.3.1982 – 2 StR 744/81), NJW 1983, 95 ff.; *Thüsing/Kudlich,* Das neue Recht der Arbeitnehmerüberlassung und seine ordnungswidrigkeitenrechtlichen Konsequenzen, ZWH 2011, 90 ff.; *Tiedemann,* Wirtschaftsstrafrecht, Einführung und Allgemeiner Teil, 4. Aufl., 2014; *ders.,* Wirtschaftsstrafrecht, Besonderer Teil, 3. Auf., 2011; *Volk* (Hrsg.), Verteidigung in Wirtschafts- und Steuerstrafsachen, 2. Aufl., 2014; *Wittig,* Wirtschaftstrafrecht, 4. Aufl., 2017; *Wohlers,* Verwaltungsrechtsakzessorietät und Rechtsmissbrauchsklauseln – am Beispiel des § 330d Nr. 5 StGB, JZ 2001, 850 ff.

Übersicht

I. Einordnung

1. Funktion und Geschichte

1 **a) Einordnung und Schutzzweck.** §§ 15, 15a und 16 bilden den **straf-
und bußgeldrechtlichen Teil** des AÜG (zur Systematik der Regelungen
zusammenfassend *Thüsing/Kudlich* ZHW 2011, 90 (94 f.)). Zur Anwendung
der Vorschriften im Einzelfall sind ergänzend die Regelungen des StGB bzw.
des OWiG heranzuziehen (vgl. auch → Rn. 9). Im thematischen Umfeld
von Tathandlungen nach §§ 15 ff. AÜG steht außerdem auch eine Reihe von
Straf- bzw. Ordnungswidrigkeitentatbeständen außerhalb des AÜG (vgl. dazu
auch → Rn. 33 ff.).

2 Die Ordnungswidrigkeiten nach § 16 knüpfen an die **verschiedensten
Pflichten** nach dem AÜG an. Die Straftatbestände der **§§ 15, 15a** stehen
jeweils im Zusammenhang mit der **Überlassung von Ausländern ohne**
einen nach § 4 Abs. 3 iVm Abs. 2 AufenthaltsG eine **Erwerbstätigkeit
gestattenden Aufenthaltstitel,** eine zur Aufnahme der **Beschäftigung
berechtigende Aufenthaltsgestattung** oder **Duldung** oder die nach § 284
Abs. 1 SGB III erforderliche **Arbeitsgenehmigung.** Diese ausländischen
Arbeitnehmer werden als besonders schutzbedürftig gegen eine drohende
Ausbeutung betrachtet (BT-Drs. VI/2303, 15), da sie bei einer entsprechenden Anzeige stets selbst Gefahr laufen, nach § 404 Abs. 2 Nr. 4 SGB III verfolgt zu werden (vgl. Schüren/Hamann/*Stracke* § 15 Rn. 11; Ulber/*D. Ulber*
§ 15 Rn. 3).

3 **b) Praktische Bedeutung.** Obwohl die Ermittlung und Bekämpfung
der illegalen Arbeitnehmerüberlassung aufwendig ist und oftmals personalin-
tensive Razzien erfordert (vgl. *Franzheim* JR 1982, 89, sowie zur anspruchs-
vollen rechtlichen Gemengelage auch *Karl* StV 2003, 696 ff.), ist dem
Gesetzgeber an einer nachhaltigen Verfolgung der Straftaten und Ordnungswidrigkeiten gelegen (vgl. BT-Drs. 7/1261, 55; statistische Daten zur Verfolgung illegaler Überlassung bei *Urban-Crell/Schulz* Rn. 879; zum Arbeitnehmerüberlassungsrecht als Gegenstand von Compliance-Maßnahmen vgl.
Mengel/Hagemeister BB 2006, 2466 (2470)). Ihre besondere Bedeutung wird
etwa auch dadurch sichtbar, dass auf die Vorschriften des AÜG ausdrücklich
in den Richtlinien für das Strafverfahren und das Bußgeldverfahren (vgl.
Nr. 259 Abs. 1b **RiStBV**) hingewiesen wird und bei Straftaten gem. §§ 15,
15a nach Nr. 47 der Anordnung über Mitteilungen in Strafsachen (**MiStra**)

Mitteilungen an die örtlich zuständige Regionaldirektion zu machen sind, um gegebenenfalls eine Verfolgung von Ordnungswidrigkeiten einzuleiten. Dass es sich **nicht nur um Bagatellen** handelt, wird auch im Strafrahmen deutlich, der bei den besonders schweren Fällen der §§ 15 Abs. 2 S. 1 und 15a Abs. 1 S. 2 immerhin demjenigen einer Tötung auf Verlangen (§ 216 StGB) entspricht (vgl. auch *Sandmann/Marschall* § 15 Rn. 5; der dort angeführte Vergleichsmaßstab des § 213 StGB ist freilich nicht mehr zutreffend, da dessen Strafdrohung durch das 6. StrRG 1998 erhöht wurde).

Ob mit diesen Vorgaben die in der **Praxis offenbar häufig erfolgende** **4** **Einstellung** von Verfahren wegen Straftaten nach dem AÜG neben anderen (zB Steuer-)Straftaten (vgl. Schüren/Hamann/*Stracke* § 15 Rn. 64) ohne weiteres zu vereinbaren ist, erscheint zweifelhaft. Rein praktisch dürfte dieses Vorgehen jedoch den größeren Beweisschwierigkeiten und dem damit verbundenen höheren Ermittlungsaufwand bei Straftaten nach dem AÜG geschuldet sein (vgl. auch Erfahrungsbericht der Bundesregierung über die Anwendung des AÜG, BT-Drs. 14/4220, 33), welche im Ergebnis dazu führen, dass die Bedeutung der Strafnormen nach der Strafverfolgungsstatistik eher gering ist (vgl. – mit Zahlen – auch MüKo-StGB/Mosbacher § 15 Rn. 3.

c) Geschichtliche Entwicklung der Vorschriften. Viele Verbote, die **5** in § 15 Abs. 1 sowie teilweise § 16 enthalten sind, stehen in ihrem Kern bereits seit dem Inkrafttreten des AÜG unter Strafe bzw. unter Bußgeldandrohung. §§ 15 Abs. 2 und 15a wurden durch Art. 2 Nr. 1 des Gesetzes zur Änderung des AFG und AÜG im Jahre 1975 (BGBl. I S. 1542) hinzugefügt. § 15a wurde durch Art. 8 Abs. 1 Nr. 3 des BeschFG 1985 (BGBl. I S. 710) erweitert. Damit sind die **Strafnormen des AÜG** in ihrer Geschichte nicht nur durch redaktionelle Änderungen und Anpassungen an die jeweilige Sozialgesetzgebung, sondern tendenziell auch durch eine **Ausweitung und Verschärfung der Strafbarkeit geprägt** (vgl. auch *Richter* BB 1992, 421 sowie Boemke/Lembke/*Boemke* vor §§ 15, 15a und 16 Rn. 3; ausführlich zur geschichtlichen Entwicklung der Strafvorschriften des AÜG Schüren/Hamann/*Stracke* § 15 Rn. 1 ff., § 15a Rn. 1 ff., § 16 Rn. 1 ff.). Zum 1.1.2005 wurden §§ 15, 15a und 16 an das neue Ausländerrecht angepasst und nehmen nicht mehr nur auf das Fehlen einer Arbeitsgenehmigung nach § 284 SGB III aF, sondern insbesondere auf das Fehlen eines entsprechenden Aufenthaltstitels nach dem regelungsähnlichen § 4 Abs. 3 AufenthaltsG Bezug (vgl. → Rn. 27 ff.). Durch das 1. Gesetz zur Änderung des Arbeitnehmerüberlassungsgesetzes vom 28.4.2011 (BGBl. I S. 642) und das Gesetz zur Änderung des Arbeitnehmerüberlassungsgesetzes und des Schwarzarbeitsbekämpfungsgesetzes vom 20.7.2011 (BGBl. I S. 1506) wurde der Katalog der Ordnungswidrigkeiten in § 16 erheblich erweitert (zu den Änderungen zusammenfassend *Tüsing/Kudlich* ZWH 2011, 90 (95 f.)), um einen **Missbrauch der Arbeitnehmerüberlassung durch Lohnunterschreitungen** zu verhindern (vgl. auch BT-Drs. 17/5761, 4: „effektive und effiziente Kontrolle der Einhaltung einer bundesweiten Lohnuntergrenze"). Dass die entsprechenden Ordnungswidrigkeitentatbestände (Nichtgewähren von Lohn bzw. Arbeitsbedingungen; Verstöße gegen Mitwirkungspflichten bei entsprechenden Prüfungen) vielfach denjenigen des § 23 AEntG bzw. des § 18 MiArbG (vgl. dazu Thüsing/*Kudlich* AEntG und MiArbG AEntG § 23 Rn. 30 ff.; MiArbG § 18 Rn. 16 ff.) ähneln, kann vor diesem Hintergrund nicht überraschen. Soweit durch das 1. Gesetz zur Änderung des Arbeitnehmerüberlassungsgesetz der Anwendungsbereich des AÜG (insbesondere Ersetzung der „Gewerbsmäßigkeit" in § 1 durch Handeln „im Rahmen ihrer wirtschaftlichenTätigkeit", vgl. hierzu auch die kritische Analyse von *Rieble*/*Vielmeier* EuZA 4 [2011], 474 (476 ff.)) geändert wurde, schlägt dies unmittelbar auch auf § 15 durch, der ein Handeln „entgegen § 1" fordert.

2. Gesamtsystematik

6   Bei der strafrechtlichen Bewertung von **Leiharbeitsverhältnissen** sind grundsätzlich **drei Beteiligte** zu unterscheiden: Der Verleiher, der Entleiher sowie der Arbeitnehmer. Die Straftatbestände des AÜG knüpfen dabei neben anderen Voraussetzungen jeweils an das Fehlen einer wirksamen Erlaubnis zur Überlassung der Arbeitnehmer und/oder den fehlenden Aufenthaltstitel nach § 4 Abs. 3 AufenthaltsG bzw. die fehlende (EU-)Arbeitsgenehmigung des ausländischen Arbeitnehmers iSd § 284 SGB III an.

7   Dagegen ist für die Strafnormen des AÜG die **Arbeitgebereigenschaft kein Tatbestandsmerkmal.** Soweit es darauf jedoch für Strafnormen außerhalb des AÜG ankommt, ist Arbeitgeber grundsätzlich der **Verleiher,** sofern nicht mangels wirksamer Erlaubnis ein Arbeitsverhältnis zwischen Entleiher und Leiharbeitnehmer nach §§ 9 Nr. 1, 10 Abs. 1 S. 1 fingiert wird.

8   § 15 regelt die Strafbarkeit des **Verleihers.** Die Vorschrift bildet gewissermaßen eine Kombination aus zwei Ordnungswidrigkeiten nach § 16 Abs. 1 Nr. 1 (Arbeitnehmerüberlassung ohne Erlaubnis nach § 1) und § 404 Abs. 2 Nr. 3 SGB III (Beschäftigen eines Ausländers ohne erforderliche Arbeitsgenehmigung, vgl. Erbs/Kohlhaas/*Ambs* A 184 § 15 Rn. 3; *Noack* BB 1973, 1314). § 15a dagegen regelt die Strafbarkeit des **Entleihers;** er beinhaltet Fälle der Ordnungswidrigkeit nach § 16 Abs. 1 Nr. 2 (Tätigwerden-Lassen eines ausländischen Leiharbeitnehmers ohne Genehmigung nach § 4 Abs. 3 AufenthaltsG bzw. § 284 SGB III), die durch unterschiedliche Merkmale zusätzlich erschwert sind. Die **jeweils anderen** der drei in → Rn. 6 genannten **Beteiligten** am Arbeitsverhältnis werden von der hM nicht als Teilnehmer bestraft, da Fälle der so genannten **notwendigen Teilnahme** vorliegen (vgl. Schüren/Hamann/*Stracke* § 15 Rn. 25 mwN; zur Grenzziehung, wann nicht mehr von einer „notwendigen" Teilnahme die Rede sein kann, vgl. auch Müller-Gugenberger/*Heitmann,* 4. Aufl., 2006, § 37 Rn. 91 ff. [nur knapp in der aktuellen Auflage bei *Henzler* § 37 Rn. 130]; zu den Grundstrukturen der notwendigen Teilnahme im Ausländerstrafrecht *Cannawurf* S. 100 ff.). Allerdings können von diesen durch die Mitwirkung an der Arbeitnehmerüberlassung andere Ordnungswidrigkeiten nach dem AÜG, Ordnungswidrigkeiten oder Straftatbestände nach dem SGB III (insbesondere § 404) und dem SchwarzArbG (insbesondere §§ 10, 11) sowie unter Umständen weitere Delikte (vgl. dazu näher → Rn. 33 ff.) verwirklicht werden.

II. Übergreifende Fragestellungen

1. Anwendung des StGB und des OWiG

Für die Anwendung der Strafvorschriften und Ordnungswidrigkeiten des **9**
AÜG gilt nach Art. 1 Abs. 1 EGStGB der **Allgemeine Teil des StGB**
(also zB die Vorschriften und allgemeinen Lehren über den Vorsatz, die
Rechtfertigungsgründe oder die Beteiligung, aber auch über die Rechtsfolgen) bzw. nach § 2 OWiG das **OWiG** (dh auch hier die allgemeinen Vorschriften sowie insbesondere auch die Regelungen über das Bußgeldverfahren), soweit jeweils nichts Abweichendes bestimmt ist.

2. Vorsatz und Irrtum

a) Vorsatzerfordernis. Nach **§ 15 StGB, § 10 OWiG** ist **nur vorsätzli- 10
ches Handeln** strafbar bzw. bußgeldbewehrt, soweit im Gesetz nicht ausdrücklich fahrlässiges Handeln erwähnt ist. Bei den Strafvorschriften der
§§ 15, 15a, die **keine Fahrlässigkeitsstrafbarkeit** statuieren, ist daher nur
vorsätzliches Handeln strafbar. Nach allgemeinen Grundsätzen genügt dabei
jedoch auch hier bedingter Vorsatz (sog. *dolus eventualis,* vgl. Ulber/*D. Ulber*
§ 15 Rn. 16).

§ 16 Abs. 1 nennt dagegen **Vorsatz und Fahrlässigkeit** in gleicher Weise, **11**
so dass jeweils auch fahrlässiges Handeln bußgeldbewehrt ist. Daher muss
auch an die entsprechenden Ordnungswidrigkeitentatbestände gedacht werden, wenn im konkreten Fall eine Strafbarkeit „nur" am fehlenden Vorsatz
scheitert (vgl. auch Boemke/Lembke/*Boemke* § 15 Rn. 20; Schüren/
Hamann/*Stracke* § 15 Rn. 51).

b) Inhalt des Vorsatzes. Der **Vorsatz** muss nach allgemeinen Regeln **12**
(vgl. §§ 15, 16 StGB; §§ 10, 11 Abs. 1 OWiG) **alle Merkmale des objektiven Tatbestands** erfassen; nicht erforderlich ist dagegen, dass der Täter unter
diese Merkmale zutreffend subsumiert. So ist beispielsweise hinsichtlich des
Merkmals des „Überlassens" ausreichend, dass der Täter die Tatsachen kennt,
die zum Vorliegen einer Arbeitnehmerüberlassung (etwa im Unterschied zu
einem Scheinwerkvertrag, vgl. dazu auch sogleich → Rn. 14) führen. Dagegen muss er nicht selbst notwendig davon ausgehen, dass sein Verhalten als
Arbeitnehmerüberlassung bewertet wird.

Die Abgrenzung zwischen Vorsatz und Fahrlässigkeit kann bei vielen **13**
Merkmalen der §§ 15 ff. in der Praxis schwierig zu treffen (vgl. *Richter* BB
1992, 422) und der Nachweis eines Vorsatzes im Einzelfall schwierig zu
führen sein (vgl. *Franzheim* ZRP 1984, 303; Ignor/Mosbacher/*Paetzold* § 3
Rn. 100, sowie die Erfahrungsberichte der Bundesregierung in der BT-
Drs. 12/3180, 27; 14/4220, 33). Häufig wird man – wie auch in anderen
Bereichen der forensischen Praxis (vgl. allgemein nur von Heintschel-Hei-
negg/*Kudlich* § 15 Rn. 23) – den Vorsatznachweis anhand von objektiven
Indizien führen müssen (Beispiele dazu bei *Richter* BB 1992, 423 ff.; Leitfaden
für die Praxis auch bei *Mahr,* Die illegale Beschäftigung, S. 265).

Scheinbar umstritten in der Literatur sind insbesondere die Anforderungen **14**
an den Vorsatz einer **Arbeitnehmerüberlassung** im Unterschied zu einem

(Schein-)Werkvertrag: Während Schüren/Hamann/*Stracke* (§ 15 Rn. 49, 52) nur die Kenntnis der Tatsachen verlangt, die das Vorliegen einer Arbeitnehmerüberlassung indizieren, wollen etwa Boemke/Lembke/*Boemke* (§ 15 Rn. 21) und Ulber (Ulber/*D. Ulber* § 15 Rn. 16) weitergehend auch die Kenntnis von der **Überlassung des Weisungsrechts** verlangen. In der Sache dürfte sich dieser Streit weitgehend auflösen, da die Überlassung bzw. Ausübung des arbeitsrechtlichen (nicht nur werkbezogenen) Weisungsrechts ein wichtiges Kriterium für die Abgrenzung zwischen Scheinwerkvertrag und Arbeitnehmerüberlassung sein kann (vgl. → § 1 Rn. 72 ff.; zu den Grenzen dieses Kriteriums Schüren/Hamann/*Hamann* § 1 Rn. 165).

15   Im Ergebnis wird daher ein Vorsatz hinsichtlich des Überlassens eines Arbeitnehmers zu bejahen sein, wenn der Täter Kenntnis **aller eine Überlassung indizierenden objektiven Tatumstände** einschließlich der Ausübung des arbeitsrechtlichen Weisungsrechts durch den Entleiher hat. Kennt er diese Ausübung oder ein anderes objektiv vorliegendes Indiz nicht, so kann ein Vorsatz gleichwohl vorliegen, wenn auch auf der Grundlage der dem Täter bekannten Merkmale objektiv noch eine Überlassung indiziert wäre.

16   **c) Irrtümer.** Für die Abgrenzung zwischen vorsatzrelevanten Tatbestandsirrtümern nach § 16 Abs. 1 StGB (bzw. § 11 Abs. 1 OWiG) und (allenfalls schuld- bzw. vorwerfbarkeitsausschließenden) Verbotsirrtümern nach § 17 StGB (bzw. § 11 Abs. 2 OWiG) gelten grundsätzlich die allgemeinen Regeln (vgl. von Heintschel-Heinegg/*Kudlich* § 16 Rn. 13 ff.). Liegt ein bloßer **Verbotsirrtum** vor, so wird dieser **regelmäßig vermeidbar** sein und daher die Schuld nicht ausschließen, da mit Blick auf die strengen Anforderungen der Rechtsprechung an die Unvermeidbarkeit eines Verbotsirrtums (vgl. grdl. BGHSt 2, 194 (201)) zumeist eine **Erkundigungspflicht** anzunehmen ist, zumal wenn es um die Überlassung ausländischer Arbeitnehmer geht (vgl. Ulber/*D. Ulber* § 15 Rn. 17).

17   Eine besondere Schwierigkeit bei der Abgrenzung ergibt sich daraus, dass die Tatbestände der §§ 15 ff. vielfach auf das Merkmal eines fehlenden Aufenthaltstitels nach § 4 Abs. 3 AufenthaltsG bzw. einer fehlenden Genehmigung (nach § 1 bzw. nach § 284 SGB III) verweisen. Diese, für das akzessorische Nebenstrafrecht typischen Verweisungen führen zur schwierigen und umstrittenen Problematik des **Irrtums über normative Tatbestandsmerkmale bzw. bei Blankettstraftaten** (vgl. dazu *Roxin* AT I § 12 Rn. 100 ff. mwN; von Heintschel-Heinegg/*Kudlich* § 16 Rn. 17). Dabei ist wie folgt zu differenzieren:

18   Geht der Täter irrtümlich davon aus, dass ein erforderlicher Titel bzw. eine erforderliche Genehmigung tatsächlich erteilt worden ist, irrt er jedenfalls über eine Tatsache (hier den Akt der Erteilung), so dass sein Irrtum gem. § 16 Abs. 1 StGB bzw. § 11 Abs. 1 OWiG den Vorsatz ausschließt (vgl. Schüren/Hamann/*Stracke* § 15 Rn. 43).

19   Irrt der Täter dagegen über das Genehmigungserfordernis (oder die Verleiherbefugnis) im konkreten Fall, so scheint die Literatur oft unterschiedslos von einem bloßen Verbotsirrtum auszugehen (vgl. Boemke/Lembke/*Boemke*

§ 15 Rn. 20; Dornbusch/Fischmeier/Löwisch/*Reineke* AÜG § 15 Rn. 9;
HWK/*Kalb* AÜG § 15 Rn. 10; *Sandmann/Marschall* § 15 Rn. 12; Schüren/
Hamann/*Stracke* § 15 Rn. 52; Ulber/*D.Ulber* § 15 Rn. 17).

Dies entspricht zwar der allgemeinen strafrechtlichen Diskussion über Irr-   **20**
tümer bei Blanketttatbeständen (vgl. zum Meinungsstand *Tiedemann,* Wirtschaftsstrafrecht AT, Rn. 219 ff.), ist aber dennoch nicht frei von Zweifeln.
Denn immerhin bleibt dem Täter, der – und sei es auch aus rechtlichen
Gründen – irrtümlich davon ausgeht, im konkreten Fall sei keine Genehmigung nach § 284 SGB III erforderlich, der **spezifische soziale Sinn seines
Handelns verborgen.** Wenn etwa die hM (vgl. nur BGH 5.3.1986 – 2 StR
666/85, wistra 1986, 174; *Roxin* AT I § 12 Rn. 107 mwN) davon ausgeht,
dass auch der Rechtsirrtum über das Bestehen einer Steuerschuld den Vorsatz
der Steuerhinterziehung ausschließt, da der Täter, der „keine Steuer zu schulden glaubt", mit seinem Vorsatz auch nicht „in laienhafter Weise […] jene
Schädigung des Fiskus [erfasst], um die es bei der Steuerhinterziehung geht"
(vgl. *Roxin,* AT I § 12 Rn. 107), ließe sich das auch auf die Straftaten nach
dem AÜG teilweise übertragen: Wer das Erfordernis einer Arbeitsgenehmigung nach § 4 Abs. 3 AufenthaltsG bzw. § 284 SGB III *im konkreten Fall* nicht
kennt, erfasst ebenfalls nicht den spezifischen Unrechtsgehalt, der gerade
im illegalen bzw. ausbeuterischen Verleihgeschäft mit solchen ausländischen
Arbeitnehmern liegt, die sich auf Grund ihrer speziellen Situation der fehlenden Genehmigung nicht effektiv dagegen wehren können (vgl. auch
→ Rn. 2). Überzeugender erschiene es deshalb, einen vorsatzrelevanten Irrtum nach §§ 16 Abs. 1 StGB bzw. 11 Abs. 1 OWiG nicht nur dann anzunehmen, wenn der Täter im konkreten Fall das Genehmigungserfordernis aus
tatsächlichen Gründen nicht kennt (etwa weil er annimmt, der Arbeitnehmer
komme aus einem Mitgliedsstaat der EG, dessen Bürger keiner speziellen
Erlaubnis bedürfen, vgl. auch → Rn. 27 f.), sondern auch dann, wenn er
dies aus **außerstrafrechtlichen Rechtsgründen** annimmt (etwa wenn er
irrig denkt, das Heimatland des Täters sei ein EG-Mitgliedsstaat); ebenso für
den Irrtum über das Genehmigungserfordernis zur Arbeitnehmerüberlassung
mit dem Argument, dass es sich insoweit um ein präventives Verbot mit
Erlaubnisvorbehalt handle, MüKo-StGB/*Mosbacher* AÜG § 15 Rn. 14 =
Graf/Jäger/Wittig/*Mosbacher* AÜG § 15 Rn. 16; aA etwa *Ulrici* HK-AÜG
§ 15 Rn. 11. Ein Verbotsirrtum würde demgegenüber nur dann vorliegen,
wenn der Täter das jeweils straf- bzw. bußgeldbewehrte Verbot eines Ver-
bzw. Entleihens ohne bestimmte Genehmigungen nicht kennt. Für die **Praxis** muss man jedoch damit rechnen, dass **im Bereich des AÜG** bei außerstrafrechtlichen Rechtsirrtümern nur restriktiv von Tatbestandsirrtümern
ausgegangen wird und **im Zweifelsfall nur Verbotsirrtümer** angenommen
werden dürften.

3. Täterschaft und Teilnahme

Für Täterschaft und Teilnahme gelten die **allgemeinen Regelungen** (vgl.   **21**
Schüren/Hamann/*Stracke* § 15 Rn. 24; § 15a Rn. 14), wobei sich jedoch
einige Besonderheiten daraus ergeben, dass es sich bei den Straftatbeständen
der §§ 15 und 15a um **Sonderdelikte** handelt:

22 **a) Taugliche Täter.** Täter einer Tat nach § 15 ist stets nur der **Verleiher,** Täter einer Tat nach § 15a kann nur der **Entleiher** sein. Insbesondere in mittleren und Großunternehmen sind hierbei nach allgemeinen Vorschriften auch eine mittelbare Täterschaft oder eine Mittäterschaft (§ 25 Abs. 1 Alt. 2, Abs. 2) möglich (vgl. Schüren/Hamann/*Stracke* § 15 Rn. 16). Wird beim Überlassungsvorgang ein **Strohmann** eingeschaltet, so hängt die Strafbarkeit der Beteiligten davon ab, wie sein Verhalten im Einzelfall überlassungsrechtlich zu qualifizieren ist.

23 Steht auf Ver- oder Entleiherseite eine **juristische Person oder eine Personenhandelsgesellschaft,** so ist § 14 StGB zu beachten (vgl. etwa Boemke/Lembke/*Boemke* § 15 Rn. 5; Schüren/Hamann/*Stracke* § 15 Rn. 22): Nach § 14 Abs. 1 Nr. 1 StGB kann das vertretungsberechtigte Organ einer juristischen Person, nach § 14 Abs. 1 Nr. 2 StGB ein vertretungsberechtigter Gesellschafter einer Personenhandelsgesellschaft nach § 15 bzw. § 15a strafbar sein, wenn die juristische Person bzw. die Gesellschaft als Ver- bzw. Entleiher auftritt. § 14 Abs. 2 StGB statuiert die Verantwortlichkeit eines rechtsgeschäftlich beauftragten Betriebsleiters.

24 **b) Teilnahmefragen.** Auch die **Teilnahme** richtet sich nach allgemeinen Regeln. Da jedoch die jeweils anderen Beteiligten des Überlassungsverhältnisses als **notwendige Beteiligte** (jedenfalls mit Blick auf §§ 15 bzw. 15a) straffrei sind (vgl. → Rn. 8), kommen als Anstifter oder Gehilfen vor allem Außenstehende in Betracht. So nennen Rechtsprechung und Literatur etwa Dolmetscher, die bei der Verhandlung mit ausländischen Leiharbeitnehmern helfen, oder solche Personen, die Auszahlungen an diese vornehmen (vgl. AG München 30.4.1979, 71 Ls 336 Js 17558/68; Boemke/Lembke/*Boemke* vor § 15 Rn. 4; Schüren/Hamann/*Stracke* § 15 Rn. 25; HWK/*Kalb* AÜG § 15 Rn. 3; UGBH/*Urban-Crell* § 15 Rn. 2).

25 Soweit es hier freilich um berufsmäßig erbrachte Leistungen (zB des og Dolmetschers) geht, ist fraglich, ob diese nicht als „neutrale", „berufsbedingte" Unterstützungshandlungen im Einzelfall (insbesondere bei nur bedingtem Vorsatz des Teilnehmers) straflos bleiben müssen (vgl. zum Problem der neutralen Beihilfe BGH 1.8.2000, BGHSt 46, 107; *Rabe von Kühlewein* JZ 2002, 1139 ff., von Heintschel-Heinegg/*Kudlich* § 27 Rn. 10 ff., sowie umfassend *ders.,* Die Unterstützung fremder Straftaten durch berufsbedingtes Verhalten).

26 Da es sich bei der Ver- bzw. Entleihereigenschaft um ein **strafbarkeitsbegründendes persönliches Merkmal** handelt, kommt außenstehenden Teilnehmern (Anstiftern und Gehilfen) jedoch die obligatorische Strafmilderung nach **§ 28 Abs. 1 iVm § 49 Abs. 1 StGB** zugute (vgl. Boemke/Lembke/*Boemke* § 15 Rn. 6 bzw. Boemke/Lembke/*Boemke;* § 15a Rn. 4; Ulber/*D. Ulber* § 15 Rn. 8).

4. Rechtmäßigkeit, Wirksamkeit und Fehlen von Genehmigungen

26a In §§ 15 ff. spielt das Merkmal des Handelns ohne bestimmte begünstigende Verwaltungsakte (insbesondere Genehmigungen) eine große Rolle:

a) Fehlen eines Aufenthaltstitels nach § 4 Abs. 3 AufenthaltsG bzw.   27
einer Arbeitsgenehmigung nach § 284 SGB III. Die Straftatbestände der
§§ 15 und 15a sowie der Ordnungswidrigkeitentatbestand des § 16 Abs. 1
Nr. 2 haben jeweils das **Fehlen eines Aufenthaltstitels nach § 4 Abs. 3**
AufenthaltsG, einer zur Aufnahme der Beschäftigung berechtigenden
Aufenthaltsgestattung oder Duldung oder einer Arbeitsgenehmigung
nach § 284 SGB III (Arbeitsgenehmigung-EU für Staatsangehörige der
neuen EU-Mitgliedstaaten) zur Voraussetzung. Die **bis Ende 2004** geltende
(und insoweit für Altfälle mitunter noch bedeutsame) **Fassung** der §§ 15, 15a
und 16 stellte insoweit allein auf das Fehlen einer Genehmigung nach **§ 284**
SGB III aF ab. Einer solchen bedurften Ausländer (vgl. Art. 116 GG) zur
Ausübung einer Beschäftigung vorbehaltlich der Ausnahmen nach § 284
Abs. 1 S. 2 SGB III aF.

Seit der Neuregelung des Ausländerrechts durch das sog. Zuwanderungs-   27a
gesetz (BGBl. 2004 I S. 1950, das vorliegend gegenüber der bis 2004 geltenden Rechtslage zu keinen wesentlichen Änderungen *in der Sache* führte) ist
das (vorbehaltlich europarechtlicher Regelungen innerhalb der Europäischen
Union bzw. des Assoziationsabkommens EWR/Türkei sowie vorbehaltlich
der Regelungen im Freizügigkeitsgesetz EU [BGBl. 2004 I S. 1950 (1986 ff.)]
bestehende, vgl. § 4 Abs. 1 AufenthaltsG) **ausländerrechtliche Verbot mit**
Erlaubnisvorbehalt für unselbständige Erwerbstätigkeit ebenso wie die
Ausnahmen auf Grund von **Gesetzen** oder **zwischenstaatlichen Verein-**
barungen in § 4 Abs. 3 S. 1 und 3 AufenthaltsG geregelt. Die Erlaubnis zur
Beschäftigung wird nach Maßgabe des § 18 Abs. 2 AufenthaltsG im Aufenthaltstitel geregelt; in einem solchen Fall ist grds. die Mitwirkung der BA
erforderlich (vgl. §§ 39 ff. AufenthaltsG), dh die früher erforderliche doppelte
Genehmigung wurde durch ein Zustimmungsverfahren bei der Erteilung des
Aufenthaltstitels ersetzt (vgl. *Cannawurf* S. 154). Arbeitsgenehmigungen auf
der Basis der früheren Rechtslage gelten nach § 105 AufenthaltsG fort. Für
Ausländer aus den „neuen" EU-Mitgliedsstaaten (nach Maßgabe des Vertrags
vom 16.4.2003, vgl. BGBl. II S. 1408) gilt § 284 SGB III.

Der unter Mitwirkung der BA erteilte Aufenthaltstitel gestattet dabei eine   27b
Beschäftigung des Ausländers nur in dem Ausmaß und der Weise, die im
Titel genannt sind (vgl. auch § 18 Abs. 2 S. 2 AufenthaltsG). Soweit für die
konkrete Beschäftigung im abhängigen Arbeitsverhältnis kein Titel vorliegt
(sondern dieser etwa nur die Erbringung von Werkleistungen gestattet), fehlt
es am insoweit „erforderlichen Aufenthaltstitel". Ein unrichtig genutzter Titel
schließt daher (unabhängig von der davon zu trennenden Frage, ob ein rechtswidriger Titel wirksam ist, vgl. dazu → Rn. 28) eine Strafbarkeit entgegen
der Befürchtung von *Schnabel* wistra 2005, 446 (448) nicht aus.

Die in § 15 Abs. 1 neben der Bezugnahme auf § 4 AufenthaltsG und   27c
§ 284 SGB III weiter enthaltenen Varianten der fehlenden Gestattung bzw.
Duldung sind regelungstechnisch an sich überflüssig, da bei ihrem Vorliegen
die Erwerbstätigkeit bereits iSd § 4 Abs. 3 S. 3 AufenthaltsG gestattet wäre;
maW: Entsprechende Fälle sind bereits durch die Bezugnahme auf den „erforderlichen Aufenthaltstitel" nach § 4 Abs. 3 AufenthaltsG geregelt. Auch in
der ansonsten wortgleich gestalteten Vorschrift des § 404 Abs. 2 Nr. 3 und

4 SGB III wird daher mittlerweile nur noch auf das Fehlen von Genehmigungen nach § 4 Abs. 3 AufenthaltsG und § 284 SGB III abgestellt, weshalb auch im Folgenden die fehlende „Gestattung oder Duldung" nicht immer explizit mit genannt werden.

28   **b) Vorliegen einer Genehmigung und materielle Genehmigungsfähigkeit.** Die Abhängigkeit der Strafbarkeit in §§ 15, 15a vom Vorliegen von Erlaubnissen nach § 4 Abs. 3 AufenthaltsG, § 284 SGB III bzw. nach § 1 wirft die Frage auf, ob es jeweils allein auf das **formell wirksame Vorliegen** einer entsprechenden Genehmigung oder – daneben bzw. sogar vorrangig – auf die **materielle Genehmigungsfähigkeit** des jeweiligen Handelns ankommt. Anders formuliert: Was gilt, wenn die Genehmigung zwar vorliegt, jedoch nicht hätte erteilt werden dürfen; was, wenn sie nicht vorliegt, ihre Voraussetzungen jedoch gegeben gewesen wären? Wo das Problem in der **Literatur** zum AÜG überhaupt gesehen wird, stellt man soweit ersichtlich allein auf den **formellen Stand der Genehmigung**, nicht aber auf die materielle Rechtslage ab (vgl. Boemke/Lembke/*Boemke* § 15 Rn. 12 für die Arbeitsgenehmigung des ausländischen Leiharbeiters: keine Strafbarkeit, wenn eine Arbeitsgenehmigung vorliegt, obwohl diese zu versagen gewesen wäre; dagegen Strafbarkeit, wenn keine Genehmigung vorliegt, obwohl darauf ein Anspruch bestanden hätte).

29   Soweit es um die Strafbarkeit beim **Fehlen einer ausländerrechtlichen Genehmigung** trotz Vorliegens der materiellen Erteilungsvoraussetzungen geht, ist dem uneingeschränkt zuzustimmen. Denn zum einen setzen alle Tatbestandsvarianten der §§ 15, 15a ohnehin noch weitere Merkmale voraus, so dass nicht etwa nur das formelle Fehlen einer Genehmigung strafrechtlich sanktioniert würde; zum anderen sind ausländische Arbeitnehmer, die keinen Titel nach § 4 Abs. 3 AufenthaltsG bzw. keine Genehmigung nach § 284 SGB III besitzen, typischerweise gerade in der oben genannten besonders schutzwürdigen Situation (vgl. → Rn. 2), selbst wenn materiell die Erteilungsvoraussetzungen vorliegen würden.

30   Soweit es dagegen um die generelle Straflosigkeit alleine auf Grund der **formellen Wirksamkeit** einer Genehmigung geht, ist zu berücksichtigen, dass in der allgemeinen strafrechtlichen Judikatur und Literatur zahlreiche, insbesondere am Umweltstrafrecht der §§ 324 ff. StGB anknüpfende (vgl. auch Ignor/Mosbacher/*Paetzold* 3 Rn. 108 Fn. 327) Diskussionen über die Verwaltungs**rechtsakts**akzessorietät oder aber Verwaltungs**rechtsnorm**akzessorietät geführt wurden und diese Frage insgesamt noch nicht vollständig geklärt ist.

31   Zwar finden sich nur wenige Vertreter einer strengen Verwaltungs**rechtsnorm**akzessorietät nebenstrafrechtlicher Bestimmungen, die stets zur Strafbarkeit führen würde, wenn materiell die Voraussetzungen einer erteilten Genehmigung nicht vorliegen. Eine verbreitete Ansicht schließt aber jedenfalls eine Strafbarkeit dann nicht aus, wenn das **Berufen auf den entsprechenden Verwaltungsakt rechtsmissbräuchlich** wäre (dh insbesondere wenn der Verwaltungsakt durch Täuschung oder Drohung erlangt wurde; vgl. dazu etwa schon vor Inkrafttreten von § 330d Nr. 5 StGB BGH

3.11.1993, BGHSt 39, 381 (387)). Auch sollte Einigkeit darüber bestehen, dass die explizite gesetzliche Regelung einer solchen Missbrauchsklausel für das Umweltstrafrecht durch § 330d Nr. 5 StGB im Jahre 1994 (vgl. dazu auch *Wohlers* JZ 2001, 850 ff.) nicht gleichsam e contrario dazu führen kann, dass in allen nicht geregelten Gebieten des Nebenstrafrechts eine Berufung auf das Missbrauchsargument nach dem Willen des Gesetzgebers zwangsläufig ausscheiden müsste. Allerdings sprechen **gegen ein solches Missbrauchsargument** mit Blick auf **Art. 103 Abs. 2 GG** gewichtige Argumente, die umso bedeutsamer sind, wenn das Vorliegen einer Genehmigung nicht nur rechtfertigende, sondern – wie oft im Nebenstrafrecht und auch in §§ 15, 15a – tatbestandsausschließende Wirkung hat (vgl. auch Schönke/Schröder/ *Lenckner/Sternberg-Lieben* vor § 32 Rn. 63a; *Roxin* AT I § 17 Rn. 63 jew. mwN). Gerade für den ja durchaus eng verwandten Bereich des Ausländerrechts – hier zu §§ 92, 92a AuslG., vgl. nunmehr §§ 95, 96 AufenthaltsG – hat auch der 2. Strafsenat des BGH in einer grundsätzlichen Entscheidung (vom 27.4.2005, BGHSt 50, 105 = NJW 2005, 2095 mAnm *Kudlich* JuS 2005, 1055 sowie mit – in den Konsequenzen für das AÜG über das Ziel hinausschießender, vgl. schon → Rn. 27b – Besprechung *Schnabel* wistra 2005, 446 ff.) den Gesichtspunkt des Art. 103 Abs. 2 GG besonders hervorgehoben und insoweit allein auf das formelle Vorliegen einer Genehmigung abgestellt.

5. Versuchsstrafbarkeit

Alle Straftatbestände des AÜG sind **Vergehen** iSd § 12 Abs. 2 StGB (und **32** keine Verbrechen iSd § 12 Abs. 1 StGB), da keiner von ihnen mit einer Mindeststrafe von einem Jahr Freiheitsstrafe bedroht ist. Die mit einer erhöhten, aber immer noch unter einem Jahr Freiheitsstrafe liegenden Strafdrohung versehenen besonders schweren Fälle der §§ 15, 15a wären überdies nach § 12 Abs. 3 StGB für die Einordnung als Verbrechen oder Vergehen unbeachtlich. Da auch das AÜG selbst **keine Versuchsstrafbarkeit** anordnet, sind bloße Versuche von Taten nach §§ 15, 15a daher gem. § 23 Abs. 2 StGB straflos.

Dies ist nicht nur bei der Interpretation der einzelnen Tathandlungen **32a** bedeutsam, weil es auf den **exakten Vollendungszeitpunkt** ankommt und vorhergehende Handlungen nicht durch eine Versuchsstrafbarkeit erfasst werden können, sondern auch mit Blick darauf, dass etwaige untaugliche Versuche (zB bei einem Täter, der die tatsächlich existierende Arbeitsberechtigung eines ausländischen Arbeitnehmers nach § 284 SGB III nicht kennt) nicht unter Strafe stehen.

III. Weitere Straf- und Ordnungswidrigkeitentatbestände außerhalb des AÜG

Durch Verhaltensweisen, die einzelne Tatbestandsmerkmale der §§ 15 ff. **33** erfüllen bzw. diese typischerweise begleiten, können auch **weitere Straf- bzw. Ordnungswidrigkeitentatbestände** erfüllt werden. Dabei ist allgemein zu berücksichtigen, dass nach **§ 21 Abs. 1, 2 OWiG** eine Ordnungswidrigkeit nicht geahndet werden kann, wenn für dieselbe Tat eine (Kriminal-)Strafe verhängt wird. Die wichtigsten Fallgruppen sind die folgenden (ausführlicher dazu auch Schüren/Hamann/*Stracke* § 15 Rn. 58 ff.; Schüren/ Hamann/*Stracke* § 15a Rn. 41 ff.; Übersicht bei Mahr, Die illegale Beschäftigung, S. 279.; zu den Konkurrenzen Schüren/Hamann/*Stracke*, § 15 Rn. 63 ff.; allgemein zu den Folgen illegaler Arbeitnehmerüberlassung Volk/ *Greeve* § 27 Rn. 123 ff., zu Strafbarkeitsrisiken beim Einsatz ausländischer Arbeitskräfte *Jofer/Weiß* StraFo 2007, 277 ff.; zur Frage des Strafklageverbrauchs im Verhältnis zwischen überlassungs- und abgabenrechtlichen Delikten im Zusammenhang mit der illegalen Arbeitnehmerüberlassung OLG Stuttgart 12.5.1982, NStZ 1982, 514, sowie *Müller* NStZ 1985, 397; vgl. ferner *Bilsdorfer* BB 1982, 1866, und *Stypmann* NJW 1983, 95):

1. Verkürzung von Steuern und Sozialabgaben

34   Nach *Franzheim* (JR 1982, 89) führen 92 Prozent der Täter bei der illegalen Arbeitnehmerüberlassung auch Lohnsteuer und Sozialabgaben nicht ordnungsgemäß ab (vgl. auch *Karl* StV 2003, 696 f.). Die Frage, **welche Beträge hier von wem abzuführen** sind, richtet sich zunächst nach den einschlägigen Steuer- bzw. Sozialversicherungsgesetzen, wird aber auch von **§§ 9, 10 Abs. 1, 3** beeinflusst.

34a   Soweit der Entleiher oder (wie regelmäßig) der Verleiher Abgabenschuldner ist, kommen als Straftatbestände die **Steuerhinterziehung** (§ 370 AO, zB iVm §§ 38 Abs. 3, 41a EStG; 18 UStG), das **Vorenthalten von Sozialversicherungsbeiträgen** (§ 266a StGB, vgl. auch → § 15a Rn. 25) sowie bei entsprechenden Täuschungshandlungen ein sog. **Beitragsbetrug** (§ 263 StGB, vgl. dazu etwa BGH 25.1.1984, BGHSt 32, 236 f. (242 f.); 13.6.2001, wistra 2001, 464 = EzAÜG § 1 AÜG Sozialrecht Nr. 5; BGH 12.2.2003, NJW 2003, 1821; vgl. auch *Niebler/Biebl/Roß* Rn. 660; zusammenfassend *Franzheim* wistra 1987, 313 ff.) in Betracht.

35   Ob hier ein **Entleiher** durch den bloßen Vorgang des Entleihens eine strafbare **Beihilfe** (etwa gem. § 370 AO, § 27 StGB) begeht, wenn er Arbeitnehmer zu Preisen entleiht, die ersichtlich nur bei einem Vorenthalten von Steuern bzw. Sozialabgaben durch den Verleiher wirtschaftlich kalkuliert werden können, ist entgegen einer verbreiteten Ansicht (vgl. *Franzheim* ZRP 1984, 303; tendenziell auch Schüren/Hamann/*Stracke* § 15a Rn. 48) **fraglich.** Zwar trifft zu, dass durch den entsprechenden Entleihvorgang für den Verleiher überhaupt erst ein „Markt geschaffen" wird. Allerdings besteht bei der „Schaffung eines Marktes" in den vorliegenden Fällen die Förderung der Haupttat durch den Entleiher nur darin, dass es überhaupt zu Vorgängen kommt, auf Grund derer entsprechende Steuer- bzw. Sozialversicherungsansprüche bestehen. Anders formuliert: Er wirkt an der Hinterziehung entsprechender Ansprüche nur insoweit mit, als er zu ihrem, wenngleich von Anfang an mit dem nahe liegenden Risiko ihrer Hinterziehung belasteten, **Entstehen beiträgt.** Soweit er darüber hinaus jedoch keine Tätigkeiten vornimmt, die den Hinterziehungsvorgang fördern, kann ein solches Verhalten strafrechtlich nicht relevant sein. Mit Blick auf das jeweils geschützte Rechtsgut liegt nämlich keine Risikoerhöhung, sondern sogar eine „**Chancenerhö-hung**" hinsichtlich des Entstehens und Abführens entsprechender Beiträge vor.

2. Straftaten und Ordnungswidrigkeiten nach dem SGB III und dem SchwarzArbG

Soweit – wie in §§ 15 ff. vielfach vorausgesetzt – ausländische Arbeitneh- **36** mer betroffen sind, kommen Ordnungswidrigkeitentatbestände nach dem SGB III sowie Straftaten nach dem SchwarzArbG in Betracht (vgl. hierzu sowie zu Delikten nach dem früheren AuslG auch *Karl* StV 2003, 696 (697 f.)): § 404 Abs. 2 Nr. 3 SGB III belegt die **Beschäftigung eines Aus-länders ohne Arbeitsgenehmigung** mit einer Geldbuße. Erfolgt diese Beschäftigung unter ausbeuterischen Arbeitsbedingungen (vgl. auch → § 15a Rn. 14 ff.), so wird daraus eine Straftat nach § 10 Abs. 1 SchwarzArbG (vgl. auch § 406 Abs. 1 Nr. 3 SGB III aF). Ebenfalls eine Straftat liegt nach § 11 Abs. 1 SchwarzArbG (vgl. auch § 407 SGB III aF) vor, wenn gleichzeitig mehr als fünf Ausländer entgegen § 284 Abs. 1 SGB III oder § 4 Abs. 3 S. 2 AufenthaltsG beschäftigt werden oder eine Handlung nach § 404 Abs. 2 Nr. 3 vorsätzlich beharrlich wiederholt wird.

3. Weitere Straftatbestände

Bei einer Beschäftigung unter ausbeuterischen Bedingungen (vgl. § 15a **37** Abs. 1 S. 1) kann auch eine Strafbarkeit wegen **Lohnwuchers** nach § 291 StGB (= § 302a StGB aF) vorliegen. Wird der Beschäftigte unter Ausnutzung einer Zwangslage oder der Hilflosigkeit, die mit ihrem Aufenthalt in einem fremden Land verbunden ist, zur Aufnahme oder Fortsetzung einer Beschäfti-gung zu Arbeitsbedingungen, die in einem auffälligen Missverhältnis zu den Arbeitsbedingungen anderer Arbeitnehmerinnen oder Arbeitnehmer stehen, welche die gleiche oder eine vergleichbare Tätigkeit ausüben, gebracht, kann das sogar den im Mindestmaß mit einer Freiheitsstrafe von 6 Monaten sankti-onierten Straftatbestand des „**Menschenhandels zum Zweck der Ausbeu-tung der Arbeitskraft**" nach § 232, 232b, 233 StGB erfüllen; freilich wird man in diesem die Merkmale (etwa des auffälligen Missverhältnisses) tenden-ziell noch enger auszulegen haben als in den Strafnormen des AÜG. Zur Verschleierung von Straftaten bzw. Ordnungswidrigkeiten nach dem AÜG können **Urkundsdelikte** der §§ 267 ff. StGB begangen werden. Ferner kom-men **Verstöße gegen das Aufenthaltsgesetz** in Betracht. Dagegen soll nach Ansicht des BGH (13.1.1983, NJW 1983, 1334) selbst ein Wirtschafts-unternehmen, das ausschließlich zum Zweck der illegalen Arbeitnehmer-überlassung gegründet oder betrieben wird, **regelmäßig keine kriminelle Vereinigung** iSd § 129 StGB darstellen (zust. etwa *Achenbach* NStZ 1988, 97 (102); Boemke/Lembke/*Boemke* vor § 15 Rn. 5; Ulber/*D. Ulber* § 15 Rn. 8). Etwas anderes wird für möglich gehalten, wenn sich mehrere Unternehmen von vornherein zusammenschließen, um unter dem Deckmantel von Schein-werkverträgen nach dem AÜG oder dem SchwarzArbG strafbare Arbeitneh-merüberlassung zu betreiben (vgl. Schüren/Hamann/*Stracke* § 15 Rn. 79).

§ 15 Ausländische Leiharbeitnehmer ohne Genehmigung

(1) Wer als Verleiher einen Ausländer, der einen erforderlichen Aufenthaltstitel nach § 4 Abs. 3 des Aufenthaltsgesetzes, eine Aufenthaltsgestattung oder eine Duldung, die zur Ausübung der Beschäftigung berechtigen, oder eine Genehmigung nach § 284 Abs. 1 des Dritten Buches Sozialgesetzbuch nicht besitzt, entgegen § 1 einem Dritten ohne Erlaubnis überläßt, wird mit Freiheitsstrafe bis zu drei Jahren oder mit Geldstrafe bestraft.

(2) In besonders schweren Fällen ist die Strafe Freiheitsstrafe von sechs Monaten bis zu fünf Jahren. Ein besonders schwerer Fall liegt in der Regel vor, wenn der Täter gewerbsmäßig oder aus grobem Eigennutz handelt.

Literatur: *Kett-Straub/Kudlich,* Sanktionenrecht, 2017; vgl. auch die Hinweise in den Vorbemerkungen zu §§ 15 ff.

Übersicht

I. Vorbemerkungen

1   § 15 regelt ein **strafbares Verhalten des Verleihers.** Der Grundtatbestand des § 15 Abs. 1 ist erfüllt, wenn ein Verleiher einen Ausländer, der keinen erforderlichen Aufenthaltstitel nach § 4 AufenthaltsG, keine zur Beschäftigung berechtigende Gestattung oder Duldung bzw. keine erforderliche Arbeitserlaubnis gem. § 284 Abs. 1 SGB III besitzt, entgegen § 1 einem Dritten einen Erlaubnis überlässt. § 15 Abs. 2 regelt besonders schwere Fälle.

Die Strafvorschrift des § 15 sanktioniert die Nichteinhaltung der Vorschriften des deutschen Arbeitsgenehmigungsrechts und dient dabei dem **Schutz des deutschen Arbeitsmarktes** sowie der besonders schutzbedürftigen **ausländischen Arbeitnehmer** (vgl. ergänzend → vor §§ 15 ff. Rn. 2, sowie *Niebler/Biebl/Roß* Rn. 648).   2

Die Strafvorschrift des § 15 Abs. 1 war als damals einziger Absatz des § 15   3 bereits Gegenstand der ersten Fassung des AÜG. Die ursprünglich vorgesehene Mindeststrafe von 1.000 DM wurde durch Art. 250 EGStGB (v. 2.3.1974, BGBl. I S. 469 (612)) beseitigt, da sie wegen Verstoßes gegen das Rechtsstaatsprinzip für verfassungswidrig gehalten worden war (vgl. Vorlagebeschluss des BayObLG an das BVerfG 14.11.1973, NJW 1974, 384).

Das tatbestandliche Verhalten des § 15 stellt gewissermaßen eine **Kombi-**   4 **nation aus** den beiden Ordnungswidrigkeitentatbeständen der **§ 404 Abs. 2 Nr. 3 SGB III und § 16 Abs. 1 Nr. 1** dar (vgl. *Urban-Crell/Schulz,* die allerdings noch auf § 404 Abs. 2 Nr. 2 SGB III aF Bezug nehmen). Ist daher eine dieser beiden Voraussetzungen (Überlassung ohne Erlaubnis; Arbeitnehmer ohne Arbeitserlaubnis) ungewiss, bleibt trotz des Grundsatzes *in dubio pro reo* immer noch eine Ordnungswidrigkeit bestehen. Eine **Wahlfeststellung** zwischen einem der Ordnungswidrigkeitentatbestände und § 15 **ist nicht möglich,** da Ordnungswidrigkeiten und Straftaten nicht rechtsethisch und psychologisch vergleichbar sind (vgl. *Sandmann/Marschall* § 15 Rn. 8; generell zu den Voraussetzungen einer ungleichartigen Wahlfeststellung *Fischer* § 1 Rn. 26).

II. Der Tatbestand des § 15 Abs. 1

1. Täter: Verleiher ohne Verleiherlaubnis

a) Verleiher im Rahmen einer „wirtschaftlichen Tätigkeit". Täter   5 des § 15a ist der **Verleiher,** dh derjenige, der als Arbeitgeber einen Arbeitnehmer an einen Dritten iSd § 1 Abs. 1 S. 1 überlässt. Durch den Verweis auf § 1 Abs. 1 S. 1 wird deutlich, dass **nur ein Verleiher** Täter sein kann, der **im Rahmen seiner wirtschaftlichen Tätigkeit** handelt, da nur er einer Erlaubnis nach § 1 Abs. 1 S. 1 bedarf. Dass es dabei trotz des insoweit etwas missverständlichen Satzbaus und der grammatikalisch unklaren Bezugs des Wortes „ihrer" in § 1 Abs. 1 S. 1 auf die wirtschaftliche Tätigkeit des Verleihers ankommt, ergibt sich neben der Systematik des AÜG auch daraus, dass das Merkmal an die Stelle des bis 30.11.2011 geltenden Merkmals der „Gewerbsmäßigkeit" getreten ist, das sich sprachlich eindeutig auf den Entleiher bezogen hatte. Zu den durch diese Gesetzesänderung erwünschten (vgl. BT-Drs. 17/4804, 8) Erweiterungen des Anwendungsbereichs des AÜG (und damit auch seines § 15) vgl. die Kommentierung zu → § 1 Rn. 102.

6   Für **Altfälle** vor dem 1.12.2011 ist – mit dem weniger weit reichenden Anwendungsbereich insoweit als lex mitior (§ 2 Abs. 3 StGB) – die Altfassung des § 1 entscheidender Maßstab für die Prüfung des § 15, dh nur Fälle des **gewerbsmäßigen Verleihs** können strafbarkeitsbegründend wirken. Dieses Erfordernis darf nicht mit der **Gewerbsmäßigkeit des illegalen Verleihens** verwechselt werden, die einen **schweren Fall nach Abs. 2** begründen kann (vgl. näher → Rn. 24 ff. sowie Schüren/Hamann/*Stracke* § 15 Rn. 21). Vielmehr war hier der gewerbe- bzw. steuerrechtliche Gewerbsmäßigkeitsbegriff ausreichend. Insoweit genügte auch ein **einziges illegales Verleihen** durch einen im Übrigen legal handelnden gewerbsmäßigen Verleiher (vgl. BGH 14.4.1981, NJW 1982, 394; *Niebler/Biebl/Roß* Rn. 649; *Sandmann/Marschall* § 15 Rn. 7).

7   **b) Fehlen der Verleiherlaubnis. Ohne Erlaubnis gem. § 1** muss der Verleiher handeln, dh eine **Strafbarkeit** nach § 15 Abs. 1 ist in folgenden Fällen **ausgeschlossen:**

8   **aa)** Eine **Erlaubnis** nach § 1 **ist vorhanden;** in diesen Fällen kommt allenfalls eine Ordnungswidrigkeit nach § 404 Abs. 2 Nr. 3 SGB III in Betracht, wenn der Arbeitnehmer keine Arbeitserlaubnis nach Maßgabe des AufenthaltsG bzw. des SGB III hat. Zur Frage nach Wirksamkeit oder Rechtmäßigkeit der erteilten Erlaubnis vgl. → vor §§ 15 ff. Rn. 28 ff.

9   **bb)** Eine **Erlaubnis** nach § 1 wird **nicht benötigt:** Neben den Fällen, in denen die Voraussetzung des § 1 Abs. 1 S. 1 *a priori* nicht vorliegen (zB bei Verleihen außerhalb der wirtschaftlichen Tätigkeit, vgl. → Rn. 5, welches freilich seltener vorliegen wird als nach früherer Rechtslage Fälle des nichtgewerbsmäßigen Verleihens), sind dies unstreitig insbesondere die Fälle des § 1 Abs. 3 (vgl. Ulber/*D. Ulber* § 15 Rn. 5), also

– die sog. Nachbarschaftshilfe (Nr. 1, erweitert durch Nr. 2a),
– bestimmte Fälle der konzerninternen Arbeitnehmerüberlassung (Nr. 2)
– die Aufgabenverlagerung von einem auf einen anderen Arbeitgeber unter Fortbestand des Arbeitsverhältnisses mit dem alten Arbeitgeber bei tarifvertraglichen Regelungen im öffentlichen Dienst (Nr. 2b)
– die Überlassung zwischen juristischen Personen des öffentlichen Rechts (nach Maßgabe von Nr. 2c) sowie
– bestimmte Arbeitnehmerüberlassungen bei Joint Ventures (Nr. 3; näher zu den Voraussetzungen des § 1 Abs. 3 → § 1 Rn. 204, sowie Schüren/Hamann/*Hamann* § 1 Rn. 424 ff.).

10 **Umstritten** sind dagegen die **Fälle des § 1a Abs. 1.** Während eine Ansicht beim Fehlen der Anzeige nach § 1a Abs. 1 alleine den Ordnungswidrigkeitentatbestand des § 16 Abs. 1 Nr. 2a als erfüllt ansieht (Ulber/*D. Ulber* § 15 Rn. 5), geht eine andere Ansicht offenbar davon aus, dass auch hier strafrechtliche Konsequenzen möglich sind (so wohl Schüren/Hamann/*Hamann* § 1a Rn. 69; MüKo-StGB/*Mosbacher* § 15 Rn. 10; *Ulrici* HK-AÜG § 15 Rn. 8). **Richtigerweise** wird man in Fällen, in denen keine Erlaubnis nach § 1 benötigt wird, sondern nur eine (tatsächlich unterlassene) Anzeige nach § 1a erforderlich gewesen wäre, **keine Strafbarkeit** nach § 15 Abs. 1 annehmen können (so auch Dornbusch/Fischmeier/Löwisch/*Reineke* AÜG § 15 Rn. 2;

Wittig § 3 4 Rn. 25): Dafür spricht zum einen mit Blick auf den ausdrücklichen Bezug auf § 1 (und nicht auf § 1a) in § 15 Abs. 1 der Grundsatz *nulla
poena sine lege* **(Art. 103 Abs. 2 GG);** zum anderen macht auch die Differenzierung zwischen dem Überlassen ohne Erlaubnis und dem bloßen Überlassen ohne erforderliche Anzeige in § 16a Abs. 1 Nr. 1 bzw. Nr. 2a deutlich,
dass der Gesetzgeber Fälle einer fehlenden Anzeige denen einer fehlenden
Genehmigung offensichtlich nicht gleichstellen wollte.

    cc) Eine **Nachwirkung** nach **§ 2 Abs. 4 S. 4** liegt vor: Im Abwicklungs-   **11**
zeitraum gem. § 2 Abs. 4 S. 4 gilt die Erlaubnis als fortbestehend, so dass kein
Handeln ohne Erlaubnis vorliegt (vgl. auch Ulber/*D. Ulber* § 15 Rn. 11; *Ulrici*
HK-AÜG § 15 Rn. 8).

    Dagegen steht der Annahme des Fehlens einer Verleiherlaubnis nicht ent-   **11a**
gegen, dass für den Arbeitnehmer eine unionsrechtlich erteilter A 1-Entsen-
debescheinigung (bzw. früherer E 101-Entsendebescheinigungen) vorliegt, da
die Bindungswirkung dieser Bescheinigung nur die Zugehörigkeit zu einem
bestimmten nationalen Sozialversicherungssystem betrifft, aber keine Aussagen über die Verleiherlaubnis enthält, vgl. OLG Bamberg 9.8.2016, NZA-
RR 2016, 597 mAnm Bissels/Heitfeld ZWH 2016, 362.

2. Tathandlung: Überlassen eines Ausländers ohne Arbeitserlaub-
nis an einen Dritten

    a) Überlassener: Ausländer ohne Arbeitserlaubnis. Ein **Ausländer**   **12**
ohne einen die Ausübung einer Beschäftigung erlaubenden **Aufenthaltstitel**
nach § 4 Abs. 3 AufenthaltsG und **ohne Arbeitsgenehmigung nach**
§ 284 SGB III muss der Überlassene sein: Ausländer ist dabei derjenige,
der **nicht deutscher Staatsangehöriger** und nicht Volkszugehöriger nach
Maßgabe des Art. 116 Abs. 1 GG (ErfK/*Wank* § 15 Rn. 4) ist. Schon nach der
früheren, den Plural verwendeten Gesetzesfassung genügte nach herrschender
und zutreffender Ansicht bereits die Überlassung **eines** Ausländers ohne
Genehmigung (vgl. nur BGH 14.4.1981, JR 1982, 260 (261), sowie vertiefend zu Numerus-Angaben und Wortlautgrenze *Kudlich* Puppe-FS 2011,
123 ff.). Nach der seit 1.1.2005 geltenden Fassung, die von der Überlassung
„eines" Ausländers spricht, ist dies nunmehr unzweifelhaft der Fall (zutreffend
MüKo-StGB/*Mosbacher* AÜG § 15 Rn. 12). Zusammenfassend zu Straf- und
Bußgeldrisiken bei der Beschäftigung von Ausländern und insbesondere
Flüchtlingen *Krug/Güttner* ArbR 2016, 215 ff.

    Ein **erforderlicher Aufenthaltstitel nach § 4 Abs. 3 AufenthaltsG**   **13**
bzw. eine erforderliche **Genehmigung nach § 284 SGB III** müssen dem
Überlassenen fehlen; vgl. hierzu bereits näher → vor §§ 15 ff. Rn. 27 ff. Eine
wirksame Genehmigung liegt auch in dem Zeitraum nicht vor, ab dem eine
ursprünglich vorhandene Genehmigung hinsichtlich ihrer Dauer überschritten worden ist (vgl. Schüren/Hamann/*Stracke* § 15 Rn. 20).

    b) Überlassen an einen Dritten. Der Verleiher muss den Arbeitnehmer   **14**
an **einen Dritten überlassen** haben:

    aa) Als **Dritter** kommt grundsätzlich jeder in Betracht, der nicht der   **15**
Verleiher und nicht der Arbeitnehmer ist; eine wirtschaftliche Abhängigkeit

des Verleihers vom Entleiher steht dem nicht notwendig entgegen. **Innerhalb von Konzernen** kann es allerdings auf Grund der Sonderregelungen des **§ 1 Abs. 3** am Genehmigungserfordernis des § 1 Abs. 1 S. 1 fehlen (vgl. → Rn. 9).

16   **Umstritten** ist, ob der Tatbestand voraussetzt, dass der Arbeitnehmer an einen **Entleiher in Deutschland** überlassen wird (dafür *Sandmann/Marschall* § 15 Rn. 11; Schüren/Hamann/*Stracke* § 15 Rn. 20; dagegen Boemke/Lembke/*Boemke* § 15 Rn. 12; Ulber/*D. Ulber* § 15 Rn. 14). Richtigerweise wird zu differenzieren sein: Soweit der Arbeitnehmer an einen **in Deutschland ansässigen Entleiher** überlassen wird und dieser nur einen **Einsatz im Ausland** durchführen lässt, besteht gleichwohl ein ausreichend enger Bezug zu Deutschland, der auch eine Erlaubnis iSd § 4 Abs. 3 AufenthaltsG bzw. Genehmigung nach § 284 SGB III erfordert. Insoweit kommt hier auch eine Strafbarkeit nach § 15 Abs. 1 grundsätzlich in Betracht.

17   Wird der Arbeitnehmer dagegen an einen **im Ausland ansässigen Entleiher** zu einem Auslandseinsatz überlassen, spricht mehr dafür, § 15 Abs. 1 nicht anzuwenden (ebenso etwa *Ulrici* HK-AÜG § 15 Rn. 3). Zwar könnte man auch hier argumentieren, dass der Erlaubnisvorbehalt von der Tätigkeit des Verleihers herrührt und damit einen ausreichenden Bezug zum Inland hat. Da dieser aber, wenn er in der Situation des Entleihers den Arbeitnehmer unmittelbar beschäftigen würde, außerhalb des räumlichen Geltungsbereiches des AufenthaltsG bzw. des SGB III keine Genehmigung nach deutschem Recht bedürfte, fehlt es an der typischen Unrechtskombination von Verstößen gegen § 1 Abs. 1 S. 1 und § 4 Abs. 3 AufenthaltsG bzw. § 284 SGB III, die den Charakter des § 15 Abs. 1 als Straftat begründet.

18   **bb)** Der Arbeitnehmer muss **überlassen** worden sein (vgl. dazu ausführlich *Marschall* Rn. 51 ff., sowie Schüren/Hamann/*Hamann* § 1 Rn. 85 ff.). Dafür genügt nicht der Vertragsschluss zwischen Entleiher und Verleiher (unstreitig), sondern es muss ein **tatsächliches Überlassen** stattgefunden haben, dh es muss zumindest der Entleiher Weisungen an den Arbeitnehmer gerichtet (so Ulber/*D. Ulber* § 15 Rn. 14) bzw. der Verleiher dem Entleiher das Weisungsrecht ermöglicht haben (so Boemke/Lembke/*Boemke* § 15 Rn. 14). Eine genaue Prüfung, ob tatsächlich bereits ein vollendetes Überlassen vorliegt, ist besonders wichtig, da der Versuch einer Tat nach § 15 nicht unter Strafe gestellt ist (vgl. auch → vor §§ 15 ff. Rn. 32 ff.).

19   Zum Verhältnis zur **Arbeitsvermittlung** (vgl. § 35 Abs. 1 S. 2 SGB III) siehe OLG Oldenburg 8.2.1995, wistra 1995, 198; *Marschall* Rn. 99 ff.; zur Abgrenzung zum **Werkvertrag** vgl. → § 1 Rn. 69 ff., *Deich* AuA 2009, 412 ff.; *Marschall* Rn. 102 ff., *Millich/Schäfer* wistra 1986, 205 (206); MüKo-StGB/*Mosbacher* AÜG § 15 Rn. 6 = Graf/Jäger/Wittig/*Mosbacher* AÜG § 15 Rn. 5 sowie Müller-Gugenberger/Bieneck/*Henzler* § 37 Rn. 20 ff., 66 und BGH 12.2.2003, NJW 2003, 1821; KG 11.10.2000, EzAÜG § 611 BGB Abgrenzung Nr. 7; 26.1.2000, EzAÜG § 16 AÜG Nr. 13; speziell zur Abgrenzung bei werkvertragsfremden Leistungen (im Rahmen reglementierter Kontingente für Werkverträge durch bilaterale Abkommen) sowie zur (eigenständige Werke ausschließenden) „Vermischung" mit anderen Arbeit-

nehmern LG Oldenburg 8.10.2004, wistra 2005, 117 mAnm *Südbeck;* (über-
trieben) krit. zur geringen Bestimmtheit des Überlassungsbegriffs *Millich/*
Schäfer, wistra 1986, 205 (206 mit Blick auf die parallele Problematik in den
Ordnungswidrigkeitentatbeständen des § 16).

3. Subjektiver Tatbestand

Eine Strafbarkeit nach § 15 setzt nach allgemeinen Grundsätzen (vgl. § 15 **20**
StGB) **Vorsatz** voraus. Dazu sowie zu Irrtumsfragen vgl. näher → vor
§§ 15 ff. Rn. 10 ff.

III. Strafe

1. Höhe der Strafdrohung

In den Fällen des § 15 Abs. 1 beträgt die Strafandrohung **Geldstrafe oder 21
Freiheitsstrafe bis zu 3 Jahren,** dh:
– Die **Geldstrafe** kann nach § 40 Abs. 1 S. 2 StGB zwischen **5 und 360
  Tagessätzen** liegen, wobei ein Tagessatz auf **mindestens einen und
  höchstens 30.000 Euro** festgesetzt wird (vgl. § 40 Abs. 2 S. 3 StGB). Für
  die Höhe des Tagessatzes ist nach § 40 Abs. 2 S. 2 StGB der dreißigste Teil
  eines **Nettoeinkommens** des Täters maßgeblich, wobei die Berechnung
  nicht nach steuerrechtlichen Grundsätzen erfolgt, sondern strafrechtliche
  Besonderheiten zu berücksichtigen sind (vgl. ausführlicher *Fischer* § 40
  Rn. 7 ff.).
– Die **Freiheitsstrafe** kann nach § 15 Abs. 1 iVm § 38 Abs. 2 StGB **einen
  Monat bis 3 Jahre** betragen. Allerdings soll nach § 47 StGB eine Freiheitsstrafe unter 6 Monaten nur ausnahmsweise verhängt und stattdessen auf
  eine Geldstrafe zurückgegriffen werden.

2. Allgemeine Grundsätze der Strafbemessung

Für die Möglichkeit, bei einer – in Fällen des § 15 Abs. 1 wohl regelmäßig **22**
vorliegenden – Bereicherung des Täters eine **Geldstrafe neben einer Freiheitsstrafe** zu verhängen (vgl. § 41 StGB) sowie für die Möglichkeit einer
Ersatzfreiheitsstrafe bei uneinbringlicher Geldstrafe (vgl. § 43 StGB) gelten
die allgemeinen Vorschriften. Dasselbe gilt für die Strafzumessung, bei der
die in § 46 StGB genannten Grundsätze zu berücksichtigen sind. Ob dabei
das von *Sandmann/Marschall* (§ 15 Rn. 14) erhobene Postulat, der „Wille des
Gesetzgebers, gegen illegale Arbeitnehmerüberlassungen wirksam einzu-
schreiten", werde „von den Gerichten zu beachten sein", in dieser pauschalen
Form mit dem Doppelverwertungsverbot des § 46 Abs. 3 StGB vereinbar ist,
darf bezweifelt werden.

3. Konkurrenzen

Wichtiger Ausgangspunkt für die Strafzumessung im konkreten Einzelfall **23**
ist auch das **Konkurrenzverhältnis mehrerer Verstöße** gegen § 15. Bei
mehrfachen Überlassungen – wohl auch hinsichtlich desselben Arbeitneh-

mers – soll in der Regel Tatmehrheit vorliegen (vgl. etwa Boemke/Lembke/ *Boemke* § 15 Rn. 25). Etwas anderes soll nach Ulber/*D. Ulber* (§ 15 Rn. 19) gelten, wenn das mehrfache Überlassen eine Gewerbsmäßigkeit nach § 15 Abs. 2 (vgl. dazu → Rn. 27 ff.) begründet; dann soll offenbar nur eine, dafür jedoch gewerbsmäßig begangene Tat vorliegen. Dies erscheint zweifelhaft, da die Beurteilung einer Tat als Bestandteil einer gewerbsmäßigen Begehung gerade nicht notwendig davon abhängt, welche und wie viele Taten konkret mit abgeurteilt werden (ablehnend etwa auch *Ulrici* HK-AÜG § 15 Rn. 16).

IV. Besonders schwere Fälle nach Absatz 2

1. Allgemeines

24 § 15 Abs. 2 wurde mit Wirkung vom 1.7.1975 in das AÜG eingeführt (vgl. BGBl. I S. 1542).

25 Nach seiner Rechtsnatur ist § 15 Abs. 2 eine **Strafzumessungsregel** und keine Qualifikation. Dennoch ist nach allgemeinen Grundsätzen ein **(Quasi-)Vorsatz** hinsichtlich der jeweiligen Erschwernisgründe erforderlich. Zur Teilnahme bei besonders schweren Fällen vgl. allgemein *Fischer* § 46 Rn. 105.

26 Satz 1 regelt die sog. unbenannten schweren Fälle (vgl. näher → Rn. 33 ff.), während Satz 2 sog. **Regelbeispiele der Strafzumessung** enthält. Dies bedeutet, dass beim Vorliegen der entsprechenden Merkmale ein besonders schwerer Fall zwar regelmäßig vorliegt, dass die Beispiele aber **in doppelter Hinsicht nicht abschließend** sind: Zum einen kann trotz ihres Vorliegens ein besonders schwerer Fall verneint werden; zum anderen sind neben ihnen noch weitere, unbenannte schwere Fälle möglich.

2. Gewerbsmäßiges Handeln (§ 15 Abs. 2 S. 2 Alt. 1)

27 Der Strafschärfungsgrund des gewerbsmäßigen Handelns ist – nicht zuletzt schon mit Blick auf § 46 Abs. 3 StGB – von der Gewerbsmäßigkeit als Merkmal bei Altfällen des § 15 Abs. 1 S. 1 iSd gewerbsmäßigen Arbeitnehmerüberlassung nach § 1 aF (vgl. dazu → § 1 Rn. 95 ff.) zu unterscheiden. Es handelt sich hier um einen spezifisch **strafrechtlichen Begriff der Gewerbsmäßigkeit** (vgl. BGH 14.4.1981, NStZ 1981, 303; Boemke/Lembke/*Boemke* § 15 Rn. 31; Erbs/Kohlhaas-*Ambs* A 184 § 15 Rn. 14; HWK/*Kalb* § 15 Rn. 13; *Niebler/Biebl/Roß* Rn. 655; *Sandmann/Marschall* § 15 Rn. 17; Schüren/Hamann/*Stracke* § 15 Rn. 40; vgl. auch BT-Drs. 7/3100, 6); dieser setzt voraus, dass der Täter in der Absicht handelt, sich gerade durch die wiederholte illegale Überlassung ausländischer Leiharbeitnehmer eine **nicht nur vorübergehende Einnahmequelle von einigem Gewicht** zu verschaffen (vgl. Boemke/Lembke/*Boemke,* § 15 Rn. 31; *Sandmann/Marschall* § 15 Rn. 18; allgemein zum strafrechtlichen Gewerbsmäßigkeitsbegriff bereits BGH 8.11.1951, BGHSt 1, 383).

28 Nach allgemeinen Grundsätzen kann das Merkmal der Gewerbsmäßigkeit auch **bereits bei der ersten Tat** vorliegen, falls schon diese in der oben genannten Absicht begangen wurde (vgl. dazu allgemein bereits RG 3.2.1920, RGSt 54, 230).

Nach Ansicht des **BGH** (14.4.1981, NStZ 1981, 303) setzt das Vorliegen 29 eines besonders schweren Falles bei gewerbsmäßigem Handeln zusätzlich voraus, dass das **Verhalten** des Verleihers **als besonders strafwürdig** erscheint, was insbesondere bei einer Ausbeutung oder sonstigen Benachteiligung des Leiharbeitnehmers der Fall sein kann (wohl zust. Boemke/Lembke/ *Boemke* § 15 Rn. 31; ErfK/*Wank* AÜG § 15 Rn. 6; Schüren/Hamann/*Stracke* § 15 Rn. 43). In der Literatur wird diese Einschränkung teilweise deswegen kritisiert, weil der Eigennutz bereits ein eigenes Regelbeispiel in Alt. 2 begründe, so dass letztlich beide Alternativen miteinander vermischt würden (vgl. etwa *Bückle* BB 1981, 1529, 1531; Erbs/Kohlhaas/*Ambs* A 184 § 15 Rn. 15; Ulber/*D. Ulber* § 15 Rn. 25).

Hinsichtlich der Entscheidung dieses Streites ist zwar Boemke/Lembke/ 30 *Boemke* (→ § 15 Rn. 31) darin zuzustimmen, dass „die Regelbeispiele nur eine Indizwirkung haben und die Annahme eines besonders schweren Falles immer eine Gesamtwürdigung (…) erfordert". Allerdings ändert dies nichts daran, dass das Vorliegen eines Regelbeispiels gesetzessystematisch eine Regel-Ausnahme-Konstellation begründet. Die Frage ist daher durchaus von Bedeutung, um zu entscheiden, ob beim bloßen Vorliegen einer Gewerbsmäßigkeit auch ohne den Nachweis weiterer „besonders strafwürdiger" Umstände für den Regelfall von einem besonders schweren Fall auszugehen und sein Nichtvorliegen daher besonders begründungsbedürftig ist oder nicht. Auf dieser Grundlage spricht nun mehr dafür, die **Gewerbsmäßigkeit** des Handelns **als solche** für die Begründung der Regelvermutung **genügen zu lassen,** da anderenfalls nicht nur die Gesetzessystematik vermengt, sondern auch dem Schutzzweck des § 15 Abs. 2 S. 2 Alt. 1 nicht ausreichend Rechnung getragen werden würde (zutr. Ulber/*D. Ulber* § 15 Rn. 17).

3. Handeln aus grobem Eigennutz (§ 15 Abs. 2 S. 2 Alt. 2)

Das – etwa auch aus dem Steuerstrafrecht (vgl. § 370 Abs. 3 S. 1 AO) 31 bekannte – Merkmal des Handelns aus **grobem Eigennutz** setzt ein **Gewinnstreben** voraus, das deutlich über das übliche kaufmännische Maß hinausgeht (vgl. nur *Sandmann/Marschall* § 15 Rn. 19), jedoch noch nicht in den Bereich der „Gewinnsucht" hineinreichen muss (vgl. Boemke/Lembke/ *Boemke* § 15 Rn. 32).

Objektive Indizien für ein solches Gewinnstreben können entweder in der 32 Natur bzw. der Situation des Arbeitnehmers begründet sein (so beim Ausnutzen einer Notlage, vgl. Boemke/Lembke/*Boemke* § 15 Rn. 32, sowie Ulber/ *D. Ulber* § 15 Rn. 26 oder beim Nichtabführen der Sozialversicherungsbeiträge, vgl. Erbs/Kohlhaas/*Ambs* A 184 § 15 Rn. 16) oder aber in der Sphäre des Verleihers liegen (so etwa – allerdings wohl nur als schwaches Indiz – das Einkalkulieren einer gegenüber Normalfällen **deutlich höheren Gewinnspanne** vgl. *Niebler/Biebl/Roß* Rn. 657; Schüren/Hamann/*Stracke* § 15 Rn. 44; insoweit aA *Ulber* § 15 Rn. 18). Ein auffälliges Missverhältnis der Arbeitsbedingungen gegenüber sonstigen Fällen der Arbeitnehmerüberlassung allein soll noch nicht ohne weiteres genügen (vgl. Ulber/*D. Ulber* § 15 Rn. 26).

4. Sonstige besonders schwere Fälle

33   Über die Regelbeispiele des § 15 Abs. 2 S. 2 hinaus sind besonders schwere Fälle iSd § 15 Abs. 2 S. 1 möglich, wenn eine **Gesamtwürdigung aller Umstände** ergibt, dass der Unrechts- und Schuldgehalt eines Verhaltens so weit über dem Durchschnitt vergleichbarer Fälle liegt, dass der erhöhte Strafrahmen des § 15 Abs. 2 gerechtfertigt erscheint (vgl. *Sandmann/Marschall* § 15 Rn. 16; Schüren/Hamann/*Stracke* § 15 Rn. 45; Ulber/*D. Ulber* § 15 Rn. 22; *Ulrici* HK-AÜG § 15 Rn. 15; allgemein zu diesem Kriterium für das Vorliegen besonders schwerer Fälle etwa BGH 28.2.1979, BGHSt 28, 318 (319), sowie *Fischer* § 46 Rn. 88).

34   Als **Beispiele** werden in Rechtsprechung und Literatur etwa genannt: Das Erzielen eines **großen Gewinns** über einen **langen Zeitraum** hinweg (AG Kehl 13.7.1987, NStZ 1988, 79 (80)); die Beschäftigung mit **besonders gefährlichen oder sittlich zu missbilligenden Tätigkeiten;** das Entstehen besonders großer Schäden; eine besondere **Hartnäckigkeit** oder **Niederträchtigkeit** auf der subjektiven Tatseite (vgl. zu den vorangegangenen Beispielen Boemke/Lembke/*Boemke* § 15 Rn. 30; *Sandmann/Marschall* § 15 Rn. 16; Schüren/Hamann/*Stracke* § 15 Rn. 46).

35   Dagegen liegt **kein gewichtiges Indiz** für einen besonders schweren Fall des § 15 allein darin, dass konkurrierend auch **andere Tatbestände** (zB § 266a StGB) verwirklicht worden sind (vgl. auch Ulber/*D. Ulber* § 15 Rn. 23). Wie stets bei der Arbeit mit unbenannten besonders schweren Fällen, so ist auch hier zu berücksichtigen, dass knappe Äußerungen aus Rechtsprechung und Literatur, die sich auf spezielle Einzelfälle beziehen, nicht immer und ohne weiteres übertragbar sind, sondern dass jeweils auf alle Umstände des Einzelfalls abgestellt werden muss.

V. Weitere Rechtsfolgen im Zusammenhang mit § 15

35a   Mit Verstößen gegen die Anforderungen an eine legale Arbeitnehmerüberlassung können neben einer Strafbarkeit nach dem AÜG noch weitere Rechtsfolgen einhergehen, die strafrechtlicher, aber auch zivil-, sozial- oder verwaltungsrechtlicher Natur sein können (vgl. zusammenfassend auch Achenbach/Ransiek/*Kaul,* Teil 12 Kap. 3 Rn. 95 ff.).

1. Weitere Straftaten oder Ordnungswidrigkeiten des Verleihers

36   Vgl. zunächst → vor §§ 15 ff. Rn. 33 ff. Aus dem SGB III kommen für den Verleiher insbesondere § 404 Abs. 2 Nr. 3, aus dem SchwarzArbG §§ 10 und 11 in Betracht. Da der Verleiher auch bei einer Überlassung ohne Genehmigung nach § 10 Abs. 3 wie ein Arbeitgeber haftet, kann er sich wegen § 370 AO (iVm § 38 Abs. 3, 41a EStG) oder § 266a StGB strafbar machen.

2. Strafrechtliche Einziehung

Neben der Verhängung einer Strafe (vgl. → Rn. 21 f.) ist nach § 73 **36a**
Abs. 1 StGB (ggf. iVm § 73c StGB) die Einziehung des durch die Tat
erlangten bzw. seines Wertes anzuordnen, wenn der Täter für oder durch
die rechtswidrige Tat etwas erlangt hat. *Das gilt nach Aufhebung von § 73
Abs. 1 S. 2 StGB aF nunmehr auch, soweit Schadensersatzansprüche des Opfers
bestehen (was in den Fällen des § 15 ohnehin oft nicht der Fall sein dürfte).*
Angeordnet wird die Einziehung dessen, was der Täter „erlangt" hat, dh
nach dem sog. **Bruttoprinzip** grds. die wirtschaftlichen Werte, die aus
der Tat erlangt sind, in ihrer Gesamtheit ohne Abzug etwaiger Unkosten
des Täters (vgl. zur Systematik des Bruttoprinzips § 73d StGB sowie näher
Kett-Straub/Kudlich, Sanktionenrecht, § 14 Rn. 21 ff.). Ob die in der
Rechtsprechung zur alten Gesetzfassung entwickelten Grundsätze, die dazu
führen konnten, dass bei einer fehlenden Genehmigung, die materiell zu
erteilen gewesen wäre, nur der Differenzbetrag zum Gewinn aus einem
ordnungsgemäßen und genehmigten Verleihvorgang anzusehen wäre, nach
neuem Recht noch Geltung beanspruchen können, ist noch nicht geklärt
(vgl. auch *Kett-Straub/Kudlich,* Sanktionenrecht, § 14 Rn. 27).

3. Zivilrechtliche Folgen eines Verstoßes gegen § 15

Hinsichtlich der **zivilrechtlichen Folgen** ist zu differenzieren, da eine **37**
Strafbarkeit nach § 15 das kumulative Fehlen zweier verwaltungsrechtlicher Erlaubnisse voraussetzt (vgl. näher Boemke/Lembke/*Boemke* § 15
Rn. 34 ff.; Schüren/Hamann/*Stracke* § 15 Rn. 80 ff.; *Hamann* Jura 2003,
361 (366 f.)):
- Das Fehlen der Erlaubnis nach **§ 1 Abs. 1 S. 1** führt nach **§ 9 Abs. 1
  Nr. 1 zur Unwirksamkeit des Verleihvertrages** sowie des Vertrages
  zwischen dem Verleiher und dem Leiharbeitnehmer. § 10 Abs. 1 fingiert
  einen Arbeitsvertrag zwischen dem Entleiher und dem Leiharbeitnehmer (vgl. BGH 24.6.1987, wistra 1988, 27 = EzAÜG § 15 AÜG Nr. 1).
- Die fehlende Arbeitsgenehmigung nach **§ 4 Abs. 3 AufenthaltsG** bzw.
  § 284 SGB III führt nach hM nicht zur Nichtigkeit des Vertrages, sondern nur zu einem **Beschäftigungsverbot.** Dies ist wichtig für die
  Berechnung der Ansprüche des Arbeitnehmers, wenn dieser gleichwohl
  tätig wird, sowie auch für die Möglichkeiten zur Beendigung des
  Arbeitsverhältnisses.
- Soweit man dagegen wegen der fehlenden Arbeitsgenehmigung gleich-
  wohl eine Nichtigkeit annimmt, kann ein Vertrag des Leiharbeitnehmers
  mit dem Entleiher nicht gem. § 10 fingiert werden, da die Nichtigkeit des
  Vertrages mit dem Verleiher nicht auf § 9 Abs. 1 Nr. 1, sondern auf § 134
  BGB beruht. Allerdings dürften die Regelungen über den fehlerhaften
  Arbeitsvertrag Anwendung finden.

4. Sonstige Rechtsfolgen eines Verstoßes gegen § 15

Eine Verurteilung nach § 15 begründet die **gewerberechtliche Unzuver-** **38**
lässigkeit im Zusammenhang mit dem Verleih und der Vermittlung von

Arbeitnehmern. Nach § 3 Abs. 1 Nr. 1 ist daher eine Überlassungserlaubnis oder ihre Verlängerung zu versagen. Gleiches galt für eine Vermittlungserlaubnis nach dem (mittlerweile aufgehobenen) § 293 Abs. 1 S. 1 SGB III.

39   Nach § 21 Abs. 1 Nr. 3 SchwarzArbG sind Verleiher, die gem. § 15 zu einer Freiheitsstrafe von mehr als 3 Monaten oder einer Geldstrafe von mehr als 90 Tagessätzen verurteilt worden sind, von **öffentlichen Aufträgen ausgeschlossen.**

40   Nach § 66 Abs. 4 AufenthaltsG haftet schließlich ein Arbeitgeber, der einen ausländischen Arbeitnehmer unter Verstoß gegen das AufenthaltsG beschäftigt, für die **Abschiebekosten.**

§ 15a Entleih von Ausländern ohne Genehmigung

(1) [1]**Wer als Entleiher einen ihm überlassenen Ausländer, der einen erforderlichen Aufenthaltstitel nach § 4 Abs. 3 des Aufenthaltsgesetzes, eine Aufenthaltsgestattung oder eine Duldung, die zur Ausübung der Beschäftigung berechtigen, oder eine Genehmigung nach § 284 Abs. 1 des Dritten Buches Sozialgesetzbuch nicht besitzt, zu Arbeitsbedingungen des Leiharbeitsverhältnisses tätig werden läßt, die in einem auffälligen Mißverhältnis zu den Arbeitsbedingungen deutscher Leiharbeitnehmer stehen, die die gleiche oder eine vergleichbare Tätigkeit ausüben, wird mit Freiheitsstrafe bis zu drei Jahren oder mit Geldstrafe bestraft. [2]In besonders schweren Fällen ist die Strafe Freiheitsstrafe von sechs Monaten bis zu fünf Jahren; ein besonders schwerer Fall liegt in der Regel vor, wenn der Täter gewerbsmäßig oder aus grobem Eigennutz handelt.**

(2) [1]**Wer als Entleiher**

1. **gleichzeitig mehr als fünf Ausländer, die einen erforderlichen Aufenthaltstitel nach § 4 Abs. 3 des Aufenthaltsgesetzes, eine Aufenthaltsgestattung oder eine Duldung, die zur Ausübung der Beschäftigung berechtigen, oder eine Genehmigung nach § 284 Abs. 1 des Dritten Buches Sozialgesetzbuch nicht besitzen, tätig werden läßt oder**

2. **eine in § 16 Abs. 1 Nr. 2 bezeichnete vorsätzliche Zuwiderhandlung beharrlich wiederholt,**

wird mit Freiheitsstrafe bis zu einem Jahr oder mit Geldstrafe bestraft. [2]Handelt der Täter aus grobem Eigennutz, ist die Strafe Freiheitsstrafe bis zu drei Jahren oder Geldstrafe.

Literatur: Vgl. die Hinweise in den Vorbemerkungen zu §§ 15 ff.

Übersicht

I. Vorbemerkungen

§ 15a regelt ein **strafbares Verhalten des Entleihers.** Dabei setzen sämt- **1** liche Varianten des Tatbestandes voraus, dass ein Entleiher einen ihm überlassenen **Ausländer,** der einen erforderlichen **Aufenthaltstitel nach § 4 Abs. 3 AufenthaltsG** bzw. eine erforderliche **Genehmigung nach § 284 Abs. 1 S. 1 SGB III nicht besitzt,** tätig werden lässt **und dazu** jeweils noch ein **unrechtssteigerndes,** strafbarkeitsbegründendes **Merkmal** erfüllt (vgl. sogleich → Rn. 6 ff.). Die praktische Bedeutung der Vorschrift ist – nicht zuletzt wegen der bei einzelnen Varianten bestehenden Beweisschwierigkeiten und Umgehungsmöglichkeiten – gering (vgl. BT-Drs. 14/4220, 32, 33).

Schutzzweck des § 15a ist zum einen die **Ordnung des Arbeitsmarktes** **2** (vgl. BT-Drs. 10/2102, 20; Boemke/Lembke/*Boemke* § 15a Rn. 2), zum anderen aber auch zumindest in bestimmten Varianten der **Persönlichkeits- und Gesundheitsschutz des Arbeitnehmers** (vgl. Boemke/Lembke/ *Boemke* § 15a Rn. 2; Ulber/*D. Ulber* § 15a Rn. 3).

§ 15a baut in all seinen Varianten auf die Ordnungswidrigkeit nach § 16 **3** Abs. 1 Nr. 2 auf, die derjenige begeht, der einen ihm überlassenen ausländischen Leiharbeitnehmer, der einen Titel nach § 4 Abs. 3 AufenthaltsG bzw. eine erforderliche Genehmigung nach § 284 Abs. 1 S. 1 SGB III nicht besitzt, tätig werden lässt. Da der Gesetzgeber der Ansicht war, dass dieses Verhalten beim Hinzutreten verschiedener weiterer Umstände die Schwelle zum kriminellen Unrecht überschreitet (vgl. BT-Drs. 7/3160, 6), hat er § 16 Abs. 1 Nr. 2 gewissermaßen unter drei unterschiedlichen zusätzlichen Voraussetzungen zum Straftatbestand „hochgestuft": Der Beschäftigung unter ausbeuterischen Arbeitsbedingungen, dem umfangreichen Entleih sowie dem beharrlichen Entleih (vgl. auch Schüren/Hamann/*Stracke* § 15a Rn. 11).

4   Aus diesem Grund ist auch **Absatz 2** der Vorschrift nicht etwa eine Qualifikation zu Absatz 1, sondern **enthält zwei eigene Tatbestände,** die allerdings auf Grund des geringeren Unrechts (Fehlen von ausbeuterischen Arbeitsbedingungen) mit einer geringeren Strafdrohung versehen sind.

5   § 15a wurde mit Wirkung zum 1.7.1975 in das AÜG eingefügt (vgl. BGBl. I S. 1542). Durch das Beschäftigungsförderungsgesetz von 1985 wurde der alte Absatz 2 zu einem neuen Absatz 2 S. 2 und ein neuer Satz 1 eingefügt. Im Jahr 2002 wurde bei der Variante des umfangreichen Entleihs (Absatz 2 Nr. 1) die zusätzliche Voraussetzung eines Entleihs über mindestens 30 Tage gestrichen.

II. Die Tatbestände des § 15a Abs. 1 S. 1 und Abs. 2 S. 1

1. Gemeinsamkeiten

6   Wie oben näher erläutert (vgl. → Rn. 3), kennt § 15a drei verschiedene Erschwernisgründe, die dazu führen, dass ein im Übrigen nach § 16 Abs. 1 Nr. 2 ordnungswidriges Verhalten zur Straftat wird. Die für alle Tatbestände des § 15a Abs. 1 S. 1, Abs. 2 S. 1 **gemeinsamen Strukturen** betreffen den **Entleiher** als Täter sowie das **Tätig-werden-Lassen eines ausländischen Arbeitnehmers** ohne Arbeitserlaubnis als Teil der Tathandlung:

7   **a) Täter: Entleiher.** Täter ist in den Fällen des § 15a stets der **Entleiher,** dh derjenige, dem durch den Verleiher die Befugnis eingeräumt wird, den Anspruch auf die Arbeitsleistung und die notwendigen Weisungsrechte gegenüber dem Leiharbeitnehmer geltend zu machen (vgl. Boemke/ Lembke/*Boemke* § 15a Rn. 4). Daraus ergibt sich zugleich, dass als **Täter ausscheidet, wer Arbeitgeber** des Leiharbeitnehmers ist (vgl. Müller-Gugenberger/Bieneck/*Henzler* § 37 Rn. 130; *Sandmann/Marschall* § 15a Rn. 2).

8   Die Entleihereigenschaft ist ein **strafbarkeitsbegründendes Merkmal** iSd § 28 Abs. 1 StGB, so dass bei Teilnehmern die Strafe nach § 49 Abs. 1 StGB zu mildern ist (vgl. Boemke/Lembke/*Boemke* § 15a Rn. 4). Täterschaft und Teilnahme richten sich im Übrigen nach allgemeinen Regeln.

9   Nach hM kommt § 15a nur in Betracht, wenn der Entleih **mit einer Überlassungserlaubnis** nach § 1 Abs. 1 S. 1 erfolgte (vgl. nur Boemke/ Lembke/*Boemke* § 15a Rn. 4; Schüren/Hamann/*Stracke* § 15a Rn. 12; AnwKomm/*Böhm* AÜG § 15a Rn. 2), da anderenfalls der Entleiher kraft der Fiktion der §§ 10 Abs. 1, 9 Nr. 1 zugleich zum Arbeitgeber würde; in diesen Fällen käme bei Vorliegen von weiteren, insoweit § 15a entsprechenden, Erschwernisgründen nur eine Strafbarkeit nach §§ 10, 11 SchwarzArbG in Betracht (vgl. UGBH/*Urban-Crell* § 15a Rn. 2).

10   Eine solche wechselseitige, **strenge Alternativität** zwischen § 15a und den Strafnormen des SchwarzArbG bzw. den Ordnungswidrigkeitentatbeständen nach dem SGB III ist zwar vom **Wortlaut nicht zwingend** angeordnet (vgl. auch *Bückle* BB 1981, 1529 f.). Immerhin würde eine Verurteilung auch nach § 15a zum Ausdruck bringen, dass zusätzlich noch die Beteiligung an einem illegalen Verleihvorgang in Rede steht. Da andererseits die **Rechtsfolgen** der

§§ 10, 11 SchwarzArbG (vom Strafrahmen bis hin zu den Möglichkeiten besonders schwerer Fälle) **identisch** sind und strukturell üblicherweise der Arbeitgeber als Täter ausscheidet (vgl. → Rn. 7), sprechen gute Gründe dafür, mit der
hM auch bei einem nur fingierten Arbeitsverhältnis mit dem Entleiher § 15a
nicht anzuwenden.

Demgegenüber ist für eine noch weitere **Beschränkung** des Anwen- **11**
dungsbereichs auf **Fälle** im Rahmen einer wirtschaftlichen Tätigkeit (des
Verleihers) iSd § 1 Abs. 1 S. 1 (dafür zum alten Merkmal der Gewerbsmäßigkeit Schüren/Hamann/*Stracke* § 15a Rn. 12) **kein zwingender Grund**
ersichtlich (ablehnend zur alten Fassung auch Boemke/Lembke/*Boemke* § 15a
Rn. 4): Der Wortlaut des § 15a fordert gerade nur einen Entleihvorgang und
nimmt nicht direkt auf § 1 Abs. 1 S. 1 Bezug. Auch vom Schutzzweck ist eine
entsprechende Differenzierung nicht gefordert, da dieser bei Überlassungen
außerhalb einer wirtschaftlichen Tätigkeit in gleicher Weise einschlägig ist.

b) Tathandlung: Tätig-werden-Lassen eines überlassenen auslän- **12**
dischen Arbeitnehmers ohne Genehmigung. Zu den Merkmalen des
ausländischen Arbeitnehmers sowie dem **Erfordernis einer Genehmi-**
gung gelten die Ausführungen zu § 15 (dort → § 15 Rn. 12 f. sowie → vor
§§ 15 ff. Rn. 27 ff.) entsprechend. Fehlt es an diesem Merkmal, weil eine
Genehmigung vorliegt, so ist bei einem Tätig-werden-Lassen zu ausbeuterischen Bedingungen (vgl. § 15a Abs. 1 S. 1) an eine Strafbarkeit wegen Lohnwuchers, § 291 StGB, zu denken.

Tathandlung ist das **Tätig-werden-Lassen.** Ähnlich wie für das Überlassen **13**
(dazu → § 15 Rn. 18) genügt auch hier nicht der Abschluss eines schuldrechtli-
chen Überlassungsvertrages (vgl. Schüren/Hamann/*Stracke* § 15a Rn. 15;
Ulber/*D. Ulber* § 15a Rn. 6), sondern es ist die tatsächliche Arbeitsaufnahme
beim Entleiher (vgl. Boemke/Lembke/*Boemke* § 15a Rn. 5) bzw. zumindest die
konkrete Zuweisung zu einer Tätigkeit durch den Entleiher erforderlich.

2. Zusätzliche Voraussetzungen der unterschiedlichen Tatbestände

a) § 15a Abs. 1 S. 1: Ausbeuterische Arbeitsbedingungen. Nach **14**
§ 15a Abs. 1 S. 1 wird bestraft, wer als Entleiher einen ihm überlassenen
ausländischen Arbeitnehmer ohne erforderliche Arbeitserlaubnis **zu Arbeits-**
bedingungen des Leiharbeitsverhältnisses tätig werden lässt, die in einem
auffälligen Missverhältnis zu den Arbeitsbedingungen deutscher
Leiharbeitnehmer stehen, die die **gleiche oder eine vergleichbare**
Tätigkeit ausüben. § 15a Abs. 1 S. 2 enthält eine Regelung für besonders
schwere Fälle (vgl. → Rn. 38 ff.).

aa) Betrachtungsgegenstand sind die **Arbeitsbedingungen** im Ver- **15**
hältnis **zwischen dem Verleiher und dem Arbeitnehmer,** da der Gesetzgeber mit dem Begriff des „Leiharbeitsverhältnisses" diese Beziehung meint
(vgl. auch § 11; deutlich auch im Gesetzgebungsverfahren in BT-Drs. 7/3100;
ferner Boemke/Lembke/*Boemke* § 15a Rn. 6; *Sandmann/Marschall* § 15a
Rn. 3; Schüren/Hamann/*Stracke* § 15a Rn. 18; *Ulrici* HK-AÜG § 15a
Rn. 15).

16   **bb) Vergleichsgruppe** sind **deutsche Leiharbeitnehmer,** die **die gleiche oder eine vergleichbare** Tätigkeit ausüben.

17   **(1)** Die Bezugnahme auf **deutsche Leiharbeitnehmer** schließt einen Vergleich mit Stammarbeitnehmern ebenso aus wie den mit anderen ausländischen Arbeitnehmern. Fehlt eine entsprechende Vergleichsgruppe, darf auch **nicht hilfsweise** auf die Arbeitsverhältnisse anderer **ausländischer Leiharbeitnehmer** zurückgegriffen werden, da wegen Art. 103 Abs. 2 GG insoweit eine strenge Orientierung am Wortlaut geboten ist (vgl. Boemke/Lembke/*Boemke* § 15a Rn. 7; Schüren/Hamann/*Stracke* § 15a Rn. 19; aA Ulber/*D. Ulber* § 15a Rn. 8, der zumindest Arbeitnehmer aus EWR-Staaten miteinbeziehen möchte). Nicht erforderlich ist dagegen, dass die Arbeitnehmer der Vergleichsgruppe an den gleichen Entleiher überlassen worden sind (vgl. *Niebler/Biebl/Roß* Rn. 665; *Sandmann/Marschall* § 15a Rn. 3), soweit dennoch zumindest von vergleichbaren Tätigkeiten gesprochen werden kann.

18   **(2) Gleich** ist die **Tätigkeit** der Vergleichsgruppe, wenn sie **in wesentlichen Punkten völlig** übereinstimmt. **Vergleichbar,** wenn sie in den **wesentlichen Punkten** zumindest **überwiegend** übereinstimmt (vgl. Schüren/Hamann/*Stracke* § 15a Rn. 21).

19   **(3)** Regelmäßig sollten als aussagekräftige Vergleichsgruppe Leiharbeitnehmer des gleichen Verleihers herangezogen werden; allerdings ist auch dies nicht zwingend (vgl. Boemke/Lembke/*Boemke* § 15a Rn. 7; *Sandmann/Marschall* § 15a Rn. 3; Schüren/Hamann/*Stracke* § 15a Rn. 20; Ulber/*D. Ulber* § 15a Rn. 8, will sogar tarifvertragliche Regelungen als Vergleichsmaßstab zulassen).

20   **cc) Vergleichsgegenstand** sind die **Arbeitsbedingungen** der beschäftigten ausländischen Arbeitnehmer sowie der deutschen Vergleichsgruppe:

21   **(1)** Relevant sind insoweit jedenfalls die **wesentlichen Arbeitsbedingungen,** dh Lohn, Arbeitszeit, Urlaubsregelungen sowie Kündigungsmodalitäten. Nach wohl hM (vgl. Boemke/Lembke/*Boemke* § 15a Rn. 9; Erbs/Kohlhaas/*Ambs* A 184 § 15a Rn. 5; *Sandmann/Marschall* § 15a Rn. 4; Ulber/*D. Ulber* § 15a Rn. 9 f.) sollen aber auch **sonstige Arbeitsbedingungen** ergänzend für den Vergleich herangezogen werden können. Auch wenn man dem folgt, werden freilich die sonstigen (dh nicht wesentlichen) Bedingungen als solche regelmäßig zu keinem „auffälligen Missverhältnis" führen.

22   **(2)** Um einen möglichst guten Schutz der ausländischen Arbeitnehmer zu gewährleisten, will die hM bei der **deutschen Vergleichsgruppe** die **rechtswirksam vereinbarten** (und nicht etwa dahinter zurückbleibende tatsächliche) **Arbeitsbedingungen** zu Grunde legen (vgl. Boemke/Lembke/*Boemke* § 15a Rn. 9; Ulber/*D. Ulber* § 15a Rn. 9), während bei den **ausländischen Leiharbeitnehmern** auf die **tatsächlichen** (und nicht auf etwa nach der Papierform bessere) **Arbeitsbedingungen** abgestellt werden muss (vgl. Boemke/Lembke/*Boemke* § 15a Rn. 6). Insbesondere steht einer Strafbarkeit nach § 15a Abs. 2 S. 1 nicht entgegen, wenn der Arbeitsvertrag auf Grund der ausbeuterischen Bedingungen nach § 138 BGB nichtig ist und daher nach § 612 Abs. 2 BGB an sich eine taxmäßige Vergütung geschuldet wäre.

23   **(3)** Wann ein **Missverhältnis auffällig** ist, beurteilt sich nach allen Umständen des Einzelfalles, wobei auch zu berücksichtigen ist, dass nachteilige Bedingungen in bestimmten Fragen (zB Arbeitszeit) durch gewisse Vorteile in anderen (zB Entlohnung) kompensiert werden können.

Im besonders wichtigen Bereich der **Vergütung** wird als Faustformel ein 24 auffälliges Missverhältnis oft bei einem Lohn angenommen, der **20 % unter demjenigen der Vergleichsgruppe** für die vergleichbare Arbeit liegt (vgl. *Sandmann/Marschall* § 15a Rn. 4; Ulber/*D. Ulber* § 15a Rn. 11); jedenfalls bei einem Unterschied von mehr als einem Drittel wird der Tatbestand regelmäßig erfüllt sein (vgl. Graf/Jäger/Wittig/*Mosbacher* AÜG § 15a Rn. 5). Dabei ist auch bei Arbeitnehmern, deren privater Lebensmittelpunkt noch im Ausland liegt, die **Kaufkraft in Deutschland,** nicht in ihrem Heimatland zu Grunde zu legen (vgl. BGH 22.4.1997, BGHSt 43, 53 (59 f.), dort zu § 291 StGB [= § 302a StGB aF]; Schüren/Hamann/*Stracke* § 15a Rn. 23).

Ferner wird ein auffälliges Missverhältnis in der Regel dann vorliegen, 25 wenn der Vertrag auf Grund des Missverhältnisses nach § 138 BGB **sittenwidrig** ist (vgl. Boemke/Lembke/*Boemke* § 15a Rn. 10; ErfK/*Wank* AÜG § 15a Rn. 4; *Sandmann/Marschall* § 15a Rn. 4; Schüren/Hamann/*Stracke* § 15a Rn. 24). Das Gleiche gilt, wenn ein deutscher Leiharbeitnehmer zu den Arbeitsbedingungen des ausländischen Arbeitnehmers nicht arbeiten würde oder ihm **wegen Unzumutbarkeit Leistungsverweigerungsrechte** zustehen würden, die dem ausländischen Arbeitnehmer vorenthalten werden (so etwa bei einem Barlohn von 5 EUR, vgl. AG Kehl 13.7.1987, NStZ 1988, 79; Ulber/*D. Ulber* § 15a Rn. 11). Dagegen wird der Umstand, dass der Arbeitnehmer in derartigen Konstellationen aus tatsächlichen wie rechtlichen Gründen oft sozialversicherungsrechtlich schlechter gestellt sein wird, als solcher nicht genügen (vgl. aber – wenngleich jeweils zu anderen Vorschriften – AG Kehl 13.7.1987, NStZ 1988, 79; OLG Frankfurt a. M. 25.2.2005, NStZ-RR 2005, 184), da dies bei illegaler Ausländerbeschäftigung so verbreitet sein wird, dass der Gesetzgeber diesen Umstand mitbedacht haben müsste (überzeugend Graf/Jäger/Wittig/*Mosbacher* AÜG § 15a Rn. 5). Freilich soll das Nichtabführen von solchen Sozialversicherungsbeiträgen, die sich etwa bei tariflich geschuldeter Bezahlung ergeben hätten, als Tat nach § 266a StGB in Betracht kommen, vgl. LG Magdeburg 29.6.2010, AuA 2010, 483 = BeckRS 2011, 00689 mAnm *Metz* NZA 2011, 782 ff.

b) § 15a Abs. 2 S. 1 Nr. 1: Illegaler Entleih in großem Umfang. 26 Nach § 15a Abs. 2 S. 1 Nr. 1 macht sich strafbar, wer als Entleiher **gleichzeitig mehr als 5 Ausländer** ohne erforderliche Arbeitserlaubnis tätig werden lässt. Es müssen also **mindestens 6** ausländische Leiharbeitnehmer ohne Genehmigung **gleichzeitig** beschäftigt werden, wobei nicht erforderlich ist, dass diese vom selben Verleiher überlassen wurden (vgl. Boemke/Lembke/*Boemke* § 15a Rn. 16; Ignor/Mosbacher/*Paetzold* § 3 Rn. 131; Schüren/Hamann/*Stracke* § 15a Rn. 26; Ulber/*D. Ulber* § 15a Rn. 13). Die starre Gleichzeitigkeitsregelung führt dazu, dass § 15a Abs. 2 S. 1 leicht umgangen bzw. in der Praxis nur schwer kontrolliert werden kann (vgl. auch *Jörs* S. 26, mwN, sowie den Erfahrungsbericht der Bundesregierung in BT-Drs. 14/4220, 32 f.).

Die früher geltende zusätzliche Beschränkung, dass sich der Einsatz auf 27 einen Zeitraum von mindestens 30 Kalendertagen erstrecken muss, wurde mit Wirkung v. 1.8.2002 gestrichen. Soweit einmal noch Altfälle, in denen das Tätig-werden-Lassen vor dem 1.8.2002 lag, zu entscheiden wären, wäre diese Voraussetzung jedoch weiterhin anwendbar, da solche Taten während der Geltung einer Gesetzesfassung begangen wurden (vgl. § 8 StGB), die wegen eines zusätzlichen Strafbarkeitserfordernisses als mildere Strafvorschrift zu betrachten ist (vgl. § 2 Abs. 1, 3 StGB).

28   **c) § 15a Abs. 2 S. 1 Nr. 2: Beharrlicher Entleih.** Nach § 15a Abs. 2 S. 1 Nr. 2 macht sich strafbar, wer eine in **§ 16 Abs. 1 Nr. 2 bezeichnete vorsätzliche Zuwiderhandlung,** dh das Tätig-werden-Lassen eines ausländischen Leiharbeitnehmers ohne erforderliche Arbeitserlaubnis (Titel nach § 4 Abs. 3 AufenthaltsG, Gestattung oder Duldung, „Arbeitsberechtigung EU" nach § 284 SGB III), **beharrlich wiederholt.** Ein beharrliches Wiederholen setzt voraus, dass der Entleiher das Verbot **mindestens zweimal** vorsätzlich verletzt hat, wobei er mindestens einmal **deutlich** auf die Ordnungswidrigkeit seines Handelns **hingewiesen** worden sein muss, zB durch eine behördliche Abmahnung (vgl. BGH 25.2.1992, NStZ 1992, 594 zu § 148 GewO), eine Verwarnung oder einen Bußgeldbescheid (vgl. ErfK/*Wank* AÜG § 15a Rn. 6; *Sandmann/Marschall* § 15a Rn. 9; *Schüren*/Hamann/*Stracke* § 15a Rn. 29).

29   Dass allein ein wiederholter Ordnungsverstoß nach vorheriger Abmahnung bzw. Sanktionierung die Schwelle zum strafwürdigen Unrecht überschreiten soll, erscheint zwar zweifelhaft. Allerdings ist die Figur der Strafbarkeitsbegründung durch beharrliches Zuwiderhandeln auch in anderen Bereichen bekannt (vgl. nur § 148 GewO), so dass in der Praxis mit einer strengen Anwendung dieser Norm gerechnet werden muss.

30   Darüber hinaus wird in der Literatur teilweise vertreten, dass ein beharrliches Wiederholen **auch ohne vorherigen Hinweis** vorliegen kann, wenn dem Täter aus anderen Gründen die Ordnungswidrigkeit seines Handelns klar bewusst gewesen ist bzw. wenn er systematisch und gezielt den Einsatz ausländischer Leiharbeitnehmer so unterbricht, dass er sich einer Strafbarkeit nach Abs. 2 S. 1 Nr. 1 entziehen kann (vgl. Boemke/Lembke/*Boemke* § 15a Rn. 18; Ulber/*D. Ulber* § 15a Rn. 14).

3. Subjektiver Tatbestand

31   Nach § 15 StGB ist auch bei § 15a für alle Tatbestände vorsätzliches Handeln erforderlich. Der **Vorsatz** muss also auf das Vorliegen eines **Entleihvorgangs** (zur Abgrenzung von Leiharbeitsverhältnissen und Werkverträgen sowie entsprechenden Vorsatzproblemen vgl. → vor §§ 15 ff. Rn. 14 f.) sowie auf das Fehlen der erforderlichen Erlaubnis (vgl. dazu → vor §§ 15 ff. Rn. 17 ff.) gerichtet sein.

32   Ferner muss sich der Vorsatz auf die jeweils **zusätzlich erforderlichen Merkmale** des § 15 Abs. 1 S. 1, Abs. 2 S. 1 Nr. 1 bzw. 2 erstrecken. Dies wird beim umfangreichen Entleih (→ Rn. 26 f.) sowie beim beharrlichen Entleih (→ Rn. 28 f.) regelmäßig der Fall sein.

33   Bei den **ausbeuterischen Arbeitsbedingungen** (→ Rn. 14 ff.) kann der Vorsatz dagegen zweifelhaft sein, da es ja gerade nicht um die Arbeitsbedin-

gungen beim Entleiher, sondern um das Verhältnis zwischen Verleiher und Leiharbeitnehmer geht (vgl. → Rn. 15). Allerdings ist insoweit **dolus eventualis** ausreichend, wenn entsprechende Hinweise (zB durch den Arbeitnehmer) gegeben werden (vgl. Boemke/Lembke/*Boemke* § 15a Rn. 11; Ignor/Mosbacher/*Paetzold* § 3 Rn. 128; Schüren/Hamann/*Stracke* § 15a Rn. 36) oder aber sonstige objektive Indizien vorliegen. Nach *Ulber* (Ulber/*D. Ulber* → § 15a Rn. 19) sollen diese auch beim Entleiher selbst möglich sein, wenn dieser an den Verleiher eine so **niedrige Gebühr entrichtet,** dass er auch mit einer ausbeuterischen Bezahlung des Leiharbeitnehmers durch den Verleiher rechnen muss.

Dies ist zwar nach allgemeinen Grundsätzen zweifelhaft, da den Entleiher **34** Umstände außerhalb seiner Sphäre eigentlich nicht interessieren müssten. Indes ist es nach der gesetzlichen Konzeption, welche die Strafbarkeit des Entleihers an Arbeitsbedingungen zwischen Verleiher und Arbeitnehmer anknüpft, durchaus konsequent. Zu weit geht dagegen die Annahme einer **Erkundigungspflicht** des Entleihers über die Arbeitsbedingungen des Arbeitnehmers beim Verleiher, da eine bloße Pflichtverletzung gerade nicht ohne weiteres vorsatzbegründend wirkt (vgl. etwa auch Boemke/Lembke/*Boemke* § 15a Rn. 11; Schüren/Hamann/*Stracke* § 15a Rn. 35; aA Ulber/*D. Ulber* § 15a Rn. 17).

Eine **falsche rechtliche Beurteilung** der in der Sache bekannten Arbeits- **35** bedingungen als „nichtausbeuterisch" schließt den Vorsatz nicht aus. Auch sonstige falsche rechtliche Schlüsse bzw. Einschätzungen werden von der hM nur als Verbotsirrtum behandelt (vgl. ausführlicher → vor §§ 15 ff. Rn. 16 ff.), können aber in bestimmten Fällen möglicherweise dazu führen, dass dem Täter nicht der Vorwurf der „Beharrlichkeit" iSd § 15a Abs. 2 S. 1 Nr. 2 gemacht werden kann (vgl. Schüren/Hamann/*Stracke* § 15a Rn. 39).

III. Strafe

Zur Bedeutung von Geld- und Freiheitsstrafe, zum Tagessatzsystem bei **36** der Geldstrafe sowie zu den Ober- und Untergrenzen nach allgemeinen Vorschriften vgl. → § 15 Rn. 21. Vorbehaltlich weiterer etwaig verwirklichter Erschwernisgründe (vgl. dazu → Rn. 37 ff.) gelten folgende **Strafrahmen:** In Fällen des § 15a Abs. 1 S. 1 kann eine Geldstrafe oder eine Freiheitsstrafe bis zu 3 Jahren verhängt werden; in Fällen des § 15a Abs. 2 S. 1 eine Geldstrafe oder eine Freiheitsstrafe bis zu einem Jahr.

IV. Erschwernisgründe nach § 15a Abs. 1 S. 2 und Abs. 2 S. 2

Der jeweils zweite Satz der beiden Absätze des § 15a enthält **Strafschär-** **37** **fungen,** die sich jedoch jeweils nur auf den ersten Satz des jeweiligen Absatzes beziehen. Dh die in § 15a Abs. 1 S. 2 genannte Gewerbsmäßigkeit ist bei Taten nach § 15a Abs. 2 S. 1 Nr. 1 oder 2 unbeachtlich, da sie dort nicht als Erschwernisgrund genannt wird.

1. § 15a Abs. 1 S. 2

38 § 15a Abs. 1 S. 2 behandelt ausweislich seines klaren Wortlautes **besonders schwere Fälle,** dh keine Qualifikationen, sondern bloße Vorschriften über die Strafhöhe bzw. -zumessung. In besonders schweren Fällen wird der Strafrahmen des § 15a Abs. 1 auf Freiheitsstrafe von **6 Monaten bis zu 5 Jahren** erhöht.

39 § 15a Abs. 1 S. 2 kennt dabei zum einen **unbenannte schwere Fälle.** Zur Frage, wann solche nach allgemeinen Grundsätzen sowie speziell bei der Arbeitnehmerüberlassung vorliegen können, gelten die Ausführungen zu → § 15 Rn. 33 ff. entsprechend.

40 Des Weiteren nennt § 15a Abs. 1 S. 2 zwei **Regelbeispiele** (zur Regelbeispielstechnik allgemein vgl. → § 15 Rn. 25 f.): Das **gewerbsmäßige Handeln,** bei dem die für die Gewerbsmäßigkeit erforderliche Gewinnerzielung gerade auf der Ausbeutung beruhen muss (vgl. Ulber/*D. Ulber* § 15a Rn. 15) sowie den **groben Eigennutz** (zB wenn außergewöhnlich hoher Gewinn beabsichtigt wird, vgl. Ulber/*D. Ulber* § 15a Rn. 16). Zur näheren Auslegung dieser beiden Regelbeispiele gelten die Ausführungen zu → § 15 Rn. 27 ff. sowie 31 f. entsprechend.

41 Die Gewerbsmäßigkeit sowie das Vorliegen von grobem Eigennutz sind persönliche Merkmale, auf die § 28 Abs. 2 StGB entsprechend anzuwenden ist, so dass der höhere Strafrahmen nicht für Teilnehmer gilt, die selbst nicht gewerbsmäßig bzw. aus grobem Eigennutz handeln.

2. § 15a Abs. 2 S. 2

42 Im Unterschied zu § 15a Abs. 1 S. 2 ist in Absatz 2 S. 2 die **Einordnung des Erschwernisgrundes** unklar. Dieser wird teilweise als Qualifikation (so wohl Boemke/Lembke/*Boemke* § 15a Rn. 14; *Sandmann/Marschall* § 15a Rn. 7), teilweise als benannter besonders schwerer Fall (so wohl *Sandmann/Marschall* § 15a Rn. 10; Schüren/Hamann/*Stracke* § 15a Rn. 32 [„Strafschärfung"]) bezeichnet. Obwohl im Gesetzgebungsverfahren im Zusammenhang mit § 15a vor allem von besonders schweren Fällen die Rede ist und das Merkmal des Handelns aus grobem Eigennutz in § 15a Abs. 1 S. 2 ausdrücklich als Regelbeispiel eines besonders schweren Falles behandelt wird, spricht der **Wortlaut** eher für die Annahme einer **Qualifikation.** Da es sich aber jedenfalls um kein bloßes Regelbeispiel, sondern um einen zwingenden benannten besonders schweren Fall handeln würde, ist die Frage letztlich rein akademischer Natur.

43 Zur Auslegung des Begriffs des groben Eigennutzes vgl. → § 15 Rn. 31 f.

V. Weitere Rechtsfolgen im Zusammenhang mit § 15a

1. Weitere Straftaten oder Ordnungswidrigkeiten des Entleihers

44 Da § 15a durchgehend auf den Ordnungswidrigkeitentatbestand des **§ 16 Abs. 1 Nr. 2** aufbaut, ist dieser tatbestandlich stets ebenfalls erfüllt, tritt allerdings nach **§ 21 OWiG** zurück. Es bleibt aber an ihn zu denken, wenn eine

der zusätzlichen, zum Vorliegen eines Straftatbestandes führenden Voraussetzungen nicht vorliegen bzw. nicht bewiesen werden können.

Liegt kein Fall des Entleihens, sondern der **Beschäftigung als Arbeitge-** 45
ber vor, so ist unter im Übrigen ähnlichen Tatbestandsvoraussetzungen eine
Strafbarkeit nach **§§ 10, 11 SchwarzArbG** gegeben. Eine Konkurrenz zwischen den Strafnormen des SchwarzArbG und dem § 15a scheidet aus, da
der Entleiher gerade kein Arbeitgeber ist (vgl. → Rn. 7). Soweit seine
Arbeitgebereigenschaft über §§ 9, 10 Abs. 1 fingiert wird, ist § 15a nicht
anwendbar (vgl. Schüren/Hamann/*Stracke* § 15a Rn. 43). In Zweifelsfällen
ist zwischen beiden Vorschriften eine **Wahlfeststellung** möglich. Ohne
Erschwernisgründe ist als Parallelvorschrift zu § 16 Abs. 1 Nr. 2 im SGB III
für den Arbeitgeber § 404 Abs. 2 Nr. 3 zu beachten.

Eine täterschaftliche Strafbarkeit nach **§ 266a StGB bzw. § 370 AO** (vgl. 46
auch → vor §§ 15 ff. Rn. 34 f.) entfällt für den Entleiher regelmäßig, da
er **nicht Arbeitgeber** und damit auch nicht Abgabenpflichtiger ist. Eine
Beihilfestrafbarkeit des Entleihers nach § 370 AO, § 27 StGB durch die
„Annahme der Arbeit" (dafür Schüren/Hamann/*Stracke*, § 15a Rn. 48) ist
durchaus zweifelhaft (vgl. → vor §§ 15 ff. Rn. 35), da insbesondere auch
eine psychische Beihilfe (dazu Schüren/Hamann/*Stracke*, § 15 Rn. 48) bei
Annahme eines privilegierten neutralen Verhalten ausscheiden würde (vgl.
Kudlich, Die Unterstützung fremder Straftaten durch berufsbedingtes Verhal-
ten, S. 371 f.).

2. Sonstige Rechtsfolgen eines Verstoßes gegen § 15a

Auch eine Strafbarkeit nach § 15a führt zum Ausschluss von öffentlichen 47
Ausschreibungen nach § 21 Abs. 1 S. 1 Nr. 3 SchwarzArbG (vgl. auch
→ § 15 Rn. 39). Zur Möglichkeit der Einziehung von Taterträgen gelten
die Ausführungen zu → § 15 Rn. 36a entsprechend.

§ 16 Ordnungswidrigkeiten

(1) **Ordnungswidrig handelt, wer vorsätzlich oder fahrlässig**
1. **entgegen § 1 einen Leiharbeitnehmer einem Dritten ohne
Erlaubnis überläßt,**
1a. **einen ihm von einem Verleiher ohne Erlaubnis überlassenen
Leiharbeitnehmer tätig werden läßt,**
1b. **entgegen § 1 Absatz 1 Satz 3 einen Arbeitnehmer überlässt oder
tätig werden lässt,**
1c. **entgegen § 1 Absatz 1 Satz 5 eine dort genannte Überlassung
nicht, nicht richtig oder nicht rechtzeitig bezeichnet,**
1d. **entgegen § 1 Absatz 1 Satz 6 die Person nicht, nicht richtig oder
nicht rechtzeitig konkretisiert,**
1e. **entgegen § 1 Absatz 1b Satz 1 einen Leiharbeitnehmer überlässt,**
1f. **entgegen § 1b Satz 1 Arbeitnehmer überläßt oder tätig werden
läßt,**
2. **einen ihm überlassenen ausländischen Leiharbeitnehmer, der
einen erforderlichen Aufenthaltstitel nach § 4 Abs. 3 des Aufent-**

haltsgesetzes, eine Aufenthaltsgestattung oder eine Duldung, die zur Ausübung der Beschäftigung berechtigen, oder eine Genehmigung nach § 284 Abs. 1 des Dritten Buches Sozialgesetzbuch nicht besitzt, tätig werden läßt,

2a. eine Anzeige nach § 1a nicht richtig, nicht vollständig oder nicht rechtzeitig erstattet,

3. einer Auflage nach § 2 Abs. 2 nicht, nicht vollständig oder nicht rechtzeitig nachkommt,

4. eine Anzeige nach § 7 Abs. 1 nicht, nicht richtig, nicht vollständig oder nicht rechtzeitig erstattet,

5. eine Auskunft nach § 7 Abs. 2 Satz 1 nicht, nicht richtig, nicht vollständig oder nicht rechtzeitig erteilt,

6. seiner Aufbewahrungspflicht nach § 7 Abs. 2 Satz 4 nicht nachkommt,

6a. entgegen § 7 Abs. 3 Satz 2 eine dort genannte Maßnahme nicht duldet,

7. *(aufgehoben)*

7a. entgegen § 8 Absatz 1 Satz 1 oder Absatz 2 Satz 2 oder 4 eine Arbeitsbedingung nicht gewährt,

7b. entgegen § 8 Absatz 5 in Verbindung mit einer Rechtsverordnung nach § 3a Absatz 2 Satz 1 das dort genannte Mindeststundenentgelt nicht oder nicht rechtzeitig zahlt,

8. einer Pflicht nach § 11 Abs. 1 oder Absatz 2 nicht nachkommt,

8a. entgegen § 11 Absatz 5 Satz 1 einen Leiharbeitnehmer tätig werden lässt,

9. entgegen § 13a Satz 1 den Leiharbeitnehmer nicht, nicht richtig oder nicht vollständig informiert,

10. entgegen § 13b Satz 1 Zugang nicht gewährt,

11. entgegen § 17a in Verbindung mit § 5 Absatz 1 Satz 1 des Schwarzarbeitsbekämpfungsgesetzes eine Prüfung nicht duldet oder bei dieser Prüfung nicht mitwirkt,

12. entgegen § 17a in Verbindung mit § 5 Absatz 1 Satz 2 des Schwarzarbeitsbekämpfungsgesetzes das Betreten eines Grundstücks oder Geschäftsraums nicht duldet,

13. entgegen § 17a in Verbindung mit § 5 Absatz 3 Satz 1 des Schwarzarbeitsbekämpfungsgesetzes Daten nicht, nicht richtig, nicht vollständig, nicht in der vorgeschriebenen Weise oder nicht rechtzeitig übermittelt,

14. entgegen § 17b Absatz 1 Satz 1 eine Anmeldung nicht, nicht richtig, nicht vollständig, nicht in der vorgeschriebenen Weise oder nicht rechtzeitig zuleitet,

15. entgegen § 17b Absatz 1 Satz 2 eine Änderungsmeldung nicht, nicht richtig, nicht vollständig, nicht in der vorgeschriebenen Weise oder nicht rechtzeitig macht,

16. entgegen § 17b Absatz 2 eine Versicherung nicht beifügt,

17. entgegen § 17c Absatz 1 eine Aufzeichnung nicht, nicht richtig, nicht vollständig oder nicht rechtzeitig erstellt oder nicht oder nicht mindestens zwei Jahre aufbewahrt oder

18. entgegen § 17c Absatz 2 eine Unterlage nicht, nicht richtig, nicht vollständig oder nicht in der vorgeschriebenen Weise bereithält.

(2) Die Ordnungswidrigkeit nach Absatz 1 Nummer 1 bis 1f, 6 und 11 bis 18 kann mit einer Geldbuße bis zu dreißigtausend Euro, die Ordnungswidrigkeit nach Absatz 1 Nummer 2, 7a, 7b und 8a mit einer Geldbuße bis zu fünfhunderttausend Euro, die Ordnungswidrigkeit nach Absatz 1 Nummer 2a, 3, 9 und 10 mit einer Geldbuße bis zu zweitausendfünfhundert Euro, die Ordnungswidrigkeit nach Absatz 1 Nummer 4, 5, 6a und 8 mit einer Geldbuße bis zu tausend Euro geahndet werden.

(3) Verwaltungsbehörden im Sinne des § 36 Absatz 1 Nummer 1 des Gesetzes über Ordnungswidrigkeiten sind in den Fällen des Absatzes 1 Nummer 1, 1a, 1c, 1d, 1f, 2, 2a und 7b sowie 11 bis 18 die Behörden der Zollverwaltung jeweils für ihren Geschäftsbereich, in den Fällen des Absatzes 1 Nummer 1b, 1e, 3 bis 7a sowie 8 bis 10 die Bundesagentur für Arbeit.

(4) § 66 des Zehnten Buches Sozialgesetzbuch gilt entsprechend.

(5) [1]Die Geldbußen fließen in die Kasse der zuständigen Verwaltungsbehörde. [2]Sie trägt abweichend von § 105 Abs. 2 des Gesetzes über Ordnungswidrigkeiten die notwendigen Auslagen und ist auch ersatzpflichtig im Sinne des § 110 Abs. 4 des Gesetzes über Ordnungswidrigkeiten.

Literatur: Vgl. Angaben zu §§ 15 ff. sowie ferner *Benkert,* Änderungen im Arbeitnehmerüberlassungsgesetz durch „Hartz III", BB 2004, 998; *Boemke/Lembke,* Änderungen im AÜG durch das „Job-AQTIV-Gesetz". Fragwürdige Liberalisierung der Zeitarbeit, DB 2002, 893 ff.; Bohnert/Krenberger/Krumm, OWiG, 4. Aufl., 2016; *Brenner,* Das Bruttoprinzip gilt für den Einzeltäter und für Unternehmen, nicht nur für den unschuldigen Täter oder Dritten, NStZ 2004, 256 ff.; *Franzheim,* Die Gewinnabschöpfung wegen Verstoßes gegen arbeitsrechtliche Vorschriften, in: Boewer u. a. (Hg.), Festschrift für Gaul, 1992; *Furier/Kaus,* Leiharbeitnehmer im Betrieb, AiB 2004, 360 ff.; *Göhler,* OWiG, 16. Aufl., 2012 (fortgeführt von *König* und *Seitz*); *Heil,* Die Ordnungswidrigkeit des Unternehmers bei der illegalen Ausländerbeschäftigung durch Nachunternehmer, BB 1999, 2609 ff.; *Kainer/Schweipert,* Werkverträge und verdeckte Leiharbeit nach dem neuen AÜG, NZA 2017, 13 ff.; *Lembke,* AÜG-Reform 2017 – Eine Reformatio in Peius, NZA 2017, 1 ff.; *Rebmann/Roth/Herrmann,* OWiG, 3. Aufl., Bd. I, Loseblatt; *Rosenkötter,* Das Recht der Ordnungswidrigkeiten, 9. Aufl., 2011; *Salzmann-Hennersdorf,* Das Leiharbeitsverbot im Baugewerbe (§ 1b AÜG), 2003.

Übersicht

I. Vorbemerkungen

§ 16 enthält in seiner aktuellen Fassung eine Vielzahl verschiedener Ord- **1** nungswidrigkeitentatbestände, von denen einzelne noch einmal mehrere alternative Handlungsvarianten beinhalten. Die dort beschriebenen Verhaltensweisen bilden ein von §§ 15, 15a nicht erfasstes **Verwaltungsunrecht** (vgl. Ulber/*D. Ulber* § 16 Rn. 1), das nicht in allen seinen Tatbeständen auf Überlassungsvorgänge im Rahmen der wirtschaftlichen Tätigkeit oder auf illegale Überlassung von Ausländern beschränkt ist, sondern vielmehr allgemein unterschiedliche **Verstöße bei der Durchführung der Arbeitnehmerüberlassung** sanktioniert (vgl. Ulber/*D. Ulber* § 16 Rn. 2). Gerade auch für Betriebsräte – insbesondere im Entleiherbetrieb – können Existenz und Kenntnis dieser Tatbestände ein Hilfsmittel sein, den Arbeitgeber davon zu überzeugen, insoweit eben nicht „fünf gerade sein zu lassen" (vgl. *Furier/ Kaus* AiB 2004, 360 (375)).

Aus Verhältnismäßigkeitsgrundsätzen kann unter Umständen einmal gebo- **2** ten sein, ein gegen die gesetzlichen Vorgaben zur Arbeitnehmerüberlassung verstoßendes Verhalten durch ein Bußgeld zu sanktionieren, bevor die „rein verwaltungsrechtliche" Sanktion in Gestalt eines Widerrufs einer etwaigen Überlassungserlaubnis herangezogen wird (vgl. BT-Drs. VI/2303, 15; Boemke/Lembke/*Boemke* § 16 Rn. 2; HWK/*Kalb* § 16 Rn. 2).

Der **Katalog** der Ordnungswidrigkeiten nach § 16 wurde in seiner **3** Geschichte **mehrfach geändert.** Die letzten wichtigen Änderungen des AÜG, die § 16 betrafen, waren das 1. Gesetz zur Änderung des Arbeitnehmerüberlassungsgesetzes vom 28.4.2011 (BGBl. I S. 642), das Gesetz zur Änderung des Arbeitnehmerüberlassungsgesetzes und des Schwarzarbeitsbekämpfungsgesetzes vom 20.7.2011 (BGBl. I S. 1506), durch die der Katalog der Ordnungswidrigkeiten erheblich erweitert wurde (vgl. bereits → Vorb. §§ 15 ff. Rn. 5, sowie näher *Thüsing/Kudlich* ZWH 2011, 90 ff.) sowie das Gesetz zur Änderung des Arbeitnehmerüberlassungsgesetzes und anderer Gesetze vom 21.2.2017 (BGBl. I S. 258).

Bei der Anwendung der neuen Tatbestände ist zu berücksichtigen, dass **3a** auch im Ordnungswidrigkeitenrecht ein Rückwirkungsverbot, vgl. § 4 Abs. 1 OWiG, gilt (ebenso wie umgekehrt bei Streichungen von Tatbeständen, etwa durch das 1. und das 3. Gesetz für moderne Dienstleistungen am Arbeitsmarkt, deren Änderungen im Bereich des Ordnungswidrigkeitenrechts seit dem 1.1.2004 gelten, der Grundsatz der **lex mitior,** vgl. § 4 Abs. 3 OWiG) Vgl. auch Boemke/Lembke/*Boemke* § 16 Rn. 19 zur grundsätzlichen Unbeachtlichkeit von Gesetzesänderungen für rechtskräftige Bußgeldbescheide. Eingehend zur Entwicklung des § 16 bis 2004 Schüren/Hamann/*Stracke* § 16 Rn. 1 ff.

Für die Ordnungswidrigkeitentatbestände des § 16 gilt gem. § 2 OWiG **4** **ergänzend das OWiG;** vgl. insoweit zu den allgemeinen Fragen auch → vor §§ 15 ff. Rn. 9 ff., sowie im Anschluss → Rn. 5, zu den subjektiven Anforderungen → Rn. 15, 25, 46 ff. sowie zum Bußgeld-Verfahren → Rn. 59 ff.

5   Die Tathandlungsbeschreibungen in § 16 Abs. 1 betreffen teils nur den
Verleiher (in manchen Varianten sogar ausschließlich den bei erlaubnispflich-
tem Verleih, so in Nr. 1, 3–7), teils nur den Entleiher (so in Nr. 1a, 2, 9, 10,
16 und 17) sowie etwa in Nr. 1b, 7a Verleiher und Entleiher in gleicher
Weise. Auf Grund des im OWiG geltenden **Einheitstäterprinzips** (vgl.
§ 14 OWiG) können jedoch Beteiligte auch dann tatbestandsmäßig handeln,
soweit sie besondere persönliche Merkmale, welche die Möglichkeit der Ahndung begründen, nicht selbst erfüllen, sondern diese nur bei einem Beteiligten vorliegen (vgl. § 14 Abs. 1 S. 2 OWiG; ferner *Sandmann/Marschall*
§ 16 Rn. 4). Ist der Verleiher oder Entleiher eine **juristische Person bzw.
eine Personenhandelsgesellschaft,** so ist an § 9 OWiG zu denken. Insoweit
gelten die oben zu § 14 StGB dargestellten Grundsätze (vgl. → vor §§ 15 ff.
Rn. 23) entsprechend.

6   Eine Besonderheit bei den Ordnungswidrigkeiten besteht darin, dass nach
§ 130 OWiG auch ordnungswidrig handelt, wer als **Inhaber eines Betriebes
oder Unternehmens** schuldhaft Aufsichtsmaßnahmen unterlässt, die
erforderlich sind, um in dem Betrieb oder Unternehmen Zuwiderhandlungen gegen Pflichten zu verhindern, die den Inhaber als solchen treffen und
deren Verletzung mit Strafe oder Geldbuße bedroht ist. Voraussetzung ist
dabei allerdings, dass eine bußgeldbewehrte Zuwiderhandlung begangen
worden ist, die durch gehörige Aufsicht verhindert oder wesentlich erschwert
worden wäre. Durch die Kombination von § 130 OWiG und § 9 OWiG kann
iVm § 30 OWiG (Unternehmensbuße, vgl. → Rn. 58) für Ordnungswidrigkeiten, die durch **Betriebsmitarbeiter** verwirklicht werden, **gegen die
juristische Person** bzw. die Personengesellschaft als Unternehmensträger
eine **Geldbuße** verhängt werden, wenn den Organen der Gesellschaft insoweit Aufsichtspflichtverletzungen vorzuwerfen sind.

7   Mangels entsprechender Anordnung in § 16 ist der **Versuch** der dort
genannten Ordnungswidrigkeitentatbestände **nicht bußgeldbewehrt,** vgl.
§ 13 Abs. 2 OWiG.

7a   Nach LG Berlin 16.7.2007, wistra 2007, 397 kann die Aufrechterhaltung
eines Beschlagnahmebeschlusses, der in einem zwischenzeitlich eingestellten
Strafverfahren erlassen worden war, wegen des Verdachts einer Ordnungswidrigkeit nach § 16 (Abs. 1 Nr. 1a) verhältnismäßig sein.

II. Die tatbestandlichen Verhaltensweisen des § 16 Abs. 1

1. Verleih durch einen Verleiher ohne Erlaubnis (Nr. 1)

8   Eine Ordnungswidrigkeit nach § 16 Abs. 1 Nr. 1 begeht, wer vorsätzlich
oder fahrlässig **entgegen § 1 einen Leiharbeitnehmer einem Dritten
ohne Erlaubnis überlässt.** Auf Grund des Bezuges zu § 1 ist hierbei nur
die **Überlassung** von Arbeitnehmern im Rahmen einer wirtschaftlichen
Tätigkeit des Verleihers gemeint (vgl. auch OLG Celle 11.3.1986, EzAÜG
§ 16 AÜG Nr. 1 zur früher erforderlichen Gewerbsmäßigkeit). Der Annahme
des Fehlens einer Verleiherlaubnis steht nicht entgegen, dass für den Arbeitnehmer eine unionsrechtlich erteilter A 1-Entsendebescheinigung (bzw. frü-

herer E 101-Entsendebescheinigungen) vorliegt, da die Bindungswirkung dieser Bescheinigung nur die Zugehörigkeit zu einem bestimmten nationalen Sozialversicherungssystem betrifft, aber keine Aussagen über die Verleiherlaubnis enthält, vgl. OLG Bamberg 9.8.2016, NZA-RR 2016, 597 mAnm *Bissels/Heitfeld* ZWH 2016, 362; zum Problem auch bereits *Wilde* NZS 2016, 48.

Das ordnungswidrige Verhalten gem. § 16 Abs. 1 Nr. 1 ist zugleich eines **9** von zwei Merkmalen des Straftatbestandes des § 15 Abs. 1. Soweit auch dessen weitere Voraussetzungen, insbesondere das Überlassen eines Arbeitnehmers ohne die nach § 4 Abs. 3 AufenthaltsG bzw. nach § 284 SGB III erforderliche Genehmigung, vorliegen, geht der Straftatbestand daher gem. § 21 Abs. 1 S. 1 OWiG einer Ahndung mit einem Bußgeld vor. Wird jedoch keine Strafe verhängt, kann die Handlung nach § 21 Abs. 2 als Ordnungswidrigkeit geahndet werden. Zu den Voraussetzungen des Überlassens ohne Erlaubnis iSd § 1 vgl. ausführlicher die Kommentierung zu → § 15 Rn. 7 ff.

Ordnungswidrig handelt **auch ein Ausländer,** der einen Arbeitnehmer **10** ohne entsprechende Genehmigung an einen **Entleiher im Inland überlässt.** Denn soweit der Leiharbeitnehmer im Inland tätig wird, bedürfte auch der Verleiher im Ausland einer Genehmigung nach dem deutschen Überlassungsrecht (BayObLG 26.2.1999, wistra 1999, 277 = EzAÜG § 16 AÜG Nr. 10; Ulber/*D. Ulber* § 16 Rn. 3; Schüren/Hamann/*Stracke* § 16 Rn. 28).

Werden **mehrere Arbeitnehmer** bei einem Überlassungsakt **an einen 11 Entleiher** überlassen, so liegt insoweit **Tateinheit** gem. § 19 OWiG vor (vgl. auch Ulber/*D. Ulber* § 16 Rn. 5; unklar *Sandmann/Marschall* § 16 Rn. 27). Die Überlassung von Leiharbeitnehmern – oder sogar auch nur eines einzigen Leiharbeitnehmers – an **mehrere Entleiher** führt dagegen zur **Tatmehrheit** gem. § 20 OWiG (so auch *Sandmann/Marschall* § 16 Rn. 27; dort sowie OLG Düsseldorf 22.2.1979, EzAÜG § 1 AÜG Gewerbsmäßige Arbeitnehmerüberlassung Nr. 8 auch zum Verbrauch der Strafklage wegen weiterer, zunächst nicht bekannt gewordener Arbeitnehmerüberlassungen an andere Firmen).

2. Entleih von einem Verleiher ohne Erlaubnis (Nr. 1a)

Nach § 16 Abs. 1 Nr. 1a handelt ordnungswidrig, wer vorsätzlich oder **12** fahrlässig einen ihm **von einem Verleiher ohne Erlaubnis überlassenen Leiharbeitnehmer tätig werden** lässt.

Vor Einführung des § 16 Abs. 1 Nr. 1a hatte der Entleiher grundsätzlich **13** nicht ordnungswidrig gehandelt, da es sich bei ihm nach hM um einen notwendigen Beteiligten handelt (vgl. auch → vor §§ 15 ff. Rn. 8). Eine Ausnahme bestand nur, soweit es sich um ausländische Arbeitnehmer ohne die nach § 284 SGB III aF (vgl. heute § 4 Abs. 3 AufenthaltsG) erforderliche Arbeitsgenehmigung handelte, da hier wegen der Fiktion eines Arbeitsverhältnisses gem. §§ 9 Nr. 1 aF (= § 9 Abs. 1 Nr. 1), 10 Abs. 1 eine Ordnungswidrigkeit gem. § 404 Abs. 2 Nr. 3 SGB III in Betracht kam. Diese **Ahndungslücke** für das Tätig-werden-Lassen von illegal überlassenen deutschen Leiharbeitnehmern wurde durch § 16 Abs. 1 Nr. 1a **geschlossen** (vgl. *Sand-*

mann/Marschall § 16 Rn. 28a). Bei einem ausländischem Arbeitnehmer besteht zu § 404 Abs. 2 Nr. 3 SGB III Tateinheit (§ 19 OWiG).

13a   Der Tatbestand des § 16 Abs. 1 Nr. 1a ist jedoch nur bei einem Entleih von einem Verleiher ohne erforderliche Erlaubnis nach § 1, dh im Rahmen einer wirtschaftlichen Tätigkeit des Verleihers (vgl. dazu → § 15 Rn. 6 ff. sowie KG 8.3.1999, EzAÜG § 16 AÜG Nr. 11) erfüllt. Das Tätig-werden-Lassen eines Arbeitnehmers, dessen Verleih nicht nach § 1a angezeigt worden ist, wird nicht erfasst, so dass § 16 Abs. 1 Nr. 1a kein Pendant zu § 16 Abs. 1 Nr. 2a für den Entleiher ist.

14   Zum Merkmal des **Tätig-werden-Lassens** vgl. → § 15a Rn. 13; erfasst wird von § 16 Abs. 1 Nr. 1a nur der Entleiher als Vertragspartner des Leihvertrags selbst, nicht solche Personen im entleihenden Betrieb, die (ohne unter § 9 OWiG zu fallen) nur mit der Planung des Arbeitseinsatzes des Leiharbeitnehmers oÄ befasst sind (BayObLG 28.12.2000, wistra 2001, 189 = EzAÜG § 16 AÜG Nr. 15). Zum Fehlen der Verleiherlaubnis vgl. → § 15 Rn. 7 ff.

15   Obwohl auch bei § 16 Abs. 1 Nr. 1a fahrlässiges Handeln bußgeldbewehrt ist, **begründet** die Vorschrift **keine** generelle **Obliegenheit,** sich die Verleiherlaubnis zeigen zu lassen (vgl. Boemke/Lembke/*Boemke* § 16 Rn. 15; *Niebler/Biebl/Roß* Rn. 684; Schüren/Hamann/*Stracke* § 16 Rn. 31; aA Ulber/*D. Ulber* § 16 Rn. 6; UGBH/*Urban-Crell* § 16 Rn. 1). Dies gilt jedenfalls dann, wenn der Entleiher mit guten Gründen davon ausgehen kann, dass der Verleiher die entsprechende Erlaubnis besitzt (etwa weil diese in eine aktuelle Liste der Arbeitsbehörden eingetragen ist; für diese Fälle wie hier Ulber/*D. Ulber* § 16 Rn. 6).

16   Beim Tätig-werden-Lassen **mehrerer Arbeitnehmer,** die **vom selben Verleiher** in einem einheitlichen Zusammenhang überlassen wurden, stehen die Verstöße gem. § 16 Abs. 1 Nr. 1a zueinander in **Tateinheit** (§ 19 OWiG; vgl. BayObLG 29.6.1999, wistra 1999, 476 = EzAÜG § 16 AÜG Nr. 12). Beim Tätig-werden-Lassen von Arbeitnehmern, die **von mehreren Verleihern** ohne Erlaubnis überlassen wurden, liegt **Tatmehrheit** gem. § 20 OWiG vor.

3. Verleih oder Entleih in Verleihketten (Nr. 1b)

16a   Nach § 16 Abs. 1 Nr. 1b handelt ordnungswidrig, wer vorsätzlich oder fahrlässig **entgegen § 1 Abs. 1 S. 3** einen **Arbeitnehmer überlässt oder tätig werden** lässt; die Tathandlungen, die auf beiden Seiten des Leihverhältnisses stattfinden können, entsprechen somit denen der §§ 15, 15a (vgl. *Ulrici* HK-AÜG § 16 Rn. 21). Durch die Vorschrift (nach der die Überlassung und das Tätigwerdenlassen von Arbeitnehmern als Leiharbeitnehmer nur zulässig ist, „soweit zwischen dem Verleiher und dem Leiharbeitnehmer ein Arbeitsverhältnis besteht") soll sichergestellt werden, dass Leiharbeitnehmerinnen und Leiharbeitnehmer nur von ihrem vertraglichen Arbeitgeber verliehen werden dürfen und es zu **keinem Ketten-, Zwischen- oder Weiterverleih** kommt, bei dem ein Entleiher die ihm überlassenen Leiharbeitnehmerinnen und Leiharbeitnehmer seinerseits anderen Entleihern zur Arbeitsleistung zur Verfügung stellt (vgl. BT-Drs. 18/9232, 19; *Lembke* NZA 2017, 1 (2)). Verstöße gegen dieses schon vor der Aufnahme in § 1 geltende Verbot können nicht nur erlaubnisrechtliche Konsequenzen nach sich ziehen, sondern sind nunmehr auch bußgeldbewehrt.

4. Fehlende Bezeichnung als Arbeitnehmerüberlassung (Nr. 1c)

Nach § 16 Abs. 1 Nr. 1c handelt ordnungswidrig, wer vorsätzlich oder fahr- **16b** lässig **entgegen § 1 Abs. 1 S. 5** in einem Vertrag, der wirtschaftlich eine **Arbeitnehmerüberlassung** zum Gegenstand hat, **diese nicht, nicht rechtzeitig oder nicht richtig bezeichnet,** bevor der Leiharbeitnehmer überlassen oder tätig werden gelassen wird. Die 2017 neu eingeführte Regelung richtet sich an Verleiher wie Entleiher (vgl. *Ulrici* HK-AÜG § 16 Rn. 25) und dient dem Schutz vor verdeckter Arbeitnehmerüberlassung, bei welcher Arbeitnehmer im Rahmen eines formal als Werkvertrag bezeichneten Vertrags an einen Dritten überlassen werden, der (vermeintliche) Werkunternehmer aber eine Verleiherlaubnis vorrätig hält, um bei einer Aufdeckung der tatsächlich „gelebten" Überlassung das Eingreifen der im AÜG vorgesehenen Rechtsfolgen einer illegalen Arbeitnehmerüberlassung abzuwenden (vgl. BT-Drs. 18/9232, 19; *Neighbour/ Schröder* BB 2016, 2869 (2871 f.); *Lembke* NZA 2017, 1 (8 f.); zur Kontroverse um solche „vorsorglichen Verleiherlaubnisse" vor der Neuregelung auch *Seier* DB 2015, 494 einer- und *Brose* DB 2014, 1739 andererseits).

Um einen Missbrauch hier zu verhindern, verlangt § 1 Abs. 1 S. 5 nunmehr, **16c** dass in einem Vertrag von Anfang an (bzw.: jedenfalls vor dem tatsächlichen Überlassungsvorgang) die **Arbeitnehmerüberlassung als solche explizit gekennzeichnet** wird (vgl. auch *Kainer/Schweipert* NZA 2017, 13 (15); *Ulrici* HK-AÜG § 16 Rn. 26). Diese Pflicht ist in Nr. 1c bußgeldbewehrt. Damit entsteht für Verleiher wie Entleiher nunmehr auch ein „bußgeldrechtliches Entdeckungs-Risiko", was es unattraktiver machen soll, das Überlassungsverhältnis rechtlich erst einmal abweichend von den „tatsächlich gelebten Umständen" zu deklarieren. In Fällen, in denen das Verhältnis erst allmählich (auf Grund längerer und intensiverer Einbindung in den Betrieb als ursprünglich geplant) in eine Überlassung „hinübergleitet", ist allerdings die subjektive Tatseite (Fahrlässigkeit und natürlich erst Recht Vorsatz) gründlich zu prüfen.

5. Fehlende Konkretisierung der überlassenen Personen (Nr. 1d)

Nach § 16 Abs. 1 Nr. 1d handelt ordnungswidrig, wer vorsätzlich oder **16d** fahrlässig **entgegen § 1 Abs. 1 S. 6** den Leiharbeitnehmer in Bezug auf den nach S. 5 erforderlichen Vertrag (vgl. → Rn. 16b und 16c) vor der Überlassung **nicht, nicht rechtzeitig oder nicht richtig konkretisiert.** Auch diese Vorschrift richtet sich an Entleiher und Verleiher (vgl. *Ulrici* HK-AÜG § 16 Rn. 30) und ergänzt insoweit die gleichzeitig ins Gesetz aufgenommene Verpflichtung, in einem Vertrag die Arbeitnehmerüberlassung als solche explizit zu bezeichnen (§ 1 Abs. 1 S. 5 iVm § 16 Abs. 1 Nr. 1c), dahingehend, dass auch die Personen, auf die sich der explizit als Arbeitnehmerüberlassung gekennzeichnete Vertrag beziehen soll, konkretisiert werden sollen, um auch diesbezüglich einen Missbrauch (vgl. → Rn. 16c) zu vermeiden. Vgl. zu den Anforderungen an diese Konkretisierung auch die

Kommentierung zu → § 1 Rn. 122 f. **Fehlt es schon an dem Vertrag** (oder wird etwa ein geschlossener Werkvertrag ohne konkludente Änderung lediglich abweichend vollzogen, vgl. hierzu *Ulrici* HK-AÜG § 16 Rn. 31), so scheidet notwendig auch eine darauf bezogene Konkretisierung aus. Richtigerweise wird man hier nur einen Bußgeldtatbestand nach § 16 Abs. 1 Nr. 1c annehmen können, da das Unrecht von Nr. 1d dadurch zwangsläufig mit verwirklicht ist. Dogmatisch lässt sich dies auch damit begründen, dass bei Fehlen des Vertrages eine Konkretisierung „unter Bezugnahme auf diesen" unmöglich ist und an den Verstoß gegen eine unmögliche Handlungspflicht keine Sanktion anknüpfen kann.

6. Überlassung eines Leiharbeiters über die Höchstfrist von 18 Monaten (Nr. 1e)

16e   Nach § 16 Abs. 1 Nr. 1e handelt ordnungswidrig, wer vorsätzlich oder fahrlässig **einen Leiharbeitnehmer entgegen § 1 Abs. 1b S. 1** (dh unter Überschreitung der gesetzlichen Höchstfrist, vgl. zur Entwicklung hier *Lembke* NZA 2017, 1 (3 f.)) überlässt, dh die Bußgelddrohung richtet sich nur an den Verleiher (vgl. *Ulrici* HK-AÜG § 16 Rn. 35). Nach § 1 Abs. 1b S. 1 darf der Verleiher „denselben Leiharbeitnehmer nicht länger als 18 aufeinander folgende Monate demselben Entleiher überlassen" (und überdies auch umgekehrt der Entleiher denselben Leiharbeitnehmer nicht länger als 18 aufeinander folgende Monate tätig werden lassen, wobei ein Verstoß gegen diese Vorschrift für den Entleiher aber nicht bußgeldbewehrt ist); vgl. zu den Details die Kommentierung zu § 1 Abs. 1b in → § 1 Rn. 151 ff. Verstößt der Verleiher hiergegen, ist der Bußgeldtatbestand des § 16 Abs. 1 Nr. 1e erfüllt. Freilich liegt ein Verstoß nur vor, soweit § 1 Abs. 1b S. 1 nicht durch die Ausnahmeregelungen in den Sätzen 3–8 Ausnahmen erfährt (vgl. → § 1 Rn. 160 ff. sowie zur Systematik des § 1 Abs. 1b auch *Neighbour/Schröder* BB 2016, 2869 (2870) und *Lembke* NZA 2017, 1 (4 ff.)); denn soweit danach die Frist des § 1 Abs. 1b S. 1 nicht gilt, wird auch hier „entgegen" dieser Vorschrift gehandelt.

7. Verleih in Betrieben des Baugewerbes (Nr. 1f)

17   Nach § 16 Abs. 1 Nr. 1f handelt ordnungswidrig, wer vorsätzlich oder fahrlässig **entgegen § 1b S. 1,** dh in Betriebe(n) des Baugewerbes für Arbeiten, die üblicherweise von Arbeitern verrichtet werden, **Arbeitnehmer überlässt oder tätig werden** lässt. Aus dem Verweis in § 1b auf § 1 ergibt sich, dass auch hier nur Vorgänge im Rahmen einer wirtschaftlichen Tätigkeit erfasst sind (vgl. auch BT-Drs. 17/4804, 9).

18   **Täter** einer Ordnungswidrigkeit nach § 16 Abs. 1 Nr. 1f können sowohl der **Verleiher** als auch der **Entleiher** sein. Da dabei – anders als etwa bei § 16 Abs. 1 Nr. 1 oder § 15 Abs. 1 – die Formulierung des Tatbestandes nicht ausdrücklich auf den Arbeitgeber bezogen ist, kann auch ein Strohmann eine Ordnungswidrigkeit nach § 16 Abs. 1 Nr. 1f begehen (vgl. Ulber/*D. Ulber* § 16 Rn. 9).

19   **Tathandlung** ist das Überlassen (vgl. dazu → § 15 Rn. 18) oder Tätig-werden-Lassen (vgl. dazu → § 15a Rn. 13) in Betriebe(n) des Baugewerbes für solche Arbeiten, die üblicherweise von Arbeitern verrichtet werden, soweit die

Überlassung nicht nach Maßgabe von § 1b S. 2 bzw. 3 gestattet ist (vgl. → § 1b Rn. 30 ff. sowie vertiefend *Salzmann-Hennersdorf,* Das Leiharbeitsverbot im Baugewerbe, passim). Zur Vorläuferfassung („gewerbsmäßiges Überlassen oder Tätigwerdenlassen von Arbeitnehmern") wurde vertreten, dass ordnungswidrig jeweils **nur derjenige Partner** des Überlassungsvertrages handelt, der auch **selbst gewerbsmäßig** handelt (Vorauflage § 16 Rn. 19; wohl auch Schüren/ Hamann/*Stracke* § 16 Rn. 35). Hier ist der nunmehr geltenden Fassung, die sich allein auf den Verweis auf § 1b beschränkt, welcher seinerseits das Erfordernis der wirtschaftlichen Tätigkeit allein aus dem exklusiv auf den Verleiher bezogenen § 1 Abs. 1 (vgl. → Vorb. §§ 15 ff. Rn. 5) bezieht, wie folgt zu differenzieren: Einerseits ist unverzichtbare Voraussetzung des Ordnungswidrigkeitentatbestandes, dass der Verleiher im Rahmen seiner wirtschaftlichen Tätigkeit handelt; umgekehrt kommt es auf dieses Merkmal beim Entleiher nicht an (auch wenn praktisch im Wesentlichen solche Fälle denkbar sein werden).

Auf das Vorliegen einer grundsätzlichen Verleiherlaubnis des Verleihers **20** kommt es nicht an (vgl. Boemke/Lembke/*Boemke* § 16 Rn. 17; Ulber/*D. Ulber* § 16 Rn. 8, hM). Liegt auch diese Erlaubnis nicht vor, so kann eine Ordnungswidrigkeit nach § 16 Abs. 1 Nr. 1f mit einer solchen nach § 16 Abs. 1 Nr. 1 bzw. Nr. 1a in Tateinheit stehen (vgl. Boemke/Lembke/*Boemke* § 16 Rn. 20; so wohl auch Volk/*Greeve* § 27 Rn. 102). Auch erfasst der Bußgeldtatbestand (abweichend etwa von § 15 Abs. 1, vgl. dort → § 15 Rn. 9) Überlassungsvorgänge nach § 1 Abs. 3, da dieser die Geltung der §§ 1b und 16 Abs. 1 Nr. 1f ausdrücklich unberührt lässt.

Stellt der Verleiher **nachträglich** fest, dass der Entleiher den Arbeitnehmer **21** in einer Weise einsetzt, zu der er ihn nicht überlassen hätte dürfen, so kann er vorsätzlich den Tatbestand des § 16 Abs. 1 Nr. 1f verwirklichen, wenn er nicht für eine **unverzügliche Beendigung** dieses Zustands sorgt (vgl. BayObLG 26.2.1999, wistra 1999, 277 = EzAÜG § 16 AÜG Nr. 10; zust. Boemke/ Lembke/*Boemke* § 16 Rn. 19; Schüren/Hamann/*Stracke* § 16 Rn. 33, jeweils zur wortgleichen Vorläufervorschrift des § 16 Abs. 1 Nr. 1b aF).

8. Tätig-werden-Lassen eines ausländischen Arbeitnehmers ohne Genehmigung (Nr. 2)

Nach § 16 Abs. 1 Nr. 2 handelt ordnungswidrig, wer vorsätzlich oder fahr- **22** lässig einen ihm überlassenen **ausländischen Leiharbeitnehmer tätig werden** lässt, der einen **erforderlichen Aufenthaltstitel nach § 4 Abs. 3 AufenthaltsG** bzw. eine **erforderliche Genehmigung nach § 284 Abs. 1 S. 1 SGB III nicht besitzt.** Zusammenfassend zu Straf- und Bußgeldrisiken bei der Beschäftigung von Ausländern und insbesondere Flüchtlingen *Krug/Güttner* ArbR 2016, 215 ff.

Die **Tatbestandsvoraussetzungen entsprechen** damit denjenigen, die **23** auch allen Varianten des **§ 15a** zugrunde liegen, so dass auf die dortigen Erläuterungen verwiesen werden kann (vgl. → § 15a Rn. 6 ff.). Liegen noch weitere, eine Straftat nach § 15a begründende Merkmale vor, so hat die strafrechtliche Ahndung nach § 21 OWiG Vorrang vor der Verfolgung der Ordnungswidrigkeit.

24   Ähnlich wie bei § 15a ist die hM (vgl. nur OLG Hamm 14.11.1980, AP AÜG
§ 10 Nr. 3; BayObLG 22.2.1995, BB 1995, 1358; Ignor/Mosbacher/*Paetzold*
§ 3 Rn. 114; *Sandmann/Marschall* § 16 Rn. 29; Schüren/Hamann/*Stracke* § 16
Rn. 37) der Ansicht, dass auch § 16 Abs. 1 Nr. 2 nur einschlägig ist, wenn es sich
um legale **Arbeitnehmerüberlassung** handelt, dh der Verleiher im Besitz der
erforderlichen Verleiherlaubnis ist bzw. einer solchen nicht bedarf (vgl. dazu
sowie auch zum Verhältnis zu § 404 SGB III $\rightarrow$ § 15a Rn. 9 f.). Die etwa von
Ulber (Ulber/*D. Ulber* § 16 Rn. 13) vertretene Gegenansicht hat freilich einiges
für sich, da § 16 Abs. 1 Nr. 2 anders als § 15a nicht explizit das Merkmal „als
Entleiher" enthält und damit die letzte Stütze im Wortlaut für ein striktes Alter-
nativitätsverhältnis zwischen Tatbeständen des AÜG des SGB III entfällt. Angesichts der identischen Rechtsfolgen der Vorschriften (vgl. § 16 Abs. 2 AÜG
einer- und § 404 Abs. 3 SGB III andererseits) ist der Streit jedoch eher theoreti-
scher Natur (ebenso *Sandmann/Marschall* § 16 Rn. 29).

25   Da § 16 Abs. 1 Nr. 2 auch eine **Fahrlässigkeitshaftung** statuiert, soll sich
ihm nach überwiegender Ansicht eine **Pflicht** entnehmen lassen, sich von
einem ausländischen Arbeitnehmer die **Erlaubnis** nach § 4 Abs. 3 AufenthaltsG bzw. nach § 284 SGB III **zeigen zu lassen** (so bereits BT-Drs. VI,
2303, 15; *Noack* BB 1973, 1313 (1315); Schüren/Hamann/*Stracke* § 16
Rn. 36; vgl. auch zu § 229 Abs. 1 Nr. 2 AFG aF = § 404 Abs. 2 Nr. 3 SGB III
sehr streng BayObLG 27.2.1998, NZA-RR 1998, 423; ausführlich zum
Fahrlässigkeitsmaßstab bei der zwar nicht unmittelbar vergleichbaren, aber
ebenfalls auf die fahrlässige Nichtkenntnis der fehlenden Arbeitserlaubnis
abstellenden Vorschrift des § 404 Abs. 1 Nr. 2 SGB III [mittelbare illegale
Beschäftigung] *Heil* BB 1999, 2609 ff.). Dies steht zwar in einem gewissen
Wertungswiderspruch dazu, dass bei § 16 Abs. 1 Nr. 1 keine Pflicht bestehen
soll, sich die Verleiherlaubnis zeigen zu lassen (vgl. $\rightarrow$ Rn. 15), sollte aber
jedenfalls bei der praktischen Arbeit beachtet werden.

26   Beim Tätig-werden-Lassen **mehrerer genehmigungsloser ausländischer Arbeitnehmer** auf Grund eines einheitlichen Überlassungsvorganges
müsste in konsequenter Fortführung des Meinungsstandes zu den anderen
Tatbeständen des § 16 (vgl. $\rightarrow$ Rn. 11, 16) eine gleichartige Idealkonkurrenz
anzunehmen sein. Jedenfalls ist beim gleichzeitigen Tätig-werden-Lassen
mehrerer Arbeitnehmer genau zu prüfen, ob nicht die Voraussetzungen des
Straftatbestandes des § 15a Abs. 2 Nr. 1 vorliegen.

9. Verletzung der Anzeigepflicht bei erlaubnisfreier Überlassung gemäß § 1a (Nr. 2a)

27   Nach § 16 Abs. 1 Nr. 2a handelt ordnungswidrig, wer vorsätzlich oder
fahrlässig eine **Anzeige nach § 1a nicht richtig, nicht vollständig oder
nicht rechtzeitig erstattet.**

28   Nach § 1a bedarf ein Arbeitgeber mit **weniger als 50 Beschäftigten,** der
zur Vermeidung von Kurzarbeit oder Entlassungen einen Arbeitnehmer an
einen anderen Arbeitgeber bis zu 12 Monaten überlässt, keiner Erlaubnis
nach § 1, sofern er die Überlassung vorher schriftlich der Bundesagentur für
Arbeit angezeigt hat. Mit Blick auf das auch bei Ordnungswidrigkeiten gel-

tende Gesetzlichkeitsprinzip (vgl. § 3 OWiG) kann das Unterlassen einer solchen Anzeige nicht nach § 16 Abs. 1 Nr. 1 geahndet werden, da dieser ausdrücklich das Erfordernis einer Erlaubnis gem. § 1 voraussetzt. Diese Lücke wird durch § 16 Abs. 1 Nr. 2a geschlossen (bzw. bei einem anderen Verständnis des § 16 Abs. 1 Nr. 1 jedenfalls klargestellt, dass entsprechende Fälle nicht nach Nr. 1, sondern nach Nr. 2a behandelt werden sollen).

Tathandlung ist das Erstatten einer unrichtigen, unvollständigen oder **29** nicht rechtzeitigen Anzeige gem. § 1a. Tatbestandsmäßig sind damit nicht nur solche Angaben, die hinsichtlich der Voraussetzung einer erlaubnisfreien Überlassung falsch sind, sondern auch solche, die den formellen Anforderungen des § 1a Abs. 2 nicht entsprechen.

Nicht erfasst sind dabei jedoch Angaben, die sich zwar möglicherweise **30** in dem auszufüllenden Formblatt befinden, sich jedoch **nicht auf die Anforderungen des § 1a beziehen,** so zB die Angabe einer falschen Telefon- oder Faxnummer des Verleihers (vgl. *Sandmann/Marschall* § 16 Rn. 29a; Gegenbeispiel: Tatbestandsmäßig ist die Angabe eines falschen Namens des Arbeitnehmers, da dieser zu den nach § 1a Abs. 2 Nr. 1 vom Gesetz vorgeschriebenen Angaben gehört).

10. Nichterfüllung von Auflagen nach § 2 Abs. 2 (Nr. 3)

Nach § 16 Abs. 1 Nr. 3 handelt ordnungswidrig, wer vorsätzlich oder fahr- **31** lässig einer **Auflage gem. § 2 Abs. 2 nicht, nicht vollständig oder nicht rechtzeitig nachkommt.** Damit kann auch Täter einer Ordnungswidrigkeit nach § 16 Abs. 1 Nr. 3 regelmäßig nur ein Verleiher sein, dem gem. §§ 1, 2 eine Erlaubnis erteilt werden muss.

Nach § 2 Abs. 2 kann die nach § 1 erforderliche **Verleiherlaubnis mit Auf- 32 lagen verbunden** werden, die sicherstellen, dass die Erteilung nicht versagt werden müsste. Werden solche Auflagen nicht erfüllt, so ist dies zunächst ein Widerrufsgrund nach § 5 Abs. 1 Nr. 2. Des Weiteren können Auflagen auch selbstständig im Wege des Verwaltungszwanges durchgesetzt werden.

Schließlich handelt es sich aber auch um eine Ordnungswidrigkeit, für **32a** die – unter Umständen sogar unter Verhältnismäßigkeitsgesichtspunkten vorrangig vor dem Widerruf – ein Bußgeld verhängt werden kann. Allerdings ist dies nur möglich, wenn der Verleiher gerade **auf Grund der Erlaubnis tätig** wird, da ihn auch nur dann die Auflagen binden (vgl. *Sandmann/ Marschall* § 16 Rn. 30; *Schüren/Hamann/Stracke* § 16 Rn. 40).

Die **Bestandskraft** einer Auflage wird für das Vorliegen eines Ordnungs- **33** widrigkeitentatbestandes nach § 16 Abs. 1 Nr. 3 nach einhelliger Ansicht **nicht vorausgesetzt** (vgl. Ignor/Mosbacher/*Paetzold* § 3 Rn. 165; Schüren/ Hamann/*Stracke* § 16 Rn. 43). Allerdings sollte im Falle einer separaten Anfechtung der Auflage (vgl. → § 2 Rn. 38) die zuständige Bußgeldbehörde vor dem Erlass eines Bußgeldbescheides den Ausgang des Anfechtungsverfahrens regelmäßig abwarten (vgl. Boemke/Lembke/*Boemke* § 16 Rn. 26; *Sandmann/Marschall* § 16 Rn. 30; Schüren/Hamann/*Stracke* § 16 Rn. 44).

Zwar dürfte sie unter Umständen den Bescheid auch erlassen, ohne **34** dadurch zwingend einen Ermessensfehler zu begehen (vgl. Ulber/*D. Ulber*

§ 16 Rn. 15), weil die Auflage auch im Falle einer Anfechtung bindend bleibt, denn nach **§ 86 Abs. 2 SGG** hat die **Anfechtung** einer solchen Auflage **keine aufschiebende Wirkung.** Da aber regelmäßig damit zu rechnen ist, dass der Adressat in gleicher Weise den Bußgeldbescheid anfechten würde, wäre es nicht verfahrensökonomisch, wenn zwei parallele Anfechtungsverfahren durchgeführt werden müssten.

11. Verstöße gegen Anzeige-, Auskunfts- und Aufbewahrungspflichten sowie Nichtduldung von Prüfungsmaßnahmen (Nr. 4–6a)

35   Nach § 16 Abs. 1 Nr. 4 und 5 handelt ordnungswidrig, wer vorsätzlich oder fahrlässig entweder eine **Anzeige gem. § 7 Abs. 1 nicht, nicht richtig, nicht vollständig oder nicht rechtzeitig erstattet** bzw. eine **Auskunft gem. § 7 Abs. 2 S. 1 nicht, nicht richtig, nicht vollständig oder nicht rechtzeitig erteilt.** Ferner handelt nach § 16 Abs. 1 Nr. 6 und 6a ordnungswidrig, wer seiner **Aufbewahrungspflicht** gem. § 7 Abs. 2 S. 4 **nicht nachkommt** bzw. eine **Maßnahme gem. § 7 Abs. 3 S. 1** entgegen § 7 Abs. 3 S. 2 **nicht duldet.**

36   Nach § 7 Abs. 1 hat der Verleiher der Erlaubnisbehörde nach Erteilung der Erlaubnis unaufgefordert bestimmte Maßnahmen vor ihrer Durchführung anzuzeigen, soweit diese die Ausübung der Arbeitnehmerüberlassung betreffen. Ferner hat er der Erlaubnisbehörde nach § 7 Abs. 2 auf Verlangen die Auskünfte zu erteilen, die zur Durchführung des Gesetzes erforderlich sind. Um die Richtigkeit seiner Angaben auf Verlangen glaubhaft machen zu können, hat der Verleiher seine Geschäftsunterlagen nach § 7 Abs. 2 S. 4 drei Jahre lang aufzubewahren. In begründeten Einzelfällen kann die Erlaubnisbehörde Prüfungen in den Geschäftsräumen des Verleihers vornehmen lassen (vgl. § 7 Abs. 3).

37   Um diese Verpflichtung zur Selbstauskunft bzw. die Überwachungsmöglichkeiten für die Erlaubnisbehörde ordnungswidrigkeitenrechtlich abzusichern, ist eine fehlende, unrichtige, unvollständige oder verspätete **Anzeige** nach § 7 Abs. 1 bzw. **Auskunft** nach § 7 Abs. 2 S. 1 ebenso bußgeldbewehrt wie ein Verstoß gegen die Aufbewahrungspflicht für Geschäftsunterlagen oder gegen die Pflicht, Prüfungsmaßnahmen in den Geschäftsräumen zu dulden (zu Letzterem *Benkert* BB 2004, 998 (1000)).

38   **Kein Ordnungswidrigkeitentatbestand,** da im Gesetz nicht genannt, ist ein Verstoß gegen die Verpflichtung, die Auskünfte gegenüber der Behörde nach **§ 7 Abs. 2 S. 3** durch die **Vorlage von Unterlagen** zu belegen. Dies erscheint zwar nicht besonders konsistent, da umgekehrt ein Verstoß gegen die Aufbewahrungspflicht gerade dieser Unterlagen bußgeldbewehrt ist, muss aber nach dem klaren Gesetzeswortlaut hingenommen werden (vgl. auch Ulber/*D. Ulber* § 16 Rn. 16). Eine Durchsetzung dieser Verpflichtung ist daher nur durch Verwaltungszwang bzw. mit einer Drohung des Widerrufs der Erlaubnis nach § 5 Abs. 1 Nr. 3 möglich.

38a   Ebenfalls **nicht ordnungswidrig** handelt der Verleiher, wenn er einer Verpflichtung nach § 7 Abs. 2 nicht nachkommt, weil ihm ein **Auskunfts-**

verweigerungsrecht nach § 7 Abs. 5 zusteht (hierzu Volk/*Greeve* § 27 Rn. 111). Sind dessen Voraussetzungen fraglich und zwischen den Betroffenen umstritten, so wird im Rahmen des ordnungswidrigkeitenrechtlichen Opportunitätsprinzips im Zweifel von einer Ahndung abzusehen sein.

12. Verstöße gegen statistische Meldepflichten (Nr. 7 aF)

Nach § 16 Abs. 1 Nr. 7 aF handelte ordnungswidrig, wer vorsätzlich oder **39** fahrlässig eine statistische Meldung nach der alten Fassung des § 8 Abs. 1 nicht, nicht richtig, nicht vollständig oder nicht rechtzeitig machte.

Mit dem Gesetz zur Änderung des Arbeitnehmerüberlassungsgesetzes und **40** anderer Gesetze im Jahr 2017 (BGBl. I S. 258) wurden die Meldepflichten des § 8 aF gestrichen, da die Statistik zur Arbeitnehmerüberlassung auf eine andere Datenquellen (DEÜV-Meldung der Arbeitgeber) umgestellt und in die Beschäftigungsstatistik der Bundesagentur für Arbeit integriert wurde (was auch den Meldeaufwand für die Verleiher reduzierte), vgl. BT-Drs. 18/9232, 23. Entsprechend konnte auch der Bußgeldtatbestand gestrichen worden (was über § 4 Abs. 3 OWiG auch für Altfälle gelten muss).

13. Nichtgewährung einer vorgeschriebenen Arbeitsbedingung (Nr. 7a) und Nichtzahlung des Mindestentgelts iSd § 3a Abs. 2 S. 1 (Nr. 7b)

Nach § 16 Abs. 1 Nr. 7a bzw. 7b handelt ordnungswidrig, wer entgegen **41** § 8 Abs. 1 S. 1 oder Abs. 2 S. 2 oder Abs. 4 eine Arbeitsbedingung nicht gewährt bzw. entgegen § 8 Abs. 5 iVm mit einer Rechtsverordnung nach § 3a Abs. 2 S. 1 das dort genannte Mindeststundenentgelt nicht bezahlt (vgl. vertiefend zur Nichtgewährung als Ordnungswidrigkeit *Boemke* BB 2016, 2741 ff.).

Der mit dem Gesetz zur Änderung des Arbeitnehmerüberlassungsgesetzes **41a** und anderer Gesetze im Jahr 2017 (BGBl. I S. 258) (in Fortführung des im Jahre 2011 in dieser Form eingefügten § 10 Abs. 4 aF) neu gefasste § 8 (zum damit nicht verwandten Regelungsgehalt der aF vgl. → Rn. 39 f.) verpflichtet **den Verleiher,** dem Arbeitnehmer für die Zeit der Überlassung an den Entleiher die im Betrieb des Entleihers für einen vergleichbaren Arbeitnehmer des Entleihers geltenden wesentlichen Arbeitsbedingungen (dazu *Boemke* BB 2016, 2741 (2742)) einschließlich des Arbeitsentgelts (bzw. etwa geltende günstigere tarifvertragliche Bedingungen) oder aber bei einem vom Gleichstellungsgrundsatz abweichenden Tarifvertrag die nach diesem Tarifvertrag geschuldeten Arbeitsbedingungen zu gewähren (vgl. hierzu und zu den Änderungen zum alten Recht auch *Neighbour*/*Schröder* BB 2016, 2869 (2872)). Verstöße gegen diese Verpflichtungen bilden den Tatbestand des § 16 Abs. 2 Nr. 7a (krit. zur bußgeldrechtlichen Bewehrung, die allein den Verleiher trifft und sich auch sonst nicht harmonisch einfüge, *Boemke* BB 2016, 2741).

Ferner verpflichtet **§ 8 Abs. 5** den Verleiher, dem Arbeitnehmer mindes- **41b** tens das in einer **Rechtsverordnung** nach § 3a Abs. 2 für die Zeit der Überlassung und für Zeiten ohne Überlassung festgesetzte **Mindeststundenent-**

gelt zu bezahlen. Damit wird die im Jahr 2011 eingeführte Möglichkeit eines durch eine auf dem Vorschlag der Tarifvertragsparteien beruhende Verordnung festgelegten verbindlichen Mindeststundenentgelts im Bereich der Arbeitnehmerüberlassung in eine unmittelbare gesetzliche Verpflichtung der Verleihers transformiert, welche ihrerseits durch § 16 Abs. 1 Nr. 7b bußgeldbewehrt wird.

41c   Ordnungswidrig ist hier das **schlichte Nicht-Gewähren** der Arbeitsbedingungen bzw. das Nicht-Bezahlen eines Mindestentgelts, ähnlich wie auch in den Ordnungswidrigkeiten nach § 23 Abs. 1 Nr. 1 iVm § 8 Abs. 1 S. 1, Abs. 3 AEntG bzw. nach § 21 Abs. 1 Nr. 9 iVm § 20 MiLoG bekannt. Im Einzelfall kann dabei freilich fraglich sein, **welche** betriebsinternen bzw. individuellen **Leistungen** die wesentlichen Arbeitsbedingungen und insbesondere das Arbeitsentgelt prägen (vgl. zur insoweit durchaus vergleichbaren Frage beim AEntG LG Duisburg 21.1.1999, NStZ-RR 1999, 221; BayObLG 25.9.2000, NStZ-RR 2001, 52, und 27.11.2002, NStZ 2003, 556). Zur Frage der für Nr. 7a iVm § 8 Abs. 1 S. 1 wichtigen „vergleichbaren" Arbeitnehmer und der „wesentlichen" Arbeitsbedingungen vgl. ergänzend → § 15a Rn. 15 ff. (ohne die dortigen Beschränkungen auf deutsche Arbeitnehmer).

41d   Insbesondere bei Zahlungspflichten ist auch der allgemeine Grundsatz zu beachten, dass eine Verantwortlichkeit nur bestehen kann, wenn der Täter seine Pflicht hätte erfüllen können (er also insbesondere **leistungsfähig** war). Insoweit ist freilich auch im Ordnungswidrigkeitenrecht an die Figur der *omissio libera in causa* zu denken (vgl. dazu KK-OWiG/*Rengier* § 12 Rn. 30a, sowie aus der strafrechtlichen Diskussion *Baier* GA 1999, 272 ff.; Schönke/Schröder/Lenckner/*Stree/Bosch* StGB Vorb. § 13 Rn. 144), ohne dass allerdings die aus § 266a StGB bekannte (und schon dort durchaus bestrittene) „Vorrangrechtsprechung" (vgl. BGH 30.7.2003, BGHSt 48, 307) auf Grund der Bußgeldbewehrung auch auf § 16 AÜG übertragen werden sollte.

14. Verstöße gegen Dokumentationspflichten (Nr. 8)

42   Nach § 16 Abs. 1 Nr. 8 handelt ordnungswidrig, wer einer **Pflicht nach § 11 Abs. 1 oder 2,** dh zum Nachweis der wesentlichen Vertragsbedingungen sowie zur Aushändigung eines Merkblatts der Erlaubnisbehörde, vorsätzlich oder fahrlässig **nicht nachkommt.**

43   § 11 Abs. 1 fordert einen Nachweis der **wesentlichen Vertragsbedingungen** des Leiharbeitsverhältnisses gemäß den Bestimmungen des Nachweisgesetzes (vgl. → § 11 Rn. 7 ff.) sowie einige zusätzliche Angaben. Nach § 11 Abs. 2 ist zusätzlich dem Leiharbeitnehmer bei Vertragsschluss vom Verleiher ein **Merkblatt der Erlaubnisbehörde** über den wesentlichen Inhalt des AÜG in dessen Muttersprache auszuhändigen. Kommt der Verleiher diesen Verpflichtungen nicht nach, so wird damit ein Ordnungswidrigkeitentatbestand erfüllt.

44   Auf den ersten Blick nicht ganz eindeutig ist, ob die **Nichtaushändigung der Urkunde** mit den wesentlichen Vertragsbedingungen ebenfalls vom Ordnungswidrigkeitentatbestand des § 16 Abs. 1 Nr. 8 erfasst wird (bejahend etwa Boemke/Lembke/*Boemke* § 16 Rn. 33; *Sandmann/Marschall* § 16 Rn. 35). Auch schon de lege lata wird man in der Nichtaushändigung ein bußgeldbewehrtes Verhalten sehen müssen, da § 11 Abs. 1 S. 1 für den Nachweis auf die **Bestimmungen des Nachweisgesetzes** verweist. Da dessen § 2 Abs. 1 S. 1 ausdrücklich auch die Aushändigung der Urkunde erwähnt, ist damit diese Pflicht – auch mit Blick auf § 3 OWiG unproblematisch möglich – ebenfalls eine solche geworden, deren Nichterfüllung § 16 Abs. 1 Nr. 8 sanktioniert.

15. Tätigwerdenlassen eines Arbeitnehmers trotz Betroffenheit von einem Arbeitskampf (Nr. 8a)

Nach § 16 Abs. 1 Nr. 8a handelt ordnungswidrig, wer vorsätzlich oder **44a** fahrlässig einen Leiharbeitnehmer **entgegen § 11 Abs. 5 einsetzt, wenn der Betrieb unmittelbar durch einen Arbeitskampf betroffen ist.** Dadurch wird das durch das Gesetz zur Änderung des Arbeitnehmerüberlassungsgesetzes und anderer Gesetze im Jahr 2017 (BGBl. I S. 258) eingefügte Beschäftigungsverbot für Leiharbeitnehmer während eines Arbeitskampfes bußgeldbewehrt, zum dem das schon bisher anerkannte Leistungsverweigerungsrecht durch die Gesetzesänderung „erstarkt" ist. Hierdurch soll der besonderen Situation der Leiharbeitnehmer Tribut gezollt werden, die nach Auffassung des Gesetzgebers (BT-Drs. 18/9232, 26) diese besonders anfällig macht, gleichsam zur Tätigkeit als „Streikbrecher" genötigt zu werden (vgl. näher auch → § 11 Rn. 51 ff. sowie *Neighbour/Schröder* BB 2016, 2869 (2872 f.); *Lembke* NZA 2017, 1 (10 f.)).

Die Voraussetzung eines Handelns **entgegen § 11 Abs. 5** führt dazu, dass **44b** auch der Bußgeldtatbestand ausscheidet, wenn die Ausnahme nach § 11 Abs. 5 S. 2 eingreift (vgl. auch *Ulrici* HK-AÜG § 16 Rn. 87). Ein Tätigwerdenlassen liegt in der Zuweisung bestimmter Tätigkeiten, so dass eine dauerhafte Zuweisung nur einen Verstoß begründet, selbst wenn der Arbeitnehmer Tag für Tag erneut diese Tätigkeiten verrichtet. Werden mehreren Arbeitnehmern zugleich entgegen § 11 Abs. 5 S. 1 Tätigkeiten übertragen, ist Tateinheit anzunehmen (vgl. auch *Ulrici* HK-AÜG § 16 Rn. 89). Eine Beteiligung des Leiharbeitsnehmers (soweit sie eine notwendige ist), aber auch des Verleihers ist nicht nach dieser Vorschrift zu ahnden (zutreffend *Ulrici* HK-AÜG § 16 Rn. 89).

16. Fehlende, unrichtige oder unvollständige Information des Arbeitnehmers entgegen § 13a (Nr. 9)

Nach § 16 Abs. 1 Nr. 9 handelt ordnungswidrig, wer einen Leiharbeitneh- **45** mer **entgegen § 13a S. 1 nicht, nicht richtig oder nicht vollständig informiert.** Dadurch wurde diese Nummer neu besetzt, nachdem § 16 Abs. 1 Nr. 9 aF (länger als 24 aufeinander folgende Monate währendes Tätigwerden-Lassen bei einem Dritten) mit Wirkung zum 1.1.2004 parallel zur Aufhebung von § 3 Abs. 1 Nr. 6 aF gestrichen worden war (vgl. zur letzten Fassung der aF durch das Job-AQTIV-Gesetz *Boemke/Lembke* DB 2002, 893 ff.).

45a   Der 2011 neu eingeführte § 13a (vgl. dazu *Kock* BB 2012, 323 ff.) verpflichtet den Entleiher, den (gemeint sein kann hier wohl nur: „aktuell entliehenen") Leiharbeitnehmer **über in seinem Betrieb zu besetzende
Arbeitsplätze zu informieren,** was durch allgemeine Bekanntgabe an
geeigneter, dem Leiharbeitnehmer zugänglicher Stelle im Betrieb und im
Unternehmen des Entleihers erfolgen muss. Das vollständige Unterlassen
dieser Information, aber auch ihre unrichtige oder unvollständige Durchführung bildet eine Ordnungswidrigkeit nach § 16 Abs. 1 Nr. 9.

45b   Mit Blick darauf, dass § 13a selbst nur sehr vage Vorgaben hinsichtlich
Inhalt und Vollständigkeit der Information macht, wird – insbesondere
bis sich etwaige Anforderungen daran in der Rechtsprechung herausgebildet
haben – in Grenzfällen schwierig sein zu bestimmen, ob die Information
„richtig" und „vollständig" war. Eine Orientierung zur Auslegung kann die
schon länger bestehende Vorschrift des § 18 TzBfG bildet; gleichwohl ist
angesichts der Vagheit der gesetzlichen Vorgaben eine durchaus restriktive
Auslegung des Ordnungswidrigkeitentatbestandes geboten. Bei der **Nicht-
Information** wird ein Tatnachweis hinsichtlich solcher Stellen, die letztlich
gar nicht besetzt wurden (sondern nur – wie im Gesetz erwähnt – besetzt
werden „sollten") nur schwer nachweisbar sein. Freilich fehlt es hier auch
weitgehend am Erfolgsunrecht. Nicht genannt ist (mangels Fristnennung in
§ 13a konsequent) die **verspätete Information.** Freilich besteht hier umgekehrt die Gefahr, dass die Information so kurzfristig bekannt gemacht wird,
dass eine erfolgversprechende Bewerbung nicht mehr möglich ist, da umgekehrt auch kein „unverzügliches" Bekanntmachen oÄ im Gesetz genannt ist.

17. Fehlende Zutrittsgewährung zu Gemeinschaftseinrichtun-
gen (Nr. 10)

45c   Nach § 16 Abs. 1 Nr. 10 handelt ordnungswidrig, wer einem Leiharbeitnehmer entgegen § 13b S. 1 den **Zugang zu Gemeinschaftseinrichtungen nicht gewährt.** Der 2011 neu eingeführte § 13b (vgl. dazu *Kock* BB
2012, 323 ff.) verpflichtet den Entleiher, dem Leiharbeitnehmer Zugang zu
den Gemeinschaftseinrichtungen oder -diensten im Unternehmen (dh insbesondere Kinderbetreuungseinrichtungen, Gemeinschaftsverpflegung und
Beförderungsmittel) **unter den gleichen Bedingungen** zu gewähren wie
vergleichbaren Arbeitnehmern in dem Betrieb, in dem die Arbeitsleistung
erbracht wird, soweit eine unterschiedliche Behandlung **nicht aus sachlichen Gründen gerechtfertigt ist.**

45d   Die Nichtgewährung dieses Zugangs bildet eine Ordnungswidrigkeit nach
§ 16 Abs. 1 Nr. 10. Auch für die Bußgeldbewehrung wird bei dem relativ
einfach erkennbaren äußeren Tatbestand der fehlenden Zugangsgewährung
das Hauptproblem bei der Frage nach einem sachlichen Grund für die unterschiedliche Zugangsgewährung (etwa wegen eines gemessen an der individuellen Einsatzdauer unverhältnismäßigen Aufwands für den Entleiher durch
die Zugangsgewährung). Verlangt die Gesetzesbegründung hier – mit dem
Wortlaut noch zu vereinbaren – auch eine Prüfung, ob der Zugang so umge-
staltet werden kann, dass er doch auch für den Leiharbeitnehmer möglich ist

(vgl. BT-Drs. 17/4804, 10), könnte das Nicht-Erkennen oder auch nur Nicht-Überprüfen solcher Möglichkeiten Einfallstor für einen Fahrlässigkeitsvorwurf sein. Allerdings sollten die **Sorgfaltsanforderungen** an den Entleiher hier jedenfalls dann **nicht überspannt** werden, wenn sich diese (zumutbaren) Möglichkeiten nicht aufdrängen oder etwa vom Leiharbeitnehmer als Möglichkeit angedeutet werden.

18. Verstöße gegen Mitwirkungspflichten gem. § 17a (Kontrolle und Durchsetzung durch staatliche Behörden, Nr. 11–13)

Nach § 16 Abs. 1 Nr. 11, 12 und 13 handelt ordnungswidrig, wer entgegen **45e** § 17a iVm § 5 Abs. 1 S. 1, § 5 Abs. 1 S. 2 oder § 5 Abs. 3 S. 1 SchwarzArbG die Mitwirkung an bestimmten Überprüfungsmaßnahmen verweigert bzw. sich diesen widersetzt.

Die Ordnungswidrigkeitentatbestände des § 16 Abs. 1 **Nr. 11–13 knüp- 45f fen an den in § 17a statuierten Befugnissen der Zollverwaltungsbehörden** bei der **Kontrolle** und Durchsetzung der Einhaltung des Gesetzes an. Dabei verweist § 17a auf die den Behörden nach dem Schwarzarbeitsbekämpfungsgesetz zustehenden Befugnisse, welche über weite Strecken entsprechende Anwendung finden (vgl. → § 17a Rn. 2 ff.). Unter den dabei (nach § 5 SchwarzArbG iVm § 17a) bestehenden Verpflichtungen sind die **folgenden Verstöße** bußgeldbewährt:

– Nr. 11: die **fehlende Duldung einer Prüfung** sowie die fehlende Mitwirkung (insbesondere Erteilung für die Prüfung erheblicher Auskünfte und Vorlage der in den §§ 3 und 4 SchwarzArbG genannten Unterlagen) bei einer solchen Prüfung,

– Nr. 12: die **Verweigerung des Betretens eines Grundstücks** oder Geschäftsraums im Rahmen einer Prüfung (unter Verstoß gegen § 3 Abs. 1 und 2 sowie § 4 Abs. 1 und 2 SchwarzArbG iVm § 17a),

– Nr. 13: die **fehlende, falsche, unvollständige, verspätete oder sonst ungenügende Übermittlung von Daten** (unter Verstoß gegen § 5 Abs. 3 S. 1 SchwarzArbG iVm § 17a).

Tauglicher Täter kann hier grundsätzlich jedermann sein, also insbesondere – **45g** soweit situativ vorstellbar – auch der die Mitwirkung verweigernde Arbeitnehmer. Nicht nach dieser Vorschrift bußgeldbewehrt sind hingegen Zuwiderhandlungen von Ausländern gegen § 5 Abs. 1 S. 4 ff. SchwArbG und von Nicht-Unternehmern gegen § 5 Abs. 2.

19. Verstöße gegen Melde- und andere Mitteilungspflichten (Nr. 14–16)

Nach § 16 Abs. 1 Nr. 14, 15 und 16 handelt ordnungswidrig, wer entgegen **45h** § 17b Abs. 1 und 2 bestimmte im Gesetz vorgeschriebene Meldungen nicht ordnungsgemäß macht.

§ 17b Abs. 1 und 2 legen Entleihern, denen von einem ausländischen **45i** Verleiher Arbeitnehmer überlassen werden, **diverse Meldepflichten** auf. Dass von diesen auch durch bilaterale Vereinbarungen nicht ohne weiteres suspendiert wird, dürfte für das AÜG ebenso gelten, wie es zu Meldepflichten nach dem AEntG bereits entschieden worden ist (vgl. BayObLG 30.12.1999, NStZ-RR 2000, 149 für die „deutsch-ungarische Vereinbarung über die Beschäftigung ungarischer Arbeitnehmer auf der Grundlage von Werkverträgen" in der damals geltenden Fassung; entsprechend BayObLG 25.9.2000, NStZ-RR 2001, 52 zu einer entsprechenden Vereinbarung für polnische Arbeitnehmer). Verstöße gegen diese formalen Anforderungen können nach § 16 Abs. 1 Nr. 14–16 in folgenden Fällen als Ordnungswidrigkeiten geahndet werden:

45j **a) § 16 Abs. 1 Nr. 14** betrifft die **nicht ordnungsgemäße** (insbesondere fehlende, unrichtige, unvollständige oder verspätete) **Vorlage bzw. Zuleitung der Anmeldung** mit den in § 17b Abs. 1 S. 1 genannten Angaben (insbesondere Name, zeitliche Daten der Überlassung, Ort der Beschäftigung, Ort der nach § 17c bereitgehaltenen Unterlagen, Adressdaten des Verleihers und Branche, in die der Leiharbeitnehmer überlassen werden soll) durch den Entleiher.

45k **b) Ändern sich diese Angaben,** so hat der Entleiher dies nach § 17b Abs. 1 S. 2 unverzüglich mitzuteilen. Erfolgt diese Änderungsmeldung nicht ordnungsgemäß (insbesondere gar nicht, unrichtig, unvollständig oder verspätet), wird der Ordnungswidrigkeitentatbestand nach **§ 16 Abs. 1 Nr. 15** erfüllt.

45l **c)** Schließlich hat nach § 17b Abs. 2 der Entleiher seiner Anmeldung eine **Versicherung des Verleihers beizufügen,** dass dieser seine Verpflichtungen nach § 10 Abs. 5 einhält. Fehlt eine solche, führt dies zu einer Ordnungswidrigkeit nach § 16 Abs. 1 Nr. 16.

20. Verstöße gegen die Aufbewahrungs- und Bereithaltungspflicht von Dokumenten (Nr. 17, 18)

45m Nach § 16 Abs. 1 Nr. 17 bzw. 18 handelt ordnungswidrig, wer entgegen § 17c Abs. 1 bzw. 2 **gesetzlich vorgeschriebene Aufzeichnungen** nicht ordnungsgemäß herstellt oder aufbewahrt bzw. bestimmte zu Kontrollzwecken vorgeschriebene Unterlagen nicht ordnungsgemäß bereithält.

45n Nach § 17c Abs. 1 hat ein **Entleiher** im Anwendungsbereich einer Rechtsverordnung nach § 3a **Beginn, Ende und Dauer der täglichen Arbeitszeit des Leiharbeitnehmers aufzuzeichnen** und diese Aufzeichnungen mindestens zwei Jahre **aufzubewahren.** Ein Verstoß gegen diese Verpflichtung in Gestalt einer fehlenden, unrichtigen oder unvollständigen Erstellung bzw. einer nicht ausreichend langen Aufbewahrung der Unterlagen erfüllt den Ordnungswidrigkeitentatbestand des § 16 Abs. 1 Nr. 17. Da freilich regelmäßig zwei der drei genannten Informationen idR inhaltlich genügen (und aus ihnen dann die dritte leicht errechnet werden kann), spricht einiges dafür, dass aus Gründen der Verhältnismäßigkeit das Fehlen nur einer Angabe nicht ohne weiteres mit Bußgeld bewehrt sein kann. Fehlt es schon an einer Aufzeichnung, so läuft die Aufbewahrungsfrist von vornherein leer, so dass in einem solchen Fall die Ahndung nicht kumulativ auf zwei Verstöße (gegen Aufzeichnungs- und spätere Aufbewahrungspflicht) gestützt werden kann (so zu entsprechenden Aufzeichnungspflichten nach dem AEntG OLG Jena 3.5.2005, NStZ-RR 2005, 278).

Darüber hinaus statuiert **§ 17c Abs. 2 Bereithaltungspflichten des Ver-** 45o
leihers hinsichtlich der für die Kontrolle der Einhaltung einer solchen
Rechtsverordnung erforderlichen **Unterlagen** im Inland und in deutscher
Sprache (deren Bedeutung bei reinen Aufzählungen von Zeiträumen nicht
überschätzt werden darf). Diese Pflicht besteht für die gesamte Dauer der
tatsächlichen Beschäftigung des Leiharbeitnehmers, höchstens aber zwei
Jahre. Aus Verhältnismäßigkeitsgründen dürfen – jedenfalls soweit es um die
Bebußung im Ordnungswidrigkeitenverfahren geht – die Anforderungen
nicht überspannt werden. Zumindest hinsichtlich solcher Informationen, die
üblicher- und sinnvollerweise (nur) in elektronischer Form gespeichert werden, muss berücksichtigt werden, dass Arbeitgeber etwa ihre IT-Abteilung in
einem Standort zentralisiert oder aber outgesourct haben können. Die klare
Anordnung im Gesetz macht aber umgekehrt auch deutlich, dass es in den
Grenzen der Verhältnismäßigkeit gerade Sache des Arbeitgebers ist, den
Zugriff auf solche Unterlagen im Inland zu organisieren. Soweit nach dieser
Maßgabe solche Unterlagen nicht, fehlerhaft, unvollständig oder sonst in
nicht vorgeschriebener Weise bereitgehalten werden, begründet dies eine
Ordnungswidrigkeit nach § 16 Abs. 1 Nr. 18.

III. Subjektive Anforderungen

1. Voraussetzung von Vorsatz oder Fahrlässigkeit

Nach § 10 OWiG kann als Ordnungswidrigkeit nur vorsätzliches Handeln 46
geahndet werden, wenn nicht das Gesetz fahrlässiges Handeln ausdrücklich
mit Geldbuße bedroht. Im Falle des AÜG ist dies im Einleitungssatz des § 16
Abs. 1 erfolgt, so dass **vorsätzliches und fahrlässiges Handeln gleicher-**
maßen bußgeldbewehrt ist und man auch in Fällen, die den objektiven
Tatbestand einer Strafnorm nach §§ 15, 15a erfüllen, an verbleibende Ordnungswidrigkeiten zu denken hat, falls der Vorsatznachweis misslingt. Allerdings ist nach § 17 Abs. 2 OWiG bei fahrlässigem Handeln die Geldbuße in
ihrem Höchstmaß nur mit der Hälfte des angedrohten Höchstbetrags der
Geldbuße anzusetzen (vgl. näher → Rn. 50).

Nach **§ 11 Abs. 1 S. 1** OWiG setzt ein vorsätzliches Handeln voraus, dass 47
der Täter **alle Umstände kennt,** die zum gesetzlichen Tatbestand gehören.
Liegt insoweit ein vorsatzrelevanter Tatumstandsirrtum vor, so bleibt die
Möglichkeit einer Ahndung wegen fahrlässigen Handelns nach § 11 Abs. 1
S. 2 OWiG unberührt. Zur Abgrenzung zwischen einem vorsatzrelevanten
Irrtum nach § 11 Abs. 1 S. 1 OWiG und einem nur bei Nichtvermeidbarkeit
vorwerfbarkeitsausschließenden Irrtum nach § 11 Abs. 2 OWiG vgl. die Dar-
stellung → vor §§ 15 ff. Rn. 16 ff.

2. Irrtümer

Ein **Irrtum über das Bestehen oder die Anwendbarkeit eines Ord-** 48
nungswidrigkeitentatbestandes ist nach § 11 Abs. 2 OWiG **unbeacht-**
lich, wenn der Täter diesen **vermeiden konnte** (vgl. auch Boemke/
Lembke/*Boemke* § 16 Rn. 6; Ulber/*D. Ulber* § 16 Rn. 37). Ein Fall einer

solchen Vermeidbarkeit liegt insbesondere dann vor, wenn der Irrtum durch die gebotene **Erkundigung bei einem Rechtskundigen** hätte behoben werden können (vgl. Schüren/Hamann/*Stracke* § 16 Rn. 56 mwN, sowie vertiefend zu den Erkundigungspflichten im Ordnungswidrigkeitenbereich Göhler/*Gürtler* § 11 Rn. 23 ff.). Als solche rechtskundige Auskunftspersonen kommen nicht nur Anwälte, sondern insbesondere auch die Mitarbeiter der zuständigen Behörden in Betracht. Im Anwendungsbereich des AÜG wird daher ein Irrtum oft unvermeidbar sein, wenn er auf einer zwar falschen, aber an sich nach der Person des Befragten als fachkundig einzustufenden Auskunft beruht.

IV. Höhe des Bußgeldes, § 16 Abs. 2

1. Ober- und Untergrenzen

49   Die **Höhe des Bußgelds,** das für eine Ordnungswidrigkeit nach § 16 Abs. 1 verhängt werden kann, richtet sich nach **§ 16 Abs. 2** iVm der allgemeinen Vorschrift des **§ 17 OWiG.** Die **Untergrenze** beträgt dabei nach § 17 Abs. 1 OWiG 5 Euro. Die **Obergrenze** wird (abweichend von § 17 Abs. 1 OWiG) in § 16 Abs. 2 für die verschiedenen Ordnungswidrigkeitentatbestände unterschiedlich festgesetzt, was auch für die Verfolgungsverjährung von Bedeutung ist, vgl. → Rn. 61. Vorbehaltlich der Regelungen des § 17 Abs. 4 S. 2 (vgl. → Rn. 53) ist sie wie folgt nach dem **Unrechtsgehalt** der Taten gestaffelt:

– Die Obergrenze für Taten nach **Nr. 1–1 f., 6 und 11–18,** in denen das illegale Überlassen bzw. Tätig-werden-Lassen, Verstöße gegen die Aufbewahrungspflicht des § 7 Abs. 2 S. 4 und Verletzungen der diversen Mitwirkungs- und Duldungspflichten der §§ 17a, 17b und 17c geahndet werden, beträgt **30.000 Euro.**

– Die Obergrenze in Fällen der **Nr. 2,** in der es um den besonderen Schutz ausländischer Leiharbeitnehmer geht, bei der Nichtgewährung von Arbeitsbedingungen und Mindestentgelten nach **Nr. 7a und 7b** sowie bei der unzulässigen Beschäftigung während eines Arbeitskampfes nach **Nr. 8a** beträgt **500.000 Euro.**

– Die Obergrenze in Fällen der **Nr. 2a, 3, 9 und 10,** in denen mittelschwere Pflichtverletzungen bei der Durchführung einer an sich legalen Arbeitnehmerüberlassung geahndet werden, beträgt **2.500 Euro.**

– Die Obergrenze in den Fällen der **Nr. 4, 5, 6a und 8,** in denen geringfügige Pflichtverstöße im Zusammenhang mit der an sich legalen Arbeitnehmerüberlassung geahndet werden, beträgt **1.000 Euro.**

2. Höchstbeträge bei fahrlässigem Handeln

50   Handelt der Täter **fahrlässig,** so kann die Ordnungswidrigkeit nach § 17 Abs. 2 OWiG im Höchstmaß **nur mit der Hälfte** des angedrohten Höchstbetrages der Geldbuße (also 15.000 EUR/250.000 EUR/1.250 EUR/500 EUR) geahndet werden.

3. Bemessung der konkreten Geldbuße

Die **konkrete Geldbuße** innerhalb des jeweiligen Bußgeldrahmens **51** bemisst sich nach **§ 17 Abs. 3 S. 1 OWiG** vorrangig nach der **Bedeutung der Ordnungswidrigkeit** und dem **Vorwurf,** der den Täter trifft. Bei der Bedeutung der Ordnungswidrigkeit als objektivem Faktor ist insbesondere der Grad der Gefährdung oder Beeinträchtigung der geschützten Rechtsgüter oder Interessen sowie das Ausmaß der Gefährdung oder Beeinträchtigung in Rechnung zu stellen (vgl. zB Göhler/*Gürtler* § 17 Rn. 16). Für den subjektiven Vorwurf sind besondere, in der Person des Täters liegende Umstände von Bedeutung, die sein Verhalten als mehr oder weniger vorwerfbar erscheinen lassen können, so etwa eine besondere Leichtfertigkeit oder die Verletzung besonderer Berufspflichten (vgl. Göhler/*Gürtler* § 17 Rn. 17 ff.).

Nach **§ 17 Abs. 3 S. 2 OWiG** können auch die **wirtschaftlichen Ver- 52 hältnisse** des Täters berücksichtigt werden. Bei geringfügigen Ordnungswidrigkeiten sollen diese jedoch idR unberücksichtigt bleiben. Geringfügig dürften nach der Wertung des § 56 Abs. 1 S. 1 OWiG Ordnungswidrigkeiten sein, für die regelmäßig nur ein Verwarnungsgeld von 5–35 EUR zu verhängen wäre.

Nach **§ 17 Abs. 4 S. 1 OWiG** soll die Geldbuße den **wirtschaftlichen 53 Vorteil,** den der Täter aus der Ordnungswidrigkeit gezogen hat, **übersteigen;** soweit das gesetzliche Höchstmaß hierzu nicht ausreicht, kann es nach § 17 Abs. 4 S. 2 OWiG auch überschritten werden.

Für den **Vergleichsmaßstab** des aus der Ordnungswidrigkeit gezogenen **54** wirtschaftlichen Vorteils haben die früher zur Verfolgung ua zuständigen (ehemaligen) Landesarbeitsämter (vgl. zur nunmehr geltenden Zuständigkeit → Rn. 62 ff.) Anfang der 90er Jahre beim illegalen **Verleiher** einen Gewinn von ca. **1 DM/Arbeitsstunde,** beim illegalen **Entleiher** einen Gewinn von ca. **3 DM/Arbeitsstunde** angenommen (vgl. *Franzheim* FS Gaul, 1992, 135 (137); zust. *Sandmann/Marschall* § 16 Rn. 36; Schüren/Hamann/*Stracke* § 16 Rn. 61; UGBH/*Urban-Crell* § 16 Rn. 35). Soweit die Ordnungswidrigkeit im Nichtgewähren von Arbeitsbedingungen bzw. Mindestentgelten besteht, ist zu beachten, dass zum Vorteil insbesondere auch **ersparte Aufwendungen** (*Bohnert* OWiG § 17 Rn. 26) zählen.

Selbst wenn man diese Margen entsprechend der allgemeinen Teuerung **55** und Erhöhung der Sozialabgaben heute zB bei 1 bzw. 2 EUR/Std. ansetzen würde, bleibt § 17 Abs. 4 S. 2 OWiG hier in vielen Fällen ein **stumpfes Schwert,** da zB ein Entleiher in den Fällen des § 16 Abs. 1 Nr. 2 den Höchstrahmen des § 16 Abs. 2 erst bei mehr als 250.000 geleisteten Arbeitsstunden überschreiten würde (krit. auch Ulber/*D. Ulber* § 16 Rn. 44 mit einem Beispiel zu § 16 Abs. 1 Nr. 1, 1a). Vorzugswürdiger Vergleichsmaßstab ist daher in manchen Fällen eine **Gewinnschätzung auf der Grundlage der Bruttolohnsumme** (vgl. näher BGH 13.1.1983, AP AÜG § 1 Nr. 6; Boemke/Lembke/*Boemke* § 16 Rn. 42; Ulber/*D. Ulber,* § 16 Rn. 44) einschließlich der zu zahlenden Einkommensteuer (vgl. BayObLG 25.4.1995, DB 1995, 1084).

Der Vorteil muss **tatsächlich realisiert** worden und darf nicht später (in **56** konnexer Weise) entfallen sein (OLG Düsseldorf 3.8.1994, wistra 1995, 75).

Zur Erzielung des Vorteils erforderliche Aufwendungen sind abzuziehen (Nettoprinzip; vgl. zB *Bohnert/Krenberger/Krumm* OWiG § 17 Rn. 26), ebenso bereits gezahlte oder rechtskräftig festgestellte Ersatzansprüche Dritter (vgl. KK-OWiG/*Mitsch* § 17 Rn. 128.). Deshalb ist bei der Gewinnabschöpfung aber auch die bezahlte oder künftig zu entrichtende Einkommensteuer zu berücksichtigen (vgl. Schüren/Hamann/*Stracke* § 16 Rn. 60). Außerdem soll wegen des **verfassungsmäßigen Übermaßverbotes** unzulässig sein, den Täter durch eine zu hohe Gewinnabschöpfung über längere Zeiträume nahezu einkommenslos zu stellen (vgl. BayObLG 25.4.1995, DB 1995, 1084; *Sandmann/Marschall* § 16 Rn. 36; Schüren/Hamann/*Stracke* § 16 Rn. 61).

4. Einziehung des Wertes von Taterträgen

57   Findet keine Gewinnabschöpfung nach § 17 Abs. 4 OWiG statt – insbesondere wenn keine Geldbuße verhängt wird, weil etwa der Täter entweder nicht vorwerfbar gehandelt hat, ein Dritter den Vermögensvorteil erlangt hat oder aus sonstigen Gründen die Festsetzung einer Geldbuße wenig Erfolg versprechend wäre (vgl. auch LG Saarbrücken 4.8.2005, BeckRS 2005, 14877) –, so kann nach § 29a OWiG die Einziehung eines Geldbetrages bis zu der Höhe angeordnet werden, welcher der aus der Tat erlangten Summe entspricht (vgl. Göhler/*Gürtler* § 29a Rn. 4). Dieser Betrag ist – anders als der wirtschaftliche Vorteil bei § 17 OWiG – nach dem **Bruttoprinzip** (also grundsätzlich ohne Ansatz der Aufwendungen, vgl. aber auch → § 15 Rn. 36a) zu bestimmen (OLG Stuttgart EzAÜG § 1 AEntG Nr. 12 = Justiz 2003, 175; BayObLG 19.6.1997, NStZ 1998, 451), was zu Wertungswidersprüchen zwischen § 29a und § 17 OWiG führen kann und die letztlich noch ungeklärte Frage aufwirft, ob die Behörde evtl. sogar auf die Verhängung einer Geldbuße verzichten darf, um auf den uU höheren Betrag (zum Vorteil der entscheidenden Behörde selbst) nach § 29a OWiG zuzugreifen, vgl. *Brenner* NStZ 2004, 256 ff. Jedenfalls sind aber **an den Verletzten gezahlte Ersatzansprüche** auch hier in Ansatz zu bringen. Dies gilt auch, wenn die Ansprüche nicht erst aus der Tat entstanden, sondern umgekehrt (wie regelmäßig in den Fällen der Nr. 7a und 7b) die Tat in der Nichterfüllung der Ansprüche bestand (BayObLG 27.4.2000, NStZ 2000, 537). Wurde ein solcher Anspruch nicht bei der Festsetzung des verfallenden Betrages berücksichtigt, ist dies ggf. bei der Vollstreckung nachzuholen (§ 99 Abs. 2 S. 1 OWiG) und sogar noch später durch Rückerstattung zu realisieren (§ 99 Abs. 2 S. 2 OWiG).

5. Geldbußen gegen juristische Personen

58   Wird die Ordnungswidrigkeit von einem **vertretungsberechtigten Organ einer juristischen Person,** vom Mitglied eines Vorstandes eines nicht rechtsfähigen Vereins, als vertretungsberechtigter Gesellschafter einer Personenhandelsgesellschaft oder von bestimmten rechtsgeschäftlich bevollmächtigten Vertretern solcher Vereinigungen in Ausübung ihrer Funktion begangen, so kann nach **§ 30 Abs. 1 OWiG** – auch parallel zu einer Geldbuße gegen den Handelnden selbst – eine **Geldbuße gegen die juristische**

Person bzw. Vereinigung verhängt werden. Das Höchstmaß dieser Geldbuße bestimmt sich gem. § 30 Abs. 2 S. 2 OWiG nach dem auch für die Ordnungswidrigkeit angedrohten Höchstmaß der Geldbuße. In Betracht kommt eine solche vor allem dann, wenn – insbesondere unter Berücksichtigung der wirtschaftlichen Verhältnisse des Täters nach § 17 Abs. 3 S. 2 OWiG – mit der Geldbuße gegen den Täter der für das durch die Tat begünstigte Unternehmen erwachsene Vorteil in seiner Höhe nicht abgeschöpft werden kann (sei es, dass dies wegen der rechtlichen Selbständigkeit der juristischen Person unmöglich ist, sei es, dass der Zugriff allein auf den Handelnden unter Berücksichtigung der wirtschaftlichen Verhältnisse des Täters nach § 17 Abs. 3 S. 2 OWiG unverhältnismäßig wäre).

V. Das Bußgeldverfahren (Zuständigkeit, Verhängung und Vollstreckung)

1. Allgemeines und Systematik

§ 16 selbst enthält für das Bußgeldverfahren in seinen Absätzen 3–5 Vor- **59** schriften über die Zuständigkeit, die Beitreibung der Geldbuße sowie über deren Verbleib und über Entschädigungspflichten.

Daneben gelten die **allgemeinen Vorschriften der §§ 35 ff. OWiG** **60** sowie über § 46 Abs. 1 OWiG die **allgemeinen Vorschriften über das Strafverfahren,** insbesondere also die StPO und das GVG.

Bedeutsam sind dabei mangels eigener Vorschriften im OWiG vor allem **60a** die Regelungen über den Zeugenbeweis (§§ 48 ff. StPO), den Sachverständigen (§§ 72 ff. StPO) sowie die Beweismittelsicherung (§§ 94 ff., 102 ff. StPO). Eine Reihe besonders einschneidender strafprozessualer Ermittlungsmaßnahmen ist allerdings nach § 46 Abs. 3 S. 1 OWiG im Ordnungswidrigkeitenverfahren unzulässig.

Ein Ordnungswidrigkeitenverfahren darf nur durchgeführt werden, **61** solange keine **Verfolgungsverjährung** eingetreten ist (vgl. § 31 Abs. 1 S. 1 OWiG). Die Verjährungsfrist richtet sich dabei gem. § 31 Abs. 2 OWiG nach dem **Höchstmaß der angedrohten Geldbuße.** Daraus ergibt sich für Taten nach § 16 Abs. 1 Nr. 1–2, 6, 7a, 7b, 8a und 11–18 eine Verjährungsfrist von drei Jahren, für Taten nach § 16 Abs. 1 Nr. 2a, 3, 9 und 10 von einem Jahr sowie für Taten nach § 16 Abs. 1 Nr. 4, 5, 6a, 7 und 8 von sechs Monaten. Regelungen über das Ruhen und die Unterbrechung der Verfolgungsverjährung finden sich in §§ 32 f. OWiG.

2. Zuständigkeit, § 16 Abs. 3

Zuständig für die Verfolgung und Ahndung von Ordnungswidrigkeiten **62** sind nach § 35 Abs. 1, 2 OWiG die **Verwaltungsbehörden.**

Sachlich zuständige Behörden iSd § 36 Abs. 1 Nr. 1 OWiG sind nach **63** § 16 Abs. 3 für die Ordnungswidrigkeiten nach § 16 Abs. 1 Nr. 1, 1a, 1c, 1d, 1f, 2, 2a, 7b und 11 **die Behörden der Zollverwaltung** und für die Ordnungswidrigkeiten gem. § 16 Abs. 1 Nr. 1b, 1e, 3–7a sowie 8–10 die **Bundesagentur für Arbeit.**

64 **Örtlich** zuständig ist nach § 37 Abs. 1 OWiG die Verwaltungsbehörde, in deren Bezirk die Ordnungswidrigkeit begangen oder entdeckt worden ist bzw. der Betroffene zur Zeit der Einleitung des Bußgeldverfahrens seinen Wohnsitz hat.

65 Soweit dadurch die örtliche **Zuständigkeit mehrerer Behörden** begründet wird, gebührt grundsätzlich nach § 39 Abs. 1 OWiG derjenigen Verwaltungsbehörde der Vorzug, die sich zuerst mit der Sache dem Betroffenen gegenüber erkennbar befasst hat. Gegen Doppelahndungen gewährt § 84 OWiG Schutz; zu den insoweit erforderlichen Feststellungen zur Tatidentität vgl. KG 28.9.2001, wistra 2002, 227 (228 f.) = BeckRS 2001, 14494.

66 Bei **Gefahr im Verzug** kann nach § 46 Abs. 1, 2 OWiG iVm den einschlägigen Vorschriften der StPO bzw. des GVG jede sachlich zuständige Behörde ungeachtet der örtlichen Zuständigkeit tätig werden.

3. Verfahrensablauf

67 **a) Einleitung und Durchführung des Verfahrens. Einleitung und Durchführung** des Ordnungswidrigkeitenverfahrens obliegen den in § 16 Abs. 3 genannten Behörden. Die Staatsanwaltschaft wird nur tätig, wenn die Ordnungswidrigkeit mit einer von ihr verfolgten Straftat zusammenhängt (vgl. § 42 Abs. 1 S. 1 OWiG). Eine Zusammenarbeit mit anderen Behörden erfolgt nach Maßgabe des § 18.

68 Die Einleitung eines Ordnungswidrigkeitenverfahrens (zur formalen Behandlung vgl. *Sandmann/Marschall* § 16 Rn. 11 f.) erfolgt nach § 46 Abs. 1 OWiG iVm § 152 StPO bei Vorliegen eines **Anfangsverdachts.** An diesen sind keine allzu hohen Anforderungen zu stellen (vgl. näher *Sandmann/Marschall* § 16 Rn. 13 f., allerdings mit der etwas missverständlichen – vgl. § 203 StPO, dessen Anforderungen höher sind – Überschrift des „hinreichenden Tatverdachts").

69 Dabei gilt für das gesamte Verfahren nach § 47 OWiG das **Opportunitätsprinzip,** dh anders als für die Staatsanwaltschaft bei der Verfolgung von Straftaten (sog. Legalitätsprinzip) besteht für die Verwaltungsbehörden bei der Verfolgung von Ordnungswidrigkeiten **kein strenger Verfolgungszwang,** sondern die Durchführung des Verfahrens liegt in ihrem pflichtgemäßen Ermessen. Auf Grund der besonderen Bedeutung von Verstößen gegen das AÜG (vgl. → vor §§ 15 ff. Rn. 2) wird jedoch eine Verfolgung häufig geboten sein (so auch Boemke/Lembke/*Boemke* § 16 Rn. 10; vgl. näher zum Opportunitätsprinzip Göhler/*Seitz* § 47 Rn. 3 ff., sowie speziell zur Ermessensausübung bei Ordnungswidrigkeiten nach dem AÜG ergänzend *Sandmann/Marschall* § 16 Rn. 10; Ulber/*D. Ulber* § 16 Rn. 50).

70 Eventuell erforderliche **Ermittlungshandlungen** richten sich insbesondere nach den entsprechenden Vorschriften der StPO (vgl. → Rn. 60; anschaulich *Rosenkötter,* Recht der Ordnungswidrigkeiten, Rn. 263 ff., 273 ff.; speziell zum AÜG *Sandmann/Marschall* § 16 Rn. 15 ff.; Ulber/*D. Ulber* § 16 Rn. 51 f.).

71 Hinsichtlich des Tatverdachts bei Ordnungswidrigkeiten nach dem AÜG gibt es **keine Verteilung oder gar Umkehr der Beweislast,** dh grundsätzlich sind alle für die Erfüllung des Tatbestands erforderlichen Tatsachen von der Verwaltungsbehörde zu beweisen. Die Anforderungen an die subjektiven Voraussetzungen dürfen dabei allerdings hinsichtlich des Nachweises nicht überspannt werden. Nach § 46 Abs. 1 OWiG iVm § 160 Abs. 2 StPO hat die Verwaltungsbehörde dabei nicht nur be-, sondern **auch entlastendes Material** zu ermitteln.

Gegenüber Ermittlungshandlungen, durch die in die Rechte des Betroffe- 72 nen oder Dritter eingegriffen wird, steht diesen nach Maßgabe des § 62 OWiG ein Rechtsmittel zu.

b) Abschluss des Verfahrens und Rechtsmittel. Der **Abschluss des** 73 **Ordnungswidrigkeitenverfahrens** (dazu näher Ulber/*D. Ulber* § 16 Rn. 53 ff.) erfolgt durch eine **Einstellung** (§ 47 Abs. 1 S. 2, Abs. 2, 3 OWiG), durch eine **Verwarnung** ohne oder mit Verwarnungsgeld (vgl. § 56 OWiG) oder durch einen **Bußgeldbescheid** (§§ 65 f. OWiG).

Da eine Verwarnung nach § 56 OWiG nur bei „geringfügigen Ordnungs- 74 widrigkeiten" ausgesprochen werden kann, dürfte diese Möglichkeit jedoch mit Blick auf die jeweilige Höchstgrenze der Bußgeldandrohung regelmäßig allenfalls bei Taten nach § 16 Abs. 1 Nr. 4–8 (ohne Nr. 6) in Betracht kommen (ebenso Ulber/*D. Ulber* § 16 Rn. 55).

Gegen einen Bußgeldbescheid kann der Betroffene nach § 67 Abs. 1 75 OWiG binnen zwei Wochen nach Zustellung **Einspruch** einlegen (näher zum Einspruchsverfahren vgl. Ulber/*D. Ulber* § 16 Rn. 57 ff., sowie allgemein *Rosenkötter,* Recht der Ordnungswidrigkeiten, Rn. 348 ff.). Verwirft die Verwaltungsbehörde den Einspruch im Zwischenverfahren nach § 69 OWiG als unzulässig, kann der Betroffene dagegen innerhalb von zwei Wochen einen **Antrag auf gerichtliche Entscheidung** nach §§ 69 Abs. 1 S. 2, 62 stellen. Ist der Einspruch zulässig und wird der Bußgeldbescheid von der Verwaltungsbehörde aufrechterhalten, so übersendet sie die Akten an die Staatsanwaltschaft (vgl. § 69 Abs. 3 OWiG), die diese dem nach § 68 OWiG zuständigen Strafrichter vorlegt. Verwirft auch dieser den Einspruch nicht als unzulässig (vgl. § 70 OWiG), so kommt es zu einem Hauptverfahren, das sich im Wesentlichen nach den Verfahrensregeln der StPO richtet (vgl. § 71 Abs. 1 OWiG; zu Modifikationen des Verfahrens vgl. §§ 72 ff. OWiG; zu den Anforderungen an die Tatsachenfeststellungen in amtsgerichtlichen Urteilen vgl. OLG Hamm 30.1.2002, BeckRS 2002, 30236270, sowie OLG Jena 19.8.2004, GewArch 2005, 26).

4. Beitreibung der Geldbuße, § 16 Abs. 4

§ 16 Abs. 4 ordnet die entsprechende Geltung des **§ 66 SGB X** an. Dieser 76 lautet:

„(1) Für die Vollstreckung zugunsten der Behörden des Bundes, der bundesunmittelbaren Körperschaften, Anstalten und Stiftungen des öffentlichen Rechts gilt das Verwaltungs-Vollstreckungsgesetz. In Angelegenheiten des § 51 des Sozialgerichtsgesetzes ist für die Anordnung der Ersatzzwangshaft das Sozialgericht zuständig. Die oberste Verwaltungsbehörde kann bestimmen, dass die Aufsichtsbehörde nach Anhören der in Satz 1 genannten Behörden die geschäftsleitenden Bedienste-

ten als Vollstreckungsbeamte und sonstige Bedienstete dieser Behörde als Vollzie-
hungsbeamte bestellen darf; [...]

(2) ...

(3) Für die Vollstreckung zugunsten der übrigen Behörden gelten die jeweiligen
landesrechtlichen Vorschriften über das Verwaltungsvollstreckungsverfahren. Für
die landesunmittelbaren Körperschaften, Anstalten und Stiftungen des öffentlichen
Rechts gilt Abs. 1 S. 2 bis 5 entsprechend. [...]

(4) Aus einem Verwaltungsakt kann auch die Zwangsvollstreckung in entspre-
chender Anwendung der Zivilprozessordnung stattfinden. Der Vollstreckungs-
schuldner soll vor Beginn der Vollstreckung mit einer Zahlungsfrist von einer Woche
gemahnt werden. Die vollstreckbare Ausfertigung erteilt der Behördenleiter, sein
allgemeiner Vertreter oder ein anderer auf Antrag eines Leistungsträgers von der
Aufsichtsbehörde ermächtigter Angehöriger des öffentlichen Dienstes. Bei den Ver-
sicherungsträgern und der Bundesagentur für Arbeit tritt in Satz 3 an die Stelle der
Aufsichtsbehörden der Vorstand."

77   Für die **Beitreibung der Geldbuße** stellt sich die Frage, wie der Hinweis
auf § 66 SGB X zu verstehen ist:

78   Versteht man ihn nicht als abschließend, kann die Vollstreckungsbehörde
iSd § 92 OWiG (dh die Behörde, die auch den Bußgeldbescheid erlassen hat)
nach pflichtgemäßem Ermessen zum einen eine Vollstreckung nach
§ 91 OWiG vornehmen, der im Wesentlichen in die VwVGe des Bundes bzw.
der Länder verweist, und dabei auch gem. § 96 OWiG eine Erzwingungshaft
beantragen (vgl. *Sandmann/Marschall* § 16 Rn. 45). Ein **gerichtlicher Bußgeldbescheid** wird gem. **§ 91 OWiG** nach § 451 Abs. 1 und 2, § 459 bzw.
§ 459g Abs. 1 und Abs. 2 iVm § 459 StPO vollstreckt.

79   Nach diesem Verständnis parallel daneben, nach verbreiteter Auffassung
(Ulber/*D. Ulber* § 16 Rn. 60; ErfK/*Wank* AÜG § 16 Rn. 15 [„in Abwei-
chung von § 92 OWiG"], AnwKomm/*Böhm* AÜG § 16 Rn. 21 sowie HWK/
Kalb § 16 Rn. 22) dagegen offenbar exklusiv besteht die Möglichkeit einer
Beitreibung der Geldbuße gem. **§ 16** Abs. **4 iVm § 66 SGB X** nach dem
VwVG des Bundes, dh

– nach § 4b VwVG durch die Hauptzollämter,
– durch eigene Mitarbeiter (was praktisch bedeutungslos ist, da die Bundesagentur für Arbeit über keine in der Vollstreckung tätigen Mitarbeiter
 verfügt) oder aber
– gem. § 16 Abs. 4 iVm § 66 Abs. 4 S. 1 SGB X und §§ 704 ff., 803 ff. ZPO
 durch entsprechende Anwendung der Vollstreckung nach der Zivilprozessordnung.

79a Die mit der Beitreibung betraute Stelle wird im VwVG ebenfalls Vollstreckungsbehörde genannt, aber vielfach zur Abgrenzung von der Vollstreckungsbehörde nach dem OWiG klarer als Vollzugsbehörde bezeichnet (vgl.
Göhler/*Seitz* § 92 Rn. 1).

80   Auch ein rechtskräftig festgesetztes Bußgeld darf nach Ablauf der **Vollstre-
ckungsverjährungsfrist** nicht mehr vollstreckt werden, § 34 Abs. 1 OWiG.
Die Verjährungsfrist beträgt nach § 34 Abs. 2 OWiG bei einer verhängten

Geldbuße bis zu 1.000 EUR drei Jahre, bei einer Geldbuße von mehr als 1.000 EUR fünf Jahre. Näheres regelt § 34 Abs. 3, 4 OWiG.

Zur **Sicherung und Durchführung der Vollstreckung** kann nach § 46 **80a** Abs. 1 OWiG iVm § 132 StPO eine **Sicherheitsleistung angeordnet** werden; unter den Voraussetzungen von § 46 OWiG iVm § 111d StPO kann im Einzelfall – insbesondere zur Sicherung des Verfalls (nicht der Vollstreckung des Bußgeldes) – die Anordnung eines dinglichen Arrestes erfolgen. Beide Möglichkeiten sind nicht zuletzt **vor dem Hintergrund der Tatsache** zu sehen, dass die **Rechtshilfe im Ordnungswidrigkeitenbereich** und die **Vollstreckung daraus erwachsender Geldforderungen im Ausland noch vielfach auf unsicheren Füßen** steht (vgl. näher KK-OWiG/*Bohnert* Einleitung Rn. 190 ff.). Dabei sind freilich die Anforderungen des Verhältnismäßigkeitsgrundsatzes in besonderem Maße zu beachten. Die **Höhe der Sicherheitsleitung** bemisst sich nach der zu erwartenden Geldbuße, die (von der Entscheidungsbefugnis der Behörde zu unterscheidende) Anordnungsbefugnis liegt nach § 46 OWiG iVm § 132 Abs. 2 StPO beim Richter am Amtsgericht, in dessen Bezirk die Handlung vorzunehmen ist. Der **dingliche Arrest** setzt nach allgemeinen Grundsätzen neben einem Arrestanspruch auch einen Arrestgrund voraus. Die vom nach § 111e StPO zuständigen Richter zu erlassende Anordnung muss den zu sichernden Anspruch sowie den Arrestgrund benennen. Auf die vorherige Anhörung des Betroffenen kann verzichtet werden, wenn dadurch der Zweck des Verfahrens gefährdet würde.

5. Verbleib der Geldbuße und Kostentragungspflichten, § 16 Abs. 5

Nach § 16 Abs. 5 S. 1 fließen Geldbußen in die Kasse der zuständigen **81** Verwaltungsbehörde. Dafür trägt diese auch abweichend von § 105 Abs. 2, 1 OWiG iVm §§ 465 ff. StPO gegebenenfalls die notwendigen Auslagen und ist auch abweichend von § 110 Abs. 4 OWiG selbst entschädigungspflichtig für Verfolgungsmaßnahmen (vgl. § 16 Abs. 5 S. 2).

§ 17 Durchführung

(1) ¹Die Bundesagentur für Arbeit führt dieses Gesetz nach fachlichen Weisungen des Bundesministers für Wirtschaft und Arbeit durch. ²Verwaltungskosten werden nicht erstattet.

(2) Die Prüfung der Arbeitsbedingungen nach § 8 Absatz 5 obliegt zudem den Behörden der Zollverwaltung nach Maßgabe der §§ 17a bis 18a.

I. Verwaltungsorganisation

Abweichend vom Grundsatz des Art. 86 S. 1 GG bestimmt § 17 Abs. 1, **1** dass der Bundesminister für Wirtschaft und Arbeit fachliche Weisungen an die BA erteilt zur Durchführung ihrer Aufgaben im Rahmen der Arbeitnehmerüberlassung. Dem Bundesminister obliegt damit neben der nach § 401 Abs. 1 SGB III bestehenden **Rechts– auch die Fachaufsicht** über die BA, soweit diese das AÜG ausführt. Dies beinhaltet das Recht, sowohl allgemeine (in Form von Durchführungsanweisungen) als auch konkrete Weisungen zu erteilen (Boemke/Lembke/*Lembke* § 19 Rn. 16; allgemein zur Fachaufsicht *Maurer,* Allgemeines Verwaltungsrecht, § 22 Rn. 32). Allgemeine Anweisungen des Bundesministeriums befreien die BA nicht von ihrer Pflicht, im Einzelfall Ermessen auszuüben, sofern das Gesetz ihr dies einräumt. So hat das BSG in seinem Urteil vom 12.12.1990 (NZA 1991, 951) klar gestellt, dass die BA nicht generell mit Hinweis auf bestehende Durchführungsanweisungen Ausländern die Erlaubnis zur Arbeitnehmerüberlassung versagen kann. Das nach § 3 Abs. 3 bestehende Ermessen (danach „kann" die Erlaubnis versagt werden, wenn der Antragsteller nicht Deutscher iSd Art. 116 GG ist) muss die BA für jeden gestellten Antrag eigenständig ausüben und ihre Entscheidung begründen. Im Fall des BSG handelte es sich um Durchführungsanweisungen der BA selbst, die mit dem Ministerium abgestimmt waren. Das Gleiche gilt jedoch auch für Weisungen, die das Bundesministerium erlassen hat.

2   Wie alle Verwaltungsvorschriften sind die Weisungen, sofern sie mit dem Gesetz vereinbar sind, für die nachfolgenden Dienststellen bindend, nicht aber für Außenstehende. Für jene können sie jedoch über das Gleichheitsgebot des Art. 3 Abs. 1 GG und den Vertrauensschutz (Art. 20 Abs. 3 GG) anspruchsbegründende Wirkung entfalten (BVerfG 8.4.1997, NVwZ 1998, 273 (274)) nach den **Grundsätzen der Selbstbindung der Verwaltung** (siehe hierzu *Jestaedt* in Erichsen/Ehlers [Hrsg.], Allgemeines Verwaltungsrecht, § 11 V 3, Rn. 59, 63 f.). Darüber hinaus kann die Verletzung einer in einer solchen Weisung geregelten Amtpflicht einen Amtshaftungsanspruch nach § 839 BGB iVm Art. 34 GG begründen (BGH 19.5.1958, BGHZ 27, 278). Einen Anspruch auf Gleichbehandlung im Unrecht, also auf unterschiedslose Befolgung rechtswidriger Weisungen, gibt es freilich nicht (allg. BVerfG 3.6.1977, BRS 32 Nr. 129 mwN).

3   Zur Verwaltung der BA selbst schweigt das AÜG. Die **Organisation der BA** ergibt sich aus deren Satzung (vom 8.2.2016, BAnz. AT 8.2.2016 B5). Nach § 14 Abs. 1 Nr. 15 der Satzung bestimmt der Vorstand der BA die organisatorischen und personellen Regelungen. Durch Rundbriefe hat er die Aufgaben im Rahmen der Arbeitnehmerüberlassung auf die Regionaldirektionen in beschränktem Umfang auch auf die Agenturen für Arbeit übertragen. Da die BA nach § 17 für die Durchführung des AÜG verantwortlich ist, ist in allen daraus erwachsenden Rechtsstreitigkeiten der Rechtsweg zu den Sozialgerichten nach § 51 Abs. 1 Nr. 4 SGG eröffnet.

II. Verwaltungskosten

4   Die Kosten, die der BA bei der Durchführung des AÜG entstehen, werden nach § 17 Abs. 1 S. 2 nicht vom Bund erstattet. Die BA trägt sie daher selbst. Diese Regelung stellt eine **Ausnahme zu § 363 Abs. 2 SGB III** dar, wonach grundsätzlich der Bund die Ausgaben für die weiteren Aufgaben der BA trägt,

die ihr per Gesetz übertragen werden. Zur Finanzierung dienen der BA zum Teil die Kosten und Auslagen, die sie nach § 2a für die Bearbeitung von Anträgen vom Antragsteller erheben kann sowie die ihr nach § 16 Abs. 5 S. 1 zustehenden Geldbußen. Darüber hinaus werden die Verwaltungskosten von den Beitragszahlern aufgebracht. Dies ist verfassungsrechtlich bedenklich. Um die in Art. 104a ff. GG geregelte Finanzordnung des GG nicht zu umgehen, sind Sonderabgaben – und damit auch die Beiträge zur Arbeitslosenversicherung – nur zulässig, wenn sie einer homogenen Gruppe auferlegt werden, die eine gewisse Gruppenverantwortung für die Erfüllung der mit der Abgabe zu finanzierenden Aufgabe trifft, und die Abgaben im Interesse der Gruppe verwendet werden (BVerfG 10.12.1980, NJW 1981, 329 (332)). Die Beitragszahler der Arbeitslosenversicherung stehen den Aufgaben, die die BA im Bereich der Arbeitnehmerüberlassung wahrnimmt, nicht näher als andere gesellschaftliche Gruppen, denn die Erteilung der Erlaubnis zur Arbeitnehmerüberlassung, deren Rücknahme oder Widerruf, die Erteilung von Auskünften usw betrifft allein diejenigen, die Arbeitnehmerüberlassung betreiben, aber nicht alle die, die Arbeitslosenversicherungsbeiträge entrichten oder arbeitslos sind. Daher trifft die Beitragszahler keine Verantwortung gegenüber den Verleihern, Entleihern oder verliehenen Arbeitnehmern. Eine solche **Gruppenverantwortung** bestände allenfalls dann, wenn die Arbeitnehmerüberlassung dazu dienen würde, Arbeitslose wieder in Beschäftigung zu führen. Dies ist aber primär Aufgabe der von der Arbeitnehmerüberlassung zu unterscheidenden Arbeitsvermittlung (→ Einl. Rn. 3). Darüber hinaus werden die Mittel auch nicht gruppennützig verwendet. Sie kommen nicht den Beitragszahlern zu Gute, sondern nur denjenigen, die Arbeitnehmer verleihen, entleihen oder als Arbeitnehmer verliehen werden. Die Aufgaben, die dem Staat aus der Arbeitnehmerüberlassung entstehen, müssten daher steuerfinanziert werden. Es handelt sich um allgemeine Verwaltungsaufgaben, die nur deshalb der BA auferlegt wurden, weil sie den Bereich des Arbeitsmarktes betreffen. Dieser Sachzusammenhang begründet jedoch nicht die verfassungsrechtliche Zulässigkeit der Verwendung der Beiträge zur Finanzierung der Aufgaben im Bereich der Arbeitnehmerüberlassung (vgl. auch *Ulber* § 17 Rn. 8 und Schüren/*Hamann* § 17 Rn. 9). Es spricht daher viel dafür, dass die Nichterstattung der Ausgaben durch den Bund nach § 17 S. 2 mit der **Finanzordnung des GG (Art. 104a ff.) nicht vereinbar** ist.

III. Zuständigkeit der Zollverwaltung

Durch das **Gesetz zur Änderung des Arbeitnehmerüberlassungsge-** 5 **setzes und des Schwarzarbeitsbekämpfungsgesetzes vom 20.7.2011** (BGBl. I S. 1506) wurde ein neuer Abs. 2 in den § 17 eingefügt. Diese Änderung sollte der neuen Aufgabenzuteilung zwischen der Bundesagentur für Arbeit und den Zollbehörden Rechnung tragen (BT-Drs. 17/5761, 8). Wie im AEntG prüfen die Behörden der Zollverwaltung ausschließlich die Einhaltung der Mindestarbeitsbedingungen, soweit sie die Vergütung betreffen (BT-Drs. 17/5761, 8). Alleiniger Prüfgegenstand ist insofern die Einhaltung der Lohnuntergrenze gem. § 8 Abs. 5 (vgl. BeckOK/*Motz* AÜG § 17 Rn. 7;

Boemke/Lembke/*Marseaut* § 17 Rn. 29 f.). Der vorherige Verweis auf § 10 Abs. 5 wurde im Zuge der systematischen Neuverortung des Gleichbehandlungsgrundsatzes in § 8 durch das Gesetz zur Änderung des Arbeitnehmerüberlassungsgesetzes vom 21.2.2017 durch den Verweis auf § 8 Abs. 5 ersetzt. Hinsichtlich der Prüfung, ob eine Verpflichtung des Verleihers besteht, dem Leiharbeitnehmer ein Entgelt zu zahlen, das dem eines vergleichbaren Arbeitnehmers des Entleihers im Betrieb des Entleihers entspricht und diese Pflicht auch eingehalten wird, bleibt es bei der Zuständigkeit der Bundesagentur für Arbeit (BT-Drs. 17/5761, 8).

§ 17a Befugnisse der Behörden der Zollverwaltung

Die §§ 2, 3 bis 6 und 14 bis 20, 22, 23 des Schwarzarbeitsbekämpfungsgesetzes sind entsprechend anzuwenden mit der Maßgabe, dass die dort genannten Behörden auch Einsicht in Arbeitsverträge, Niederschriften nach § 2 des Nachweisgesetzes und andere Geschäftsunterlagen nehmen können, die mittelbar oder unmittelbar Auskunft über die Einhaltung der Arbeitsbedingungen nach § 8 Absatz 5 geben.

§ 17b Meldepflicht

(1) [1]Überlässt ein Verleiher mit Sitz im Ausland einen Leiharbeitnehmer zur Arbeitsleistung einem Entleiher, hat der Entleiher, sofern eine Rechtsverordnung nach § 3a auf das Arbeitsverhältnis Anwendung findet, vor Beginn jeder Überlassung der zuständigen Behörde der Zollverwaltung eine schriftliche Anmeldung in deutscher Sprache mit folgenden Angaben zuzuleiten:
1. Familienname, Vornamen und Geburtsdatum des überlassenen Leiharbeitnehmers,
2. Beginn und Dauer der Überlassung,
3. Ort der Beschäftigung,
4. Ort im Inland, an dem die nach § 17c erforderlichen Unterlagen bereitgehalten werden,
5. Familienname, Vornamen und Anschrift in Deutschland eines oder einer Zustellungsbevollmächtigten des Verleihers,
6. Branche, in die die Leiharbeitnehmer überlassen werden sollen, und
7. Familienname, Vornamen oder Firma sowie Anschrift des Verleihers.
[2]Änderungen bezüglich dieser Angaben hat der Entleiher unverzüglich zu melden.

(2) Der Entleiher hat der Anmeldung eine Versicherung des Verleihers beizufügen, dass dieser seine Verpflichtungen nach § 8 Absatz 5 einhält.

(3) Das Bundesministerium der Finanzen kann durch Rechtsverordnung im Einvernehmen mit dem Bundesministerium für Arbeit und Soziales ohne Zustimmung des Bundesrates bestimmen,

1. dass, auf welche Weise und unter welchen technischen und organisatorischen Voraussetzungen eine Anmeldung, Änderungsmeldung und Versicherung abweichend von den Absätzen 1 und 2 elektronisch übermittelt werden kann,
2. unter welchen Voraussetzungen eine Änderungsmeldung ausnahmsweise entfallen kann und
3. wie das Meldeverfahren vereinfacht oder abgewandelt werden kann.

(4) Das Bundesministerium der Finanzen kann durch Rechtsverordnung ohne Zustimmung des Bundesrates die zuständige Behörde nach Absatz 1 Satz 1 bestimmen.

§ 17c Erstellen und Bereithalten von Dokumenten

(1) Sofern eine Rechtsverordnung nach § 3a auf ein Arbeitsverhältnis Anwendung findet, ist der Entleiher verpflichtet, Beginn, Ende und Dauer der täglichen Arbeitszeit des Leiharbeitnehmers spätestens bis zum Ablauf des siebten auf den Tag der Arbeitsleistung folgenden Kalendertages aufzuzeichnen und diese Aufzeichnungen mindestens zwei Jahre beginnend ab dem für die Aufzeichnung maßgeblichen Zeitpunkt aufzubewahren.

(2) ¹Jeder Verleiher ist verpflichtet, die für die Kontrolle der Einhaltung einer Rechtsverordnung nach § 3a erforderlichen Unterlagen im Inland für die gesamte Dauer der tatsächlichen Beschäftigung des Leiharbeitnehmers im Geltungsbereich dieses Gesetzes, insgesamt jedoch nicht länger als zwei Jahre, in deutscher Sprache bereitzuhalten. ²Auf Verlangen der Prüfbehörde sind die Unterlagen auch am Ort der Beschäftigung bereitzuhalten.

Literatur: *Aulmann,* Behördliche Aufsicht über die Gewährung der Mindestlöhne, NZA 2015, 418 ff.; *Fladung,* Standpunkt: Erweiterte Aufzeichnungspflicht für Verleiher infolge Mindestlohns, BB 2012, 315; *Hantel,* Unionsrechtliche Grenzen für administrative Pflichten nach dem Mindestlohngesetz, NZA 2015, 410 ff.; *Jung/Deba,* Mindestlohn und Mindestlohngesetz: Verfahren und Rechtsfolgen bei Verstößen und Verdächtigungen, NStZ 2015, 258 ff.; *Lembke,* Die jüngsten Änderungen des AÜG im Überblick, FA 2011, 290 ff.; *Maschmann,* Die staatliche Durchsetzung des allgemeinen Mindestlohns nach den §§ 14 ff. MiLoG, NZA 2014, 929 ff.; *Ramming,* Gesetzlicher Mindestlohn: Kontrolle durch die Finanzkontrolle Schwarzarbeit (FKS), NZA-Beil. 2014, 149 ff.; *Schliemann,* Pflichten zur Aufzeichnung von Arbeitszeiten, FA 2016, 66 ff.; *Schmitz-Witte/Killian,* Die Dokumentations- und Meldepflichten nach dem Mindestlohngesetz – Die Last der Bürokratie, NZA 2015, 415 ff.; *Schwab,* Das neue Arbeitnehmer-Entsendegesetz, NZA-RR 2010, 225 ff.; *Sittard/Rawe,* Melde- und Dokumentationspflichten nach dem MiLoG, ArbRB 2015, 80 ff.; *Zieglmeier,* Verfahrensrechtliche Grundsätze der Mindestlohnprüfung durch Zoll und Rentenversicherungsträger, DStR-Beih. 2015, 78 ff.

Übersicht

I. Einleitung

1   Die Vorschriften der § 17a bis § 17c wurden durch das **Gesetz zur Änderung des Arbeitnehmerüberlassungsgesetzes und des Schwarzarbeitsbekämpfungsgesetzes** vom 20.7.2011 (BGBl. I S. 1506) mit Wirkung zum
30.7.2011 neu in das AÜG eingefügt. Die Regelungen stehen im Zusammenhang mit der Möglichkeit der Einführung einer Lohnuntergrenze gem. § 3a und
sollen sicherstellen, dass eine **festgesetzte Lohnuntergrenze** von den Verleihern **eingehalten** wird. Dies bedarf einer **effektiven Kontrolle,** damit eine
Lohnuntergrenze tatsächliche **Wirksamkeit** entfalten kann (BT-Drs. 17/5761,
6). § 17a ist daher § 17 AEntG, § 17b ist § 18 Abs. 3–6 AEntG und § 17c ist § 19
AEntG nachgebildet. Mit der Einführung der Regelungen setzte der Gesetzgeber damit zugleich die Vorgaben der Richtlinie 2008/104/EG des Europäischen
Parlaments und des Rates vom 19.11.2008 über Leiharbeit – Leiharbeitsrichtli-

nie – sowie der Richtlinie 96/71/EG des Europäischen Parlaments und des Rates vom 16.12.1996 um, die die Mitgliedstaaten verpflichten, **geeignete Maßnahmen** zu ergreifen, um die zur Umsetzung der Richtlinie erlassenen Vorschriften durchzusetzen (BT-Drs. 17/5761, 1).

II. Befugnisse der Zollbehörden (§ 17a)

1. Ziel

Gemäß § 17 Abs. 2 sind neben der BA auch die Behörden der **Zollverwal-** **2** **tung** für die **Prüfung** zuständig, dass eine geltende **Lohnuntergrenze** vom Verleiher eingehalten wird. Dafür können die Behörden der Zollverwaltung auf die in § 17a geregelten **Befugnisse** zurückgreifen, damit sie Verstöße effektiv verfolgen können. Die Überprüfung der Einhaltung einer Lohnuntergrenze wurde den Behörden der Zollverwaltung übertragen, da diese auch mit der **Prüfung der Einhaltung von Mindestlöhnen** betraut sind und zugleich zuständige Verwaltungsbehörde für die Verfolgung und Ahndung bestimmter Ordnungswidrigkeiten im Bereich der unerlaubten Arbeitnehmerüberlassung sind. Die Erfahrungen der Behörden der Zollverwaltung bei der effektiven Kontrolle der Einhaltung von Mindestarbeitsbedingungen nach dem AEntG sowie bei der Verfolgung von Ordnungswidrigkeiten im Bereich der unerlaubten Arbeitnehmerüberlassung sollen daher gebündelt werden. Tatsächlich ausgeführt werden die Kontrollen von einer besonderen Arbeitseinheit innerhalb der Behörden der Zollverwaltung, der Arbeitsbereich **Finanzkontrolle Schwarzarbeit** (dazu *Ramming* NZA-Beil. 2014, 149 ff.). Die **BA** bleibt weiterhin für die **Durchführung des AÜG** und damit insbesondere für die **Erteilung von Erlaubnissen** für die Arbeitnehmerüberlassung zuständig (BT-Drs. 17/5761, 6).

Die Prüfrechte der Behörden der Zollverwaltung sind gegenüber denjeni- **3** gen der BA **erheblich ausgeweitet** (krit. *Maschmann* NZA 2014, 929 ff.). Allerdings beziehen sich die Prüfrechte – anders als die der BA – lediglich auf diejenigen Angaben, die erforderlich sind, um die **Einhaltung der Lohnuntergrenze** prüfen zu können (BT-Drs. 17/5761, 8).

Bei der **Verfolgung von Ordnungswidrigkeiten** oder **Straftaten,** die **4** mit einem Verstoß gegen die Einhaltung der Lohnuntergrenze gem. § 8 Abs. 5 im Zusammenhang stehen, verfügen die Behörden der Zollverwaltung über die **gleichen Ermittlungsbefugnisse wie Polizeivollzugsbehörden** nach dem OWiG bzw. der StPO (§ 17a iVm § 14 SchwarzArbG).

2. Regelungen des SchwarzArbG

Nach § 17a erhalten die Behörden der Zollverwaltung das aus dem Bereich **5** des AEntG bewährte Kontroll- und Sanktionsinstrumentarium aus dem **AEntG** (BT-Drs. 17/5761, 6). § 17a ist **§ 17 AEntG nachgebildet.** Danach gelten die §§ 2, 3–6 und 14–20, 22, 23 SchwarzArbG für die Überprüfung der Einhaltung der Lohnuntergrenze entsprechend. Das Tätigwerden der Behörden der Zollverwaltung richtet sich nicht nach den Vorschriften über die Außenprüfung (§§ 196 ff. AO) oder denen über die Nachschau (§§ 210 ff.

AO), sondern beruht auf den Vorschriften des SchwarzArbG. **Besondere Anforderungen an das Tätigwerden stellt das Gesetz nicht** auf (BFH 23.10.2012, NZA-RR 2013, 148 (150); *Jung/Deba* NStZ 2015, 258 (259); *Ramming* NZA-Beil. 2014, 149 (151). Gleichwohl ist im Einzelfall der Verhältnismäßigkeitsgrundsatz zu beachten, so dass die Prüfungs- und Kontrollbefugnisse **nicht voraussetzungslos eröffnet** sind. Erforderlich ist zumindest ein **hinreichender Anlass,** zB auf Grund konkreter Anhaltspunkte oder auf Grund allgemeiner Erfahrung. Ein Tätigwerden „ins Blaue hinein", Ausforschungsdurchsuchungen oder Kontrollen allein zu Abschreckungszwecken sind unzulässig (*Maschmann* NZA 2014, 929 (931); *Ulrici* § 17a Rn. 12). Die Prüfungen oder Kontrollen müssen jedoch **nicht vorher angekündigt** werden; auch bedarf es **keiner formalen Prüfanordnung** (BFH 23.10.2012, NZA-RR 2013, 148 (150); *Ulrici* § 17a Rn. 13).

6   **a) Zutritts-, Auskunfts-, Einsichts- und Prüfrechte (§ 3 ff. Schwarz-ArbG).** Die Behörden der Zollverwaltung und die sie unterstützenden Stellen gem. § 2 Abs. 2 S. 1 SchwarzArbG dürfen die **Geschäftsräume und Grundstücke** von **Verleiher** und **Entleiher** während der **Arbeitszeit** der dort tätigen Arbeitnehmer **betreten** (krit. *Maschmann* NZA 2014, 929 (934)) und von diesen **Auskünfte** über ihr Beschäftigungsverhältnis und ihre Tätigkeit **einholen** sowie **Einsicht** in mitgeführte Unterlagen **nehmen,** wenn sich aus diesen Informationen über die Einhaltung der Lohnuntergrenze ergeben können (§ 3 Abs. 1 SchwArbG). Werden Personen angetroffen, die außerhalb der üblichen Arbeitszeit einer Tätigkeit nachgehen, so besteht ebenfalls ein Betretungs- und Nachschaurecht. Eine **Durchsuchung** gem. §§ 102 ff. StPO, zB das Öffnen von Schränken und Schubladen oder Begleiteingriffe, wie das Aufhebeln von Türen oder deren Öffnung mit Hilfe eines Schlüsseldienstes **erlaubt** § 3 Abs. 1 SchwarzArbG jedoch **nicht** (*Maschmann* NZA 2014, 929 (934); *Zieglmeier* DStR-Beih. 2015, 78).

7   Betreten ist das Vordringen auf ein Grundstück, das Eindringen in Geschäftsräume sowie das Verweilen, um sich dort nach Personen, Sachen und Zuständen umzuschauen. **Nicht** erfasst ist das **zielgerichtete Suchen** (*Maschmann* NZA 2014, 929 (934)). Im Hinblick auf Auskünfte kommen insbesondere Fragen in Betracht, die direkt oder indirekt Aufschluss über die Zahlung der Mindeststundenentgelte geben, zB nach der Grund- und Zusatzvergütung, ob und wann diese tatsächlich gezahlt wird, ob der Arbeitgeber bestimmte Beträge wieder zurückverlangt (zB für Unterkunft und Verpflegung), ob das Entgelt auch bei Krankheit, an Feiertagen und im Urlaub fortgezahlt wird, oder wie viele Stunden die Arbeitnehmer tatsächlich zu arbeiten haben. Die **Befragung Dritter,** zB von Kunden hinsichtlich der Arbeitszeit der Angestellten, ist dagegen **unzulässig** (*Maschmann* NZA 2014, 929 (934)).

8   Die Behörden dürfen die **Personalien** von Personen **überprüfen** (Vor-, Familien- und Geburtsnamen, Ort und Tag der Geburt, Beruf, Wohnort, Wohnung und Staatsangehörigkeit), die in den Geschäftsräumen oder auf den Grundstücken des Verleihers tätig sind (§ 3 Abs. 3 SchwarzArbG). Dies können auch **Dritte** sein, die sich zufällig auf dem Grundstück oder in den Geschäftsräumen aufhalten, zB Kunden, Kuriere, Postboten (*Maschmann* NZA 2014, 929

(934)). Zur Überprüfung der Personalien darf eine Person nur angehalten, jedoch nicht festgenommen oder zur Dienststelle verbracht werden. Erst wenn trotz begründeten Verdachts zur Person keine oder falsche Angaben gemacht werden, sind solche Maßnahmen gem. § 111 OWiG zulässig.

Des Weiteren dürfen die Behörden die **Geschäftsräume** und **Grund-** **9** **stücke** des Verleihers und des Entleihers während der **Geschäftszeit betreten** und dort in **Lohn- und Meldeunterlagen, Bücher und andere Geschäftsunterlagen,** aus denen sich Informationen über Umfang, Art und Dauer von Beschäftigungsverhältnissen ergeben können, **Einsicht nehmen.** Gemäß § 17a bezieht sich dieses Recht auch auf **Arbeitsverträge, Niederschriften nach § 2 NachwG** und andere Geschäftsunterlagen, die mittelbar oder unmittelbar Auskunft über die Einhaltung einer Lohnuntergrenze nach § 8 Abs. 5 geben (§ 4 SchwarzArbG), zB Entgeltabrechnungen, Stundenzettel, Akkordzettel, Maschinenlaufzeiten, Dokumente über zeitliche An- oder Abwesenheiten, Abrechnungen über Unterkünfte und Verpflegung sowie die Unterlagen der Lohn- und Finanzbuchhaltung (*Maschmann* NZA 2014, 929 (935)). **Nicht** erfasst sind **Unterlagen Dritter,** auch wenn diese sich in den durchsuchten Geschäftsräumen befinden.

Verleiher und **Entleiher** treffen zu den vorstehenden Rechten der Behör- **10** den der Zollverwaltung entsprechende **Duldungspflichten,** insbesondere müssen Verleiher und Entleiher den Behörden Einsicht in Unterlagen gewähren sowie das Betreten von Geschäftsräumen und Grundstücken dulden (§ 5 Abs. 1 SchwarzArbG). Werden **Leiharbeitnehmer** bei einer Prüfung durch die Behörden der Zollverwaltung angetroffen, sind diese verpflichtet, die **Prüfung zu dulden** und an dieser aktiv mitzuwirken (§ 5 Abs. 1 SchwarzArbG).

b) Mitführungs- und Vorlagepflichten (§ 2a SchwarzArbG). Für **11** **Leiharbeitnehmer** bestehen ferner Mitführungs- und Vorlagepflichten gem. § 2a SchwarzArbG. Diese Norm ist in § 17a zwar nicht ausdrücklich aufgeführt, Leiharbeitnehmer sind von der Mitführungs- und Vorlagepflicht jedoch erfasst, wenn die Arbeitnehmerüberlassung in eine der in § 2a SchwarzArbG **aufgeführten Branchen** erfolgt (Merkblatt des Zolls „Sofortmeldepflicht" und zur „Mitführungs- und Vorlagepflicht von Ausweispapieren" des Zolls). Werden Leiharbeitnehmer folglich bei der Erbringung von Werk- oder Dienstleistungen im **Baugewerbe, im Gaststätten- und Beherbergungsgewerbe,** im **Personenbeförderungsgewerbe,** im **Speditions-, Transport-** und damit verbundenen **Logistikgewerbe,** im **Schaustellergewerbe,** bei Unternehmen der **Forstwirtschaft,** im **Gebäudereinigungsgewerbe,** bei Unternehmen, die sich am **Auf- und Abbau von Messen und Ausstellungen** beteiligen oder in der **Fleischwirtschaft** eingesetzt, bestehen für die dort tätigen Leiharbeitnehmer **Mitführungs- und Vorlagepflichten.** Die Leiharbeitnehmer sind verpflichtet, ihren Personalausweis, Pass, Passersatz oder Ausweisersatz mitzuführen und den Behörden der Zollverwaltung auf Verlangen vorzulegen (§ 2a SchwarzArbG). Das Ausweispapier muss **nicht unmittelbar am Körper** getragen werden. Es gilt als mitgeführt, wenn es **unmittelbar am Ort der Prüfung** eingesehen werden kann. Dabei hat es im **Original** vorzuliegen, da

Kopien nicht anzusehen ist, ob das Original-Ausweisdokument echt und gültig ist.

12 **Leiharbeitnehmer,** die bei einer Prüfung durch die Behörden der Zoll-verwaltung angetroffen werden, sind verpflichtet, die **Prüfung zu dulden** und an dieser aktiv mitzuwirken (§ 5 Abs. 1 SchwarzArbG).

13 Der **Verleiher** hat seine Leiharbeitnehmer, die in og Branchen entliehen werden, gem. § 2a Abs. 2 SchwarzArbG nachweislich und schriftlich auf die og Mitführungs- und Vorlagepflicht **hinzuweisen,** diesen **Hinweis** für die Dauer der Erbringung der Dienst- oder Werkleistungen **aufzubewahren** und auf Verlangen bei den Prüfungen nach dem SchwarzArbG **vorzulegen.** (Merkblatt des Zolls „Sofortmeldepflicht" und zur „Mitführungs- und Vorla-gepflicht von Ausweispapieren").

14 **c) Datenschutz, Mitteilungspflichten, zentrale Datenbank FKS (§§ 5, 6, 15 ff. SchwarzArbG.** Verleiher haben die für die **Prüfung relevan-ten Daten** (der Finanz-, Lohn-, Lagerbuchhaltung, Rechnungen, Zahlungs-nachweise oder -belege) auszusondern und auf einem **Datenträger** oder in **Lis-ten** an die Behörde **zu übermitteln,** wenn diese nicht in Papierform vorliegen, sondern in Datenverarbeitungsanlagen gespeichert sind. Die Kosten dafür trägt der Verleiher, der gegebenenfalls auch Hinweise zur Prüfung und Lesbarma-chung der Daten geben muss (*Maschmann* NZA 2014, 929 (935)). Die Daten dürfen unausgesondert zur Verfügung gestellt werden, wenn die Aussonderung mit einem unverhältnismäßigen Aufwand verbunden wäre und überwiegende schutzwürdige Interessen der Betroffenen, deren Daten übermittelt werden, nicht entgegenstehen. In diesem Fall muss die Behörde die Aussonderung selbst übernehmen und nicht benötigte Daten löschen. Soweit die übermittelten Daten nicht (mehr) zur Ermittlung von Ordnungswidrigkeiten oder Straftaten erforderlich sind, müssen sie dem Betroffenen auf Verlangen zurückgegeben oder unverzüglich gelöscht werden (§ 5 Abs. 3 SchwarzArbG).

15 Zwischen den Zollbehörden, den unterstützenden Stellen sowie den Straf-verfolgungs- und Polizeivollzugsbehörden bestehen **Mitteilungspflichten,** damit der Informationsfluss gewährleistet ist (siehe *Aulmann* NZA 2015, 418 ff.). An Strafverfolgungs- und Polizeivollzugsbehörden dürfen personen-bezogene Daten allerdings nur übermittelt werden, soweit Anhaltspunkte dafür bestehen, dass sie zur Verhütung oder Verfolgung von Straftaten erfor-derlich sind, die mit den Prüfgegenständen der Zollbehörde im Zusammen-hang stehen (§ 6 SchwarzArbG)

16 Der Arbeitsbereich **Finanzkontrolle Schwarzarbeit** (FKS) führt eine **zentrale Datenbank,** in der ua bei tatsächlichen Anhaltspunkten für Verstöße gegen §§ 15, 15a, 16 Abs. 1 Nr. 1, Nr. 1a, Nr. 1b, Nr. 2, Nr. 2a und Nr. 7b Daten zum jeweiligen Verfahren gespeichert werden. Auf Anfrage von Zollbe-hörden, Staatsanwaltschaften, Polizeivollzugsbehörden und Finanzbehörden werden aus der zentralen Datenbank Auskünfte erteilt (§§ 16 f. SchwarzArbG). Die zentrale Datenbank dient sowohl Präventivaufgaben als auch ordnungswid-rigkeitsrechtlichen und strafrechtlichen Ermittlungstätigkeiten.

17 Sozialdaten aus der zentralen Datenbank müssen **gelöscht** bzw. entspre-chend § 84 Abs. 3 SGB X **gesperrt** werden, wenn nach der Einleitung eines Bußgeldverfahrens oder der Abgabe der Angelegenheit an die Staatsanwaltschaft fünf Jahre oder nach der Erledigung eines Strafverfahrens zwei Jahre vergangen sind. Wenn es nicht zur Einleitung eines Bußgeldverfahrens oder der Abgabe der Angelegenheit an die Staatsanwaltschaft kommt, erfolgt die Datenlöschung ein Jahr nach der letzten Verfahrenshandlung der Zollbehörde (§ 19 SchwarzArbG). Der Betroffene hat entsprechend § 83 SGB X **Anspruch auf Auskunft** über seine gespeicherten Sozialdaten, deren Empfänger sowie den Zweck der Datenspeicherung (§ 18 SchwarzArbG).

III. Melde-, Aufzeichnungs- und Bereithaltungspflichten von Verleiher und Entleiher (§§ 17b, 17c)

1. Ziel

In Ergänzung zu den umfangreichen Prüf- und Kontrollrechten aus dem **18** AEntG (→ Rn. 5 ff.) treffen Entleiher gem. § 17b und § 17c **korrespondierende Melde-, Aufzeichnungs- und Bereithaltungspflichten,** die wie die Prüf- und Kontrollrechte aus dem AEntG übernommen und soweit erforderlich an das AÜG angepasst wurden (BT-Drs. 17/5761, 6). Diese Pflichten sollen sicherstellen, dass eine festgesetzte **Lohnuntergrenze** von den Verleihern **eingehalten** wird. Die Melde-, Aufzeichnungs- und Bereithaltungspflichten sollen die Prüftätigkeiten der Behörden der Zollverwaltung erleichtern, um eine effektive Kontrolle zu gewährleisten, damit eine gültige Lohnuntergrenze tatsächliche **Wirksamkeit** entfalten kann (BT-Drs. 17/5761, 6). § 17b ist **§ 18 Abs. 3–6 AEntG** und § 17c ist **§ 19 AEntG** nachgebildet.

2. Meldepflichten des Entleihers beim Einsatz von Leiharbeitnehmern eines Verleihers mit Sitz im Ausland (§ 17b Abs. 1, 2)

Setzt ein Entleiher im Rahmen seiner wirtschaftlichen Tätigkeit Leiharbeitnehmer eines Verleihers ein, der seinen Sitz außerhalb Deutschlands hat, muss der Entleiher jede Überlassung vorab bei der zuständigen Behörde der Zollverwaltung anmelden (§ 17b Abs. 1). Anders als der im Ausland ansässige Verleiher hat der **Entleiher** den **Überblick über den Einsatzort** des entliehenen Leiharbeitnehmers, daher ist er für die Anmeldung zuständig. Der Anmeldung muss der Entleiher eine Versicherung des Verleihers beifügen, dass der Verleiher seine Verpflichtung gem. § 8 Abs. 5 einhält und dem Leiharbeitnehmer das erforderliche Mindeststundenentgelt zahlt (§ 17b Abs. 2). Durch die Meldepflichten sind **ausländische Verleiher** mittelbar betroffen. Die Meldepflichten sind jedoch mit **Unionsrecht,** insbesondere mit der Dienstleistungsfreiheit gem. Art. 56 AEUV, **vereinbar.** Das Interesse eines **effektiven Schutzes der Leiharbeitnehmer** durch eine effektive Überwachung der Einhaltung der Lohnuntergrenze rechtfertigt etwaige (mittelbaren) Eingriffe gegenüber ausländischen Verleihern (*Ulrici* § 17b Rn. 7 ff.; aA *Hantel* NZA 2015, 410 (414) auch unverzügliche Anmeldung nach Arbeitsaufnahme ausreichend).

20   Es hat nur **eine Meldung** durch den **Entleiher** zu erfolgen und **keine gleichzeitige Meldung** durch den **Verleiher.**

21   **a) Voraussetzungen. aa) Verleiher mit Sitz im Ausland.** Die Anmeldepflicht des **Entleihers** bezieht sich auf Fälle der **Arbeitnehmerüberlassung** durch einen Verleiher mit Sitz im **Ausland, von wo aus die Überlassung erfolgt.** Es kommt folglich auf den Geschäftssitz an, nicht dagegen auf einen evtl. davon abweichenden satzungsmäßigen Sitz (*Ulrici* § 3 Rn. 12). Verfügt der Verleiher über eine **selbständige Zweigniederlassung** im **Inland,** aus welcher die Leiharbeitnehmer verliehen werden, ist § 17b dagegen nicht anwendbar, da dann eine Kontrolle des Verleihers keinen erschwerten Bedingungen unterliegt, welche die besonderen Meldepflichten des Entleihers erforderlich machen (Boemke/Lembke/*Marseaut* § 17b Rn. 2; *Ulrici* § 3 Rn. 12.

22   Ob der **Entleiher** seinen **Sitz im Inland oder im Ausland** hat, ist für die Meldepflicht **unbeachtlich.**

23   **bb) Geltende Lohnuntergrenze.** Ferner muss auf das Arbeitsverhältnis des Leiharbeitnehmers eine **Rechtsverordnung über eine Lohnuntergrenze** nach § 3a **Anwendung finden.** Ist dies (zeitweilig) nicht der Fall, finden die Pflichten aus § 17b keine Anwendung (→ Rn. 25).

24   Das BMAS hatte zunächst die Erste Verordnung über eine Lohnuntergrenze in der Zeitarbeitsbranche – 1. LUGrVO – vom 21.12.2011 (BAnz. 2011 Nr. 195, S. 4608) erlassen. Die 1. LUGrVO galt vom 1.1.2012 bis zum 31.10.2013. Es folgte für die Zeit vom 1.4.2014 bis 31.12.2016 die Zweite Verordnung über eine Lohnuntergrenze in der Arbeitnehmerüberlassung – 2. LUGrVO – vom 21.3.2014 (BAnz. AT 26.3.2014 V 1). Seit dem 1.6.2017 gilt die Dritte Verordnung über eine Lohnuntergrenze in der Arbeitnehmerüberlassung – 3. LUGrVO – vom 26.5.2017 (BAnz. AT 31.5.2017 V1). Die Verordnungen über eine Lohnuntergrenze erfassen jeweils alle Fälle der Arbeitnehmerüberlassung im Rahmen einer **wirtschaftlichen Tätigkeit** gem. § 1 Abs. 1 S. 1 (§ 1 S. 1 3. LUGrVO). Daher gilt die Lohnuntergrenze nicht nur für eine erlaubnispflichtige, sondern auch für eine **erlaubnisfreie Arbeitnehmerüberlassung,** solange sie im Rahmen einer wirtschaftlichen Tätigkeit stattfindet. Die Verordnungen gelten auch für Arbeitsverhältnisse zwischen einem **im Ausland ansässigen Verleiher** und seinen im Inland beschäftigten Arbeitnehmern (§ 1 S. 2 3. LUGrVO), folglich finden unter Geltung einer LUGrVO die gesetzlichen Entleiherpflichten gem. § 17b für **alle Fälle der Arbeitnehmerüberlassung** Anwendung (*Fladung* BB 2012, 315).

25   Sowohl in der Zeit vom 1.11.2013 bis zum 31.3.2014 sowie vom 1.1.2017 bis 31.5.2017 **galt keine Lohnuntergrenze** gem. § 3a. Die 2. LUGrVO ist zum 31.12.2016 außer Kraft getreten (§ 3 2. LUGrVO), die 3. LUGrVO ist erst zum 1.6.2017 in Kraft getreten (§ 3 3. LUGrVO). In diesen Zeiten ohne Lohnuntergrenze galten folglich die **Pflichten** gem. § 17b **nicht,** da diese zwingend die **Geltung einer Lohnuntergrenze** voraussetzen (Boemke/Lembke/*Marseaut* § 17b Rn. 3).

b) Meldepflicht des Entleihers. § 17b verpflichtet nur zur **Anmeldung** 26
des Leiharbeitnehmers sowie zur Meldung von **Änderungen** der meldepflichtigen Angaben, **nicht** jedoch zur **Abmeldung.** Daher ist eine Abmeldung bei Rückkehr des Leiharbeitnehmers in sein Heimatland an die Behörden der Zollverwaltung nicht erforderlich.

Für **jede Arbeitnehmerüberlassung** ist eine **neue Meldung** erforder- 27
lich. Endet die Arbeitnehmerüberlassung folglich, und wird der Leiharbeitnehmer erneut überlassen, ist eine erneute Anmeldung erforderlich. Dies gilt
auch dann, wenn derselbe Leiharbeitnehmer erneut an denselben Entleiher
überlassen wird (Boemke/Lembke/*Marseaut* § 17b Rn. 11; *Sandmann/Mar-
schall/Schneider* § 17b Anm. 2; UGBH/*Bissels* § 17b Rn. 4).

Je nachdem, in welcher Branche der entliehene Arbeitnehmer eingesetzt 28
wird, bestehen neben § 17b auch **Anmeldepflichten gemäß MiLoG** und
AEntG. Die Meldepflichten können sich überschneiden. Besteht eine Meldepflicht auf Grund mehrerer Rechtsgrundlagen, ist die **Abgabe nur einer
einheitlichen Meldung** ausreichend. Zur Vereinfachung wird für Meldung
des Entleihers ein einheitliches Meldeformular bzw. eine einheitliche Melde-
maske zur Verfügung gestellt (→ Rn. 34 f.). Allerdings liegt derzeit (und
absehbar auch in Zukunft) die Lohnuntergrenze in der Arbeitnehmerüberlassung oberhalb des Mindestlohns gemäß MiLoG. Daher findet die Pflicht aus
dem MiLoG für die Arbeitnehmerüberlassung aktuell keine Anwendung. Die
Regelungen des AÜG und der auf ihrer Grundlage erlassenen Rechtsverordnungen gehen den Regelungen des MiLoG vor, soweit die Höhe der Lohnuntergrenze die Höhe des Mindestlohns nicht unterschreitet (§ 1 Abs. 3
MiLoG).

aa) Meldepflichtige Angaben. Die **Anmeldung** durch den Entleiher 29
umfasst gem. § 17b Abs. 1 S. 1 **Detailangaben** zur **Person des Leiharbeitnehmers** (Familienname, Vornamen, Geburtsdatum), des **Verleihers**
(Familienname und Vornamen oder Firma, Anschrift) der **konkreten
Überlassung** (Beginn und Dauer, Ort der Beschäftigung), eines **Zustellungsbevollmächtigten** des Verleihers in Deutschland (Familienname,
Vornahme, Anschrift) sowie Angabe des **Orts in Deutschland,** an dem
die nach § 17c erforderlichen **Unterlagen bereitgehalten** werden. Diese
Angaben sind abschließend.

Während der **Beschäftigungsbeginn** durch die Angabe eines Datums 30
eindeutig bestimmt sein muss, kann die **voraussichtliche Dauer** der Überlassung mit einer bestimmten Zeitdauer (zB „sechs Monate") oder mit dem
Datum der voraussichtlichen Beendigung der Überlassung (zB „voraussichtlich bis 31.12.2018") beschrieben werden. Steht das Datum der Beendigung
später fest, ist gegebenenfalls eine Änderungsmeldung erforderlich
(→ Rn. 32). Der **Ort der Beschäftigung** ist so zu bezeichnen, dass er
bei einer Prüfung ohne weitere Nachforschungen aufgesucht werden kann
(*Sandmann/Marschall/Schneider* § 17b Anm. 5). Nicht ausreichend ist daher
zB nur die Angabe eines Stadtteils ohne Straßenbezeichnung. Die Angabe
eines **Zustellungsbevollmächtigten** ermöglicht die wirksame Zustellung
aller zustellungsbedürftiger Schriftstücke an den Verleiher. Die Angabe des

Orts, an dem die Unterlagen nach § 17c bereitgehalten werden, erleichtert
die Prüftätigkeiten der Behörden.

31   Die Anmeldung ist **schriftlich** und **in deutscher Sprache** abzugeben.
Erfasst ist damit eine Meldung per Post oder Bote, die der Schriftform gem.
§ 126 BGB genügt. **Ausreichend** ist jedoch auch eine **Meldung per Fax,**
nicht jedoch per E-Mail (*Ulrici* § 17b Rn. 21). Die Meldung erfolgt gegenüber der **Generalzolldirektion** als der zuständigen Behörde im Sinne von
§ 17b Abs. 1 S. 1, Abs. 4 (§ 1 AÜGMeldstellV).

32   **bb) Änderungen der Angaben. Änderungen** der meldepflichtigen
Angaben müssen **unverzüglich,** dh ohne schuldhaftes Zögern, vom Entleiher gem. § 17b Abs. 1 S. 2 gemeldet werden, insbesondere wenn sich **Beginn
oder Ende der Überlassung** von Leiharbeitnehmern ändert, andere als die
ursprünglich gemeldeten Leiharbeitnehmer entliehen werden, bereits
gemeldete Arbeitnehmer an einem **anderen Beschäftigungsort** in
Deutschland eingesetzt werden sollen, eine andere als die bisher gemeldete
Person zum **Zustellungsbevollmächtigten** bestellt wird oder sich die
Anschrift des Zustellungsbevollmächtigten ändert.

33   **cc) Zeitpunkt der Meldung.** Die Anmeldung muss **vor Beginn** der
Überlassung erfolgen. Damit ist gemeint, dass die Meldung nicht erst am Tag
des Beginns der Überlassung, sondern bereits tags zuvor, und zwar mindestens
einen Werk- bzw. Arbeitstag vor dem Beginn der Überlassung erfolgen
muss (OLG Hamm 8.10.1999, GewArch 2000, 32 zur Meldung nach § 3
AEntG aF; aA *Ulrici* § 17b Rn. 24 vor Beginn ausreichend). Gleiches gilt für
Änderungen der Angaben gem. § 17b Abs. 1 S. 2. Die Änderungsmeldung
muss also **vor Eintritt der Änderungen** erfolgen.

34   **dd) Elektronische Meldung und Meldeformular.** Seit dem **1.1.2017**
können, und **ab dem 1.7.2017 müssen** Entleiher die Anmeldung über
das „Meldeportal-Mindestlohn" **elektronisch abgeben** (§ 1 MiLoMeldV).
Gleiches gilt für die Änderung von Angaben gem. § 17b Abs. 1 S. 2. Das
Meldeportal-Mindestlohn kann über www.meldeportal-mindestlohn.de
aufgerufen werden (→ Rn. 42). Die **zwingende Vorgabe** der elektronischen Meldung ist jedoch **unzulässig.** Eine Meldung ist neben der elektronischen Meldung auch **schriftlich,** dh per Post oder Fax **möglich**
(→ Rn. 35).

35   Entleiher konnten für die Meldung oder die Änderung von Angaben noch
bis zum 30.6.2017 das amtliche **Meldeformular 033036** „Anmeldung
nach § 16 Abs. 3 Mindestlohngesetz, § 18 Abs. 3 Arbeitnehmer-Entsendegesetz oder § 17b Abs. 1 Arbeitnehmerüberlassungsgesetz (Entleiher)" verwenden (§ 4 MiLoMeldV). Danach ist nur noch eine **Online-Meldung** zulässig.
Das bisherige System der Meldung per Fax oder Post entspricht mit mehr
dem Stand der Technik und ist im Vergleich zu einem Online-Meldeverfah-
ren mit erhöhtem Aufwand für die Meldepflichtigen verbunden. Gleichwohl
ist eine **Meldung** wie bisher **per Post oder Fax** auch **nach dem 30.6.2017
weiterhin zulässig.** § 17b Abs. 3 Nr. 1 ermächtigt lediglich dazu, eine elektronische Meldung zuzulassen, jedoch nicht, diese zwingend vorzugeben

("elektronisch übermittelt werden kann") und die schriftliche Meldung abzuschaffen (*Ulrici* § 17b Rn. 23, 36).

c) Versicherung des Verleihers. Der **Entleiher** hat der Anmeldung eine **36** **Versicherung des Verleihers** beizufügen, dass der Verleiher seine Verpflichtung gem. § 8 Abs. 5 einhält und dem Leiharbeitnehmer das erforderliche Mindeststundenentgelt zahlt (§ 17b Abs. 2). Die Versicherung ist Anlage zur Meldung des Entleihers; ohne diese ist die Meldung daher unvollständig. Die Versicherung muss **nicht in deutscher Sprache** abgefasst sein. Dies sieht § 17b Abs. 2 im Gegensatz zu Abs. 1 gerade nicht vor. Die Versicherung ist auch kein Bestandteil der Meldung des Entleihers, sondern lediglich Anlage dazu (*Ulrici* § 17b Rn. 33; aA Boemke/Lembke/*Marseaut* § 17b Rn. 18; UGBH/*Bissels* § 17b Rn. 5). Allerdings muss der Entleiher gem. § 17a iVm § 22 SchwarzArbG iVm § 87 Abs. 2 AO auf Verlangen eine deutsche Übersetzung vorlegen (*Ulrici* § 17b Rn. 33). Eine Abfassung der Versicherung in deutscher Sprache ist daher aus praktischen Erwägungen vorzugswürdig und auch ohne große Umstände möglich (→ Rn. 37).

Das im Internet zur Verfügung gestellte **Meldeformular 033036** **37** (→ Rn. 35) enthält bereits eine entsprechend **formulierte Versicherung** **des Verleihers in deutscher Sprache.** Für die **elektronische Meldung** steht im Meldeportal-Mindestlohn ein Vordruck für die Versicherung des Verleihers zur Verfügung, welcher auch ohne Benutzerkonto aufgerufen, ausgefüllt, gespeichert und gedruckt werden kann. Die Versicherung wird als Datei (pdf-, jpg-, png-, oder tif-Format) hochgeladen und als **Anlage zur Anmeldung** mitgesendet.

d) Abwandlung der Meldepflicht. Abweichend von der normalen **38** Meldepflicht (→ Rn. 25 ff.) ist durch Entleiher nur eine **Einsatzplanung** abzugeben, wenn der Leiharbeitnehmer an einem Beschäftigungsort in **Schicht-** oder **Nachtarbeit** (zumindest teilweise vor 6 Uhr oder nach 22 Uhr) tätig ist, oder am selben Tag an **mehreren Beschäftigungsorten** tätig ist, oder in ausschließlich **mobiler Tätigkeit** beschäftigt wird (§ 2 Abs. 1, Abs. 5 MiLoMeldV). Eine ausschließlich mobile Tätigkeit liegt vor, wenn diese nicht an Beschäftigungsorte gebunden ist, zB die Zustellung von Briefen, Paketen und Druckerzeugnissen, die Abfallsammlung, die Straßenreinigung, der Winterdienst, der Gütertransport und die Personenbeförderung. Ambulante Pflegeleistungen sind einer ausschließlich mobilen Tätigkeit gleichgestellt (§ 4 MiLoMeldV).

Der Entleiher muss bei **Schicht- und Nachtarbeit** oder bei **wechseln-** **39** **den Einsatzorten** in der Einsatzplanung für jeden Beschäftigungsort die dort eingesetzten Leiharbeitnehmer mit Geburtsdatum auszuweisen. Die Angaben zum Beschäftigungsort müssen die Ortsbezeichnung, die Postleitzahl und, soweit vorhanden, den Straßennamen sowie die Hausnummer enthalten. Der Einsatz der Leiharbeitnehmer am Beschäftigungsort wird durch die Angabe von Datum und Uhrzeiten konkretisiert. Die Einsatzplanung kann einen Zeitraum von bis zu **drei Monaten** umfassen (§ 2 Abs. 2 MiLoMeldV). **Änderungen** der Einsatzplanung sind erst zu melden, wenn sich der Einsatz um mindestens **acht Stunden verschiebt** (§ 3 Abs. 1 MiLoMeldV). Daher

ist zB der **Schichttausch** in einem klassischen Dreischichtbetrieb melde-
pflichtig (*Sittard/Rawe* ArbRB 2015, 80 (82)).

40 Bei **ausschließlich mobilen Tätigkeiten** hat der Entleiher in der Einsatzplanung den Beginn und die voraussichtliche Dauer der Arbeitnehmerüberlassung, die voraussichtlich eingesetzten Leiharbeitnehmer mit Geburtsdatum sowie die Anschrift, an der Unterlagen bereitgehalten werden, zu
melden. Die Einsatzplanung kann je nach Auftragssicherheit einen Zeitraum
von bis zu **sechs Monaten** umfassen. Um die Prüfung der einzuhaltenden
Arbeitsbedingungen zu ermöglichen, ist im Falle des **Bereithaltens der
Unterlagen im Ausland** eine Versicherung beizufügen, dass die Unterlagen
nach Aufforderung der Behörden der Zollverwaltung in deutscher Sprache
im Inland zur Verfügung gestellt werden (§ 2 Abs. 3 MiLoMeldV). **Ände-
rungsmeldungen** sind **nicht erforderlich** (§ 3 Abs. 2 MiLoMeldV).

41 **e) Verordnungsermächtigung an das BMF (§ 17b Abs. 3, 4).** Per
Rechtsverordnung kann das BMF regeln, dass und inwieweit die **Meldungen**
gem. § 17b Abs. 1 **auf elektronischem Wege** getätigt werden **können,** in
welchen Fällen eine Änderung von Umständen ausnahmsweise nicht gemeldet werden muss und wie das Meldeverfahren vereinfacht oder abgewandelt
werden kann. Erlässt das BMF eine solche Rechtsverordnung, kann dies zwar
ohne Zustimmung des Bundesrats erfolgen, das BMF muss jedoch hinsichtlich des Inhalts mit dem BMAS Einvernehmen herstellen. Weiter hat das
BMF die Möglichkeit, per Rechtsverordnung die **zuständige Behörde** zu
bestimmen, die Adressatin der Meldungen nach § 17b Abs. 1 ist. Hierzu ist
weder eine Zustimmung des Bundesrats noch das Einvernehmen mit dem
BMAS erforderlich.

42 Von der Verordnungsermächtigung in § 17 Abs. 4 hat das BMF Gebrauch
gemacht, indem es die **Verordnung zur Änderung der MiLoMeldV** vom
31.10.2016 (BGBl. I S. 2494) erlassen hat, die am 1.1.2017 in Kraft getreten ist.
Danach **können** Entleiher die Meldung nunmehr elektronisch über das von den
Behörden der Zollverwaltung bereitgestellte **Meldeportal-Mindestlohn**
übermitteln. Für die Umstellung auf das elektronische Meldeverfahren hatten
Entleiher eine **sechsmonatige Übergangsfrist,** dh bis zum 30.6.2017 durfte
ein Entleiher weiterhin das bisherige amtliche Formular für die Meldung verwenden. Allerdings ist es **entgegen § 4 MiLoMeldV** auch noch danach zulässig, eine Meldung wie bisher **per Post oder Fax** abzugeben (→ Rn. 35). Der
Inhalt der Meldepflicht gem. § 17b wird durch die elektronische Meldung nicht
verändert. Desweiteren wurde die **Verordnung zur Bestimmung der
zuständigen Behörde nach § 17b Abs. 4 des Arbeitnehmerüberlassungsgesetzes** – AÜGMeldstellV – vom 26.9.2011 (BGBl. I S. 1995) erlassen.
Danach ist die **Generalzolldirektion** zuständige Behörde der Zollverwaltung
im Sinne von § 17b Abs. 1 S. 1 (§ 1 AÜGMeldstellV).

3. Aufzeichnungs- und Aufbewahrungspflichten des Entleihers (§ 17c Abs. 1)

43 Der Entleiher ist zur **Aufzeichnung** der **täglichen Arbeitszeit** des Leiharbeitnehmers verpflichtet, wenn eine Lohnuntergrenze gem. § 3a auf das

Arbeitsverhältnis Anwendung findet. In diesem Fall muss der Entleiher die Aufzeichnungen zudem mindestens **zwei Jahre aufbewahren** (§ 17c Abs. 1). Hierdurch können die Behörden bei Prüfungen die geleisteten Stunden des Leiharbeitnehmers zuverlässig feststellen und mit Hilfe der Lohnabrechnungsunterlagen den tatsächlichen Stundenlohn ermitteln (BT-Drs. 13/8994, 71 zur Vorgängernorm der parallelen Vorschrift § 19 AEntG). Das ist notwendig, damit der Verleiher bei Vereinbarung eines pauschalen Monatslohns die auf Stundenbasis berechnete gesetzliche Lohnuntergrenze nicht durch Manipulation der Arbeitszeit unterlaufen kann (*Maschmann* NZA 2014, 929 (936)).

Bis zur Einführung des § 17c galten für den Entleiher gem. § 19 Abs. 1 **44** S. 2 AEntG entsprechende Aufzeichnungs- und Aufbewahrungspflichten lediglich dann, wenn die Leiharbeitnehmer mit Tätigkeiten beschäftigt wurden, die in den Geltungsbereich eines für allgemeinverbindlich erklärten Mindestlohntarifvertrag oder einer entsprechenden Rechtsverordnung nach dem AEntG fielen.

Neben § 17c Abs. 1 bestehen **Aufzeichnungs- und Aufbewahrungs- 45 pflichten** des **Entleihers** gem. **§ 11 Abs. 6 iVm § 16 Abs. 2 ArbZG.** Allerdings geht die Pflicht der Aufzeichnung aus § 17c Abs. 1 über die Aufzeichnungspflicht aus § 16 Abs. 2 ArbZG, die sich nur auf die über die werktägliche Arbeitszeit des § 3 S. 1 ArbZG hinausgehende Arbeitszeit bezieht, hinaus. Anhand der Aufzeichnungen nach § 16 Abs. 2 ArbZG wäre es den Behörden nicht möglich festzustellen, ob der Verleiher die Lohnuntergrenze einhält. Allein aus dem gezahlten Lohn ohne die Anzahl der zu vergütenden Arbeitsstunden ist dies nicht möglich (BT-Drs. 13/8004, 71 zur Vorgängernorm der parallelen Vorschrift § 19 AEntG). Nach § 17c Abs. 2 ist zudem der **Verleiher** gegenüber den Behörden der Zollverwaltung als Prüfbehörde verpflichtet, die für die Kontrolle der Einhaltung der Lohnuntergrenze erforderlichen **Unterlagen im Inland bereitzuhalten.** Dazu gehören auch Arbeitszeitnachweise (→ Rn. 58). Für die Fleischwirtschaft gelten gem. § 6 GSA Fleisch strengere Vorschriften gegenüber § 17c Abs. 1 (→ 51).

a) Voraussetzungen – Geltende Lohnuntergrenze. Voraussetzung für **46** die Aufzeichnungs- und Aufbewahrungspflichten des Entleihers ist allein, dass eine **Rechtsverordnung über eine Lohnuntergrenze** nach § 3a auf das **Arbeitsverhältnis des Leiharbeitnehmers Anwendung** findet. Ist dies (zeitweilig) nicht der Fall, finden die Pflichten aus § 17c keine Anwendung (→ Rn. 23 ff.).

b) Aufzeichnungspflicht. aa) Arbeitszeit des Leiharbeitnehmers. 47 Der Entleiher muss die **tägliche Arbeitszeit** des Leiharbeitnehmers erfassen. Damit die Behörden überprüfen können, ob der Verleiher das erforderliche Mindeststundenentgelt zahlt, muss aus den Aufzeichnungen ersichtlich sein, wie viele **bezahlte Arbeitsstunden** der Leiharbeitnehmer geleistet hat. Die Arbeitszeit ist zwar grundsätzlich die Zeit vom Beginn bis zum Ende der Arbeit ohne die Pausen. Dennoch kann nicht einfach der öffentlich-rechtlich geprägte Begriff der Arbeitszeit aus § 2 ArbZG zu Grunde gelegt werden (*Schliemann* FA 2016, 66 (67); *Ulrici* § 17c Rn. 9; aA *Sandmann/Marschall/ Schneider* § 17c Anm. 6; UGBH/*Bissels* § 17c Rn. 3). Vorliegend geht es um die **Kontrolle der Vergütung** der Leiharbeitnehmer, daher ist der **vergü-tungsrechtlich geprägte Begriff der Arbeitszeit** entscheidend. Die Ver-gütungspflicht richtet sich nicht nach dem ArbZG, sondern allein nach den zugrunde liegenden privatrechtlichen Vereinbarungen in Tarifvertrag, Betriebsvereinbarung, Arbeitsvertrag, etc oder § 612 BGB (BAG 12.3.2008, NJOZ 2008, 4189; 20.4.2005, NJOZ 2007, 503). Daher müssen auch **Bereitschaftszeiten** sowie **Reise- und Wegezeiten** erfasst werden, wenn diese zur vergütungspflichtigen Arbeitszeit zählen (*Schliemann* FA 2016, 66 (72); vgl. auch BAG 29.6.2016, AP MiLoG § 1 Nr. 2).

48   Zur Aufzeichnungspflicht gehören neben dem **Beginn, Ende** und der **Dauer** der Arbeitszeit auch die **Pausen,** da diese nicht zur Arbeitszeit gehö-ren. Es ist jedoch **nicht** erforderlich, die **exakte Lage und Dauer** der einzelnen **Pausen** zu erfassen. Es genügt, wenn die Gesamtdauer der Pausen erfasst wird (*Schmitz-Witte/Kilian* NZA 2015, 415 (416)). Eine **vereinfachte Aufzeichnung** der Arbeitszeit in der Form, dass lediglich die Dauer der täglichen Arbeitszeit aufzuzeichnen ist (vgl. § 1 Abs. 1 MiLoAufzV; dazu *Sittard/Rawe* ArbRB 2015, 80 (82)), **gilt nicht** für die Überlassung von Arbeitnehmern.

49   Existieren im Betrieb **Einsatzpläne,** zB Wochenpläne zu Einsatzzeiten und -orten, die Beginn und Ende sowie Pausenzeiten oder die Pausendauer vorse-hen, kann die Aufzeichnung der Arbeitszeit auch auf **Grundlage dieser Pla-nungen** erfolgen. Dann sind nur – sofern es zu Abweichungen vom Plan kommt – diese zu ergänzen. Es muss zudem erkennbar sein, dass eine Prüfung stattgefunden hat, und ob es zu Abweichungen gekommen ist. Auch wenn keine Abweichungen aufgetreten sind, muss dies formlos dokumentiert werden.

50   Da eine Rechtsverordnung nach § 3a – wenn diese in Kraft ist – auch **verleihfreie Zeiten** erfasst, ist die Aufzeichnungspflicht nicht auf Zeiten der Überlassung beschränkt, sondern gilt im Fall der Anwendbarkeit einer Rechtsverordnung nach § 3a umfassend, also müssen auch die Arbeitszeiten in verleihfreien Zeiten erfasst werden.

51   **bb) Zeitpunkt der Aufzeichnung.** Der Entleiher muss die Arbeitszeit spätestens bis zum **Ablauf des siebten auf den Tag der Arbeitsleistung folgenden Kalendertages** aufzeichnen. Eine Verlängerung dieses Zeitraums ist nicht möglich, selbst wenn das Ende dieses Zeitraums auf einen Samstag, Sonntag oder Feiertag fällt. § 193 BGB findet keine Anwendung, da die Aufzeichnung keine Willenserklärung ist und auch keine zu bewirkende Leis-tung (*Sandmann/Marschall/Schneider* § 17c Anm. 7; UGBH/*Bissels* § 17c Rn. 3). Aufgrund des Gesetzes zur Stärkung der Tarifautonomie – Tarifaut-nomiestärkungsgesetz – vom 11.8.2014 (BGBl. I S. 1348) wurde der Zeit-punkt gesetzlich konkretisiert, bis zu dem der Arbeitgeber spätestens seine Aufzeichnungspflicht zu erfüllen hat. Mit dem vorgesehenen Zeitraum von längstens sieben Tagen wird zugleich den Erfordernissen einer effektiven Kontrolle als auch den Bedürfnissen der betrieblichen Praxis nach Flexibilität Rechnung getragen (BT-Drs. 18/1558, 66). Abweichend hiervon gilt in der **Fleischwirtschaft,** dass Entleiher verpflichtet sind, den Beginn der täglichen Arbeitszeit der Leiharbeitnehmer jeweils unmittelbar bei Arbeitsaufnahme

sowie Ende und Dauer der täglichen Arbeitszeit jeweils am Tag der Arbeitsleistung aufzuzeichnen. Das gilt allerdings nicht für Arbeitnehmer, die in
einem Betrieb des Fleischerhandwerks beschäftigt werden (§ 6 GSA Fleisch).
In kleineren Handweksbetrieben sind die Kontrollen besser und schneller
durchführbar. Deshalb sind diese von der Verschärfung ausgenommen.

cc) Form. Die Aufzeichnung der Arbeitszeit ist an **keine** bestimmte **52**
Form gebunden. Eine Anschaffung von elektronischen Zeiterfassungssyste-
men ist nicht erforderlich. **Manuelle Aufzeichnungen** genügen (*Schliemann*
FA 2016, 66 (67)). Wie bei der Aufzeichnungspflicht des § 16 Abs. 2 ArbZG
ist für die Aufzeichnung gem. § 17c Abs. 1 auch nicht erforderlich, dass
der Entleiher diese extra anfertigt. Vielmehr kann der Entleiher auf bereits
existierende Aufzeichnungen zurückgreifen, soweit aus ihnen Beginn,
Ende und Dauer der täglichen Arbeitszeit der Leiharbeitnehmer ersichtlich
sind. Existierende Aufzeichnungen sind zB elektronisch geführte Arbeitszeitkonten oder Stundenzettel. Nicht ausreichend ist es dagegen, wenn lediglich
Tätigkeitsaufzeichnungen vorliegen, zB für die Reparatur einer Sache in
Arbeitswerten oder Arbeitseinheiten, die jedoch keine Rückschlüsse auf einzelne Personen zulassen (*Schliemann* FA 2016, 66 (67); *Schmitz-Witte/Kilian*
NZA 2015, 415 (417)).

c) Aufbewahrungspflicht. Der Entleiher muss die Aufzeichnungen für **53**
mindestens zwei Jahre aufbewahren. In dieser Frist muss gewährleistet
sein, dass die Arbeitszeitaufzeichnungen den Behörden der Zollverwaltung
ohne Weiteres zur Verfügung gestellt werden können. Daher empfiehlt sich
eine zentrale Aufbewahrung der Unterlagen, zB in der Personalabteilung
(*Maschmann* NZA 2014, 929 (936)).

Die **Frist** läuft **ab dem Zeitpunkt der Erstellung der Aufzeichnung 54**
(BT-Drs. 18/1558, 66). Die Fristenberechnung richtet sich nach §§ 187
Abs. 1, 188 BGB. Demnach ist die an einem bestimmten Tag erstellte Aufzeichnung der täglichen Arbeitszeit mindestens bis zum Ablauf des Tages des
übernächsten Jahres aufzubewahren, der dem Datum des Erstellungstages
entspricht. § 193 BGB findet Anwendung.

d) Delegation. Der Entleiher kann die Aufzeichnungs- und Aufbewah- **55**
rungspflichten im Wege des ihm übertragenen Weisungsrechts auf den **Leihar-**
beitnehmer delegieren, da die Aufzeichnung keine höchstpersönliche Pflicht
ist und auch der Schutzzweck der Norm nicht tangiert ist, wenn nicht der Entleiher selbst, sondern ein von ihm beauftragter Dritter oder in seinem Namen
der einzelne Leiharbeitnehmer die geforderten Aufzeichnungen fertigt (OLG
Jena 3.5.2005, NStZ-RR 2005, 278 (279) zur parallelen Vorschrift § 19
AEntG). **Verantwortlich** bleibt dennoch der **Entleiher.** Er muss deshalb
sicherstellen, dass die bei ihm eingesetzten Leiharbeitnehmer ihre tägliche
Arbeitszeit auch tatsächlich aufzeichnen. Dazu hat er ihnen die erforderlichen
Aufzeichnungsmittel zur Verfügung zu stellen, und sie anzuleiten (*Maschmann*
NZA 2014, 929 (936)). Zudem verbleibt beim Entleiher eine **Überwachungs-**
pflicht, der die Einhaltung der Pflicht – zB mittels Stichproben – kontrollieren
muss (OLG Jena 3.5.2005, NStZ-RR 2005, 278 (279); *Maschmann* NZA 2014,
929 (936); *Sittard/Rawe* ArbRB 2015, 80 (83); *Ulrici* § 17c Rn. 8).

4. Bereithaltungspflichten des Verleihers (§ 17c Abs. 2)

56 Der Verleiher ist gem. § 17c Abs. 2 verpflichtet, für die Dauer der tatsächlichen Beschäftigung des Leiharbeitnehmers im Inland, jedoch nicht länger als zwei Jahre lang, alle Unterlagen in deutscher Sprache im Inland bereitzuhalten, die für die Kontrolle der Einhaltung der Rechtsverordnungen nach § 3a erforderlich sind. Unerheblich ist, dass die Bereithaltenspflichten bei einem **ausländischen Verleiher** einen kurzfristigen Einsatz von zu entsendenden Arbeitnehmern erschweren und dass alle relevanten Nachweise und Dokumentationen im Heimatstaat des Verleihers bereits vorhanden sind. Hierin liegt **kein Verstoß gegen Unionsrecht**, insbesondere nicht gegen die Dienstleistungsfreiheit gem. Art. 56 AEUV. Das Interesse eines **effektiven Schutzes der Leiharbeitnehmer** durch eine **effektive Überwachung** der Lohnuntergrenze rechtfertigt etwaige Eingriffe gegenüber ausländischen Verleihern (*Ulrici* § 17c Rn. 5; aA *Hantel* NZA 2015, 410 (414) Bereithalten entsprechender Unterlagen am ausländischen Sitz des Verleihers ausreichend).

57 **a) Voraussetzungen – Geltende Lohnuntergrenze.** Voraussetzung für die Bereithaltungspflichten des Verleihers ist allein, dass eine **Rechtsverordnung über eine Lohnuntergrenze** nach § 3a auf das **Arbeitsverhältnis des Leiharbeitnehmers Anwendung** findet. Ist dies (zeitweilig) nicht der Fall, finden die Pflichten aus § 17c keine Anwendung (→ Rn. 23 ff.).

58 **b) Bereithaltungspflicht. aa) Unterlagen.** Folgende vier Arten von Unterlagen sind vom **Verleiher** bereitzuhalten (vgl. Website des Zolls unter „Bereithaltung von Unterlagen"):
– Arbeitsvertrag bzw. Nachweis gem. § 2 NachwG
– Arbeitszeitnachweise, die nach Beschäftigungsorten differenzieren müssen, wenn regional unterschiedliche Lohnuntergrenzen in Betracht kommen
– Gehaltsabrechnungen
– Nachweise über erfolgte Gehaltszahlungen

59 Der **Entleiher** muss dem Verleiher die bei ihm befindlichen Unterlagen (Arbeitszeitnachweise) **zur Verfügung stellen.** Sofern eine solche Pflicht nicht ausdrücklich im Arbeitnehmerüberlassungsvertrag enthalten ist, ergibt sich die Verpflichtung als vertragliche **Nebenpflicht** (*Sandmann/Marschall/Schneider* § 17c Anm. 13).

60 Soweit Verleiher eine tarifvertragliche Regelung zur **Arbeitszeitflexibilisierung** mit einem **Arbeitszeitkonto** nutzen, müssen sie zusätzlich zu den vorstehenden Unterlagen folgende weitere Unterlagen bereithalten (vgl. Website des Zolls unter „Bereithaltung von Unterlagen"):
– Schriftliche Vereinbarung über Arbeitszeitflexibilisierung
– Arbeitszeitguthaben auf dem Arbeitszeitkonto (für jeden Leiharbeitnehmer), gegebenenfalls getrennte Stundenaufzeichnungen neue Bundesländer/alte Bundesländer
– Nachweis über die Insolvenzsicherung von Plusstunden auf den Arbeitszeitkonten (zB Bankbürgschaft, Sperrkonto), soweit nach Tarifvertrag oder der Verordnung zur Lohnuntergrenze erforderlich

61 Nutzt der Verleiher die Arbeitszeitflexibilisierung nicht oder erbringt er keine Nachweise für eine solche Ausnahmeregelung, verbleibt es bei der im Tarif-

vertrag bzw. in der Verordnung zu einer Lohnuntergrenze festgesetzten **Fälligkeit.** Wenn eine Verordnung zu einer Lohnuntergrenze Anwendung findet, ist der Verleiher verpflichtet, ein je nach Arbeitsort bzw. Einstellungsort
variierendes Mindeststundenentgelt spätestens am **15. Bankarbeitstag des
Folgemonats** zu zahlen (vgl. § 2 Abs. 4 3. LUGrVO).

Die vorstehend aufgeführten Unterlagen sind in **deutscher Sprache** und **in**   62
Deutschland bereitzuhalten. Auf Verlangen der Behörde hat der Arbeitgeber
die Unterlagen am Ort der Beschäftigung bereitzuhalten (§ 17c Abs. 2 S. 2).
Diese Vorgaben betreffen insbesondere **ausländische Verleiher,** die Leiharbeitnehmer an Entleihbetriebe im Inland überlassen. Werden darüber hinaus
gegebenenfalls weitere Unterlagen benötigt, sind diese der Behörde ebenfalls
unverzüglich zur Einsicht zur Verfügung zu stellen. Für ausländische Verleiher
ergibt sich daraus im Ergebnis eine im Voraus zu erfüllende **Übersetzungs-
pflicht,** sofern die Unterlagen ursprünglich nicht in deutscher Sprache abgefasst
sind. Etwaig entstehende Übersetzungskosten hat der Verleiher selbst zu tragen.
Ein Erstattungsanspruch besteht nicht (*Ulrici* § 17c Rn. 16).

bb) Aufbewahrungsdauer. Die Unterlagen sind während der **gesamten**   63
Dauer der tatsächlichen Beschäftigung des Leiharbeitnehmers (im
Inland) bereitzuhalten. Die Maximaldauer beträgt **zwei Jahre,** bezogen auf
den **für die Aufzeichnung maßgeblichen Zeitpunkt.** Maßgeblich muss
dabei der **Tag der Erstellung der Unterlage** sein, um dem Zweck der
zweijährigen Aufbewahrungsfrist genügen zu können (Boemke/Lembke/
Marseaut § 17c Rn. 16; *Sandmann/Marschall/Schneider* § 17c Rn. 10; UGBH/
Bissels § 17c Rn. 6; aA *Ulrici* § 17c Rn. 20 Kalendertag, für welchen die
Unterlagen Auskunft geben). Die Fristenberechnung richtet sich nach §§ 187
Abs. 1, 188 BGB. Demnach müssen die Unterlagen höchstens bis zum Ablauf
des Tages des übernächsten Jahres bereitgehalten werden, der dem Datum
des Erstellungstages entspricht. § 193 BGB findet Anwendung (→ Rn. 54).

IV. Verstöße

Verstöße gegen die **Duldungs- und Mitwirkungspflichten aus § 17a**   64
iVm § 5 Abs. 1 S. 1 und S. 2 SchwarzArbG stellen Ordnungswidrigkeiten dar
und können gem. § 16 Abs. 1 Nr. 11 und Nr. 12 mit Bußgeldern von bis zu
30.000 EUR geahndet werden. Werden Daten entgegen § 5 Abs. 3 Schwarz-
ArbG nicht, nicht richtig, nicht vollständig, nicht in der vorgeschriebenen
Weise oder nicht rechtzeitig übermittelt, stellt dies ebenfalls eine Ordnungswidrigkeit dar, die gem. § 16 Abs. 1 Nr. 13 mit einem Bußgeld von bis zu
30.000 EUR geahndet werden kann. Bei einem Verstoß gegen die **Mitfüh-
rungspflicht von Ausweispapieren** gem. **§ 2a SchwarzArbG** kann dies
gem. § 8 Abs. 2 Nr. 1 SchwarzArbG mit einem Bußgeld von bis zu
5.000 EUR geahndet werden. Bei einem Verstoß gegen die Hinweis- oder
Aufbewahrungspflicht nach § 2a Abs. 2 SchwarzArbG droht gem. § 8 Abs. 2
Nr. 2 SchwarzArbG ein Bußgeld von bis zu 1.000 EUR. Personen, die bei
einer Kontrolle **unrichtige Angaben zu den Personalien** angeben, droht
ein Bußgeld von bis zu 1.000 EUR.

65　　Ein Verstoß gegen die **Meldepflichten aus § 17b** kann als Ordnungswidrigkeit gem. § 16 Abs. 1 mit einer Geldbuße von bis zu 30.000 EUR geahndet werden, wenn der Entleiher keine ordnungsgemäße Meldung durchgeführt hat (§ 16 Abs. 1 Nr. 14), Veränderungen nicht ordnungsgemäß gemeldet hat (§ 16 Abs. 1 Nr. 15) oder die Versicherung des Verleihers nicht beigefügt hat (§ 16 Abs. 1 Nr. 16). Bei einem Verstoß gegen die **Pflichten aus § 17c** drohen gem. § 16 Abs. 1 Nr. 17 und Nr. 18 ebenfalls Geldbußen von bis zu 30.000 EUR.

66　　Für **ausländische Verleiher** können Verstöße gegen die bestehenden Mitwirkungspflichten, zB die Versicherung nach § 17b Abs. 2 abzugeben, die Unzuverlässigkeit begründen (*Sandmann/Marschall/Schneider* § 17b Anm. 11; *Ulrici* § 17b Rn. 41)

67　　Für die Verfolgung und Ahndung von Ordnungswidrigkeiten sind gem. § 16 Abs. 3 die **Behörden der Zollverwaltung** zuständig. Gemäß § 47 OWiG liegt die Verfolgung von Ordnungswidrigkeiten im pflichtgemäßen Ermessen der Verfolgungsbehörde.

V. Rechtsschutz

68　　Anders als bei der BA, finden für das **Verwaltungsverfahren der Behörden der Zollverwaltung** die **Vorschriften der AO** entsprechende Anwendung (§ 22 SchwarzArbG). Daher ist gegen einen Verwaltungsakt der Behörden der Zollverwaltung, zB bzgl. Herausgabe von Ausweispapieren, ein **Einspruch** zulässig, dessen aufschiebende Wirkung gegebenenfalls nach § 361 AO ausgeschlossen ist (*Jung/Deba* NStZ 2015, 258 (260)). Bei **gerichtlichen Streitigkeiten** über das Handeln der Behörden der Zollverwaltung ist der Rechtsweg zu den **Finanzgerichten** eröffnet (§ 23 SchwarzArbG).

69　　Handelt es sich bereits um eine **Vernehmung im Straf- oder Ordnungswidrigkeitsverfahren,** so richten sich die Rechte des Betroffenen nach der StPO bzw. dem OWiG, da die Zollbeamten für die Staatsanwaltschaft als **Ermittlungspersonen** tätig werden (*Jung/Deba* NStZ 2015, 258 (260)).

§ 18 Zusammenarbeit mit anderen Behörden

(1) **Zur Verfolgung und Ahndung der Ordungswidrigkeiten nach § 16 arbeiten die Bundesagentur für Arbeit und die Behörden der Zollverwaltung insbesondere mit folgenden Behörden zusammen:**
1. **den Trägern der Krankenversicherung als Einzugsstellen für die Sozialversicherungsbeiträge,**
2. **den in § 71 des Aufenthaltsgesetzes genannten Behörden,**
3. **den Finanzbehörden,**
4. **den nach Landesrecht für die Verfolgung und Ahndung von Ordnungswidrigkeiten nach dem Schwarzarbeitsbekämpfungsgesetz zuständigen Behörden,**
5. **den Trägern der Unfallversicherung,**

6. den für den Arbeitsschutz zuständigen Landesbehörden,
7. den Rentenversicherungsträgern,
8. den Trägern der Sozialhilfe.

(2) Ergeben sich für die Bundesagentur für Arbeit oder die Behörden der Zollverwaltung bei der Durchführung dieses Gesetzes im Einzelfall konkrete Anhaltspunkte für
1. Verstöße gegen das Schwarzarbeitsbekämpfungsgesetz,
2. eine Beschäftigung oder Tätigkeit von Ausländern ohne erforderlichen Aufenthaltstitel nach § 4 Abs. 3 des Aufenthaltsgesetzes, eine Aufenthaltsgestattung oder eine Duldung, die zur Ausübung der Beschäftigung berechtigen, oder eine Genehmigung nach § 284 Abs. 1 des Dritten Buches Sozialgesetzbuch,
3. Verstöße gegen die Mitwirkungspflicht nach § 60 Abs. 1 Satz 1 Nr. 2 des Ersten Buches Sozialgesetzbuch gegenüber einer Dienststelle der Bundesagentur für Arbeit, einem Träger der gesetzlichen Kranken-, Pflege-, Unfall- oder Rentenversicherung oder einem Träger der Sozialhilfe oder gegen die Meldepflicht nach § 8a des Asylbewerberleistungsgesetzes,
4. Verstöße gegen die Vorschriften des Vierten und Siebten Buches Sozialgesetzbuch über die Verpflichtung zur Zahlung von Sozialversicherungsbeiträgen, soweit sie im Zusammenhang mit den in den Nummern 1 bis 3 genannten Verstößen sowie mit Arbeitnehmerüberlassung entgegen § 1 stehen,
5. Verstöße gegen die Steuergesetze,
6. Verstöße gegen das Aufenthaltsgesetz,
unterrichten sie die für die Verfolgung und Ahndung zuständigen Behörden, die Träger der Sozialhilfe sowie die Behörden nach § 71 des Aufenthaltsgesetzes.

(3) [1]In Strafsachen, die Straftaten nach den §§ 15 und 15a zum Gegenstand haben, sind der Bundesagentur für Arbeit und den Behörden der Zollverwaltung zur Verfolgung von Ordnungswidrigkeiten
1. bei Einleitung des Strafverfahrens die Personendaten des Beschuldigten, der Straftatbestand, die Tatzeit und der Tatort,
2. im Falle der Erhebung der öffentlichen Klage die das Verfahren abschließende Entscheidung mit Begründung
zu übermitteln. [2]Ist mit der in Nummer 2 genannten Entscheidung ein Rechtsmittel verworfen worden oder wird darin auf die angefochtene Entscheidung Bezug genommen, so ist auch die angefochtene Entscheidung zu übermitteln. [3]Die Übermittlung veranlaßt die Strafvollstreckungs- oder die Strafverfolgungsbehörde. [4]Eine Verwendung
1. der Daten der Arbeitnehmer für Maßnahmen zu ihren Gunsten,
2. der Daten des Arbeitgebers zur Besetzung seiner offenen Arbeitsplätze, die im Zusammenhang mit dem Strafverfahren bekanntgeworden sind,

3. der in den Nummern 1 und 2 genannten Daten für Entscheidungen über die Einstellung oder Rückforderung von Leistungen der **Bundesagentur für Arbeit**
ist zulässig.

(4) *(aufgehoben)*

(5) Die Behörden der Zollverwaltung unterrichten die zuständigen örtlichen Landesfinanzbehörden über den Inhalt von Meldungen nach § 17b.

(6) [1]Die Behörden der Zollverwaltung und die übrigen in § 2 des Schwarzarbeitsbekämpfungsgesetzes genannten Behörden dürfen nach Maßgabe der jeweils einschlägigen datenschutzrechtlichen Bestimmungen auch mit Behörden anderer Vertragsstaaten des Abkommens über den Europäischen Wirtschaftsraum zusammenarbeiten, die dem § 17 Absatz 2 entsprechende Aufgaben durchführen oder für die Bekämpfung illegaler Beschäftigung zuständig sind oder Auskünfte geben können, ob ein Arbeitgeber seine Verpflichtungen nach § 8 Absatz 5 erfüllt. [2]Die Regelungen über die internationale Rechtshilfe in Strafsachen bleiben hiervon unberührt.

Literatur: Vgl. die allgemeinen Literaturangaben sowie *Renner,* Ausländerrecht, 9. Aufl., 2011.

Übersicht

I. Vorbemerkungen

Die Regelung über die **Zusammenarbeit mit anderen Behörden** 1
wurde durch das Gesetz zur Bekämpfung der illegalen Beschäftigung v.
15.12.1981 (BGBl. I S. 1390) als neuer § 17a eingeführt. Seit 1985 wird die
Regelung als § 18 geführt. In der Folgezeit wurde sie noch mehrfach geändert, vgl. zur Historie näher Schüren/Hamann/*Hamann* § 18 Rn. 1 ff. Die
letzten wesentlichen (und noch in Geltung stehenden) Änderungen erfolgten
durch das Gesetz über den Arbeitsmarktzugang im Rahmen der EU-Oster-
weiterung vom 23.4.2004 (BGBl. I S. 602), in dem die Bundesagentur für
Arbeit aus der Verpflichtung nach Abs. 1 ausgenommen wurde, durch Art. 11
Nr. 21 des sog. Zuwanderungsgesetzes vom 30.7.2004 (BGBl. I S. 1950),
durch den die ausländerrechtlichen Neuerungen durch das Aufenthaltsgesetz
in den Text des AÜG übertragen wurden, sowie zuletzt durch das Gesetz
zur Änderung des Arbeitnehmerüberlassungsgesetzes und des Schwarzarbeitsbekämpfungsgesetzes vom 20.7.2011 (BGBl. I S. 1506), durch welches die
Absätze 5 und 6 neu eingefügt wurden.

Ziel der Vorschrift ist es, die **Bekämpfung der illegalen Beschäftigung** 2
und des damit oft verbundenen Leistungsmissbrauchs (vgl. BT-Drs. 9/
1847, 8, sowie 13/8994, 2) durch eine intensivere Zusammenarbeit der
betroffenen Behörden zu verbessern. Diese ist insbesondere in Form eines
verbesserten Informationsaustausches geboten, da die illegale Arbeitnehmerüberlassung häufig sich überschneidende und teilweise einander auch gegen-
seitig bedingende Rechtsmaterien und damit auch Behördenzuständigkeiten
betrifft.

II. Zusammenarbeit der Behörden der Zollverwaltung mit anderen Behörden bei der Verfolgung von Ordnungswidrigkeiten (§ 18 Abs. 1)

1. Begründung einer Pflicht zur Zusammenarbeit

§ 18 Abs. 1 begründet für die Behörden der Zollverwaltung eine Rechts- 3
pflicht zur Zusammenarbeit mit anderen Behörden bei der Verfolgung und
Ahndung von Ordnungswidrigkeiten nach § 16. Wie sich aus dem Begriff
„insbesondere" ergibt, ist die Aufzählung der Behörden, mit denen zusammengearbeitet werden soll, nicht abschließend. Vielmehr sind im Gesetz nur
die wichtigsten Behörden genannt, zu denen es regelmäßig Überschneidun-
gen gibt. Darüber hinaus kommt etwa eine Zusammenarbeit mit verschiedenen Landes- und Bundespolizeien, den Industrie- und Handelskammern,
den Handwerkskammern, den Strafverfolgungsbehörden sowie den Arbeitsgerichten in Betracht (näher Schüren/Hamann/*Hamann* § 18 Rn. 40 ff.).

Die Rechtspflicht zur Zusammenarbeit besteht **bei allen Ordnungswid-** 4
rigkeiten nach § 16, dh über die Tatbestände der illegalen Überlassung ieS
nach § 16 Abs. 1 Nr. 1–2a hinaus. Grund hierfür ist, dass auch die anderen
Ordnungswidrigkeiten (zB Verstöße gegen Informations- und Mitteilungspflichten) oftmals wichtige Anhaltspunkte für illegale Überlassungsvorgänge

bilden (vgl. Boemke/Lembke/*Marseaut* § 18 Rn. 4; Schüren/Hamann/ *Hamann* § 18 Rn. 16).

5   Obwohl im Gesetz nur Ordnungswidrigkeiten nach § 16 genannt und demgegenüber **Straftaten** nach §§ 15 und 15a nicht explizit erwähnt werden, besteht die **Pflicht zur Zusammenarbeit** nach überwiegender und zutreffender Ansicht auch hier (vgl. *Sandmann/Marschall* § 18 Rn. 7; Schüren/ Hamann/*Hamann* § 18 Rn. 17). Denn zum einen wäre es widersinnig, eine Zusammenarbeit gerade bei den schwerwiegendsten Verstößen gegen das Arbeitnehmerüberlassungsrecht nicht zu fordern; zum anderen bauen die Straftatbestände der §§ 15, 15a jeweils auf miteinander kombinierten bzw. durch zusätzliche Gesichtspunkte erschwerten Ordnungswidrigkeitentatbeständen auf (vgl. → § 15 Rn. 4 sowie → § 15a Rn. 3).

2. Inhalt der Pflicht zur Zusammenarbeit

6   Die Pflicht zur Zusammenarbeit **geht über die allgemeine Pflicht zur Amtshilfe nach Art. 35 Abs. 1 GG hinaus** (vgl. Boemke/Lembke/*Marseaut* § 18 Rn. 15; *Sandmann/Marschall* § 18 Rn. 25). Die Pflicht trifft nicht etwa nur die Behörden der Zollverwaltung, sondern es handelt sich nach überwiegender Ansicht um eine **wechselseitige Verpflichtung,** wie sich zum einen bereits aus dem Begriff der „Zusammenarbeit", zum anderen vielfach aber auch aus den einschlägigen Fachgesetzen der entsprechenden Behörden ergibt, die ihrerseits zu einer Zusammenarbeit mit den Behörden der Zollverwaltung auffordern (vgl. Ulber/*D. Ulber* § 18 Rn. 2; Schüren/ Hamann/*Hamann* § 18 Rn. 41 f.).

7   Die **Art der Zusammenarbeit** ist nicht näher geregelt. Im Mittelpunkt steht der wechselseitige Austausch von Informationen. Daneben sind aber etwa auch Maßnahmen wie wechselseitige Schulungen oder gemeinsame Aktionen zB bei Verkehrs- und Grenzkontrollen, Überprüfungen von Arbeitnehmern auf Baustellen oder Durchsuchungen von Betriebsstätten vorstellbar (vgl. *Sandmann/Marschall* § 18 Rn. 25; Schüren/Hamann/*Hamann* § 18 Rn. 31 f.

3. Die einzelnen Behörden der Zusammenarbeit

8   Die (nicht abschließend aufgezählten, vgl. → Rn. 3) Behörden, mit denen insbesondere zusammengearbeitet werden soll, sind:
- Die **Träger der Krankenversicherung** als Einzugsstellen für die Sozialversicherungsbeiträge (Nr. 1): Die Träger der gesetzlichen Krankenversicherung sind in **§§ 143 ff. SGB V** genannt. Es handelt sich dabei um die Ortskrankenkassen, Betriebskrankenkassen, Innungskrankenkassen, die Seekasse, landwirtschaftliche Krankenkassen, die Bundesknappschaft sowie die Ersatzkassen.
- Die **Behörden nach § 71 des Aufenthaltsgesetzes** (Nr. 2): § 71 Aufenthaltsgesetz enthält nur Rahmenvorschriften, die landesrechtlich unterschiedlich ausgefüllt sind (näher *Renner* AufenthG § 71 Rn. 2 ff.).
- Die **Finanzbehörden** (Nr. 3): Dies sind nicht nur die Steuer einziehenden Behörden (Finanzämter, Oberfinanzdirektionen und Bundesamt für Finan-

zen), sondern auch die Zollbehörden sowie die Länderministerien für Finanzen und das Bundesfinanzministerium (vgl. Boemke/Lembke/*Marseaut* § 18 Rn. 8; Ulber/*D. Ulber* § 18 Rn. 11). Die Befugnis zur Weitergabe von Informationen durch die Finanzbehörden ergibt sich unter anderem aus § 31a AO.

– Die nach dem Landesrecht für die **Verfolgung** und Ahndung von Ordnungswidrigkeiten nach dem **SchwarzArbG zuständigen Behörden** (Nr. 4).

– Die **Träger der Unfallversicherung** (Nr. 5): Diese sind in § 114 SGB VII aufgezählt; es handelt sich im Wesentlichen um die Berufsgenossenschaften sowie spezielle Unfallkassen (vgl. auch Boemke/Lembke/*Marseaut* § 18 Rn. 10). Für die Träger der Unfallversicherung ist ihrerseits eine spezielle Pflicht der Zusammenarbeit mit den Behörden der Zollverwaltung in § 211 SGB VII angeordnet, die über § 18 noch hinausgeht, da die Verpflichtung zur Zusammenarbeit bezüglich aller Verstöße gegen Vorschriften des AÜG und SGB III besteht und damit nicht auf die Verfolgung von Ordnungswidrigkeiten beschränkt ist.

– Die für den **Arbeitsschutz zuständigen Landesbehörden** (Nr. 6): Dabei handelt es sich in aller Regel um die Gewerbeaufsichtsämter.

– In § 18 Abs. 1 Nr. 7 aF waren die Behörden der Zollverwaltung genannt. Dies war sinnvoll, da bei der Überwachung des grenzüberschreitenden Verkehrs und bei der Erhebung von Abgaben im Inland Erkenntnisse gewonnen werden können, die auch für die Bekämpfung der illegalen Beschäftigung von Bedeutung sind; die Statuierung einer solchen Pflicht zur Zusammenarbeit ist aber überflüssig geworden, seit die Behörden der Zollverwaltung originär auch zur Bekämpfung der unerlaubten Arbeitnehmerüberlassung zuständig sind.

– Die **Rentenversicherungsträger** (Nr. 7): Dies sind insbesondere die Landesversicherungsanstalten, die Seekasse, die Bahnversicherungsanstalt, die Bundesversicherungsanstalt für Angestellte, die Bundesknappschaft sowie landwirtschaftliche Alterskassen (vgl. §§ 23 Abs. 2 SGB I, 125 ff. SGB VI).

– Die **Träger der Sozialhilfe** (Nr. 8): Dies sind gem. § 96 BSHG grundsätzlich die kreisfreien Städte und Landkreise, soweit Landesrecht nicht etwas anderes bestimmt, sowie die von den Ländern bestimmten überörtlichen Sozialhilfeträger (vgl. Boemke/Lembke/*Marseaut* § 18 Rn. 13).

III. Unterrichtungspflicht der Bundesagentur für Arbeit und der Behörden der Zollverwaltung gegenüber anderen Behörden (§ 18 Abs. 2 und 5)

1. Begründung und Inhalt der Unterrichtungspflicht

Explizit als eine Form der Zusammenarbeit genannt ist die **Rechtspflicht** 9 **der Bundesagentur für Arbeit und der Behörden der Zollverwaltung zur Unterrichtung** bestimmter Behörden in den abschließend genannten (vgl. nur Boemke/Lembke/*Marseaut* § 18 Rn. 18; hM) Fällen des § 18 Abs. 2

sowie des im Jahr 2011 neu eingefügten § 18 Abs. 5. Diese hat auch **ohne spezielles Ersuchen** der in genannten Behörden zu erfolgen (vgl. Schüren/ Hamann/*Hamann* § 18 Rn. 34) und kann in allen sinnvoll erscheinenden Formen der Kommunikation bzw. des Datenaustausches geschehen (vgl. Boemke/Lembke/*Marseaut* § 18 Rn. 19; Schüren/Hamann/*Hamann* § 18 Rn. 74).

10   **a) Unterrichtung nach § 18 Abs. 2.** Die Unterrichtungspflicht nach § 18 Abs. 2 besteht, wenn bei der Durchführung des AÜG im Einzelfall konkrete **Anhaltspunkte** für die im Gesetz aufgezählten **Rechtsverstöße** (vgl. → Rn. 13) bestehen. Diese müssen also nicht notwendig bei der Verfolgung von Ordnungswidrigkeiten nach dem AÜG aufgetreten sein, sondern können zB auch iRd Verwaltungsverfahrens (vgl. Schüren/Hamann/*Hamann* § 18 Rn. 35) bekannt geworden sein (zur umstrittenen Behandlung von **Zufallserkenntnissen** vgl. auch *Sandmann/Marschall* § 18 Rn. 28 einerseits, Ulber/*D. Ulber* § 18 Rn. 21 andererseits).

11   § 18 Abs. 2 beinhaltet **jedoch keine allgemeine Grundlage für einen generellen Datenaustausch** (vgl. nur BT-Drs. 9/975, 22; *Sandmann/Marschall* § 18 Rn. 26; Schüren/Hamann/*Hamann* § 18 Rn. 37). Vielmehr sind die Vorschriften über den Datenschutz, das Sozialgeheimnis (vgl. § 35 SGB I) oder das Steuergeheimnis (vgl. § 30 AO) grundsätzlich zu beachten (vgl. Boemke/Lembke/*Marseaut* § 18 Rn. 19). Hinsichtlich der in § 18 Abs. 2 speziell genannten Tatsachen jedoch ist die Übermittlungspflicht vorrangig (vgl. *Sandmann/Marschall* § 18 Rn. 43; Schüren/Hamann/ *Hamann* § 18 Rn. 37).

12   **Adressat der Mitteilung** sind die zur Verfolgung der jeweiligen Gesetzesverstöße zuständigen Behörden, die Träger der Sozialhilfe sowie die Behörden nach § 71 AufenthaltsG.

12a   **b) Unterrichtung nach § 18 Abs. 5.** Eine allein die Behörden der Zollverwaltung treffende Unterrichtungspflicht statuiert § 18 Abs. 5 hinsichtlich der Meldungen nach § 17b. Über deren Inhalt sind die jeweils zuständigen Finanzämter zu unterrichten.

2. Anlässe zur Unterrichtung der anderen Behörden

13   Die Unterrichtungspflicht nach § 18 Abs. 5 besteht anlassunabhängig, wenn der Zollverwaltung die schriftliche Anmeldung nach § 17b vorliegt. Die Unterrichtungspflicht nach § 18 Abs. 2 besteht demgegenüber nur bei konkreten Anhaltspunkten für:

–   **Verstöße gegen das SchwarzArbG** (Nr. 1), dh die Erbringung (aber auch das Ausführen-Lassen) von Dienst- und Werkleistungen in erheblichem Umfang, insbesondere wenn der Mitteilungspflichtige gewissen Meldepflichten gegenüber den Sozialversicherungsträgern und anderen Behörden nicht nachkommt oder Anzeigepflichten missachtet und es sich nicht um Gefälligkeit, Nachbarschaftshilfe oder um gewisse Fälle der Selbsthilfe handelt. Vgl. näher die Begriffsbestimmung in § 1 Abs. 2 und 3 SchwarzArbG.

– Eine Beschäftigung oder Tätigkeit von **Ausländern ohne erforderlichen Titel** nach § 4 Abs. 3 AufenthaltsG bzw. erforderliche Genehmigung nach § 284 SGB III (Nr. 2).

– **Verstöße gegen die Mitwirkungspflichten** nach § 60 Abs. 1 S. 1 Nr. 2 SGB I gegenüber den im Gesetz genannten Stellen (Nr. 3): Nach § 60 Abs. 1 S. 1 Nr. 2 SGB I besteht beim Bezug von Sozialleistungen die Pflicht, Änderungen, die für den Bezug der Leistungen relevant sind, der Behörde mitzuteilen. Die Unterrichtungspflicht nach § 18 Abs. 2 Nr. 3 dient somit der Bekämpfung des Sozialleistungsmissbrauchs (vgl. BT-Drs. 13/8964, 2). Vom Wortlaut der Norm explizit nicht erfasst sind Verstöße gegen § 60 Abs. 1 Nr. 1 SGB I, dh bei der erstmaligen Beantragung der entsprechenden Leistungen. Allerdings kann hier eine Mitteilung im Wege der allgemeinen Zusammenarbeit nach § 18 Abs. 1 möglich sein (vgl. auch → Rn. 3).

– **Verstöße gegen Vorschriften des SGB IV und SGB VII,** dh im Bereich der Sozial- oder Unfallversicherung, hinsichtlich der Verpflichtung zur Zahlung von Versicherungsbeiträgen, soweit sie im **Zusammenhang mit den in Nr. 1–3 genannten Verstößen** sowie mit einer Arbeitnehmerüberlassung entgegen § 1 stehen (Nr. 4): Es geht hier um Verstöße gegen §§ 28d ff. SGB IV (Entrichtung des Gesamtsozialversicherungsbeitrags) oder §§ 150 ff. SGB VII (Entrichtung des Beitrags zur gesetzlichen Unfallversicherung). Es müssen also **kumulativ drei Voraussetzungen** vorliegen (anschaulich Boemke/Lembke/*Marseaut* § 18 Rn. 25 ff.): (1) Überlassen eines Arbeitnehmers ohne Erlaubnis nach § 1, 2 unkorrektes Abführen der Sozialversicherungsbeiträge **und** (3) Verstoß gegen Vorschriften des SchwarzArbG, Beschäftigung eines Ausländers ohne Arbeitserlaubnis oder Verstoß gegen Mitwirkungs- und Meldepflichten gem. § 18 Abs. 2 Nr. 3. Die kumulative Häufung von Voraussetzungen führt jedoch nicht zu allzu weiten Einschränkungen, da die Unterrichtungspflicht der Bundesagentur für Arbeit und der Behörden der Zollverwaltung nach dem Eingangssatz des § 18 Abs. 2 ohnehin nur bei der Durchführung des AÜG ausgelöst wird und im Rahmen dieser Tätigkeit oft auch ein Zusammenhang mit der Beachtung des § 1 bestehen wird. Auch in anderen Fällen ist darüber hinaus die Bundesagentur für Arbeit zwar nicht gem. § 18 Abs. 2 Nr. 4 zur Information verpflichtet, wohl aber vielfach zumindest berechtigt (vgl. Schüren/Hamann/*Hamann* § 18 Rn. 60; in bestimmten Fällen sogar auch über § 18 Abs. 2 Nr. 4 hinaus für eine Verpflichtung zur Mitteilung Ulber/*D. Ulber* § 18 Rn. 31). **Adressat der Mitteilung** sind die Krankenkassen als Einzugsstelle für den Gesamtsozialversicherungsbeitrag (vgl. § 28h SGB IV) sowie die Berufsgenossenschaften und andere Träger der Unfallversicherung.

– **Verstöße gegen die Steuergesetze** (Nr. 5): Im Zusammenhang mit der illegalen Arbeitnehmerüberlassung kommt es oft auch zu Steuerverstößen (vgl. → vor §§ 15 ff. Rn. 34). Entsprechend dem Gesetzesziel, zur Erhöhung des Steueraufkommens beizutragen (vgl. BT-Drs. 9/847, 12), ist der Begriff der Steuergesetze weit zu verstehen und nicht auf bestimmte Steuerarten beschränkt und umfasst sowohl bundes- wie auch landesrechtliche Steuergesetze.

– Verstöße gegen das Aufenthaltsgesetz (Nr. 6).

3. Pflicht zur Unterrichtung der Bundesagentur für Arbeit oder der Behörden der Zollverwaltung

14 Auch die **Unterrichtungspflichten** bestehen **vielfach wechselseitig.** So sind Unterrichtungen der Behörden der Zollverwaltung bzw. der Bundesagentur für Arbeit beispielsweise in § 31a AO für die Finanzbehörden, in § 90 AufenthaltsG für die Ausländerbehörden, in § 139b Abs. 7 GewO für Gewerbeaufsichtsbehörden und in § 211 SGB VII für die Träger der Unfallversicherung vorgesehen (vgl. auch Schüren/Hamann/*Hamann* § 18 Rn. 65 ff.).

IV. Übermittlungspflichten gegenüber der Bundesagentur für Arbeit und den Behörden der Zollverwaltung in Strafsachen (§ 18 Abs. 3)

1. Übermittlungsanlass

15 Um die Verfolgung von Ordnungswidrigkeiten (nicht nur nach dem AÜG, sondern insbesondere auch nach § 404 SGB III, vgl. Ulber/*D. Ulber* § 18 Rn. 46) zu ermöglichen, sind der **Bundesagentur für Arbeit oder den Behörden der Zollverwaltung von der Staatsanwaltschaft** (welche nach §§ 152, 451 Abs. 1 StPO sowohl Strafverfolgungs- als auch Vollstreckungsbehörde ist, vgl. § 18 Abs. 3 S. 3) bestimmte **Informationen in Strafsachen** nach §§ 15, 15a (vgl. näher → Rn. 17) zu übermitteln.

16 Dabei ist umstritten, ob dies nur Ordnungswidrigkeiten betrifft, die zu der verfolgten Straftat in Tateinheit stehen, oder auch solche, die dazu in Tatmehrheit stehen (vgl. Boemke/Lembke/*Marseaut* § 18 Rn. 36 einerseits, Ulber/*D. Ulber* § 18 Rn. 47 andererseits). Zumindest wenn es sich um zwei Taten im strafprozessualen Sinn handelt, erscheint eine Mitteilung über solche Straftaten, die nicht im Zusammenhang mit Ordnungswidrigkeiten stehen, nicht angezeigt.

2. Übermittlungsinhalt

17 Zu übermitteln sind
– bei Einleitung des Strafverfahrens die Personaldaten des Beschuldigten, der Straftatbestand, die Tatzeit und der Tatort (§ 18 Abs. 3 S. 1 Nr. 1)
– im Falle der Erhebung der öffentlichen Klage die das Verfahren abschließende Entscheidung mit Begründung (§ 18 Abs. 3 S. 1 Nr. 2). In diesem Falle ist auch die angefochtene Entscheidung zu übermitteln, wenn mit der verfahrensabschließenden Entscheidung ein Rechtsmittel verworfen worden oder darin auf die angefochtene Entscheidung Bezug genommen worden ist.

3. Weitere Verwendung der übermittelten Daten

18 Über den Zweck der **Verfolgung der Ordnungswidrigkeiten** hinaus können die an die Bundesagentur für Arbeit oder den Behörden für Zollverwaltung übermittelten Daten nach § 18 Abs. 3 S. 4 **zu drei Zwecken** verwendet werden:

Daten der Arbeitnehmer für Maßnahmen **zu ihren Gunsten,** zB für **19** die Verlängerung einer Arbeitserlaubnis nach § 8 AufenthaltsG (Nr. 1). Damit ist klargestellt, dass Daten der Arbeitnehmer grundsätzlich außer zur Verfolgung von Ordnungswidrigkeiten nicht zu ihren Lasten verwendet werden dürfen.

Daten des Arbeitgebers zur **Besetzung** seiner **offenen Arbeitsplätze 20** und damit zur Ermöglichung einer Kernaufgabe der Bundesagentur für Arbeit (vgl. §§ 35 ff. SGB III).

Daten der Arbeitnehmer und des Arbeitgebers für Entscheidungen **21** über die **Einstellung oder Rückforderungen von Leistungen** der Bundesagentur für Arbeit (Nr. 3): Auch hier ist also abweichend von Nr. 1 eine Verwendung zum Nachteil des Arbeitnehmers möglich (vgl. Schüren/ Hamann/*Hamann* § 18 Rn. 84; Ulber/*D. Ulber* § 18 Rn. 52).

V. Übermittlung von sonstigen Daten für die Verfolgung von Ordnungswidrigkeiten nach § 16 Abs. 1 Nr. 1–2 (§ 18 Abs. 4)

§ 18 Abs. 4 regelt eine **Ermächtigung der Gerichte und Staatsanwalt- 22 schaften** (als Strafverfolgungs- oder Strafvollstreckungsbehörden, vgl. → Rn. 15) zur **Übermittlung** von Erkenntnissen auch aus **sonstigen Verfahren,** die keine Straftaten nach §§ 15, 15a zum Gegenstand haben, an die Behörden der Zollverwaltung, wenn diese Erkenntnisse zur Verfolgung von Ordnungswidrigkeiten nach § 16 Abs. 1 Nr. 1–2 erforderlich sind. Mit dieser Ermächtigung ist keine zwingende Pflicht zur Übermittlung verbunden; da es sich jedoch um eine Sollvorschrift handelt, wird regelmäßig nur die Übermittlung einem fehlerfreien Ermessensgebrauch entsprechen.

Eine **Ausnahme** besteht, wenn **schutzwürdige Interessen** des Betroffe- **23** nen an dem Ausschluss der Übermittlung überwiegen. Hierbei handelt es sich um einen Ausdruck des Verhältnismäßigkeitsgrundsatzes (vgl. Schüren/ Hamann/*Hamann* § 18 Rn. 88); bei der hier erforderlichen Abwägung sind auf der einen Seite Umfang und Schwere der möglicherweise begangenen Tat, auf der anderen Seite nach der ausdrücklichen Regelung des § 18 Abs. 4 S. 2 auch das Maß der Sicherheit der zu übermittelnden Erkenntnisse zu beachten.

VI. Befugnisse zur europäischen Zusammenarbeit (§ 18 Abs. 6)

In dem im Jahr 2011 neu eingefügten Absatz 6 ist die Befugnis für die **24 Behörden der Zollverwaltung und die übrigen in § 2 SchwarzArbG genannten Behörden** – dh nach § 2 Abs. 1a SchwarzArbG die nach Landesrecht für die Verfolgung und Ahndung von Ordnungswidrigkeiten nach dem SchwarzArbG zuständigen Behörden sowie die zahlreichen Behörden im

Katalog des § 2 Abs. 2 SchwarzArbG (dh etwa Finanzbehörden, Bundesagentur für Arbeit, Bundesnetzagentur, Einzugsstellen der Sozialversicherung, Träger der Renten- und Unfallversicherung sowie der Sozialhilfe) – normiert, nach Maßgabe der jeweils einschlägigen datenschutzrechtlichen Bestimmungen auch mit Behörden anderer EWR-Vertragsstaaten zusammenarbeiten. Voraussetzung ist, dass diese Behörden nach dem für sie geltenden Recht

– § 17 Abs. 2 entsprechende Aufgaben durchführen, dh die Gewährung von Mindestentgelten prüfen,
– für die Bekämpfung illegaler Beschäftigung zuständig sind oder aber sonst
– Auskünfte darüber geben können, ob ein Arbeitgeber seine Verpflichtungen nach § 10 Abs. 5 erfüllt.

25 Mit dieser Regelung über die grenzüberschreitende, Zusammenarbeit und Information, die nicht zuletzt auch eine Vorgabe von Art. 4 der Entsenderichtlinie umsetzt, soll eine effektive Kontrolle gerade auch gegenüber ausländischen Entleihern ermöglicht werden (vgl. BT-Drs. 17/5761, 8). Vorbild ist dabei auch die insoweit fast wortgleiche Regelung in § 20 Abs. 2 AEntG (vgl. daher ergänzend auch Thüsing/*Reufels* AEntG § 20 Rn. 5). Normiert ist nur das Erfordernis der Einhaltung der jeweils geltenden datenschutzrechtlichen Bestimmungen; weitere inhaltliche Vorgaben werden für die Zusammenarbeit nicht gemacht.

26 Nach § 18 Abs. 6 S. 2 bleiben die Regelungen über die internationale Rechtshilfe in Strafsachen davon unberührt. Soweit daher zur Verfolgung von Straftaten oder Ordnungswidrigkeiten Regelungen im IRG oder in speziellen völkerrechtlichen Vereinbarungen enthalten sind, werden diese (an sich selbstverständlich) durch die in § 18 Abs. 5 S. 1 enthaltenen Möglichkeiten nicht verdrängt.

§ 18a (aufgehoben)

§ 19 Übergangsvorschrift

(1) **§ 8 Absatz 3 findet keine Anwendung auf Leiharbeitsverhältnisse, die vor dem 15. Dezember 2010 begründet worden sind.**

(2) **Überlassungszeiten vor dem 1. April 2017 werden bei der Berechnung der Überlassungshöchstdauer nach § 1 Absatz 1b und der Berechnung der Überlassungszeiten nach § 8 Absatz 4 Satz 1 nicht berücksichtigt.**

1 Die derzeitige Übergangsvorschrift des § 19 wurde durch das Gesetz zur Änderung des Arbeitnehmerüberlassungsgesetzes und anderer Gesetze, das am 1.4.2017 in Kraft getreten ist, eingefügt. Die alte Fassung des § 19 AÜG umfasste die § 3 Abs. 1 Nr. 3 S. 4 aF und § 9 Nr. 2 letzter Hs. aF. Diese betrafen die sog. **Drehtürklausel,** die verhindern soll, dass Arbeitnehmer ihre bisherige Arbeit fortführen, dies aber über eine Leiharbeitskonstruktion zu verschlechterten Arbeitsbedingungen tun (s. BT-Drs. 17/4804, 9 sowie → § 3 Rn. 116 f. und → § 9 Rn. 48). Diese Änderungen waren bereits durch das Erste Gesetz zur Änderung des Arbeitnehmerüberlassungsgesetzes – Verhinderung von Missbrauch der Arbeitnehmerüberlassung v. 28.4.2011 (BGBl. 2011 I S. 642) vorgenommen worden. In **§ 8 nF** wurden die Inhalte dieser Normen nun **systematisch zusammengeführt** (BT-Drs. 18/9232, 24). Eine inhaltliche Änderung ist damit nicht verbunden, sodass die Übergangsvorschrift materiell das gleiche bewirkt wie die alte Fassung.

Die Norm betrifft nur Leiharbeitsverhältnisse, die vor dem 15.12.2010 **2** begründet wurden. Der **Stichtag** liegt vor dem Inkrafttreten des Gesetzes zur Änderung des Arbeitnehmerüberlassungsgesetzes und des Schwarzarbeiterbekämpfungsgesetzes vom 20.7.2011 (BGBl. 2011 I S. 1506). Es handelt sich um den Tag, an dem der Gesetzesentwurf des BMAS von der Bundesregierung beschlossen wurde, sodass die Arbeitgeber davon ausgehen konnten, dass die Drehtürklausel geltendes Recht wird. Das **Vertrauen auf die alte Rechtslage** sollte also nur bis zu diesem Zeitpunkt geschützt werden, um zu verhindern, dass die Zeit des parlamentarischen Verfahrens noch für derartige missbilligte Verträge genutzt wurde.

Im Umkehrschluss aus der Neufassung des § 19 ergibt sich, dass alle ande- **3** ren Änderungen des AÜG auch auf **Altverträge** Anwendung finden. Die Anordnung des § 19 selbst ist nicht befristet, vor dem 15.12.2010 begründete Leiharbeitsverhältnisse unterfallen also dauerhaft nicht der Drehtürklausel.

Überlassungszeiten vor dem 1.4.2017 werden bei der Berechnung der **4** Überlassungshöchstdauer nach § 1 Abs. 1b und der Berechnung der Überlassungszeiten nach § 8 Abs. 4 S. 1 nicht berücksichtigt. Damit ist sichergestellt, dass in die Überlassungshöchstdauer und hinsichtlich der Neuregelung zu Equal Pay nach neun Monaten **nur Verleihzeiten ab dem 1.4.2017** einzurechnen sind. Die **Überlassungshöchstdauer** kann folglich **frühestens am 1.10.2018 überschritten** werden (beides BeckOK ArbR/*Kock* AÜG § 19 Rn. 3). Tarifverträge der Verleiherbranche können abweichendes Regeln (BeckOK ArbR/*Kock* § 19 Rn. 4).

§ 20 Evaluation

Die Anwendung dieses Gesetzes ist im Jahr 2020 zu evaluieren.

Anhang

I. Informationen zur Arbeitnehmerüberlassung
Stand 4/2017

1. **Verleiher** im Sinne des Arbeitnehmerüberlassungsgesetzes (AÜG) ist derjenige Arbeitgeber, der Arbeitnehmerinnen und Arbeitnehmer (Leiharbeitnehmerinnen und Leiharbeitnehmer) einem Dritten im Rahmen seiner wirtschaftlichen Tätigkeit zur Arbeitsleistung überlässt, unabhängig davon, ob er Erwerbszwecke verfolgt oder nicht.
2. Arbeiten im Rahmen von Werk-, selbständigen Dienst- oder Dienstverschaffungs- sowie Geschäftsbesorgungsverträgen werden nicht vom AÜG erfasst.
3. Die Arbeitnehmerüberlassung **im Rahmen der wirtschaftlichen Tätigkeit** ist grundsätzlich erlaubnispflichtig.
4. **Nicht erlaubnispflichtig** sind:
   a) Abordnungen zu einer zur Herstellung eines Werkes gebildeten Arbeitsgemeinschaft;
   b) Überlassungen im selben Wirtschaftszweig zur Vermeidung von Kurzarbeit oder Entlassungen aufgrund tarifvertraglicher Vorschriften;
   c) konzerninterne Arbeitnehmerüberlassung, sofern der Arbeitnehmer bzw. die Arbeitnehmerin nicht zum Zwecke der Überlassung eingestellt und beschäftigt wird;
   d) **gelegentliche Arbeitnehmerüberlassung** zwischen Arbeitgebern, sofern der Arbeitnehmer bzw. die Arbeitnehmerin nicht zum Zwecke der Überlassung eingestellt und beschäftigt wird; mit der Regelung sollen gelegentlich auftretende Überlassungsfälle ausgeklammert werden, in denen Arbeitgeber ihre Arbeitnehmer und Arbeitnehmerinnen nur gelegentlich Dritten zur Arbeitsleistung überlassen. Ein Beispiel für einen möglichen Anwendungsfall der Ausnahmeregelung wäre etwa eine einmalige Überlassung von Arbeitnehmerinnen und Arbeitnehmern, die nicht zum Zweck der Überlassung eingestellt wurden, an ein anderes Unternehmen, um bei einer kurzfristig aufgetretenen Auftragsspitze auszuhelfen. Jedoch kann auch die erstmalige Überlassung von Arbeitnehmerinnen und Arbeitnehmern erlaubnispflichtig sein, wenn die Überlassungtätigkeit des Arbeitgebers von vornherein auf Dauer angelegt ist;
   e) eine auf Grund eines Tarifvertrages des öffentlichen Dienstes vorgenommene sogenannte Personalgestellung (z.B. § 4 Abs. 3 TVöD);
   f) eine Überlassung zwischen juristischen Personen des öffentlichen Rechts, sofern sie Tarifverträge des öffentlichen Dienstes oder Regelungen der öffentlich-rechtlichen Religionsgemeinschaften anwenden;
   g) Verleih in das Ausland in ein aufgrund zwischenstaatlicher Vereinbarungen gegründetes deutsch-ausländisches Gemeinschaftsunternehmen.
Dazu sind im Einzelnen die Regelungen des AÜG zu beachten.

5. Wenn ein Arbeitgeber mit weniger als 50 Beschäftigten zur Vermeidung von Kurzarbeit oder Entlassungen Arbeitnehmerinnen und Arbeitnehmer, die nicht zum Zweck der Überlassung eingestellt und beschäftigt werden, bis zur Dauer von 12 Monaten einem Dritten zur Verfügung stellt, ist die Arbeitnehmerüberlassung nicht erlaubnispflichtig, sondern lediglich vorher **schriftlich anzuzeigen.** Das betreffende Formular kann bei der zuständigen Agentur für Arbeit angefordert bzw. im Internet unter www.arbeitsagentur.de abgerufen werden.

6. Arbeitnehmerüberlassung in **Betriebe des Baugewerbes** für Arbeiten, die üblicherweise von Arbeitern verrichtet werden, ist grundsätzlich unzulässig. Sie ist nur gestattet
   – zwischen Betrieben des Baugewerbes und anderen Betrieben, wenn diese Betriebe erfassende, für allgemeinverbindlich erklärte Tarifverträge dies bestimmen,
   – zwischen Betrieben des Baugewerbes, wenn der verleihende Betrieb nachweislich seit mindestens drei Jahren von denselben Rahmen- und Sozialkassentarifverträgen oder von deren Allgemeinverbindlichkeit erfasst wird.

7. Leiharbeitnehmerinnen und Leiharbeitnehmer haben während der Überlassung an einen Entleiher grundsätzlich Anspruch auf die gleichen wesentlichen Arbeitsbedingungen, einschließlich des Arbeitsentgelts, wie vergleichbare Arbeitnehmerinnen und Arbeitnehmer des Entleihers **(Gleichstellungsgrundsatz).** Davon kann durch die Anwendung eines einschlägigen Tarifvertrages abgewichen werden, soweit der Tarifvertrag in Bezug auf das Entgelt nicht die in einer Rechtsverordnung nach § 3a Absatz 2 AÜG festgesetzten Mindeststundenentgelte **(Lohnuntergrenze)** unterschreitet. Auch wenn ein solcher Tarifvertrag angewandt wird, ist die Leiharbeitnehmerin/der Leiharbeitnehmer spätestens nach 9 Monaten einer Überlassung an einen Entleiher hinsichtlich des **Arbeitsentgelts** gleichzustellen. Für die Berechnung des 9-Monats-Zeitraums sind nur ab dem 1. April 2017 zurückgelegte Überlassungszeiten maßgeblich. Vorherige Überlassungen an denselben Entleiher sind anzurechnen, wenn Unterbrechungen zwischen zwei Überlassungen drei Monate nicht übersteigen. Eine über 9 Monate hinausgehende Abweichung vom **Gebot gleicher Entlohnung** ist nur zulässig, wenn für das Arbeitsverhältnis ein (Branchen-) Zuschlagstarifvertrag gilt, der die gesetzlichen Anforderungen erfüllt.
Eine abweichende tarifliche Regelung kommt nicht für Leiharbeitnehmerinnen und Leiharbeitnehmer in Betracht, die in den letzten sechs Monaten vor der Überlassung an den Entleiher aus einem Arbeitsverhältnis bei diesem oder einem Arbeitgeber, der mit dem Entleiher einen Konzern im Sinne des § 18 AktG bildet, ausgeschieden sind (sog. **Drehtürregelung**). In diesen Fällen ist der Erlaubnisinhaber verpflichtet, seiner Leiharbeitnehmerin bzw. seinem Leiharbeitnehmer die gleichen wesentlichen Arbeitsbedingungen, einschließlich des Arbeitsentgelts, wie einer vergleichbaren Arbeitnehmerin bzw. einem vergleichbaren Arbeitnehmer des Entleihers zu gewähren.

8. Die Überlassung einer Leiharbeitnehmerin / eines Leiharbeitnehmers ist grundsätzlich auf 18 Monate begrenzt. Das Gesetz eröffnet hiervon abweichende Regelungsmöglichkeiten durch oder aufgrund eines Tarifvertrages der Einsatzbranche. Für die Berechnung der Überlassungshöchstdauer sind nur ab dem 1. April 2017 zurückgelegte Einsatzzeiten heranzuziehen. Vorherige Überlassungen an denselben Entleiher sind zu berücksichtigen, wenn Unterbrechungen zwischen zwei Überlassungen drei Monate nicht übersteigen.

9. Bereits vor der Überlassung müssen Verleiher und Entleiher die Überlassung einer Leiharbeitskraft in ihrem Vertrag ausdrücklich als Arbeitnehmerüberlassung bezeichnen und die Person der Leiharbeitnehmerin / des Leiharbeitnehmers konkretisieren. Die Konkretisierung durch namentliche Benennung kann im Überlassungsvertrag selbst oder unter Bezugnahme auf diesen Vertrag erfolgen. Der Verleiher hat die Leiharbeitnehmerin bzw. den Leiharbeitnehmer vor jeder Überlassung darüber zu informieren, dass sie/er als Leiharbeitskraft tätig wird.

10. Der Verleiher muss über entsprechende Fachkenntnisse für die Beschäftigung von Arbeitnehmerinnen und Arbeitnehmer und über eine ausreichende Betriebsorganisation verfügen. Zur Sicherstellung der Lohn- und Gehaltszahlungen ist eine Liquidität/Bonität in Höhe von 2.000 € für jede beschäftigte Leiharbeitskraft, mindestens jedoch von 10.000 € erforderlich.

11. Für die Bearbeitung von Anträgen auf Erteilung und Verlängerung der Erlaubnis wird vom Antragsteller eine **Gebühr** erhoben. Sie beträgt **ab dem 1.12.2015** für die
    - Erteilung oder Verlängerung einer **befristeten** Erlaubnis **1.000 €,**
    - Erteilung einer **unbefristeten** Erlaubnis **2.500 €.**
    Die Erlaubnis wird auf ein Jahr befristet erteilt. Sie kann unbefristet erteilt werden, wenn der Verleiher drei aufeinander folgende Jahre lang erlaubt tätig war.

12. **Vor Erteilung der Erlaubnis darf keine Arbeitnehmerüberlassung ausgeübt werden!**

13. Die **Erlaubnis** wird von spezialisierten, überregional tätigen Teams in den Agenturen für Arbeit Düsseldorf, Kiel und Nürnberg je nach Zuständigkeit erteilt.

II. Merkblatt zur Abgrenzung zwischen Arbeitnehmerüberlassung und Entsendung von Arbeitnehmern im Rahmen von Werk- und selbständigen Dienstverträgen sowie anderen Formen drittbezogenen Personaleinsatzes

Die Tätigkeit von Arbeitnehmern bei Dritten kann auf unterschiedlichen Vertragsbeziehungen wie z.B. Arbeitnehmerüberlassungsverträgen, Werkverträgen, selbständigen Dienstverträgen, Dienstverschaffungsverträgen etc. beruhen. Für die Beurteilung sind grundsätzlich die zwischen den Beteiligten vertraglichen Vereinbarungen entscheidend. Der Geschäftsinhalt kann sich sowohl aus den (schriftlichen) Vereinbarungen der Beteiligten als auch aus der praktischen Durchführung der Verträge ergeben. Widersprechen sich schriftliche Vereinbarung und tatsächliche Durchführung des Vertrages, so kommt es auf die tatsächliche Durchführung an (vgl. § 12 Abs. 1 S. 2 Arbeitnehmerüberlassungsgesetz (AÜG); Urteil des Bundesarbeitsgerichts (BAG) vom 15.6.1983 = Neue Juristische Wochenschrift (NJW) 1984, Seite 2912). Deshalb kann die Art der vertraglichen Beziehung nur aufgrund ihrer Durchführung festgestellt werden.

1. Arbeitnehmerüberlassung

Arbeitnehmerüberlassung liegt vor, wenn ein Arbeitgeber (Verleiher) Arbeitnehmer (Leiharbeitnehmer) Dritten (Entleihern) zur Arbeitsleistung überlässt, diese in die Arbeitsorganisation des Entleihers eingegliedert sind und dessen Weisungen unterliegen (vgl. § 1 Abs. 1 S. 2 AÜG). Sie erschöpft sich also im bloßen Zurverfügungstellen geeigneter Arbeitskräfte, die der Dritte nach eigenen betrieblichen Erfordernissen in seinem Betrieb einsetzt.

Hinweise für das Vorliegen einer Arbeitnehmerüberlassung liefern ab 1.4.2017 Offenlegungs- und Konkretisierungspflichten: Arbeitgeber (Verleiher) und Dritter (Entleiher) sind bei der Vertragsgestaltung zur Überlassung von Arbeitnehmern gesetzlich dazu verpflichtet, den Gegenstand ihres Vertrags explizit und vorab als Arbeitnehmerüberlassung zu bezeichnen. Diese sog. **Offenlegungspflicht** gilt sowohl für den Verleiher als auch für den Entleiher (vgl. § 1 Abs. 1 S. 5 AÜG). Die Vertragsparteien müssen zudem vor der Überlassung die Person des Leiharbeitnehmers konkretisieren (sog. **Konkretisierungspflicht**). Die Konkretisierung durch namentliche Benennung der zu überlassenden Person kann im Überlassungsvertrag oder unter Bezugnahme auf diesen Vertrag erfolgen (vgl. § 1 Abs. 1 S. 6 AÜG). Erfüllen Verleiher und Entleiher in ihrem Vertragsverhältnis diese Pflichten nicht, hat dies u. a. Folgen für den Arbeitsvertrag des Arbeitnehmers: der Arbeitsvertrag zwischen Arbeitgeber und Arbeitnehmer ist nichtig und es entsteht ein Arbeitsverhältnis mit dem Dritten (Entleiher). Diese gesetzliche Fiktion kann der Arbeitnehmer durch Ausübung seines Widerspruchsrechts beseitigen, indem er eine form- und fristgerechte Festhaltenserklärung gegenüber seinem Arbeitgeber oder dem Dritten abgibt (vgl. §§ 9, 10 AÜG).

Ergänzend können dokumentierte Informationen des Arbeitgebers im Vertragsverhältnis zum Arbeitnehmer auf Arbeitnehmerüberlassung hinweisen: Dem Arbeitgeber (Verleiher) obliegt ab dem 1.4.2017 eine gesetzliche **Informationspflicht** gegenüber seinem Arbeitnehmer. Er muss diesen vor jeder Überlassung darüber informieren, dass er als Leiharbeitnehmer tätig wird (§ 11 Abs. 2 S. 4 AÜG).

2. Werkvertrag

Durch den Werkvertrag wird der Unternehmer zur Herstellung des versprochenen Werkes verpflichtet. Gegenstand des Werkvertrages kann sowohl die Herstellung oder Veränderung einer Sache als auch ein anderer durch

Arbeit oder Dienstleistung herbeizuführender Erfolg sein (vgl. § 631 BGB). Geschuldet ist damit ein bestimmter Erfolg wie z.B. die erfolgreiche Reparatur einer Sache.

Nach der höchstrichterlichen Rechtsprechung sind grundsätzlich für einen Werkvertrag folgende Merkmale maßgebend:

– Vereinbarung und Erstellung eines konkret bestimmten Werkergebnisses bzw. Veränderung einer Sache;
– Eigenverantwortliche Organisation aller sich der Übernahmeverpflichtung ergebenden Handlungen durch den Werkunternehmer (unternehmerische Dispositionsfreiheit, auch in zeitlicher Hinsicht; keine Einflussnahme des Bestellers auf Anzahl und Qualifikation der am Werkvertrag beteiligten Arbeitnehmer; in der Regel eigene Arbeitsmittel);
– Weisungsrecht des Werkunternehmers gegenüber seinen im Betrieb des Bestellers tätigen Arbeitnehmern; keine Eingliederung in die Arbeitsabläufe oder in den Produktionsprozess des Bestellerbetriebes;
– Tragen des Unternehmerrisikos durch den Werkunternehmer, insbesondere Gewährleistung für Mängel des Werkes, Erlöschen der Zahlungspflicht des Bestellers bei zufälligem Untergang des Werkes;
– Ergebnisbezogene Vergütung, grundsätzlich keine Abrechnung nach Zeiteinheiten.

3. Selbständiger Dienstvertrag

Ein selbständiger Dienstvertrag liegt nur vor, wenn der dienstleistende Unternehmer die Dienste unter eigener Verantwortung ausführt (Organisation der Dienstleistung, zeitliche Disposition, Zahl der Erfüllungsgehilfen, Eignung der Erfüllungsgehilfen usw.). Das bedeutet insbesondere, dass die Erfüllungsgehilfen in Bezug auf die Ausführung der zu erbringenden Dienstleistung im wesentlichen frei von Weisungen seitens des Arbeitsgeberrepräsentanten des Drittbetriebes sind und ihre Arbeitszeit selbst bestimmen können (Urteil des BSG vom 23.6.1982 = Soz. Recht 4100 § 13 Nr. 6).

4. Dienstverschaffungsvertrag

Ein Dienstverschaffungsvertrag ist dann gegeben, wenn ein Vertragspartner die Verpflichtung übernimmt, dem anderen Vertragspartner nicht eine Arbeitsleistung, sondern eine selbständige Dienstleistung eines Dritten zu verschaffen. Voraussetzung dafür ist, dass der Dritte in wirtschaftlicher und sozialer Selbständigkeit und Unabhängigkeit die Dienste leistet.

Hinsichtlich der konkreten Abgrenzung im Einzelfall unter Berücksichtigung der tatsächlichen Durchführung wird auf die Beratung durch Angehörige der rechtsberatenden Berufe sowie durch berufsständische Vereinigungen verwiesen.

III. Merkblatt für Leiharbeitnehmer Stand 4/2017

Sie sind Leiharbeitnehmerin oder Leiharbeitnehmer, wenn Sie von Ihrem Arbeitgeber (Verleiher) einem Dritten (Entleiher) zur Arbeitsleistung überlassen werden.

Wenn Sie nicht die deutsche Staatsangehörigkeit besitzen, können Sie vom Verleiher verlangen, dass er Ihnen dieses Merkblatt und den Nachweis über die wesentlichen Arbeitsbedingungen (siehe A.) in Ihrer Muttersprache aushändigt.

A. Arbeitsverhältnis

Ihr Arbeitgeber (Verleiher) muss eine Erlaubnis der Bundesagentur für Arbeit zur Arbeitnehmerüberlassung haben. Ihr Arbeitsvertrag ist unwirksam, wenn Ihr Arbeitgeber keine Erlaubnis besitzt und auch die Ausnahmen von der Erlaubnispflicht nicht zutreffen. In diesem Fall entsteht ein Arbeitsverhältnis zwischen Ihnen und dem Entleiher. Sie haben die Möglichkeit, an dem Arbeitsverhältnis mit Ihrem Arbeitgeber festzuhalten. Dazu müssen Sie innerhalb einer Frist von einem Monat gegenüber dem Verleiher oder dem Entleiher schriftlich erklären, dass Sie an dem Arbeitsverhältnis mit dem Verleiher festhalten wollen (sog. Festhaltenserklärung). Dabei ist folgendes zu beachten: Ihre schriftliche Erklärung müssen Sie zunächst persönlich in einer Agentur für Arbeit vorlegen, dort Ihre Identität feststellen und dies auf Ihrem Schreiben vermerken lassen. Anschließend müssen Sie diese Erklärung innerhalb von 3 Tagen Ihrem Arbeitgeber oder dem Entleiher vorlegen.

Wenn die Erlaubnis im Laufe des Arbeitsverhältnisses wegfällt, muss der Verleiher Sie darüber sofort informieren. Der Verleiher muss Sie auf das voraussichtliche Ende der Abwicklungsfrist hinweisen. Die Frist zur Abwicklung des Vertrags beträgt höchstens 12 Monate. Unter Abwicklungsfrist versteht man die Frist, die dem Verleiher maximal bleibt, um mit dem Entleiher bereits geschlossene Verträge zu realisieren.

Ihr Arbeitgeber darf Sie nur überlassen, soweit zwischen Ihnen und dem Arbeitgeber ein Arbeitsverhältnis besteht. Er muss Sie vor jeder Überlassung an einen Entleiher darüber informieren, dass Sie als Leiharbeitnehmer bzw. Leiharbeitnehmerin tätig werden.

Der Nachweis der wesentlichen Vertragsbedingungen des Leiharbeitsverhältnisses richtet sich nach § 11 Absatz 1 Arbeitnehmerüberlassungsgesetz (AÜG) und den Bestimmungen des Nachweisgesetzes. Der Verleiher ist verpflichtet, die wesentlichen Inhalte des Leiharbeitsverhältnisses schriftlich festzuhalten. Der schriftliche Nachweis muss mindestens folgende Angaben enthalten:

- Ihren Namen und Ihre Anschrift sowie den Namen und die Anschrift des Verleihers,
- das Datum, an dem das Arbeitsverhältnis beginnt,
- bei befristeten Arbeitsverhältnissen die voraussichtliche Dauer des Arbeitsverhältnisses,
- den Arbeitsort oder, falls Sie nicht nur an einem bestimmten Arbeitsort tätig sein sollen, einen Hinweis darauf, dass Sie an verschiedenen Orten beschäftigt werden können,
- eine kurze Beschreibung Ihrer Tätigkeit,
- die Zusammensetzung, Höhe und Fälligkeit des Arbeitsentgelts einschließlich der Zuschläge, der Zulagen, Prämien und Sonderzahlungen sowie anderer Bestandteile des Arbeitsentgelts,

– die vereinbarte wöchentliche bzw. monatliche Arbeitszeit,
– die Zahl der Urlaubstage,
– die beiderseitigen Kündigungsfristen des Arbeitsverhältnisses,
– einen allgemeinen Hinweis auf die Tarifverträge, Betriebs- oder Dienstvereinbarungen, die für das Arbeitsverhältnis gelten,
– die Erlaubnisbehörde sowie Ort und Datum der Erteilung der Erlaubnis
  nach § 1 AÜG,
– Art und Höhe der Leistungen für Zeiten, in denen Sie nicht verliehen
  sind.

Spätestens einen Monat nach Beginn des Arbeitsverhältnisses sind die wesentlichen Vertragsbedingungen von Ihrem Verleiher schriftlich festzuhalten, zu
unterschreiben und Ihnen zu übergeben.

Achten Sie darauf, dass Sie den schriftlichen Nachweis immer vor Beginn
der Beschäftigung erhalten, damit Sie rechtlich abgesichert sind; besonders
wichtig ist dies bei befristeten Verträgen/Arbeitsverhältnissen.

Sie dürfen an denselben Entleiher grundsätzlich höchstens 18 Monate[1]
überlassen werden. Damit Ihr Arbeitgeber die Überlassungshöchstdauer nicht
überschreitet, muss er Ihre vorherigen Einsätze bei demselben Entleiher auch
für andere Verleiher vollständig berücksichtigen, wenn zwischen den Einsätzen jeweils nicht mehr als 3 Monate liegen. Von der Überlassungshöchstdauer
von 18 Monaten kann durch Tarifvertrag der Einsatzbranche oder – im Geltungsbereich eines solchen Tarifvertrages – durch Betriebs- oder Dienstvereinbarung im Einsatzbetrieb abgewichen werden. Mit dem Überschreiten
der Überlassungshöchstdauer ist das Arbeitsverhältnis mit Ihrem Arbeitgeber
unwirksam und es entsteht ein Arbeitsverhältnis zwischen Ihnen und dem
Entleiher. Sie haben die Möglichkeit, an dem Arbeitsverhältnis mit Ihrem
Arbeitgeber (Verleiher) festzuhalten. Hierzu müssen Sie die unter A.,
1. Absatz beschriebene Festhaltenserklärung abgeben.

Der Vertrag zwischen Ihrem Arbeitgeber und dem Entleiher muss ausdrücklich als Arbeitnehmerüberlassung bezeichnet sein (sog. Offenlegung).
Zusätzlich müssen Ihr Arbeitgeber und der Entleiher Sie vor Ihrem Einsatz im
Überlassungsvertrag oder durch Bezugnahme auf diesen Vertrag namentlich
benennen (sog. Konkretisierung). Werden diese Pflichten nicht erfüllt, wirkt
sich dies auf Ihr Arbeitsverhältnis aus. Das Arbeitsverhältnis mit Ihrem Arbeitgeber ist dann unwirksam und es entsteht ein Arbeitsverhältnis zwischen
Ihnen und dem Entleiher. Sie haben die Möglichkeit, an dem Arbeitsverhältnis mit Ihrem Arbeitgeber (Verleiher) festzuhalten. Hierzu müssen Sie die
unter A., 1. Absatz beschriebene Festhaltenserklärung abgeben.

Grundsätzlich haben Sie Anspruch auf Ersatz von Aufwendungen (z. B.
Fahrt- und Übernachtungskosten) bei auswärtigem Einsatz.

Zum Beispiel sind Ihnen die Fahrtkosten zu erstatten für die Fahrten
zwischen dem Betriebssitz des Verleihers und dem Betriebssitz des Entleihers.[2]

---

[1] Für die Berechnung des Zeitraums sind nur ab 1. April 2017 zurückgelegte Überlassungszeiten maßgeblich.
[2] Vgl. § 670 des Bürgerlichen Gesetzbuches.

Tarifvertraglich oder einzelvertraglich können jedoch abweichende Regelungen getroffen werden. Ob und gegebenenfalls in welchem Umfang diese Ausgaben auch vom Finanzamt erstattet werden können, ist von den steuerlichen Regelungen abhängig, die im jeweiligen Einzelfall zu beachten sind.

Die Beteiligungsrechte der Arbeitnehmervertretungen (Betriebsräte, Personalräte) nach dem Betriebsverfassungsgesetz bzw. Bundespersonalvertretungsgesetz sind auch von den Verleihern und deren Beschäftigten zu beachten.

Der Verleiher darf Ihnen nicht verbieten, nach Beendigung Ihres Leiharbeitsverhältnisses ein Arbeitsverhältnis mit dem Entleiher einzugehen. Steht ein solches Verbot in Ihrer Vereinbarung mit dem Verleiher oder in der Vereinbarung zwischen dem Verleiher und dem Entleiher, dann ist ein solches Verbot unwirksam.

Der Verleiher hat Ihnen das vereinbarte Arbeitsentgelt auch dann zu zahlen, wenn er Sie nicht bei einem Entleiher beschäftigen kann.

Sie sind nicht verpflichtet, bei einem Entleiher tätig zu werden, soweit dieser durch einen Arbeitskampf unmittelbar betroffen ist. Bei einem solchen Arbeitskampf muss der Verleiher Sie darauf hinweisen, dass Sie das Recht haben, die Leistung zu verweigern und nicht für diesen Entleiher arbeiten müssen. Dem Entleiher ist es verboten, Sie in seinem Betrieb tätig werden zu lassen, der unmittelbar von einem Arbeitskampf betroffen ist. Ausnahmsweise ist Ihr Einsatz in einem bestreikten Betrieb zulässig, wenn der Entleiher sicherstellt, dass Sie nicht als Streikbrecher eingesetzt werden.

B. Grundsatz der Gleichstellung

Für die Zeit, in der Sie beim Entleiher arbeiten, haben Sie grundsätzlich ab dem ersten Tag der Überlassung Anspruch auf die wesentlichen Arbeitsbedingungen (wie Arbeitszeit, Urlaub usw.) und das Arbeitsentgelt wie eine vergleichbare Arbeitnehmerin bzw. ein vergleichbarer Arbeitnehmer im Betrieb des Entleihers.[3]

Auskunft über die wesentlichen Arbeitsbedingungen und das Arbeitsentgelt können Sie von Ihrem Entleiher verlangen.

Von diesem Gleichstellungsgrundsatz darf nur in folgendem Fall abgewichen werden: Für Ihr Leiharbeitsverhältnis gilt ein Tarifvertrag, der die wesentlichen Arbeitsbedingungen regelt. Ein solcher Tarifvertrag ist zum einen anzuwenden, wenn zwischen einer Gewerkschaft und einem Arbeitgeberverband ein Tarifvertrag geschlossen wurde und Sie Mitglied der Gewerkschaft sind und Ihr Arbeitgeber Mitglied des beteiligten Arbeitgeberverbandes ist. Zum anderen kann im Arbeitsvertrag zwischen Ihnen und Ihrem Verleiher die Anwendung eines bestimmten Tarifvertrages vereinbart werden.

Durch oder aufgrund eines Tarifvertrages der Zeitarbeit darf Ihnen grundsätzlich nur in den ersten 9 Monaten[4] einer Überlassung an einen Entleiher ein niedrigeres Arbeitsentgelt bezahlt werden. Ihr Arbeitgeber muss Ihre vor-

---

[3] Vgl. § 8 Absatz 1 AÜG.

[4] Für die Berechnung dieses Zeitraums sind die ab dem 1. April 2017 zurückgelegten Überlassungszeiten maßgeblich.

herigen Einsätze bei dem Entleiher auch für andere Verleiher vollständig anrechnen, wenn zwischen den Einsätzen jeweils nicht mehr als 3 Monate liegen. Ein von einer vergleichbaren Arbeitnehmerin bzw. einem vergleichbaren Arbeitnehmer im Betrieb des Entleihers abweichendes niedrigeres Arbeitsentgelt darf Ihnen dann länger als 9 Monate bezahlt werden, wenn in einem geltenden Tarifvertrag ein gleichwertiges Arbeitsentgelt festgelegt und geregelt ist, dass Sie dieses Entgelt durch stufenweise Erhöhung nach dem 15. Monat Ihrer Überlassung erreichen. Die stufenweise Erhöhung des Arbeitsentgelts muss spätestens nach 6 Wochen Einsatzzeit beginnen.

Anders verhält es sich, wenn Sie einem Entleiher überlassen werden, bei dem Sie schon einmal gearbeitet haben, und zwar in den letzten sechs Monaten, bevor Sie der Verleiher dem Entleiher überlassen hat. Dies trifft auch auf einen Entleiher zu, der mit diesem Entleiher einen Konzern bildet. In diesen Fällen hat Ihr Verleiher den Gleichstellungsgrundsatz sicherzustellen.

C. Mindestlohn und Lohnuntergrenze

Ihr Arbeitgeber ist verpflichtet, Ihnen mindestens den gesetzlichen Mindestlohn in Höhe von **8,84 Euro** brutto je Zeitstunde[5] zu zahlen. Dies gilt auch für Zeiten, in denen Sie nicht verliehen werden.

Sofern Sie Tätigkeiten übernehmen, für die ein abweichender Branchenmindestlohn oder ein abweichendes Mindestentgelt aufgrund eines für allgemeinverbindlich erklärten Tarifvertrags gilt,[6] haben Sie während Ihres Einsatzes Anspruch auf das dort festgelegte Mindestentgelt.

Das Bundesministerium für Arbeit und Soziales (BMAS) kann auf Vorschlag der Tarifvertragsparteien eine verbindliche Lohnuntergrenze im Bereich der Arbeitnehmerüberlassung festsetzen.[7] Die vom BMAS festgesetzten Mindeststundenentgelte gehen dem gesetzlichen Mindestlohn vor, das heißt, Ihr Arbeitgeber muss Ihnen mindestens das in der jeweils geltenden Rechtsverordnung festgelegte Mindeststundenentgelt bezahlen.

Die Tarifvertragsparteien der Zeitarbeit haben dem BMAS einen entsprechenden Vorschlag zum Erlass einer Dritten Verordnung über eine Lohnuntergrenze in der Arbeitnehmerüberlassung unterbreitet. Mit deren Inkrafttreten ist der Verleiher auf Grund der Verordnung verpflichtet, Ihnen mindestens das nachfolgend aufgeführte Bruttoentgelt pro Arbeitsstunde (Mindeststundenentgelt) zu zahlen:

1. in den Bundesländern Berlin, Brandenburg, Mecklenburg-Vorpommern, Sachsen, Sachsen-Anhalt und Thüringen
   a) vom Zeitpunkt des Inkrafttretens der Verordnung bis
      zum 31.3.2018   **8,91 Euro**
   b) vom 1.4.2018 bis 31.12.2018   **9,27 Euro**
   c) vom 1.1.2019 bis 30.9.2019   **9,49 Euro**
   d) vom 1.10.2019 bis 31.12.2019   **9,66 Euro,**

---

[5] Seit dem 1. Januar 2017 gemäß § 1 Mindestlohnanpassungs-verordnung (MiLoV) i. V. m. § 11 Mindestlohngesetz (MiLoG).
[6] Vgl. §§ 3 ff. Arbeitnehmer-Entsendegesetz (AEntG).
[7] Vgl. § 3a AÜG.

2. in den übrigen Bundesländern
    a) vom Zeitpunkt des Inkrafttretens der Verordnung bis
        zum 31.3.2018   **9,23 Euro**
    b) vom 1.4.2018 bis 31.3.2019   **9,49 Euro**
    c) vom 1.4.2019 bis 30.9.2019   **9,79 Euro**
    d) vom 1.10.2019 bis 31.12.2019   **9,96 Euro.**

Es ist Ihnen das Mindeststundenentgelt Ihres Arbeitsortes zu zahlen. Wenn Sie auswärtig tätig sind und das Mindeststundenentgelt an Ihrem Einstellungsort höher als am Arbeitsort ist, haben Sie Anspruch auf dieses höhere Mindeststundenentgelt.

Sie haben Anspruch darauf, dass Ihnen das Mindeststundenentgelt spätestens am 15. Bankarbeitstag (Referenzort ist Frankfurt am Main) gezahlt wird, der auf den Monat folgt, für den das Mindeststundenentgelt zu zahlen ist.

Diese Regelung gilt nicht für die über die regelmäßige monatliche Arbeitszeit hinaus entstandenen Arbeitsstunden, wenn eine tarifvertragliche Regelung zur Arbeitszeitflexibilisierung mit einem Arbeitszeitkonto besteht. Dieses Arbeitszeitkonto darf höchstens 200, bei saisonalen Schwankungen im Einzelfall bis zu 230, Plusstunden umfassen. Sofern Sie mehr als 150 Plusstunden auf Ihrem Arbeitszeitkonto haben, muss Ihr Verleiher die über 150 Stunden hinausgehenden Plusstunden einschließlich der darauf entfallenden Sozialversicherungsbeiträge gegen Insolvenz sichern und diese Insolvenzsicherung Ihnen gegenüber nachweisen. Ohne diesen Nachweis, darf Ihr Arbeitszeitkonto höchstens 150 Plusstunden umfassen.

Wenn Ihre arbeitsvertraglich vereinbarte Arbeitszeit weniger als 35 Wochenstunden beträgt, wird die Obergrenze des Arbeitszeitkontos entsprechend Ihrer Arbeitszeit angepasst.

Auf Ihr Verlangen werden Ihnen Stunden aus dem Arbeitszeitkonto ausbezahlt, die über 105 Plusstunden hinausgehen. Bei Teilzeitbeschäftigten richtet sich die Anzahl der Plusstunden anteilig nach der jeweils arbeitsvertraglich vereinbarten Arbeitszeit.

D. Sozialversicherung

Der Verleiher als Ihr Arbeitgeber ist, wie jeder andere Arbeitgeber auch, verpflichtet, die Sozialversicherungsbeiträge zu zahlen. Kommt er dieser Verpflichtung nicht nach, so haftet dafür im Einsatzfall der Entleiher.[8]

E. Arbeitsschutz und Unfallverhütung

Für Ihre Tätigkeit bei dem Entleiher gelten die öffentlich-rechtlichen Vorschriften des Arbeitsschutzrechts, die auch der Betrieb des Entleihers einzuhalten hat. Für die Einhaltung dieser Vorschriften sind Verleiher und Entleiher verantwortlich. Der Entleiher hat auch die notwendigen Unfallverhütungsmaßnahmen zu treffen, die gesetzlich vorgeschrieben sind. Sie sind verpflichtet, die entsprechenden Vorschriften zu befolgen.

---

[8] Vgl. § 28e Absatz 2 Viertes Buch Sozialgesetzbuch (SGB IV).

Der Entleiher hat Sie ferner, insbesondere vor Beginn der Beschäftigung und bei Veränderungen in seinem Arbeitsbereich, über Folgendes zu informieren:
Gefahren für Sicherheit und Gesundheit, denen Sie bei der Arbeit ausgesetzt sein können, sowie über die Maßnahmen und Einrichtungen zur Abwendung oder zum Schutz einschließlich arbeitsmedizinischer Vorsorge, die Notwendigkeit besonderer Qualifikationen oder beruflicher Fähigkeiten sowie besondere Gefahren des Arbeitsbereichs und die getroffenen oder zu treffenden Maßnahmen.

F. Ihre Pflicht sich rechtzeitig arbeitsuchend zu melden[9]

Wenn Ihr Arbeitsverhältnis beim Verleiher endet, sind Sie verpflichtet, sich spätestens drei Monate vorher persönlich bei Ihrer Arbeitsagentur arbeitsuchend zu melden. Erfahren Sie von der Beendigung weniger als drei Monate vorher, müssen Sie sich spätestens drei Tage, nachdem Sie von der Beendigung erfahren haben, arbeitsuchend melden.
Es reicht aus, wenn Sie Ihrer Arbeitsagentur innerhalb der genannten Fristen z. B. online (http://www.arbeitsagentur.de) oder aber telefonisch die Beendigung Ihres Arbeitsverhältnisses mitteilen und einen Termin zur persönlichen Arbeitsuchendmeldung vereinbaren.
Sie haben Ihre Pflicht, sich arbeitsuchend zu melden, erst dann vollständig erfüllt, wenn Sie den vereinbarten Termin mit der Agentur für Arbeit wahrnehmen.
Bitte beachten Sie, dass eine Sperrzeit von einer Woche eintreten kann, wenn Sie sich nicht rechtzeitig melden. Eintritt einer Sperrzeit bedeutet, dass trotz Anspruch auf Arbeitslosengeld I, dieser Anspruch ruht und Sie für diese Woche, in der der Anspruch ruht, kein Arbeitslosengeld I erhalten.

G. Informationspflicht des Entleihers über freie Arbeitsplätze

Der Entleiher hat Sie über freie Arbeitsplätze, die in seinem Unternehmen besetzt werden sollen, zu informieren. Dies kann durch einen Aushang an einer für Sie zugänglichen Stelle im Betrieb oder Unternehmen des Entleihers geschehen.

H. Zugang zu Gemeinschaftseinrichtungen oder Gemeinschaftsdiensten

Zu den Gemeinschaftseinrichtungen oder -diensten eines Unternehmens – beispielsweise Kinderbetreuungseinrichtungen, Gemeinschaftsverpflegung und Beförderungsmittel – hat der Entleiher Ihnen Zugang zu gewähren, und zwar unter den gleichen Bedingungen wie vergleichbaren Arbeitnehmerinnen und Arbeitnehmern in seinem Betrieb. Es kann jedoch sachliche Gründe geben, die eine unterschiedliche Behandlung rechtfertigen. Ein solcher Grund kann vorliegen, wenn Sie nur kurz beim Entleiher beschäftigt sind und es für den Entleiher einen unverhältnismäßig hohen Verwal-

---

[9] Vgl. § 38 Absatz 1 Drittes Buchs Sozialgesetzbuch (SGB III).

tungsaufwand bedeuten würde, Ihnen Zugang zu den Gemeinschaftseinrichtungen und -diensten zu verschaffen.

I. Wer hilft bei Streitigkeiten oder Fragen?

Für die Entscheidung von Streitigkeiten aus dem Leiharbeitsverhältnis zwischen Ihnen und dem Verleiher sind die Arbeitsgerichte zuständig. Nähere Auskünfte dazu erhalten Sie von den Arbeitnehmer- und Arbeitgeberverbänden, Rechtsanwältinnen und Rechtsanwälten sowie den für die Überwachung der Verleiher zuständigen Agenturen für Arbeit Düsseldorf, Kiel und Nürnberg.

Bei Zweifeln, ob der Verleiher die erforderliche Erlaubnis der Bundesagentur für Arbeit besitzt, können Sie sich an das jeweils zuständige Team Arbeitnehmerüberlassung in den Agenturen für Arbeit Düsseldorf, Nürnberg und Kiel wenden. Diese Teams nehmen auch Hinweise auf Rechtsverstöße von Erlaubnisinhabern entgegen und gehen diesen nach.

Die drei zuständigen Teams Arbeitnehmerüberlassung sind mittels folgender Kontaktdaten erreichbar:

– Agentur für Arbeit Düsseldorf, 40180 Düsseldorf (Tel.: 0211 692 4500);
– Agentur für Arbeit Kiel, 24131 Kiel (Tel.: 0431 709 1010);
– Agentur für Arbeit Nürnberg, 90300 Nürnberg (Tel.: 0911 529 4343).

Die Teams Arbeitnehmerüberlassung sind jeweils für Erlaubnisinhaber mehrerer Bundesländer zuständig. Das Team in der Agentur für Arbeit Düsseldorf für die Bundesländer Nordrhein-Westfalen und Hessen. Das Team der Agentur für Arbeit Nürnberg für die Bundesländer Bayern, Baden-Württemberg, Rheinland-Pfalz und Saarland. Das Team in der Agentur für Arbeit Kiel für alle übrigen Bundesländer.

Die jeweils aktuelle Fassung dieses Merkblattes finden Sie im Internet unter www.arbeitsagentur.de > Unternehmen > Merkblätter und Formulare.

Sachregister

675

Sachregister

676

Sachregister

Sachregister

Sachregister

Sachregister

Sachregister

Sachregister

Sachregister

Sachregister

692

Sachregister